Contraste insuffisant

NF Z 43-120-14

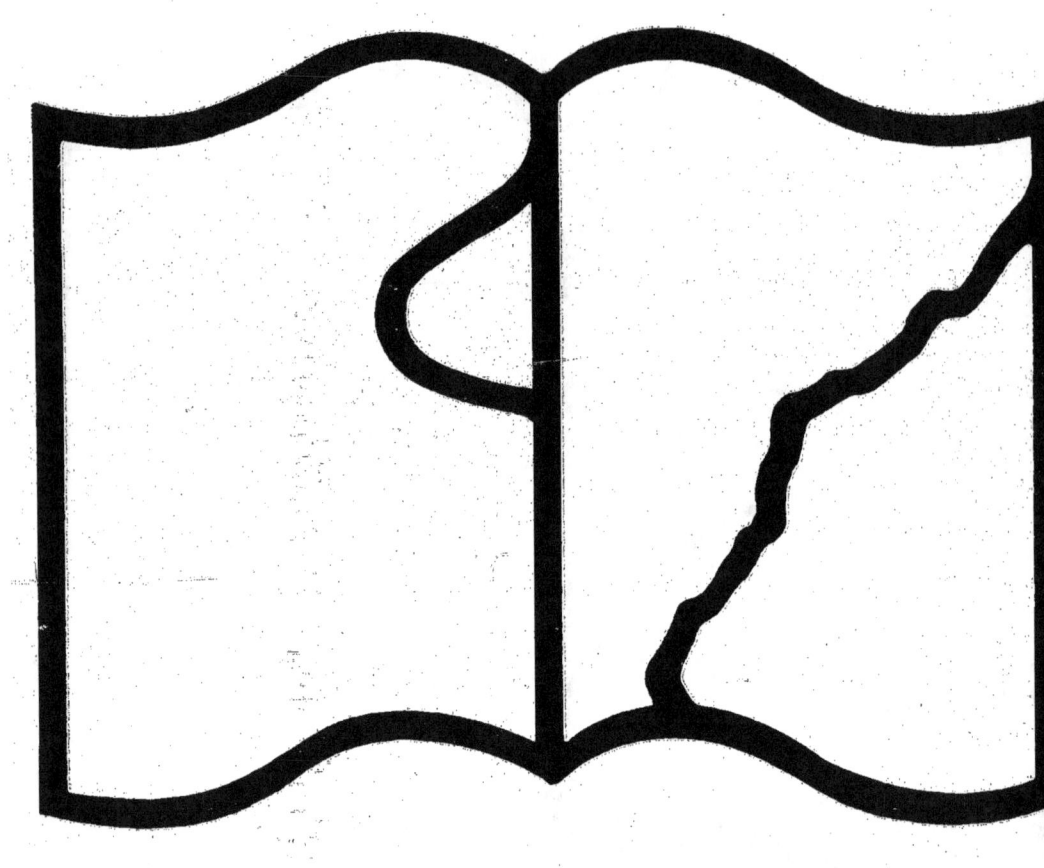

Texte détérioré — reliure défectueuse

NF Z 43-120-11

PUBLICATIONS

DE LA

SOCIÉTÉ POUR L'ÉTUDE DES LANGUES ROMANES

PUBLICATIONS SPÉCIALES

DE LA SOCIÉTÉ POUR L'ÉTUDE DES LANGUES ROMANES

CINQUIÈME PUBLICATION

DICTIONNAIRE
DES IDIOMES ROMANS
DU MIDI DE LA FRANCE

COMPRENANT

LES DIALECTES DU HAUT ET DU BAS-LANGUEDOC, DE LA PROVENCE
DE LA GASCOGNE, DU BÉARN,
DU QUERCI, DU ROUERGUE, DU LIMOUSIN, DU BAS-LIMOUSIN, DU DAUPHINÉ,
ETC.

PAR GABRIEL AZAÏS

TOME PREMIER

MONTPELLIER

AU BUREAU DES PUBLICATIONS

DE LA SOCIÉTÉ POUR L'ÉTUDE DES LANGUES ROMANES

M DCCC LXXVII

INTRODUCTION

Si un dictionnaire est le recueil des mots d'une langue, le meilleur est celui qui en contient le plus grand nombre. Celui qui les comprendrait tous serait parfait, s'il réunissait d'ailleurs les autres conditions exigées pour ces sortes d'ouvrages. Cette observation s'applique particulièrement à un dictionnaire de nos idiomes méridionaux, qu'il est bien difficile de rendre complet, à cause du nombre infini de mots dont nos divers dialectes forment le contingent à enregistrer. Ceux qui se sont occupés de notre littérature néo-romane savent en effet que chaque ville, on pourrait même dire chaque village, a, pour ainsi dire, son dialecte particulier, ou présente du moins dans son langage quelques différences qui modifient le dialecte usité dans la contrée. L'archaïsme, qui est assez dans les goûts de nos poëtes modernes, ressuscite de temps en temps des mots depuis longtemps oubliés, et leur fantaisie, ainsi que les besoins de la mesure et de la rime, font quelquefois subir des modifications à ceux qui existent déjà.

Pour la langue française comme pour les autres langues reconnues comme telles, il existe des académies que j'appellerai officielles, qui ont le droit d'imposer les lois du langage. Il n'en est pas ainsi pour nos idiomes, auxquels on a longtemps refusé le droit de cité. Aucune autorité n'est compétente pour en fixer la nomenclature. La tâche du lexicographe devient dès lors immense, et son travail, quelque complet qu'il soit au moment de sa publication, cessera de l'être si le vocabulaire néo-roman s'augmente de mots empruntés à l'ancienne langue, ou créés par l'imagination des poëtes.

Je n'ai pas l'intention de critiquer les glossaires et dictionnaires existants. J'aurais trop mauvaise grâce à le faire dans la position où je me place en publiant un ouvrage du même genre. Je dirai seulement qu'on pourrait faire un dictionnaire assez volumineux avec tous les mots qui manquent à ceux que nous possédons, même à celui d'Honnorat, qui en comprend cependant plus de cent mille dans les deux mille pages de ses trois volumes in-4°.

Mon Dictionnaire n'a pas la même étendue. Mais comme il ne contient rien d'inutile, que j'y suis toujours ménager de l'espace que n'y occupe pas la nomenclature, j'espère (et c'est là le but que je me suis proposé) qu'avec son secours on pourra lire toutes les œuvres écrites dans nos divers idiomes, languedociens, provençaux, cévenols, gascons, béarnais, quercinois, limousins, etc., etc. Pour le même motif j'ai dû être sobre de citations, et cela à mon grand regret; car à ce point de vue notre littérature méridionale, surtout dans son épanouissement contemporain, eût été pour moi une mine féconde et même inépuisable. C'eût été la partie la plus facile et la plus agréable de ma tâche. Mais je n'ai pas voulu faire une chrestomathie; je me suis cependant rappelé cette observation de l'académicien Duclos, qu'un dictionnaire sans citations est un squelette; et, pour compléter par des exemples la définition de mots peu usités et en faire mieux comprendre la véritable acception, j'ai emprunté quelques passages à notre littérature ancienne et moderne.

La nomenclature, je le répète, a été ma grande préoccupation. Pour la rendre aussi complète que possible, j'ai admis indistinctement tous les mots que j'ai pu recueillir dans toutes les œuvres méridionales. Il est beaucoup de ces œuvres dont l'orthographe est tellement défectueuse qu'il n'est pas nécessaire de la discuter. Je ferai seulement observer à leurs auteurs, comme à ceux qui ont adopté une meilleure orthographe, consacrée par l'emploi qu'ils en ont fait dans leurs belles compositions, que c'est dans la littérature du moyen-âge qu'il faut chercher les vrais modèles que doit suivre notre littérature moderne. Ces modèles sont les poésies des troubadours. Ces poëtes sont trop connus aujourd'hui de ceux qui ont étudié la littérature méridionale pour que j'aie besoin d'énumérer leurs nombreuses productions, si goûtées du XIe au XIIIe siècle, et tenues en si grande estime par les plus beaux génies de l'Italie du moyen-âge. Je ferai seulement observer que les troubadours s'occupèrent avec un soin minutieux, non-seulement de la forme de leurs poésies, mais aussi de l'orthographe et de l'épuration de leur langue. Dante vante la *correction* de Giraud de Borneil, et Pétrarque, dans son *Triomphe d'amour*, le *Dir polito e bello* d'Arnaud Daniel. Les troubadours avaient pour leur servir de guides deux grammaires, le *Donatz proensals* de Hugues Faidit et *Las rasos de trobar* de Raymond Vidal, publiées de nos jours par M. Guessard. Ils écrivaient d'ailleurs à une époque fort rapprochée de celle où le latin vulgaire était encore en vigueur. Aussi leur orthographe, qui est toujours étymologique, reproduit-elle fidèlement celle de ce type commun aux idiomes méridionaux. Ce n'est que par sa complète adoption que l'uniformité et la régularité pourront s'établir dans la manière de les écrire aujourd'hui.

Cette orthographe se serait naturellement conservée jusqu'à nous si les chants des troubadours, que fit taire brusquement la croisade albigeoise, n'étaient demeurés complétement oubliés

X

depuis la fin du XIII⁰ siècle jusqu'à nos jours, où Raynouard et de Rochegude les ont tirés de la poussière des bibliothèques. Pendant cet intervalle de plus de quatre siècles, la Muse romane, qui n'est pas restée muette, s'est trouvée abandonnée à elle-même, et chaque poëte s'est fait son orthographe particulière. Rien de fixe et de raisonnable n'a donc pu s'établir. L'usage, *quem penes arbitrium est et jus et norma loquendi*, ce qui doit s'entendre aussi de l'orthographe, n'a pu imposer des règles invariables, parce que l'usage implique l'idée d'uniformité, caractère qui manque essentiellement à nos idiomes. On n'écrivit donc que des pièces patoises. C'est cette poésie que la société archéologique de Béziers récompensa lors de son premier concours, comme le fait aujourd'hui l'Académie du Lot. Mais elle reconnut bientôt que des compositions écrites dans des idiomes corrompus et avec des formes inadmissibles, n'avaient pas droit à ses encouragements. Elle raya de son programme de 1861 les mots malséants de poésie patoise pour les remplacer par ceux de poésie néo-romane et, dans celui de 1862, elle ajouta, pour mieux expliquer sa pensée, que les poëtes néo-romans devaient suivre dans leurs compositions l'orthographe des troubadours, prescription répétée dans les programmes subséquents. Rien de plus juste et de plus logique. En rattachant par l'orthographe nos idiomes à la langue des troubadours, l'Académie de Béziers les reconnaît comme les continuateurs de cette langue (et ils le sont réellement), et, en leur imposant l'orthographe de ces maîtres du moyen-âge, elle leur donne la seule uniformité qu'il soit possible de leur donner. Je suis convaincu en effet que si tous nos idiomes n'avaient qu'une seule et même orthographe, les dissemblances qu'on remarque entre eux seraient moins saillantes et qu'on pourrait leur appliquer avec vérité ces vers du poëte latin :

.... facies non omnibus una,
Nec diversa tamen, qualem decet esse sororum,

Je regrette que l'Académie de Béziers n'ait pas écrit quelques années auparavant sur ses programmes la prescription dont je viens de parler. Elle aurait été certainement comprise de quelques esprits éminents, qui l'auraient mieux propagée et plus promptement accréditée par leurs belles compositions que je ne puis le faire dans les lignes froides d'un avant-propos, qui a peu de chances d'être lu. J'insiste néanmoins, parce que je suis encouragé dans mon insistance par le consistoire des Jeux-Floraux de Barcelone qui, dans son programme de prix du mois de mai dernier, a adopté le principe posé par l'Académie de Béziers, et parce que j'ai la conviction qu'à l'observation de ce principe, à l'uniformité d'orthographe, tient l'avenir de notre littérature qui sans cela finirait par dégénérer en patois.

On peut objecter que les troubadours ne se sont pas toujours servis de la même orthographe, et qu'on remarque à cet égard quelques différences dans leurs diverses compositions. Il faut d'abord faire une distinction entre leurs poésies des XIIe et XIIIe siècles, et celles du siècle suivant, écrites postérieurement à la conquête du Midi par le Nord. C'est l'époque de la décadence de la littérature romane. Il n'existe plus, à proprement parler, des troubadours, mais des faiseurs de longs ouvrages rimés qui ne sont pas toujours des modèles de correction. Quant aux troubadours de la bonne époque, ils n'ont pas, j'en conviens, une orthographe parfaitement uniforme. Mais avons-nous les originaux de leurs œuvres, et est-il juste de leur imputer les fautes qui peuvent se trouver sur des manuscrits écrits par des copistes ignorants? La bonne orthographe est, du reste, bien facile à distinguer; c'est celle qui reproduit la forme latine. Elle a été généralement suivie par les premiers troubadours, elle doit l'être par leurs successeurs. Je me borne à proclamer ce principe; on en trouvera l'application dans le Dictionnaire.

Les poésies des troubadours ne sont pas accentuées, et il faut recourir aux *Fleurs du gai-savoir*, qui en traitent longuement, pour connaître les règles de l'accent tonique ou principal, suivies de leur temps. Quoique ces règles présentent quelque difficulté dans leur application, elles se réduisent cependant à ces deux principes :

1º Tout mot qui se termine par une consonne est accentué à sa dernière syllabe. Mais l's du pluriel des substantifs et des adjectifs ne constitue pas une terminaison masculine. Dans le dialecte béarnais il existe quelques mots qui se terminent par deux *a*, tels que *humaa, plaa, maa, doumaa*, etc., dont la dernière syllabe est cependant tonique. Le dernier *a* tient dans ces mots la place du *n*, usité dans un grand nombre de dialectes.

2º L'accent porte sur la pénultième syllabe dans les mots qui se terminent par une voyelle. Il y a des exceptions à cette règle, mais elles sont plus apparentes que réelles ; elles proviennent de la suppression dans quelques idiomes de la consonne finale de certains mots, qui existe dans la langue romane ; tels sont, dans le plus grand nombre des dialectes languedociens, *hounou*, *segu, couissi*, etc., etc., qui s'écrivaient en roman, *honor, segur, couissin*, formes conservées avec raison dans les dialectes provençaux ; tels sont, dans ces derniers dialectes, les mots *verilá, humanitá*, etc., les participes passés et les troisièmes personnes du singulier du parfait des verbes, qui y sont dépouillés de la consonne finale. Cette observation s'applique aussi aux infinitifs qui, quoiqu'ils perdent dans presque tous les dialectes le *r* final, ne se terminent pas moins en syllabe tonique. Je crois que dans ce cas, comme dans tous ceux où la consonne étymologique finale est supprimée, il importe que l'accent soit marqué. Mais il ne doit pas l'être (et il ne l'est pas ordinairement) dans les mots qui se terminent régulièrement par une consonne. Il ne devrait pas l'être non plus dans ceux à désinence féminine qui sont de droit accentués sur la pénultième syllabe. Dans ce cas cependant l'usage de marquer l'accent a généralement prévalu.

Parmi les mots se terminant par une voyelle exceptionnellement accentuée, il en est un grand nombre où l'accent n'aurait pas de raison d'être s'ils étaient écrits, comme au moyen-âge, conformément à leur étymologie latine, puisqu'ils se termineraient alors par une consonne. Tels sont : premier, dérivé de *primarius*, moulinier, de *molinarius*, asinier, de *asinarius*, granier, de *granarium*, panier, de *panarium*, mestier, de *ministerium*, etc., etc. Je me borne à ces exemples pour ne pas étendre indéfiniment la liste des mots, si fréquents dans nos idiomes comme en français, qui se terminent en *ier*. Cette terminaison étymologique est toujours conservée dans les textes du moyen-âge. Aujourd'hui on supprime le *r* final, qui est remplacé, en Provence, par un accent aigu, et dans le Languedoc par un accent grave. Dans l'impossibilité où je me trouve de réunir les deux accents sur la même lettre, j'adopte la forme romane, qui ne nécessite aucun accent, et je me conforme ainsi à l'orthographe des troubadours, qui est celle de ce Dictionnaire.

Si je me suis étendu sur la question de l'accent, j'y ai été d'abord entraîné par le rôle important qu'il joue dans nos idiomes, et ensuite par cette considération que les règles sur lesquelles il est basé n'y sont pas toujours rigoureusement suivies. Ainsi (et je me borne à cet exemple), dans plusieurs dialectes, ceux du Languedoc et du Bas-Limousin notamment, l'*o* s'affaiblit régulièrement en *ou* lorsqu'il cesse d'être accentué dans les verbes *tourná, fourmá, douná, voulé, poudé,* etc. etc., qui se conjuguent ainsi au présent de l'indicatif : *torni, tornos, torno, tournam, tournas, tornou. — Podi, podes, pot, poudem, poudes, podou.* Il en est ainsi pour tous les verbes qui ont un *o* entre deux consonnes à la première syllabe. Mais dans quelques autres dialectes cette distinction entre l'*o* accentué et l'*o* devenu atone, et son affaiblissement en *ou* ne sont pas observés dans tous les cas et pour tous les verbes.

Ce Dictionnaire étant calqué, quant à sa forme, sur les ouvrages du même genre, je n'ai plus qu'à exposer en quelques mots le contenu de chaque article.

Le mot néo-roman y est suivi immédiatement de l'indication du dialecte ou des dialectes auxquels il appartient, indication que j'ai précisée le mieux qu'il m'a été possible. Vient ensuite le mot de la langue des troubadours si, ce qui arrive le plus souvent, le mot en usage aujourd'hui lui a été emprunté. Les nombreux synonymes de ce mot pris dans tous les dialectes, ses similaires dans les langues catalane, espagnole, portugaise, italienne, enfin son étymologie, quand elle se présente naturellement, complètent chaque article. Pour le plus grand nombre de mots, je me contente de l'étymologie latine, qui reproduit presque toujours l'étymologie grecque.

Tel est le plan de ce Dictionnaire : faciliter la lecture des productions de notre littérature méridionale, qui deviennent plus nombreuses de jour en jour, tel est, comme je l'ai déjà dit, le but principal que je me suis proposé. En présentant dans cette introduction quelques observations sur l'orthographe, que j'ai écrites sans aucune intention de critiquer des œuvres que j'admire depuis longtemps, j'ai obéi à une conviction aussi ancienne que sincère de mon esprit. — C'est un *desideratum* que j'ai exprimé et que je renouvelle en finissant. Sera-t-il compris ? Ne rencontrera-t-il pas des obstacles insurmontables ? Je l'ignore..... Je me retranche, quoi qu'il en soit, dans cette vieille maxime, éminemment française : *Fai que dois, aviegne que puet.*

G. A.

EXPLICATION

DES PRINCIPALES ABRÉVIATIONS

A

a............	*actif.*
adj...........	*adjectif.*
adj. comm..	*adjectif commun.*
adj. num....	*adjectif numéral.*
adv..........	*adverbe.*
adv. comp..	*adverbe composé.*
altér........	*altération.*
anc..........	*ancien.*
ano..........	*anonyme.*
au fig.......	*au figuré.*

C

conj..........	*conjonction, conjonctif.*
conj. alt.....	*conjonction alternative.*
cont.........	*contraction.*

D

dial..........	*dialecte.*
dim..........	*diminutif.*

E

éty...........	*étymologie.*
euph........	*euphonie, euphonique.*
ext. (par)...	*par extension.*

F

f.............	*féminin.*
f. a..........	*forme altérée.*

fam.........	*famille.*
fig...........	*figurément.*
fréq.........	*fréquentatif.*

I

imp..........	*impératif.*
impers......	*impersonnel.*
impro.......	*improprement.*
indéf........	*indéfini.*
indét........	*indéterminé.*
ind..........	*indicatif.*
interj........	*interjection.*
inv..........	*invariable.*
iron..........	*ironiquement.*

L

litt..........	*littéralement.*
loc. adv.....	*locution adverbiale.*
loc. conj....	*locution conjonctive.*
loc. prép....	*locution prépositive.*

M

m...........	*masculin.*
m. sign.....	*même signification.*
mod.........	*moderne.*

N

nég..........	*négatif, ive.*
n. pro.......	*nom propre.*

P

part........	*participe.*
péj.........	*péjoratif.*
pers........	*personne, personnel.*
poss........	*possessif.*
préf........	*préfixe.*
prép........	*préposition.*
priv........	*privatif.*
pro.........	*proverbe.*
pron........	*pronom.*

R

rad.........	*radical.*
r...........	*réfléchi.*
rég.........	*régime.*
rel.........	*relatif.*

S

s...........	*substantif.*
s. part.....	*substantif participial.*
s. verb.....	*substantif verbal.*
suff........	*suffixe.*
syn.........	*synonime.*

T

t. de mar...	*terme de marine.*
t. de charr..	*terme de charretier.*
t. de tisser..	*terme de tisserand.*

V

V...........	*voyez.*

LANGUES ET DIALECTES

A

agat........	*agathois.*
agen........	*agenais.*
alb.........	*albigeois.*
all.........	*allemand.*
anc.-h.-all..	*ancien-haut-allemand.*
angl........	*anglais.*
angl.-sax....	*anglo-saxon.*
ariég.......	*ariégeois.*

B

b. bret.....	*bas-breton.*
b. lat......	*bas-latin.*
b. lim......	*bas-limousin.*
béarn.......	*béarnais.*
biterr......	*biterrois.*
bord........	*bordelais.*

C

carc........	*carcassonnais.*
cast........	*castrais.*
cat.........	*catalan.*
celt........	*celtique.*
cév.........	*cévenol.*

D

dauph.......	*dauphinois.*

F

fr..........	*français.*

G

gaél........	*gaélique.*
gasc........	*gascon.*

L

lat.........	*latin.*
lim.........	*limousin.*

M

mars........	*marseillais.*
montp.......	*montpelliérain.*

N

narb........	*narbonnais.*
nim.........	*nimois.*

P

port........	*portugais.*
prov........	*provençal.*

Q

querc.......	*quercinois.*

R

rom.........	*roman.*
rouerg......	*rouergat.*

T

toul........	*toulousain.*

DICTIONNAIRE
DES
IDIOMES ROMANS DU MIDI DE LA FRANCE

A

A

A, la première des cinq voyelles et la première lettre de l'alphabet. On dit d'un homme ignorant : *Sap pas ni* A *ni* B. — A est aussi la 3ᵉ personne singulière de l'indicatif présent du verbe *avé* et de ses similaires *aué, avèdre, avèire, aguèdre*. Dans les idiomes où cet infinitif est *ové, oburre, ovudre,* l'*a* se change en *o*. Ces idiomes sont ceux du Limousin, du Quercy, de l'Aveyron.

On dit aussi *o* dans plusieurs localités du département de l'Hérault, telles que Agde, Bessan, Pézénas, Clermont, St-André-de-Sangonis, etc., tandis qu'à Montpellier et à Béziers la forme romane *a* est seule usitée. — A, préposition, a la même signification dans tous les idiomes méridionaux, c'est celle de *ad* en latin. Dans la langue du moyen-âge, on ajoutait un *z* ou un *d* à la préposition *à* quand le mot suivant commençait par une voyelle. *Les Fleurs du Gai savoir* contiennent à cet égard une disposition formelle.

Dans certaines localités, à Béziers par exemple, l'usage du français a familiarisé les oreilles avec l'hiatus, et les délicatesses de l'ancienne langue ne se sont pas toujours conservées. On dit cependant encore : *anà en Agte*, pour *anà à Agte;* mais on dit aussi, *anà à Aniano, à Espoundelhan, lou vent coumenso à alenà*, etc. — En Provence, on évite avec plus de soin la rencontre des deux voyelles. Mistral a fort bien dit :

Quand avian dins *Marsiho, az-Ais, en Avignoun*
Quauco bèuta de gran renoum,
N'en parlavias à Bareilouno.

Devant les pronoms *aquel, aqueste*, on ajoute la lettre *n* à la préposition *à*, et l'on dit *an aquel, an aqueste*. On

ABA

place ordinairement le *n* entre deux traits d'union, *à-n-aquel*, quand il ne devrait pas être séparé de la préposition. Il en est de même du *z* destiné à éviter l'hiatus. Les troubadours le joignaient à la préposition, comme on le voit dans cet exemple :

Anar me play ad Alamanda,
Quar az uolh vei la valor granda
Del sieu gentil cors plazentiers.

Dans les dialectes du Limousin, du Quercy, de l'Aveyron, la préposition *à* se change en *o* :

Oquos es estat toujour dit
Per gens de boun sen e d'esprit ;
De lo vido o lo mort
Lo femno es un tresor.

(*Chant quercinois*)

ABACHA, GASC., v. a. V. Abaissà.

ABADA, DAUPH., v. a. Faire sortir, *Abadà lo tropè*, faire sortir le troupeau de la bergerie, lui donner la clé des champs; *abadà lo barrà*, mettre le baril en perce.

ABADALHA, ado, PROV., adj. Très-ouvert, e; entièrement ouverte, en parlant d'une porte. — SYN. *esbardanà*. — BITERR. *alandat*. — ETY. *badà*, bâiller.

ABADARNA (s'), PROV., v. r. Se crevasser, se fendre, être lézardé, se fêler.

ABADARNA, do, part. Crevassé, ée, lézardé, fêlé.

ABADÈIRA, do, PROV., adj. Béant, e ; entrebâillé, ée; en parlant d'une porte. — SYN. *badier, ièro*.

ABADESSO, s. f. V. Abbadesso.

ABADIÉ ou ABADIO, s. f. V. Abbadio.

A-BADO, PROV., conj. Quoique, bien que. V. Bado (de).

1

ABAI, pour *Ah bai!* bah! interj. qui marque l'étonnement, le doute, la négation, le dédain.

ABAICHA, GASC., PROV., v. a. V. Abaissá.

ABAICHAGI, PROV., s. m. V. Abaissament.

ABAICHAIRE, PROV., s. m. Celui qui abaisse. — ETY., *abaichá*.

ABAICHAMENT, PROV., s. m. V. Abaissament.

ABAISSA, v. a. ABAISSAR, abaisser; au fig. humilier; *s'abaissá*, v. r., s'abaisser; au fig. s'humilier, se ravaler. — SYN. *abachá, abaichá, abèissá*. — CAT., ESP., *abaxar*; ITAL., *abbassare*.— ETY., *à*, préf., et *baissá*.

ABAISSADO, s. f. Salut fait avec la tête inclinée. — ETY., *abaissado*, part. f. de *abaissá*.

ABAISSAGE ou **ABAISSAGI**, s. m. V.

ABAISSAMENT, s. m. Abaissement, décadence, humiliation. ETY., *abaissá*, et le suffixe *-ment*.

ABAISSAT, ado, part. de *abaissá*. Abaissé, ée, humilié.

ABAJÉRO, s. f., TOUL. L'airelle rouge, *Vaccinium vitis idæa*, appelée aussi myrtille rouge, de la couleur de ses baies. — CAST., *aire, adrest*; CÉV., *airadech, airedech*.

ABAJOUS, s. m. Le fruit de l'airelle rouge. On dit aussi : *Auajous*.

ABAL, adv. V. Aval.

ABALA, v. a. V. Avalá.

ABALADO, GASC., s. f. V. Avalado.

ABALAIRE, s. m. V. Avalaire.

ABALAN ou **ABELLAN**, CÉV., adj. Généreux, libéral.

ABALANCA (s'), v. r. V. S'avalancá.

ABALANDRA, CÉV., v. a. Balancer. — ESP., *abalanzar*. — ETY., *balan*.

ABALAUVI, PROV., v. a. Étourdir V. Abalauzi.

ABALAUVISOUN, PROV., s. m. Étourdissement. — ETY., *abalauvi*.

ABALAUZI, v. a. Étonner, étourdir. — SYN. *esbalauzi, abalòusi, abalourdi*.

ABALI, v. a. Élever, nourrir. V. Avali et Abari.

ABALIMENT, PROV., s. m. L'action d'élever un jeune enfant, de le nourrir, de le soigner. — ETY., *abali*.

ABALISCO. V. Avalisco.

ABALOUDI, do, PROV., part. (*abalòudi*). V. Abalourdi.

ABALOURDI, PROV., v. a. Abasourdir, étonner, consterner. — SYN. *abalauzi, abalòusi, abaròudi*. — ITAL., *abbalordire*. — ETY., *à*, préf., et *balourd*, balourd, hébété.

ABALOURDI, do, PROV., part. Abalourdi, étonné, consterné.

ABALOUSI, v. a. (*abalòusi*), V. Abalauzi.

ABALSES, s. m. Chêne au kermès, QUERCUS COCCIFERA, de la fam. des cupulifères. — SYN. *abauses, avaus, avaussé, agousses, avòus, graubio, garroulho*.

ABANDÈIRA, PROV., v. a. V.

ABANDIÈIRA, v. a. Pavoiser un vaisseau. ETY., *à*, préf., et *bandièiro*, pavillon.

ABANDO, adv. A part, à l'écart, loin d'ici, trêve de.

ABANDOU, ABANDOUN, s. m. Abandon, délaissement. *A l'abandou* est une chose laissée à la merci du premier venu. *Anà à l'abandou* veut dire aller sans suivre une direction. — CAT., *abandó*; ESP., PORT., *abandono*; ITAL., *abbandono*. — ETY., *à*, préf., et le roman *bandon*, permission, décret; l'*abandou*, est l'action de remettre à la discrétion d'autrui, et par suite de délaisser.

ABANDOUNA, v. a. ABANDONAR, abandonner, quitter, délaisser entièrement; laisser échapper; se désister; exposer, livrer; confier, remettre; *s'abandouná*, v. r., s'abandonner, se laisser aller; se remettre entre les mains de quelqu'un; se prostituer, en parlant d'une femme; perdre courage. — CAT., ESP., PORT., *abandonar*; ITAL., *abbandonare*. — ETY., *abandou, abandoun*.

ABANDOUNAMENT, s. m. Abandonnement, délaissement de tous les biens; dérèglement complet. — ESP., *abandonamiento*; ITAL., *abbandonamento*. — ETY., *abandouná*, et le suffixe *-ment*.

ABA (3) ABA

ABANDOUNAT, ado, part. de *abandouná*. Abandonné, ée ; on dit d'une femme mal famée, que tout le monde évite : *es uno abandounado*; *lioc abandounat*, lieu désert.

ABANGÈLI, GASC., s. m., altér. de *evangèli*. V. Ce mot.

ABANIO, s. f. V. *Avanïo*.

ABANSA, v. a. V. *Avansá*.

ABANT, prép. V. *Avant*.

ABANTAJA, v. a. V. *Avantajá*.

ABANTATGE, BÉARN., s. m. V. *Avantage*.

ABANTURA, v. a. V. *Aventurá*.

ABANTURO, s. f. V. *Aventuro*.

ABANTZ, BÉARN., adv. Auparavant. V. *Avant*.

ABARBA, PROV., v. a. Mettre une plante en terre pour qu'elle y prenne racine, et pour la transplanter ensuite. — ETY., *à*, préf., et *barbo*, barbe, par ext. racine.

ABARBADA, B.-LIM., v. a. Donner la becquée ; au fig. nourrir une personne indigente.

ABARBADOUR, PROV., s. m. Lieu où l'on plante des boutures pour les transplanter après qu'elles ont poussé des racines. — ETY., *abarbado*, part. de *abarbá*.

ABARBASSI, CÉV., adj. Barbu, celui qui a trop laissé croître sa barbe. — ETY., *à*, préf., et *barbo*, barbe.

ABARBAT, ado, part. Qui a poussé des racines, en parlant d'une bouture.

ABARBOULA, ado, PROV., adj. Fendu, e, entr'ouvert, en parlant du brou des noix et des amandes. SYN. *esbarboulá*.

ABARCOURI, do, adj. Transi, e, de froid. — SYN. *avercouli*.

ABARE, o, s. et adj. V. *Avare*.

ABAREJA, v. a. V. *Barrejá*.

ABAREJADIS, s. m. V. *Barrejadis*.

ABAREJO, CÉV., adv. Pêle-mêle. — SYN. *à barrejo*.

ABARÈSSIO, s. f. V. *Avarisso*.

ABARI, v. a. Conserver, préserver, sauver, nourrir, faire croître, faire venir à bien, élever ; *s'abari*, v. r., croître, se nourrir ; v. n., vivre : *Se pòu plus abari à soun entour, on ne peut plus vivre autour de lui.* — SYN. *abalí*.

Iéu e noste ome qu'el pescaire
Aven ABARI set enfan !
Jamai convado mor de fam.
                          AUBANEL.

ABARIT, ido, part. Conservé, e, élevé, nourri.

ABARICIOUS, o, adj. V. *Avaricïéus*.

ABARMI, CÉV., v. a. Réparer, disposer ; *s'abarmi*, v. r., se disposer, s'apprêter.

ABARMI, do, part. Préparé, ée.

ABARO, CÉV., adj. f. *Nouse abaro*, noix anglèuse. V. *Avaro*.

ABAROUDI, PROV., v. a. (*abaroudi*). V. *Abalourdi*.

ABARRA, PROV., v. a. V. *Barrá*, *Embarrá*.

ABARREJA, v. a. V. *Barrejá*.

ABARREJADIS, s. m. V. *Barrejadis*.

ABARREY, GASC., loc. prép. A travers, au travers.

ABARTASSI (s'), BITERR., v. n. Se couvrir de buissons, dégénérer en buisson. — ETY., *à*, et *bartas*, buisson.

ABARTASSIT, ido, part. Couvert, e, de ronces, de buissons, dégénéré en buisson.

ABARUT, PROV., altér. de *à barut*. V. *Barut*.

ABASANI (s'), CÉV., v. r. Se flétrir, se rider, s'user, devenir vieux. — ETY., *à* préf., et *basano*, basane, peau tannée.

ABASANI, ido, CÉV., part. Pâle, languissant, usé ; à demi-pourri, en parlant du bois.

ABASIMA, PROV., v. a. V. *Abismá*.

ABASOURDI, v. a. Abasourdir, étourdir. — ROUERG., *obosourdi*. — ETY., *sourd*.

ABASSAC, CÉV., adv. A bas, par terre.

ABASTA, v. n. ABASTAR, suffire, abonder, atteindre. Dans l'idiome de Béziers, ce mot a un sens plus restreint et signifie seulement arriver péniblement à un lieu élevé ou à un point éloigné. — CAT., ESP., PORT., *abastar*; ITAL., *abastare*. — ETY., *à*, et *bastá*, suffire.

ABASTAMENT, s. m. ABASTAMEN, abondance, suffisance. — ANC. CAT., *basta-*

men; ESP., *abastamiento*. — ETY., *abastá* et le suffixe *ment*.

> An se tenon tot quant es de nien
> Sol que ajon d'avor ABASTAMEN.
>
> R. GAUCELM, de Béziers.
>
> Mais ils ne comptent pour rien tout ce qui est pourvu qu'ils aient suffisance de richesses.

ABASTANSO, adv. Assez, suffisamment. — ESP., *abastanza*; ITAL., *abbastanza*. — ETY., *abastá*.

ABASTARDI, v. a. ABASTARDIR, abâtardir, faire déchoir une chose de son état naturel, la faire dégénérer, l'altérer. S'*abastardi*, v. r., s'abâtardir, dégénérer. — SYN. *embastardi*. — ANC. ESP., *abastadar*; ITAL., *abbastardire*. — ETY., *à*, préf., et *bastard*, bâtard.

ABASTARDISSAMENT, PROV. Abâtardissement. — SYN. *embastardissiment*. — ITAL., *abbastardimento*. — ETY., *abastardi*.

ABASTARDIT, Ido, part. de *abastardi*. Abâtardi, e, dégénéré. — SYN. *embastardit*.

ABASTAT, ado, part. de *abastá*. Atteint, e, pourvu, suffisant

ABASTOUA, GASC., v. a. Lier des gerbes. — ETY., *à*, préf., et *bastoù*, garrot, morceau de bois dont on se sert pour serrer un lien en le tordant.

ABAT, s. m. V. Abbat.

ABATAGE, s. m. Abatage, action d'abattre des bois qui sont sur pied. *Abatage* signifie aussi les coins qu'on place sous le levier pour faire une pesée. — ETY., *abate* pour *abattre*.

ABATAIA, CÉV., v. a. V.

ABATALHA, v. a. ABATALHAR, attaquer, poursuivre quelqu'un en lui lançant des pierres. Ce mot s'entend des combats à coups de pierres que se livrent les enfants, le plus souvent avec la fronde ; *abatalhá un nouguier*, gauler un noyer pour en faire tomber les noix. S'*abatalhá*, v. r., se livrer bataille, se lancer des pierres. — SYN. *batalhá*. — ETY., *à*, préf., et *batalha*, bataille.

ABATAMENT, s. m. ABATAMEN, ABATEMEN, abattement, langueur, tristesse, faiblesse. — SYN. *abatement*. — ESP., *abatimiento* ; PORT., *abatimento* ; ITAL., *abbatimento*. — ETY., *abate* pour *abattre*.

ABATE, GASC., v. a. V. Abatre.

ABATEMENT, s. m. V. Abatament.

ABATENT, PROV., s. m. Espèce de volet qu'on élève et qu'on abat à volonté. — ETY., *abate* pour *abatre*.

ABATOUN, GASC., s. m. V. Abbadot.

ABATRE, v. a. ABATRE, abattre, jeter à terre, renverser ; rabattre ; s'*abattre*, v. r., s'abattre, tomber, se jeter à terre. — GASC., *abate* ; CAT., *abatrer* ; ESP., *abatir* ; ITAL., *abbatere*. — ETY., *à*, préf., et *batre*, battre.

> ...... Quaseus jorn, ses re *abatre*,
> Comta de oras XX e quatre.
>
> BREV. D'AMOU.

ABATUT, udo, part. de *abatre*. Abattu, e, renversé ; affaibli, triste ; rabattu.

ABAUBI, ido, adj. Ebaubi, e, interdit au point de bégayer — ETY., *à* préf., et *balbus*, bègue.

ABAUCA, v. a. Calmer, apaiser. S'*abaucá*, v. r., se calmer, s'apaiser, s'adoucir en parlant du temps, du vent, etc. Il s'emploie aussi neutralement. — SYN. *baucá*.

ABAUCAMENT, s. m. État de calme qui succède à un état orageux, à un grand vent, à une grande agitation des flots de la mer. — ETY., *abaucá* et *ment*.

ABAUCAT, ado, part. de *abaucá*. Calmé, ée, apaisé.

ABAUCAT, ado, adj. Couvert, e, de l'herbe appelée *bauco* ou *balco* ; couvert de gazon.

ABAUCHA, v. a. V. Abauzá.

ABAUDI (s'), PROV., v. r. Prendre l'essor ; au fig. se produire dans le monde. SYN. *aboudi*.

ABAUSA, CÉV., v. a. V. Abauzá.

ABAUSES, s. m. p. V. Abalses.

ABAUSI, PROV., v. imp. Foisonner ; *aquelo fuelho abausis*, cette feuille foisonne, c'est-à-dire, qu'elle nourrit plus que ne le font d'autres feuilles. On le dit de la feuille de mûrier employée à la nourriture des vers à soie.

ABAUTI (s'), CÉV., v. r. S'évanouir, tomber en défaillance.

ABAUVA, PROV., v. a. V.

ABAUZA, v. a. ABAUZAR, renverser un vase le goulot en bas; au fig. jeter quelqu'un à terre, l'assommer, l'accabler. *S'abauzá*, v. r., se coucher sur le ventre, tomber le visage contre terre. — SYN. *abauchá, abausá, abauvá, abouchouná*.

ABAUZAMENT, PROV., s. m. Prosternement, l'action de se prosterner. — ETY., *abauzá*.

ABAUZAT, ado, part. de *abauzá*. Renversé, ée, couché la face contre terre.

ABAUZOUS (d'), CÉV., loc. adv. A plat ventre, la face contre terre.

ABBADESSO, s. f. ABBADESSA, abbesse. — SYN. *abatesso*. — CAT., *abadessa*; ESP., *abadesa*; PORT., ITAL., *abbadessa*. — ETY. LAT., *abbatissa*.

ABBADIO, s. f. ABADIA, abbaye, monastère gouverné par un abbé ou une abbesse. — CAT., ESP., *abadia*; PORT., ITAL., *abbadia*. — ETY. LAT., *abbatia*.

ABBADOT, s. m. Jeune ou petit abbé. — SYN. *abatoun, abberot, abbetoun, abéqué*. — ETY., dim. de *abbat*.

ABBAT, s. m. ABDAT, abbé, supérieur d'une abbaye d'hommes : par ext. tout homme qui porte l'habit ecclésiastique, clerc ou seulement tonsuré, *abbat de mouli d'óli*, maître valet d'un pressoir à huile, appelé aussi *prioù*. En Provence on appelle *abbal* le chef de la jeunesse ; BITERR., *cap-de-jouvent* ; BÉARN., *abbé*; CAT., *abad*; ESP., *abbade*; ITAL., *abbate*. — ETY. LAT., *abbatem*.

Coumo l'abbat canto, lou moungé respoun.
PRO.
L'inférieur règle sa conduite sur celle de son supérieur.

ABBATESSO, s. f. V. Abbadesso.
ABBÈ, BÉARN., s. m. V. Abbat.
ABBEROT, GASC., s. m. V. Abbadot.
ABBET, PROV., s. m. Altér. de *abbat*. V. Ce mot.
ABBETOUN, PROV., s. m. V. Abbadot.
ABDICA, v. a. ABDICAN, abdiquer, abandonner, renoncer à. — CAT., ESP., PORT., *abdicar*; ITAL., *abdicare*. — ETY. LAT., *abdicare*.

ABDICACIÉU, ABDICACIOUN, s. f. Abdication. — ESP., *abdicacion* ; ITAL., *abdicazione*. — ETY. LAT., *abdicationem*.

ABDICACIOUN, PROV., CÉV., s. f. V. Abdicaciéu.

ABÉ, CÉV., s. m. Sapin. V. Abet.
ABÉ, GASC., TOUL., v. a. Avoir. V. Avèire.
ABÈ, interj. Oui, vraiment; *abè oui, abè pla*, oui, certainement.
ABÈ, GASC., s. m. Abbé. V. Abbat.

ABECA, v. a. Abecquer ou abéquer, donner la becquée à un jeune oiseau. — SYN. *abescá, embecá*. — ITAL., *imbeccare*. — ETY., *à*, préf., et *bec*, bec.

ABECADO, s. f. Becquée. — ETY., *abecado*, part. f. de *abecá*.

ABECAT, ado, part. de *abecá*. Abecqué, ée.

ABÉCÉ, s. m. ABECE, abécé, alphabet. — ESP., *abece*; PORT., *a.b.c.*; ITAL., *abbici*. — ETY., mot composé des trois premières lettres de l'alphabet.

ABECEDARI, s. m. BECEDARI, abécédaire, petit livre qui contient l'a.b.c. — SYN. *abecedèro*, f. a. — CAT., *abecedari* ; ESP., PORT., *abecedario*; ITAL., *abbecedario*. — ETY. LAT., *abecedariùs*.

ABECH, PROV., s. m. ABECH. V. Labech.
ABECOUI, PROV., adj. Nigaud, imbécile.
ABEDRE, MONTP., v. a. V. Avèire.
A-BEGADOS, CÉV., adv. comp. Quelquefois, parfois. V. Vegado.
ABÈI, CÉV., adv. Aujourd'hui. V. Uei.
ABÈIANO, CÉV., s. f. V. Abelhano.
ABEIÉ, PROV., s. m. Troupeau de bêtes à laine. V. Abelher.
ABÉIO, CÉV., s. f. V. Abellio.
ABÈISSA, v. a. V. Abaissá.
ABEL, PROV., s. m. Rucher. — SYN. *abelher, apier*.

ABELA, BITERR., v. a. Rendre beau, embellir, parer, nettoyer; *s'abelá*, v. r., devenir beau ; se mettre au beau en parlant du temps. — SYN. *abellá, abèli*. — CAT., *abillar*; ITAL., *abbellare*. — ETY., *à* et *bel*, beau.

ABELAN, o, PROV., adj. Généreux, euse. — SYN. *abalan*.

ABELANIEIRO, s. f. V. Avelanieiro.
ABELANIER, s. m. V. Avelanier.
ABELANO, s. f. V. Avelano.

A-BEL-ARTABAL, loc. adv. V. Artobal.

ABELATIÉR, s. m. V. Avelatier.

ABELETRI, prov., v. a. Rendre bélitre ; poltron. v. n. Devenir bélitre. — Ety., à, préf., et beletri, bélître.

ABELHA, prov., v. a. Mettre des essaims dans des ruches ou des ruches dans un rucher. — Ety., abelho.

ABELHANO, s. f. Mélisse ou citronnelle. — Ety., abelho, parce que les abeilles tirent le meilleur miel de cette plante, dont elles sont friandes.

ABELHASSO, s. f. Grosse abeille. — Ety., augm. de abelho.

ABELHA, do, prov., adj. Percé, ée, d'une infinité de petits trous comme un gâteau d'abeilles. — Ety., abelho.

ABELHER, s. m. Rucher, collection de ruches ; guépier ; grand troupeau de bêtes à laine. — Prov., abeié ; abilhé. — Ety., pour les deux premières acceptions abelho, abeille ; pour la dernière avé, troupeau ; on devrait écrire avelhé.

ABELHO, biterr., s. f. Abelha, abeille, mouche à miel : valento coumo uno abelho, diligente comme une abeille. — Prov., abiho ; cat., abella ; esp., abeja ; port., abelha ; ital., ape. — Ety. lat., apicula, dim. de apis.

ABELHO, s f. L'ophrys abeille, dont la fleur a quelque ressemblance avec une abeille. V. Vespo (Herbo de la).

ABELHOUNO, prov., s. f. Petite abeille. — Ety., dim. de abelho.

ABELI, v. a. V. Abelá.

ABELIMENT, prov., s. m. Abelhimen, agrément, gracieuseté, délices. — Anc. cat., abeliment. — Ety., abèli.

ABELLA, v. a. V. Abelá.

ABELLAN, o, prov., adj. Il se dit des amandes dont l'écale est friable, et au fig. des personnes libérales et généreuses ; avé li man abellano, avoir les mains percées, toujours prêtes à faire des libéralités ; et ironiquement, toujours prêtes à donner des coups. — Syn. abalan, généreux. — Prov., aberan.

ABELUG, cév., toul., s. m. Disposition au travail, goût pour l'étude, désir d'apprendre, dextérité, adresse. — Rouerg., obeluc.

ABELUGAT, ado, adj. Éveillé, ée, dispos. — Ety., abeluc.

ABENA, v. a. Rassasier, épuiser ; user, élimer ; dissiper, consommer, achever. Lou diable i abéno si bano, le diable y use ses cornes ; abená un pincel, user un pinceau. — Cév., filer des cocons à demi, dévider ; s'abená, v. r. se rassasier, s'user, s'épuiser ; lou temps s'abéno, le temps s'écoule.

ABENADUROS, cév., s. f. p. Restes de cocons mi-dévidés qu'on file sans y en ajouter de neufs ; résidus des cocons dévidés la veille. — Ety., abenado, part. f. de abená.

ABENAT, ado, part. de abená. Rassasié, ée, épuisé, achevé ; élimé, usé ; fatigué, ruiné par les excès.

ABENCA, prov., v. a. Assommer, rouer de coups.

ABENCI, v. a. V. Avenci.

ABENENT, adj. V. Avenent.

ABENGUE, v. n. Aller bien ; s'abengue, v. r., s'entendre, être d'accord. — Béarn., abiène-s ; biterr., s'endeveni.

ABENTURE, béarn., s. f. V. Aventuro.

ABENGUDO, s. f. V. Avengudo.

ABEQUE, gasc., prép. Avec. V. Am.

ABÉQUÉ, cév., s. m. Petit abbé. V. Abbadot.

ABER, v. V. Avé.

ABERA, v. a. V. Averá.

ABERAA, béarn., s. f. V. Avelano.

ABERAN, o, prov., adj. Friable, tendre, facile. V. Abellan.

ABERCHA, prov., v. a. V. Bercá.

ABERGOUGNA, v. a. V. Avergougná.

ABERIT, ido, adj. biterr., cév., Fringant, te, dégourdi, éveillé, avisé, habile.

ABERLENCO, s. f. Fruit de l'amélanchier. — Syn. amelenco, amelancho, pereto-de-Sant-Jan.

ABERLENQUIER, s. m. Amélanchier, Cratægus amelanchier, arbrisseau de la famille des rosacées, qui croît sur les tertres et les coteaux pierreux et stériles, et produit des baies noires. Noms divers : Amelanchier, avelanchier, amelan, pereto-de-Sant-Jan.

ABE (7) ABI

ABERMA, TOUL., CÉV., v. a. V. Mermá.

ABERNOUN, s. m. Bunion bulbeux. V. Nissòu.

ABEROUNI, CÉV., v. a. Apprivoiser un mouton ou un agneau, lui apprendre à suivre son maitre. — ETY., *beroù*, agneau privé.

ABEROUNI (s'), CÉV., v. r. V. S'averouní.

ABERTI, v. r. V. Averti.

ABES, BITERR., s. m. p. ABETZ, balles de blé, d'avoine, etc.; pellicule de ces grains qu'emporte le vent. On dit aussi : *Pouls basses*. — CAST., *arofo*, qui s'applique plus particulièrement aux balles d'avoine; QUERC., *poussos*.

ABESCA, GASC., v. a. V. Abecá.

ABESCAT, s. m. V. Evescat.

ABESCOPS, CÉV., adv., pour *à bels cops*, quelquefois.

ABÉSIAT, ado, GASC., adj. Voisin, e.

ABESPRA, v. n. V. Avesprá.

ABESQUE, s. m. V. Evesque.

ABESSI, CÉV., v. a. Emousser ; *s'abessi*, v. r., s'émousser, en parlant d'un instrument tranchant.

ABESSI, ido, CÉV., adj. Émoussé, ée.

ABESTI, v. a. Abêtir, rendre stupide; *s'abesti*, v. r., devenir bête. — SYN. *abestá, abestiassi*. — ITAL., *abbestiare*. — ETY., *à*, préf., et *besti, bestio*, bête.

ABESTIASSI (s'), v. r. V. Abesti.

ABESTIOULA, v. a. Garnir un domaine de bestiaux.

ABESTIT, ido, part. de *abesti*. Hébété, ée, abêti : grossier, brutal. — SYN. *abetat*.

E diras à lous mau vestits :
Aici vostre sort, ABESTITS !
FAVRE.

ABET, BITERR., s. m. ABET, sapin commun ou sapin à feuilles d'if, *Abies taxifolia*, arbre de la fam. des conifères ; on donne le même nom au sapin pectiné ou sapin blanc. — SYN. *sap*. — CAT., *abet*; ESP., PORT., *abeto*; ITAL., *abete*. — ETY. LAT., *abietem*.

ABETA, v. a. V. Abesti.

ABETAT, ado, part. V. Abestit.

ABETI, v. a. V. Abesti.

ABETS, s. m. Balles des graminées. V. Abes.

ABÈU (A l'), CÉV., loc. adv. En danger, sur le bord d'un précipice ; *estre à l'abèu*, être en danger, être exposé à.

ABÉUDAT, dado, BÉARN., part. V. Avéusat.

ABÉURA, BITERR., v. a. ABEURAR, abreuver, faire boire les bestiaux, les mener à l'abreuvoir; par ext. imbiber, arroser, combuger; éteindre (la chaux); au fig. en faire accroire ; *s'abéurá*, v. r., se mouiller, s'imbiber, se tremper. — CAT., *abeurar* ; ESP., *abrevar* ; ITAL., *abbeverare*. — ETY. B. LAT., *abeverare*.

ABÉURADO, s. f. L'action de mener boire les bestiaux ; abreuvoir. — ETY., *abéurado*, part. f. de *abéurá*.

ABÉURADOU ou **ABÉURADOUR**, s. m. ABEURADOR, abreuvoir. — GASC., *beuédé*. — CAT., *abeurador* ; ESP., *abrevadero*. — ETY., *abéurado*, part. de *abéurá*.

ABÉURAGE ou **ABÉURAGI**, s. m. ABEURATGE, breuvage, boisson ; abreuvoir ; arrosage. T. de maç., mortier, ou plâtre liquide qu'on coule dans les joints de deux pierres. — SYN. *abéure*. — ESP., *brebage* ; PORT., *beberagem* ; ITAL., *beveraggio*. — ETY., *abéurá*.

ABEURAIRE, s. m. Celui qui mène boire les bestiaux ; celui qui arrose un jardin; au fig. celui qui en fait accroire. — ETY., *abéurá*.

ABEURAT, ado, part. de *abéurá*. Abreuvé, ée ; imbibé, trempé, combugé, arrosé ; au fig. celui à qui l'on en a fait accroire.

ABÉURE, s. m. V. Abéurage.

ABÉUSA (s'), v. r. V. Avéusà.

ABHOURRA, v. a. V. Abhourri.

ABHOURRAT, ado, part. V. Abhourrit.

ABHOURRI, v. a. ABORRIR, abhorrer. — CAT., *aborrir* ; ESP., PORT., *aborrecer* ; ITAL., *aborrire*. — ETY. LAT., *abhorrere*.

ABHOURRIT, ido, part. de *abhourri*. Abhorré, ée. — SYN. *abhourrat*.

ABIA, v. a. V. Aviá.

ABIADA, CÉV., v. a. Amadouer. V. Amiadá.

ABIADÉ, BÉARN., s. f. Essor, élan. — ETY., abiá, pour aviá.

ABICON, PROV., s. m. Nom commun à plusieurs espèces de figues. — SYN. abicoul.

ABICOUL, s. m. Le même que abicon.

ABICOUL, s. m. Le motteux ou cul blanc. V. Quioul blanc.

ABIÉ, BÉARN., s. m. Avenir.

ABIÈNE-S, BÉARN., v. r. S'entendre, s'accorder. — GASC., s'abengue.

ABIÈRA, GASC., v. a. V. Aviá.

ABIHO, PROV., s. f. V. Abelho.

ABILHER, PROV., s. m. V. Abelher.

ABILHO, s. f. V. Abelho.

ABILI, v. a. V. Avili.

ABIMA, v. a. V. Abismá.

ABIME, s. m. V. Abisme.

ABINA, v. a. V. Aviná.

ABINAT, ado. part. V. Avinat.

ABINATA, v. a. V. Avinatá.

ABIOUA, GASC., v. a. V. Avivà.

ABIRLE, O. BÉARN., adj. V. Habille.

ABIS, s. m. V. Avis.

ABISA, v. a. V. Avisá.

ABISMA, v. a. Abimer, engloutir; friper, salir, gâter, détruire, ruiner, écraser, accabler de fatigue ; abismá de cops, accabler de coups: s'abismá, v. r., s'abimer, s'engloutir, se meurtrir, se harasser de fatigue. — SYN. abasimá, abimá, abymá, abissá, obirmá. — ETY., abisme.

ABISMAT, ado. part. de abismá. Abimé, ée; accablé de fatigue; fripé, sali ; ruiné.

ABISME, s. m. ABISME, abîme, cavité profonde ou sans fond. — SYN. abime; abyme. — ESP., abismo ; ITAL., abisso.

ABISSA, v. a. ABISSAR, abîmer. — ANC. CAT., abisar ; ITAL., abissare. — ETY. ROMAN., abìs du lat. abyssus, abime. V. Abismá.

ABISSAT, ado. part. de abissá. Abimé, ée. V. Abismat.

ABIT, BITERR., s. m. V. Vis.

ABIT, PROV., s. m. Sarment. V. Visé.

ABJURA, v. a. Abjurer, renoncer solennellement à un culte profane, à une mauvaise doctrine. — ESP., PORT., abjurar ; ITAL., abgiurare. — ETY. LAT., abjurare.

ABJURACIÉU, ABJURACIOUN, s. f. L'action d'abjurer, de renoncer à une fausse religion ou à une mauvaise doctrine. — ESP., abjuracion ; ITAL., abbiurazione. — ETY. LAT., abjurationem.

ABLACA, BITERR., v. a. Coucher, renverser. A quel vent a ablacat las civados, ce vent a couché les avoines.

ABLACADO, s. f. Le versement des blés par la pluie ; l'abatis d'arbres par le vent; airée, quantité de gerbes étendues sur l'aire pour être battues. — ETY., ablacat, ado, part. de ablavá.

ABLADA, v. a. ABLADAR, emblaver, semer un champ en blé. — BÉARN., battre comme on bat le blé sur l'aire, rosser, étriller ; QUERC., oblodá ; B. LAT., imbladare. — ETY., à, préf., et blad, blé.

Per lur camp quan er ABLADATZ.
BREV. D'AMOR.
Par leur champ quand il sera semé en blé.

ABLADAT, ado. part. de abladá. Emblavé, ée, pourvu de blé; rossé, étrillé; éreinté de fatigue.

ABLAGIÉ, DAUPH., v. a. Ravager, piller, faire du dégât. V. Ablasigá.

ABLANQUI, v. a. Rendre blanc, laver. — ETY., à et blan.

ABLASI, v. a. V. Ablasigá.

ABLASIDURO, CÉV., s. f. État du linge devenu souple par l'usure. — ETY., ablasido, part. f. de ablasi.

ABLASIGA, v. a. Meurtrir, assommer, éreinter; enlever les forces, en parlant d'une grande fatigue ou d'une maladie; au fig. ruiner, cribler de dettes. — SYN. ablasi, deblazigá, ablèigá, ablagié.

ABLASIGADURO, s. f. Meurtrissure, courbature, lassitude excessive. SYN. ablèigaduro. — ETY., ablasigado, part. f. de ablasigá.

ABLASIGAT, ado. part. de ablasigá. Meurtri, e, harassé, moulu, au fig. ruiné. — SYN. ablèigat.

ABLASIT, ido, part. de *ablasi*. Moulu, e, éreinté ; souple, usé, avachi, devenu mou.

ABLEIGA, prov., v. a. M. sign. que *ablasigá*. Employé neutralement, il signifie se blottir, se tapir, se cacher dans un recoin. — Syn. *abreigá*.

ABLEIGADURO, prov., s. f. V. Ablasigaduro.

ABLEIGAT, ado, part. V. Ablasigat.

ABLESTO, prov., s. f. V. Blesto.

ABLET, prov., s. m. V. Soflo.

ABLOUTA, v. a. Réunir plusieurs sommes pour en faire l'addition ; joindre plusieurs choses pour n'en faire qu'un seul lot. — Ety., *à*, préf. et *blout*, bloc.

ABLUCIÉU, ABLUCIOUN, s. f. Ablution. — Cat., *ablució* ; esp., *ablucion* ; ital., *abluzione*. — Ety. lat., *ablutionem*.

ABNEGA, v. a. Abneguar, abnejar, renoncer à ses passions, à ses plaisirs, à ses erreurs ; faire abnégation de... — Esp., port., *abnegar* ; ital., *abnegare*. — Ety. lat., *abnegare*.

ABNEGACIÉU, ABNEGACIOUN, s. f. Abnégation, renoncement à soi-même, et détachement de tout ce qui n'a point rapport à Dieu. — Esp., *abnegacion* ; ital., *abnegazione*. — Ety. lat., *abnegationem*.

ABORD, s. m. Abord, arrivée, venue en général, accès ; s. m. p. *Lous abords*, les abords, ce qui entoure un monument, une localité, une place de guerre ; affluence de personnes ou de choses ; d'où l'adverbe provençal, *abord*, qui signifie beaucoup, à foison, en grande quantité, plusieurs. *N'a abord*, il y en a beaucoup ; T. de mar. *Abord*, abord, commandement qu'une chaloupe ou à un vaisseau d'approcher du vaisseau qui lui fait ce commandement. *D'abord* loc. adv. D'abord, en premier lieu, avant tout ; de suite.

ABOUA, v. a. V. Avouá.

ABOUAT, prov., s. m. Bouée. — Syn. *gavitéu*.

ABOUAU, agat., s. m. Embouchure, rue qui reçoit les eaux d'une ville, d'où elles se répandent au dehors, ou se jettent dans un égout. — Altér. de *aboucau*, formé de *s'aboucá*, se vider, se répandre.

ABOUCA, toul., v. a. Abocar, vider, répandre, renverser quelque chose la bouche en bas ; prov., aboucher, faire trouver des personnes ensemble pour s'entretenir d'une affaire ; il signifie aussi réduire au silence, faire cesser ; v. n. Verser, en parlant d'une voiture ou d'une charrette. *S'aboucá*, v. r. se vider, se répandre, se renverser le goulot en bas ; verser ; s'aboucher, se prosterner. — Syn. *boucá*, dans le sens de verser, transvaser. — Esp., *abocar* ; ital., *abboccare*, aboucher. — Ety., *à*, et *bouco*, bouche, goulot.

ABOUCA, v. a. (*abòuca*). V. Abaucá.

ABOUCAMENT, prov., s. m. Abouchement, entrevue, conférence de deux ou de plusieurs personnes. — Esp., *abocamiento* ; ital., *abboccamento* — Ety., *aboucá*, et le suffixe *ment*.

ABOUCASSEJA, v. n. V. Avoucassá.

ABOUCASSI (s'), v. r. V. Abouscassi.

ABOUCAT, ado, part. de *aboucá*. Versé, ée, vidé, transvasé ; abouché ; s. m. tuile du forget ou larmier d'un toit, ainsi appelée parce qu'elle est renversée, et placée en sens contraire des tuiles du toit lui-même ; on dit *aboucat* pour *téule aboucat*.

ABOUCAT, s. m. V. Avoucat.

ABOUCATEJA, v. n. V. Avoucassá.

ABOUCHA, prov., v. a. Aboucher. V. Aboucá.

ABOUCHARDI, do, cév., adj. Sali, e, qui a le visage barbouillé. — Syn. *bouchar*.

ABOUCHOUN (d'), cév., prov., loc. adv. La face ou la bouche contre terre ; prosterné ou couché sur le visage ; renversé le goulot ou l'ouverture en bas en parlant d'un vase. — Syn. *abauzous, d'abauzous*. — B. lim., *dobouchou, d'aboucous*. — Ety., *à*, préf., et *boucho* pour *bouco*, bouche.

ABOUCHOUNA, prov., v. a. V. Abauzá.

ABOUCINA, v. a. Morceler, couper par morceaux. — Ety., *à*, et *bouci*, morceau.

ABO (10) ABO

ABOUGOUNAT, ado, adj. Prosterné, ée, la face contre terre; renversé, l'ouverture en bas. — Ety., *à*, préf., et *bouco*, bouche.

ABOUGOUS (d'), loc. adv. V. Abouchoun.

ABOUDA, v. a. V. Avoudà.

ABOUDI (s'), prov., v. r. (*aboudi*). V. Abaudi.

ABOUDRI, prov., v. a. Ameublir la terre. — Ety., *à*, et *boudro*, adj., *terro boudro*, terre ameublie.

ABOUEY, cast., adv. Aujourd'hui. — Syn. *uèi*.

ABOUGNA, prov., v. a. Mettre en tas. — Syn. *bougnounà*. — Ety., *à* et *bougno*, enflure, tumeur. — Ital., *bugna*, bosse.

ABOUGNAT, ado, part. de *abougnà*. Mis, e, en tas; pommé, ée, en parlant d'un chou, d'une laitue; plongé, précipité.

ABOUGRIT, Ido, adj. Triste, mélancolique, inquiet; qui a mauvaise mine. — Syn. *rabougrit*.

ABOUICHOUNI (s'), v. r. V.

ABOUISSOUNI (s'), v. r. Devenir semblable à un buisson, se rabougrir, s'abâtardir. — Ety., *à*, préf., et *bouissoun*, buisson.

ABOUISSOUNIT, ido, part. de *abouissouni*. Rabougri, e.

ABOUL, o, cast., adj. Celui, celle à qui la tête tourne et qui a des éblouissements.

ABOULA, cév., v. a. Mesurer la distance de la boule au cochonnet. T. du jeu de boules.

ABOULCA (s'), biterr., v. r. S'étendre, se coucher; verser en parlant des blés trop épais. — Querc., *boulcà*.

ABOULI, v. c. Abolir, abolir, annuler. — Esp., port., *abolir*; ital., *abolire*. — Ety. lat., *abolere*.

ABOULICIÉU, ABOULICIOUN, s. f. Abolitio, abolition. — Syn. *aboulissament*, *aboulissiment*. — Esp., *abolicion*; ital., *abolizione*. — Ety. lat., *abolitionem*.

ABOULISSAMENT, ABOULISSIMENT, s. m. V. Abouliciéu.

ABOULIT, ido, part. de *abouli*. Aboli, e.

ABOULUDA (s'), biterr., v. r. V. Avouludà.

ABOUMIANI (s'), prov., v. r. S'encanailler, vivre comme un bohémien, un gitano. — Ety., *boumian*.

ABOUMINABLE, o, adj. Abhomenable, abominable, exécrable. — Cat., esp., *abominable*; port., *abominavel*; ital., *abominabile*. — Ety. lat., *abominabilis*.

ABOUMINABLOMENT, adv. Abominablement. — Esp., *abominablemente*; port., *abominavelmente*; ital., *abominevolmente*. — Ety., *abouminablo*, et le suffixe *ment*.

ABOUMINACIÉU, ABOUMINACIOUN, s. f. Abominacio, abomination. — Cat., *abominació*; esp., *abominacio*; ital., *abominazione*. — Ety. lat., *abominationem*.

ABOUNASSA, v. a. Adoucir, rendre meilleur, calmer; *s'abounassà*, v. r. s'adoucir, se calmer, en parlant du temps, du vent, de la mer. — Ety., *à*, préf., et *bounasso*, bonace.

ABOUNASSAT, ado, part. de *abounassà*. Radouci, e, devenu meilleur, plus calme.

ABOUNDA, v. n. Abondar, aondar, abonder; cév., v. a., rassasier; *me soui abounda de lou batre*, je me suis lassé de le battre. — Cat., esp., port., *abundar*; ital., *abbondare*. — Ety. lat., *abundare*.

ABOUNDANCI, ABOUNDANCIO, s. f. Abondancia, abondance. *Val mai l'aboundancio que la carestio*, l'abondance vaut mieux que la disette. — Syn. *aboundanso*. — Esp., port., *abundancia*; ital., *abbondansa*. — Ety. lat., *abundantia*.

ABOUNDANSO, s. f. V. Aboundanci.

ABOUNDANT, o, part. prés. de *aboundà*. Abondant, e.

ABOUNDE, s. m. Abondance, ce qui abonde, ce qui est abondant; satiété. *Boulà sus la taulo tout soun abounde*, mettre sur la table tout ce que l'on a pour que le repas soit abondant. — Ety. b. lat., *abundia*.

ABOUNDENSO, s. f. V. Aboundanci.

ABOUNDIVOU, cév., adj. Rassasiant. — Ety., abounde.

ABOUNDOMENT, adv. Abondamment. — Cat., abundosament; esp., abundadamente; port., abundantemente; ital., abbondantemente. — Ety., aboundo, et le suffixe ment.

ABOUNDOUS, o, adj. Abondant, e, plantureux, ample, en parlant d'un vêtement; généreux, libéral, qui fait les choses d'une manière honorable. — Esp., abundoso; anc. ital., abondoso. — Ety., abounde.

ABOUNI, v. a. Abonesir, abonnir, rendre bon, meilleur. S'abouni, v. r., devenir bon, meilleur. — Ital., abbonire. — Ety., à, et boun, bon.

ABOUNIT, ido, part. de abouni. Abonni, e, rendu, devenu bon.

ABOUNT, prov., s. m. Assaisonnement. — Syn. sabourun.

ABOUNTA, prov., v a. Assaisonner. — Ety., abount.

ABOURDA, cév., v. n. V. Abourtà.

ABOURDA, v. a. Aborder, arriver à; v. n., venir à bord; arriver en général, affluer; s'abourdà, v. r., s'aborder, s'approcher pour se parler; T. de mar., se heurter, en parlant de deux vaisseaux qui vont l'un contre l'autre. — Esp., port., abordar; ital., abbordare. — Ety., à, et bord.

ABOURDABLE, o, adj. Abordable, qu'on peut aborder, de facile abord. — Ety., abourdà.

ABOURDAGE, ABOURDAGI, s. m. Abordage. — Esp., abordage; port., abordagem. — Ety., abourdà.

ABOURDAT, ado, part. de abourdà. Abordé, ée.

ABOURDI (s'), toul., cév. v. r. S'abâtardir, se gâter, se corrompre.

ABOURDIMENT, toul., s. m. Corruption des mœurs; abâtardissement. — Ety., abourdi.

ABOURGALI, cév., v. a. Rendre libéral; s'abourgali, v. r., devenir libéral.

Quand un vilen s'abourgalis,
Ou bonto tout per escudèlos.
Pho.

ABOURGNA, v. a. V. Embourgnà.

ABOURIA, cast., v. a. Prendre une métairie à moitié fruits; y entrer en qualité de métayer. — Ety., borio, métairie.

ABOURIGAT, ado, adj. Qui est en suppuration, en parlant d'un bouton.

ABOURIOU, ivo, adj. Hâtif, précoce. — Ety. lat., abortivus, venu avant le temps.

ABOURRA. prov., v. a. Exciter un chien à mordre ou à se battre. — Syn. aboutà, aquissà. — Ety., à. et bourrà, bourrer.

ABOURRELA, cév., v. a. Déformer, briser, abîmer.

ABOURRI, v. a. Gâter, délaisser, réduire par négligence une chose à nulle valeur, détruire; laisser en friche; s'abourri, v. r., dépérir, s'amaigrir; tomber en friche si c'est un champ ou une vigne; se rider en parlant d'une personne, se perdre s'il s'agit d'une mode.

ABOURRIMEN, s. m. Abandon, destruction, rabougrissement. — Ety., abourri.

ABOURRISSA, gasc., v. a. Brouiller, mettre pêle-mêle. — Syn. aboutrissà.

ABOURRISSADO, gasc., s. f. Brouillement, pêle-mêle, confusion, désordre.

ABOURRIT, ido, part. de abourri. Abandonné, ée, tombé en friche en parlant d'un champ; ruiné en parlant d'un bâtiment; au fig. femno abourrido, femme qui a perdu sa beauté.

ABOURTA, v. n. Abhortir, avorter, accoucher avant terme, le plus souvent par suite d'un accident. — Toul., cév., abourdà. — Ital., abortire; esp., abortar. — Ety. lat., abortare.

ABOURTAMENT, s. m. Abhortiment, avortement. — Esp., ital., aborto. — Ety., abourtà.

ABOURTOUN, s. m. Avorton, né avant terme; petit, chétif. — Esp., aborton, ital., aborto. — Ety., abourtà.

ABOUSCASSI (s'), v. r. Se changer en bois. Il se dit d'une terre qui, faute de culture, se couvre d'une végétation parasite d'arbrisseaux et de ronces. — Syn. abousqui. — Ety., à, et bouscas, augm. de bosc, sauvage, inculte.

ABOUSCASSIT, ido, part. de *abouscassi*. Devenu, e, semblable à un bois, en parlant d'une terre mal cultivée; abâtardi, dégénéré, rabougri.

ABOUSÈIRA (s'), PROV., v. r. S'ébouler, s'écrouler, s'affaisser. — SYN. *s'abousouná*.

ABOUSOUN (d'), loc. adv. V. Abouchoun.

ABOUSOUNA (s'), PROV., v. r. V. Abousèirá.

ABOUSQUI (s'), v. r. Se couvrir de bois. — SYN. *s'abouscassi*. — ETY., *à*, et *bosc*, bois.

ABOUSSA, t. de mar. Bosser, retenir une manœuvre avec des bosses, c'est-à-dire avec certains cordages très-courts qui font dormant d'un bout sur un point solide. — ETY., *à*, et *bosso*, bosse.

ABOUSSAGE, PROV., s. m. Repas dans lequel chacun porte son plat.

ABOUTA, v. a. Haler, exciter un chien à se battre ou à se jeter sur quelqu'un; le pousser après une pièce de gibier. On lui crie en ce cas : *Abouto! Abouto!* — SYN. *abourrá*.

ABOUTICARI, PROV., s. m. V. Apouticari.

ABOUTRISSA, GASC., v. a. V. Abourrissá.

ABOUVA. PROV., v. a. (*abòuvá*). V. Abauzá.

ABOUVIA, PROV., v. a. Dételer les bœufs. — ETY., *à*, préf., et *bòu*, bœufs.

ABRA, CÉV., PROV., v. a. Brûler, allumer, embraser ; *s'abrá*, v. r., s'embraser, s'allumer. — ETY., ce mot paraît être une contraction de *abrasá*.

ABRACA, v. a. V. Bracá.

ABRACA, BITERR., v. a. ABRACAR, accourcir, raccourcir, couper, trancher, abattre ; *abracá lou malhol*, raccourcir les bras d'une vigne qu'on vient de planter. Il signifie aussi braquer ; c'est une altération de *bracá*. V. Ce mot.

ABRACADO, s. f. Chablis, abattis de bois. — ETY., *abracat*, ado, part. de *abracá*.

ABRACAT, ado, part. de *abracá*. Accourci, coupé, retranché ; braqué, ée.

ABRAGUI (s'), PROV., v. r. V. Abregui.

ABRAGUI, do, CÉV., part. Plein, e; qui se répand au-dehors, en parlant d'un liquide.

ABRAIRE, CÉV., PROV., s. m. Celui qui allume. — ETY., *abrá*.

ABRAMA, do, PROV., adj. Avide, ardent, enflammé, passionné, emporté, affamé. — SYN. *abrasamá*. — ETY., *à*, et l'italien, *bramare*, désirer ardemment.

ABRANA, GASC., s. m. Terrain couvert de bruyère. — ETY., *à*, et *brano*, bruyère.

ABRANDA, CÉV., v. a. ABRANDAR, brûler, enflammer, embraser ; *s'abrandá*, v. r., s'enflammer, s'embraser. — SYN. *embrandá*. — V. FR., *abrander*; QUERC., *oblondá*. — ETY., *à*, et l'allemand, *brand*, feu, incendie.

ABRANO, GASC., s. f. Bruyère. V. Brano.

ABRASA, BITERR., v. a. ABRASAR, embraser ; étamer, braser, souder par le moyen du feu. — CAT., ESP., *abrasar*. — ETY., *à*, et *braso*, braise.

ABRASAIRE, s. m. Étameur. On appelle ainsi des Italiens qui courent les campagnes pour étamer les casseroles et autres ustensiles de cuisine. — SYN. *estabrasaire*. — ETY., *abrasá*.

ABRASAMA, do, PROV., adj. V. Abramá.

ABRASAMEN. PROV., s. m. Embrasement. — ETY., *abrasá*.

ABRASAT, ado, part. de *abrasá*, Embrasé, ée ; brasé, ée.

ABRASCA, CÉV., v. a. Ébrancher, rompre les branches d'un arbre. — SYN. *desbrancá*. — ETY., ce mot paraît être une altération de *abrancá*, fait de *a* priv. et de *branco*, branche.

ABRASCAJE, CÉV., s. m. Ébranchement. — ETY., *abrascá*.

ABRASCAMENT, s. m. V. Abrascaje.

ABRASCAT, ado, part. de *abrascá*. Ébranché, ée.

ABRASQUE, co, adj. Fragile, cassant, e, en parlant d'une branche.

ABRASSA, v. a. ABRASSAR, embrasser, serrer dans ses bras. — SYN. *embrassá*.

— Cat., *abrassar*; esp., *abrazar*; port., *abraçar*; ital., *abbracciare*. — Ety., *à*, et *brasso*, brasse.

ABRASSAC, biterr., s. m. Havre-sac. — Syn., *arbassac, aubrassac, aubressac*. — Ety. all., *haber-sack*, sac à avoine, de *haber*, avoine, et *sack*, sac.

ABRAT, ado, part. de *abrá*. Allumé. ée, embrasé.

ABRAVIS, prov., s. m. Clématite. Ce mot est une altération de *aubovil*. V. Vitalbo.

ABREGI (s'), prov., v. r. V. Abreguí.

ABREGUI (s'), prov., v. r. S'abcéder, venir à suppuration, en parlant d'une plaie. — Syn. *s'abragui, s'abreguiá*.

ABREGUIA (s'), V. Abreguí.

ABREGUIAT, ado, part. V. Abreguit.

ABREGUIDURO, prov., s. f. Abcès, plaie, tumeur qui s'abcède, qui suppure. — Ety., *abreguit, ido,* part.

ABREGUIT, ido, part. de *abregui*. Abcédé, ée, en suppuration. — Syn. *abregit, abreguiat, abourigat, apoustemit*.

ABRÈIGA, prov., v. a. V. Ablèigá, Ablasigá.

ABREJA, v. a. V. Abreviú.

ABREL, b. lim., s. m. V. Obrel.

ABREMBA (s'), toul., v. r. Se souvenir, se rappeler. — Syn. *se brembá*.

ABRENOUNCIA, béarn., v. a. Renier, désavouer, abjurer, renoncer. — Ety. lat., *abrenuntiare*, renoncer.

ABRÈU, s. m. V. Abril.

ABREVIA, v. a. Abreviar, abréger. — Cat., esp., port., *abreviar*; ital., *abbreviare*. — Ety. lat., *abbreviare*.

ABREVIACIÉU, **ABREVIACIOUN**, s. f. Abreviacio, abréviation. — Syn. *abreviament*. — Cat., *abreviació*; esp., *abreviacion*. — Ety. lat., *abbreviationem*.

ABREVIAMENT, s. m. V. Abreviacióu.

ABRÈYA, béarn., v. a. Abrian., mettre à l'abri. V. Abrigá.

ABRIAGO, s. f. Abriaga, ivraie. V. Juelh.

ABRIAL, s. m. V. Abril.

ABRIC, s. m. Abric, abri, ce qui protège contre le mauvais temps; lieu exposé au soleil. *A l'abric*, loc. adv., à l'abri, à couvert. — Querc., *obric*; cat., *abrig*; esp., port., *abrigo*. — Ety. lat., *apricus*, exposé au soleil.

ABRICA, v. a. V. Abrigá.

ABRICOT, **ABRICOUTIER**, prov., s. m. V. Aubricot, aubricoutier.

ABRIÉU, s. m. V. Abril.

ABRIGA, biterr., v. a. Abrigar, abrichar, abriter, mettre à l'abri; préserver, protéger; *s'abrigá*, v. r., s'abriter, se mettre à l'abri, se réchauffer au soleil. — Syn. *abrèyá, abricá, abritá, apricá*. — Cat., esp., port., *abrigar*. — Ety., *abrig* pour *abric*.

ABRIGA, prov., v. a. Emier, réduire en petits morceaux. — Syn. *esbrigá*. Ety., *à*, et *brigo*, miette, morceau.

ABRIGAIL, gasc., s. m. Manteau, houppelande, cape, ce qui abrite. — Ety., *abrigá*, abriter.

ABRIGAT, ado, part. de *abrigá*. Abrité, ée; émié, ée, coupé en petits morceaux, brisé.

ABRIGOUS, o, biterr., adj. Abrité, ée, lieu à l'abri du mauvais temps. — Ital., *aprico*. — Ety., *abrig* pour *abric*.

ABRIL. s. m. Abril, abriu, avril.

Le quart mes ès Abril nomnatz
Lo qual per las proprietatz
Del temps penho li penhedor
Portan joiozamen la flor.
Brev. d'Amor.

Syn. *abrial, abrèu, abriu*. — Cat., esp., *abril*; ital., *aprile*. — Ety. lat., *aprilis*.

Quant tout lou mes d'Abril plourió,
Que tout lou mounde cridarió :
Tout es negat, tout es perdut !
Encaro aurió pas prou plóugut.
Pro.

Te tengues pas per ivernat
Tant qu'Abrial n'es pas passat.
Pro.

Al mes d'abrial t'alaugèirés pas d'un fial ; al mes de mai fai so que te plai, ainsi encaro noun sai.
Pro.

ABRILHANDO, **ABRILHANTO**, prov., s. f. Les trois premiers jours du mois d'avril; d'après une croyance populaire, le temps qui règne durant ces trois jours continue pendant les quarante jours qui les suivent. — Syn. *brilhando*. — Ety., *abril*.

ABRIOU, s. m. V. Abril.

ABRIT, gasc., s. m. V. Abric.

ABRITA, v. a. V. Abrigá

ABRITET, gasc., s. m. Petit abri. — Ety., dim. de *abrit*.

ABRITOUS, o, adj. V. Abrigous.

ABRIU, béarn., s. m. Avril.

Abriu que hè la flou,
May qu'en a l'annou.
PRO. BÉARNAIS.

Avril fait la fleur ;
Mai en a l'honneur.

Abriu
Caneriu.
PRO. GASC.

La tige du blé se forme en avril.
Ety., *cano*, canne, tige, d'où *caneriu*.

En abriu
Lambriu.
PRO. GASC.

En avril
Éclair.

ABRIVA, biterr., v. a. Abrivar, hâter, presser, accélérer ; *s'abrivá*, v. r., se hâter, s'empresser, s'élancer, se jeter avec impétuosité ; être trop hâtif, en parlant des fruits, mûrir avant la saison. — Ety., *à*, et le roman *briu*, impétuosité.

Al travai que noun s'abrivo
Es de carogno touto vivo.
PRO.

ABRIVA, prov., v. a. Donner un poisson d'avril, en faire accroire, attraper ; tromper ; *s'abrivá*, v. r., manger un poisson d'avril. — Ety., *abriu*.

ABRIVACIOUN, prov., s. f. V. Abreviaciéu.

ABRIVADO, s. f. Impétuosité, élan, hâte. *Fai acò d'uno abrivado*, fais cela tout d'un trait. — Syn. *abrivament*. — Ety., *abrivado*, part. f. de *abrivá*.

ABRIVAIRE, prov., s. m. Celui qui donne des poissons d'avril, qui attrape. — Ety., *abrivá*, fait de *abriu*.

ABRIVAMENT, s. m. V. Abrivado.

ABRIVAT, ado. part. de *abrivá*, empressé, ée, qui a pris son essor, qui va à toute vitesse ; entraîné par les courants, en parlant d'un vaisseau ; qui a mangé un poisson d'avril, attrapé.

ABRIVAU, prov., s. m. Éperon. — Ety., *abrivá*, presser, hâter.

ABRO, cév., s. f. Le bord d'un ruisseau.

ABRO, dauph., s. m. Arbre ; *los abro* ou *abros*, les arbres. V. Aubre.

ABROUA, prov., v. a. *Faire abrouá l'avé*, faire approcher le troupeau du bord des champs, des fossés, des tertres où se trouvent des touffes d'herbes. — Ety., *abro*, bord.

ABROUAS, ABROUAT, prov., s. m. Broussailles, touffes d'arbustes et de plantes qui poussent le long des champs et des chemins. — Syn. *abroués* ; *brouas*. — Ety., *abro*, bord.

ABROUCA, béarn., v. a. Embrocher. V. *Embrouchá* ; il signifie aussi percer, mettre en perce. — Ety., *à*, et *broco*, cheville ou fausset d'un tonneau.

ABROUDI (s'), cév., v. r. S'acoquiner ; devenir paresseux. — Ety., *à*, et *brodo*, paresse.

ABROUDI, do, cév., part. Acoquiné, e, paresseux.

ABROUÉS, prov., s. m. Broussailles. V. Abrouas.

ABROUGUI, prov., v. a. V. Abrouqui.

ABROUI, prov., s. m. Blé en herbe. V. Bruelh.

ABROULHA, gasc., v. a. et n. Tricher.

ABROUQUI, prov., v. a. Brouter, manger les sommités des plantes ; *s'abrouqui*, cév., v. r., se rabougrir. — Syn. *abrougui*. — Ety., *à*, et *brout*, jeune pousse, bourgeon.

ABROUQUI, do, prov., part. Abrouti, e, brouté ; cév., rabougri. — Syn. *abrougui*, *abrouli*.

ABROUTA, prov., v. a. Ébourgeonner ; *s'abroutá*, cév., v. r. avorter. — Syn. *esbroutá*. — Biterr., *desbourrá*. — Ety., *a*, priv. et *brout*, bourgeon, germe.

ABROUTADO, prov., s. f. Ébourgeonnement. — Ety., *abroutado*, part. f. de *abroutá*.

ABROUTAIRE, prov., s. m. Celui qui ébourgeonne. — Ety., *abroutá*.

ABROUTI, do, prov., adj. V. Abrouqui, do.

ABROUTUN, prov., s. m. Bourgeons qu'on a retranchés des ceps de vigne. — Ety., *abrouda*.

ABRUDI, v. a. Ébruiter, divulguer; *s'abrudi*, v. r., s'ébruiter. — Ety., *à*, et *brud* pour *brut*, bruit.

ABRUDIT, ido, part. de *abrudi*. Ébruité, ée, divulgué.

ABRUM, prov., s. m. Le hoquet d'une personne ivre. — Ety., onomatopée.

ABRUTI, v. a. Abrutir, rendre stupide comme une bête brute; *s'abruti*, v. r., s'abrutir. — Ety., *à*, et *bruto*, brute.

ABRUTISSIMENT, ABRUTISSOMENT, s. m. Abrutissement, état d'une personne abrutie. — Ety., *abruti*.

ABRUTIT, ido, part. de *abruti*. Abruti, e.

ABSENCIO, s. f. V.

ABSENSO, s. f. Absensa, absence. — Cat., anc. esp., port., *absencia*; ital., *assensa*. — Ety. lat., *absentia*.

ABSENT, o, adj. Absent, absent, e. — Cat., *absent*; anc. esp., port., *absente*; ital., *assente*. — Ety. lat., *absentem*.

ABSENTA (s'), v. r. Absentar, s'absenter. — Cat., esp., port., *absentarse*; ital., *assentarsi*.

ABSINTO, s. f. Absinti, absinthe. — Syn. encens. V. ce mot. — Ety. lat., *absinthium*.

ABSOUDRE, v. a. Absolvre, absoudre. — Esp., port., *absolver*; ital., *assolvere*. — Ety. lat., *absolvere*.

ABSOLUCIÉU, ABSOLUCIOUN, s. f. Absolutio, absolution. — Cat., *absolució*; esp., *absolucion*; ital., *assoluzione*. — Ety. lat., *absolutionem*.

ABSOULUDOMENT, adv. Absolutament, absolument, d'une manière absolue. — Syn. *absolument*. — Cat., *absolutament*; esp., port., *absolutamente*; ital., *assolutamente*. — Ety., *absouludo*, et le suffixe *ment*.

ABSOULUMENT, adv. V. Absouludoment.

ABSOULUT, udo, adj. Absolut, absolu, e. — Cat., *absolut*; esp., port., *absoluto*; ital., *assoluto*. — Ety. lat., *absolutus*.

ABSOURBA, v. a. Absorber, faire entrer en soi; faire disparaître, épuiser, consumer. — Esp., *absorver*; port., *absorber*; v. ital., *absorbere*. — Ety. lat., *absorbere*.

ABSOURPCIÉU, ABSOURPCIOUN, s. f. Absorption, action d'absorber. — Ety. lat., *absorptionem*.

ABSOUS, to, part. de *absoudre*. Absous, oute.

ABSTÈNE (s'), v. r. Abstèner, s'abstenir, se priver de, ne pas se laisser aller à; garder l'abstinence; se récuser, en parlant d'un juge. — Cat., *abstenir*; port., esp., *abstenerse*; ital., *astenersi*. — Ety. lat., *abstinere*.

ABSTINENCI, ABSTINENCIO, s. f. V.

ABSTINENSO, s. f. Abstinensa, abstinence, action de s'abstenir. — Esp., port., ital., *abstinencia*; ital., *astinenza*. — Ety. lat., *abstinentia*.

ABSTRACCIÉU, ABSTRACCIOUN, s. f. Abstraccio, abstraction, action d'abstraire, d'isoler, dans un objet, un caractère pour ne considérer que ce caractère; résultat de cette opération; au plur. rêverie, préoccupation. — Cat., *abstraccio*; esp., *abstraccion*; ital., *astrazione*. — Ety. lat., *abstractionem*.

ABSTRET, o, adj. Abstrayt, abstrait, e, difficile à saisir, à pénétrer. — Cat., *abstret*; esp., port., *abstracto*; ital., *astratto*. — Ety. lat., *abstractus*, de *abstrahere*, abstraire.

ABSURDE, o, adj. Absurde. — Esp., port., *absurdo*; ital., *assurdo*. — Ety. lat., *absurdus*.

ABSURDITAT, s. f. Absurdité. — Esp., *absurdidad*; ital., *assurdità*. — Ety. lat., *absurditatem*.

ABU, s. m. Aveu. V. Avu.

ABUCA (s'), prov. v. r. Se renverser, broncher. — Syn. *s'aboucá*. V. ce mot. — Ety., *à*, et *buco*. du lat. *bucca*, bouche, tomber la bouche contre terre.

ABUGADA, v. a. V. Bugadá.

ABUGLA, v. a. V. Avuglá.

ABUGLE, o, adj. V. Avugle.

ABUHA, gasc. v. a. Étourdir, stupéfier, effrayer, désorienter.

ABUHAT, ado, part. de *abuhá*. Étourdi, e. effrayé.

ABUOURA, v. a. V. Abéurá.

ABUOURE, GÉV., s. m. Le boire, boisson.

ABURRELA, GASC., v. a. Mettre en tas les plantes fourragères. SYN. *burrelá*. — ETY., *à*, et *burrel*, petit tas de foin, de luzerne.

ABUS, s. m. Abus, usage mauvais qu'on fait de quelque chose; coutume, usage mauvais qui s'introduit. — CAT., *abus*; ESP., PORT., ITAL., *abuso*. — ETY. LAT., *abusus*.

ABUSA, v. n. Abuser, abuser, user mal, se prévaloir de..; v. a., tromper; séduire; *S'abusá*, v. r., s'abuser, se faire illusion. — ESP., *abusar*; ITAL., *abusare*. — ETY., *abus*.

ABUSIÉU, ivo, adj. Abusif, ive, qui tient de l'abus. — ESP., PORT., ITAL., *abusivo*. — ETY. LAT., *abusivus*.

ABUSIVOMENT, adv. Abusivement. — ETY., *abusivo*, et *ment*.

ABUSO-PASTOU, GASC., s. m. L'engoulevent, d'après Cenac-Moncaut (Dictionnaire gascon-français). Ce nom convient mieux à la bergeronnette, appelée, en provençal, *engano-pastre*, dont *abuso-pastou* est la traduction exacte.

ABUTA, v. a. Abuter, lancer la boule ou le palet vers un but pour savoir à qui jouera le premier; T. de mar., mettre bout à bout, ou toucher par un bout. — ETY., *à*, et *but*.

ABYMA, v. a. V. Abismá.

ABYME, s. m. V. Abisme.

AC, GASC., BÉARN., pron. Le, cela; il se place souvent après le verbe comme affixe: *aimac*, l'aimer, aimer cela; *nou s'ac pot figurá*, il ne peut se le figurer.— SYN. *ag*.— BITERN., *lou, ou*; CAST., *ba*; PROV., *va*.

ACABA, v. a. ACABAR, achever, terminer, finir une chose commencée; porter le coup mortel à quelqu'un, ou à un animal qui est déjà blessé; dissiper son bien. *S'acabá*, v. r., achever de se ruiner, ou de ruiner sa santé. — CAT., ESP., PORT., *acabar*. — ETY., *à*, et *cab*, pour *cap*, tête, bout; mettre à bout.

ACABADO, s. f. Achèvement, fin..; *à l'acabadó!* cri des marchands ambulants lorsqu'il ne leur reste que peu chose à vendre. — SYN. *acabament*. — ETY., *acabado*, part. f. de *acabá*.

ACABAIRE, o, s. m. et f. Celui, celle qui achève, prodigue, dissipateur, dissipatrice, mangeur; en provençal, *acabarello*, au féminin. — ETY., *acabá*.

ACABAL, adv. de lieu. V. Assaval.

ACABALA, GÉV., v. a. ACABALAR, garnir une ferme de meubles, de bestiaux, d'instruments d'agriculture, de paille, de foin, etc.; en roman, *acabalar*, pourvoir, donner un cheptel. — ETY., *à*, et *cabal*, cheptel.

ACABALA, BÉARN., v. n. Monter à cheval. — SYN. *acabalgá*. — ETY., *à*, et *cabal*, du latin *caballus*, cheval.

ACABALAT, ado, part. de *acabalá*. Pourvu, e. de tout ce qui est nécessaire à son exploitation en parlant d'une ferme; BÉARN., monté à cheval.

ACABALGA, CAST., v. n. CAVALGAR, chevaucher, monter à cheval. — BÉARN., *acabalá*; GASC. *acaua-s*. — ETY., *à*, et *cabal*, cheval.

ACABAMENT, s. m. ACABAMEN, achèvement. — SYN. *acabadá*. — CAT., *acabament*; ESP., *acabamiento*; ITAL., *acabamento*. — ETY., *acabá*.

ACABANI (s'). PROV., v. r. S'incliner, se courber comme une voûte. — ETY., *à*, et *cabano*, cabane, voûte.

ACABASSI, (s') v. r. Se négliger, s'avachir; devenir sale comme un vieux cabas. — ETY., *à*, et *cabas*, cabas.

ACABASSIT, ido, part. de *acabassi*. Usé, ée, exténué, ée, flétri, e; avachie en parlant des femmes.

ACABAT, ado, part. de *acabá*. Achevé, ée, ruiné.

ACABAT, TOUL., adv. Là-bas, par là-bas. — SYN. *accabat*.

ACACAIGNA (s'), GASC., v. r. Pouffer de rire.

ACACHA, v. a. Bien arranger les choses, les mettre en ordre, GASC. *acatsá*.

ACACHADOMEN, adv. Proprement, avec ordre. — ETY., *acachado* et *men*.

ACACHADURO, s. f. Propreté, netteté. — ETY., *acachado*, part. f. de *acachá*.

ACACHAT, ado, part. Arrangé, ée, rangé, propre, proprette.

Filho ACACHADO
Es miéjo maridado.
PRO.

ACADEIRA, PROV., v. a. Lapider, chasser à coups de pierres. — BITERR., *acalhaudá*.

ACAGNA, PROV., v. a. Inciter, pousser à ; *acagná uno plago*, envenimer une plaie en la touchant ou l'essuyant ; *s'acagná*, v. r., s'acharner l'un contre l'autre, se prendre de grippe. — SYN. *encagná*. — ETY., *à*, et *cagno*, chien.

ACAGNARDA. v. a. V. Acagnardí.

ACAGNARDAT, ado, part. de *acagnardá*. V. Acagnardit.

ACAGNARDI, v. a. Acagnarder, rendre cagnard ; *acagnardi uno planto*, abriter une plante, la mettre à l'abri du mauvais temps. *S'acagnardi*, v. r., se mettre dans un abri exposé au soleil ; au fig. s'acagnarder, devenir cagnard, fainéant, efféminé, s'acoquiner. — SYN. *acagnardá*, *acanardá*. — ETY., *à*, et *cagnard*.

ACAGNARDIT, ido, part. de *acagnardi*. Acagnardé, ée ; abrité. — SYN. *acagnardat*.

ACAHUT, GAST., s. m. Aqueduc. — SYN. *alahuc* qui, en roman, signifie bière, cercueil. — ESP., *aqueducto* ; ITAL., *aquidotto*. — ETY., *acahut*, comme ses similaires, est une altération du mot français *aqueduc*, fait du latin *aquæductus*.

ACAIRA, CÉV., v. a. Poursuivre à coups de pierres. — SYN. *agayrá*, *aguèirá*. — ETY., *à*, et *caire*, carne, pierre anguleuse.

ACALA, v. a. Apaiser, calmer par de douces paroles un enfant qui crie ou qui pleure ; faire taire. *S'acalá*, v. r., se taire, se calmer. — SYN. *calá*

ACALA, CÉV., v. a. Presser le caillé avec les mains pour en faire du fromage. — SYN. *quichá*, *esquichá*.

ACALAT, ado, part. de *acalá*. Calmé, ée, apaisé, qui se tait, qui reste silencieux, qui cède. *Enfant acalat*, enfant qui ne pleure plus, qui ne crie plus.

ACALEGNIT, do, PROV., adj. Qui fait l'amour, qui a des intrigues amoureuses. — SYN. *acaregnassi*, do.

ACALÈS, PROV., adj. Il ne s'emploie que dans ces phrases, *sieu acalès, es acalès*, etc., je suis rendu, il est rendu, je n'en puis plus, il n'en peut plus. Ce mot paraît être une altérat. de *acalat*.

ACALHAUDA, BITERR., v. a. Poursuivre à coups de pierres, lapider ; au fig. accabler d'injures. — SYN. *acadeirá*, *acairá*, *agayrá*. — ETY., *à*, et *calhau*, caillou, pierre.

ACALHAUDAT, ado, part. de *acalhaudá*. Lapidé, ée.

ACALOUNA, PROV., v. a. Chauffer, échauffer. *Lou tems s'acalouno*, le temps se radoucit. — ETY., *à*, et *calou*, latin *calor*. La forme *acalourá* serait préférable, à moins que *acalouná* ne soit une altération du roman *acalíná* qui à la même signification.

ACAMA, GASC., v. a. Mettre à un enfant sa première robe, ne plus le mailloter, lui laisser les jambes libres. — ETY., *à*, et *camo* pour *cambo*, jambe.

ACAMAIA, CÉV., v. a. Accoster.

ACAMARADA (s'), v. r. Se faire camarade, se lier d'amitié. — ETY., *à*, et *camarado*, camarade.

ACAMAT, ado, GASC., adj. Jambé, ée. V. Cambat.

ACAMBA, v. a. Mettre à califourchon sur une monture ; *s'acambá*, v. r., se mettre à califourchon. — SYN. *encambá*. — ETY., *à*, et *cambo*, jambe.

ACAMINA, BITERR., v. a. Acheminer, mettre sur le chemin ; au fig. mettre en état de pouvoir réussir ; *s'acaminá*, v. r., s'acheminer, se mettre en chemin. — SYN. *encaminá*. — ETY., *à*, et *camin*, chemin.

ACAMINAMENT, s. m. Acheminement. — ETY., *acaminá*.

ACAMP, s. m. ACAMP, assemblée, réunion, rassemblement ; abcès.

ACAMPA, v. a. ACAMPAR, rassembler, réunir ; amasser, ramasser ; cueillir, recueillir, porter du champ à la maison ou à la ferme ; poursuivre à travers champs, chasser, mettre en fuite. *S'acampá*, v. r., s'assembler, se réunir. *Acampá*, v. n., abcéder, aboutir ; en parlant d'une plaie ou d'une tumeur qui vient à suppuration.— Syn. *acampejá*. — Querc., *ocompá*; cat., *acampare*.

Auen plan, acampèn bèn.
PRO.

ACAMPADOUR, prov., s. m. V. Acampaire.

ACAMPADURO, cév., s. f. Abcès, apostume, mal d'aventure. — Syn. *acampament*.

ACAMPAGE, ACAMPAGI, s. m. L'action d'amasser, de ramasser, de s'assembler; le charriage des récoltes. — Ety., *acampá*.

ACAMPAGNARDI (s'), v. r. Devenir campagnard; prendre du goût pour la vie de la campagne. — Ety., *à*, et *campagnard*.

ACAMPAIRE, o, prov., **ACAMPARELLO**, s. m. et f. Celui, celle qui ramasse, qui transporte les récoltes à la ferme ; au fig. celui, celle qui amasse des trésors, parcimonieux, avare. — Syn. *acampadour*. — Ety., *acampá*.

Après un acampaire ven un descampaire.
PRO.

ACAMPAMENT, s. m. Formation de la suppuration. — Syn. *acampaduro*. — Ety., *acampá*, abcéder

ACAMPASSI (s'), v. r. Tomber en friche. V. Acampestri.

ACAMPASSIT, ido, part. Inculte. V. Acampestrit.

ACAMPAT, ado, part. de *acampá*. Amassé, ée, ramassé; assemblé, réuni ; mis en fuite ; abcédé.

ACAMPEJA, cast., v. a. Poursuivre à travers champs; cév., v. n., battre les champs pour faire lever le gibier. — Ety., fréq. de *acampá*.

ACAMPESTRI (s'), v. r. Devenir inculte, tomber en friche faute de travail, — Syn. *s'acampassi*, *s'armassi*, *s'enarmassi*. — Ety., *à*, et *campestre*, dit par opposition à terres labourables.

Terres labourables et *campestres*. (Anc. titres.)

ACAMPESTRIT, ido, part. de *acampestri*. Devenu, e, inculte.— Syn. *acampassit*.

ACAMPO, cév., s. f. Combat à coups de pierres entre les jeunes gens qui se réunissent en deux camps. — Ety., *acamp*, assemblée, réunion.

ACAMPO-BREN, ESCAMPO-FARINO, s. m. Celui qui ramasse le son et jette la farine. On désigne par là les personnes qui font de petites économies et de grandes dépenses.

ACANA, cév., v. a. Gauler des noix, des amandes, des olives ; au fig. insulter, accabler d'injures; dauph., accabler, oppresser. — Syn. *achaná*, *decaná*, *acanissá*, — Querc., *obolhá*. — Ety., *à*, et *cano*, canne, gaule.

ACANADOUIRO, cév., s. f. La gaule dont on se sert pour abattre les noix, les olives, etc. — Syn. *achanavouiro*. — Ety., *acanado*, part. de *acaná*.

ACANAGE, ACANAGI, s. m. L'action de gauler les noix, les amandes, etc. — Ety., *acaná*.

ACANAIRE, s. m. Celui qui gaule les amandes, etc. — Ety., *acaná*.

ACANALA, cév., v. a. Diriger l'eau par un canal ou un biez — Ety., *à*, et *canal*.

ACANARDA, prov., v. a. Altération de *acagnardá*. V. Acagnardi.

ACANAT, ado, part. de *acaná*. Gaulé, ée.

ACANAU, cév., s. m. Conduit en fer-blanc ou en poterie placé sur le larmier des toits pour recevoir l'eau pluviale ; au fig. *faire l'acanau*, tricher au jeu, ménager la chèvre et le chou, nager entre deux eaux.

ACANCES, cév., s. m. p. Bords d'un champ que la charrue ne peut atteindre. V. Antarado.

ACANDOU, prov., s. m. Abonnement à l'année avec un maréchal-ferrant, un bourrelier, etc. — Syn. *candou*.

ACANDOULA ou **ACANDOURA**, prov., v. a. Achalander, procurer des chalands; v. r., s'abonner au four, au moulin, etc., pour une somme déterminée. — Syn. *achandourá*. — Ety., *acandou*.

ACANDOULAIRE, prov., s. m. Celui qui achalande. — Syn. *achandouraire*. — Ety., *acandoulá*.

ACANDOULAT ou **ACANDOURAT**, ado, part. Achalandé, ée.

ACANDOURA, v. a. V. Acandoulá.

ACANISSA, prov., v. a. Exciter, pousser. V. Acagná.

ACANTAIRIT, ido, agat., adj. Toujours prêt à chanter, toujours en train de chanter. — Ety., *à*, et *cantá*.

ACANTIN, s. m. Le chardon-bénit, ainsi appelé à cause de la ressemblance de ses feuilles avec celles de l'acanthe. V. Cardoù-benit.

ACANTO, s. f. V. Branco-oursino.

ACANTOUNA, biterr., v. a. Pousser, serrer dans un coin, acculer; placer des pierres angulaires à un mur en construction; au fig. mettre au pied du mur ; s'*acantouná*, se réfugier dans un coin; se blottir, se serrer dans l'accul, en parlant d'un lapin. — Toul., *acousignâ*; esp., *acantonar* ; port., *acantoar*; v. ital., *accantonare*. — Ety., *à*, et *cantoun*, coin.

ACANTOUNAT, ado, part. de *acantouná*. Rencogné, ée, serré dans un coin, blotti, acculé ; reculé, retiré ; *cauno acantounado*, caverne reculée.

ACAPA, gasc., v. a. Cacher, couvrir une chose pour qu'on ne la voie pas. V. Atapá.

ACAPBAT, gasc., adv. En bas.

ACAPÈRA, béarn., v. a, Couvrir. — Syn. *capelá*. — Ety., *à*, et *cape*, esp., *capa*, manteau.

ACAPITA, v. n. Commencer une affaire; rencontrer fortuitement ; réussir bien ou mal ; ce mot indique le plus souvent un succès. On dit aussi : *Encapitá, encapá, capitá*. V. ces mots.

ACAPOUNI (s'), v. r. Devenir capon, lâche, mauvais sujet. — Ety., *à*, et *capoun*, capon.

ACAPRISSA (s'), v. r. V. Caprissá.

ACAPSUS, gasc., adv. En haut.

ACAPTA, cév., v. a. Acaptar, donner à emphytéose, consentir un bail à long terme. — Ety. roman . *acaple*, cens, redevance.

ACARA, cév., v. a. Confronter une personne avec une autre, la mettre en présence, confronter des accusés, des témoins. — Esp., *acar*; port., *acarear*. — Ety., *à*, et *caro*, face.

ACARALHA, gasc., v. a. Chauffer à un grand feu ; *acaralhâ-s*, v. r., se chauffer à un grand feu. — Ety., *à*, et *caral*, mâchefer ; se chauffer à un feu de forge.

ACARAMENT . s. m . Confrontation. port., *acareamento*. — Ety., *acará*, confronter.

ACARAT, ado, part. de *acará*. Confronté, ée.

ACARCAVELI, do, cév., adj. V.

ACARCAVIELI, do, cév., adj. Décrépit, e, cassé ; desséché, disjoint, en parlant d'un meuble. — Syn. *carcavieli*.

ACAREGNASSI, do, prov., adj. Adonné, ée, à l'amour, amoureux, euse. — Syn. *acalegni*, do. — Ety., *à*, et *caregná* pour *calegná*, courtiser.

ACARNA, v. a. Acharner, donner aux chiens et aux oiseaux de proie le goût de la chair; exciter, irriter des hommes, des animaux les uns contre les autres ; toul., fournir une maison de viande de boucherie ; s'*acarná*. v. r., s'acharner, se battre avec fureur et opiniâtreté ; s'attacher avec opiniâtreté à... — Syn. *acarnassi, acarni*. — Ety., *à* et *carn*, chair.

ACARNAMENT, s. m. Acharnement. — Ety., *acarná*.

ACARNASSI, biterr., v. a. V. Acarná.

ACARNASSIT, ido, part. V.

ACARNAT, ado, part. de *acarná*. Acharné, ée; fourni de viande de boucherie.

ACARNI, v. a. V. Acarná.

ACARRALIT, ido, adj. Rempli, e, d'ornières, en parlant d'un chemin ; piétiné après la pluie , s'il s'agit d'un champ. — Ety., *à*, et *carral*, ornière.

ACARRÈIRA, prov., v. a. Lapider, chasser à coups de pierres. — Syn. *acalhaudá*. — Ety., *à*, et *caire*, quartier de pierres ; *acarrèirá* est mis pour *acairerá*.

ACASA, v. a. Caser, établir. S'*acassá*, v. r., se caser, s'établir. V. Casá.

ACASAT, ado, part. de *acasá*. Casé, ée. V. Casat.

ACASI, cév., v. a. V. Casá.

ACASI, do, cév., part. V. Casat.

ACASSA, v. a. Chasser, poursuivre, courir après. V. Cassá.

ACASSA, PROV., v. a. Agencer, orner, adoniser. — SYN. *acachá.*

ACASSAT, do, part. de *acassá.* Bien arrangé, ée, propre, paré ; chassé, ée, poursuivi. — SYN. *acachat* pour la première acception.

ACATA, v. a. Couvrir, cacher, envelopper. *S'acalá,* v. r., se couvrir, se cacher ; se tapir, se blottir, se baisser, s'abriter. — BITERR., *s'aclatá.* — ETY., *à,* et le roman *quait,* tapi, coi, ITAL., *quatto,* m. sign.

ACATAGE, TOUL., s. m. Toutes les couvertures d'un lit; cachette; *prène l'acatage de quauqu'un,* dépouiller quelqu'un, le déposséder.

ACATAT, ado, part. de *acatá.* Couvert, e, caché; tapi, blotti, courbé ; sournois, dissimulé.

ACATO, TOUL., s. f. Couverture ; CÉV., pierre de couronnement, celle qui forme le cordon d'un mur de clôture ou de terrasse.

ACATOULA, CÉV., v. a. Couvrir légèrement, cacher sous les pans de sa robe. — SYN. *acatourá.* — ETY., *acatá.*

ACATOULA, AGAT., v. a. Caresser, mignarder. — ETY., *à,* et *catou,* jeune chat.

ACATOURA, PROV., v. a. Couvrir légèrement. V. Acatoulá.

ACATRIA, GASC., v. a. Mettre en un lieu sûr, recueillir.

ACATSA, GASC., v. a. Ajuster, bien arranger; couper net, trancher. — SYN. *acachá.*

ACATSAT, ado, GASC., part. de *acatsá.* Bien arrangé, ée, ajusté. — SYN. *acachat, ado.*

ACAU, CÉV., s. f. Chaux. V. Caus.

ACAUA, GASC., v. a. Mettre à cheval ; *acauá-s,* v. r., monter à cheval. — SYN. *acrauá.*

ACAUMA, TOUL., v. n. Étouffer de chaleur; PROV., v. a., faire chômer les brebis pendant les grandes chaleurs. — SYN. *achaumá.*

ACAUMAT, ado, part. Suffoqué, ée, par une chaleur excessive. — SYN. *acaurat.*

ACAUMIT, ido, GASC., adj. Calmé, ée ; apaisé en parlant du vent.

ACAURAT, ado, CÉV., adj. Celui qui suffoque de chaleur pour être trop couvert, ou pour être trop pressé dans la foule. — ETY., altér. de *acaumat.*

ACAUS, TOUL., s. f. Chaux. V. Caus.

ACAUS D'AGULHO, CAST., s. f. Chas ou trou d'aiguille.

ACAVALGA, CAST., v. a. V. Acabalgá.

ACAVI, v. a. V. Cabi.

ACCABAT, TOUL., adv. de lieu. V. Acabat.

ACCANA, DAUPH., v. a. Accabler. V. Acaná.

ACCAPA, DAUPH., adj. Accroupi, blotti, caché.

ACCASI, GASC., v. a. Attirer quelqu'un, le faire entrer dans ses intérêts.

ACCEDA, v. n. Accéder, consentir. — ESP., PORT., *acceder*; ITAL., *accedere.* — ETY. LAT., *accedere.*

ACCELERA, v. a. Accélérer, hâter, presser.— ESP., *acelerar*; PORT., *accelerar*; ITAL., *accelerare.* — ETY. LAT., *accelerare.*

ACCENT, s. m. ACCENT, accent.

Accens es regulars melodia e tempramen de votz.

LEYS D'AMORS.

L'accent est une mélodie régulière et tempérament de voix.

CAT., *accent*; ESP., *acento*; PORT., ITAL., *accento.* — ETY. LAT., *accentus.*

ACCENTUA, v. a. ACCENTUAR, accentuer, mettre les accents.— CAT., PORT., *accentuar*; ESP., *acentuar*; ITAL., *accentuare.* — ETY., *accent.*

ACCEPTA, v. a. ACCEPTAR, accepter. — CAT., PORT., *acceptar* ; ESP., *aceptar* ; ITAL., *accettare.* — ETY. LAT., *acceptare.*

ACCEPTACIÉU, ACCEPTACIOUN, s. f. Acceptation. — ESP., *aceptacion* ; ITAL., *accettazione.* — ETY. LAT., *acceptationem.*

ACCEPTAIRE, o, PROV., ACCEPTARELLO, s. m. et f. Celui, celle qui accepte. — ETY., *accepta.*

ACCÈS, s. m. Abord; accès, redoublement de fièvre; fièvre intermittente. — BITERR., *achès*. — ETY. LAT., *accessus*.

ACCESSIBLE, o, adj. Accessible, qui peut être facilement abordé. — ESP., *acessible*; PORT., *accessivel*; ITAL., *accessibile*. — ETY. LAT., *accessibilis*.

ACCESSORI, s. m. ACCESSOIRE, accessoire. — ESP., *accessoreo*; PORT., ITAL., *accessorio*.

ACCIDENT, s. m. ACCIDENT, accident, ce qui advient fortuitement, accident malheureux; apoplexie; au plur. *accidents*, épilepsie; convulsions chez les enfants. — SYN. *aucident*. — ESP., PORT., ITAL., *accidente*. — ETY. LAT., *accidentem*, part. de *accidere*, advenir.

ACCIDENTAL, o, adj. ACCIDENTAL, accidentel, elle, qui advient par accident. — CAT, PORT., *accidental*; ITAL., *accidentale*. — ETY. LAT., *accidentalis*.

ACCIDENTALOMENT, adv. ACCIDENTALMEN, accidentellement. — CAT., *accidentalmen*; ESP., PORT., ITAL., *accidentalmente*. — ETY., *accidentalo*, et le suffixe *ment*.

ACCIÉU, s. f. ACCIO, action. — CAT., *accio*; ESP., *accion*; ITAL., *azione*. — ETY. LAT., *actionem*.

ACCOELHE, BÉARN., v. a. Accueillir. — SYN. *acoelhe*. — V Aculhí.

ACCOINDA, DAUPH., s. f. Assemblée de famille pour un mariage, fiançailles.

ACCORD, s. m. V. Acord.

ACCORDA, v. a. V. Accourdá.

ACCOUBLA, v. a. V. Acouplá.

ACCOUCHA v. a. et n. V. Acouchá.

ACCOURSA, DAUPH., v. a. Voler au secours de quelqu'un. V. Acoursá.

ACCREDITA, v. a. V. Acreditá.

ACCROCHA, v. a. V. Acrouchá.

ACCUCHA, v. a. V. Acuchá.

ACCUS, PROV., s. m. Point qu'on annonce à certains jeux de cartes. — ETY., *accusá*.

ACCUSA, v. a. ACCUSAR, accuser, imputer, reprocher. *S'accusá*, v. r., s'accuser, se dire coupable; accuser ses péchés au tribunal de la pénitence. — CAT., ESP., *acusar*; PORT., *accusar*; ITAL., *accusare*. — ETY. LAT., *accusare*.

ACCUSACIÉU, ACCUSACIOUN, s. f. ACCUSATIO, accusation. — CAT. *acusació*; ESP., *acusacion*; ITAL., *accusazione*. — ETY. LAT., *accusationem*.

ACCUSAIRE, o, PROV., *accusarello*, s. m. et f. ACCUZAIRE, accusateur, accusatrice. — SYN. *accusatoú*, *accusatour*. — ETY. LAT., *accusator*.

ACCUSAT, ado, part. et subs. Accusé, ée. — ETY. LAT., *accusatus*.

ACCUSATOU ou **ACCUSATOUR**, s. m. Accusateur. — ETY. LAT., *accusatorem*. V. Accusaire.

ACE, PROV., interj. Ah çà !

ACEAR, PROV., s. m. Seigle. — SYN. *segal*, *sial*.

ACEBENCHI, PROV., v. a. Faire rabougrir, resserrer, racornir, en parlant de l'action du vent et du froid sur les plantes et sur les fruits. *S'acebenchi*, v. r., se rabougrir. — SYN. *assebenchi*, *encebenqui*.

ACEBENCHIT, do, part. Rabougri, e. — SYN. *encebenqui*.

ACEIRA, PROV., v. a. ACEIRAR, acérer, garnir d'acier la pointe ou le tranchant d'un outil de fer pour le rendre plus propre à percer ou à couper. — SYN. *acieirá*. — CAT., ESP., *acerar*; PORT., *aceirar*. — ETY. ROMAN., *acer*, acier.

ACEIRAT, ado, part. de *aceira*. Acéré, ée, garni d'acier.

ACEPTA, v. a. V. Acceptá.

ACERTI, CÉV., v. a. ACERTAR, certifier, assurer. — ETY., *à*, et *cert*.

ACESTRE, GASC., adj. et pron. dém. Ce, cette; celui-ci, celle-ci; il se dit des objets qui sont tout près. — SYN. *aqueste*.

ACET, ACÈRE, BÉARN., adj. et pron. démonst. Ce, cette, celui-là, celle-là. Il désigne les objets éloignés.

ACETOUOS, PROV., s. f. p. Oseille ronde, *rumex scutatus*, de la fam. des polygonées. — ETY. ROMAN., *acelos*, acide.

ACH, GASC., art. du datif. Au, à la; *ach coustat*, au côté, *ach ouslau*, à la maison; plur. *achs*. — SYN. *ad*, *ads*

ACHA, v. a. Hacher. — Ety. roman., *apcha*, hache.

ACHABI, prov.; v. a. V. Cabi.

ACHADIS, nim., s. m. Hachis. — Ety., *achá*.

ACHADOUR, prov., s. m. V.

ACHAIRE, cév., s. m. Hachoir, grand couteau pour hacher les viandes. Ety., *achá*, hacher.

ACHAMOUTI (s'), prov., v. r. S'affaisser, se courber par l'effet de l'âge.

ACHAMP, prov., s. m. Abcès. V. Acamp.

ACHAMPA, dauph., prov., v. a. et n. V. Acampá.

ACHAMPASSI (s'), prov., v. r. V. Acampassí.

ACHANA, prov., v. a. V. Acaná.

ACHANAU, prov., s. m. Auge à cochons; chenal. — Syn. *acanau*.

ACHANAVOUIRO, prov., s. f. V. Acanadouiro.

ACHANDOURA, prov., v. a. V. Acandoulá.

ACHANDOURAIRE, prov., s. m. Celui qui achalande. — Syn. *acandoulaire*. — Ety., *achandourá*.

ACHAPA, prov., v. a. Attraper. V. Atrapá.

ACHAPADOUR, prov., s. m. Attrapoire, piége, machine pour attraper les animaux. — Syn. *achapatori*. — Ety., *achapado*, part. f. de *achapá*.

ACHAPAIRE, arello, prov., s. m. et f. Celui, celle qui attrape; trompeur, euse. — Ety., *achapá*.

ACHAPATORI, prov., s. m. Attrapoire, piége; pierre d'achoppement. — Syn. *achapadour*. — Ety., *achapá*.

ACHARNA, prov., v. a. V. Acarná.

ACHAS, interj. Voyez donc ! — Ety., altér. de *agachas* !

ACHAUMA, prov., v. n. V. Acaumá.

ACHAUMOUTI (s'), v. r. Se blottir. — Syn. *s'achamouti*.

ACHAURA, cév., v. a. Cacher. V. Amagá.

ACHAVANI, do, prov., adj. Orageux, euse. — Ety., *à*, et *chavano*, orage.

ACHETO, cév., toul., interj. Ah ! ouf ! Elle exprime la douleur.

ACHI, gasc., adv. Là. V. Aqui.

ACHINA, dauph., v. a. Poursuivre une personne d'amour.

ACHINI, ido, cév., adj. Acagnardé, ée; prov., acharné, ée. — Ety., *à*, et *chin*, chien.

ACHIPA, v. a. V. Assipá.

ACHIQUETA, cast., v. a. V. Dechicá.

ACHITAL, garc., adv. Ici. V. Aici.

ACHIU, gasc., adv. Ici. V. Aici.

ACHO, s. f. Apcha, hache. — Ety. lat., *ascia*.

ACHOU, cév., interj. Foin de moi !

ACHOUFA, agat., v. a. Saisir avec empressement, serrer une personne ou un animal de manière à l'étouffer.

Dins un vilage, avant lou jour,
Un reinard ero intrat, avió la fam canino.
Un bel galhas, un rei de basso-cour,
I' tombo joust la pro ; qunto fiero rapino !
Qun boun repas ! Coumo vo s'en bourra !
Sans perdre temps, l'achoufo, s'encamino
Coio basso, patrà-patrà. . . . .
B. Floret, d'Agde.

ACHOUN, prov., s. m. Hachereau. — Ety., dim. de *acho*.

ACHOUNCES, cév., s. m. p. Lisières, bords d'un champ. — Syn. *acances*, *cance*. V. Antaradó.

ACHUTA, gasc., v. a. Mettre à l'abri du mauvais temps ; *achutá-s*, v. r., se mettre à l'abri. V. Entulá.

ACI, béarn., adv. de lieu. Ici. V. Aici.

ACIALA (s'), v. r. Se mettre à couvert, à l'abri du ciel.

ACIBADA, v. a. V. Acivadá.

ACIÈIRA, v. a. V. Aceirá.

ACIER, s. m. Acier, acer, acier, fer combiné avec le carbone et devenu susceptible d'acquérir par la trempe un grand degré de dureté. — Anc. cat., *asser* ; esp., *assèro* ; ital., *acciajo*. — Ety. b. lat., *aciarium*, de *acies*, pointe.

ACIÉUNA, v. a. Parer comme un cygne. — Ety., *à*, et *ciéune*, cygne.

ACIMA, biterr., v. a. Écimer, couper la cime, le haut d'un arbre. Dans ce mot l'*a* est privatif. Mais il en est autrement quand *acimá* signifie terminer en pointe comme dans cette phrase :

acimá uno garbieiro ; *acimá un debas*, tricoter la pointe du pied d'un bas. — Esp., *cimar* ; anc. ital., *accimar*. — Ety., *à*, et *cimo*, cime.

ACIMÈLA, v. a. Terminer en pointe ; placer sur un lieu élevé, jucher. — Syn. *acimerlá*. — Ety., *acimá*.

ACIMERLA, v. a. V. Acimelá.

ACIMERLAT, ado, part. de *acimerlá*. Terminé en pointe ; perché, juché.

ACINDABAN, gasc., adv. A l'avenir, désormais.

ACINIER, prov., s. m. L'aubépine. V. Aubrespi.

ACINOS, prov., s. f. p. Les fruits ou les baies de l'aubépine. — Syn. *arcinos*, *cinos*. V. Aussanèlos.

ACIP, s. m. Heurt, choc, coup. — Syn., *acipado*.

ACIPA, v. a. Frapper, heurter, saisir, enlever, trouver, rencontrer ; v. n., chopper ; *s'acipá*, v. r., se heurter, se donner un coup en marchant ; se rencontrer nez à nez. — Ety., *acip*.

ACIPADO, s. f. Heurt, choc. V. Acip.

ACIPADOUR, prov., s m. Celui qui est sujet à broncher. — Ety., *acipado*.

ACISÈLA, cast. Prendre la forme d'un ciseau, s'effiler, en parlant des instruments d'agriculture qui deviennent pointus par l'usage. — Ety., *à*, et *cisel*, ciseau.

ACIU, gasc., adv. de lieu. Ici, ici-bas. V. Aici.

ACIUT, cév., adj. m. Actif, dispos, alerte.

ACIVADA, v. a. Acivadar, donner l'avoine, en présenter à un cheval pour s'en rendre maître ; au fig. battre, rosser. *Te voli acivadá, si je t'attrape, je t'étrillerai*. — Ety., *à*, et *civado*, avoine.

Seguiguen ara dins sa fuita
E lou serjan e lous souldas
Qu'avien tan bèn acivadas.
FAVRE.

ACIVADAT, ado, part. de *acivadá*. A qui l'on a donné l'avoine ; au fig. battu, e, rossé.

ACLAFA (s'), v. r. V. Aclatá.

ACLAPA, v. a. Aclapar, entasser, battre un terrain humide, au point de le rendre dur comme la pierre ; couvrir, terrasser, enfouir, enfoncer, enterrer, écraser ; au fig. accabler ; *s'aclapá*, v. r., s'enfoncer, s'entasser, s'effondrer. — Syn. *aclapi*. — Ety. roman., *aclap*, entassement.

ACLAPAGE, ACLAPAGI, prov., s. m. Les plantes que l'on enfouit en vert pour servir d'engrais ; l'action de piétiner une terre humide ; enfouissement. — Ety., *aclapá*.

ACLAPAIRE, s. m. Fossoyeur. — Syn. *aclapo-morts*. — Ety., *aclapá*.

ACLAPASSA, prov., v. a. Combler de pierres ; entasser des pierres en monceau. — Ety., *aclapá*.

ACLAPAT, ado, part. de *aclapá*. Entassé, ée, tassé, enfoui, enterré.

ACLAPI, biterr., v. a. V. Aclapá.

ACLAPO-MORTS, prov, s. m. Fossoyeur. — Syn. *entarro-morts*.

ACLATA, biterr., v. a. Baisser, incliner ; *s'aclatá*, v. r., se baisser, se blottir, s'accroupir, s'asseoir sur ses talons. — Syn. *s'aclafá*. — V. Acatá.

ACLENA, cast., v. a. Incliner, courber, par ext. harasser, épuiser les forces. V. Acliná.

ACLENCA, prov., v. a. V. Acliná.

ACLENCAT, ado, part. de *aclencá*. Incliné, ée, courbé ; harassé, exténué. — Rouerg., *aclencal*.

ACLIN, o, adj. Aclis, incliné, ée, penché, courbé, enclin. — Ety. lat., *acclinus*.

ACLINA, v. a. Aclinar, incliner, baisser, courber, pencher, *s'acliná*, v. r., s'incliner, se courber. — Syn. *aclená*, *aclencá*. — Ety. lat., *acclinare*.

ACLINAMENT, s. m. Inclinaison, l'action de se courber ; propension. — Ety., *aclin*.

ACLINAT, ado, part. de *acliná*. Incliné, ée. — Syn. *aclenat*, *aclencat*.

ACLO, garc., s. f. Aigle. V. Aiglo.

ACLOUTI, prov., v. a. Bossuer. V. Enclouti.

ACLUCA, ariég., v. a. Aclucar, fermer les yeux. — Biterr., *cugá*. — Ety., *à*, et le roman, *cluc*, clos.

ACLUCHA, prov., v. a. Entasser, amonceler. V. *Acuchá*; GASC., *acluchá-s*, s'accroupir.

ACLUCAT, ado, part. de *aclucá*. Qui a les yeux fermés.

ACLUSA (s'), PROV., v. r. S'enfermer, se cacher.

ACLUSSIDO, PROV., adj. f. Poule qui couve ou qui veut couver.

ACO, pron. démonst. (acò). Aco, ce, cela; *acò's acò*, pour *acò es acò*, c'est cela; *acò's el* pour *acò es el*, c'est lui; *acò rai*, cela, cocagne, c'est facile; *acò te cal*, tu mérites cela; *acò d'aqui*, ce qui est là, cela. — SYN. *acot*, *acoto*, *aquot*, *aquoto*. — ROUERG., *ocò*.

ACO, prép., (acò). Chez; *acò del curat*, chez le curé. — SYN. *ancò*. — PROV., *encò*.

ACOELHE, GASC., v. a. Accueillir. V. Aculhí.

ACOITA (s'). v. r. COITAR, se hâter, se presser. — SYN. *se couitá*. — ETY., *à*, et le roman *coita*, presse.

ACOL, CÉV., s. m. Mur de terrasse, ordinairement à pierre sèche; gradin qui soutient un terrain en pente. — SYN. *acoù*

ACORA, DAUPH., v. a Donner du cœur, encourager. — ETY., *à*, et *cor*, cœur.

ACORD, s. m. Acordi, ACCONT, accord, union; convention, accommodement: *atto d'acord*, acte de partage amiable. — PROV., *acouerdi*; CAT., *acord*; ESP., *acuerdo*; PORT., *acordo*; ITAL., *accordo*. — ETY., *acourdá*.

ACOT, GASC., PROV., pron. Ce, cela. V. Acò.

ACOTO, PROV., pron. Ce, cela. V. Acò.

ACOTO, CÉV., s. f. Pierre qu'on met au-devant de la roue d'une charrette; cale qu'on met sous le pied d'une table. V. Coto.

ACOU, s. m. (acoù), V. Açol et Acout.

ACOUASSA (s'), CÉV., v. r. Chercher à couver, en parlant des poules qui annoncent ce désir par leur gloussement et par leur allure; s'affaisser, s'accroupir, se blottir. — SYN. *s'escagassá*, *s'acougassá*, *s'acougounchá*, *s'acoufá*, *acouatá-s*.

L'un e l'autre adoun sans faiçoun
S'ACOUASSÈRON jout un bouissoun.
FAVRE, Odyssée, c. XIII.

ACOUATA-S, GASC., v. r. S'accroupir. — SYN. *s'acouassá*.

ACOUBIDA, v. a. V. Counvidá.

ACOUBLA, v. a. V. Acouplá.

ACOUCARDI (s'), v. r. V. Acoucarrí.

ACOUCARRA (s'), v. r. V. Acoucarrí.

ACOUCARRI (s'), BITERR., v. r. S'acoquiner, s'adonner à une mauvaise vie. — SYN. *s'acoucardi*, *s'acoucari*, *s'acoucarrá*, *s'acouquiná*, *s'acouquini*. Ce mot paraît venir du français *couard*; la forme *acoucardi* serait donc la meilleure; il faudrait même dire *acouardi*.

ACOUCARRIT, ido, part. Acoquiné, ée, amoureux, épris. — SYN. *acoucardit*, *acoucarrat*.

ACOUCHA, v. a. Hâter, presser. V. Couchá.

ACOUCHA, v. a. et n. Accoucher. Le mot *acouchá*, et ses composés *acouchado*, accouchée; *acouchaire, o,* accoucheur, accoucheuse; *acouchament, acouchalhos, acouchos,* accouchement, sont empruntés au français. Les expressions romanes sont *ajazer, ajayre,* accoucher; *jacent, jazent, jacudo,* accouchée; *jassilhas,* couches, accouchement, *jassino,* gésine.

ACOUCHEGUI, CAST., v. a. V. Acoussègre.

ACOUCHÈIRA, PROV., v. a. Chasser devant soi, poursuivre. — SYN. *acouchá, couchá, couchairá*.

ACOUCOULA, CÉV., v. a. Couver des yeux, choyer, dorloter. — ITAL., *accocolare*.

ACOUCOUMI (s'), v. r. Se pelotonner, se blottir. — SYN. *s'achaumouti*.

ACOUCOUNA (s'), PROV., v. r. S'accroupir comme une poule qui fait l'œuf. — ETY., *à*, et *coucoù*, œuf.

ACOUCOUNAT, do, PROV., part. Accroupi, e.

ACOUCOUROUCA, GASC., v. n. Glousser, en parlant de la poule qui appelle ses petits. — ETY, onomatopée.

ACOUDA (s'), v. r. ACODAR, s'accouder, s'appuyer du coude. — SYN. *s'acouidá, s'acouirá*. — ESP., *acodarse*. — ETY., *à*, et *code*, coude.

ACOUDAT, ado, part. de *acoudá*. Accoudé, ée.

ACOUDAT, TOUL., adj. Màl levé, en parlant du pain. V. Acoudit.

ACOUDILHA, BÉARN., v. a. Poursuivre, courir après.

ACOUDIT, BITERR., adj. Mal levé, massif, aplati, en parlant du pain. — SYN. *acoudat, amalit, afegui, agipi; pelses acoudits*, cheveux gras, réunies par flottes. — SYN. *amechits*.

ACOUDOURA, PROV., v. a. Poursuivre à coups de pierres. — ETY., *à*, et *code, coudou*, pierre.

ACOUEITIOUA, GASC., v. a. Soigner, cultiver avec soin.

ACOUERDI, PROV., s. m. Accord. V. Acord.

ACOUFA (s'), v. r. S'accroupir. — SYN. *s'acouassá*. V. ce mot.

ACOUFESSIT, ido, adj. Celui ou celle qui se confesse souvent.

ACOUFIGNA, TOUL., v. a. Acculer, pousser dans un coin; *s'acoufigná*, v. r., s'acculer, se blottir dans un coin. — SYN. *s'acoufiná, s'acantouná*. — ETY., *à*, dans, et *coufign* pour *coufin*, cabas, au fig. coin, recoin.

ACOUFINA, GASC., v. a. V. Acoufigná.

ACOUGASSA, CÉV., v. a. Faire tomber quelqu'un sur le derrière; *s'agougassá*. v. r., s'accroupir. V. S'acouassú.

ACOUGOUNCHA (s'), CÉV., v. r. V. S'acouassá.

ACOUIDA (s'), BITERR., v. a. S'accouder. V. Acoudá.

ACOUIDADOU, s. m. (acouidadou). Accoudoir. — SYN. *acouiradoù*. — ETY , *acouidado*, part. f. de *acouidá*.

ACOUIRA (s'), TOUL., v. r. V. Acoudá.

ACOUIRADOU, TOUL., s. m. V. Acouidadoù.

ACOUITA, CARC., v. a. Hâter, presser. V. Couitá.

ACOULA, v. a. ACOLAR, accoler, jeter les bras au cou de quelqu'un en signe d'affection. *S'acoulá*, v. r., s'accoler, se donner une accolade. — ETY., *à*, et *col*, cou.

ACOULA, v. a. Louer plusieurs travailleurs de terre, plusieurs ouvriers pour travailler ensemble; *s'acoulá*, v.r., se réunir pour travailler pour le même maître. — ETY., *à*, et *coulá*, coller, lier ensemble.

ACOULA, GASC., v. a. Honorer la mémoire d'un saint. V. Coulá.

ACOULADO, s. f. Accolade. — ANC. ITAL., *accollata*.—ETY., *acoulado*, part. de *acoulá*.

ACOULAT, part. de *acoulá*. Celui qui fait partie d'une troupe d'ouvriers, de travailleurs loués pour le même maître. Il s'emploie aussi substantivement ; accolé, ée ; honoré, ée.

ACOULATA, GASC., v. a. Colleter, saisir au collet. — ETY., *à*, et *col*, cou.

ACOULETRI, BITERR., v. a. Caresser quelqu'un, le suivre partout, lui faire des avances, l'attirer auprès de soi, le bien accueillir.

> Mes aquel benestre de l'amo,
> La grandoù, bichigouso damo,
> Jamaï l'ACOULETRIRÓ pas.
> B. FLORET.

ACOULO, s. f. Contre-fort, arc-boutant. — SYN. *ancoulo*.

ACOULOUBRI (s'), CÉV., v. r. S'effaroucher comme une couleuvre ; devenir méchant comme un serpent ; se charbonner, en parlant du maïs. — ETY., *à*, et le roman *colobre*, couleuvre.

ACOULOUBRIT, ido, part. Devenu semblable à une couleuvre ; charbonné en parlant du maïs.

ACOULOUMERAD, o, GASC., adj. Comble, très-rempli. — SYN. *acoumoulat*. — ETY., *à*, et *couloum*, métathèse de *coumoul*, comble.

ACOULOURI, v. a. COLORIR, colorier. — SYN. *encoulouri*. ETY., *à*, et *coulour*, couleur.

ACOULOURIT, ido, part. Colorié, ée, coloré.

ACOUMADA, CÉV., v. a. V. Acoumoudá.

ACOUMBLI, CÉV., v. a. Combler, remplir par-dessus les bords. C'est à tort que l'abbé de Sauvages donne pour synonime à *acoumbli*, *aclapassá*, qui signifie remplir de pierres. — ETY , *à*, et *coumble*, comble.

ACOUMENSA, v. a. V. Coumensá.

ACOUMENSAMENT, s. m. V. Coumensament.

ACOUMENSANSO, cév., s. f. V. Coumensament.

ACOUMOUDA, v. a. Accommoder, mettre d'accord; raccommoder, radouber, arranger; *s'acoumoudá*, v. r., s'accommoder, se conformer à; s'accorder. *Que s'acoumode !* Que cela s'arrange pour le mieux ! Je m'en moque, peu m'importe ! — Syn. *acoumadá.* — Esp., *acomodar* ; port., *accomodar* ; ital., *accomodare.* — Ety. lat., *accommodare*.

ACOUMOUDAGE, s. m. Accommodage, l'apprêt que les cuisiniers donnent aux viandes; raccommodage. — Ety., *acoumoudá*.

ACOUMOUDAIRE, s. m. Celui qui accommode, qui raccommode. — Syn. *adoubaire*. Ety., *acoumoudá*.

ACOUMOUDAMENT, s. m. Accommodement, accord, transaction; ajustement. — Syn. *acoumadament.* — Esp., *acomodamiento*; port., ital., *accomodamento.* — Ety., *acoumoudá*.

ACOUMOUDAT, ado, part. de *acoumoudá*. Accommodé, ée, raccommodé.

ACOUMOULA, v. a. Acomolar, accumuler, entasser, combler, remplir par-dessus les bords. — Syn. *acoumblá, acumulá, acuchá.* — Cat., esp., *acumular*; port., *accumular*; ital., *accumulare.* — Ety. lat., *accumulare*.

ACOUMOULAT, ado, part. de *acoumoulá*. Accumulé, ée.

ACOUMPAGNA, v. a. Acompanhar, accompagner; *s'acoumpagná*, v. r., aller de compagnie. — Cat., *acompanyar*; port., *accompanhar*; ital., *accompagnare.* — Ety., *à*, et *coumpagno*.

ACOUMPAGNAIRE, s. m. Celui qui accompagne, compagnon, guide. — Port., *accompanhador*; ital., *accompagnatore.* — Ety., *acoumpagná*.

ACOUMPAGNAT, ado, part. de *acoumpagna*. Accompagné, ée.

ACOUMPARA, gasc., v. a. Acomparar, Comparer. V. Coumpará.

ACOUMPÈLI, cast., v. n. Être transi de froid.

ACOUMPLI, v. a. Complir, accomplir, mener à complément, à terme, à exécution, réaliser. *S'acoumpli*, v. r., s'accomplir, s'effectuer. — Ety., *à*, et *coumpli*, du lat. *complere*.

ACOUMPLICHÈIRE, prov., s. m. Celui qui accomplit. — Ety., *acoumpli*.

ACOUMPLISSAMENT, s. m. V.

ACOUMPLISSIMENT, biterr., s. m. Accomplissement, action d'accomplir, état de ce qui est accompli. — Ety., *acoumpli*.

ACOUMPLIT, ido, part. de *acoumpli*. Accompli, e.

ACOUNIT, Aconit, nom de plusieurs plantes de la fam. des renonculacées, qui sont l'aconit napel, *Aconitum napellus*, à fleurs bleues, appelé aussi *touaro, touèro*; l'aconit tue-loup, *Aconitum lycoctanum*, à fleurs jaunes (*estranglo-loups*); l'aconit anthora ou aconit salutifère, *Aconitum anthora*, à fleurs d'un jaune pâle; et enfin l'aconit cammarum, à fleurs violettes. Toutes ces plantes sont vénéneuses. — Esp., port., ital., *aconito.* — Ety., ἀκόνιτον.

ACOUNSELHA, v. a. V Counselhá.

ACOUPLA, v. a. Accoupler, disposer par couples; joindre deux choses ensemble; apparier le mâle et la femelle. *S'accouplá*, v. r., s'accoupler, se joindre, s'unir pour la reproduction, en parlant des animaux. — Syn. *acoublá.* — Ital., *accopiare.* — Ety., *à*, et *couple*.

ACOUPLAIRE, s. m. Celui qui accouple, qui assortit. — Ital., *accopiatore.* — Ety., *acouplá*.

ACOUPLAMENT, s. m. Accouplement. — Ital., *accopiamento.* — Ety., *acouplá*.

ACOUQUELA (s'), cast., v. r. V.

ACOUQUELI (s'), biterr., v. r. Se grumeler, se mettre en grumeaux. — Ety., *à*, et *couquel*, grumeau.

ACOUQUELIT, ido, biterr., part. de *acouqueli*. Grumelé, ée.

ACOUQUINA, biterr., v. a. Acoquiner, faire contracter des habitudes de paresse, de mollesse; attacher, amuser avec excès. *S'acouquiná*, v. r., s'acoquiner, s'adonner à de mauvaises habitudes; s'attacher trop. — Syn. *acouquini.* — Ety., *à*, et *couquin*, coquin.

ACOUQUINAT, ado, part. de *acouquiná*. Acoquiné, ée.

ACOUQUINI, v. a. V. Acouquiná.

ACOURA, v. a. Acorar, encourager, donner du cœur, consoler. — Syn. *encourajá*. Avec l'*a* priv., il signifie dans le dial. cévenol, au contraire, décourager, affliger, fâcher, percer le cœur; dégoûter. — Ang. cat., *acòrar*. — Ety., *à*, et *cor*.

ACOURAJA, v. a. V. Acourá.

ACOURAL, cast., s. m. Abée, ouverture par laquelle coule l'eau qui fait moudre un moulin. Syn. *coural*.

ACOURAT, ado, part. de *acourá*. Encouragé, ée. Dans le dial. cév., il signifie, au contraire découragé, sans force, sans vigueur. L'*a*, dans ce cas, est privatif.

ACOURCHA, biterr., v. a. Acorchar, accourcir, raccourcir; v. n., prendre le chemin le plus court. — Syn. *escourchá*, *acourchi*. — Esp., *acortar*; ital., *accorciare*. — Ety., *à*, et *court*.

ACOURCHAT, ado, part. de *acourchá*. Accourci, ie, raccourci.

ACOURCHI, v. a. V. Acourchá.

ACOURCHI, prov., s. m. V.

ACOURCHO, biterr., s. f. Accourcissement, diminution de longueur; *prène l'acourcho*, prendre le chemin le plus court, le chemin de traverse. — Ety., *acourchá*.

ACOURCHOLD, s. f. Petit chemin de traverse. — Ety., dim. de *acourcho*.

ACOURCOUSSOUNI (s'), v. r. Devenir vermoulu; au fig. se ratatiner, se recroqueviller; *acourcoussounit*, ido, part., vermoulu, e; au fig. accablé des infirmités de la vieillesse, ratatiné. — Ety., *à*, et *courcoussoun*, bruche, insecte qui ronge les pois et les autres légumes secs.

ACOURDA, v. a. Acordar, accorder, mettre d'accord; concéder, consentir à .; *s'acourdá*, v. r., s'accorder, se mettre d'accord; être en accord, en conformité, en rapport; se marier. — Béarn., *arcourdá*; esp., *acordar*; ital., *accordare*. — Ety., *acord*.

Acourdas-vous et farés plòure.
Pro.

ACOURDAIRE, s. m. Accordeur, celui qui cherche à accorder les différends; celui qui accorde certains instruments de musique. — Ety., *acourdá*.

ACOURDALHOS, s. f. p. Accordailles, fiançailles; réunion qui se fait pour signer un contrat de mariage. — Ety., *acourdá*.

ACOURDAT, ado, part. de *acourdá*. Accordé, ée.

ACOUROUCA, cév., toul., v. n. Glousser, en parlant de la poule qui appelle ses poussins. Il s'emploie aussi avec la voix active. — Syn. *acouroutá*, *acoucoroucá*. — Ety., onomatopée.

ACOUROUTA, v. a. V. Acouroucá.

ACOUROUTA (s'), cast., v. r. Se mettre à l'abri du mauvais temps.

ACOURSA, prov., v. a. Acorsar, s'empresser de courir vers, poursuivre, exciter; *s'acoursá*, v. r., fondre sur, se précipiter vers; s'approcher avec empressement; s'habituer à quelque exercice. — Syn. *acoussá*. — Esp., *acorsar*. — Ety., *à*, et *courso*, course.

ACOUSSA, gasc., v. a. V. Acoursá.

ACOUSSAMENT, prov., s. m. Accroupissement, état d'une personne accroupie. — Ety., altér. de *acouassament*, dérivé de *s'acouassá*, s'accroupir.

ACOUSSAT, ado, part. de *acoussá*. Poursuivi, e; empressé, ée ; exercé à.

ACOUSSEGRE, v. a. Acossegre, poursuivre, atteindre, attraper. — Syn. *acoussegui*, *acouchegui*, *acousséjá*. — Cat., *aconseguir*. — Ety., *à*, et le lat. *consequi*, poursuivre.

ACOUSSEGUI, v. a. Poursuivre. V. Acoussegre.

ACOUSSEIA, cév, v. a. Conseiller, donner un conseil. — Ety., altér. de *acounselhá*.

ACOUSSÉJA, toul., v. a. Poursuivre. — Ety., fréq. de *acoussá*.

ACOUSTA, v. a. Acostar, accoster, aborder quelqu'un qu'on rencontre pour lui parler. Béarn., accompagner. — Syn *acoustéjá*. — Cat., esp., *acostar*; port., *accostar*; ital., *accostare*. — Ety. b. lat., *accostare*, formé de *à*, et de *costa*, côte.

ACOUSTAIRA, BITERR., v. a. Mettre de côté ; v. n., se mettre, se coucher sur le côté, prendre un des côtés de la voie; verser contre le tertre ou la chaussée qui borde le chemin, en parlant d'une voiture ou d'une charrette. — SYN. *acoustèirá*. — ETY., *à*, et *coustat*, côté.

ACOUSTAT, ado, part. de *acoustá*. Accostée, ée.

ACOUSTÈIRA, v. a. V. Acoustairà.

ACOUSTÉJA, GASC., v. a. V. Acoustà.

ACOUSTUMA, v. a. ACOSTUMAR, accoutumer, faire prendre une coutume ; *s'acoustumá*, v. r., s'accoutumer, s'habituer. — CAT., *acostumar* ; ESP., *acosiumbrar* ; ITAL., *accostumare*. — ETY., *à*, et *coustumo*, coutume.

ACOUSTUMADO, s. f. Coutume ; *à l'acoustumado*, loc. adv., comme de coutume. — ETY., *acoustumado*, part. de *acoustumá*.

ACOUSTUMANSO, s. f. ACOSDUMNANSA, accoutumance; action de s'accoutumer. — ITAL., *accostumanza*. — ETY., *acoustumá*.

ACOUSTUMAT, ado, part. de *acoustumá*. Accoutumé, ée.

ACOUT, s. m. Pierre à aiguiser. — SYN. *acoú*, *cout*. — CAST., *chafre*. — ETY., *à*, et le lat. *cotem*, pierre à aiguiser.

ACOUTA, v. a. Accoter, soutenir à l'aide d'une cale, mettre une pierre au-devant d'une roue de voiture ou de charrette pour l'empêcher d'avancer ; NIM., fixer, attacher, appuyer contre ; mettre à côté ; *s'acoutá*, v. r., s'attacher à, se prendre dans ; B. LIM., *ocoutá*. — ETY., *acout*.

ACOUTA, GASC., v. a. Émonder un arbre, un arbuste.

ACOUTADE, èro, GASC., adj. Propre à être émondé. — ETY., *acoutá*.

ACOUTAIRE, ACOUTARELLO, PROV., s. et adj. Têtu, e. — ETY., *acoutá*.

ACOUTAT, ado, part. de *acoutá*. Accoté, ée, calé, retenu par un obstacle, appuyé.

ACOUTI, v. a. Poursuivre vivement, attraper, atteindre. — SYN. *acoussegui*, *acoussègre*, *acoutigá*.

ACOUTIT, do, CÉV., adj. Mal levé, en parlant du pain ; brouillés, réunis par flottes, s'il s'agit des cheveux. V. Acoudit.

ACOUTIGA, v. a. Poursuivre. V. Acouti.

ACOUTRA, v. a. ACOTRAR, accoutrer, habiller sans goût. *S'acoutrá*, v. r., s'accoutrer, s'habiller ridiculement ; CÉV., s'enivrer, se griser. — SYN. *acoutri*.

ACOUTRADURO, s. f. V.

ACOUTRAMENT, s. m. Accoutrement ; il se prend ordinairement en mauvaise part, et se dit d'un vêtement arrangé sans goût. — ETY. *acoutrá*.

ACOUTRAT, ado, part. de *acoutrá*. Accoutré, ée.

ACOUTRI, v. a. V. Acoutrá.

ACOUTSA, v. a. Poursuivre. V. Acoursá.

ACQUERI, v. a. ACQUÉRIR, acquérir, acheter, augmenter son avoir, ses connaissances. — QUERC., *oquisi*; ESP., *adquirir* ; PORT., *acquirir*. — ETY. LAT., *acquirere*.

ACQUISICIÉU, ACQUISICIOUN, s. f., acquisition, l'action d'acquérir, la chose acquise. — ESP., *adquisicion* ; ITAL., *acquisizione*. — ETY. LAT., *acquisitionem*.

ACQUIST, o, adj. et part. Acquis, e ; s. m., connaissance acquise par l'étude. — ETY. LAT., *acquisitus*.

ACQUISTA, v. a. Acquérir. V. *Acquéri* ; quêter. V. *Quistá*.

ACQUIT, s. m. ACQUIT, acquit, quittance, décharge. — ETY., *acquitá*, acquitter ; *acquit* est un substantif verbal.

ACQUITA, v. a. AQUITAR, acquitter, rendre quitte ; déclarer non coupable. *S'acquitá*, v. r., s'acquitter, se libérer de ce qu'on doit. — ESP., *aquietar*. — ETY. LAT., *quietare*, rendre tranquille.

ACQUITAMENT, s. m. AQUITOMEN, acquittement. — ETY., *acquitá*.

ACQUITAT, ado, part. de *acquitá*. Acquité, ée.

ACRABA (s'), CAST., v. r. Se cabrer. — ETY., *à*, et *crabo* pour *cabro*. V. Cabrá.

ACRAPULI (s'), BITERR., v. r. S'adonner

à la crapule. — Ety., *à*, et *crapulo*, crapule.

ACRAPULIT, ido, part. de *acrapuli*. Adonné, ée à la crapule ; crapuleux, euse.

ACRASA, prov., v. a. Démolir, abattre, renverser. — Syn. *acrusá*.

ACRASSIMA, cast., v. n. Se tourmenter, sécher d'inquiétude, languir. — Syn. *crassi*.

ACRASSIT, ido, adj. Crasseux, euse.

ACRAUA, gasc., v. a. Faire monter à cheval. V. Acauá.

ACRAUMI, do. cév. adj. Sale, dégoûtant, gluant.

ACREIRE, v. a. Acreire, accroire. Il ne s'emploie qu'à l'infinitif et avec le verbe *fa* ou *faire* ; *faire acrèire*, faire accroire, faire croire ce qui n'est pas ; *ne faire acrèire*, en faire accroire, tromper quelqu'un par de belles paroles ; *s'en faire acrèire*, s'en faire accroire, présumer trop de soi-même. — Esp., *acreer*. — Ety., *à*, et *crèire*, croire.

ACRÈISSAMENT, s. m. V. Acrèissement.

ACRÈISSE, v. a. Accroître, augmenter. — Esp., *acrecer* ; port., *acrescer* ; ital., *accrescere*. — Ety. lat., *accrescere*.

ACRÈISSEMENT, s. m. Acreissemen, accroissement. — Syn. *acrèissament*. — Esp., *acrecimiento* ; ital., *accrescimento*. — Ety., *acrèisse*.

ACRETAT, s. f. Acreté. — Ety., *acre*, du lat. *acris*.

ACRIDA (s') gasc., v. r. S'écrier.

ACRIN, biterr., s. m. Le faîte, le comble d'un édifice ; par ext., le sommet d'un monticule. — Syn. *acrinau, crin*. — Ety., ἄκρον, sommet.

ACRINAU, cév., s. m. V. Acrin.

ACRIUTURO, gasc., s. f. V. Escrituro.

ACRO, cév., s. m. Fer, acier ; accroc. V. Acroc.

ACROC, s. m. Accroc, déchirure faite par ce qui accroche, un clou, une épine, etc. — Ety., *acroucá*, accrocher.

ACROCHI, cév., s. m. Difficulté, retard dans une affaire, pierre d'achoppement. — Ety., *acroc*.

ACROUCA, prov., v. a. Accrocher, suspendre à un crochet ; arrêter en perçant, en déchirant. T. de mar., jeter les grappins à un vaisseau pour en venir à l'abordage ; *s'acroucá*, v. r., s'accrocher. — Syn. *acrouchá*.

ACROUCAT, ado, part. de *acroucá*. Accroché, ée.

ACROUCHA, v. a. V. Acroucá.

ACROUCHOUNI (s'), cév., v. r. Se pelotonner, se tapir, se ratatiner.

ACROUCHOUNI, do, part. de *acrouchouni*. Pelotonné, ée, tapi, e, ratatiné.

ACROUPI (s'), v. r. Descrupir, s'accroupir, s'asseoir sur les talons, se tapir. — Syn. *s'agroumouli*. — Ety., *à*, et *croupo*, croupe, se mettre sur la croupe.

ACROUPISSIMENT, s. m. Accroupissement, état d'une personne accroupie. — Ety., *acroupi*.

ACROUPIT, ido, part. de *acroupi*. Accroupi, e ; en roman, *acropit*, vil, avili.

ACROUSÈLA, cév., v. a. Empiler, entasser. V. Apilá.

ACROUSTI, do, cév., adj. Encroûté, ée ; *plago acroustido*, plaie sur laquelle il s'est formé une croûte. — Ety., *à*, et *crousto*, croûte.

ACRUPIA (s'), prov., v. r. S'approcher de la crèche, en parlant des animaux. V. Agrupiá.

ACRUSA, prov., v. a. Démolir, abattre une maison. — Syn. *acrasá*.

ACTENDE, béarn., v. a. V. Atendre.

ACTIF, ivo, adj. Actiu, actif, ive. — Cat., *actiu* ; esp. port., *activo* ; ital., *attivo*. — Ety. lat., *activus*.

ACTIOUN, prov., s. f. V. Acciéu.

ACTIVA, v. a. Donner de l'activité, hâter, pousser. — Ety., *actiu*.

ACTIVITAT, s. f. Activitat, activité. — Cat., *activitat* ; esp., *actividad* ; port., *actividade* ; ital., *attività*. — Ety. lat., *activitatem*.

ACTIVOMENT, adv. Activamen, d'une manière active. — Esp., port., *activamente* ; ital., *attivamente*. — Ety., *activo*, et *ment*.

ACTUAL, o, adj. Actual, actuel, elle. — Cat. esp. port., *actual* ; ital., *attuale*. — Ety. lat., *actualis*.

ACTUALITAT, s. f. ACTUALITAT, actualité. — CAT., *actualitat*; ESP., *actualidad*; ITAL., *attualità*. — ETY., *actu:t*.

ACUBIER, s. m. Écubier, trou rond percé à l'avant d'un bâtiment pour y faire passer les câbles; au fig. œil. — ITAL., *cubia*.

ACUCHA, PROV., v. a. Entasser, amonceler; mettre en meule, en parlant du foin. — SYN. *amoulouná, cacaruchá*. — ETY., *à*, et *cucho*, monceau.

ACUCHAIRE, arello, PROV., s. m. et f. Celui, celle qui met en tas. — ETY., *acuchá*.

ACUCHA, do, part. de *acuchá*. Entassé, ée, amoncelé.

ACUCHOUNA, PROV., v. a. Mettre en petits tas. — ETY., dim. de *acuchá*.

ACUÈI, s. m. V.

ACUELH, PROV., s. m. ACUELH, accueil, action d'accueillir, réception que l'on fait à quelqu'un. — SYN. *aculh*. — ETY. ROMAN., *acuelhir*.

ACUELHENSE, BÉARN., s. f. Accueil, réception. — SYN. *aculhenso*. — ITAL., *accoglienza*. — ETY., *acuelh*.

ACUENTA, PROV., v. a. Publier, annoncer publiquement, en chaire, une fête, une cérémonie, etc.

ACUÈRA, PROV., v. a. V. Aculá.

ACUERNI, s. m. V. Acurni.

ACUIRATA, PROV., v. a. V. Aculá.

ACULA, v. a. Acculer, pousser dans un accul en parlant d'un lapin, d'un blaireau, etc. Éculer, en parlant des bottes et des souliers qui s'affaissent sur le talon; *s'aculá*, v. r., s'éculer. — SYN. *acurá, acuiralá, acurassá, aquioulá*. — ETY., *à*, et *cul*.

ACULAT, ado, part. de *aculá*. Acculé, ée; éculé, ée.

ACULH, s. m. V. Acuelh.

ACULHENSO, s. f. V. Acuelhenso.

ACULHI, v. a. ACULHIR, ACUELHIR, accueillir, recevoir bien ou mal une personne ou une chose. —BÉARN., *acoelhe*; CAT. ESP., *acullir*; PORT., *acolher*; ITAL., *accogliere*. — ETY. B. LAT., *accolligere*, du lat. classique *colligere*, recueillir.

ACULHI (s'), PROV., v. r. Se traîner avec peine; arriver avec difficulté. — ETY., *à*, et *cul*; se traîner sur son derrière.

ACULHIT, ido, part. de *aculhi*. Accueilli, e.

ACCUMULA, v. a. V. Acoumoulá.

ACUPA, CÉV., v. a. Accuser d'une faute, blâmer. ETY., *à*, et *cupo*, du lat. *culpa*, faute.

ACUPA, AGAT., v. a. V. *Oucupá*. Il signifie aussi affaisser, et il a le même sens que *apouderá*.

ACURASSA, PROV., v. a. Éculer. V. Aculá.

ACURNENC, o, PROV., v. a. Qui a la forme de la cornouille, en parlant d'une certaine espèce d'olive; *oulivo acurnènco*. — ETY., *acurni*, cornouille.

ACURNI, PROV., s. f. Cornouille, le fruit du cornouiller mâle. — SYN. *cuerni, cournio*.

ACURNIER, PROV., s. m. Le cornouiller mâle, *cornus mas*, arbrisseau de la fam. des caprifoliacées. SYN. *cournier*.

ACUSA, v. a. V. Accusá.

ACUSSA, PROV., v. a. Haler un chien, l'exciter à mordre ou à se battre. — SYN. *aguissá*.

ACY, BÉARN., adv. Ici. V. Aici

AD, GASC., art. du datif. Au, à la. — SYN. *ach*.

ADA, GASC., v. a. Adapter, ajuster, rapporter. — DAUPH., *jo siou ada*, je suis à mon aise.

ADAGAIRE, s. m. Sentencieux, verbeux, diseur d'adages.

ADABAN ou **ADDABAN**, BÉARN., adv. Auparavant.

ADAGOUA, BÉARN., v. a. Combuger, abreuver. — ETY. LAT., *adaquare*.

ADAGOUAT, ade, BÉARN., part. Combugé, ée, abreuvé. — ESP., *adaguado*; ITAL., *adaquato*.

ADALI (s'), BITERR., v. r. Se dessécher, devenir sec en parlant d'un tonneau, d'une barrique, qui sont restés longtemps vides, et dont les douves se sont disjointes; s'affaiblir, s'exténuer. —SYN. *s'adeli, s'esglisi*.— CÉV., *agladi*.

ADALIMENT, BITERR., s. m. Etat d'une barrique desséchée qui a besoin d'être étanchée ; faiblesse, défaillance. — ETY., *adali.*

ADALIT, ido, part. de *adali.* Desséché, ée, qui a besoin d'être étanchée, en parlant d'une futaille.

ADAMEISELIT, ido, adj. Qui fait le damoiseau ; s'il s'agit d'une fille de basse condition, qui se donne les airs et les manières d'une demoiselle. — SYN. *adoumaiselit.* — ETY., *à,* et *dameisèlo,* demoiselle.

ADAMEN, co, adj. Qui est de la race d'Adam.

ADAMOUN, adv. de lieu. Là haut. V. Amount.

ADANSIT, ido, CAST., adj. Qui a la passion de la danse, qui est toujours disposé à danser. — ETY., *à,* et *danso.*

ADAPTA, v. a. ADAPTAR, adapter, ajuster une chose à une autre. — GASC., *adá* ; ESP., PORT., *adaptar* ; ITAL., *adattare.* — ETY. LAT., *adaptare.*

ADARE, BÉARN., adv. Maintenant. — SYN. *adaro, aro.*

ADARÉ, CÉV., adv. V. Adarré.

ADARO, adv. Maintenant. V. Aro.

ADARRAIRA (s'), PROV., v. r. ADERRAIRAR, s'arriérer. V. Endarrèirà.

ADARRÈ, adv. De suite, sans interruption, sans distinction et sans choix ; tour-à-tour ; amassá las oulivos *adarrè,* ramasser toutes les olives sans en laisser une seule ; ramasser les bonnes et les mauvaises indistinctement. — BITERR., *darrèu* ; GASC., *aderetge, aderroun* ; CÉV., *aderè* ; PROV., *à-de-rèng.*

ADARRÉ (à l'), loc. prép. A la suite de.

ADAUT, PROV., adv. En haut, là-haut. — SYN. *amount.* — ETY., *ad,* prép. en, et *aut,* haut.

ADAVAU, PROV., adv. Là-bas, en bas. — SYN. *aval.* — ETY., *ad,* prép. en, et *avau,* bas.

ADBIÉ, BÉARN., s. f. Postérité. — ETY., *ad,* prép. *à,* et *bié* pour *bieni,* venir, ce qui est à venir.

ADDICHATS, GASC., adv. V. Adiéussias.

ADDICIÉU, **ADDICIOUN**, s. f. ADDITIO, addition. — CAT., *addició* ; ESP., *adicion* ; ITAL., *addizione.* — ETY. LAT., *additionem.*

ADDICIOUNA, v. a. Additionner, faire une addition. — ESP., *adicionar* ; PORT., *addicionar.* — ETY., *addicioun.*

ADEBOU, CÉV., adv. Tout de bon, pour tout de bon.

ADEJA, adv. Déjà, presque. V. Déjà.

ADELI (s'), v. r. V. Adalí.

ADEMALOS, CÉV., adv. Méchamment, malicieusement.

ADEMIRA, CÉV., v. a. V. Admirá.

ADENOULHADOU, TOUL., s. m. Agenouilloir. V. Aginoulhadoù.

ADENTOUR, GASC., adv. Alentour ; autour de.

ADERÈ, adv. V. Adarrè.

ADEREC, adv. V. Adarrè.

A-DE-RÈNG, PROV., adv. Tour-à-tour, de suite, avec ordre. — SYN. *adarrè, darrèu.*

ADERETGE, GASC., adv. V. Adarrè.

ADERROUN, GASC., adv. V. Adarrè.

ADÈS, adv. ADES, à présent ; incontinent, à l'instant ; tantôt, naguère, il n'y a qu'un instant ; *ades-aro,* à présent, tout de suite ; *adès-adès,* sans relâche toujours. — ANC. CAT., *ades* ; ANC. ESP., *adiesso* ; ITAL., *adesso.*

ADESA, GASC., adv. V. Déjà.

ADESA, CÉV., v. a. ADESAR, atteindre à : Li pode pas adesá, je ne puis pas y atteindre. — SYN. *adusá.*

ADÈSARO, TOUL., adv. comp. Tout de suite. V. Adès.

ADESCA, GASC., v. a. ADESCAR, appâter, amorcer ; nourrir, engraisser. — ITAL., *adescare.* — ETY., *ad,* et *esca,* appât, amorce.

ADESSIAS, adv. V. Adiéussias.

ADESTRAT, ado., adj. Adroit, e. — SYN. *adestre.*

ADESTRE, adj. V. Adestrat.

ADI, B. LIM., adv. V. Adiéu.

ADICHATS, GASC., adv. V. Adiéussias.

ADIÉU, adv. Adieu ; on dit *adièu,* à la personne qu'on tutoie, et *adiéussias* à celle à laquelle on dit *vous* ; on se sert aussi de cette dernière locution, quand on s'adresse à plusieurs personnes. — SYN. *adi, adiou, adiu.* — ESP., *adios* ; PORT., *adeos* ; ITAL., *addio.*

ADIÉUSSIAS, adv. Adieu. — Syn. *adessias, adichats, adissias, odissias, odussias, adioussias.* — Ety., *à*, prép., *Dieu,* Dieu, et *sias,* soyez ; soyez avec Dieu.

ADIEU-VAT, s. m. T. de mar. Adieu-va, commandement pour le virement d'un navire vent devant.

ADIJA, cév., adv. V. Déjà.

ADIN, ADINS, prov., adv. et prép. Là-dedans, dedans. — Syn. *dedin, dedins.* — Ety., *à*, et *din*, dans.

ADIOU, adv. V. Adièu.

ADIOUSSIAS, adv. V. Adiéussias.

ADIRE, béarn., s. m. Ennui insupportable.

ADISSIAS, adv. V. Adiéussias.

ADIU, adv. V. Adièu.

ADJUTORI, biterr., s. m. Adjutori, aide, secours, assistance. — Syn. *ajutori.* — Esp., port., *adjutorio.* — Ety., lat., *adjutorium.*

ADJUTORIUM, s. m. V. Adjutori. On donne improprement à ce mot le sens de chose ajoutée ; c'est, dans ce cas, *ajustorium* qu'il faudrait dire.

ADMINISTRA, v. a. Administrar, administrer. — Cat., esp., port., *administrar* ; ital., *amministrare.* — Ety. lat., *administrare.*

ADMINISTRACIÉU, ADMINISTRACIOUN, s. f. Administracio, administration. — Cat., *administració* ; esp., *administración* ; ital., *amministrazione.* — Ety. lat., *administrationem.*

ADMINISTRAIRE, s. m. Administraire, administrateur. — Syn. *administratou, administratour.* — Esp., port., *administrator* ; ital., *amministratore.* — Ety. lat., *administrator.*

ADMINISTRATOU, ADMINISTRATOUR, s. m. V. Administraire.

ADMIRA, v. a. Admirer, considérer avec admiration, avec surprise ; *s'admira*, v. r., s'admirer, se regarder avec complaisance. — Cév., *admirá*, f. a. ; esp., port., *admirar* ; ital., *ammirare.* — Ety. lat., *admirari.*

ADMIRABLE, o, adj. Mirable, admirable, digne d'admiration. — Esp., *admirable* ; port., *admiravel* ; ital., *ammirabile.* — Ety. lat., *admirabilis.*

ADMIRABLOMENT, adv., Mirablamenz, admirablement d'une manière admirable. — Esp., *admirablamente* ; port., *admiravelmente* ; ital., *ammirabilmente.* — Ety., *admirablo*, et le suffixe *ment.*

ADMIRACIÉU, ADMIRACIOUN, s. f. Admiracio, admiration. — Esp., *admiracion* ; ital., *ammirazione.* — Ety. lat., *admirationem.*

ADMIRAIRE, o, s. m. et f. Admirateur, admiratrice. — Syn. *admiratou, admiratour.* — Esp., port., *admirador* ; ital., *ammiratore.* — Ety. lat., *admirator.*

ADMIRATOU, ADMIRATOUR, s. m. V. Admiraire.

ADOU, ADOUB, biterr., s. m., Adob, réparation, raccommodage, arrangement ; lessive du tanneur ; assaisonnement. T. de mar., radoub. — Port., *adubá.*

Vielho barco a besoun d'adou.
Pro.

ADOUA. cast., v. a. V. Adoubá.

ADOUAIRE, cast., s. m. V. Adoubaire.

ADOUBA, v. a. Adobar, radouber, accommoder, réparer, refaire, apprêter ; tanner ; élaguer ; bistourner ; réduire une fracture ; iron., rosser. — Cast., *adouá*, f. a. — Cat., esp., port., *adobar* ; anc. ital., *addobare.*

ADOUBADOUR, prov., s. m. Abattoir. — Biterr., *escourjadou* ; cév., *affachoment.* — Ety., *adoubá*, préparer.

ADOUBADURO, s. f. Raccommodage, réparation ; réduction d'une fracture. — Ety., *adoubado*, part. f. de *adoubá.*

ADOUBAGE ou **ADOUBAGI**, s. m. Raccommodage, apprêt, arrangement, ravaudage ; réduction d'un membre luxé ; castration ; assaisonnement. — Syn. *adoubament.* — Ety., *adoubá.*

ADOUBAIRE, biterr., s. m. Adobador, renoueur, rebrouteur, celui qui fait le métier de remettre les membres disloqués ; ravaudeur, celui qui élague les arbres, qui châtre ou bistourne les animaux. — Ety., *adoubá.*

ADOUBAMENT, s. m. Adobament ; V. Adoubage.

ADOUBAT, ado, part. de *adoubá.* Accommodé, ée, arrangé, réparé, assaisonné; élagué, châtré, ravaudé, radoubé.

ADOUBUN, cév., s. m. Assaisonnement. — Syn. *sabourun*, *assabourun*. — Querc., *odougun*. — Ety., *adoubá*.

ADOUCI, v. a. Adolcir, adoucir, rendre doux, calmer. *S'adouci*, v. r., s'adoucir, se calmer, devenir plus doux, en parlant du temps. — Anc. cat., esp., *adolcir*; ital., *addolcire*. — Ety., *à*, et le lat. *dulcis*, doux.

ADOULENTI, v. a. Adolentir, rendre douloureux; *s'adoulenti*, v. r., devenir douloureux. — Syn. *adourenti*, *endoulenti*, *adoulouri*. — Ety., *à*, et *doulent*, dolent, douloureux.

ADOULENTIT, ido, part. de *adoulenti*. Devenu, e, douloureux, euse.

ADOULESCENSO, s. f. Adolescentia, adolescence. — Esp., port., *adolescentia*; ital., *adolescenza*. — Ety. lat., *adolescentia*.

ADOULOURIT, ido, adj. Endolori, e. V. Adoulentit.

ADOUMAISELIT, bitérr., adj. Qui fait le damoiseau. V. Adameiselit.

ADOUMEGI, cast., v. a. V.

ADOUMESTICA, v. a. Adomesgar, rendre domestique, apprivoiser, rendre moins farouche. *S'adoumesticá*, v. r., s'apprivoiser. B. lim., *adoumeschá*.; ital., *addomesticare*. — Ety., *à*, et *doumestic*, domestique.

ADOUMESTICAT, ado, part. de *adoumesticá*. Apprivoisé, ée.

ADOUN, V. Adounc.

ADOUNA (s'), v. r. Adonar, s'adonner. se plaire particulièrement à quelque chose, s'y appliquer avec chaleur, s'y livrer habituellement; s'attacher à une personne, fréquenter un lieu où l'on se plaît, s'y fixer. — Ital., *addonarsi*. — Ety., *à*, et *douná*, donner.

ADOUNAT, ado, part. de *adouná*. Adonné, ée.

ADOUNC, adv. Adonc, donc; alors, pour lors. — Syn., *dounc*, *adounco*. — Ety. lat., *ad tunc*, alors.

ADOUNC, o, prov., adj. Affilé, ée, en parlant du soc de la charrue, ou de tout instrument de fer. — Ety. lat., *aduncus*, crochu.

ADOUNCO, adv. V. Adounc.

ADOUNDA, casc., v. a. Doumptá.

ADOUPCIÉU, ADOUPCIOUN, s. f. Adoptio, adoption. — Cat., *adopció*; esp., *adopcion*; ital., *adozione*. — Ety. lat., *adoptionem*.

ADOUPTA, v. a. Adopter. — Esp., port., *adoptar*; ital., *adottare*. — Ety. lat., *adoptare*.

ADOURA, v. a. Adorar, adorer, rendre à la divinité le culte qui lui est dû; aimer avec passion; iron., dévisager, déchirer le visage. *S'adourá*, v. r. être en adoration de soi. — Cat., esp., port., *adorar*; ital., *adorare*. — Ety. lat., *adorare*.

ADOURACIÉU, ADOURACIOUN, s. f. Adoration; par ext., amour, attachement extrême. — Esp., *adoracion*; ital., *adorazione*. — Ety. lat., *adorationem*.

ADOURAIRE, s. m. Adoraire, adorateur. V.

ADOURATOU, ADOURATOUR, s. m. Adorador, adorateur. — Cat., esp., port., *adorador*; ital., *adoratore*. — Ety. lat., *adoratorem*.

ADOURENTI, prov., v. a. V. Adoulenti.

ADOURNAT, ado, gasc., adj. *adorn*, Orné, ée. — Ety. lat., *adornatus*.

ADOUS, s. m. Adoutz, source, canal. — Syn. *doutz*.

ADOUZILHA, bitérr., v. a. Adozilhar, tirer du vin au fausset, tirer le fausset; lorsqu'un tonneau, après avoir coulé goutte à goutte, se met à couler d'une manière continue, on dit: *lou vaissel s'adouzilha*, il coule comme si l'on avait tiré le fausset. — Anc. fr., *doisiller*. — Ety., *à*, et *douzil*, fausset, dérivé du b. latin, *duciculus*.

ADOUZILHAT, ado, part. de *adouzilhá*. Percé, ée; auquel on a mis un fausset, en parlant d'un tonneau; qui coule, comme si l'on avait tiré le fausset.

ADRACA, cév., v. a. Ressuyer, sécher à demi, essorer. — Syn. *endracá*, B. lim., *edòuri*, essorer.

ADRACAT, ado, part. de *adracá*. Ressuyé, ée, essoré.

ADRAIA, BITERR., v. a. Mettre en chemin, acheminer; rendre un chemin viable en le foulant; dresser un ouvrier à faire plus facilement son ouvrage; T. de cardeur, *enfrayer*, mettre en train les cardes neuves. *S'adraiá*, v. r., se mettre en chemin, s'acheminer. — SYN. *endraiá*. — ETY., *á*. et *draio*, chemin.

ADRAIAT, ado, part. de *adraiá*. Acheminé, ée; celui qui marche avec un air délibéré, empressé; *cami adraiat*, chemin battu.

ADRAIAU, CÉV., s. m. V. Timbourleadraiau.

ADRÉ, **ADRECH**, s. m. Le Midi; le versant d'une montagne exposé au Midi; le versant septentrional s'appelle *avès, avers, ubá, ubac*. — ETY., *adrech* pour *endrech*, l'endroit, le beau côté, celui qui est opposé à l'envers, *avers*.

Lauso l'ubá, tèn-te à l'adré.

PRO.

ADRECH, o, adj, ADRECH, ADREG, adroit, e, habile; fin. — SYN. *adreit, adret, aduech, adestrat, adestre*. — ETY., *à*, et *drech*, droit.

ADRECHAS, PROV., s. m. Lande exposée au Midi ou au Levant. — SYN. *adrechos*. — ETY., *adrech*.

ADRECHOMENT, adv. ADRECHAMEN, adroitement. — ANC. CAT., *adreitament*. — ETY., *adrecho*, et le suffixe *ment*.

ADRECHOS, PROV., s. f. p. Lande exposée au Midi ou au Levant. — SYN. *adrechas*. — ETY.; *adré* ou *adrech*.

ADRECHOUN, PROV., s. m. Petit champ, petit coteau exposé au Midi ou au Levant. — ETY., dim. de *adrech*.

ADRECHOUS, o, CÉV., PROV., adj. Exposé, ée au Midi ou au Levant. — ETY., *adrech*.

ADREISSA, v. a. V. Adressá.

ADRÈIT, o, adj. V. Adrech.

ADRÈLO, s. f. Dresse. V. Adresso.

ADRÈLO, CÉV., s. f. Le narcisse des poëtes. V. Aledo.

ADRESSA, v. a. ADRESSAR, adresser, envoyer à; rendre droit, dresser, relever. *S'adressá*, v. r., s'adresser à; se redresser, se cabrer, en parlant d'un cheval. — SYN. *adrèissá, adrissá*. — CAT., *adressar*; ANC. ITAL., *adrizzare*. — ETY., *à*, et *dressá*, dresser.

ADRESSO, s. f. Adresse, dextérité, habileté; indication de la personne à qui il faut s'adresser; adresse d'une lettre.

ADRESSO, CÉV., s. f. Dresse ou hausse, morceau de cuir que les cordonniers ajoutent au talon ou à la semelle d'un soulier pour le relever d'un côté. — ETY., *adressá*, dans le sens de redresser.

ADRET, eto, GASC., adj. V. Adrech.

ADRETOMENT, GAS., adv. V. Adrechoment.

ADRISSA, CÉV., v. a. Rendre droit, relever, dresser. *S'adrissá*, v. r., se redresser, se cabrer. V. Adressá.

ADROME, GASC., v. a. V. Endourmi.

ADROUMI, GASC., v. a. V. Endourmi.

ADROUMILHOU, BÉARN., s. m. V. Endourmidouiros.

ADROUMIT, ido, part. V. Endourmit.

ADROUPIC, o, PROV., adj. V. Ydroupic.

ADROUPISIO, PROV., s. f. V. Ydroupisio.

ADU, cho, CÉV., PROV., part. V.

ADUCH, o, part. de *adurre*. Amené, ée, conduit, e; porté, ée, apporté.

ADUECH, o, CÉV., adj. Adroit, e. V. Adrech.

ADUERRE, PROV., v. a. V. Adurre.

ADUIRE, v. a. V. Adurre.

ADUJA, CAST., TOUL., v. a. V. Ajudá.

ADUJO, s. f. V. Ajudo.

ADURRE, CÉV., PROV., v. a. ADURRE, ADUIRE, amener, conduire, faire venir, apporter. — SYN. *aduerre, aduire*. — CAT., *aduixer*; ITAL., *addurre*. — ETY. LAT., *adducere*.

ADUSA, CÉV., v. r. Atteindre à. V. Adesá.

ADVERSARI, o, s. et adj., ADVERSARI, adversaire, celui qui est opposé et sur lequel on veut remporter un avantage. — PROV., *aversári*; CAT., *adversari*; ESP. PORT., *adversario*, ITAL., *avversario*. — ETY. LAT., *adversarius*.

ADVERSITAT, s. f. ADVERSITAT, adversité. — CAT., *adversital*; ESP., *adversi-*

dad ; PORT., *adversidade* ; ITAL., *avversità*. — ETY. LAT., *adversitatem*.

ADYUDA, BÉARN., v. a. V. Ajudá.

AENSI, BÉARN., adv. Ainsi, de cette manière. — ETY. LAT., *in sic*.

AER, s. m. AER, air. — SYN. *air, aire, er*. — ANC. FR., *aer* ; ANC. CAT., *aer* ; ITAL., *aer, aere*. — ETY. LAT., *aer*.

AERA, v. a. Aérer, donner de l'air, chasser le mauvais air. — SYN. *airejá*. — ANC. ITAL., *aerare*. — ETY., *aer*.

AERAT, ado., part. de *aerá*. Aéré, ée.

AFA, TOUL., s. m. AFAR, affaire. V. Afaire.

AFACH, o. part. Habitué, ée. ETY., *fach à*, fait à.

AFACHÁ, GASC., v. a. AFACHAR, préparer, accommoder ; CÉV., peler des châtaignes rôties.

AFACHADO, CÉV., s. f. Châtaigne rôtie dans une poêle qu'on appelle, à Alais, *padèlo de las afachados*, et à Béziers, *castagnèiro*. — SYN. *brasucado*. — ETY., *afachado*, part. f. de *afachá*, apprêter, peler.

AFACHAMENT, **AFACHOMENT**, TOUL., s. m. Tuerie, abattoir, lieu où l'on égorge les bêtes de boucherie. — SYN. *adoubadour, escourjadoù, tuadoù*. — ETY., *afachá*, préparer, apprêter.

AFADI (s'), GASC., v. r. Se mettre en train, se livrer à une folle joie.

AFADIT, ido, GASC., part. Affolé, ée, fou. — ETY., *à*, et le roman *fat*, du lat. *fatuus*, fou.

AFADOULIT, ido, adj. Affadi, e ; fanée, passée, en parlant d'une étoffe.

AFAGOUTA, v. a. Mettre en fagots. — ETY., *à*, et *fagoutá*. — SYN. *enfagoutá*.

AFAIRAS, s. m. Grosse affaire, affaire désagréable. — ETY., augm. de *afaire*.

AFAIRAT, ado, adj. Affairé, ée, qui a beaucoup d'affaires, endetté. — SYN. *afazendat, afèirat, aferach*. — ETY., *afaire*.

AFAIRE, s. m. AFAIRE, affaire ; procès ; convention, marché. On dit d'une personne endettée : *a d'afairas*, elle a des affaires. *Afaire* signifie espace, intervalle dans cette phrase : *dins l'afaire* d'un an a tout acabat, dans l'espace d'un an il a tout achevé. *Home d'afaires*, avocat, avoué, notaire ; régisseur d'un domaine rural. — SYN. *afa, affa*, DAUPH., *afaré* ; BÉARN., *aha* ; ANC. CAT., *afaire* ; ITAL., *affare*. — ETY., *à*, prép., et *faire*.

AFAIROT, **AFAIROU**, s. m. Petite affaire. — ETY., dim. de *afaire*.

AFAISSA, BITERR., v. a. AFAISSAR, affaisser, faire ployer sous le faix ; tasser des choses posées les unes sur les autres ; au fig. accabler, affaiblir ; *s'afaissá*, v. r., s'affaisser, s'abaisser par sa propre pesanteur, au fig. s'affaiblir, succomber. — ETY., *à*, et *fais*, faix.

AFAISSAMENT, s. m. Affaissement. — ETY., *afaissá*.

AFAISSAT, ado, part. de *afaissá*. Affaissé, ée.

AFAIT, BÉARN., s. m. Parure, ornement, préparation, apprêt ; embarras. — SYN. *afaitament, ufaych*. — ETY. ROMAN., *afaitar*, orner, parer.

AFALA (s'), v. r. S'affaler, s'échouer en parlant d'un vaisseau qui s'est trop approché de la côte.

AFALANDRAT, ado, BITERR., adj. Celui, celle qui a toujours l'air affairé.

AFALENAT, ado, CAST., adj. Essoufflé, ée.

AFALHOUCA, CÉV., v. a. Affaiblir, abattre, faire tomber d'inanition. Il s'emploie le plus souvent neutralement et signifie, être très-affaibli, abattu, tomber d'inanition, tomber en défaillance par défaut de nourriture, être mort de soif ; *s'afalhoucá*, v. r., s'affaiblir, s'évanouir.

AFALHOUCA, do, CÉV., part. de *afalhoucá*. Celui, celle qui tombe d'inanition, abattu par la fatigue ou par la privation de nourriture. — SYN. *falhoucat, falucat, afistoulit*.

AFALIT, ido, adj. Sombre, obscur, terne, en parlant des lieux et des couleurs.

AFAMA, v. a. AFAMAR, affamer, faire souffrir de la faim, priver de vivres. — GASC., *ahamá* ; CAT., *afamar* ; PORT., *affamar* ; ITAL., *affamare*. — ETY., *à* et *fam*, du lat. *fames*, faim.

APAMAT, ado, part. de *afamá*. Affamé, ée, pressé par la faim; au fig. avide; éventé, ée, en parlant du vin et des futailles altérés par le contact de l'air; il se dit aussi des plantes arrachées pour être transplantées qu'on a laissées trop longtemps exposées à l'air. — Gasc., *ahamat, ahamiat*.

AFAMINA, v. a. Réduire à la famine. V. Afamá.

AFAN, prov., s. m. Afan, travail, peine, fatigue, chagrin; hâte, empressement; en français, *ahan*, peu usité et qui ne s'emploie que dans cette phrase, *suer d'ahan*, faire quelque chose de très-pénible. — Syn. *afanament, afanoment*. — Cat., *afany*; anc. esp., *afan*; port., *affano*; ital., *affanno*.

AFANA, gasc. prov., v. a. Afanar, fatiguer, donner de la peine, chagriner; gagner à force de peine et de travail; dépêcher; v. n., éprouver une grande fatigue en faisant quelque chose, ahaner; *s'afaná*, v. r., se fatiguer, s'agiter, se mettre hors d'haleine, se hâter, se dépêcher, s'empresser; se chagriner; s'attacher à une personne, s'en rendre amoureux. — Cat., esp., *afanar*; port., *affanar*; ital., *affannare*. — Ety., *afan*.

AFANAMENT, s. m. Afanamen. V. Afan.

AFANANT, o, part. prés. de *afaná*. Ménager, ère, laborieux, pénible.

AFANAT, ado, part. de *afaná*. Fatigué, ée, empressé, affairé, chagrin, tourmenté; acquis à force de travail et d'efforts.

AFANOMENT, s. m. V. Afan.

AFARACHA, v. a. Donner le vert aux bestiaux; semer de l'orge, du foin, ou toute autre plante fourragère pour être donnée en vert aux bestiaux. — Ety., à, et *farach*. V. ce mot.

AFARACHO, toul., s. f. V. Faracho.

AFARAT, ado, adj. Effaré, ée; farouche, hagard. — Syn. *esfarat*. — Prov., *afera, do*.

AFARDOULI, do, prov., adj. Accablé, ée sous le poids d'un fardeau. — Ety., à, et *fardo*, pour fardeau.

AFARE, dauph., s. m. V. Afaire.

AFARNEL, s. m. T. de mar., drosse, cordage qui sert à faire mouvoir la barre du gouvernail; estropes ou cordes des basses vergues.

AFAROUPA (s'), prov., v. r. S'attrouper.

AFARRA (s'), v. r. Se mettre au travail, commencer la journée; T. de pêche, se mettre une corde en bandoulière pour tirer à terre le filet appelé *trahino*.

AFASCA, cév., v. a. Dégoûter, rassasier jusqu'au dégoût. V. Afastá.

AFASCA, do, cév., part. Rassasié, ée jusqu'au dégoût; épais, dru, en parlant du blé, de l'avoine sur la plante.

AFASCOUS, o, cév., adj. Qui rassasie jusqu'au dégoût. — Syn. *afastigous*.

AFASTA, cév., v. a. Rassasier avec excès, dégoûter, ôter l'appétit. — Syn. *afascá, afastigá*. — Port., *affastar*. — Ety., à, et *fast* pour *fasti*, du lat. *fastidium*, dégoût.

AFASTIGA, v. a. Rassasier avec excès. V. Afastá.

AFASTIGOUS, o, cast., adj. Fastidieux, euse, qui rassasie jusqu'au dégoût; au fig. ennuyeux, euse, en parlant des personnes.

AFATIGA, cév., v. a. Lasser, fatiguer. V. Fatigá.

AFATIGAT, do, cév., part. Excédé, ée, épuisé.

AFATOUN, prov., s. m. Prunelle des yeux.

.... Se neblè soun front
E si dous AFATOUN se changeron en font.
F. Gras. Li Carbounié, p. 32.

AFATOUNI, do, cév., adj. Usé, ée, qui a perdu son lustre, son apprêt, en parlant du linge; au fig. mou, lâche, languissant, avachi. — Syn. *afatrassit*. — Ety., à, et *fato*, chiffon, mou comme un chiffon.

AFATOUO, prov., s. f. Fruit de l'abricotier de Briançon.

AFATOUYÉ, prov., s. m. L'abricotier ou prunier de Briançon, *prunus brigantiaca*, arbrisseau de la fam. des rosacées.

AFATRASSIT, ido, adj. Usé, ée, en parlant du linge; au fig. mou, lâche, indolent. V. Afatouni.

AFAYCH, GASC., s. m. Parure, ornement. V. Afait.

AFAZENDAT, ado, adj. AFAZENDAT, affairé, ée, occupé, ée. SYN. *afairat.* — ITAL., *affacendato.* — ETY., *à,* et *fazenda,* affaire.

AFEBLI, v. a. AFEBLIR, AFEBLEZIR, affaiblir, rendre faible ; *s'afebli,* v. r., s'affaiblir. — ANC. CAT., *afeblir.* — ETY., *à,* et *febli,* faiblir.

AFEBRIT, ido, adj AFEBRIT, fiévreux, euse, qui a la fièvre. — ITAL., *affebrato.* — ETY., *à,* et *febre,* fièvre.

AFECIÈU, DAUPH., s. f. V.

AFECIOUN, PROV., s. f. Ce mot, dans les idiomes cévenol et provençal, ne s'emploie pas dans le sens des mots français, affection, attachement pour une personne ; il signifie, volonté de faire une chose, ardeur, zèle, empressement, véhémence : *travalhá emé afecioun,* travailler avec ardeur ; *parlá emé afecioun,* parler avec véhémence. V. Affecciéu.

AFECIOUNA (s'), PROV., v. r. S'affectionner ; s'attacher à ; faire une chose, un travail avec ardeur. V. Affecciounà.

AFECIOUNA, do, CÉV., PROV., part. de *afeciounà.* Plein d'ardeur, de zèle, empressé.

AFEGI (s'), v. r. S'aplatir, en parlant du pain dont la pâte n'a point levé pendant la cuisson. — SYN. *s'acoudi.*

AFEGIT, do, part. de *afegi,* mal levé, en parlant du pain. — SYN. *ajufri, acoudit, aisse.*

AFEIRAT, ado, adj. V. Afairat.

AFEJÜUNI (s'), PROV., v. r. Se passionner pour le jeu.

AFEMELI, v. a. Efféminer, amollir. *S'afemèli.* v. r., s'efféminer, se passionner pour les femmes. — SYN. *s'afumèli.* — ETY., *à,* et le roman *femel,* femme.

AFENA, BITERR., v. a. Donner du foin aux bestiaux ; v. n., tenir une écurie pour les bestiaux. — ETY., *à,* et *fen,* foin.

AFENADOU, CÉV., s. m. Trappe d'un grenier par laquelle on jette le foin dans le râtelier. — ETY., part. f. de *afená.*

AFENAGE, BITERR., s. m. Auberge destinée principalement aux mules et aux chevaux de passage ; le foin qu'on y vend pour la nourriture de ces animaux en est le principal revenu. — ETY., *afená.*

AFENAIRA, CÉV., v. a. Faner le foin, le tourner et le retourner, le mettre en tas. — ETY., *à,* et *fen,* foin.

AFENAIRAIRE, o, s. m. et f. Faneur, faneuse. — ETY., *afenairá.*

AFENAIRE, s. m. Celui qui tient une auberge appelée *afenage.*

AFENASSA, v. a. Semer du foin dans un champ pour en faire un pré ; CÉV., vendre du foin en botte. — ETY., *à,* et *fenas,* mauvais foin.

AFERA, do, PROV., adj. Effarée, ée. — ETY. LAT., *efferatus.*

AFERACH, ado, GASC., adj. V. Afairat.

AFERAJA, CÉV., v. a. Mettre un cheval au vert. — ETY., *aferratje, farrajo,* herbage.

AFERAT, ado, adj. V. Afairat.

AFERATJE, GASC., s. m. Herbage, fourrage.

AFERLECAT, ado, TOUL., adj. Éveillé, ée, leste, dégourdi ; orné, paré. — SYN. *afistoulat.* — BÉARN., *ahelecat.*

AFERMA, v. a. Affermer, louer. V. Arrendá.

AFEROUNAT, do, PROV., adj. Furieux, euse, féroce. V. Enferounat.

AFERRA, PROV., v. a. Cramponner, saisir avec un crochet de fer ; empoigner, prendre avec force, enlever. — ESP. *aferrar ;* PORT., *afferrar ;* ITAL., *afferrare.* — ETY., *à,* et *ferre,* fer.

AFESSA, v. a. V. Afaissá.

AFETIOS, AGAT., s. f. p. Bagages. — BÉARN., *afail.* — ETY. ROMAN., *afaitar,* préparer.

AFFA, TOUL., s. f. Affaire. V. Afaire.

AFFANA, TOUL., v. a. V. Afaná.

AFFECCIÉU, s. f. AFFECTIO, affection, attachement, amour, amitié. — PROV., *afecioun.* V. ce mot. — CAT., *affecció ;* ESP., *afeccion ;* ITAL., *affezione.* — ETY. LAT., *affectionem.*

AFFECCIOUNA, v. a. Affectionner, avoir

de l'affection, aimer. *S'affecciouná*, v. r., s'affectionner, s'attacher à. — PROV., *afeciouná*. V. ce mot. — ESP., *afecionar*; ITAL., *affezionare*. — ETY., *affeccioun*.

AFFECCIOUNAT, ado, part. de *affecciouná*. Affectionné, ée. — PROV., *afeciouná*. V. ce mot.

AFFECTA, v. a. AFFECTAR, affecter, désirer, destiner à ; *s'affectá*, v. r., s'affecter, s'inquiéter. — CAT., ESP., *afectar* ; PORT., *affectar* ; ITAL., *affettare*. ETY. LAT., *affectare*.

AFFECTACIÉU, AFFECTACIOUN, s. f. Affectation, manière prétentieuse de parler et d'agir. — ESP., *afectacion*; ITAL., *affettazione*.— ETY. LAT., *affectationem*.

AFFECTAT, ado, part. de *affectá*. Affecté, ée.

AFFECTUOUS, o, adj. AFFECTUOS, affectueux, euse. — CAT., *afectuos*, ESP., *afectuoso*; ITAL., *affettuoso*.—ETY. LAT., *affectuosus*.

AFFECTUOUSOMENT, adv. AFFECTUOSAMENS, affectueusement, d'une manière affectueuse. — ESP., *afectuosamente* ; PORT., *affectuosamente* : ITAL., *affettuosamente*. — ETY., *affectuoso*, et le suffixe *ment*.

AFFETA, v. a. V. Affectá.

AFFICHIÉ, DAUPH., v. n. S'opiniâtrer, s'obstiner.

AFFIERMA, PROV., v. a. V.

AFFIRMA, v. a. AFFERMAR, affirmer, assurer. — ESP., *afirmar*; PORT., *affirmar*; ITAL., *affermare*. — ETY. LAT., *affirmare*.

AFFIRMACIÉU, s. f. AFFIRMATIO, affirmation. — CAT., *afirmació* ; ESP, *afirmacion*; ITAL., *affermazione*. — ETY. LAT., *affirmationem*.

AFFLAT, CÉV., s. m. Cavité, enfoncement, gouffre.

AFFLAT, PROV., s. m. Caresses, flatteries, soins, faveur, influence ; *l'afflat de la luno*, l'influence de la lune. — ETY., *afflatá*, flatter.

AFFLATA, v. a. AFLATAR, flatter, aduler, caresser ; *s'afflatá*, v. r., s'approcher de quelqu'un pour obtenir sa bienveillance; s'insinuer. —SYN., *flatá*.

AFFOURCHA, v. a. T. de mar., mouiller une seconde ancre à l'opposé de l'a première.

AFFRANCHI, v. a. V.

AFFRANQUI, v. a. AFRANQUIR, affranchir, mettre en liberté ; exempter de ; *s'affranqui*, v. r., s'affranchir de. — ESP., *afrancar* ; ITAL., *affrancare*. — ETY., *à*, et *franc*.

AFFRANQUI, CÉV., v. a. Aviner un tonneau; faire tremper une pièce de poterie pour qu'elle perde le goût de terre qu'elle a, quand elle est neuve.— ETY., *à, franc*; rendre franc de mauvais goût.

AFFRANQUIMENT, s. m. AFFRANQUIMENT, affranchissement. — ETY., *affranqui*.

AFFRE, s. m. Affre, grand effroi, chose effroyable. — SYN. *afre*. — ITAL., *afro*, âpre, aigre.

AFFROUS, o, adj. Affreux, euse, qu'on ne peut voir sans frémir ; nos paysans disent en parlant d'un blé bien dru et très-épais : *aquel blad es affrous*, expression impropre. — ETY., *affre*.

AFIA, v. a. AFIAR, assurer, affirmer, garantir. *S'afiá*, v. r., se fier à, donner sa confiance à quelqu'un; s'accorder.— — ANC. ESP., *afiar* ; ITAL., *affidare*. — ETY., *à*, et *fiá*, fier.

AFIALA, PROV., v. a. Affiler. V. Afilá.

AFIALANDA, ado, CÉV., adj. Celui, celle qui est en train de filer.

AFIANSA v. a. et n. AFIANSAR, FIANSAR, faire les fiançailles ; s'unir par une promesse réciproque de mariage ; arrêter devant un notaire les conventions matrimoniales; en roman, prêter foi, jurer obéissance.—CAT., *afiansar*; ESP., *afianzar* ; PORT., *affiançar* ; ITAL., *fidansare*. — ETY., *à*, et *fiansá*.

AFIAT, s. m. Bonne foi; *i a ges d'afiat dins aquel home*, il n'y a point de bonne foi dans cet homme-là; c'est-à-dire on ne peut compter sur sa parole. — ETY., *afiá*, garantir.

AFICA, PROV., v. a. AFICAR, ficher, enfoncer dans la terre ; en roman, appuyer, fixer, attacher.—*S'aficá*, GASC., v. r., se parer, s'ajuster. — ANC. CAT., *aficar*; ANC. ESP., *afijar, afincar*; PORT., *aficar, affincar*; ITAL., *afficare*.—ETY., *à* et *ficá*, ficher.

AFICAL, cév., s. m. Espèce de bouton fixé au bât d'un mulet où l'on accroche les rênes. — Syn., *arrenadour*. — Ety., *aficá*, ficher, attacher.

AFICHA, v. a. Aficar, afficher. — Ety., *à*, et *fichá*, ficher.

AFICHAIRE, s. m. Afficheur, celui qui pose les affiches. — Ety., *afichá*.

AFICHO, s. f. Affiche. — Ety., *afichá*.

AFIDAT, ado, adj. et s. Affidé, ée, à qui l'on se fie. — Ital., *affidato*.

AFILA, v. a. Afilar, affiler, donner le fil à un tranchant, aiguiser. — Syn., *afialá, afielá*. — Cat., esp., *afilar*; port., *affilar*; ital., *affilare*. — Ety., *à*, et *fil*, donner le fil.

AFILAT, ado, part. de *affilá*. Affilé, ée, qui a le fil : *nas afilat*, nez aquilin ; *talho afilado*, taille déliée ; *lengo afilado*, langue affilée, langue déliée ou bien pendue ; *blat afilat*, blé dont les fanes sont petites, pointues et filiformes.

AFILATA, toul., v. a. Mettre un oiseau sous le filet ; au fig. déniaiser, leurrer. — Ital., *affilettare*. — Ety., *à*, et *filat*, filet.

AFILHA, v. a. Afilhar, affilier, adopter, associer. *S'afilhá*, v. r., s'affilier. — Cat., *afillar* ; anc. esp., *afijar* ; esp. mod., *ahijar*. — Ety., *à*, et *filh*, fils, adopter pour fils.

AFILHACIÉU, Afilhacioun, s. f. Affiliation. — Ety., *afilhá*.

AFILHAT, ado, part. de *afilhá*. Affilié, ée. Il s'emploie aussi substantivement.

AFILIA, v. a. V. Afilhá.

AFIN, conj. Afin de, afin que ; cette conjonction marque la fin pour laquelle on agit, le but qu'on se propose. — Ety., *à*, et *fin*.

AFINA, v. a. Afinar, affiner, purifier, rendre plus fin, plus délié ; garc., tromper, endormir avec des paroles ou des promesses trompeuses ; adoucir. *S'afiná*, v. r., s'affiner, devenir plus fin, plus pur :

Totz metal en fuoc *s'afina*,
Breviari d'Amor, v, 5672.

Tout métal s'affine dans le feu.

Esp., *afinar* ; ital., *affinare*. — Ety., *à*, et *fin*, adj. fin.

AFINADOUR, prov., s. m. Affinoir, instrument au travers duquel on passe le chanvre ou le lin pour l'affiner. — Ety., *afinado*, part. f. de *afiná*.

AFINAGE, AFINAGI, s. m. Affinage, action d'affiner. — Ety., *afiná*.

AFINAIRE, s. m. Afinaire, affineur, ouvrier qui affine. — Cat., esp., *afinador* ; port., *affinador* ; ital., *affinatore*. — Ety., *afiná*.

AFINAT, ado, part. de *afiná*. Affiné, ée.

AFINCHA (s'), cév., v. r. S'appliquer à, mettre toute son attention à une chose ; fixer avec attention ; s'efforcer de. — Syn., *afinchiá, afintá* ; anc. esp., *afincar* ; ital., *afficcare*.

AFINCHAT, ado, part. de *afinchá*. Attentif, appliqué à, qui a les yeux fixés sur quelque objet de travail.

AFINCHIA (s'), cév., v. r. V. Afinchá.

AFINFA (s') cév., v. r. Se parer, s'ajuster avec affectation. — Syn., *s'afinfourlá, s'afiscalhá*.

AFINFAT, do, part. de *afinfá*. Paré, ée.

AFINFOURLA (s'), v. r. Se parer. V. Afinfá.

AFINOUIRO, s. f. Pierre propre à donner le fil aux outils.

AFINTA, garc., v. a. V. Fintá. *S'afintá*, cév., v. r. V. Afinchá.

AFIQUA, v. a. V. Aficá.

AFIROULA (s'), cév., v. r. Maigrir. — Syn., *s'afistoulá, s'afistoulí*.

AFIROULAT, ado, cév., adj. et part. Maigre, exténué, svelte ; au fig. éveillé, alerte.

AFISCA, cév., v. a. Afiscar, animer, exciter ; attirer, enjôler. *S'afiscá*, v. r., s'exciter, s'animer, s'opiniâtrer, s'irriter ; s'affectionner, se passionner. — Syn., *afouscá, afuscá*. — Gasc., *ahiscá*.

AFISCALHA (s'), gasc., v. r. Se parer, s'ajuster. — Syn., *aficá*.

AFISCAT, do, part. Animé, ée, passionné, acharné, obstiné, irrité ; effronté.

AFISCOULAT, ado, adj. Éveillé, ée, madré.

AFISOUR, GASC., s. m. Provocateur, celui qui excite ; celui qui cherche à attirer quelqu'un dans ses filets. — ETY., *afiscá*.

AFISTOULA (s'), v. r. V.

AFISTOULI (s'), v. r. Maigrir, devenir maigre. — SYN. *s'afiroulá*.

AFISTOULIT, ido, part. de *afistouli*. Maigri, e, svelte. — SYN. *afiroulat*.

AFIZA, v. a. Fier, confier. *S'afizá*, v. r., se fier. V. Fizá.

AFIZAT (A l'), CAST., loc. adv. En toute confiance. — ETY., *à*, et *fizá*, fier.

AFLAC, CÉV., adv. A foison, en abondance.

AFLACA, v. a. FLACAR, rendre flasque, affaiblir ; v n., devenir flasque, s'affaiblir, se courber. — SYN. *aflaqui*, *aflaquèiri*. — ETY. *à* et *flac*, du lat., *flaccidus*, flasque.

AFLACAT, ado, part. de *aflacá*. Affaibli, e, mou, lâche.

AFLAMA, PROV., v. a. V. Enflamá.

AFLAMBAIRAT, ado, adj. Enflammé, ée, celui, celle qui a le feu au visage par suite de la fièvre ou d'une grande chaleur ; *plago aflambairado*, plaie enflammée. — ETY., *à*, et *flambá*.

AFLAMINA, v. a. Assaillir, harceler. V. Flaminá.

AFLANCA, v. a. Flanquer, ficher.

AFLANQUI, PROV., v. a. Efflanquer, énerver.

AFLAQUEIRI, v. a. FLAQUEIR, FLAQUEZIR. V. Aflacá.

AFLAQUI, v. a. V. Aflacá.

AFLAT, s. m. V. Afflat.

AFLATA, PROV., v. a. Approcher, accoster.

AFLICCIÉU, s. f. AFLICTIO, affliction, peine morale. — SYN. *aflijacioun*. — ESP., *affliccion* ; ITAL., *afflizione*. — ETY. LAT., *afflictionem*.

AFLIJACIOUN, PROV., s. f. V. Afliccíéu.

AFLOUCA, v. n. Affluer, couler vers, battre le rivage, clapoter en parlant des flots ; abonder, foisonner ; être à bouquets.

AFLOURA, PROV., v. n. Défleurir, perdre les fleurs ; couler en parlant des fleurs qui avortent. — ETY., *à*, priv. et *flour*, fleur.

AFLOURA, v. a. Affleurer, faire que deux corps contigus soient réduits au même niveau ; v. n., se toucher, se joindre de fort près ; effleurer. — SYN. *aflourouncá*.

AFLOUROUNCA, v. a. M. sign. que *aflourá*. V. ce mot.

AFLOUROUNCA (s'), TOUL., v. r. S'étendre sans gêne.

AFLOUROUNCAT, ado, TOUL., part. de *aflourouncá*. Étendu, e, tout de son long, sans gêne.

AFLUENSO, s. f. AFLUENCIA, affluence, abondance. — CAT., ESP., *afluencia* ; ITAL., *affluenza*. — ETY. LAT., *affluentia*.

AFOUDRA, do, PROV., adj. Foudroyé, ée.

AFOUDRA, PROV., v. a. Ravager, effondrer, abattre. Ce mot est probablement une altération de *afoundrá*.

AFOUGA, v. a. AFOGAR, allumer, enflammer, brûler, embraser ; au fig., exciter, impatienter, passionner. *S'afougá*, v. r., s'enflammer ; au fig., s'impatienter, s'empresser, se donner beaucoup de mouvement pour le succès d'une affaire, se passionner. — PORT., *affoguear* ; ITAL., *affocare*. — ETY. *à*, et *fogo*, fougue.

AFOUGADURO, s. f. V.

AFOUGAMENT, s. m. Fougue, ardeur, ferveur, grand empressement, entraînement, enthousiasme ; amour passionné. — ETY., *afougá*.

AFOUGASSA (s'). v. r., S'affaisser, s'aplatir comme une fouace, comme un gâteau. — SYN. *s'esfougassá*. — ETY., *à*, et *fougasso*, fouace, gâteau.

AFOUGASSAT, ado, part. de *afougassá*. Aplati, e, comme une fouace, épaté.

AFOUGAT, ado, part. de *afougá*. Fougueux, euse, violent, emporté, passionné, enflammé, impétueux, ardent, adonné avec passion. — ITAL., *affocato*.

AFOULA (s'), CÉV., v. r. S'affoler, se passionner. — ETY. *à*, et *fol*, fou.

AFOULA, TOUL., v. a. AFOLAR, AFOLHAR, altérer, endommager, léser, gâter, détruire, abâtardir ; luxer, offenser les nerfs ; faire avorter ; *s'afoulá*, v. r., se

AFR (41) AFR

gâter, s'abâtardir, s'émousser; avorter; se fouler, se luxer. — B. LIM., offoulá; ANC. ESP., afollar. — ETY., à, et foulá, fouler.

AFOULADURO, PROV., s. f. Foulure, entorse. — ETY., afoulado, part. f. de afoulá.

AFOULAT, ado, part. de afoulá. Gâté, ée, détruit, abâtardi; luxé, avorté.

AFOULAT, ado, adj. Enragé, ée ; affolé, ée, amoureux à l'excès. — SYN. afoulatrit, afoulit. — ETY., à, et fol, fou.

AFOULATRIT, ido, adj. Amouraché, ée. — ETY., afoulat.

AFOULISCAT, ado, adj. Celui, celle qui se donne une tournure affectée, qui marche la tête au vent.

AFOULIT, ido, adj. Affolé, ée ; excessivement passionné. — SYN. afoulat, afoulatrit.

AFOULOUPA, PROV., v. a. Envelopper. V. Agouloupá.

AFOURMIC, CAST., s. m. Fourmi. V. Fourmigo.

AFOUNDRA, v. a. ESFONDRAR, effondrer, renverser. — SYN. afoudrá, f. a. — ETY., à, et found, fond.

AFOURNELA, v. a. V. Fournelá.

AFOUNSA, v. r. Faire fonds, compter sur. — En roman, afonsar, signifie enfoncer. — ETY., à, et founs, fonds.

AFOURRAJA, v. a. Donner du fourrage aux bestiaux. — ETY., à, et fourrage.

AFOURTI, v. a. AFORTIR, assurer une chose avec opiniâtreté et sans vouloir en démordre ; en roman, fortifier, affermir. — ETY., à, et fort.

AFOURTUNA, CÉV., v. a. Rendre heureux; Dièus m'afourtune ! Dieu veuille répandre sur moi ses grâces, me donner une bonne réussite ! — ESP., afortunar. — ETY., à, et fourtuno, fortune, bonne chance.

AFOURTUNA, do, CÉV., part. de afourtuná. Qui a de la fortune ; heureux, euse.

AFOUSCA, PROV., v. a. Exciter. V. Afiscá.

AFRABA, v. a. Ravager. — B. LIM., ofrobá.

AFRAGNEN, s. m. Accident, malheur; querelle bruyante. — ETY. ROMAN, afragner, du lat. frangere, briser, enfreindre, détruire.

AFRAIRA, v. a. AFRAIRAR, associer, recevoir dans une confrérie, accueillir comme un frère ; s'afrairá, v. r., s'associer, se lier intimement, fraterniser. — SYN. afrairi, afrairi. — ETY., à, et fraire, frère.

AFRAIRAT, ado, part. de afrairá. Associé, ée ; afrairats, amis comme deux frères. — SYN. afrairit.

AFRAIRI, v. a. V. Afrairá.

AFRAIRIT, ido, part. de afrairi. V. Afrairat.

AFRE, s. m. Faire afre, faire horreur. V. Affre.

AFREGI, v. a. Refroidir ; s'afregi, v. r., se refroidir. — SYN. afrejouli. — ETY., à, et freg, froid.

AFREGIT, ido, part. Refroidi, e. — SYN. afrejoulit.

AFREIRI, v. a. V. Afrairá.

AFREJOULI (s'), v. r. Se refroidir, prendre froid. — ETY., à, et frejour, froidure.

AFREJOULIT, ido, part. Refroidi, e, celui qui a froid ; frileux, euse. — SYN. enfrejoulit, frejeluc.

AFRÉS, CÉV., s. m. Le zénith; le faîtage d'une maison. — SYN. afrest.

AFRESCA (s'), CÉV., v. r. Se réjouir, prendre plaisir, s'empresser, se hâter.

AFRESCA, do, CÉV., part. Réjoui, e; ragaillardi ; alléché, empressé.

AFRESCADÉ, eto, CÉV., adj. Réjoui, e, dispos. — ETY., dim. de afrescá.

AFRESCOULI, do, PROV., adj. Frais, fraîche ; au fig. ragaillardi. — ETY., à, et frescoú.

AFRESQUI, GASC., v. a. Rafraîchir. V. Refrescá.

AFREST, PROV., s. m. le zénith ; le faîtage d'une maison. V. Afrès.

AFRET, CÉV., s. m. Fret, action de louer un bâtiment à un tiers. — ETY., à, et fret, de l'allem., fracht.

AFRETA, v. a. Affréter, prendre un navire à louage ; en roman, afretar, équiper. — Esp., *afretar*; ital., *affrettare*. — Ety., *afret*.

AFREVOULIT, ido, adj. Afrevolit, affaibli, e. — Ety., *à*, et *frevol*, faible.

AFRI, cév., V.

AFRIC, o, adj. Africh, affriandé, ée, avide, ardent, empressé, acharné, âpre à la curée. — Syn. *afrit*.

AFRIOUNA, prov., v. a. Émietter.

AFRISCA (s'), cév., v. r. S'acheminer. V. Adraia.

AFRIT, toul. cév., adj. m. sign. que *afric*.

Mes Fenissa coum' un' eruga
Lou quicho, lou mord, lou pessuga
E devora d'un iol AFRIT
E lous presens e lou manit.
FAVRE.

AFROUENT, prov., s. m. V.

AFROUNT. s. m. Affront, acte ou parole de mépris jetés en face; honte, déshonneur. — Ital., *affronto*. — Ety., *à*, et *frount*, front.

AFROUNTA, v. a. Afrontar, affronter; faire un affront à quelqu'un. — Cat., esp., *afrontar*; port., *affrontar*; ital., *affrontare*. — Ety., *afrount*, affront.

AFROUNTAIRE, cév., s. m. Affronteur; insolent. — Ety., *afrountá*.

AFROUNTARIÉ, s. f. Effronterie. — Ety., *afrountá*.

AFROUNTAT, ado, part. de *afrountá*. Affronté, ée; adj. effronté, ée.

AFROUS, o, adj. V. Affrous.

AFUBLA, v. a. Afiblar, affubler, habiller d'une manière ridicule; *s'afublá*, v. r., s'affubler. — Ital., *affibiare*. — Ety. b. lat., *affibulare*, formé de af pour *ad*, *à*, et de *fibula*, boucle, agrafe.

AFUDA, prov., v. a. Poursuivre à coups de pierres.

AFUGA (s'), prov., v. r. S'échauffer au travail. — Ety., altér. de *s'afougá*.

AFUGAT, do, part. V. Afougat.

AFUMAT, ado, toul., adj. Enfumé, ée. — Syn. *enfumat*. — Ety., *à*, et *fumat*.

AFUMÈLI (s'), v. r. V. Afemèli.

AFUN, prov., s. m. Corde dont on se sert pour fixer des paniers, des sacs, etc., sur un bât. — Ety., *à*, et le lat. *funis*, corde.

AFURA, prov., v. a. Rendre furieux, animer, exciter. — Ety., anc. ital., *affuriare*, dont *afurá*, mis pour *afuriá*, est une forme altérée.

AFURAT, ado, part. de *afurá*. Animé, ée, excité, surexcité, furieux.

AFUROUNA, prov., v. a. Rendre furieux; *s'afurouná*, v. r., devenir furieux. — Syn. *enfurouná*. — Ety., *à* et *furou*, fureur.

AFUROUNA, do, prov., part. Furibond, e.

AFUSCA, prov., v. a. Exciter. V. Afiscá.

AFUSCACIOUN, prov., s. f. Application démesurée, excitation, empressement. — Ety., *afuscá*.

AFUSTA, v. a. Affûter, mettre un canon en batterie; viser. — Cév., *s'afustá*, se préparer. — Ety., *afust*, de *à*, et *fust*.

AG, gasc., pron. Le: *malur à qui n'ag bets*, malheur à qui ne le voit pas. — Syn. *ac*. V. ce mot.

AGA. V. Agachá.

AGABELA, toul., v. a. Mettre en javelles. — Syn., *engabèlá*. — Ety., *à*, et *gabel*, du lat. *cappelus*, dim. de *capulus*, poignée, d'où l'on a fait javelle.

AGABOUN, cév., s. m. Chêne au kermès. V. Garroulho.

AGACH, s. m. Agach, guet; *faire agach*, être aux aguets, épier, être aux écoutes. — Cat., *aguayl*; ital., *agguato*. — Ety., *à*, et *gach*, guet.

AGACHA, v. a. et n. Agachar, regarder avec attention, considérer, admirer, prendre garde. *Agacho-t'aqui*, interj., qu'on peut traduire par ces mots: te voilà bien planté, bien avancé! *Maum'agacho*, s. m., qui regarde de travers; *agacho aumen!* prends bien garde! *agá que!* est une menace qu'on pourrait traduire par *quos ego!* *Agá* est une forme irrégulière du singulier de l'impératif de *agachá*; on dit: *acholou* pour *agacho-lou*, regarde-le. — Syn. *agachiá*. — Ety., *agach*, guet, aguet.

AGACHAIRE, s. m. Celui qui regarde, badaud. — Ety., *agachá*.

AGACHIA, v. a. V. Agachá.

AGACHO, prov., s. f. V. Agachoun.

AGACHORO, prov., s. f. V.

AGACHOUN, prov., s. m. Agachon, témoin d'une borne, pierre cassée en deux ou plusieurs morceaux enterrés autour d'une borne, et servant à attester par leur rapprochement que cette borne n'a pas été déplacée. Il signifie aussi, poste à chasser, cabane faite avec de la ramée, d'où le chasseur épie le gibier ; lieu élevé d'où la vue s'étend au loin. — Syn. *gachous, agacho, agachoro, agassè*. — Ety., *agachá*, regarder.

AGACI, cév., s. m. V. Agacin.

AGACIC, toul., s. m. V.

AGACIN, AGACIS, s. m. Cor aux pieds ; au fig. bouton de vigne qui est placé le plus bas et d'où il ne sort jamais une grappe. On appelle *herbo d'agacis* ou *d'agacic*, l'héliotrope d'Europe. V. *Herbo de las barrugos*. On donne le même nom à la grande joubarbe. V. Barbajol. — Toul., *agacic* ; alb., *agacit*.

AGACIT, alb., s. m. V. Agacin.

AGAFA, v. a. Gafar, prendre avec une gaffe ; prendre de bond, de volée, happer, saisir, empoigner ; mordre, en parlant des chiens ; *s'agafá*, v. r., s'accrocher, se pendre à. — Ety., *à*, et *gafo*, gaffe.

AGAFADO, s. f. Morsure. — Ety., *agafado*, part. f. de *agafá*.

AGAFAT, ado, part. de *agafá*. Happé, ée, saisi, mordu, accroché.

AGAFAL, toul., s. m. Reproche immérité, sortie violente contre quelqu'un. — Syn., *gafal*. — Ety., *agafá, agafal* est employé dans un sens figuré.

AGAGNAU, prov., s. m. La mante regieuse. V. Prego-Diéu-Bernado.

AGAIRA, cév., v. a. Assaillir, obséder, harceler. — Syn. *agarri*. C'est peut-être aussi une altér. de *acairá*. V. ce mot.

AGAITA, v. a. Regarder. V. Guèitá.

AGALANCIER, s. m. Aguilancier, églantier, ou rosier des chiens, rosier sauvage, rosier des haies, *rosa canina*, arbrisseau de la fam. des rosacées à fleurs jaunes ou oranges. Noms div. : *agarancier, agrafier, galancier, agalanier, agourencier, aiglantier, garrabier, garrabelher, garrabignier, agufier ; grato-quioul, tapo-quioul*. Ces deux derniers mots s'appliquent surtout au fruit de l'églantier.

AGALANIER, prov., s. m. V. Agalancier.

AGALAVARDI, prov., v. a. Affriander, rendre friand, goulu ; attirer par quelque chose d'agréable au goût, allécher. — Ety., *à*, et *galavard*, goinfre, goulu.

AGALAVARDI, do, part. de *agalavardi*. Affriandé, ée.

AGALÉ, gasc., s. m. Rigole pour l'écoulement des eaux. — Ety., dim. de *agau*. V. ce mot.

AGALHA, cév., v. a. Orner, embellir.

AGALIS, cév., s. m. Biais, biseau. V. Galis.

AGALOUPA, v. a. V. Agoulupá.

AGALOUS, cév., s. m. Le fragon ou petit houx. V. Verbouisset.

AGALOUSSES, s. m. p. Ononix ou arrête-bœuf épineux ; on donne le même nom à la bugrane (arrête-bœuf des champs), *ononix arvensis* de la même famille. C'est improprement qu'on donne ce nom au houx. V. Grifoul. Noms div. : *agausses, algalousses, aigalousses, estanco-biòus, restanco-biòus, agouns, acansouns, agavouns, avacouns, dentis, lente*. — B. lat., *aculeosa*.

AGAMOUTI (s'), prov., v. r. Se tapir, se blottir, s'empaqueter dans ses draps de lit. — Syn. *s'agramouti, s'agroumilhá, s'agroumouti, s'amoulouná, s'agropumouti*.

AGAMOUTI, do, part. Tapi, e, accroupi, e.

AGANCHA, cév., v. a. Recevoir, gagner, attraper, atteindre.

AGANDI (s'), montp., v. r. Aller à, se diriger vers, arriver à ; se sauver, s'esquiver. V. Gandí.

El *s'agandis* d'una escourida
Au bouissoù que la rescoundié,
E vous aganta la manida
Coum' espinchava s'el venté.

Rigaud, *Las Amours de Mountpeié*.

AGANDOUNI, do, cév., adj. Acoquiné, ée. — Syn. *acouquinat*, *acouquinit*.

AGANEL, cast., s. m. Chondrille jonciforme. V. Cicourèio de la broco. *Aganel-de-sagno*, scorzonère des marais, ou petite scorzonère, *scorzonera humilis*.

AGANIT, ido, adj. Maigre, exténué, mourant d'inanition ; béarn., avide. — Syn. *anourrit*.

AGANLO, cév., s. f. Noix de galle.

AGANTA, v. a. Agandar, prendre, saisir, empoigner ; *s'agantá*, v. r, s'empoigner, en venir aux mains, se battre ; se prendre à. — Ital., *aguantare*.

AGANTAIRE, s. m. Celui qui prend, voleur. — Ety., *agantá*.

AGANTAT, ado, part. de *agantá*. Pris, e, saisi, empoigné.

AGAPIT, ido, adj. Collé, ée ; poissé, enduit de poix, sali avec quelque chose de gluant.

AGARA, biterr., v. a. Agaran, voir, regarder, observer ; il ne s'emploie qu'à la seconde et à la troisième personne de l'impératif : *agaro*, regarde ; *agaras*, regardez ; *agaro que*, prends garde que. — Syn. *agachá*.

AGARACHA, cév., v. a. Labourer pour la première fois les terres en jachère. V. Garachá.

AGARANCIER, s. m. V. Agalancier.

AGARANSO, s. f. V. Garanso.

AGARENCIER, s. m. V. Agalancier.

AGARIC, s. m. Agaris, agaric, nom commun à toutes les espèces de champignons dont le chapeau est doublé, à sa surface inférieure, de lames disposées comme les rayons d'une roue ; on appelle *bolets*, les champignons qui n'ont pas de lames, mais des tubes réunis. — Esp., port., ital., *agarico*. — Ety. lat., *agaricum*.

AGAROUN, prov., s. m. Bugrane, arrête-bœuf. — Syn. *acavouns*, *agavouns*. V. Agalousses.

AGARRAS, s. m. Le chêne au kermès. — V. Garroulho.

AGARREJA, gasc., v. a. Harceler, agacer. V. Agarri.

AGARRI, v. a. Harceler, assaillir, attaquer, provoquer, inquiéter, agacer, poursuivre. *S'agarri*, s'agacer, se faire une petite guerre. — Syn. *agairá*, *agarrejá*.

AGARRUS, s. m. Le grand houx. V. Grifoul. On donne le même nom au chêne au kermès. V. Garroulho.

AGARRUSSI (s'), cév., v r. Se rabougrir, s'abâtardir. — Ety., *agarrus*, chêne au kermès ; devenir semblable à cet arbrisseau.

AGARRUSSI, do, cév., part. Rabougri, e, abâtardi ; ébouriffé.

AGAS, cév., s. m. Nom commun à l'érable champêtre, *Acer campestre*, et à l'érable de Montpellier, *Acer monspessulanum*; les feuilles de ce dernier sont découpées en trois lobes, tandis que celles de l'érable champêtre le sont en cinq. Noms div. : *Agast*, *ajas*, *arjalabre*, *arjelabre*, *arjulabre*, *rable*, *arabre*, *viéulounier*, *auzerol*.

AGASSA, v. a. Agacer, exciter à s'amuser, provoquer par de petites attaques ; harceler, impatienter ; causer aux dents une sensation désagréable. — Ital., *agazzare*. — Ety., *agasso*, crier comme la pie.

AGASSADO, gasc., s. f. Traverse qu'on met aux ridelles des charrettes pour les maintenir.

AGASSAT, ado, part. de *agassá*. Agacé, ée.

AGASSAT, s. m. Le petit de la pie. — Syn. *agasseto*, *agassoû*, *agassoun*. — Ety., *agasso*.

AGASSÈ, gasc., s. m. Agaze, cabane faite avec de la ramée, établie au haut de trois arbres à l'entrée de la gorge où sont tendus les filets destinés à prendre les ramiers. Un chasseur, placé dans cette cabane, y guette le passage de ces oiseaux, et lance sur la bande une raquette de bois appelée *male* ou *malou* pour leur faire prendre la direction de la *palomière*. Cette cabane porte le nom de *trèpe*. On donne celui de *battes* à d'autres cabanes placées en avant de celle-ci, et qui ont la même destination. — Syn. *agachoun*. — Ety., *aguch*.

AGASSETO, s. f. Le petit de la pie. — Ety., dim. de *agasso*.

AGASSO, s. f. **AGASSA**, pie, *Corvus pica*, oiseau de l'ordre des passereaux et de la fam. des plénirostres. Noms div. : *ajasso*, *jasso*, *aysso*, *aygasso*, *margot*. — Anc. fr., *agace*. — Ital., *gazza*.

AGASSO-FÈRO, prov., s. f. Pie-grièche. V. Amargassat.

AGASSO-MARINO, AGASSO-DE-MAR, s. f. L'huitrier, *hœmatopus ostralegus*, oiseau de l'ordre des échassiers, qui se montre rarement dans nos étangs.

AGASSO-TAMBOURLO, prov., s. f. Pie-grièche. V. Amargassat.

AGASSOUN, prov., s. m. Le petit de la pie. — Cév., marque faite par le fer d'une toupie sur le bois d'une autre toupie.

AGAST, s. m. Érable. V. Agas.

AGATI, cév., v. a. Attirer, amadouer, amorcer, allécher.

AGATIS, cév., s. m. Dégât, dommage causé dans un champ par le bétail.

AGATO, s. f. Achates, agathe, pierre précieuse. — Ety., *Achates*, fleuve de Sicile sur les bords duquel on dit avoir été trouvées les premières agathes.

AGAU, agat., mieux, *aguau*, s. m. Agual, conduite d'eau, canal. — Gasc., *agalé*. — Ety. lat., *aqualis*.

AGAUCHA (s'), prov., v. r. Se réjouir. — Ety., *à*, et le roman *gauch*, joie.

AGAUCHAT, do, part. Réjoui, e.

AGAUSSES, cév., s. f. p. Arrête-bœuf. V. *Agalousses*. On donne le même nom au chêne au kermès. V. Garroulho.

AGAUTA, v. a. Coucher en joue. V. Engautá.

AGAVELA, v. a. V. Agabèlá.

AGAVOUN, s. m. Bugrane ou arrête-bœuf des champs. V. Agalousses. On appelle aussi *agavoun* l'ononis visqueuse, *Ononix viscosa*; et le chêne au kermès. — Prov., *agoun*; *garroulho*, pour le chêne kermès.

AGE, AGI, s. m. Atge, âge, la durée ordinaire de la vie : *Es d'age*, il est d'un âge avancé, il est vieux. — Dauph., *agio*; béarn., *atye*. — Ety. lat. vulgaire, *ætaticum*.

AGÉ, gasc., adv. Hier. V. Hier.

AGE, s. m. Grain de raisin. V. Agi.

AGEBI, do, prov., adj. V. Agibit.

AGEINOUIA, prov., v. a. V. Aginoulhá.

AGENGI (s'), prov., v. r. S'accroupir, se pelotonner. V. Agroumouli.

AGENOULHA, v. a. V. Aginoulhá.

AGENSA, v. a. Agensar, agencer, arranger, disposer ; en roman, plaire. — Cat., *agenzar* ; anc. ital., *agenzare*. — Ety., *à*, et *gen*, *gent*, gentil; rendre gentil.

AGENSAMENT, s. m. Agensamen, agencement, manière d'arranger. — Ety., *agensá*.

AGERBASSI (s'), cév., v. r. Se gazonner. V. Agermí.

AGERBI, do, adj. et p. gazonné, ée; foulé aux pieds, en parlant du gazon.

AGERMI (s'), prov., v. r. Se gazonner, se couvrir de gazon. — Syn. *s'agerbassi*, *s'agerbí* ; ditern., *se girbá*. — Ety., *à*, et le roman, *germ*, germe, gazon.

AGERMI, do, part. Gazonné, ée. — Syn. *agerbassi*, *agerbi*, *girbat*.

AGI, prov., s. m. V. Age.

AGI, prov., s. m. La partie de la charrue qu'on appelle *âge* ; c'est la partie coudée qui est fixée à la flèche ou au timon au moyen d'un lien de fer. — Syn. *basse*, *cambet*, *cambeto*.

AGI, cast., v. a. Faire venir à soi.

AGI, prov., s. m. Grain de raisin. — Syn. *age*, *aige*. — Dauph., haie, buisson.

AGIBASSI (s'). v. r. Se bossuer, en parlant d'un mur ou d'une cloison. — Ety., *à*, et *gibasso*, augm. de *gibo*, grosse bosse.

AGIBASSIT, do, part. Bossué, ée, inégal, bossu.

AGIBI, do, prov., adj. Fruit séché sur l'arbre ; il se dit particulièrement d'une espèce de raisin à gros grains, appelé à Béziers *auzèbi*, qu'on fait ordinairement sécher pour le manger en hiver. On en fait des *panses* en le trempant dans une lessive, et le faisant ensuite sécher. — Syn. *arabicat*, do. — Ety. arabe, *algibiz*, secs.

AGIBIN, PROV., s. m. Prunes qu'on cueille à demi séchées. — M. ÉTY. QUE *agibi*.

AGILE, o, adj. Agile. — SYN. *leste*, plus usité. — GASC., *agil*; ESP., PORT., *agil*; ITAL., *agile*. — ÉTY. LAT., *agilis*.

AGILESSO, GASC., s. f. V.

AGILITAT, s. f. AGILITAT, agilité. — CAT., *agilitat*; ESP., *agilidad*; PORT., *agilidade*; ITAL., *agilità*. — ÉTY. LAT., *agilitatem*.

AGINA, GASC., v. a. Préparer. V. Enginá.

AGINO, GASC., s. f. V. Engino.

AGINOULHA, v. a. AGINOLLAR, agenouiller, mettre à genoux; au fig, *aginoulhá un gabel*, coucher un sarment pour faire un provin. *S'aginoulhá*, v. r., s'agenouiller, se mettre à genoux. — SYN. *ajuliná, ajunilhá, ajunlá, agenouiá*. — CAT., *agenollar*; ITAL., *agginocchiare*. — ÉTY., *à*, et *ginoulh*.

AGINOULHADOU, s. m. Agenouilloir, prie-dieu. — SYN. *ajunilhoer*. — ITAL., *inginocchialoio*. — ÉTY., *aginoulhado*, part. f. de *aginoulhá*.

AGIO, DAUPH., s. m. Age. V. Age.

AGIPI, DAUPH., adj. Mal levé, en parlant du pain. — SYN. *acoudit, amalit*.

AGIPOULA, v. a. Envelopper, empaqueter.

AGIT, GASC., adj. Agile, délié, bien tourné, adroit. V. Agile.

AGITA, v. a. Agiter, mouvoir, secouer. *S'agitá*, v. r.; s'agiter, se remuer, se tourmenter; au fig. se déjeter, en parlant du bois. — BÉARN., *aycta*. — ESP., PORT., *agitar*; ITAL., *agitare*. — ÉTY. LAT., *agitare*.

AGITACIÉU, AGITACIOUN, s. f. AGITACIO, agitation, mouvement répété; au fig. inquiétude, impatience. — CAT., *agitació*; ESP., *agitacion*; ITAL., *agitazione*. — ÉTY. LAT., *agitationem*.

AGLADI, CÉV., v. n. Se fendre, s'entr'ouvrir, se gercer. On dit aussi *s'agladi*. — SYN. *s'adali, s'adeli*.

AGLAJA, PROV., v. a. Effrayer, épouvanter. — ESP., *aglayar*. — ÉTY. altér. du roman, *esglayar*.

AGLAN, s. m. AGLAN, gland, fruit du chêne; au fig., petit pivot de fer destiné à assujétir l'essieu d'une charrette dans le châssis. — CAT., *agla*. — ÉTY., *à*, et *glan*, du lat. *glandis*.

AGLAN DE MAR, s. m. Gland de mer, balane, genre de mollusques de l'ordre des brachiopodes, dont il existe plusieurs espèces.

AGLANA, v. a. Donner des glands aux cochons. — ÉTY., *aglan*.

AGLANAGE, AGLANAGI, s. m. Glandée, récolte du gland, saison de cette récolte; panage, droit de mettre des porcs dans une forêt pour s'y nourrir de glands. — ÉTY., *aglaná*.

AGLANDALO, adj. f. Qui a la forme d'un gland, en parlant d'une espèce d'olive qu'on appelle aussi *cayano*.

AGLANDIER, adj. Chêne qui porte du gland, ou qui porte beaucoup de glands. — SYN. *aglanier*. — ÉTY., *aglan*.

AGLANIER, adj. V. Aglandier.

AGLANTINO, s. f. AIGLENTINA, anchoilie, *Aquilegia vulgaris*, plante de la fam. des renonculacées. — SYN. *ayglantino, englantino, galantino, herbo de Nostro-Damo*.

AGLATA (s'), PROV., V.

AGLATI (s'), v. r. S'abaisser, s'accroupir. — SYN. *s'aclatá*.

AGLE, BÉARN., s. f. Aigle. V. Aiglo.

AGLÉIO, s. f. GLIÈIA, église. V. Glèiso.

AGLO, GASC., s. f. V. Aiglo.

AGLOUT, BÉARN., s. m. Avalanche. ESP., *alud*.

AGLOUTOUNI, v. a. Rendre glouton. *S'agloutouni*, v. r., s'adonner à la gloutonnerie. — SYN. *agouludi*. — ÉTY., *à* et *gloutoun*, du roman *gloto*, glouton.

AGNEL, s. m. AGNEL, agneau. — DAUPH., *agnel*; GASC., *agnil*; PROV., *agnèu*; QUERC., *oniel, oniello*; ANC. CAT., *agnel*; ITAL., *agnello*. — ÉTY. LAT., *agnellus*.

AGNELA, v. n. Agneler, mettre bas, en parlant des brebis. — GASC., *agnerá*; ANC. ITAL., *agnelare*. — ÉTY., *agnel*.

AGNELADO, s. f. Brebis mère; le croit d'un troupeau, tous les agneaux qui naissent dans la même saison. — ÉTY., *agnelado*, part. f. de *agnelá*.

AGNÉLAGE, AGNELAGI, s. m. L'action d'agneler. — Ety., agnelá.

AGNELAS, s. m. Gros agneau. — Ety., augm. de agnel.

AGNELAT, s. m. Agneau d'un an, antenois. — Syn. bourrec, anouge. — Ety., agnel.

AGNELET, s. m. Petit agneau. — Syn. agneloù, agneloun. — Querc., oniloù; béarn., agneroù. — Ety. dim. de agnel.

AGNELIER, s. m. Berger qui garde les agneaux. — Ety., agnel.

AGNELINS, s. m. p. Peaux d'agneaux avec leur laine ; en français, agneline, toison d'agneau. — Béarn., agneri ; Ital., agnellina. — Ety., agnel.

AGNELLA, prov., v. n. V. Agnelá.

AGNELOU, AGNELOUN, s. m. V. Agnelet.

AGNELUN, s. m. Les agneaux, en général.

AGNERA, gasc., v. n. V. Agnelá.

AGNERI, béarn., s. m. Toison des agneaux ; laine frisée ; au fig. ciel pommelé. V. Agnelins.

AGNÉRO, gasc., s. f. Jeune brebis.

AGNEROU, béarn., s. m. V. Agnelet.

AGNEROU, AGNEROUN, cast., montp., s. m. Prunelle, fruit du prunelier. V. Agrunèlo.

AGNET, gasc., dauph., s. m. V. Agnel.

AGNÉU, prov., s. m. V. Agnel.

AGNIÉLO, s. f. V. Aniélo.

AGNIL, gasc., s. m. V. Agnel.

AGNIN, AGNINO, s. m. et f. ANHINA, agneline, laine des agneaux. — Béarn., agneri. V. Agnelins. — Ety. Lat. agninus, a, d'agneau.

AGNOCH, cév., loc. adv. Cette nuit. — Ety. altér. de à-nioch. — Syn. à-nuech, à-neit, aniue.

AGNOCO, prov., s. f. Contusion, bosse au front. — Syn. ignoc, qui vient probablement du roman ignon, oignon. Agnoco en est une altération.

AGNOS, cast., s. f. p. Clous à grosse tête employés dans la construction d'une barque.

AGNUÈ, cév., adv. Cette nuit. V. Anèit.

AGNUECHA (s'), v. r. V. Aniechá.

AGONI, prov., s. f. V. Agounio.

AGOUBILHO, prov., s. f. V. Pacoutilho.

AGOUÉ, gasc., adv. Aujourd'hui.

AGOUELHO, s. f. Brebis. V. Auelho.

AGOULENCIER, prov., s. m. V. Agalancier.

AGOULENCIO, prov., s. f. Grate-cul, fruit de l'églantier. V. Tapo-quioul.

AGOULOUPA, v. a. Envelopper, couvrir d'un manteau. S'agouloupá, v. r., s'envelopper dans son manteau, dans ses couvertures. — Syn. agaloupá, engouloupá. — Ital., agoluppare.

AGOULOUPAT, ado, part. Enveloppé, ée, couvert d'un manteau ; au fig. dissimulé, ée, déguisé, qui cache sa façon de penser.

AGOULUDI, v. a. Rendre goulu, e, glouton ; s'agouloudí, v. r., être goulu ; au fig. avide, désireux avec passion. — Syn. agloutouni. — Ety., à et youlut, du roman golos, goulu.

AGOUMOUTI (s'), v. r. Se tapir, s'accroupir. — Syn. S'agroumouli, s'agouroufí.

AGOU, gasc., adv. de lieu. Où ; d'agoù, d'où. On dit aussi agoun, biearn., ount.

AGOUN, prov., s. m. Arrête-bœuf. V. Agavoun.

AGOUNIO, s. f. Agonie. — Syn. angoni. — Esp., port., ital., agonia. — Ety. Lat., agonia.

AGOUNISA, v. n. Agoniser, être à l'agonie ; il ne s'emploie activement que dans cette phrase : agounisá de soutisos, accabler d'injures. — Syn. angounisá. — Esp., port., agonizar ; ital., agonizzare. — Ety., agoni, agonie.

AGOURA, cév., v. a. Tromper, duper.

AGOURAIRE, cév., s. m. Trompeur, fourbe. — Ety., agourá.

AGOUREGNARDI (s'), prov., v. r. V. Agourriní.

AGOURENCI, prov., s. f. Fruit de l'églantier. V. Tapo-quioul.

AGOURENCI-DE-PORC, s. f. Le rosier sauvage à feuilles de pimprenelle, et son fruit que mangent les cochons.

AGOURENCIER, prov., s. m. V. Agalancier.

AGOURENSO, s. f. V. Tapo-quioul.

AGOURGALI (s'), v. r. Se mettre en dépense, devenir libéral, généreux.

AGOURMANDI, v. a. Affriander, appâter, allécher. *S'agourmandi*, v. r. s'affriander, devenir friand ; prendre goût à une chose. — Syn. *agroumandi*. — Ety., *à*, et *gourmand*.

AGOURMANDIT, ido, part. Affriandé, ée, alléché.

AGOURRINA, v. a. V.

AGOURRINI, v. a. Acoquiner ; *s'agourrini*, v. r., s'acoquiner, vivre dans l'indolence, vivre en désœuvré, en libertin. — Syn. *agouregnardi*. — Ety., *à*, et *gourrin*.

AGOURRINIT, ido, part. Acoquiné, ée.

AGOURROUFI (s'), carc., v. r. S'accroupir. — Syn. *s'agourrufi, s'agourrudá*.

AGOURRUDA (s'), toul., v. r. Se blottir, s'accroupir, s'asseoir sur les talons. V. Agourrouff.

AGOURRUDAT, ado, part. de *agourrudá*. Blotti, ie, accroupi.

AGOURRUFA, cast., v. n. Chiffonner, froisser, fripper.

AGOURRUFI (s'), carc., v. r. V. Agourrouff.

AGOUSSES, cév., s. m. p. (*agòusses*). V. Agalousses et Garroulho.

AGOUST, s. m. Agost, aost, août, le huitième mois de l'année.

   ... penho il penhedor
   Agost a lei de batedor.
              Brev. d'Amor.

Les peintres peignent le mois d'août comme un batteur de grains.
Prov., *aoust, avoust* ; Esp., Ital., *agosto*. — Lat., *augustus*.

   Se canquos en Agoust
   Canquaras crentous.

   Plèjo d'Agoust,
   Foss'oli, fosso moust.

   Lous achesses d'Agoust,
   Duro un an e souvent dous.
               Pro.

AGOUSTA, v. n. Faire les labours d'août. — Syn. *aoustá, aüstá*. — Ety., *agoust*.

AGOUSTENC, enco, biterr., adj. Du mois d'août : *Agnel agoustenc, aubres agoustencs, perdigals agoustencs*, agneau du mois d'août, arbres qui ne fleurissent qu'au mois d'août, perdreaux nés au mois d'août. — Syn. *agoustin, aüstin*. — Ety., *agoust, avoustenc, aoustenc*.

AGOUSTIN, cév., adj. V. Agoustenc.

AGOUT, prov., s. m. *Faire un agout*, détourner l'eau d'une rivière pour en prendre le poisson. — Syn. *agoutado*. — Ety., *agoutá*.

AGOUTA, biterr., v. a. Agotar, égoutter, mettre à sec, tarir ; *s'agoutá*, v. r., tarir. — Cat., Esp., port., *agotar* ; Ital., *aggottare*. — Ety., *à*, priv. et *goutto*, goutte ; ôter jusqu'à la dernière goutte.

AGOUTADO, prov., s. f. V. Agout.

AGOUTAL, biterr., s. m. Écope pour vider l'eau d'un bateau. — Prov., *agoutat* ; toul., *agouto* ; cast., *egoutal* ; cév., *equaleje, aigualeje*. — Ety., *agoutá*.

AGOUTAT, ado, part. de *agoutá*. Égoutté, ée, tari.

AGOUTAT, prov., s. m. V. Agoutal.

AGOUTO, s. f. V. Agoutal.

AGRABOUNA, v. a. Atterrer.

AGRACHA, prov., v. a. Altér. de *garachá*, V. ce mot.

AGRACHI, prov., v. a. Défoncer la terre. V. Garachá.

AGRADA, v. a. Agradar, agréer, plaire ; approuver, convenir. *S'agradá*, v. r., se convenir, en parlant de deux amants. — Cat., Esp., port., *agradar* ; Ital., *agradare*. — Ety., *à*, et *grat*, gré ; être au gré de.

   N'es pas bèu so qu'es bèu, mai es bèu so qu'agrado.
          Marques de Sant-Paulet.

AGRADABLE, o, adj. Agradable, agréable, qui agrée, qui plaît. — Syn. *agradiboul, agradiéu, agriable*. — Cat., Esp., *agradable* ; Ital., *aggradevole*. — Ety., *agradá*.

AGRADABLEMENTZ, béarn., adv. Agradablamen, agréablement. — Ety., *agradable*, et le suffixe *mentz* pour *ment*.

AGRADAMENT, béarn., s. m. Agrément; l'action d'agréer, de trouver bon, d'approuver. — Syn. *agradanso, agrament.* — Esp., *agradamiento* ; v. ital., *agradimento.* — Ety., *agradá.*

AGRADANSO, s. f. Agradansa, agrément, plaisance ; gré, plaisir. — Syn. *agradament.* — Ety., *agradá.*

AGRADAT, ado, part. de *agradá.* Agréé, qui a plu.

AGRADÈLO, cév., s. f. Épine-vinette, *Berberis vulgaris,* arbrisseau de la fam. des berbéridées. On donne le même nom à son fruit. — Syn. *agrivoutat, aigret, vineto salvajo. Agradèlo* signifie aussi oseille, oseille sauvage. — Syn. *agreto, binagrèlo.* — Ety., *agra,* aigre.

AGRADIBOUL, adj. V. Agradable.

AGRADIEU, ivo, adj. Agradiu, agréable, aimable. V. Agradable.

AGRADIVOMENT, adv. Agréablement. — Ety., *agradivo,* et le suffixe *ment.*

AGRAFA, v. a. Agrafer, *s'agrafá* ; v. r. s'agrafer ; au fig. se cramponner.

AGRAIO, nim., s. f. Corneille freux. V. Gralho.

AGRAIOUN, s. m. V. Agralhoun.

AGRAIROUS, cév., s. m. p. Cerceaux d'un tonneau de six setiers (Sauvages).

AGRALHO, nim., s. f. V. Gralho.

AGRALHO-BEC-ROUGE, nim., s. f. Le coracias, qui a non-seulement le bec, mais aussi les pieds d'un rouge carmin éclatant.

AGRALHOUN, nim., s. m. Le choucas, *corvus monedula,* qui est entièrement noir. — Syn. *agraioun, agrayoun.*

AGRAM, s. m. Chiendent. V. Gram.

AGRAMENT, s. m. V. Agradament.

AGRAMOUTI (s'), v. r. V. Agamouti.

AGRANA, v. a. Donner du grain à la volaille ; v. n., se procurer du grain pour semer ; répandre du grain dans un champ pour y attirer les oiseaux. — Syn. *engraná.* — Ety., *á,* et *gran,* grain.

AGRANAGE, **AGRANAGI**, s. m. Action de répandre du grain pour attirer les oiseaux. — Syn. *engranage.* — Ety., *agraná.*

AGRANAS, prov., s. m. L'argousier ou faux nerprun, saule épineux, *Hippophaë rhamnoïdes,* arbrisseau de la fam. des éléagnées, ainsi appelé à cause de la grande quantité de baies qu'il porte. Ces baies sont jaunes. Noms div. : *arnavèu, rabaudin, raburdin, rebaudin, cattier.* On donne aussi le nom d'*agranas* au genêt épineux. V. *Arjalas* pour cette dernière acception.

AGRAPI (s'). prov., v. r. S'accroupir. V. Agamouti.

AGRAS, cév., s. m. Agras, verjus, raisin aigre. — Syn. *aigras, bygras.* — Cat., *agras* ; esp., *agraz.* — Ety., augm. de *agre,* très-aigre.

AGRASSOL, cast., cév., s. m. Groseille. V. Grousèlho.

AGRASSOULIER, cast., cév., s. m. Groseiller. V. Grouselher.

AGRAT, s. m. Agrat, gré, contentement : *Acò es à moun agrat,* cela est à mon gré ; *avé en agrat,* aimer, chérir ; *à l'agrat de,* loc. prép., au risque de, *à l'agrat que,* au risque que. — Cat., esp., port. : *agrado.* — Ety., *á,* et *grat,* gré.

AGRATO, cév., s. f. La corneille freux. V. Gralho.

AGRATOUNI (s'), prov., cév., v. r. Se recroqueviller, se ratatiner. — Syn. *aratouni.*

AGRAULO, s. f. Corneille. V. Gralho.

AGRAUMILHA (s'), v. r. V. Agroumouli.

AGRAUTOUNI (s'), v. r. Le même que *s'agratouni.* Syn. *aratouni.*

AGRAVA, cév., v. a. Couvrir un champ de sable, de gravier. — Syn. *engravá.*

AGRAYO, s. f. — V. Gralho.

AGRAYOUN, s. m. V. Agralhoun.

AGRE, o, adj. Agre, aigre, qui a de l'aigreur ; *aqui l'agre,* voilà la difficulté, voilà le mauvais côté de l'affaire. Syn. *aigre.* — Cat., *agre* ; esp., *agrio* ; port., ital., *agro.* — Ety. lat., *acrem.*

AGRE, s. m. Levier de bois dont le gros bout est taillé en pied de biche ; c'est aussi le nom du coin qui sert d'appui à la pince du levier lorsqu'on fait une pesée ; *faire agre,* faire une pesée avec un levier. — Syn. *aigre.*

AGREABLE, o, adj. V. Agradable.

4

AGR (50) AGR

AGREFIEN, cév., s. m. Bigarreau, cerise. V. Bigarròu.

AGREJA, biterr., v. a. Acreguar, aggréger, associer à une compagnie. — Cat., esp., *agregar* ; ital., *aggregare*. — Ety. lat., *aggregare*.

AGREJA, v. n. Aigrir, sentir l'aigre, devenir aigre. — Syn. *aigrejá*. — Ety., *agre*.

AGREJA, v. a. Ragréer, faire effort avec un levier pour soulever un corps qui oppose une grande résistance ; au fig., v. n., se remuer avec peine, se soulever, s'essayer. — Syn. *faire agre*. — Prov., *aigrejá*. — Ety., *agre*.

AGREMO, prov., s. m. Le grand houx. V. Grifoul.

AGREMOURIER, prov., s. m. Le grand houx. V. Grifoul.

AGRENAS, prov., s. m. Prunellier. V. Agrunelier.

AGRENIER, prov., s. m. V. Agrunelier.

AGRENO, biterr., prov., s. f. V. Agrunèlo.

AGREOTO, biterr., s. f. Griotte, espèce de cerise. — Syn. *agriolo, agriot, grioto, agruélo*. — Ety., dim. de *agre*.

AGREPESI (s'), cév., v. n. Être engourdi par le froid. — Syn. *engrepesi*.

AGREST, o, adj. Agrest, agreste, sauvage. — Cat., *agrest*; esp., port., ital., *agreste*. — Ety. lat., *agrestis*.

AGRETO, biterr., s. f. Oseille, *rumex acetosa*, plante de la fam. des polygonées, qu'on cultive dans les jardins. On donne le même nom à l'oseille ronde, *rumex scutatus*, appelée aussi *agreto roundo*, *agreto-fèro* ou *sauvajo* ; ce dernier nom désigne également la petite oseille, *rumex acetosella*, qu'on appelle, à Castres, *agradèlo*. — Syn. *aigreto, èigreta, ogreto, vineto*. — Ety., dim. de *agre*, aigre.

AGRÈU, cast., s. m. Le grand houx. V. Grifoul.

AGRÈU, prov., s. m. Greug, grief, sujet de plainte. — Esp., *agravio*; port., *aggravo* ; ital., *aggravio*. — Ety., à, et *grèu*, du lat. *gravis*, pesant, fâcheux.

AGRÈUJA, do, prov., adj. Agreugat, grevé, ée, molesté, qui a sujet de se plaindre. — Cat., *agreujat*; esp., *agraviado*. — Ety., *agrèu*.

AGREVOU, cast., s. m. Le petit houx ou fragon. Dans quelques dialectes on donne le même nom au grand houx. Ety. dim. de *agrèu*.

AGRI, v. a. Aigrir, rendre aigre ; au fig. irriter; v. n., devenir aigre; s'*agri*, v. r., s'aigrir. — Syn. *aigri, enaigri*. — Esp., *agriar*; anc. ital., *agrire*. — Ety., *agre*.

AGRIABLE, o, cév., adj. V. Agradable.

AGRIALAU, cév., s. m. Olivier sauvage. — Syn. *culivastre*.

AGRIER, s. m. Livre ou registre terrier. — Ety. lat., *ager, agri*, champ, du champ.

AGRIFA, v. a. Prendre avec les griffes, donner des coups de griffe ; au fig. voler, dérober; s'*agrifá*, v. r., s'agriffer, s'attacher avec ses griffes — Syn. *agripá*. — Ety., à, et *grifo*, griffe.

AGRIFIEN, prov., s. m. V. Agroufioun.

AGRIFIN, prov., s. m. Aigrefin, homme rusé et qui vit d'industrie.

AGRIFION, prov., s. m. V. Agroufioun.

AGRIMÈNO, s. f. Agrimen, aigremoine eupatoire, *agrimonia eupatoria seu officinalis*, plante de la fam. des rosacées, à fleurs violettes, qui croît au bord des sentiers. — Syn. *sourbèireto*. L'aigremoine odorante, *agrimonia odorata*, est appelée aussi *agrimèno*. — Syn. *agrimoino*. — Esp., port., ital., *agrimonia*.

AGRIMOINO, s. f. V. Agrimèno.

AGRIMOUIÉ, cév., s. m. V. Agrimoulher.

AGRIMOULO, cév., s. f. Groseille à maquereau.

AGRIMOULHER, s. m. Groseiller à maquereau sauvage, groseiller épineux ; *ribes uva crispa*, arbuste de la fam. des grossulariées. — Syn. *arimoulher, agrouvelher, ocha*.

AGRIO, prov., s. f. Grue. V. Gruo.

AGRIOLA, montp., s. f. La centaurée du solstice. V. Auriolo.

AGRIOLA-MASCLAU, montp., s. f. La chausse-trape. V. Calco-trepo.

AGRIOT, s. m. V. Agrèoto.

AGRIOTIER, s. m. V. Agrioutier.

AGRIOTO, s. f. V. Agrèoto.

AGRIOUTAT, prov., s. m. *Agriotat*, liqueur composée d'eau-de-vie et de sucre, dans laquelle on fait macérer des cerises courte-queue. (Mistral).

AGRIOUTIER, s. m. Griottier, *cerasus caproniana*, arbre de la fam. des rosacées. Noms div. : *agroutier, agrutier, agrutiéro, agriotier*.

AGRIPA, v. a. Agripper, prendre, saisir avidement. — Syn. *agrifá, arrapá*. — M. éty. que *agrifá*.

AGRIVOUTAT, prov., s. m. Épine-vinette. V. Agradèlo.

AGRIVOUTIER, prov., s. m. Épine-vinette, nom de l'arbrisseau.

AGROMOURIER, s. m. Le grand houx. V. Grifoul.

AGROPUMOUTI (s'), prov., v. r. Se blottir. V. Agamoutí.

AGROU, s. f. Agron, aigreur ; au fig. haine, aversion, méchanceté. — Syn. *aigrour*. — Ety. lat., *acror*.

AGROUA, prov., v. a. Couver. V. *Couá* ; engendrer, produire. V. Coungreá ; *s'agrouá*, v. r., s'accroupir. — Syn. *s'agrouchá, s'agrouègná, s'agrougná*, s'accroupir.

AGROUAGNO, s. f. Couvée. — Ety., *agrouá*.

AGROUAT, ado, part. de *agrouá*, accroupi, e.

AGROUCHA (s'), v. r. S'accroupir. — Syn. *s'agrouá*.

AGROUÈGNA, AGROUGNA (s'), prov., v. r. V. S'agrouá.

AGROUÈLO, s. f. Corneille. V. Gralho.

AGROUFIOUN, prov., s. m. Bigarreau, appelé aussi *durau* ; c'est aussi le nom de la merise, *cerasus avium* ; *agroufioun d'Espagno*, guigne. — Syn. *agrifien, agrufioun*.

AGROUFIOUNIER, s. m. Bigarreautier ; merisier. — Syn. *ayrufiounier*.

AGROUMANDI, v. a. V. Agourmandí.

AGROUMELA (s'), prov., v. r. V. Agroumouli.

AGROUMIA (s'), cév., v. r. V.

AGROUMILHA (s'), v. r. Se blottir, s'accroupir. V. Agroumouli.

AGROUMOULDIT, ido, cév., adj. Engourdi, e, par le froid. — Syn. *engrepesit*.

AGROUMOULHA (s'), v. r. V.

AGROUMOULI (s'), v. r. S'accroupir, se blottir, se pelotonner, se ramasser, de manière à tenir le moins d'espace possible, se tapir dans un coin, se rapetisser. — Cast., *s'agourroufi, s'agroumelá, s'agroumilhá, s'agrounchá, s'agrouá, s'agrouvá*.

AGROUMOULI, do, part. Blotti, e, accroupi, pelotonné.

AGROUMOURIER, prov., s. m. Le houx. V. Grifoul.

AGROUNCHA (s'), v. r. V. Agroumouli.

AGROUPA, v. a. Grouper, nouer, enlacer ; *s'agroupá*, v. r., s'enlacer, se nouer, s'envelopper dans son manteau.

AGROUPI (s'), v. r. S'accroupir.

AGROUSÈLO, prov., s. f. Groseille. V. Grousèlho.

AGROUSSA, ado, prov., adj. Accroupi, e.

AGROUTIER, prov., s. m. V. Agrioutier.

AGROUTOUNI (s'), se cacher dans une grotte, dans un lieu obscur. — Ety., *à*, dans, et *grolo*, pour *croto*, grotte.

AGROUVA (s'), v. r. S'accroupir. — Syn. *s'agrouá, s'agrouvassá*.

AGROUVASSA (s'), v. r. V. Agrouvá.

AGROUVELHER, prov., s. m. V. Grouselher.

AGROUVÈLO, s. f. Groseille. V. Grousèlho.

AGRUETO, prov., s. f. V. Agrèoto.

AGRUFIEN, prov., s. m. V. Agroufioun.

AGRUFIOUNIER, s. m. Merisier ; bigarreautier. V. Agroufiounier.

AGRUM, carc., s. m. Tas, monceau ; foule, multitude ; quantité ; *agrum d'aucels*, volée d'oiseaux.

Talèu que le gran lum qu'esclairo nostro bolo
Lanso un *agrum* de focs sul canal que redolo.

Daveau, de Carcassonne.

AGRUMEL, montp., s. m. Espèce de raisin ; *agrumel blanc, agrumel negre*, raisin blanc, raisin noir.

AGRUMELA, v. a. Pelotonner, mettre en peloton, amonceler ; *s'agrumelá*

v. r., se pelotonner, s'accroupir; former des caillots, se mettre en grumeaux. — Syn. *s'agrumeli*. — Ety., *à*, et *grumel*, peloton, grumeau.

AGRUMELAT, ado, part. Pelotonnée; mis en grumeaux.

AGRUMELI (s'), cév., v. r. V. Agrumelà.

AGRUNAS, cév., s. m. V. Agrunelier.

AGRUNEL, s. m. V. Agrunèlo.

AGRUNELIER, s. m. Prunellier, prunier épineux, épine noire; *prunus spinosa*, arbrisseau de la fam. des rosacées à fleurs blanches, commun dans les haies. Noms div. : *Agrenier, agrunier, agranas, agrenas, agrunas, prunier sauvage, bouissoun negre*.

AGRUNÈLO, s. f. Prunelle, fruit du prunellier. Noms div. : *Agrunet, agreno, agruno, prunel, pruno d'auceloun, pruno de bouissoun, pruno sauvajo, agneroun, aragnoun*.

AGRUNIER, s. m. V. Agrunelier.

AGRUNLETO, gasc., s. f. Hirondelle: *Las agrunletos porton bounur en las maysouns oun ban niserà*. V. Hiroundèlo.

AGRUNO, s. f. V. Agrunèlo.

AGRUU, s. f. V. Gruo.

AGRUPELA, cast., v. a. Grouper, rassembler.

AGRUPESI (s'), prov., v. r. S'approcher de la mangeoire. V. Agrupia. Il est aussi synonime de *engrupesi* (s'). V. ce mot. — Ety., *à*, et *grupi*, crèche, mangeoire.

AGRUPESIT, ido, biterr, adj. Engourdi, e, par le froid. V. Engrepesit.

AGRUPIA (s'), v. r. S'approcher de la crèche ou de la mangeoire ; au fig. se mettre à table. — Syn. *s'acrupia, s'agrupesi*. — Ety., *à*, et *grupi*, crèche.

AGRUPIT, ido, adj. Accroupi, e; engourdi. V. Engrepesit.

AGRUTA, cév., v. a. Ravir, enlever, ôter.

AGRUTIER, AGRUTIÈRO, prov., s. Griottier. V. Agrioutier.

AGTE, s. Agde, ville du département de l'Hérault, située à l'embouchure de cette rivière. On prononce *Atte*. Au moyen-âge, on appelait *Agades*, la contrée d'Agde, comme on disait *Bederres* pour désigner celle de Béziers. *Agades* signifiait aussi habitant d'Agde ; on dit aujourd'hui *Dagten* ou *Datten*, *agaten, co*.

AGU, do, cév., part. V. Agut.

AGUA, prov., v. a. Rendre aigu, redresser la pointe d'un outil. — Syn. *apounchà*. — Ety., *agu*, du lat. *acutus*, aigu.

AGUDO, prov., s. f. Obtention, chose obtenue. — Ety., *agut*, udo, part. de *agué*, ou de *aguedre*, avoir.

AGUÉ, AGUEDRE, prov., v. a. Avoir. V. Avé.

AGUEIRA, cév., v. a. Lapider, poursuivre à coups de pierres ; exciter, harceler. V. Acairà.

AGUEIRADO, cév., s. f. Combat à la fronde ou à coups de pierres. — Ety., *aguèirado*, part. de *agueirà*.

AGUEIRAT, ado, part. Attaqué, ée, à coups de pierres; adj., éveillé, ée, leste.

AGUERLHI, cast., v. a. Tortuer, rendre tortu ; *aguerlhi un'agulho*, tortuer une aiguille. — Syn. *atourti*. — Ety., *à*, et *guerlhe*, de travers.

AGUFIER, prov., s. m. Églantier. V. Agalancier.

AGUFO, prov., s. f. Grate-cul, fruit de l'églantier. V. Tapo-quioul.

AGUHIADO, prov., s. f. V. Agulhado.

AGUHIO, prov., s. f. V. Agulho.

AGUHIOUN, prov., s. m. V. Agulhoù.

AGUI, cév., v. a. Haïr. V. Ahi.

AGUI, prov., s. m. Crampe qui attaque les doigts, le poignet ou le bras.

AGUIA, v. a. Guiar, guider, conduire. — Esp., *guiar*. — Ety., *à*, et le roman *guiar*, pour *guidar*.

AGUIAL, s. m. Aquilon, vent du nordest. — Syn. *aguialas, aguiélas, aguiéloun, aguiol*.

AGUIALAS, s. m. Aquilon V. Aguial.

AGUIÉ, prov., s. m. T. de mar., manœuvre d'un cordage que l'on passe dans une poulie au haut d'un mât pour hisser un objet.

AGUIÈIRO, s. f. V. Aiguieiro.

AGU (53) AGU

AGUIELAS, prov., s. m. Aquilon. V. Aguial.

AGUIELOUN, prov., s. m. Aquilon. V. Aguial.

AGUIER, s. m. V. Agulher.

AGUIETAS, montp., s. f. p. Nom des géraniums, V. Agulhetos.

AGUIÉTO, s. f. V. Agulheto.

AGUILHA, gasc., v. a. V. Agulhouná.

AGUILHADO, toul., s. f. V. Agulhado.

AGUILHO, gasc., s. f. V. Agulho.

AGUILHOUNA, v. a. V. Agulhouná.

AGUILHOUA, gasc., v. a. V. Agulhouná.

AGUINCHA, prov., v. a. Guigner, bornoyer, viser. — Syn. guinchá.

AGUINCHA (s'), cév., v. r. Se lancer réciproquement des pierres.

AGUINCHO-GAU, prov., s. m. Sarbacane.

AGUIO, prov., s. f. V. Agulho.

AGUIOL, cév., s. m. Aquilon.

AGULHADO, s. f. Aiguillade, gaule armée d'une pointe de fer, dont on se sert pour piquer les bœufs. — Syn. agulhat, agulhau, egulhado, aguhiado. — Esp., aguijada ; port., agulhada. — Ety., agulho.

AGULHADO, s. f. Aiguillée de fil.

AGULHARIÉ, s. f. Fabrique d'aiguilles ; carrieiro de l'agulharié, rue des marchands d'aiguilles. — Ety., agulho.

AGULHAT, s. m. Aiguillade. V. Agulhado.

AGULHAT, s. m. Aiguillat, chien de mer, spinax ou squalus acanthias. Son nom vient de ce qu'il a une pointe cornée au-devant des nageoires dorsales.

AGULHAU, s. m. Aiguillade. V. Agulhado.

AGULHE, béarn., s. f. V. Agulho.

AGULHETO, s. f. Aiguilleta, petite aiguille, aiguillette pour nettoyer la lumière d'une arme à feu ; cordon ferré des deux bouts dont les femmes se servent pour lacer leur corset; marque distinctive de certains militaires, cordon qu'ils portent sur l'épaule comme ornement. — Ety., dim. de agulho.

AGULHETO, nim., s. f. Peigne de Vénus ; géranium. V. Agulhos.

AGULHIER, s. m. Agulhier, fabricant, marchand d'aiguilles ; étui à aiguilles, porte-aiguille, pelotte. — Ety., agulho, aiguille.

AGULHIÈRO, prov., s. f. Rigole, fossé pour l'écoulement des eaux.

AGULHO, s. f. Agullia, aiguille, petite verge de métal, pointue par un bout et percée par l'autre pour y passer un fil ; agulho de bas, aiguille à tricoter ; le mot agulho, désigne, en outre, une infinité de choses qui se terminent en pointe aiguë. Agulho des oulieus, argot des oliviers. — Cév., aguio; cat., agulo ; esp., aguja ; port., agulha ; ital., aguglia. — Ety. lat., acula.

AGULHO, s. f. Aiguille de mer ou orphée, esox belone ; ce nom désigne aussi le cheval marin aiguille et le cheval marin trompette, et plusieurs autres espèces de poissons qui sont longs et menus et ont la tête pointue.

AGULHO, s. f. V.

AGULHOS, s. f. p. Cerfeuil peigne de Vénus, ou cerfeuil à aiguillettes, aiguille de berger, scandix pecten Veneris, plante de la fam. des ombellifères à fleurs blanches. On donne le même nom à presque toutes les espèces de géraniums du genre Erodium, dont les graines sont allongées en forme d'aiguilles. — Syn. agulhetos, agulhoun. — Montp., agüietas.

AGULHOTS, s. m. p. T. de mar., pièces de fer pointues, fixées au gouvernail, qui entrent aisément dans les ganses fixées sur le derrière d'une barque, lesquelles s'appellent femelots.

AGULHOU, AGULHOUN, s. m. Agulion, aiguillon, dard, pointe, aiguillade. On donne ce nom au cerfeuil peigne de Vénus et aux géraniums du genre Erodium. V. Agulhos. — Cat., agulho ; esp., aguyon ; ital., aguglione. — Ety., agulho, aiguille.

AGULHOUNA, v. a. Aiguillonner, piquer avec l'aiguillon ; au fig., inciter, animer. — Esp., aguzoncar ; port., aguilhoar. — Ety , agulhoun.

AGULHOUNAIRE, s. m. Celui qui aiguillonne, qui incite. — Ety., agulhouná.

AGULHOUNAT, ado, part. de *agulhouná*. Aiguillonné, ée.

AGUS, PROV., s. m. Gros clou. — ANC. ITAL., *aguto*, clou; LAT. *acutus*.

AGUS, o, CÉV., adj. AGUT, aigu, aiguë, pointu. — BÉARN., *agut*. — ETY. LAT., *aculus*.

AGUSA, v. a. AGUSAR, aiguiser, rendre pointu ou tranchant. — SYN. *azugá*, f. a. — QUERC., *oguzá*, *ozugá*; ANC. CAT., ESP., *aguzar*; PORT., *aguçar*; ITAL., *aguzzare*. — ETY., *agus*.

AGUSADOUIRO, s. f. Pierre à aiguiser. — SYN. *azugadouiro*. — ESP., *aguzadera*, — ETY., *agusado*, part. f. de *agusá*.

AGUSAIRE, s. m. Celui qui aiguise, émouleur. — SYN. *azugaire*, *amoulaire*. — ETY., *agusá*.

AGUSARDI (s'), v. r. Devenir gueux, s'avilir; mener une vie de vaurien. — ETY., *à*, et *gusard*, gueux.

AGUSARDIT, ido, part. de *agusardi*. Avili, e, gueux, vaurien.

AGUSET, PROV., s. m. Gagne-petit, émouleur ambulant. — ETY., *agusá*.

AGUSIT, ido, adj. Devenu pauvre comme un gueux. — ETY., *à*, et *gu*, gueux.

AGUT, ude, part. passé de *avèire*. Avoir, eu, eue; harassé, ée, fatigué à n'en pouvoir plus.

AGUT, udo, BÉARN., adj. AGUT, aigu, aiguë, pointu, piquant. — CÉV., *agus*; CAT., *agud*; ESP., PORT., *agudo*; ITAL., *acuto*. — ETY. LAT., *acutus*.

AHA, BÉARN., s. m. Affaire. — SYN. *afa*, *afaire*.

AHALHAT, ado, GASC., adj. Enflammée, ée, couleur de feu. — ETY., *à*, et le roman *falha*, falot, torche.

AHAMA, GASC., v. a. Affamer. V. Afamá.

AHAMAT, ado, part. Affamé, ée. V. Afamat.

AHAMIAT, iado, GASC., part. V. Afamat.

AHANA, GASC., v. a. Dépêcher; *ahaná-s*, v. r., se dépêcher. V. Afaná.

AHASTIA, GASC., v. a. V. Afastigá.

AHÉ, GASC., s. m. Affaire. V. Afa.

AHELECAT, ado., BÉARN., adj. Dissipé, ée, dégourdi. V. Aferlecat.

AHEICHOUTA, GASC., v. a. Mettre en fagot. — ETY., *à*, et *hèich*, *hèichou*, fagot.

AHERAT, ade, BÉARN., adj., Affairé, ée, V. Afairat.

AHEROT, GASC., s. m. Petite affaire. — SYN. *afairot*. — ETY., dim. de *ahé*, affaire.

AHI, interjection de surprise ou de douleur. Ahi! — GASC., *aich*; ESP., *ay*; ITAL., *ahi*.

AHI, v. a. AHIR, haïr, détester. — CÉV., *agui*.

AHICA, GASC., v. a. Enfoncer de travers; au fig. boire, avaler de travers.

AHIDE, BÉARN., s. f. Espoir, attente, confiance, vœu. — ETY. LAT., *fides*.

AHILA, GASC., v. a. Affiler. V. Afilá.

AHILADÈRO, GASC., s. f. Pierre à aiguiser. — SYN. *agusadouiro*. — ETY., *ahilá*.

AHILADO, GASC., s. f. L'action d'affiler, d'aiguiser. — ETY., part. f. de *ahilá*.

AHIO, interj. V. Ahi.

AHIRANSO, PROV., s. f. Haine. — ETY. ROMAN., *ahirar*.

AHIRENSO, PROV., s. f. V. Ahiranso.

AHISCA, GASC., v. a. V. Afiscá.

AHISSABLE, o, adj. Haïssable, désagréable, ennuyeux. — ETY., *ahi*.

AHISSIOUN, CÉV., s. f. Haine. — ETY., *ahi*, haïr.

AHITA, GASC., v. a. AIDAR, aider. V. Ajudá.

AHOUAL, BÉARN., s. m. Troupe, attroupement; volée d'oiseaux.

AHOUATA, GASC., v. a. Fouetter. — PROV., *fouilá*.

AHOUC, BÉARN., s. m. Convoi funèbre, enterrement; cortège. GASC., enlèvement, assomption. Ce mot est basque.

Entertant de Sent Pé la campano alanguide
De l'Ahouc, à longs tocs, mercabe la sourtide.
GUILL. DE BATAILLE, *Las Haunous de Gaston Phœbus*.

AHOUCA, GASC., v. n. Couver; conserver; protéger; assaisonner.

AHOUEGA, BÉARN., v. a. Brûler, incendier. V. Afougá. — ETY., *à*, et *houec* pour *fouec, feu*.

AHOUGOTA, GASC., v. a. Ramasser, mettre en tas, pelotonner.

AHOUNIT, ido, BÉARN., adj. Enfoncé, ée, recoquillé, rapetissé. — ETY., *à*, et *houn*, pour *foun*, fond.

AHOUR, PROV., s. m. Crépuscule; *à l'ahour*, à jour faible, à heure indue. — ETY., *ἀωρία*, heure indue.

AHOURECH, GASC., s. f. V.

AHOUREST, GASC., s. f. Forêt. — SYN. *ahouriu*. — ETY., *à*, et *hourest* pour *fourest*, forêt.

AHOURIU, GASC., s. f. V. Ahourest.

AHOURO, adv. comp. AORA, à présent, maintenant. — SYN. *aro*. — ESP., *ahora*; PORT., *agora*; ITAL., *ora*. — ETY. LAT., *ad horam*.

AHUGA, GASC., v. a. Huer, crier au loup.

AHUMA, GASC., v. a. Enfumer. V. Enfumá.

AHUPAT, ade, BÉARN., adj. Empressé, ée.

AHURA, GASC., v. a. Désirer, souhaiter.

AHURBI, BÉARN., v. a. Harceler, tourmenter.

AHURI, GASC., v. a. Hérisser.

AHUTA, GASC., v. a. Mettre en fuite; *s'en ahutá*, v. a., s'enfuir. — ETY., *à*, et *futo*, fuite.

AHUTO, interjection dont on se sert pour exciter un chien à poursuivre un autre animal, ou pour exciter des chiens à se battre.

AI, PROV., s. m. Ane. V. Ase.

AI, B. LIM., s. m. (aï). Crampe. V. Crampo.

AI ! interj. Hélas !

AI, art. du datif. Au.

AI, B. LIM., s. m. Essieu. — SYN. *ichal*; il signifie aussi baudet, chevalet de scieur de long; chenet bas sans branches au-devant.

AI, v. a. AI, j'ai, prem. pers. du prés. de l'indic. du verbe *avé*, *avèire*, avoir.

AIADO, CÉV., s. f. V. Alhado.

AIÇA, AIÇAI, AIÇAMOUN, AIÇAMOUNDAU, AIÇAVAL, etc. V. Aissaï, Aissamoun, etc.

AI-CABANIER, PROV., s. m. Stupide, sot, bête.

AICESTE, o, pron. V. Aqueste.

AICH, GASC., interj. V. Ahi.

AICHAU, PROV., s. m. Houe, marre. V. Aissado.

AICHI, CARC., adv. V. Aici.

AICHITAL, CARC., adv. Ainsi, ici. V. Aici.

AICHU, CARC., pron. V. Aissò.

AICHO, PROV., s. f. Hache. V. Aisso.

AICI, adv. de lieu. Aici, ici, dans ce lieu; *d'aici-en-là*, dorénavant; *d'aicienan*, de ce pas-ci; *aici-sem*, loc. adv., nous y voilà, nous sommes bien en train; *travalham aici-sem*, nous travaillons tant que nous pouvons. — SYN. *aichi*, *aicit*, *aci*, *achi*, *aciéu*, *cici*, *oici*. — ETY. LAT., *ecce hic*.

AICIT, PROV., adv. V. Aici.

AIÇOT, PROV., pron. V. Aissò.

AIDA, GASC., v. a. AIDAR, aider. V. Ajudá.

AIDANSO, PROV., s. f. Assistance, secours. — ETY., *aidá*.

AIDO, PROV., s. f. Aide. V. Ajudo.

AIÉ, AIET, PROV., s m. V. Alh.

AIECHA, CÉV., v. a. V. Aliéchá.

AIEIRO, BITERR., s. f. V. Aiguieiro.

AIELA, PROV., v. a. Étalonner. V. Alielá.

AIER, adv. V. Hier.

AIGA, PROV., v. a. Arranger, radouber. — SYN. *asengá*, *adoubá*.

AIGADINO, AIGAGNAU, etc. V. Aiguadino, Aiguagnau, etc.

AIGE, PROV., s. m Grain de raisin. — SYN. *agi*.

AIGES, PROV., s. m. p. Fruits de l'airelle ou myrtille, vacietnoir, *Vaccinium mirtyllus*. — SYN. *aires*, *airadech*, *airedech*, *adrest*, *brimbèlos*.

AIGINO, s. f. V. Engino.

AIGLANTIER, s. m. V. Agalancier.

AIGLARI, PROV., s. m. Épouvante. — SYN. *eiglàri*, *esglàri*.

AIGLARIAT, ado. adj. Effrayé, ée, effaré. — Syn. *esglariat*. — Ety., *aiglàri*.

AIGLEDOUN, cév., s. m. Édredon. — Ety., altér. du français *édredon*, formé du suédois *eider*, espèce de canard, dont la plume est employée pour les édredons.

AIGLO, s. f. Aigla, aigle. — Syn. *aclo, aglo, èglo*. — Ety. lat., *aquila*.

AIGLOUN, prov., s. m. Aiglon ; nim., l'autour commun. — Ety., dim. de *aiglo*.

AIGNOCO, prov., s. f. Meurtrissure, contusion, échymose. — Syn. *gnafro, nafro, bajoco*.

AIGO, s. f. Eau. V. Aiguo.

AIGONOS, agat., s. m. p. Dégoût ; *acò me ven en aigonos*, j'ai de la répugnance pour cela.

AIGRAS, s. m. Verjus. — Dauph., *aigrat*. V. Agras.

AIGRASSADO, prov., s. f. Sauce au verjus. — Ety., *aigras*.

AIGRASSIÉRO, prov., s. f. Cep qui ne produit que du verjus. — Ety., *aigras*.

AIGRASSOUS, o, prov., adj. Verjuté, ée, acide comme du verjus. — Ety., *aigras*.

AIGRAT, dauph., s. m. Verjus, grappe de raisin qui n'est pas mûre. — Syn. *aigras*. V. Agras.

AIGRE, o, adj. V. Agre.

AIGRE, s. m. Levier. V. Agre.

AIGREJA, v. n. Aigrir. V. Agrejá.

AIGREJA, cév., v. a. et n. Soulever avec un levier, faire une pesée ; au fig. mettre en mouvement, ranimer, éveiller, décider ; *s'aigrejá*, v. r., se ranimer, se secouer, se mettre en train, s'éveiller, se lever. — Ety., *aigre*, levier.

AIGRET, prov., s. m. Le fruit de l'épine-vinette. — V. Agradèlo.

AIGRETO, s. f. Oseille. V. Agreto.

AIGREVO, dauph., s. f. Houx. V. Grifoul.

AIGRI, v. n. V. Agrí.

AIGRINÈU, ello, prov., adj Aigrelet, ette. — Dim., de *aigre*.

AIGROUR, prov., s. f. Aigreur ; *aigrours*, aigreurs, rapports acides de l'estomac. — Syn. *agroù, agrour, aigrugi*. — Ety., *aigre*.

AIGRUGI, prov., s. m. V. Aigrour.

AIGUA, v. a. Mouiller, baigner, arroser. — Ital., *acquare*. — Ety., *aiguo*.

AIGUADIER, s. m. Celui qui amène les eaux au moyen d'un canal, fontainier, porteur d'eau ; gardien des eaux d'arrosage ; le verseau, un des douze signes du zodiaque. — Syn. *aigualier, aiguarier, èiguadier*. — Ety., *aiguo*.

AIGUADIÈRO, prov., s. f. Canal de conduite des eaux, rigole d'irrigation ; aiguière. — Ety., *aiguo*.

AIGUADINO, prov., s. f. Averse, ondée de pluie, petite inondation. — Ety., *aiguo*.

AIGUADO, s. f. Piquette, boisson composée d'une partie d'eau et de moût ; lieu où les navires peuvent trouver de l'eau potable et la provision qu'ils en font ; lieu marécageux. — Ety., *aiguo*.

AIGUAGE, AIGUAGI, s. m. Rosée ; prov., arrosement des prés. — Syn. *aiguagnado, aiguagnal, aiguagnau, aiguagno, èiguagno, aiguagnèro, ayguèro*. — Ety., *aiguo*.

AIGUAGNADO, prov., s. f. V. Aiguage.

AIGUAGNAL, s. m. V. Aiguage.

AIGUAGNAS, prov., s. m. Grande rosée. — Ety., augm. de *aiguagno*.

AIGUAGNAU, cév., prov. Rosée. V. Aiguage.

> Despèi lountems la fam nous daga
> Dins lou broulhar que nous amaga
> Noun io sussan que d'*aiguagnau*,
> E cavalisca acô fai mau.
> Favre.

AIGUAGNEJA, v. n. Bruiner ; il se dit d'une petite pluie semblable à la rosée. — Syn. *aiganiá*. — Ety., *aiguagno*.

AIGUAGNÈRO, prov., s. f. Rosée. V. Aiguage.

AIGUAGNO, prov., s. f. Rosée. V. Aiguage.

AIGUAGNOLO, prov., s. f. Bruine. — Syn. *aiguagnoro, aiguarolo*. — Ety., *aiguagno*.

AIGUAGNORO, prov., s. f. V. Aiguagnolo.

AIG (57) AIG

AIGUAGNOUS, o, prov., adj. V. Aigualous.

AIGUAIRE, prov., s. m. Pelle à arroser ; arrosoir. — Syn. asagadouiro. — Ety., aiguá.

AIGUALADO, s. f. De l'eau rougie, vin trempé outre mesure ; les eaux qui environnent le fétus dans le sein de la mère ; lieu où les eaux sont très-abondantes. On dit d'une mauvaise sauce : N'es qu'uno aigualado. — Cév., aiguarado. — Ety., aiguo.

AIGUALIER, prov., s. m. V. Aiguadier.

AIGUALOSSI, prov., s. m. Lavasse, grande pluie. — Ety., aiguo.

AIGUALOUS, o, adj. Humide, aqueux. — Syn. aiguagnous, aiguous, aiguassous, aiguassé. — Ety., aiguo.

AIGUANIA, prov., v. n. Bruiner. V. Aiguagnejá.

AIGUARADO, cév., s. f. V. Aigualado.

AIGUARDENT, s. m. Eau-de-vie. — Esp., aqua ardiente ; ital., acqua ardente. — Ety., aiguo, et ardent, du lat. ardentem.

AIGUARDENTIER, s. m. Distillateur d'eau-de-vie, marchand d'eau-de-vie. — Esp., aguardentero. — Ety., aiguardent.

AIGUADIÉRO, prov., s. f. Aiguière, pot-à-l'eau ; espèce de bouteille. — Ety., aiguado.

AIGUARIER, prov., s. m. V. Aiguadier.

AIGUAROLO, gasc., s. f. Petite pluie, rosée. V. Aiguagnolo.

AIGUASSÉ, èro, gasc., adj. Aquatique. V. Aiguassous.

AIGUASSEJA, v. a. Tremper dans l'eau, mettre une trop grande quantité d'eau; v. n., barboter. Syn. aiguejá. — Ety., aiguo.

AIGUASSIÈRO, prov., s. f. V. Aiguieiro.

AIGUASSO, s. f. Mauvaise eau ; eau bourbeuse. — Augm. de aiguo.

AIGUASSOUS, o, adj. Aquatique, marécageux. — Syn. aiguassé, aiguous. — Ety., aiguo.

AIGUAT, bitern., s. m. Inondation, pluie torrentielle. — Gasc., aigouat ; querc., oigassi. — Ety, aiguo.

AIGUATOU, AIGUATOUN, s. m. Ouvrier chargé d'arroser un jardin potager ; celui qui sert de l'eau bouillante dans un moulin à huile. — Ety., aiguo.

AIGUÉ, gasc., s. m. V. Aiguieiro.

AIGUEIRO, gasc., s. f. V. Aiguieiro.

AIGUEJA, v. a. V. Aiguassjá.

AIGUÉRO, gasc., s. f. Rigole, conduite d'eau. — Ety., aiguo.

AIGUESTRE, o, adj. Liquide, humide. — Ety., aiguo.

AIGUETO, s. f. Eau claire et limpide. — Béarn., ayguote ; prov., eiguéto. — Dim. de aiguo.

AIGUIALAS, cév., s. m. Aquilon. V. Aguiau.

AIGUIÉIRO, AIGUIÉRO, s. f. Aiguiera, aiguière ; évier, lavoir, conduit par où s'écoulent les eaux de l'évier ; ruisseau des rues; conduit qui reçoit les eaux pluviales ; ouverture faite à la chaussée d'un champ pour recevoir ou pour écouler l'eau d'une inondation. Syn. aièiro, aiguassièro, aiguè, aiguèro, aiguier, ayéro. Ety., aiguo.

AIGUIER, prov., s. m. Aiguière. V. Aiguiéiro.

AIGUIRIÉ, dauph., v. a. Esquirar, déchirer, mettre en lambeaux. — Cat., esguerrar.

AIGUO, s. f. Aigua, eau, pluie ; sueur, urine ; escampá d'aiguo, uriner ; aiguoavers, aiguo-ves, aiguo-pendent, le versant d'une montagne par où s'écoulent les eaux pluviales ; aiguo-boulido, soupe à l'ail et à l'huile ; aiguo-courrent, eau courante ; aiguo dousso, eau de source, de puits, de rivière par opposition à l'eau de mer; aiguo ferrado, eau ferrée ; aiguo-fort, eau forte, acide nitrique ; aiguo molo, eau stagnante ; aiguo morto, eau morte, qui ne court pas ; aiguo nafo ou nafro, eau de naffe, eau dont la fleur d'oranger est la base ; aiguo panado, eau panée ; aiguo quelo, la même que aiguo morto ; aiguo roso, eau rose ; aiguo roulo, aiguo tebio ou tebéso, aiguo tousco, eau tiède ; aiguo-sal, aiguo-sau, saumure, soupe au sel. Syn. de aiguo-boulido ; aiguo saumastro, eau saumâtre, qui a un goût de mer ; aiguo tèco, eau dormante ; aiguo dau mainage, lavure de la vaisselle. On dit d'un sot, d'un vaurien, dans le langage familier, *es batejat am d'aiguo de merlusso.* — Cat., *ailjua*; esp., port., *agua* ; ital., *aqua*. — Ety. lat., *aqua*.

AIGUOLO, prov., s. f. Lavage, longue et mauvaise sauce. — Syn. *aigualado.* Ety., *aiguo.*

AIGUO-MARINO, s. f. Aigue-marine, pierre précieuse de couleur bleue et semblable à l'eau de la mer, d'où lui est venu son nom.

AIGUO-POUNCHO, s. f. Nerprun purgatif ou bourgène-épine, *Rhamnus catharticus*, arbrisseau de la fam. des frangulacées. — Syn. *negreput.* C'est aussi le nom du saule épineux.

AIGUOS, s. f. p. Les eaux qui entourent le fétus dans le sein de la mère ; *a fach las aiguos,* les eaux ont percé. — Syn. *aigualado.*

AIGUO-SEGNADIER, cast., s. m. Bénitier. — Syn. *aiguo-segné.*

AIGUO-SEGNADO, s. f. Eau bénite.

AIGUO-SEGNE, gasc., s. m. Bénitier. V. Aiguo-segnadier.

AIGUOU, prov., s. m. (aiguòu), La quantité d'eau que l'on prend à la fois d'un canal d'arrosage.

AIGUOUAT, gasc., s. m. V. Aiguat.

AIGUOUS, o. adj. Aqueux, euse, marécageux. — Syn. *aiguassous.* — Esp., port., ital., *aquoso.* — Ety., *aiguo.*

AIGUO-VES, **AIGUO-AVERS**. V. Aiguo.

AILA, adv. V.

AILAI, adv. Aylaï, là, là-bas, à l'endroit que l'on désigne, *d'ailai,* de làbas, de l'autre côté, *per aici, per ailai,* par-ci, par-là. — Syn. *ailà, alai, èilà, alà.* — Ety., *ai* pour *à,* prép., et *lai,* là.

AILAMOUN, cév., adv. Là-haut, audessus. — Syn. *ailamoundau, èilamoun, innamoun, innamoundau, apèreilamoundaut.* — Ety., *ail* pour *à l',* et *amount,* amont, en amont.

AILAMOUNDAU, cév., adv. V. Ailamoun.

AILAS, interj. Ailas, hélas. — Syn. *ailasso, alasso.* — Ital., *ahi-lasso.* — Ety., *ai,* et *las,* fatigué, accablé.

Diu lou mounde ges de soulas
Sens estre seguit d'un ailas.
Pro.

AILASSO, interj. V. Ailas.

AILAVAL, adv. Là-bas. — Syn. *ailavau, innaval.*

AILAVAU, prov., adv. V. Ailaval.

AILIN, prov., adv. V. Alin.

AIMA, v. a. Aimer. V. Amá.

AIMABLE, o. adj. Amable, aimable. — Cat., esp., *amable* ; ital., *amabile.* — Ety. lat., *amabilis.*

AIMEGRAT, cév., adv. De bon gré, volontairement. — Ety., *aime* pour *emé,* avec, et *grat,* gré.

AIMO, dauph., s. f. Sens, bon sens, jugement. — Syn. *èime.*

AINA, ado, prov., s. et adj. V. Ainat.

AINADÉ, cév., s. m. Ainé. V. Ainat.

AINANA (s'), v. r. V. Enaná.

AINAT, ado, s. m. et f. Annat, ainé, ée, premier-né. — Syn. *ainadé.* — Ety., *ainat* est une altération du roman, *annat,* qui vient du lat. *antè natus.*

AINE, gasc., s. m. Ane. V. Ase.

AINET, s. m. Anon, petit âne. — Syn. *ainoun, asenet, asinou.* — Dim. de *aine.*

AINÈU, prov., s. m. Agneau. V Agnel.

AINÈU, s. m. Chabot, meunier, *cottus gobio,* très-petit poisson de rivière. Noms div. : *èinèu, cabède, cabot, cabèire, cabarlhaut, chabau, asc, testo d'ase.* — Ety., *aine,* âne ; ce poisson est appelé *ainèu,* à cause de la grosseur de sa tête.

AINIER, prov., s. m. Anier. V. Asenier. — Ety., *aine,* âne.

AINOUN, prov., s. m. Anon. V. Ainet.

AIO, prov., s. f. Corde pour attacher la charge sur le bât. — Syn. *ajouos.*

AIO (En), prov., loc. adv. En mouvement, en émoi. — Syn. *en ayo.*

AIOLI, s. m. Ail et huile triturés ensemble dans un mortier, dont on fait un fréquent usage en Provence.

Li forço au vent-terrau venon ravoio ;
L'aioli douno au cor la bono imour,
Li bello de vint an dounon l'amour ;
Lou vin de Castèu-Nou donno la voio,
Emai lou cant, emai l'amour, emai la joio.
A. Mathieu.

AIOUNCHA, v. a. Éloigner. V. Alunchá.

AIR, s. m. Aire, air, fluide atmosphérique ; air de la personne, manière, ressemblance. — Syn. *aire, aer, er.* — Ety. lat., *aer.*

> Aires es segons elemens
> Caut e humit naturalmens.
>
> Breviari d'Amor.

AIRADÉ, AIRADECH, cév., s. m. Fruit de l'airelle ou myrtille. — Syn. *airedech, ayres.* V. Aiges.

AIRAL, toul.; cév., s. m. Maison, logement, biens, propriétés, aire, emplacement. En roman, basse-cour, masure, hangar. — Querc., *oiral*; b. lim., *èirial.* — Ety., *airo.*

AIRANSO, s. f. V. Ahiranso.

AIRE, s. m. Air. V. Air.

AIREDECH, cév., s. m. V. Airadé.

AIREJA, toul., v. a. Aérer, donner de l'air, faire refroidir. — Syn. *acrà.* — Ety., *aire*

AIRES, s. m. p. Fruits de l'airelle ou myrtille. V. Aiges.

AIRETA, AIRETAGE, etc., carc. V. Heretá, Heretage, etc.

AIRETO, s. f. Petite aire, petit sol à battre le blé, petite plate-forme. — Cév., palier ou repos d'escalier. — Syn., *airolo.* — Ety., dim. de *airo. aire.*

AIRETO DE DALHAIRE, s. f. Enclume de faucheur pour rabattre la faux. — Syn. *fargo.*

AIRIAU, gasc., s. m Hameau.

AIRIER, cév., s. m. Le chef d'une aire à battre le grain. — Syn. *mestre d'airo.* — Ety., *airo.*

AIRO, s. f. Aire, terrain battu et uni où l'on foule, ou bat la paille pour en tirer le grain. — Prov., *ièro*; esp., *area*; ital., *iera.* — Ety. lat., *area.*

AIROL, s. m. Airée, la quantité de gerbes qu'on foule à la fois sur l'aire ; à Béziers, le tas de blé ou d'autres grains mêlés avec les balles, qui est le produit d'une ou de plusieurs journées employées au battage des gerbes. — Syn. *airòu, èiròu, iròu, caucado, plantado.* — Ety., *airo.*

AIROL, cast., s. m. Champignonnière, endroit où les champignons viennent tous les ans.

AIROLO, cév., s. f. Petite aire. — Syn. *aireto.* — Dim. de *airo.*

AIROU, prov., s. m. (airòu). V. Airol.

AIS, cév., s. m. Aiz, essieu. — Syn. *aissièl, aïssel, aïssol, essiòu, ichàl, fuisol.* — Ety. lat., *axis,* essieu.

AIS, carc., art. datif plur. Aux. — Syn. *as, à las.*

AISA, ado, cév., adj. V. Aisat.

AISADOMENT, adv. Aizadamen, aisément, facilement. — Syn. *aisament, aisimen, aysidoment.* — Ety., *aisado,* et le suffixe *ment.*

AISAMENT, adv. V. Aisadoment.

AISANSO, cév., s. f. Commodité, faculté, convenance. — Ety., *aisà.*

AISAT, ado, adj. Aisé, ée, facile ; celui qui aime ses aises et ne se gêne pour personne; qui vit dans l'aisance ; douillet, délicat. — Ety., *aise.*

AISE, s. m. Ais, sentiment de bien-être et de contentement, état commode et agréable ; *estre à soun aise,* être dans une situation de fortune modeste, mais heureuse ; *ou cal prène à soun aise,* il faut le prendre à son aise; *anà d'aise,* aller lentement; *aimà sous aises,* aimer les commodités de la vie ; b. lim., *n'ai moun aise,* j'en ai suffisamment; *à l'aise,* loc. adv., à l'aise, commodément, sans peine ; *aise* se prend aussi dans le sens de *aisino* ou *engino,* et il signifie futaille, tonneau. Cév., *aises,* s. m. p., petites commodités qu'on trouve dans une maison, cabinets à mettre différentes choses; il se dit aussi des êtres d'une maison. — Anc. cat., *aise*; anc. ital., *asio*; ital. mod., *agio.*

AISI, b. lim., v. a. Aizir, procurer de l'aisance, aider, prêter gracieusement à quelqu'un une chose dont il a besoin; *s'aisi,* cév., v. r., s'arranger commodément, se mettre à son aise, se procurer quelques commodités; *fau se saupre aisi,* il faut savoir se retourner. —Ety., *aise.*

AISI, do, cév., adj. V. Aisit.

AISIMENT, s. m. Aizimen, aise, commodité, arrangement. — Ety., *aisi,* et *ment.*

AISINA, cév., v. a. Aizinar, arranger, ajuster ; préparer les usines; *s'aisiná*, v. r., s'ajuster, s'arranger ; il est aussi syn., de *s'aisi*. — Ety., *aisi*.

AISINO, s. f. Aisina, ustensile de ménage ; vases en général, pot, marmite ; futaille Au fig. *marrido aisino*, mauvais garnement. — Syn. *eigino, eisino, engino*. — Ety., *aisi*.

AISIT, ido, adj. et part. du verbe *aisi*. Commode, bien à la main, facile. On appelle aussi *aisit* celui qui aime ses aises, mais on dit généralement *aisat*. — Carg., *aisit*, adroit.

AISSA, cév., v. n. Faire des contours pour monter plus facilement une rampe. — Ety., altér. du b. lim, *essá*, faire des s, ou des contours.

AISSADEL, s. m. V.

AISSADETO, cév., s. f. Serfouette, petit outil de jardinier pour remuer légèrement la terre. — Syn. *aissadoun, aissadoto, aissadounet*. — Ety., dim. de *aissado*.

AISSADO, cév., s. f. Aissada, houe pointue, marre, pioche triangulaire; *aissado jardinieiro*, houe des jardiniers, dont la plaque est un large carré long. — Syn. *eissado, aichau, aissay, magau, aissounet*. — Ety., *aisso*.

AISSADOTO, cév., s. m. V.

AISSADOUN, prov., s, f. V. Aissadeto.

AISSADOUNET, prov. s. m. Très-petite serfouette. — Ety., dim. de *aissadoun*.

AISSAGA, v. a. Essanger, laver le linge avant de le lessiver; au fig. battre, rosser. V. Eissagá.

AISSAI, adv. Aissai, de çà, de ce côté-ci, vers ce côté-ci, tout près du lieu où l'on est. — Syn. *assá, assai, eissá, eissalo*.

AISSALIN, cév., adv. Ici dedans, ici-bas.

AISSAMOUN, adv. Çà-haut, là-haut, ici là-haut. — Syn. *issamoun, ensomoun, eissamoundau*. — Ety., *aissi*, ici, à, prép., et *moun*, pour *mount*, mont.

AISSAMOUNDAU, cév., prov., adv. Çà-haut. V. Aissamoun.

AISSANGLO, prov., s. f. Petit éclat de bois qui est entré dans les chairs. — Syn. *aresclo*.

AISSANGO, s. f. Filet de pêche, semblable à une seine, avec une poche ou un sac dans son milieu. — Syn. *aissaugo, eissaugo*.

AISSAUGO, s. f. V. Aissango.

AISSAVAL, adv. Ici en-bas. — Syn. *aissavau, assaval, eissavau*. — Querc., *ensobal*. — Ety., *aissi*, ici, et *aval*, en bas.

AISSAVAU, prov., s. f. V. Aissaval.

AISSAY, prov., s. m. V. Aissado.

AISSE, o, cév., adj. Il ne s'emploie que pour désigner la mauvaise qualité du pain ; *pan aisse*, pain mal cuit, massif, peu levé (*acoudit*) ; pain qu'une trop grande quantité de levain a rendu aigre ; *aqui de pan bèn aisse*, voilà du bien mauvais pain.

AISSEJA, cév., v. n. Se plaindre, gémir, dire *ai! ai!* geindre. — Prov., *eissejá*.

> Sans toun assistensa, Didoun
> N'en sourtirá per lou poulsoun.
> De soun liech sus aco davala,
> Lou trova, aisseja e pei l'avala.
>
> FAVRE.

AISSEJAIRE, o, s. et adj. Qui se plaint toujours ; douillet. — Ety., *aissejá*.

AISSEL, s. m. Essieu. V. Ais.

AISSELANCA, prov., v. a. Éreinter, rompre les reins, les hanches — Syn. *eissalancá*.

AISSELHER, gasc., s. m. Les deux fonds d'un tonneau.

AISSELO, s. f. Aissela, aisselle. — Gasc., *aychèlo, aychèro*; cat., *axella*; ital., *ascella*. — Ety. lat., *axilla*.

AISSET, s. m. Instrument de sabotier, de charron, de tonnelier, dont le manche court porte un fer qui a d'un côté un large tranchant, de l'autre un marteau. — Syn. *aissol, aisselo, capaissol*. Ital., *assiccella*. — Ety., dim. de *aisso*.

AISSETA, dauph., s. f. Petite hache. — Ety., dim. de *aisso*.

AISSETO, s. f. V. Aisset.

AISSETO, cév., s. f. Plainte faible et continue d'un enfant malade. — Syn. *aissige*. — Ety., dim. de *aisso*, plainte.

AISSI, adv. V. Aici.

AISSIEL, GASC.; s. m. Essieu. V. Ais.

AISSIGE, s, m. Plainte, gémissement. — ETY., *aisso*, plainte.

AISSO, pron. démonst. Aissò, ce, ceci; aissò-ailò, ceci-cela. — SYN. *aichò, aysò, aizò, aiçol, èissò, assò, aissot.* — LAT., *ecce hoc.*

AISSO, s. f. Hache; erminette, hache recourbée de charpentier. — SYN. *aicho*. — CAT., *axa*; ITAL., *ascia*. — ETY. LAT., *ascia.*

AISSO, PROV., s. f. Aissà, plainte, gémissement, tristesse, inquiétude, dégoût.

AISSOL, s. m. V. Aisset.

AISSOT, pron. V. Aissò.

AISSOULA, v. a. Dégrossir les douves d'une futaille avec l'outil appelé *aissol.*

AISSOUN, PROV., s.m. Pic pour piocher la terre. — SYN. *èichoun, èissoun.* — ETY., dim. de *aisso.*

AISSOUNET, PROV., s. m. Dim. de *aisoun.*

AISSOURDA, PROV., v. a. Assourdir. V. Ensourdá.

AISSUCH, o, adj. Sec, sèche. V. Eissuch.

AITAL, adv. Ainsi, de cette façon: *Acò's aital*, c'est ainsi — SYN. *anlal, antau, atau, atal, èital,* — ETY., *at* et *tal*, du lat. *talis*, tel.

AITAMBÉ, CÉV., adv. V.

AITAMBÈN, adv. Aussi, aussi bien, à cause de cela. — SYN. *tambèn, èitambèn, alabé, labé.* — ETY., *aitam* pour *aitan*, aussi, et *bèn*, bien.

AITAMPAU, AITAMPAUC, adv. Non plus: *Ni mai ieu aitampau*, ni moi non plus. — SYN. *aitapau, tanlpauc, tapauc.*

AITAN, CÉV., adv. V. Autant. — AB-AI-TANT, GASC., conj., dès que.

AITAPAU, CÉV., V. Aitampauc.

AITRAISSIÉ, DAUPH., v. a. Embrouiller; gâter. V. Estrassá.

AIUNCHA, CÉV., v. a. Éloigner; *s'aiunchá*, v. r., s'éloigner. — PROV., *aluenchá.*

AIZE, AIZINA, etc. V. Aise, Aisiná, etc.

AIZO, GASC.; pron. V. Aissò.

AJACA, PROV., v. n. Accoucher. V. Ajaire.

AJACADO, PROV., part. de *ajacá*, accouchée. Il s'emploie aussi substantivement. — SYN. *jacent, jacudo, ajagudo.*

AJAGUDO, PROV., part. de *ajaire*. Accouchée. Il est aussi substantif, *l'ajagudo*, l'accouchée.

AJAIRE (s'), TOUL., v. r. AJAYRE, AJA-ZEN, accoucher. — ETY., *à*, et *jaire*, du latin *jacere*, coucher; accoucher.

AJAPROUN, PROV., loc. adv. Il y a quelque temps. Ce mot se décompose ainsi: *A il y a, ja, déjà, proun,* assez (longtemps).

AJARD (faire), PROV., loc. adv. Se prévaloir de sa force, de son talent, de ses richesses, de son crédit; abuser de l'ascendant qu'on a sur quelqu'un. (HONORAT).

AJAS, PROV., s. m. Érable. V. Agas.

AJASSA, PROV., v. a. Enfermer le troupeau dans le bercail; mettre de la litière sous les bestiaux; CÉV., coucher, renverser; *s'ajassá*, v. r., s'étendre sur la litière du bercail, se coucher; se giter, en parlant du lièvre ou du lapin. — BÉARN., *ayacá-s.* — ETY., *à*, et *jas*, gite.

AJASSO, s. f. V. Agasso.

AJASSOUN, s. m. Le petit de la pie. — ETY., dim. de *ajasso.*

AJAT, ado, adj. Agé, ée. — ETY., *age.*

AJAVELA, PROV., v. a. V. Agabela.

AJEDA, v. a. Altér. de *ajudá*. V. ce mot.

AJIPOULA (s'), CÉV., v. r. Se mettre un habit sur le corps. (SAUVAGES). — ETY., *à*, et *jipo, juppe.*

AJOS, PROV., s. f. p. V. Ajouos.

AJOUATA, v. a. Atteler des bêtes au joug pour les faire labourer; au fig. assujétir; *s'ajoualá*, v. r., subir le joug, se soumettre. — ETY., *à*, et *jouato*, joug.

AJOUC, s. m. Juchoir. V. Ajoucadou.

AJOUCA (s'), v. r. Se jucher, se mettre sur le juchoir ou sur une branche pour dormir, en parlant des oiseaux et particulièrement des poules; se raser; s'accroupir; s'assoupir, s'endormir à demi. — SYN. *s'ajucá, s'enjoucá*. — ETY., *ajouc*, juchoir.

AJOUCADOUIRO, PROV., s. f. V.

AJOUCADOU, AJOUCADOUR, s. m. Juchoir d'un poulailler; perchoir d'une cage; par ext. appui, dossier; au fig. *toumbá de l'ajoucadoù*, tomber des nues. — Syn. *ajoucaire, ajucadoù, ajouc, ajouquier.* — Ety., *ajoucado*, part. f. de *ajoucá*.

AJOUCAIRE, s. m. V. Ajoucadoù.

AJOUCAT, ado, part. de *ajoucá*. Juché, ée, perché; rasé, accroupi.

AJOUGNE, cév., v. a. Jugner, joindre, atteindre, attraper quelqu'un qui marchait devant. — Cast., *jugne*; biterr., *jougne.* — Ety., *à*, et le lat. *jungere*, joindre.

AJOUGUI, do, prov.. adj. Enjoué, ée, folâtre; qui aime à jouer.

AJOULINA (s'), prov., v. r. V. Aginoulhá.

AJOULINOIR, prov., s. m. V. Aginoulhadoù.

AJOUNC, s. m. Ajonc, *ulex provincialis* ou *parviflorus, europæus*, arbrisseau de la fam. des papilionacées à fleurs jaunes, appelé aussi *argelas, arjalas, argièras*, dénominations qu'on applique ordinairement au genêt épineux, *genista scorpius*, de la même fam. On donne aussi le nom *d'ajounc*, à l'astragale épineux, *astragalus aristatus*, et au genêt anglican, appelé, à Toulouse, *toujago-pelito*. — B. lim., *desé, dosem, doseno*, ajonc.

AJOUNCH, o, part. de *ajougne*. Atteint, e.

AJOUNGLA, prov, v. a. Asséner, en parlant des coups que l'on donne à quelqu'un.

AJOUOS, prov., s. f. p. Cordes qui servent à fixer la charge sur le bât. — Syn. *aio, ajos, ayo, angastieiros, cargadouiros.*

AJOUQUIER, prov., s. m. V. Ajoucadoù.

AJOURNA, v. n. Ajornar, faire jour; v. a., ajourner, citer en justice; renvoyer une affaire, une délibération à un autre jour. — Anc. cat., *ajornar*; ital., *aggiornare.* — Ety., *à*, et *jour*.

AJOURNAMENT, s. m. Ajornament, ajournement. — Anc. ital., *aggiornamento.* — Ety., *ajourná*.

AJOUSTA, v. a. Ajostar, ajouter, joindre. V. Ajustá.

AJUA, prov., v. a. V. Ajudá.

AJUAIRE, prov., s. m. V. Ajudaire.

AJUCA (s'). v. r. V. Ajoucá.

AJUCADOUR, prov., s. m. V. Ajoucadoù.

AJUCHA (s'), prov., v. r. V. Ajoucá.

AJUDA, v. a. Ajudar, aider, secourir, seconder; *s'ajudá*, v. r., s'aider réciproquement; il signifie aussi prendre de la peine, faire tous ses efforts; *se soi vengut riche, m'i soi ajudal*, si je suis devenu riche, j'ai fait tout ce que j'ai pu pour cela. — Gasc., *ahitá, ayudá*; toul., *adujá*; esp., *ayudar*; port., *ajudar*; ital., *aiutare.* — Ety. lat., *adjutare*.

AJUDAIRE, s. m. Ajudayre, celui qui aide. — Esp., port., *ajudador*; ital., *aiutatore.* — Ety., *ajudá*.

AJUDAT, ado, part. de *ajudá*. Aidé, ée.

AJUDO, s. f. Ajuda, aide, secours, assistance; celui qui aide. — Syn. *ajuèdo, ojuèdo, ayud.* — Cat., port., *ajuda*; esp., *ayuda*; ital., *ajuto.* — Ety. lat., *adjutum*, supin de *adjuvare*.

AJUEDO, prov., s. f. V. Ajudo.

AJUFRI, do, adj. Mal levé, ée, en parlant de la pâte, du pain. — Syn. *afegi*. V. Acoudit.

AJUGASSI, ido, io, prov., adj. Passionné, ée pour le jeu. — Syn. *ajugui*. Il signifie aussi folâtre. V. Ajouguit.— Ety., *à*, et *jug* pour *jueg*, jeu.

AJUGUI, do, prov., adj. V. Ajugassi.

AJULINA, prov., v. a. V. Aginoulhá.

AJUNILHA, prov., v. a. V. Aginoulhá.

AJUNILHOIR, prov., s. m. V. Aginoulhadou.

AJUNLA, gasc., v. a. V. Aginoulhá.

AJUS, cév., s. m. V.

AJUST, s. m. Ajost, ajoutage, ajoutoir, allonge, morceau d'étoffe ajouté; ajustement, parure; *ajust dimenchau*, parure des dimanches; cév., troupe, attroupement de personnes; assemblage de poissons qui fraient. — Syn. *ajustage, ajustòli, ajustièr.*

AJUSTA, v. a. Ajostar, Ajustar, ajouter, mettre en plus, joindre, grossir, mettre quelque chose de plus, dire, écrire en sus ; viser un but, une pièce de gibier ; *ajustá un afaire*, arranger une affaire ; *ajustá un mariage*, arrêter un mariage ; *s'ajustá*, v. r., s'ajouter ; au fig. s'accoupler. Il a aussi les mêmes acceptions que le mot français *ajuster*, et il signifie particulièrement parer, orner. — ETY., *adjuxtare*, pour l'acception de *ajouter* ; et *à* et *juste*, pour celle d'ajuster.

AJUSTADOU, PROV., s. m. Confluent, jonction d'un ruisseau ou d'une rivière à un autre. — ETY., *ajustado*, part. f. de *ajustá*.

AJUSTAGE, AJUSTAGI, s. m. V. Ajust.

AJUSTAIRE, s. m. AJUSTAIRE, celui qui ajuste, qui ajoute ; au fig. conciliateur. — ITAL., *aggiustatore*. — ETY., *ajustá*.

AJUSTAMENT, s. m. AJUSTAMENT, ajustement ; accommodement, conciliation ; parure, ornement ; accouplement. — CAT., *ajustament* ; ESP., *ajustamiento* ; ITAL., *aggiustamento*. — ETY., *ajustá*.

AJUSTAT, ado, part. de *ajustá*. Ajouté, ée ; ajusté, paré ; assemblé, ée.

AJUSTIER, PROV., s. m. Allonge, ajoutage. V. Ajust.

AJUSTORI, AJUSTORIUM, s. m. Petit ajoutage. — ETY., *ajust*.

AJUSTOS, NIM., s. f. Joutes sur l'eau.

AJUSTOU, AJUSTOUN, s. m. Petit ajoutage. — ETY., dim. de *ajust*.

AJUT, CÉV., s. m. V. Ajudo.

AJUTORI, s. m. V. Adjutòri.

AL, art. masc. du datif, AL, au ; il est mis pour *à lou* ; il s'emploie avec les mots qui commencent par une consonne, *al mouli*, *al cel*, etc., au moulin, au ciel ; devant les mots commençant par une voyelle, on écrit à *l'*, *à l'oustal* ; le féminin de *al* est *à la*, *à la glèiso*, à l'église ; au plur. on dit *als* ou *as* pour le masculin, et *à las* pour le féminin, *as camps*, *à las vignos*. — SYN. *au*, *aus*, *ai*, *ais*, *èi*, *èis*, *i*. — QUERC., *ol*, *os*.

AL, s. m. Ail. V. Alh.

ALA, adv. Là, de l'autre côté. V. Ailai.

A-LA-BABALO, PROV., adv. Sans réflexion, inconsidérément.

ALABARDI (s'), CÉV., v. r. Se réjouir, prendre ses ébats ; se hasarder, s'aventurer, risquer. — ESP., *alabarse*, se réjouir.

ALABARDO, PROV., s. f. Hallebarde.

ALABAS, s. m. T. de mar., halebas, petit cordage frappé au sommet des voiles enverguées sur drailles ; manœuvre pour amener la vergue quand elle ne descend pas facilement.

ALABASSA, GASC., v. a. Abattre. — ETY., *bassá*, baisser, *alo*, l'aile.

ALABASTRE, s. m. ALABAUSTRE, albâtre. — CAT., *alabastre* ; ESP., PORT., ITAL., *alabastro*. — ETY. LAT., *alabastrum*.

ALABATÉ, GASC., s. m. Ce nom d'oiseau, qu'on trouve dans les poésies du poète gascon d'Astros, désigne probablement le gobe-mouche noir, qui remue constamment ses petites ailes.

ALABETS, TOUL., adv. Alors, en ce temps-là ; *alaro*, *alouro*. — QUERC., *olobés*.

ALABRA, do, CÉV., adj. V.

ALABRE, o, adj. Goulu, e, glouton, vorace, avide, ardent.

ALABRENO, PROV., s. f. La salamandre commune, *Salamandra vulgaris*, reptile de l'ordre des batraciens. — SYN. *arabrèno*, *labrèno*, *talabrèno*, *salamandro*, *blando*.

ALABROUN, PROV., s. m. La guêpe frelon. — SYN. *cabrian*, *chabrian*, *foussaloù*.

ALACA, CÉV., v. a. Arroser, mouiller, humecter ; *s'alacá*, v. r., se mouiller, se vautrer dans la boue.

ALACHA, v. a. ALACHAR, allaiter. — SYN. *alachiá*, *alessá*. — ANC. CAT., *alletar* ; ITAL., *allattare*. — ETY., *à*, et *lach*.

ALACHAT, ado, part. de *alachá*. Allaité, ée.

ALACHAT, PROV., s. m. Petit lait naturel.

ALACHIA, v. a. V. Alachá.

ALACHO, PROV., s. f. L'alose. — ESP., *alacha*. V. Alauso.

ALADER, s. m. Nerprun alaterne, *rhamnus alaternus*, arbrisseau de la fam. des rhamnées, dont les fleurs sont d'un vert jaunâtre. — Syn. *darado, daradel, falagno, fiélagno*. On donne aussi le nom de *alader* aux filarias. A Montpellier, le filaria à feuilles étroites est appelé *alader mascle*. V. Daradel.

ALADO, cév., s. f. Air de feu ; *Prenès encaro aquest' alado*, chauffez-vous encore un peu.

ALADOUNC, adv. Alors.

ALAGA, casc., v. a. Verser, coucher. *Lou ventas alago lous blats*, le grand vent fait verser les blés.

ALAGAN, prov., s. m. Inondation, naufrage. — Port., ital., *alagamento*. — Ety., *alagá*.

ALAGUIA, cév., v. a. Lasser, ennuyer, déplaire par trop d'importunité. Ce mot paraît être une altération du roman *laguiar*, qui signifie affliger, chagriner.

ALAI, adv. de lieu. Là, à l'endroit que l'on désigne. — Syn. *aitai, alá*.

ALAIA, v. a. Fatiguer, lasser, harasser ; *s'alaiá*, v. r., se fatiguer ; marcher à pas lents.

ALAIAT, ado, part. de *alaiá*. Harassé, ée, abattu de lassitude ; qui marche lentement ; affaibli, en parlant de l'estomac.

ALAIRA, cév., v. n. Pencher plus d'un côté que de l'autre, en parlant de la charge d'une bête de somme ; *s'alairá*, v. r., s'étendre par côté. — Syn. *alèirá*. — Ety., *alai*, là, de là, de l'autre côté.

ALAIRE, diterr., s. m. Charrue. V. Araire.

ALAJAS, cév., s. m. Champ, terrain couverts de fougère. — Ety., *alajo*, fougère.

ALAJO, cév., s. f. Fougère.

ALAMA, gasc., v. a. V. Alumá.

ALAMBIC, s. m. Alambic ; montp. ; ciron, *Acarus siro*.

ALAMOUN, cév., s. m. Le cep d'une charrue. — Syn. *aramoun, souchau, dental*. V. ce dernier mot. Il signifie aussi armon. V. Aramoun.

ALAN, cév., s. et adj. Hâbleur. V. Alant.

ALANDA, cév., v. a. et n. V. Alantá.

ALANDA, v. a. Ouvrir tout à fait une porte, une fenêtre ; prov., étaler une marchandise ; lâcher le troupeau, le faire sortir de la bergerie ; *alandá lou floc*, faire brûler le feu ; *s'alandá*, v. r., s'ouvrir entièrement, en parlant d'une porte, d'une fenêtre ; s'élargir ; sortir du bercail, en parlant d'un troupeau ; courir au loin et au large, s'élancer ; tomber de son long.

ALANDAIRE, cév., s. et adj. Hâbleur. V. Alant.

ALANDAT, ado, part. Entièrement ouvert, e ; étendu de son long.

ALANDRA, cév., v. a. et n. V. Alantá.

ALANDRI, cév., v. a. Caresser, dorloter, amadouer.

ALANDRI, ido, adj. Ardent à la course, coureur, euse.

ALANGOURI, v. a. Rendre langoureux, euse, causer de la peine ; *s'alangouri*, v. r., languir, souffrir ; se laisser aller à la langueur ; *alangourit, ido*, part., langoureux, languissant, affaibli par une maladie ; au fig. soucieux. — Ety., á, et le lat. *langor*, langueur.

ALANGUIT, ido, adj. Languissant, e. — Syn. *alangourit*.

ALANGUR, uso, prov., s. m. et f. Raisonneur, grand parleur, hâbleur. — Syn. *alant, alantur*.

ALANT, o, cév., adj. et s. Hâbleur, bavard, vantard, menteur ; goulu, goinfre. B. lim., *olant*, qui signifie, en outre, flatteur, cajoleur. — Syn. *alan, alandaire, alantur*.

ALANTA, v. a. et n. Hâbler, enjôler, tromper. — Syn. *alandá, alandrá*. — Ety., *alant*.

ALANTARIÉ, s. f. Hâblerie, charlatanerie, tromperie. — Ety., *alantá*.

ALANTI, v. a. Avancer un ouvrage, dépêcher. *Avem alantit fosso traval*, nous avons fait beaucoup de travail ; *s'alanti*, v. r., se dépêcher ; *lou mati es d'alanti*, le vrai matin est de se dépêcher. — Ety., ce mot paraît être une altération de *ananti*, fait du rom. *anant*, en avant.

ALANTUR, prov., s. et adj. V. Alant.

ALAPAS, cév., s. m. Ce nom est commun à la bardane majeure, *Lappa major* ou *arctium lappa*, et à la bardane commune, ou herbe aux teigneux, glouteron pétasite, *lappa minor*, plantes à fleurs purpurines de la fam. des synanthérées. — Syn. *lapas, laparasso, lapetas, lampourdo, tiro-pèu.* — On appelle improprement *alapas*, la molène ou le bouillon blanc. V. Escoubil.

Lou rèi qu'aqui se signalaba,
Nous le mandet dous plèus cabas
De belas plantas d'ALAPAS.

FAVRE.

En roman et en latin, *lapa : Lapa es herba ab fuelhas que si rapo a la rauba d'home.*

ALAPÈDO, s. f. L'asphodèle rameux ou bâton blanc, *Asphodelus ramosus* ou *cerasiferus*, plante de la fam. des liliacées à fleurs blanches. Noms div. : *arrapèdo*, V. ce mot, *pourraco, aledo.* Ce dernier nom désigne presque partout le narcisse des poëtes.

ALAPENS, cév., s. m. Appentis, toit adossé contre un mur qui n'a de pente que d'un côté. — Ety. ROMAN., *alapens*, qui signifie à ailes pendantes.

ALAPÈTO, s. f. Patelle ou lepas. V. Arrapèdo.

ALARASSAT, ado, cév., adj. Couché, ée à terre, étendu de son long ; il est aussi synonime de *alassat*.

ALARD, GASC., s. m. Aile de cheminée.

ALARGA, v. a. ALARGAR, élargir, rendre plus large, étendre, agrandir ; écarter, entr'ouvrir, pousser au large, faire sortir le troupeau du bercail (*delargá*), relâcher, mettre en liberté, délivrer ; PROV., *alargá uno resoun*, donner une raison ; v. n., devenir libéral ; *s'alargá*, v. r., s'élargir, s'étendre, agrandir ses possessions, s'ouvrir ; faire largesse ; T. de mar., gagner le large, courir au large. — Syn. *alarjá, alalá.* — Cat., *allagar* ; esp., port., *alargar* ; ital., *allargare.* — Ety., *à*, et *larg*.

ALARGANT, o, adj. Généreux, euse. — Ety., *alargá*.

ALARGAT, ado, part. de *alargá*, élargi, e, ouvert, entr'ouvert ; sorti de la bergerie ; tiré au large, éloigné.

ALARGI, v. a. V. Eslargí.

ALARJA, v. a. V. Alargá.

ALARO, adv. LAOR, alors. — Syn. *alèras, alèro, alouro.* — Querc., *olara, olèro*.

ALAS, interj. V. Ailas.

ALASSA, v. a. Fatiguer, harasser ; *s'alassá*, v. r., se fatiguer. — Syn. *alassiná.* — Ety., *à*, et le lat. *lassare*.

ALASSINA, PROV., v. a. V. Alassá.

ALASSO, interj. V. Ailas.

ALAT, ado, adj. Ailé, ée, qui a des ailes. — Cat., *alat* ; esp., port., *alado* ; ital., *alato.* — Ety. LAT., *alatus*.

ALATA, cév., v. a. Elargir, lâcher le troupeau ; ouvrir. V. Alargá.

ALATEJA, v. n. Voleter, voler péniblement, battre de l'aile. — Syn. *aletejá, voulastrejá*.

ALATOS, PROV., adv. de lieu. De là, par delà.

ALATRA (s'), cév., v. r. Se rouler dans la poussière. Ce mot ne se dit que des poules et des oiseaux pulvérateurs qui cherchent à se délivrer de la vermine en se roulant dans la terre. — Cast., *s'issalatá* ; PROV., *s'esfarnourá*.

ALAUGEIRA, v. a. ALLEUJAR, ALLEVIAR, alléger, diminuer le poids ; *s'alaugeirá*, v. r., s'alléger, mettre des vêtements plus légers, ôter une partie de ses vêtements. — Syn. *alaugèiri, alaujá, alleujá.* — Ety., *à*, et *laugè*, léger.

ALAUGÈIRI, v. a. V. Alaugeirá.

ALAUJA, v. a. Alléger. V. Alaugeirá.

ALAUNI, GASC., v. a. Faire rouir le lin dans une mare. — Ety., *à*, et *launo* pour *lono*, mare.

ALAUSAT, AGAT, s. m. Filet pour la pêche des aloses. — Ety., *alauso*.

ALAUSETAIRE, s. m. Chasseur d'alouettes. — Ety., *alauseto*.

ALAUSETO, s. f. ALAUZA, ALAUZETA, alouette, *alauda arvensis*. — Syn. *alauveto.* — Querc., *oloubeto, loubèto, louzeto* ; esp., *alondra* ; ital., *allodola* ; lat., *alauda*, dont *alauseto* est un diminutif.

ALAUSETOS, (herbo de las), TOUL. s. f. La filipendule, *spirea filipendula*, plante de la fam. des rosacées, qu'on trouve dans les prairies.

ALAUSO, s. f. Alose, *Clupea alosa*, poisson de l'ordre des holobranches, à opercule nue, qu'on trouve aux embouchures de la Méditerranée. Noms div. : *alacho, laccio, lacco, coulal, colac.*

ALAUVETO, s. f. V. Alauseto.

ALAYRE, GASC., s. m. V. Araire.

ALAZA, GASC., v. a. Étendre. V. Alargá.

ALAZAN, o, adj. et s. Alezan, e, bai tirant sur le roux ; cheval qui a la robe de cette couleur.—SYN. *alezan.*—ESP., *alazan.* — ETY. ARABE, *al hasan*, le beau, l'élégant, ou *al hisan*, cheval beau et de race.

ALBA, TOUL, s. f. Saule, saule blanc, *Salix alba*, arbre de la fam. des salicinées. — SYN. *aubo, sauze.*

ALBADO, GASC., s. f. Aubade. V. Aubado.

ALBAIRA, CAST., GASC., v. n. Commencer à mûrir, en parlant des raisins et autres fruits. V. Vairá. Il signifie aussi, geler légèrement, faire une gelée blanche, et il dérive, pour cette acception, du lat. *albus, alba*, blanc, che.

ALBAIRAT, ado, part. de *albairá*. A demi-mûr ; couvert de gelée blanche.

ALBAIRADO, CAST. s. f. V. Aubièiro.

ALBAR, s. m. ALBAR, aubier, ou viorne aubier, boule de neige sauvage, *Viburnum opulus*, arbrisseau de la fam. des caprifoliacées à fleurs blanches.

ALBAS, TOUL., s. m. Vin bas, vin qui est au fond de la futaille et près de la lie.

ALBASES, CÉV., s. m. Chêne au kermès. V. Garroulho.

ALBAYRA, v. n. V. Albairá.

ALBERGA, CÉV., v. a. ALBERGAR, héberger, loger; v. n., demeurer.—CAT., ESP., PORT., *albergar* ; ITAL., *albergare.* — ETY. ROM. *alberg*, logement, qui ne s'est pas conservé dans nos idiomes.

ALBERGAIRE, s. m. ALBERGAIRE, hôte, logeur. V. Aubergisto. — ETY., *albergá.*

ALBERGO, s. f. V. Aubergo.

ALBESPIN, s. m. V. Aubespin.

ALBIÉ, s. m. V. Alisier.

ALBIÈIRADO, CAST., s. f. V. Aubièiro.

ALBIÈIRO, TOUL., s. f. V. Aubièiro.

ALBIO, s. f. V. Aliso.

ALBO, TOUL., s. f. Aube. V. Aubo.

ALBRE, TOUL., QUERC., s. m. V. Aubre.

ALBRENC, TOUL., s. m. Aubier. V. Aubenco.

ALBRET, TOUL., s. m. V. Aubret.

ALBRICOUTIER, TOUL., s. m. V. Aubricoutier.

ALBRUN, TOUL., s. m. Aubier. V. Aubenco.

ALBUM, GASC., s. m. V. Aubenco.

ALCOOL, s. m. Alcool, esprit-de-vin, dégagé de la plus grande partie ou de la totalité de l'eau qu'il contient. — ETY. ARABE, *algohl.*

ALCOVO, s. f. Alcôve. — CÉV. *alcovro*, f. a ; ITAL., *alcovo.*

ALCOVRO, CÉV., s. f. V. Alcovo.

ALE, BÉARN., s. f. Aile. V. Alo.

ALÉ, s. f. ALE, ALEN, haleine, respiration ; *tène l'alé.* retenir la respiration. — SYN. *alén, aléno.* — CAT., *alens* ; ITAL., *lena.* V. Alená.

ALEBA, v. a. Inventer, controuver, imputer méchamment des faussetés; s'alebá, v. r., regimber, se révolter, manquer de respect.

ALEBA, BÉARN., v. a. Mutiler, blesser, estropier, rendre impotent.

ALEBRAND s. m. Albran ou halbran, jeune canard sauvage. — SYN. *aubran*. — ESP., *albran.* — ETY. ALL., *halbente*, de *halb*, demi, et *ente*, canard.

ALECAT, ado, GASC, adj. Mignard, e, qui a des manières affectées et prétentieuses ; mijaurée, en parlant d'une femme.

ALEDADO, s. f. V. Alenado.

ALEDO, s. f. Le narcisse des poëtes, ou jeannette, claudinette, herbe à la Vierge. *Narcissus poeticus*, plante de la fam. des amaryllidées, à fleurs blanches, qui croit dans les prairies humides. Noms div. : *anedo, aledro, ardèlo, adrèlo, coutèlo, berbeludo, dono, madono, germano, clariano, crebidolo, curbidolo, courbo-dono.* On donne aussi le nom d'*aledo* à l'asphodèle rameux. V. Pourraco.

ALEDO, s. f. Cane. V.

ALEDRO, CÉV., s. f. Cane ou femelle du canard. C'est aussi le nom du narcisse des poëtes. — SYN. *aledo, anedo.*

ALEGANT, o, adj., Arrogant, e, fanfaron, insolent ; ennuyeux.

ALEGANTEJA, v. n. Faire le fanfaron, être arrogant.— Syn. *alegantiá*.— Ety., *alegant*.

ALEGANTIA, v. n. V. Alegantejá.

ALEGANTISO, s. f. Arrogance, fierté. — Ety., *alegant*.

ALEGIRA, cév., v. n. Tressaillir de joie. Ce mot parait être une altération de *alegrá*, *s'alegrá*.

ALEGNÈIRA, cast., v. a. Mettre en fagots ; empiler le gros bois. — Ety., *à*, et *legno*, bois.

ALEGRA, v. a. Alegrar, réjouir, donner de l'allégresse; *s'alegrá*, v. r., se réjouir, s'égayer. — Esp., port., *alegrar* ; ital., *allegrare*. — Ety., *alegre*, du lat. *alacris*.

ALEGRAMEN, prov., adv. Alegramen, allègrement, joyeusement. — Cat., *alegrament* ; esp., *alegremente* ; ital., *allegramente*. — Ety., *alegrá*, et *men*.

ALEGRANSO, s. f. Allégresse, réjouissance. — Ety., *alegrá*.

ALEGRE, o, adj. Alegre, dispos, vif, enjoué. — Cat., esp., port., *alegre* ; ital., *allegro*. — Ety. lat., *alacrem*.

ALEGRESSO, s. f. Alegreza, allégresse, joie qui éclate. — Syn. gasc., *alegrio*. — Anc. esp., *alegreza* ; ital., *allegrezza*. — Ety., *alegre*.

ALEGRIÉ, toul., s. m. V. Alisier.

ALEGRIO, gasc., s. f. V. Alegresso.

ALÉIDA, gasc., v. n. V. Alená.

ALÉIO, s. f. V. Alèo.

ALÈIRA, prov., v. n. Pencher plus d'un côté que de l'autre. V. Alairá.

ALELUIA, s. m. V. Alleluia.

ALEMPIA, gasc., v. a. Flatter, caresser, contenter.

ALÉN, prov., s. m. V. Alé.

ALENA, v. n. Alenar, halener, pousser son haleine, souffler ; v. a., soutenir le souffle, encourager :

L'aflat de l'amistanço m'Alenavo que-noun-sai.
    Mistral. *Lis Isclo d'Or*, XXII.

La faveur de l'amitié soutenait grandement mon souffle.

Alená un vaissel, donner de l'air à un tonneau. — Prov., *arená*; gasc., *alèidá* ; cat., *alenar* ; ital., *alenare*. — Ety. lat., *anhelare*.

ALENADO, s. f. Alenada, halenée, bouffée d'air qu'on souffle par la bouche ; bouffée d'une odeur désagréable ; alenado de vent, bouffée de vent. — Gasc., *alèyado*, f. a. ; montalb., *aledado*, f. a. — Ety., *alenado*, part. f. de *alená*.

D'abriéu la proumièro Alenado
A touto erbo douno uno flour.
    Roumanille. *Lis Oubreto*.

ALENADOU, **ALENADOUR**, s. m. Petit trou pratiqué au haut du fond de devant d'un tonneau, qu'on laisse ouvert pour donner l'évent à la futaille ; cév., soupirail de cave. — Syn. *aspiral*. — Ety., *alenado*, part. f. de *alená*.

ALENCADO, bitern., s. f. Sardine salée, altération de *arencado*. V. ce mot.

ALENGUA, do, adj. V. Alenguat.

ALENGUA, toul., v. a. Souffler à quelqu'un ce qu'il doit dire, faire la langue pour lui ; prov., v. n., babiller. — Ety., *à*, et *lenguo*, langue.

ALENGUAT, ado, adj. Babillard, e, celui qui s'exprime avec facilité. — Syn. *lengut*.

ALENGUR, prov., s. m. V. Lengut.

ALENO, s. f. Alena, haleine. V. Alé.

ALENSI, interj. Cette interjection exprime le dégoût, la répugnance, l'aversion. Elle paraît composée de trois mots : *a*, ah ! *lent*, loin, éloigné, *si* pour *sia*, soit, qui se traduiraient ainsi : Que cela soit loin de moi !

ALÈO, s. f. Allée, lieu propre à la promenade, ordinairement bordé d'arbres. — Syn. *alèio*, *allèio*, *allèo*. — Anc. ital., port., *allea*.

ALE-FENENT, béarn., adj. Alapens, qui a l'aile pendante, l'aile basse ; au fig. confus, e.

ALÈRAS, adv. Alors. V. Alaro.

ALERAT, ado, adj. Élevé, ée, placé sur une éminence.

ALÈRO, adv. Alors. V. Alaro.

ALEROU, **ALEROUN**, s. m. Aileron, extrémité de l'aile d'un oiseau. — Cast., cév., *aliroù*.

ALERTE, o, adj. Alerte, vigilant, dégourdi, qui se tient sur ses gardes. *erto*, s. f., alerte, émotion subite; pel à la vigilance. *Alerto !* interj. erte ! garde à vous ! — Esp., port., *rto*. — Ety. ital., *all'erta*, garde vous.

ALESCA, prov., v. a. V. Aliscá.

ALESNO, prov., s. f. Alena, alène, inçon de fer dont on se sert pour rcer et coudre le cuir. On donne le ême nom à l'avocette d'Europe à use de la ressemblance de son bec ec une alène ; on l'appelle aussi *bec lesno*, *de leseno*, *d'alzeno*. — Syn. *leno*, *alzeno*. — Cat., *alena*; Esp., *ales-* ; ital., *lesina*.

ALESTI, v. a. Apprêter, préparer acement, mettre en état; *s'alesti*, v. r., préparer, se disposer à. — Ety., à, *lest* de l'ital. *lesto*, leste, prompt, êt.

ALESTIT, ido, part. de *alesti*. Prêt, e, dispos, préparé.

ALETEJA, v. n. V. Alatejá.

ALETO, s. f. Petite aile ; nageoire de isson ; petite pièce de cuir que les rdonniers mettent dans les souliers. T. d'arch., avant-corps sur le pied oit ; T. de mar., prolongation des rdages de l'arrière, tribord et babord, ns les petits bâtiments. *Faire l'aleto*, parlant du coq, exprime ce mouvent qu'il fait autour d'une poule avec e aile traînante. En parlant des alettes et des autres oiseaux, *faire leto* signifie planer, rester comme spendu dans l'air. — Esp., *aleta* ; L., *aletta*. — Ety., dim. de *alo*.

ALÈU, prov., adv. Bientôt. V. Lèu.

ALÈUGI, prov., v. a. V. Allèujá.

ALÈUJA, prov., v. a. Alléger. V. Aljá.

ALÈUJI, prov., v. a. V. Allèujá.

ALÈUPO, prov., adj. et s. Farceur, oqueur, mauvais plaisant.

ALÈVA (s'), cév., v. r. Se hausser; *lou nps s'alevo*, le temps se hausse, il mmence à s'éclaircir. (Sauvages).

ALÈVO, prov., s. f. Courbet de bât.

ALÈYADU, gasc., s. f. V. Alenado.

ALÈYDAD, o, gasc., adj. Allaité, ée;

s. m. et f., frère, ou sœur de lait. — Ety., à, et *leyt*, lait.

ALÈYO, s. f. V. Alèo.

ALEZAN, o, s. et adj. V. Alazan.

ALEZOUNA (s'), v. r. S'alezerar, prendre du loisir, ne pas se presser. — Ety., *lezou*, *lezé*, loisir.

ALEZOUNAT, ado, part. Nonchalant, te, paresseux.

La fenno qu'ai pres
Es uno brico alezounado,
Ne podi pas dire de mal,
Mes quand arribi dins l'oustal
Lou ventre sec coumo uno nongo,
E que per lou desadali
Me calrió virá lou toupi,
Lou toupi boulis per la cougo.

J. Laurès de Villeneuve.

ALFAZEGO, toul., s. f. Basilic à larges feuilles. V. Aufabrego.

ALGALOUSSES, cév., s. m. p. Ononix ou arrête-bœuf épineux. V. Agalousses.

ALGARADO, s. f. Algarade, vive sortie contre quelqu'un, insulte brusque, inattendue ; tintamarre. — Port., *algazara*; esp., *algarada*.

ALGO, s. f. Algue marine. V. Mousso de mar.

ALH, biterr., s. m. Alh, aill, ail, ail commun, *Allium sativum*, plante de la fam. des liliacées. Au fig. *aqui l'alh*, voilà le nœud de l'affaire, voilà la chose importante, le point principal ; *testo d'alh*, bulbe d'ail ; *veno d'alh*. gousse d'ail; *rest d'alh*, glane d'ail. On donne le nom d'*alh sauvage*, en provençal *aié fer*, à plusieurs espèces non cultivées, telles que *l'allium polyanthum* ou poireau des champs, *l'allium rotundum*, *l'allium fallax*, ou ail des mulots; *l'allium roseum*, en provençal *aié de serp*, etc. — Syn. *aié*, *aiet*, *alhet*. — Cat., all., esp., *ajo*; port., *alho*; ital., *aglio*. — Ety. lat., *allium*.

ALH (Herbo d'), s. f. L'alliaire officinale, ou julienne alliaire, vélar-alliaire, *Erysimum alliaria*, plante de la fam. des crucifères à fleurs d'un jaune verdâtre. On donne le même nom à la germandrée aquatique ou châmarras, *Teucrium scordium*, de la fam. des labiées à fleurs purpurines. L'odeur d'ail de cette plante l'a fait appelé ainsi. — Syn. *calamandrier*.

ALHADO, BITERR., s. f. ALHADA, aillade, soupe à l'ail; sauce à l'ail. — ANC. CAT., *allada*; ESP., *ajada*; ITAL., *agliata*. ETY., *alh*.

ALHASSO, TOUL., s. f. L'ail des vignes, ou poireau des chiens, *Allium vineale*; et les autres aulx sauvages. — Syn. *alhastre*, *alholo*, *pourrigal*. — l.TY., augm. déprec. de *alh*.

ALHASTRE. s. m. V. Alhasso.

ALHASTROUN, PROV., s. m. Le muscari botrioïde. V. Barralet.

ALHET, s. m. Ail. V. Alh.

ALHETADO, PROV., s. f. Sauce à l'ail. — ETY., *alhet*.

ALHETAT, ado, adj. Assaisonnée, ée, frotté avec de l'ail. ETY., *alhet*.

ALHETIA, PROV., v. n. Manger de l'ail. — ETY., *alhet*.

ALHOLI, PROV., s. m. V. Aioli.

ALHOLO, CAST., s. f. Nom commun à tous les aulx sauvages. V. Alhasso.

ALHOUS, BÉARN., adv. Ailleurs. V. Alhurs.

ALHURS, BITERR., adv. ALHORS, ailleurs. — ETY. LAT., *aliorsum*.

ALIA, v. a. ALIAR, allier, joindre, mêler, combiner les métaux; unir par le mariage, par un traité; *s'alià*, v. r., se combiner; s'unir par le mariage ou par un traité. — CAT., ESP., *aliar*; PORT., *alliar*; ITAL., *allegare*. — ETY. LAT., *alligare*.

ALIANSO, s. f. ALIANSA, alliance. — CAT., *aliansa*; ESP., *alianza*; PORT., *alliança*; ITAL., *alleanza*. — ETY., *aliá*.

ALIBARDO, s. f. V. Limbardo.

ALIBÈU, TOUL., s. m. Baliveau, tout arbre réservé dans la coupe d'un taillis et destiné à devenir un arbre de haute futaie.

ALIBOUFIER, PROV., s. m. Aliboufier, *styrax officinale*, plante de la fam. des ébénacées à fleurs blanches. Noms div.: *aliboufiet*, *ariboufier*, *oriboufier*, *aliboutier*, *aligoufier*.

ALIBOUFIET, CÉV., V. Aliboufier.

ALIBRE, CÉV., Aube d'une roue de moulin en forme de cuiller, qui met en mouvement la chute de l'eau. — SYN. *culhèiros*, *alets*, *palos*.

ALICATO, GASC., s. f. Petite pince à l'usage des émailleurs.

ALICHA, PROV., v. a. Verser les blés, en parlant de la pluie; aliter. V. Aliéchá.

ALICOT, GASC., s. m. V. Aliquid.

ALIÉ, TOUL., s. m. V. Alisier.

ALIÉCHA, v. a. Aliter, réduire à garder le lit; *s'aliéchá*, v. r. s'aliter. — SYN. *alichá*, *alieytá*, *allicytá*. — CÉV. *aiéchá*. — ETY., *à*, et *liech*, lit.

ALIÉCHAT, ado, part. de *aliéchá*. Alité, ée.

ALIÉLA, v. a. Étalonner, échantillonner. — SYN. *aielá*, *aliurá*, *alliurá*, *escandalhá*.

ALIÉLAGE, s. m. Étalonnage, l'action d'étalonner des poids et des mesures. — ETY., *alielá*.

ALIÉLAIRE, s. m. Étalonneur, vérificateur des poids et mesures. — ETY., *aliélá*.

ALIENCHA, PROV., v. a. Éloigner. — SYN. *aiunchá*, *aluenchá*, *aliuenchá*, *alientá*. — ETY., *à*, et *lien* pour *luen*, loin.

ALIENTA, v. a. V. Alienchá.

ALIEYTA, GASC., v. a. V. Aliéchá.

ALIFA (s'), MONTP., v. r. Rechigner, regimber.

ALIFRA, MONTP., v. a. Allécher, attirer; parer. — ETY., altér. de *alisá*, pris dans un sens figuré.

ALIFRAT, ado, part. Alléché, ée; pimpant, paré.

ALIGNA, v. a. ALINHAR, aligner, mettre sur une même ligne; ajuster. — SYN. *alindá*. — CAT., *alinyar*; PORT, *alinhar*; ITAL., *allineare*. — ETY., *à*, et *ligno*.

ALIGNOLO, PROV., s. f. Filet pour prendre les petits poissons, qui n'a qu'une seule nappe.

ALIGO, CÉV., s. f. Alise V. Aliso.

ALIGOUFIER, s. m. V. Aliboufier.

ALIGOURA, do, PROV., adj. Délié, ée; *taio aligourado*, taille déliée.

ALIGOUSSO, PROV., s. f. Sabre, épée, en style badin. — SYN. *ligousso*.

ALIGUÉ, GASC., s. m. V. Alisier.

ALIGUIER, cév., s. m. V. Alisier.

ALIMASE, cév., s. f. Limace. V. Limasso.

ALIMAU, ALIMAUDAS, cév., s. m. Altér. de *animau, animal, animalas*. V. ces mots.

ALIMBARDO, s. f. V. Limbardo.

ALIMENT, s. m. ALIMENT, aliment, nourriture. — CAST., *aliment*; ESP., PORT., ITAL., *alimento*. — ETY. LAT., *alimentum*.

ALIMENTA, v. a. Alimenter, nourrir. — ESP., PORT., *alimentar*; ITAL., *alimentare*. — ETY., aliment.

ALIMOINO, s. f. Anémone, plante de la fam. des renonculacées, dont il existe plusieurs espèces. — ETY., altér. du lat. *anemono*.

ALIN, adv. Là-bas ; au loin. — SYN. *ailin*. — PORT., *ali*.

ALINCHA, TOUL., v. a. V. Alinjá.

ALINDA, GASC., v. a. V. Alignâ.

ALINJA, v. a. Donner du linge à quelqu'un, le pourvoir de linge. — SYN. *alinchá*, f. a. — ETY., *à*, et *linge*, linge.

ALINJAT, ado, part. de *alinjá*. Pourvu, e, de linge.

ALIQUID, GASC., s. m. Abattis des volailles, ailerons, pattes, tête et cou, cuits à l'étuvée. — SYN. *alicot*.

ALIROU, CAST., CÉV., s. m. Aileron. V. Aleroú.

ALIROU, TOUL., s. m. Le fruit de l'érable ; on donne le même nom à celui de l'azerolier, appelé à Béziers, *boute thou*.

ALIS, GASC., adj. m. Uni, aplani ; tranquille.

ALISA, v. a. Lisser, polir, repasser le linge ; *alisá de postes*, blanchir des ais ; *alisá uno paret*, enduire un mur ; au fig. cajoler, flagorner. — ESP., *alisar*. — ETY., *à*, et *lis*, rendre lisse.

ALISADOU, BITERR., s. m. Drap dont on couvre la table sur laquelle on veut repasser du linge. — B. LIM., *lisodour*; CÉV., PROV., *estiraire*. — ETY., *alisado*, part. f. de *alisá*.

ALISAGE, BITERR., s. m. Le linge qu'on donne à repasser, ou qui vient d'être repassé. — Cév., enduit d'un mur. — ETY., *alisá*.

ALISAIRE, BITERR., s. m. Celui qui lisse, polit ; celui qui enduit ; au fig. flatteur, cajoleur, embaucheur. — ETY., *alisá*.

ALISAIRO, BITERR., s. f. Repasseuse de linge. — PROV., *estiruso*. — ETY., *alisá*.

ALISAT, ado, part. Lissé, ée, repassé ; poli.

ALISCA, v. a. Nettoyer ; adoniser, attifer, parer ; *s'aliscá*, v. r., se parer, se requinquer. — SYN. *ariscá, alescá*. — ETY., *à*, et *lisc* pour *lis*, rendre lisse :

Madamo, sè vénieu vous dire
Quo me siéu mes à me fardu,
Que m'ALISQUE e me pimpe e que volo agrada
E qu'en parpaiounant cerque à me maridá,
Vous que me counéissès vous boutarias à rire ;
Sarié segur cmé resoun.

RUMANILLE, *Lis Oubreto*.

ALISCAMPS, s. m. p. ALISCAMPS, nom d'un ancien cimetière d'Arles.

Als vases d'ALISCAMPS
Aqui se fai l'acamps.

V. de ST-HONORAT.

Aux tombeaux des Aliscans, là se fait le rassemblement.

ETY. LAT., *Elysii campi*, champs élysés.

ALISCAT, ado, part. de *aliscá*. Paré, ée, orné, adonisé. — DAUPH., *allicá*.

ALISIER, s. m. Alisier ou droulier, *Cratægus aria*, arbre de la fam. des rosacées, qui produit un bois très-flexible, dont on fait les manches de fouet et de mail. Noms div. : *albié, alié, alegrié, aliguier, ariguier, drulhier, beliscouguier, arèier*. On donne le même nom à l'alisier anti-dyssentérique de la même famille.

ALISO, s. f. Alise, fruit de l'alisier. — SYN. *albio, alio, aligo, drulho*.

ALISPA, v. a. LIPSAR, lisser, caresser de la main ; au fig., cajoler, flagorner ; IRON., battre, rosser.

ALISPAL, TOUL., s. m. Volée de coups. — ETY., *alispá*.

ALITRAT, ade, BÉARN., adj. Vif, ive, éveillé.

ALIUENCHA, ALIUNCHA, PROV., v. a. V. Alienchá.

ALIUJA, PROV., v. a. Alléger. V. Alleujá.

ALIURA, prov., v. a. Échantillonner. V. Aliélá.

ALIYER, gasc., s. m. V. Alisier.

ALJELAS, cév., s. m. V. Arjalas.

ALLA, dauph., v. n. Aller. V. Aná.

ALLAUGÈIRA, v. a. V. Alaugèirá.

ALLEGOURA, do, prov., adj. Éveillé, ée.

ALLEGRESSO, s. f. V. Alegresso.

ALLEGRIO, s. f. V. Alegrio.

ALLÈIO, prov., s. f. V. Alèo.

ALLELUIA, s. m. Alleluia, mot de réjouissance que l'Église chante au temps de Pâques. *Alleluiasses*, s. m. p., ambages, mauvaises raisons, longueurs, délais ; *cercá d'alleluiasses*, lanterner, chercher midi à quatorze heures, s'écarter de la question. — Ety. hébreu, *halelu*, louez, et *iah*, Dieu.

ALLELUIA, s. m. Surelle, pain de coucou, oseille de bûcheron, *Oxalis acetosella*, plante de la fam. des géraniées, qui fournit le sel d'oseille ; ainsi appelée parce qu'elle fleurit vers le temps de la fête de Pâques, quand on chante *alleluia*.

ALLEN-JAN, dauph., s. m. Jeu dans lequel l'un des joueurs doit, pour gagner, deviner le nombre de noisettes que l'autre joueur tient cachées dans une de ses mains.

ALLÈRI, prov. s. m. V. Arlèri.

ALLÈUGE, s. m. T. de mar., allège, petit bâtiment servant à porter un complément de charge à un navire ou à porter à terre l'excédant de son chargement. — Ety., *allèujá*, alléger.

ALLÈUGI, v. a. V.

ALLÈUJA, v. a. Alleujar, alléger ; soulager ; *s'allèujá*, v. r., s'alléger ; se vêtir plus légèrement. — Syn. *alèuji, allèuji, alèujá, alaugèirá, alauyèiri, aliujá*. — Cat., *allejar* ; port., *alijar* ; ital., *alleggiure*. — Ety. lat., *alleviare*.

ALLIA, v. a. V. Aliá.

ALLICA, dauph., adj. Paré, ée ; *filli allica*, fille bien parée. — Syn. *aliscat, ado*.

ALLIÉURA, v. a. V. Aliélá.

ALLISOUA, v. a. V. Aliscá.

ALLOC, prép. Au lieu de. V. Alogo.

ALLOUCHA, prov., v. a. V. Alouchá.

ALMAI, cév., adv. comp. Au plus, tout au plus. — Syn. *aumai*. — Ety., *al* au, et *mai* plus.

ALMANAC, s. m. Almanach. — Prov., *armana* ; cév., *armagna* ; esp., *almanaque* ; port., *almanách* ; ital., *almanacco*. — Ety., *al*, article, et l'hébreu *manah*, compter.

ALMANACAIRE, s. m. Celui qui fait ou vend des almanachs ; au fig. celui qui s'occupe à des choses illusoires. — Ety., *almanac*.

ALMANADIER, s. m. Celui qui dit des sornettes, des contes à dormir debout, qui débite des mensonges. — Ety., *almana*.

ALMENS, adv. comp. Pour le moins, au moins, du moins. — Syn. *almensos, aumens*. — Ety. *al*, au, et *mens*, moins.

ALMENSO, ALMENSOS, adv. V. Almens.

ALMOINO, toul., cév., s. f. Aumône. — Syn. *almosno*. V. ce mot.

ALMOINOUS, o, adj. Aumônier, ière, qui fait souvent l'aumône. — Ety., *almoino*.

ALMOSNO, s. f. Almosna, aumône, ce qu'on donne aux pauvres pour les soulager. — Syn. *almoino, aumorno, aumouino*. — Esp., *limosna* ; ital., *limosina*. — Ety. lat., *eleemosyna*.

ALMOUNIER, cast., s. m. Aumônier.

ALO, s. f. Ala, aile, en parlant des oiseaux ; nageoire, s'il s'agit de poissons ; au fig. les bords d'un chapeau ; *alos d'uno rodo de mouli*, alluchons, quand elles sont plates, aubes si elles ont la forme d'une cuiller ; prov., *alo de rasin*, grappillon de raisin. — Cat., esp., port., ital., *ala*. — Ety. lat., *ala*.

ALOFI, prov., s. f. Vesse. V. Loufo.

ALOGO de, prép. Au lieu de. — Syn. *alloc, à lioc*. — Prov., *au luec* ; gasc., *au lot* ; querc., *ol liot*. — Ety., *à*, prép., et *logo*, lieu.

ALOLOUNG, s. m. Le canard pilet. V. Cougo d'Hiroundo ; *alo loungo*, nom du germon qui se distingue du thon par la longueur de ses nageoires pectorales.

ALONGUI, prov., s. m. V. Aloungui.

ALO (72) ALU

ALOT, BÉARN., s. m. Espèce de thon.

ALOUA, PROV., v. a. Radouber. V. Adoubá.

ALOUA (s'), PROV., v. r. Se coucher, se placer commodément, se mettre à son aise ; s'enivrer.

ALOUARDO, PROV., s. f. Laitue pommée d'été. — SYN. *redouno*. — V. Lachugo.

ALOUBATIT, ido, adj. V.

ALOUBIT, ido, adj. Affamé, ée, comme un loup ; féroce comme un loup. — ETY., *à*, et *loub* pour *loup*.

ALOUCHA, PROV., v. a. Lutter, terrasser son adversaire dans la lutte. — ETY., *à*, et le roman *luchar*, lutter.

ALOUCHAIRE, PROV., s. m. Lutteur. V. Louchaire.

ALOUETO, PROV., s. f. V. Alauseto.

ALOUJA, PROV., v. a. (alòujá). Alléger. — ETY., *à*, et *loujè*, léger. — V. Allèujá.

ALOUJA, TOUL., v. a. V. Loujá.

ALOUMBRA-S, GASC., v. r. Se mettre à l'ombre.

ALOUMBRE, s. m. Agaric paillet, *Agaricus albo-rufus*, qui vient par touffes au pied des ormeaux.

ALOUNG, CÉV., s. m. Allonge, rallonge; *aloungs*, s. m. p., retards, délais. V. Alounguis. — ETY., *à*, et *loung*, long.

ALOUNGÁ, v. a. ALLONGAR, allonger, rendre plus long; faire durer davantage ; différer, retarder, prolonger ; étendre par terre ; v. n., prendre le chemin le plus long ; *s'aloungá*, v. r., s'allonger, s'étendre par terre ; devenir plus long.— CAT., ESP., PORT., *alongar*; ITAL., *allungare*. — ETY., *à*, et *loung*, long.

ALOUNGAMENT, s. m. ALONGAMENT, allongement, augmentation de longueur; au fig. lenteur affectée. — ESP., *alongamiento*; ITAL., *allungamento*. — ETY., *aloungá*.

ALOUNGAT, ado, part. de *aloungá* Allongé, ée.

ALOUNGUI, s. m. Retard, lenteur ; le chemin le plus long. — SYN. *aloung*. — PROV., *alongui*.—ETY., *à*, et *loung*, long.

ALOUNJA, v. a. V. Aloungá.

ALOUNSA, ALOUNZA, CÉV., TOUL., v. a. Battre, rosser, étriller.

ALOUNT, adv. de lieu. Où, en quel lieu. V. Ount, Ounte.

ALOUPA, PROV., v. a. Envelopper. V. Agouloupá.

ALOURO, PROV., adv. Alors, en ce temps-là. — SYN. *alaro*. — ETY., *à l'ouro*, à l'heure, à cette heure.

ALOUVETO, PROV., s. f. V. Alauseto.

ALPESTRE, o, adj. Alpestre, qui est propre, qui a rapport aux Alpes ; par ext. montagneux, sauvage. — SYN. *aupestre*. — ETY. LAT., *alpestris*.

ALS, art. m. p. datif. V. Al et As.

ALSENO, s. f. V. Alzeno.

ALT, o, adj. ALT, haut, e. — SYN. *aut*, *naut*. — CAT., *alt* ; ESP., PORT., ITAL., *alto*, — ETY. LAT., *altus*.

ALTEA, s. m. Guimauve. V. Mauvissi.

ALTERA, v. a. ALTERAR, altérer, détériorer ; causer de la soif ; *s'alterá*, v. r., s'altérer, se gâter. — CAT., ESP., PORT., *alterar*; ITAL., *alterare*. — ETY. LAT., *alterare*.

ALTERABLE, o, adj. ALTÉRABLE, altérable.

Aiga de ploia es de leu ALTERABLA.
ELUCIDARI.

Eau de pluie s'altère vite.

ESP., *alterable* ; ITAL., *alterabile*. — ETY., *alterá*.

ALTERACIÉU, **ALTERACIOUN**, s. f. ALTERATIO, altération. — CAT., *alteració*; ESP., *alteracion*; ITAL., *alterazione*. — ETY. LAT., *alterationem*.

ALTERCACIÉU, ALTERCACIOUN, s. f. ALTERCATIO, altercation, dispute. — CAT., *allercació* ; ESP., *altercacion* ; ITAL., *altercazione*. — ETY. LAT., *altercationem*.

ALTRE, o, adj. V. Autre.

ALUBAT, PROV., adj. Ombragé, ée, humide.

ALUCA, v. a. ALUCAR, allumer; au fig. exciter, aigrir des esprits déjà irrités les uns contre les autres, attiser; PROV., reluquer, regarder attentivement, fixer; bayer ; appeler quelqu'un de fort loin ;

s'alucá, v. r., s'allumer, s'enflammer; se regarder attentivement, se fixer; s'animer, s'emporter, parler avec animation. — Prov., *atubá*. — Ety. rom., *aluc*, du lat., *lux, lucem*, lumière.

ALUCAIRE, s. m. Celui qui allume; au fig. qui excite à se quereller, à se battre; qui regarde fixement; prov., bayeur, musard, qui s'arrête partout pour regarder. — Ety., *alucá*.

ALUCAT, ado., part. de *alucá*. Allumé, ée; excité, attisé; reluqué, ée.

ALUCRI, do, prov., adj. Apre au gain, avide. — Ety., *à*, et *lucre*, lucre, gain.

ALUDA, v. a. Préparer, corroyer une peau; au fig. rosser, battre comme on fait d'une alude ou basane en la préparant. *Aludà* s'emploie aussi pour *aluná*, alumer, tremper dans une dissolution d'alun. — Ety. rom., *aluda*, alude. V. Aludo.

ALUDA (s'), toul., v. r. Se rouler par terre, se vautrer, s'étendre de son long. — Syn., *s'avouludá, se gouludá*.

ALUDO, s. f. Aluda, alude, basane colorée dont on couvre les livres. — Ety. lat., *aluta*, peau à faire des souliers, des sacs, etc.

ALUEC de, prép. Au lieu de. — Syn. *alloc, à lioc, à logo*.

ALUENCHA, prov., v. a. Éloigner, écarter de; *s'aluenchá*, v. r., s'éloigner. — Syn. *alunchá, aiunchá, alugná*. — Esp., *aluengnar*. — Ety., *à*, et *luen*, loin.

ALUENCHAMENT, prov., s. m. Éloignement. — Ety., *aluenchá*.

ALUGA, prov., v. a. Raccommoder, ajuster, apprêter, replacer. — Syn. *adoubá*. — Ety., *à*, et *lug*, pour *luec*, lieu, place, remettre à sa place.

ALUGAIRE, prov., s. m. Renoueur; ravaudeur. — Syn. *adoubaire*. — Ety., *alugá*.

ALUGNA, v. a. V. Aluenchá.

ALUIN, s. m. Alevin, menu poisson qui sert à peupler les étangs. — Ety. anc. franç., *alever*, nourrir.

ALUINA, v. a. Aleviner, jeter de l'alevin. — Ety., *aluin*.

ALUM, **ALUN**, s. m. Alum, alun, sel d'une saveur astringente. — Ety. lat., *alumen*.

ALUNA, v. a. Alumnar, allumer, mettre le feu à; au fig. exciter, irriter; *s'alumá*, v. r., s'allumer, v. n., être trop salé, trop poivré, en parlant des aliments. — Syn. *atamá, alucá*. — Anc. cat., *alumnar*; esp., *alumbrar*; port., *alumcar*; ital., *alluminare*. — Ety., *à*, et *lum*, du lat. *lumen*, lumière.

ALUMADO, gasc., s. f. Chasse nocturne aux petits oiseaux avec un flambeau ou une lanterne. — Biterr., *casso à la luminario*. — Ety., part. f. de *alumá*.

ALUMARD, prov., s. m. Homme emporté auquel on ne peut faire entendre aucune raison. — Ety., *alumá*.

ALUMAT, ado, part. de *alumá*. Allumé, ée; au fig. emporté, ée.

ALUMINA, prov., v. a. V. Illuminá.

ALUN, s. m. V. Alum.

ALUNAT, ado, adj. Fait, e, semé, coupé en bonne lune: *bèn alunat*, bien constitué; *mal alunat*, mal constitué, en parlant d'un enfant. — Ety., *à*, et *luno*, lune.

ALUNAT, ado, part. de *aluná*. Aluné, ée.

ALUNCHA, v. a. V. Aluenchá.

ALUPA, cév., toul., v. a. Regarder avec des yeux de concupiscence, couver, manger des yeux. — Ety., *à*, et *lup*, du lat. *lupus*, loup; regarder avec l'avidité d'un loup.

ALUPADIS, s. m. Regard avide et qui exprime la convoitise. — Ety., *alupado*, part. f. de *alupá*.

ALUPAIRE, cév., s. m. Celui qui regarde avec convoitise. — Ety., *alupá*.

ALURA, v. a. Aloirar, déniaiser, façonner; *s'alurá*, v. r., se déniaiser, se façonner, se former. V. Delurá.

ALURAT, ado, part. de *alurá*. Déniaisé, ée; d'après l'abbé de Sauvages, éventé, ée, qui a un air aisé, maniéré; *testo alurado*, tête à l'évent. V. Delurat.

ALUS, cast., s. m. Levier de fer ou de bois.

ALUSSA, cast., v. a. Rouer de coups. — Ety., *alus*, levier.

ALUSSI, s. m. Alcyon; il ne s'emploie

que dans cette phrase : *cridá coumo un alussi*, crier à tue-tête.

ALUSTRE-BALUSTRE, PROV., s. m. Hurluberlu, fanfaron.

ALUT, udo, adj. Qui a de grande sailes. — ETY., *alo*.

ALVET, GARC., s. m. Alvéole, petite cellule où les abeilles déposent leurs œufs et leur miel. — ETY. LAT., *alveolus*.

ALZENO, s. f. Alêne. V. *Alesno*; bec d'alzeno, s. m., l'avocette, oiseau.

ALZIBIL, MONTP., s. m. Raisin que l'on fait sécher, et dont on fait des panses. — BITERR., *ausebt*.

AM, prép. AM, avec. — SYN. *amb, ambé, amé, ammé; damb, dambè, dap, embé, ende, em, emé*. — QUERC., *obb, om, ombé, ond*.

AMA, v. a. AMAR, aimer; *s'amá*, v. r., s'aimer. — SYN. *aimá, eimá*. — CAT., ESP., PORT., *amar*; ITAL., *amare*. — ETY. LAT., *amare*.

AMA, re, BÉARN., adj. V. Amar.

AMABILITAT, s. f. Amabilité, qualité de ce qui est aimable. — ESP., *amabilidad*; PORT., *amabilidade*; ITAL., *amabilità*. — ETY. LAT., *amabilitatem*.

AMABLE, o, adj. V. Aimable.

AMACH, CÉV., s. m. Herse. — SYN. *arpe, rosse*. Il signifie aussi traîneau. V. Tirasso.

AMACHOUTI, do, PROV., adj. Sombre, taciturne, sournois; immobile. — ETY., *à*, et *macholo*, chouette.

AM-ACO, conj. Avec cela, cependant. V. Ambacò.

AMADIÈS, s. m. p. T. de mar. Membrures, varangues d'un navire ; pièces de bois qui s'élèvent symétriquement de chaque côté de la quille jusqu'à la hauteur du petit bord.

AMADURA, v. a. et n. Rendre mûr ; mûrir. V. Madurá.

. . . Mai la terro nous es duro,
Miès per lou ciéu nous AMADURO.
J. CANONGE DE NIMES.

AMADURANSO, s. f. Maturité. — ETY., *amadurá*.

AMAGA, BITERR., v. a. AMAGAR, cacher, couvrir une chose pour qu'on ne puisse pas la voir; *s'amagá*, v. r., se cacher, se tapir. — CAT., *amagar*.

AMAGA, BÉARN., v. a. Réunir, embrasser, prendre avec la main. V. Amaná.

AMAGADOMENT, adv. AMAGADAMEN, en cachette, secrètement. — SYN. *d'amagat, à l'amagat*. — CAT., *amagadament*. — ETY., *amagado*, et *ment*.

AMAGADOU, **AMAGADOUR**, s. m. Cachette, trou ; lieu où l'on se cache, où l'on s'abrite. — SYN. *amagatalh*. — ETY., *amagaí, ado*.

AMAGAIRE, o, PROV., *amagarello*, s. m. et f. Celui, celle qui cache ; qui entasse son argent. — ETY., *amagá*.

AMAGAIRE, PROV., s. m. Le butor, oiseau. V. Butor.

AMAGAT, ado, part. de *amagá*. Caché, ée. *D'amagat ; à l'amagat*, adv. comp., en cachette, secrètement.

AMAGATALH, BITERR., s. m. AMAGATAILH, cachette. — SYN. *amagadou, amagatat*. — CAT., *amagatall*. — ETY., *amagat*.

AMAGATAT, GASC., s. m. V. Amagatalh.

AMAGIO, PROV., s. f. Sortilége ; amulette. — ETY., *à*, et *magio*, magie.

AMAGNAGA, BITERR, v. a. Mignarder, traiter d'une façon mignarde; caresser, amadouer. — CAT., *amanyagar*. — ETY., *à*, et *magnac*, mignard, doux, délicat.

AMAGNAGADO, s. f. Caresse. — ETY., *amagnagado*, part. f. de *amagnagá*.

AMAGNAGAT, ado, part. de *amagnagá*. Mignardé, ée, caressé, amadoué, rendu souple, docile.

AMAGO-QUE-TU-L'AS, CAST., s. m. Le jeu de cache-cache

AMAGOUN, PROV., s. m. L'alouette lulu ; ainsi appelée parce qu'elle a l'habitude de se tapir. V. Coutoulino.

AMAGRI, v. n. Maigrir. V. Magri.

AMAGRIA, v. n. Maigrir. V. Magri.

AMAI, adv. et conj. Aussi, même ; néanmoins, *amai iéu*, moi-aussi ; *amai el*, lui aussi ; *amai mai*, encore plus ; *amai que*, pourvu que ; *amai se porte* *pla*, quoiqu'il se porte bien ; il signifie aussi *plus* dans quelques dialectes. — Toul., *amèy*.

AMAIÉ, cév., s. m. Amandier. V. Amelier.

AMAIGRI, v. n. V. Magri.

AMAIŇA, béarn., v. a. Orienter, diriger, baisser les voiles ; *s'amainá*, v. r., s'orienter, se diriger. — Port., *amainar*.

AMAIRASSI, do, adj. V. Amairit.

AMAIRIT, ido, biterr., adj. Jeune enfant qui ne veut rester qu'avec sa mère. — Syn. *amairassi*, *amèirassi*, *amèiri*. — Ety., *à*, et *maire*, mère.

AMAISA, v. a. Apaiser, calmer, adoucir ; *s'amaisá*, v. r., se calmer. — Syn. *amausá*, *remausá*, *amatigá*, *amèisà*.

AMAITINA (s'), v. r. V. Amatiná.

AMAJESTRA (s'), prov., v. r. S'élaborer, en parlant d'un élixir.

AMALAGURO, prov., s. f. Froissure, impression qui reste à un corps qui a été froissé.

AMALAT, ado, adj. Malin, méchant, irrité, furieux. — Syn. *malat*. — Ety., *à*, et *mal*.

AMALAUTI, do, prov., adj. Qui est bien malade, qui est malade depuis longtemps. — Syn. *amarauti*, f. a. — Ety., *à*, et *malaut*, malade.

AMALBIC, cast., s. m. Guimauve. V. Mauvissi

AMALENCO, cév., s. f. Fruit de l'amélanchier. V. Aberlenco.

AMALI, toul., v. a. Exciter, irriter ; rendre méchant, hardi ; *s'amali*, v. r., s'irriter ; s'enhardir. — Syn. *amaliciá*.

AMALI, gasc., v. n. Disparaître. Altér. de *avali*. V. ce mot.

AMALICIA, v. a. Rendre malicieux, méchant ; *s'amaliciá*, v. r. ; devenir malicieux ; au fig. devenir venteux, brumeux, en parlant du temps. — Syn. *amali*, *amalissá*. — Ety., *à*, et le roman *malicia*, malice.

AMALICIADO, s. f. Mauvais temps qui a peu de durée, comme les giboulées du mois de mars. — Ety., *amaliciado*, part. f. de *amaliciá*.

AMALISSA, v. a. V. Amaliciá.

AMALIT, ido, part. Irrité, ée, courroucé ; affolé, ée. — Gasc., disparu, e ; V. Avalit ; cast., gras-cuit, mal levé, en parlant du pain. V. Acoudit.

AMALU, cév., s. m. V.

AMALUC, biterr., s. m. Hanche, croupe, éminence des os des iles chez les bœufs et les bêtes de somme. — Syn. *malu*, *maluc*, *amaruc*, *maruc*.

AMALUGA, biterr., v. a. Déhancher, démantibuler, briser, accabler de coups ; *s'amalugá*, v. r., se briser, s'abîmer, en faisant une chute. — Cast., *emmalugá*. — Ety., *amaluc*.

AMALUGAT, ado, part. de *amalugá*. Déhanché, ée, brisé, moulu.

AMANA, cév., v. a. Empoigner, prendre, serrer avec la main, cueillir à pleines mains ; assembler, réunir, rassembler ; amener à un même tas, mettre en peloton ; au fig. morigéner, mettre sous sa main. — Syn. *amanadá*. Béarn., *amancyá*, *amagá* ; esp., *amanar* ; anc., ital., *amanare*. — Ety., *à*, et *man*, main.

AMANA, ado, cév., part. Empoigné, ée ; assemblé, rassemblé ; mis en petit tas ; exercé, habitué à un ouvrage des mains ; il signifie aussi, comme le mot roman *amanoit*, empressé, leste, prompt, dispos ; *siés ben amaná*, te voilà bien pressé ; *venié tout amaná*, il venait avec empressement. — Syn. *amanadat*, ado.

AMANADA, biterr., v. a. V. Amaná.

AMANAT, ado, adj. Emmanché, ée. — Syn. *margat*.

AMANEL, cast., cév, s. m. Petit paquet ; petite quantité de blé, de seigle, de légumes, qui ne remplit que le fond du sac ; *amanel de fardetos*, petit paquet de menu linge ; *amanel de claus*, trousseau de clefs. — Syn. *amarel*, *amanèu*. — Ety., *à*, et *man*, main, poignée.

AMANĚLA, cast., cév., v. a. Empaqueter, mettre en petits paquets, en petits tas, réunir les résidus de blé ou d'autres grains restés sur l'aire pour les mettre dans un sac. — Syn. *amarèlá*, f. a. — Ety., *amanel*.

AMANÉS, adv. Manés, à portée de la

main; en roman, promptement, sur-le-champ.

AMANÈU, PROV., s. m. V. Amanel.

AMANÈYA-S, BÉARN., v. r. Faire lestement un ouvrage des mains; faire aller vite les mains. — SYN. *amaná*. — ETY., *à*, et *man*, main.

AMANSI, v. a. Adoucir, calmer, apprivoiser, rendre traitable; *s'amansi*, v. r., devenir doux, traitable.

AMANTA, v. a. Couvrir d'un manteau; couvrir en général, envelopper. *S'amantá*, v. r., se couvrir d'un manteau. — SYN. *amanteli, amantoulá, cmmanteli*. — ESP., *amantar*; ANC. ITAL., *amantare*. — ETY., *à*, et le roman *manta*, mante.

AMANTELI, v. a. V. Amantá.

AMANTOULA, v. a. V. Amantá.

AMAR, o, adj. AMAR, amer, ère; au fig. dur, pénible, douloureux. — SYN. *amargant*. — CAT., *amarg*; ESP, PORT., *amargo*; ITAL., *amaro*. — ETY. LAT., *amarus*.

AMAR, s. m. Un des noms de la Germandrée. V. Calamandrier.

AMARA, BÉARN., v. a. Tremper dans l'eau; GASC., inonder. — ETY., *à*, et *mar*, mer pour eau.

AMARA, PROV., v. a. Risquer, hasarder, aventurer.

AMARA, GASC., v. a. Mettre en petits paquets, en petits tas. V. Amaná.

AMARAN, PROV., s. m. Amandier qui produit des amandes amères. — ETY., *amar*.

AMARANTO, s. f. Nom commun à plusieurs plantes de la fam. des amarantacées: L'amarante blète ou fleur d'amour, fleur de jalousie, *Amarantus blitum*; l'amarante sauvage ou amarante verte, *Amarantus sylvestris* ou *viridis*; l'amaranta à épi, *Amarantus spicatus*, ou *cresto de gal, blé rouge*; l'amarante blanche, *Amarantus albus*; enfin l'amarante à fleurs en queue. *Amarantus caudatus*, cultivée dans les jardins. Nos paysans donnent improprement les nom d'*armol* ou d'*ermol* aux amarantes qui infestent les terres cultivées. Cette dénomination désigne seulement les arroches et les ansérines.

AMARANTOU, BITERR., s. m. Amertume. — SYN. *amargantoù*. — ETY., *amar*

AMARAT, ado, part. Trempé dans l'eau, inondé; risqué, aventuré; empaqueté, entassé.

AMARAUTI, do, PROV., adj. V. Amalauti.

AMARBI, v. a. V. Amarvi.

AMAREJA, BITERR., v. n. AMAREJAR, être, devenir amer, avoir de l'amertume. — CAST., *amargá*; PROV., *!amariá*; ANC. GAT., *amarejar*; ITAL., *amareggiare*. — ETY., *amar*.

Que plaïdejo malautè;o,
E tout so que manjo AMAREJO
PRO.

AMAREJANT, o, GASC., adj. V. Amargant.

AMAREJAT, ado, part. Amer, ère; au fig. *estre amarejat contro quauqu'un*, être irrité contre quelqu'un.

AMAREL, BITERR., s. m. V. Amanel.

AMAREL, s. m. Le prunier mahaleb, ou prunier odorant, cerisier odorant, bois de Ste-Lucie, quénot, malagué, *Prunus mahaleb, Cerasus mahaleb*, arbrisseau de la fam. des amygdalées, à fleurs blanches, commun dans les boistaillis et les haies. — SYN. *ceriè bouscas, cièreras*.

AMARELA, v. a. V. Amanelá.

AMARELA, MONTP., s. f. V.

AMARELO, **AMARELLO**, s. f. Le fruit du prunier mahaleb. C'est aussi un des noms de l'ornithope queue de scorpion et de l'ibéride amère.

AMARESSO, s. f. AMAREZA, amertume. — CAT., *amarguesa*; ITAL., *amarezza*. — ETY., *amar*.

AMARGAL, BITERR., s. m. Ivraie vivace. V. Murgal.

AMARGANT, o, BITERR., adj. Amer, ère; — GASC., *amarejant*. — ETY., *amar*, et le suffixe *gant*.

AMARGANTA, v. a. Rendre amer. — ETY., *amargant*.

AMARGANTOU, BITERR., s. f. Amertume. — SYN. *amarantoù*. — ETY. *amargant*.

AMARGASSAT, s. m. Pie-grièche. On en

connaît cinq espèces: l'*amargassat gris*, pie-grièche grise, *Lanius excubitor*; l'*amargassat cendrous*, pie-grièche méridionale, *Lanius meridionalis*; l'*amargassat rousat*, pie-grièche à poitrine rose, *Lanius minor*; l'*amargassat del cap roussel*, pie-grièche rousse, *Lanius rufus*; *lou pichot amargassat*, pie-grièche-écorcheur, *Lanius cullurio*. Toutes les espèce sont de passage et nichent dans le Midi. La pie-grièche méridionale y est seule sédentaire. *Amargassat* et *piegrièche* ont la même origine. Le premier de ces noms signifie *agasse* ou *pie amère, méchante*, et le second *pie-aigre, querelleuse*. — Toul., *amargasso*; prov., *darnagas, darnegas, tarnagas*; cév., *agasso-fero*.

AMARGASSO, s. f. V. Agasso.

AMARGOT, Agat, s. f. Pie. V. Agasso.

AMARIA, prov., v. n. V. Amarejá.

AMARIAT, ado, gasc., adj. Plein d'agrément.

AMARINA, v. a. Amariner, envoyer du monde à bord d'un vaisseau pris sur l'ennemi pour y tenir garnison; lancer un vaisseau à la mer; habituer à la mer. — Prov., amadouer, attraper. *S'amariná*, v. r., s'habituer à la mer; se hasarder, se tromper, s'attraper; s'assouplir, se plier comme un brin d'osier (*amarino*.) — Ety., *à*, et *marin*.

AMARINIER, s. m. Osier; ce nom est commun au saule des vanniers ou osier blanc, osier franc, *Salix viminalis*; au saule ou osier jaune, *Salix vitellina*; au saule amandier ou osier brun, *Salix amygdalina*; au saule blanc, *Salix alba*, et, enfin au saule marceau, *Salix caprœa*, arbrisseaux de la fam. des salicinées. — Cast., *binbignè*; prov., *vese*, *aumarinièr*.

AMARINO, biterr., s. f. Scion ou brin d'osier; l'osier lui-même; *amarinos*, s. f. p., le saule marceau. — Syn. *aumarino*. V. Amarinier.

AMARINOUS, o, adj. Flexible, pliant comme un brin d'osier. — Ety., *amarino*.

AMAROU, s. f. V. Amarour.

AMAROU., **AMAROUN**, s. m. Nom donné à plusieurs plantes à cause de leur saveur amère : à l'ornithope queue de scorpion (V. Pè d'aucel), à la gesse sans feuilles; au mélilot officinal; au lotier hérissé, à l'ibéride amère, appelée aussi *amarèto*. — Syn. *amarun*.

AMAROUN, prov., s. m. Espèce de macaron, qui a un goût d'amertume parce qu'on met dans sa pâte quelques amandes amères.

AMAROUR, prov., s. f. Amaror, amertume. — Syn. *amaroù, amarsour*; ital., *amarore*. — Ety. lat., *amaror*.

AMAROUVIER, s. m. V. Amaruvier.

AMARROUCA, gasc., v. a. Entasser, mettre en tas; *s'amarroucá*, v. r., s'accroupir.

AMARROUNIER, prov., s. m. V. Marrounier.

AMARSI, v. a. Amarsir, rendre amer, v. n., devenir amer. — Ital., *amarire*. — Ety., *amar*, amer.

AMARSOUR, prov., s. f. V. Amarour.

AMARUG, prov., s. m. V. Amaluc.

AMARUN, prov., s. m. Amarun, amertume; au fig. peine, inquiétude. — Ety., *amar*.

Vous n'en prègue, o moun Diéu! que vosto man
(benido,
Quand aurai proun begu l'amarun de la vido,
Sarre mis iue mounte siéu na.
Roumanille, *Lis Oubreto*.

AMARUN, s. m. L'ornithope queue de scorpion; l'ivraie enivrante; *amarun frisat*, la gesse sans feuilles. V. Amaroù, Amaroun.

AMARUVIER, s. m. Le prunier putiet, ou mérisier à grappes, faux bois de Ste-Lucie, *Prunus padus, Cerasus padus*, arbrisseau de la fam. des rosacées, à fleurs blanches. — Syn. *amarouvier*.

AMARVI, cast., cév., v. a. Amarvir, donner, mettre dans la main, donner sur le champ; fournir, apprêter. — Ety., ce mot paraît être une contraction du v. roman, *amanavir*, préparer, apprêter; le v. roman, amanoir, à la même signification.

AMARVIDOMENT, cast., cév., adv. Diligemment, promptement. — Ety., *amarvit*, *ido*, et le suffixe *ment*.

AMARVIT, ido, AMARVIT, part. de *amarvi*. Réparé, ée, prêt, dispos; éveillé, diligent, alerte, enhardi. — SYN. *amerbi, ido*.

AMARZI, v. a. et n. V. Amarsi. Il signifie aussi faner, flétrir, sécher. — BITERR., *malsi*.

AMAS, s. m. Altér. de *ermas*. V. ce mot.

AMAS, s. m. AMAS, amas, ensemble de choses accumulées ou réunies; tas, collection. — ITAL., *ammasso*. — ETY., *à*, et *masso*, masse.

AMASERA, BITERR., v. a. T. de boulang. Durcir, condenser la pâte. — ETY., *amas, tas*.

AMASERAT, ado, part. de *amaserá*. Durci, e, condensé; massif, mal levé, en parlant du pain. V. Acoudit.

AMASSA, BITERR., v. a. AMASSAR, amasser, ramasser, réunir, mettre ensemble; *amassá tous rasins*, faire la récolte des raisins; *s'amassá*, v. r., s'amasser, se rassembler; v. n., apostumer, en parlant d'une plaie. — SYN. *acampá*. — CAT., *amassar*; ESP., *amasar*; V. ITAL., *amassare*. — ETY., *amas*.

AMASSA, PROV., v. a. Assommer, asséner des coups, tuer. — SYN. *amassoulá*. — ITAL., *ammazzare*. — ETY., *à*, et *masso*, massue.

AMASSADIS, GASC., s. m. Amas, réunion, tas, l'action de ramasser. — ETY., *amassado*, part. f. de *amassá*.

AMASSADOUR, PROV., s. m. V. Amassaire.

AMASSAGE, s. f. L'action d'amasser, cueillette des fruits, récolte. — SYN. *acampage*. — ETY., *amassá*.

AMASSAGNO, PROV., s. f. Violent coup donné sur la tête. — ETY., *amassá*, assommer.

AMASSAIRE, O, PROV., **AMASSEIRIS**, s. m. et f. AMASSAIRE, celui qui amasse; homme, femme employés à l'enlèvement d'une récolte; thésauriseur. — ESP., *amasador*; ITAL., *ammassatore*. — ETY., *amassá*.

A boun AMASSAIRE, boun escampaire.
PRO.

AMASSAT, ado, part. de *amassá*. Amassé, ée, entassé.

AMASSE, BÉARN., adv. V. Amasso.

AMASSIT, ido, adj. Affaissé, ée, massif, mal levé, en parlant du pain. — SYN. *amaserat, acoudit*.

AMASSO, GASC., PROV., adv. Ensemble. — BÉARN., *amasse*.

AMASSOULA, PROV., v. a. Terrasser, renverser d'un coup de massue, assommer. — ETY., fréq. de *amassá*.

Malur quand la misèri
Ven cmé sa pougno de ferri
Sus terro nous AMASSOULA.
ROUMANILLE, *Lis Oubreto*.

AMAT, ado, part. de *amá*. Aimé, ée. — SYN. *aimat*. — ESP., PORT., *amado*, ITAL., *amato*.

AMATA, v. a. Mater, humilier; terrasser, abattre, écraser, assassiner; couvrir le feu. — SYN. *malá*. — ETY., *à*, et le lat. *mactare*, immoler.

AMATA (s'), v. r. Se cacher dans un taillis, dans un buisson, se blottir, se tapir, se raser. — ETY., *à*, et *mato*, touffe d'arbustes, taillis.

AMATAT, ado, part. Maté, ée, abattu, assassiné; blotti, e.

AMATIGA, GASC., v. a. Apaiser, calmer; *s'amatigá*, v. r. Se calmer. — SYN. *apamaligá*.

AMATINA (s'), v. r. Se lever matin, se mettre à l'ouvrage de bonne heure; partir de grand matin. — SYN. *s'amailiná*. — ETY., *à*, et *matin*.

AMATIT, ido, CÉV., adj. Massif, ive, gras cuit, mal levé, en parlant du pain. V. Acoudit.

AMATOU, **AMATOUR**, s. m. Amateur, celui qui cultive un art ou une science par goût, et d'une manière désintéressée. — ESP., PORT., *amador*; ITAL., *amatore*. — ETY., LAT., *amatorem*.

AMAUSA, CÉV., v. a. V. Amaisá.

AMAUSSO, s. f. Fraise, fruit du fraisier. V. Frèso.

AMAYZA, GASC., v. a. V. Amaisá.

AMB, prép. AMB, avec. V. Am.

AMBACO, conj. (ambacò). Cependant, néanmoins. *Ambacó pamai*, loc. adv., c'est assez comme cela, finissez, taisez-vous ! — ETY., *amb*, avec, *acó*, cela.

AMBÉ, prép. Avec. V. Am.

AMBEDOUS, ouos, PROV. adj. AMBEDOS, ABDOS, tous les deux, l'un et l'autre. — ITAL., *ambedui*. — ETY., *ambé*, avec, ensemble, et *dous*, deux.

AMBERGIER, PROV., s. m. V. Auberguier.

AMBERJO, PROV., s. f. Alberge, pavie, V. Aubergo.

AMBLA, v. n. AMBLAR, ambler, aller l'amble.

Et AMBLA si par que vol.
ROMAN DE JAUFRE.

Et il amble de telle manière qu'il semble voler.

SYN. *amblejá*. — ANC. CAT., ANC. ESP., *amblar* ; ITAL., *ambiare*. — ETY. LAT., *ambulare*.

AMBLAIRE, s. m. AMBLADOR, cheval qui va l'amble. — SYN. *amblur*. — ETY., *amblá*.

AMBLE, s. m. AMBLADURA, amble, allure de certains chevaux. — CÉV., *ambre* ; ITAL., *ambiadura*. — ETY., *amblá*.

AMBLEJA, v. n. Ambler. V. Amblà.

AMBLUR, s. m. V. Amblaire. Il signifie aussi hâbleur, trompeur, et il vient du vieux verbe *amblá*, tromper, voler.

AMBOUÈSO, TOUL., s. f. Hautbois. V. Auboi.

AMBOURIGAU, PROV., s. m. Morille comestible. V. Mourilho.

AMBOURIGOU s. m. Nombril. V. Embounilh.

AMBRE, s. m. AMBRA, ambre, ambre jaune ou succin, ambre gris. *Fino coumo l'ambre*, ou *levo l'ambre*, se dit d'une personne très-rusée, en français, fin comme l'ambre. — ESP., PORT., *ambar* ; ITAL., *ambra*. — ETY. ARABE, *anbar*.

AMBRE, CÉV., s. m. V. Amble.

AMBREC, BÉARN., adj. Fâcheux ; *hat ambrec*, sort fâcheux.

AMBRETO, s. f. Ambrette ou ketmie musquée, *Hibiscus abelmoschus*, plante de la fam. des malvacées, à fleurs d'un jaune pâle. — SYN. *macoumèu*. — On appelle aussi *ambreto*, le barbeau jaune,

fleur du grand seigneur, *Centaurium suaveolens*, de la fam. des cyranocéphales. PROV., *ambreto-fero*, la centaurée jacée, *lenguo de cat*, *caboussudo*.

AMBRICOT, PROV., s. m. V. Aubricot.

AMBRICOUTIER, PROV., s. m. V. Aubricoutier.

AMBRIEI, CÉV., s. m. V. Ambròsi.

AMBRO, PROV., s. f. Grosse bouteille où l'on fait infuser des plantes aromatiques dans du vin ou du vinaigre. — SYN. *manòli*.

AMBROSI, nom d'homme. Ambroise. *Es un ambròsi*, c'est un imbécile. — A St-Pons, on donne le nom d'*ambròsi* à la santoline ou garde-robe.

AMBROUO, PROV., s. f. Framboise. V. Framboise.

AMÉ, prép. Avec. V. Am.

AMECHE, o, GASC., adj. Apprivoisé, ée, V. Doumège.

AMECHI (s'), v. r. Se réduire en mèches, en parlant des cheveux gras, mal peignés ou mouillés. — SYN. *s'amechouli*. — ETY., *à*; et *mecho*, mèche.

AMECHIT, ido, part. p. Réduit en mèches, en parlant des cheveux. — SYN. *amechouli*.

AMECHOULI (s'), PROV., v. r. V. Amechi (s').

AMEDIGAS, interj. Si vous saviez, si vous l'aviez éprouvé et que vous pussiez me le dire ?

Sus sa fresco e dousso bouqueto
Un jour rauberi dous poutous,
Se fachet, car es tant brabeto ;
Mais AMEDIGAS qu'erou bous !
JACQUES AZAÏS.

ETY., *à*, à, *me*, moi, *digas*, dites.

AMEIÉ, PROV., s. m. V. Amelier.

AMEIGRI, v. a. et n. V. Magri.

AMEINA, v. a. T. de mar., amener, abaisser les voiles. — SYN. *mèina*. — ESP., *amaynar*; PORT., *amainar*; ITAL., *amminainare*. — ETY. ROM., *amenar*, formé de *à*, et *menar*, mener.

AMEIR, o, PROV., adj. Mûr, e, V. Madú.

AMEIRA, PROV., v. a. et n. V. Madurà.

AMEIRA, PROV., v. n. Marquer, au jeu de quilles, le lieu d'où l'on doit jeter la boule.

AMÈIRASSI, do, prov., adj. V. Amairit.

AMÈIRI, do, prov., adj. V. Amairit.

AMÈISA, prov., v. a. Apaiser. V. Amaisá.

AMELAN, cév., s. m. Amélanchier, son fruit. V. Aberlenco, Aberlenquier.

AMELANCHIER, s. m. V. Aberlenquier.

AMELANCHOS, s. f. p. Fruit de l'amélanchier. V. Aberlenco.

AMELAT, s. m. V. Amenlat.

AMÈLE, prov., s. f. V. Amello.

AMELÈIREDO, s. f. V. Amelhèiredo.

AMELEN, prov., adj. V. Amellenc.

AMELHÈIREDO, s. f. Terre plantée d'amandiers. — Syn. amelledo. — Ety., amello.

AMELHOURA, v. a. Meliorar, améliorer, rendre meilleur. — Esp., mejorar; port., meliorar; ital., migliorare. —Ety. lat., meliorare.

AMÈLI (s'), prov., v. r. Se détériorer en parlant du blé, dont le grain est presque vide. Ce mot est probablement une altération du roman, s'ameni, formé de à, et de men, moins, qui signifie s'amoindrir.

AMELIA (s'), prov., v. r. Se blottir, se cacher dans un coin.

AMELIER, s. m. Amell, amandier, Amygdalus communis, arbre de la fam. des rosacées. Noms div. : amaié, améié, amendié, amellé, emmelhè. — Cat., ameller; esp., almendro; port., amendoeira; ital., mandorlo. — Ety., amello.

S'en febrier flouris l'amelier,
Per lou culi pren toun panier :
Mais s'es en mars que flourirá,
Pren ta saco, se remplirá.

Pro.

AMELIS, prov., s. m. Inanition, faiblesse. — Ety., ameli.

AMELLANO, s. f. V. Avelano.

AMELLAU, prov., s. f. Olivier qui produit des olives presque aussi grosses que des amandes. — Ety., amello.

AMELLAUS, prov., s. m. p. Fruits de l'olivier appelé amellau; olive amygdaline. — Syn. amellencos.

AMELLÉ, s. m. V. Amelier.

AMELLEDO, s. f. V. Amelhèiredo.

AMELLENC, o, adj. D'amandier ; perfum amellenc, parfum d'amandier ; amellencos, s. f. p. V. Amellaus.

AMELLIER, s. m. V. Amelier.

AMELLO, biterr., s. f. Amandola, amande, fruit de l'amandier ; il se dit par extension de toute graine contenue dans un noyau ; amello abelano ou amello pistacho, amande pistache ou à la reine, amande des dames, amande princesse ; amello cacho-dent, amande sultane ; amello coutelouno, amande ronde à écaille dure ; amello pessegaudo, amande folle. — Syn. amèlo. — Querc., omello; prov., amendo. — Ety. lat., amygdala.

Quand en mars trono
L'amello es bono.

Pro.

AMELLOU, **AMELLOUN**, s. m. L'amande tirée de son noyau. — Syn. ameloun, amendoun, amenloù. — Ety., dim. d'amello.

AMELO, s. f. V. Amello.

AMELOUN, s. m. V. Amelloú.

AMELOUN, prov., s. m. La petite fauvette rousse, sylvia rufa, on l'appelle aussi laureto, mousquel rous.

AMEN, s. m. Mot hébraïque qui signifie ainsi soit-il. I disi toujour amen, je suis toujours de son avis.

AMENANSOS, alb., cév., s. f. p. Fêtes de noce; cérémonies, façons, politesses

Peys que n'anec à Rious souná bralles ni dansos
Jeu bouldrió be fort qu'el fous à las amenansos.

A. Gaillard.

AMENASSA, v. a. V. Menassá.

AMENASSO, s. f. V. Menasso.

AMENDIEIRETO, prov., s. f. Pépinière d'amandiers. — Ety., amendo, amande.

AMENDIER, prov., s. m. V. Amelier.

AMENDO, s. f. Amende. V. Esmendo.

AMENDO, s. f. Amande. V. Amello.

AMENDOUN, prov., s. m. V. Amelloú.

AMENDOURIER, s. m. Le gui du chêne, ainsi appelé d'après la croyance erronée qu'il croit abondamment sur l'amandier.

AMENDRI, biterr., v. a. Amoindrir,

diminuer; *s'amendri*, v. r., s'amoindrir. — Ety., *à*. et *mendre*, moindre.

AMENITAT, s. f. Amenitat, aménité. — Cat., *amenitat* ; esp., *amenidad* ; port., *amenidade* ; ital., *amenità*. — Ety. lat., *amœnitatem*.

AMENLAT, cév., s. m. Pierre d'amella, rocher du genre des brèches. — Syn. *amellat*. — Ety., *amenlo*, amande, cette pierre étant formée de plusieurs cailloux qui ont quelque ressemblance avec les amandes.

AMENLO, s. f. V. Amello.

AMENLOUN, s. m. V. Amellou.

AMENT (tène d'), prov., v. a. Observer, guetter, épier, regarder attentivement.

AMENUDA, biterr., v. a. Amenudar, amenuzar, amoindrir, mettre à petits morceaux, réduire. — Cast., *emmenucá* ; anc. esp., *amenudear* ; ital., *amminutare*. — Ety., *à*, et *menud*, petit.

AMERBI, do, cév., adj. Éveillé, ée, gai, alerte. — Syn. *amarvit*.

AMERCADA, cast., v. a. Baisser de prix.

AMERCHANDI, v. a. Rendre marchand, de facile débit. — Ety., *à*, et *merchand*.

AMERGI, do, prov., adj. Mûri, e. — Syn. *ameir*. V. Madù.

AMERITA, v. a. Ameritar, mériter ; être à propos, utile, convenable : *Aquelo vigno amerito uno segoundo faissou*, il est à propos de donner une seconde façon à cette vigne ; *coumo s'amerito*, comme il convient. — Syn. *marità*. V. ce mot.

AMERMA, cév., v. a. et n. Amermar, diminuer, affaiblir, amoindrir. — Syn. *mermá*. — Cat., esp., *mermar*.

AMETOUO, prov., s. f. Cataire ou herbe aux chats. V. Herbo des cats.

AMÈY, gasc., toul., adv. V. Amai.

AMÈYER, s. m. V. Amelier.

AMI, prov., s. m. V. Amic.

AMIA, béarn., v. a. Amener, conduire. V. Menà.

AMIABLE, o, adj. Amigable, aimable, doux, gracieux ; *à l'amiablo*, loc. adv., à l'amiable, sans procès. — Béarn., *amigable*. — Ety. lat., *amicabilis*.

AMIABLOMENT, adv. Amigablamen, amiablement, à l'amiable. — Ety., *amiablo*, et *ment*.

AMIADA, cév., v. a. Amadouer, flatter, cajoler. — Syn. *amagnagá*. — B. lim., *omiolá* ; — béarn., *omilhá*. — Ety., *amiadá* paraît être une altér. de *amialá*, fait de *à* et du mot b. lim., *mial*, miel ; c.-à-d. emmieler.

AMIASSA, gasc., v. a. Menacer. V. Menassá.

AMIC, igo, s. m. et f. Amic, Amiga, ami, e ; amant, e. — Gasc., *amit* ; cat., *amig* ; ital., *amico*. — Ety. lat., *amicus*.

A paure home ges d'amic.

Amic jusqu'à la bourso.

Lous bouns comptes fan lous bouns amics.

Amic de cadun, amic de degun.
Pro.

AMICAL, o, adj. Amical, e ; qui annonce l'amitié. — Prov., *amicau* ; esp., *amigable* ; port., *amigavel* ; ital., *amichevole*. — Ety., *amic*.

AMICALOMENT, adv. Amigalmens, amicalement. — Esp., *amigablemente* ; port., *amigavelmente* ; ital., *amichevolmente*. — Ety., *amical*, o, et *ment*.

AMICAU, alo, prov., adj. V. Amical.

AMIGA, v. a. Traiter en ami, caresser, amadouer ; *s'amigá*, v. r., se lier d'amitié. — Béarn., *amigalhá*. — Ety., *amig*.

AMIGABLE, béarn., adj. comm. Amiable. V. Amiable.

AMIGALHA, béarn., v. a. V. Amigá.

AMIGAT, ado, part. de *amigá*. Traité en ami ; qui a beaucoup d'amis.

AMIGNARDA, v. a. Mignarder, traiter délicatement, rendre mignard ; *s'amignardá*, v. r., s'habituer à faire des mignardises. — Syn. *amignardi*, *amignoutá*. — Ety., *à*, et *mignardá*.

AMIGNARDI. V. Amignardá.

AMIGNOUTA, narb., v. a. V. Amignardá.

AMIGOT, s. m. V.

AMIGUET, o, s. m. et f. Petit ami, pe-

AMI (82) AMO

tite amie; *m'amigueto*, ma petite amie. — SYN. *amigot, amistouset*. — ESP., *amiguillo*. — ETY., dim. de *amic*.

AMILHA, BÉARN., v. a. Amadouer, emmiéler. V. Amiadá.

AMINJA, GASC., s. m. Le manger, nourriture, ration. — ETY., *à*, et *minjá*, manger.

AMIRA, PROV., v. a. Mirer, viser, ajuster. — ESP., PORT., *mirar*; ITAL., *mirare*. — ETY., *à*, et le lat. *mirari*, mirer.

AMIRAIRE, PROV., s. m. Pointeur, celui qui vise juste — ETY., *amirá*.

AMIRO, PROV., s. f. V. Miro.

AMISTADOUS, o, adj. V. Amistous.

AMISTADOUSOMENT, adv. Amicalement. ETY., *amistadouso*, et *ment*.

AMISTAIRE, CÉV., adj. V. Amistous.

AMISTANSO, s. f. AMISTANSA, amitié, attachement; *amistansos*, s. f. p., caresses, flatterie. — SYN. *amistá, amistat, amistenso, amistoulenso*. — ANC. ESP., *amistanza*; ANC. PORT., *amistança*; ITAL., *amistanza*.

AMISTAT, s. f. V. Amistanso.

AMISTENSO, s. f. V. Amistanso.

AMISTOUA, GASC., v. a. Amistousá.

AMISTOUCHIN, o, PROV., adj. V. Amistous.

AMISTOULENSO, s. f. V. Amistanso.

AMISTOULOUS, o, CÉV., adj. V. Amistous.

AMISTOUS, o, adj. Aimant, e, amical, caressant, doux, insinuant. — SYN. *amistadous, amistaire, amistouchin, amistoulous*. — ESP., *amistoso*. — ETY., *ami*.

AMISTOUSA, v. a. Amadouer, caresser, cajoler; *s'amistousá*, GASC., v. r., s'attendrir; devenir ami, e, amant, e. — ETY., *amistous*.

Oh! digo, digo couro.
Entendren dindá l'houro
Oun t'AMISTOUSARAS!
JASMIN, *Faribolo pastouro*.

AMISTOUSET, o, s. m. et f. V. Amiguet.

AMIT, GASC., s. m. V. Amic.

AMITOUNA, v. a. Mitonner, caresser. V. Mitouná.

AMMÉ, prep. Avec. V. Am.

AMNE, BÉARN., s. f. Ame. V. Amo.

AMNO, GASC., s. f. V. Amo.

AMO, s. f. ANMA, ARMA, âme. — BÉARN., *amne*; GASC., *amno*; QUERC., *armo, ormelo*; ANC. CAT., *arma*; ESP., PORT., ITAL., *alma*. — ETY. LAT., *anima*.

AMO (Per), GASC., loc. conj. Pour l'amour de; *per amo que*, parce que. V. Amour.

AMOIROU, sa, DAUPH., adj. Amoureux, euse. V. Amourous.

AMONT, adv. V. Amount.

AMONTELHA, v. a. V. Amountelhá.

AMOR, s. V. Amour.

AMORRI, o, CAST., adj. Nigaud, e, niais, imbécile.

AMORSO, s. f. Amorce. — ETY., *amors*, part. de l'ancien verbe français, *amordre*.

Sous fusils n'an pas ges d'AMORSA,
E pourrian pas lous boulegá,
Quand lous aurian saupus cargá.
FAVRE.

AMOU, BÉARN., GASC., s. m. et f. V. Amour.

AMOUCHOUNA, CÉV., v. a. Bouchonner, chiffonner, friper, froisser; *s'amouchouná*, v. r., se pelotonner, se blottir. — ETY., *à*, et *mouchoun*, bouchon, peloton.

AMOUCHOUNAT, ado, part. Chiffonné, e; pelotonné, e.

AMOUDA, CÉV., TOUL., v. a. Mettre en train; *s'amoudá*, v. r., se remuer, se mettre en mouvement, en train de faire une chose. — QUERC., *omoudá*.

AMOUDERA, v. a. V. Mouderá.

AMOUDOULA, v. a. V. Amoulouná.

AMOUDOULUN, s. m. Tas, monceau.

AMOUERNO, PROV., s. f. V. Aumorno.

AMOUESSA, PROV., v. a. V. Amoussá.

AMOUIÉ, PROV., s. m. V. Amourier.

AMOUIROUS, o, adj. V. Amourous.

AMOULA, v. a, AMOLAR, émoudre, aiguiser, passer sur la meule; battre les gerbes sur l'aire. — SYN. *amourá*, f. a. — ESP., PORT., *amolar*. — ETY., *à*, et *molo*, meule.

AMO (83) AMO

AMOULA, v. n. Lâcher ce qui était tendu. V. Moulá.

AMOULAGE, s. m. L'action d'émoudre, d'aiguiser. — Syn. *amourage*, f. a. — Ety., *amoulá*.

AMOULAIRE, s. m. Émouleur, remouleur, gagne-petit ; au fig. hâbleur. — Syn. *amoulet, amouraire, amouret*. — Esp., port., *amolador*. — Ety. *amoulá*.

AMOULAT, ado, part. de *amoulá*. Émoulu, e ; il s'emploie aussi subst. et se dit d'une airée de gerbes qui a été foulée par les pieds des chevaux ; *virá l'amoulat*, retourner l'airée pour la soumettre à un nouveau foulage. — Prov., *derrabado*, airée.

AMOULET, prov., s. m. Émouleur. V. Amoulaire

AMOULETO, cév., s. f. V. Mouleto.

AMOULI, v. a. Amollir, rendre mou ; *s'amouli*, v. r., s'amollir, devenir mou ; au fig. devenir lâche, efféminé. — Ety., *à*, et *mol*, mou.

AMOULIMENT, gasc., s. m. Provision, denrée.

AMOULINA, v. a. Abattre; *s'amouliná*, v. r., s'écrouler. — Syn. *s'amouriná*, f. a.

AMOULOUNA, biterr., v. a. Amolar, mettre en meule, en tas, amonceler, entasser ; chiffonner, froisser des étoffes ; *s'amouloună*, v. r., s'amonceler, s'entasser, se réunir en groupe ; au fig. s'affaisser, se courber, se pelotonner. — Prov., *emmouroună* ; b. lim., *omoudouloună*. — Ety., *à*, et *mouloun*, monceau, tas.

AMOULOUNAGE, s. m. L'action de mettre en tas le foin, la luzerne, etc., l'action de les faner. — Ety., *amoulouná*.

AMOULOUNAIRE, o, s. m. et f. Faneur, faneuse, celui, celle qui met le foin en tas. — Ety., *amoulouná*.

AMOULOUNAT, ado, part. de *amoulouná*. Amoncelé, ée, mis en tas, aggloméré ; au fig. courbé, ratatiné, pelotonné.

AMOULOUSI, cév., v. a. Amolezir, assouplir une étoffe en la mouillant. — Syn. *imourousi*. — Ety., *à*, et *mol*, rendre mou.

AMOUN, adv. V. Amount.

AMOUNDAU, cév., prov., adv. Là-haut. V. Amount.

AMOUNEDAT, ado, biterr., adj. Pécunieux, euse, qui a beaucoup d'argent comptant. *N'es pas gaire amounedat*, il n'est pas riche, il est dans la gêne. — Ety., *à*, et *mounedo*, du lat. *moneta*, monnaie.

AMOUNT, biterr., adv. Amon, en haut, au haut, là-haut, au-dessus de soi ; *innamount, per qu'innamount*, par là-haut. — Syn. *adamoun, assamount, amoundau, assamoundau, aperamoun, aperamoundau* — Querc., *omoun, omounnau* ; ang. cat., *amont* ; cat. mod., *amunt*. — Ety., *à*, et *mount*, montagne ; lat., *ad montem*.

AMOUNTA, cast., v. a. Amonceler, mettre en tas, empiler, réunir. — Syn. *amountairá, amountelhá, amountilhá*. — Esp., *amontonar* ; port., *amontoar*. — Ety., *à*, et *mount*, mont dans le sens de monceau.

AMOUNTAIRA, cast, v. a. Amonceler. V. Amountá.

AMOUNTELHA, prov., v. a. Amonceler ; *s'amountelhá*, v. r., se courber par l'effet de l'âge, se ratatiner, se pelotonner. — Syn. *amountilhá*. — Ety., *amountá*.

AMOUNTELHAIRE, s. m. Celui qui amoncelle, qui entasse, accapareur. — Port., *amontoador*. — Ety., *amountelhá*.

AMOUNTELHAT, ado, part. de *amountelhá*. Amoncelé, ée ; courbé, voûté par l'âge ; pelotonné.

AMOUNTILHA, v. a. V. Amountelhá.

AMOUR, s. m. et f. Amor, amour, attachement, affection. *Per amour de*, à cause de ; *per amour de vous*, à votre considération ; *per amour que*, à cause que, d'autant que. — Syn. *amo, amor*. — Béarn., *amou* ; cat., esp., port., *amor* ; ital., *amore*. — Ety. lat., *amorem*.

Amour de noro, amour de gendres,
Es uno bugado sens cendres.

Amour de sorre
Val pas un porre;
Amour de fraire
Val pas gaire.

Pro.

AMOUR (Herbo d'), TOUL., s. f. Pain d'oiseau; amourette. V. Amoureto.

AMOURA, GASC., v. a. Couvrir, saillir, en parlant de l'accouplement du mâle avec la femelle. — ETY., amour.

AMOURA, PROV., v. a. Altér. de amourá. V. ce mot.

AMOURAIRE, PROV., s. m. Altér. de amoulaire. V. ce mot.

AMOURACHA, v. a. Amouracher, engager dans un amour peu justifié; s'amourachá, v. r., s'amouracher. — SYN. s'amourisca. — QUERC., omouriscá; GASC., amourousá; ESP., anamoricar; ITAL., amoracciare. — ETY. ITAL., amoraccio, amour déréglé.

AMOURACHAT, ado, part. Amouraché, ée.

AMOURAGE, s. m. L'action d'aiguiser. V. Amoulage.

AMOURAIRE, s. m. Altér. de amoulaire. V. ce mot.

AMOURAL, o, BITERR., adj. Amical, e; affectueux, caressant. — ETY., amour.

AMOURÉ, GASC., s. m. V. Amourier.

AMOURALETO, s. f. La morelle, plante. V. Maurèlo.

AMOUREN (En), BITERR., loc. adv. En diminuant insensiblement comme un cône allongé, en s'amoindrissant.

AMOURET, PROV., s. m. V. Amoulaire.

AMOURETI, do, PROV., adj. Amouraché, ée. — ETY., amour.

AMOURETO, s. f. Amourette, amour sans passion, par amusement. Al temps de las amourelos, au temps des amourettes, au temps de la jeunesse. ETY., dim. de amour.

AMOURETO, s. f. Amourette, pain d'oiseau, gramen tremblant, Briza media, ou tremula, plante de la fam. des graminées. — SYN. herbo d'amour, pan de passeroun. On donne aussi le nom d'amoureto au reséda sauvage. — SYN. cascaveleto.

AMOURIÉIREDO, s. f. Champ planté de mûriers. — SYN. amouriéiro. — ETY, amourier.

AMOURIÉIRO, s. f. V. Amouriéiredo.

AMOURIER, s. m. MORIER, mûrier, arbre de la fam. des urticées. On en cultive, dans le Midi, plusieurs espèces. Les plus connues sont le mûrier blanc, Morus alba, et le mûrier noir, Morus nigra, amourier negre, ou amourier de malaut, amourier de present, amourier d'Espagno. — SYN. amouié, amourè, amouyé. — CAT., ESP., morera; PORT., amoreira; ITAL., moro. — ETY. LAT., morus.

AMOURIER DE BARTAS, s. m. V. Rounze.

AMOURIER SAUVAJE, s. m. V. Rounze.

AMOURINA, PROV., v. a. V. Amouliná.

AMOURISCA (s'), GASC., v. r. S'amouracher. V. Amourachá.

AMOURO, s. f. MORA, mûre, fruit du mûrier; amouro de bartas, amouro de roumias, amouro de tirasso, mûre de buisson, fruit de la ronce; amouro de rastoul, mûre des chaumes, fruit du rubus cæsius; amouro-de-damo, amouro de malaut, amouro d'Espagno, le fruit du mûrier noir. — CAT., ESP., ITAL., mora; PORT., amora. — ETY. LAT., morum, mûre.

AMOUROUNA, PROV, v. a. V. Amoulouná.

AMOUROUN FRISAT, s. m. La gesse sans feuille. V. Amarun.

AMOUROUS, o, adj. AMOROS, amoureux, euse. Il s'emploie aussi subst.: acò's soun amouroux, c'est son amant. — SYN. amouirous. — DAUPH.; amoirou, sa; CAT., amoros; ESP., PORT., ITAL., amoroso. — ETY., amour.

AMOUROUSA (s'), GASC., v. r. Devenir amoureux. — SYN. s'amourousi. — ETY., amourous.

AMOUROUSAMENT, PROV., adv. V. Amourousoment.

AMOUROUSAT, ado, GASC., part. de amourousá. Devenu, ue, amoureux, euse.

AMOUROUSET, o, adj. AMOROSET, amoureux, euse — ITAL, amorosetto. — ETY., dim. de amourous.

AMOUROUSI, v. a. Rendre amoureux; ckv., adoucir; attendrir, rendre pliant, flexible; s'amourousi, v. r., devenir amoureux. — ETY., amourous.

AMOUROUSIO, GASC., s. f. Amour, amourette, disposition à l'amour. — Ety., *amourousi.*

AMOUROUSOMENT, adv. Amorosamen, amoureusement. — Cat., *amorosament*; esp., port., ital., *amorosamente.* — Ety., *amourous, o*, et *ment.*

AMOURRA, v. a. Faire tomber quelqu'un la face contre terre, renverser, pencher vers la terre, incliner un vase, en mettre la bouche en bas ; prov., provigner ; *s'amourrá*, v. r., tomber le visage contre terre ; s'abaisser, s'incliner, se prosterner ; *s'amourrá al valat, al rec, al ferrat*, boire dans le fossé, le ruisseau, le seau, sans se servir d'un verre ; *s'amourrá à la barrico*, percer une barrique pour y boire à discrétion. — Syn. *amourricá*. — Ety., *à*, et *mourre*, visage, face, museau.

AMOURRADURO, prov., s. f. Provignement. — Ety., *amourrado*, part. f. de *amourra.*

AMOURRALHA, biterr., v. a. Mettre à une mule la muselière en sparte appelée *mourral* ; remplir cette muselière de fourrage pour que la bête de somme puisse manger tout en travaillant. — Syn. *amourrayá, emmouralhá*. — Ety., *à*, et *mourral.*

AMOURRAT, ado, part. de *amourrá*. Renversé, ée, la face contre terre ; incliné, penché.

AMOURRICA, carc., v. a. V. Amourrá.

AMOURROU, o, gasc., adj. Atteint, e, du tournis ; étourdi.

AMOURSA, prov., v. a. Éteindre. V. Amoussá.

AMOURSAIRE, prov., s. m. Celui qui éteint les lampes, les bougies, etc. V. Amoussaire.

AMOURSI, prov., v. a. V. Amoussá.

AMOURSOIR, prov., s. m. Éteignoir. V. Amoussadoú.

AMOURTÈIRA, prov., v. a. V. Amourtiéirá.

AMOURTI, v. a. Amortar, amortezir, amortir, rendre moins ardent, moins violent ; éteindre. — Anc. cat., *amortir* ; esp., *amortar* ; port., *amortecer* ; ital., *ammortire.* — Ety., *à*, et *mòrt*, rendre comme mort.

AMOURTIEIRA, biterr., v. a. Garnir de mortier. — Syn. *amourtèirá.* — Ety., *à*, et *mourtier.*

AMOUSSA, prov., v. a. Amorsar, éteindre le feu, la chandelle ; au fig. mettre fin à une querelle ; affaiblir, étouffer ; *s'amoussá*, v. r., s'éteindre. — Syn. *enmoursi, amoussi.* — Ital., *amorsare.*

AMOUSSADOU, s. m. Éteignoir. — Syn. *amoursoir, amoussoir.* — Ety., *amoussado*, part. f. de *amoussá.*

AMOUSSAIRE, s. m. Celui qui éteint les lampes, les chandelles, etc. — Syn. *amoussèire, amoursaire.* — Ety., *amoussá.*

AMOUSSAT, ado, part. de *amoussá*. Éteint, e.

AMOUSSÈIRE, prov., s. m. V. Amoussaire.

AMOUSSI, prov., v. a. V. Amoussa.

AMOUSSIGA, gasc., v. a. Mâcher, mordre. V. Mousigá.

AMOUSSOIR, s. m. V. Amoussadou.

AMOUSSUDIT, adj. Celui qui est devenu monsieur, celui qui fait le monsieur. — Ety., *à*, et *moussu*, monsieur.

AMOUSTA, gasc., v. n. Se changer en moût. — Ety., *à*, et *moust.*

AMOUSTELI (s'), v. r. Devenir maigre comme une belette. — Ety., *à*, et *moustèlo*, belette.

AMOUSTELIT, ido, part. Maigre, décharné.

AMOUSTASSI (s'), prov., s. f. Se mettre en mottes, se grumeler. — Syn. *s'amoutèli.* — Ety., *à*, et *molo*, motte.

AMOUTÈLI, (s'), v. r. V. Amoustassi.

AMOUTIT, ido, cév., adj. Gazonné, ée, rempli de mottes ; par ext. inculte. — Ety., *à*, et *moulo*, motte.

AMOUYER, s. m. V. Amourier.

AMPAN, s. m. V. Empan.

AMPASTAT, ado, gasc., adj. et p. V. Empastat.

AMPERI, prov., s. m. V. Empèri.

AMPLE, o, adj. Ample, ample, large. Il s'emploie aussi subst., *se boutá à l'ample*, se mettre à son aise ; *douná l'ample*, donner le large. *Ample* se dit aussi de l'espace qui existe, dans une vigne,

AMU (86) ANA

entre deux rangées de souches. — Cat., *ample*; esp., port., *amplo*; ital., *ampio*. — Ety. lat., *amplus*.

AMPLOMENT, adv. Amplamen, amplement. — Cat., *amplamen*; esp., *ampliamente*; ital., *ampiamente*. — Ety., *amplo*, et *ment*.

AMPOULETO, s. f. Ampoleta, petite fiole ; T. de mar., ampoulette, horloge de sable à demi-heure qu'on tient dans l'habitacle avec la boussole. — Syn. *ampoulleto*. — Esp., ital., *ampolleta*; port., *ampolheta*. — Ety., dim. de *ampoulo*.

AMPOULETO, s. f. Valerianelle ou mâche dentée, *Valerianella dentata*, plante de la fam. des valérianées.

AMPOULLA, prov., v. n. S'élever en ampoule, former des cloches — Esp., *ampollarse*. — Ety., *ampoulo*.

AMPOULLAU, montp., s. m. Nom d'une espèce d'olivier. — Ety., *ampoulo*.

AMPOULLETO, s. f. V. Ampouleto.

AMPOULLO, s. f. V.

AMPOULO, s. f. Ampola, ampoule, fiole ; au fig. petite tumeur pleine d'eau. — Cat., esp., port., ital., *ampolla*. — Ety. lat., *ampulla*.

AMPOULOUS, o, adj. Qui a des ampoules. — Ety., *ampoulo*.

AMUBLA, prov., v. a. V. Mublá.

AMUCHA, béarn., v. a. Montrer.

AMUDI, prov., v. a. Rendre muet, faire taire. — Ety., à, et *mud*, muet.

AMUDI, do, part. Devenu, ue, muet, ette, silencieux. — Ety., à, et *mut*.

AMUELA, prov., v. a. Mettre en meule, en gerbier. — Ety., à, et *muelo*, meule.

AMUSA, v. a. Amuser, divertir; *s'amusá*, v. r. s'amuser. — Anc. ital., *amusare*. — Ety., à, et *musá*, muser, perdre son temps à des riens.

AMUSAIRE, s. m. Amuseur, celui qui amuse. — Ety., *amusá*.

AMUSAMENT, s. m. Amusement. — Syn. *amusèti*. — Ety., *amusá*.

AMUSETI, prov., s m. V. Amusament.

AMUSETO, s. f. Amusette, petit amusement. — Ety., *amusá*, avec une forme diminutive.

AMUTA, v. a. Ameuter; attrouper pour un but de désordre ou de sédition. — Ety., à, et *muto*, meute.

AN, prép. Avec. — Syn. *and*. V. Am.

AN, interj. Sus! allons ! On s'en sert pour exciter à faire une chose sans retard. — Ety., *anem*, allons.

AN, s. m. An, an, année; *l'an de delai* ou *delai*, il y a deux ans. — prov., *an bestiau*, la première année du mariage. Anc. cat., *an*; port., ital., *anno*. — Ety. lat., *annus*.

ANA, v. n. Anar, aller; il se conjugue avec le verbe latin *vadere* dans les deux temps suivants: Indic. prés. sing., *vau*, je vais; *vas*, tu vas; *va*, il va; plur. *van*, ils vont. Imp. *vai*, *va*. Dans les dial. toul. et albig., on dit, au parfait, *anguèri*, je fus; *anguet*, il fut; *anguèroun*, ils furent; *anguen*, allons. *S'en aná*, v. r., s'en aller. T. de mar., *aná al pus près*, aller au plus près du vent. — Cat., *anar*; esp., port., *andar*; ital., *andare*.

ANA, s. m. Action d'aller ; manière d'être, de vivre; état de la santé. *Acò's soun aná*, c'est son train ordinaire ; *al pire aná*, loc. adv., au pis aller ; *à drech aná*, à bon droit. — Syn. *anado*.

ANADIUEL, cév., s. m. Orvet. V. Nadiuel.

ANADO, s. f. Anada, marche, allure; port, allée ; *cadun a sas anados*, chacun a ses habitudes de société ou de promenade ; *an fach fòsso anados e vengudos*, ils ont fait bien des allées et des venues. Gasc., année. V. Annado. — Syn. *anament*. — Ety. part. f. de *aná*.

ANAMENT, s. m. V. Anado.

ANANQUI, do, prov., adj. Déhanché, ée, efflanqué ; débile.

ANANT, part. et adj. m. Allant, passant; *tous anants*, les passants. — Ety., *aná*.

ANANT-HOURO, loc. adv. Avant le temps ordinaire, de très grand matin ; prématurément : *Me soi levat anant-houro*, je me suis levé de très bonne heure. — Syn. *danant-houro*. — Ety., *anant*, avant, *houro*, heure.

ANANTI, v. a. Avancer la besogne, dépêcher le travail ; PROV., élever, nourrir, prendre soin. — SYN. *alanti*, f. a. — ETY., *an*, en, et le roman *ant*, avant, en avant.

ANANTIT, ido, part. de *ananti*. Avancé, ée, dépêché, élevé, nourri, grandi.

ANAT, ado, part. de *aná*. Allé, ée.

ANAU, PROV., s. m. Échaudoir, huche où l'on échaude les cochons pour leur enlever le poil.

ANAUSSA, v. a. Hausser, élever. V. Aussá.

ANAUTA, GASC., v. a. V. Aussá.

ANAUTO, PROV., s. f. Cône du cyprès.

ANBOI, CAST., s. m. Hautbois. V. Auboi.

ANBOISES, CAST., s. m. p. Joueurs de hautbois.

ANCA, BITERR., v. n. Traîner les hanches, marcher péniblement ; *podi pas ancá, je ne puis pas me traîner*. — ETY. ROMAN., *anca*, hanche.

ANCADO, s. f. Coup donné avec le plat de la main sur les hanches, sur le derrière ; BITERR., ornière, mauvais pas qui exige de la part des mules ou chevaux attelés à une charrette un vigoureux coup de collier. — SYN. *ancau*, *anquiau*. — ETY. ROMAN., *anca*, hanche.

ANCASSÈ, ero, GASC., adj. Qui tourne la hanche, déhanché. — ETY., *anco*.

ANCASSÈS, GASC., s. m. p. Les hanches. V. Anco.

ANCASTRAT, ado, GASC. V. Encastrat.

ANCAU, CÉV., s. m. V. Ancadó.

ANCENS, GASC., s. m. Encens. V. Encens.

ANCESSÈ, GASC., s. m. Encensoir.

ANCHETO, PROV., s. f. Petite hanche ; *anchetos*, le derrière d'un agneau ou d'un chevreau. V. Anqueto.

ANCHO, PROV., s. f. V. Ancó.

ANCHO, s. f. Anche d'un moulin. V. *Farinier* ; anche, languette d'un instrument à vent. — SYN. *enche, inche*.

ANCHOIO, s. f. Anchois, *Clupea encrasicholus*, poisson commun dans la Méditerranée ; au fig. *lastá l'anchoio*, recevoir une raclée. *Anchoio*, se dit fig. des sillons que les coups de fouet tracent sur la peau. — SYN. *anchoyó*, *anchono*. — Esp., *anchoa* ; ITAL., *acciuga*.

ANCHOUIADO, PROV., s. f. Sauce aux anchois ; anchois préparés à la provençale. — ETY., *anchoio*.

ANCHOUO, s. f. V. Anchoio.

ANCHOYO, s. f. V. Anchoio.

ANCI, PROV., s. f. V. Ancio.

ANCIAN, o, adj. ANCIAN, ancien, ne ; *lous ancians*, s. m. p., les anciens, les aïeux, les ancêtres, les devanciers, les peuples de l'antiquité, les Grecs, les Romains, etc. — CAT., *anciá* ; ESP., *anciano* ; ITAL., *anziano*.

ANCIANETAT, s. f. ANCIANETAT, ancienneté, antiquité. — CAT., *ancianitat* ; ESP., *ancianidad* ; PORT., *ancianidade* ; ITAL., *anzianità*. — ETY., *ancian*.

ANCIANOMENT, adv. ANCIANAMENS, anciennement. — Esp., *ancianamente*. — ETY., *anciano*, et le suffixe *ment*.

ANCIÉ, PROV., s. f. V.

ANCIO, CÉV., s. f. Anxiété, souci, inquiétude. — SYN. *anci, ancié*. — PORT., *ancia* ; ITAL., *ansia*.

ANCO, s. f. ANCA, hanche, la partie latérale du bassin, située au haut de la cuisse ; croupe du cheval ; jambon. — GASC., *ancassès*, les hanches. — CAT., ESP., PORT., ITAL., *anca*. — ETY., ANGH-ALL, *ancha*, jambe.

ANCOT, prép. Chez. — SYN. *acò, encò*.

ANCOUÈS, PROV., s. m. Angoisse, anxiété extrême ; vive inquiétude ; angine, mal de gorge ; poire d'angoisse, poire si âpre qu'on a peine à l'avaler. — ETY. LAT., *angustia*.

ANCOULETO, s. f. Petit contre-fort. — DIM. de *ancoulo*.

ANCOULO, s. f. Contre-fort, contre-mur, arc-boutant. — SYN. *acoulo, encoulo*.

ANCOUNO, PROV., s. f. Coin, cachette. — ANC. ITAL., *ancone*. — ETY. LAT., *ancón*, de αγκών angle.

ANCOURETO, PROV., s. f. Petite ancre, ancre d'affourche. — ESP., *anclote*. ETY. LAT., *anchora*, dont *ancoureto* est le diminutif.

> Porto tres bonis ANCOURETO
> Emé Sant-Pèire sus la pro.
>
> MISTRAL, *Lou bon Viage*.

AND (88) ANE

ANCRA, v. n. Jeter l'ancre ; au fig. affermir ; *s'ancrá*, v. r., s'ancrer, s'affermir dans une situation, dans un poste. — Ety., *ancro*, ancre.

ANCRIER, s. m. V. Encrier.

ANCRO, s. f. ANCORA, ancre. — CAT. ESP., PORT., ITAL., *ancora*. — ETY. LAT., *anchora*.

ANCRO, s. f. Encre. V. Encro.

ANCUÈI, PROV., adv. Aujourd'hui, bientôt, tout-à-l'heure. — SYN. *ancui*, *encuèi*, *enchui*. — ETY., *anc*, en ce, et *uèi*, jour, en ce jour.

ANCUI, PROV., adv. V. Ancuèi.

AND, prép. Avec. V. Am.

ANDAIADO, PROV., s. f. Andain de fourrage fauché.

ANDALHAU, PROV., s. m. Andain. V. Andano.

ANDALHOU, BITERR., s. m. Le mouvement de va et de vient de l'eau contre les bords d'une rivière, d'un ruisseau ou d'un champ inondé.

ANDAN, s. m. Andain. V.

ANDANO, s. f. Allée, ligne, direction, voie, carrière ; suite de plusieurs choses placées sur une même ligne ; andain, le foin ou la luzerne qu'un faucheur coupe d'un seul coup de faux, et qui forme une rangée sur le sol. — SYN. *andalhau*, *andan*. — ESP., *andana*.

ANDE, PROV., s. m. Place assez grande pour que la personne qui l'occupe y ait la liberté de ses mouvements : *se douná d'ande*, prendre du champ, *dono-te d'ande*, mets-toi à ton aise. — SYN. *andi*, *ante*.

ANDÉ QUE, GASC., conj. Pour que, afin que.

ANDER, s. m. Trépied ; chenêt. — ETY. B. LAT., *anderia*.

ANDES, PROV., s. m. p. Manivelles en fer dont on se sert pour tordre les grosses cordes. — SYN. *endes*.

ANDI, PROV., s. m. V. Ande.

ANDILHO, GASC., s. f. Support de la meule d'un moulin.

ANDILHOU, LIM. s. m. Ongle, griffe.

ANDISAC, GASC., s. m. Louchet. V. Anduzat.

ANDIVO, PROV., s. f. V. Endevio.

ANDO, LIM. s. f. AMDA, tante, belle-mère ; marâtre. — SYN. *tanto*. — ETY. LAT., *amita*.

ANDORTO, GASC., s. f. Lien d'osier, de bois tordu. V. Endorto.

ANDOT, s. m. Moissine, trochet, brin de sarment avec ses fruits. — SYN. *visado*, *cargueto*.

ANDOUNILHOS, CÉV., s. f. p. Sonnettes de mulet, d'âne, etc.

ANDOURETO, PROV., s. f. Hirondelle. V. Hiroundèlo.

ANDOUS, O, GASC., adj., Dispos, ingambe.

ANDRIAN, O, PROV., adj. Niais, e.

ANDRIÉU, n. propre. André.

A sant ANDRIÉU
La perga sus l'ouliéu.
PRO.

ANDRILHÈRO, s. f. Poignée de fer à double crochet pour saisir la marmite sur la crémaillère.

ANDRIOURETO, PROV., s. f. V. Hiroundèlo.

ANDROUN, s. m. V.

ANDROUNO, s. f. ANDRONA, ruelle entre deux maisons où tombe l'égout des toits, et qui se termine ordinairement en cul-de-sac ; par ext., latrines, lieu d'aisance ; antre, caverne. On lit dans Ducange au mot *androna* : *Spatium inter duas domos*, et dans Vitruve : *Græci andronas appellant itinera quæ inter duas aulas media sunt interposita*. — CAT., *andròna* ; ITAL., *androne*.

ANDUEGHE, CÉV., s. m. Andouille.

ANDURÈU, CÉV., s. m. Espèce de pomme.

ANDUZAC, GASC., s. m. V.

ANDUZAT, CAST., CÉV., s. m. Louchet. — SYN. *andisac*.

ANÉ, **ANET**, B. LIM., adv. Aujourd'hui. V. Anèi.

ANECALI, do, PROV., ad. Exténué, ée. — SYN. *necali*, *anequelit*, *anecouri*, *anicouri*.

ANECH, CÉV., loc. adv. Cette nuit. V. Anèit.

ANECOURI, PROV., v. n. Être dans un

ANE (89) ANG

état de faiblesse, d'inanition, être exténué ; manquer de cœur.

ANECOURI, do, PROV., part. Exténué, ée. V. Anecali.

ANECOURIMENT, PROV., s. m. Consomption, inanition. — SYN. *necaliment*. — ETY., *anecouri*.

ANEDO, s. f. Le narcisse des poètes. V. Aledo.

ANEDO, s. f. Cane, femelle du canard. — SYN. *aledo, aledro*.

ANEDOU, ANEDOUN, s. m. Caneton, petit d'une cane. — ETY., dim. de *anedo*.

ANEGA, BÉARN., v. a. Noyer. V. Negà.

ANÈI, adv. Aujourd'hui. Il ne faut pas confondre *anèi* avec *anèit*, qui, dans le dialecte biterrois veut dire, cette nuit. Ce dernier adv. se décompose ainsi : *à nèit*, tandis que le premier est formé de *an* et *èi*, à aujourd'hui ; dans le TOUL., on dit *auèy*, dans le CAST., *abèi*, c'est-à-dire *à uèy*, *à bèi* ; *à, an* ne sont que des prépositions ajoutées aux adverbes *èi, bèi, uèy* qui signifient *aujourd'hui*. — SYN. *anèy, anè, anel*. V. Uèi.

ANÈILS, GASC., s. m. p. Rognons de veau, de cochon.

ANÈIT, BITERR., loc. adv. Cette nuit ; ce soir. — SYN. *à nioch, à nuech, anech, anèyt, aniue*. — CÉV., *agnuè* ; B. LIM., *onè* ; ESP., *anoche*. — ETY., *à*, et *nèit*.

ANÈITA (s'), v. r. Se faire nuit. — SYN. *aniéchá*. — ETY., *à-nèit*.

ANEL, s. m. ANEL, anneau, bague. — SYN. *anèu*. — GASC., *anel*; CAT., PORT., *anel*; ESP., *anillo*; ITAL., *anello*. — ETY. LAT., *anellus*.

ANELA, v. a. Anneler, tordre en anneaux, boucler. On dit d'un homme irrésolu, de celui qui ne se décide jamais à conclure une affaire :

Fa coumo lou porc am sa cougo,
Toujour l'ANELO o jamai nousa.

PORT., *anelar* ; ITAL., *innanellare*. — ETY., *anel*.

ANELET, s. m. V. Aneloú.

ANELO, ANELLO, s. f. Grand anneau ; anneau de rideau ; anneau de sellier, de bourrelier ; boucle de cheveux. — ETY., augm. de *anel*.

ANELOU, ANELOUN, s. m. Annelet, petit anneau. — SYN. *anelet*. — PORT., *anelincho*; ITAL., *anellino*. — ETY, dim. de *anel*.

ANEQUELI (s'), v. r. S'exténuer par défaut de nourriture, tomber dans la consomption. V. Necali.

ANESQUE, BÉARN., s. f. Brebis.

ANESQUETE, BÉARN., s. f. Petite brebis. — ETY., dim. de *anesque*.

ANET, GASC., s. m. Anneau. V. Anel.

ANÈU, PROV., s. m. V. Anel.

ANEVACHI (s'), PROV., v. r. Se mettre à la neige, en parlant du temps. — SYN. s'*anevassi*. — ETY., *à*, et *nevà*, neiger.

ANEVACHI, do, part. Neigeux, euse.

ANEVASSI (s'), v. r. V. Anevachi.

ANÈY, GASC., adv. Aujourd'hui. V. Anèi.

ANÈYT, GASC., adv. Ce soir. V. Anèit.

ANFANSO, s. f. V. Enfanso.

ANFER, s. m. V. Enfer.

ANFIN, adv. V. Enfin.

ANFLA, CÉV., v. a. Souffleter, frapper quelqu'un sur la joue avec la main. — QUERC., *onflá*.

ANFLA, v. n. Enfler, devenir gros par l'introduction d'un fluide dans le corps. On doit écrire *enflá*.

ANFLE, CÉV., s. m. Soufflet, coup donné sur la joue avec le plat ou le revers de la main. — SYN. *bacèu, coufal, engaul, lavo-dent*.

ANFLE, o, adj. Enflé, ée, qui a de l'enflure. — LAT., *inflatus*.

ANGANDI, MONTP., v. a. Atteindre, arriver à. — ETY., *an*, préf., et *gandi*. V. ce mot.

ANGASTIÉROS, CÉV., s. f. p. Cordes à charger. V. Ajouos.

ANGE, s. m. V.

ANGEL, s. m. ANGEL, ANGIL, ange, esprit céleste. — SYN. *ange, angi, anjo*. — ESP., ITAL, *angelo* ; PORT., *anjo*. — ETY. LAT., *angelus*.

ANGEL, MONTP., s. m. Le ganga, oiseau. V. Janglo.

ANGELET, s. m. Petit ange. — ETY., dim. de *angel*.

ANGELICAL, adj. m. ANGELICAL, angélique, qui appartient ou qui est propre aux anges. — CAT., ESP., *angelical.* — ETY. LAT., *angelicus.*

ANGELICASSO, s. f. Laser de France, *Laserpitium gallicum*, plante de la fam. des ombellifères, à fleurs blanches. — SYN. *berlo, gros-fenoul.*

ANGELICO, s. f. Angélique, archangélique ou angélique des jardins, racine du St-Esprit, *Angelica officinalis*, plante de la fam. des ombellifères à fleurs verdâtres; *angelico sauvago, angelico-fer,* angélique sauvage ou angélique des prés, angélique aquatique, *Angelica sylvestris,* de la même fam. à fleurs blanches. On donne aussi le nom de *angelico* à l'impératoire commune, *imperatoria obstrutium*, plante de la même fam. à fleurs bleuâtres.

ANGELICO DE MOUNTAGNO, s. f. V. Couscouils.

ANGELO, s. f. Ange. V. Angel.

ANGELOUN, **ANGELICO**, PROV., s. Les anges, en général. — ETY., *angèlo.*

Lis ANGELOUN, lis ANGELICO
De sis aleto m'an frusta.
MISTRAL, Lis Isclo d'or.

Les créatures angéliques m'ont frôlé de leurs ailes.

ANGETO, s. f. Petit ange. — DIM. de *ange.*

ANGI, PROV., s. m., Ange; c'est aussi le nom de l'angelot ou ange de mer, *Squalus squalina*, poisson de la Méditerranée.

ANGILLOU, GASC., s. m. V. Angeloú.

ANGLE, s. m. ANGLE, angle, coin, recoin. — ANG. CAT., *angle*; ESP., PORT., *angulo*; ITAL., *angolo.* — ETY. LAT., *angulus.*

ANGLÉS, CÉV., s. m. Créancier fâcheux, importun, exigeant.

ANGLO, GASC., s. f. V. Aiglo.

ANGLORO, CÉV., s. f. V. Angrolo.

ANGOISSA, v. a. ANGOISSAR, mettre en angoisse, affliger, tourmenter. — SYN. *angouissá.* — ESP., *angustiar*; ITAL., *angosciare.* — ETY., *angoisso.*

ANGOISSO, s. f. ANGOISSA, angoisse, sentiment de resserrement à la région épigastrique; grande affliction avec inquiétude. — SYN. *angouisso.* — ITAL., *angoscia.* — ETY. LAT., *angustia.*

ANGOUI, PROV., s. f. Agonie. V. Agounío.

ANGOUISSA, v. a. V. Angoissá.

ANGOUISSO, CÉV., s. f. Défilé, détroit; il signifie aussi angoisse. V. Angoisso.

ANGOUNALHO, PROV., s. f. Vieillerie, meuble, outil, instrument, vieux et détraqués.

ANGOUNISA, PROV., v. n. V. Agounisá.

ANGROLO, s. f. Lézard gris des murailles, *Lacerta agilis*, reptile de l'ordre des sauriens et de la fam. des térétícaudes. — SYN. *angloro, sarnalho, lagramuso.* — GASC., *clau de Sant-Peire.*

ANGUIALO, s. f. Anguille; *anguialo-de-bartas, anguialo-de-garrigo,* couleuvre. V. Anguilho.

ANGUIÉLA, MONTP., s. f. V. Guèlo.

ANGUIÉLADO, PROV., s. f. Bourrade, volée de coups.

ANGUIÉLO, PROV., s. f. V. Anguilho.

ANGUIÉLOUN, PROV., s. m. Aquilon, petit vent froid qui souffle du Nord. — SYN. *anguiloun.* — ETY. LAT., altér. de *aquilo*, avec la forme diminutive.

ANGUIÉRO, PROV., s. f. V.

ANGUILHO, s. f. ANGUILA, anguille, *Murœna anguilla*, poisson de l'ordre des holobranches et de la fam. des pantoptères. *Anguilho de bouissoun*, couleuvre. — SYN. *anguialo-de-bartas.* — CAT., ESP., *anguila*; PORT., *enguia*; ITAL., *anguilla.* — ETY. LAT., *anguilla.*

ANGUILOUN, PROV., s. m. V. Anguiéloun.

ANGUINO, PROV., s. f. V. Anguilho.

ANHEROU, BÉARN., s. m. V. Agneloú.

ANHET, BÉARN., s. m. V. Agnèl.

ANICOURI, PROV., v. n. V. Anecali.

ANICOURIMENT, PROV., s. m. V. Anecouriment.

ANIÉCHA, v. n. Se faire nuit; *s'aniéchá,* v. r., se mettre en chemin la nuit. — SYN. *anèitá.* — ETY. *à,* et *niech,* nuit.

ANIÉLO, BITERR., s. f. Nielle des blés, *Agrostema githago,* plante à semences noires. — SYN. *niélo.* — QUERC., *oniélo.*

ANI (91) ANN

ANIUE, prov., loc. adv. V. Anèit.

ANILH, gasc., s. m. Espèce de couleuvre.

ANILHA, prov., v. n. Hennir. V. Endilha.

ANILOU, cév., s. m. Petit agneau. — Syn. agnelou.

ANIMA, v. a. Animar, animer, donner le principe de vie; exciter, encourager, inciter; s'animà, v. r. s'animer, prendre de l'éclat; s'exciter, s'irriter. — Cat., esp., port., animar; ital., animare. — Ety. lat., animare.

ANIMAL, s. m. Animal, animal, être vivant, doué de la faculté de sentir et de mouvoir tout ou partie de son corps; au fig. personne stupide et grossière; il s'emploie aussi adjectivement. Animalas, grosse bête. — Prov., animau; cat., esp., port., animal; ital., animale. — Ety. lat., animal.

ANIMALOT, gasc., s. m. Petit animal. — Ety., dim. de animal.

ANIMAU, prov., s. m. V. Animal.

ANIMAUDAS, cév., s. et adj. Gros animal, grosse bête.

ANIMOUSITAT, s. f. Animositat, animosité, sentiment permanent de haine qui porte à nuire. — Esp., animosidad; port., animosidade; ital., animosità. Ety. lat., animositatem.

ANIN, s. m. V. Agnin.

ANIOURI (s'), prov., v. r. Se couvrir de nuages. — Syn. s'ennivouli, s'esnivourà.

ANIS, s. m. Anis, anis, ou boucage anis, plante odoriférante de la fam. des ombellifères, Pimpinella anisum; semences de cette plante. Anis-pudent, coriandre. V. Couriandro. — Cat., esp., anis; ital., aniso. — Ety., ἄνισον.

ANIS, s. m. Agneline, laine des agneaux. Plur. anissès. V. Agnin.

ANISA, v. a. Aniser, mettre de l'anis. — Ety., anis.

ANISA (s'), cév., v. r. Se nicher; faire son nid. — Ety., à, et nis, nid.

ANISADO, prov., s. f. Anisette, liqueur faite avec des semences d'anis macérées dans l'eau-de-vie. — Ety., anis.

ANISSA (s'), prov., v. r. Se hérisser; au fig. se mettre en colère.

ANITOR, cast., cév., s. m. Nasitort, cresson alénois, cresson des jardins, Lepidium sativum, plante de la fam. des crucifères. — Syn. nasitort, nastoun. — Ety. lat., nasturtium.

ANIU, **ANIBE**, béarn., adj. Vif, vive, prompt, qui va vite.

ANIUE, prov., loc. adv. V. Anèit.

ANIVERSARI, s. m. et adj. Aniversari, anniversaire; service qu'on fait pour un mort au retour annuel de son décès. — Ety. lat., anniversarius, de annus, an, et vertere, tourner, supin, versum.

ANJO, s. m. Ange. — Port., anjo. V. Ange.

ANJOU, ANJOUN, s. m. Petit ange. — Ety., dim. de anjo.

ANJOULET, prov., s. m. Petit ange. — Gasc., papillon. — Syn. angelet. — Ety., anjou.

ANJOUNELLO, prov., s. f. Petit ange. — Syn. angèlo. — Ety., dim. de anjoun.

ANJOUVIN, prov., s. m. Un des noms de la linotte. V. Linoto.

ANNADE, béarn., s. f. V. Annado.

ANNADIER, adj. Ce mot a une signification toute particulière, il s'applique surtout aux arbres fruitiers, dont la production est irrégulière. Ainsi lorsqu'on dit : Lous ameliès sou annadiès, on veut dire qu'ils ne produisent pas également tous les ans. — Ety., annade.

ANNADO, s. f. Année, temps que le soleil met à parcourir les douze signes du zodiaque : avem uno michanto annado, nous avons une mauvaise récolte, cette année.

Annado de fé, annado de re.
PRO.

ANNAL, o, adj. V. Annual.

ANNALAMENT, adj. V. Annualoment.

ANNECHELI, dauph., part. V. Anequelit.

ANNIVERSARI, s. m. V. Aniversàri.

ANNUAL, o, adj. Annual, annuel, qui dure un an. — Syn. annal. — Cat., port., annual; esp., anual; ital., annuale. — Ety. lat., annualis.

ANNUALOMENT, adv. ANNUALMENT, annuellement, chaque année. — CAT., *anualment*; ESP., *anualmente*; PORT., ITAL., *annualmente*. — ETY., *annualo*, et le suffixe *ment*.

ANNULLA, v. a. ANNULLAR, annuler, rendre nul. — CAT., *anullar*; ESP., *anular*; PORT., *annullar*; ITAL., *annullare*. — ETY., *an*, et *nul*, du lat. *nullus*.

ANONO, s. f. ANONA, annone, l'ensemble des denrées nécessaires à la vie, et particulièrement le blé, le seigle. — SYN. *anouno*. — ESP., *anona*; ITAL., *annona*. — ETY. LAT., *annona*.

ANOUBLE, PROV., s. m. V.

ANOUGE, PROV., s. m. Agneau, qui n'a pas dépassé l'âge d'un an, *antenois*. — SYN. *bassièu*, *vassièu*, *bedigas*, *bourrec*. — ETY., *an*.

ANOUI, do, PROV., adj. V. Anourri.

ANOUIAS, PROV., s. m. Terre inculte. — SYN. *anous*. — ETY., *anoui*, maigre, inculte.

ANOUICH, o, adj. V. Anourri.

ANOUJAS, PROV., s m. Gros *antenois*; au fig. gros imbécile. — ETY., augm. de *anouge*.

ANOUJOUN, PROV., s. m. Petit ou jeune *antenois*. — ETY., dim. de *anouge*.

ANOUJUN, PROV., s. m. Les *antenois*, en général. — ETY., *anouge*.

ANOUNAT, ado, cév., adj. Mûr, e, en parlant du blé, du seigle, etc. — ETY., *anono*.

ANOUNCIA, PROV., v. a. ANNUNCIAR, annoncer. V. Anounsá.

ANOUNCIACIÉU, **ANOUNCIACIOUN**, s. f. ANNUNCIATIO, annonciation, message de l'ange Gabriel à la Ste Vierge pour lui annoncer le mystère de l'Incarnation. — CAT., *anunciació*; ESP., *anunciacion*; ITAL., *annunziazione*. — ETY. LAT., *annuntiatio*.

ANOUNCIÉS, cév., s. f. p. Bans de mariage, annonces. — SYN. *nouncios*, *cridas*. — ETY., *anounciá* annoncer.

ANOUNIÉRO, PROV., s. f. Magasin de blé. — ETY., *anono*, blé.

ANOUNO, s. f. V. Anono.

ANOUNSA, v. a. ANNUNCIAR, annoncer, faire savoir, publier; être le signe de quelque chose. — PROV., *anounciá*, qui est la forme romane. — ESP., *annunciar*; PORT., *annunciar*; ITAL., *annunziare*. — ETY. LAT., *annuntiare*.

ANOURRI, do, cév., adj. Retrait, resserré, échaudé, en parlant du blé; inculte, mal travaillée, en parlant d'une terre; mal nourrie, maigre, exténuée, en parlant d'une personne. — SYN. *anoui*, *anouich*, *aganit*. — ETY., *à* priv., et *nourri*, mal nourri.

ANOUS, PROV., s. m. Terre en friche. — SYN. *anouias*.

ANQUET, GASC., s. m. Hameçon. — SYN. *mesclau*.

ANQUETO, cév., s. f. Petite hanche; *aná d'anquelo*, être déhanché, marcher péniblement. — SYN. *anchelo*. — ETY., dim. de *anco*.

ANQUIAU, cév., s. m. Coup donné sur les hanches. — SYN. *ancado*.

ANQUIER, CARC., s. m. Les hanches. — ETY., *anco*.

ANSALADO, s. f. Salade d'herbes; au fig. *a ressajut uno ensalado de grels*, il a reçu une bonne volée de coups. — ETY. ITAL., *insalata*.

ANSENELOS, cév., s. f. p. Les baies de l'aubépine. V. Aussanèlos.

ANSIN, PROV., adv. Ainsi, de cette façon; *per ansin*, partant, par conséquent; *ansin siégue*, ainsi soit-il. — SYN. *ansindo*, *ansinto*.

ANSINDO, PROV., adv. V. Ansin.

ANSINTO, PROV., adv. V. Ansin.

ANSOUBLO, s. f. V. Ensoublo.

ANSUPERBI, GASC. ENSUPERBIRE, v. n. S'enorgueillir. — ETY., *an*, et le lat. *superbire*.

ANTA, v. a. Enter. V. Empèutá.

ANTA, cév., v. a. ANTAR, insulter, outrager, déshonorer. — ETY. ROMAN., *anta*, honte, déshonneur, outrage.

ANTAL, adv. Ainsi. — SYN. *antau*, *alal*.

ANTAN, adv. ANTAN, autrefois, jadis, l'an dernier. Il s'emploie quelquefois substantivement. — QUERC., *onton*. —

V. FR., *antan, enten*; ITAL., *antani*; ESP., *antano.* — ETY. LAT., *ante annum*.

Euquaram vai recalivan
Lo mals d'amor qu'avi'ANTAN.
RAYMOND DE TOULOUSE.

Encore va se ravivant le mal d'amour que j'avais jadis.

Toutes lous ANTANS sou bous.
PRO.

Toutes les années passées sont bonnes.

ANTANTINA, GARC., v. a. Ennuyer, assourdir, rompre la tête à quelqu'un par le bruit qu'on fait : *M'antantino de charro*, il m'assourdit de son babil.

ANTARADO, BITERR., s. f. Le bord d'un champ où la charrue ne peut pas atteindre, et qu'on est obligé de bêcher ou de labourer seulement dans le sens de sa longueur. — SYN. *acance, cance, capvirado, achounces* — ETY. LAT., *ante*, avant, en avant, et *arado*, labour, la partie labourée.

ANTAU, CÉV., adv. Ainsi. — SYN. *atal, antau-bé*; AGAT., à la bonne heure, voilà qui est bien.

ANTE, PROV., s. m. Place, étendue assez large pour se mouvoir librement : *Avé forso ante*, avoir beaucoup de large; *se faire ante*, se donner du large. — SYN. *ande*.

ANTENE, GASC., v. a. V. Entendre.

ANTENO, s. f. ANTENNA, antenne, vergue. *Antenos* s. f. p., les ailes d'un moulin à vent — CAT., ESP., PORT., *antena*; ITAL., *antenna*. — ETY. LAT., *antenna*.

ANTENOLO, s. f. Petite antenne. — DIM. de *anteno*.

ANTIBAISSO, PROV., s. f. Obstacle; colline; B. LIM., *entibaisso*. — ETY., pour la seconde acception, *anti*, prép. qui exprime le contraire, et *baisso*, bas-fonds, le contraire des bas-fonds, c.-à-d. les collines.

. . . . Li baisso
Li mount, li ro, lis ANTIBAISSO
Li franquisson d'un bound...
F. GRAS, *Li Carbounié*.

Les pentes, — les monts, les rocs, les collines, — ils les franchissent d'un bond.

ANTIBOURRENC, PROV., s. m. Nom d'une espèce de raisin.

ANTIÉ, ère, BÉARN., adj. V. Entier.

ANTIFLO, s. f. Ce mot ne s'emploie qu'avec les verbes *battre*, *roudá*; *batre, roudá l'antiflo*, courir le monde, battre la campagne, vagabonder. — SYN. *antifo*.

ANTIFO, s. f. V. Antiflo.

ANTIQUALHOS, s. f. p. Antiquailles, choses antiques de peu de valeur. — ESP., PORT., *antigualla*; ITAL., *anticaglia*. — ETY., *antique*.

ANTIQUARI, s. m. Antiquaire, celui qui s'applique à l'étude de l'antiquité, archéologue. — ETY. LAT., *antiquarius*.

ANTIQUE, o, adj. ANTIC, antique, qui est d'une époque reculée. — CAT., *antig*; ESP., *antiguo*; ITAL., *antico*. — ETY. LAT., *antiquus*.

ANTIQUETA, PROV., s. f. V.

ANTIQUITAT, s. f. ANTIQUITAT, antiquité, ancienneté très-reculée. — CAT., *antiquitat*; ESP., *antiguedad*; ITAL., *antichità*. — ETY. LAT., *antiquitatem*.

ANTIQUOMENT, adv. ANTIQUAMENT, antiquement. — CAT., *antiguament*; ESP., *antiguamente*; ITAL., *anticamente*. — ETY., *antiquo*, et le suffixe *ment*.

ANTO, s. f. Margelle d'un puits; garde-fou, parapet d'un pont ou d'un quai; pièce de bois attachée avec des liens de fer aux ailes d'un moulin à vent; greffe. V. Empèu. — SYN. *garlando de pous*, margelle de puits.

ANTRADO, GASC., s. f. V. Intrado.

ANTRALHOS, s f. p. V. Entralhos.

ANUECH, PROV., adv. Cette nuit; B. LIM., aujourd'hui. On comptait autrefois le temps par nuits, suivant certains auteurs. V. Anèi.

ANUECHA (s'), PROV., v. r. ANUCHIR, s'annuiter; être surpris en chemin par la nuit. — SYN. *s'aniechá*. — ETY., *anuech*.

ANUJA, GAST., v. a. Ennuyer. V. Ennuyá.

ANXIETAT, s. f. ANXIETAT, anxiété. — PORT., *anxiedada*; ITAL., *ansietà*. — ETY. LAT., *anxietatem*.

ANYÉLE, BÉARN., s. f. Anguille. V. Anguilho.

ANYOU, BÉARN., s. m. Ange. V. Anjou.

AOELHO, GASC., s. f. Ouaille, brebis. V. Auelho.

AOUÈI, CÉV., adv. Aujourd'hui. V. Uèi.

APA (94) APA

AOUN, béarn., adv. de lieu. Où. V. Ount.

AOURO, adv. Aora, maintenant. V. Aro.

AOUST, s. m. V. Agoust.

AOUSTA, v. n. V. Agoustá.

AOUSTENC, o, adj. V. Agoustenc.

APACHOUNA, toul., v. a. Patrouiller, agiter de l'eau bourbeuse, manier malproprement une chose; la déranger en la maniant; chiffonner. — Syn. *apanouchi*, *apechouná*.

APACHOUNAT, ado, adj. part. Sale, malpropre, chiffonné. On dit aussi *apechounat*. — Cast., *pastingat*.

APAGA, béarn., v. a. Apagar, apaiser. — Ety., *à*, et le lat. *pacare*, apaiser, calmer.

APAGABLE, o, prov., adj. Paisible, doux, affable. — Ety., *apagá*.

APAGAT, ado, béarn., part. Apaisé, ée.

APAIA, prov., v. a. V. Apalha.

APAIRIT, ido, adj. Celui qui veut toujours être auprès de son père. — Ety., *à*, et *paire*.

APAISA, v. a. Apaiser, calmer, adoucir. Ce verbe signifie aussi tasser, et il exprime en ce sens la pression des pieds des chevaux sur les gerbes dressées sur l'aire. — Syn. *apeisá*. — Esp., *apaciguar*; ital., *appagare*. — Ety., *à*, et *pacare*.

APAISANDI (s'), v. r. Devenir grossier, en prenant les habitudes d'un paysan. — Syn. *apaisani*, *apèisani*.

APAISANDIT, ido, part. Devenu grossier comme un paysan.

APAISANI (s'), v. r. V. Apaisandi.

APAISSA, v. a. Apaisser, donner la nourriture, la pâture. — Ety., *à*, et *paisse*.

A-PALÈS, adv. comp. A pales, ouvertement, publiquement. — Ety. lat., *palam*.

APALHA, v. a. Jeter de la paille sous les pieds des chevaux pour faire leur litière. — Ety., *à*, et *patho*, paille.

APALHAGE, biterr., s. m. L'action de faire la litière; la litière elle-même. — Syn. *apalhat*, *apalhau*, *apalhun*. — Ety., *apalhá*.

APALHASSA (s'), v. r. Se coucher, s'étendre sur un lit; se camper, se flanquer, se jeter sur un siège sans regarder si on importune ses voisins. — Ety., *à*, et *pathasso*, paillasse.

APALHAU, s. m. V. Apalhage.

APALHOU, APALHOUN, gasc., s. m. Poignée de paille ou de brindilles qu'on met au devant du trou d'une cuve ou d'un pressoir pour retenir les grains et les pellicules que le vin pourrait entraîner. — Ety., *à*, et *patho*.

APALHUN, s. m. Litière. V. Apalhage.

APALI, v. a. Rendre pâle; *aquèlo malautié l'a pla apalit*, cette maladie l'a rendu bien pâle. — Ety., *à*, et *pali*, pâlir.

APALUS, s. m. Palus, marais, marécage. — Ety., *à*, et le lat., *palus*.

APAMATIGA, béarn., v. a. Apaiser. V. Amatigá.

APANA, v. a. Apanar, pourvoir de pain, nourrir; *apaná uno filho*, doter une fille. — Ety., *à*, et *pan*, pain.

APANAU, prov., s. m. Boisseau, ancienne mesure pour les grains. V. Panau.

L'anounço a talamen de forço e d'avantagi
Que fa mème lusi l'autour lou pu gourman,
E que lou pu gran noum, se regulgno li l'usagi,
Mouere counmo un calèn sonto d'un apanau.

BARTHÉLEMI,

APANOUCHI, prov., v. a. Chiffonner en maniant. — Syn. *apachouná*. — Ety., *à*, et *panoucho*, chiffon.

APANOULH, prov., s. m. Talle de blé, de seigle, etc. — Syn. *gais*.

APANOULHA, prov., v. n. Taller. — Biterr., *gaïssá*. — Ety., *apanoulh*.

APANOUN, prov., s. m. Jeune pousse de la vigne, bourgeon. — Syn. *aparoun*.

APAPAISSOUNA, toul., v. a. Appâter, donner la becquée; gorger de viande, nourrir abondamment. — Syn. *apaissá*.

APAQUETA, cast., V. Empaquetá.

APARA, biterr., v. a. Défendre, prendre la défense d'une personne; tendre la main, son manteau ou son tablier pour recevoir ce qu'on va y jeter; *s'apará*, v. r., se défendre, se garantir. — Querc., *oporá*, *s'oporá*. — Ety., *à*, et *pará*, parer.

APARAGE, s. m. Ouvrage destiné à se défendre d'une attaque ; palissade, clayonnage. — Ety., *apará*.

APARAILAMOUNT, prov., adv. V. Aperamount.

APARAMOUNT, prov., adv. V. Aperamount.

APARASSA (s'), cast., v. r. S'étendre de tout son long. — Syn. *s'apalrassá*.

APARAT, ado, part. de *apará*. Défendu, e, garanti, mis à l'abri.

APARAT, cév., s. m. Le moineau franc. — Syn. *aparo, passerat de muralho*.

APARAT, s. m. Aparat, apparat. — Cat., esp., *aparato* ; port., ital., *aparalo*. — Ety. lat., *apparatus*.

APARAVANT, adv. Auparavant, avant tout.

APARÈICHE, gasc. V. Aparèisse.

APARÈICHOUNA, prov., v. a. V. Aparèissouná.

APARÈILAMONT, adv. V. Aperamount.

APARÈISSE, v. n. Paraître, apparaître, comparaître, se montrer. — Syn. *aparèiche, aparestre, aparetre, apari*. — Querc., *opporetre*. — Du lat. *apparere*.

APARÈISSOUN, prov., s. m. Échalas. — Syn. *parèissoun, palèissoun, parèissas*. — Biterr., *paissel*.

APARÈISSOUNA, prov., v. a Échalasser la vigne, mettre des tuteurs aux jeunes ceps ; ramer les haricots, les pois, etc. — Syn. *aparèichouná*. — Biterr., *paisselá*. — Ety., *aparèissoun*.

APARELH, s. m. Aparelh, appareil, apprêt, assemblage de choses disposées avec ordre ou avec pompe, ajustement. — Cat., *aparell* ; esp., *aparejo* ; ital., *apparecchio*. — Ety., s. verb. de *aparelhá*.

APARELHA, v. a. Aparelhar, appareiller, joindre ensemble ; égaliser, mettre de niveau ; donner la coupe des pierres pour une construction. — Esp., *aparejar* ; ital., *apparecchiare*. — Ety., *à*, et *parel*, mettre ensemble des choses pareilles.

APARELHAIRE, s. m. Appareilleur, celui qui donne la coupe des pierres. — Ety., *aparelhá*.

APARENTA (s'), v. r. S'apparenter, se donner des parents par alliance. — Ety., *à*, et *parent*.

APARESTRE, v. n. V. Aparèisse.

APARI, gasc., v. n. Apparaître. V. Aparèisse.

APARIA, v. a. Apariar, Appárier, accoupler ; assortir par paire ou couple ; unir ; rendre égal, ajuster ; épeler en parlant des lettres de l'alphabet. *S'apariá*, v. r., s'apparier, se mettre par couple de mâle et de femelle. — Querc., *oporiá, oporiéirá* ; esp., *aparear*. — Ety., *à*, et le lat. *par, paris*, qui fait la paire.

APARIAGE, s. m. Apariagi, appariement, action d'apparier, d'unir par couple, d'assortir par paire. — Ety., *apariá*.

APARIAIRE, s. m. Celui qui apparie, qui accouple. — Ety., *apariá*.

APAROUN, prov., s. m. V. Apanoun.

APAROUNA, prov., v. a. Ménager le cep ou sujet de la vigne en le taillant. — Ety., *aparoun*.

APARPACHOUA, gasc., v. a. Donner la part qui revient à chacun. — Syn. *aparcelá*.

APARRAT, gasc., s. m. Le moineau franc. V. Aparat.

APARTA, v. a. Apartir, mettre à part, mettre de côté, écarter, désunir ; *s'apartá*, v. r., se mettre de côté, se séparer. — Esp., port., *apartar* ; anc. ital., *apartare*. — Ety., *à*, et *part*.

APARTENE, biterr., v. n. Apertener, appartenir, être la propriété de. — Syn. *apartengue, aparteni*. — Ital., *appartenere*. — Ety. lat., *adpertinere*, appartenir.

APARTENENSO, s. f. Apartenensa, appartenance, ce qui appartient à une chose, ce qui en dépend. — Ital., *appartenenza*. — Ety., *apartène*.

APARTENGUE, gasc., v. n. V. Apartène.

APARTENGUT, udo, part. Appartenu, e.

APARTENI, prov., v. n. V. Apartène.

APASIMA, v. a. Apaziar, apaiser, calmer, adoucir, tempérer ; *s'apasimá*, v. r., se calmer, s'apaiser. — Syn. *apagá, apasoumi*. — Ety., *à*, et *pas*, paix.

APASOUMI, ariég., v. a. V. Apasimá.

APASSIOUNA (s'), v. r. Se passionner. s'attacher à, devenir amoureux. — ETY., à, et *passioun*, passion.

APASTENGA, GASC., v. a. APASTENCAR, nourrir, faire paître, donner la pâture. — SYN. *apasturá*. — ETY., à, et le roman *pastenc*, formé de *past*, LATIN, *pastus*, pâture.

APASTURA, v. a. APASTURAR, paître, faire paître, donner à manger. — SYN. *apasturgá, apastengá*. — QUERC., *oposturá, oposturgá*; CAT., ESP., *apasturar*. — ETY., à, et *pasturo*, pâture, du lat. *pastus*.

 Diéu, apasturas quau a fam,
 Assoulas quau plouro, pecaire !
 ROUMANILLE.

APASTURADO, s. f. Quantité de feuilles de mûrier qu'on donne aux vers à soie. — ETY., part. f. de *apasturá*.

APASTURGA, GÉV., v. a. V. Apasturá.

APATACA, GASC., v. a. Accabler de coups. — SYN. *patacá*. — ETY., à, et *patac*, coup, de πατάσσω, frapper.

APATI, TOUL., v. n. V. Patí.

APATOUI, adj. V. Apetouní.

APATRASSA (s'), TOUL., v. r. S'étendre de son long, se camper, se flanquer. — SYN. *s'aparassá*. — ETY., à, et *patras*, molne gras et paresseux.

APAUBRI, v. a. APAUBRIR, appauvrir, rendre pauvre; moins fertile en parlant d'un champ; moins riche en parlant d'une langue; *s'apaubri*, v. r., s'appauvrir, devenir pauvre. — SYN. *apauri, apauriéri*. — ETY., à, et *paubre*, pauvre.

APAURI, BITERR., v. a. V. Apaubrí.

APAURIÉRI, CAST., v. a V. Apaubrí.

APAURISSIMENT, BITERR., s. m. Appauvrissement. — ETY., *appaurí*.

APAUSA, v. a. APAUSAR, apposer, mettre, appliquer; imputer, opposer; *s'apausá*, v. r., s'opposer, ne pas consentir. L'abbé de Sauvages, dans son dictionnaire, donne un sens tout contraire à ce verbe. Suivant lui, *apausá* signifie consentir, convenir, accorder. Cet auteur se trompe en ce qu'il fait un seul verbe de deux mots, dont l'un est le verbe *a*, et l'autre le subst. *pauso*. L'exemple qu'il cite démontre son erreur : *Que de res noun se mesclo de tout a pauso*, celui qui ne se mêle de rien a la tranquillité en tout. — PROV., *oupousá*. — ETY., à, et *pausá* du lat. *pausare*, poser.

APAUTA, TOUL., v. a. Faire tomber quelqu'un sur ses mains, la face contre terre; *s'apautá*, v. r., tomber sur ses mains. — QUERC., *opòutá*. — ETY., à, et *paulo*, patte.

APAUTOS, d'*apautos*, d'*apautoun*, adv. comp. A quatre pattes. — QUERC., *opòutos*, d'*opòutos*. — ETY., à, et *pauto*, patte.

APEBA, CAST., v. n. Prendre pied, toucher le fond de l'eau. V. Apéuá.

APECHALAT, ado, BITERR., adj. On désigne par cet adjectif l'individu planté sur ses pieds comme un échalas, qui pendant des heures entières regarde niaisement les gens qui passent.

APECHOUNA, PROV., v. a. Patiner, manier malproprement. V. Apachouná.

APEDAGNA, TOUL., v. a. Elever du bas en haut.

APEDASSA, BÉARN., v. a. PEDASSAR, rapiécer, rapetasser. — SYN. *pedassá, pelassá*. — ETY., à, et *pedassá*, de *pedas*, morceau de linge.

APEGA, v. n. Être gluant, se coller aux doigts comme de la poix. — SYN. *arpegá*, f. a. — ETY., à, et *pégo*, poix.

APEGANT, o, adj. Gluant, e, poisseux; *herbo apeganto*, la pariétaire, le silène penché, le silène d'Italie. — SYN. *empeganto, arpeganto*.

APEGRI, v. a. V. Apigrí.

APÈI, BITERR., adv. Après, ensuite, tantôt. — SYN. *pèi, piéi, apèisso, apiéi*. — ETY., à, et *pèi*.

APÈISA, v. a. V. Apaisá.

APÈISANI (s'), v. r. V. Apaisandí.

APÈISSOUNA, v. a. Aleviner, empoissonner. — SYN. *empèissouná*. — ETY., à, et *pèissoun*, poisson.

APEL, s m. APEL, appel, action d'appeler; appeau. — SYN. *apèu*. — CAT., *apell*; ITAL., *appello*. — ETY., s. verbal de *apelá*.

APELA, v. a. et n. APELAR, appeler; *s'apelá*, v. r., s'appeler, avoir pour nom. *Acò s'apèlo parlá*, voilà qui est parlé. — Béarn., aperá. — Esp., apelar. — Ety. lat., appellare.

APELAIRE, s. m. Celui qui en appelle un autre en justice. — Ety., apelá.

APELET, prov., s. m. T. de pêche, palangre. V. ce mot.

APENA (s'), v. r. Prendre de la peine, s'appliquer à. — Syn. pená. — Ety., à, et peno, peine.

APEND, cév., s. m. Appendice; pente, contre-fort d'une montagne.

APENDRIS, isso, biterr., s. m. et f. Apprenti, e, celui, celle qui apprend un métier. — Syn. aprendis, qui vient de aprène, apprendre, tandis que apendris, vient du roman apenre, qui signifie aussi apprendre. — Esp., aprendiz.

APENDRISSAGE, s. m. Apprentissage. — Syn. aprendissage. — Ety., apendris.

A-PENO, adv. comp. A pena, à peine. — Esp., apenas.

APENSAMENTI, prov., v. a. Rendre pensif, soucieux. — Ety., à, et pensament.

APENSAMENTI, do, prov., adj. et part. Pensif, ive, soucieux, triste, affligé. — Syn. apensatit, pensatiu.

Vaqui perqué moun corse douloniro à touto ouro,
Vaqui perqué, Segnour, siéu apensamenti.

Roumanille, Lis Oubreto.

APENSATIT, do, adj. V. Apensamenti.

APEOUN, prov., s. m. Fondations d'un bâtiment, d'un mur.

APERA, béarn., v. a. V. Apelá.

APERABAS, adv. V. Aperaval.

APERAICI, biterr., adv. Par ici. — Syn. aperèici; apraici, aprèici, aprequis; oproicis, oproquis. — Ety., à, et per, par, aici, ici.

APERAILA, adv. Vers là-bas, en delà, de l'autre côté, au loin. — Syn. aperalá, aperalin, peralin, aperaissá, aperèilalin.

APERAILAMOUNT, adv. V. Aperamount.

APERAISSA, adv. V. Aperailá.

APERALA, adv. V. Aperailá.

APERALIN, prov., adv. Au loin, là-bas. V. Aperamount.

APERAMOUNT, biterr., adv. Là-haut, par là-haut, vers là-haut. — Syn. aperailamount, aperamoundau, aperèilamoundaut.

APERAQUI, biterr., adv. Par ici, par là, tout près; à peu près, environ. — Syn. aperaquit, aperaquito, aperèici.

APERAQUIT, Aperaquito, prov., adv. V. Aperaqui.

APERAVAL, biterr., adv. Là-bas, vers là-bas, en bas. — Syn. aperèilavau, aperavau, aperabas.

APERAVAU, prov., adv. V. Aperaval.

APERCEBE, gasc., v. a. V. Apercebre.

APERCEBEMENT, s. m. Apercebemen, Discernement, intelligence. — Cat., apercebiment; Esp., apercibimiento; Port., apercibimento; Ety., apercebe.

APERCEBRE, v. r. Apercebre, apercepre, apercevoir, aviser, distinguer; s'apercebre, v. r., s'apercevoir. — Syn. apercebe, apersaupre. — Anc. cat., apercebrer; Esp., apercebir; port., aperceber. — Ety., à, et percebre, du lat. percipere, percevoir.

APERCEGUT, udo, part. de apercebre, aperceubut, aperçu, e.

APERDIS, s. f. Perdrix. V. Perdis.

APERÈICI, prov., adv. Par ici. V. Aperaici.

APERÈILA, adv. V. Aperailá.

APERÈILALIN, prov., adv. Au loin; d'aperèilalin, d'un point éloigné. V. Aperailá.

APERÈILAMOUNDAUT, prov., adv. Là-haut. V. Aperamount.

APERÈILAVAU, prov., adv. Là-bas, vers là-bas. V. Aperaval.

APERESI, v. a. Rendre paresseux, lâche; s'aperesi, v. r., devenir mou, lâche, paresseux, s'acoquiner. — Syn. apegri, apigri, apercevouire. — Ety., à, et pereso, paresse.

APEREVOUI, do, prov., part. Paresseux, euse, lâche, acagnardé.

APEREVOUIRE, prov., v. a. V. Aperesi.

APEROUQUIA, cév., toul., v. a. Achalander.

APERPAUS, toul., adv. V. Aprepaus.

APERSAUPRE, toul., v. a. V. Apercebre.

APERTEGA, cév., v. a. Utiliser, mettre à profit.

APERTENE, gasc., v. n. V. Apartene.

APERTIEIRO, cast., adv. De suite, indistinctement, sans choix.

APÈS, cév., s. m. V. Apèu.

APESA, toul., V. Apèuá.

APETEGA, v. n. Pétiller. V. Petegá.

APETITA, narb., v. a. Rendre petit, diminuer. — Biterr. *amenudá*. — Ety., *à*, et *petit*.

APETOUI, cév., adj. V.

APETOUNI, ido, cév., adj. Apprêté, ée: *aquèu pan es mau apetouni* ou *apetoui*, ce pain est mal apprêté.

APÈU, béarn., s. m. V. Apel. Prov., appeau. — Syn. *pieulet*.

APÈU, s. m. Apèu, pied-fond; il se dit de la profondeur de l'eau d'une rivière : *noun i a pas apèu*, il n'y a pas pied, on ne trouve pas le fond de l'eau avec les pieds. — Syn. *apès*. — Ety., *à*, et *pèu*, pied.

APÈUA, toul., v. n. Prendre pied, toucher le fond de l'eau ; au fig. venir à bout d'une entreprise. — Syn. *apebá*, *apesá*. — Ety., *apèu*.

APEVOUN, prov., s. m. Tronc d'un arbre. — Syn. *peroun*.

APHOURDISI, n. propre d'homme. Aphrodise, Saint Aphrodise, premier évêque de Béziers. Dans les années de sécheresse, l'agriculteur biterrois adresse ainsi sa prière au patron de la ville :

Sant Aphourdisi, se vous plai,
Dounas de plèjo al més de mai,
Se noun voulès pas dounà,
Sant Estropí noun dounará.

API, s. m. Api, céleri, *Apium graveolens*, plante de la fam. des ombellifères, cultivée dans les jardins. *Api bastard*, ache de montagne ou angélique livèche, *Ligusticum levisticum* ; *api sauvaje*, *api bouscas*, *api-fer*, ache, persil odorant sauvage; *api-fol*, cast., Ammi à larges feuilles, de la même famille. Cat., *apit*; esp., *apio*; ital., *appio*. — Ety. lat., *apium*.

API, prov., s. f. Hache. — Syn. *apio*.

API A LA BONO, prov., loc. adv. A la bonne franquette, franchement, ingénument.

APIALA, cév., v. a. V. Apiélá.

APIALAGE, cév., s. m. V. Apiélage.

APIALOUNA, cév., v. a. V. Apiélá.

APICHOUNA, v. a. Rendre plus petit. — Ety., *à*, et *pichoun*.

APICHOUNI (s'), v. r. Se rapetisser, se faire petit. — Querc., *s'opetizi*. — Ety., *à*, et *pichou*, *pichoun*, petit.

APICOUA, gasc., v. a. Biner, donner une seconde façon à une terre.

APIÉJA, biterr., v. a. Appuyer, étayer, étançonner. — Syn. *apijá*, V.

APIÉLA, prov., v. a. Apilar, étayer, étançonner, appuyer, soutenir ; *s'apiélá*, v. r., s'appuyer. — Syn. *apialá*, *apialouná*, *apiérá*. — Ety., *à*, et le roman *piela*, du lat. *pila*, pilier, colonne.

APIÉLAGE, **APIÉLAGI**, prov., s. m. Appui, étai. — Syn. *apialage*, *apijo*. — Ety., *apiélá*.

APIÉLOUNA, prov., v. a. V. Apiélá.

APIER, prov., s. m. Apier, rucher, collection de ruches à miel, lieu où elles sont placées. — Ital., *apiario* ; lat., *apiarium*.

APIÉRA, prov., v. a. V. Apiélá.

APIÉRACIOUN, cév., s. f. Douleur au côté.

APIÉTO, prov., s. f. Petite hache. — Syn. *apioun*. — Ety., dim. de *api*, hache.

APIGNASTRA (s'), biterr., v. r. S'opiniâtrer, s'entêter. — Ety., *à*, et *pignastre*, opiniâtre.

APIGNELA, v. a. Mettre en tas, donner au tas la forme d'une pomme de pin, comme on le fait pour les gerbiers ; serrer comme le sont les écailles d'une pomme de pin. — Ety., *à*, et *pigno*, pomme de pin.

APIGNELAT, ado, part. Qui a la forme d'une pomme de pin, amoncelé ; serré, ée, comme les écailles d'une pomme de pin. — Syn. *apignounat*, *à pignels*.

APIGNOUNAT, ado, part. V. Apignelat.

APIGRI, v. a. Rendre paresseux ; *s'apigri*, devenir paresseux. — Syn. *apegri*, *aperesi* :

APL (99) APL

Se dono al diable, s'amagris,
Acò's ce que vous l'APIGRIS.
FAVRE.

ETY., à, et pigre, du lat. pigrum, paresseux.

APIJA, BITERR., V. Apiéjá.

APIJO, BITERR., s. f. Appui, étançon, étai. — SYN. apiélage. — ETY., apijá.

APILA, v. a. APILAR, empiler, mettre en pile, en tas, amonceler; assommer, briser de coups; s'apilá, v. r., s'entasser, se presser, se mettre les uns sur les autres; par ext., se renverser. — SYN. empilá. — ETY., à, et pilo, pile.

APIO, PROV., s. f. Hache. — SYN. api.

APIOUN, PROV., s. m. Petite hache.— SYN. apiéto. — ETY., dim. de apio, hache.

APIPA, PROV., v. a. V. Pipá.

APIPAIRE, PROV., s. m. V. Pipaire.

APISTOUA, GASC., v. a. Donner la becquée aux oiseaux.

APITANSA, v. a. Fournir de la pitance à quelqu'un; au fig. allécher; s'apitansá, v. r., manger avec appétit. — QUERC., opitansá. — ETY., à, et pitanso.

APITANSOUS, o, adj. Appétissant, e; au fig. uel apitansous, œil agaçant. — ETY., apitansá.

APITARRA, TOUL., CÉV., v. a. Donner à manger avec abondance, bien traiter, régaler; s'apitarrá, v. r., se gorger de viandes, s'empiffrer.

APITERA, BÉARN., v. a. Jucher, percher; apiterá-s, v. r., se jucher. — SYN. apourá.

APITRASSA, BITERR., v. a. Accommoder; faire un ouvrage à coups de poings; au fig. donner des coups à quelqu'un.

APITRASSAT, ado, part. Accommodé, ée, battu; soi mal apitrassat, je suis mal accommodé, je suis malade; acò's mal apitrassat, cela est mal fait.

A-PLA, CÉV., loc. adv. Oui, certes; sans façon; dans le dial. cast., ce mot exprime, au contraire, la négation et répond au français, ah! bien oui, pris ironiquement: maridas vostro filho? vous mariez votre fille? a-pla, oh! mon Dieu non! — SYN. aplat. Il serait peut-être mieux d'écrire: Ah pla!

APLAMPOUGNA, CÉV., v. a. V. Aplanpouná.

APLAN, adv. T. de mar., Commandement fait aux matelots d'une embarcation non pontée de s'asseoir sur les bancs ou même au fond du bateau pour diminuer la bricole ou le balancement. — ETY., à, et plan, doucement.

APLANA, v. a. APLANAR, aplanir, rendre uni, mettre de niveau; T. de ferblantier, planer, polir avec la plane ou avec le marteau; T. de tonnelier, passer les douves sur la colombe pour les unir; au fig. rendre plus aisé; manger tout son bien; caresser de la main, cajoler. — SYN. aplaní. — CAT., ESP., aplanar; ITAL., appianare. — ETY., à, et plan, uni.

APLANAGE, s. m. Aplanissement, l'action d'aplanir. — ETY., aplaná.

APLANAIRE, s. m. Niveleur. — PROV., herse. — ETY., aplaná.

APLANAT, ado, part. Aplani, e. — CÉV., arrivé, ée; es aplanat, il est arrivé.

APLANI, BITERR., v. a. V. Aplaná.

APLANTA, v. a. Arrêter; s'aplantá, v. r., s'arrêter, cesser de marcher, se tenir debout et immobile; aplantat, ado, part., arrêté, ée, immobile. — ETY. à, et plantá, planter, fixer.

APLAT, CÉV., adv. V. Aplá.

APLATI, v. a. APLATIR, APLATAR, aplatir, rendre plat; s'aplati, v. r., s'aplatir, devenir plat. — ITAL., appiatare. — ETY., à, et plat.

APLATISSAMENT, s. m. V.

APLATISSIMENT, BITERR., s. m. Aplatissement. — ETY., aplati.

APLAUTI (s'), CÉV., v. r. S'aplatir, s'accroupir. — SYN. s'agroumouli. — ETY., altér. de aplati.

APLECHA, CÉV., v. a. Amenuiser, ajuster, arranger; il se dit particulièrement des instruments d'agriculture. — QUERC., oplechá. — ETY., apleg, plane.

APLECHAIRE, CÉV., s. m. Ouvrier qui fait les outils d'agriculture; valet de ferme qui les raccommode ou les arrange. — SYN. aplegaire, plus conforme à l'étymologie, ce nom venant de apleg. — CAST., jouatier, moussier; QUERC., oplechaire. — ETY., aplechá.

APLEG, s. m. Apleg, plane, outil tranchant et à deux poignées, dont les charrons, les tonneliers, etc., se servent pour aplanir, pour rendre lisses et unis les bois qu'ils emploient.

APLEGA-S, béarn., v. r. Se retirer. — Ety., *à*, et *plega*, du lat. *plicare*, plier (bagage).

APLEGAIRE, s. m. V. Aplechaire.

APLEGI (s'), cév., v. r. Se mettre à la pluie, en parlant du temps. — Syn. *s'aplugi*. — Ety., *à*, et *plejo*, pluie.

APLEGI, do, cév., part. Temps pluvieux. — Syn. *aplugi*, *aplui*.

APLICA, v. a. Aplicar, appliquer, mettre une chose sur ou contre une autre chose, adapter; au fig. appliquer son esprit, son attention à ; *s'aplicá*, v. r., s'appliquer, s'adapter; apporter une attention soutenue. — Esp., *aplicar*; ital., *applicare*. — Ety. lat., *applicare*.

APLOUMB, s. m. Aplomb, direction verticale; au fig. assurance dans la manière de se présenter, de parler, d'agir; *d'aploumb*, loc. adv., d'aplomb, verticalement. — Esp., *aplomo*; ital., *applombo*. — Ety., *à*, et *ploumb*, parce que le fil à plomb sert à déterminer la direction verticale.

APLOUMBA, biterr., v. a. Enfoncer, affaisser, écraser sous le poids ; au fig. accabler : *lou vielhun m'aploumbo*, la vieillesse m'affaisse ; *s'aploumbá*, v. r., s'enfoncer, s'écrouler. — Esp., *aplomarse*. — Ety., *aploumb*.

APLUGI (s'), prov., v. r. V. Aplegi.

APLUI, do, part. V. Aplegi.

APO, s. f. Happe, petit cercle de fer dont on garnit un essieu; crampon qui lie deux pierres, deux pièces de bois.

APO-LOUPIN, s. f. Happe-lopin. V. Tiro-meleto.

APOSTOUL, toul., s. m. Apostol, apôtre. — Prov., *apoustoli*; cat., esp., *apostol*; port., ital., *apostolo*. — Ety. lat., *apostolus*.

APOTROS, s. m. T. de mar., pièces de bois appliquées sur les deux faces latérales de l'étrave d'un navire.

APOUDERA, biterr., v. a. Apoderar, affaisser, faire fléchir sous le poids; il se dit en parlant des choses qui dépassent les forces de celui qui les porte. *Apouderá* signifie aussi, dans certains dialectes, terrasser un adversaire à la lutte, surmonter à force de bras, dompter, soumettre, vaincre. — Ety., *á* priv., et *pouder*, pouvoir, force.

APOUÈS, prov., s. f. Planche. V. Poste.

APOUINTA, prov., v. a. V. Apountá.

APOUIRA (s'), prov., v. r. Se cramponner pour faire un effort, employer toutes ses forces.

APOULI, gasc., v. a. Polir. V. Pouli.

APOULTROUNI, v. n. Devenir poltron. — Syn. *apourtrouni*. — Ety., *à*, et *poultroun*.

APOUMACELA, cast., v. a. Entasser, mettre en tas.

APOUN, s. m. Appoint, ce qu'on ajoute.

APOUNCHA, biterr., v. a. Rendre pointu, affiler ; *s'apounchá*, v. r., devenir pointu; *apounchat*, *ado*, part., rendu, pointu, e. — Syn. *apountá*, *apuntá*, *apounchugá*. — Querc., *opountizi*. — Ety., *à*, et *pouncho*.

APOUNCHAIRA, prov., v. a. Étançonner. V. Apountelá.

APOUNCHAIRE, s. m. Celui qui fait la pointe aux outils. — Ety., *apounchá*.

APOUNCHÈIRA, prov., v. a. Étançonner; *s'apounchèirá*, v. r., se cramponner; *apounchèirá*, do, part., cramponné, ée, étançonné, ée.

APOUNCHIÈIRA, prov., v. a. V. Apounchèirá.

APOUNCHUGA, toul., v. a. Rendre pointu. V. Apounchá.

APOUNDALHO, s. f. V. Apoundoun.

APOUNDESOUN, prov., s. f. Chose ajoutée ; annexion. V.

APOUNDOUN, prov., s. m. Ce qu'on ajoute à une chose ; supplément. — B. lim., *opoundalho*. — Ety., *apoun*.

APOUNDRE, prov., v. a. Apondre, aponher, ajouter; joindre une chose à une autre pour la rendre plus grande; *s'apoundre*, v. r., s'étendre. — Anc. esp., *aponer*; ital., *apporre*. — Ety., *apoun*.

APOUNETIER, prov., s. m. Busserole ou raisin d'ours, arbousier traînant,

Arctostaphylos officinalis, plante de la fam. des éricinées à fleurs roses. Noms div. : *bouisserolo, bouisserilho, darbousier dis ours.*

APOUNTA, v. a. Pointer, viser un but pour l'atteindre; T. du jeu de boules, jouer une boule pour la faire rapprocher du but autant que possible. — Syn. *apouintá, apuntá.*

APOUNTA, v. a. Rendre pointu. V. Apounchá.

APOUNTELA, v. a. Appuyer, accoter, arc-bouter, étançonner, soutenir au moyen d'un appui; *s'apountelá*, v. r., s'accoter, se camper sur ses pieds, s'appuyer contre. — Syn. *apountilhá, apounchairá, apouncheirá, apounchieirá.* — Ety., *à*, et *pountel*, pointal, étançon.

APOUNTILHA, v. a. V. Apountelá.

APOUPARRI, ariég., v. a. Habituer un enfant à prendre le bout du sein avec les lèvres pour teter. — Ety., *à*, et *poupá*, teter.

APOUPOUNI, prov., v. a. Choyer un enfant. — Ety., *à*, et *poupoun*.

APOURA, béarn., v. a. Percher, jucher; *apourá-s*, v. r., se jucher; *apourat, ado*, part., juché, ée.

APOURCATI (s'), v. r. Se livrer à la débauche, vivre dans la crapule. — Ety., *à*, et *porc*.

APOURI, v. a. (apòuri). Rendre peureux; *la nèit apòuris lous mainages*, la nuit rend les enfants peureux. On dit aussi *apòuri* pour *apauri*, appauvrir. — Ety., *à*, et *pòu*, du lat. *pavor*, peur.

APOURIDI (s'), cév., v. r. Tourner au pourri, commencer à pourrir, se décomposer.

M'as di ; « Fai revivrá ta lengo maternèlo,
Que s'escrafo e s'apouridis,
Séuclo, desbrousso-la de la mousso noubèlo
De soun franchiman mescladis.

De La Fare-Alais, *Las Castagnados.*

APOURTA, v. a. Aportar, apporter, amener, porter; *s'apourlá*, v. r., donner lieu, fournir l'occasion, être la cause de ; *s'es à l'espital, s'i es pla apourtat*, s'il est à l'hôpital, il l'a bien voulu. — Cat., anc. esp., *aportar*; ital., *apportare*. — Ety. lat., *apportare.*

APOURTA, agat., v. n. Bondir, rebondir en parlant d'une balle ou de tout autre corps élastique.

APOURTROUNI, prov., v. a. V. Apoultrouni.

APOUSSAU, loc. adv. Ce mot se dit d'une brebis dont le pis est bien gonflé et qui est près d'agneler. On dit aussi, dans le même sens, *fedo apoussado.* — Ety., *à*, et *pousso*, pis.

APOUSTA, v. a. Poster, placer quelqu'un à un poste ; *s'apoustá*, v. r., se poster. V. Poustá.

APOUSTA (s'), prov., v. r. Commencer à pondre, en parlant des poules.

APOUSTEMI, v. n. Apostemar, apostumer, suppurer ; *apoustemit, ido*, part., abcédé, ée. — Syn. *apoustumi, apoustimi, empoustemi, poustemi, poustemejá, poustumejá.* — Esp., port., *apostemar.* — Ety. lat., *apostema.*

APOUSTEMIDURO, prov., s. f. Apostème. — Syn. *apoustemo.* — Ety., *apoustemido*, part. f. de *apoustemi.*

APOUSTEMO, s. f. Apostema, apostème, abcès. — Syn. *apoustemiduro.* — Ety. lat., *apostema*, Du grec, ἀπόστημα.

APOUSTIMI, v. n. V. Apoustemi.

APOUSTIS, isso, prov., adj. Postiche.

APOUSTOLI, prov., s. m. V. Apostoul.

APOUSTUMI, v. n. V. Apoustemi.

APPALLI, v. n. V. Apalli.

APPARCELA, v. a. Apparcelar, morceler, partager, diviser, former plusieurs lots, départir à chacun des partageants ce qui lui revient. — Ety., *à*, et *parcela*, parcelle.

APPARENCIO, s. f. Apparencia, apparence; probabilité, vraisemblance. — Syn. *apparenso.* — Cat., esp., *apariencia*; ital., *apparenza.* — Lat., *apparentia.*

APPARENSO, s. f. V. Apparencio.

APPARENT, o, adj. Aparent, apparent, e. — Esp., *aparente*; ital., port., *apparente.* — Ety. lat., *apparentem*, de *apparere.*

APPARUN, prov., s. m. Bien fonds ; plage étroite, arrosable, située sur les bords d'un cours d'eau.

APPEL, s. m. V. Apel.

APPETIS, BITERR., s. m. V. Appetit.

APPETISA, v. a. Donner de l'appétit; *s'appetisá*, v. r., manger avec appétit. — PORT., *apetitá*. — ETY., *appetis*.

APPETIT, s. m. APPETIT, appétit, désir et besoin de manger. — SYN. *appetis*. — CAT., *apetit*; ESP., *apelito*; ITAL., *appelito*. — ETY. LAT., *appetitus*, de *appetere*.

APPLAUDI, v. a. Applaudir. — ESP., *aplaudir*; ITAL., *applaudire*. — ETY. LAT., *applaudere*.

APPUYGA, GASC., v. a. V. Apuá.

APRABANS, ARIÈG., adv. et prép. Avant, auparavant.

APRADA, GASC., v. a. V.

APRADI, BITERR., v. a. Semer un champ en pré; *s'apradi*, v. r., se changer en pré; il se dit d'un champ qui, faute de culture, se remplit d'herbes ou de foin. — DAUPH., *aprari*, — ETY., *à*, et *prad*, pré.

APRARI, DAUPH., v. a. V. Apradi.

APRATICA (s'), v. r. S'achalander. — ETY., *à*, et *pratico*, se donner des pratiques.

APREANDA, v. a. APREHENDRE, appréhender. ALTÉR. du lat., *apprehendere*.

APRECIA, v. a. APRECIAR, apprécier, déterminer le prix; faire cas de, estimer. — ESP., *apreciar*; ITAL., *appreszare*. — ETY. LAT., *appretiare*.

APREFOUNDI, v. a. V. Aproufoundi.

APREGOUNTI, GASC., v. a. Creuser profondément. V. Aprioundá.

APREISSA (s'), v. r. APREISSAR, s'empresser; se hâter; *apreissat*, ado, part. Empressé, ée, fougueux. — SYN. *s'aprièissá*. — ETY., *à*, et *prèisso*, presse.

APRENDIS, s. m. APPRENTIZ, apprenti. — ESP. PORT., *aprendiz*. — ETY., *aprende*. V. Apendris.

APRENDISSAGE, s. m. APRENDISAGE, apprentissage. — ESP., *aprendizage*. — ETY., *aprendis*.

APRENE, v. a. APENRE, apprendre, acquérir des connaissances; être averti, informé de; v. h., reprendre en parlant des arbres transplantés. — SYN. *apprendre*. — CAT., *apender*; ESP., *aprender*; ITAL., *apprendere*. — ETY. LAT., *apprendere*, saisir, comprendre.

APRENS, PROV., adj. Enceinte. V. Prens.

Sant-Jan, la terro APRENS trefoulis quand passas !
  MISTRAL, *Mirèio*, c. VII.

APREP, GASC., adv. V.

APRÈS, adv. et prép. APRES, après; ensuite, tout de suite: *après el*, après lui; *t'anaren après*, nous irons ensuite; *après-deman*, après-demain. — ESP., *apres*; ITAL., *appresso*. — ETY., *à*, et *près*.

APRÉS, o, part. de *aprene*. Appris, e.

APRESSA, BÉARN., v. a. et n. Approcher. — ETY., *à*, et *près*, près.

APREST, s. m. Apprêt, préparatif; préparation des mets; manière d'apprêter les étoffes, les cuirs; eau gommée qui lustre le drap, et le rend plus ferme. — ETY., *aprestá*; *aprest*, est un s. verbal.

APRESTA, v. a. APRESTAR, apprêter, préparer; cutir les étoffes, chiper les peaux; *s'aprestá*, v. r., se préparer, se disposer à. — ESP., PORT., *aprestar*; ITAL., *apprestare*. — ETY., *à*, et *prest*, du b. latin, *præstus*.

APRESTAGE, APRESTAGI, s. m. L'action d'apprêter, de préparer, assaisonnement des viandes. — ETY., *aprestá*.

APRESTAIRE, s. m. Celui qui apprête; T. de métier, apprêteur, celui qui donne l'apprêt. — ETY., *aprestá*.

APRIANDA, v. a. APPREHENDRE, appréhender, craindre. — SYN. *apreandá*. V. ce mot.

APRIC, BÉARN., s. m. Couvert, abri. — SYN. *abric*. — Du lat., *apricus*.

APRIÈISSA (s'), CAST., v. r. V. Aprèissá.

APRIGA, BÉARN., v. a. Couvrir, abriter. — SYN. *abrilá*. — ETY., *apric*.

APRIGOUNDI, v. a. V. Aprioundá.

APRIL, BÉARN., s. m. V. Abril.

APRIMA, v. a. APRIMAR, amincir, amenuiser, rendre exigu; v. n., raffiner, subtiliser; *aprimat*, ado, part., aminci, e; raffiné, fin, spirituel, en parlant d'un individu. — CAT., *aprimar*. — ETY., *à*, et *prim*, mince.

APRIOUNDA, BITERR., v. a. APRIONDAR, approfondir, creuser profondément. — SYN. *apregounti, aprigoundi, aprioundi, apriountá*. — ETY., *à*, et *prioun*, profond.

APRIOUNDI, v. a. V. Aprioundá.

APRIOUNTA, v. a. V. Aprioundá.

APRIUASA, GASC., v. a. V.

APRIVADA, v. a. APRIVADAR, apprivoiser, rendre doux et familier, habituer à la domesticité; *s'aprivadá*, v. r., s'apprivoiser, devenir moins sauvage, plus familier. — ANC. ITAL., *apprivare*. — ETY., *à*, et *privat*, du lat., *privatus*, privé.

APROCHE, APROCHI, s. m. APROCHE, approche, mouvement par lequel on approche d'une personne ou d'un lieu; *aproches, aprochis*, s. m. p., travaux de guerre que l'on fait pour approcher d'une place; les alentours d'une maison ou de tout autre lieu.—ESP., *aproches* ; PORT., *aproxes* ; ITAL., *approccio*. — ETY., *aprouchá* ; *aproche* est un s. verbal.

APROCHIÉ, DAUPH., v. a. Approcher. V. Aprouchá.

APROUBA, v. a. APROAR, APROBAR, approuver, agréer, consentir à, juger louable, utile, convenable. — CAT., ESP., *aprobar* ; PORT., *approvar* ; ITAL., *approvare*. — Du lat., *approbare*.

APROUBACIÉU, APROUBACIOUN, s. f. Approbation, action d'approuver. — ESP., *aprobacion* ; ITAL., *approvazione*. — ETY. LAT., *approbationem*.

APROUCHA, v. a. APROCHAR, approcher, mettre auprès, faire avancer vers; v. n., venir près, s'avancer, arriver; *s'aprouchá*, v. r., s'approcher; être proche, être sur le point d'arriver. — PROV., *aprounchá*; GASC., *aprouscá* ; DAUPH., *aprochié* ; BÉARN., *aproxá* ; ANC. ITAL., *approcciare*. — ETY. LAT., *appropiare*.

APROUFICHA, PROV., v. a. V. Aproufitá.

APROUFIEYTA, GASC., v. a. V.

APROUFITA, v. a. APROFECHAR, profiter, tirer parti de : *ou cal tout aproufitá*, il faut tirer parti de tout ; v. n., faire des progrès. — SYN. *proufitá*. V. ce mot.

APROUFOUNDI, v. a. Approfondir, rendre plus profond ; engloutir, détruire de fond en comble ; au fig. pénétrer dans la connaissance de quelque chose; *s'aproufoundi*, v. r., s'approfondir, s'engloutir, s'écrouler. — SYN. *aprefoundi*. — ETY., *à*, et *proufoundi*.

APROUFOUNDIMENT, s. m. L'action de rendre plus profond, d'engloutir; destruction, ruine totale. — ETY., *aproufoundi* et le suffixe *ment*.

APROUMESSO, s. f. V. Proumesso.

APROUMETRE, v. a. Promettre ; *s'aproumetre*, v. r., se vouer à, faire vœu. V. Proumetre.

APROUNCHA, PROV., v. a. V. Aprouchá.

APROUPRI, v. a. Rendre propre, net, nettoyer. — ETY., *à*, et *próupri*, propre.

APROUPRIA, v. a. APROPRIAR, approprier, rendre propre à..; *s'aproupriá*, v. r., s'approprier, usurper la propriété d'autrui. — ESP., *apropiar*; ITAL., *appropriare*; du lat., *appropriare*.

APROUSCA (s'), GASC., v. r. V. Aprouchá.

APROUVESI, v. a. Pourvoir de, approvisionner ; *s'aprouvesi*, v. r., se pourvoir, s'approvisionner. V. Prouvesi.

APROUVISIOUNA, v. a. Approvisionner. — SYN. *prouvesi*.

APROXA, BÉARN., v. a. V. Aprouchá.

APUA, BITERR., v. a. Appuyer, soutenir ; au fig. aider ; *s'apuá*, v. r., s'appuyer. — GASC., *appuygá* ; du b. latin, *appodiare*.

APUNT, CAST. Appoint, complément d'une somme. — ETY., *à*, et *punt*.

APUNTA, v. a. APUNTAR, appointer, donner des appointements. — CARC., rendre pointu. — ETY., *apunt*.

APUNTAMENT, APUNTAMENT, CAST., s. m. Appointement, gages, salaire. — CAT., *apuntament*; ESP., *appuntamiento*; ITAL., *appuntamento*.—ETY., *apuntá*.

APUTPUT, CAST., s. m. Huppe, oiseau. V. Puput.

AQUASI, GASC., v. a. Acquérir, procurer, réserver.

AQUECH, o, GASC., adj. et pron. dém. V. Aquel.

AQUEDU, PROV., s. m. Aqueduc. — ITAL., *aquidoccio*. — ETY. LAT., *aquæductus*.

AQUEIRA, v. a. Poursuivre à coups de pierres. V. Acairá.

AQUEL, elo, adj. et pron. dém. AQUEL, ce, cet, cette, celui-là, celle-là; *aqueles*, *aquelos*, ceux-là, celles-là. *Ni per aquelo*, loc. adv., on a beau faire et beau dire. Au plur., *aquelses, os*, dans quelques dialectes. — GASC., *acet*, *èro*, *aquech*, o; BÉARN., *aquet, aquère, acet, acère*; PROV., *aquéu*; CAT., *aguell*; PORT., *aquel*; ESP., *aquello*; ITAL., *quello*. — ETY. LAT., *eccum ille*.

AQUENEYO, s. f. Haquenée; cheval de parade. — ETY. ESP. PORT., *hacanea*; ITAL., *chinea*.

AQUÈRE, BÉARN., adj. et pron. dém. commun. V. Aquel.

AQUEST, pron. dém. V.

AQUESTE, o, AQUEST., adj. et pron. dém. Celui-ci, celle-ci; *aquestes, aquestos*, ceux-ci, celles-ci. — PROV., *aquesti, aquestou*; GASC., *aceste, acestre*; ESP., *aqueste*; ITAL., *questo*. — ETY. LAT., *eccum iste*.

AQUET, AQUERE, BÉARN., adj. et pron. dém., Celui-là, celle-là. V. Aquel.

AQUETAT, MONTP., adj., *tène aquietat*, tenir en échec.

AQUÉU, elo, PROV., adj. et pron. dém. Celui-là, celle-là ; on dit aussi *aquéu d'aquito*, celui-là. V. Aquel.

AQUI, adv. de lieu. AQUI, là; *d'aqui 'stant*, de là étant, de l'endroit où l'on se trouve; *d'aqui-aqui*, de proche en proche, d'un moment à l'autre; *d'aqui'nlà*, d'ici là ; *d'aqui que*, loc. conj., jusqu'à ce que; *d'aqui'ntra qui*, CARC., loc. adv., à tout bout de champ, de temps en temps. — SYN. *aquit, aquito, aquital, aquiu, aquiut, ali, achi, achiou*. — CAT., ESP., PORT., *aqui*; ITAL., *qui*. — ETY. LAT., *eccum hic*.

AQUIU, BÉARN., adv. Là. V. Aqui.

AQUIPAGE, s. m. Équipage, bagage; voiture de maître; toutes les choses nécessaires pour certaines entreprises ou opérations.

AQUIPAJAT, ado, adj. Équipé, ée ; *mal aquipajat*, mal équipé, déguenillé.

AQUIRA, CÉV., v. a. V. Acairá.

AQUISSA, CÉV., v. a. Pousser, exciter; il ne se dit qu'en parlant des chiens, qu'on excite à mordre ou à se battre. — SYN. *atissá, cissá*.

AQUIT, PROV., adv. V. Aqui.

AQUITAL, CARC., adv. Là. V. Aqui.

AQUITO, PROV., adv. V. Aqui.

AQUIU, BÉARN., adv. V. Aqui.

AQUIULA, BITERR., v. a. Éculer, en parlant des souliers dont le quartier de derrière se plie et s'affaisse sur les talons; acculer, faire tomber sur le derrière; *s'aquiulá*, v. r., tomber sur le derrière. — CARG., *aliulá*. — ETY., *à*, et *quiul*, derrière.

AQUIUT, ARIÈG., adv. V. Aqui.

AQUO, AQUOT, PROV., pron. dém. Ce, cela; mieux, *acó*, qui est plus conforme à l'étymologie latine, *eccum hoc*.

AQUOT, PROV., prép. Chez. V. Acò.

AQUOTO, PROV., pron. dém. Cela. V. Acò.

AQUOT-QUOT, CÉV., sorte d'interjection. Ah, peste ! ce n'est pas peu de chose !

AQUOUS, o, adj. Aqueux, euse. — ESP., *aquoso* ; ITAL., *acquoso*. — ETY. LAT., *aquosus*.

AR, PROV., s. m. Halle, place publique où se tient le marché.

ARABANO, PROV., s. f. Amande pistache.

ARABI, s. m. Nom donné, à Arles, à une espèce de cousin ou de moustique; l'accent est sur la dernière lettre.

ARABICA, do, PROV., adj. Séché, ée, au soleil, en parlant des raisins. — SYN. *agibi, augibi, ausebi*.

ARABOUT, CÉV., s. m. (Arabout), Voûte, cave, grotte, arcade. — ANC. FR., *arvolt*; GASC., *arbot*; CÉV., *arbout*. — ETY. ROMAN., *arc-vout* ou *arc-voltutz* ; du lat. *arcus volutus*, arc tourné.

ARABRE, PROV., s. m. Érable, arbre. V. Agas.

ARABRENO, PROV., s. f. V. Alabreno.

ARACA, CÉV., v. a. Transvaser le vin.

— Ety., à, priv. et *raco*, marc, pris dans le sens de lie.

ARADEL, cast., s. m. V. Alader.

ARADO, cév., s. f. Arada, labour, labourage; terre labourée. — Cat., esp., *arada*. — Ety. lat., *arata*, labourée.

ARAFAN, prov., s. m. Glouton, celui qui mange avec excès et avidité, et qui a toujours faim.

ARAGAN, prov., s. m. V. Auragan.

ARAGANT, o, prov., s. et adj. Harpagon, avare, celui qui veut tout s'approprier; dans d'autres dialectes, il se dit d'un homme violent et emporté, d'un homme arrogant, et c'est alors une altération de *arrougant*.

ARAGE, loc. adv. V. Ratje.

ARAGNADO, s. f. Araignée ; toile d'araignée. — Ety., *aragno*.

ARAGNAN, prov., s. m. Espèce de raisin blanc à grains oblongs et mous.

ARAGNIER, prov., s. m. Toile d'araignée. — Ety., *aragno*.

ARAGNO, s. f. Aranha, araignée; *aragno cambarudo*, faucheux, espèce d'araignée qui a le corps très-petit et les jambes fort longues. — Syn. *tararagno, estarigagno, teriragno, tararaigno, aragnado, lagno, aranhe*. — Cat., *arany*; ital., *aragna*. Du lat., *aranea*.

ARAGNO, prov., s. f. Filet délié teint en brun, dont on se sert pour prendre les merles et d'autres oiseaux; il signifie aussi, dans le dial. languedocien, treillis de fer et est synonyme de *cledat*.

ARAGNO, prov., s. f. Ophrys araignée, *Ophrys arachnites*, plante de la fam. des orchidées, qu'on trouve dans les bois ombragés.

ARAGNO, prov., s. f. Gobe-mouche. V. Braudo-l'alo.

ARAGNO ou **ARAGNO-DE-MAR**, s. f. La vive ou le dragon de mer, *Trachinus draco*, poisson qu'on trouve dans la Méditerranée. On donne aussi le nom de *aragno-de-mar* à plusieurs espèces de crustacés qui ont de longues jambes. — Syn. *iragno, arangio*. — Port., *aranha*; ital., *pesce ragna*.

ARAGNOLO, prov., s. f. La jeune vive. — Ety., dim. de *aragnó*.

ARAGNOU, prov., s. m. (aragnòu). Espèce de raisin. V. Aragnan.

ARAGNOU, prov., s. m. (aragnòu), Toile d'araignée; filet; *aragnòus*, les deux petits filets qu'on tend aux deux extrémités d'une *tendue*. — Ety., *aragno*, araignée.

Quand canto uno cansoun, ma donço amigo,
Se pren lou roussignòu
A l'aragnòu.
Mistral, *Lis Isclo d'or*.

ARAGNOU, ARAGNOUN, s. m. Prunelle. V. Agrunelo.

ARAGNOUS, o, adj. Hargneux, euse. V. Argnous.

ARAI, gasc., s. m. V. Araire.

ARAIRE, s. m. Araire, araire, charrue sans avant-train. — Syn. *arai, alaire, arare*. — Anc. cat., *aradre*; esp., port., *arado*; ital., *aratro*. — Ety. lat., *aratrum*.

ARAJA, gasc., cév., v. a. Éclairer, chauffer avec ses rayons, en parlant du soleil; *s'arajá*, v. r., s'exposer, se chauffer aux rayons du soleil. — Syn. *soulelhá*. — Béarn., *arrayá*. — Ety., à, et *rajá*, rayonner.

ARAJO, cév., s. f. Folle-avoine. V. Couguioulo.

ARAM, cév., toul., s. m. Aram; airain; *fial d'aram*, fil d'archal. — Syn. *aran, eram*. — Cat., anc. esp., *aràm* ; port., *arame*; ital., *rame*. — Ety. lat., *œramen*.

ARAMBA, v. a. V. Arrambá.

ARAMOUN, s. m. Une des deux pièces du train d'un carrosse, entre lesquelles le gros bout du timon est placé; cep de charrue. V. Alamoun.

ARAMOUN, s. m. Raisin noir à longues grappes, originaire du pays d'Aramon (Gard); comme ces grappes traînent souvent à terre, on l'appelle aussi *rabalaire*.

ARANCA, v. a. V. Arrancá.

ARANGE, ARANGI, prov., s. m. Orange. — Biterr., *irange*; esp., *naranja*; port., *laranja*; ital., *aranciá*. — Ety. arabe, *naranj*.

ARANGELIER, s. m. V.

ARANGIER, prov., s. m. Oranger. — Biterr., *irangier*. — Ety., *arange*.

ARANGIO, s. f. La vive ou le dragon de mer. V. Aragno.

ARANGUI, PROV., s. m. Orvet, espèce de serpent.

ARANHE, BÉARN., s. f. Araignée. V. Aragno.

ARANJADO, PROV., s. f. Orangeade. — BITERR., iranjado. — ETY., arange.

ARANJAT, PROV., s. m. Orangeat, confiture faite d'écorce d'orange. — BITERR., iranjat. — ETY., arange.

ARAPA, ARAPOMAN, ARAPÉDO, V. Arrapá, etc.

ARAR, MONTALB., s. m. Aile ou côté d'une cheminée.

ARARE, DAUPH., s. m. Charrue. V. Araire.

ARARI, v. a. Rendre rare, plus rare; éclaircir. — ETY., à, et rare.

ARASA, v. a. V. Arrasá.

ARASCASSI (s'), v. r. Se couvrir de teigne, devenir teigneux; au fig., se rabougrir. — ETY., à, et rascasso, augm. de rasco, teigne.

ARASSA, PROV., v. n. Faire faire place, écarter la foule. — SYN. faire arasso.

ARASSO (faire), PROV., v. Faire faire place, frayer un passage; arasso ! place ! cridà : arasso ! crier : place ! place !

ARASTO, PROV., s. f. Grappe de raisin desséchée sur le cep et dégarnie de ses grains.

ARATIA, PROV., v. n. Haleter; être haletant. — ETY., aralo.

ARATO, s. f. Battement, palpitation de cœur causée par un exercice violent ou par une longue course. — ETY., ἄρατος, battement de cœur.

ARATOUNI, do, PROV., adj. Ratatiné, ée, rabougri. — SYN. agratouni, agrautouni. — ETY., à, et ratoun, petit rat.

ARAULI, do, CÉV., adj. Engourdi, e, faible, malingre, fluet; transi de froid. — BÉARN., arreulit.

ARAUS, AGAT., s. m. Indisposition, faiblesse physique. — SYN. arraus.

ARAY, GASC., s. m. V. Araire.

ARBADO, PROV., s. f. Tourte aux herbes. — Altér. de herbado.

ARBAJA, GASC., v. a. Surveiller, garder un troupeau, le détourner des récoltes.

ARBAJAIRE, GASC., s. m. Berger, gardien d'un troupeau. — ETY., arbajá.

ARBALESTRIER, PROV., s. m. Arbalétrier; martinet, oiseau. V. Aubalestrier.

ARBASIOS, PROV., s. f. p. Idées extraordinaires et puériles; rêves creux.

ARBASSAC, s. m. V. Abrassac.

ARBE, BÉARN., s. m. Arbre. V. Aubre.

ARBELET, BÉARN., s. m. Petit arbre. — ETY., dim. de arbe.

ARBENE, GASC., v. a. Agréer; il signifie aussi, vendre. V. Bène, vendre.

ARBETO, s. f. V. Herbeto.

ARBEYAT, ade, BÉARN., adj. Écarté, ée; égaré.

ARBIATAN, TOUL., s. m. V. Ourviétan.

ARBILHO, s. f. V. Herbilho.

ARBOT, GASC., s. m. V. Arabout.

ARBOUNÉ, GASC., v. n. Disparaître, mourir; v. a. enterrer.

ARBOUNUDET, GASC., adj. Disparu; enfoncé.

ARBOURIA, PROV., v. n. Marauder, courir la campagne pour voler des fruits. — ETY. LAT., arbor, arbre.

ARBOURIAIRE, PROV., s. m. Maraudeur. — SYN. arbourier. — ETY., arbouriá.

ARBOURIER, s. m. V. Arbouriaire.

ARBOURIHO, PROV., s. f. V. Herbourilho.

ARBOURISTO, s. f. V. Herbouristo.

ARBOUS, CÉV., s. m. V.

ARBOUSIER, s. m. Arbousier, ou fraisier en arbre, Arbutus unedo, arbrisseau de la fam. des éricacées. — SYN. darboussier.

ARBOUSSÉ, CÉV., s. m. Lieu planté d'arbousiers. — ETY., arbous.

ARBOUSSIER, CÉV., s. m. Le même que arboussé.

ARBOUSSO, s. f. Arbouse, fruit de l'arbousier. — PROV., darbousso.

ARBOUSTORI, GASC., s. m. Fosse, tombeau.

ARBOUT, CÉV., s. m. Voûte, V. Arabout.

ARBOUTANT, s. m. Arc-boutant, pilier terminé en forme de demi-arc, qui sert à soutenir une voûte, un mur; la barre d'une porte ou d'un volet, qui sert à les tenir fermés. — SYN. *arc-boutant, arbutan*. — ESP., *arbotante*; PORT., *arcobotante*. — ETY., *ar* pour *arc*, et *boutant*, qui pousse.

ARBOUTAT, ado. adj. Voûté, ée; soutenu par un arc-boutant. — ETY., *arbout*.

ARBRICHOUN, BÉARN., s. m. Arbrisseau. — SYN. *aubrilhoun*. — ETY., dim. de *arbre*.

ARBUDEL, CÉV., s. m. Boudinière, entonnoir dont on se sert pour faire du boudin ou de la saucisse; petit entonnoir pour remplir les bouteilles. — ETY., *ar*, et le roman, *budel*, boyau.

ARBUTANT, s. m. V. Arboutant.

ARC, s. m. ARC, arc, arme propre à lancer des flèches; courbure de voûte; toute portion d'une ligne courbe. — ESP., PORT., ITAL., *arco*. — ETY. LAT., *arcus*.

ARCA, PROV., v. a. Voûter. — ETY., *arc*.

ARCA, v. n. Sauter, faire un bond. — SYN. *s'enarcà*.

ARCADO, s. f. Arcade, ouverture en forme d'arc; nagée, mouvement d'un nageur dont les bras et les jambes décrivent des arcs. — ESP., PORT., *arcado*. — ETY., part. f. de *arcà*.

ARCAMINO, GASC., s. f. Arcane, préparation de mercure. — ESP., *arcano*, du lat. *arcanum*.

ARCANCIEL, s. m. V. Arc-de-Sant-Marti.

Quand l'ARCANCIEL parés lou vespre
Lou pastre pot couch' al campestre ;
Mais quand se mostro lou mati,
Lou pastre pot anà doumi.
PRO.

ARCANETO, s. f. Rougeur. — ETY., dim. de *arcano*. V. ce mot.

ARCANETO, PROV., s. f. Sarcelle. V. Sarcelo.

ARCANO, s. f. Craie rouge dont se servent les charpentiers et les scieurs de long pour tracer leur ouvrage.

ARCAST, BÉARN., s. m. Reproche.

ARCAVOT, PROV., s. m. Fanfaron, vantard.

E lou crebo au moumen que fai soun ARCAVOT.
F. GRAS, *Li Carbounié*.

Et il le crève au moment où il fait ses fanfaronnades.

Le mot roman *alcavot*, qui est le même que *arcavot*, signifie proxénète, et par ext. débauché, libertin; *alcahuete*, *alcahueton*, en castillan, ont le même sens.

ARC-BOUTANT, **ARC-BOUTAT**, V. Arboutant, arboutat.

ARC-DE-SANT-MARTI, s. m. Arc-en-ciel.

L'aire mostra mainta color,
Segon que diso li auctor ;
Una forma mostra en si
Que apelam l'ARC S.-MARTI,
E fai si d'ivèrn e d'estieu
Quan lo soleilhs atenh la nieu,
Quez a presa de la vapor
De la terra mainta color.
BREV. D'AMOR.

L'air montre mainte couleur, comme le disent les auteurs; il montre en lui une forme que nous appelons l'ARC ST-MARTIN; il se fait en hiver comme en été, quand le soleil atteint la nue, qui a pris mainte couleur de la vapeur de la terre.

— SYN. *arcanel, arcoula, arcoulan, arcoulin, arc-de-sedo, arquet*. — ESP., *arco celeste*; ITAL., *arcobaleno*.

ARC-DE-SEDO, PROV., s. m. V. Arc-de-Sant-Marti.

ARCEBE, GASC., v. a. Recevoir. V. Recebre.

ARCELI, s. m. Espèce de testacé de la classe des bivalves, du genre des Vénus, dont on connaît plus de cent variétés. Celles qu'on pêche sur nos côtes sont la Vénus écrite, *Venus litterata* et la Vénus treillissée, *Venus decussata*. On donne le nom d'*arceli* à un coquillage plus gros que les précédents qu'on trouve dans les rivières, qui est appelé aussi *counsoumis*. V. Encounsoumit. Le mot *arceli* paraît venir de *arc*, *arcel*, petite voûte ; Sauvages le dérive de *arcella*, petit coffre.

ARCÉU, s. m. Arceau. — ETY., dim. de *arc*.

ARC-EN-CIEL, s. m. V. Arc-de-Sant-Marti.

ARCHÈIROT, s. m. V. Archerot.

ARCHELA, LIM., v. n. Grimper, monter péniblement en se servant des pieds et des mains. — ETY., *arcá*.

ARCHEMISO, PROV., s. f. Armoise. V. Artemiso.

ARCHEROT, s. m. Petit archer. Les anciens poëtes désignent ordinairement l'Amour ou Cupidon par ce mot. — SYN. *archèirot*. — ETY., dim. de *archer*.

ARCHET, PROV., s. m. V. Arquet.

ARCHIBANC, CÉV., s. m. Banc à dossier, banc d'honneur; siége des chefs de la maison et des étrangers de distinction. — ETY., *archi*, du grec ἀρχειν, préfixe qui annonce la primauté, la supériorité; et *banc*, banc.

ARCHICAN, PROV., s. m. Boyaux de bœuf ou de mouton; panse de ces animaux.

ARCHICHAU BITERR., s. m. V. Artichau.

ARCHIER, s. m. ARQUIEN, archer, soldat ou chasseur armé de l'arc. — CAT., *arquer*; ESP., *archero*; PORT., *archeiro*; ITAL., *arciere*. — ETY., *arc*.

ARCHIÈRO, PROV., s. f. V. Arquièiro.

ARCHIMBELLO, ARCHIMBELO, CÉV., PROV., s. f. Le poids du roi, d'après l'abbé de Sauvages; les balances, suivant Mistral :

Vole chausi li set pu bello,
E pesaran dins l'ARCHIMBELLO
L'amour que troumpo e que barbèlo
Mirèio.

ARCHIPOT, CÉV., s. m. Étuvée, viande hachée et cuite dans un pot; *boutá en archipot*, réduire en chair à pâté, écraser. — SYN. *archipouo*.

ARCHIPOUO, PROV., s. f. V. Archipot.

ARCHIPRÈIRE, PROV., s. m. ARCHIPRÈIRE, archiprêtre. — ESP., PORT., *arcipreste*; ITAL., *arciprete*. — ETY., *archi*, préfixe qui indique la primauté, et *prèire*, prêtre.

ARCHIVARI, s. m. Archiviste.

ARCIÉLOU, CÉV., s. m. Cep, bolet bronzé, d'après la description qu'en fait l'abbé de Sauvages. On donne, dans le Roussillon, le même nom au bolet rude, *boletus scaber*; espèce peu estimée. — ITAL., *araceli*.

ARCINOS, s. f. p. V. Acinos.

ARCISOU, ARCISOUN, CÉV., s. m. On appelle ainsi plusieurs petits insectes, tels que la teigne, la mite ou le ciron du fromage, *Acarus ciro*, de la fam. des Parasites. — SYN. *artisou, frion, marano*.

ARCO, s. f. ARCHA, arche, voûte qui porte sur les piles ou les culées d'un pont de pierre; grand coffre. — GASC., caisse de tombereau; bois de lit; *arco de Nouè*, arche de Noé, *Arca-Noé*, mollusque dont la coquille a quelque ressemblance avec un vaisseau. — SYN. BÉARN., *arxe*. — ESP., PORT., ITAL., *arco*. — ETY. LAT., *arca*.

ARCOUCEL, CÉV., s. m. Fièvre éphémère à laquelle sont sujettes les nouvelles accouchées. — SYN. *arcouncel, touras, souclame*.

ARCOUELHE, GASC., v. a. Accueillir; recueillir. — SYN. *acoelhe*, V. Aculhí.

ARCOULA, ARCOULAN, GASC., s. m. Arc-en-ciel. — SYN. *arcoulin*. V. Arc-de-St-Marti.

L'ARCOULAN de la maytiado
Tiro lou boò de la laurado.
PRO.

L'arc-en-ciel du matin tire le bouvier du labour.

ARCOULIN, GASC., s. m. V. Arcoulá.

ARCOUNCEL, ARCOUNCÈU, s. m. Archet de berceau. — SYN. *arescle*. Il est aussi synonyme de *arcoucel*. V. ce mot.

ARCOURDA, BÉARN., v. a. Accorder. V. Acourdá.

ARCOVO, PROV., s. f. Alcôve.

ARCULO, s. m. Hercule, homme doué d'une grande force; dans le dial. d'Apt, insolent, fanfaron. — ETY., altér. de *Herculo*.

ARDADO, s. f. Troupe de bêtes fauves; volée, bande d'oiseaux; par ext., *ardado coucharello*, meute de chiens couchants — SYN. *ardau, ardèu*.

ARDALHOU, ARDALHOUN, s. m. ARDALHON, ardillon, pointe qui, dans une boucle, sert à l'arrêter; au fig. petit ruisseau qui se jette dans un ruisseau plus grand ou dans une rivière. — Syn. *dardilhoun, ardihoun*. — Ital., *ardiglione*.

ARDAU, cév., s. m. V. Ardado.

ARDE, gasc., v. a. Brûler. V. Ardre.

ARDEIROLO, prov., s. f. Lieu, terrain brûlé par le soleil. — Ety., *arde*, brûler.

ARDELECIO, cév., s. f. Fougue, ardeur, empressement. — Ety., *arde*, brûler.

ARDELO, prov., s. f. Narcisse des poètes. V. Aledo.

ARDELOUS, o, adj. Ardent, e, bouillant, fougueux, violent. — Syn. *arderous*. — Ety., *arde*, brûler.

ARDENCI, prov., s. f. Ardeur, fougue, empressement, zèle. — Ety., *ardent*.

ARDENO, prov., s. f. Pièce de deux liards. V. Dardèno.

ARDENO, prov., s. f. Nom commun à plusieurs plantes qui dessèchent et brûlent pour ainsi dire toutes celles qui les entourent, telles que l'euphraise jaune, la crête de coq, la pédiculaire des marais. — Ety., *arde*, brûler.

ARDENT, o, adj. Ardent, ardent, e. — Esp., *ardiente*; port., ital., *ardente*. — Ety., lat., *ardentem*.

ARDEROUS, o, gasc., adj. V. Ardelous.

ARDÈU, béarn., s. m. Foule, bande. — Syn. *ardado, ardau*. — Ety. all., *herde*, troupeau.

ARDIDESSO, s. f. Ardideza, hardiesse. — Anc. cat., *ardidesa*; ital., *arditezza*. — Ety., *ardido*.

ARDIDO, cév., s. f. Pièce de deux liards ; c'est le double de l'*ardit*, qui ne valait qu'un liard.

ARDIDOMENT, adv. Ardidament, hardiment, résolûment. — Esp., *ardidamente*. — Ety., *ardido*, et le suffixe *ment*.

ARDIHOUN, prov., s. m. V. Ardalhou.

ARDIMAN, do, adj. Hardi, ie, effronté, impertinent. — Ety., *ardit*, hardi, et *man* ou *mann*, homme dans plusieurs langues du Nord.

ARDIOL, cast., s. m. Grain d'orge ; orgeolet. V. Orjoulet. On donne le même nom au populage des marais ou souci d'eau.

ARDIT, ido, adj. Hardi, ie, audacieux. — Querc., *ordi*.

Es pla vertat so que se dis
Qu'en tout temps favou va as ardit.
Pro.

Ety. anc. h.-all., *harti*, hardi, fort.

ARDIT, s. m. Petite monnaie de cuivre de la valeur d'un liard ; l'*ardido* valait le double. — Querc., *ordi*.

Qui vol la coquo amai l'ardit
Es trop coubés e trop ardit.
Pro.

ARDIT, s. m. La partie convexe d'une pièce de bois courbé.

ARDITEYA, béarn., v. n. Liarder, donner liard à liard, lésiner. — Ety., *ardit*, liard.

ARDO, cév., s. f. Colère, cri de colère et de menace.

ARDOS, s. f. p. Arda, hardes, tout ce qui est d'un usage ordinaire pour l'habillement ; équipage. — Syn. *fardos*.

ARDOU, ARDOUR, s. f. Ardor, ardeur, chaleur vive ; vivacité, grande activité ; désir violent, amour, passion. — Cat., esp., port., *ardor* ; ital., *ardore*. — Ety. lat., *ardorem*.

ARDOUN, o, gasc., adj. Rond, e ; *machino ardouno*, le monde. — Syn. *redoun*.

ARDOUS, o, prov., adj. Rude, escarpé.

ARDRE, cast., v. a. Ardre, brûler, enflammer. — Syn. *arde*. — Esp., port., *arder* ; ital., *ardere*. — Du lat. *ardere*.

ARE, béarn., adv Maintenant. V. Aro.

AREBRE, o, prov., adj. Dur, e, âpre ; vif, en parlant du temps ; abrupte, s'il s'agit d'une colline.

AREGACHA, v. a. Regarder vivement devant soi.

AREGARDA, v. a. Aregardar, regarder. — Syn. *regardá*.

AREIER, prov., s. m. V. Alisier.

AREIRE, adv. comp. Areire, arrière, en arrière, autrefois; de rechef, encore. — Cat., *arreira*. — Ety., *à*, et *reire*, du lat. *retro*, arrière.

AREJO, cév., s. f. Rente de blé qu'on retire d'un laboureur pour l'usage d'une ou de plusieurs bêtes de labour. — Syn. *arengo*.

ARELANGUI, do, cév., adj. Harassé, ée, languissant. — Syn. *arrelanqui.*

ARELOS, prov., s. f. p. Échauboulure, éruption de boutons à la peau.

AREN, prov., s. m. Haleine. V. Alén.

AREN, carc., adv. Expression dont on se sert pour exciter les bœufs à marcher.

AREN, s. m. Hareng. V. Arenc.

ARENA, cév., v. a. Éreinter, faire plier les reins, rompre les reins; *s'arená*, v. r., s'éreinter, s'affaisser. — Ety., *à*, priv., et *ren*, rein.

ARENA, cév., v. a. V. Arrená.

ARENA, prov., v. n. V. Aleñá.

ARENA (s'), prov., v. r. S'ensabler, s'enfoncer dans le sable. — Ety. lat., *arena*, sable.

Un navire que s'arèno,
Au mai lou gansounias, au mai s'aproufoundis.
Mistral, *Calendau*, c. IV.

ARENADO, s. f. V. Alenado.

ARENC, prov., s. m. Abîme. V. Avenc.

ARENC, s. m. Arenc, hareng, *clupea arengus*. — Syn. *areng.* — Esp., *arengue*; ital., *aringa*. — Ety., ang. h.-all., *haring.*

ARENCA, cév., v. n. Se raccourcir comme les vers de terre. — Syn. *s'arrucá.*

ARENCADA, do, cév., adj. Séché, ée, comme un hareng. — Ety., *arenc.*

ARENCADO, s. f. Sardine salée comme le hareng. — Syn. *alencado.* — Ety., *arenc.*

ARENDOULO, s. f. Aronde ou exocet volant, *Exocœtus volitans*, poisson qu'on trouve dans la Méditerranée. C'est aussi, à Nice, le nom des hirondelles.

ARENG, s. m. V. Arenc.

ARENGADO, s. f. V. Alencado.

ARENIÉRO, prov., s. f. Sablonnière, lieu où l'on prend du sable. — Ety. lat., *arena*, sable.

ARENJA, v. a. V. Arrengá.

ARENOUS, o, adj. Arenos, sablonneux, euse. — Ety. lat., *arenosus.*

ARÉS, prov., s. m. V. Arescle.

ARESC, s. m. V. Arescado.

ARESCA, v. a. Amorcer le poisson; donner la becquée, la pâtée. — Ety., *aresc.*

Aresca uno sardo per prène un thoun.
Pro.

ARESCADO, s. f. Appât dont se servent les pêcheurs pour amorcer le poisson; pâtée pour les oiseaux; becquée qu'ils portent à leurs petits. — Ety., part. f. de *arescá.*

A gros pèis grosso arescado.
Pro.

ARESCLE, s. m. Bois de fente pour les minots, les boisseaux, les cerceaux des cribles, des tours à filer, des caisses de tambour, etc.; archet de berceau; cerceau adapté à la gueule d'un sac pour le tenir ouvert. Mistral l'emploie dans ce dernier sens :

Un cop li poulit det cherescle
Do la chatouno, dins l'arescle,
Se devineron entremescle
Emé li det brulant, li det d'aquéu Vincen.
Mistral, *Mirèio.*

Syn. *arés, arisole, arascle, aruscle.* — Cast., *ariscle*; arab., *arisch.*

ARESCLO, prov., s. f. V. Arescle. Il signifie aussi écharde, et il est synonime de *esplento, estarenclo, estarengo.*

ARESNO, prov., s. f. Alène. V. Alesno.

ARESOUNA, v. n. V. Rasouná.

AREST, prov., s. m. Ret, rets, filet pour prendre des poissons ou des oiseaux. — Syn. *aret.* — Cat., *ret*; esp., *red*; ital., *rete.* Du lat., *rete*, réseau, filet.

ARESTIÉRO, prov., s. f. Ulcères qui se forment dans la bouche des bêtes à laine qui mangent des épis secs. — Ety., *aresto,* barbe du blé.

ARESTO, s. f. Aresta, barbe du blé et des autres graminées; crête d'un toit; côté angulaire d'une pierre taillée, ou d'une pièce de bois équarrie; arête de poisson. — Esp., ital., *arista*; du lat., *arista.*

ARESTOU, ARESTOUN, s. m. Meunier, poisson de rivière qui a beaucoup d'arêtes, d'où le nom qu'il porte. — Syn. *ainèu, testo d'ase.*

ARET, s. m. ARET, ARIETH, bélier, mâle de la brebis, *Ovis ariës*; au fig. homme ardent, entêté, capricieux. C'est aussi le nom du bélier, un des douze signes du zodiaque. — CAT., ESP., ITAL., *ariete*. — ETY. LAT., *arietem*.

ARET, PROV., s. m. Filet. — SYN. *arest*.

ARETIA, PROV., v. n. Haleter, respirer. — ETY., *aré*, pour *alé*, haleine.

ARGAGNO, PROV., s. f. Vieux fer; objets hors de service.

ARGALOU, s. m. Lyciet d'Europe, *Lycium europæum*; on donne le même nom au paliure. V. Arnavèu.

ARGANEL, s. m. T. de mar., Organeau, gros anneau de fer dont on se sert pour amarrer les vaisseaux; boucle de l'ancre dans laquelle on passe le câble. — ETY. B. LAT., *arganum*, engin.

ARGAU, ARGAUT, s. m. Sarrau, espèce de souquenille que portent les paysans, les rouliers, etc.; jaquette, robe que l'on met aux jeunes enfants.

Lou gavach n'es pas nigaut,
N'a res de groussier que l'ARGAUT.
PRO.

Le montagnard n'est pas nigaud. — Il n'a de grossier que le sarrau.

ARGEIRAS, s. m. V. Arjalas.

ARGEIROUS, PROV., adj. V. Argilous.

ARGELABRE, PROV., s. m. V. Agas.

ARGELAS, s. m. V. Arjalas.

ARGELEGRE, PROV., s. m. Genêt épineux. V. Arjalas.

ARGELEN, co, adj. D'argile; *dourgo argelenco*, cruche d'argile. — ETY., *argèlo*.

ARGELIÈIRO, s. f. V. Argiliéro.

ARGELO, s. f. Argile. V. Argilo.

ARGEMOUNO, s. f. Argemone, *Papaver argemone*, plante de la fam. des papavéracées. — ETY., ἀργεμώνη, sorte de pavot.

ARGENSAU, PROV., adj. V. Argilous. On donne le même nom aux terres d'alluvion.

ARGENT, s. m. ARGENT, argent; monnaie en général; *argent de sel seaumes*, créance difficile à faire rentrer. On dit, en provençal, *mis argent* pour *moun argent*. — ETY. LAT., *argentum*.

Argent fa prou,
Mai be passo tout.

Noublesso sens ARGENT, lum sens oli.
PRO.

ARGENTA, v. a. ARGENTAR, argenter, couvrir de feuilles d'argent; vendre une chose, c'est-à-dire la changer contre de l'argent. *De qu'as facli de toun ase?* — *L'ai argentat:* j'en ai fait de l'argent; *s'argentá*, v. r., prendre la blancheur de l'argent. — ETY., *argent*.

ARGENTARIÈ, s. f. ARGENTARIA, argenterie, vaisselle, cuillères et autres ustensiles d'argent. — ETY., *argent*.

ARGENTIÈIRO, s. f. Mine d'argent. — ETY., *argent*.

ARGENTIN, o, adj. Argentin, e, qui a la couleur ou le son de l'argent. — PORT., ITAL., *argentino*. — ETY., *argent*.

ARGENTIN, s. m. Nom de plusieurs poissons de mer, ainsi appelés à cause des reflets argentins de leurs écailles, le lépidope, le gymnètre, etc.

ARGENTINO, s. f. Tire-lire. — SYN. *caclio-malho, deniéirolo, diniairolo*. La potentille ansérine, de la fam. des rosacées, est aussi appelée *argentino*. — ETY., *argent*.

ARGENTIOUS, ARGENTIVOU, adj. V.

ARGENTOUS, o, adj. Argenteux, euse, qui a beaucoup d'argent. — ETY LAT., *argentosus*.

ARGENT-VIÈU, s. m. ARGEN-VIU, argent-vif ou vif-argent, mercure; on dit d'un homme très-vif: *A d'argent-vièu à liogo de sang*. — ANC. CAT., *argent-viu*; ANC. ESP., *argent-vivo*; ITAL., *argento-vivo*.

ARGEROLO, s. f. V. Arjèirolo.

ARGIÈIROUS, o, adj. V. Argilous.

ARGIÈLAS, s. m. V. Arjalas.

ARGIÈLO, ARGIÉRO, ARGIÉLOUS. V. Argilo, Argilous.

ARGILIÉRO, PROV., s. f. Glaisière, lieu d'où l'on tire l'argile. — SYN. *argeliéiro*.

ARGILO, s. f. ARGILA, argile, terre blanchâtre composée principalement de silice et d'alumine. — SYN. *argèlo, argièlo, argiéro*. — CAT., *argila*; ESP., PORT., ITAL., *argilla*. — Du lat.; *argilla*.

ARGILOUS, o, adj. Argillos, argileux, euse, qui tient de l'argile. — Syn. *argelous, argiélous, argièirous*. — Cat., *argilos*; esp., *arcilloso*; ital., *argilloso*. Ety. lat., *argillosus*.

ARGIROLO, s. f. V. Arjèirolo.

ARGNAT, ado, adj. V. Arnat.

ARGNÉ, ARGNIER, s. m. V. Arnier.

ARGNO, s. f. V. Arnier. Il s'emploie aussi pour *arno*, teigne. V. Arno.

ARGNOUS, o, adj. Hargneux, euse.

ARGOÈYTA, béarn., v. a. Guetter, regarder. — Ety., *ar*, et *goèyta*, du roman *gaitar*, guetter.

ARGOÈYTE-CAMIIS, béarn., s. m. Celui qui guette sur les chemins pour assassiner ou pour voler. — Ety., *argoèyte*, guetteur, et *camiis*, chemins.

ARGOT, s. m. V. Ergot.

ARGOUAGNO, prov., s. f. Couvée. V. Couàdo.

ARGOULA, gasc., v. a. Attendre, espérer.

ARGOULET, cév., alb., s. m. Homme de rien ; on appelait autrefois ainsi les arquebusiers à cheval.

Cap-de-noun ! que la mort es un' estranjo causo,
Quan ven, com'un fourrou, prene un homme al
[coulet !
Que sios un gros moussur, un petit Argoulet,
Executo ses pèu tout so que se prepauso.

De Chaubard de Roquebrune.

ARGOUTAT, ado, adj. Rusé, ée, fin, difficile à duper. — Ety., *argot*, qui connaît l'argot.

ARGUÈU, dauph., s. m. Orvet, reptile de la fam. des homodermes.

ARGUE, ARGUI, s. m. T. de mar. Cabestan, tour fixé dans un navire pour soulever les objets d'un grand poids.

ARGUMÉU, èle béarn., adj. Aigre-doux, patelin ; c'est une altération de *agre*, aigre, et *méu*, miel.

ARGUSIN, adj. m. Éveillé, leste. — Ety., *Argus*, qui a des yeux d'Argus.

ARIALA, cév., v. a. Nettoyer un canal pour faciliter l'écoulement des eaux. — Ety., *à*, et le roman *rial*, ruisseau; faire couler comme un ruisseau.

ARIAT, cév., s. m. Ane, baudet.

ARIBA, v. a. Donner à manger aux animaux, chevaux, bœufs, oiseaux, vers-à-soie, etc., appâter un enfant, un vieillard.

ARIBADO, s. f. Ration qu'on donne aux animaux, ration de feuilles pour les vers-à-soie. — Ety., part. f. de *aribá*.

ARIBAIRE, s. m. Celui qui donne à manger aux animaux. — Ety., *aribá*.

ARIBOUFIER, prov., s. m. V. Aliboufier.

ARIBOUNDOUN, adv. A foison, en abondance. — Ety., *ari*, part. aug., et *boundoun*, altér. de *aboundoun*, abondant.

ARIDELO, s. f. Haridelle, mauvais cheval. — Querc., *oridello*.

ARIDITAT, s. f. Ariditat, aridité, sécheresse. — Anc. cat., *ariditat* ; ital., *aridità*. — Ety. lat., *ariditatem*.

ARIÉGE, cév., s. m. Salsepareille d'Europe, liset piquant, *Smilax aspera*, plante de la fam. des asparagées. Noms div. : *saliége, lengo-de-ca, grame-gros*.

ARIER, ARIGIER, ARIGUIER, s. m. V. Alisier.

ARIGAS, prov., s. m. Bourbier. — Syn. *fangas*.

ARIGO, prov., s. f. V. Aliso.

ARIGOT, s. m. Chalumeau, sorte de fifre. — Syn. *larigot*.

ARIGOU, cév., s. m. Un des noms du micocoulier.

ARIMOULHER, s. m. V. Agrimoulher.

ARIPOUNCHOU, biterr., s. m. V. Repounchou.

ARIQUE, ARIQUETE, béarn., s. f. Fétu de lin, débris de paille.

ARISCA, v. a. V. Aliscá.

ARISCLE, cast., s. m. V. Arescle.

ARISSA, v. a. V. Erissá.

ARIT, ido, gasc., adj. Aride, sec. — Cat., esp., port., ital., *arido*. — Du lat., *aridus*.

ARJALABRE, s. m. Erable. V. Agas.

ARJALAS, s. m. Genêt épineux, *Genista scorpius*, arbrisseau de la fam. des papilionacées à fleurs jaunes. — Syn. *argelas, argiélas, argelegre, argèiras, aljalas, ourjalas, ginesto pounchudo, gadòus, desé, dozem, dozéno*. On donne le même nom à l'ajonc, *Ulex provincialis*, de la même fam., qui a aussi les fleurs jaunes, et dans quelques pays à la lampourde épineuse.

ARJALASSIÉRO, s. f. Terrain couvert de genêts épineux ou d'ajoncs. — Ety., *arjalas*.

ARJAU, prov., s. m. V. Orjoulet.

ARJÈIROLO, s. f. Azerole, fruit de l'azerolier. — Syn. *argirolo, arzerolo, arcèirolo, azerolo, cerisolo, boutelhou, poumeto de dous closques, auarcho*.

ARJÈIROULHÈR, s. m. Azerolier, arbrisseau de la fam. des rosacées. — Syn. *arsèiroulher, azeroulher, boutelhounier, auarche*.

ARJELABRE, s. m. V. Arjalabre.

ARJELAS, s. m. V. Arjalas.

ARJOL, biterr., s. m. Orjol, Orgol, cruche en poterie qui sert à contenir de l'eau. — Ety. lat., *urceolus*; *arjol* est une altération du roman, *orjol*, vase, pot-à-eau.

ARJOULAT, biterr., s. m. Plein une cruche. — Ety., *arjol*.

ARJULABRE, prov., s. m. V. Arjalabre.

ARLAND, gasc., s. m. Embarras: *faire d'arlands*, faire de l'embarras; suivant l'abbé de Sauvages, ce mot signifie cri des soldats pour s'exciter au pillage; l'abbé Favre lui donne le sens de pillage dans les vers suivants:

Açó, vèja, moun paure gnerle,
Diguè Minerva à nostre merle,
Ta Penelopa a de galans
Que de tout toun bèn fan arlans.

ARLANDIER, s. m. Pillard, voleur. — Ety., *arland*.

ARLAT, ado, gasc., adj. V. Arná.

ARLATENC, o, adj. Arlésien, ienne. — Ety. lat., *arelatensis*.

ARLEBATRIER, prov., s. m. Martinet, oiseau. V. Aubalestrier.

ARLEQUINEJA, v. n. Faire des arlequinades. — Ety., *arlequin*.

ARLÈRI, s. m. et adj. Fat, freluquet, fanfaron, extravagant, ennuyeux, imbécile, sot. Il signifie aussi, fretin, rebut, guenille, chose de peu de valeur, attirail. — Syn. *allèri*.

ARLO, gasc., s. f. V. Arno.

ARLOT, s. m. Arlot, ribaud, goujat, gueux, hardi. — Anc. cat., *arlotz*; ital., *arlotto*.

Li borzes de la vila virols crozats venir
E lo rei dels arlotz que los vai envazir.
Chronique des Albigeois.

ARMA, v. a. Armar, armer, donner des armes; équiper un vaisseau; au fig. entourer un jeune plant de buissons; ramer des pois, des haricots, etc.; pour cette dernière acception, *armá* est une altération du français *ramer*, et est mis pour *ramá*; *s'armá*, v. r., s'armer, prendre les armes. — Cat., esp., port., *armar*; ital., *armare*. — Ety. lat., *armare*.

ARMA, dauph., s. f. Ame. V. Amo.

ARMACIER, cast., s. m. Espèce de sorcier qui se dit tourmenté par les âmes de ceux qui souffrent dans le purgatoire, et qui exploite par ce moyen la crédulité des paysans. — Syn. *armier*. — Ety., *armo*.

ARMADE, béarn., s. f. V.

ARMADO, s. f. Armada, armée. — Cat., esp., *armada*; ital., *armata*. — Ety., part. f. de *armá*.

ARMADOUIRO, prov., s. f. Rame, petit branchage que l'on plante pour soutenir les pois, les haricots, etc. — Syn. *armalhuro*. — Ety., *armado*, part. f. de *armá*.

ARMADURO, s. f. Armadura, armure. — Cat., esp., port., ital., *armadura*. — Ety. lat., *armatura*.

ARMAGNAC, s. m. V. Almanac.

ARMALHADO, s. f. V. Aumalhado.

ARMALHI, dauph., s. m. Troupeau de bêtes à cornes. V. Aumalho.

ARMALHURA, prov., v. a. Échalasser. — Ety., *armá*, dans le sens de *ramá*.

ARMALHURO, prov., s. f. Échalas, tuteur. — Syn. *armadouiro*. — Ety., *armalhurá*.

ARMAMENT, s. m. Armement; T. de mar., action d'équiper un vaisseau et de le mettre en état de prendre la mer. Au fig. *founsá à l'armament*, signifie contribuer à une dépense. — Cat., *armament*; esp., port., ital., *armamento*. — Ety. b.-lat., *armamentum*.

ARMANA, s. m. V. Almanac.

ARMANAIRE, s. m. Marchand d'almanachs; qui fait des contes, des sornettes. — Syn. *almanadier*.

ARMARI, s. m. Armoire, grand meuble de bois propre à serrer diverses choses. — Syn. *armasi*. — Esp., ital., *armario*. — Ety. lat., *armarium*.

ARMARIÉS, s. f. p. Armari, armoiries, armes, signes héraldiques.

ARMARINA, dauph., s. f. V. Amarino.

ARMARIOUN, prov., s. m. Petite armoire. — Ety., dim. de *armàri*.

ARMAS, s. m. Lande, friche. V. Ermas.

ARMASI, ARMAZI, s. m. V. Armàri.

ARMASSI (s'), v. r. V. Enarmassi.

ARMAU, cév., s. m. V. Armol.

ARMELO, ARMELLO, s. f. Ganse de chaudron, bride; anneau de fer dans lequel roule le tour d'une charrette; verterelle d'un verrou; prov., gros peloton flasque de laine; protubérance qui se forme sur une bobine quand on dévide trop long-temps sur le même point. — Ety. lat., *armilla*, anneau de fer.

ARMENTALO, ARMENTELO, ARMENTIO, ARMETELO. V. Pimpanèlo.

ARMENTRASTO, prov., s. f. V. Mentastro.

ARMET, gasc., s. m. Anneau fait avec une branche tordue.

ARMETO, prov., s. f. Petit papillon de nuit; teigne.

ARMETO, toul., s. f. Ame. Il se dit particulièrement des âmes du purgatoire. — Ety., dim. de *armo*, âme.

Nostre gran Dieu, nostre boun mestre,
Es pietadous, ço que pot estre,
E d'aub' un gran countentomen
Caresso familiciromen
Un'armeto que counvertido
Per l'amour d'èl cambio de bido.
GRIMAUD.

ARMIÈ, prov., s. m. Sorcier, enchanteur. — Ety., *armo*. V. Armacier.

ARMINETO, s. f. Herminette, outil de charpentier qui a la forme d'une hache recourbée.

ARMIRALH, prov., s. m. Tout ce qui offre un grand volume.

ARMIROUA, béarn., v. n. Tournoyer.

ARMITAGE, s. m. V. Ermitage.

ARMITAN, ARMITO, s. m. V. Ermito.

ARMO, s. f. Armas, arme, tout ce qui sert à l'attaque et à la défense. — Cat., esp., port., ital., *arma*; du lat. *arma*.

ARMO, cév., querc., toul., s. f. Anma, âme ; *festo d'armos*, jour des morts ; *se pas bastá l'armo*, n'avoir pas assez de courage pour.

Arma d'ome, segon que ditz
Sant Augustis, es esperitz
Vivificans cor humanals
Qu'en lieis non a re corporals.
BREV. D'AMOR.

L'âme humaine, comme le dit Saint Augustin, est un esprit qui vivifie le corps humain, qui n'a rien de corporel.

ARMOL, ERMOL, biterr., s. m. Arroche, bonne-dame, belle-dame, ansérine des jardins, *Atriplex hortensis*, plante de la fam. des salsolacées. On désigne par le même nom les arroches sauvages : 1° l'*Atriplex crassifolia*, qui habite les sables maritimes; 2° l'*Atriplex laciniata*, qui habite les bords des canaux; 3° l'*Atriplex halimus*, ou *pourpier de mer*; 4° l'*Atriplex hastata*, qui croît sur les bords des champs et des chemins ; 5° l'*Atriplex patula*, qu'on trouve dans les terres cultivées. On appelle aussi *armols* les diverses espèces d'amarantes sauvages, et d'ansérines qui infestent les terres cultivées. — Syn. *armau, armòu, armous, ourmèu*. — Cat., *armolt*; esp., port., *armoles*; ital., *armolla*. — Ety., *ar*, abréviation de *arnavèu*, lyciet, et *mol*, mou.

ARMO-LASSO (A l'), loc. adv. Elle ne se dit que d'une personne qui se traîne péniblement comme si elle était au moment d'expirer : *s'en va à l'armo-lasso*, il n'en peut plus.

ARMONA, dauph., s. f. Aumône; plur. *armone*. V. Aumorno.

ARMORIJO, lim. s. m. Vent d'Armorique ou de Bretagne, qui est le Nord-Ouest pour le Limousin.

ARMOTOS, gasc, s. f. p. Bouillie de farine de maïs.

ARMOU, cév., s. m. V. Armol.

ARMOUCHA, gasc., v. a. Émousser.

ARMOUN, prov., s. m. L'ansérine botryde, l'ansérine verte. V. aussi Alamoun.

ARMULHA, GASC., v. a. Prendre avec les lèvres; BÉARN., mouiller.

ARMULHOUS, e, BÉARN., adj. Humide, mouillé. — ETY., *armulhá.*

ARNA, v. a. Piquer, ronger, en parlant des teignes; *s'arná*, v. r., se vermouler, être rongé, piqué par les teignes; *arnat, ado*, part., vermoulu, e, piqué par les teignes. — TOUL., *darná*; GASC., *arlá*. — ETY., *arno*, teigne.

ARNADURO, s. f. Mangeure de teignes, de mites; vermoulure. — ETY., *arnado*, part. f. de *arná.*

ARNAL, PROV., s. m. Bon-henry, toute-bonne, plante. V. Espinar-bastard.

ARNAPI, GASC., s. m. et adj. Importun, fâcheux, en parlant surtout d'un enfant.

ARNAVÉS, s. m. V.

ARNAVÈU, s. m. Ce nom désigne plusieurs espèces d'arbrisseaux : 1° Le lyciet d'Europe, *Lycium europœum*, appelé aussi *arnivés blanc*; 2° le paliure, piquant ou argalou, porte-chapeau, chapeau-d'évêque, épine-du-Christ, *Rhamnus paliurus*, ou *Paliurus aculeatus*, de la fam. des rhamnées, *arnavèu, arnivés negre, argalou, bec-de-faucoun, capelets*; 3° enfin, l'argousier. V. Agranas.

ARNEG, GASC., s. m. Jurement, blasphème. — ETY., *arnegá*, jurer, sacrer.

ARNEGA, BÉARN., v. n. Jurer. V. Renegá.

ARNÈI, V.

ARNES, s. m. ARNES, harnais, tout ce qui est nécessaire pour harnacher un cheval; vêtements, autrefois armure d'un chevalier; GASC., charrue. — SYN. *arnesc*. — ESP., *arnes*; PORT., *arnez*; ITAL., *arnese*. — ETY. B.-BRET., *harnez*, ferraille, engin en fer, armure.

ARNESA, v. a. V. Arnescá.

ARNESC, PROV., s. m. V. Arnés.

ARNESCA, v. a. ARNESCAR, harnacher, équiper; *arnescat, ado*, part. Harnaché, ée. — SYN. *arnesá*. — ETY., *arnesc*.

ARNESCAMENT, s. m. Harnachement. — ETY., *arnescá.*

ARNESSES, PROV., s. m. p. Halliers. — SYN. *ernesses.*

ARNIA, GASC. v. a. Donner à quelqu'un un surnom ridicule.

ARNIER. Martin-pêcheur, *Alcedo ispida*, oiseau de l'ordre des passereaux et de la fam. des ténuirostres. La propriété qu'on attribue à sa peau de préserver les étoffes des teignes lui a fait donner le nom d'*arnier*, venu de *arno*, teigne, mite. Noms divers : *blurel, blavier, alcyoun, marti-pescaire.*

ARNIGO, GAST., , s. f. Genêt à fleurs velues, *Genista pilosa*, de la fam. des papilionacées.

ARNILHA, v. n. V. Endilhá.

ARNIVÉS, MONTP., s. m. Nom commun au lyciet et au paliure. On désigne le premier par *arnivés blanc*, et le second par *arnivés negre*. V. Arnavèu.

ARNIVOUS, O, PROV., adj. Alerte, dispos, bien portant, porté de bonne volonté.

ARNO, s. f. ARNÁ, teigne, *Tinea pellionella*, teigne qui attaque les pelleteries et les plumes; *Tinea granella*, teigne qui attaque les grains; *Galeria cereana*, et *tribunella*, larves de deux espèces de teignes, qui vivent dans les ruches et s'y nourrissent de cire, et qu'on appelle *arnos des bourgnous*, en PROV., *arno dei brusc*. — Au fig. *arno* désigne une personne d'humeur chagrine et quinteuse, et il est syn. de *argno*. — CAST., *darno*; GASC., *arlo*; ANC. ITAL., *tarma.*

ARNOUS, BITERR., adj. Teigneux. Ce mot, autrefois usité, ne s'est conservé que comme nom propre d'homme. — ETY., *arno.*

ARO, adv. An, ARA, à présent, à l'heure même, maintenant. *Tout-aro*, tout-à-l'heure; *eh bé aro!* ou *ah per aro!* ah, pour le coup! *d'aro ni d'aro*, de longtemps; *d'aro en lai*, dorénavant; *aro-mèmes, aro-metèu, aro-meliéus*, à l'instant même. — SYN. *are, adare, adaro, adesaro, aros*. — CAT., *ara*; ESP., *ahora*; ITAL., *ora*. — ETY. LAT., *ad horam, hac hora.*

ARO, PROV., s. f. V. Alo.

ARO, PROV., s. f. Genêt, branche de genêt qu'on met au feu.

AROBAS, CÉV., adv. Reste à savoir.

AROFO, s. f. Balle d'avoine. V. Abes.

AROS, ALB., adv. V. Aro.

AROUMERE, BÉARN., s. f. Détour.

A-ROUNCIENSO, CAST., adv. comp. En grande quantité, à profusion.

AROUNDA, v. a. ARONDAR, environner, entourer, embrasser. — ETY., à, et *round*.

AROUNZE, CÉV., s. m. V. Rounze.

AROUPA, PROV., v. a. Envelopper dans un manteau. — ETY., *à*, et *roupo*, espèce de manteau.

AROUQUI (s'), v. r. Devenir dur comme la pierre, se pétrifier; *arouquit, ido*, part., pétrifié, ée. — ETY., *à*, et *roc*.

AROUSENTI, CARC., v. a. Chauffer jusqu'au rouge. V. Rousenti.

AROSO, GASC., s. f. V. Roso.

ARPA, v. a. ARPAR, harper, saisir, empoigner; serrer fortement avec la main, égratigner; herser. — CÉV.; *arpi*; LIM., *arpiá*. — CAT., ESP., PORT., *arpar*. — ETY., *arpo*.

ARPADO, s. f. Coup de griffe. — SYN. *arpiado*. — ETY., part. f. de *arpá*.

ARPALHAN, s. m. Larron, voleur; homme toujours prêt à donner des coups, à se battre; leste, éveillé. — ETY., *arpá*.

ARPAS, GASC., s. m. Ordures, balayures; dépouille, épave; au fig. confusion. — SYN. *arpassalho*.

ARPASSA, PROV., v. a. S'emparer, saisir, prendre avec avidité. — ETY., ἁρπάζω

ARPASSALHO, GASC., s. f. V. Arpas.

ARPASTA, ado, PROV., adj. Rassasié, ée.

ARPAT, GASC., s. m. Poignée, ce qui peut tenir dans la main fermée. — SYN. *manado, manat*. — ETY., *arpo*, griffe, patte.

ARPATEJA, v. n. Se griffer à quelque chose, tâtonner, s'agiter, jouer des pieds et des mains; trépigner; perdre son temps à remuer les objets qu'on a devant soi; au fig. chercher à l'aide de nouvelles spéculations à réparer une perte qu'on a éprouvée dans sa fortune. — SYN. *arpatiá, arpigná*. — BÉARN., *arpateyá*. — ETY., fréq. de *arpá*.

ARPATEJAIRE, s. m. Celui qui fait jouer ses griffes, qui agite ses pieds, ses bras. — SYN. *arpejaire*. — ETY., *arpatejá*.

ARPATEYA, BÉARN., v. n. V. Arpatejá.

ARPATEYADE, BÉARN., s. f. Coup de griffe. — SYN. *arpado*. — ETY., part. f. de *arpateyá*.

ARPATIA, PROV., v. n. V. Arpatejá.

ARPE, BITERR., s. m. Herse, instrument garni de dents de bois ou de fer propre à émotter : *aquelos turros demandou un cop d'arpe*, il faut se servir de la herse pour briser ces mottes — SYN. *rosse, erpe, erpi*. — ETY., ἅρπη, croc.

ARPEGA, v. n. V. Apegá.

ARPEJA, v. a. Herser. Il est aussi synonyme de *arpatejá*. — ETY., *arpe*, herse.

ARPEJAIRE, PROV., s. m. Herseur. V. Arpatejaire.

ARPENT, s. m. ARPEN, ARIPIN, arpent. — ANC. ESP., *arepende*. — ETY. LAT., *arepennis*.

ARPENTA, v. a. Arpenter; au fig. v. n., aller à grands pas. — ETY., *arpent*.

ARPENTAIRE, s. m. Arpenteur. — ETY., *arpentá*.

ARPETO, s. m. Petite gaffe. — DIM. de *arpo*.

ARPI, CÉV., v. a. V. Arpá.

ARPI, ARPIN, s. m. Harpon, croc, gaffe; au fig. fripon. — SYN. *arpiaire; arpian, arpalhan*.

ARPIA, LIM., v. n. Grimper en s'accrochant; il est aussi synonyme de *arpá*.

ARPIADO, s. f. V. Arpado.

ARPIAIRE, PROV., s. m. Fripon, escroc. — SYN. *arpi, arpin*.

ARPIAN, s. m. Escroc; huissier, recors; vautour griffon. — ETY., *arpiá*.

ARPIEN, PROV., s. m. Griffe. V. Arpo.

ARPIER, s. m. Harpon. V. Arpi.

ARPIÉU, s. m. V. Arpiot.

ARPIGNA, MONTALB., v. n. V. Arpatejá.

ARPIO, PROV., s. f. Griffe, serre. V. Arpo.

ARPIOT, BITERR., s. m. Griffe, serre, ongle de certains animaux. — SYN. *arpiéu, arpioù, arpioun*. — ETY., ἅρπη.

ARPIOU, ARPIOUN. V. Arpiot.

ARPO, s. f. ARPA, la patte de certains

animaux, armée de ses griffes ou ongles ; croc, harpon de batelier ; au fig. main disposée à prendre ; *lous procururs ou de bounos arpos.* — Prov., *arpien, arpio, arpioú, arpiot.* — Ety., ἅρπη, croc.

ARPO, s. f. Arpa, harpe, inst. de musique. — Anc. h.-all., *harpha.*

L'us ag arpa, l'autre viola.

Un Troubadour.

ARPOS, cév., s. f. p. T. de maç. Pierres d'attente.

ARPOUN, s. m. Harpon, instrument qui sert à piquer les gros poissons dont on fait la pêche. — Syn. *arpi, arpin, arpier, arpo.* — Esp., *arpon* ; ital., *arpignone*. — Ety., *arpa*, harper, serrer.

ARPOUNO, prov., s. f. Agaric, espèce de champignon comestible en forme de houppe.

ARPUT, udo, adj. Armé, ée de griffes ; crochu, ue, au fig. homme toujours prêt à prendre. — Ety., *arpo*.

ARQUEMI, prov., s. f. Alkimia, alchimie. — Syn. *arquemino*. — Esp., *alquimia* ; ital., *alchimia*.

ARQUEMI, prov., s. f. Armoise. V. Artemiso.

ARQUEMINO, cév., s. f. Alchimie. V. Arquemi.

ARQUET, s. m. Archet, sorte de baguette garnie de crins tendus qui sert à jouer du violon, de la basse, etc., instrument propre à faire tourner un foret et qui fait partie du vilebrequin ; châssis en arceau qu'on place au-dessus des berceaux des enfants ; baguette flexible qui sert d'étui à la faucille des moissonneurs ; espèce de piège pour les oiseaux ; arc-en-ciel ; au fig. *libá l'arquet*, roidir les jambes, marcher vite, courir. — Ety., dim. de *arc*.

ARQUETA, v. a. Parer, ajuster, tirer à quatre épingles ; tendre, dresser ; v. n. courir à toutes jambes : les remuer convulsivement au moment de la mort. — Ety., *arquet*.

ARQUIÉIRO, ARQUIÉRO, s. f. Arquiera, embrasure où se plaçait l'archer pour lancer les flèches, barbacane ; égoût pratiqué dans le mur d'une terrasse pour l'écoulement des eaux ; soupirail d'un *suoir* à châtaignes ; lucarne ; petite fenêtre. — Ety., *arc*.

ARRA, v. a. Arrher, s'assurer d'une chose en donnant des arrhes. — Ety., *arro*.

ARRABA, gasc., s. m. Champ de navets. — Ety., *arrabo*, navet.

ARRABAT, ado, gasc., adj. Rassasié, ée, fatigué, ennuyé : *arrabat del béusaige*, ennuyé du veuvage.

ARRABE, béarn., s. f. Rave ; gasc., *arrabo*, navet.

ARRABI, gasc., loc. adv. A merveille, à ravir ; on doit écrire *A-rabi*.

ARRABISSO, gasc., s. f. Rave, navet. — Syn. *arrabo*.

ARRABIT, ido, gasc., adj. Ravi, e, transporté.

ARRABO, gasc., s. f. Navet. — Syn. *arrabisso*.

ARRACA, cév., v. a. *Arracá lou vin*, soutirer le vin. — Ety., *à*, priv., et *raco*, marc ; ôter du vin le marc pris pour la lie.

ARRACA, cast., v. n. Puer, sentir mauvais, infecter ; au fig. v. a., faire de la peine.

ARRACHO, toul., s. f. Un des noms de la folle avoine. V. Couguioulo.

ARRACO-COR (d'), loc. adv. A contrecœur.

ARRADIT, béarn., s. f. Racine. — Ety., *ar*, et le lat. *radicem*, racine.

ARRAFLÉ, gasc., s. m. V.

ARRAFOU, béarn., s. m. Raifort ; prov., *arrèi-fouert*. — Ety., ῥάφανος.

ARRAGE, adv. A foison, pêle-mêle, confusément. V. Ratje.

ARRAGUE, béarn., s. f. Fraise.

ARRAI, béarn., s. m. Rayon. — Ety., *ar* et *rai*, rayon.

ARRAJA, v. a. Exposer aux rayons du soleil ; *s'arrajá*, v. r., se chauffer au soleil ; *arrajá*, v. n., darder ses rayons, luire, en parlant du soleil. — Béarn., *arrayá*. — Ety., *ar* et *rayo*, rayon.

ARRAJADO, gasc., s. f. Apparition du soleil qui lance ses rayons. — Syn. *arrajo*. — Ety., part. f. de *arrajá*.

ARRAJO, gasc., s. f. V. Arrajado.

ARRAM, BÉARN., s. m. Rameau. V. Ram.

ARRAMA, BÉARN., v. a. Faire un espèce de treillis avec des branchages; ramer, entrelacer. — ETY., *arram*.

ARRAMASSA, v. a. V. Ramassá.

ARRAMAT, BÉARN., s. m. Faisceau de rameaux; tas de branchages; troupeau, troupe nombreuse, foule, rassemblement. — ETY., *arram*.

ARRAMBA, v. a. T. de mar. Accrocher un vaisseau pour venir à l'abordage; s'accoster, s'accrocher. — ETY., *ar* et *rambá*, serrer.

Sisifo dounc s'ARRAMBO à la pèiro; e di bras,
Apounchèira, relent, buto que butaras.
    MISTRAL, Lis Isclo d'or.

Sisyphe donc s'accroche à la pierre; et des bras, — cramponné, tout en nage, il pousse et pousse encore!

ARRAMBAGE, s. m. Abordage entre deux bâtiments ennemis.

N'avié panca di, mai tout l'equipage,
Lampo is alabardo, i visplo, i destrau,
E, grapin en man, l'ardi Prouvençau
D'un soulet alen crido : A L'ARRAMBAGE!
    MISTRAL, Mirèio.

ETY., *arrambá*.

ARRAMBLA, PROV., v. a. Acculer. V. Ramblá.

ARRAME, BÉARN., s. f. Branche, ramée. — ETY., *arram*.

ARRAMEJOUA, GASC., v. a. Nettoyer un tas de blé des balles qui y sont mêlées avec un petit balai fait de branchages, appelé *arramejoun, ramejouu*.

ARRAMEJOUN, GASC., s. m. Petit balai de ramée, dont on se sert pour nettoyer blé des balles qui y sont mêlées. — *ame*.

r. Se contracter par
— ETY., *ar*. et

tion d'arracher. — SYN. *arrancament*. ETY., *arrancá*.

ARRANCAIRE, s. m. Arracheur, celui qui arrache. — ETY., *arrancá*.

ARRANCAMENT, s. m. V. Arrancage.

ARRANDA, PROV., v. a. Rader, passer la radoire par-dessus une mesure de matières sèches. — SYN. *randá*.

ARRANJA, PROV., v. a. V. Arrengá.

ARRANQUÉ, GASC. Boiteux. — SYN. *arranc*.

ARRANQUEJA, GASC., v. n. Boiter. V. Ranquejá.

ARRAPA, v. a. ARRAPAR, prendre, saisir avec la main, empoigner, extorquer; s'*arrapá*, v. r., s'empoigner, en venir aux mains, se battre; s'accrocher, s'attacher; se figer, se prendre, se cailler; v. n., prendre racine, reprendre, en parlant des arbres; au fig. relever sa fortune après avoir été ruiné, remonter sur l'eau. — GASC., *arraspiá*; CAT., ANC. ESP., *arrapar*; ITAL., *arrapare*. — ETY. LAT., *arripere*.

ARRAPADOUIRO, PROV., s. f. Rampe; chose à laquelle on s'accroche, à laquelle on se tient avec la main. — ETY., *arrapadlo*, part. f. de *arrapá*.

ARRAPAIRE, o, s. m. et f. Voleur, euse, qui prend de toute main; PROV., *arraparello*. voleuse. — ETY., *arrapá*.

ARRAPARELLO, **ARRAPARÈLO**, PROV., s. f. Garance voyageuse, ou garance étrangère, *Rubia peregrina*, plante de la fam. des rubiacées à fleurs jaunâtres. — SYN. *arrapo-man*, nom commun à plusieurs autres plantes.

ARRAPAT, ado, part. Pris, e, attaché, accroché; fort, nerveux, vigoureux; *aquel goujat es pla arrapat*, ce garçon a une taille écrasée, qui annonce une grande force. — SYN. CAST., *arraput*.

ARRAPEDO, s. f. Nom commun à toutes les espèces du genre patelle ou lépas, mollusques du genre des gastéropodes. — SYN. *alapeto*. On appelle aussi la fasciole hépatique, ou *rgers, fasciola hepatica*, trouve dans le foie *duro*. — Ar-aspho-

ARRAPIOUNA (s'), prov., v. r. Se prendre, s'accrocher partout. — Ety., *arrapá*.

ARRAPO-ARRAPO, prov., s. f. Le jeu de colin-maillard. — Ety., *arrapá*, prendre, saisir.

ARRAPO-FERRE, s. m. Manique de repasseuse. — Biterr., *manado*.

ARRAPO-MAN, **ARRAPO-MAS**, s. m. Le gaillet grateron, ou grateron rièble, *Galium aparine*, plante de la fam. des rubiacées à fleurs verdâtres. — Syn. *grapoun*, *raparelo*, *gafarot*, *herbo-dereboulo*, *rapegue*. On donne le même nom à la garance voyageuse. V. *Arraparello*. — *Arrapo-man* est aussi synonime de *arrapo-ferre*. V. ce mot. — Ety., *arrapá*, accrocher.

ARRAPO-PEL, **ARRAPO-PÈU**, s. m. Les têtes de la bardane. — Syn. *gafarot*.

ARRAPUT, udo, cast., adj. Fort, e, vigoureux; qui est d'une taille écrasée. V. Arrapat.

ARRARI, prov., v. a. Rendre rare, diminuer le nombre, émonder, couper les branches inutiles d'un arbre; éclaircir un taillis. — Ety., *à*, et *rare*.

ARRAS, o, prov., adj. Ras, e. V. Ras.

ARRASA, biterr., v. a. Araser, mettre l'assise d'un mur au même niveau; combler un trou, une tranchée; raser un édifice; ensevelir un mort; *s'arasá*, se raser, se blottir, en parlant du gibier, qui se tapit contre terre.

L'home a tout avencit, troumpassat, arrasat.
B. Floret.

— Cat., *arrassar*; esp., port., *arrasar*.
— Ety., *arras*, ras.

ARRASAIRE, biterr., s. m. Celui qui ensevelit les morts, fossoyeur. — Ety., *arrasá*.

ARRASAMENT, s. m. Arasement, action d'araser, résultat de cette action. — Ety., *arasá*.

ARRASCLE, gasc., s. m. Rouleau propre à émotter. — Ety., *arras*.

ARRASERO, gasc., s. f. Charrue à déversoir, dont on se sert pour chausser les pommes de terre, le maïs, etc. — Ety., *arras*, ras.

ARRASIN, gasc., s. m. V. Rasim.

ARRASOUA, gasc., v. a. V.

ARRASOUNA, v. a. Arazonar, raisonner, discuter; défendre la propriété ou la possession d'une chose; *arrasouná un cami*, soutenir qu'un chemin nous appartient; *s'arrasouná*, v. r., se défendre avec de bonnes ou de mauvaises raisons, se rebiffer. — Syn. *arresouná*, *rasouná*. — Ety., *ar*, et *rasouná*, de *rasoun*, lat. *rationem*.

ARRASPIA, gasc., v. a. V. Arrapá.

ARRASSO, loc. adv. V. Arasso.

ARRAT, gasc., s. m. Rat; *arrat aigassé*, rat d'eau; *arratoú*, petit rat; béarn., *arrate*. V. Rat.

ARRATA, gasc., v. a. Prendre des rats. — Ety., *arrat*, rat.

ARRATA, v. n. Rater, en parlant d'une arme à feu. V. Ratá.

ARRATALHE, béarn., s. f. L'engeance des rats. — Ety., *arrat*.

ARRATE, béarn., s. f. Rat, souris. — Syn. *arrat*.

ARRATÉ, gasc., s. f. Souricière, piège à rats. — Ety., *arrat*.

ARRATÉ, ero, gasc., adj. Qui prend des rats, qui se nourrit de rats. — Ety., *arrat*.

ARRATI, do, prov., adj. Rétif, ive, têtu, e.

ARRATOU, gasc., s. m. V. Arrat.

ARRATOUNIT, ido, adj. V. Aratounit.

ARRAUBADOU, béarn., s. m. Ravisseur, voleur. — Syn. *raubaire*.

ARRAUC, que, béarn., adj. Rauque. V. Rauc.

ARRAUCAT, ado, agat., adj. Courbé, ée. V. Arrucat.

ARRAUJA, gasc., v. n. Raujar, enrager, être en fureur. — Ety., *arraujo*.

ARRAUJO, gasc., s. f. Rage, fureur.

ARRAULIT, ido, adj. V. Araulit.

ARRAUS, agat., s. m. V. Araus.

ARRAUYOUS, o, gasc., adj. Enragé, ée. — Syn. *arrouyous*, *rauyous*. — Ety., *arraujo*, rage.

ARRAY, béarn., s. m. Rayon. V. Rai.

ARRAYA, béarn., v. a. V. Arrajá.

ARRAZOUN, gasc., s. f. V. Rasoú.

ARRÉ, BÉARN., pron. indéf. Une chose, quelque chose ; avec la négation il signifie rien; *arré-mès*, plus rien; *arré que*, conj., si ce n'est que. — SYN. *res, ren, arrèi, arrèn*.

ARRÈ, interj. Arrière; *en arrè*, en arrière.

ARRE (fare arre), DAUPH., v.a. Arrher, s'assurer d'une marchandise en donnant des arrhes. — SYN. *arrá*.

ARREA, GASC., v.a. Harnacher; soigner les bestiaux, tels que les chevaux, les mules, etc. — SYN. *arnescá*, pour la première acception. — ETY. PORT., *arrear*, caparaçonner.

ARREAGE, ARREAGI, s. m. L'action d'équiper, de soigner les bestiaux; en roman, *areamen*, signifie parure, équipage. — ETY., *arreá*.

ARREAIRE, s. m. Celui qui harnache, qui soigne les bestiaux. — ETY., *arreá*.

ARREBASTI, BÉARN., v. a. Rebâtir.

ARREBATE, BÉARN., v. a. Rebattre. — — SYN. *rebatre*.

ARREBELHA, BÉARN., v. a. V. Revelhá.

ARREBEQUET, GASC., s. m. RABEY, rebec, espèce de violon à trois cordes, dont on ne joue plus. — ETY. ARABE, *rabeb*.

ARREBESAN, GASC., s. m. Goujon, très petit poisson d'eau douce.

ARREBIOUA, GASC., v. a. V. Ravivá.

ARREBIRA, BÉARN., v. a. V. Revirá.

ARREBIRO-MARIOUN, GASC., s. m. Soufflet. V. Reviro-marioun.

ARREBISCOULA, GASC., v. a. V. Reviscoulá.

ARREBOUMI, GASC., v. a. Revomir, vomir de nouveau.

ARREBOURI, BÉARN., v. a. Ruminer ; au fig. repasser dans son esprit.

ARREBOUYA, BÉARN., v. a. Remuer de nouveau.

ARREBREC, BÉARN., s. m. Avorton.

ARREC, PROV., s. m. Petit vallon, large ravin.

ARRECAPTA, GASC., v. a. Recevoir. V. Arrecassá.

ARRECARDÈ, èro, GASC., adj. Économe, avare, lésineux.

ARRECASSA, BITERR., v. a. Prendre de bond ou de volée une chose que l'on jette; recevoir. — SYN. *recassá*.

ARRECATA, GASC., v. a. Serrer, mettre en sûreté. V. Recatá.

ARRECATE, GASC., s. m. Meuble, endroit où l'on met les choses en sûreté. — ETY., *arrecatá*.

ARRECEBE, GASC., v. a. ARRECEBRE, recevoir. — SYN. *recebre, ressaupre*.

ARRECHAU, BÉARN., s. m. Archal; *fièu d'arrechau*, fil d'archal.

ARRECITA, BÉARN., v. a. V. Recitá.

ARRECLA, CAST., v. a. Régler, mettre de l'ordre, arranger, soigner. V. Reglá.

ARRECLAMA, GASC., v. a. V. Reclamá.

ARRECOUCHET, GASC., s. m. Roitelet. V. Reipetit.

ARRECOUMANDA, BÉARN., v. a. V. Recoumandá.

ARRECOUNEGUE, GASC., v. a. V. Recounèisse.

ARRECOUNTRA, GASC., v. a. V. Rencountrá.

ARRECOURDA, GASC., v. a. Rappeler au souvenir ; *s'arrecourdá*, v. r., se souvenir. V. Recourdá.

ARRECRÈYA, GASC., v. a. Récréer. V. Recreá.

ARRECULA, v. a. V. Reculá.

ARRECUSA, GASC., v. a. Recuser, refuser.

ARREDI, v. a. Roidir, rendre roide ; *s'arredi*, v. r., se roidir. — BÉARN., se refroidir. — SYN. *arresti*. — ETY. *à*, et *red, rede*, roide.

ARREDIT, ido, part. de *arredi*, roidi, e. — BÉARN., refroidi, e.

ARREDRE, (s'), v. r. Se fatiguer, s'éreinter; *arredut, udo*, part., fatigué, ée, qui n'en peut plus.

ARREFISTOULA, GASC., v. a. V. Refistoulá.

ARREFLUS, GASC., s. m. Reflux de la mer.

ARREFORME, BÉARN., s. f. Réforme.

ARREFOURMAT, ade, BÉARN., adj. Qui appartient à la Réforme.

ARREFOURTI, GASC., v. a. Renfoncer, consolider. — SYN. *renfourti, renfoursá*.

ARREGA, v. a. Sillonner, tracer des sillons dans un champ — BITERR., *enregá*. — ETY. ROMAN., *arrega*, sillon, raie.

ARREGACHA, v. a. V. Aregachá.

ARREGAIGNA, GASC., v. a. *Arregaigná las dents*, montrer les dents en signe de menace. V. Regagná.

ARREGAIGNAD, o, GASC., part. Qui montre les dents, qui menace, revêche, de mauvaise humeur, brutal.

ARREGAIL, GASC., s. m. Sillon; champ planté en vigne. — ETY., *arregá*.

ARREGARDA, v. a. V. Regardá.

ARREGAUSI (s'), GASC., v. r., se réjouir; *arregausi, do*, part. Réjoui, e. — ETY., *arre*, et *gausi*, ROMAN, *gausir, gaudir*, du lat., *gaudere*, se réjouir.

ARREGAUSI, GASC., s. m. Réjouissance; refrain.

ARREGAUTA, GASC., v. n. Regorger; au fig. avoir en abondance.

ARREGI, PROV., v. a. Roidir, rendre roide; *s'arregi*, v. r., se roidir. — SYN. *arredi*.

ARREGLA, v. a. V. Reglá.

ARREGUENGUAT, ARREGUENGUE, GASC., adj. Refrogné, ée, acariâtre.

ARREGUIGNA, BÉARN., v. a. Regarder du coin de l'œil.

ARREGUILHA (s'), GASC, v. r., se refaire, réparer une perte, se remettre d'une maladie. — BÉARN., *arrehá-s*.

ARREGUINA, v. n. Ruer. — SYN. *reguinná*.

ARREGUSSA, BITERR., v. a. Retrousser, replier, relever la robe pour l'empêcher de traîner dans la boue ou de balayer les rues; *s'arregussá*, v. r., se retrousser, relever sa jupe. — SYN. *regussá*. — QUERC., *rebussá*.

ARREGUSSAT, ado, BITERR., part. Celui ou celle qui a sa robe relevée.

Nostros damos, quand se visitou,
Am sous paniès lous descapitou,
E pla souvent sansso dedins
Raubos trenantos e patins,
S'en cadièiros noun sou pourtados
Ou jusqu'al q... ARREGUSSADOS.

Placet as pouliciens de Beziès.

ARREHA-S, BÉARN., v. r. Se refaire, se rétablir; se remettre d'une maladie; GASC., *s'arreguilhá*.

ARREHILL, BÉARN., s. m. Petit-fils; *arrehillo*, petite-fille. — ETY., *arrè*, arrière, et *hill, hillo*, fils, fille.

ARRÈI, GASC., s. m. Roi. V. Rèi.

ARRÉI, BÉARN., pron. indéf. V. Arré.

ARRÉICH, PROV., s. m. Racine.

ARRÉI-FOUERT, PROV., s. m. Raifort, plante; GASC., *arraflé, arrafoui*.

ARRÉIRA, v. a. Retarder, laisser en arrière, faire plus tard; v. n., rester en arrière; on dit aussi, *s'arrèirá*, se retarder. — SYN. *arrierá*. — ETY., *arrèire*, arrière.

ARRÉIRE, adv. V. Arèire.

ARRÉIRE-SESOUN, PROV., s. f. Arrière-saison.

ARRÉIROUJE, o, PROV., adj. Tardif, en parlant des fruits. — SYN. *darrèirouge, darrèirenc, darnièirouge*.

ARRELANQUI, do, PROV., adj. V. Arelangui *et* Relenqui.

ARRELHO, GASC., s. f. Soc de charrue; penture. V. Relho.

ARRELÈUA, GASC., v. a. Relever. V. Relevá.

ARRELOTGE, GASC., s. m. Horloge.

ARRELOTYE, BÉARN., s. m. Horloge.

ARREMARCA, v. a. V. Remarcá.

ARREMARCABLE, o, adj. V. Remarquable.

ARREMARI, BÉARN., s. m. V. Armàri.

ARREMASSA, BITERR., v. a. Ramasser, assembler; *s'arremassá*, v. r., s'attrouper. — SYN. *ramassá*.

ARREMASSADO, BITERR., s. f. Ondée. — SYN. *remassado*.

ARREMAT, BÉARN., adj. Éloigné, ée, laissé derrière.

ARREMAUSA, v. a. Calmer, apaiser. V. Remausá.

ARREMENA, GASC., v. a. ARREMENAR, diriger, conduire, retenir, arrêter; secouer; faire des reproches à quelqu'un.

ARREMIRA, GASC., v. a. Admirer. V. Remirá.

ARREMOULHA, GASC., v. n. Tourbillonner.

ARREMOULI, do, cév., adj. Avide, goulu, insatiable ; gasc., ramolli.

ARREMOUSA (s'), prov.; v. r. Se pelotonner, se courber par l'effet de l'âge.

ARREMUSCLET, gasc., s. m. Murmure, rebuffade, grognement.

ARREN, adv. et pron. indéf. V. Arré, et Ren.

ARRENA, cév., prov., v. a. Retenir un cheval avec les rênes. — Biterr., rennà. — Ety., à, et renno, rêne.

ARRENADOUR, prov., s. m. Bouton du bât d'un mulet où l'on accroche les rênes. — Syn. afical. — Ety., arrenado, part. f. de arrená.

ARRENAUI, gasc., v. a. Renouveler. — Ety., arré et nau pour nòu, neuf, nouveau.

ARRENCOUNTRA, gasc., v. a. V. Rencountrá.

ARRENDA, v. a. Arrendar, affermer, louer, prendre à ferme ou à rente. — Syn. arrentá. — Esp., port., cat., arrendar. — Ety., à, et rendo, rente.

ARRENDAIRE, s. m. Arrendaire, fermier, locataire. — Syn. rendier. — Ety., arrendá.

ARRENGA, v. a. Arrengar, arranger, mettre en ordre ; accommoder une affaire, mettre d'accord ; s'arrengá, v. r., s'arranger, se mettre d'accord ; s'ajuster, s'habiller. — Béarn., ayergá-s ; prov., arenjá ; anc. cat., arengar. — Ety., à, et rengá, ranger.

ARRENGAMENT, s. m. Arrangement, ordre, accord, transaction : *Val mai un michant arrenyament qu'un boun proucès*, un mauvais arrangement vaut mieux qu'un bon procès. — Syn. arrengadis. — Prov., arrenjamen. — Ety., arrengá.

ARRENGADIS, s. m. Arrangement. V. Arrengament.

ARRENGLA, toul., v. a. Mettre en rang.

ARRENGUIÈIRA, **ARRENGUIÈRA**, v. a. Aligner, mettre sur le même rang. — Ety., à, et renguièiro, rangée.

ARRENGUIÈIRADO, s. f. File, rangée. — Ety., part. f. de arrenguièirá.

ARRENJA, prov., v. a. V. Arrengá.

ARRENJAMEN, prov., s. m. V. Arrengament.

ARRENNA, prov., v. a. Éreinter. — Biterr., derrentá.

ARRENOUN, cév., s. m. Surnom, sobriquet.

ARRENTA, prov., v. a. V. Arrendá.

ARRENTAMEN, prov., s. m. Bail à ferme ou à loyer. — Ety., arrentá.

ARREPAPOU, béarn., s. m. Bisaïeul, arrière-grand-père.

ARREPAS, gasc., s. m. Repas.

ARREPASTA, béarn., v. n. Se repaître. On dit aussi arrepastá-s, v. r.

ARREPENDI-S, béarn., v. r. Se repentir. V. Repenti; arrependit, ido. part. V. Repentit.

ARREPITOULA, gasc., v. a. Repasser ; arranger.

ARREPOUSSA, béarn., v. a. Repousser.

ARREPRESENTA, gasc., v. a. Représenter, faire observer.

ARREPROUÉ, gasc., s. m. Reproier, reprochier, proverbe, dicton.

ARREQUINCAT, ado, adj. Requinqué, ée. — Syn. requincat, requinquilhat.

ARRÉS, béarn., pron. indéf. Quelqu'un ; avec la négation, personne. V. Arré.

ARRESCA, gasc., v. a. Rincer un verre; fourbir le cuivre.

ARRESCOUNTRA, prov., v. a. V. Rencountrá.

ARRESIN, béarn., s. m. V. Rasim.

ARRESOUNA, prov., v. n. Raisonner, répliquer ; v. a., défendre ses droits, parler haut et en face. V. Arrasouná.

La republico d'Arle, au founs de si palun,
Arresounavo l'emperaire.

Mistral. *Lis Isclo d'or*.

La république d'Arles, au fond de ses marais,
— parlait en face à l'empereur.

ARRESOUNAIRE, prov., s. m. V. Rasounaire.

ARRESOUNAMEN, prov., s. m. V. Rasounament.

ARRESPOUNE, gasc., v. n. V. Respone.

ARRESSENCE, gasc., adj. commun., Contraire, fâcheux.

ARRESSOUSCITA, GASC., v. a. V. Ressuscitá.

ARREST, s. m. ARREST, arrêt, ordonnance ; détention ; état d'un chien qui fixe une pièce de gibier. — ESP., ITAL., *arresto*. — ETY., *arrestá*.

ARREST DE CEBOS, s. m. Glane d'oignons. V. Rest.

ARRESTA, v. a. ARRESTAR, arrêter, saisir au corps ; décider de faire une chose ; régler un compte ; louer un domestique ; *s'arrestá*, v. r. s'arrêter, cesser de marcher, de travailler ; tarder. — CAT., ESP., PORT., *arrestar* ; ITAL., *arrestare*. — ETY. LAT., *adrestare, arrestare*.

ARRESTADO, s. f. ARESTADA, arrêt, halte, pause, repos. — B.-LIM., *orestado*. — ETY., part. f. de *arrestá*.

ARRESTADOU, s. m. Obstacle, empêchement. — ETY., *arrestado*, part. de *arrestá*.

ARRESTAMENT, s. m. ARRESTAMENT, arrestation, arrêt, saisie ; saisie-arrêt ; *arrestament de compte*, arrêté de compte. — ITAL., *arrestamento*, — ETY., *arrestá*.

ARRESTANCA, PROV., v. a. V. Estancá.

ARRESTAT, s. m. Arrêté, décision d'une autorité administrative ; *arrestat de compte*, arrêté de compte. — ETY., *arrestá*.

ARRESTAURA, GASC., v. a. V. Restaurá.

ARRESTAURANT, GASC., s. m. Restaurant, ce qui renforce l'estomac. — ETY., *arrestaurá*.

ARRESTE, BÉARN., s. m. Filet. V. Arret.

ARRESTELIER, GASC., s. m. Râtelier V. Rastelier.

ARRESTERA, GASC., v. a. Râteler. V. Rastelá.

ARRESTEROUN, s. m. Hydne sinué. V. Penchenilho.

ARRESTET, GASC., s. m. Râteau. V. Rastel.

ARRESTI, v. a. Roidir. V. Arredí.

ARRESTOUT, GASC., s. m. Chaume, champ dont on a coupé le blé. — BITERR., *rastoul* ; PROV., *restouble*.

ARRET, PROV., s. m. Filet de pêche, tramail. — SYN. *arreste*.

ARRETIRA, GASC., v. a. V. Retirá ; v. n., ressembler à une autre personne.

ARRETOUNJOS, GASC., s. f. p. Rebuffades, mauvais accueil.

ARRETOURNA, GASC. v. a. V. Retourná.

ARRETRÈIT, GASC., s. m. V.

ARRETRÈITE, GASC., s. f. Retraite.

ARRETROUNI, GASC., v. n. Retentir, faire un bruit semblable à celui du tonnerre. — ETY., *arró* et *troun*, tonnerre.

ARRÈU, GASC., adv. D'une manière continue, sans rien laisser de ce qu'on ramasse. — BITERR., *darrèu*.

ARRÈULIT, ido, BÉARN., adj. V. Arauli.

ARRÈYE, BÉARN., s. f. Épine du dos, échine.

ARREYOUN, GASC., s. m. Rayon. V. Rayoun

ARRHA, v. a. V. Arrá.

ARRI, PROV., s. m. Écart, erreur : *a fach un gros arri*, il a fait une grande erreur ; *faire arri*, ramer en sens contraire pour s'approcher du bord.

ARRI ! interj. Cri pour exciter les bêtes de somme à aller en avant.

Per las interjectios excita hom
Soen las bestias, coma ARRI !
LEYS D'AMOR.

ESP., PORT., *arre* ; CAT., ITAL., *arri*.

ARRIAUNOS, GASC., s. f. p. Bouillie faite avec du lait et de la farine de maïs.

ARRIBA, v. a. Faire manger. V. Aribá.

ARRIBA, v. n. Arriver, aborder : survenir, avoir lieu. — QUERC., *orribá*, ESP., *arribar* ; ITAL., *arrivare*. — ETY. LAT., *ad ripam*, aller à la rive.

ARRIBADO, s. f. ARRIBADA, arrivée, abord des vaisseaux dans un port. — CAT., ESP., PORT., *arribada*. — ETY., part. f. de *arribá*.

ARRIBAGE, ARRIBAGI, s. m. Arrivage ; il se dit en parlant des marchandises qu'apportent les bateaux. — ESP., *arribage*. — ETY., *arribá*.

ARRIBÈIRE, **ARRIBERE**, BÉARN., s. f. Rivière.

ARRIBET, BÉARN., s. m. Petit ruisseau. — ETY., dim. de *arriu*, ruisseau.

ARRICOUQUET, BÉARN., s. m. Cabriole.

ARRIDE, BÉARN., v. n. V. Rire.

ARRIDENT, e, BÉARN., adj. Riant, e, souriant. — BITERR., *risent*. — ETY., *arride*.

ARRIÉ, PROV., adv. Arrière ; *à l'arrié*, à l'arrière. — SYN. *darrè, en arrè*.

ARRIÈIRA. v. a. V. Arrèirá.

ARRIÈIRENC, adj. V. Darrèirouge.

ARRIFORT, PROV., s. m. Raifort. — SYN. *araflé, arrèifouert, arrifouert*.

ARRIGA, BÉARN., v. a. Arracher. — SYN. *arrancá, arrincá, arringá*.

ARRIGAULA, v. a. V.

ARRIGOULA, CÉV., v. a. Gorger, soûler, rassasier; ennuyer, déplaire, incommoder; *s'arrigoulá*, v. r., se soûler, se régaler; se fatiguer, s'ennuyer, se rebuter. — ETY., *arri* et *goulo*, gueule.

ARRIGOULA, GASC., v. n. Couler comme un ruisseau. — ETY., *ar* et *rigolo*, rigole, ruisseau.

ARRIMA, v. n. T. de mar. Arrimer, arranger la cargaison d'un vaisseau, d'où le subst. *arrimage*, qui exprime l'action d'arrimer. — ESP., PORT., *arrimar*. — ETY., *arrumar*, dérivé de l'ancien français *rum*, fond de cale.

ARRIMA, GASC., v. a. Laisser brûler les mets que l'on fait cuire. — BITERR., *rumá*. — SYN. *rimá*.

ARRIMAIRE, s. m. Arrimeur. — ETY., *arrimá*.

ARRINCA, **ARRINGA**, v. a. V. Arrigá.

ARRIPALHA, GASC., v. n. Faire ripaille.

ARRIPOUSTA, GASC., v. a. Riposter.

ARRIQUO, GASC., s. f. Résidu du lin.

ARRISC, s. m. Risque, danger : *à l'arrisc de*, au risque de. — CAT., *arrisc*. — ETY., *risc*, risque.

ARRISCA, v. a. V. Riscá.

ARRISE, GASC., s. m. Rire.

ARRISELAT, ado, GASC., adj. Riant, e. — ETY., *arrise*.

ARRISENT, o, adj. V. Risent.

ARRISOULET, BÉARN., s. m. Sourire. — ETY., dim. de *arrise*.

ARRISOY, o, GASC., adj. Qui aime à rire. — BITERR., *risoulher*.

ARRIU, GASC., s. m. Ruisseau. V. Riéu.

ARROC, GASC., s. m. V. Roc.

ARROCO, GASC., s. f. Roche. V. Roco.

ARRODO, GASC., ARRODE, BÉARN., s. f. V. Rodo.

ARROS, GASC., s. f. (arròs). Rosée. — SYN. *arrous*. — ETY., *à*, et le lat., *ros*, rosée.

ARROS, s. f. p. ARRAS, arrhes, argent qu'on donne pour la garantie d'un marché. — ESP., *arras*; ITAL., *arre*. — ETY., LAT., *arra*.

ARROSO, GASC., s. f. V. Roso.

ARROUDA, GASC. v. n. V. Roudá.

ARROUDERO, GASC., s. f. Ornière. — ETY., *à*, et *rodo*, roue.

ARROUDÈU, GASC., s. m. Espèce de pomme.

ARROUDOULA, v. n. Rôder, tourner. — ETY., fréq., de *roudá*.

ARROUFLA, GASC., v. n. V. Rounflá.

AROUFLAIRE, GASC., s. et adj. Ronfleur. V. Rounflaire.

ARROUGAGNA, GASC., v. a. Ronger. v. n., grincer des dents, montrer les dents. — SYN. *rogagná*.

ARROUGANSO, s. f. Arrogance, fierté, insolence. — CAT., ESP., PORT., *arrogancia*; ITAL., *arroganza*. — ETY. LAT., *arrogantia*.

ARROUGANT, o, adj. ARROGAN, arrogant, e. — CAT., *arrogant* ; ESP., PORT., ITAL., *arrogante*. — ETY. LAT., *arrogantem*.

ARROUGANTEJA, v. n. Être arrogant, avoir de la morgue ; *aire qu'arrougantejo*, air piquant, éveillé; *nasou qu'arrougantejo*, petit nez mutin. — ETY., *arrougant*.

ARROUI, BITERR., v. a. Rendre maigre, épuiser ; *s'arrouí*, v. r., s'exténuer ; *arrouit, ido*, part., maigre, exténué.

ARROUIGNO, GASC., s. f. Rogne, saleté, malpropreté. V. Rougno.

ARROUIGNOUS, o, GASC., adj. Rogneux, euse; malpropre, crasseux. — ETY., *rouigno*.

ARROUILH, GASC., s. m. Petite planche clouée à un manche, dont on se sert sur l'aire pour ramasser le blé. V. Butavant.

ARROUILHA, GASC., v. a. Ramasser le blé avec l'instrument appelé *arrouilh*. — SYN. *arrouzilhá*.

ARROUINA, GASC., v. a. V. Rouiná.

ARROULH, PROV., s. m. V. Barroul.

ARROULHE, BÉARN., s. f. Ruisseau. — Esp., *arroyo, arroyueló*; PORT., *arroyo*.

ARROUMEC, GASC., s. m. Ronce; *arroumegoun*, petite ronce. — SYN. *roumec*.

ARROUMEGA, GASC., v. a. Couper des ronces. — ETY., *arroumec*.

ARROUMEGADO, GASC., s. f. Déchirure faite par les épines d'une ronce. — ETY., *arroumec*.

ARROUMERA, BÉARN., v. a. Disposer en rond, réunir des objets épars.

ARROUMIA, GASC., v. a. Ruminer. — SYN. *arrouminá, roumiá*.

ARROUMIC, **ARROUMIT**, GASC., s. m. V. Fourmigo.

ARROUMICADO, GASC., s. f. Fourmillière. — SYN. *fourmilhèiro*. — ETY., *arroumic*.

ARROUMIGUE, BÉARN., s. f. V. Fourmigo.

ARROUMINA, GASC., v. a. V. Arroumiá.

ARROUMPE, GASC., v. a. V. Roumpre.

ARROUN, BÉARN., adv. De rechef; *ad 'arroun*, à la ronde, l'un après l'autre, sans choix, indistinctement. — BITERR., *darrèu*.

ARROUNDI, v. a. Arrondir, rendre rond; *s'arroundi*, v. r., s'arrondir, devenir rond. — ETY., *à*, et *round*, rond.

ARROUNFLANT, O, GASC., adj. V. Rounflant.

ARROUNLA, GASC., v. a. Faire rouler; entraîner en roulant. V. Arounsá.

ARROUNO, GASC., s. f. Grognement, beuglement; fronde.

AROUNSA, BÉARN., v. a. RONSAR, pousser un corps pesant en le faisant rouler; entraîner, contourner, renverser. — SYN. *rounsá, arrounlá, arroussá*.

ARROUNTA, BÉARN., v. a. Traire le lait; BITERR., *moulse*.

ARROUPI (s'), PROV., v. r. Devenir nonchalant, insouciant; se rabougrir; *arroupi, do*, part., nonchalant, e, rabougri.

ARROUPIMEN, PROV., s. m. Nonchalance, insouciance. — ETY., *arroupi*.

ARROUS, BÉARN., s. f. Rosée. V. Arrós.

ARROUS, sso, GASC., adj. Roux, rousse.

ARROUSA, v. a. ARROSAR, arroser, humecter, conduire l'eau dans les prés; passer dans un pays, en parlant des rivières. — QUERC., *orrosá*; BITERR., *asaguá*. — ETY. LAT., *adrorare*.

ARROUSADÉ, GASC., s. m. V. Arrousadoú.

ARROUSADO, s. f. L'action d'arroser, irrigation. — ETY., part. f. de *arrousá*.

ARROUSADOU, s. m. Arrosoir. — SYN. *arrousadé*. — ETY., *arrousado*.

ARROUSAGE, **ARROUSAGI**, s. m. Arrosage. — ETY., *arrousá*.

ARROUSAIRE, o, PROV., ARROUSARELLO, s. Celui, celle qui arrose. — ETY., *arrousá*.

ARROUSEC, **AROUSSEC**, BÉARN., s. m. Réseau; filet de pêche.

ARROUSENCH, o, GASC., adj. Rougi au feu. — SYN. *rousent, rusent*.

ARROUSSA, GASC., v. a. V. Arounsá.

AROUSSAIRE, o, GASC., adj. Celui qui traîne, qui fait rouler. — ETY., *aroussá*.

ARROUSSEGA, BÉARN., v. a. Traîner, faire rouler. — CAT., *arrossegar*. — ETY., fréq. de *aroussá*.

ARROUSSI, BÉARN., s. m. Cheval. Il ne se prend pas en mauvaise part, comme le mot français *roussin*.

ARROUSSIGNOL, GASC., s. m. V. Roussignol.

ARROUSSIN, GASC., s. m. V. Arroussí.

ARROUY, e, BÉARN., adj. Rouge.

ARROUYOUS, e, BÉARN., adj. Enragé, ée.

ARROUZILHA, GASC., v. a. V. Arrouilhá.

ARRUA, GASC., v. a. Aligner, mettre en ligne droite. — ETY., *arruo*, ligne droite.

ARRUA, GASC., v. n. V. Ruá.

ARRUBAN, GASC., s. m. V. Ruban.

ARRUCA (s'), v. r. Se blottir, se rétrécir, se courber, se pelotonner, se cacher, plier les épaules sous une impression de frayeur; s'appuyer contre un meuble ou un autre objet pour dormir; se mettre à l'aise; *arrucat, ado, part.*, blotti, e, courbé, pelotonné; appuyé, soutenu. — ANC. FR., *s'accrouer*, (Rabelais). — ESP., *acurrucarse*.

ARRUHAT, ado, GASC., adj. Hérissé,ée.

ARRUMAT, ado, adj. A demi brûlé. — SYN. *rimat, rumat*. — GASC., *arrimat*.

ARRUO, GASC., s. f. Ligne droite, rangée.

ARRUSAT, ado, GASC., adj. V. Rusat.

ARRUSENTI, GASC., v. a. Rendre ardent, faire rougir au feu. — ETY., *à.* et *rusent*, pour *brusent*, brûlant.

ARRUT, BÉARN., s. m. Bruit sourd et prolongé, tapage; animation. — ESP., *ruido*.

ARS, BITERR., s. m. p. Paliure piquant, vulg. épine-du-Christ. V. *Arnavèu*. On écrivait autrefois *arns*; *plassa que es en lo valat que es del portal de san Guilhem entro als arns o l'ort de sen P. Bigarra*. (Inventaire des archives de la commune clôture de Montpellier, an 1377.)

ARSENISO, s. f. V. Artemiso.

ARSERO, adv. Hier au soir.

ARSI, v. a. ARSAR, brûler. — ETY. LAT., *arsum*, supin de *ardere*.

ARSI, CÉV., s. m. Soif, altération, brûlure. — PROV., traverse, empêchement, ennui, tribulation, douleur. — ETY., *arsi*, brûler.

ARSICOUN, PROV., s. m. Petite fourmi dont la piqûre est violente. — ETY., *arsi*, part. de *ardere*, brûlure.

ARSIDOUN, PROV., s. m. Écurie où l'étalon fait sa monte.

ARSINET, s. m. T. de verrier; crochet pour soutenir le *fêle*.

ARSIPERO, PROV., s. f. V. Erysipelle.

ARSOUIO, ARSOULHO, s. m. Garnement, mauvais garnement.

ARSOUN, s. m. ARSON, arçon. — CAT., *arso*; ESP., *arzon*; ITAL., *arzione*. — ETY. B. LAT., *arcionem*, dim. de *arcus*.

ART, s. m. ART, art, méthode, adresse, industrie; ce qui est opposé à la nature. *Arts*, s. m. p., les arts libéraux ou beaux-arts et les arts mécaniques. Au moyen-âge, ce qu'on appelait *arts* comprenait la grammaire, la géométrie, l'arithmétique et l'astrologie.

En totas las VII ARS soi assatz connoisseus.
P. DE CORBIAC.

Je suis assez versé dans les sept arts.

CAT., *art*; ESP., PORT., ITAL., *arte*. — ETY. LAT., *artem*.

ARTA, CAST., v. a. Faire mettre quelqu'un en colère, l'irriter.

ARTABAL, s. m. V. Artobal.

ARTABAN, s. m. Nom d'un roi des Parthes, qui se glorifia tellement des victoires qu'il remporta sur les Romains que de là est venu le proverbe: *fier coumo Artaban*; il signifie fanfaron, vantard.

ARTELH, s. m. ARTELH, orteil, doigt du pied. — SYN. *artèu*; ANC. CAT., *artell*; PORT., *artelho*; ITAL., *artiglio*. — ETY. LAT., *articulus*.

ARTELHA (s'), v. r. Se blesser les doigts du pied en les heurtant contre une pierre ou toute autre chose. — ETY. *artelh*.

ARTELHADO, BITERR., s. f. Blessure aux doigts du pied. — ETY., part. f. de *artelhà*.

ARTELHET, s. m. ARTEILLET, petit orteil; ergot, en parlant des oiseaux. — SYN. *artelhou*. — ETY., dim. de *artelh*.

ARTELHOU, s. m. V. Artelhet.

ARTEMISO, s. f. ARTEMEZIA, ARCIMIZA, armoise commune, herbe de la St-Jean, *Artemisia vulgaris*. Noms div.: *arseniso, arquemi, archemiso, cinto de Sant-Jan*. — CAT., *artemisa*; ESP., PORT., *artemisa*; ITAL., *artemisia*.

E l'ARCIMIZA fai gram bc
A femna qu'efan non rete,
BREVIARI D'AMOR.

ARTERO, PROV., adj. Adroit, e, qui tire droit. — ESP., *artèro*.

ARTÈU, PROV., s. m. V. Artelh.

ARTICHALIER, PROV., s. m. Terrain planté en artichauts; vase qui sert à faire cuire les artichauts. — ETY., *artichau*.

ARTICHAU, s. m. Artichaut, *Cynara scholymus*, plante de la fam. des cynarocéphales. — Syn. *arquichau, archichau, cachoflo, carchoflo.* — Ital., *articiocco.* — Ety. arabe, *ardhischoki.*

ARTICHAU BASTARD, s. m. Onoporde illyrien, *Onopordum illyricum,* plante de la fam. des synanthérées. — Gasc., *babis.* On donne aussi le nom d'*artichau bastard* à la grande joubarbe.

ARTICHAU-D'ASE, s. m. Chardon crépu, *Carduus crispus,* plante de la fam. des cynarocéphales, appelée aussi chardon aux ânes. — Syn. *carchofle d'ase, escariofo, escarjofo.*

ARTICHAU-DE-MURALHO, s. m. La grande joubarbe. — Syn. *artichau-sauvage, artichau bastard, artichau-fer.* V. Barbajol.

ARTICHAU-FER, prov., s. m. La grande joubarbe. V. Barbajol.

ARTICHAU-SAUVAGE, s. m. Chardon ou onoporde acanthin, pédane, épine blanche, artichaut sauvage, *Onopordum acanthium,* plante de la fam. des synanthérées. — Syn. *gafo-l'ase, galifo d'ase.*

ARTICLE, s. m. Article, article. — Esp., *articulo* ; Ital., *articolo.* — Ety. lat., *articulus,* dim. de *artus,* membre.

ARTICULA, v. a. Articular, articuler, joindre des articulations ; prononcer distinctement. — Ital., *articolare.* — Ety. lat., *articulare.*

ARTIFICI, s. m. Artifici, artifice, ruse, déguisement, fraude. — Esp., *artificio* ; Ital., *artifizio.* — Ety. lat., *artificium.*

ARTIFICIAL, o, adj. Artificial, artificiel, elle, qui se fait par art. — Ital., *artifiziale.* — Ety. lat., *artificialis.*

ARTIFICIALOMENT, adv. Artificialment, artificiellement. — Ety., *artificialo,* et le suffixe *ment.*

ARTIFICIOUS, ouso, adj. Artificios, artificieux, euse, rusé, ée. — Esp., port., Ital., *artificioso.* — Ety., *artifici.*

ARTILHOUN, prov., s. m. Coin de bois qui fixe le manche du coutre dans l'âge de la charrue. — Biterr., *tescou.*

ARTIMO, prov., s. f. Dernier point qu'on fait à certains jeux de cartes ; la fin, le bout : *faire l'artimo,* avoir le râle de la mort.

ARTIMOUN, s. m. Artimon, artimon, mât placé le plus près de l'arrière d'un vaisseau. — Esp., *artimon* ; Ital., *artimone.* — Ety. lat., *artemonem.*

ARTISAN, o, Artisando, s. m. et f. Artisan, femme d'artisan. — Esp., *artesano* ; Ital., *artigiano.* — Ety. b. lat., *artesanus,* de *ars, artis.*

ARTISANARIÉ, s. f. Les artisans en général. — Ety., *artisan.*

ARTISOU, ARTISOUN, s. m. Artison, nom commun aux insectes qui rongent le les pelleteries, les étoffes. — Syn. *arcisou.*

ARTISOUNA, v. a. Ronger le bois, les étoffes, en parlant de l'artison ; *artisounat, ado,* part. rongée par l'artison, vermoulu. — Ety., *artisoun.*

ARTOBAL, *A bel artobal,* querc., loc. adv. Au hasard, à l'aventure, inconsidérément.

ARTOU, ARTOUN, s. m. Pain. — Grec, ἄρτος.

ARTUS, s. m. Nom du roi des Bretons insulaires qui institua la chevalerie de la table ronde. Il a été chanté dans un grand nombre de romans du moyen-âge, qui ont dû être très-répandus dans nos contrées. Le souvenir en est resté dans cette phrase : *parlá d'Artus,* qui signifie parler de choses aussi anciennes que le roi Artus.

ARUDA, prov., v. a. Mettre un appât au petit bâton, appelé *marchette,* qui tient tendu le piége propre à prendre les oiseaux, connu sous le nom de *repuce.* Il signifie aussi cosser ; rosser, blouser, vaincre. — Ety., *arudo,* fourmi ailée.

ARUDO, s. f. Fourmi ailée. — Ety., altér. de *aludo,* ailée.

ARUM, s. m. Arum, gouet. V. Figuièiroù.

ARUNAN, adv. L'autre année. — Ety., *aroi a un an,* il y a maintenant un an.

ARUNGLETO, gasc., s. f. Hirondelle. V. Hirondèlo.

ARUSA (s'), cév., v. r. Être fâché. Il signifie aussi devenir rusé.

ARUSCLE, s. m. V. Arescle.

ARVE, cév., s. f. Ile formée par alluvion. — Syn. auve.

ARXE, béarn., s. f. Archa, arche. — Ety. lat., arca.

ARYEN, béarn., s. m. V. Argent; aryentá. V. Argentá.

ARZÈIROLO, s. f. V. Arjèirolo.

ARZÈIROULIER, s. m. V. Arjèiroulher.

ARZIÈRAU, prov., s. m. Gros banc d'argile.

ARZOL, prov., s, m. V. Arjol et Ourjoulet.

ARZUL, prov., s. m. Orvet, petit serpent.

AS, art. masc. plur. du datif, aux, as camps, aux champs, as prats, aux prés. — Ety. contr. de als, à lous.

AS, s. m. As, as, carte marquée d'un seul point ; as, monnaie de cuivre chez les Romains. — Esp., as ; port., az ; ital., asso. — Ety. lat., as, assis.

ASABENTA, v. a. Asabentar, instruire, informer, faire savoir. — Ety., à, et sabent, savant.

ASAGUA, v. a. V. Asaiguá.

ASAGUADOUIRO, s. f. V. Asaiguadouiro.

ASAGUAGE, s. m. V. Asaiguage.

ASAGUAIRE, s. m. V. Asaiguaire.

ASAIGUA, v. a. Azaigar, Adaigar, arroser, mouiller. — Syn. asaguá, azayguá, asèiguá. — Ety., as, et aiguo, eau.

ASAIGUADOUIRO, s. f. Arrrosoir, pelle creuse qui sert à arroser. — Syn. azaiguadouiro, asaguadouiro, aiguaire. — Ety., asaiguado, part. f. de asaiguá.

ASAIGUAGE, s. m. L'action d'arroser. — Ety., asaiguá.

ASAIGUAIRE, s. m. Celui qui arrose. — Syn. aiguatou. — Ety. asaiguá.

ASALBRA (s'), v. r. Se prendre, s'accrocher, se suspendre à un arbre. — Ety., as et albre, arbre.

ASANI, do, prov., adj. Billebarré, ée, bariolé.

ASAR, s. m. Azar, hasard, évènement fortuit. — Esp., port., azar ; ital., azzardo. — Ety. arabe, sehar et sár, dé, et avec l'article al, assahar, assar.

ASARDA, v. a. Hasarder, exposer aux chances du hasard ; tenter hasardeusement. — Syn. asartá. — Ety., asar.

ASARDOUS, o, adj. Hasardeux, euse, qui se hasarde volontiers, qui tente des choses hasardeuses. — Syn. asartous. — Ety., asardá.

ASAROT. cast., s. m. Sycomore, ou grand érable, faux platane, Acer pseudoplatanus.

ASARTA, biterr., v. a. V. Asardá.

ASARTOUS, o, biterr., adj. V. Asardous.

ASCANTI, gasc., Éteindre. V. Escanti.

ASCENDRE, v. a. prov., Monter. Du lat., ascendere.

ASCIENSA, do, adj. Savant, e, instruit ; habile, adroit ; bien renseigné. — Ety., à, et scienso, science.

ASCLA, v. a. Asclar, fendre, mettre en éclats, couper, en parlant du bois. — Gasc., chasclá ; cat., asclar. — Ety., asclo.

ASCLAIRE, s. m. Fendeur de bois. — Syn. espessaire, chapaire. — Ety., asclá.

ASCLAT, ado, part. de asclá. Fendu, ue, mis en éclats ; au fig. fou, écervelé, qui a la tête fêlée : es un asclat, c'est un fou.

Es pas tant ascla que vous semblo l'estre.
   Roumanille, Lis Oubreto.

ASCLE, béarn., s. m. Ascle de lin, paquet de lin.

ASCLO, s. f. Ascla, éclat de bois, morceau de bois destiné à être mis au feu ; fente. — Syn. fendo ; gasc., chisclo. Asclo, prov., folle ; il ne s'emploie que dans cette phrase : rire coume d'asclo, rire comme des folles, rire à gorge déployée.

ASCLOU, s. m. Petit éclat de bois, petite bûche. — Ety., dim. de asclo.

ASCOLO, gasc., s. f. Escolo.

ASCOUMINJA, gasc., v. a. V. Escoumuniá.

ASCOUNDRE, v. a. Cacher. — Syn. escoundre. — Ety. lat., abscondere.

ASCRITOURIO, gasc., s. f. V. Escrituro.

ASCUDELO, gasc., s f. V. Escudelo.

ASE, s. m. Aze, asne, âne. Fa lou repas d'un ase, manger sans boire ; michant coum'un *ase negre*, mauvais comme un âne noir, en français on dit rouge ; *l'ase te quilhe!* peste ou foin de toi ! *L'ase-fico*, le diable m'emporte ! *acò te va coume lou debas à l'ase*, cela ne te va pas. On appelle aussi *ase* le porteur d'huile d'un moulin ; ce nom désigne encore l'estomac du cochon ; un gros boyau farci ; le têtard, le chabot meunier ou *testo d'ase* ; la crémaillère en forme de potence dont se servent les bergers arlésiens pour porter la chaudière. — B. LIM., *ase de poumo, de pero*, cœur de pomme, de poire ; trognon. — SYN. *aze, asoù, asne, ai, aine*. — ESP., PORT., *asno* ; ITAL., *asino*. ETY. LAT., *asinus*.

Bramá d'ase monto pas al cel.

De qual es l'ase que l'embaste.

De qual sera l'ase, que lou leve per la congo...

Que per ase se logo, per ase cal que servigue.

Ase counu toujour mal bastat.
PRO.

ASE (testo d'), s. f. Le têtard, nymphe de la grenouille. — SYN. *padèno* ; le chabot-meunier. — SYN. *ainèu*.

ASE-BOU, CAST., s. m. Le cheval fondu, jeu d'enfants, dans lequel les uns s'élancent sur les autres, et se placent à califourchon sur leur dos comme sur le dos d'un âne.

ASEDUR, CAST., s. m. Érable commun. V. Agas.

ASÈIGUA, PROV., v. a. V. Asaiguá.

ASEMPRA, CÉV., GASC., v. a. AZEMPRAR, convier, convoquer, requérir, solliciter, presser ; PROV., assembler, réunir ; *s'asemprá*, v. r., se réunir, s'assembler.

ASEMPRE, CÉV., GASC., s. m. Convocation ; PROV., réunion, assemblée. — ETY., *asemprá*.

ASENADO, s. f. Anerie, bêtise, grande ignorance de ce qu'on devrait savoir. — SYN. *asinado, bourriscado*. — ETY., *ase*.

ASENADOU, s. m. Petite écurie pour un âne. — ETY., *ase*.

ASENET, s. m. Petit âne. — SYN. *aset, asinet, asinoù, asot, asoù, anet, ainoun*, pouli, pòutre. — PORT., *asininho*. — ETY., dim. de *ase*.

ASENGA, v. a. V. Arrengá.

ASÉNIER, s. m. Anier, celui qui conduit un âne ou des ânes. — SYN. *aynier, asoué*. — PORT., *asneiro*. — ETY., *ase*.

ASENO, s. f. Anesse. — SYN. *saumo*. — ETY., *ase*.

ASET, s. m. V. Asenet.

ASIGA, PROV., v. a. V. Azigá.

ASINADO, s. f. V. Asenado.

ASINET, s. m. V. Asenet.

ASINIER, s. m. V. Asenier.

ASINOU, s. m. V. Asenet.

ASMATIC, o, adj. ASMATIC, asthmatique. — ETY., ἀσθματικός.

ASME, s. m. ASMA, asthme, gêne de la respiration, qui revient par accès. — ETY., ἄσθμα, respiration.

ASOT, s. m. V. Asenet.

ASOU, ASOUN, s. m. V. Asenet.

ASOUADE, BÉARN., s. f. Action de monter et de promener quelqu'un sur un âne. — ETY., *asoù*.

ASOUÉ, BÉARN., s. m. Anier. V. Asenier.

ASOULHA, ALB., v. a. Achever de remplir un tonneau; ouiller.

ASOUNGLA, PROV., v. a. Réunir, joindre, atteindre.

. . . . . . La negadisso ASOUNGLO
Si man en l'er, e noun poudent bandi
Lou mot fatau, cachavo entre sis ounglo.
MISTRAL, *Lis Isclo d'or*.

.... La noyée réunit — ses mains en l'air, et ne pouvant lancer — le mot fatal, elle écachait entre ses ongles.

ASPADO, CÉV., s. f. Coup du plat de la main sur les hanches, claque.

ASPASO, GASC., s. f. V. Espaso.

ASPERA, BITERR., v. a. Attendre : *torno lèu, t'aspèri*, reviens bientôt, je t'attends. Il signifie aussi espérer, mais pour cette acception *esperá* est plus usité.

ASPERA, PROV., v. a. Exaspérer, aigrir. — ETY. LAT., *asper*, âpre.

ASPERBIER, CÉV., s. m. Sorbier, cormier. — SYN. *sourbier, sourbiéro, sourguier*.

ASPERBO, PROV., s. f. Sorbe, corme. — SYN. *sorbo, sorgo*.

ASPERGE, s. m. V. Espargue.

ASPERGE-DE-CHIN, PROV., s. m. Asperge sauvage. V. Espargue.

ASPERGÉS, PROV., s. m. Aspersion, en général; aspersion faite avec de l'eau bénite; goupillon, aspersoir. — CAT., ESP., PORT., ITAL., *asperges*. — ETY., *asperjá*.

ASPERGI, CÉV., v. a. V. Asperjá.

ASPERGIÈRO, PROV., s. f. V. Esparguièiro.

ASPERGO, s. f. V. Espargue.

ASPERITAT, s. f. ASPERITAT, aspérité, âpreté, rudesse. — ANC. CAT., *asperitat*; ANC. ESP., *asperidad*; ITAL., *asperità*. — ETY. LAT., *asperitatem*.

ASPERJA, v. a. ASPERGIR, asperger. — BÉARN., *asperyá*; CÉV., *aspergi*; ANC. ESP., *asperjar*; PORT., *apergir*; ITAL., *aspergere*, du lat. *aspergere*.

ASPERJO, PROV., s. f. V. Espargue, *asperjo-fèro*, s. f. Orobranche vulgaire, plante de la fam. des rhinanthacées.

ASPERSIÉU, ASPERSIOUN, s. f. ASPERSIO, aspersion, l'action d'asperger. — CAT., *aspersió*; ESP., *aspersion*; ITAL., *aspersione*. — ETY. LAT., *aspersionem*.

ASPERSOU, ASPERSOUN, s. m. Goupillon. — ETY. LAT., *aspersum*.

ASPERYA, BÉARN., v. a. V. Asperjá.

ASPI, PROV., s. m. Lavande spic. V. Espic.

ASPIA, GASC., v. a. V. Espiá.

ASPIC, s. m. ASPIC, ASPIS, aspic, espèce de serpent, qu'on croit être le *Coluber haje* de Lacépède, commun en Arabie. — ESP., PORT., *aspid*; ITAL., *aspide*. — ETY. LAT., *aspidem*.

ASPIC, s. m. Lavande spic. V. Espic.

ASPIRA, v. a. ASPIRAR, aspirer, attirer l'air dans les poumons; v. n., prétendre à un emploi, à un honneur. — ESP., *aspirar*; ITAL., *aspirare*; du lat. *aspirare*.

ASPIRACIÉU, ASPIRACIOUN, s. f. ASPIRACIO, aspiration, action d'aspirer; au fig. mouvement de l'âme vers Dieu. — ESP., *aspiracion*; ITAL., *aspirazione*. — ETY. LAT., *aspirationem*.

ASPIRAL, s. m. V. Espiral.

ASPIRAN, s. m. *Piran*, nom d'une espèce de raisin, appelé aussi *espiran*, *epiran*; *rabayrenc*, *ribèyrenc*. — Il y a plusieurs variétés : l'*aspiran rouge*, *negre*, *gris*, *blanc*, *verdau*.

ASPLANDI, GASC., v. a. V. Espandi.

ASPO, B.-LIM., s. f. Penture. — SYN. *palastracho*, *paranèlo*.

ASPRE, o, adj. ASPRE, âpre, désagréable au goût, au toucher; rude, grossier. — ESP., *aspero*; ITAL., *aspro*. — ETY. LAT., *asper*.

ASPREJA, v. n. Avoir de l'âpreté, de l'amertume, de l'acidité, en parlant des fruits qui ne sont pas encore mûrs. — ETY., *aspre*.

ASPRESSO, PROV., s. f. ASPREZA, âpreté, rudesse. — SYN. *asprour*. — ETY., *aspre*.

ASPROMENT, adv. ASPRAMENT, âprement; au fig. durement. — CAT., *asprement*; ESP., PORT., *asperamente*; ITAL., *aspramente*. — ETY., *aspro* et le suffixe *ment*.

ASPROUR, PROV., s. f. Âpreté. — SYN. *aspresso*. — ETY., *aspre*.

ASSA, interj. Çà! ah çà! Cette interjection marque l'étonnement, l'impatience, la menace : *Assà, que me disès aqui?* Voyons, que me dites-vous là? *Assà, finirem lèu?* Ah çà! finirons-nous bientôt? *Assà! se vous calas pas...* Ah çà! si vous ne vous taisez pas..... *Ass'anem!* Allons donc!

ASSA, adv. de lieu. Ici, tout près. — SYN. *aici*.

ASSA, LIM., v. a. Laisser une terre inculte.

ASSABAL, adv. de lieu. Là-bas. V. Assaval.

ASSABÉ, PROV., s. m. L'action de faire part d'une naissance, d'un mariage, etc.; *faire assabé*, faire savoir, informer. — ETY., *à*, et *sabé*, savoir.

ASSABOUCA, BÉARN., v. a. Mettre à l'abri. — SYN. *assoubacá*.

ASSABOULUN, PROV., s. m. V. Assabourun.

ASSABOURA, PROV., v. a. ASSABORAR, donner de la saveur, assaisonner le pot-au feu, un ragoût, etc. — SYN. sabourá. — CAT., assaborar; ESP., asaborar; PORT., assaborear; ITAL., assaporare. — ETY., à, et sabour, saveur.

ASSABOURAIRE, PROV., s. m. Savouret, os du trumeau du bœuf ou du porc salé qu'on met dans le pot pour donner du goût, de la saveur au bouillon. — SYN. sabouraire, saboural, sabounun. — ETY., assabourá.

ASSABOURUN, s. m. Assaisonnement, ce qu'on met pour donner de la saveur à la soupe ou à un ragoût, savouret. — SYN. assabouraire, sabounun, adoubun. — ETY., assabourá.

ASSACH, s. m. Assag, essai, épreuve. — SYN. assai. — CAT., assaig, ITAL., assaggio. — ETY. LAT., exagium, pesage.

ASSACHERS, PROV., s. m. p. Annonces, avis, publications. SYN. assabé. — ETY., à, et sacher, savoir.

ASSACHOMENT, CÉV., s. m. Abattoir. Ce mot est une altération de afachoment.

ASSADOULA, v. a. SADOLAR, rassasier, assouvir la faim; s'assadoulá, v. r., se rassasier, manger son soûl; assadoulat, ado, part., rassasié, ée. — SYN. assadoulhá, assadourá, assoudelá. — ANC. CAT., assadollar; ITAL., satollare. — ETY., à, et sadoul, soûl.

ASSADOULADO, s. f. Repas où l'on se gorge de vin et de viande. — SYN. assadoulagno, ventrado. — ETY., part. f. de assadoulá.

ASSADOULAGNO, s. f. V. Assadoulado.

ASSADOULHA, CAST., v. a. V. Assadoulá.

ASSADOURA, GASC., v. a. V. Assadoulá.

ASSAI, PROV., s. m. Essai. V. Assach.

ASSAI, adv. de lieu. V. Aissai.

ASSAJA, v. a. ASSAGIAR, essayer, tenter, faire l'essai; s'assajá, v. r., s'essayer, tenter de faire une chose. — SYN. ensájá, sajá, sayá. — CAT., assajar; ESP., asayar; ITAL., assaggiare. — ETY., assai, essai.

ASSAJAIRE, s. m. Essayeur, celui qui essaie, qui fait une épreuve; employé de la monnaie qui vérifie le titre de l'or, de l'argent; PROV., lutteur, partenaire. — ETY., assajá.

ASSALBAGI, TOUL., v. a. V. Assauvagi.

ASSALEJA, CÉV., v. a. Donner le sel aux bestiaux; au fig. rouer de coups. — SYN. salejá, assariá. — ETY., à, et sal, sel.

ASSALHI, v. a. ASSALHIA, assaillir, se jeter sur quelqu'un, l'attaquer. — SYN. assali. — ESP., asalir; ITAL., assalire. — ETY. LAT., assalire, de ad, à, et salire, sauter.

ASSALI, v. a. V. Assalhi.

ASSALIDOU, s. m. Assaillant. — ETY., assali.

ASSAMOUNT, ASSAMOUNDAU, adv. Là-haut. V. Aissamount.

ASSANA, v. a. Guérir, cicatriser une plaie; assanat, ado, part., guéri, e, cicatrisé. — SYN. sana.

ASSANCA, PROV., v. a. Énerver.

ASSANI, v. a. Assainir, rendre sain. — ETY., à, et san, du lat. sanus, sain.

ASSARIA, PROV., v. a. V. Assalejá.

ASSARIADO, PROV., s. f. V.

ASSARIAGE, ASSARIAGI, PROV., s. m. L'action de donner du sel aux bestiaux; au fig. volée de coups. — ETY., assariá.

ASSARIAIRE, PROV., s. m. Celui qui donne le sel aux bestiaux; lieu, vase dans lequel on le donne. — SYN. assariés. — ETY., assariá.

ASSARIÉS, PROV., s. m. Lieu, vase dans lequel on donne le sel aux bestiaux. — ETY., assariá.

ASSARMA, PROV., s. m. Faire sécher au feu; s'asarmá, v. r., se sécher au feu.

ASSAS, adv. ASSATZ, assez. — CAT., assatz. — ETY., à, et le lat. satis.

ASSASAN, CAST., adj. Incommode, insupportable, impatient. — SYN. assesan.

ASSASOUA, GASC., v. a. V.

ASSASOUNA, v. a. SAZONAR, assaisonner. — SYN. assesouná, assemá. — ETY., à, et sasoun, mettre à la saison, mettre à point.

ASSASOUNAMENT, s. m. Assaisonnement. — ETY., assasouná.

ASSASOUNIÉ, MONTALB., s. m. Assaisonnement.

Cugno dins moun pastis l'ASSASOUNIÉ que cal.
Enlèvoment d'un pastis.

ASSATA, CÉV., v. a. Battre, fouler, tasser, affaisser; *assatá la porto*, pousser la porte sans la fermer; *assatá un cop*, asséner un coup; *assatá la bugado*, encuver la lessive, l'entasser. — SYN. *assetá, asseliá.*

ASSAUPRE, v. a. ASSABER, savoir; *faire assaupre*, faire savoir, informer. — ETY., *á*, et *saupre*, savoir.

ASSAUT, s. m. ASSALH, ASSAUT, assaut, attaque de vive force sur une ville, sur un poste, etc. — CAT., *assalt*; ESP., *assalto*; ITAL., *assalto*. — ETY. LAT., *assaltus.*

ASSAUTA, CÉV., v. a. Assaillir, attaquer, donner l'assaut. — CAT., PORT., *assaltar*; ESP., *asaltar*; ITAL., *assaltare*. ETY., *assaut.*

ASSAUVAGI, v. a. Rendre sauvage, farouche; *s'assauvagi*, v. r., devenir sauvage. — TOUL., *assalbagi*; PROV., *assòuvagi*. — ETY., *sauvage*, sauvage.

ASSAUVAGI, do, part. Devenu, è, sauvage.

Ero un pastre; touto sa vido
L'avié passado ASSÓUVAGIDO.

MISTRAL, *Mirèio.*

ASSAVAL, adv. de lieu. Là-bas. — SYN. *aissaval.*

ASSAVENTA, v. a. Rendre savant, instruire, informer. — ETY., *á*, et *savent*, savant.

ASSE, PROV., s. m. Chagrin, tristesse, mélancolie.

ASSE, LIM., adj. Effrité, en parlant d'un terrain épuisé par des cultures successives, inculte: *lou poïs ei asse*, le terrain est inculte. V. *Assá.*

ASSEBENCHI, v. a. V. *Acebènchi.*

ASSEC, CÉV., *en miech assec*, au milieu de l'ouvrage. — GASC., *assec*, à peine, aussitôt.

ASSEGA, BITERR., v. a. Sécher. V. *Secá.*

ASSECARAT, ado, GASC., adj. Desséché, ée; altéré.

ASSEDA, PROV., v. a. Altérer, causer la soif; *asedat, do*, part., altéré, ée; ROMAN, *assedar*, v. n. Avoir soif. — SYN. *assermá*. — ITAL., *assetare*. — ETY., *á*, et *sed* pour *set*, soif.

ASSEDE, BÉARN., v. a. V. *Assetá.*

ASSEGIS, PROV., *siam assegis* ou *à segis*, expression qui signifie que la neige a recouvert entièrement la terre en automne, et qu'on ne peut plus faire paître les bestiaux. (HONNORAT, *Dictionnaire provençal*).

ASSEGOUNDA, v. a. V. *Segoundá.*

ASSEGREGIÉ, DAUPH., v. a. Arranger, mettre en ordre. — SYN. *arrengá, asengá.*

ASSEGUENT, BÉARN., adv. Tout de suite. — GASC., *assiec, assec*. — ETY., *á*, et *seguent*, suivant.

ASSEGURA, v. a. ASSEGURAR, assurer, rendre stable, affermir, rendre une chose sûre; garantir, affirmer, certifier une chose; *s'assegurá*, v. r., s'assurer, se rendre sûr d'une chose; être persuadé, avoir la confiance, la certitude que..... — SYN. *assigurá*. — CAT., PORT., *assegurar*; ESP., *asegurar*; ITAL., *assicurare*. — ETY., *á*, et *segur.*

ASSEGURAGE, PROV., s. m. V. *Asseguranso.*

ASSEGURAIRE, s. m. Assureur. — CAT., PORT., *assegurador*; ESP., *asegurador*; ITAL., *assicuralore*. — ETY., *assegurá.*

ASSEGURAMENT, s. m. V.

ASSEGURANSO, s. f. Assurance. — SYN. *assegurage, assegurenso, assigurenso*. — CAT., *asseguransa*; ESP., *aseguranza*; ITAL., *assicuranza*. — ETY., *assegurá.*

ASSEGURENSO, s. f. V. *Asseguranso.*

ASSEGUTA, BITERR., v. a. ASSEGUIR, ASSEGRE, poursuivre. — SYN. *segutá*. — ITAL., *asseguire*. — ETY. LAT., *assecutum*, supin de *asseguor.*

ASSÈIRE, CAST., v. a. Asseoir. V. *Assetá.*

ASSÈIT, o, CAST., part. Assis, e. — SYN. *assetat.*

ASSELA, CAST., v. a. Prendre de bond ou de volée un objet qu'on nous jette.

ASSELA, GASC., v. a. Mettre à l'abri du vent.

ASSEMA, CÉV., v. a. Assaisonner. V. *Assasouná.*

ASSEMAL, GASC., s. m. Tinette. — BITERR., *semal*. — ETY. ROMAN., *assem*, ensemble, parce que la tinette ou *comporte*, quand elle est pleine de raisins, de vin, etc., est portée par deux personnes au moyen de deux barres de bois qu'on passe sous les deux anses de ce récipient, appelées *cournalheiros*.

ASSEMBLA, v. a. ASSEMBLAR, assembler, mettre ensemble; réunir, convoquer; *s'assemblá*, v. r., s'assembler. — ANC. ESP., *assemblar*; ITAL., *assemblare*. — ETY. ROMAN., *assem*, du lat. *ad simul*, ensemble.

ASSEMBLADO, s. f. ASSEMBLADA, assemblée. — CAT., *assamblea*; ANC. ITAL., *assembiata*. — ETY., part. f. de *assemblá*.

ASSEMBLAGE, ASSEMBLAGI, s. m. Assemblage, réunion de choses ou de personnes. — ESP., *ensemblage*. — ETY., *assemblá*.

ASSENA, v. a. Rendre plus sensé, plus raisonnable; *assenat*, *ado*, part., sensé, ée, raisonnable. V. Senat. — ETY., *à*, et *sen*, sens, raison.

ASSENCIAT, ado, adj. ASSENCIAT, savant; il est aussi syn. de *assenat*, *senat*.

ASSENTAT, ado, CÉV., adj. V. Senat.

ASSENTIMENT, s. m. ASSENTIMENT, assentiment, consentement. — ANC. CAT., *assentiment*; ITAL., *assentimento*. — ETY., *assenti*, du lat. *assentire*, approuver, être du même avis.

ASSENTIT, ido, CÉV., adj. Fêlé, ée, en parlant d'un pot ou d'une cruche; gâté s'il s'agit d'un enfant qui fait toutes ses volontés. — SYN. *counsentit*.

ASSENTO, s. f. Armoise absinthe. V. Encens.

ASSERENA, v. a. Rasséréner, rendre serein; *s'asserená*, v. r., se rasséréner, devenir serein. — ETY., *à*, et *seren*, serein.

ASSERMA, PROV., v. a. Altérer, causer la soif. — CÉV., *assoryá*. — SYN. *assedá*.

ASSERO, CÉV., adv. Hier au soir. — ETY., *à*, et *sero*, soir.

ASSERTA, GASC., v. a. ASSERTAR, ACERTAR, certifier, assurer. — ETY., *à*, et *sert* (mieux *cert*), du lat. *certus*, certain.

ASSESAN, CAST., adj. V. Assasan.

ASSESIT, CÉV., adj. Rassis, en parlant du pain. — SYN. *assetit*.

ASSESOUNA, v. a. V. Assasouná.

ASSETA, v. a. ASSETAR, asseoir, placer sur un siége; poser sur une base solide; *s'assetá*, v. r., s'asseoir; s'établir; *assetat*, *ado*, part., assis, e. — SYN. *assière*, *assiétá*, *assete*, *assetre*, *assede*, *assetiá*. — CAT., PORT., *assentar*; ESP., *asentar*. — ETY., *à*, et *seti*, siége, d'où *assetiá*, *assetá*.

ASSETADOUR, PROV., s. m. Trépied sur lequel on place le cuvier. — ETY., *assetado*, part. f. de *asseta*.

ASSETADURO, CÉV., s. f. Assiette, emplacement. — ETY., *assetado*, part. f. de *assetá*.

ASSETE, GASC., v. a. V. Assetá.

ASSETI, PROV., s. m. Siége. V. Seti.

ASSETIA, BITERR., v. a. ASSETIAR, asseoir, établir solidement, placer; fouler affermir; *assetiá la bugádo*, entasser la lessive dans le cuvier; *assetiat*, *ado*, part., assis, e. — SYN. *assetá*, *assalá*, entasser.

ASSETIT, CÉV., adj. Rassis, en parlant du pain. — SYN *assesit*.

ASSETOUN (d'), CÉV., loc. adv. Assis, e, c'est l'opposé de debout; *estre d'assetoun sus son liech*, être au lit sur son séant. — SYN. *d'assetous*, *d'assiétous*. — ETY., *assetá*.

ASSETRE, GASC., v. a. V. Assetá.

ASSETUT, udo, GASC., part. de *assete*, assis, e. — SYN. *assetat*.

ASSI, BÉARN., GASC., adv. de lieu, Ici V. *Aici*. Dans la comédie de *Monsieur de Pourceaugnac*, Lucette, qui y est qualifiée de *feinte languedocienne*, commence son rôle par ces mots: *A'h! tu es assi...* et se sert par conséquent de la forme gasconne de l'adverbe, *aici*, quoique le reste du rôle soit écrit dans l'idiome de Pézénas.

ASSIDUITAT, s. f. ASSIDUITAT, assiduité, exactitude. — PORT., *assiduidade*; ITAL., *assiduitá*. — ETY., *assiduitalem*.

ASSIDUOUSOMEN, adv. ASSIDUOSAMENT, ASSIDUALMENT, assidûment, continuellement. — ETY., *assiduoso*, et le suffixe *ment*.

ASSIDUT, udo, adj. ASSIDUOS, assidu, ue, exact, attentif. — ITAL., PORT., *assiduo*. — ETY. LAT., *assiduus*.

ASSIÉC, GASC., adv. De suite, aussitôt; à peine. — SYN. *assec*. — ETY., *à*, et *siec*, qui suit.

ASSIÉJA, v. a. ASSETJAR, ASSETIAR, assiéger. — CAT., *assetjar, assitiar*; ESP., *asediar*; ITAL., *assediare*. — ETY. B. LAT., *assediare*.

ASSIÉTA, CÉV., v. a. Asseoir; *assietat, ado, assietadé, to*, assis, e. V. Assetá.

ASSIÉTADO, s. f. Assiettée, plein une assiette. — ETY., *assieto*.

ASSIÉTO, s. f. ASSIETA, assiette, vaisselle sur laquelle on met les aliments pour les manger; situation, position, manière d'être. — SYN. *sieto*.

ASSIÉU, CÉV., s. m. Essieu. — SYN. *ichal, essiou*. — ETY. LAT., *axiculus*.

ASSIGE, CÉV., s. m. Haine, animosité, aigreur.

ASSIGNA, v. a. ASSIGNAR, assigner, citer en justice; marquer, destiner. — SYN. *assinná*. — QUERC., *ossinná*; ESP., *assignar*; ITAL., *assignare*; LAT., *assignare*.

ASSIGNACIÉU, ASSIGNACIOUN, s. f. ASSIGNATION, assignation, exploit. — ESP., *asignacion*; ITAL., *assegnazione*. — ETY. LAT., *assignationem*.

ASSIGNOURI (s'), v. r. Se rendre maître de. — ETY., *à*, et *signor*, seigneur, maître.

ASSIGURA, v. a. V. Assegurá.

ASSIGURENSO, s. f. V. Asseguranso.

ASSINNA, v. a. V. Assigná.

ASSINSA, PROV., v. a. Exciter, ameuter les chiens.

ASSIOU, PROV., s. m. Essieu. V. Assiéu.

ASSIOU, GASC., adv. Là-bas.

ASSIOUNA, PROV., v. a. Agencer, arranger, embellir, parer; *s'assiouná*, v. r., s'ajuster, se parer; *assiounat, do*, part., agencé, ée, paré, ée.

ASSIOUNADURO, PROV., s. f. Agencement, arrangement, ajustement, parure.

— SYN. *assiounament*. — ETY., part. f. de *assiouná*.

ASSIOUNAMENT, PROV., s. m. V. Assiounaduro.

ASSIP, ASSIPA, Assipadour, V. Acip, etc.

ASSIR (*si faire*) PROV., v. r. Se faire suivre, en parlant d'une chèvre en rut.

ASSISO, s. f. ASIZA, assise, rang de pierres de même hauteur sur un mur en construction. — SYN. *ciso*.

ASSISTA, v. a. et n. ASSISTAR, assister, être présent à quelque chose; aider, secourir; *assistá* veut dire aussi assister à une première communion, et s'applique aux enfants qui, l'ayant fait l'année précédente, se joignent aux nouveaux communiants pour communier avec eux; *assistat, ado*, part., assisté, ée, aidé, secouru. — CAT., ESP., *asistir*; PORT., *assistir*; ITAL., *assistere*; du lat. *assistere*.

ASSISTAIRE, s. m. Celui qui assiste, qui est présent; celui qui donne secours et assistance. — SYN. *assistant*. — ETY., *assistá*.

ASSISTANSO, s. f. Assistance, présence, surtout en parlant d'un officier public, d'un prêtre; aide, secours; *cridá assistanso*, crier au secours. — SYN. *assistenso*. — CAT., PORT., *assistencia*; ESP., *asistencia*; ITAL., *assistenza*. — ETY., *assistá*.

ASSISTANT, o, adj. Assistant, e, celui qui assiste, qui est présent; celui ou celle qui, ayant fait sa première communion, s'associe aux exercices de ceux qui la font l'année suivante, et communie avec eux. — SYN. *assistent*. — ETY., *assistá*.

ASSISTENSO, s. f. V. Assistanso.

ASSISTENT, adj. V. Assistant.

ASSITAU, GASC., adv. de lieu. Ici; d'*assitau*, d'ici. — SYN. *aici, d'aici*.

ASSO, BÉARN., pron. démonst. Asso, ceci. V. Aissò.

ASSORGA, CÉV., v. a. Altérer, exciter la soif; *assorga, do*, part., altéré, ée. — SYN. *assedá, assermá*.

ASSOU, CÉV., s. m. Auge à cochons.

ASSOUBACA, BÉARN., v. a. Abriter, mettre en sûreté, à l'abri de toute atteinte. — SYN. *assabouçá*. — ESP., *asubiar*.

ASSOUBLIDA, v. a. V. Oublidá.

ASSOUCIA, v. a. Associar, associer, mettre en société, en partage; au fig. unir, joindre, allier; *s'associá*, v. r., s'associer; *associat, ado*, part., associé, ée. — Esp., *asociar*; ital., *associare*. — Ety. lat., *associare*.

ASSOUCIACIÉU, ASSOUCIACIOUN, s. f. Association, union de plusieurs intéressés dans une même entreprise; réunion d'une bande de malfaiteurs; association politique. — Esp., *asociacion*; ital., *assoziazione*. — Ety., *assoucia*.

ASSOUCIAT, s. m. Associé, celui qui fait partie d'une société commerciale ou de tout autre société. — Cat., *associad*; esp., *asociado*; port., *associado*; ital., *associato*.

ASSOUDELA, v. a. V. Assadoulá.

ASSOUFLADIS, isso, prov., adj. Essoufflé, ée.

ASSOUIDA, prov., v. a. Achever. — Syn. *assouire*.

ASSOUIDO, prov., s. f. Fin d'un long travail; repas qu'on donne aux ouvriers à cette occasion. — Syn. *souido*. — Ety., *assouidá*, achever.

ASSOUIRA, v. a. Assouvir, rassasier.

ASSOUIRE, prov., v. a. Achever, terminer, *assoui, do*, part., achevé, terminé. — Syn. *assouidá*.

ASSOULA, v. a. Mettre à bas, jeter à terre, renverser quelqu'un par terre tout de son long; étendre les gerbes sur l'aire pour les battre. — Ety., *à*, et *sol*, sol.

ASSOULA, v. a. Assolassar, consoler, calmer, apaiser, tranquilliser; *s'assoulá*, v. r., s'apaiser, se calmer, se taire; se consoler, cesser de pleurer; *assoulat, ado*, part., consolé, ée. — Syn. *assourá*. — Cat., *assolar*; esp., *asolar*. — Ety., *assoulá*, est une forme altérée du roman *assolassar*, formé de *à*, et de *soulatz*, lat. *solatium*, consolation.

ASSOULAIRE, o, s. m. et f. Consolateur, consolatrice. — Ety., *assoulá*.

ASSOULELHA, v. a. Exposer au soleil; *s'assoulelhá*, v. r., se mettre au soleil, se chauffer au soleil. — Syn. *soulelhá*. — Cat., *assoleyar*; esp., *asolejar*; ital., *soleggiare*. — Ety., *à*, et *soulelh*.

Que per Noué s'assoulelho
Per Pascos gasto sa legno.
PRO.

ASSOUMA, v. a. Assomar, assommer, tuer avec un instrument lourd et contondant; battre avec fureur; au fig. fatiguer, ennuyer; *assoumat, ado*, part., assommé, e. — Anc. ital., *assomare*. — Ety., *à*, et *soumo*, fardeau, écraser sous le poids d'un fardeau.

ASSOUMELHA, béarn., v. a. Endormir; *assoumelhá-s*, v. r., s'endormir. — Ety., *à*, et *soumelh*, de *som*, sommeil.

ASSOUMERA, béarn., v. a. Amonceler. — Ety., *à*, et le roman, *somel*, sommet; *assoumerá* est mis pour *assoumelá*.

ASSOUNTOUS, prov., adj. Pan assountous, pain bis. — Ety., ce mot se décompose ainsi : *am soun tout*, avec tout le son, pain dont la farine n'a pas été blutée.

ASSOUPI, v. a. Sopir, assoupir, disposer au sommeil; adoucir, calmer, apaiser; *s'assoupi*, v., s'assoupir, s'endormir insensiblement; *assoupit, ido*, part. assoupi, e, apaisé. — Anc. ital., *assopir*. — Ety., *à*, et le lat., *sopire*, endormir.

ASSOUPIMENT, ASSOUPISSAMENT, V.

ASSOUPISSIMENT, s. m. Assoupissement, état voisin du sommeil, somnolence, nonchalance. — Anc. ital., *assopimento*. — Ety., *assoupi*.

ASSOUPLI, v. a. Assupellar, assouplir, rendre souple; *s'assoupli*, v. r., s'assouplir, devenir souple. — Ety., *à*, et *souple*.

ASSOURA, prov., v. a. Presser, enfoncer, fouler, fixer; au fig. enivrer. C'est aussi une altération de *assoulá*, consoler, apaiser. — Ety. roman., *assolar*, du lat. *solidare*, consolider.

ASSOURAT, ado, part. de *assourá*. Fixé, ée, enfoncé; apaisé, assoupi; *dourmi assoural*, dormir tranquillement. — Agat., *assourrit*.

ASSOURDA, v. a. V. Ensourdá.

ASSOURDI, v. a. V. Ensourdá.

ASSOURRA, v. a. Étendre du linge, ou

tout autre chose sur le sable pour les faire sécher; *s'assourrá*, v. r., se rouler dans le sable. — ETY., *à*, et *sourro*, sable; à Béziers, vase, limon.

ASSOURRIT, ido, AGAT., part. V. Assourat.

ASSOUSCAIRA, v. a. Surprendre quelqu'un dans un lieu écarté pour l'insulter, le rançonner et même le frapper; acculer.

ASSOUSTA, v. a. Abriter, protéger, défendre; *s'assoustá*, v. r., se mettre à l'abri, se défendre; *assoustat, ado,* part., abrité, ée; protégé. — SYN. *soustá, assustá.* — ETY., *à*, et *sousto*, abri.

ASSOUSTANSO, s. f. Soutien, protection. — SYN. *assoustenso.* — ETY., *assoustá*.

ASSOUSTAREL, ello, adj. Protecteur, protectrice, défenseur, gardien.—ETY., *assoustá*.

ASSOUSTARÈU, ello, PROV. V. Assoustarel.

Lelonn, Dióu t'amo; e dins lou cèu
Pagara ta santo paciencí,
O tu que sies per l'innoucenci
Coume un autre ange ASSOUSTARÈU.
ROUMANILLE, *Lis Oubreto.*

ASSOUSTENSO, PROV., s. f. V. Assoustanso.

ASSOUSTO, s. f. Abri, asile; secours, défense, protection. — ETY., *assoustá*.

ASSOUSTRA, CAST., v. a. Régler, régir, soumettre à une règle.

ASSOUVAGI, do, PROV., adj. V. Assauvagi.

ASSUAUSA, v. a. ASSUAUZAR, adoucir, calmer; persuader par la douceur. — ETY., *à*, et *suau*, du lat. *suavis*, doux.

ASSUBJECA, GASC., v. a. Assujétir, soumettre. — ETY., *à*, et le lat. *subjectus*, sujet.

ASSUCA, BITERR., v. a. Assommer, rouer de coups. — SYN. *ensucá.* — ETY., *à*, et *su, suc*, tête; frapper sur la tête.

ASSUGA, BITERR., v. a. ESSUGAR, essuyer. — SYN. *èissugá, essugá.* — GASC.,

chugá; ITAL., *asciugare*; du lat. *exsuccare*.

Lou BAGNO-ASSUGO gasto lou bos.
PRO.

L'alternative de pluie et de sécheresse gâte le bois.

ASSUMA, PROV., v. a. Assaisonner la salade; il a aussi les mêmes acceptions que le français, *assumer*, du lat. *assumere*.

ASSUMAGE, PROV., s. m. Assaisonnement. — ETY., *assumá*.

ASSUPA, CÉV., v. a. Frapper sur la tête, prendre aux cheveux; *s'assupá*, v. r., se heurter, se rencontrer tête à tête.

ASSUPIT, ido, part. V. Assoupit.

ASSUSTA, PROV., v. a. V. Assoustá.

ASSUTA, v. a. Presser, pousser, faire aller vite; exciter un chien à mordre, à se battre avec d'autres chiens; *s'assutá*, v. r., se dégourdir, se hâter, se presser. — SYN. *sutá*.

AST, TOUL., s. m. Broche; *mená l'ast*, tourner la broche. V. Aste.

ASTA, GASC., adv. Autant. — SYN. *astant.* V. Autant.

ASTA, CÉV., v. a. Embrocher. — SYN. *enastá, enlastá.* — ETY., *ast*, broche.

ASTADO, s. f. Brochée: *astado de tourdres*, brochée de grives. — SYN. *astelado, astiado.* — ETY., part. f. de *astá*.

ASTALÈU, GASC., adv. Aussitôt. V. Autant-lèu.

ASTANT, GASC., adv. Autant. — SYN. *asta.* V. Autant.

ASTAPLAN, GASC., adv. comp. Aussi bien. — SYN. *tant-pla, tambèn*.

ASTARLOGO, s. m. V. Astroulogo.

ASTE, s. m. ASTE, broche, instrument de cuisine pour faire rôtir les viandes. — PROV., *asti*; TOUL., *ast*; du lat. *hasta*.

Que viro l'ASTE, re noun tasto.
PRO.

ASTE, GASC., s. m. V. Astre.

ASTELADO, PROV., s. f. Brochée. V. Astado.

ASTELIER, PROV., s. m. V. Astier.

ASTELLO, PROV., s. f. Éclat de bois; BITERR., *estèlo*.

ASTERLE, O, GASC., adj. Brillant, e. — ETY., *aste*, astre, brillant, comme un astre.

ASTERLOGO, s. m. V. Astroulogo.

ASTERLOMENT, GASC., adv. Brillamment, proprement. — ETY., *asterlo*, et le suffixe *ment*.

ASTET, BITERR., s. m. Petite broche, brochette dans laquelle on enfile les viandes, rognons, cervelles, etc., pour les faire cuire sur le gril. — SYN. *astoun*. — CAT., *astet*. — ETY., dim. de *aste*.

ASTI, PROV., s. m. Dard ; broche. V. Aste.

ASTIADO, PROV., s. f. V. Astado.

ASTIC, s. m. Astic, outil de cordonnier pour lisser les semelles. — ETY. ALL., *stich*, chose pointue.

ASTICOT, s. m. Rapière, épée rouillée ; asticot, sorte de petit ver blanc. — ETY., *astic*.

ASTICOUTA, v. a. Asticoter, tourmenter, irriter. — ETY., *asticot*.

ASTIER, s. m. ASTIER, hâtier, grand chenet de cuisine à crans qui peut recevoir plusieurs broches. — SYN. *astelier*, *astiéro*. — ETY., *asti*, broche.

ASTIÉRO, s. f. V. Astier.

ASTIFIGNOUS, O, GASC., adj. Dédaigneux, euse. — SYN. *refastignous*.

ASTO, AGAT, s. f. HASTA, pique, lance, javelot, hampe ; flèche, timon. Il ne s'emploie que dans cette phrase usitée chez les marins : *Boutá lou pavilhoun à miejo-asto*, hisser le pavillon à mi-hauteur de la hampe en guise de deuil ; on dit aussi *à miech-astre*. — ETY. LAT., *hasta*.

ASTOU, s. m. ASTOR, autour, *falco palumbarius*, oiseau de l'ordre des rapaces, — SYN. *grand mouicet*. — B LAT., *astur*, *astureus*. — ETY. LAT., *austerius*.

ASTOUN, PROV., s. m. V. Astet.

ASTOURET, GASC., s. m. Petit autour. Dim. de *astou*.

ASTRADO, s. f. Destinée. — ETY., *astrat*, *ado*, part. f. du v. roman, *astrar*.

ASTRAGNO, GASC., s. f. Fertilisation ; bienfait.

ASTRAT, ado, adj. ASTRAT, prédestiné, ée, qui est sous l'influence des astres. — ETY., *astre*.

ASTRE, s. m. ASTRE, astre, corps céleste, lumineux ; au fig. destinée ; *bèlo coume un astre*, belle comme un astre ; *a tout astre boun astre*, loc. adv., au hasard, à l'aventure, sans réflexion ; *à miech astre*, à moitié chemin ; *per cop d'astre*, par hasard ; *lou diable vire l'astre ! peste de !* AGAT, *à miech astre*, à mi-hauteur de la hampe. V. Asto. — GASC., *aste* ; ESP., ITAL., *astro* ; du lat. *astrum*.

ASTREGNE, GASC., v. a. Étreindre. V. Destregne.

ASTRÈO, GASC., s. f. Étrenne. V. Estreno.

ASTRIER, TOUL., CÉV., s. m. Gauffre, pâtisserie cuite entre deux fers chauds, ou à l'âtre de la cheminée ; du b. lat. *astrum*, âtre.

ASTROLO, ASTROULO, PROV. V.

ASTROULOGO, s. m. Astrologue ; au fig. grand bavard, qui fait parade de son peu de savoir. — SYN. *astarlogo*, *asterlogo*, *estarlogo*, *estarlot*. — ESP., PORT., ITAL., *astrologo* ; du lat. *astrologus*.

ASTROULOUGIO, s. f. ASTROLOGIA, astrologie, art de connaître l'avenir par l'inspection des astres. — GASC., *astrugio*. — ETY. LAT., *astrologia*.

ASTRUC, s. m. ASTRUC, nom propre d'homme, qui signifie heureux. — CÉV., félicitation, compliment. — SYN. *estruc*.

ASTRUGA, PROV., v. a. Féliciter, complimenter. — ETY., *astruc*, heureux ; *astrugá*, rendre heureux ; c'est le sens du mot français *féliciter*, formé du lat. *felix*, heureux.

ASTRUGIO, GASC., s. f. V. Astroulougio.

ASTUCIO, s. f. ASTUCIA, astuce, ruse, finesse. — CAT., ESP., PORT., *astucia* ; ITAL., *astuzia* ; du lat., *astutia*.

ASTUCIOUS, O, adj. Astucieux, euse. — CAT., *astucios* ; ANC. ESP., PORT., *astucioso*. — ETY., *astucio*.

AT, BÉARN., pron. régime. Le, cela. *Per p'at disc en dus moutz*, pour vous le dire en deux mots.

ATA

Car si lou marit AT sabé
Ne m'AT perdounoré yamé.

Car si le mari le savait — il ne me le pardonnerait jamais.

AT, GASC., art. du datif. Au.

ATABÉ, BITERR., adv. et conj. Aussi, à cause de cela ; de plus, de même. — SYN. També, atambé, aitambé, tambèn, atambèn. — ETY., autant-bè, aussi bien.

ATABELA, v. a. V. Atavelá.

ATACA, v. a. ATACAR, attaquer, assaillir ; atteindre quelqu'un à la course : *l'ai atacat à dous passes d'aici*, je l'ai rejoint à deux pas d'ici ; *s'atacá*, v. r., s'attaquer, s'en prendre à. — CAT., ESP., *atacar* ; ITAL., *attacare*.

ATACAGNOS, PROV., s. f. p. Combats à coups de pierres, de quartier, à quartier, dans les villes et les villages ; époque de ces combats. — ETY., *atacá*.

ATACAIRE, s. m. Celui qui attaque, agresseur. — ETY., *atacá*.

ATACAN-DE-PAS, CAST., s. m. Coupe-jarret, brigand, assassin. — ETY., *atacan*, part. présent de *atacá*, qui attaque, *de pas*, dans les passages ou les chemins.

ATACO, s. f. ATACHA, attaque, commencement d'un combat, l'action d'attaquer, invasion d'une maladie. — CAT., *ataco* ; ESP., PORT., *ataqua* ; ITAL., *attacco*. — ETY., *atacá*, attaquer.

ATAHUC, ATAHUT, s. m. ATAHUG, ATAÜC, bière, cercueil ; forme de cercueil sur laquelle on étend, pendant un service funèbre, un drap mortuaire ; tombe. — SYN. *alèi*. — ESP., *alaud*; PORT., *ataude*. — ETY. ARABE, *tahout*.

ATAHUC, s. m. Aqueduc. — SYN. *acahut*. V. ce mot.

ATAIÉ, GÉV., s. m. Fosse, trou, tranchée pour planter un arbre, un cep de vigne, etc.

ATAIL, GASC., adv. comp. A grands morceaux, à même.

ATAISA (s'), v. r. Se taire, se calmer, en parlant d'une tempête, d'un orage. — SYN. *se laisá*.

ATAISAT, ado, part. de *ataisá*. Calmé, ée, apaisé, qui se tait. — SYN. *alesat*, *atassat*, formes altérées.

ATA

ATAL, adv. Ainsi. V. Aital.

ATALA, BITERR., v. a. Atteler, attacher des animaux de trait à une voiture, à une charette, etc., *s'atalá*, v. r., s'atteler, se mettre à faire une chose, y employer toutes ses forces ; *atalat*, ado, part., attelé, ée. — ETY., *atalá* est une altération de *atelá*, qui vient du B, LAT, *astelare*, mettre les *asteles* ou *attelles*, prises dans le sens de collier, dont elles sont une partie.

ATALADOUIRO, BITERR., s. f. Atteloire, cheville ronde qu'on met dans le timon des charrettes, des charrues, et qu'on appelle simplement *cavilho*. — ETY., part. f. de *atalá*.

ATALAGE, s. m. Attelage, le nombre d'animaux de trait qui tirent une voiture. — SYN. *atelage*, *atelagi*. — BÉARN., *atelatye*. — ETY., *atalá*.

ATALAGES, BITERR., s. m. p. Il se dit de toute espèce de choses encombrantes, d'un grand nombre d'outils ou instruments nécessaires pour un métier ou pour un travail quelconque.

ATALENTA, v. a. et n. ATALENTAR, faire envie, exciter, animer, mettre en goût, faire naître des désirs, convenir ; plaire, charmer. — ANC. CAT., *atalentar* ; ITAL., *attalentare*. — ETY., à, et *talent*, envie, désir, appétit.

ATALHOUNA, CAST., v. a. Couper en petits morceaux ; charcuter la viande. — ETY., à, et *talhou*, *talhoun*, dim. de *talh*, petit morceau.

ATAMBÈN, PROV., adv. V. Tambèn.

ATANCA, v. a. V. Tancá.

ATANPAU, adv. Non plus. — SYN. *atapau*, *tanpauc*, *tapauc*.

ATANQUIT, ido, MONTALB., adj. Épuisé, ée, séché, étanché. — BITERR., *estanc*, *estancal*.

ATAO, GASC., adv. Ainsi. — SYN. *atal*, *atau*. V. Aital.

ATAPA, BITERR., v. a. Couvrir, fermer, cacher ; *s'atapá*, v. r., se couvrir ; *atapat*, ado, part., couvert, e ; dissimulé, sournois. — SYN. *tapá*. V. ce mot.

ATAPAU, adv. Non plus. V. Atanpau.

ATAPLA, adv. Aussi bien. — GASC., *ataplan*. — ETY. altér. de *tant-pla*.

ATAQUOT, PROV., interj. Ah! pour le coup, je n'en ferai rien!

ATARI, v. a. Tarir. V. Tari.

ATARRA, v. a. V. Aterrá.

ATARRAGE, s. m. V. Aterrage.

ATARTAN, PROV., adv. Tout autant, une fois autant. — SYN. *autartant.* — ETY., *atar* pour *atal*, ainsi, et *tan*, autant.

ATASSA, v. a. Tasser, entasser, serrer ; *atassa, do,* part. Entassé, ée ; au fig. taciturne, sournois. V. Ataisat.

ATATIER, s. m. Viorne. V. Tassignier.

ATAU, BÉARN., GASC., adv. Ainsi; *ataumadich, ataumedix,* de la même manière ; *atau-coumots,* tout à propos ; BÉARN., *atau-coum,* loc. conj., de même que. V. Aital.

ATAULA, v. a. et n. Attabler, mettre à table, retenir à table ; verser, en parlant des voitures ; on dit mieux, dans ce dernier sens, *taulá.* V. ce mot. *S'ataulá,* v. r., s'attabler, se mettre à table. — ETY., *à,* et *laulo,* table.

ATAUT, V. Atahuc.

ATAVELA, v. a. Empiler des gerbes, du bois, des planches, etc., *atavelat, ado,* part., empilé, ée. — SYN. *entavelá.* — ETY., *à,* et *lavel,* tas, pile.

ATEBESI, v. a. TEBEZIR, attiédir, rendre tiède. — PROV., *estebiá.* — ETY., *à,* et *tébés,* tiède.

ATEFIA, PROV., v. a. Élever, nourrir des bestiaux ; *s'atefiá,* v. r., faire sa première éducation, passer son enfance; *atefiat, do,* part., élevé, ée, nourri.

ATEGNE, v. a et n. ATEIGNER, atteindre, joindre quelqu'un qui avait pris les devants ; arriver à toucher. — CAT., *alenyer* ; ESP., *alener* ; du lat. *attingere.*

ATEI, PROV., s. m. Bière, cercueil. V. Atahuc.

ATELA, PROV., v. a. V. Atalá.

ATELADOUIRO, PROV., s. f. V. Ataladouiro.

ATELAGE, ATELAGI, PROV., s. m. V. Atalage.

ATELATYE, BÉARN., s. m. V. Atalage.

ATEMPOURA, PROV., v. a. ATEMPRAR, tempérer, modérer. — SYN. *atempouri.* ETY., *à,* et *temperare.*

ATEMPOURI, PROV., v. a. V. Atempourá.

ATENCHO, s. f. V. Atenjo.

ATENCIÉU, ATENCIOUN, s. f. Attention; égards, soins. — CAT., *atenció*; ESP., *atencion* ; ITAL., *attenzione.* — ETY. LAT., *attentionem.*

ATENCIOUNAT, ado, adj. Qui a des égards, des prévenances. — ETY., *atencioun.*

ATENDAT, ado, adj. Tendu, ue, couvert d'une tente. — SYN. *tendat.*

ATENDE, BÉARN., v. a. V.

ATENDRE, v. a. ATENDRE, attendre ; compter sur, espérer ; *s'atendre*, v. r., croire à, se fier, se rapporter à ; *s'atendre an un traval*, être attentif à un ouvrage, s'y appliquer sans relâche ; *atengut, udo,* part., atteint, e. — ESP., *alender* ; PORT., *attender* ; ITAL., *attendere* ; du lat. *attendere.*

ATENDRI, v. a. ATENDRIR, attendrir, rendre tendre ce qui est dur ; au fig., émouvoir, disposer l'âme à la pitié ; *s'atendri,* v. r., s'attendrir, devenir tendre ; au fig. s'émouvoir. — ESP., *aternecer* ; ITAL., *intenerire.* — ETY., *à,* et *tendre.*

ATENDRIMENT, ATENDRISSAMENT. V.

ATENDRISSIMENT. s. m. Attendrissement, action de rendre tendre, mou, au fig. sentiment par lequel on s'attendrit. — ETY., *alendri.*

ATENENT, o, adj. ATENENT, attenant, contigu, tout proche. — ETY., part. prés. du roman *atener,* tenir à.

ATENGE, GASC., v. a. et n. Atteindre. V. Ategne.

ATENGUT, GASC., adv. Continuellement, sans cesse, en même temps. — SYN. *d'atengut.*

ATENI (s'), PROV., v. r. ATTENIR, s'en tenir à, croire facilement une chose, y ajouter foi. — CAT., *alenirse*; ESP., *alenerse* ; ITAL., *attenersi.* — ETY., *à,* et *teni.*

ATENJO, s. f. Atteinte, attaque d'une maladie; *d'atenjos,* GASC., loc. adv., à portée ; *foro d'alenjos,* hors de portée, hors d'atteinte. — SYN. *alencho.* — ETY., *atenge,* atteindre.

ATENTENA, cév., v. a. Amuser par de vaines paroles. — Syn. *tentená*.

ATENTO, s. f. Atenda, atenta, attente, espérance; cév., but ou fin qu'on se propose. — Ety. lat., *attentum*, supin de *attendere*.

ATENUA, v. a. Atenuar, atténuer, diminuer, amoindrir. — Cast., *atèugná*; esp., *atenuar*; port., *attenuar*; ital., *attenuare*, du lat. *attenuare*.

ATENUACIÉU, ATENUACIOUN, s. f. Atenuacio, atténuation, diminution.—esp., *atenuacion*; ital., *attenuazione*.— Ety. lat., *attenuationem*.

ATERRA, v. a. Aterrar, atterrer, renverser par terre; au fig. jeter dans l'abattement, l'affliction, l'épouvante. T. de mar., atterrir, prendre terre. — Syn. *atarrá*, *aturrá*, pour la première acception. — Cat., esp., *aterrar*; port., *atterrar*; ital., *atterrare*. — Ety., *à*, et *terro*, terre.

ATERRAGE, ATERRAGI, s. m. Atterrage, l'approche de la terre, lieu où un vaisseau peut prendre terre. — Ety., *atterrá*.

ATERRASSA, ado, adj. Couvert, e, de terre.

ATERRI, v. a. Aterrir, réduire en terre, couvrir de terre ou de limon; T. de mar., atterrir, prendre terre. V. Aterrá; cast., mettre à sec. V. Atari. — Ety., *à*, et *terro*, terre.

ATERRISSIMENT, s. m. Attérissement, dépôt de terre formé par une alluvion. — Ety., *atterri*.

ATERRIT, ido, part. Terrain exhaussé par une alluvion.

ATESAT, agat, adv. D'une manière calme, avec modération, avec mesure: *parlá atesal*, parler lentement et toujours sur le même ton; *plòure atesal*, pleuvoir d'une manière continue, mais sans averse. — Ety., altér. de *ataisal*. V. ce mot.

ATESSA, montp., v. a. Allaiter, nourrir un enfant à la mamelle.

Colena que se sentis fiera
D'estro la moulhé de Cerbera
D'avudre atessat Alectoun...

Favre.

ATESSADA, montp., s. f. Réfection que prend un enfant en tétant. — Syn. *teiado*. — Ety., part. f. de *atessá*.

ATESSAMEN, montp., s. m. Allaitement, action d'allaiter. — Ety., *atessá*.

ATESTA, v. a. Étêter, couper la tête d'un arbre, en surbaisser les branches. — Ety., *à*, priv., et *testo*, tête.

ATESTA (s'), v. r. S'entêter. — Syn. *s'entestá*. — Ety., *à*, et *testa*.

ATESURA, prov., v. a. Asséner; *atesurá un còu*, assener un coup.

ATETOUNI, do, cév., adj. Pendu, e, collé, ée, à la mamelle, en parlant d'un enfant qui tète souvent; s. m., nourrisson. — Ety., *à*, et *tetoun*, mamelle.

Li pastre fasien plus qu'ana, courre, veni
Per present' au mamèu li tendre atetouni.

F. Gras, Li Carbounié.

ATÈUGNA, cast., v. a. V. Atenuá.

ATÈUNI, v. a. Rendre mince, amoindrir. — B. lim., *oièuná*, *olèunesi*. — Ety., *à*, et *tèu*, mince.

ATGE, gasc., s. m. Atge, âge. V. Age.

ATIA, prov., v. a. Allumer du feu, battre le briquet. — Ety., altér. de *atilhá*, ce mot venant de *atilh*, briquet.

ATIC, o, adj. Altér. de *etic*. V. ce mot.

ATIFA, v. a. Attifer, parer; *s'atifá*, v. r., s'attifer, se parer; *atifat*, ado, part., attifé, ée. — Dauph., *allifestá*.

ATIHA, gasc., v. a. V. Atilhá.

ATILH, prov., s. m. Briquet, petite pièce d'acier dont on se sert pour tirer du feu d'un caillou. — Syn. *batifuec*, *foulhièro*, *esquier*.

ATILHA, gasc., v. a. Atilhar, disposer, arranger, ajuster. — Syn. *atiralhá*. — Ety., *à*, et le roman, *lil*, art, agrément, adresse.

ATINDA (s'), gasc., v. r. Se mettre en équilibre, se fixer.

ATINTOULA, prov., v. a. Cajoler; dorloter un enfant. — Syn. *lintourlá*.

ATIRA, v. a. Atirar, attirer, tirer vers soi, faire venir à soi; engager, inviter, exciter; *s'atirá*, v. r., s'attirer. — Ital., *attirare*. — Ety., *à*, et *lirá*.

ATIRALH, s. m. Attirail, assortiment

de choses diverses nécessaires pour divers usages; grande quantité de choses inutiles. — ITAL., *attiraglio*.—ETY., *atirá*, avec le sens de parer, arranger, qu'on donnait, dans l'ancien français, au mot *attirer*.

ATIRALHA, GASC., v. a. Arranger; ajuster, parer. — SYN. *alilhá*. — ETY., *atiralh*.

ATISA, v. a. ATIZAR, attiser, rapprocher les tisons pour les faire mieux brûler; les frapper avec les pincettes dans le même but. — SYN. *aluá, atusá*. — ESP., *alizar*; PORT., *aliçar*; ITAL., *attizare*. — ETY., *à*, et le roman, *tizo*, du lat. *titio*, tison.

ATISSA, v. a. Se prendre de grippe contre quelqu'un, l'inquiéter, le taquiner avec opiniâtreté; *s'atissá*, v. r., se taquiner; *s'atissá à un traval*, s'opiniâtrer à un travail, s'en occuper avec persistance.

ATITOULA, CÉV., v. a. Amadouer, flatter, cajoler. — SYN. *atitouriá*. — ETY., *à*, et *titou*, enfant, cajoler comme on fait d'un enfant

ATITOURIA, v. a. V. Atitoulá.

ATITRAT, ado, adj. Attitré, ée; *revendèire atitrat*, marchand chez qui l'on achète ordinairement. — ETY., *à*, et *titre*.

ATIULA, CARC., v. a. V. Aquiulá.

ATIUN, PROV., s. m. Matières combustibles, paille, papier, bruyère, genêt etc., dont on se sert pour allumer le feu.

ATO, interj. Oh! hé bien! certainement, bah! Elle marque quelquefois aussi la surprise et la mauvaise humeur.

ATOU, PROV., adv. Aussi, de même, itou : *iéu atoù*, moi itou ou moi aussi.

ATOUCA, v. a. ATOCAR, toucher, concerner. V. Pertoucá.

ATOUCAMENT, s. m. Attouchement, action de toucher. — CAT., *tocament*; ESP., *tocamiento*; ITAL., *toccamento*. — ETY., *à*, et *toucá*, toucher.

ATOUCH, s. m. T. du jeu de cartes, atout; au fig. coup, malheur. — SYN. *atous, trounfle*.

ATOUMIO, s. f. Altér. de *analoumió*.

ATOUPINA, v. a. Coiffer d'un bonnet de nuit ou de tout autre bonnet qui enveloppe toute la tête; *s'atoupiná*, v. r., se coiffer d'un bonnet. — SYN. *entoupiná*. — ETY., *à*, et *toupin*, bonnet.

ATOURA, CÉV., v. a. Combler de terre; au fig. ranger quelqu'un à son devoir. (Dict. de l'abbé de Sauvages); *atourá*, pour la première acception, paraît être une altération de *aterrá*, mieux *aterri*; quant à la seconde, c'est *aturá*, qui signifie forcer, contraindre, qu'il faut lire. V. *Aturá*.

ATOURNA (s'), v. r. ATORNAR, se retourner; se revancher: *m'a capignat e me soi atournat*; il m'a attaqué, et je me suis revanché; il signifie aussi, se parer. Anc. fr., *s'atourner*, d'où le mot *atour*. — ETY., *à*, et *tourná*, revenir.

ATOURTI, CAST., v. a. Tortuer, rendre tortu; tortuer une épingle, une aiguille; *s'atourtí*, v. r., se tordre. — ETY., *à*, et *tort*, tortu, tordu.

ATOUS, s. m. V. Atouch.

ATOUSSOUN, PROV., s. m. Petit atout, atout de basses cartes. — ETY., dim. de *atous*.

ATRACA, v. a. Empiler, mettre en tas. T. de mar., v. n., *atraquer*, s'approcher, en parlant d'un navire qui accoste un quai pour charger ou décharger avec facilité ce qu'il apporte. M. sign. *acoustá*.

ATRACCIÉU, ATRACCIOUN, s. f. ATRACCIO, attraction, action d'attirer, force qui attire. — ESP., *atraccion*; ITAL., *attrazione*. — ETY. LAT., *attractionem*.

ATRACH, s. m. ATRAG, attrait, qualité attrayante, ce qui attire; au plur., beautés qui charment dans une femme. — SYN. *atrait, attrèyt*. — ITAL., *attrato*. — ETY. LAT., *attractus*.

ATRAIRE, v. a. ATRAIRE, attirer; en parlant d'un marchand, montrer de l'empressement pour se défaire d'une marchandise —ETY. LAT., *attrahere*, attirer.

ATRAIT, s. m. Attrait. V. Atrach.

ATRANSI (s'), CAST., v. r. Se transir, se rider; s'assoupir. — SYN. *se transí, s'atravari*.

ATRAPA, v. a. ATRAPAR, attraper, prendre à un piége ; au fig. obtenir une chose par adresse ; surprendre artificieusement, tromper ; atteindre quelqu'un à la course ; saisir la ressemblance, le sens d'un auteur, les manières d'une personne ; s'atrapá, v. r., se tromper, se méprendre, être dupe ; *atrapat, ado*, part., attrapé, ée ; trompé, dupé. — Esp., *atrapar* ; ital., *attrapare*. — Ety., à, et *trapo*, trappe, piége.

ATRAPAIRE, s. m. Trompeur, faiseur de dupes, patelin. — Ety., *atrapá*.

ATRAPATORI, s. m. Attrapoire, piége ; au fig. ruse, tromperie, artifice, fourberie. — Syn. *atrapo*. — Ety., *atrapat*, part. de *atrapá*.

ATRAPATOUN, prov., s. m. T. de mar. Attrape, cordage qui retient, arrête, assujettit. — Ety., *attrapat*.

ATRAPO, s. f. Attrape, piége ; tromperie. *Atrapo-minoun*, attrape-minon, hypocrite qui attrape les simples ; *atrapo-nigaud*, ruse grossière qui ne peut tromper que des nigauds ; *atrapo-vilan*, ce qui sert à attraper un avare ; *atrapo qu'atrapo*, attrape qui peut, au plus fin. — Syn. *atrapatóri*. — Ety., *atrapá*.

ATRAPOUN, prov., s. m. Petite attrape, petite tromperie. — Ety., dim. de *atrapo*.

ATRAS, adv. Atras, arrière, en arrière, derrière.

Torn atras quan cug anar denan.
GAUCELM FAIDIT.

Je retourne en arrière quand je crois aller en avant.

Gat., esp., port., *atras*.

ATRASSA, prov., v. a. Amasser petit-à-petit. — Ety., à, et le roman *trassa*, amoncellement, entassement.

ATRASSA, (s'), v. r. Rester derrière, se retarder. — Ety., *atras*.

ATRASSES, s. m. p. Outils, ustensiles, instruments de ménagerie, immeubles par destination employés à l'exploitation d'une terre.

A-TRAUÈS, gasc., loc. prép. A travers.

ATRAVALHI, do, prov., adj. Qui est en train de travailler, ardent au travail, qui est tout entier à son ouvrage. —
Syn. *atravali*, *atravayt*. — Ety., à, et *travalh*, travail.

ATRAVALI, do, prov., adj. V. Atravalhi.

ATRAVARI (s'), prov., v. r., s'assoupir, s'endormir légèrement, sommeiller. — Syn. *s'entravari*. — Cast., *s'atransi*.

ATRAVAYT, ido, adj. V. Atravalhi.

ATREMOULI, v. a. Faire trembloter, faire frissonner ; *s'atremouli*, v. r., trembloter. — Ety., à, et *tremouli*, du roman *tremoul*, tremblement.

ATREMOULIT, ido, part. Tremblant, e, tremblotant ; vacillant.

ATREMPA, v. a. Atrempar, agencer, modérer, tempérer. V. aussi *Trempá*.

ATRENCA, prov., v. a. Attifer, parer ; *s'atrencá*, v. r., s'attifer.

ATRENCADURO, prov., s. f. Ajustement, parure. — Syn. *atrencament*. — Ety., *atrencado*, part. f. de *atrencá*.

ATRENCAMENT, s. m. V. Atrencaduro.

ATRESANA, v. n. V. Tresaná. — Cév., v. a. ajuster, agencer, assortir.

ATREYT, béarn., s. m. V. Atrach.

ATRIA, narb., v. n. Tarder. V. Atrigá.

ATRIBUA, v. a. Atribuir, attribuer ; attacher, annexer, conférer ; rapporter à, imputer ; *s'atribuá*, v. r., s'attribuer ; revendiquer. — Esp., *atribuir* ; ital., *attribuire*. — Ety. lat., *attribuere*.

ATRIBUCIÉU, ATRIBUCIOUN, s. f. Attribution, attribution, action d'attribuer. — Cat., *atribució* ; esp., *atribucion*. — Ety. lat., *attributionem*.

ATRICA, v. a. Émotter la terre, la rendre meuble, la pulvériser. — Ety. roman., *atrit*, du lat. *tritus*, broyé.

ATRIGA, gasc., v. n. Trigar, tarder, différer. — Syn. *atriá*, f. a. — Cat., *trigar*. — Ety., à, et le lat. *triga*, retard.

ATRINABLE, o, prov., adj. Qu'on peut dresser : *un fedoun atrinable au labour*, un poulain qu'on peut dresser au labour.

ATRINCA (s'), prov., v. r. Se préparer, se mettre en besogne.

ATRISTA, v. a. Attrister, rendre triste ; *s'atristá*, v. r., s'attrister ; *attristat, ado*, part., attristé, ée. — ITAL., *attristare*. — ETY., *à*, et *triste*.

ATRIVA, PROV., v. a. Attirer, faire venir au moyen d'un appât. — B. LIM., *otrivá*.

ATRIVADOU, s. m. Attrait. — B. LIM. *otrivodour*. — ETY., *atrivado*, part. f. de *atrivá*.

ATROUBA, v. a. ATROBAR, trouver. — ANC. CAT., *atrobar*. V. Troubá.

ATROUBAT, s. m. Moyen, tour : *un boun atroubat*, un bon tour. — ETY., *atroubá*.

ATROUPA, v. a. Attrouper, rassembler, réunir ; *s'atroupá*, v. r., s'attrouper. — SYN. *atroupelá*. — ESP., *atropar*. — ETY., *à*, et *troupo*, troupe.

ATROUPADISSO, s. f. V.

ATROUPAMENT, s. m. Attroupement. — ETY., *atroupá*.

ATROUPELA, v. a. ATROPELAR, attrouper ; *s'atroupelá*, v. r., s'attrouper. — SYN. *atroupá*. — CAT., ESP., PORT., *atropellar*. — ETY., *à*, et *troupel*, troupeau.

ATRUMA (s'), GAST., v. r. Devenir sombre, en parlant du temps ; au fig. passer de la joie à la tristesse. — ETY., *à*, et *trumo*, altér. de *brumo*, brume, brouillard.

ATRUYA (s'), PROV., v. r. Se gorger d'eau.

ATTAFÈIER, DAUPH., v. a. Planter ; au fig. introduire.

ATTAGOUS, PROV., s. m. p. Nom que les bergers donnent, à Arles, aux divisions qu'ils font de leurs bêtes à laine en hiver, et particulièrement à un petit troupeau de brebis qui ont agnelé depuis peu. (HONNORAT.)

ATTATIER, s. m. V. Tassignier.

ATTATINOS, s. f. p. V.

ATTATS, PROV., s. m. p. Fruits de la viorne. — SYN. *talinos, valinos*.

ATTENTA, v. n. ATTENTAR, attenter commettre un attentat. — CAT., ESP., *atentar* ; PORT., *attentar* ; ITAL., *attentare*. — ETY. LAT., *attentare*.

ATTENTAT, s. m. Attentat, entreprise criminelle, entreprise contre les lois. — CAT., *atentat*; ESP., *atentado*; ITAL., *attentato*. — ETY., *attentá*, attenter.

ATTESTA, v. a. Attester, certifier ; prendre à témoin ; servir de témoignage. — ESP., *atestar* ; PORT., *attestar* ; ITAL., *attestare*. — ETY. LAT., *attestari*.

ATTESTACIÉU, **ATTESTACIOUN**, s. f. ATTESTATION, attestation, action d'attester, témoignage qu'on donne à quelqu'un. — CAT., *atestació*; ESP., *atestacion*; ITAL., *attestazione*. — ETY. LAT., *attestationem*.

ATTIFESTA, DAUPH., v. a. Attifer. V. Atifá.

ATTRÈYT, BÉARN., s. m. Attrait. V. Atrach.

ATUA, PROV., v. a. Allumer. V.

ATUBA, PROV., CÉV., v. a. Allumer le feu, une chandelle. — SYN. *atuvá, atucá, alumá*. — ETY., *à*, et *tub*, du grec τύφω, j'allume.

ATUBAL, CÉV., s. m. Allumette, et, en général, tout ce qui est propre à allumer le feu. — ETY., *atubá*.

ATUCA, TOUL., v. a. Meurtrir, briser de coups ; suivant Jasmin, faire du bruit à fendre la tête. Dans plusieurs dialectes, on dit *assucá, ensucá*, verbes formés de *su* ou *suc*, sommet de la tête. On dit aussi *atupá*, qui est une forme altérée. — ETY., *à*, et *tuc, tuco*, courge ; au fig. tête.

ATUCAT, *ado*, part. de *atucá*, assommé, ée, meurtri de coups.

ATUCOULA, GASC., v. a. Amonceler de la terre, du sable, etc. — ETY., *à*, et *tucoul*, hauteur, monceau.

ATUDA v. a. ATUZAR, éteindre ; au fig. réduire au silence, interdire, étourdir ; *s'atudá*, v. r., s'éteindre ; *atudat, ado*, part., éteint, e ; au fig. réduit au silence. — ETY. GREC., *α* priv. et τύφω, j'allume.

ATUFEGA, CÉV., v. a. Ajuster, façonner, arranger. — DAUPH., *attifestá*.

ATUPA, CÉV., v. a. Assommer. V. Atucá.

ATUPI, PROV., v. a. Éteindre ; au fig. réduire au silence, mettre à quia ; étourdir, interdire ; *s'atupi*, v. r., s'éteindre ;

atupi, do, part., éteint, e; étourdi, interdit, stupéfait. — Syn. *atudá*.—Ety., à, priv. et τύφω, j'allume.

ATUPISSAMENT, prov., s. m. L'action d'éteindre; au fig. interdiction, étourdissement; calme, cessation du bruit. — Ety., *atupi*.

ATUR, cast., s. m. Atur, application, désir de s'instruire, d'apprendre.

ATURA, ariég., cast., v. a. Aturar, appuyer une chose contre une autre; supporter, fixer, arrêter, appliquer, contraindre, forcer; *s'aturá*, v. r., s'appliquer à, s'efforcer, se fixer, demeurer. — Cat., esp., port., *aturar*. — Ety., *atur*.

ATURA, prov., v. a. Fermer, boucher, combler. — Ety. lat., *obturare*.

ATURGA, cév., v. a. Joûter sur l'eau. — Ety., *à*, et *turgo*, altér. de *targo*, joûte. V. ce mot.

ATURRA, biterr., v. a. Abattre, renverser à terre. V. Aterrá. Gasc., émotter. Pour cette dernière acception, *aturrá* vient de *à*, priv., et de *turro*, motte; faire disparaître les mottes en les brisant

ATURRADE, gasc., s. m. Herse, machine à émotter. — Syn. *arpe, rosse*. — Ety., part. f. de *aturrá*.

ATUSA, v. a. Attiser, V. Atisá.

ATUVA, prov., v. a. Allumer. V. Atubá.

ATUVELI, prov., v. n. Se couvrir de tuf, devenir comme du tuf, s'incruster d'une matière calcaire. — Ety., *à*, et *tuve*, tuf.

ATYE, béarn., s. m. Age; *d'atye-en-atye*, d'âge en âge, ou de siècle en siècle. V. Age.

AU, béarn., montp., prov., particule qui marque le datif du masc. sing. Au; biterr., *al*; au plur. *aus*, aux. — Syn. *als, as*. — Ety., contraction de *à lou*, *à lous*.

AU, gasc., pron. démonst. qui se joint à l'infinitif des verbes. Le; plur. *aus*, les: *enta remerciau*, pour le remercier, *enta remerciaus*, pour les remercier.

AU, AUS, toul., adj. Il s'emploie pour *autres* avec les pronoms *nous* et *vous*, *nous-au* ou *aus, vous-au* ou *aus*, pour *nautres*, *vautres*, nous autres, vous autres, qui ne se disent pas en français.

AU, s. m. Toison. V. Aus.

AU, interj. Holà, hé! — Syn. *òu!*

AUAJOU, AUAJOUN, AUAJOUS, s. m. Le fruit de l'airelle rouge. V. Abajous.

AUAN, adv. V. Oungan.

AUAN-DELAJE, gasc., adv. comp. Il y a trois jours. — Ety., *auan*, avant, et *delaje*, avant-hier.

AUANS, gasc., s. m. Avancement, progrès. — Syn. *avans*.

AUANSA, gasc., v. a. V. Avansá.

AUANT, gasc., adv. et prép. V. Avant.

AUANTAJA, gasc., v. a. V. Avantajá.

AUARCHE, gasc., s. m. Azerolier. — Syn. *ouarjo*. V. Arjèiroulher.

AUARCHES, gasc., s. m. V. Arjèirolo.

AUARJO, gasc., s. f. V. Arjèiroulher.

AUBA, montp., s. f. Peuplier blanc. V. Aubo.

AUBADÈRO, gasc., s. f. V. Aubarèdo; on donne aussi le nom d'*aubadèro* à l'agaric qui vient par touffes au pied du saule, *Agaricus albo-rufus*. — Biterr., *piboulado de sauze*.

AUBADO, s. f. Alba, aubade, concert d'instrument ou de voix qui se donne au point du jour. — Querc., *òubado*. — Cat., *aubada, albada*; esp., *albada*. — Ety., *alba*, aube.

O Magali, ma tant amado,
Mete la teste au fenestroun!
Escouto un pau aquesto aubado
De tambourin e de viouloun.

Mistral, *Mirèio*.

AUBALA, cév., v. a. Passer par l'ovale, sorte de moulinage et d'apprêt qu'on donne à la soie, destinée à faire des bas au métier.

AUBALAGE, s. m. Moulinage des fils pour les bas de soie. — Ety., *aubalá*.

AUBALESTO, s. f. Arbalesta, arbalète. — Syn. *aubalestre, aubaresto, balesto, balestre*. — Ety., *au* pour *arc*, et le lat. *balista*; *arcubalista*, arbalète.

AUBALESTRE, cév., s. m. V. Aubalesto.

AUBALESTRIER, s. m. Arbalétrier, archer; au fig. homme sans adresse, sans tournure, tout décontenancé, débraillé. On donne aussi ce nom au grand martinet à cause de la forme de ses aile sdéployées, qui ressemblent à un arc d'arbalète. *Arbalestrier*, pièce de bois qui sert à soutenir le poids d'un toit. — Syn. *aubarestier, arbalestrier, arlebatier, balestier, balestrier.* — Ety., *aubalestre,* arbalète.

AUBANEL, AUBANÈU, s. m. Hobereau, *falco subbuteo*, oiseau de la fam. des faucons, appelé, à Béziers, *mouisset mouslachut.*

AUBARAN, s. m. Émoi causé par une querelle ou par un événement. — Ety. Esp., *albarran*, garçon qui n'a ni feu ni lieu ; par ext., tapageur, querelleur.

AUBARDO, cév., gasc., s. f. Espèce de selle rase, barde, bât sans courbet. — Syn. *bardo.* — Esp., *albarda.*

AUBAREDO, gasc., s. f. Lieu planté de saules, bois de saules ; en roman, *albaredo,* lieu planté d'obiers. — Syn. *aubadero.* — Ety., *aubo,* saule.

AUBARESTIER, prov., s. m. V. Aubalestrier.

AUBARESTIÈRO, prov. s. f. Ouverture d'un rempart par où on lançait les flèches avec l'arbalète, meurtrière. — Ety., *aubaresto.*

AUBARESTO, s. f. Arbalète. V. *Aubalesto* On donne aussi ce nom au cheval attelé seul au-devant de deux autres qui sont au timon, et qu'on appelle cheval en arbalète, et à deux espèces de piéges dont l'un sert à prendre les taupes, et l'autre les petits oiseaux.

AUBAT, agat., s. m. Peuplier blanc. V. Aubo.

AUBAVI, montp., s. f. Clématite. V. Vitalbo.

AUBE, béarn. s. f. Aube : *coum aube se hasè,* lorsque l'aube se faisait, au point du jour. V. Aubo.

AUBÉ, interj. Ah ! oui, nous verrons ! Cette exclamation exprime le doute et l'incrédulité. *Disou qu'aquest an pagarem pas ges de talhos ? Aubé !...* L'interjection *a-pla* des Albigeois et *o-plo* des Limousins a la même signification.

Seguesso dins un bal on sus la passejado,
Avias bel tirá l'enche, Aubé ! ges de poumado !
Counessiòu pas acò ! Tant-pauc soun mouscadou
N'ero jamais gouspat en d'aigo de sentou.

Junior Sans, de Béziers.

AUBE, s. f. Peuplier blanc. V. Aubo.

AUBECHE, s. f. Aubier. V. Aubenco.

AUBECO, prov., s. f. V. Aubenco.

AUBEDI, béarn., v. n. Obedir, obéir. — Syn. *oubeï.* — Ety. lat., *obedire.*

AUBEDIENSE, béarn., s. f. Obéissance. — Ety., *aubedi.*

AUBEDIENT, e, béarn., adj. Obéissant, e. — Ety., *aubedi.*

AUBEJA, prov., v. n. Faire la pêche des polypes. — Syn. *oubejá.*

AUBEJAIRE, prov., s. m. Pêcheur de polypes. — Ety., *aubejá.*

AUBELHE, béarn., s. f. Court intervalle de beau temps.

AUBELOU, s. m. Houblon, *Humulus lupulus,* plante de la fam. des urticées à fleurs jaunâtres. — Syn. *auberoù, auberoun, houbeloun.*

AUBEN, AUBENC, adj. m. Alban, *ferre auben,* fer rougi au blanc. — Ety. lat., *albescens,* blanchissant.

AUBENCHO, prov., s f. Fatigue ; sollicitude, peine, souci.

AUBENCO, s. f. Albar, aubier, couche ligneuse, ordinairement plus blanche, qui se trouve entre le cœur de l'arbre et son écorce intérieure : *Aquelo douvo val pas res, i a la milat d'aubenco ;* cette douelle ne vaut rien, la moitié de son épaisseur n'est que de l'aubier. — Syn. *aubecho, aubeco, oubun, albrenc, albrun, album, aubun.* — Cat., *albenc ;* esp., *albura ;* ital., *alburno.* — Ety., *aubenc,* de *albescens,* blanchissant.

AUBERGADE, béarn., s. f. Albergada, auberge, demeure, gîte, droit de gîte. V. Auberjo.

AUBERGIER, s. m. Albergier, pêcher qui produit les alberges. — Syn. *auberguier, auberjer.* — Cat., *alberger ;* esp., *alberchigo.* — Ety., *auberjo.*

AUBERGINO, s. f. Aubergine, *Solanum melongena,* plante de la fam. des solanées. — Syn. *marinjano, merinjano, melengeno, viedase, aubin.* — Cat., *alberginia.*

AUBERGINO BLANCO, s. f. Le *Solanum ovigerum*, ainsi appelé à cause de la grosseur de ses fruits, semblables à un œuf de poule.

AUBERGINO SAUVAJO, s. f. Nom vulgaire de la lampourde à gros fruits, *Xanthium macrocarpum*, plante de la fam. des ambrosiacées, à fleurs verdâtres. — SYN. *tiro-pelses*, nom qu'on donne aussi au *Xanthium strumarium*.

AUBERGISTO, s. m. Aubergiste. — SYN. *hoste*. — ETY., *auberjo*.

AUBERGO, PROV., s. f. Auberge. V. Auberjo.

AUBERGO, s. f. Alberge, pêche dont la chair adhère au noyau. — SYN. *auberjo*.

AUBERGUIER, s. m. V. Aubergier.

AUBERJA, TOUL., v. a. ALBERGAR, héberger, loger, recevoir chez soi. — ESP., PORT., *albergar* ; ITAL., *albergare*. — ETY., *auberjo*.

AUBERJO, s. f. ALBERG, ALBERGA, ALBERJA, auberge. — ESP., *albergue* ; ITAL., *albergo*. — ETY., ANC.-H-ALL., *heriberja*, de *heri*, armée, et *berge*, logement, logement des gens de guerre.

AUBERJO, s. f. Alberge. V. Aubergo.

AUBERO, PROV., s. f. Peuplier blanc. V. Aubre blanc.

AUBEROU, AUBEROUN, s. m. Houblon. V. Aubeloú.

AUBERT, O, GASC., part. de *aubri*. Ouvert, e.

AUBESOU, AUBESOUN, CÉV., s. m. Caillou blanc et rond qu'on trouve dans les cours d'eau des Cévennes ; quartz opaque. — ETY., *albus*, blanc.

AUBESPIC, PROV., s. m. V.

AUBESPIN, PROV., s. m. ALBESPIN, aubépine, *Cratægus oxyacantha*, arbrisseau de la fam. des rosacées à fleurs d'un blanc rosé. Noms div. : *pichot boutelhounier, acinier, peulhelier, aubrespin, albespin, cinas, espina blanca, cinier, bouissoù-blanc, aubrespi, poumeto de paradis*, nom du fruit. — LAT., *alba spina*.

AUBETO, s. f. ALBETA, petite aube, point du jour. — ETY., dim. de *aubo*.

AUBÈYA, BÉARN., v. n. Chanter une aubade ou des aubades. — ETY., *aube*, aube.

AUBIA, PROV., v. n. Commencer à paraître, en parlant de l'aube. — ESP., *alborear*. — ETY., *aubo*, aube.

AUBICO, PROV., s. f. V.

AUBICOU, AUBICOUN, CÉV., s. m. Figue aubique noire, ou grosse violette longue, de l'espèce de celles qu'on appelle figues-fleurs et qui se mangent à la fin de juin et en juillet ; figue de la St-Jean. On donne le même nom à la prune flétrie sur l'arbre par excès de maturité.

AUBIEGN, GASC., s. m. Litière faite avec des branches de sapin.

AUBIÈIRAT, ado, adj. Couvert, e, de gelée blanche. — SYN. *aubiérat*. — TOUL., *albièirat*. — ETY., *aubièiro*.

AUBIÈIRO, s. f. Gelée blanche, rosée convertie par le froid en une espèce de neige. — SYN. *auièiro, albièirado, blancado*. — TOUL., *albièiro*. — ETY., *aubo*, aube.

Se crentavo pas pus l'AUBIÈIRO,
La vendemiáiro matinièiro
Que culis tout darrèn bourres e bourrilhous.
ANON.

On ne craignait plus la gelée blanche, la vendangeuse matinale, qui cueille indistinctement tous les bourgeons gros et petits.

AUBIÈIRO, CÉV., s. f. ALBAREDA, lieu planté de peupliers blancs. — SYN. *aubièro, loubièro*. — ETY., *aubo*, peuplier blanc.

AUBIER, PROV. s. m. Espèce de raisin blanc. — ETY., *albus*, blanc.

AUBIÉRI, PROV., s. m. Vigueur, force, dextérité ; *prendre aubiéri*, prendre courage. — SYN. *oubiéri*.

AUBIÉRO, PROV., s. f. V. Aubièiro.

AUBIN, CÉV., s. m. V. Aubergino.

AUBIRA, GASC., v. n. ALBIRAR, penser, imaginer, considérer, juger. — ANC. CAT., *albirar*.

AUBIRE, GASC., s. m. ALBIR, ALBIRI, opinion, pensée ; souci. — ANC. CAT., *albire*.

AUBLADO, PROV., s. f. Oblade, *Sparus melanurus*, poisson de la Méditerranée, dont la chair est peu estimée. — SYN. *blado, oblado, iblado*.

AUBLIDA, v. a. V. Oublidá.

AUBLIJA, v. a. V. Oublijá.

AUBO, s. f. ALBA, aube, le point du jour, le moment qui précède l'aurore. — TOUL., *albo* ; CAT., ESP., ITAL., *alba*. — ETY. LAT., *alba*.

> Aubo roujo
> Bent ou ploujo.
> PRO. GASC.

AUBO, CÉV., s. f. Peuplier blanc, tremble ; GASC., saule blanc. — SYN. *aubat, aubero, piboul, pibouto*. — ETY. LAT., *albus, alba*.

> Se te ven plus de prince, o castelas de Lers,
> Te resto encà ti grandis AUBO
> Que t'emmantellon coumo uno aubo
> Au front dóu troubadour que medito si vers.
> A. MATHIEU, *La Farandoulo*.

AUBO, s. f. Aube, grande robe blanche que le prêtre met sur la soutane ; aube d'une roue de moulin. — ETY. LAT., *alba*.

AUBO-DE-MAR, CÉV., s. f. Alt. de *augo*, algue. V. Mousso-de-Mar.

AUBOI, s. m. Hautbois, instrument à vent et à anche. — SYN. *auboy*. — ESP., *obues* ; ITAL., *oboè* ; PORT., *boè*. — ETY., *aut*, haut, et *boi*, bois, flûte dont le ton est haut.

AUBOISSA, v. n. Jouer du hautbois. — ETY., *auboi*.

AUBOULA, CÉV., v. a. Soulever, remuer, changer de place.

AUBOUR, s. m. ALBORN ; c'est le nom de deux espèces d'arbrisseaux de la fam. des légumineuses : le cytise aubour, ou cytise à grappes, appelé aussi faux ébénier, *Cytisus laburnum* ; et le cytise des Alpes, *Cytisus alpinus*, beaucoup plus grand que le précédent. — ESP., *alborno*. — ETY. LAT., *laburnum*.

AUBOURA, PROV., v. a. Élever, hausser, dresser, soulever ; *s'aubourá*, v. r., se lever, s'élever, se rehausser, se dresser ; se mettre sur son séant ; *aubourá uno escoumesso*, relever une gageure.

AUBOVIT, CÉV., s. f. Clématite. V. Vitalbo.

AUBRA (s'), PROV., v. r. Se percher sur un arbre. — ETY., *aubre*.

AUBRADO, PROV., s. f. V. Aubrat.

AUBRADOUR, PROV., s. m. Ouvroir. V. Oubradoú.

AUBRAGE, CÉV., s. m. Touffe d'arbres. — SYN. *aubrarié*. — ETY., *aubre*.

AUBRAN, s. m. Halbrand, jeune canard. V. Alebran.

AUBRARIÉ, s. f. Les arbres en général ; la réunion de beaucoup d'arbres dans un même lieu. — SYN. *aurarié, aubritho, aubrage*. — ETY., *aubre*.

AUBRAS, s. m. Gros arbre. — CAT., *arbras*, — ETY., augm. de *aubre*.

AUBRASSAC, s. m. V. Abrassac.

AUBRAT, s. m. La charge ou le produit d'un arbre en fruits ou en feuilles ; *un aubrat d'amellos, d'aubricots, de cerièiros*, etc., tout ce qu'un arbre porte d'amandes, d'abricots, de cerises, etc. — SYN. *aubrado, aurat*. — ETY., *aubre*, arbre.

AUBRE, s. m. ALBRE, ARBRE, arbre. — BITERR., *aure* ; TOUL., *albre* ; ESP., *arbol* ; ITAL., *albero*. — ETY. LAT., *arbor*.

AUBRE BLANC, s. m. Peuplier blanc, *Populus alba*, arbre de la fam. des amentacées. On donne le même nom au tremble. Noms div. : *aubero, aubo, aubrio, piboul, pibouto, pibouro, tremoul*.

AUBRE-DE-LAS-CAGARAULOS, s. m. Le févier à trois épines, *Gleditsia triacanthos*, de la fam. des légumineuses. On se sert de ses longues épines pour retirer la chair des escargots cuits dans leurs coquilles, d'où lui est venu son nom.

AUBRE-DE-GABI, s. m. T. de mar., mât de hune. — ETY., *aubre*, arbre, et *gabi*, hune.

AUBRE-DE-MOULI-D'OLI, s. m. Mouton d'un pressoir à huile, gros levier qui sert à presser les cabas qui contiennent la pâte des olives. On se sert aujourd'hui de pressoirs en fer et à vis.

AUBRE-DE-PEBRE, s. m. Arbre au poivre. V. Pebrier.

AUBRE-DE-MAR, BITERR., s. m. Nom générique des gorgones, genre de polypiers qui a des rameaux couverts d'une enveloppe corticiforme. Il en existe plusieurs espèces dans la Méditerranée.

AUBRE-DRECH, **AUBRE-DRÈ**, CÉV., s. m. L'arbre fourchu, ou cul par-dessus tête ;

Farié per el l'aubre dré, il ferait pour lui l'impossible.

AUBRE-JACENT DE LA POUS-A-RANCO, s. m. Arbre horizontal d'un puits à roue. On donne le nom d'*aubre jacent* à tout arbre de couche.

ARBRE-MESTRE, s. m. Le grand mât d'un vaisseau.

> Lou bastimen vèn de Maiorco
> Emé d'aranje un cargamen,
> An courouna de verdi torco
> L'AUBRE-MESTRE dóu bastimen.
> MISTRAL.

AUBRECHE, GASC., v. a. Ouvrir. V. Oubrí.

AUBREJA, CÉV., v. n. Grimper lestement sur un arbre pour en cueillir les feuilles ou les fruits les plus écartés. — ETY., *aubre*.

AUBRESPI, AUBRESPIN, s. m. V. Aubespin.

AUBRESSAC, CÉV., s. m. Havre-sac. V. Abrassac.

AUBRET, s. m. Petit arbre; T. de chasse, *arbret*, *arbrot*, petit arbre garni de gluaux ; *ana à l'aubret*, aller chasser à la pipée. — BITERR., *auret* ; CAST., *albret*. — ETY., dim. de *aubre*.

AUBRI, BÉARN., v. a. V. Oubrí.

AUBRICOT, s. m. Abricot, fruit de l'abricotier. — SYN. *auricot*, *abricot*, *ambricot*. — ESP., *albaricoque* ; PORT., *albricoque*. — ETY. ARABE, *al birkoult*.

AUBRICOUTIER, s. m. Abricotier, arbre de la fam. des rosacées, *Prunus armeniaca*. — SYN. *abricoutier*, *ambricoutier*, *auricoutier*, *albricoutier*. — ETY., *aubricot*.

AUBRIHO, PROV., s. f. V.

AUBRILHO, s. f. Les arbres et les arbustes, en général. — SYN. *aubrarié*. — ETY., *aubre*, arbre.

AUBRILHOU, AUBRILHOUN, s. m. Petit arbre ; arbuste, arbrisseau. — SYN. *aubret*. — ETY., dim. de *aubre*.

AUBRIO, PROV., s. f. Le peuplier tremble. V. Aubre blanc.

AUBRISTE, BÉARN., s. f. Gratification qu'on donne à celui qui annonce une bonne nouvelle.

AUBUJO, PROV., s. f. Clématite. V. Vitalbo.

AUBUN, s. m. Aubier. V. Aubenco.

AUC, s. m. Le mâle de l'oie, le jars. — QUERC., *óutsar*.

AUCAIRE, s. m. Gardien d'oies. — SYN. *auquier*. — ETY., *auc*.

> Qui val pas gaire
> Lou fan AUCAIRE.
> PRO.

AUCAT, s. m. Oison, le petit de l'oie. — SYN. *aucou*, *auqueto*, *auquetoun*. — ETY., *auc*.

AUCEL, s. m. AUZEL, oiseau. Dim. *aucelou*, *aucelet* ; augm. *aucelas*, gros et vilain oiseau. — BÉARN., *auset* ; GASC., *audech*, *audet* ; PROV., *aucèu* ; QUERC., *òuzel*, *òuzeloù* ; ITAL., *uccello*. — ETY. B. LAT., *aucellus*.

> Per natura, segon quom par,
> An lh'AUCEL poder de volar,
> E son lenglier, an vista prima,
> De pluma vestit tro la cima,
> E tug an bec per natura,
> Mas non ges d'una figura.
> BREV. D'AMOR.

Par leur nature, à ce qu'il me paraît, les oiseaux ont le pouvoir de voler; ils ont la vue fine et sont revêtus de plumes jusqu'au bout ; ils ont tous un bec par leur nature, mais ils ne l'ont pas de la même forme.

> Cado AUCEL trobo soun nis bel.

> D'AUCELS, de chis, d'armos, d'amours,
> Per un plasé milo doulours.
> PRO.

> Guerra, caza y amores
> Por un placer mil dolores.
> M. PROV. EN ESP.

AUCEL-DE-PASSO, s. m. Oiseau de passage. — CAT., *aucell de passa* ; ITAL., *uccello di passo*.

AUCEL-PICO-L'ABELHO, CAST., s. m. Ophrys abeille, *Ophrys apifera*, plante de la fam. des orchidées.

AUCELA (s'), CÉV., v. r. S'ébouriffer comme un oiseau ; au fig. hausser le ton, s'emporter. — ETY., *aucel*.

AUCELAIRE, s. m. AUCELLAIRE, oiseleur, celui qui fait métier de prendre des oiseaux. — SYN. *auzelounaire*, *auzelier*. — QUERC., *òuzelounaire* ; ITAL., *uccellatore*. — ETY., *aucel*.

AUCELALHO, CAST., s. f. V. Aucelun.

AUCELAS, s. m. V. Aucel.

AUCELET, s. m. Petit oiseau. V. Aucel.

AUCELIÉRO, PROV., s. f. Volière; filet pour la chasse aux oiseaux et particulièrement pour la chasse aux canards. — ETY., aucel.

AUCELILHO, s. f. V. Aucelun.

AUCELINO, s. f. V. Aucelun.

AUCELOU, AUCELOUN, s. m. V. Aucelet.

AUCELOUNET, s. m. Très-petit oiseau. ETY., dim. de auceloun.

AUCELUN, s. m. Les oiseaux, en général. — SYN., aucelhalo, aucelilho, aucelino. — ETY., aucel.

AUCÈU, PROV., s. m. V. Aucel.

AUCHO, B.-LIM., s. f. (autso). Oie. V. Auco.

AUCI, ALB., v. a. AUCIR, occire, tuer. — BÉARN., aucide, ausci ; ANC. CAT., aucir. — ETY. LAT., occidere.

L'endoumá do mati noun anèrem à Rioux
E nous troubèrem la mai de morts que de vious;
S'enten lebraus, capous, perlix et bestios grossos
Qu'élis aviòu AUCITS per tal de fa las nossos
A. GAILLARD.

AUCIDE, BÉARN., v. a. V. Aucí.

AUCIDENT, PROV., s. m. Convulsion. V. Accident.

AUCIPRÈS, PROV., s. m. V. Cyprès.

AUCIT, ido, part. de auci. Occis, e, tuée, ée.

AUCO, s. f. AUCA, oie, Anas anser, oiseau de l'ordre des palmipèdes et de la fam. des serrirostres. Auc, oie mâle; aucat, oison. — B.-LIM., aucho ; BÉARN., auque; ANC. CAT., auca ; CAT. MOD., ITAL., oca. — ETY. B.-LAT., auca.

AUCO-FERO, PROV., s. f. V.

AUCO SAUVAJO, s. f. Oie sauvage. On désigne par ce nom : 1° l'oie ordinaire, Anser cinereus, qui passe l'hiver dans nos contrées ; 2° l'oie des moissons, Anser segetum, qui s'y montre rarement ; 3° l'oie rieuse, Anser albifrons, qui y est plus rare encore ; 4° enfin, l'oie bernache, Anser leucopsis, qui n'y paraît que pendant les hivers les plus rigoureux.

AUCO NEGRO, s. f. L'oie cravant, Anser torquatus, Anas bernicla, presque inconnue dans le Midi.

AUCOU, AUCOUN, s. m. Oison. V. Aucat.

AUDACIO, s. f. AUDACIA, audace, hardiesse, insolence. — SYN. audasso, audanso. — CAT., ESP., PORT., ITAL., audacia. — LAT., audacia.

AUDACIOUS, o, adj. Audacieux, euse. — ANC. CAT., audacios. — ETY., audacio.

AUDACIOUSOMENT, adv. Audacieusement. — CAT., audaciosament. — ETY., audaciouso et le suffixe ment.

AUDANSO, s. f. Altér. de audacio. V. ce mot.

AUDASSO, CÉV., s. f. Ganse de chapeau; pour audace. V. Audacio.

AUDECH, GASC., s. m. Oiseau. V. Aucel.

AUDEROUN, GASC., s. m. Petit oiseau. — BÉARN., auserot. — ETY., audech.

AUDI, BÉARN., v. a. AUZIR, entendre; écouter; audèix, il entend ; audit, il entendit; audit, ido, part., entendu, e. — ITAL., udire. — ETY. LAT., udire. V. Ausí.

AUDICIÉU, AUDICIOUN, s. f. Audition, action d'entendre, d'écouter. — ANC. CAT. audició. — ETY. LAT., auditionem.

AUDIDOU, BÉARN., s. m. Auditeur. V. Auditoù.

AUDIENSO, s. f. AUDIENCIA, audience, attention que l'on donne à celui qui parle ; séance d'un tribunal ; le tribunal même. — ESP., audiencia ; ITAL., audienzia. — ETY. LAT., audientia.

AUDISAT, GASC., s. m. Louchet. V. Andusat.

AUDITORI, s. m. AUDITORI, auditoire. assemblée de ceux qui écoutent un orateur. — ESP., ITAL., auditorio. — ETY. LAT., auditorium.

AUDITOU, AUDITOUR, s. m. AUDITOR, AUZIDOR, auditeur. — BÉARN., audidoù; ESP., auditor ; ITAL., auditore. — ETY. LAT., auditorem.

AUDIVI, B.-LIM., s. m. Autorité, puissance.

AUDOU, s. f. V. Oudoú.

AUDOULHERO, gév., s. f. Seau de puits ou de cuisine.

AUDOUROUS, o, **AUDOUS**, o, adj. V. Oudourous, Oudous.

AUÉ, gasc., v. a. Aver, avoir. Aué, s. m., avoir, fortune ; troupeau de bêtes à laine. V. Avé.

AUEJA, gasc., v. a. Fatiguer, ennuyer.

AUEJO, gasc., s. f. Fatigue, ennui.

AUELHA, gasc., v. a. Placer les dernières gerbes à une meule pour en former le faîte.

AUELHADO, gasc., s. f. Troupeau de brebis. — Ety., *auelho*, brebis.

AUELHE, béarn., s. f. V. Auelho.

AUELHER, gasc., toul., s. m. Berger qui garde les brebis. — Béarn., *aulhèc*. — Ety.; *auèlhe*.

AUELHO, gasc., toul., s. f. Oelha, ouaille, brebis. — Syn. *agouelho*, f. a. — Cat., *ovella* ; Esp., *oveja*, — Ety. lat., *ovicula*.

AUENS, gasc., s. m. Avent. V. Avent.

AUERA, gasc., v. a. Regarder. V. Guéità.

AUERAN, gasc., s. m. Noisette. V. Avelano.

AUERANIER, gasc., s. m. Noisetier. V. Avelanier.

AUEY, toul., adv. Aujourd'hui. — Syn. *uèi*, *vuèi*.

AUEYTA, gasc., v. a. Guetter. V. Guéità.

AUFABREGO, s. f. Basilic à larges feuilles, ou basilic romain, *Ocymum basilicum*, plante de la fam. des labiées. — Syn. *aufazego*, *alfazego*, *fazego*, *baricó*. — Esp., *alfabega*.

AUFEBRO, s. m. Orfèvre. — Ital., *orefice* ; port., *aurives*. — Ety., *au* pour *aur*, or, et *faber*, ouvrier qui fait et vend les ouvrages d'or et d'argent.

AUFEGA, cast., v. a. Étouffer ; s'*aufegá*, v. r., s'étouffer, se pâmer ; suffoquer à force de crier, en parlant des jeunes enfants.

AUFEGUE, prov., s. m. Espèce de froment rouge. — Syn. *alfegue*.

AUFENSA, gasc., v. a. V. Oufensá.

AUFENSE, béarn., s. f. V. Oufenso.

AUFETO, prov. s. f. Femme ou fille qui fait des ouvrages de sparte. — Ety., *aufo*, sparte.

AUFICI, gasc., s. m. V. Ouffici.

AUFIER, s. m. Ouvrier qui fait des ouvrages de sparte, marchand qui les vend. — Ety., *aufo*.

AUFO, s. f. Sparte, stipe tenace, *Stipa tenacissima* ; *aufo duro*, sparte en rame ; au fig. *faire d'aufo*, porter le balai, rester sans rien faire. — Syn. *esparroù*, *espartoù*, *eufo*, *jounquino*. — Ety. arab., *alfa*.

AUFRANDO, béarn., s, f. V. Ouffrando.

AUFRI, v. a. V. Ouffri.

AUGAN, gév., adv. Cette année-ci. V. Oungan.

AUGANASSO, gév., adv. Il y a bien longtemps. — Patois florentin, *unganaccio*. — Ety., augm. de *oungan*.

AUGEBI, AUGEBIN, s. m. Gros raisin blanc. V. Ausebi.

AUGEMI, prov., s. m. Sorte de toile de coton blanc.

AUGI, AUGIDO, gasc., toul., V. Ausi, Ausido.

AUGIVEL, AUGIVEU, s. m. T. de mar., cordage qui sert à fixer le foc au haut du mât. On dit aussi *lissoù de polacro*.

AUGMENTA, v. a. et n. Augmentar, augmenter, hausser le prix, croître. — Syn. *aumenlá*, — Cat., Esp., port., *aumentar* ; ital., *aumentare*. — Du lat. *augmentare*.

AUGMENTACIEU, AUGMENTACIOUN, s. f. Augmentatio, augmentation, accroissement ; accrue, mailles surnuméraires qu'on fait à un filet ou à un bas pour en augmenter la largeur. On se sert dans ce sens du pluriel et on dit : *las augmentaciéus*. — Cat., *augmentació* ; esp., *aumentacion* ; ital., *aumentazione*. — Ety., *augmentá*.

AUGNASSO, s. f. Moue : *faire l'augnasso*, faire la moue. On dirait mieux *gaugnasso*, puisque ce mot vient de *gaugno*, bouche. V. ce mot. — B.-lim., *fas las borgnas, fas las bobas*.

AUGO, s. f. Algue marine. — Syn. *aubo-de-mar*. V. Mousso-de-mar.

AUGON, querc., adv. V. Oungan.

AUGOU, s. m. V. Mousso-de-mar.

AUGUN, o, cév., adj. Aucun, quelque, quelqu'un, e ; *augunas vets*, quelquefois. — Cat., Esp., *algun* ; port., *algum* ; ital., *alcuno*. — Éty., *alque* ; lat., *aliquis, et un*.

AUHERI, Béarn., v. a. Offrir. V. Oufri.

AUIÈIRO, biterr., s. f. Gelée blanche. V. *Aubièiro* ; bord d'un champ. V. Aurièiro.

AUIOL, biterr., s. m. V. Auriol.

AUIOLO, biterr., s. f. V. Auriolo.

AUJA, prov., v. a. et n. V. Ausi.

AUJAME, gasc., s. m. Volaille, tous les oiseaux domestiques. — Béarn., *auyami*.

AUJAMOU, gasc., s. m. Une volaille, un oiseau. — Syn. *aujan*.

L'aujamou que per l'aire boulo
Nou demando ni houec ni oulo.

D'Astros de Lomagne.

L'oiseau qui vole dans l'air ne demande ni feu, ni marmite.

AUJAN, cév., s. m. Une volaille ; une volée ou bande d'oiseaux. — Syn. *aujamou*.

AUJEBI, s. m. V. Ausebi.

AUJOL, o, cast., gasc., querc., s. m. et f. Aujol, aviol, aïeul, e ; vieillard ; adj., ancien, antique : *lous temps aujols*, les temps anciens. — Syn. *aujòu* ; ital., *avolo*. — Éty. lat., *aviolus*.

AUJOU, prov., s. m. (aujòu). V. Aujol.

AUJOULET, o, s. m. et f. Un bon petit vieux, une bonne petite vieille ; il s'emploie aussi adjectivement et signifie, un peu ancien, un peu vieux. — Éty., dim. de *aujol*.

AUJOURD'ÈI, prov., adv. Aujourd'hui. V. Uèi.

AUJUBI, s. m. V. Ausebi.

AUL, o, adj. V. Aule.

AULAN, Béarn., s. m. Noisette. — Gasc., *aueran*. V. Avelano.

AULANE, Béarn., s. f. Noisette. V. Avelano.

AULANÈY, gasc., s. m. V.

AULANIER, Béarn., s. m. Noisetier. — Gasc., *aueranier*. V. Avelanier.

AULE, o, gasc., prov., adj. Aul, avol, méchant, e, mauvais ; lâche, féroce ;

qui n'est pas mûr, retrait, en parlant du blé ; difficile. — Syn. *aulet* ; anc., cat., *avol*. — Mots sincopatz. *Aül per avol*. (Leys d'Amors).

AULESO, gasc., s. f. Avolezza, chose vile, mauvaise ; cév., malice, lâcheté, méchanceté. — Éty., *aule*.

AULET, cév., adj. Méchant, e, mauvais, fin rusé. *Terro d'aulet* ou *terro de l'aulet*, terre du diable ! Sarpedienne ! C'est une espèce de juron. *Aulet*, est, dans ce cas, employé substantivement et signifie, le mauvais, le diable. — Éty., *aule*, roman, *aul*.

AULHÈE, Béarn., s. m. Berger. V. Auelher.

AULHETE, Béarn., s. f. Petite brebis. — Éty., dim. de *auelhe*, brebis ; *aulhete* est mis pour *auelhete*.

AULHOU, **AULHOUS**, Béarn., adv. Alhors, ailleurs.

AULIÉRO, gasc., s. f. Huilier. — Éty., *auli* pour *oli*, huile.

AULIVASTRE, AULIVETO, AULIVIÉR, AULIVO. V. Oulivastre, etc.

AU-LOC, loc. prép. Au lieu de. — Syn. *au lot, au luec, à logo, à liogo*.

AU-LOT, gasc., loc. prép. V. Au-loc.

AULOU, Béarn., s. f. Olor, odeur. — Syn. *olgo, orgo*. — Esp., *olor* ; ital., *olore*. — Éty. lat., *olorem*.

AU-LUEC, prov., loc. prép. V. Au-loc.

AUMAGE, s. m. V. Oumenage.

AU-MAI, adv. de quantité. Au plus : *au-mai anam, au-mens valem*, plus nous allons, moins nous valons. — Syn. *al-mai, dau-mai, dóu-mai*. — Éty., *au*, au, et *mai*, plus.

AUMALHADO, prov., s. f. Espèce de filet en tramail avec lequel on prend les sèches, les barbues, etc. — Éty., *au*, et *malhado*, composé de mailles. — Syn. *armalhado*.

AUMALHO, querc., s. f. Bêtes aumailles, bœufs, vaches, taureaux. — Dauph., *armalhi*. — Éty. lat., *animalia*.

AUMARINIER, AUMARINO, prov. V. Amarinier, amarino.

AUMEDO, cév., s. f. Ormoie, lieu planté d'ormes. On dit aussi *omedo, omèido, ourmedo, ourmarado, olmedo*. — Éty., *aume* pour *pume*, du lat. *ulmus*, ormeau.

AUMELETO, s. f. V. Oumeleto.

AUMELO, s. f. V. Oumeleto.

AUMENAS, AUMENET, AUMENENC. V. Houmenas, etc.

AU-MENS, adv. comp. Au moins, du moins, surtout. — Syn. *almens, almensos*. — Esp., *almenos* ; port., *aomenos* ; ital., *almeno*. — Ety., *aui*, au, et *mens*, moins.

AUMENTA, v. a. V. Augmentá.

AUMERAS, cév., s. m. Grand orme. — Syn. *almeras, oumoras*.

AUMOÈYNE, béarn., s. m. V.

AUMORNO, s. f. Almorna, aumône. On appelle *aumorno flourido* celle que fait un pauvre à un autre pauvre de ce qu'on lui a donné. — Syn. *almosno, aumouerno, aumouino, oumouino, aumoèyne, oymoine*. V. Almosno.

AUMOUERNO, prov., s f. V. Aumorno.

AUMOUINO, prov., s. f. V. Aumorno.

AUMOUNIER, AUMOURNIER, s. m. Almornier, aumônier, celui qui fait des aumônes ou qui est chargé de les distribuer ; prêtre chargé de l'instruction religieuse et de la direction spirituelle dans un corps, un établissement. — Syn. *almounier*. — Querc., *omournier*; esp., *limosnero* ; ital., *limosiniere*. — Ety., *aumorno*.

AUNA, v. a. Auner, mesurer à l'aune. — Cat., *aunejar* ; esp., *anear*. — Ety., *auno*, aune.

AUNAGE, s. m. Aunage, mesurage à l'aune. — Querc., *òunage*. — Ety., *auná*.

AUNE, prov., s. m. Aune, arbre. — Ety. lat., *alnus*. V. Vergne.

AUNESTE, béarn., adj. comm. V. Ouneste.

AUNI, v. a. Aunir, honnir, déshonorer, mépriser, avilir ; d'où *aunidomen*, adv., honteusement; *aunimen*, s. m., honte, ignominie, outrage; *aunit, ido*, part., honni, ie. — Ety., anc. h.-all., *honjan*.

AUNO, s. f. Alna, auna, aune, ancienne mesure. — Ety. lat., *ulna*, avant-bras.

AUNOU, AUNOURA, toul., V. Hounoù, hounourá.

AUOUÈI, AUOUÈY, gasc., adv. Aujourd'hui. V. Uèi.

AUPALALA, toul., interj. Courage ! en avant ! Voilà qui va bien. — Syn. *oupolallá, aupalaletos*.

AUPERA, béarn., v. a. V. Ouperá.

AUPERAVANS, prov., adv. Auparavant. — Syn. *peravans*.

AUPESTRE, prov., adj. V. Alpestre.

AUPETA, v. n. Galoper, en excitant son cheval par des cris.

AUPETO, s. f. Flocon de laine ou de soie.

AUPETOS, cév., s. m. p. Ruades de cheval. — Ety., *aupetá*.

AUPIAT, s. m. Opiat, opiat, électuaire composé de diverses substances ; au propre, remède où il entre de l'opium. — Ety., ὄπιον.

AUPIGNASTRE, O, gasc., adj. Opiniâtre. V. Oupignastre.

AUPIGNASTRETAT, gasc., s. f. V. Oupignastretat.

AUPILA, prov., v. a. V. Oupilá.

AUPINIOUN, prov., s. f. V. Oupinioun.

AUQUE, cév., interj. Donc, interrogatif. *Ses auque tan couchá ?* Êtes-vous donc si pressé ?

AUQUE, béarn., s. f. V. Auco.

AUQUESIOUN, gasc., s. f. V. Oucasioun.

AUQUETO, s. f. Oison, improprement, cane, femelle du canard ; au fig. petite femme, qui a une mauvaise tournure ; *faire las auquetos*, jouer au loup. V. Aucat.

AUQUETOUN, prov., s. m. V. Aucat.

AUQUETOUN, prov., s. m. Alcato, petite casaque d'enfant ; c'est le même mot que *hoqueton*, qui, dans l'ancien français, s'écrivait *auqueton*. — Esp., *alcoton*. — Ety. port., *alcotó*, formé de l'article arabe *al*, et de *coto*, coton ; étoffe de coton.

AUQUIER, s. m. V. Aucaire.

AUQUIÉRO, s. f. Lieu où l'on élève les oies. — Ety., *auque*, oie.

AUR, béarn., s. m. Aur, or. — Anc.,

CAT., *aur*; ESP., *oro*; ITAL., *auro*, *oro*. — ETY. LAT., *aurum*.

AURA, PROV., v. n. Voler, prendre l'essor, en parlant des oiseaux. — SYN. *s'enaurá*. — ETY., *aura*, vent, air.

AURA (s'), PROV., v. r. Prendre l'air, se refroidir, devenir froid. — SYN. *s'aurejá*. — ETY., *aura*, air.

AURAA, BÉARN., s. f. Noisette. V. Avelano.

AURADO, PROV., s. f. Dorade ou daurade, poisson. V. Daurado.

AURAGAN, s. m. Ouragan, tempête violente, causée par le choc de plusieurs vents qui forment des tourbillons. — SYN. *aragan*, f. a. — ESP., *huracan*; ITAL., *oragana*. — ETY., *aura*, vent.

AURAGE, AURAGI, s. m. AURATGE, orage, tempête. — SYN. *auratge*. — BÉARN., *auralye*; QUERC., *ourage*; ESP., *orage*. — ETY., *aura*, vent.

..... Après lo for AURATGE
Vei qu'ill douss' aura venta.
B. DE VENTADOUR.

Après le cruel orage, je vois que le doux vent souffle.

AURAJADO, CAST., s. f. Petit orage. — ETY., *aurage*.

L'estiéu quan l'AURAJADO
Vengnet à esclatá,
Dejous la capelado
Anerou s'abritá.
CHANSON CASTRAISE.

AURAJOUS, O, adj. Orageux, euse. — ETY., *aurage*.

AURALHOS, PROV., s. f. p. Restes d'un repas.

AURAME, PROV., s. f. Faucille dont la lame n'a point de côte; petite faucille.

AURANGI, PROV., s. m. V. Arange.

AURANGIER, PROV., s. m. V. Arangier.

AURANLETO, GASC., s. f. Hirondelle. — SYN. *aurounglelo*. V. Hiroundelo.

AURARIÉ, s. f. V. Aubrarié.

AURASSO, s. f. Vent violent, ouragan, tempête. Les vents compris sous cette dénomination sont : *La tramountano, l'auro drecho, lou vent d'aut, lou mistrau, lou terral, lou cers*; ces vents sont appelés par nos paysans, *manjo-fangos, leco-fangos*. — ETY., augm. de *auro*,

Dins si trelus d'antan Avignoun resplendis,
E sus nosto miéjour lou printems s'espandis
Couchant lis AURASSO negrouso.
JAN MONNÉ.

AURAT, BITERR., s. m. V. Aubrat.

AURATORI, PROV., s. m. Oratoire. — SYN. *ouratori*.

AURATYE, BÉARN., s. m. V. Aurage.

AURAVELLO, PROV., s. f. Casse-noix, oiseau. — ETY. BÉARN., *auraa*, noisette. V. Avelanier.

AURE, BITERR., s. m. Arbre. V. Auhre.

AURE, PROV., s. m. Autre chose. *Rèn aure*, pour *rèn autre*, pas autre chose; *parlem d'aure*, parlons d'autre chose; ITAL., *parliamo d'altro*; *i a bèn aure*, il y a bien autre chose; *ount es l'aure ?* où est le reste ? — CAT., *alre*; ITAL., *altro*. — ETY., *autro re*, du lat. *altera res*, autre chose.

AUREJA, CÉV., QUERC., v. a. Aérer, donner de l'air; au fig. secouer quelqu'un rudement, l'étriller; *s'aurejá*, v. r., prendre l'air, se refroidir. — SYN. *s'aurá*. — ETY., fréq. de *aurá*.

AUREJA, GASC., v. a. Dorer. V. Daurá.

AURELHA, CAST., v. a. Tirer quelqu'un par les oreilles; v. n., prêter l'oreille, écouter avec attention. — ETY., *aurelho*, oreille.

AURELHADE, BÉARN., s. f. Coups sur les oreilles, action de tirer l'oreille ou les oreilles. — SYN. *aurelhal, aurelhau*. — ETY., part. f. de *aurelhá*.

AURELHAL, s. m. V. Aurelhade.

AURELHARD, O, adj. Oreillard, e, qui a de longues oreilles; ce mot, employé substantivement, désigne deux espèces de chauves-souris, qui ont des oreilles presque aussi longues que leur corps; l'oreillard, *Vespertilio auritus*, et l'oreillard barbastelle, *Vespertilio barbastellus*. — ETY., *aurelho*.

AURELHAU, CÉV., s. m. V. Aurelhade. Il signifie aussi oreille de porc. — ETY., *aurelho*.

AURELHE, BÉARN., s. f. V. Aurelho.

AURELHÈIRO, CÉV., s. f. Perce-oreille, insecte. V. Cur'aurelho. *Aurelhèiros*, s. f. p., oreilles de la charrue. — SYN. *aurelhos de l'araire*. — ETY., *aurelho*

AURELHER, s. m. Oreiller. — Syn. *couissi, couïssin*. — Ety., *aurelho*.

AURELHETO, s. f. Petite oreille; au fig. espèce de gaufre ou de beignet, fait avec des œufs, du sucre et de la farine, qu'on fait cuire dans de l'huile bouillante. — Prov., renoncule ficaire, petite chélidoine, éclairette, appelée aussi *gaubanel, trinco-vèire*. On donne aussi le nom d'*aurelheto* ou *aurelhetos* au plantain moyen, *Plantago media* et à trois espèces de champignons, l'helvelle comestible, la pezize auricule et la mérule chanterelle. — Cat. *aurelleta*; esp., *orejeta*. — Ety., dim. de *aurelho*.

AURELHO, s. f. Aurelha, oreille, organe de l'ouïe. — Prov., *auriho*; querc., *ourilho*; béarn., *aurelhe*; cat., *aurelha*; esp., *oreja*; ital., *orecchia*.— Ety. lat., *auricula*.

Courto lenguo e lounguos aurelhos.
Pro.

AURELHO-D'AI, prov., s. m. V.

AURELHO-D'ASE, s. f. On appelle ainsi plusieurs plantes à cause de la ressemblance de leurs feuilles avec l'oreille d'un âne; ce sont l'*Arum* ou pied-de-veau, le bouillon-blanc sinueux et autres variétés, la centaurée noire, la centaurée scabieuse, le liondent d'automne et enfin la grande consoude. — Prov., *auriho-d'ai*.

AURELHO-DE-L'ARAIRE, s. f. Versoir, oreille, pièce de bois ou de métal qu'on adapte au cep de la charrue pour renverser la terre. — Syn. *aurelhèiro, espandidouiro, escampadouiro*.

AURELHO-DE-LEBRE, s. f. On donne ce nom au plantain pied-de-lièvre, *Plantago lanceolata*, et au *Statice limonium* ou *saladello*.

AURELHO-D'HOME, s. m. Cabaret, rondelle, asaret d'Europe nard sauvage, *Asarum europæum*, plante de la fam. des aristoloches. — Syn. *cabaret, usaret*.

AURELHO-DE-MAR, s. f. Oreille de mer ou ormier, *Haliotis tuberculata*, mollusque gastéropode, de la fam. des dermobranches, dont la coquille ressemble à une oreille. On dit aussi *aurelho de sant-Pèire*.

AURELHO-DE-SANT-PÈIRE, s. f. V. Aurelho-de-mar.

AURELHO-D'OULME, s. f. Agaric d'orme, vulg., oreille d'orme. — Syn. *camparol d'oulme, ourmerados*.

AURELHOUS, s. m. p. Lames de fer qui défendent le cep de la charrue. — Ety., *aurelho*.

AURELHOUS, o, adj. V.

AURELHUT, udo, adj. Oreillard, e, qui a de longues oreilles, des oreilles pendantes ou mal plantées. — Syn. *aurelhard, aurilhous*. — Ety., *aurelho*.

AUREROS, prov., s. f. p. Mailles du filet appelé *aissango, aissaugo*, qui ont deux pouces et demi d'ouverture.

AURESA, cast., cév., v. a., au propre, Dorer, couvrir d'une matière ou d'une couleur jaunes; au fig. embrener, salir de bran, de matière fécale; *s'auresá*, v. r., s'embrener, se salir de bran, en parlant d'un enfant au maillot; *auresat, ado*, part., embrené, ée. — Gasc., *aurejá*. — Ety., *aur*, or, couleur d'or, couleur jaunâtre.

AURETILHO, prov., s. f. Les petits oiseaux, en général. — Ety., altér. de *aucelilho*.

AURETO, s. f. Petit vent, vent doux, agréable, zéphir, brise de mer. Ce nom désigne les vents appelés, *labech, garbin, vent-di-damo, vent-larg*. — Ety., dim. de *auro*.

AURFRES, s. m. Aurfres, orfroi, frange d'or, drap d'or. — B. lat., *auriphrygia, auriphrygium*. Les Phrygiens ont inventé cette broderie. — Anc. esp., *orofres*.

AURI, gasc., v. a. V. Oubri.

AURIBELI, cév., adj. m. Auriu, Alerte, étourdi, évaporé : *sios un relle cap d'auribeli*, tu es bien étourdi. — Prov., *aurivel*. — Ety. roman., *aurio*, légèreté, fait de *aura*, vent.

AURICELO, prov., s. f. Centaurée du solstice. V. Auriolo.

AURICOT, biterr., gasc., s. m. V. Aubricot.

AURICOUTIER, biterr., gasc., s. m. V. Aubricoutier.

AURIÈIRA, cast., v. a. Mener au bord;

placer au bord d'un chemin, d'un champ; travailler une terre jusqu'au bord. — Ety., *aurièiro*, bord.

AURIÈIRO, s. f. AURIERA, bord d'un champ ou d'une vigne lisière, d'un bois, extrémité d'une chose quelconque. — Prov., *aurièro*; Querc., *ourièiro*; Ital., *oriccio*; Esp., *orillo*. — Ety. lat., *ora*, bord, lisière.

AURIÉRO, prov., s. f. V. Aurièiro.

AURIFLAMMO, s. f. AURIFLAN, oriflamme, ancienne bannière que les rois de France allaient prendre à l'abbaye de St-Denis pour leur servir d'étendard dans leurs guerres. — Port., *auriflamma*; Ital., *auriflamma*. — Ety. lat., *auriflamma*.

AURIFLAN, cév., s. m. Soufflet, soufflet de forge. V. Bufet.

AURIGE, prov., s. m. Char. — Ety. lat., *auriga*, char.

AURIGE, prov., s. m. Ouragan, orage. — Syn. *aurisso*, *auristre*.

AURIGNOL, agen., s. m. Brugnon, espèce de pêche. Honnorat, dans son dictionnaire, traduit ce mot par *rossignol*. V. Brignoú.

AURIHETO, prov., s. f. V. Aurelheto; *auriho*. V. Aurelho.

AURIHO-D'AI, prov., s. f. Grande consoude. V. Aurelho-d'ase.

AURILHOUS, o, adj. V. Aurelhut.

AURINAL, alb., s. m. URINAL, vase de nuit. — Gasc., *aurinau*. — Ety., *aurino* pour *urino*.

AURIOL, s. m. AURIOL, loriot d'Europe, *Oriolus galbula*, oiseau de l'ordre des passereaux, et de la fam. des conirostres. — Syn. *auiol*, *auriolo*, *auruòu*. — Ety. lat., *aureolum*, de couleur d'or.

> Aras no siscla ni canta
> Rossinhols,
> Ni crida l'AURIOLS.
>
> RAMBAUD, *d'Orange*.

Maintenant ne gazouille ni ne chante — le rossignol, — ni ne crie le loriot.

AURIOLO, s. f. Auréole; aréole, cercle coloré qui entoure le mamelon de la femme. — Ety., *aur*, du lat., *aurum*, or, couleur d'or.

> . . . Avien si mameloun
> Chascun uno rousènco AURIOLO.

Ils avaient, leurs mamelons, — chacun une aréole rose.

F. GRAS, *Li Carbounié*.

AURIOLO, s. f. Centaurée du solstice, *Centaurea solsticialis* de la fam. des synanthérées. Noms div.: *auricela*, *ouriolo*, *aurioro*, *aurivuelo*, *aurnela*, *auruello*, *agriola*, *masclous*. On donne aussi, mais improprement, le nom d'*auriolo* au chardon étoilé ou à la centaurée chausse-trape. V. Calco-trepo. — Ety. lat., *aureola*, de couleur d'or.

AURIORO, s. f. V. Auriolo.

AURIOU, s. m. Loriot. V. Auriol; maquereau. V. Vairat.

AURIOU, ivo, adj. V. Auriu.

AURIOULAT, do, prov., adj. Ceint, e d'une auréole; d'une aréole en parlant d'un mamelon. — Esp., *auriolo*.

AURIPEL, s. m. AURPEL, oripeau, chose qui a plus d'apparence que de valeur. — Syn. *auripèu*. — Anc. cat., *oripell*; Esp., *oropel*; Port., *ouropel*; Ital., *oripello*. — Ety., *pel*, peau, superficie, *auri*, d'or.

AURIPELAT, ado, adj. Couvert d'oripeaux, chamarré d'or. — Ety., *auripel*.

AURIPELLE, s. m. ERISIPILA, érésipèle, tumeur superficielle, inflammatoire qui s'étend sur la peau et qui est accompagnée d'une chaleur âcre et brûlante. — Syn. *auripèlo*, *ausipèlo*. — Esp., *erisipila*; Ital., *risipilo*. — Ety. lat., *erysipelas*.

AURIPELO, s. f. V. Auripelle.

AURIPÈU, prov., s. m. V. Auripel.

AURISSO, prov., s. f. V.

AURISTRE, cév., s. m. Ouragan, coup de vent violent et subit; orage. — Syn. *aurige*.

AURIU, ivo, toul., cév., adj. AURIU, ombrageux, sauvage, farouche, hagard peu abordable. *Auriu*, en roman signifie évaporé, léger comme le vent, *aura*, d'où le mot s'est formé. Ce sens est plus naturel.

AURIVEL, èlo, prov., adj. AURIU, évaporé, ée, folâtre, dissipé. — Syn. *auribèli*.

AURIVELAIRE, s. m. Orfèvre.

AURNELO, cév., s. f. Centaurée du solstice. V. Auriolo.

AURO, s. f. AURA, vent, souffle, air; *auro bruno* ou *auro rousso*, vent d'Est; *auro caudo*, vent chaud, vent du Sud; *auro drecho* ou *auro d'aut*, bise, vent du Nord; *auro folo*, coup de vent impétueux; *d'auro en auro*, du Nord au Midi. — CAT., ESP., PORT., ITAL., *aura*. — ETY. LAT., *aura*.

Quand l'AURO bufo, cal ventá.
Que noun vento quand fa d'AURO,
Quand voudrió ventá se pauso.
PRO.

AURO, GASC., adv. Maintenant. V. Aro.

AURORO, s. f. AURORA, aurore, lumière céleste qui précède le lever du soleil.

Es AURORA apelada quar es aurea hora.
ELUCIDARI.

CAT., ESP., PORT., ITAL., *aurora*. — ETY. LAT., *aurora*.

AUROST, BÉARN., s. m. Chant des funérailles où l'on célèbre les vertus du défunt.

AUROUJE, o, PROV., adj. Orageux, venteux, euse; au fig. farouche, furieux. — ETY., *auro*, vent.

AUROUN, PROV., s. m. Vol d'un oiseau d'un lieu à un autre, essor qu'il prend pour voler. — ETY., *auro*, vent.

AUROUNGLETO, GASC., s. f. Hirondelle. V. Hiroundelo.

AUROUS, ouso, adj. Venteux, euse; exposé au vent : *mount-aurous*, montagne venteuse. — ETY., *auro*, vent.

AURRE, o, PROV., adj. V. Autre.

AURUELO, GASC., s. f. Centaurée du solstice. V. Auriolo.

AURUFLAM, GASC., s. m. Renoncule rampante. V. Boutoú d'or.

AURUNGLE, BÉARN., s. f. Hirondelle. V. Hiroundelo.

Dilhèu, plaa s'arrayant, que-s rounhabe las un-
(gles,
Ou dilhèu, coum bèt pec, parlabe à las AURUN-
(GLES,
BORDEU, poète béarnais.

Peut-être, en se chauffant bien au soleil, il se rognait les ongles, ou peut-être comme un imbécile, il parlait aux hirondelles.

AURUNGLETO, GASC., s. f. Petite hirondelle. — DIM. de *aurungle*.

AURUOU, PROV., s. m. (auruòu). Loriot; maquereau. V. Auriol et Vairat.

AUS, s. m. AUS, toison, laine d'un mouton ou d'une brebis qui se tient ensemble; plur., *ausses*. — ETY. LAT., *hapsus*, touffe de laine.

AUS, adj. plur. Autres. V. Au.

AUSA, v. a. AUSAR, oser, avoir la hardiesse de..... — SYN. *aujá*, *gausá*; *ausat*, *ado*, part.. osé, ée. — ESP., *osar*; PORT., *ousar*; ITAL., *ausare*, *osare*. — ETY. LAT., *ausum*, supin de *audere*.

AUSART, ardo, adj. AUSART, audacieux, euse, hardi. — ETY., *ausá*.

AUSCI, BÉARN., v. a. Occire. V. Auci.

AUSEBI, s. m. Gros raisin blanc dont la peau est épaisse, que l'on conserve sur un lit de paille ou suspendu à la poutre d'un plancher, et dont on fait des *panses* ou raisins secs. On dit aussi *augebit*, *alzibit*, *augebin*, *aujubi*. — ETY. ARAB., *algibis*, qui signifie sec, ou du persan *augiubin*, miel. Les raisins qui se sèchent par un excès de maturité ont en effet la douceur du miel.

AUSEL, s. m. V. Aucel. *Ausel de basty*, NIM., pie-grièche méridionale. V. Amargassat.

AUSERAL, GASC., s. m. Érable champêtre. — SYN. *auzeral*, *ausero*. V. Agas.

AUSERALHE, BÉARN., s. f. Les oiseaux en général; troupe d'oiseaux. — ETY., *ausel*, oiseau. V. Aucelun.

AUSERO, s. f. Érable champêtre. — SYN. *auseral*.

AUSEROT, BÉARN., s. m. Petit oiseau. V. Auceloú.

AUSET, BÉARN., GASC., s. m. Oiseau. V. Aucel.

AUSI, CAST., s. m. Chêne vert. V. Euse.

AUSI, v. a. AUZIR, ouïr, entendre, percevoir les sons; *s'ausi*, v. r., s'entendre; *aquelo campano s'ausis de luen*, cette cloche s'entend de loin; *ausi dire*, entendre dire : *acò fa boûn ausi dire*, c'est bon à savoir. *Ausi dire*, s'emploie aussi substantivement, un ouï-dire. — BÉARN., *audi*; TOUL., *augi*; B. LIM., *auvi*; ANC. CAT., *auzir*; ESP., *oïr*; PORT., *ouvir*; ITAL., *udire*. — ETY. LAT., *audire*.

AUSIDE, BÉARN., v. a. Tuer. V. Auci.

AUSIDO, s. f. Auzida, ouïe, l'un des cinq sens, celui par lequel on perçoit les sons ; la faculté d'ouïr ; bruit, renommée. *Parti d'ausido*, s'emporter facilement ; partir à l'instant, partir au moindre bruit que l'on entend ; *ausidos*, s. f. p., baies d'un clocher par où le son des cloches se répand. — Toul., *augido* ; ESP., *oïdo* ; PORT., *ouvido*. — ETY., part. f. de *ausi*.

AUSIENT, CAST., adj. Temps calme qui laisse bien entendre tous les bruits. — ETY., *ausi*.

AUSINO, s. f. Bûche de chêne vert, houssine, *uno barro d'ausino* ; CARC., chêne vert, yeuse ; gland de chêne vert. — ETY., *ausino* est dit pour *éusino*, de *éuse*, yeuse.

AUSIPELO, s. f. V. Auripelle.

AUSSA, v. a. ALSAR, hausser, rendre plus haut, hisser, relever ; au fig. *aussá lou rastelier*, diminuer les vivres ; v. n., hausser, augmenter de prix, devenir plus cher ; *s'aussá*, v. r., se hausser, se relever, se placer plus haut. — SYN. *anaussá, anautá*. — CAT., *alsar* ; ESP. PORT., *alzar* ; ITAL., *alzare*.

AUSSADO, s. f. Hauteur, dimension d'un corps en tant qu'il est haut : *tres pèds d'aussado*, trois pieds de hauteur. — ETY., part. f. de *aussá*.

AUSSANELOS, s. f. p. Baies ou fruits de l'aubépine. Noms div. : *ancenelos, onsenelos, onsonelos, oussonelos, peulhets, perouli, poumelos de paradis, granetos de bouissoun, boutelhous, acinos, arcinos, cinos*. C'est par erreur que Couzinié donne le nom de *sanelo* aux baies de l'aubépine ; *sanelo*, en français, *cenelle*, signifie *fruit du houx*.

AUSSE, PROV., s. m. Absinthe. V. Encens.

AUSSEL, s. m. V. Aucel.

AUSSELA (s'), v. r. V. Aucelá.

AUSSEN, AUSSENC, s. m. Grande absinthe. V. Encens.

AUSSET, s. m. Troussis, pli qu'on fait à un rideau, à une robe, etc., pour pouvoir les allonger au besoin : *faire un ausset*, faire un troussis ; on dit figurément d'un domestique ou d'une personne de basse condition qui devient trop familière ou trop hardie : *pren trop d'aussets*, il hausse trop le ton. — CAST., *lebet*. — ETY., *aussá*, hausser.

AUSSETOS, PROV., s. f. p. Sorte de serrure encloisonnée que l'on emploie pour les coffres.

AUSSÈU, s. m. V. Aucel.

AUSSIC, GASC., s. m. Cuvoir de l'aiguillade. — SYN. *barboussac*.

AUSSIÈIRO, s. f. Haussière, gros cordage qui sert à remorquer un vaisseau ; bordure à grandes mailles d'un filet. — ETY., *ausso*.

AUSSO, s. f. Hausse, morceau de cuir que les cordonniers ajoutent pour relever un côté de la semelle ou du talon ; augmentation du prix d'une marchandise. On appelle *aussos* les deux tables de bois qui remplacent les ridelles d'une charrette ; en poésie, il signifie vague, onde. — ETY., *aussá*.

AUSSORÉS, QUERC, s. m. Auxerrois, raisin noir qui produit le meilleur vin de Cahors.

AUSSURO, s. f. Hauteur, terrain élevé ; *n'a pas jalat sus las aussuros*, il n'a pas gelé sur les hauteurs, sur les coteaux. — ETY., *aussá*.

AUSTA, CÉV., v. n. V. Agoustá.

AUSTIN, CÉV., adj. V. Agoustenc.

AUSTRAL, O. adj. AUSTRAL, austral, qui est du côté d'où souffle le vent du Midi. — CAT., ESP., PORT., *austral* ; ITAL., *australe*. — ETY. LAT., *australis*, de *auster*, vent du Midi.

AUSTROUS, O, PROV., adj. Orageux, euse. — ETY., *auster*, vent du Midi.

AUT, O, adj. ALT, haut, e ; au fig. fier, orgueilleux ; s. m., le haut, la partie haute ; *aut de la néit*, le milieu de la nuit ; *aut del jour*, le milieu du jour, midi ; BÉARN., *lou d'aut*, le sommet ; *lou d'aut de l'Uropo*, le nord de l'Europe. *D'aut !* interj. Alerte ! courage ! BITERR., *lou naut*, le haut. — CAT., *alt* ; ESP., PORT., ITAL., *alto*. — ETY. LAT., *altus*.

AUTA, BÉARN., adv. Autant. V. Autant.

AUTA, CÉV. TOUL., s. m. V. Autan.

AUTA, GASC., s. m. Autel. V. Autar.

AUTAL, s. m. Autel. V. Autar.

AUTALÈU, TOUL., adv. comp. Aussitôt; *autalèu que*, loc. conj., aussitôt que. — SYN. *autant lèu*. — ETY., *auta* pour *autant*, aussi, et *lèu*, tôt.

AUTAMBEN, PROV., adv. V. Autanben.

AUTAN, s. m. AUTAN, vent d'autan ou du Midi. — SYN., *autá*. — QUERC., *auto*. — ETY. LAT., *altanus*.

AUTANBEN, PROV., adv. Aussi bien, de même, également. — SYN. *autamben*, *tamben*, *tant-pla*, *autaplan*. — ETY., *autan*, aussi, et *ben*, bien.

AUTANT, adv. ATRETAN, autant; *d'autant mai*, d'autant plus; *d'autant mens*, d'autant moins; *autant que*, loc. conj., autant que. — GASC., *asta, astant*; ESP., *otrotanto*; ITAL., *altrettanto*. — ETY. LAT., *aliud tantum*.

AUTANT-LÈU, adv. comp. Aussitôt. — SYN. *autalèu*, *astalèu*.

AUTAPLA, TOUL., adv. comp. V.

AUTAPLAN, GASC., adv. comp. Aussi bien, tout de même. V. Autanben.

AUTAR, s. m. AUTAR, ALTAR, autel, table destinée à la célébration de la messe. — SYN. *auta, autal*. — CAT., ESP., PORT., *altar*; ITAL., *allare*. — ETY. LAT., *altare*.

AUTARDO, s. f. AUSTARDA, outarde, oiseau de l'ordre des gallinacées, qui ne se montre dans nos contrées que pendant les hivers les plus rigoureux. — SYN. *estardo, oustardo*; BITERR., *islardo*. — CAT., ESP., *avutarda*; PORT., *abetarda*; ITAL., *ottarda*. — ETY. LAT., *avis tarda*.

AUTARTANT, PROV., adv. ALTRETANT, ATRESTAN, tout autant, encore autant, une fois autant. — CAT., *altretant*; ESP., *otrotanto*; PORT., *outrotanto*; ITAL., *altrettanto*. — ETY., altér. de *autre tant*, une autre fois autant, du lat. *aliud tantum*.

AUTE, BÉARN., adj. comm. V. Autre.

AUTE, o, GASC., adj. Autre : *ugu'aule*, un autre; BÉARN., *aule* pour les deux genres. V. Autre.

AUTEMENT, BÉARN., adv. V. Autrement.

AUTENC, o, adj. Hautain, e, fier, orgueilleux. — ETY., *aut*.

AUTEROUS, o, PROV., adj. V. Auturous.

AUTET, o, adj. Un peu haut. — ETY., dim. de *aut*.

AUTIER, èro, PROV., adj. Altier, ière.

AUTIN, PROV., s. m. Treille élevée en forme de berceau; tonnelle. — ETY., *aut*, haut.

AUTINADO, s. f. Tonnelle, berceau formé par une treille. — ETY., *autin*.

AU-TIRÉ, CARC., loc. adv. Tirez! tirez! allez-vous en!

AUTIS, s. m. Outil, tout instrument dont les paysans, les artisans, les ouvriers se servent pour travailler. — SYN. *òutis*, *utis*.

AUTISME, s. m. ALTISME, le Très-Haut, Dieu. — CAT., *altisme*; ESP., *altisimo*; ITAL., *altissimo*. — ETY. LAT., *allissimus*.

AUT-MAL, s. m. Haut-mal, épilepsie. — SYN. *mal-caduc, mal de la terro*.

AUTO, QUERC., CAST., s. m. Autan, vent du Midi. V. Autan.

L'AUTO desourdounat de sous reddes buffals
Despouncho lous clouquiès, cbranlo lous oustals.
PEYROT.

AUTO, interj. Allons, courage! *Auto-auto*, alerte, debout !

AUTOBRE, s. m. V. Octobre.

AUTORITAT, s. f. AUTORITAT, autorité. — CAT., *autoritat*; ESP., *autoridad*; PORT., *autoridade*; ITAL., *autorità*. — ETY. LAT., *autoritatem*.

AUTOU, AUTOUR, s. f. Hauteur, élévation. — SYN. *auturo, aussuro*. — CAT., ESP., PORT., *altor*. — ETY., *aut*, haut.

AUTOU, AUTOUR, s. m. AUCTOR, auteur, celui qui compose un livre, qui fait quelque invention. — CAT., ESP., *autor*; ITAL., *autore*. — ETY. LAT., *auctorem*.

AUTOUN, PROV., s. m. AUTOM, automne, par ext., regain, seconde pousse de la feuille de mûrier; rejeton qui ne pousse qu'en automne. V. Autouno.

AUTOUNA, v. n. Jeter du bois, pousser des feuilles dans l'arrière-saison; mûrir en automne. — ETY., *autoun*, automne.

AUTOUNADO, s. f. Toute l'automne : *es estat malaut touto l'autounado*, il a été malade pendant toute la durée de l'automne. — ETY., *autouno*.

AUTOUNO, s. f. Automne, automne, troisième saison de l'année. — Syn. *autoun*. — Anc. cat., ital., *autumno*. — Ety. lat., *autumnus*.

AUTOUR, s. m. Autour, oiseau. V. Astou.

AUTRE, o, adj. Altre, autre ; *autropart*, adv. comp., ailleurs ; *autes-cots*, *autres-cops*, autrefois. — Syn. *aut*, *aute*, *altre*. — Cat., ital., *altro* ; esp., *otro*. — Ety. lat., *alter*.

AUTRÈYA, béarn., v. a. Autreiar, octroyer, accorder, donner, permettre. — Anc. cat., *autreiar*. — Ety., *autrèi*, octroi, permission.

AUTRIFÈS, prov., adv. V. Autrosfés.

AUTR'HIER, adv. Avant-hier. — Ety., *autre*, l'autre, et *hier*.

AUTROMENT, adv. Autrament, autrement, d'une autre manière ; sinon, sans cela. — Béarn., *autement* ; cat., *altrement* ; esp., *autramente* ; ital., *altramente*. — Ety., *autro*, et le suffixe *ment*.

AUTROSFES, adv. comp. Autrefois, jadis. — Syn. *autes-cots*, *autres-cops*, *autrifés*. — Ital., *altrevolte*. — Ety., *autros*, autres, et *fès*, fois.

AUTRUCHO, s. f. Estruci, autruche, oiseau de l'ordre des gallinacées et de la fam. des brévipennes. — Cév., *estruci* ; esp., *avestruz* ; ital., *struzzo*. — Ety. lat., *avis struthio*.

AUTURO, s. f. Altura, hauteur, élévation, montagne. — Biterr., *aussuro*. cat., esp., port., ital., *altura*. — Ety., *aut*, haut.

AUTUROUN, prov., s. m. Petite éminence. — Ety., dim. de *auturo*.

AUTUROUS, o, adj. Altier, ière, hautain, orgueilleux. — Syn. *auterous*. — Ety., *aut*, haut.

AUVALI, prov., s. m. V.

AUVARI, prov., s. m. Mésaventure, accident, malheur, contre-temps ; encombre ; *carn d'auvàli* ou *d'auvàri*, viande d'un animal mort par accident.

AUVAS, prov., s. m. Gravier, grand tas de gravier. — Ety., augm. de *auve*.

AUVE, cév. prov., s. m. Ile, îlot ; gravier, amas de gravier ; *roudelet d'auve*, groupe d'îlots.

AUVI, b. lim., prov., v. a. V. Ausi.

AUVIDO, prov., s. f. V. Ausido.

AUYAMI, béarn., s. m. Volaille, tous les animaux domestiques. V. Aujame.

AUYOL, e, béarn., adj. Sot, otte, simple d'esprit.

AUZEL, AUZELAIRE, AUZELET, AUZELOUN, AUZELOUNAIRE. V. Aucel, aucelaire, etc.

AUZELIER, s. m. Oiseleur ; *crido coumo un auzelier*, il crie comme un sourd. V. Aucelaire.

AUZERDA, carc., s. m. (auzerdà). Luzernière.

AUZERDO, carc., s. f. Luzerne. V. Luzerno.

AUZERET, gasc., s. m. V. Aucelet.

AUZEROL, s. m. Érable champêtre. V. Agas.

AUZOUNO, s. f. Nom de lieu, Alzonne, petite ville du département de l'Aude.

Pèi ancrem dourmi h la vilo d'Auzouno,
Qu'es de Moussu de Riéus uno plasso fort bouno.

Auger Gaillard, de Rabastens.

AVAGOUN, montp., s. m. Arrête-bœuf. V. Agalousses.

AVAISSO, prov., s. f. Averse. V. Raisso.

AVAL, adv. de lieu. Aval, là-bas, en bas. — Prov., *avau*, *de-davau* ; querc., *oval*. — Cat., *avall*. — Ety., *à*, et *vat*, dans la vallée.

Chacun coumenso soun travail,
L'un d'amount et l'autre d'aval,

Michel, de Nîmes.

AVALA, v. a. Avalar, avaler, faire descendre de la bouche dans l'estomac ; T. de mar., *avalá un vaissel*, mettre un vaisseau à flot : *s'avalá*, v. r., contracter une hernie à la suite d'un effort ; *avalat*, ado. part., avalé, ée ; lancé, en parlant d'un navire ; *caro avalado*, visage hâve, pâle. Il signifie aussi affamé, ée. — Ety., *aval*, en bas.

AVALADO, s. f. Action d'avaler. — Ety., part. f. de *avalá*.

AVALAIRE, o, s. m. Avaleur, euse, mangeur, glouton. — Syn. *avalouer*. — Ety., *avalá*.

AVALANCA, v. a. Jeter en bas, renverser; *s'avalancá*, v. r., s'ébouler, s'écrouler, s'affaisser. — Ety., *aval*, en bas, aller en bas.

AVALANCADO, s. f. Éboulement; terrain affaissé après la pluie. — Syn. *avalancho, avalanco*. Ety., part. f. de *avalancá*.

AVALANCHIER, prov., s. m. Amelanchier.

AVALANCHO, s. f. Avalanche, éboulement de neige; éboulis. — Syn. *avalancado, avalanco*. — Ety., *avalancá*.

AVALANCO, s. f. V. Avalancho.

AVALI, v. a. Avalir, perdre, égarer, faire disparaître; maudire; envahir, usurper, d'après Honnorat; v. n., disparaître, se perdre, être anéanti; on dit aussi *s'avali*. — Ety., *aval*, en bas.

AVALISCO, interj. Fi ! au diable! *Avalisco lou travall* au diable le travail! On dit aussi *cabalisco*, qu'il faudrait écrire *qu'avalisco*, et qu'on pourrait traduire par, qu'il soit anéanti, qu'il disparaisse, qu'il soit maudit. Ce mot dériverait, en ce cas, du verbe *avali*. *Avalisco* est quelquefois employé comme substantif féminin, et il signifie malédiction.

AVALOUER, s. et adj. V. Avalaire.

AVALSES, montp., s. m. p. Chêne au kermès. V. Garroulho.

AVANAU, prov., s. m. Ce qui sert à retenir, à clore; palissade. — Syn. *retenal, retenau*.

AVANCUR, prov., s. m. Charbon, maladie des bêtes.

AVANEL, cév., adj. Éveillé; coquet.

AVANI, prov., v. n., S'évanouir, tomber en syncope; on dit aussi *s'avani*. — Biterr., *s'estavani*; ital., *svanire*. — Ety. lat., *evanescere*.

AVANIMENT, s. m. Évanouissement, syncope. — Ital., *svanimento*. — Ety., *avani*.

AVANIO, s. f. Avanie, insulte, outrage. Port., ital., *aviniá*. — Ety., grec vulgaire ἀβανία.

AVANQUI (s'), prov., v. r. Se hasarder, s'aventurer. — Ety., *à*, et *van, vanc*, élan, essor.

AVANS, prov., prép. Avant. V. Avant; *de bel avans*, loc. adv., il n'est que trop vrai.

AVANSAR, v. a. Avansar, avancer pousser, porter en avant, mettre une proposition en avant; v. n., avancer, aller en avant, avoir de l'avancement; progresser, *s'avansá*, v. r., s'avancer, prendre les devants; *avansat, ado*, avancé, ée; qui fait saillie, en parlant d'un ouvrage de maçonnerie. — Cat., *avansar*; esp., *avanzar*; ital., *avanzare*. — Ety., *avans*.

AVANSADO, prov., s. f. Ouvrage avancé; terme de fortifications. — Ety., part. f. de *avansá*.

AVANSAMENT, s. m. Avansament, avancement, action d'avancer; progrès. — Cat., *avansament*; ital., *avanzamento*. — Ety., *avansá*.

AVANSIOUS, o, AVANSIOUVO, prov., adj. Travail que l'on fait facilement; en parlant d'un chemin, facile à parcourir. — Ety., *avansá*.

AVANSO, s. f. Avansa, avance, ce qui dépasse, ce qui déborde; *avansos*, premiers pas, premières propositions; argent donné avant qu'un ouvrage soit fini ou même commencé; *avèire d'avansos*, avoir des avances, c'est-à-dire de l'argent devant soi. *D'avanso*, loc. adv., d'avance, par anticipation. — Ety., *avansá*.

AVANT, adv. et prép. Avant, auparavant, avant. — Cat., *avant*; ital., *avanti*. — Ety. lat., *abante*, de *ab* et *ante*.

AVANTAGE, AVANTAGI, s. m. Avantage, avantage, ce qui est utile, profitable; préciput. — Cat., *avantatje*; anc. esp., *aventajo*; anc. ital., *avantaggio*. — Ety., *avant*, et *age*, qui vient d'une terminaison latine en *icum*, comme *avantaticum*.

AVANTAJA, v. a. Avantager, faire ou donner des avantages à quelqu'un; *s'avantajá*, v. r., s'avantager, se faire des avantages réciproques; *avantajat, ado*, part., avantagé, ée, celui, celle à qui l'on a fait un avantage ou des avantages. — Cat., *avantaljar*; esp., *aventajar*; ital., *avantaggiare*. — Ety., *avantage*.

AVANTAJOUS, o, adj. Avantageux, euse. — Cat., *avantadjos*; esp., *ventajoso*; anc. ital., *avantaggioso*. — Ety., *avantage*.

AVANTDARNIER, ièiro ou iéro, adj. Avant-dernier, ière, pénultième.

AVANT-GARDO, s. f. Avangarda, avant-garde. — Cat., esp., avanguarda; port., vanguarda, ital., avanguardia.

AVANT-HIER, adv. Avant-hier. — Syn., autr'hier. — Esp., anteayer; ital., avant-ieri.

AVANT-HIÉRASSO, adv. Naguère, il y a peu de jours. — Syn. avant-hièirasso. — Ety., avant-hier.

AVANT-HOURO, loc. adv. V. Ananthouro.

AVANT-TRIN, s. m. Avant-train, la partie antérieure d'une voiture ou d'un affût. — Esp., avantren. — Ety., avant, et trin.

AVANTURA, Avanturo. V. Aventurá, Aventuro.

AVANT-VELHO, s. f. Avant-veille. — Ital., antivigilia.

AVARA, prov., v. a. et n. Hasarder, commencer, débuter; avará lou moulin, donner l'eau au moulin.

AVARANCHIER, prov., s. m. V. Amelanchier.

AVARAS, asso, s. et adj. Très-avare. — Ety., augm. de avare.

AVARE, o, adj. et s. Avar, avare. On dit d'un avare : espelharió un pesoul per n'avèire la pel, il écorcherait un pou pour en avoir la peau; fa dinná sous amits am de banos de cagaraulos, il fait dîner ses amis avec des cornes d'escargots. — Cat., esp., port., ital., avaro. — Ety. lat., avarus.

AVARÉ, prov., v n. S'en pòu pas avaré, il ne peut pas s'en défendre, s'en garantir, s'en rendre maître.

AVAREJA, prov., v. n. Vaciller, chanceler.

AVARESSIO, s. f. V. Avarisso.

AVARI, prov., v. n. Avorter, en parlant des animaux et des fruits qui ne parviennent pas à leur parfaite maturité; s'avari, v. r., disparaître, se perdre, se dissiper comme une ombre; avari, do, part., avorté, ée, dissipé, disparu. — Ety., ce mot paraît être le même que avali.

AVARICI, prov., s. f. V. Avarisso.

AVARICIO, s. f. V. Avarisso.

AVARICIOUS, o, adj. Avaricieux, euse. — Cat., avaricios; esp., avaricioso. — Ety., avaricio.

AVARISSO, s. f. Avareza, avaricia, avarice, attachement excessif aux richesses. — Syn. avaressio, avarici, avaricio. — Cat., esp., avaricia; port., avareza; ital., avarizia. — Ety. lat., avaritia.

AVARNOUGE, prov., s. m. Cochon de l'année. Altération de uvernouge.

AVARO, cast., adj. f. Angleuse; il ne se dit que des noix qu'on ne peut que difficilement détacher de la coque.

AVAROUN, o, prov., adj. Petit avare. — Ety., dim. de avare.

AVAROUPA, prov., v. a. Envelopper. V. Agouloupá.

AVARTA, prov., v. a. Éloigner. V. Esvartá.

AVASTA (s'), prov., v. r. S'aventurer, se hasarder, se lancer.

AVAU, prov., adv. V. Aval.

AVAUS, prov., s. m. p. Chêne au kermès, chêne-nain. V. Garroulho.

AVAUSSILHO, prov., s. f. Fourré de chênes au kermès. — Ety., avaus.

AVAUSSOUN, prov., s. m. Chêne-nain, chêne au kermès. — Ety., dim. de avaus.

AVÉ, v. a. Aver, avoir, posséder; atteindre; aguèri, j'eus; aguèrem, nous eûmes; qu'aguessi, que j'eusse; ai agut, j'ai eu. Avé lou fièu, avoir le fil, être adroit, rusé, dégourdi; avé lou garri, bouder; avé sentido, avoir le pressentiment de; l'ai pas pouscut avé, je n'ai pas pu l'atteindre; vai! l'aurai, va! je t'atteindrai. — Syn. agué, aué, avedre, avèi, avèire, aguedre, avudre, ovudre, oburre. — Anc. cat., port., aver; esp., haber; ital., avere. — Ety. lat., habere.

AVÉ, cév., s. m. Aver, bien, argent, possession, fortune, troupeau de moutons et de brebis. — Ety., habere, avoir.

AVEDRE, cév., v. a. Avoir. V. Avé.

AVEDRE, cév., v. a. Aveindre. V. Averá.

A-VEGADOS, loc. adv. Quelquefois, parfois, de temps à autre. — Syn. *abegados, davegados*. — Ety., *à*, et *vegados*, fois.

AVEI, dauph., v. a. V. Avèire.

AVEIRE, v. a. Avoir. V. Avé.

AVEIRI, do, prov., adj. Luisant, e, comme le verre. — Ety., *à*, et *vèire*, verre.

AVEJAIRE, s. m. Veiaire, vejaire, avis, opinion, sentiment : *M'es avejaire*, ou *vejaire*, m'est avis, il me semble ; *dire soun avejaire*, dire son sentiment, donner son opinion ; *faire avejaire*, faire semblant ; *à moun avejaire*, à mon avis.

I pichot gent isto pas gaire
De dire l'gros soun avejaire.

Augustin Boudin.

AVELANCHIER, prov., s. m. V. Amelanchier.

AVELANIEIRO, s. f. V. Avelaniéro.

AVELANIER, s. m. Avelanier, noisetier, coudrier, *Corylus avellana*, arbrisseau de la fam. des amentacées. — Querc., *ouglonier*, *oulonier* ; gasc., *aueranier*, *aulaney* ; béarn., *aulanier* ; cat., *avellaner* ; esp., ital., *avellano*. — Ety., *avelano*.

AVELANIER, s. m. Casse-noix. *Nucifraga caryocatactes*, oiseau, ainsi appelé parce qu'il se nourrit de noisettes (*avelanos*). — Syn. *auravello, gralho picassado*.

AVELANIERO, s. f. Coudraie, lieu couvert ou planté de noisetiers ou coudriers. — Cat., esp. mod., *avellanar* ; anc. esp., *avellanada*. — Ety., *avelano*.

AVELANO, s. f. Avelana, aveline, noisette. — Béarn., *auraa, aberaa, aulan, aulane* ; gasc., *ouglono, oulano, aueran*. — Cat., esp., ital., *avellana*. — Lat., *avellana*.

AVELATIER, s. m. Gaînier, arbre de Judée, *Cercis siliquastrum*. — Syn. *courroupier bastard*.

AVEN, AVENC, cév., s. m. Gouffre, abîme ; réservoir souterrain, alimentant les sources ; trou dans la terre où vont se perdre les eaux. — Syn. *baren, barenc*.

AVENA, AVENAT, cév., s. m. Avena, avoine mondée ou gruau d'avoine. — Querc., *ovená*. — Ety. lat., *avena*, avoine.

AVENA, v. a. Faire venir le lait au sein d'une nourrice; alimenter les sources ; *s'avená*, v. r., s'alimenter ; *avená*, v. n., circuler en parlant du sang.

Doumaci tu, dins nosti veno
Un sang plus viéu de longo aveno.

Mistral, Lis Isclo d'or.

Ety., *à*, et *veno*, veine.

AVENAT, ado, part. de *avená*. Alimenté par les pluies ou par des eaux souterraines, en parlant d'un puits, d'une fontaine.

AVENCI, v. a. Vaincre, surmonter. V. Avinci.

AVENENSO, s. f. Avinensa, courtoisie, affabilité. — Ety., *avenent*.

AVENENT, o, adj. Avinent, avenant, e, courtois, affable. — Esp., *aveniente* ; ital., *avvenente*.

AVENGIER, dauph., v. a. Achever, terminer. V. Avinci.

AVENGUDO, s. f. Avenue, chemin par lequel on arrive, grande allée ordinairement bordée d'arbres. — Esp., *avenida*. — Ety., part. f. de *aveni*, du lat. *advenire*.

AVENGUT, udo, adj. Épuisé, éo, qui ne coule plus en parlant d'une source. — Ety., *à*, priv. et *vengut*, venu, qui ne vient plus.

AVENI, v. n. Avenir, advenir, arriver par accident, survenir ; *avengut, udo*, part., arrivé, ée, survenu ; *bèn avengu* ; prov., venu à bien, grandi, en parlant d'un enfant. — Cat., esp., *avenir* ; ital., *avvenire*. — Ety. lat., *advenire*.

AVENI (s'), v. r. Se convenir, sympathiser, être bien ensemble. — Cat., *avenirse* ; ital., *avvenirsi*. — M. Ety. que le mot précédent.

AVENI, s. m. Avenir, le temps futur ; *à l'aveni*, loc. adv., à l'avenir, dorénavant. — Anc. cat., *avenir*. — Ety., *aveni*, du lat. *advenire*, advenir.

AVENIS, prov., s. m. p. Visites de personnes qui viennent demeurer quelque temps chez nous. — Syn. *aveni*, survenir.

AVE (163) AVE

AVENO, prov., s. f. Folle avoine. V. Couguioulo.

AVENO, prov., s. f. Aune, arbre. — Syn. *averno*. V. Vergne.

AVENT, AVENTS, s. m. Avent, avent, temps consacré par l'église catholique à se préparer à la fête de Noël. — Gasc., *auens*.; cat., *advent*; esp., *adviento*; port., *advento*; ital., *avvento*. — Ety. lat., *adventus*, arrivée, avénement de Jésus-Christ.

AVENTURA, v. a. Aventurar, aventurer, risquer, hasarder, exposer à un péril ; *s'aventurá*, v. r., s'aventurer, se hasarder. — Cat., esp., port., *aventurar*; ital., *avventurare*. — Ety., *aventuro*.

AVENTURIÉR, s. m. Aventurier, aventurier ; *aventurier, iéro*, prov., adj., qui vient spontanément en parlant des arbres et des plantes. — Cat., *aventurer* ; esp., *aventurero* ; port., *aventureiro*; ital., *aventuriere*. — Ety., *aventuro*.

AVENTURO, s. f. Aventura, aventure, événement imprévu, accident ; entreprise hasardeuse ; *à l'aventuro*, à l'aventure, au hasard ; *per aventuro*, par hasard. — Cat., esp., port., *aventura*; ital., *avventura*. — Ety. lat., *adventurus*, part. de *advenire*, qui doit arriver.

AVENTUROUS, O, adj. Aventuros, aventureux, euse, celui, celle qui se livre aux chances du hasard. — Cat., *aventuros*; ital., *avventuroso*. — Ety., *aventuro*.

AVERA, v. a. Averar, avérer, certifier, prouver qu'une chose est vraie. — Cat., esp., port., *averar*; ital., *avverare*. — Ety., *à*, et *ver*, du lat. *verus*, vrai.

AVERA, prov., v. a. Aveindre, prendre, saisir, tirer une chose à soi, enlever : *averá un nis*, enlever un nid.

Fai que posque avera la branco dis aucèu.
Mistral, *Mirèio*.

AVERAGE, AVERAGI, prov., s. m. Les brebis en général ; droit de pâture. — Ety., *avé, aver*, troupeau.

AVERCOULI, do, cév., adj. Transi, e, de froid. — Syn. *abarcouri, barcouri*.

AVERGOUGNA, v. a. Avergoignar,

avergonhar, humilier quelqu'un, lui faire honte ; *avergougnat, ado*, part., humilié, ée, honteux ; pudibond. — Ety., *à*, et *vergougno*, vergogne, honte.

AVERIS, prov., s. m. Cordon ombilical. V. Vedilho.

AVERNO, prov., s. f. Aune, arbre. V. Vergne.

AVEROUNI (s'), v. r. Se remplir de vers. — Ety., *à*, et *verou, veroun*, ver.

AVERS, prov., s. m. Revers d'une montagne, la partie tournée vers le Nord, opposée à *l'adrech*, exposition du Midi. Le côté du Nord est aussi appelé *uba, ubac*. — Syn. *avés, envés*. — Port., *avesso*.

Per lou pouèto urous jour subre-bèu e flòri !
En tout país, di dous cousta de l'aigo-vers
Dóu globe ; de pertout, de l'adré, de l'avèrs,
Soun grand noum brusigué dins un inne de glòri.
M. Frizet, *Li dous Triounfle*.

AVERSARI, prov., adj. et s. m. V. Adversari.

AVERSO, s. f. Averse, pluie soudaine. — Syn. *raisso*.

AVERT, O, prov., adj. Insensé, ée : *cridadisso averto*, cris insensés. Ce mot, employé par F. Gras dans *Li Carbounié*, ne se trouve dans aucun dictionnaire des idiomes méridionaux qui ne donnent que *disavert*, qui a un sens analogue.

AVERTI, v. a. Avertir, avertir, informer de, donner avis ; *averti l'aiguo*. T. de nageur, tâter l'eau pour s'assurer de sa température. — Cat., esp., port., *avertir*; ital., *avvertire*. — Ety. lat., *advertere*.

AVERTIS, prov., s. m. Celui qui est averti de ce qui doit lui arriver. — Ety., *averti*.

AVERTISSAMENT, prov., s. m. V.

AVERTISSIMENT, s. m. Avertiment, avertissement. — Esp., *advertimiento*; port., *advertimento*; ital., *avvertimento*. — Ety., *averti*.

AVERTUDA, v. a. Avertudar, évertuer, exciter ; *s'avertudá*, v. r., s'évertuer, s'efforcer de... — Syn. *esvertuá*. — Ety., *à*, et *vertud*, vertu, dans le sens du mot latin *virtus*, courage, énergie, force.

AVÉS, cév., s. m. Revers d'une montagne. V. Avers.

AVESA (s'), B. LIM., v. r. Avezar, s'habituer. — ITAL., avvezzare.

AVESCAT, s. m. V. Evescat.

AVESINA, v. a. Avoisiner, être proche, voisin de.; s'avesiná, v. r., s'approcher, se rapprocher.—Esp., avecinar; ITAL., avvicinare. — Ety., à, et vesin, voisin.

AVESINAT, ado, part. Qui est voisin, proche de...; adj., qui a des voisins : Val mai estre soul que mal avesinat, il vaut mieux être seul que d'avoir de mauvais voisins.

AVESPRA, v. n. Avesprir, se faire tard; lou jour s'avespro, le jour s'obscurcit. — Ety., à, et vespre, soir.

AVESQUE, s. m. V. Evesque.

AVÉUSA (s'), v. r. S'aveusar, devenir veuf ou veuve ; par ext. perdre une personne qu'on aime. — BÉARN., abéudá-s. — Ety., à, et véuse, veuf.

Tristos soun las countrados
Quan s'AVÉUSON de tu.
JASMIN.

AVÉUSAT, ado, part. Devenu, e, veuf ou veuve.

E barrè sous iels emblouis
Coumo la tourtouro AVÉUSADO
Que languis i uen de sa nisado,
E que mouor dau mal dau pèis.
DE LA FARE, Las Castagnados.

AVÈY, DAUPH., v. a. Avoir. V. Avèire.

AVÈY, DAUPH., prép. Avec. V. Am.

AVI, PROV., s. m. Avi, aïeul, grand-père ; avio, s. f., aïeule, grand-mère. — CAT., avi, avia; ESP., abuelo, abuela ; PORT., avo; ITAL., avo, avolo, avola. — Ety., LAT., avus, avia, aïeul, e.

AVIA, v. a. Aviar, acheminer, mettre en chemin ; fournir les moyens de faire son chemin ou sa fortune, mettre dans la voie ; s'aviá, v. r., s'acheminer, se mettre en route, doubler le pas ; au fig. se donner chemin : se cal saupre aviá, il faut savoir se donner chemin ; aviat, ado, part., acheminé, ée. — CAT., ESP., PORT., aviar ; ITAL., avviare. — Ety., à, et via, voie, chemin.

AVIAMENT, s. m. Acheminement, action de s'acheminer; moyen de parvenir. — Esp., PORT., aviamento ; ITAL., avviamento. — Ety., aviá.

AVIAT, adv. Promptement, rapidement. — Ety., aviá.

AVIDE, o, adj. Avide, cupide. — CAT., ESP., PORT., ITAL., avido. — Ety. LAT., avidus.

AVIDITAT, s. f. Avidité, désir immodéré. — CAT., avidital ; ITAL., avidità. — Ety. LAT., aviditatem.

AVIDOMENT, adv. Avidement, avec avidité. — CAT., avidament ; ESP., PORT., ITAL., avidamente.—Ety., avido, et le suffixe ment.

AVIECH, PROV., expr. adv. Il y a déjà quelque temps. — SYN. a-ja-proun.

AVILI, v. r. Avilir, avilir, rendre abject, méprisable ; s'avili, v. r., s'avilir, se rendre vil, méprisable. — ITAL., avvilire. — Ety., à, et vil, du lat. vilis, vil.

AVILISSAMENT, PROV., s. m. V.

AVILISSIMENT, s. m. Avilament, avilissement. — CAT., aviliment ; ITAL., avvilimento. — Ety., avili.

AVINA, v. a. Au propre, aviner, imbiber de vin ; dans le dial. biterr., ce sens est celui qu'on donne au verbe avinatá, tandis que aviná signifie mettre une partie de trois-six dans une certaine quantité de vin pour lui donner plus de force et assurer sa conservation ; avinat, ado, part., aviné, ée, alcoolisé. — Esp., envinar; PORT., avinhar ; ITAL., avvinare.— Ety., à, et vin.

AVINATA, v. a. Aviner, imbiber de vin ; mettre du vin pour la première fois dans une futaille. V. Aviná. — CAST., enviná ; cév., afranqui. — M. ÉTY. que aviná.

AVINCI, v. a. Vaincre, surmonter, achever, venir à bout d'un travail, d'une entreprise: ai tant de traval, que lou podi pas avinci, j'ai tant de travail que je ne puis pas en venir à bout. C'est la même acception que celle de vincit dans le vers de Virgile : Labor improbus omnia vincit. — SYN. avenci, vinci, avengier. — Ety., à et le lat. vincere, vaincre, surmonter.

AVIO, s. f. Douna d'avio, lancer avec force un objet quelconque. — Ety., aviá.

AVIS, s. m. V. Avit.

AVIS, s. m. Avis, avis, avertissement, opinion, manière de voir ; *m'es avis* ou *m'es d'avis*, il me semble ; *dirias avis que*, on dirait que ; *sembl'avis que*... ne dirait-on pas que ? — CAT., *avis* ; ESP., PORT., *aviso* ; ITAL., *avviso*. — ETY., *à*, et *vis*, du lat. *visum*, ce qui est vu, ce qui semble.

AVISA, v. a. AVISAR, aviser, donner avis ; improprement, viser, ajuster ; v. n., aviser, prendre garde à ; *s'avisá*, v. r., s'aviser, s'apercevoir, se mettre dans l'esprit de faire une chose, se mêler de : *aviso-te de so que te regardo*, mêle-toi de ce qui te regarde ; *avisat*, *ado*, part., avisé, ée, prudent, circonspect. — CAT., ESP., PORT., *avisar* ; ITAL., *avvisare*. — ETY., *avis*.

AVISADOMENT, adv. Prudemment. — ETY., *avisado*, et le suffixe *ment*.

AVISAMENT, BITERR., s. m. Avisament, prudence, perspicacité, intelligence, jugement, circonspection ; *aquel mainage a fosso avisament*, cet enfant a beaucoup de jugement. — ESP., *avisamiento* ; ITAL., *avvisamento*. — ETY., *avisá*.

AVIST, expr. adv. *Aná avist* ou *d'avist*, agir avec circonspection. — SYN. *aná avisat* ou *estre avisat*.

AVISTA, PROV., v. a. Remarquer, observer. — ETY., *à*, et *vista*, vue.

AVIT, PROV., s. m. Sarment de vigne. — SYN. *avis*, *vise*. — ETY., *à*, et *vitis*, vigne.

AVIT, PROV., s. m. Cordon ombilical. V. Vedilho.

AVITA, v. n. Arriver à, atteindre. — PROV., prendre racine. — SYN. *abilá*.

AVITALHA, v. a. V.

AVITUALHA, PROV., v. a. Avitailler, mettre des vivres dans une place, dans une ville qui courent risque d'être assiégées ; nourrir. — SYN. *abilalhá*. — ETY., *à*, et *vitualho*, victuaille.

AVIVA, v. a. AVIVAR, aviver, donner du lustre, du brillant, de l'éclat ; vivifier, animer, donner de la vivacité ; *avivat*, *ado*, part., avivé, ée ; éveillé, sémillant ; *temps avivat*, temps devenu vif et presque froid. — CAT., ESP., PORT., *avivar*, ITAL., *avvivare*. — ETY., *à*, et le lat. *vivus*.

AVIVOS, s. f. p. Avives, sortes de glandes qui sont à la gorge des chevaux, et qui, venant à s'enfler, leur causent une maladie qu'on appelle aussi *avivos*, avives. — SYN. *vivos*. — ESP., *avivas*.

AVOL, adj. AVOL, méchant, malin, mauvais. — CÉV., *avòu*. — SYN. *aul*, *aule*.

AVOU, CÉV., adj. (avòu). V. Avol.

AVOUA, v. a. AVOAR, avouer, faire un aveu, confesser, reconnaître qu'une chose est. — ETY., *à*, et *vouá*, roman, *vodar*, faire acte d'aveu à un seigneur, le reconnaître pour tel. C'est un terme de féodalité.

AVOUAT, ado, part. Avoué, ée ; s. m. avoué, autrefois procureur.

AVOUCADOT, s. m. AVOCADEL, petit avocat, mauvais avocat. — ETY., dim. de *avoucat*.

AVOUCASSA, v. n. Avocasser, faire l'avocat sans en avoir le titre ; ce mot se prend en mauvaise part ; on dit aussi *avoucassejá*. — ESP., *abogar* ; ITAL., *avvocare*. — ETY., *avoucat*.

AVOUCASSEJA, v. n. Avocasser. — ETY., fréq. de *avoucassá*.

AVOUCAT, s. m. AVOCAT, avocat, licencié en droit inscrit sur le tableau des avocats d'une cour ou d'un tribunal. — ESP., *avocado* ; ITAL., *avvocato*. — ETY. LAT., *advocatus*, appelé par un plaideur pour défendre sa cause.

Jouve AVOUCAT, heritage perdut,
Jouve medici, cementeri boussut.

PRO.

AVOUDA, v. a. Vouer, consacrer à..., mettre sous la protection d'un saint ; *s'avoudá*, v. r., se vouer à, s'adonner. — ETY., *à*, et le roman *vodar*, vouer.

AVOUGA, v. a. Donner la vogue, achalander, procurer des chalands à un marchand ; *avougat*, *ado*, part., achalandé, ée. — ETY., *à*, et *vogo*, vogue.

AVOUGOUS, PROV., s. m. Maladie des yeux qui rend momentanément les chèvres aveugles.

AVOULUDA (s'), v. r. Se rouler à terre. — SYN. *s'aludá*, *se gouludá*, *se boucá*, *se boucassá*, *se bachuchá*, *se vioutá* ; du LAT. *volutare*, rouler.

AVOURTA, v. n. V. Abourtá.

AVOUSSES, s. m. p. (avòusses), chêne au kermès.—V. Garroulho.

AVOUST, s. m. V. Agoust.

AVOUSTENC, o, adj. V. Agoustenc.

AVUDRE, MONTP., v. a. Avoir ; *avudre lou malur sus la fardo*, ne réussir à rien ; être poursuivi par la fatalité.

AVUGLA, v. a. AVOGOLAR, aveugler, rendre aveugle ; éblouir ; *s'avuglá*, v. r., s'aveugler ; au fig. se faire illusion ; *avuglat, ado*, part., aveuglé, ée. — ETY., *avugle*.

AVUGLAMENT, s. m. Aveuglement, privation de la vue ; au fig. aberration d'esprit qui nous empêche de voir les choses dans leur véritable jour. — ETY., *avuglá*.

AVUGLE, o, s. et adj. Aveugle, privé de l'usage de la vue ; au fig. celui qui manque de jugement dans une circonstance donnée. — ETY., ITAL., *avocoio*, formé de *a*, privatif, et de *oculus*, œil.

AXE, PROV., s. m. Axe, essieu. — SYN. *ichal*. — ESP., *exe* ; PORT., *eixo* ; ITAL., *asse*. — ETY., LAT., *axem*.

AY, interj. V. Ahi.

AY, PROV., s. m. Ane. V. Ase.

AYACA-S, BÉARN., v. r. S'étendre tout de son long. — SYN. *s'ajassá*. V. ce mot.

AYAL, DAUPH., s. m. Branche principale d'un arbre.

AYCHEL, ARIÉG., s. f. Essieu. — SYN. *ichal*.

AYCHELO, ARIÉG., s. f. Aisselle. V. Aisselo.

AYCHERO, GASC., s. f. Aisselle. V. Aisselo.

AYDA, BÉARN., v. a. Aider. V. Ajudá.

AYDE, BÉARN., s. f. Aide. V. Ajudo.

AYER, adv. V. Hier.

AYERGA-S, BÉARN., v. r. S'arranger. V. Arrengá.

AYÈRO, CÉV., s. f. V. Aièiro.

AYETA, BÉARN., v. a. Agiter ; irriter. V. Agitá.

AYETAT, ade, BÉARN., part. Agité, ée, irrité.

AYGASSO, GASC., s. f. Pie. V. Agasso.

AYGINO, GASC., s. f. Aide, secours.

AYGRO, a, DAUPH., adj. Aigre. V. Agre.

AYGUA, DAUPH., s. f. V. Aiguo.

AYGUAJO, DAUPH., s. f. Inondation. — BITERR., *aiguat*. — ETY., *ayguá*.

AYGUASSÈ, èro, GASC., adj. Aqueux, euse, humide. — ETY., *aygua*.

AYGUE, BÉARN., s. f. Eau. V. Aiguo.

AYGUER, GASC., s. m. Évier. V. Aiguièiro, Aièiro.

AYGUERO, GASC., s. f. Rosée. V. Aiguage.

AYGUÈYRO, s. f. Aiguière. V. Aiguièiro.

AYGUOTE, BÉARN., s. f. V. Aigueto.

AYGUOUAT, GASC., s. m. Averse. V. Aiguat.

AYGUOULEJA, GASC., v. n. Flotter sur l'eau. — ETY., *ayguo*.

AYGUT, do, GASC., adj. V. Aiguous.

AYI, BÉARN., v. a. Agir. V. Agi.

AYMA, v. a. V. Aimá.

AYMADÈ, ère, BÉARN., adj. Qui peut ou qui doit être aimé. — ETY., *aymá*.

AYMADOU, BÉARN., s. m. Amant, amateur. — ETY., *aymá*.

AYMO, DAUPH., s. f. V. Eime.

AYMOYNO, ARIÉG., s. f. V. Aumorno.

AYNÈU, s. m. V. Agnel et Ainèu.

AYNIER, PROV., s. m. V. Asenier.

AYNOUN, PROV., s. m. V. Asenet.

AYO, PROV., s. f. Corde propre à fixer la charge d'une bête de somme. V. Ajouos.

AYOUTA, BÉARN., v. a. Ajouter. V. Ajustá.

AYRE, BÉARN., s. m. Air. V. Aire.

AYRETA, AYRETÈ, GASC., V. Heretá, Heretier.

AYRÈYA, BÉARN., v. n. Flotter en l'air. — ETY., *ayre*, air.

AYRIAU, GASC., s. m. Lieu aéré. — ETY., *ayre*.

AYROULET, GASC., s. m. Air agréable, zéphir ; petit air de chanson ; DIM. de *ayre*.

AYSIDOMENT, GASC., adv. V. Aisadoment.

AYSINO, DAUPH., adj. Tracassier.

AYSSIMEUIS, GASC., adv. comp. De même, ainsi.

AYSSOLO, s. f. V. Aisset.

AYUD, AYUT, BÉARN., s. m. Aide, secours. V. Ajudo.

AYUDA, BÉARN., v. a. V. Ajudá.

AYUDE, BÉARN., s. f. V. Ajudo.

AYZE, s. m. Nue, léger nuage. — ETY. ROMAN., *ayzecar*, vaguer, errer.

AZAGUA, v. a. V. Asaiguá.

AZART, GASC., s. m. V. Asar.

AZAUTA (s'), PROV., v. r. Se prévaloir.

AZEIGUA, v. a. V. Asaiguá.

AZENO, B. LIM., s. f. Marc de raisin. — SYN. *raco*. — ETY. LAT., *acinum*, pépin de raisin.

AZEROLO, AZEROULHER. V. Arjèirolo.

AZET, O, GASC., adj. Agacé, ée. — ETY. LAT., *acetum*, vinaigre.

AZETA, GASC., v. a. Agacer les dents, en parlant des choses acides. — ETY., *azèt*.

AZIGA, v. a. Agencer, arranger, ajuster, accommoder; IRON., battre, châtier. — SYN. *asengá*.

AZIMA, DO, CÉV., adj. Dégoûté, ée.

AZIME, s. m. AZIME, azyme, pain sans levain que les Juifs mangent à leur pâque. — ESP., *azymo*; ITAL., *azzimo*. — ETY. LAT., *azymus*.

AZOUMBRA, CÉV., v. a. Azombrar, ombrager, donner de l'ombre; v. n., être ombreux; *s'azoumbrá*, v. r., se mettre à l'ombre; *azoumbrat, ado*, part., ombragé, ée; assis à l'ombre. — ESP., *asombrar*; ITAL., *adombrare*. — ETY., *oumbro*.

AZOUNDA, CAST., v. n. Être abondant; déborder, déverser, se répandre; on dit aussi *s'azoundá*.

L'un aimo l'amoure lou joc,
L'autre s'amuso amm'un broc,
Mes atal va lou mounde;
Et ieu qu'ei pou, paure goujat,
Que moun vèire s'AZOUNDE
Lou teni toujoun de boujat.

CHANSON CASTRAISE.

AZOURA, CÉV., v. n. AZORAR, aller à l'offrande; ALTÉR. de *adourá*.

AZUGA, BITERR., v. a. Aiguiser. V. Agusá.

AZUGADOUIRO, BITERR., s. f. V. Agusadouiro.

AZUGAIRE, BITERR., s. m. V. Agusaire.

AZULHA, GASC., v. a. Achever de remplir une futaille. V. Ouliá.

AZUR, s. m. AZUR, sorte de minéral de couleur bleue; bleu clair: *l'azur del cel*; la couleur bleue du firmament. — ANC. CAT., ESP., *azul*; ITAL., *azzurro*. — ETY. B. LAT., *lazzurrum*, du persan *lazur*, nom de la pierre, appelée *lapis lazuli*.

AZUREN, AZURENC, O, adj. AZURENC, azuré, ée, qui est de couleur d'azur. — SYN. *azurin*. — ETY., *azur*.

AZURIN, adj. V. Azuren.

B

B, seconde lettre de l'alphabet, labiale, la première des consonnes; *estre marcat del b*, c'est être bègue, borgne, bossu, bancal ou boiteux. — Dans les idiomes biterrois, narbonnais, albigeois, toulousain, montalbanais, gascon, béarnais et quercinois, le V se prononce toujours B. Dans ceux du Bas-Limousin, de Montpellier et du Gard, on conserve le V étymologique, soit dans la langue parlée, soit dans la langue écrite. Il en est de même dans les dialectes provençaux. Pour l'emploi de ces deux consonnes, nous nous sommes conformé à l'étymologie des mots dont elles font partie. On devra chercher à la lettre V les mots qu'on ne trouvera pas à la lettre B, et vice versâ.

B, BÉARN., pron. plur. de la 2me personne, employé comme régime ou complément, vous. On met *b* devant une lettre douce ou une liquide, *p* devant une lettre forte ou une voyelle : *Que-b-bouleri plaù metre en danso*, je voudrais bien vous mettre en danse ; *nou-p cau pas*, il ne vous faut pas ; *p'auffri*, je vous offre. *Pe, ep, eb*, s'emploient aussi pour *bous*, vous, régime.

BA, CAST., TOUL., pron. rel. invar. Le : *ba farèi, ba dirèi*, je le ferai, je le dirai ; PROV., *va, lou* ; GASC., *bag* ; ARIÉG., *be* ; BITERR., *ou, lou*. V. Bo.

BA, PROV., s. m. Baiser, T. enfantin, *fai me un ba*, fais-moi un baiser. — ETY., altér. du roman *bais*, baiser.

BABA, premier son qui sort de la bouche d'un jeune enfant.

BABA, v. n. V. Bavá.

BABALA (A la), PROV., loc. adv. A la garde de Dieu ; CAT., ESP., *à la babalá*.

BABARACHOUN, PROV., s. m. Babouin, petit enfant. — SYN. *babarouchoun*. T. de bohémien.

BABARASTA, CÉV., v. n. Tomber avec fracas.

BABARAUDA, CAST., v. n. Folâtrer, sautiller, courir toujours comme les petits enfants.

BABARAUDA, MONTP., s. f. Domino ; manteau noir à capuchon, jadis en usage pour les premiers deuils dans les convois funèbres.

BABARAUDO, CAST., s. f. Courtillière ou taupe-grillon. V. Taro-cebos.

BABAREL, CÉV., s. m. Bavette. V. Bavarelo.

BABARICOT, PROV., s. m. Basilic. V. Basilic.

BABARILHA, TOUL., CÉV., v. n. Baver souvent. V. Bavá.

BABARILHO, TOUL., s. f. V. Bavarilho.

BABAROGNO, CÉV., s. f. La bête noire, être fantastique. V. Baragogno.

BABAROT, s. m. Ce mot, comme celui de *babot*, désigne un grand nombre d'insectes, et particulièrement la bruche des pois, des lentilles, des vesces, etc., appelée aussi *babarotoun, courcoussoun, gourgoul*.

BABAROTO, s. f. Ce mot désigne, dans le toulousain, le cloporte ; dans les dialectes cévenol et provençal, la blatte des cuisines, appelée, à Béziers, *panatièiro*; et ailleurs, l'altise, *blueto*. V. ce mot.

BABAROTOUN, PROV., s. m. Ce mot est synonyme de *babarot*, et désigne particulièrement la bruche des pois. — SYN. *courcoussoun*.

BABAROUCHOUN, PROV., s. m. Petit enfant. V. Babarachoun.

BABAU, s. m. Être imaginaire, fantôme dont on fait peur aux enfants. *Garo lou babau*, phrase qu'on emploie pour rendre sages ceux qui sont méchants ; *faire babau*, s'approcher en tapinois. En roman, *babau* signifie sot, niais, nigaud comme un enfant. — QUERC., *bobal, bobau* ; PROV., *barban*.

BABAU, s. m. Ce mot sert à désigner une foule d'insectes dans le langage des enfants et des gens de la campagne. *Babau-lusent*, ver-luisant. — QUERC., *boborauno, bobau*.

BABEJA, v. n. Baver souvent. Fréq. de *bavá*.

BABELO, CAST., s. f. Bourre de soie, la partie la plus grossière. V. Blaso.

BABETO, s. f. Bavette. V. Baveto.

BABETO, s. f. Baiser, petit baiser.

BABI, PROV., s. m. Tape.

BABI, PROV., s. m. Crapaud ; au fig. crapoussin, babouin, crétin ; dadais, niais.

BABIA, CÉV., v. n. V. Babilhá.

BABIÈIRO, s. f. V. Baveto.

BABIGNO, s. f. V. Babino.

BABILH, s. m. Babil, bavardage. — SYN. *babilho, baboui, basio*. — ETY., *babilhá* ; *babilh* est un subst. verbal.

BABILHA, BITERR., v. n. Babiller, bavarder. — CÉV., *babiá* ; PROV., *basiá*. — ETY., onomatopée.

BABILHAIRE, o, s. m. et f. Babillard, e, bavard. — SYN. *babilhard, basiaire*. — ETY., *babilhá*.

BABILHARD, o, s. m. et f. V. Babilhaire.

BABILHARDAGE, s. m. Bavardage. — ETY., *babilhard*.

BABILHO, s. f. V. Babilh.

BABINARD, o, cév., adj. Lippu, qui a de grosses lèvres. — Ety., *babino*.

BABINO, s. f. Babine, les lèvres de certains animaux tels que la vache, le singe, etc.; les moustaches d'un chat. — Syn. *babigno*.

BABIOLOS, s. f. p. Jouets d'enfants; des riens, des sornettes, plaisanteries.— Cév., *baboios*; querc., *bóubilicos*; ital., *babbole*.

BABIOULA, gasc., v. n. S'amuser avec des jouets d'enfant; au fig. faire, dire des plaisanteries, conter des sornettes. — Ety., *babiolo*.

BABIS, gasc., s. m. Onoporde illyrien; onoporde acanthin. V. Artichau bastard.

BABO, s. f. V. Bavo.

BABO, cév., s. m. (babò) V. Babot.

BABOCHO, prov., s. f. Masque, faux visage; *faire babocho*, ne montrer qu'une partie de la tête et se retirer ensuite, épier, jeter un regard furtif de manière à voir sans être vu. — Syn. *faire babochoü, faire babau, faire babòu*.

BABOCHOU, s. m. V. Babocho.

BABOI, prov., s. m. Courtillière ou taupe-grillon. V. Taro-cebo.

BABOIO, toul., s. f. Sornette, bourde. — Syn. *babiolo, baio*.

BABOLOS, s. f. p. V. Babiolos. Ce mot désigne aussi les vertevelles d'un verrou, les crampons en forme d'anneau dans lesquels il glisse. — Syn. *berbenos, mouletos*.

BABOT, s. m. Chrysalide du ver à soie; au fig., *a un babot dins lou cap*, il a un grain de folie. Il désigne aussi plusieurs autres insectes, et il est synonyme de *babau*.

BABOTO, biterr., s. f. Ce mot s'applique à un grand nombre d'insectes, *la baboto de las luzernos*, la colaspe noire, *colaspis atra*; *las babotos de las vignos*, l'altise, la pyrale, le gribouri, la noctuelle, etc.; *la baboto des magnans*, la chrysalide du ver à soie, d'où sort le papillon; au fig., *i a tirat la baboto del nas*, il lui a tiré le ver du nez. — Syn. *babot, babau, babòu*.

BABOU, prov., s. m. (babòu). *Faire babòu*, se montrer et se cacher tour-à-tour. — Syn. *babau, barban, babocho*.

BABOUATO, prov., s. f. Punaise d'eau ou punaise à aviron. V. Courdounier.

BABOUES, prov., s. f. Peine, souci, chagrin.

BABOUET, s. m. La spherôme dentée en scie, et les autres espèces, crustacés de la fam. des hétérobranches, qu'on trouve dans la Méditerranée; on donne le même nom à une espèce de puceron qui ronge les légumes.

BABOUI, s. m. V. Babilh.

BABOUINA, v. a. V. Embabouina.

BABOUINAIRE, s. m. V. Embabouinaire.

BABOURNAS, s. m. Cendrier d'un four de boulanger. — Syn. *bournal*.

BABOUTIÈIRO, cév., s. f. Femme qui achète les chrysalides des vers à soie. — Ety., *babot*.

BABOYO, s. f. V. Baboio.

BABUIRAS, prov., s. m. Brouillard. — Syn. *neblo*.

BAC, s. m. Bac, bateau long, large et plat dont on se sert pour transporter les voitures, les animaux, les passagers, etc., du bord d'une rivière à l'autre; b. lim., *auge, baquet*. — Ety. b. lat., *bachium*, du b. bret., *back*, bateau.

BACA, v. n. Vaquer. V. Vacá.

BACADÉ, gasc., s. m. Pâturage où l'on conduit les vaches. — Ety., *baco*, vache.

BACADO, gasc., s. f. Troupeau de vaches. — Ety., *baco*, vache.

BACAIRIAL, cast., s. m. Giboulée. V. Vacairial.

BACALHAU, prov., s. m. Morue sèche. — Cat., *bacallá*; esp., *bacallao*; port., *bacalhao*; ital., *bacalà*. — Ety., *bacalaos*, endroit de Terre-Neuve où l'on pêche la morue.

BACANT, gasc., s. m. V.

BACANTO, gasc., biterr., s. f. Vanne, pertuis d'un moulin à eau; *alargá la bacanto*, ouvrir entièrement la vanne; au fig. donner de grandes raisons. — Syn. *gran baco*.

BACCANAL, s. m. Bacchanal, bacchanale, grand bruit, tapage étourdissant, débauche bruyante. — Syn. *baccanalo*, *baccanau*. — Ety., *baccanal*, fête de Bacchus.

BACCANALO, s. f. Baccanal.

BACCANAU, prov., s. m. V. Baccanal.

BACCARA, s. m. Baccara, jeu de cartes qui se joue entre un banquier et un certain nombre de pontes ; au fig., *faire baccara*, jeûner forcément, parce qu'on a tout mangé ; faire faillite.

BACEGO, s. f. Timon. V. Bassego et Bassegou.

BACEL, s. m. Battoir, palette de bois avec laquelle on bat le linge pour le laver ; au fig. soufflet, coup donné avec le plat de la main. M. sign., *batadouiro*, *batedou*, *bassaret*, *macadou*, *bacèu*. — Ety. lat., *bacillus*, petit bâton.

BACELA, v. a. Battre le linge avec le battoir ; au fig. frapper, secouer, tourmenter, exciter, pousser. *Lou diable lou bacelo*, le diable le pousse ; prov., *bacela un traval*, bâcler un ouvrage, le faire promptement. — Ety., *bacel*.

BACELAIRE, s. et adj. Celui qui frappe, qui a l'habitude de frapper ; *vent bacelaire*, vent impétueux, mistral ; *carri bacelaire*, char retentissant. — Syn. *baicelaire*. — Ety., *bacelá*.

BACELETO, prov., s. f. Bergeronnette lavandière, ainsi nommée parce qu'elle remue constamment la queue.

BACELLA, prov., v. a. Bacelá.

BACELO, cév., s. f. Blutoir. V. Barutel.

BACÈU, prov., s. m. V. Bacel.

BACH, o, gasc., adj. Bas, asse ; adv., bas, en bas. V. Bas.

BACH, béarn., s. m. Bas. — Biterr., *debas*.

BACHA, gasc., v. a. Baisser. V. Baissá.

BACHACA, v. a. Agiter. V. Bachucá.

BACHACOUN, prov., s. m. Goujat, valet de joueurs de mail ou de paume ; gardeur de vaches ; pleutre, bouffon.

BACHAL, cast., s. m. V. Bachas.

BACHALAN, ando, cast., adj. Bavard, vantard.

BACHARINO, cév., s. f. Troglodyte. V. Petouso.

BACHAS, cév., prov., s. m. Gâchis, mare, margouillis ; cuvette, bassin, grand baquet, auge à cochon ; maie d'un pressoir de vendange ; baquet où l'on jette les rinçures des verres, etc. ; prov., sorte de gros tambour qui, à la procession de la Fête-Dieu à Aix, sert d'accompagnement au fifre. — Cast., *bachal* ; dauph., *bachassi*. — Ety., augm. de *bac*, baquet.

> Emé li porc de sant Antòni
> Dins lou bachas, fau s'amourra.
>
> Mistral, *Lis Isclo d'or*.

BACHASSADO, prov., s. f. Plein une auge, un baquet, un bassin ; *bachassado deis porcs*, buvée. — Ety., *bachas*.

BACHASSI, dauph., s. m. Bassin de fontaine, abreuvoir. — Ety., *bachas*.

BACHASSOU, cév., s. f. Cendrillon. V. Cendrouseto.

BACHASSOUN, prov., s. m. Petit baquet. — Ety., dim. de *bachas*.

BACHE, cast., adj. *Poucel bache*, cochon mal conformé dont l'épine du dos forme croupion (Couzinié).

BACHEIROU. Vacher. V. Vacheiroú.

BACHEL, gasc., s. m. Bachot, barque.

BACHELA, toul., v. a. Nettoyer.

BACHELARD, s. m. Jeune homme, adolescent ; par dérision, grand niais, grand imbécile, amoureux ridicule. — Ety. roman., *bacalar*, *bachallier*, bachelier.

BACHELÉ, gasc., s. m. Altér. de *vaisselier*, lieu où l'on met la vaisselle pour la faire égoutter. — Syn. *bacherée*. V. Vaisselier, Escouladoú.

BACHELET, s. m. Petit bateau. — Ety., dim. de *bachel*.

BACHELIER, s. m. Bacalar, bachallier, bachelier ; aujourd'hui celui qui est promu au baccalauréat ; au moyen âge, jeune étudiant, jeune militaire, jeune homme en âge d'être marié. — Anc. fr., *baceler* ; anc. cat., *batxeller* ; esp., *bachiller* ; port., *bacharel* ; b. lat., *bacalarius*, *baquelarius*, qui tient une bachelerie (*baccalaria*), espèce de bien rural que le bachelier avait à cens.

BACHELO, GASC., s. f. Bachelette, jeune fille; servante.

BACHENA, CAST., v. a. Échauder, faire renfler les légumes, leur donner une première cuisson dans l'eau bouillante, les blanchir. — QUERC., *bozoná*. — ETY., altér. de *baciná*.

BACHÈRE, BÉARN., s. f. Vaisselle. V. Vaisselo.

BACHERÈE, GASC., s. m. V. Vaisselier.

BACHERÈI, GASC., s. m. Coffre, petite armoire. V. aussi Vaisselier.

BACHET, GASC., s. m. Petit bateau; tonneau. — ETY., dim. de *bac*.

BACHETA, MONTP., s. f. Troglodyte. — SYN. *bacharino*. V. Petouso.

BACHETO, PROV., s. f. Débauche de table, accompagnée de bruit; *faire bachelo*, rester longtemps à table; *es bacheto*, cela est aisé, facile.

BACHI, GASC., adv. Voici. — SYN. *vaqui, vaquil*.

BACHILLA, GASC., v. n. V. Vacillá.

BACHIQUELHA, PROV., v. n. Chuchoter, parler bas et à l'oreille.

BACHIQUELLO, BACHIQUELO, PROV., s. f., Bagatelle, baliverne, babiole, brimborion, fanfreluche; au fig. lâche, poltron.

BACHO, s. f. Battoir pour aplanir ou aplatir les ouvrages de poterie pendant qu'ils sèchent; il est aussi synonyme de *bachas*; il signifie aussi bache, couverture de toile ou de cuir qu'on met sur les charrettes et les voitures publiques, dites *diligences*.

BACHOCO, s. f. Loupe, excroissance qui se forme sur le tronc ou sur les grosses branches des arbres; tumeur occasionnée par une contusion. — SYN. *baioco*.

BACHORLO, CAST., s. et adj. Il se dit de celui qui ne pense qu'à s'amuser, à jouer.

BACHOT, O, PROV., adj. Indisposé, ée, chagrin, inquiet.

BACHOUN, CÉV., s. m. Bachot, petit bac; baquet. — ETY., dim. de *bac*.

BACHUCA, v. a. Agiter de l'eau ou tout autre liquide dans une bouteille ou un vase; pousser quelqu'un à droite et à gauche, le tirailler. On dit aussi *bachacá, bachuchá; se bachucá*, v. r. se ballotter, se rouler à terre, se vautrer dans la boue. — SYN. *s'avouludá, se boucá, se viouta, se vioutoulá*.

> Su de traça de batèus plas
> Diéu sap coumo l'on se BACHUCHA!
> Anfin as quatre siaguet lucha.
> FAVRE.

BACHUCHA, v. a. V. Bachucá.

BACI, s. m. V. Bacin.

BACI, adv. Voici. V. Vaqui.

BACILÈO, PROV., s. m. Fenouil de mer, *Crithmum maritimum*, plante de la fam. des ombellifères. — SYN. *fenoulh de mar, saussairout*.

BACIN, s. m. BACIN, bassin, grand plat rond; grande pièce d'eau dans les jardins; réservoir d'eau pour l'alimentation d'un canal; plateau d'une balance, etc., etc. — ESP., *bacin*; ITAL., *bacino*. — ETY. B. LAT., *bacchinon*.

BACINA, v. a. Bassiner un lit, le chauffer avec une bassinoire; fomenter une plaie en la mouillant avec une liqueur tiède ou chaude. — ESP., *bacinar*. — ETY., *bacin*.

BACINADO, s. f. Une cuillerée (SAUVAGES); plein une bassine. — ETY., *bacin*.

BACINET, s. m. Bassinet, pièce creuse de la platine d'un fusil à pierre, placée au-dessous du chien, laquelle recevait l'amorce. Le bacinet était autrefois une armure de tête. — ETY., dim. de *bacin*.

BACINIER, ièiro, BITERR, s. m. et f. Celui ou celle qui fait la quête avec un bassin à la danse des *Treilles*, en usage à Béziers depuis les temps les plus reculés et qui s'y exécute encore quand on célèbre, le jour de l'Ascension, l'antique fête de *Caritats*. On choisit la plus belle fille pour remplir l'emploi de *bacinièiro*. — ETY., *bacin*.

BACINO, s. f. Bassine, sorte de bassin de forme ronde, dont se servent les pharmaciens, les chimistes, les confiseurs pour leurs préparations; tonne de moulin à huile (*linel*); grande cuellère à potage (*casso*); CÉV., cuillère à seau pour puiser de l'eau. — ESP., *bacina*; PORT., *bacia*. — ETY., *bacin*.

BACIOU, GASC., adv. Voici. V. Vaqui.

BACLA, v. a. BACLAR, bâcler, fermer une porte ou une fenêtre ; au fig. terminer promptement une affaire, un travail ; QUERC., boclá. — ETY., baculus, bâton, parce que on fermait autrefois les portes avec un bâton ou une barre.

BACO, s. f. V. Vaco.

BACO, s. f. Vanne, pertuis d'un moulin : gran baco, grande vanne. — SYN. bacanto.

BACOUETO, PROV., s. f. Bacchante, femme sans retenue et sans modestie.

BACOUN, PROV., s. m. BACON, porc salé, le lard d'un porc. — ANC. FR., bacon ; B. LAT., baco ; CAT., bacó ; PORT., bacoro. — ETY., ANC. H.-ALL., bacho, dos.

Acò vai coumo rampau à BACOUN,
Cela vient comme mars en carême.

BACOUN, PROV., s. m. Prune ridée et desséchée sur l'arbre avant sa maturité ; bacoun-de-vin, sac à vin, ivrogne.

BACOUNA, PROV., v. a. Saler du lard. — ETY., bacoun.

BACOUS, o, PROV., adj. Humide.

BACULAR, CÉV., s. m. Huissier à verge, appariteur, bedeau. — ETY. LAT., baculus.

BADA, v. n. BADAR, ouvrir la bouche, regarder bouche béante, avec étonnement, surprise, admiration ; s'amuser à tout, niaiser, badauder ; être béante ou mal fermée, en parlant d'une porte, d'une fenêtre, etc. On dit : la porto bado, tancas-la, la porte est entr'ouverte, fermez-la. Badá s'emploie aussi avec la voix active : aquelo filho lou bado, cette fille le regarde avec plaisir ; badà la figo, bayer aux corneilles. — QUERC., bodá, bodòurclá ; CAT., badar ; ITAL., badare. — ETY., B. LAT., badare ou batare, bayer.

Tal BADO que lou bouci n'es pas per el.

BADA-BEC, DAUPH., t. m. Jaseur, babillard.

BADADIS, s. m. V.

BADADISSO, s. f. Criaillerie. V. Badado.

BADADIN, PROV., s. m. Noyau d'un fruit.

BADADO, s. f. Action d'ouvrir bien grande la bouche pour crier, pour faire des reproches à quelqu'un, pour le huer, l'insulter ; criaillerie ; bâillement. V. Badal. — SYN. badadisso. — ETY., badá.

BADAFIÈIRO, s. f. V.

BADAFIER, PROV., s. m. Lieu couvert de bruyère ou de lavande spic. — ETY., badafo, bruyère ; lavande spic.

BADAFLO, PROV., s. f. Verge d'or odorante, Solidago graveolens, plante de la fam. des synanthérées ; on donne aussi ce nom au plantain des sables, et à l'armoise en panicule.

BADAFO, CÉV., s. f. Lavande spic. V. Badasso.

BADAFRO, PROV., s. f. Ciste cotonneux. V. Mouge.

BADAI, PROV., s. m. V. Badalh.

BADAIA, CÉV., V. Badalhá.

BADAIRE, o, adj. et s. BADAUL, BADIU, badaud, bayeur, euse, celui ou celle qui bâille ; nigaud, imbécile, niais, musard ; criard. — SYN. badarel, badarèu, badaluc, badaud, badaruc, badec, badiol, bodau, bodefo. — CAT., badador. — ETY., badá.

BADAIRES, GASC., s. m. p. Muflier. V. Gulo-de-loup.

BADALAS, adj. m. Gros badaud, imbécile, niais. — ETY., badá. V. Badaluc.

BADALH, s. m. BADALH, bâillement, action de bâiller. Faire lou darnier badal, rendre le dernier soupir. — PROV., badai, badau ; BÉARN., badalhoù ; CAST., badalhol, badalhun ; QUERC., bodal ; CAT., badall ; ITAL., sbadiglio. — ETY., badá.

BADALHA, v. n. BADALHAR, BADALHOLAR, bâiller, respirer en ouvrant la bouche extraordinairement ; au fig. éprouver de l'ennui. — QUERC., bodolhá ; CAT., badalhar ; ITAL., sbadigliare. — ETY., badalh.

BADALHA pot pas menti,
Se noun vol manjá, vol dourmi.
PRO.

BADALHAIRE, s. m. Celui qui bâille. — ETY., badalhá.

BADALHAMENT, s. m. Bâillement, l'action de faire plusieurs bâillements, dont on ne peut se défendre. — QUERC., *bodolhol*; ITAL., *sbadigliamento*. — ETY., *badalhá*.

BADALHOL, s. m. Bâillement. V. *Badalh*; bâillon, V. Badalhoù. Il signifie aussi, étançon, étrésillon.

BADALHOU, s. m. Petit bâillement; dim. de *badal*; bâillon, petit bâton qu'on met dans la bouche et qui la tient ouverte. — PROV., *badalhoun*. — ETY., *badal*.

BADALHOUN, PROV., s. m. V. *Badalhoù*. C'est aussi le nom des pincettes destinées à remuer les grosses bûches du feu.

BADALHOUNA, v. a. Bâillonner, mettre un bâillon. — ETY., *badalhoun*.

BADALHUN, s. m. Bâillement. V. Badalh.

BADALUC, adj. BADALUC, badaud, celui qui a toujours la bouche béante, et qui regarde toutes choses d'un air étonné; niais, imbécile, musard. — SYN. *badaire, badalas, baderlo, bado-bec, badoc*. — QUERC., *bodòurel*. — ETY., *badá*.

BADALUGO, s. f. Chasse ou pêche nocturne faite avec des flambeaux.

BADA-MOURI, PROV., v. n. Rendre le dernier soupir, mourir. — ETY., *badá*, bâiller, et *mouri*, mourir.

BADANT, o, part. Entr'ouvert, e, béant, e. — ETY., *badá*.

BADARÈU, PROV., adj. V. *Badaire*; s. m. Belvédère.

BADARNA, PROV., v. a. V. Esbadarná.

BADARUG, adj. V. Badaluc.

BADASSAS, PROV., s. m. V.

BADASSIÉRO, PROV., s. f. Lieu couvert de plantain, de bruyère, de broussailles. — ETY., *badasso*, plantain; bruyère.

BADASSO, s. f. BADAGE, Ce nom sert à désigner plusieurs espèces de plantains : 1° le plantain pucier, *Plantago psyllium*, très-commun sur les bords des champs et des chemins, appelé vulgairement *grano de las nièiros* ; 2° le plantain des sables, *Plantago arenaria*, qui, comme l'indique son nom latin, croît dans les terrains sablonneux; 3° enfin le plantain *Cynops*, ou plantain des chiens, qui se trouve dans les terrains arides. Le plantain pucier a une petite graine noirâtre, qui lui a fait donner les noms de *grano de callo*, et *herbo de callo*. C'est improprement que Sauvages donne le nom de *badasso* à la lavande (*espic*), et que d'autres le donnent au thym, *frigoulo, ferigoulo*.

BADASSOUN, s. m. Thym, serpolet. Dim. de *badasso*.

BADAU, PROV., s. m. V. Badalh.

BADAUD, o, adj. BADAUL, badaud, e. V. Badaire.

BADAYUC, s. m. V. Badéic.

BADE, BÉARN., v. n. Naître, venir au monde; devenir. — GASC., *baje, base*. V. Naisse.

BADEC, éco, GASC., adj. V. Badaire.

BADÉIC, PROV., s. m. Tuyau de bois d'où l'on fait jaillir l'eau d'une source. — SYN. *badayuc*.

BADERLEJA, v. n. Niaiser, s'amuser à des bagatelles. — ETY., *baderlo*, niais.

BADERLO, CAST., CÉV., adj. V. Badaluc.

BADESSO, s. f. Abbesse. — SYN. *abbadesso*.

BADIER, éro, PROV., adj. Béant, e, entre-bâillée, en parlant d'une porte ou d'une fenêtre. — SYN. *badiou, badant*. — ETY., *badá*.

BADIN, o, adj. Badin, e, qui se plaît aux choses légères; plaisant.

BADINA, v. n. Badiner, faire le plaisant; folâtrer, railler. — ETY., *badin*.

BADINADO, PROV., s. f. V.

BADINAGE, s. m. Badinage, amusement, plaisanterie. — BÉARN., *badinatye*. — ETY., *badiná*.

BADINAIRE, o, adj. et s. Facétieux, se, badin, plaisant; PROV., au fém. *badinarello*, plaisante, badine. — ETY., *badiná*.

BADINARIÉS, s. f. p. Plaisanteries, badinage. — ETY., *badiná*.

BADINATYE, BÉARN., V. Badinage.

BADINOU, GASC., s. m. Baquet qu'on place sous la cuve pour recevoir le vin.

BAD (174) BAD

BADIOL, cév., adj. Badaud. V. Badaud.

BADIOU, ivo, prov., adj. Béant, e. V. Badier.

BADO (De), adv. comp. De bada, cév., sur-le-champ, immédiatement ; prov., en vain, inutilement ; dans d'autres dialectes, pourtant, néanmoins; *à-bado que*, loc. conj., quoique, bien que ; biterr., aussi : *A gagnat soun afaire, tant debado*, ou *dabado, es pla countent* ; il a gagné son procès, aussi est-il très-content. — Gasc., *bados* ; ang. cat., *en bade; de bades*; esp., *debalde*; anc. fr.,*en bades*, en vain.

BADO-BEC, adj. et s. V. Badaluc.

BADOC, o, gasc., adv. V. Badaluc.

BADOC, prov., s. m. Moissonneur.

BADOCO, gasc., adj. f. Tiède ; *aiguo badoco*, eau tiède. — Syn. *tébéso, tousco*.

BADOCO, prov., s. f. Étui de la faucille des moissonneurs ; gousse verte des légumes. V. Bedoco.

BADOCO, s. f. V.

BADORCO, cév., toul., s. f. Cabane, taudis, grotte, tanière, cavité.

BADOS, gasc., adv. V. Bado (de).

BADOU, béarn., adv. Or donc.

BADRE, gasc., v. a. V. Valé.

BADUCA, v. n. Bâiller, badauder, niaiser; cév., croquer le marmot. — Ety., fréq. de *badá*.

BADUD, e, béarn., part. de *bade*. Né, ée ; devenu, e.

BAFRA, v. a. Bâfrer, manger gloutonnement, avec excès. On dit, dans le dialecte cévenol, *brafá*, altération du vieux mot français *brifer* qui a la même signification. Ety., patois allemand, *bap* où *baf*, lèvre.

De ion as mous crida: boumbansa !
Gara, gara, ayci de pitansa !
Metem nous toutes à ginoul,
Pey bafrarren nostro sadoul.

FAVRE, Odiss, c. x.

BAFRAIRE, o, s. m. et f. Bâfreur, qui mange goulûment et avec excès. — Cév., *brafaire*. — Ety., *bafrá*.

BAFRAT, ado, part. Bâfré, e, avalé,

dévoré. *Aquelo lèbre es estado lèu bafrado*, ce lièvre a été bientôt mangé. — Cév., *brafat*.

BAFRO, s. f. Bâfre, goinfrerie, l'action de manger gloutonnement; repas abondant. — Cév., *brafo*. — Ety., *bafrá*.

BAG, gasc., pron. rel. invar. Le. V. Ba.

Bag sab l'ayre, bag sab la terra.
L'air le sait, la terre le sait.
D'ASTROS, de *Lomagne*.

BAGA, dauph., s. Nom par lequel on désigne les montagnards ; d'où *Bagaudes*, paysans qui soutinrent une guerre dans les Gaules contre Maximien. — Syn. *big, biga*.

BAGA, béarn., v. n. Avoir le temps de. — Ety., altér. de *vacá*.

BAGA, prov., v. a. Baguer, coudre à grands points les plis, les doublures d'un habit, d'une robe, etc.

BAGADELO, s. f. Nœud coulant, espèce de nœud qui peut se défaire en tirant un des bouts du fil ou du cordon dont il est formé ; ruban noué en forme de rose. — Cast., *bagado* ; cat., *baga*, nœud. — Ety. lat., *bacca*, baie, et par assimilation, anneau.

BAGAGE, BAGAGI, s. m. Bagatge, bagage, équipages, hardes ; amas confus d'objets ; *plegá bagage*, plier bagage, s'en aller. — Querc., *bogage* ; esp., *bagaje*; ital., *bagaglio*. — Ety. gaélique, *bag* ; b. bret., *beac'h*, paquet, charge.

BAGALIN, adj. m. Faible, piètre, maladif ; vaurien.

BAGANARRO, prov., s. f. V. Bagarro.

BAGANAU, do, gasc., adj. Baguenaudier, celui qui baguenaude ; frivole, niais, vaurien. — Syn. *baguenau*. — Béarn., *en baganau*, loc. adv. En vain.

BAGANAUDA, v. n. Baguenauder, s'amuser à des niaiseries, à des choses vaines et frivoles. — Ety., *baganaudo*.

BAGANAUDIER, s. m. Baguenaudier, *Colutea arborescens*, arbrisseau de la fam. des papilionacées, qui atteint de deux à trois mètres de hauteur ; jeu qui consiste à enfiler et désenfiler plusieurs anneaux. — Ety., *baganaudo*.

BAGANAUDO, s. f. Baguenaude, fruit ou

gousse de baguenaudier ; au fig. baguenaude, conte en l'air, niaiserie, espièglerie, étourderie. — Syn. *biganaudo*.

BAGANAUT, s. m. Truble. V. Bagaut.

BAGANS, cév., s. m. p. Pâtres qui gardent le bétail dans les landes, suivis d'une charrette qui leur sert de demeure. — Ety., *bagans*, qui vague, qui erre.

BAGARRO, s. f. Bagarre, bruit, tumulte, encombrement, querelle bruyante ; insurrection populaire. — Syn. *baganarro*. — Port., *barrulho*.

BAGASSA, prov., v. n. Mener une vie débauchée. — Cat., *bagassejá*. — Ety., *bagasso*, prostituée.

BAGASSO, s. f. Baguassa, bagasse, prostituée, femme de mauvaise vie ; il se dit aussi d'un luron, d'un homme adroit et qui sait se tirer d'embarras ; c'est encore un terme de mépris ; *es uno bagasso*, c'est un imbécile, il n'est bon à rien. *Bagasso*, interj. Peste ! certes ! — Esp., *baguassa* ; port., *bagaxa* ; ital., *bagascia*.

BAGASSO, s. f. Bagasse, canne à sucre qui a passé sous le moulin. — Ety. esp., *bagazo*, marc.

BAGATELO, s. f. Bagatelle, objet de peu de prix et peu nécessaire ; au fig. affaire frivole et de peu d'importance ; cév., espèce de danse appelée aussi *barandelo*. — Esp., *bagatela* ; ital., *bagatella*.

BAGATIN, s. m. Vagabond, homme de rien, pauvre diable. Peu usité ; il en existe cependant un similaire dans l'idiome béarnais, *bagatye*, qui a la même signification. — Ety., *bagá*, pour *vagá*, lat., *vagari*, vaguer, errer.

BAGATYE, béarn., adj. V. Bagatin.

BAGAUT, gast., s. m. Truble, petit filet de pêche attaché au bout d'une perche. — Syn. *baganaut*.

BAGNA, v. a. Banhar, baigner, mouiller, tremper ; *bagná la bugado*, essanger le linge avant de le lessiver. — Syn. *trempá la bugado*. *Se bagná*, v. r., se baigner, se mouiller ; au fig. se complaire, se délecter ; il a été souvent employé dans ce sens par les troubadours et les vieux poètes français :

En valor se banha.
B. DE ROVENHAC.

Il se baigne en liesse et en félicité.
Desportes.

— Béarn., *banhá* ; ang. cat., *banyar* ; port., *banhar* ; ital., *bagnare*. — Ety. lat., *balneare*, de *balneum*, bain.

BAGNADO, s. f. Humidité, mouillure, pluie ; tout ce qu'on mouille pour le laver en une seule fois. — Ital., *bagnatura*. — Ety., part. f. de *bagná*.

Loungno secado
Loungno bagnado.
Pro.

BAGNADOU, BAGNADOUR, s. m. Endroit d'une rivière où l'on se baigne. — Syn. *nadadour*. — Ety., *bagnado*.

BAGNADURO, s. f. Mouillure, état de ce qui est mouillé ; rosée. — Syn. *bagnado*, *bagnage*, *bagnèiro*. — Ety., *bagnado*, part. f. de *bagná*.

BAGNAGE, s. m. V. Bagnaduro.

BAGNÉ, prov., s. m. Messier. V. Banier.

BAGNÈIRO, prov., s. f. Mouillure. V. Bagnaduro.

BAGNER, prov., s. m. Espèce d'olivier.

BAGNEROS, gasc., s. f. p. Lieu où l'on se baigne. — Syn. *bagnadou*. — Ety., *bagná*.

BAGNOULÉ, prov., s. m. Mouilloir, petit vase dans lequel les fileuses de soie tiennent de l'eau pour se mouiller les doigts. — Ety., *bagná*.

BAGNOULÉ, prov., s. m. Bavolet, coiffure de femme ou d'enfant qui couvre le cou.

BAGNOULHA (se), prov., v. r. Recevoir l'humidité de la rosée. — Syn. *se bagnourlhá*. — Ety., *bagná*.

BAGNOURLHA (se), v. r. V. Bagnoulhá.

BAGNOUS, cév., s. m. p. (bagnòus). Bains d'eau chaude ou thermale.

BAGNUIRO, prov., s. f. Rosée. V. Aiguage.

BAGNUN, prov., s. m. Mouillure ; sauce claire ; humidité, rosée. — Ety., *bagná*.

BAGO, s. f. Baga, bague, anneau d'or, d'argent ou de tout autre matière que l'on porte au doigt, et sur lequel est ordinairement enchâssé un diamant ou une autre pierre précieuse. En roman et dans le vieux français, ce mot signifiait bagage : *vies el bagues saulves* ; PROV., *bago*, jeu de l'échelle. — CAT., *baga*. — ETY. LAT., *bacca*, baie, anneau fait en forme de baie.

BAGOT, PROV., s. m. Petite outre faite d'une peau de chevreau. — ETY. LAT., *baccar, baccarium,* vase à mettre du vin.

BAGOTS, PROV., s. m. p. Débris de paille et d'épis ramassés avec le râteau dans les champs après la moisson.

BAGOU, BAGOUL, s. m. Bagou, bavardage où il entre de la hardiesse et de l'effronterie. — ETY., *ba*, particule dépréciative, et *goul*, gueule.

BAGOUN, PROV., s. m. Un des noms de la dentelaire. V. Herbo-dóu-diable.

BAGOUTOUN, PROV., s. m. Petite outre. — ETY., dim. de *bagot*.

BAGUENAU, BÉARN., adj. V. Baganau ; *en baguenau,* loc. adv., en vain. — SYN., *en baganau.*

BAGUEREDO, PROV., s. f. Taillis à cerceaux composé de jeunes plants de laurier. — ETY., *baguier*, laurier.

BAGUET, O, PROV., adj. Sot, otte, idiot.

BAGUETA, PROV., v. n. Marcotter, coucher des branches en terre pour leur faire prendre racine. — ETY., *bagueto*, baguette, branche.

BAGUETA, BITERR., v. a. Tendre, rendre roide comme une baguette ; *se baguetá*, v. r., se tendre l'estomac comme les cordes d'une raquette à force de manger, ou bien le farcir d'aliments comme on bourre le fusil avec la baguette. — ETY., *bagueto.*

BAGUETAT, ado, part. Tendu, e, rendu roide comme une baguette ; gorgé d'aliments.

BAGUETO, s. f. Baguette, bâton long et ordinairement flexible ; GASC., espèce de jeu d'exercice. — CAT., ESP., *bagueta.* — ETY. ITAL., *bacchela.*

BAGUIER, s m. Laurier femelle, celui qui porte les baies. — ETY. LAT., *bacca*, baie.

BAH! interj. qui marque la surprise, le doute, la négation, l'insouciance, le dédain. On dit ordinairement *ah! bah!* ou, *ah! bai!*

BAHUT, s. m. BAUC, bahut, coffre, attirail. — QUERC., *bohut* ; ESP., *baül* ; PORT., *bahul, bahù* ; ITAL., *baüle*. — ETY. MOYEN, H.-ALL., *behut.*

BAIA, v. a. V. Badá, Bailá et Baisá.

BAIALAIGO, CAST., s. f. Poche ou sac de la partie inférieure des grosses tripes d'un cochon.

BAIANO, PROV., s. f. V. Bajano.

BAIARD, ardo, s. m. et f. BAI, BAIART, bai, e, d'un rouge brun, en parlent d'un cheval.

Venrai armat sobr'el BAIART.
B. DE BORN.
Je viendrai armé sur le cheval bai.

ESP., *bayo*; ITAL., *baio*. — ETY. B. LAT., *baiardus*, du lat. *badius*, bai.

BAIARD, s. m. Civière. V. Bayard.

BAIAT, CAST., adj. Pain qui a une baisure. — SYN. *baioulat, baisoulat.* — ETY., altér. de *baisat.*

BAICÈLA, PROV., v. a. V. Bacelá.

BAICELAIRE, s. et adj. V. Bacelaire.

BAICHA, GASC., v. a. et n. V. Baissá.

BAIETO, PROV., s. f. Espèce de flanelle grossière. V. Bayeto.

BAIG, BAXE, BÉARN., adj. Bas, basse. — SYN. *baix.* V. Bas.

BAIJA, PROV., v. a. V. Baisá.

BAIJARÉU, ello, s. m. et f. V. Baisaire.

BAIJASSIA, PROV., v. a. Baisotter, baiser souvent. — ETY., fréq. de *baijá.*

BAIJO-MA-MIO, s. m. Fustet, *Rhus cotinus,* arbrisseau de la fam. des térébinthacées. V. Fustet.

BAIJOUGADO, s. f. Niaiserie, bêtise, vétille.

BAILA, v. a. BAILAR, bailler, donner, livrer : *bailá d'emplastres,* donner des soufflets. — SYN. *bailhá.* — DAUPH., *ballá*; B. LIM., *bèilá* — ETY. LAT., *bajulare*, porter, par ext., donner.

BAILA, MONTP., s. f. Accoucheuse. V. Bailo.

BAILAGE, PROV., s. m. Jeune enfant

confié à une nourrice. — Syn. bèilage, bèilagi. — Ety., baila, nourrice.

BAILAIRE, s. m. Celui qui donne, homme généreux. — Syn. bèilaire. — Ety., bailá, donner.

BAILAT, ado, part. de bailá. Baillé, ée, donné.

BAILE, s. m. Baile, autrefois bailli, aujourd'hui maître valet, maître berger; père nourricier; chef d'une troupe de travailleurs; celui des habitants d'un village qui a le plus d'autorité, qui en organise les fêtes. — Anc. cat., baile; esp., bayle; ital., bailo. — Ety. b. lat., bailus, du lat. bajulus, porteur, tuteur.

BAILEJA, cév., v. n. Commander en maître; trancher du maître. — Ety., baile.

BAILEN, biterr., s. m. Lange, carré de toile dont on enveloppe les enfants au maillot. — Syn. ballen, pedas. — B. lim., bolindzo. — Ety. b. bret., ballin, couverture.

BAILÉO, prov., s. f. Troupeau de bêtes à laine sous la conduite d'un maître-berger, appelé baile.

BAILESSO, cév., s. f. Maîtresse, supérieure; la femme du maître-valet, qu'on appelle, à Béziers, ramouneto. V. Bailo, Bailouno.

BAILET, gasc., s. m. V. Varlet.

BAILETO, s. f. Petite ou jeune nourrice. — Syn. bèileto. — Ety., dim. de bailo, nourrice.

BAILO, prov., s. f. Accoucheuse, sage-femme; nourrice; metre en bailo, mettre en nourrice; maîtresse, supérieure. — Montp., bailá; ital., balia. — M. ety. que baile.

BAILO, prov., s. f. Baie. V. Baio.

BAILOUNO, prov., s. f. Abbesse, supérieure. — Syn. bailesso. — Ety., bailo.

BAIME, s. m. V. Baume.

BAIO, s. f. Baia, baie, bourde, mensonge, sornette, baliverne, tromperie, mystification. — Toul., baboio, bajaulo; esp., baya; port., bahia; ital., baia. — Ety., baiá, bayer, parce que les baies ou bourdes font bayer ceux à qui on les dit.

BAIÔ, prov., s. f. T. de mar., baille, moitié de tonneau en forme de baquet. — Syn. balho. — Ital., baglia. — Ety. b. bret., bal, balen, baquet.

BAIOCO, s. f. Baïoque, petite monnaie des états romains, qui vaut un peu plus de cinq centimes; au fig. bigne, tumeur au front occasionnée par une contusion. — Cat., bajoc; esp., bayoco; ital., baiocco. — Ety., bajo, bai; c'est là couleur de cette monnaie de cuivre.

BAIOCOU, cév., s. et adj. Niais, sot, imbécile.

BAIOL, cast., s. m. Baisure du pain. — Syn. baisaduro. — Ety., altér. de baisol, de bais, baiser.

BAIOUCADO, cév., s. f. Niaiserie, sottise, bêtise. — Ety., baioc, radical de baiocoù, niais.

BAIOULA, cast., v. a. Faire baiser les pains au four, en les rapprochant de manière à ce qu'ils se touchent. — Ety., baiol.

BAIRA, BAIRAT, BAIROULA. V. Vairá, etc.

BAIS, prov., s. m. Bais, baiser. — Cat., bes; esp., beso; port., beijo; ital., bacio. — Ety. lat., basium.

BAISA, v. a. Baisar, baiser, faire un baiser ou des baisers, embrasser; au fig. baisá lou barroul ou baisá patin, trouver la porte fermée, n'être pas reçu; se baisá, v. r., se baiser; au fig. être rapproché au point de se toucher. — Syn. bayá, bajá, bèijá. — Cat., esp., besar; ital., baciare. — Ety. lat., basiare, baiser.

BAISADO, s. f. Embrassade. — Ety., part. f. de baisá.

BAISADOUS, toul., adj. plur. Ce mot ne s'emploie que dans cette phrase: b'em pla baisadous, nous pouvons bien nous baiser; il y a longtemps que nous ne nous sommes vus. — Ety., baisado, part. f. de baisá.

BAISADURO, s. f. Baisure ou biseau, espèce de cicatrice à la partie où la pâte de deux pains se touche dans le four. — Syn. bèisaduro, baigèiro, bèigèiro, baiol; m. sign. embouchat, emboucheiro, embouchodi. — Ety., baisado, part. f. de baisá.

BAISAIRE, o, **BAISARELLO**, s. m. et f. Baiseur, euse. — Syn. *baiarèu, baisarèl, baisarèu, baijarèu, bayarèu*. — Ital., *baciatore, baciatrice*. — Ety., *baisá*.

BAISAJIA, v. a. Baisotter. V. Baisoutejá.

BAISAMENT, s. m. Baizament, baiser, action de baiser, baisement. — Anc. cat., *besament* ; ital., *baciamento*. — Ety., *baisá* et le suffixe *ment*.

BAISAREL, ello, **BAISARÈU**, ello. V. Baisaire.

BAISETO, s. f. Petit baiser. — Syn. *bajeto* ; dim. de *bais*.

BAISOUNIA, prov., v. a. V.

BAISOUTEJA, biterr., v. a. Baisotter, baiser souvent. — Syn. *baisajiá, baisoutiá*. — Ety., fréq. de *baisá*.

BAISOUTIA, v. a. V. Baisoutejá.

BAISSA, v. a. Baissar, baisser, abaisser, mettre plus bas; toul., *baissá lous draps*, tondre les draps ; v. n., baisser, diminuer de hauteur, de valeur, de qualité ; *la rivièiro baisso*, la rivière baisse ; *lou blat baisso*, le prix du blé diminue ; *se baissá*, v. r., se baisser, se courber. — Gasc., *bachá* ; béarn., *baxá* ; cat., esp., *baxar* ; port., *baixar* ; ital., *bassare*. — Ety., *bais*, bas.

BAISSAIRE, toul., s. m. Tondeur de draps. — Ety., *baissá*.

BAISSALHOS, cast., s. f. p. Débris de jardinage qu'on rejette, parce qu'ils ne pourraient être vendus. On dit aussi *saussalhos*. — Ety., *bais*, bas, choses basses, inférieures.

BAISSEL, **BAISSELAIRE**, **BAISSELIER**, **BAISSELO**. V. Vaissel, Vaisselaire, etc.

BAISSIÉRO, s. f. Baissière, le reste du vin, quand il approche de la lie. — Syn. *bèissiéro, foundralhos, founzilhos, escourilhos*. — Ety., *bais, aisso*, pour *bas, basso*, bas.

BAISSO, s. f. Bas-fond, lieu bas, plaine, pente ; *baissos*, s. f. p., les branches basses d'un arbre. — Syn. *baissuro*, bas-fond. — Ital., *bassa*. — Ety., *bais, baisso*, bas, basse.

Sans s'alassá Diou nous mando à bel ímo
Bla din la baisso et rasin sus lou grès.

A. Bigot de Nîmes, *Li Bourgadièiro*.

BAISSO, s. f. Baisse, diminution de prix : *lous aiguardents sou en baisso*, les eaux-de-vie sont en baisse. — Cat., esp., *baxa* ; port., *baixo*. — Ety., *bais, baisso*, bas.

BAISSO-LUVERNO, prov., s. f. Ver-luisant. V. Luzerno.

BAISSURO, s. f. Baissura, abaissement, courbure, inclinaison ; le bas des côteaux : *Lous bourres sou souven jalats dins las baissuros*, les bourgeons sont souvent gelés dans les terrains bas. — Anc. cat., *baxura*. — Ety., *bais, bas*.

BAITO, cév., s. f. (baïto). Cabane, baraque, maisonnette des champs. — Syn. *barraco, capitelo*.

BAIUERNO, cév., s. f. (baïuerno). Étincelle.

BAIX, e, béarn., adj. Bas, basse ; *acibaix*, ici-bas. V. Bas.

BAJA, prov., v. a. V. Baisá.

BAJACA, v. a. Secouer. V. Bassacá.

BAJACADO, s. f. Secousse, heurt. V. Bassacado.

BAJAN, prov., s. m. Potage aux légumes ; salade de légumes. V.

BAJANADO, cév., s. f. Bouillon ou potage de châtaignes sèches ; plat de haricots ou de lentilles ; au fig. niaiserie, simplicité, bêtise. — Syn. *bajanat*. — Ety., *bajano*.

BAJANAT, cév., s. m. V. Bajanado.

BAJANÉ, eto, prov., adj. Petit, e ; simple, niais, imbécile ; bas dans ses actions ; par antiphrase, sorcier, magicien. — Syn. *bajanel, ello, bajanot*.

BAJANEL, ello, cév., adj. V. Bajané.

BAJANO, cév., s. f. Châtaigne dépouillée de sa coque et de sa pellicule, et séchée à la chaleur d'un suoir à châtaignes ; à Béziers, *castagnoù* ; soupe faite avec ces châtaignes ; en prov., salade de légumes entiers, à moitié cuits, tels que haricots, lentilles, etc. — Syn. *bajanat, bajanado*.

BAJANOT, prov., adj. V. Bajané.

BAJAR, gasc., s. m. Auge. V. Bachas ; prov., caisse pour transporter les matières qui servent aux verreries.

BAJARÈU, ello, prov., adj. V. Baisaire.

BAJAT, prov., s. m. Fiente des brebis ou des vaches, adhérente à la toison.

BAJAULO, toul., s. f. Sornette, bourde, injure ; cassade, mensonge pour plaisanter ou pour servir d'excuse, défaite.

BAJAULA, v. n. Conter des sornettes, plaisanter. — Ety., *bajaulo*.

BAJE, gasc., v. n. Naître. — Béarn., *bade*. V. Naisse.

BAJETO, prov., s. f. Petit baiser. V. Baiseto.

BAJO, dauph., adj. Très-sage. Champollion croit que ce mot vient de *embajo*, nom que portait une classe de Druides.

BAJOUCADO, s. f. Secousse. V. Bassacado.

BAJOULA, prov., v. a. Porter un enfant dans ses bras, le dorloter. — Syn. *barjoulá*. — Ety. lat., *bajulare*, porter.

BAL, s. m. Bal, bal, assemblée de personnes des deux sexes, qui dansent au son des instruments ; lieu où l'on danse. — Cat., *ball* ; esp., *bayle* ; port., *baile* ; ital., *ballo*. — Ety., *ballá*, danser, dont *bal* est le s. verb.

BAL, cév., s. m. Bail à ferme ou à loyer.

BAL, béarn., s. f. Vallée : *la bal d'Aspe*, la vallée d'Aspe. V. Val.

BALA, v. n. V. Ballá.

BALA, cév., v. n. Être en suspens entre le mouvement et l'immobilité, être entre la vie et la mort, en parlant d'un malade.

BALA, gasc., adv. Voilà. — Syn. *velá*.

BALACH, s. m. Balach, Balai. V. Balajo.

BALACHA, BALACHO, BALACHUN, V. Balajá, etc.

BALADEJA, agat., v. n. Curer un fossé. — Syn. *valadejá*, formé de *valat*, fossé.

BALADO, gasc., s. f. Gerbes de blé étendues sur l'aire pour être battues.

BALADO, s. f. Ballada, ballade, pièce de vers d'un rhythme particulier, fort usitée au moyen-âge ; cév., fête patronale ; ital., *ballata*, chanson à danser. — Ety., *bal*, du lat. *ballare*, danser.

BALADOUN, cév., s. m. V.

BALADOUR, prov., s. m. Nom qu'on donne aux chambres dont les bourdigues sont composées, que l'on distingue en grand et en petit *baladour*. (Honnorat.)

BALAFI (à), cév., toul., adv. A foison, abondamment. — Syn. *à baloufi*, *à boudre*.

BALAFRA, v. a. Balafrer, faire une taillade au visage avec un instrument tranchant. — Ety., *balafro*.

BALAFRO, s. f. Balafre, blessure, taillade au visage, cicatrice.

BALAIRE, s. m. V. Ballaire.

BALAJA, biterr., v. a. et n. Balayer, nettoyer avec un balai. — Syn. *balachá*, *balejá*. — Querc., *bolojá*, *bouissá*. — Ety., *balajo*.

BALAJAT, ado, part. Balayé, ée, nettoyé ; *caro pla balajado*, figure d'un teint bien uni.

BALAJO, s. f. Balay, balai, poignée de tiges du millet à balais (espèce de sorgo), de verges de bruyère, de genêt, de crins, de plumes, liées avec des brins d'osier ou de ficelle, propres à balayer et à enlever les ordures ou la poussière. — Querc., *bolajo, bola*. — Ety. B. bret., *balan*, genêt, ou le kymri, *bala*, plur. *balaon*, brout des arbres.

BALAJOU, s. m. Petit balai. On donne à St-Pons, le nom de *balajous* au rouvet blanc, *Osyris alba*, qui sert à faire des balais. — Ety., dim. de *balajo*.

BALAJUN, s. m. Ce qu'on balaie, ce qui est balayé, les ordures qu'on appelle aussi *escoubilhos* ; bruit, brouhaha, bruit sourd d'applaudissements ou d'improbation. — Syn. *baralhun*. — Querc., *bolojun*. — Ety., *balajá*.

BALALIN-BALALAN, cév., V. Balin-balan.

BALAN, s. m. V. Balans.

BALANCETOS, s. f. p. Petites balances. — Ety., dim. de *balanso*.

BALANDINO, prov., s. f. Grande ciguë. V. Jaubertasso.

BALANDRA (se), v. r. Se balancer. V. Balansá.

BALANDRAN, s. m. Plateau d'une grande romaine pour peser les objets d'un grand volume ; bascule d'un puits de campagne, appelé *pousaranco* ; espèce de manteau d'étoffe grossière, *balandran* ou *balandras* ; vieux meuble qui n'est plus qu'un embarras dans une maison. — QUERC., *bolondras* ; GASC., *balandras* ; PROV., *barandrano* ; CAT., *balandram* ; ESP., *balandran* ; ITAL., *palandrana*. — ETY. B. LAT., *balandrana*.

BALANDRAS, GASC., s. m. V. Balandran.

BALANDRIN, s. m. s. m. Danseur, saltimbanque. — ETY., *balandrá*.

BALANDRIN-BALANDRAN, loc. adv. V. Balin-balan.

BALANDRO, cév., s. f. Bascule d'un puits de campagne. V. Balandran.

BALANDURÈU, ello, GASC., adj. Maladroit, e, lourdaud ; prétentieux.

BALANS, s. m. BALANS, balancement, branle, secousse, volée ; mouvement d'un poids suspendu, tel que le contrepoids d'une horloge ; volée d'une cloche ; cadence d'un instrument de musique ; facilité à se mouvoir ; *estre en balans*, être en suspens, hésiter ; *douná lou balans*, donner le branle. T. de mar., mouvement d'un cordage qui n'est point amarré ; en roman, *balans* signifie incertitude, perplexité, inquiétude. — SYN. *balan, barans*. — CAT., *balans* ; ESP., *balance*. — ETY., *balansá*.

BALANSA, v. a. BALANSAR, balancer, mouvoir un corps en le faisant pencher tantôt d'un côté, tantôt d'un autre, le tenir en équilibre ; au fig. peser, examiner le pour et le contre, comparer ; compenser, rendre égales la somme de devoir et celle d'avoir ; v. n., balancer, hésiter, être en suspens, irrésolu ; T. de danse, exécuter le pas connu sous le nom de balancé. *Se balansá*, v. r., se balancer, se pencher en marchant tantôt à droite, tantôt à gauche ; aller haut et bas sur une planche ou une balançoire. — SYN. *baransá, balantá, balountá*. — ANC. CAT., *balanceyar* ; ESP., *balanzar* ; PORT., *balançar* ; ITAL., *bilanciare*. — ETY., *balanso*.

BALANSADO, s. f. Ce que peut contenir le plateau d'une balance ; une pesée, tout ce qu'on pèse à la fois dans une balance. — ETY., *balanso*.

BALANSADOU, BALANSADOUR, s. m. Balançoire ou brandilloire, escarpolette, bascule. — SYN. *bindousso, basculo*. — ETY., part. f. de *balansá*.

BALANSAMENT, s. m. Balancement, action par laquelle un corps penche tantôt d'un côté et tantôt d'un autre. — ETY., *balansa*, et le suffixe *ment*.

BALANSO, s. f. BALANSA, balance, machine composée de plateaux ou bassins destinés à recevoir l'un les poids et l'autre la chose qu'on veut peser, au fig. incertitude, doute, perplexité. — CAT., *balansa* — ETY. LAT., *bilancem*.

BALANSO, s. f. Un des signes du zodiaque.

Intra senes duptansa
Lo solelh en la BALANSA
En lo dezesete dia
De setembre tota via.
BREVIARI D'AMOR.

Le soleil entre toujours dans la BALANCE le dix-septième jour de septembre.

BALANTA, GASC., v. a. et n. V. Balansá.

BALARÈU, BALARELLO, adj. Danseur, danseuse. — SYN. *ballaire, ballarello*.

BALARIANO, s. f. V. Valeriano.

BALARINO-GRISO, s. f. Bergeronnette grise.

BALASIÉGNAT, cév., adj. Intrigant, qui se mêle de tout, fait l'empressé, c'est le *ardelio* des latins ; homme borné et de peu d'esprit (SAUVAGES).

BALASSOU, CAST., s. m. Couette de lit formée de balles d'avoine. — QUERC., *bolasso, bolossièiro, bolossou*.

BALAT, s. m. Fossé. V. Valat.

BALAU, PROV., s. m. Fagot : *balau de broundo*, fagot de branches.

S'enanò dins lou bos nous toumba de BALAU
Per abari l'avé, li cabro emai li brau.
F. GRAS, *Li Carbounié*.

BALAUSSIER, prov., s. m. Celui qui fait des fagots. — Ety., *balau*, fagot.

BALAUSTIER, s. m. Balaustier, grenadier à fleurs doubles ; grenadier sauvage. — Ety., *balausto*.

BALAUSTO, s. f. Balaustia, Balaustra, balauste, fruit et fleur du grenadier sauvage. — Esp., *balaustia* ; ital., *balaustra*, — Ety. lat., *balaustrum*, *balustium*.

BALAVARD, s. m. V. Baluard.

BALBUCIA, v. a. et n. Prononcer imparfaitement, en hésitant et en articulant avec peine ; au fig. parler sur quelque sujet confusément et sans connaissance. Ce verbe ne se trouve pas dans la langue des troubadours, qui a, cependant, dans son vocabulaire, le substantif *balbt*, bègue, et l'adjectif *balbucient*, balbutiant. — Syn. *barbouciá*, *barbuciá*. — Ital., *balbuzzare*; port., *balbutiar*. — Ety. lat., *balbutire*, de *balbus*, bègue.

BALBUCIAIRE, s. m. Balbutiant, qui balbutie. — Ety., *balbuciá*.

BALCO, s. f. Nom commun à plusieurs espèces de graminées, qui croissent naturellement au bord des fossés, dans les champs et dans les terrains humides et qui ne s'élèvent qu'à une très petite hauteur, telles que la mignonette de printemps, *Agrostis minima* ; la calamagrostide argentée ; le froment gazonnant ; la fléole des prés ; le scirpe des étangs ; la stipe plumeuse ou gramen ailé (*bauco à plumé*); le chiendent, suivant Belleval (*triticum repens*) ; cast., pile de fagots à brûler. — Syn. *bauco*, *baucho*, *bauque*. — Ety. nom., *balc*, humide.

BALCOUN, s. m. Balcon, balcon, saillie construite sur le devant d'une maison et qui est entourée d'une balustrade.

La dona ac paor, e fugi al BALCON.
Vie de Guill. de Cabestaing.

Esp., *balcon* ; ital., *balcone*.

BALCOUNDRIÉU, agat., s. m. V. Valcoundriéu.

BALÉ, cév., toul., s. m. Auvent. V. Balen.

BALÉ, v. a. et n. Valoir. V. Valé.

BALEJA, toul., v. a. V. Balajá.

BALEN, s. m. Auvent, petit toit de planches en saillie au-dessus de la porte d'une boutique ; petite galerie, jubé, tribune, balcon. — Syn. *balé*, *balet* ; b. lim., *bolet*.

BALENO, s. f. Balena, mammifère cétacé, caractérisé par deux évents séparés sur le milieu de la tête ; fanons ou barbes de baleine pour les parapluies, les corsets, etc. Dim., *balenat*, *balenoú*, *baleneto*, petite baleine. — Cat., ital., *balena* ; esp., *ballena* ; port., *balea*. — Ety. lat., *balæna*.

Dins la resclauso d'un mouli
S'es pas jamai près de BALENOS.
pro.

BALENT, e, béarn., adj. V. Valent.

BALENTISO, gasc., s. f. V. Valentiso.

BALESTIER, s. m. Balestier, arbalétrier. V. Aubalestrier.

BALESTO, s. f. Balesta, arbalète. V. Aubalesto.

BALESTRÈ, gasc., s. m. Arbalétrier. V. Aubalestrier.

BALESTRE, béarn., s. f. V. Aubalesto.

BALESTRIER, montp., s. m. V. Aubalestrier.

BALET, gasc., adj. Petit, joli, agréable.

BALET, gasc., s. m. Hangar ; cast., auvent, balcon. V. Balen.

BALHA, biterr., v. a. Bailler. V. Bailá.

BALHACA, gasc., v. n. Bredouiller, parler avec précipitation et d'une manière peu distincte. — Syn. *bretounejá*.

BALHACAIRE, gasc., s. m. Bredouilleur. — Ety., *balhacá*.

BALHARD, gasc., s. m. Paumelle. V. Paumoulo.

BALHENT, **BALHENTIÉ**. V. Valhent, Valhentiè.

BALHICO-BALHACO, biterr., loc. adv. Bredi-breda ; on se sert de cette expression pour désigner un grand flux de paroles ou une grande précipitation dans l'exécution de quelque chose : *A fach acò balhico-balhaco*, il a fait cela bredi-breda ; il signifie aussi brusquement, sans ordre, confusément. —

SYN. *balin-balet, balin-balió*. — B. LIM., *bolin-bolhau, bolisco-bolhasco, bliscoblasco*.

BALHÒ, PROV., s. f. Baille, baquet. V. Baio.

BALI, PROV., s. m. Fleur de la giroflée, du marronnier et du châtaignier.

BALICOT, PROV., s. m. Nom du petit basilic. V. *Basilic*, et du basilic à grandes feuilles. V. Aufabrego.

BALICOT-FER, PROV., s. m. Le trèfle puant. V. *Basilic-sauvage*; la mercuriale. V. Mourtairol.

BALIGOULO, PROV., s. f. Agaric du panicaut. V. Brigoulo.

BALIN-BALAN, s. m. Balancement des bras que fait involontairement une personne qui marche, ou qui, montée sur une bête de somme, se laisse aller nonchalamment aux mouvements de l'animal.

Au dous BALIN-BALAN de l'ase que troutavo,
Penjavon si bèu ped descau.
T. AUBANEL.

Cette expression s'emploie aussi adverbialement : *Aná balin-balan*, aller les bras ballants. — SYN. *balalin-balalan, balandrin-balandran, badarin-badaran*.

BALIN-BALET, PROV., loc. adv. V. Balhico-balhaco.

BALIN-BALIÓ, PROV., loc adv. V. Balhico-balhaco.

BALINDROS, CAST., interj. Peste de toi !

BALISCOS, interj. V. Avalisco.

BALIVERNO, s. f. Baliverne, sornette, discours frivole et de peu d'importance; occupation puérile. Il s'emploie le plus souvent au pluriel : *Dire, countá de balivernos*.

BALLA, v. n. BALLAR, danser. — SYN. *balá*. — GASC., *bará* ; CAT., *ballar* ; ESP., PORT., *bailar* ; ITAL., *ballare*. — ETY. LAT., *ballare*, du grec παλλω.

BALLA, DAUPH., v. a. V. Balhá.

BALLAIRE, o, BALLARELLO. s. m. et f. Danseur, euse. — SYN. *balaire, balarèu, ballarèu*. — CAT., *balaire* ; ESP., *bailarin* ; ITAL., *ballerino*. — ETY., *ballá*.

BALLARÈU, ello, adj. V. Ballaire.

BALLEN. s. m. Lange. V. Bailen.

BALLÈU, BÉARN., adv. Bientôt. Altér. de *ben lèu*.

BALME, s. m. Baume. V. Baume.

BALO, s. f. BALA, balle, projectile rond de fer ou de plomb ; ballot ; gros ballot. — CAT., ESP., PORT., *bala* ; ITAL., *balla, palla*. — ETY. ANC. H.-ALL., *balla*.

BALOCHOS, TOUL., s. f. p. Fêtes des barrières.

BALOHO, GASC., s. f. Fétu, petite partie du tuyau de la paille ; au fig. très-peu de chose.

BALOTI, PROV., s. m. Ballotement, agitation ; danse. — ETY., *baloutá*.

BALOTO, PROV., s. f. Pilule ; ballotte, petite boule dont on se sert pour les scrutins ; petite boule du jeu du loto, qui porte un numéro. — ETY., dim. de *balo*.

BALOU, s. f. V. Valoú ; BÉARN., vallon. V. Valoun.

BALOUARD, s. f. BALLOAR, boulevard, terre-plein d'un rempart ; place forte qui met un pays à l'abri des invasions de l'ennemi ; promenade autour des villes. — CAT., *baluart* ; ESP., PORT., *baluarte* ; ITAL., *baluardo*. — ETY. ALL., *bollwerk*, défense, fortification.

BALOUARD, PROV., s. m. Espèce de guêtre. V. Baluard.

BALOUARO, PROV., s. f. V. Baluard.

BALOUFIER, s. m. Grenadier commun. V. Miéugranier.

BALOUIRO, PROV., s. f. V. Baluard.

BALOUN, s. m. Vallon. V. Valoun.

BALOUNIER, CÉV., adj. *Sac balounier*, sac à farine. — SYN. *boulounier*.

BALOUNTA, PROV., v. a. Ballotter. V. *Baloutá*; balancer. V. Balansá.

BALOURD, o, adj. Balourd, e, grossier, stupide. — ESP., *palurdo* ; ITAL., *balordo*.

BALOURDISO, s. f. Balourdise, grossièreté, sottise. — ITAL., *balordaggine*. — SYN. *balourd*.

BALOUTA, v. a. PALOTEJAR, ballotter, agiter en divers sens, en des sens contraires ; *baloutá li carriéro*, PROV., courir les rues ; v. n., rôder, vagabonder ; T. de mar., *fasier*, mot qui exprime le mouvement d'une voile qui ne prend pas le vent.

BALOUTAIRE, s. m. Rôdeur, vagabond. — Syn. *barrullaire*. — Ety., *baloutá*.

BALSAMINO, s. f. Balsamine, plante cultivée dans les jardins. — Cat., esp., ital., *balsamina*; port., *balsaminha*. — Ety. lat., *balsaminus*.

BALSIÈIRO, cév., s. f. Javelles en piles laissées dans les champs; pile ou meule de foin non bottelée; M. sign. *garbier*, *garbièiro*. — Querc., *bolsièiro*; b. lim., *bazzo*.

BALUARD, prov., s. m. Gamaches, espèce de guêtres en forme de bas sans semelle, qui recouvrent l'ouverture du soulier; morceau de feutre dont les paysans enveloppent le cou-de-pied pour que la terre n'entre pas dans leur soulier. — Syn. *balavard*, *balouaro*, *balouiro*, *baruard*, *belluar*. — Ety., ce mot paraît être une altération de *batouard*, boulevard; l'espèce de guêtre, appelée *baluard* protégeant la jambe et le pied comme un boulevard défend une place.

BALUHET, gasc., s. m. Bluet, plante. V. *Blavet*; Martin-pêcheur. V. Arnier.

BALUN, prov., s. m. Danse; mieux, *ballun*. — Ety., *bal*.

BALUSTRADO, s. f. Balustrade, rangée de balustres, servant d'ornement et de clôture. — Esp., *balaustrada*; ital., *balaustrata*. — Ety., *balustre*.

BALUSTRE, s. m. Balustre, sorte de petit pilier façonné qu'on met sous des appuis pour former des clôtures. — Esp., *balaustre*; ital., *balaustro*. — Ety., βαλαύστιον, calice de la fleur du grenadier. Un balustre ressemble à ce calice par le renflement de son milieu.

BALUSTRI, **BALUSTRIER**, cév., s. m. Martinet, oiseau. V. Aubalestrier.

BALUT, ude, béarn., part. de *balé*, valu, e.

BALUTA, prov., v. a. Bluter, passer la farine par le bluteau. V. Barutá.

BALUTÈU, s. m. Blutoir et bluteau. V. Barutel.

BALZIÈRO, s. f. V. Balsièiro.

BAMBAIAN, o, prov., adj. et s. Babillard, e, enjôleur, hâbleur.

BAMBAÏNOS, prov., s. f. p. Ce mot désigne toutes les mauvaises plantes, buissons, chardons, qui croissent dans un terrain inculte. — Syn. *bambuèios*.

BAMBAROT, s. m. Hanneton, *Melolontha vulgaris*, insecte de l'ordre des coléoptères. Il y en a plusieurs espèces auxquelles on applique le même nom. — Syn. *bambaroto*, *bertal*, *bertau*.

BAMBAROTO, s. f. V. Bambarot.

BAMBEINO, prov., s. f. Étoffe composée de laine et de chanvre ou de lin.

BAMBOCHI, dauph., s. Canne, bâton.

BAMBOCHOU, prov., s. m. Bamboché, petit homme manqué; grande marionnette. — Ital., *bamboccio*. — Ety. ital., *bambo*, enfant.

BAMBORLOS, cév., toul., s. f. p. Filaments, fétu, brins de quoi que ce soit qui pendent à la barbe ou ailleurs. — Syn. *bambualhos*.

BAMBOSSO, gasc., s. f. Galoche; au fig. neige ou boue qui s'attache aux souliers.

BAMBUALHOS, cév., s. f. p. Effilures, franges d'une robe usée, loques. — Syn. *biellos*, *feupos*, *bamborlos*. — Querc., *bombualhos*, *fiolangros*; cast., *fialfros*.

BAMBUÈIOS, prov., s. f. p. Broussailles. — Syn. *bambainos*.

BAN, s. m. Banh, bain, séjour momentané dans l'eau ou dans tout autre liquide. — Cat., *bany*; port., *banho*; ital., *bagno*. — Ety. lat., *balneum*.

Bans ourdono lou medeci
Quand es al bout de soun lati.
Pro.

BAN, s. m. Ban, ban, convocation, proclamation solennelle, ou faite par l'autorité: *Lous bans de la vendemio*, *lous bans de mariage*, etc. On appelait *ban* et *arrière-ban*, le mandement d'un souverain à ses vassaux pour le service militaire. — Cat., *ban*; esp., port., ital., *bando*. — Ety. b. lat., *bannium* du h.-all., *bannan*, ordonner, publier.

BAN, o, adj. Vain, e. V. Van.

BAN, s. m. Élan, escousse. V. Van.

BANA, cév., v. n. Pousser des cornes:

Aquel cabrit a banat, les cornes ont poussé à ce chevreau. — Ety., *bano*, corne.

BANARD, o, prov., adj. Cornu, e, s. m. le lucane cerf-volant, *Lucanus cervus*, insecte de la fam. des serricornes. Ses deux grandes mandibules, dentées comme une scie, lui ont fait donner le nom de *banard*. On donne le même nom aux diverses espèces de capricornes, aux *Cerambix heros, velutus, miles*; au capricorne musqué, *Cerambix moschatus*, coléoptère-xylophage ou mangeur de bois, connu dans quelques contrées sous le nom de *Manjo-peros*; aussi à l'escorpion et au rhinocéros, qui diffère du cerf-volant par une corne relevée sur son front. — Syn. *banut, banarut*. — Ety., *bana, bano*, corne.

BANARUT, udo, adj. Cornu, e, qui a des cornes; *lou traite banarut*, le traître cornu, le démon; il désigne, à Arles, l'hélice peson, *Helix algira*, à cause de ses cornes. — Syn. *banard*.

BANASSO, s. f. Grosse ou vilaine corne. — Augm. de *bano*.

BANASTA, v. a. V. Embanastá.

BANASTADO, s. f. Plein une corbeille : *uno banastado de rasims*, une corbeille remplie de raisins. — Syn. *banastounayo*. — Ety., *banasto*.

BANASTAIRE, cév., s. m. V. Banastier.

BANASTEJA, cév., v. n. Faire le métier de transporter du sable, des engrais, etc., à dos d'âne dans les paniers appelés *banastos*.

BANASTIER, s. m. Vannier, ouvrier qui fait des paniers, des corbeilles, etc. — Syn. *banastaire, banestier, banastounier*. — Esp., *banastero*. — Ety., *banasto*.

BANASTO, s. f. Banne, manne, grande corbeille de diverses formes, faite avec des brins d'osier ou avec des roseaux; *banastos*, paniers à fumier; paniers de bât, *canastelos*. On dit d'un imbécile : *Es sot coumo uno banasto*. — Syn. *banastro, benasto, barastol*. — Lim., *bonasto*; b.lim., *benasto*; cat., esp., *banasta*. — Ety. lat., *benna*, dont *banasto* est un augmentatif.

BANASTOU, BANASTOUN, s. m. Banneau, banneton, mannequin ou petite manne, petite corbeille sans anse, espèce de panier traversé par une barre de bois dans sa partie haute qu'on suspend dans les volières pour recevoir les œufs des oiseaux qui y sont renfermés. — Syn. *banestoun, barastou*. — Ety., dim. de *banasto*.

BANASTOUNAYO, prov., s. f. Plein une manne. — Syn. *banastado*. — Ety., *banastoun*.

BANASTOUNIER, s. m. Vannier. — Syn. *banastier*. — Ety., *banastoun*.

BANASTRO, toul., s. f. V. Banasto.

BANATA, dauph., s. f. Vaisseau de bois pour les usages domestiques; espèce de baquet.

BANAYRE, toul., s. m. Contre-pointeur, tapissier (Doujat).

BANC, s. m. Banc, banca, banc, long siège où plusieurs personnes peuvent s'asseoir; tréteau. *Banc de menusier* ou *banc-fustier*, établi de menuisier; cat., *banc-de-fuster*; *banc des fabricians*, banc de l'œuvre ou banc des marguilliers; *banc de bouchier*, étal; *banc de chaloupo*, toste, banc sur lequel sont assis les matelots qui rament; *banc d'arboula*, banc du mât. On appelle aussi *banc* la grosse pièce de bois qui supporte l'arbre d'un moulin. A Hières, on donne le nom de *bancs* aux rangées de souches ou de ceps d'une vigne. — Cat., *banc*; esp., port., ital., *banco*. — Ety., anc. h. all., *banc* et *panc*.

BANCADO, s. f. Charge d'un banc, tout ce qu'il peut recevoir de monde, plein un banc; prov., monceau; *bancados*, s. f. p., cadre du métier de tisserand; *bancado*, se dit aussi d'une roche d'une certaine étendue. — Ety., *banc*.

BANCAIROUN, gasc., s. m. Petit banc. — Syn. *banquet*. — Ety., dim. de *banc*.

BANCAL, o, s. et adj. Bancal, e, qui a les jambes tortues; sabre de forme recourbée. — Querc., *boncal*; port., *bancalo*.

BANCAL, cév., s. m. Plate-bande de jardin. — Querc., *boncal*. — Ety., *banc*, à cause de sa forme.

BANCAROUTIER, s. m. Banqueroutier, celui qui fait faillite. — Ety., *bancarouto*.

BANCAROUTO, s. f. Banqueroute, faillite; mieux, *quincanelo*. V. ce mot. — Cat., esp., *bancarrota*; ital., *bancarrotta*, banc rompu ; on brisait le banc qu'avait sur les marchés le commerçant failli.

BANCASSO, s. f. T. de mar. Planche ou fraction de plancher d'une chaloupe, gaillard de chaloupe ; *bancasse*, coffre servant de banquette et de lit. — Ety., augm. de *banco*, banc.

BANCAU, gasc., s. m. Banc, petit banc, banc de pierre placé dans la rue à côté des grandes portes d'entrée; prov., couverture qu'on met sur le pain pour le porter au four ; terrain soutenu par des murs; morceau de terre unie qui se trouve sur les collines ou même sur les montagnes escarpées. — Ety., *banc*.

BANCEL, cév., s. m. Bande de terre soutenue sur un terrain en pente par un mur à pierre sèche; plate-bande de jardin. — Syn. *bancau, faisso*. — Ety., *banc*.

BANCHO, b. lim., s. f. (bantso). Petit banc, banc de blanchisseuse. — Ety., *banc*.

BANCHOU, b. lim., s. m. (bantsoù). Petit banc. — Ety., dim. de *bancho*.

BANCILHOU, BANCILHOUN, s. m. Petit banc. — Syn. *bancoù, bancoun, banquet*. — Ety., dim. de *banc*.

BANCO, s. f. Banque, comptoir, trafic d'argent et de valeurs ; somme d'argent qu'a devant lui celui qui tient le jeu ; *metre tout en banco*, mettre tout en train, donner le branle.— Ital., *banca, banco*. — Ety., *banc*, parce que autrefois les banquiers, comme à Rome les *tabularii*, étalaient leur argent sur des tables ou bancs.

BANCO, gasc., s. f. Banc de lavandière. — Ety., *banc*.

BANCOU, BANCOUN, s. m. Petit banc. — Ety., dim. de *banc*.

BANDA, v. a. Bander, tendre un arc, une corde ; *se bandá*, v. r., se bander; il ne s'emploie qu'au figuré pour exprimer l'état de celui qui, à force de boire, se tend le ventre comme un arc; s'enivrer. V. Bendá.

BANDADO, s. f. Troupe, multitude, bande détachée d'une plus grande troupe. — Syn. *bandalado, bandalau*. — Esp., *bandada*. — Ety., *bando*.

BANDALADO, prov., s. f. Grande troupe. V. Bandado.

BANDALAU, prov., s. m. V. Bandalado.

BANDAT, ado, part. de *bandá*. Bandé, ée ; au fig. soûl, e, ivre.

BANDÈIRO, prov., s. f. Bannière. V. Bandiéro.

BANDÈIROUN, prov., s. m. Banderole, petite bannière, petit drapeau.— Ety., dim. de *bandèiro*.

BANDEJA, v. n. Bandejar, flotter, s'agiter ; cév., v. a, combuger un tonneau, laver une barrique en agitant l'eau qu'on y a mise ; passer du linge dans l'eau pour le nettoyer de la lessive ou du savon.

BANDELO, toul., s. f. Petite cruche de terre. — Biterr., *boutel*; prov., *dourgueto*.

BANDELOU, cév., s. m. Cruchon. — Ety., dim. de *bandelo*.

BANDI, prov., v. a. Élargir, lâcher, relâcher ; jeter, lancer ; *se bandi*, v. r., se jeter sur, se lancer, se précipiter ; dans l'ancien roman, *bandir* signifiait bannir, proclamer, déployer ; agiter ; et il venait de *ban*, lat., *bannum*, ban, ordonnance, autorité.

BANDIÈIRO, BANDIÉRO, s. f. Bandiera, bannière, étendard, pavillon d'un vaisseau ; enseigne faite avec un drapeau ou avec une branche d'arbre à la porte des auberges et des cabarets et à celle des maisons où on vend du vin en détail ; lambeau d'étoffe ; *virá bandiéro*, changer de drapeau, d'opinion politique ; *en bandièiro*, lim., en pièces, en morceaux. — Syn. *bandèiro, banièiro* ; — Béarn., *banere*; cat., esp., *bandera*; port., *bandeira*; ital., *bandiera*. — Ety. b. lat., *bandum*, drapeau, dérivé de l'all., *band*.

BANDIÈYRO, s. f. V. Bandiéro.

BANDIGOLA, dauph., v. n. Se dandiner; remuer les jambes quand on est assis.

BANDINA, MONTP., s. f. V. Bandino.

BANDINELLO, PROV., s. f. Toilette ou toile dont les marchands enveloppent leurs draps pour les garantir de la poussière. *Virà bandinello*, perdre la tête, la raison.

BANDINO, s. f. Bistorte, *Polygonum bistorta*, plante de la fam. des polygonées, qui croît dans les lieux humides. — SYN. *bistorto*.

BANDISSAMENT, PROV., s. m. Bannissement. — SYN. *banissiment*. — ETY., *bandi*.

BANDIT, ido, part. de *bandi*. Banni, e; adj. m, et s., bandit, vagabond, homme sans aveu; libertin. — ESP., PORT., *bandido*; ITAL., *bandito*.

BANDO, s. f. BANDA, bande, troupe, compagnie, multitude; morceau d'étoffe étroit et long; T. de mar., côté d'un vaisseau; *dounà à la bando*, renverser un navire sur un côté pour l'espalmer ou le radouber; *metre l'ourjau à la bando*, pousser tout à fait à droite ou à gauche la barre du gouvernail, au fig. laisser aller ses affaires à vau-l'eau; *en bando*, commandement que fait un capitaine de lâcher entièrement l'amarre qui retient son embarcation, on devrait l'écrire d'un seul mot : c'est l'impératif du verbe *enbandá* ou *embandá*, lâcher ce qui était bandé, tendu, de même que *amolo* ou *molo* signifie commencer à lâcher. Dans *embandá*, comme dans *emmandá*, *em* est privatif. *Bando* signifie aussi, bord, part, lisière; *de bando en bando*, de part en part; *de touto bando*, de tous côtés; *per aquesto bando*, par cet endroit-ci. — CAT., ESP., PORT., ITAL., *banda*. — ETY., ANC. H.-ALL., *band*, m. s.

BANDOL, GASC., s. m. Bande, troupe de partisans. — ETY., *bando*.

BANDOU, PROV., s. m., Espèce de branle qu'on exécute en dansant la mauresque; GASC., volée, mouvement d'une cloche. V.

BANDOUL, TOUL., s. m. Branle, volée, mouvement d'une cloche; *sounà à bandouls*, sonner à branle, à toute volée. — GASC., *bandoù*.

BANDOULÈ, BÉARN., s. m. V. Bandoulier.

BANDOULET, s. m. Petit bandeau. Altér. de *bendoulet*. — ETY., *bando*.

BANDOULIER, s. m. Bandoulier, homme faisant partie d'une bande de brigands dans les montagnes; gueux, fripon, bandit, mauvais garnement; écervelé, étourdi. — BÉARN., *bandoulè*; CAT., *bandolèr*; ESP., *bandolero*. — ETY. GASC., *bandol*, bande.

BANDOULIÉRO, s. f. Bandoulière, large bande de cuir qui croisait autrefois sur le baudrier; le baudrier lui-même; *en bandouliéro*, en bandoulière, en sautoir. — CAT., ESP., *bandolera*; PORT., *bandoleira*; ITAL., *bandoliera*. — ETY., *bandoulïer*.

BANEJA, v. n. Montrer les cornes. Il se dit des agneaux à qui les cornes commencent à pousser et des escargots qui, après la pluie, montrent leurs cornes. — ETY., *bano*, corne.

BANEJAMENT, s. m. Action de montrer les cornes. — ETY., *banejá*.

BANELLO, s. f. V.

BANELO, BITERR., s. f. Vanneau, ainsi appelé à cause des longues plumes qu'il a derrière la tête, et qui sont recourbées à leur extrémité comme une corno ou *bano*, dont *banolo* est un diminutif. V. *Vanelo*. L'abbé de Sauvages donne improprement le nom de *banelo* à la grande mouette blanche. V. Gabian.

BANELO, CAST., s. f. Petite rue entre deux maisons; ruelle de lit. V. Vanelo.

BANERE, BÉARN., s. f. Bannière. V. Bandiéro.

BANESTIER, PROV., s. m. Vannier. V. Banastier.

BANESTOUN, PROV., s m. V. Banastoù.

BANET, ò, PROV., adj. Cornu, e, qui a des cornes; nigaud, niais; *fayòu banet*, haricot en gousse ou en cosse. — ETY., *bano*, corne.

BANETADO, PROV., s. f. Plein une marmite de haricots en gousse. — SYN. *banelo*.

BANETO, s. f. Petite corne; PROV., s. f. p., *banetos*, haricots verts en cosse ou gousse; SYN. *fayòus banets*, *fayòus* verts, *moungetos verdos*; *banetos negros*, haricots noirs en cosse. — SYN. *fayòus quiou-negre*, qui désigne aussi les haricots de la Chine. — ETY., *baneto*, dim. de *bano*, petite corne. On désigne par ce nom diverses espèces de haricots, parce que leurs gousses sont recourbées à leur extrémité comme de petites cornes.

BANETOS, PROV., s. f. Chèvrefeuille. — ETY., *banetos*, parce que les fleurs du chèvrefeuille non épanouies ressemblent à de petites cornes ou à de petits croissants. — SYN. *herbo de pantacousto*.

BANETOUN, PROV., s. m. Haricot noir de la Chine. — SYN. *baneto-negro, fayòu quiou-negre*.

BANÈU, PROV., s. m. Lange. — SYN. *bailèn, pedas*.

.... La Vierge de Betelen,
Au lavadou sempre lavavo...
Es Mario !... E zou !
Sa man angelico
A cop de bacèu
Pico, pico, pico
Bourrasso e BANÈU !

L. ROUMIEUX, *Lou Dissate*.

BANÈU, s. m. Vanneau. V. *Banelo*.

BANHA, BÉARN., v. a. V. *Bagná*.

BANIÈCHO, CAST., s. f. Verveux. V. *Vertoulet*.

BANIÈIRO, s. f. Bannière. V. *Bandiéro*.

BANIER, s. m. BANIER, BANDIER, messier, homme commis pour garder les fruits de la terre avant qu'on en fasse la récolte. — SYN. *bagnet, messier, vignau, gardo-vignos*. — ANC. CAT., *banderer*; ITAL., *banditore*. — ETY. B. LAT., *bannerius*, garde préposé pour l'observation du ban, qui prescrit de n'entrer dans les terres pour y glaner ou grappiller qu'après l'enlèvement des récoltes.

BANILHOU, BANILHOUN, s. m. Petite corne; au fig. cornichon, petit concombre; chicot d'une branche coupée; portion de l'os du crâne qui remplit le creux des cornes des bœufs, des chèvres, etc.; crossette de vigne. — SYN. *baneto*. — ETY., dim. de *bano*.

BANIMENT, s. m. Saisie d'une somme entre les mains d'un tiers-détenteur; bannissement.

BANITAT, s. f. V. *Vanitat*.

BANJA, v. a. V. *Venjá*.

BANO, s. f. BANA, corne, partie dure qui sort de la tête de certains animaux tels que le bœuf, la chèvre, le mouton, etc. *Ana de bano*, se dit de deux personnes qui se conviennent. *Bano* a, dans le langage familier, un sens particulier dont les vers suivants offrent un exemple :

Aici jais Phourdisi Martel
Que per fa'n margue de coutel,
Ou bé la poumo d'uno cano,
Del frount se tirabo uno BANO.

ANC. FR., *bane*; CAT., *banya*.

BANOMENT, adv. V. *Vanoment*.

BANOUN, GASC., s. m. Espèce de vase de bois.

BANQUE, BÉARN., s. f. Banquette. V. *Banqueto*.

BANQUET, s. m. Banc, petit banc de bois, de marbre, de pierre, etc.; tréteau de lit, de table, etc.; banc de lessiveuse; PROV., plate-bande de jardin. — QUERC., *bonquo*; B. LIM., *bancho*; ESP., *banquillo*. — ETY., dim. de *banc*.

BANQUETO, s. f. Banquette, banc long sans dossier; appui en pierre d'une fenêtre; PROV., chaufferette; petite plate-bande d'un jardin. — CAT., ESP., *banqueta*; ITAL., *banchetta*. — ETY., dim. de *banc*.

BANQUIER, CÉV., s. m. Baigneur ou maître de bains d'une source d'eau thermale. (Sauvages). Ce mot n'est plus usité. — ETY., *ban*, bain.

BANSINO, PROV., s. f. V. *Bacino*.

BANTA, v. a. V. *Vantá*.

BANTADOU, BÉARN., s. m. V. *Vantaire*.

BANTAIROL, o, s. m. et f. V. *Vantairol*.

BANTAL, s. m. Tablier; ce mot est une altération du mot roman *davantal*, qui a la même sign. Il doit s'écrire par un *v* et non par un *b*. V. *Vantal*. On dit aussi par corrupt., *mantal*; mais cette forme est inadmissible. — QUERC., *domantal*.

BANTALOFO, cév., cast., s. m. Vantard. V. Vantalofo.

BANTARIOL, s. et adj. Vantard. V. Vantariol.

BANTAT, toul., s. m. Vanterie. V. Vantat.

BANUT, udo, adj. Cornu, ue, qui a des cornes. Il s'emploie aussi substantivement et a les mêmes acceptions que *banard*. V. ce mot. — Syn. *banarut*. — Ety., *bano*.

BAOUA, gasc., v. n. V. Bavá.

BAOUART, ardo, gasc., adj. V. Bavard.

BAOUERETO, gasc., s. f. V. Baveto.

BAOUS, o, gasc., adj. V. Bavous.

BAPTEJA, v. a. V. Batejá.

BAQUANT, s. m. V. Vacant.

BAQUE, béarn., s. f. Vache. V. Vaco.

BAQUÉ, gasc., s. m. V. Vaquier.

BAQUET, s. m. Baquet; gasc., espèce de panier où les pigeons font leur nid. — Ety., dim. de *bac*.

BAQUETA, montp., s. f. Troglodyte, oiseau; altér. de *vaqueto*. V. Petouso.

BAQUIER, s. m. V. Vaquier.

BAR, **BARD**, cév., toul., s. m. Pierre plate, dalle large et ordinairement carrée; fange, limon; torchis, bauge qu'on emploie, à défaut de mortier fait avec de la chaux, pour garnir les panneaux des cloisons; argile; *bar de sabou*, cév., table de savon; gasc., *bardé*, bourbier; en roman, *bar*, rempart.

BAR, gasc., s. m. Timon d'une voiture.

BARA, gasc., v. n. Danser, sautiller. V. Ballá.

BARA, cév., v. a. Barrer. V. Barrá.

BARABASTA, v. n. Tomber avec fracas

BARACAN, cév., s. m. V. Barracan.

BARACAU, cév., s. m. Voirie, lieu où l'on porte les bêtes mortes et les vidanges d'une ville. — Syn. *escourjadou*, *crebo-cavals*.

BARACH, gasc., s. m. Guéret. V. Garach.

BARACO, s. f. V. Barraco.

BARADA, gasc., v. a. Faire un fossé.

— Ety., altér. de *valadá*, de *valat*, fossé.

BARADAIRE, o, s. m. et f. Fossoyeur, euse, celui, celle qui fait des fossés. — Ety., *baradá*.

BARADIS, **BARADISSO**, **BARADURO**. V. Barradis, etc.

BARAFRO, s. f. V. Balafro.

BARAGNA, cév., v. a. Garnir d'épines et de buissons les bords d'un champ, d'un pré pour les clore; entourer d'une haie. — Syn. *baralhá*. — Ety., *baragno*.

BARAGNADO, cév., s. f. Clôture d'un champ, d'un pré avec des planches, des barres ou des buissons; haie, échalier. — Syn. *baragno*. — Ety., part. f. de *baragná*.

BARAGNAS, cév., s. m. Haie naturelle, formée de ronces, de buissons entrelacés. — Ety., augm. de *baragno*.

BARAGNI, dauph., s. Garde-fou d'une passerelle faite avec une planche.

BARAGNO, s. f. Haie, clôture d'un champ faite avec des buissons ou des branchages verts ou secs; branches que les chaufourniers amoncellent autour du four pour qu'il conserve sa chaleur. — Syn. *baralho*, *bairalho*.

BARAGNOUN, prov., s. m. Petite haie. — Ety., dim. de *baragno*, haie.

BARAGNUÉ, cév., loc. adv. Bonne nuit. — Altér. de *bona nué*.

BARAGOGNO, cév., s. f. La bête noire, le moine bourru, une sorte de *babau* imaginé pour faire peur aux enfants : *se te calos pas, garo la baragogno !* si tu ne te tais pas, gare la bête noire ! — Syn. *babarogno*.

BARAGOUEN, s. m. V.

BARAGOUIN, s. m. Langage où les sons des mots sont tellement altérés qu'il devient inintelligible. — Ety. b.-bret., *bara*, pain, et *gwin*, vin; mots que les Français entendaient souvent prononcer par les Bretons et qui leur servirent à désigner un langage inintelligible.

BARAGOUINA, v. a. et n. Baragouiner, altérer les mots d'une langue en parlant. — Ety., *baragouin*.

BARAI, prov., s. m. Blé bas, blé retrait qu'on sépare du beau blé; restes et débris de gerbes qu'on ramasse dans les champs. — Syn. *raspai, raspal.*

BARAIA, v. n. V. Baralhá.

BARAIÉ, cév., s. m. V. Barralher.

BARAIL, s. m. V. Baral.

BARAIRE, cév., s. m. Dévidoir à main. V. Debanaire.

BARAIRE, s. m. Ellébore. V. Varaire.

BARAL, **BARAU**, **BARALÉ**, cév. V. Barral, Barrau, Barralet.

BARAL, s. m. Baralh, trouble, bruit, désordre, mêlée, confusion, mouvement, querelle, dispute, vacarme, embarras. — Prov., *varai, varalh, varaje*; Querc., cév., *boral*; B. lim., *borati*; Cat., *baralha*; Ital., *baraja.*

BARALHA, v. n. S'agiter, se donner beaucoup de mouvement, aller à droite et à gauche d'une manière désordonnée, se montrer partout; *se baralhá*, v. r., se battre à coups de poings. *Barallhar*, en roman, signifie contester, disputer, attaquer. — Syn. *varaiá, varalhá*. — Cat., *barallar*; Esp., *barajar*; Port., *baralhar*. — Ety., *baralh.*

BARALHA, v. a. Entourer d'une palissade. V. Barralhá. — Cév., balayer. V. Balajá.

BARALHAIRE, s. m. Baralhaire, personne qui est toujours en mouvement, qu'on rencontre partout, qui met tout sens dessus dessous; *chi baralhaire*, chien qui quête vivement, mais qui ne fait pas lever beaucoup de gibier. — Syn. *varalhaire*. — Esp., *barajador*; Port., *baralhador*. — Ety., *baralhá.*

BARALHER, s. m. Boisselier. V. Barralher.

BARALHEJA, v. n. Rôder en tous lieux, ne pas rester un moment en repos, se montrer partout. — Prov., *varaiéjá*. — Ety., fréq. de *baralhá.*

BARALHO, s. f. V. Barralho.

BARALHUN, s. m. Balayures. — Ety., *baralhá*, balayer. V. Balajun.

BARANCA, cév., v. n. Radoter.

BARANCAGE, cév., s. m. Radotage. — Ety., *barancá.*

BARANCAIRE, cév., s. m. Radoteur — Ety., *barancá.*

BARANDELA, cév., v. n. Danser une espèce de galop ou de farandole. — Ety., *barandelo.*

BARANDELAIRE, o, cév., s. m. et f. Celui ou celle qui danse la farandole. — Ety., *barandelá.*

BARANDELO, cév., s. f. Farandole, espèce de galop, appelé aussi *bagatelo.*

BARANDRANO, prov., s. f. Manteau de berger; balandran. V. Balandran.

BARANQUEJA, cév., v. n. Radoter. Fréq. de *barancá.*

BARANS, prov., s. m. V. Balans.

BARANSA, prov., v. a. V. Balansá.

BARASSEGO, agat., s. f. V. Barassego.

BARASTO, cast., s. f. V. Banasto.

BARASTOU, cast., s. m. V. *Banastou*; il désigne aussi la claie aux punaises, tissu fait de brins d'osier où l'on prend ces insectes.

BARAT. gasc., s. m. Fossé. V. Valat.

BARAT, s. m. Barat, tromperie, fraude, supercherie; échange, traite; à Barcelonnette, on appelle *barat* une bête hors de service. — Syn. *barato*. — Anc. cat., *barat*; Esp., port., *barato*; Ital., *baratto*. — Ety. B. bret., *barad*, kymri, *brad*, tromperie.

BARATA, v. a. Baratar, trafiquer, troquer, échanger, négocier; tromper, frauder, friponner, gagner frauduleusement; hâbler. — Cat., *baratar*; Ital., *barattare*. — Ety., *barat.*

BARATAIRE, s. m. Barataire, brocanteur, usurier, trompeur, fripon, ribaud; hâbleur, celui qui paie de vaines paroles. — Syn. *baratier, baratur*. — Cat., esp., *baratador*; Ital., *barattatore*. — Ety., *baratá.*

BARATARIÉ, s. f. Barataria, trafic, troc, échange; tromperie; T. de mar., baraterie, fraude commise par le capitaine, le maître ou patron d'un navire au préjudice des armateurs, des assureurs. — Cat., esp., *barateria*; Ital., *baratteria*. — Ety., *baratá*, tromper.

BARATAT, ado, part. de *baratá*, échangé, ée, troqué, trafiqué; trompé.

BARATEJA, v. n. Trafiquer, négocier, troquer. Fréq. de *baratá.*

BARATET, biterr., s. m. Tricherie,

supercherie, petite fraude. Dim. de *barat*.

Cado mestièiret
A soun baratet.
Pro.

BARATIA, v. n. Bavarder, parler à tort et à travers, hâbler. — Ety., altér. de *baratá*.

BARATIER, s. m. Baratier, brocanteur, fripon ; hâbleur. V. Barataire.

BARATO, s. f. Barata, trafic, fraude, tromperie ; échange. — Cat., esp., ital., *baráta*. V. Barát.

BARATUR, biterr., s. m. Hâbleur. V. Barataire.

BARBA, cév., v. n. Pousser des radicules en parlant d'une bouture. — Ety., *barbo*, radicule.

BARBABOU, montp., s. m. Scorzonère laciniée ou podosperme lacinié, *Podospermum laciniatum*, plante de la fam. des synanthérées à fleurons jaunes, d'un rouge livide en dessous, dont on mange en salade les jeunes pousses, appelées *creissinels*. Ce mot désigne aussi le salsifis des prés ou barbe de bouc, *barbo-de-bouc*, dont le nom est commun aux deux plantes. V. Barbobouc.

BARBABUTO, prov., s. f. Clématite. V. Vitalbo.

BARBACANO, prov., s. f. Corbeau ou pierre en saillie qui soutient une poutre. En roman, *barbacana*, barbaçane.

BARBACHOU, prov., s. m. (*barbachòu*) hirondelle cul-blanc. V. Barbajou.

BARBACHOUNO, s. f. Cailleteau. V. Callat.

BARBADO, biterr., cév., s. f. Sarment de vigne avec sa racine, marcotte, sautelle. — B. lim., *borbado* ; toul., *barboulat* ; prov., *barbé*. — Ety., *barbat, ado*, barbu, e, à cause des racines chevelues que poussent les marcottes de vigne.

BARBAIÉ. Blé de Turquie ou maïs. V. Mil.

BARBAJAN, s. m. T. de mar., sous-barbe, cordage ou chaîne qui avec la fausse sous-barbe et les martingales sert à maintenir le beaupré. — C'est aussi le nom du grand-duc à Nice.

BARBAJOL, BARBAJOU, s. m. Barbajol, joubarbe, grande joubarbe, *Sempervivum tectorum*, plante de la fam. des crassulacées, dont les fleurs sont d'un rose pâle. La joubarbe est aussi appelée *barbajòu, carchofo, carchofeta, carchoflo-fer, artichau de muralho, artichau bastard, artichau sauvage, herbo d'agacis, herbo de la copo, herbo dal tron, coussodro, couxòudo, couchoudo, cussoto*. — Ety. lat., *barba Jovis*.

Ajusta i hom del barbajol ;
E d'aquel herba tenon pro
Li vilan sobre lur maiso.
Deudes de Prades.

On y ajoute de la joubarbe ; et les paysans tiennent assez de cette herbe sur leurs maisons, (c'est-à-dire qu'elle croît naturellement sur les toits).

BARBAJOL, s. m. V.

BARBAJOU, cév., s. m. (*barbajòu*). Hirondelle cul-blanc, *Hirundo urbica*, qu'on appelle improprement hirondelle de fenêtre ; car elle fait son nid aux tuyaux de cheminée, et le plus souvent sous le larmier des toits. — Syn. *barbachòu, hiroundelo quiou-blanc, barbazòu*.

BARBAJOU-GRIS, cév., s. m. (*barbajòu*). Hirondelle des rochers, *Hirundo rupestris*, appelée aussi *hiroundelo griso*. Cette hirondelle est la première qui se montre dans nos contrées. L'espèce en est rare.

BARBAJOULET, cév., s. m. Hirondelle de rivage, *Hirundo riparia*. Elle est un peu plus petite que l'hirondelle ordinaire. Elle passe, à peu près, à la même époque, dans nos contrées. — Syn. *barbasan, ribairòu, barbazoulet*.

BARBAL, cév., s. m. Babil, caquetage.

BARBALHA, v. n. Babiller, parler à tout propos. — Ety., *barbal*.

BARBALHAIRE, s. m. Grand parleur. — Ety., *barbal*.

BARBALHER, s. m. V. Barbalhaire.

BARBAN, prov., s. m. Moine bourru, ogre, bête noire, etc., êtres imaginaires avec lesquels on fait peur aux enfants. — Syn. *babau, barrabiu, baragogno, barbus, paparaugno, faramio*. On donne aussi le nom de *barban* aux poux dans le langage familier.

BARBANCHUAN, prov., s. m. Sauterelle verte, *Locusta viridissima*, appelée à Béziers *cousi* à cause de son cri.

BARBANO, prov., s. f. Galbanum, plante.

BARBANO, adj. f. Fantastique, spectrale; mot que ne donne point le *Dictionnaire de l'Académie*.

> La luno barbano
> Debano
> De lano.
>
> Mistral, *Lis Isclo d'or*.

BARBANSULO, prov., s. f. Faute, erreur.

BARBANTANO, prov., s. f. Un des noms de la verveine. — Syn. *herbo crousado*.

BARBANTO, prov., s. f. Anémone des prés. — Syn. *alimoïno des prats*.

BARBARIO, prov., s. f. Chevelu des racines. — Ety., *barbá*.

BARBAROUS, prov., s. m. Espèce de raisin rougeâtre marbré de blanc, appelé raisin grec, *barbaresque*, ou maroquin rouge.

BARBARUSTO, s. f. Gelée blanche, rosée convertie par le froid matinal en une espèce de neige. — Syn. *barbasto, baliéro, aubéiro, brèino, brado, blancado*. — Ety., *barbo*; la gelée blanche forme sur les plantes une espèce de barbe. *Barbarusta* peut se traduire aussi par *barba usta*, barbe brûlée, en étendant la signification de *barba* aux bourgeons et aux feuilles des végétaux.

BARBASAN, prov., s. m. Hirondelle de rivage. V. Barbajoulet.

BARBASSO, s. f. Barbe longue, ou sale et mal peignée. — Esp., *barbaza*; ital., *barbaccia*. — Ety., augm. de *barbo*.

BARBASTA, v. n. Faire, ou tomber de la gelée blanche. — Ety., *barbasto*.

BARBASTO, cév., s. f. Gelée blanche. V. Barbarusto.

BARBAT, ado, part. Barbat, barbu, ue; embarbelée, en parlant d'une flèche. — Esp., *barbado*; ital., *barbato*.

BARBATA, cév., v. n. Bouillir à gros bouillons; au fig. parler à tort et à travers. V. *Gargoutá*. Il est aussi synonyme de *barboutá*. V. ce mot.

BARBATAIRE, o, cév., s. m. et f. Babillard, e. — Ety., *barbatá*.

BARBATO, s. f. Babillarde, bavarde, tripoteuse. — Ety., *barbatá*.

BARBAU, béarn., s. m. Escarbot, insecte; moine bourru, qui fait peur aux enfants. V. Barban.

BARBAZOU, nim., s. m. (barbazòu). V. Barbajòu.

BARBAZOU-GRIS, nim., s. m. (barbazòu). V. Barbajòu-gris.

BARBAZOULET, nim., s. m. V. Barbajoulet.

BARBÉ, prov., s. m. Marcotte de vigne, bouture enracinée. V. Barbado.

BARBÉ, béarn., s. m. V. Barbier.

BARBEIROU, prov., s. m. (barbèirou). Mauvais barbier, garçon perruquier.

BARBEIROU, s. m. Martinet noir. V. Aubalestrier; *barbeirou des blancs*, grand martinet à ventre blanc.

BARBEJA, cév., v. a. Barbifier, raser, faire la barbe; dépêcher; au fig. gagner son argent à quelqu'un, le tondre; *se barbejá*, v. r., se faire la barbe. — Syn. *barbiá, barbifiá*. — Ety., *barbo*.

BARBEJAN, s. m. T. de mar., sous-barbe, cordage en forme de V renversé, placé sur le mât de beaupré; renfort de bois dur à l'avant d'un navire à la hauteur de la flottaison.

BARBEJAT, gasc., adj. Barbu. V. Barbat.

BARBEL, s. m. Barbeau. V. Barbèu.

BARBELA, prov., v. n. Panteler, haleter, avoir la respiration embarrassée et pressée; agoniser; v. a., convoiter, désirer ardemment.

BARBELANT, o, part. prés. de *barbelá*. Haletant, pantelant, agonisant.

BARBELEJA, prov., v. n. Panteler; au fig. convoiter, mourir d'envie de. — Fréq. de *barbelá*.

BARBEN, prov., s. m. Sabine, plante. V. Cade-sabin.

BARBENO, prov., s. f. Verveine. V. *Herbo crousado*.

BARBENO, prov., s. f. Petites racines des plantes; barbes de l'épi.

BARBESIN, prov., s. m. V. Barbin.

BARBETO, s. f. Barbeta, petite ou jeune barbe; petite guimpe; corde ou chaîne d'attache d'une chaloupe ; *faire la barbeto*, soutenir un jeune nageur par le menton ; *al mená de la barbeto*, au mouvement des lèvres. — Esp., *barbilla;* ital., *barbeta.* Dim. de *barbo.*

BARBÈU, s. m. Barbeau, *Cyprinus barbus*, poisson de l'ordre des malacoptérygiens abdominaux, qu'on trouve dans nos rivières. Son nom lui vient des deux barbillons de sa mâchoire supérieure et de deux plus longs qu'on remarque aux angles de sa bouche. Sa nageoire dorsale est bleuâtre. — Syn. *barbel, barbut.* — Esp., ital., *barbo* ; angl., *barbell.* — Ety., *barbellus*, dim. de *barbus*, barbeau, ainsi appelé à cause de la barbe qu'il porte.

BARBIA, prov., v. a. Barbifier. V. Barbejá.

BARBIER, o, s. m. et f. Barbier, barbiera, barbier, femme de barbier, femme qui rase ; autrefois, mauvais chirurgien, appelé *frater;* c'est au *frater* que s'applique ce proverbe :

Barbier, piétadou$
Fa lou cop vermenous.

Béarn., *barbè*; cat., *barber, barbera*; esp., *barbero, barbera;* ital., *barbiere, barbiera.*

BARBIÉRO, prov., s. f. Nom d'une variété de châtaigne.

BARBIFIA, v. a. V. Barbejá.

BARBILHAT, s. m. Barbillon, petit barbeau, ainsi nommé des petites barbes qu'il porte.

BARBILHOUN, s. m. Barbillon, filaments qui sont aux deux côtés de la gueule de certains poissons; *barbilhouns*, s. m. p. chevelu, filaments des racines ; envies, fragments de peau qui se détachent à la base des ongles. — Ety., dim. de *barbo.*

BARBIN, s. m. Hippobosque du mouton, *Hippobosca ovina*, insecte qui vit sur cet animal. — Syn. *barbesin.*

BARBIO, cév., s. m. Petit homme barbu. — Syn. *barbocho.*

BARBO, s. f. Barba, barbe, poil du menton et des joues ; arête *(arista)* des blés et des autres céréales, autres que la touzelle qui en est dépourvue ; filaments des racines ; sarment de vigne qu'on met en terre pour qu'il prenne racine *(barbado)* ; clavaire coralloïde, de la fam. des champignons ; filets qui bordent les nageoires de certains poissons; partie extérieure de la bouche du cheval ; bandes de toile ou de dentelles qui pendent aux coiffes des femmes ; partie extérieure du marc de raisin placé sur le pressoir qui échappe à la pression ; menton ; devant du cou d'un oiseau. On dit d'une personne adroite et rusée : *Nous farió la barbo à toutes*, elle nous rendrait des points à tous tant que nous sommes. — Cat., esp., port., ital., *barba.* — Ety. lat., *barba.*

Ounte cartos parlou
Barbos calou.

Bouier sens barbo
Airo sens garbo.
Pro.

BARBO (herbo de santo), s. f. Barbarée commune, vélar rondotte, herbe de Ste-Barbe, *Barbarea vulgaris*, plante de la fam. des crucifères siliqueuses, à fleurs jaunes. — Syn. *cassouleto jauno.*

BARBO-BLANC, s. m. Collier blanc ; on donne ce nom aux jeunes cailles de l'année, dont la gorge n'a pas encore pris les couleurs qui distinguent les mâles et les femelles après leur seconde année. Les *colliers blancs* arrivent sur notre plage à la fin de juin ; il est probable qu'ils proviennent de nichées qui ont eu lieu, en hiver, dans des pays où la température est plus élevée que la nôtre, en Égypte ou en Éthiopie.

BARBO-BLUO, s. f. Gorge bleue, *Sylvia* ou *Motacilla cyanecula*, oiseau du genre des becs-fins qui a la gorge et le devant du cou d'un bleu d'azur, bordé de noir à la partie inférieure ; noms divers ; *bisquerlo, papa-blu, cuou-rousset-blanc.*

BARBO-BOUC, BARBO-DE-BOUC, s. f. Barbe-de-bouc ou salsifis des prés, *Tragopogon pratense.* Noms div. : *bouchiérabo, bochis, bouchi-barbo, bouchigas, couxímbarbo, cucurèu.* — Esp., *barba-de-cabron* ; ital., *barba-di-becco.* On donne aussi le nom de *barbo-bouc* à la scorzonère laciniée et à la clavaire coralloïde.

BARBO-DE-CAPOUCHIN, s. m. Barbe-de-capucin, cheveux-de-Vénus, noms vulgaires de la chicorée sauvage qui a poussé dans une cave, et aussi de la nigelle-de-Damas, *Nigella Damascena*, plante glabre de la fam. des renonculacées, dont les graines connues sous le nom de *graines bénites*, passent pour fortifiantes et carminatives.

BARBO-DE-RÈINARD, s. f. On désigne vulgairement par ce nom toutes les variétés du genre des astragales, à cause des poils qui garnissent leurs feuilles, les astragales *Stella*, *Hamosus*, *Cicer*, *Purpureus*, *Incanus*, *Monspessulanus* et *Glycyphyllos*, ou *Regalussio sauvajo*.

BARBO-ROUS, s. m. Rouge-gorge, oiseau du genre des becs-fins, *Sylvia* ou *Motacilla rubecula*, dont le front, le tour des yeux, la gorge et la poitrine sont d'un roux ardent. Noms div. : *barbo-rousso*, *boué*, *papa-rous*, *rigau*. — Esp., *pitiroxo* ; Ital., *pittirosso*.

BARBO-ROUSSO, s. f. V. Barbo-rous.

BARBOCHO, cév., s. m. Petit chien barbet, demi-barbet, barbichon ; petit homme barbu.

BARBOÈIRI, dauph., s. Personne masquée, déguisée.

BARBOJELAT, gasc., adj. Qui a la barbe gelée ; transi de froid ; au fig. trembleur, poltron.

BARBOLECA, gasc., v. n. Lécher son menton, manger comme un glouton, dévorer.

BARBOLECO, gasc., adj. Glouton.

BARBOLO, toul., s. f. Virole ; fraise ou barbe de coq, les deux morceaux de chair qui pendent sous son bec. — Ety., *barbo*.

BARBOTO, cév., s. f. Cloporte, *Oniscus*, crustacé de la fam. des quadricornes; lim., serpent, couleuvre. Noms div. : *porquet-de-croto*, *trejo-de-croto*, *babaroto*, *triujeto*.

BARBOUIA, cév., v. a. V. Barboulhá.

BARBOUCIA, cév., v. a. et n. V. Balbuciá.

BARBOUISSAT, s. m. V. Barboussat.

BARBOULAT, toul., s. m. V. Barbado.

BARBOULHA, v. a. et n. Barbouiller, salir, souiller, tacher ; poser grossièrement les couleurs ; parler ou écrire d'une manière inintelligible ; bredouiller. — Cév., *barbouiá*; esp., *barbullar*; ital., *barbugliare*.

BARBOULHADO, s. f. Barbouillage ; mauvaise fricassée ; macédoine de divers légumes ; œufs brouillés. — Syn. *bourboulhado*. — Ety., part. f. de *barboulhá*.

BARBOULHAGE, s. m. Barbouillage. — Syn. *bourboulhage*. — Ety., *barboulhá*.

BARBOULHAIRE, s. m. Barbouilleur, mauvais peintre ; bredouilleur ; mauvais écrivain. — Syn. *bourboulhaire*. — Ety., *barboulhá*.

BARBOUNTINO, s. f. Un des noms du semen-contra ou semencine, graine vermifuge produite par diverses espèces d'armoises. — Syn. *barboutino*, *bourboutino*, *bourbountino*.

BARBOUSSAT, s. m. Bâton dont se servent les laboureurs, armé à son gros bout d'un *curoir* en fer, *curéto*, et à l'autre d'un aiguillon ; le *curoir* lui-même. — Syn. *barbouissat*, *bourboussat*, *bourboussado*, *aussic*.

BARBOUTA, v. n. Barboter, fouiller avec le bec dans la bourbe, comme font les canards ; mettre les mains dans l'eau en l'agitant, marcher dans la boue de manière à se crotter ; bouillir à gros bouillons ; marmotter, prononcer d'une façon mal articulée, raisonner à tort et à travers. — Cév., *barbalá* ; esp., *barbotar*, marmotter.

BARBOUTI, cév., prov., v. a. et n. Marmotter, prononcer d'une façon mal articulée ; parler entre ses dents. — Syn. *barboula*, *barboutina*, *barboutineja*. — Ety. lat., *balbutire*, balbutier.

BARBOUTIA, prov., v. n. V. Balbuciá.

BARBOUTIAIRE, prov., s. m. V. Balbuciaire.

BARBOUTINA, v. a. et n. Marmotter. Fréq. de *barbouti*.

BARBOUTINAIRE, s. m. Celui qui parle entre ses dents sans se faire entendre ; bredouilleur. — Ety., *barboutiná*.

BARBOUTINAMENT, s. m. Marmottement, bredouillement. — Ety., *barboutiná*.

BARBOUTINEJA, v. n. Marmotter. Fréq. de *barboutiná*.

BARBOUTINO, s. f. V. Barbountino.

BARBOUTO, prov., s. f. Un des noms du houblon. V. *Houbloun*; l'anémone-des-Alpes. V. Barbuo.

BARBUCIA, v. a. et n. V. Balbuciá.

BARBUDO, prov., s. f. Masque, faux visage.

BARBUDO, BARBUO, s. f. Moineau de mer, *Pleuronectes passer*, poisson de l'ordre des holobranches et de la fam. des hétérosomes, ainsi appelé à cause des aspérités semblables à des poils qui couvrent une partie de son corps.

BARBUDO, BARBUO, s. f. Nigelle de Damas, barbe-de-capucin; V. *Barbo-de-capouchin*; nigelle des champs, vulgairement nielle, *Nigella arvensis*; anémone des Alpes, *Anemone alpina*, plante de la fam. des renonculacées, qu'on appelle *boumiano*, quand elle est en fleurs. — Syn. *barbuso*, nigelle des champs; *barbouto*, anémone-des-Alpes. — Ety., *barbo*, barbe.

BARBUS, prov., s. m. V. Barban.

BARBUSO, s. f. Nigelle des champs. V. Barbudo.

BARBUT, udo, adj. Barbut, barbu, e, qui a beaucoup de barbe. — Cat., *barbut*; esp., port., *barbudo*; ital., *barbuto*. — Ety., *barbo*.

BARBUT, s. m. Barbeau, poisson. V. Barbèu.

BARCADO, s. f. Batelée, charge d'une barque, plein un bateau ou une barque d'hommes ou de marchandises. — Cat., esp., *barcada*; ital., *barcata*. — Ety., *barco*.

BARCAGE, BARCAGI, s. m. Droit de passage sur un bac. — Ety., *barco*.

BARCARÉS, s. m. Réunion de barques; hommes composant l'équipage d'une arque, flotte. — Ety., *barco*.

Talo barco, tal barcarés.

Pro.

Telle maison, telle compagnie.

BARCASSO, s. f. Une grande barque, une mauvaise barque. — Esp., *barcaza*; ital., *barcassa*. — Ety., augm. de *barco*.

Vielho barcasso
Foss'aiguo amasso.

Pro.

Quand on est vieux, on est accablé d'infirmités.

BARCATIER, ièiro, s. m. et f. Batelier, ère.

BARCO, s. f. Barca, barque, chaloupe, nom générique de plusieurs espèces de bâtiments de mer et de rivière. Au fig.: *a pla menat sa barco*, il a su bien faire ses affaires; *ount va la barco, va Baptisto*, se laisser aller, n'avoir pas de résolution fixe. — Esp., ital., *barca*; v. fr., *barge*; b. bret., *bark*. — Ety., lat., *barca*.

En aiguo puro
Barco seguro.

Pro.

BARCOT, s. m. Barquerolle, petite barque. — Syn. *barquet, barqueto, barquihoù*. — Ety., dim. de *barco*.

BARD, cév., toul., s. m. Dalle. V. Bar.

BARDA, v. a. Carreler avec des dalles, paver; barder, couvrir de bardes; mettre la barde; *bardá un capoù*, couvrir un chapon de bardes de lard, plaquer ou jeter contre; *se bardá lou cap per las parets*, donner de la tête contre les parois d'un mur. — Syn. *bardassá, bardasselá*. — Ety., *bard*, dalle pour la première acception, et *bardo*, pour les deux autres.

BARDACO, s. f. Vase de terre très-poreuse dont on se sert dans le Levant pour faire rafraîchir l'eau. — Ety., *bard*, dalle.

BARDAGE, BARDAGI, s. m. Action de paver avec des dalles. — Ety., *bardá*.

BARDAIANT, prov., s. m. Mécréant.

BARDANA, dauph., s. f. Punaise.

BARDANO, s. f. Bardane. V. Laparasso.

BARDASSA, cév., prov., v. a. Jeter contre les dalles, jeter par terre. — Syn. *bardasselá*. — Ety., fréq. de *bardá*.

BARDASSELA, prov., v. a. Jeter contre les dalles. — Ety., fréq. de *bardassá*.

BARDAT, s. m. Dallage, pavé; balcon; parapet, garde-fou d'un pont; grille d'un balcon. — Ety., *bard*, dalle, pavé.

BARDAT, ado, part. Carrelé, ée, pavé; bardé, couvert de bardes; bâté.

BARDÉ, prov., s. m. Petite aigrette ou héron garzette. V. *Galichoun-blanc*; c'est aussi un des noms du grèbe castagneux. V. Cabusset.

BARDÉ, gasc., s. m. Bourbier. — Syn. *bardisse, bardit.* — Ety., *bard*.

BARDECO, prov., s. f. Ustensile en fer-blanc dont se servaient les frères quêteurs pour recevoir l'huile qu'on leur donnait aux moulins à huile.

BARDEL, s. m. Bardel, espèce de barde. — Syn. *bardello, bardelo.* — Ety., *bardo*.

BARDELETO, prov., s. f. Petit corset pour les enfants. — Syn. *bardeto*. — Ety., dim. de *bardeto*.

BARDELLO, s. f. Bardelle, espèce de selle sans arçons, faite ordinairement de grosse toile et de bourre. — Syn. *bardelo, bardino.* — Ital., *bardella*. — Ety., *bardel*.

BARDELLO, prov., s. f. Bras du banc sur lequel les verriers travaillent le verre.

BARDELO, s. f. Bardelle. V. Bardello.

BARDETO, s. f. Petit corset. V. Bardeleto.

BARDÈU, gasc., s. m. Bouchon, bondon. — Cév., *bardoc*.

BARDIÈIRO, cast., s. f. Petite fosse dans laquelle on corroie la terre dans une briqueterie. — Ety., *bard*, boue, terre détrempée.

BARDIER, cast., s. m. Ouvrier briquetier qui corroie la terre en la piétinant, *pastaire*. — Ety., *bard*.

BARDINO, s. f. Espèce de selle sans arçons, ou avec un seul arçon au-devant, recouverte d'une peau. — Querc., *bostino*. V. Bardello.

BARDISSA, toul., v. a. Enduire de boue ou de terre, bauger, plâtrer; *se bardissá*, v. r., s'embourber, se rouler dans la boue, se vautrer. — B. lim., *bordissá*. — Ety., *bardisse*, de *bard*, boue, bourbier.

BARDISSE, gasc., s. m. Bourbier. V. Bardé.

BARDIT, gasc., s. m. Bourbier. V. Bardé.

BARDO, s. f. Barde, espèce de selle qui n'a ni fer, ni bois, ni arçons, faite avec de la grosse toile et bourrée avec de la paille; tranche de lard fort mince dont on entoure les chapons, les perdrix, les cailles, etc., qu'on fait rôtir. — Toul., *aubardo*; esp., port., *albarda*; ital., *barda*.

BARDOC, cév., toul., s. m. Bondon d'un tonneau, morceau de bois qui sert à boucher la bonde. — Gasc., *bardèu*.

BARDOT, s. m. Bardot, produit du cheval et de l'ânesse, tandis que le mulet proprement dit est le produit de la jument et de l'âne; au fig. stupide, grossier, niais; personne sur laquelle les autres se déchargent de leur besogne. — Cév., *bardò*; querc., *bordot*. — Ety., *bardo*, barde, espèce de selle.

BARDOU, s. m. (bardoú). Bât, petite barde. — Ety., dim. de *bardo*, barde.

BARDOUCHOUN, prov., s. m. Petit bardot, jeune mulet; ânon; cév., *bardouté*. — Ety., dim. de *bardot*.

BARDOUIA, prov., v. n. Bavarder, bredouiller.

BARDOUIO, prov., s. f. V. Bardoulho.

BARDOULET, s. m. Verveux. Altér. de Vertoulet. V. ce mot.

BARDOULHO, s. f. Trouble, confusion, division, dissension, embarras; adj., bavard, bredouilleur.

BARDOUTÉ, cév., s. m. Petit bardot. — Dim. de *bardot*.

BAREC, éco, prov., adj. Butor, niais, hébété, étourdi.

BAREJA, BAREJADIS. V. Barrejá, Barrejadis.

BARÈN, BARENC, cév., prov., s. m. Abîme, gouffre. — Syn. *aven*.

BARÈY, BARÈYT, gasc., s. m. Guéret, terre labourée, labour. V. Garach.

BARÈYTA, gasc., v. a. Faire un guéret d'une terre en chaume, la labourer. — Syn. *garachá*. — Ety., *barèyt*.

BARÈYTA, gasc., v. a. Passer la farine au tamis. — Ety., *barèyto*, tamis.

BARÈYTO, GASC., s. f. Tamis à passer la farine. — BITERR., *espal*.

BARFOULHAR, DAUPH., s. m. Babillard, bavard.

BARGA, CÉV., v. s. Maquer, broyer le lin ou le chanvre ; v. n., babiller, caqueter, jaser. — SYN. *barjá, bregá, bregi, bregouná*. — ETY., altér. de *bregá*.

BARGADOUIRE, CÉV., s. m. Babillard, bavard. — SYN. *barjac*. — ETY., *bargá*.

BARGADOUIRO, CÉV., s. f. Brisoir, maque, instrument pour rompre le chanvre. — SYN. *bargos, bargoun, bregoun*. — ETY., *bargado*, part. f. de *bargá*.

BARGAGNA, v. a. BARGANHAR, barguigner, hésiter, avoir de la peine à se déterminer, particulièrement dans un achat ou dans toute autre affaire de ce genre. — SYN. *barguigná, berguigná*. — ITAL., *bargagnare*. — ETY. B. LAT., *barganniare*, marchander.

BARGAGNAGE, s. m. Barguignage, hésitation à prendre un parti. — ETY., *bargagná*.

BARGAGNAIRE, o, s. m. et f. Barguigneur, euse. — SYN. *barguignaire*. — ETY., *bargagná*.

BARGAIRE, o, CÉV., s. m. et f. Ouvrier, ière, employés à broyer le chanvre ; babillard, e. — SYN. *bregaire, barjèirise*. — ETY., *bargá*.

BARGALÉ, BARGALET, CÉV., GASC., s. et adj. Babillard, bavard. — SYN. *bargalher*. — ETY., *bargá*, dans le sens de babiller.

BARGALHER, CÉV., adj. V. Bargalé.

BARGANELOS, BARGANILHOS, CÉV., s. f. p. Étoupes grossières ; chènevottes. V. Bargun.

BARGASOUS, CÉV., s. m. p. Saison où l'on broie le chanvre. — ETY., *bargá*.

BARGATEJA, v. n. Babiller, caqueter ; bredouiller. — SYN. *bargounejá*. — ETY., fréq. de *bargá*.

BARGATIER, s. m. Bredouilleur. V. Manjo-favos. — ETY., *bargá*.

BARGÈIRADO, s. f. V. Barjalado.

BARGÈIRETO, s. f. Jeune bergère; bergeronnette, oiseau. Altér. de *bergèireto*.

BARGÈIROUNETO, s. f. V. Bergèirouneto.

BARGELADO, s. f. V. Barjalado.

BARGIER, o, s. m. et f. V. Bergier, o; *Bargièros*, PROV., s. f. p., espèce de danse provençale.

BARGILHOS, CÉV., s. p. V. Bargun.

BARGOS, BARGOUN, s. V. Bargadouiro.

BARGOULHAIRE, s. m. Brailleur, babillard. — ETY., *bargaire*.

BARGOUNEJA, v. n. Jargonner, balbutier ; commencer à parler, quand il s'agit des enfants. — SYN. *bargatejá*. — ETY., fréq. de *bargá*, caqueter.

BARGUIGNA et ses dérivés. V. Bargagná, etc.

BARGUN, CÉV., s. m. Chènevottes, débris de chanvre dont on fait les allumettes. — SYN. *barjetoun, barjilhos, barganilhos, barganelos, limbargos, candilhouns*. — QUEAC., *borgun, borzodis*. — ETY., *bargá*.

BARI, CÉV., s. m. Rempart. V. Barri.

BARIA, v. a. et n. Varier et ses dérivés. V. Variá.

BARICAU, GASC., s. m. Fondrière, terrain marécageux où l'on s'embourbe.

BARICOT, PROV., s. m. Basilic. Altér. de *balicot*. V. Basilic.

BARIÈLO, PROV., s. f. Baratte. V. Burriéro.

BARIGOULA (*Grossa*), s. f. Coris de Montpellier, *Coris monspeliensis*, plante de la fam. des primulacées.

BARIGOULIÉRO, PROV., s. f. Couche où l'on fait venir des champignons. — SYN. *bouligouliéro*. — ETY., *barigoulo*, champignon du panicaut.

BARIGOULO, s. f. Champignon, et particulièrement champignon du panicaut. — SYN. *brigoulo, bouligoulo*.

BARIL, CÉV., s. et ses dérivés. V. Barril.

BARILHO, s. f. Barille, soude cultivée, *Salsola sativa*, plante dont la cendre fournit la meilleure soude.

BARILHOTOU, AGAT, s. m. Personne de basse condition.

BARINGO-BARANGO, loc. adv. V. Barlingo-barlango.

BARIO, PROV., s. f. Maïs. V. Mil.

BARIOTO, s. f. Brouette. — SYN. *barjolo*. — ESP., *bruela*.

BARIOU, prov., s. m. V. Barril.

BARISCO-BARASCO, cév., loc. adv. V. Barlingo-barlango.

BARISEL, elo, prov., adj. Imbécileniais.

BARITEL, dauph., s. m. Blutoir. V. Barutel.

BARITOUNA, cév., v. n. Grommeler, grogner.

BARJA, v. n. et a. Broyer le chanvre ; jaser, caqueter, habiller, parler trop et inconsidérément. — Syn. *bargá*. — B. lim., *borjá*.

BARJAC, aco, adj. Babillard, arde, parleur, euse, ennuyeux et fatiguant par son caquet. — Syn. *barjau*. — Ety., *barjacá*, caqueter.

Ab fuguè gaire paresouso !
Es que la lengo ie pruslè !
E coumreguè trouba Franceso, sa vésino,
La pu barjaco dóu quartié.
ROUMANILLE.

BARJACA, prov., v. n. Bavarder, babiller.

BARJACAIRE, o, adj. et s. Babillard, e. — Ety., *barjacá*.

BARJACAS, asso, adj. et s. Grand babillard, grande babillarde. Augm. de *barjac*.

BARJADIS, BARJADISSO, s. f. Bavardage. — Ety., *barjá*.

BARJADO, prov., s. f. Bouchée. — Ety., *barjo*, mâchoire.

BARJAIRE, BARJARELLO, prov., adj. et s. Babillard, e. — Syn. *barjacaire*. — Ety., *barjá*.

BARJALADO, cév., s. f. Mélange de paumelle et de vesces, dont on fait un très-mauvais pain dans les montagnes ; grains qu'on sème en mars ; fourrages destinés à être mangés en vert. — Syn. *bargèirado, bargelado*.

BARJAU, cév., adj. Babillard. V. Barjac.

BARJÈIRISE, cév., s. f. Femme employée à broyer le chanvre. — Syn. *bargairo*.

BARJETOUN, cév., s. m. Chènevottes. V. Bargun.

BARJILHOS, s. f. p. V. Bargun.

BARJO, b. lim., s. f. (bardzo). Broie, brisoir, plur. *barjas* ; au fig. lèvres, mâchoire. V. Bargos.

BARJO, b. lim., s. f. (bardzo). Pile ou meule de foin, qui n'est pas bottelé.

BARJOLO, prov., s. f. Brouette. V. Barioto.

BARJO-MAU, prov., adj. et s. Homme mal embouché. — Ety., *barjo, de barjá*, qui babille, *mau*, mal.

BARJOULA, prov., v. a. Porter un enfant dans ses bras, l'y bercer, le caresser, le promener, le dorloter. — Syn. *bajoulá, barjouriá*. — Ety., *barjolo*, brouette ; porter dans ses bras comme dans une brouette.

BARJOULÈIRIS, prov., s. f. Bonne d'enfant. — Ety., *barjoulá*.

BARJOURIA, prov., v. a. V. Barjoulá.

BARJOURIAIRE, o, prov., s. m. Celui, celle qui garde un enfant ; bonne d'enfant. — Syn. *barjoulèiris*. — Ety., *barjouriá*.

BARLA, alb., v. n. Branler. V. Brallá.

BARLAC, cév., s. m. Gâchis d'eau qu'on a répandue ; flaque d'eau pluviale. — Ety., *bar*, boue, et *lac*, lac.

BARLACA, cév., v. a. Mouiller, tremper, plonger, agiter dans l'eau ; *se barlacá*, v. r., se vautrer dans l'eau et dans la boue. — Ety., *barlac*.

BARLACADO, cév., s. f. Mouillure, l'action de se tremper dans l'eau, de se vautrer dans la boue. — Ety., part. f. de *barlacá*.

BARLAN, s. m. Brelan ; jeu de cartes ; par ext. maison de jeu. — Syn. *berlan*. — Esp., *berlanga*. — Ety., all., *bertling*, petite planche, table sur laquelle on joue.

BARLANBASTI, toul., s. m. Jeu de la mouche.

BARLANDIA, v. n. Brelander, hanter les brelans. — Ety., *barlan*.

BARLANDIER, s. m. Brelandier, joueur de profession ; celui qui fait jouer le brelan. B. lim., *borlondier, ièiro*, entremetteur, euse. — Ety., *barlan*.

BARLANTIN, prov., s. m. Espèce de raisin.

BARLIC-E-BARLOC, prov., loc. adv. De côté et d'autre ; *ab hoc et ab hác*.

BARLINGAU, BARLINGOT, s. m. V. Berlingau.

BARLINGO-BARLANGO, s. f. Bruit de la sonnerie des mulets et autres bêtes de somme qui marchent lentement ; loc. adv., confusément, inconsidérément, bruyamment : *Aná barlingo-barlango n'avoir pas de suite dans ses affaires, au propre aller tout de travers.* — Syn. *baringo-barango, barisco-barasco.*

BARLOCO, s. f. Breloque, bijou ou curiosité de peu de valeur ; bijou qu'on suspend à la chaîne d'une montre. *Batre la barlocco,* battre la caisse pour la distribution du pain, de la viande, etc. Au fig., battre la campagne ; il se dit d'une personne qui a l'esprit un peu dérangé. — Syn. *berloco, breloco.* — Querc., *borloco.*

BARLUGO, s. f. V. Berlugo.

BARLURO, s. f. V. Berlugo.

BARLUTA, gasc., v. a. Mêler, en parlant des cartes. — Ety., altér. de *baluta,* pris dans un sens figuré, bluter, ou de *barruta,* tourner, retourner.

BARNAGE, BARNAGI, cév., s. m. Confusion, trouble, fouillis, embarras ; hardes, meubles entassés sans ordre ; multitude. En roman, baronnage, noblesse.

BARNAT, s. m. V. Bernat.

BARNIGAU, prov., s. m. Sébile, espèce de baquet dont se servent les vendangeurs pour remplir les barils de transport.

BARNIS et ses dérivés. V. Vernis.

BARNISSENCO, prov., s. et adj. f. Nom d'une espèce de figue tardive. — Syn. *bernissenco, vernissenco.*

BARNISSOTO, prov., s. et adj. f. Espèce de figue. V. Bourjassoto.

BARO, cév., s. f. V. Barro.

BARON, BAROUN, o, s. m. et f. Bar, baron, baron, baronne. — Cat., *baro, barona* ; esp., *baron, baronesa* ; ital., *barone, baronessa.*

En terro de baroun
Noun plantes toun bourdoun ;
E s'y lou plantos, noun lou plantes prioun.
Anc. pro.

BAROU, s. m. (baroù). Bouton, pustule ; trou fait par un ver à une futaille. V. Varoun.

BAROUCHI, dauph., s. m. Mannequin, fantôme pour effrayer les oiseaux.

BAROUL, s. m. V. Barroul.

BAROUNEJA, v. n. Faire le baron, le grand seigneur, se panader. M. sign. que *se pavaná.* — Ety., *baroun.*

BAROUNIÉ, s. f. Baronia, baronnie, seigneurie de baron, qui n'est plus aujourd'hui qu'un titre. — Syn. *barounio* ; esp., ital., *baronia.* — Ety., *baroun.*

Boun mestié
Val barounié.
Pro.

BAROUNIO, s. f. V. Barounié.

BARQUEIROLO, s. f. Barquerolle. — Syn. *barqueto.* — Ety., dim. de *barco.*

BARQUEIROU, prov., s. m. Batelier. — Syn. *barquier.* — Ety., *barco.*

BARQUEJA, v. a. Porter, transporter sur une barque ; v. n., naviguer sur un bateau, sauter d'un bateau à l'autre ; nager entre deux eaux ; au fig. changer de parti suivant les circonstances. — Cat., port., *barquejar* ; esp., *parquear.* — Ety., *barco.*

BARQUEJAIRE, s. m. Batelier, nautonnier. — Ety., *barquejá.*

BARQUET, s. m. Batelet, petite barque ; baquet, caisse ordinairement de bois qui sert à divers usages ; auget ; *barquet de manobro,* auget à mortier. — Ety., dim. de *barco.*

BARQUETADO, BARQUETAT, s. Plein un baquet. — Ety., *barquet.*

BARQUETO, s. f. Barquerolle, petite barque ; *faire barqueto,* nager le ventre en haut, faire la planche ; gâteau fait avec de la farine et des œufs, dont on échaude la pâte avant de la mettre au four. *Manjo-barquetos* est, à Béziers, synonyme de gourmand. — Syn. pour le sens de petite barque, *barquet, barcot, barqueirolo, barquilhou.* — Cat., esp., port., *barquela* ; ital., *barchetta.* — Ety., *barquet.*

BARQUIER, s. m. Batelier, conducteur d'un bateau, passeur d'un bac. — Cat., *barquer* ; esp., *barquero* ; ital., *barquiere* ; b. lat., *barquarius.* — Ety., *barco.*

BARQUILHOU, s. m. Très-petite barque. V. Barqueto.

BARQUIN, GASC., s. m. Auge, bassin; soufflet de forge; B. LAT., *barquile*. — ETY., *barco*.

BARQUINET, s. m. Petite auge. DIM. de *barquin*.

BARQUIU, PROV., s. m. BARQUIU, auge; réservoir, bassin, vivier; fosse de savonnerie. DIM. de *barco*.

BARRA, DAUPH., s. m. V. Barral.

BARRA, v. a. BARRAR, barrer, clore, fermer avec une barre, fermer de toute autre manière; boucher, serrer; faire tourner la vis d'un pressoir au moyen d'une barre; barioler en parlant d'une étoffe; rayer, quand il s'agit d'une chose écrite,

Las portas an BARRADAS e fermadas.
CHRON. DES ALBIGEOIS.

CAT., *barrar*; ESP., *barrear*; ITAL., *barrare*. — ETY., *barro*.

BARRABAS, s. m. N. d'homme. On l'applique aux personnes dépourvues de jugement et d'éducation qui parlent à tort et à travers, tantôt dans un sens, tantôt dans un autre; *es counescut coumo Barrabas à la Passiéu*, il est connu de tout le monde, il est connu comme le loup blanc.

BARRABIN-BARRABAN, adv. Onomatopée qui exprime le bruit d'un corps qui tombe en heurtant d'autres corps retentissants.

BARRABIU, TOUL., s. m. Ogre, moine bourru. V. Barban.

BARRACA, v. n. Baraquer, faire des baraques; *se barracá*, se baraquer, se construire des baraques.

BARRACAN, s. m. BARRACAN, baracan ou bouracan, étoffe de laine rasée, dont la chaîne est filée plus gros que la trame. — SYN. *bourracan*. — CAT., *barragam*; ESP., *barragan*; ITAL., *baracane*. — ETY. B. LAT., *barracanus*.

BARRACANAT, ado, adj. Bariolé, e, tacheté, moucheté, tavelé. — SYN. *bracanat, margalhat, mirgalhat*.

BARRACO, s. f. Baraque, cahute de pêcheur, hutte, cabane avec des feuillages ou des branches d'arbre; petit logement, échoppe, etc.; *es qu'uno barraco*, se dit d'une mauvaise petite maison. — QUERC., *boraco, boticolo*; CAT., ESP., *barraca*; ITAL., *barracca*.

BARRADIS, isso, adj. Ce qui peut se fermer, se couvrir: *uno caisso barradisso*, une caisse qui a un couvercle; *coutèl barradis*, couteau dont la lame entre dans le manche; *barradisso*, s. f., l'action réitérée d'ouvrir et de fermer souvent une porte. — ETY., *barrá*, fermer.

BARRADO, s. f. Coups de barre, volée de coups de bâton; serre, action d'exprimer au moyen d'un pressoir à barre l'huile des olives et le vin des raisins; prohibition d'exporter les blés d'un pays; embargo, défense de sortir d'un port. — ETY., part. f. de *barrá*.

BARRADURE, BÉARN. V.

BARRADURO, s. f. BARRADURA, clôture, fermeture, barrière pour défendre l'entrée d'un pré ou de toute autre terre; *acò sentis la barraduro*, cela sent le remugle. — ETY., part. f. de *barrá*.

BARRAGE, s. m. Barrage, jetée ou chaussée pour arrêter, détourner ou faire refluer l'eau d'une rivière; barrière qui ferme un chemin. — ETY., *barrá*.

BARRAIRE, BITERR., s. m. Ouvrier d'un pressoir qui en serre l'écrou au moyen d'une barre. — ETY., *barrá*, serrer avec une barre.

BARRAL, BITERR., s. m. BARRIAL, baril, barillet, tonnelet dans lequel les journaliers et les autres cultivateurs portent leur provision de vin pour la journée. Le *barral* était autrefois une mesure vinaire. — SYN. *barrau, barruchèu, barrial*. — DAUPH., *barrá*. — ETY. GAÉLIQUE, *baraille*.

Tant val la saco coumo lou BARRAL.
PRO.

Tant vaut Pierre comme Jacques.

BARRALÉ, CÉV., s. m. Capron; haie de fraisiers sauvages. Il est aussi synonyme de *barralet*.

BARRALET, s. m. Très-petit baril. Dim. de *barral*.

Quand on a fach del BARRALET,
S'escampo contro la paret.
PRO.

Quand on n'a plus besoin d'une personne d'une condition inférieure, on en fait fi.

BARRALET, s. m. Ce nom est commun aux diverses espèces de muscaris, plantes de la fam. des liliacées: au muscari à toupet, *Muscari comosum* ou *Hyacinthus comosus*, connu vulgairement sous les noms de *couguiou* et de *amarun*; au *Muscari botryoides*, dont les fleurs plus petites sont d'un bleu plus clair que celles de la première espèce qui tombent sur le brun; et au muscari à grappes, *Racemosum*. Les muscaris ou *pourriols* sont des plantes bulbeuses, voisines des hyacinthes. — Syn. *barrelet*. — Ety., le nom de *barralet* donné aux muscaris est tiré de la forme de leurs fleurs.

BARRALH, béarn., s. m. Barricade, haie, palissade, enclos bien fermé. — Ety., *barrá*, barrer, fermer.

BARRALHA, béarn., v. a. Clore, fermer, entourer d'une clôture ou d'une haie. — Syn. *baragná, baralhá*. — Ety., *barralh*.

BARRALHA, prov., v. a. Transporter le vin dans le baril appelé *barral*. — Syn. *barrelhá*.

BARRALHAIRE, prov., s. m. Celui qui transporte le vin dans des barils. — Syn. *barrelhaire*. — Ety., *barralhá*.

BARRALHER, s. m. Boisselier; il désigne aussi celui qui transporte le vin dans des barils. V. Barralhaire.

BARRALHO, gasc., s. f. Fermeture, haie, claire-voie; cabane faite avec des branchages, appelée *emparence*, par les chasseurs de ramiers, où l'un d'eux se tient caché pour lâcher le filet sur ces oiseaux au moment de leur passage. — Syn. *baragno*. — Ety., *barralh*.

BARRALHOU, BARRALHON, s. m. Banc de sable sous-marin à l'embouchure d'une rivière, ou quelquefois à la jonction de deux rivières. On dit proverbialement, à Agde, d'une personne perdue sans ressource : *o la pró sul baralhoun*, elle a la proue ensablée. — Ety., *barro*, dont *barralhou* est un diminutif.

BARRALIN-BARRALAN, loc. adv. V. Balin-balan.

BARRAMENT, s. m. Serrement de cœur, d'estomac; saisissement; *barrament de cor, d'estoumac*. — Ety., *barrá*.

BARRANCO, s. f. Barreau de chaise, d'échelle; au fig. *vielho barranco*, vieille déhanchée, vieille femme sale et dégoûtante.

BARRANCOU, gasc., s. m. Barreau d'une chaise, d'une échelle, des ridelles d'une charrette, etc. — Ety., dim. de *barranco*.

BARRAQUETO, s. f. Petite baraque, petite cabane, petite chaumière. — Esp., *barraqueta*; ital., *barraccuzza*. Dim. de *barraco*.

BARRAQUETO, cast., s. f. Escarole, espèce d'endive à larges feuilles que l'on mange en salade comme la laitue.

BARRASSEGO, agat., s. f. Objet de peu de valeur, marchandise de pacotille : *Acò n'es que de barrassego*, ce n'est que de la pure drogue. — Ety., *bar*, boue, ordure.

BARRAT, ado. part. Barré, ée, clos, fermé; rayé, bariolé; bouché, borné, qui a peu d'intelligence.

BARRATIN, prov., s. m. Espèce de bonnet. V. Barretin.

BARRATO, s. f. V. Barato et Burrièiro.

BARRAU, prov., s. m. V. Barral; *barrau-loung*. V. Bouterlo.

BARRAVOUIRO, prov., s. f. Barre de porte, arc-boutant qui sert à la fermer. — Syn. *barrouiro*. — Ety., *barrá*, barrer, fermer.

BARRÉ, béarn., s. m. Mâchicoulis.

BARREA, gasc., v. a. Verser, renverser; béarn., *barrèyá*.

BARREIROUN, prov., s. m. Baquet d'un moulin à huile.

BARREJA, biterr., v. a. Barejar, mêler, mélanger, remuer avec violence, troubler; confondre; dévaster, détruire. — Syn. *abarrejá*. — Anc. esp., *barajar*; ital., *barrejar*.

BARREJA, prov., v. a. Charrier, transporter. — Syn. *barriá*. — Ety. all. *bahre*, civière.

BARREJADIS, s. m. Mélange, confusion; trouble, pêle-mêle; multitude. — Ety., *barrejá*.

BARREJAIRE, s. m. Celui qui fait un mélange ; PROV., celui qui charrie, qui transporte. — ETY., *barrejá*.

BARREJAT, ado, part. Mêlé, ée, mélangé ; remué, fortement secoué ; battu ; charrié, transporté.

BARREJO (A), loc. adv. Pêle-mêle. — SYN. *abarrejo*. — ETY., *barrejá*, mêler.

BARREL, s. m. V. Barrèu.

BARRELEJA, PROV., v. a. Porter çà et là ; v. n., se transporter d'un lieu dans un autre. — ETY., fréq. de *barrejá*.

BARRELET, s. m. V. Barralet.

BARRELHA, PROV., v. a. Transporter du vin dans un baril. V. Barralhá.

BARRELHAIRE, PROV., s. m. V. Barralhaire.

BARRELHER, PROV., s. m. V. Barralher.

BARRERE, BÉARN., s. f. V. Barrièiro.

BARRETADO, s. f. Salut fait avec le bonnet ou la barrette. — CAT., PORT., *barretada*. — ETY., *barreto*.

BARRETIN, s. m. Bonnet que l'on met aux jeunes enfants ; béguin. — SYN. *barratin*. — ETY., *barreto*.

BARRETO, s. f. Petite barre ; *barretos*, s. f. p., raies d'une roue, bâtons des ridelles. — ETY., dim. de *barro*.

BARRETO, s. f. BARRETA, BERRETA, BERRET, barrette, chaperon, bonnet ; barrette rouge des cardinaux ; bonnet d'enfant, béguin ; capiton ou soie grossière qui enveloppe immédiatement le cocon ; *a la barreto benido*, il a le bonheur en toutes choses. — SYN. *berreto*. — CAT., *barret* ; ESP., *birreta* ; ITAL., *berretta*. — ETY., *berret*.

BARRETOU, s. m. Petit bonnet d'enfant. — ETY., dim. de *barreto*.

BARRÈU, s. m. Barreau, petite barre de fer ou de bois : *porto à barrèus*, porte à claire-voie ; barreau, lieu où se placent les avocats pour plaider ; le corps des avocats. — SYN. *barrel*. — QUERC., *borrel*. — ETY., *barro*.

BARRÈYA, BÉARN., v. a. BAREIAR, verser. — GASC., *barreá*.

BARRÈYAT, ade, part. de *barreyá*. Versé, ée, répandu.

Bi BARREYAT nou bau pas aygue.
PRO. BÉARNAIS.

BARRI, s. m. BARRI, muraille, rempart, fortification ; au plur., *barris* signifie faubourg, ainsi appelé parce qu'il était situé immédiatement après le rempart.

BARRIS es veramen
Ditz so que fora vila
Es bastit senes guiza
Entorn e pres del mur.
GIRAUD RIQUIER.

CAT., *barri* ; ESP., *barrio* ; ANC. FR., *barri*. — ETY., *bar*, rempart.

BARRIA, PROV., v. a. Charrier, transporter. V. Barrejá.

BARRIAIRE, PROV., s. m. Porteur. V. Barrejaire.

BARRIAL, CAST., s. m. BARRIAL, baril. — SYN. *barrielo*. V. Barral.

BARRIALET, CAST., s. m. Petit baril. — ETY., dim. de *barrial*.

BARRIALET, CAST., s. m. Cocon d'une forme particulière qui a les deux bouts plus gros que le milieu ; paquet de cire filée qu'on fait bénir à la fête de la Purification.

BARRICADA, v. a. Barricader, faire une barricade, fermer, barrer une porte ; *se barricadá*, v. r., se barricader chez soi pour ne voir personne. — ESP., *barrear* ; ITAL., *barricare*. — ETY., *barricado*.

BARRICADO, s. f. Barricade, retranchement fait primitivement avec des barriques ; plein une barrique ; *uno barricado de muscat*, plein une barrique de muscat. — ESP., *barricada* ; ITAL., *barricata*. — ETY., *barrico*.

BARRICAIRE, s. m. Tonnelier, celui qui fait des barriques. — QUERC., *borricotier*. — ETY., *barrico*.

BARRICAT, CAST., s. f. V. Barricot.

BARRICHÈU, PROV., s. m. Espèce de baril ; baril de goudron que l'on brûle la veille des réjouissances publiques. — SYN. *barruchèu*. — ETY., *barril*.

BARRICO, s. f. BARRIQUA, barrique, gros baril. — QUERC., *borrico* ; ESP., *barrica*.

BARRICOT, s. m. Petite barrique qui contient ordinairement 110 litres, et qu'on appelait autrefois sixain, parce qu'elle contenait la sixième partie d'un muid de vin. — CAST., *barricat*. — ETY., dim. de *barrico*.

BARRIEIRAIRE, s. m. Préposé aux barrières; celui qui les ferme et les ouvre. — ETY., *barrièiro*.

BARRIÈIRO, s. f. BARRIERA, barrière, limite de l'octroi dans les villes; tout ce qui sert d'obstacle, et empêche de passer; retranchement, fortification.— SYN. *barrièro*. — BÉARN., *barrère*; ITAL., *barriera*. — ETY., *barrá*, fermer.

Dedins fan las BARRIERAS ab caus et ab morter.
CHRON. DES ALBIGEOIS.

BARRIELO, GÉV., s. f. Baril. V. Barrial.

BARRIEN, PROV., s. m. V. Barrilhoun.

BARRIER, GÉV., CAST., s. m. Pièce de bois servant à barrer une porte; bascule de puits de campagne, appelée aussi, *velier*, *balandran*, *caplevo*. — ETY., *barro*.

BARRIÉRO, PROV., s. f. V. Barrièiro.

BARRIL, s. m. BARRIL, baril, petite barrique. — SYN. *barriool*, *barrial*, *barriu*. — CAT., ESP., PORT., *barril*; ITAL., *barile*. — ETY., B. LAT., *barillus*.

BARRILHAT, s. m. Plein un baril. — ETY., *barril*.

BARRILHET, s. m. Barilhet. — CAT., *barrilet*; ESP., *barrilejo*; PORT., *barrithète*; ITAL. *bariglietto*. — ETY., dim. de *baril*.

BARRILHET, PROV., s. m. Luzerne arrondie, *Medicago tornata*, plante de la fam. des légumineuses. — ETY., *barrilhet*, parce que les fleurs de cette plante ont une forme qui se rapproche de celle d'un barilhet.

BARRILHO, AGAT., s. f. Petit baril contenant des sardines ou d'autres poissons salés. — ETY., *barril*.

BARRILHOU, BARRILHOUN, s. m. Filet ou réseau de corde à grandes mailles, attaché à deux barres de bois qui servent à le fermer, quand il a été rempli de paille, de luzerne ou de foin. On dit aussi *trousso* — SYN. *barrien*, *barrioun*, *bearri*. — ETY., dim. de *barro*.

BARRILIER, ière, PROV., s. m. et f. Porteur d'eau, porteuse d'eau de la ville d'Arles, qui se servent de barils au lieu de seaux. — SYN. *barralher*. — ETY., *barril*.

BARRIOUN, s. m. V. Barrilhoú.

BARRIS, s. m. p. Jeu des barres. V. Barros.

BARRIU, BÉARN, PROV., s. m. V. Barril.

BARRO, s. f. BARRA, pièce de bois ou de fer étroite et longue; perche, latte, bûche; *barro de prenso*, barre qui sert à tourner la vis d'un pressoir; *barro d'un galinier*, juchoir pour les poules; *barro de carreto*, barre pour enrayer une charrette; *barro d'escrituro*, *de musico*, ligne d'écriture, de musique; T. de mar., gouvernail. *Barros*, s. f. p., barres, jeu de course; en parlant du cheval, barres, intervalle qui existe de chaque côté de la mâchoire inférieure entre les dents molaires et les incisives et dans lequel on place le mors. Dans la basse Provence, on donne le nom de *barros* au galipot, espèce de résine, qui est ainsi appelée parce qu'en se desséchant elle forme des barres. — ESP., ITAL., *barra*. — ETY., *kymri*, *bar*, branche.

BARROT, BITERR., s. f. Petite barre, barre courte, bâton, gourdin; rondin; briques qu'on emploie pour les cloisons, les cheminées. — SYN. *barrou*, *barroun*. — QUERC., *borrou*. — ETY., dim. de *barro*.

BARROU, BITERR., s. m. Traverse de bois, rondin qui sert à soutenir les tables de vers à soie; traverse de chaise, de fauteuil, etc. V *barrot*. Il signifie aussi sparte; mais c'est une altération de *espartou*.

BARROUADO, PROV., s. f. Grande quantité, multitude, grand nombre.

BARROUIRE, PROV., s. m. Gros bâton, bras d'une chaise. — ETY., *barrou*.

BARROUIRO, PROV., s. f. V. Barravouiro.

BARROUL, BITERR., s. m. BERROLH, VERROLH, verrou, barre de fer qui va et vient entre deux anneaux ou crampons et qui sert à fermer les portes. — SYN. *beroul*, *bourroul*. — ETY., *barro*.

BARROULA, PROV., v. n. Rouler, errer dans divers lieux, vaguer, vagabonder; rouler au fond; v. a., rouler, tourner, retourner, plier en rouleaux; *barroulá lous escaliers*, dégringoler l'escalier; *barroulá las carrieros*, courir les rues. — SYN. *barroulejá, barroulhá, barrulá, barrunlá*. — ETY., *bar*, préf. pejoratif et *roulá*, du bas. lat. *rotulare*, rouler; *barroulá*, se prend le plus souvent en mauvaise part.

BARROULAIRE, s. m. Rôdeur, vagabond, qui va et vient sans dessein, voyageur. — SYN. *barrulaire, barroulejaire, barrunlaire, barroulhaire, baroulho, bourroyo*. — ETY., *barroulá*.

BARROULEJA, v. n. et a. Fréq. de *barroulá*. V. ce mot.

BARROULEJAIRE, s. m. V. Barroulaire.

BARROULHA, v. a. Verrouiller, fermer au verrou. — SYN. *berouiá, berroulhá, bourroulhá*. — ETY., *barroul*.

BARROULHA, PROV., v. n. Rôder, courir çà et là; folâtrer, jouer. V. Barroulá.

BARROULHAIRE, PROV., s. m. Rôdeur, coureur, éventé. — SYN. *barroulho*. V. Barroulaire.

BARROULHO, PROV., s. f. V. Barroulaire.

BARROUN, PROV., s. m. Bâton, barre ronde; gourdin; GASC., espèce de brique. V. Barrot et Barroú.

BARROUNA, PROV., v. a. Bâtonner, donner des coups de barre, de bâton. — ETY., *barroun*.

BARROUNTA, PROV., v. a. Brandiller, balancer; *se barrountá*, v. r., se balancer. — ETY., *barroun*, barre avec laquelle on fait une bascule.

BARRUCHEU, PROV., s. m. Barillet. — V. Barricheu.

BARRUGO, BITERR., s. f. Verrue. V. Verrugo.

BARRUJOUS, O, PROV., adj. Couvert, e, de verrues. — ETY., *barrugo*.

BARRULA, v. n. et a. Rouler; errer, vagabonder. V. Barroulá.

BARRULAIRE, s. m. Rôdeur. V. *Barroulaire*; il signifie aussi, rouleau à émotter.

BARRULO, PROV., s. f. Descente, pente. — SYN. *barrunlo*.

BARRUNLA, CÉV., v. n. et a. V. Barroulá.

BARRUNLAIRE, CÉV., s. m. V. Barroulaire.

BARRUNLO, CÉV., s. f. Pente sur laquelle on risque de rouler, descente, précipice. — SYN. *barrulo*. — ETY., *barrunlá*.

BARRUO, s. f. V. Verrugo.

BART, s. m. BART, argile, limon; en roman, tache, marque. V. Bar.

BARTABELA, v. a. Bartavelá.

BARTALAI, BARTARAI, PROV., s. m. Nom commun à tous les grands chardons, et qu'on donne particulièrement au cirse épineux. — ETY. ROMAN, *barta*, hallier.

BARTAROT, PROV., s. m. Troc, échange; mariage dans le langage familier.

BARTAS, s. m. BARTA, hallier, buisson, touffe de ronces et d'épines; PROV., essui, séchoir, parce qu'on y étend le linge; BITERR., au plur., *bartasses*. — SYN. *bertas*. — ETY. B. LAT., *barlas*.

BARTASSADO, s. f. Grande touffe de buissons. — ETY., *bartas*.

BARTASSAS, s. m. Grand buisson. — ETY., augm. de *bartas*.

BARTASSEJA, v. n. Fouiller les buissons pour y chercher des champignons, des asperges sauvages, des nids d'oiseaux; pour en faire sortir les lapins, en parlant d'un chien: *Dins las garrigos de Coussergues de et de Clairac cal de chis que bartassejou*, dans les garrigues de Coussergue et de Clairac il faut avoir des chiens qui fouillent les buissons. — ETY., *bartas*.

BARTASSEJAIRE, adj. Il se dit d'un chien basset ou griffon qui fouille les buissons; on dit aussi *bartassier*. — ETY., *bartassejá*.

BARTASSIER, adj. *Chi bartassier*, chien qui fouille les buissons; *faucil bartassier*, serpe pour couper les branches des buissons. — ETY., *bartas*.

BARTASSOU, s. m. Petit buisson; à

Agde on appelle le troglodyte *rodobartassou*. V. Petouso. — Syn. *bartassoun*. — Ety., dim. de *bartas*.

BARTAUERO, gasc., s. f. Penture, ferrure de porte. — Syn. *bartavelo*, *palastracho*.

BARTAVEL, s. m. Loquet. V. Bartavelo.

BARTAVELA, v. a. Fermer au loquet, m. sign. que *cadaulá*. — Ety., *bartavel*.

BARTAVELO, s. f. Perdrix bartavelle, oiseau de l'ordre des gallinacées, *Perdix saxatilis*, un peu plus grosse que la perdrix rouge et qui n'a point comme elle des taches noires isolées sur la poitrine, ce qui l'en distingue. — Ety., *bartavelo*, loquet, parce que le chant de cet oiseau a quelque rapport avec le bruit d'un loquet qu'on remue ; ou le roman, *barta*, hallier, broussailles, parce qu'il s'y cache quand on le chasse.

BARTAVELO, cév., s. f. Loquet. prov., *bartavelos*, s. f. p., espèce de tour qu'on attache sur le bât d'un âne ou d'un mulet au moyen duquel une personne peut charger seule ces bêtes de somme. — Syn. *bégnos*, *cargastiéros*. — Ety. d. lat., *bartavella* pour *vertevella*, chose qui se tourne, anneau.

BARTAVÈU, elo, prov., adj. Étourdi, e, écervelé ; *bartavéu de moulin*, s. m., claquet de moulin. V. Batarèu.

BARTISSADO, cév., s. f. Haie, clôture. V. Baragnado. — Ety., altér. de *bartassado*.

BARTO, gasc., s. f. Bois, forêt située dans une plaine. — Ety. roman., *barta*, bocage, hallier, broussailles.

BARTO, gasc., s. f. Filet pour prendre le poisson, qui a la forme d'une bourse.

BARTOCOUJO, cast., s. et adj. Nigaud, niais, imbécile.

BARTOLO, cast., s. m. Homme sans souci.

BARTOLO, BARTORO, prov. s. f. Ces mots ne s'emploient que dans cette phrase : *croumpá à bartolo* ou *à bartoro*, acheter en bloc. — Syn. *croumpá à basard*.

BARTOULHA, prov., v. n. Brocanter, échanger, troquer. — Ety., *bartolo*.

BARTHOULHAIRE, s. m. Brocanteur. — Ety., *bartoulhá*.

BARTOUNEJA, v. n. Bredouiller. V. Bretounejá.

BARTUEL, gasc., s. m. Verveux. V. Vertoulet.

BARUFA, dauph., s. f. Moue : *fare la barufa*, faire une mine refrognée.

BARULA, v. a. Bluter. V. Barutelá.

BARULA, cév., v. n. Rouler, rôder. V. Barroulá.

BARUSCLA, prov., v. a. Hâler par le soleil ; brûler par le froid. — Ety., *bar*, préf. péjor., et *usclá*, brûler.

BARUT, prov., s. m. *Mandá à barut*, envoyer paître, envoyer à tous les diables.

BARUTA, v. a. V. Barutelá.

BARUTEL, cév., toul., s. m. Barutel, blutoir, bluteau, tamis qui sert à séparer la farine du son ; au fig. grand babillard. — Syn. *balutèu*, *barilel*. — Ety., *bure*, étamine, d'où *buretel*, *barutel*. Il signifie aussi traquet de moulin. V. Batarel.

BARUTELA, cév., v. a. et n. Barutelar, bluter ; au fig. brailler, parler très-haut et de manière à faire le même bruit qu'un traquet de moulin. — Syn. *barulá*, *barutá*. — Ety., *barutel*.

BARUTELAIRE, s. m. Celui qui blute la farine ; au fig. braillard. — Ety., *barutelá*.

BARUTELHÈIRO, s. f. Grand coffre qui renferme le bluteau ; au fig. grand mangeur, glouton. On dit à Béziers *mouli à passá la farino*. — Ety., *barutel*.

BARUTO, s. f. V. Barutelhèiro.

BAS, BASSO, adj. Bas, bas, basse, qui a peu de hauteur ; profond ; au fig. vil, abject, rampant ; peu considérable ; *home de basso-ma*, homme de basse condition. *A bas*, par terre ; *en bas*, en bas ; *de vi dau bas*, de la baissière, le reste du vin quand on approche de la lie ; *aici-bas*, *aici-de-bas*, ici-bas ; s. m., le bas, la partie basse ; *lou de bas*, le rez-de-chaussée ; bas, vêtement qui sert à couvrir le pied et la jambe, biterr., *debas*. — Syn. pour *bas*, adj. *baig*, *baix*. — Ety. lat., *bassus*.

BASA, v. a. Baser, fonder ; *se basá*, v. r., se baser, se fonder, s'appuyer sur. — Ety., *baso*.

BASACLE, s. m. Basacle, nom d'un grand moulin à farine à Toulouse ; il se prend en mauvaise part pour désigner un objet d'une grande dimension : *aquelos botos sou de basacles*, ces bottes sont beaucoup trop grandes ; il se dit aussi d'un grand local délabré.

BASALI, BASALIC, s. m. V. Basilic.

BASANA, prov., v. a. V. Bazaná.

BASANADO, s. f. Niaiserie, bêtise. V. Bajanado.

BASANAT, ado, adj. Basané, ée, hâlé, qui a la couleur de la basane. — Querc., *bosonat*. — Ety., *basano*.

BASANO, s. f. Basane, peau de mouton tannée. — Esp., port., *badana*. — Ety. arab., *bithânet*, peau de mouton tannée.

BASANT, prov., s. m. Balancement. — Syn. *balans*.

BASANTA, prov., v. a. Ébranler, secouer, balancer. — Ety., *basant*.

BASANTAMENT, prov., s. m. Balancement. — Syn. *basantá*.

BASANUT, udo, cast., adj. Ventru, e.

BASAR, s. m. V. Bazar.

BASCALA, cast., v. n. Éclater de rire, rire aux éclats, faire de grands éclats de rire. — Syn. *bascalhá*. — Montp., *bascará*.

BASCALADO, cast., s. f. Grand éclat de rire. — Syn. *bascalal*. — Ety., part. f. de *bascalá*.

BASCALAL, cast., s m. V. Bascalado.

BASCALHA, v. n. Caqueter, criailler, faire du tapage, se plaindre avec éclat. — Montp., *bascará*. — Ety. roman., *basca*, querelle, train, tapage, employé dans les vers suivants du *Breviari d'Amor* :

Ges el per tan no s'irasca,
Nis rancur nin mene BASCA.

Qu'il ne se mette pas pour cela en colère, qu'il ne se fâche pas et qu'il ne mène pas de bruit.

BASCALHEJA, cast., v. n. Fréq. de *bascalhá*. V. ce mot.

BASCARA, montp., v. n. Faire tapage. M. sign. et m. éty. que *bascalhá*.

Cridarai,
Bascarai ;
E que l'enveja vous prenga
De n'auzá levá la lengua.....

Favre.

BASCAROT, prov., s. m. Bâtard ; ce mot paraît être une altération du roman *bastardo*, petit bâtard. V. Bastardot.

BASCHERE, béarn., s. f. Vaisselle. V. Vaisselo.

BASE, gasc., v. n. Naître. — Syn. *baje*. — Béarn., *bade*. V. Naisse.

BASELI, cast., s. m. V. Basilic ; *baseli salbage*, clinopode commun, *Calamintha clinopodium*, plante de la fam. des labiées.

BASESTRIU, prov., s. m. Chaussette.

BASI, prov., v. n. *Me fas basi*, tu me fais pitié ; *me fas basi de rire*, tu me fais crever de rire. — Ety., anc. ital., *basire*, être près de mourir, s'évanouir.

BASI, do, prov., part. Exténué, ée ; *basi de fam*, mort de faim. — Syn. *basilioto*. — Ety. ital., *basito*, part. de *basi*, mort, évanoui.

BASIA, prov., v. n. Altér. de *babilhá*. V. ce mot.

BASIAIRE, prov., s. m. V. Babilhaire.

BASILI, gasc., s. m. V. Basilic.

BASILIC, s. m. Basilic, basilic, plante labiée originaire des Indes, annuelle, très-odorante. Le basilic romain, ou basilic à grandes feuilles, est appelé *aufabrego*. V. ce mot. — Syn. *basali, basalic, basili, balicot, baseli, belaricot, belicot*. — Ety., *basilisca* de βασιλίσκος, petit roi.

BASILIC-SAUVAGE, s. m. Trèfle puant, *Psoralea bituminosa*, plante de la fam. des papilionacées, qui répand une odeur très-forte de bitume. N. div. : *cabrèireto pè-de-poulo, engraisso-moutous, cabridoulo, limaucado*. On donne aussi le nom de *basilic sauvage* au clinopode commun.

BASILIC, s. m. Basilesc, basilic, basilic, serpent fabuleux qui donnait la mort par un seul de ses regards s'il voyait l'homme le premier.

Vere de BASILICS es tan fort que totas herbas sobre lasquals BASILICS passa uscla.
ELUCIDARI,
Le venin de BASILIC est si violent qu'il brûle toutes les herbes sur lesquelles il passe.

ANC. CAT., *basilics*; ESP., ITAL., *basilisco*. — ETY. LAT., *basiliscus*.

BASILICO, s. f. Basilique, église remarquable par sa grandeur, église principale. — ESP., ITAL., *basilica*; du lat. *basilica*.

BASILICON, s. m. BASILIGON, basilicon, espèce d'onguent. — CAT., ESP., *basilicon*; ITAL., *basilico*. — ETY., βασιλικος, royal.

BASILIOTO, CÉV., s. m. Maigre, défait, exténué, faible au moral comme au physique. — ETY., *basi*, *basit*.

BASIO, PROV., s. f. Altér. de *babilho*. V. ce mot.

BASIT, ido, part. V. Basi.

BASO, s. f. BAZA, base, tout ce qui sert de soutien à quelque corps posé dessus; au fig. principe, fondement, appui, soutien. — CAT., ESP., *basa*; PORT., ITAL., *base*. — ETY. LAT., *basis*, fondement.

BASOUA, PROV., v. a. Rosser, frapper rudement.

BAS-RELÈU, s. m. BAS-RELEU, bas-relief, ouvrage de sculpture en saillie sur un fond uni. — ITAL., *basso-rilievo*. — ETY., *bas*, bas, peu saillant, et *relèu*, relief.

BASSA, PROV., s. m. V.

BASSAC, CÉV., s. m. Sac; *boutá à bassac*, mettre à bas, mettre sens dessus dessous; *bassac* se dit aussi de l'étoupe la plus grossière. En roman, *bassac*, signifie bissac.

BASSACA, CÉV., QUERC., v. a. Cahoter, secouer, ballotter. — SYN. *bajacá*, *batsacá*. — ETY., *bassac*, secouer comme dans un sac.

BASSACADO, s. f. Secousse, ballottement; cahotage d'une voiture. — SYN. *bassacament*. — ROUERG., *bossocado*. — ETY., part. f. de *bassacá*.

BASSACAMENT, s. m. V. Bassacado.

BASSACHAS, PROV., s. m. Coup, secousse qu'on éprouve dans une chute. — ETY., *bassachá*, pour *bassacá*.

BASSACHASSO, s. f. Grande paillasse, gros sac. — ETY., augm. de *bassacho*.

BASSACHETO, PROV., s. f. Petite paillasse, petit sac. — SYN. *bassachoun*, *bassacoun*. — ETY., dim. de *bassacho*.

BASSACHO, s. f. Paillasse de lit. V. Bassaco.

BASSACHOUN, s. m. V. Bassacoun.

BASSACO, s. f. Paillasse de lit. — SYN. *bassacho*, *marfego*, *palhasso*. — ETY., *bassac*.

BASSACOUN, PROV., s. m. Petit sac, petite paillasse. — SYN. *bassacheto*, *bassachoun*, *bassaqueto*. — ETY., dim. de *bassaco*.

BASSAMENT, PROV., adv. V. Bassoment.

BASSAQUETO, PROV., s. f. Petit sac, petite paillasse, poche que les revendeuses suspendent au-devant de leur ceinture; au fig. petit homme. — ETY., dim. de *bassaco*.

BASSAQUIER, PROV., s. m. et adj. Olivier qui produit un sac d'olives. — ETY., *bassac*, sac.

BASSAREL, s. m. Battoir; MONTP., massue. V. Bacel.

BASSE, BITERR., s. m. Partie coudée de la charrue de bois qui reçoit dans sa partie basse les deux arcs-boutants de fer, *tendilhos*, qui assujettissent le cep ou dental, et, dans sa partie haute, le timon, *candelo*, qui y est attaché au moyen de deux brides de fer. — SYN. *cambet*, *cambeto*.

BASSEGO, CAST., CÉV., s. f. V.

BASSEGOU, **BASSEGOUN**, PROV., CÉV., s. m. Timon, flèche d'une charrue, *candelo*, *tiradou*, *timoù*, *guido*; longue barre à laquelle on attelle un cheval pour tourner la roue d'une noria, ou le brancard qui sert au même usage.

BASSEGUE, PROV., s. m. Mouton d'une cloche, grosse pièce de bois dans laquelle sont engagées les anses d'une cloche pour la tenir suspendue; c'est aussi une espèce de sangle. — M. SIGN., *ensoucament*.

BASSEL, s. m. V. Bacel.

BASSET, s. m. Basset, espèce de chien de chasse de petite taille ; il y a des bassets à jambes droites et des bassets à jambes torses. — ITAL., *bassoto* ; PORT., *baixote*. — ETY., dim. de *bas*.

BASSI, s. m. V. Baci.

BASSIAIRE, PROV., s. m. V. Debassaire.

BASSIBIER, CÉV., s. m. Berger en second d'un troupeau de brebis, qu'on appelle à Béziers *pastourel*, *pilhart*, petit berger. — ETY., *bassibio*.

BASSIO, CAST., s. f. Lèchefrite. V. Lecofrèio.

BASSIU, ibio, CÉV., s. m. et f. Agneau d'un an, jeune brebis, qui n'a pas encore porté. — SYN. *bedigas*, *bedigo*, *anouge*, *bourrec*, *bourrego*. — ROUERG., *bossibo*, *bossiu*.

BASSOMENT, adv. BASSAMENT ; bassement, en bas, en secret, à voix basse ; d'une manière basse et vile. — CAT., *baxament* ; ITAL., *bassamento*. — ETY., *basso*, et le suffixe *ment*.

BASSOUN, PROV., s. m. Petit bas. — BITERR., *debassoú*. — DIM. de *bas*.

BAST, s. m. BAST, bât, selle grossière à l'usage des bêtes de somme. — SYN. *bardo*, *bardoù*. — CAT., *bast* ; ESP., PORT., ITAL., *basto* ; du b. latin, *bastum*.

BAST, CÉV., s. m. Cals qui viennent aux mains de ceux qui manient de gros outils. — M. SIGN., *couissis*.

BASTA, v. n. Suffire. V. Abastá.

BASTA, v. a. BASTAR, bâter, mettre le bât ; part., *bastat*, *ado*. — SYN. *embastá*. — QUERC., *bostá*. — ETY., *bast*.

BASTA, GASC., v. a. Abattre, affaiblir.

BASTADO, PROV., s. f. Tout ce qu'on peut mettre sur un bât, charge, fardeau. — ETY., part. f. de *bastá*.

BASTANSO (A), loc. adv. Assez, suffisamment. — PORT., *a bastança*. — ETY. *bastant*, suffisant.

BASTANT, o, part. p. de *bastá*. Suffisant, e : *l'aubo n'es pas encaro bastanto*, l'aube ne jette pas encore assez de clarté.

BASTARD, do, s. et adj. BASTARD, a, bâtard, e, né hors mariage ; au fig. homme de peu. Il se dit aussi des plantes et des animaux qui n'ont pas conservé la pureté de leur espèce ; *escrituro bastardo*, écriture qui est entre la ronde et l'italienne. — CAT., *bastard* ; ESP., PORT., ITAL., *bastardo*. — ETY., *bast*, bât, et la finale, *ard* ; on disait autrefois : *fille de bast* pour *bâtarde*.

BASTARDALHO, s. f. Terme de mépris pour désigner les bâtards en général, ou ceux d'un même père, ou ceux d'une même mère. — ETY., *bastard*.

BASTARDEL, s. m. Batardeau, digue faite dans une rivière avec des pieux, des planches, de la terre et des fascines. — ETY., *bastard*, *bastardet*, digue bâtarde. — SYN. *bastardèu*.

BASTARDÈU, PROV., s. m. V. Bastardel.

BASTARDIER, s. m. Celui qui va porter les enfants naturels des hôpitaux au lieu où ils doivent être nourris, ou celui qui vient les y chercher. — ETY., *bastard*.

BASTARDIÈRO, PROV., s. f. Batardière, pépinière de sauvageons ; de *bastard*, sauvageon.

BASTARDIGE, s. m. V.

BASTARDISO, s. f. Bâtardise, position de celui qui est né bâtard. — ESP., *bastardia* ; ITAL., *bastardigia*. — ETY., *bastard*.

BASTARDOT, s. m. V.

BASTARDOU, **BASTARDOUN**, s. m. BASTARDO, petit bâtard. — SYN. *bascarot*. ITAL., *bastardello*. — ETY., dim. de *bastard*.

BASTARDUEGNO, CÉV., s. f. Bâtards en général. — ETY., *bastard*.

BASTAU, PROV., s. m. Charançon iris, *Curculio iris*, insecte qui nuit aux châtaigniers.

BASTE, BASTO, adv. Assez, il suffit, bref, en un mot, enfin ; *baste*, interj. baste ; *baste per acò*, baste pour cela ! passe pour cela ! il signifie aussi, plût à Dieu ! *baste que*, loc. conj., pourvu que, plût à Dieu que. — ETY. ROMAN., *bastar*, suffire.

> Basto pourguesse estre l'herbeto,
> Que, lou vespre, Rosalieto,
> Pautris an soun pè mignounet !
> B. FLORET.

BASTEJA, CÉV., v. n. Porter le bât.

On dit d'un bât bien fait : *bastejo bèn*. — Ety., *bast*, bât.

BASTET, s. m. Petit bât ; sellette de la limonière qui soutient sur le dos du cheval, au moyen de la sous-ventrière et de la dossière, les deux bras de la charrette. — Dim. de *bast*.

BASTEX, béarn., part. Bâti.

BASTI, v. a. Bastir, bâtir, construire en maçonnerie, en briques, en planches, etc. ; établir, créer, faire ; *basti un vaissel*, construire un vaisseau ; *qual m'a bastit aquel marrit coulá ?* qui m'a fait ce mauvais garnement ? part., *bastit, ido*. — Anc. cat., anc. esp., *bastir* ; anc. ital., *bastire*.

S'emprountos per basti. bastiras per vendre.
Pro.

BASTICHÈIRE, prov., s. m. V. Bastissèire.

BASTIDAN, o, cév., s. m. et f. Habitant, e, d'une maison de campagne, campagnard ; par ext. villageois. — Ety., *bastido*.

BASTIDAS, BASTIDASSO, s. Maison de campagne délabrée, masure, grande bâtisse. — Augm. de *bastido*.

BASTIDO, s. f. Bastida, métairie, maison de campagne avec un logement. — Syn. *bastio* ; anc. ital., *bastita*. — Ety., part. f. de *basti*.

BASTIDOUN, BASTIDOUNO, prov., s. Petite maison de campagne ; vide-bouteille. — Dim. de *bastido*.

BASTIER, cast., prov., s. m. Bastier, bâtier, bourrelier. — Cat., *bastèr* ; esp., *bastero* ; ital., *bastiere*. — Ety., *bast*, bât.

BASTIERO, prov., s. f. Bât, bardelle. — B. lim., *bostino*. — Ety., *bast*, bât.

BASTIMENT, s. m. Bastiment, bâtiment, toute construction servant à loger hommes, bêtes, choses quelconques ; vaisseau. — Anc. cat., *bastiment* ; anc. esp., *bastimento*. — Ety., *basti*.

BASTIO, prov., s. f. Altér. de *bastido*.

BASTIOUN, s. m. Bastio, bastion, fortification, ouvrage de défense en saillie hors du corps de la place. — Esp., *bastion* ; ital., *bastione*.

BASTISSÈIRE, s. m. Bastidor, bâtisseur, ouvrier qui bâtit ; celui qui a la manie de bâtir. — Syn. *bastichèire*. — Ety., *basti*.

BASTISSO, s. f. Bastizo, bâtisse, construction en maçonnerie ; bâtiment. — Ety., *basti*.

BASTO, querc., s. f. Benne, petit vaisseau qui sert à charger les bêtes de somme pour transporter des grains, de la vendange, etc. ; grande toile pour couvrir les bateaux, les marchandises, etc. ; manne, grand panier d'osier ; banneau, vaisseau de bois pour le transport des liquides, tinette ; pièce de bois en écharpe pour assujétir provisoirement plusieurs autres pièces ; quantité de cercles qu'on met à chaque tête d'une futaille. B. lim., espèce de charrette sur laquelle on transporte les denrées ; mesure vinaire de cinquante litres.

BASTOS, cév., s. f. p. Basques d'un habit, ou de tout autre vêtement d'homme ou de femme. — M. sign., *panels*.

BASTOU, BASTOUN, s. m. Baston, bâton, morceau de bois assez long qu'on peut tenir à la main et qui sert à divers usages ; *bastoù de gabio*, perchoir ; *bastoù de galinier*, juchoir ; *gardá à bastoù plantat*, faire paître son troupeau dans le bien d'autrui à dessein prémédité. Prov., *bastoun-rimal*, entremetteur de mariages. — Cat., *basto* ; esp., *baston* ; ital., *bastone*.

BASTOU-DE-SANT-JACQUES, s. m. Rose trémière. V. Passo-roso.

BASTOUNA, v. a. Bâtonner, donner des coups de bâton ; au fig. biffer, rayer ; part., *bastounal, ado*, bâtonné, ée. — Cat., *bastonejar* ; ital., *bastonare*. — Ety., *bastoun*.

BASTOUNADO, s. f. Bastonada, bastonnade, volée de coups de bâton. — Esp., *bastonada* ; ital., *bastonata*. — Ety., part. f. de *bastouná*.

BASTOUNAS, s. m. Gros bâton. — Augm. de *bastoun*.

BASTOUNEJA, prov., v. a. Fréq. de *bastouná*. V. ce mot.

BASTOUNET, s. m. Petit bâton ; bâtonnet, jeu d'enfants. V. Sautarel. — Cat., *bastonet* ; ital., *bastonello*. — Dim. de *bastoun*.

BASTRENGO, PROV., s. Bastringue, bal de guinguette.

BASTUDO, s. f. Bastude, espèce de filet dont on se sert pour pêcher dans les étangs salés. — SYN. *batudo*, battue, action de battre l'eau pour pousser le poisson dans le filet qui a probablement tiré son nom de cette action.

BAT, CÉV., ROUERG., adv. Il ne s'emploie que dans cette phrase : *dubert de bat en bat*, tout ouvert, des deux battants ; *dubert de bat en goulo* a la m. sign.

Ois efons d'Apoulloun, solut, joyo e sontat,
Ventre toujour forcit, gorjo de BAT-EN-BAT.
PEYROT.

BAT, B. LIM., s. m. V. Bast; c'est aussi une interjection qui se traduit par: bah! zeste ! tarare !

BAT, BÉARN., 2ᵉ pers. plur. ind. prés. du verbe *aná*, aller : *Qu'en bat releye*, vous allez en relire.

BATA, v. a. Brider, garnir d'un morceau de cuir le haut d'un sabot pour que le bois ne blesse pas le cou-de-pied.

BATACLA, CÉV., v. a. Bâcler une affaire ; l'expédier à la hâte.

BATACLAN, s. m. Bien, tout l'avoir d'une personne ; antiquaille , vieux meubles. *Bataclan* est une altération de *pataclan* dont l'étymologie vient de *patac*, patart, sorte de monnaie. C'est dans ce sens qu'on dit : *A fricassat tout soun bataclan*, il a dissipé tout son avoir. *Bataclan*, par onomatopée, signifie aussi bruit, tapage.

BATACO, BATACOD, BATCO, s. Bergeronnerette, ainsi appelée parce qu'elle remue sans cesse la queue. — CAST., *batocouo*.

BATAGUOULA, s. f. Casse-cou. V. Bataquiulo.

BATADIS, s. m. Petite tumeur qui vient ordinairement aux doigts : — SYN. *batedis*. — ETY., *bate*, à cause des battements ou élancements que cause cette tumeur avant de venir à suppuration.

BATADIS, isso, adj. Très-battu, très-fréquenté, en parlant d'un chemin, d'une rue. — ETY., *bate* pour *batre*.

BATADISSO, BITERR., s. f. Rixe, querelle dans laquelle des personnes en viennent aux mains.—ETY., *bate*, *batre*.

BATADO, s. m. Empreinte de la patte, du pied d'un animal, tel que bœuf, cheval, etc. — ETY., *bato*. V. ce mot.

BATADOU, BATADOUR, CÉV., s. m. Hie, demoiselle de paveur ; maillet qui sert à pulvériser le plâtre ; assemblage de cordes pour battre la bourre ; forcet.

BATADOUIRO, s. f. Battoir. V. Bacel.

BATAIOLO, s. f. C'est le nom que les marins des petites embarcations donnent à leur bastingage.

BATALH, s. m. BATALH, battant d'une cloche, d'une sonnette; battant d'une porte, claquet de moulin. — SYN. *batant*, *batau*. — CÉV., *matable* ; ITAL., *bataglio* ; B. LAT., *batallium*.

BATALHA, v. n. BATALHAR, batailler, contester, en venir aux mains ; lancer des pierres avec la fronde ; brailler, parler avec animation; mêler, mélanger ; part., *batalhat*, *ado*, mêlé, ée ; *se batalhà* ou *s'abatalhà*, se battre avec la fronde.—CAT., ESP., *batalhar* ; PORT., *batalhar* ; ITAL., *battagliare*. — ETY., *batalho*.

BATALHADE, BÉARN., s. f. Bruit répété. — ETY., *batalh*, battant de cloche, claquet de moulin.

BATALHAIRE, s. m. BATALHIER, BATALHADOR, batailleur, qui aime à batailler, à se battre, à disputer, querelleur ; bavard, babillard ; vantard, menteur. — SYN. *batalhur*, *batalhous*. — QUERC., *botolhaire* ; ESP., *batallador* ; ITAL., *battagliatore*. — ETY., *batalhá*.

BATALHER, PROV., adj. V. Prat-batalhier.

BATALHO, s. f. BATALHA, bataille, action générale entre deux armées ; querelle entre plusieurs personnes. — jeu de cartes d'enfant. — ESP., *batalha* ; ITAL., *battaglia*. — ETY. LAT., *batalia*.

BATALHOUS, BATALHUR. V. Batalhaire.

BATAMENT, s. m. BATEMENT, battement des mains, applaudissement; palpitation de cœur ; action de frapper. — ANC. ESP., *batimiento* ; ITAL., *battimento*. — ETY., *bate* pour *batre*.

14

BATAN, gasc., s. m. Moulin à foulon; au pluriel, *batans*, marteaux à foulon. — Ety., *bate*, battre.

BATANA, carc., gasc., v. a. Fouler, battre au foulon ; *bataná las carrieros*, battre le pavé des rues ; *bataná*, cast., v. n., bavarder, parler beaucoup. — Ety., *batan*, moulin à foulon.

BATANAIRE, cév., carc., s. m. Foulon, machine pour fouler les draps ; ouvrier qui fait aller cette machine et qu'on appelle aussi foulon. — Syn. *foulaire, paraire*. — Gasc., *bataně, batanier*. — Ety., *bataná*.

BATANAIRO, s. f. Auge à foulon. — Ety., *bataná*.

BATANÈ, BATANIER, s. m. V. Batanaire.

BATANLUL, cév., s. m. Coiffe de femme qui couvre le front, ainsi appelée parce que sa dentelle descend jusqu'à l'œil.

BATANT, s. m. Battant, ce qui sert à battre et à serrer la trame dans un métier de tisserand; claquet d'un moulin à farine, (*batarel*); maillet de moulin à foulon ; battant d'une cloche, (*batal*); chaque partie d'une porte ou d'une fenêtre qui s'ouvre en deux. — Esp., *batiente* ; port., *batente* ; ital., *battente*. — Ety., *bate*, battre.

BATAQUIOULA, v. a. Donner un casse-cul. Il ne s'emploie que dans cette phrase : *que lou diable te bataquioule !* que le diable t'emporte ! — Ety., *bataquioulo*.

BATAQUIOULO, s. f. Selle, casse-cul : *douná uno bataquioulo*, donner un casse-cul ; ce qui arrive, lorsque deux personnes se balançant sur une poutre et se faisant contrepoids, l'une abandonne tout-à-coup le bout sur lequel elle était assise et fait ainsi retomber l'autre sur le derrière. L'abbé Favre écrit *batacuoula*.

Se pot pas dire lous desastres,
Las BATACUOULAS, lous emplastres...
ENÉIDA.

— Ety., *bate*, battre, et *quioul*, cul.

BATAREL, biterr., s. m. Claquet d'un moulin à farine, pièce de bois ou petite latte qui est sur la trémie et qui, mue par la meule, fait tomber le grain de l'auget, en faisant un bruit continuel qui marque le mouvement de celle-ci; au fig., s. et adj., *batarel, ello*, babillard, e, grand parleur, bavard, e. — Syn. *batarèu ; barutel, bartavel, bartavéu, batant, bacelo, taravel, traquet, cliquet*. — Ety., *bate*, battre.

BATARELEJA, v. a. Agiter le claquet d'un moulin ; v. n., bavarder. — Ety., *batarel*.

BATARELHA, prov., v. n. Bavarder, faire, en parlant continuellement, un bruit semblable à celui du claquet d'un moulin. — Ety., *batarel*.

BATARELO, biterr., s. f. Happe, cercle de fer qui entoure les deux bouts d'un essieu au-dessous de la fusée et contre lequel bat le moyeu d'une charrette, ce qui produit un bruit semblable au claquet d'un moulin. — Ety., *batarel*.

BATARÈU, prov., s. et adj. V. Batarel.

BATARIÈ, s. f. Bataria, batterie d'artillerie, de cuisine, d'un fusil ; rixe, querelle de gens qui se battent, (*batadisso, batesto*). — Esp., *bateria* ; ital., *batteria*. — Ety., *bate*, battre.

BATAU, prov., s. m. V. Batal.

BATE, gasc., v. a. V. Batre.

BATEDIS, prov., s. m. V. Batadis.

BATEDOU, BATEDOUR, s. m. Batedor, battoir de lessiveuse. M. sign. *bacel, masso-de-bugadièro*. — Ety., *bate*, battre.

BATEGA, v. n. Trembler, frissonner, palpiter, avoir des mouvements convulsifs ; panteler, être hors d'haleine ; m. sign. *pantaissá*. — Ety., fréq. de *bate*.

BATÈIRE, s. m. Bateyre, batteur de laine, batteur de plâtre, batteur de blé, etc. ; celui qui frappe, qui aime à frapper ; batteur au jeu de ballon. — Ety., *bate*, battre.

BATÈIROUN, prov., s. m. Batte-à-beurre. — Syn. *batouiroun*.

BATEJA, v. a. Bategar, batejar, baptiser, donner le baptême ; donner un sobriquet à quelqu'un, un titre ou un nom à un ouvrage en prose ou en vers; *batejá lou vi*, mettre de l'eau dans le vin. On dit d'un mauvais chrétien : *es* estat batejat am d'aiguo de merlusso ; i farió batejá un téule, il lui ferait baptiser une tuile, se dit d'une personne qui a une grande influence sur une autre personne. — CAT., batejar; ESP., bautizar ; ITAL., battezzare; LAT., baptizare. — SYN. baliá.

BATEJAIRE, s. m. Prêtre qui fait la cérémonie du baptême ; familièrement, celui qui donne un sobriquet; celui qui met de l'eau dans le vin. — ROUERG., botejaire. — ETY., batejá.

— Lou paure temps per un pintaire !
— Surtout per tu que sios pas BATEJAIRE.
— Ni tu noun plus, sios pas oigossejaire.
PEYROT.

BATEJALHOS, s. f. p. Fêtes et repas à l'occasion d'un baptême. —SYN. balialhos. — ETY., batejá.

BATEL, s. m. V. Batèu.

BATELA, BATELLA, LIM., v. n. Extravaguer, battre la campagne.

BATELA, PROV., v. a. Conduire un bateau. — ETY., batel, batèu.

BATELADO, s. f. Batelée, la charge d'un bateau ; au fig. grande quantité. — ETY., batel.

BATELEY, DAUPH., s. m. V.

BATELIER, s. m. Batelier, celui dont la profession est de conduire un bateau. M. sign. barquejaire. — PORT., bateleiro ; ANC. ITAL., batelliere.—ETY., batel.

BATEME, **BATEMO**, s. m. BAPTISME, baptême, sacrement qui consiste à verser de l'eau sur la tête en récitant certaines prières, et qui efface le péché originel. — GASC., batisme ; ESP., bautismo ; ITAL., battesimo. — LAT., baptisma.

BAT-EN-GOULO, CÉV., loc. adv. V. Bat.

BATEN, s. m. Tout lou baten del jour, toute la journée ; tout lou sante-baten del jour, toute la sainte journée.

Tout lou sante-BATEN del jour
Davan sa finestro jou rodi
Per li guigná de l'el, se podi,
Que lou sieu m'aluco d'amour.
GOUDELIN. Ay, ay ! Nou beyre.

BATESOUS, s. f. p. Temps où l'on bat le blé sur l'aire. — ETY., bate.

BATESTO, s. f. BATESTAU, rixe où il y a des coups donnés. — SYN. batadisso. — ETY., bate, battre.

BATÈU, s. m. BATELH, bateau, petit vaisseau, espèce de barque dont on se sert ordinairement sur les rivières et canaux, mais aussi sur la mer ; batèu couquilho ou cauquilho, patelle ou lepas, mollusque. V. Arapedo. — ANC. CAT., batell ; ESP., batel ; ITAL., batello, battello. — ETY. B. LAT., batus, de l'anglo-sax. bát, dont batel est un diminutif.

BATIA, GASC., v. a. V. Batejá.

BATIALHOS, GASC., s. f. p. V. Batejalhos.

BATICOL, s. m. Cou du cochon ; derrière du cou d'une personne grasse.

BATICOR, s. m. BATIGOR, battement de cœur, émotion. — ANC. ESP., baticor ; ITAL., batticuore.

BATIER, CÉV., adj. Iòu batier, œuf couvé. — SYN. batoul.

BATIFUEC, PROV., s. m. Briquet. — ITAL., battifuoco.

BATILHO, CAST., s. f. Gaule, houssine ou jet de houx qu'on adapte aux fléaux à battre le blé sur l'aire, ou la laine sur une claie. — ETY., bate, battre.

BATIOU, CÉV., s. m. Pied de cochon, de mouton, pince de cheval. — ETY., bato.

BATISMAL, alo, adj. BABTISMAL, baptismal, ale, qui appartient au baptême. — ESP., bautismal ; ITAL., battesimale. — ETY. B. LAT., baptismalis, de baptisma.

BATISME, GASC., PROV., s. m. V. Bateme.

BATISTERI, s. m. BAPTISTILI, baptistère, chapelle dans laquelle on administre le baptême ; extrait de l'acte qui constate l'accomplissement de cette cérémonie, aujourd'hui acte de naissance. — ETY. LAT., baptisterium.

BATISTO, n. d'homme, Baptiste, saint Jean-Baptiste; tranquille coumo Batisto, homme que rien n'émeut.

BATLÈU, BÉARN., adv. Bientôt. — SYN. benlèu.

BATO, s. f. Sabot ou corne des pieds de divers animaux, bœufs, brebis, chèvres, etc. *Virá las batos*, tourner les quatre fers en l'air, trépasser.

BATO, s. f. Bride ou morceau de cuir d'un sabot ; hie, outil de paveur. — Ety., *bate*.

BATO-COUO, s. f. Bergeronnette. — Syn. *batacò*.

BATOQUIOULIER, BATOTIOULIER, cast., s. m. Églantier ou rosier des chiens.

BATOQUIOULO, BATOTIOULO, cast., s. f. Fruit de l'églantier. — Biterr., *tapoquioul*.

BATOUIRO, s. f. Batte-à-beurre. — Syn. *batèiroun, bàtouiroun, batadour*. — Ety., *bate*. On donne aussi le nom de *batouïro* au laser de France et à la livèche férule, *Ligusticum ferulaceum*, plantes de la fam. des ombellifères, à cause de la ressemblance qu'ont avec une batte-à-beurre leurs fleurs munies de leur pédoncule.

BATOUIROUN, prov., s. m. Batte-à-beurre. V. Batouiro.

BATOUL, cév., s. et adj. Borgne : *uelh batoul*, œil poché ; *iòu batoul*, œuf couvé.

BATRE, v. a. Batre, battre, frapper, donner des coups ; vaincre, défaire l'ennemi ; battre le blé ; battre des œufs pour faire une omelette, battre les cartes pour les mêler, etc., etc. ; T. de mar., *batre à culá*, faire aller un navire en arrière ; *se batre*, v. r., se battre, se donner réciproquement des coups ; être en action pour l'attaque ou pour la défense ; *batut, udo*, part., battu, e. — Gasc., *bate* ; cat., *bàtrer* ; esp., *batir* ; ital., *battere*. — Ety. b. lat., *batere, battere*, de *batuere, battuere*.

BATRE, cév., s. m. Etalage : *fa un gran batre*, faire un grand étalage de luxe, soit dans sa toilette, soit dans l'état de sa maison, se donner les airs d'une grande dame, d'un grand seigneur.

BATSACA, BATSACADO, gasc., V. Bassacá, etc.

BATSARRE, béarn., s. f. Tintamarre.

BATSEN, agen., s. m. Tocsin. — Ety., *ate* et *sen*, altér. de *sin*, dérivé de *signum*, cloche.

BATUDO, s. f. Battue ; en terme de chasse, action de plusieurs individus, appelés *rabatteurs*, qui poussent le gibier vers les chasseurs postés pour le tirer ; en terme de pêche, c'est frapper l'eau d'une rivière avec des perches pour faire aller le poisson vers le filet vertical tendu au travers d'un de ses bras. *Batudo* signifie encore la séance de travail d'un paysan, qu'on appelle aussi *juncho* ; dans les Cévennes, la quantité de cocons mise en une fois dans le bassin et remuée avec le balai à battre ; T. de relieur, battée, quantité de feuilles de papier qu'on bat à la fois. — Ety., part., f. de *bate*.

BATUM, s. m. Batum, mastic fait avec de la chaux infusée et du sang de bœuf, dont on se sert pour garnir les trous et les fentes des tonneaux. — Ety., *betum*, bitume.

BATUMA, v. a. Enbetumar, cimenter, enduire d'un mastic appelé *batum*. — Esp., *abetumar* ; ital., *abitumare*. — Ety., *batum*.

BATUMAS, prov., s. m. Brouillard. — M. sign., *neblo*. — Ety., *batum*.

BATUREL, élo, cév., adj. et s. Bavard, babillard. Altér. de *batarel*.

BATUT, prov., s. m. Corroi de mortier ; plancher d'un appartement fait avec une couche de mortier battu.

BAU, prov., s. m. V. Baus.

BAU, s. m. Bonne pêche. V. Bol.

BAU, cast., prés. indic. du verbe *aná*. Je vais. V. Anà.

BAU, BAUCH, BAUJO, ad. Nigaud, e, étourdi ; gai, joyeux, hardi, animé jusqu'à la folie ; il se dit d'une personne qui manque de jugement ou qui se laisse emporter par son imagination. Ce n'est que par extension que ce mot s'applique à celui qui est atteint d'aliénation mentale. — Syn. *bauci*. — Anc. cat., *bald* ; ital., *baldo*.

BAU. b. lim., s. m. Pile, masse de plusieurs choses rangées les unes sur les autres ; virole.

BAU, prov., s. m. Terrasse ; T. de mar., traverse qui relie les bordages d'un vaisseau.

BAU, gasc., s. m. V. Val.

BAUBADO, lim., s. f. V. Baudado.

BAUBE, DAUPHIN, s. Figure pleureuse.

BAUBELADO, **BOBELADO**, LIM., s. f. Foule; troupe.

BAUCA, PROV., v. a. Calmer, apaiser. V. Abaucá.

BAUCADO, s. f. Jonchée de fleurs. — ETY., *bauco*.

BAUCAGE, PROV., s. m. Gazon; plantes graminées qui poussent sur les talus.

BAUCAS, PROV., s. m. V. Baucage.

BAUCH, jo, adv. V. Bauch.

BAU-CHIC, BÉARN., s. m. Vaurien. — ETY., *bau*, qui vaut, et *chic*, peu de chose.

BAUCHINARD, o, CÉV., adj. Folâtre, gai, badin, à moitié fou. — ETY., *bauch*.

BAUCHO, s. f. V. Balco.

BAUCHUN. s. m. Folie, gaieté extravagante. — SYN. *baujun*. — ETY., *bauch*.

BAUCI, o, D. LIM., adj. Niais, e. V. Bau.

BAUCO, PROV., s. f. V. Balco.

BAUDADO, LIM., s. f. Flamme vive et de peu de durée. — SYN. *baubado*.

BAUDAMEN, PROV., adv. V. Baudoment.

BAUDAN, CÉV., s. m. Boyau, tripe; *baudanos*, s. f. p., boyaux, gras-double.

BAUDANAIRE, o, CÉV., s. m. et f. Tripier, tripière. — ETY., *baudan*, boyau.

BAUDANO, s. f. Sabot, grosse toupie qu'on fait tourner avec un fouet.

BAUDÈU, PROV., s. m. Corde de sparte. — BITERR., *espartou*, m. sign.

BAUDIGORO, s. f. Plantain des sables, appelé aussi *herbo bruno*.

BAUDOMENT, adv. BAUDAMENT, joyeusement, gaillardement. — ETY., *baudo*, et le suffixe *ment*; l'adj. *baud* n'est plus usité.

BAUDOUR, s. f. BAUDOR, joie, gaieté, allégresse. — ETY., *baud*.

BAUDRADO, s. f. Balourdise, bêtise. — SYN. *baudrano*.

BAUDRANO, s. f. V. Baudrado.

BAUDRE (A), loc. adv. V. Boudre.

BAUDRÈIO, PROV., s. f. Prostituée.

BAUDRI, do, CÉV., adj. Foulé, ée, écrasé. V. Pautrit.

BAUDROI, s. m. Baudroie, diable de mer, grenouille de mer, *Lophius piscatorius*, poisson du genre lophie, remarquable par la grosseur de sa tête et sa grande bouche, dont la mâchoire inférieure est plus avancée que la supérieure. — SYN. *baudruelh, galangá*. — ETY., *baudrier*, bourse; on compare à une bourse la grande ouverture de la bouche de ce poisson.

BAUDRORO, PROV., s. f. Sauterelle de la plus grande espèce, probablement le criquet émigrant, qui a six centimètres de longueur.

BAUDROUN, PROV., s. m. Boulin, trou pratiqué dans un colombier afin que les pigeons s'y retirent et y fassent leurs nids; trous qu'on fait à un mur pour recevoir les pièces de bois qui portent les échafaudages; ces pièces de bois mêmes.

BAUDRUELH, PROV., s. m. V. Baudroi.

BAUDUFO, s. f. Toupie. V. Boudufo.

BAUFIGO. CÉV., s. f. V. Boufigo.

BAUFO, PROV., s. f. V. Palangre.

BAUGÈ, s. f. Folie, extravagance, gaieté excessive, folle dépense. — SYN. *bauchun, baujun, baujarié, baugeso, baugièiro, baugièirado*. — ETY., *bauch*.

BAUGESO, CÉV., s. f. V. Baugè.

BAUGIÈIRADO, s. f. V. Baugè.

BAUGIÈIRO, CÉV., s. f. V. Baugè.

BAUJA, PROV., v. n. Se gonfler. V. Boujá.

BAUJARIÉ, s. f. V. Baugè.

BAUJO, CÉV., s. f. Potiron, grosse courge.

BAUJOULA, CÉV., v. a. Bouchonner un enfant, le cajoler; le porter; le mener.

BAUJUN, s. m. V. Bauchun.

BAUMA, PROV., v. a. Creuser, faire un trou profond dans un rocher; *baumat, ado*, part., creusé, ée. — ETY., *baumo*, grotte.

BAUMASSIER, ièiro, CÉV., s. m. Habitant, e, des antres, des cavernes. — ETY., *baumo*.

BAUME, s. m. BALME, baume, substance huileuse qui exhale une odeur aromatique; onguent, dans le langage populaire. On donne aussi ce nom à plusieurs plantes aromatiques, notamment à la tanaisie vulgaire, *tanarido, herbo des vermes, barbotino, herbo de sant-Marc*; à la tanaisie annuelle, *Tanacetum balsamita*; aux menthes, à cause de leur odeur aromatique, mais particulièrement à la menthe verte et gentille. A Toulouse, on appelle *baume-de-founs*, la menthe aquatique de la fam. des labiées. — Cat., *balsam*; esp., port., ital., *balsamo*. — Ety. lat., *balsamum*.

BAUMEJA, gasc., v. a. Embaumer, parfumer. — Ety., *baume*.

BAUMELUT, udo, adj. Caverneux, euse. — Syn. *baumat*. — Ety., *baumo*.

BAUMETO, Balmeta, s. f. Petite grotte, petite anfractuosité. Dim. de *baumo*.

BAUMO, s. m. Balma, grotte, antre, caverne, trou profond dans un rocher. M. sign., *croto*; b. lat., *balma*.

BAUMOSSIER, ieiro, adj. Habitant, e des cavernes, des grottes. — Ety., *baumo*.

BAOUA, gasc., v. n. Baver. V. Bavá.

BAOUART, ardo, gasc., adv. V. Bavard.

BAOURETO, gasc., s. f. Bavette. V. Bavarelo.

BAUQUÉ, gasc., s. m. Gerbier, meule formée de douze gerbes.

BAUQUE, béarn., s. m. V. Balco.

BAUQUIÉRO, prov., s. f. Terrain qui ne produit que de mauvaises herbes. — Ety., *bauco*.

BAURI, cév., s. m. Précipice, fondrière, ravin, abîme, rocher escarpé.

BAUS, s. m. Roc, rocher escarpé, falaise, précipice, cap; *baus talhat*, côte escarpée. — Syn. *debaus*. — Cat., *bals*; ital., *balza*, *balzo*.

BAUSIOL, cév., adj. Bausios, trompeur, perfide, traître, insidieux; pernicieux. — Ety. roman., *bauzia*, tromperie.

BAUSSA (se), prov., v. r. Avoir la forme d'un rocher escarpé, d'un cap. — Ety., *baus*.

BAUSSE, s. m. T. de mar. Chaise de gabier, sangles en forme de siége pour porter un gabier lorsqu'il remplit certaines fonctions, ou un voilier lorsqu'il répare une voile sur place.

BAUTA, prov., v. a. Tirer les filets de la mer. — Syn. *tirá lou bau, faire lou bau*. — Ety., *bau* pour *bòu* où *bol*, pêche, filet.

BAUTEJA, cast., v. a. Houer, travailler la terre à la houe.

BAUTUGA, v. a. Bautugar, troubler; souiller, gâter; faire un mauvais mélange; *bautugat, ado*, part. troublé, ée. — Syn. *boutugá*.

BAUZIOL, cév., adj. V. Bausiol.

BAVA, v. n. Bavar, baver, jeter de la bave. *Acò fa bavá de vèire*, cela fait plaisir à voir. Il s'emploie aussi avec la voix active, *bavá lou rouget*, avoir la bouche ensanglantée; *te farai bavá lou rouget, je te casserai la gueule*. — Syn. *bavachiá, bavassiá, bavarilhá, baouá*. — Cat., *baber*; esp., *babear*; ital., *far bava*. — Ety., *bavo*, bave.

BAVACHAIRE, arelo, prov., s. m. et f. Baveux, euse, qui bave. — Syn. *bavaire, bavachou*. — Ety., *bavá*.

BAVACHIA, prov., v. a. et n. V. Bavassiá.

BAVACHOU, prov., s. m. (bavachoú), Baveux. V. Bavaire.

BAVADO, cév., s. f. Soufflet, coup sur la joue.

BAVADURO, s. f. Bave. — Ety., *bavá*, baver.

BAVAIRE, o, adj. Celui ou celle qui bave continuellement; baveux, euse; au fig. causeur ennuyeux. On donne ce nom à certains poissons toujours couverts d'une espèce de bave et particulièrement au chabot. — Syn. *bavachaire, bavachou, bavarel*. — Ety., *bavá*.

BAVALEJA, v. n. Bruiner, il se dit d'une petite pluie. — Syn. *bavourlejá*. — Ety., fréq. de *bavá*, pris dans un sens figuré.

BAVARD, ardo, adj. Bavec, Bavet, bavard, e, caqueteur, babillard. — Gasc., *baouart*. — Ety., *bavo*, bave, salive, parce que les gens qui parlent beaucoup salivent souvent.

BAVARDA, v. n. Bavarder, parler beaucoup. — Ety., *bavard*.

BAVARDAGE, BAVARDAGI, s. m. Bavardage, suite de discours ou de paroles sans intérêt; babillage. — Syn. *bavardiso, bavardije, bavardarié.* — Ety., *bavardá.*

BAVARDARIÉ, s. f. Bavarderie. V. Bavardage.

BAVARDEJA, v. n. Bavarder. — Syn. *bavardiá.* — Ety., fréq. de *bavardá.*

BAVARDIA, v. n. V. Bavardejá.

BAVARDIJE, BAVARDISO, s. V. Bavardage.

BAVAREL, elo, prov., adj. V. Bavaire et Bavarelo.

BAVARELO, s. f. Bavette. V. Baveto.

BAVARELO, s. f. Blennie gattorugine, poisson de l'ordre des holobranches, ainsi nommé à cause d'une bave visqueuse qui couvre ses écailles. On dit aussi *bavaire*, et ce nom s'applique à toutes les espèces de blennie et à plusieurs autres poissons dont le corps est enduit d'une humeur gluante. — Syn. *baveco, bavouo.* — Ety., *bavá.*

BAVARÈU, prov., s. m. V. Baveto.

BAVARILHA, toul., cév., v. n. Baver. V. Bavá.

BAVARILHO, toul., cév., s. f. Bave, et particulièrement celle que les escargots laissent sur leur passage. *Fa bavarilho,* signifie éblouir, offrir à l'œil des reflets brillants comme la bave des limaçons séchée par le soleil. — Syn. *babarilho; barbarilho*, f. a.

L'aigno coum'un miral que nous fa BAVARILHO.
DAVEAU.

L'eau comme un miroir qui nous éblouit....
Ety., *bavá.*

BAVAROTO, s. f. Larve de la coccinelle à sept points noirs, ainsi nommée parce qu'elle est toujours couverte de bave.

BAVASSIA, v. n. Baver; v. a., empreindre, couvrir de bave. — Syn. *bavachiá.* Fréq. de *bavá.*

BAVECO, s. f. Nom commun aux diverses espèces de blennie; *baveco d'argo*, blennie triptéronote. V. Bavaire et Bavarelo.

BAVENC, o, adj. Baveux, euse, humide. Il ne s'emploie guère que dans ce sens: *terro bavenco*, terre humide, que les filtrations d'un terrain supérieur rendent telle, terre dont le sous-sol est argileux. — Ety., *bavo.*

BAVENT, o, adj. V. Bavenc.

BAVETO, s. f. Bavette; ce mot se dit particulièrement de la partie d'un tablier qui couvre la poitrine et monte jusqu'au dessous du menton. — Syn. *bavarel, bavarelo, babièiro.* — Gasc., *baoureto.* — Ety., *bavo.*

BAVO, s. f. Bave, salive épaisse et visqueuse qui sort de la bouche des enfants et des vieillards; sorte d'écume que jettent certains animaux; liqueur visqueuse qui est dans la coque du limaçon et qu'il répand sur sa trace; bourre de soie, partie la plus grossière du cocon. — Esp., *baba*; ital., *bava.* — Ety., onomatopée pour exprimer le babil des enfants accompagné de bave.

BAVO-DE-BUOUS, prov., s. f. Freluche; petite houppe de soie sortant d'un bouton, d'une ganse, etc.

BAVO-DES-MAGNANS, s. f. Bave des vers à soie ou bourre qui enveloppe le cocon. — Syn. *bavaduro.*

BAVOUO, s. f. Blennie ponctuée. V. Bavaire, Bavarelo.

BAVOURLEJA, v. n. Bruiner, faire une très-petite pluie. — Syn. *bavalejá.*

BAVOUS, ouso, adj. Baveux, euse; *oumeleto bavouso*, omelette gluante. — Esp., *baboso*; ital., *bavoso.* — Ety., *bavo.*

BAVURO, s. f. Bavure, petite trace que laissent les joints d'un moule. — Ety., *bavo.*

BAXA, béarn., v. a. Baisser; v. n., descendre. V. Baissá.

BAXERE, béarn., s. f. Vaisselle. V. Vaisselo.

BAYA, v. a. Baiser; bailler. V. Baisá et Bailá.

BAYARD, s. m. Bayart, baïart, bard, civière. — Querc., *boiart*; cat., *bayart.* — Ety. all., *bahre*, civière.

BAYARDAT, s. m. Plein une civière. — Ety., *bayard.*

BAYARÈU, prov., adj. V. Baisaire.

BAYCHERO, gasc., s. f. V. Vaisselo.

BAYETO, s. f. Espèce de flanelle grossière, tirée à poil d'un côté ; petit baiser. — Syn. babeto. — Cat., esp., bayeta ; ital., bajetta.

BAYLA, gasc., v. a. Frictionner.

BAYNA, v. a. V. Bagná.

BAYNO, gasc., s. f. Berret basque.

BAYOFI, prov., s. et adj. Stupide, idiot. — Syn. bazofi.

BAYOL, cast., s. m. Baisure du pain. V. Baisaduro.

BAYOU, béarn., s. m. Maillot, langes. — Syn. malhol, malhot.

BAYOULA, béarn., v. a. Emmailloter. V. Malhoulá.

BAYRA, BAYROULA, cév., v. n. Tourner, en parlant des fruits. V. Vairá.

BAZAC, cév., s. m. Rien, néant : boulá à bazac, détruire de fond en comble ; mettre en désordre.

BAZANA, prov., v. n. Acheter en bloc. — Syn. basaná, croumpá, à bazar, à la bartolo, à la bartoro.

BAZANET, prov., s. m. C'est le nom d'une espèce d'escargot, de l'*Helix algira.*

BAZANTA. v. a. V. Basantá.

BAZAR, s, m. Bazar ; halle ou marché en Turquie, lieu où l'on vend toute espèce de marchandise ; par ext., mobilier d'une maison ; *l'i ai fach un bazar,* je lui ai tout vendu. — Prov., croumpá à bazar. V. Bazaná. — Ety. arabe, bazár, marché.

BAZARUTO, BAZARUETO, prov., s. f. Femme bavarde, tracassière, qui se mêle de tout. — Ety., bazar.

. . . . . . Emé loi bazarueto
Dins leis oustau counfisés pas,
Vous tirou lou verme dóu nas.

M. Bourrelly, *Fablos de Lafontaine.*

BAZELIC, cast.. s. m. V. Basilic.

BAZO, s. f. Limon. V. Vaso.

BAZOFI, prov., s. m. s. et adj. V. Bayofi.

BÉ, BEN, s. m. Ben, bien, ce qui est utile, agréable, avantageux, juste, honnête ; ce qu'on possède en argent, en maisons, en fonds de terre, etc. ; *un bé, un ben de tres parets,* une terre dont la culture nécessite le travail de trois paires de mules ou de chevaux ; *benas,* grande terre; mauvaise terre; *benet,* petit bien ; *bé venti* ou *oventi,* lim., bien adventif. Il s'emploie aussi adverbialement, et il signifie : bien, beaucoup, très, entièrement ; *bé t'augi,* oui vraiment, mot-à-mot, je t'entends bien ; *au bé!* interj. qui exprime le doute et même l'incrédulité ; *ben s'en manco,* il s'en faut bien ; *ben talamen,* prov., certainement ; *au ben acò,* pour cela oui ; *ben que,* quoique. — Ety. lat., bene.

Se flouris lou né panat,
Jamai será pas granat.
Pro.

BÉ, b. lim., s. m. Bouleau blanc, *Betula alba,* arbre de la fam. des amentacées. — Syn. *bes, bessol, ves.* — B. bret., *ves.*

BÉ, ariég., pron. relat. inv. Le : *bé farem,* nous le ferons. — Syn. *vé.* V. Ba.

BÈ, prov.. s. m. V. Bec.

BÈ. béarn., impér. du v. *aná* (aller). Va ; on dit aussi *bèn.*

BEA, s. m. Bêlement. V. Bialament.

BEAL, s. m. Biez, canal ou fossé pratiqué à côté d'une rivière pour l'usage d'un moulin ou d'une usine ; canal d'arrosage ; mare pour abreuver le bétail. — Syn. *bear, besal, besalo, beariaro, besau, besado, beau, béu, bial, biau, beliéro.* — B. lat., *beale, biale.*

BEALAGE, BEALAGI, s. m. Quantité d'eau qui passe à la fois dans un biez ; éclusée. — Syn. *beelage.* — Ety., *beal.*

BEALIÉRO, prov., s. f. Trou par où passe l'eau d'un biez ; le biez lui-même. — Syn. *beliéro.* — Ety., *beal.*

BEALOUN, prov., s. m. Petit biez, petit canal. — Dim. de *beal.*

BEAR, prov., s. m. V. Beal.

BEARA, prov., v. n. Bêler. V. Belá.

BEARAIRE, BEARARELLO, adj. Brailleur, euse. — Ety., *beará.*

BEARAU, prov., s. m. Quantité de terrain arrosable qui se trouve entre deux canaux. Il est aussi synonyme de *bealage.* — Ety., *bear.*

BEARIARO, prov., s. f. V. Beal.

BEAROUN, PROV., s. m. Petit biez, petit canal. — SYN. *l. aloun*. — DIM. de *bear*.

BEARRI, PROV., s. m. Filet de cordes pour transporter la paille ou le fourrage. V. Barrilhoù.

BEARRO, PROV., s. f. Espèce de bonnet d'enfant. V. Berro.

BEASSIER, GASC., s. m. Besacier, celui qui porte une besace. — ETY., *beasso*.

BEASSOS, GASC., s. f. p. Besace. V. Biasso.

BEASSOUN, PROV., s. m. Une des poches d'une besace. — DIM. de *beasso*.

BEAT, to, adj. Bienheureux, euse ; iron., homme ou femme d'une dévotion outrée ; T. de jeu, celui qui, par le sort, se trouve exempt de jouer dans une partie et de payer sa part. — ANG. CAT., *beat* ; ESP., PORT., ITAL., *beato*. — LAT., *beatus*.

BEATILHOS, s. f. p. Béatilles, toutes sortes de petites choses délicates qu'on met dans un pâté, foies de volaille, crêtes de coq, riz de veau, etc. Il se dit aussi de certains petits ouvrages de religieuses, comme agnus, pelotes, etc. — SYN. *betilhos*. — ETY., *beat*.

BEATOUN, PROV., s. m. Petit saint. — DIM. de *beat*.

BEAU, PROV., s. m. V. Beal.

BEBE, BÉARN., v. a. Boire. V. Béure.

BEBÉ, s. m. Agneau, T. enfantin.

BEBÉ, PROV., s. m. Petit mal. V. Bobò.

BEBEDOU, BÉARN., s. m. Buveur. V. Bevèire.

Bou cantadoú, bou BEBEDOU.
PRO. BÉARNAIS.

BEBÈIRE, s. m. Buveur. V. Bevèire.

BEBI, io, B. LIM., s. et adj. Nigaud, e.

BEBO, CÉV., s. f. Lippe, lèvre inférieure plus grosse que la supérieure et trop avancée ; *faire la bebo*, faire la moue ; *faire polet* a la même signification et se dit en parlant des jeunes enfants qui serrent leurs lèvres ; *ounchá las bebos*, manger un mets graisseux ; boire, siroter. — CÉV., *becho*.

BEBO, TOUL., s. f. Ver à soie. V. Magnan.

BEBUT, udo, GASC., part. de *bebe*. Bu, e.

BEC, s. m. BEG, bec, partie cornée et ordinairement dure qui tient lieu de bouche aux oiseaux ; *faire petá lou bec*, parler avec excès. Il signifie aussi fourchon d'une fourchette, dent d'un peigne ; SYN. *benc* ; au fig. bouche, langue, babil ; c'est dans cette acception qu'on dit : *A boun bec, n'a que de bec*. — CAT., *bec* ; ITAL., *becco*. — ETY., *becco*, mot gaulois cité par Suétone.

BECA, v. a. BECHAR, becqueter, donner des coups de bec ; mordre dans quelque chose avec le bec ; mordre à l'hameçon ; PROV., v. n., badauder, niaiser, faire le musard ; *se becá*, v. r., se caresser avec le bec ; se battre à coups de bec ; *becat*, *ado*, part., becqueté, ée. — SYN. *bechá* ; ITAL., *beccare*. — ETY., *bec*.

BECADO, s. f. Becquée, la quantité de nourriture qu'un oiseau prend avec le bec, soit pour se nourrir, soit pour nourrir ses petits ; au fig., sarcasme, raillerie, coup de langue. — SYN. *bechau*. — ITAL., *beccata*. — ETY., part. f. de *becá*.

BECADO, B. LIM., s. f. Sarment de vigne avec sa racine. — SYN. *barbado*. — ETY., *bec*.

BECADO, GASC., s. f. Bécasse. V. Becasso.

BECADURO, s. f. Accroc, déchirure causée par un clou, une épine, etc. ; marque d'un coup de bec d'oiseau dans un fruit. — ETY., part. f. de *becá*.

BECA-FIG, BECAFIGO, s. v. Beco-figo.

BECAGE, CÉV., s. m. Herbage ou pâturage, herbe qui repousse après le regain d'un pré.

BECARD, CÉV., s. m. Goujon. V. Jol.

BECAREL, s. m. Nom commun aux petits courlis, aux bécasseaux, et aux chevaliers de la petite espèce. — B. LIM., *bechorel*. — ETY., *bec*.

BECARU, BECARUT, CÉV., s. m. Flammant, phénicoptère, *Phœnicopterus rubus*, oiseau de l'ordre des échassiers, appelé *becarut* à cause de la grosseur de son bec ; mais plus généralement *flamen*. V. ce mot.

BECARUT, udo, adj. Celui qui a bon

bec, qui réplique à tout ; bavard, e. — Ety., *bec.*

BECASSIN-CENDROUS, s. m. Barge à queue noire, *Limosa melanura*; syn. *belaire, charloutino cendrouso, bullo, becasso-de-mar; becassin-quiou-blanc, chevalier becasseau ; becassin-quioul-rous,* V. Becassino ; *becassin gavouet,* chevalier noir, *totanus fuscus* ; *becassin-rous,* barge rousse, appelée aussi *becasso d'Irlando.*

BECASSINO, s. f. Bécassine ordinaire, *Scolopax gallinago,* oiseau de l'ordre des échassiers et de la fam. des ténuirostres. — Syn. *becassin-quioul-rous.* — Ital., *beccaccino.* — Dim. de *becasso.*

BECASSINO DOUBLO ou **SOURDACO**, s. f. Double bécassine; elle ressemble beaucoup à la précédente, elle a à peine un centimètre de plus de longueur ; elle est beaucoup moins craintive, c'est pour cela qu'on lui donne à Béziers le nom de *sourdaco* ou *sourdo,* que les ornithologistes donnent à la petite bécassine.

BECASSINO-DE-MAR. Aiguille de mer, orphée. V. Agulho.

BECASSO, s. f. Bécasse, *Scolopax rusticola,* oiseau de l'ordre des échassiers et de la fam. des ténuirostres. — Lim., *bechado* ; gasc., *becado.* — Ety., *bec,* avec la désinence augmentative.

Que va souvent en casso.
A la fi tuo la becasso.
Pro.

BECASSO-DE-MAR, s. f. On appelle ainsi, mais improprement, la barge à queue noire qui habite les terrains marécageux. V. Becassin-cendrous.

BECASSO-DE-MAR, s. f. Bécasse ou éléphant de mer, *Centriscus scolopax,* poisson de la fam. des aphyostomes, dont le museau ressemble au bec de la bécasse.

BECASSO D'IRLANDO, s. f. Barge rousse. — Syn. *becassin rous.*

BECASSOU, BECASSOUN, s. m. Petite bécassine ou sourde, *Scolopax gallinula;* même plumage à peu près que la bécassine, taille plus petite de deux à trois centimètres. On donne aussi ce nom à une jeune bécasse et improprement à la double bécassine. — Prov., *bourgnoun* ; cév., *bouriolo.* — Ety., dim. de *becasso.*

BECAT, gasc., s. m. Bêche, houe à deux pointes. — Syn. *bechar, bechas, becun, becut, bego, bichard.* — Biterr., *bigos.* — Ety., *bec,* croc.

BECCABOUNGO, s. f. Véronique beccabunga ou cresson de cheval, plante de la fam. des scrophulariacées à fleurs bleues. On donne le même nom à la véronique-mouron, *Veronica anagallis,* qui ressemble beaucoup à la précédente. — Toul., *verounico d'aiguo* ; cast., *beccamoundo* ; prov., *berlo, creïssoun bouiounés.*

BEC-CROUZAT, s. m. Bec croisé des pins, *Loxia curvirostra,* oiseau de l'ordre des passereaux et de la fam. des conirostres, ainsi nommé parce que les deux mandibules de son bec sont croisées l'une sur l'autre. — Syn. *bec-de-cisèus, pesso-pignos.*

BEC-D'AGRUO ou de **GRUO,** s. m. Herbe à Robert, *Geranium robertianum,* plante de la fam. des géraniées, ainsi appelée à cause du long bec de son fruit.

BEC-D'ALZENO, s. m. Avocette d'Europe, *Recurvirostra Avocetta,* oiseau de l'ordre des échassiers, remarquable par la forme de son bec long et flexible qui est courbé en haut. — Prov., *bec-de-leseno.*

BEC-D'ANO, prov., s. m. Bec-d'âne, outil. V. Bedaine.

BEC-D'AUCO, s. m. T. de boucher, pièce ronde ou semelle du cimier, partie de la cuisse d'un animal de boucherie, appelée *molo.*

BEC-DE-FAUCOUN, s. m. Nom qu'on donne dans le département du Gard, à cause de la forme de ses feuilles, au paliure. V. Arnavèu.

BEC-DE-LEBRE, s. m. Bec-de-lièvre ; on donne ce nom à celui qui a la lèvre supérieure fendue, quelquefois, mais rarement, l'inférieure. La lèvre atteinte de cette difformité a quelque ressemblance avec celle du lièvre.

BEC-DE-LESENO, prov., s. m. V. Bec-d'alzeno.

BEC-DE-PASSERAT, s. m. Globulaire turbith, *Globularia alypum,* sous-arbrisseau de la fam. des globulariées, qui croît dans les lieux pierreux et qui fleurit d'avril à septembre. Sa corolle est d'un beau bleu. — Syn. *bec-de-passeroun, souchiers, herbo tarriblo, sené bastard*; son nom de *bec-de-passerat* lui vient de la forme de ses feuilles.

BECH, bero, GASC., adj. Beau, belle. V. *Bel*.

BECH O CONTRO, PROV., s. m. Espèce de jeu d'épingles qui consiste à deviner si les têtes de deux épingles, qu'un des joueurs cache dans sa main, ont leurs têtes du même côté.

BECH, GASC., s. m. Glue. V. *Vesc*.

BECH, O, ALB., adj. Vide. V. *Vouide*.

BECHA, v. a. V. *Becà*.

BECHADO, LIM., s. f. V. *Becasso*.

BECHAR, BECHAS, s. m. V. *Becat*.

BECHAU, PROV., s. m. Becquée. V. *Becado*.

BECHÉ, B. LIM., s. m. (betzé). Croc, crochet. — ETY., *bec*.

BECHÉ, PROV., s. m. Brochet, poisson.

BECHERINO, CÉV., s. f. Roitelet. V. *Reipetit*.

BECHI, PROV., v. n. Poindre, naître, commencer à paraître, sortir à peine. — Syn. *pounchejà, pounchounià*; v. a., toucher à peine, appuyer tant soit peu, frôler, friser, effleurer.

...... Un caiau ven vounzi
Subre lou front d'Oursan; mai l'a fa que BECHI.
F. GRAS, Li Carbounié.

Un caillou bruit — sur le front d'Oursan; mais il ne l'a qu'effleuré.

BECHIC, CÉV., CAST., s. m. Chagrin, mélancolie, mauvaise humeur. — Syn. *vechiag*.

BECHIGA, AGATH., v. a. Obséder quelqu'un, le harceler à force de reproches et d'observations minutieuses. — ETY., *bechic*.

BECHIGOUS, ouso, CÉV., adj. Pointilleux, euse, vétilleux, querelleur pour de petites choses, capricieux, fantasque, difficile. — Syn. *vechigous, besoucous, bichigous*. — ETY., *bechic*.

BECHO, CÉV., s. f. Lèvre. V. *Bebo*.

BECHO, PROV., s. f. Maubèche grise, *Tringa cinerea*, appelée dans le département du Gard, *gros espagnoulé*.

BECHOREL, BECHORÈU, B. LIM., s. m. (betsorel). Nom commun au petit courtis, aux bécasseaux et aux chevaliers de la petite espèce. — Syn. *becarel*.

BECHOYO, PROV., s. f. Pitance, gourmandise, friandise.

BECHU, udo, CÉV., adj. Lippu, e, qui a de grosses lèvres; bec-de-lièvre. — ETY., *becho*, lèvre.

BECO, LIM., s. f. Guêpe. V. *Guespo*.

BECO, CAST., s. et adj. Nigaud, sot, niais.

BECO-FIGO, s. m. Bec-figue, *Motacilla ficedula*, oiseau de la fam. des subulirostres, bec-fin. On donne le même nom aux gobe-mouches et à plusieurs petits oiseaux très-gras en automne. — Syn. *brando-l'alo*, nom qui convient mieux au gobe-mouche. — Esp. *becafigo*; ITAL. *beca-figo*.

BECORO, PROV., s. f. Crottin de lapin, de lièvre, etc. M. sign. *peto*.

BECOU, BECOUN, s. m. Petit bec; au fig. petit et agréable babil; CÉV., baiser. — ITAL. *beccuccio*. — DIM. de *bec*.

BECUDEL, QUERC., s. m. Pois-chiche. — Syn. *becudo, becut, cese*; dans le dial. b. limousin, on donne le nom de *becudel* à une espèce de raisin.

BECUDET, GASC., s. m. Nom commun à la petite bécasse sourde, aux bécasseaux et aux chevaliers de la petite espèce. — Syn. *becarel, bechorel*. Ils sont ainsi appelés à cause de la longueur de leur bec.

BECUDO, NIM., s. f. Clavaire coralloïde, *Clavaria coralloïdes*, espèce de champignon, qu'on appelle aussi barbe-de-bouc; QUERC., TOUL., pois-chiche; Syn. *becudel*.

BECUN, PROV., s. m. Houe fourchue. V. *Becat*.

BECUT, s. m. Pois-chiche, V. *Becudel*; houe fourchue, V. *Becat*.

BECUT, udo, CÉV., adj. Qui a le bec gros et pointu; au fig. babillard, celui ou celle qui a bon bec. — Syn. *becarut*.

BEDAINE, CAST., s. Bec-d'âne, outil de menuisier, de charron. — SYN. *bec-d'ano*.

BEDANO, s. V. Bedaine.

BE-D'AUCO, s. m. V. Bec-d'auco.

BEDE, BÉARN., v. a. Voir ; *bet*, il voit ; *bedin*, ils voient ; *beyram*, nous verrons ; *by*, il vit ; *que beyam*, que nous voyons ; *é-bédes?* vois-tu ? V. Vèire.

BEDÈ, CÉV., s. m. Terme dont se servent les bergers pour appeler les moutons. Il signifie comme *bébé*, agneau, T. enfantin.

BEDECH, GASC., s. m. Veau. V. Vedel.

BEDEL, s. m. Veau ; *bedelo*, s. f., génisse V. Vedel.

BEDEL, GASC., s. m. Boyau. V. Budèu.

BEDEL, s. m. BEDEL, bedeau, bas officier d'une église. — SYN. *budel, bedot, casso-gousses*. — CAT., *bedell* ; ITAL., *bidello*. — ETY. B. LAT., *bedellus*.

BEDELIÉRO, GASC., s. f. Renversement de l'uterus chez les vaches.

BEDET, GASC., s. m. V. Vedel.

BEDÈU, s. m. V. Budèu.

BEDIGANO, NIM., s. f. Vigne sauvage. — SYN. *lambrusco*.

BEDIGAS, asso, s. m. et f. Agneau d'un an, mâle ou femelle ; il se dit aussi d'un mouton ou d'une brebis maigre et éclopé ; au fig. bonne personne, sans fiel et sans rancune ; pauvre diable, imbécile. — SYN. *beliga, beligas, berigas, bedigo, berigaud, agnelat, annuge, bassiu, bassibio, bert, bertisset, bourrec*.

BEDIGO, CÉV., s. f. Brebis d'un an ; brebis maigre, malingre, éclopée. V. Bedigas.

BEDILHADO, s. f. Liseron des champs. V. Courrejolo.

BEDILHO, s. f. Cordon ombilical ; nombril. V. Vedilho.

BEDIN-BEDOS, CÉV., s. m. Jeu des osselets. V. Rabidot ; DAUPH., *bedin-bedos*, espèce de jeu d'épingles.

BEDIOULO, CÉV., s. f. Boulette de pierre, de marbre ou d'argile, dont on se sert pour jouer à la fossette.

BEDIS, s. m. Saule marceau. V. Bedisso.

BEDISSIÈIRO, s. f. Saussaie, oseraie. — ETY. *bedis*.

BEDISSO, s. f. Saule marceau, *Salix caprara*, arbrisseau de la fam. des salicinées. On donne aussi ce nom aux scions ou brins d'osier, *vins, amarinos*. — SYN. *bedis, berisso, bidisso*.

BEDOCHO, s. f. Basoche, juridiction des clercs des procureurs du parlement de Paris.

BEDOGO, PROV., s. f. Espèce d'arc fait avec du bois flexible, dont la rainure, s'appliquant au tranchant de la faucille des moissonneurs, lui sert de gaine. — SYN. *badoco*.

BEDOS, OSSO, CÉV., adj. Bègue ; GASC., celui qui blèse, qui a un défaut de langue ; CÉV., forain, étranger, qui n'est pas du lieu. L'étymologie, pour cette dernière acception, vient du B. LAT., *bedoceus*.

BEDOT, s. m. Bedeau. V. Bedel.

BEDOU, BÉARN., s. m. Veuf. V. Véuse.

BEDOUELO, PROV., s. et adj. f. Niaise, imbécile. — SYN. *bedualo*.

BEDOUFO, PROV., adj. Fainéant, e, paresseux, faible, imbécile.

BEDOUIDO, PROV., s. f. V. Bedouvido.

BEDOUINO, PROV., s. f. Alouette lulu ; V. aussi *Bedouvido*.

BEDOUN, CÉV., s. m. Bedaine, ventre.

BEDOURIDO, s. f. V. Bedouvido.

BEDOURIER, PROV., s. m. Sédiment d'une liqueur. — SYN. *escourrilhos, founzilhos*.

BEDOUSSEJA, GASC., v. n. Bégayer, bléser. — ETY., *bedos*.

BEDOUSSO, CÉV., s. f. Fressure. V. Bescle.

BEDOUVIDO, s. f. Bédouille ou farlouse, alouette des prés, qui est le même oiseau que le pipi des buissons, appelé à Béziers, *grasset, tourdret*. On donne le même nom à l'alouette lulu. — SYN. *bedourido, bedouido*.

BEDUALO, s. et adj. f. V. Bedouelo.

BEDUSCLA, v. a. Brûler. V. Besusclá.

BEDY, GASC., s. f. Verdier, oiseau. V. Verdet.

BÉÉ, BÉARN., s. m. Bien. — SYN. *bé*,

bèn; c'est aussi une particule explétive qui ajoute à la force de l'expression.

BEELA, PROV., v. n. Bêler. V. Belá.

BEELAGE, PROV., s. m. V. Bealage.

BEELAMENT, s. m. V. Belament.

BEFA, CÉV., s. m. BEFAT, BENFAG, s. m. Bienfait. — ITAL., *benefatto*; LAT., *benefactum*.

BEFE, BEFI, BEFO, adj. Lippu, ue, celui ou celle qui a la lèvre ou la mâchoire inférieure plus avancée que la supérieure; par ext. difforme, laid, défiguré, pâle, bouffi, stupide, imbécile. M. sign. *boucarut*.

BEFERRI, GASC., s. m. Coutre de charrue.

BEFI, BEFO, adj. V. Befe.

BEFO, PROV., s. f. Raillerie, moquerie. — CAT., ESP., *befa*; ITAL., *beffa*.

BEGADE, BÉARN., s. f. V.

BEGADO, s. f. Fois : *uno begado*, une fois; *dins aquelo begado*, dans cette circonstance. V. Vegado.

BEGAGNO, PROV., adj. comm. Bègue. V. Begou.

BEGALEJA, AGAT., v. n. Bégayer. — ETY., *begue*.

BEGNADO, PROV., s. f. Tout ce que l'on met sur l'échelette placée sur le dos d'une bête de somme. — ETY., *begno*.

BEGNET, s. m. Beignet; pâte que l'on fait cuire à la poêle avec de l'huile, de la graisse ou du beurre; espèce de friture. — SYN. *bignet, bigneto, bouniéso; bounit*. — CAT., *bunyol*. — ETY. ANC. FR., *bigne*, enflure, tumeur.

BEGNO, PROV., s. f. Échelette, cadre de bois qu'on fixe sur le bât des bêtes de somme pour transporter diverses choses; on dit ordinairement *begnos*, mot par lequel on désigne aussi les grands paniers qu'on attache aux côtés du bât. — SYN. *biégnos, bressolos; cargastiéros, encastiéros, cargadouiros*. — ETY. LAT., *benna*, corbeille.

BEGNOUN, PROV., s. m. Cordes de l'échelette, c'est aussi un diminutif de *begno*, petit panier.

BEGO, B. LIM., s. f. Houe à deux pointes; *de begos en javelo*, loc. adv., pêlemêle.

BEGOS, CÉV., s. f. p. Gesses. V. Geisso.

BEGOU, ego, adj. Bègue, qui bégaie. — SYN. *begagno*. M. sign. *quequou*.

BEGOUL, CAST., s. m. Cri qui exprime la souffrance.

BEGOULA, ALB., v. n. Gueuler, hurler, miauler. M. sign. *gulá*. — ETY., *begoul*.

BEGOULEA, PROV., v. n. Bégayer. — SYN. *begalejá, beguecá, beguejá, begueiá*. — ETY., *begou*.

BEGOUMAR, PROV., s. m. Colostrum, préparation pharmaceutique. — ETY., altér. de *pegoumar, pegoumas*, emplâtre de poix.

BEGUDO, s. f. Nom d'auberges placées au bord des chemins où les voyageurs s'arrêtent pour boire et abreuver leurs chevaux; coup à boire; brinde, toast, action de boire à la santé de quelqu'un. — ETY., part. f. de *béure*.

BEGUDO, PROV., s. f. Bévue, erreur, méprise. — ETY., ce mot est une altération du français *bévue*, composé de *bé*, particule péjorative, et de *vue*, fausse vue, mauvaise vue.

BEGUÈ, s. m. Charançon de la vigne.

BEGUE, o, adj. et s. v. Begou.

BEGUECA, BEGUEIA, BEGUEJA, v. n. Bégayer. — ETY., *begue*.

BEGUT, udo, part. de *béure*. Bu, e. — ITAL., *bevuto*.

BEI, BITERR., adv. Aujourd'hui. V. Uèy.

BEI, s. m. Bec. V. Bec.

BEICHAVET, DAUPH., s. m. Hoyau pour bêcher la vigne.

BEIGÈIRO, PROV., s. f. Baisure du pain. V. Baisaduro.

BEIJA, v. a. V. Baisá.

BEILA, B. LIM., v. a. V. Bailá.

BEILAGI, s. m. V. Bailage.

BEILAIRE, s. m. V. Bailaire.

BEILE, PROV., s. m. V. Baile.

BEILET, s. m. V. Varlet.

BEILETO, s. f. V. Baileto.

BEILLÈU, BÉARN., adv. Peut-être. V. Belèu.

BEINECHIER, s. m. Bénitier. — SYN. *benechier*.

BÈINI, v. a. V. Benesi.

BÈIOLA, MONTP., s. f. Guépier, oiseau. V. Serenat.

BÈIRE, s. m. Verre. V. Vèire.

BÈIRE, v. a. Voir. V. Vèire.

BÈISA, v. a. V. Baisá.

BÈISADURO, s. f. V. Baisaduro.

BÈISSA, v. a. V. Baissá.

BÈISSOU, s. f. Bâtonnet. V. Bisoc.

BÈIS-UELHS, s. m. V. Bel-uelh.

BÈIT, o, cév., adj. Vide. V. Vouide.

BÈIT, BITERR. Nom de nombre, huit. V. Uèit.

BÈITOUR, DAUPH., s. m. Pilon pour le sel.

BEJAUNE, s. m. Jeune oiseau de proie, qui a encore le bec jaune; jeune homme niais, apprenti; *pagá lou béjaune*, payer le béjaune, payer la bienvenue. — ETY., *bec* et *jaune*.

BEL, BELO, adj. BEL, BELLA, bel, beau, belle; cet adj. se prend souvent dans l'acception de gros, grand : *aquel aubre s'es fach bel*, cet arbre est devenu gros ou grand; *à beles uels vesents*, devant nos yeux, en notre présence; *à belos brassados*, à grandes brassées; *à belos palados*, à pelletées; *à belos houros*, parfois; *à beles dous*, *à belis dous*, par deux; *à belos boulegados*, par épaulées; *belos*, PROV., s. f. p., figures du jeu de cartes, rois, dames, valets. — SYN. *bèu, ber, bere*. — CAT., *bell*; ESP., PORT., ITAL., *bello*. — LAT., *bellus*.

BEL, cév., s. m. Voile de religieuse; coiffe des Narbonnaises et des femmes des contrées voisines. — ETY., *bel* pour *vel*, du lat. *velum*.

BEL (de), B. LIM., adv. comp. Bellement, doucement. — SYN. *plan-plan*.

BEL-BEL, s. m. Caresses, flatterie; il ne s'emploie qu'avec le verbe *faire* : *i fa lou bel-bèl per avèire soun be*, il le caresse pour avoir son bien. On dit en italien : *far bellin-bellino*. — PROV., *bèu-bèu*.

BELA, v. n. BELAR, bêler; c'est le cri des moutons, des brebis, des agneaux et des chèvres; au fig. et activ., *belá* signifie désirer vivement une personne ou une chose : *beli aquel houstal, beli aquelo filho*, je désire vivement avoir cette maison, cette fille. La brebis qui bêle désire quelque chose, de là le sens figuré du verbe *belá*. Il signifie aussi par ext. admirer, regarder avec complaisance. — CÉV., *bialá*; QUERC., *biolá*; PROV., *bierá, beclá*; CAT., *belar*; ESP., *balar*; ITAL., *balare*. — LAT., *balare*.

Fedo que BELO *pord un moncel.*
PRO.

BELA, GASC., v. n. Fleurir, en parlant du maïs. — ETY., *bel*.

BELA, GASC., adv. Voilà.

BELA, DAUPH., s. f. Petit bâton aigu par les deux bouts dont se servent les enfants pour jouer au martinet. — ETY., grec βίλος, dard.

BELAIDE, MONTP., s. m. Corlieu, *pichot charlot*. V. Bellayde.

BELAIRE, cév., s. m. Barge commune ou à queue noire. V. Becassin-cendrous.

BELAMENT, s. m. Bêlement, cri des chèvres, des brebis, etc. — SYN. *bialament*; ITAL., *belamento*. — ETY., *belá*.

BELARICOT, PROV., s. m. Basilic, plante. V. Basilic.

BELAROIOS, cév., s. f. Bijoux, objets de toilette, clinquant. — SYN. *beluros*.

BELAS, asso, adj. Très-beau, très-belle. — Augm. de *bel*.

BEL-AUCÈU, s. m. Loriot. V. Auriol.

BELCOP, adv. Beaucoup. — GASC., *belcot*; ITAL., *bel copo*. — ETY., *bel*, beau, et *cop*, coup.

BELCOT, GASC., adv. V. Belcop.

BELEAU, DAUPH., s. m. Pou. V. Pesoul.

BELECH, TOUL., s. m. Éclair. — SYN. *belet*.

BELECHA, GASC., v. a. V. Belejá.

BELEGA, GASC., v. a. V. Boulegá.

BELEGAN, GAST., s. m. Vaurien. V. Beligan.

BELEGO, s. f. Excrément des bêtes à laine en forme de boulettes; crotte.

BEL-EIME (A), loc. adv. A vue d'œil, sans peser ni mesurer. — SYN. *à belerme, à bel-irme, à bel-ime, à bel-tal*.

BELEIS-DENTS, s. f. p. V. Belo-dent.

BELEJA, cév., TOUL., v. n. Faire des

éclairs. — Syn. belechá, embelejá. — Ety.; belech, éclair.

BELESSO, s. f. Belleza, beauté ; à la belesso, loc. adv., parfaitement, en perfection, pour le mieux : farai à la belesso so que m'avès coumandat, je ferai de mon mieux, avec tout le soin possible, ce que vous m'avez commandé ; causi à la belesso, choisir, entre plusieurs objets, le plus beau, le meilleur. On dit dans le même sens : causi sul talhadou. — Cat., bellesa ; esp., port., belleza ; ital., bellezza. — Ety., bel.

BELET, o, adj. Gentil, ille ; B. lim., fin, e, rusé, e,

BELET, o, B. lim., s. m. et f. Aïeul, e.

BELET, s. m. Petit voile. V. Velet ; martin-pêcheur, V. Arnier ; bouvreuil, V. Pivo ; prov., bléau, poisson.

BELET, gasc., s. m. Éclair. — Cast., belex ; toul., belech.

BELETO, gasc., s. f. Belette. V. Moustelo. C'est aussi le nom de la martre.

BELÈU, adv. Peut-être. — Syn. billèu, bulèu, beliau, belèu-bé, belhèu, dilhèu, bessai, saique.

BELEX, cast., s m. V. Belet.

BELEZAS, montp., s. f. p. Parures. V. Beluros.

BELHA, v. n. Veiller et ses dérivés. V. Velhá.

BELHER, cast., s. m. Volant d'un moulin à vent. V. Velher.

BELHÈU, béarn., adv. V. Belèu.

BELHO, OBELHO, lim., s. f. V. Abelho.

BELHO, B. lim., s. f. Quatrième estomac des ruminants, dans lequel se trouve la présure ou caillette.

BELHUI, prov., s. m. Benjamin, enfant gâté.

BELIAU, dauph., adv. Peut-être. V. Belèu.

BELICOCO, cév., s. f. Micocoule. V. Micocoulo.

BELICOQUIER, BELICOUQUIER, cév., s. m. Micocoulier. V. Micoucoulier.

BELICOT, prov., s. m. Basilic. V. Basilic. On donne le nom de belicot d'iver à une espèce de menthe.

BELIER, s. m. V. Velier.

BELIER, B. lim., s. m. Nom donné par le peuple au mois de février.

BEL-IERME (A), loc. adv. V. Beléime.

BELIÈRO, prov., s. f. Beau temps, plusieurs jours de beau temps. — Ety., bel, beau.

BELIÈRO, prov., s. f. Biez de moulin.

BELIGA, montp., s. f. V. Bedigo.

BELIGAN, BELIGAS, asso, s. m. et f. Vaurien ; homme de néant, va-nu-pieds ; femme de mauvaise vie. Beligas, syn. de bedigas, signifie nigaud. — Querc., beligon ; cast., belegan.

BELIN, s. m. Enchanteur, charmeur.

BELISCOUQUIER, s. m. V. Micoucoulier.

BELISOS, cast., s. f. p. Joyaux, parures. V. Beluros.

BELITRALHO, s. f. Troupe de bélitres, bande de vauriens ; belitralhos, turpitudes, actions de bélîtres. — Syn. belitrariès. — Cat., belitralla. — Ety., belitre.

BELITRARIÉS, s. f. p. Coquineries, turpitudes. — Syn. belitralhos.

BELITRE, s. m. Bélitré, homme de rien, gueux, coquin. — Cat., esp., belitre ; port., biltre ; ital., belitrone.

BELLA-DONO, s. f. Belladone, Atropa belladona, plante de la fam. des solanées, dont les baies sont très-vénéneuses. On lui donne le nom de boutou negre à cause de la couleur de ses baies. — Syn. belo-damo.

BELLAYDE, montp., s. m. Double bécassine ; on donne le même nom au petit corlieu, en faisant un léger changement dans l'orthographe, belaide au lieu de bellayde.

BELLET, eto, adj. V. Belot.

BELLOIOS, s. f. p. V. Beluros.

BELLOLI, s. m. V. Béuloli.

BELLUAR, dauph., s. m. Espèce de guêtres. V. Baluard.

BELO, gasc., s. f. Fleur du maïs.

BELO-DAMO, s. f. V. Belladono.

BELO-DENT, s. f. Gesse. V. Jaisso.

BELO-DE-JOUR, s. f. Ornithogale en ombelle, de la fam. des liliacées, appelé aussi *belo-d'ounz'houros* ; liseron tricolore, de la fam. des convolvulacées. V. Campaneto, Courrejolo.

BELO-DE-NÈIT, s. f. Belle-de-nuit, *Nyctago jalapa*; belle-de-nuit à longue queue, *Mirabilis longiflora*. — GASC., *bero-de-nèit*.

BELO-D'OUNZ'HOUROS. V. Belo-de-jour.

BELOIOS, s. f. p. V. Beluros.

BELOMENT, adv. BELAMEN, bellement, doucement. — ETY., *belo*, et le suffixe *ment*.

BELOMENT, s. m. Bêlement. — SYN. *belament*.

BELORI, PROV., s. m. V. Beluros ; narcisse des poètes; V. Aledo.

BELO-SORRE, s. f. Belle-sœur, la femme du frère. M. SIGN. *cougnado*.

BELOT, o, adj. Gentil, ille, beau, belle, en parlant d'un enfant. — SYN. *bellet*, *belet*. — DIM. de *bel*.

BELOUR, GASC., s. m. V. Velous.

BELOUS, BITERR., s. m. V. Velous.

BELPERIER, CAST., s. m. Morelle douce-amère ou morelle grimpante.

BEL-TAL (A), GASC., loc. adv. A vue d'œil, sans choisir, on masse. V. Bolèime.

BELU, PROV., s. m. Lueur, étincelle, éclat.

BEL-UELH, s. m. Acarne, poisson de la Méditerranée ; on donne le même nom au pagre de Marseille, *Sparus massiliensis*, ainsi appelés à cause de leurs grands yeux dorés.

BELUGA, v. n. BELUGEIAR, étinceler, scintiller, briller, pétiller ; *tout li belugo*, il est tout pétillant d'esprit. — CAT., *bellugar*. — ETY., *belugo*, étincelle.

BELUGAN, s. m. On appelle ainsi plusieurs poissons de la Méditerranée à cause de la faculté qu'ils ont de briller dans l'obscurité, le milan de mer, trigle milan, *Trigla milvus*, la trigle adriatique, *Trigla adriatica*, et le grondin, *Trigla gunardus*. On dit aussi *belugar*, *boulegan*, *belugo*.

BELUGAR, s. m. V. Belugan.

BELUGO, s. f. BELUGA, étincelle, bluette ; au fig. vétille, niaiserie ; ardeur passagère. — SYN. *beluo*. — GASC., *boulugo* ; ESP., *balux*, *baluca*. — ETY., *be*, préf. et *lugo*, du roman, *lugor*, dérivé du lat. *lucere*, luire.

S'après ma mort boulegabos ma cendre,
Ie troubarios de BELUGOS de fioc.
CH. CASTRAIS.

BELUGO, s. f. V. Belugan.

BELUGUEJA, v. n. Briller, étinceler, scintiller. — ETY., fréq. de *belugá*.

BELUGUEJAIRE, adj. Scintillant, e. — ETY., *belugueja*.

BELUGUEJANT, o, adj. Scintillant, e. — ETY., *belugueja*.

BELUGUET, eto, adj. Pétillant, e, sémillant ; éveillé, alerte ; étincelant : *estello belugueto*, étoile étincelante ; *faire beluguet*, se dit d'une lumière qui jette un moment de faible clarté avant de s'éteindre, et au fig. d'une personne à l'agonie qui paraît se ranimer un moment, d'un noyé qui remonte un instant sur l'eau. — CAT., *belluguet* ; ESP., *bulle-bulle*. — ETY., *belugo*.

BELUGUETO, s. f. Petite étincelle ; *beluguetos*, s. f. p., bluettes; sornettes. — DIM. de *belugo*.

BELUGUIER, CÉV., TOUL., s. m. Quantité d'étincelles ; au fig. fourmillière. — ETY., *belugo*.

BELUO, s. f. V. Belugo.

BELURIOS, s. f. p. V.

BELUROS, s. f. p. Bijoux, joyaux, parures, objets de toilette pour les femmes, fanfreluches. — SYN. *belurios*, *bellaroios*, *belloyos*, *beloios*, *belezàs*, *belisos*, *belori*. — ETY., *bel*.

BE-ME-DIGAS, QUERC., interj. Si vous saviez ! V. Amedigas.

BEMI, CÉV., CAST., s. et adj. Bohémien, sorcier, vagabond ; sale, défait, pâle : *fals coumo un bemi*, faux comme un bohémien. — SYN. *bemian*, *boime*, *boumian*, *boime*.

BEMIAN, CÉV., s. et adj. V. Bemi.

BEMIATALHO, CÉV., s. f. Troupe de bohèmes, de bandits, de vagabonds. — ETY., *bemi*.

BEMIZOS, CAST., s. f. p. Flatteries outrées.

BÈN, prov., c. m. V. Bé.

BEN, gasc., s. m. V. Vent; cast., fourchon. V. Benc.

BENAGE, cév., adj. Bénit, bienheureux.

BENALHO, prov., s. f. Bien, fortune, richesse ; faveur, avantage, profit. — Ety., *bèn*.

BENANT, o, gasc., adj. Bien portant, e. — Ety., *bèn*, bien, et *ant* pour *anant*, allant.

BENARIC, BENARIT, s. m. Ortolan, oiseau ; béarn., un bon réjoui. — Syn. *benourit*, bien nourri, dont *benarit* paraît être une altération.

> S'aimo de faire bouno chero,
> Aqui noun canton pas misero,
> Car l'y a perdris e faisans,
> Caillos, BENARITS, ourtoulans, etc.
> Michel, *de Nîmes*.

Benarit signifie probablement dans ces vers *torcol*, oiseau aussi gras que l'ortolan qu'on appelle, à Alais, *benouri*.

BENAS, s. m. V. Bé.

BENASTO, s. f. V. Banasto.

BENASTRU, BENASTRUC, adj. m. Benastruc, heureux, bienheureux ; Mistral, dans *Mirèio*, traduit ce mot par plein d'étoiles ; *bèn*, bien, beaucoup, et *astru* étoilé, qui a beaucoup d'astres. — Ety. *bèn*, bien, et *astruc*, influencé par les astres.

BENAYSAT, ado, gasc., adj. Facile, agréable.

BENAZI, v. a. Bénir, V. Benezi.

BENBENGUT, udo, gasc., adj. V. Benvengut.

BENC, cast., prov., s. m. Benc, chicot, bout d'une branche mal coupée, écharde ; chose aiguë, en général ; *benc-de-fourco*, fourchon ; *benc-de-penche*, dent de peigne. — Syn. *ben*. — Ety., altér. de *bec*.

BENCADO, prov., s. f. Déchirure, accroc. — Ety., *benc*.

BENCAT, gasc., querc., s. m. Pioche, houe à deux pointes ; *bencat d'estable*, hoyau à long manche qui sert à enlever le fumier des écuries. — Ety., *benc*.

BENCEDOU, béarn., s. m. Vainqueur. V. Vencedoú.

BENCIL, béarn., s. m. Lien fait avec de l'osier ou avec toute autre branche. — Ety. lat., *vinculum*, *bencil* étant pour *vencil*.

BENCUT, udo, gasc., part. Vaincu, e.

BENDA, v. a. Bendar, bander, tendre un arc, une corde, armer un fusil ; entourer une plaie de bandes ; embattre une roue de voiture ou de charrette, y appliquer un cercle de fer. *Bandá* est un barbarisme ; c'est la reproduction de l'orthographe et de la prononciation françaises ; part., *bendat*, *ado*, bandé, ée. — Esp., *vendar* ; ital., *bendere*. — Ety., *bendo*.

BENDAGE, s. m. Bandage. — Ety., *bendá*.

BENDEL, s. m. Bendel. V. Bendèu.

BENDEMIA, BENDEMIO, etc. V. Vendemiá, Vendemio.

BENDÈU, s. m. Bandeau, bande de toile ou d'une autre étoffe qui ceint le front, ou dont on couvre les yeux, bandelette. — Syn. *bendel*. — Dim. de *bendo*.

BENDIRE, prov., s. m. Messe que l'on fait dire pour le repos de l'âme d'un mort.

BENDO, s. f. Benda, bande, pièce de linge plus longue que large, destinée à entourer une plaie ou toute autre chose. On ne doit dire *bando*, qui est une forme française, que pour exprimer les mots troupe, multitude ; *bendos de rodo*, bandes de fer, aujourd'hui cercles de fer qui entourent les roues d'une charrette et qui sont fixés sur les jantes. — Cat., esp., *banda* ; ital., *benda*. — Ety. allem. *binden*, lier.

BENE, béarn., v n. Venir ; part., *bengut*, *ude*, venu, e. V. Veni et Vengut.

BENE, béarn., v. a. Vendre ; *beni*, je vends ; *benouy*, je vendis ; *benerèy*, je vendrai ; *benery*, je vendrais ; *que benièy*, que je vende ; *que benoussi*, que je vendisse ; part., *benut*, *ude*, vendu, e. V. Vendre et Vendut.

BENECHIER, s. m. Bénitier. — Syn. *beinechier*, *benitier*, *aiguo-segnadier*, *seignadour*. — Ety., *benechi* pour *benezi*, bénir.

BENECHO, prov., s. f. Pariétaire, plante. V. Herbo figuièiro.

BENEDICCIÉU, BENEDICCIOUN, s. f. Benediccio, bénédiction, action de bénir : *es uno benediccioun*, c'est une bénédiction ; *anà à la benediccioun*, aller au salut. — Cat., *benediccio* ; Esp., *bendicion* ; Ital., *benedizione*. — Ety. Lat., *benedictionem*.

BENEDICTUS, prov., s. m. V. Benedit.

BENEDISE, béarn., v. a. Bénir. V. Benezi.

BENEDIT, s. m. On donne, dans quelques localités, ce nom à l'orpin ou herbe de Saint-Jean, *Sedum telephium*, de la fam. des crassulacées. — Syn. *benèdu, benedud, benedictus*.

BENEDIT, o, prov., adj. V. Benezit.

BENEFICI, s. m. Benefici, bénéfice, revenu ecclésiastique ; gain, profit, avantage. — Cat., *benefici* ; Esp., Ital., *beneficio* ; Lat., *beneficium*.

BENEFICIA, v. n. Beneficiar, bénéficier, avoir du profit. — Esp., *beneficiar* ; Ital., *beneficiare*. — Ety., *benefici*.

BENÈISI, b. lim., v. a. Bénir. V. Benezi.

BENERANSO, agat, s. f. V. Benuranso.

BENERIT, cév., s. m. Roitelet. V. Rèipetit. On donne aussi ce nom à la mésange charbonnière et à la mésange bleue. V. Sarralher. Dans le dialecte béarnais, *benerit* est le nom de l'ortolan. V. Benarit.

BENESI, v. a. V. Benezi.

BENESTANSO, prov., s. f. Bien-être. — Ety., *bèn* et *estant*, part. prés. de *está*, être.

BENESTRE, s. m. Benestar, bien-être ; tout ce qui contribue à une existence aisée et heureuse, aisance ; situation satisfaisante du corps et de l'esprit. — Ital., *benessere*. — Ety., *bèn*, bien, et *estre*, être.

BENESTRUA, BENESTRUGA, prov., v. a. Complimenter, féliciter ; faire la bienvenue. — Ety., *bèn* et *estru* pour *astruc*, heureux ; souhaiter du bonheur à.

BENÈT, s. m. Petit bien. V. Bé.

BENEZET, BENEZECH. Nom d'homme. Benoît, Bénédict, Bénézet. — Ety., *benezett, o*, part. de *benezi*. Saint-Bénoît, simple berger, n'étant âgé que de 18 ans, fonda au XII° siècle le pont d'Avignon.

Pont de Sanct Benezet, secoundo mereviho
De la ciuta di Papo e di vice-legat,
Touti li pont d'aran noun van à ta caviho.

J.-B. Martin.

BENEZI, v. a. Benezir, bénir, donner la bénédiction ; louer, remercier ; faire prospérer, réussir. — Syn. *benazi, benèisi, benedise, benèisi*. — Cat., *beneir* ; Esp., *bendecir* ; Ital., *benedire* ; Lat., *benedicere*.

BENFACTOU, BENFACTOUR, s. m. Befachor, bienfaiteur. — Anc. cat., *benfactor* ; Ital., *benefattore*. — Ety. Lat., *benefactorem*.

BENFAG, s. m. Benfag, bienfait. — Gasc., *bienfèy, benfèit* ; Anc. esp., *bienfecho* ; Ital., *benefatto*. — Ety. Lat., *benefactum*.

BENFAIRE, v. n. Befaire, befazer, faire du bien, des actes de bienfaisance. — Ety., *bèn*, bien, et *faire*, faire.

BENFASENSO, s. f. Bienfaisance. — Ety., *bèn*, bien, et *fasenso*, du roman, *fazer*, faire ; action de bien faire.

BENFASENT, ento, adj. Bienfaisant, e. — Ety., *bèn*, bien, et *fasent*, du roman *fazer*, faisant.

BENFÈIT, s. m. V. Benfag.

BENGUE, gasc., v. n. Venir. V. Vení.

BENI, v. a. V. Benezí.

BENIDE, BENIDERE, béarn., adj. Futur, e, à venir. — Ety., *beni* pour *veni*.

BENIDO, s. f. Bénoite, plante. V. Benoueto.

BENIN, gasc., s. m. Venin. V. Veró.

BENISSIADIOU, cév., interj. Grâces à Dieu ! Que Dieu soit béni !

BENISSOUNS, prov., s. m. p. Bénédiction d'un marché ou d'un monument ; *faire lous benissouns*, bénir un marché, un monument ; faire un petit repas à la suite d'une affaire conclue. — Ety., *beni*.

BENITIER, s. m. V. Benechier.

BEN-LÈU, adv. comp. Bientôt, dans peu de temps.

BENNA, dauph., s. f. Banne, vaisseau de bois. — Ety. *benna*, mot gaulois.

BENO, b. lim., s. f. Grand panier d'osier ou de paille où l'on garde le blé.

BENO D'AL, Caïeu d'ail; la réunion des caïeux forme ce qu'on appelle *cabosso d'al*.

BENOBEL, B, LIM., adv. A peu près, passablement.

BENODISSIU, CÉV., s. f. Altér. de *benediccièu*. V. ce mot.

BENOU, CÉV., s. m. Mangeoire pour les bêtes à laine, appelée à Béziers, *pindoulo*. — ETY., dim. de *beno*.

BENOUETO, s. f. Benoite, *Geum urbanum*, plante de la fam. des rosacées. — SYN. *benido*, *benoito*, *herbo de sant Benouet*.

BENOUN, B. LIM., s. m. Petit panier de paille ou d'osier. Dim. de *beno*.

BENOURI, **BENOURRIT**, CÉV., s. m. Nom qu'on donne à l'ortolan et au torcol, à cause de la graisse dont ils sont couverts. V. *Benarit*.

BENSA, GASC., v. a. Vaincre. V. *Venci*.

BENSILH, BÉARN., s. m. Gros bâton, houlette de berger.

BENSIPOUNETOS, PROV., s. f. p. Solidage, verge d'or ou verge dorée, *Solidago virga aurea*, plante de la fam. des corymbifères à fleurs jaunes. — SYN. *bentibouneto*, *bentipouneto*.

BENSUT, udo, GASC., part. Vaincu, e. V. *Vencut*.

BENT, BENTA, BENTADO. V. *Vent*, etc.

BENT-DE-BAU, BÉARN., s. m. Vent d'ouest.

BENTE, GASC., s. m. Ventre; *bente boèyt*, ventre vide, un affamé. V. *Ventre*.

BENTEJA, v. a. Éventer. V. *Ventejà*.

BENTIBOUNETO, BENTIPOUNETO, s. f. V. *Bensipounetos*.

BENTORIO, GASC., s. f. Coup de vent. V. *Ventorio*.

BENTRE, BENTRESCO, BENTRIÈIRO. V. *Ventre*, etc.

BENURA, CÉV., v. a. BENAURAR, BONAURAR, rendre heureux, faire le bonheur de; *benurat, ado*, part., heureux, euse. — ETY., *bèn*, bien, et *ur*, du lat. *augurium*, heur, bonheur.

BENURANSO, s. f. Bonheur, félicité. — ETY., *benurá*.

BENUROUS, o, adj. Bienheureux, euse.

BENVENGUDO, s. f. Bienvenue, heureuse arrivée. — CAT., *benvinguda*; ESP., *bienvenida*; ITAL., *benvenuta*. — ETY., *bèn*, bien, et *vengudo*, venue.

BENVENGUT, udo, adj. Bienvenu, ue, qui arrive à propos, celui ou celle dont l'arrivée fait plaisir. — ESP., *bienvenido*; ITAL., *benvenuto*. — ETY., *bèn*, bien, et *vengut*, venu.

BENVIST, o, adj. Bien vu, e, qu'on accueille avec plaisir, considéré, estimé.

BENVOUGU, udo, PROV., adj. Bien voulu, e, aimé, recherché. — ITAL., *benvoluto*.

BENVOULENSO, s. f. BENVOLENSA, bienveillance. — CAT., *benevolensa*; ESP., PORT., *benvolencia*; ITAL., *benevolenza*. — ETY. LAT., *benevolentia*.

BENVOULENT, o, adj. BENVOLENT, bienveillant, e. — ETY. LAT., *benevolentem*.

BENVOULHÉ, PROV., v. n. *Si faire benvoulhé*, se faire aimer, estimer. — CAT., *benvoler*; ITAL., *benvolere*. — ETY., *bèn*, bien, et *voulhé*, vouloir.

BENYA, BÉARN., v. a. Venger. V. *Venjá*.

BEO, GASC., s. f. Veine. V. *Veno*.

BEPLA, BEPLAN, GASC., adv. Bien sûrement. — SYN. *obeplan*. — ETY., *bé*, bien, et *plan*, certainement.

BEQUÉ, BEQUET, s. m. Petit bec. Dim. de *bec*.

BEQUET, B. LIM., s. m. Jeune saumon, appelé aussi *tecou*, *tecon*.

BEQUETA, v. a. BECHAR, becqueter, manger avec le bec, donner des coups de bec. *Se bequetá*, v. r., se caresser avec le bec; se donner des coups de bec; *bequetat, ado*, part., becqueté, ée. — SYN. *bequilhá*. — ETY., *bequet*.

BEQUETEJA, v. a. Becqueter vivement. — ETY., fréq. de *bequetá*.

BEQUI, NARB., s. m. Souci, chagrin, inquiétude.

Creses-me, demouras aqui,
Nou cerques pas d'autro demoro.
E descargas-vous lou BEQUI
Qu'a tan de temps que vous devoro.

BERGOING, de Narbonne.

BEQUILHA, PROV., v. a. V. Bequetá.

BEQUILHO, s. f. Béquille. — ETY., *bec*, parce que la traverse de la béquille a quelque ressemblance avec un bec.

BER, BÉARN., s. m. Aune, arbre. V. Vergne.

BER, ere, BÉARN., adj. Beau, belle ; *bere-sor*, belle-sœur. V. Bel.

BERAU, CÉV., s. m. Prune de Monsieur. Alt. de *belau*, beau.

BERAY, o, GASC., adj. Vrai, e. V. Verai.

BERBELUDO, CÉV., s. f. Narcisse des poètes. V. Aledo.

BERBENEC, o, GASC., adj. Véreux, euse, en parlant d'un fruit.

BERBENO, s. f. V. Verbeno.

BERBENO, CÉV., s. f. Vertevelle, gause de fer dans la quelle on fait glisser un verrou. — SYN. *bergolos, babolos, mouletos*.

BERBEQUIN, CÉV., s. m. Vilebrequin. V. Viro-brequin.

BERBEZINO, CAST., s. f. Mirmidon, petit enfant.

BERBI, PROV., s. m. Dartre. — SYN. *derbi, derbesè*. — CAT. *berbot*.

BERBIALHO, B. LIM., s. f. Brebis, bêtes à laine en général. — ETY., *berbis*, brebis.

BERBILHOUN, PROV., s. m. Envie, petits filets qui s'enlèvent de la peau autour des ongles ; poireau. — ETY., *berbi*.

BERBILHOUS, o, adj. Dartreux, euse. — ETY., *berbi*.

BERBIS, s. f. BENDITZ, brebis. — ANC. CAT., *berbitz* ; ITAL., *berbice*. — B. LAT., *berbix*, du lat. *vervex*, bélier.

BERBOUISSET, s. m. Petit houx. V. Verbouisset.

BERC, o, PROV., adj. et s. Brèche-dents, qui a perdu quelqu'une des dents du devant, édenté; brèche ou *calabre*, en parlant des brebis qui, après cinq ans, commencent à perdre leurs dents. — SYN. *bercho, berco-dent, bercho-dent, berche*. — ETY. *berco*, brèche.

BERCA, BITERR., v. a. BERCAR, ébrécher, faire une brèche à un instrument tranchant, au fig. entamer, diminuer ; *se bercá*, v. r., s'ébrécher. — SYN. *brecá, embrecá, esbrechá, eberlá, emberlá*. — ETY., *berco*, brèche.

BERCADURO, s. f. Brèche, écornure d'une pierre, brèche d'un couteau ou de tout autre instrument tranchant. — SYN. *brecaduro*. — ETY., *bercá*, part. f. de *bercá*.

BERCHE, B. LIM., s. f. (bertse), Brèche. V. Berco.

BERCHO, s. f. Brèche ; *se faire la bercho*, se battre à coups de pierres, en parlant des petites guerres que se livrent les enfants. — SYN. *brecho*.

BERCHO-DENT, adj. et s. V. Berc.

BERCO, s. f. Brèche, écornure, coche. — SYN. *berche, bercho, breco*. V. Breco, pour l'étymologie.

BERCO-DENT, adj. et s. V. Berc.

BERDANEL, BERDANELLO, GASC., s. Agaric pectinacé palomet, *Agaricus palomel, agaricus virescens*. V. Crusagno.

BERDAULO, CAST., GASC., s. f. V. Verdaulo.

BERDEYROLA, MONTP., s. f. V. Verdeyrola.

BERDIER, QUERC., s. m. Verger. V. Vergier.

BERDOU, BERDOUN, CAST., s. m. Verdier, oiseau. V. Verdet.

BERDOULAIGUO, s. f. Pourpier. V. Bourtoulaiguo.

BERDOULAT, GASC., s. m. Bruant jaune. V. Chic.

BERDUFALHOS, CÉV., TOUL., s. f. p. Guenilles, bagatelles. V. Bourdifalho.

BERDUGO, PROV., s. f. Altér. de *verrugo*, V. ce mot.

BERDURA, BÉARN., v. a. Joncher de feuillages, en répandre de tous côtés. — ETY., *berduro*.

BERDURETO, CAST., s. f. *Estre sus la berdureto*, être entre deux vins. Ce mot ne s'emploie que dans cette acception familière. — SYN. *verdureto*.

BERDURO, s. f. V. Verduro.
BERE, GASC., s. m. Verre. V. Vèire.
BERE, DAUPH., v. a. Boire. — SYN. *bèyre*. V. Béure.
BEREGNA, BÉARN., v. a. Vendanger. — SYN. *bregná*. V. Vendemiá.
BEREGNADÉ, BÉARN., adj. Qui peut être vendangé, qui est assez mûr pour être vendangé. — ETY., *beregná*.
BEREGNAIRE, O, CÉV., s. m. et f. Vendangeur, euse. V. Vendemiaire.
BEREGNO, CÉV., s. f. Vendange. — SYN. *berèigno*, *berenhe*, V. *Vendemio*.
BERÈIGNO, GASC., s. f. Vendange.

L'autan bous enflo la BERÈIGNO.
D'ASTROS.

BERENC, GASC., s. m. V. Veré.
BERENCHIER, PROV., s. m. Un des noms de la chondrille jonciforme et de la prenanthe à feuilles menues. — SYN. *sautoulame*.
BERENGUIÈIRO, CÉV., s. f. Grand pot de chambre qu'on place dans une chaise percée. — SYN. *beringuièiro*, *bringuièiro*.
BERENHE, BÉARN., s. f. V. Beregno.
BERENO D'ALH, AGAT, s. m. Gousse d'ail. — SYN. *besegno*.
BERETO, PROV., s. f. Jeune chèvre, nom dont on se sert pour l'appeler.
BERGADEL, CAST., s. m. V. Bergat.
BERGADIER, **BERGADO**, CÉV. V. Brigadier, Brigado.
BERGADO, GASC., s. f. Perche, gaffe, croc. — ETY. ROMAN., *verga*, verge.
BERGAND, **BERGANDALHO**, **BERGANDEJA**, V. Brigand, etc.
BERGANTI, **BERGANTIN**, s m. Réunion de mules ou de chevaux employés à battre sur l'aire les gerbes de blé, de seigle, etc., pour en faire sortir le grain. — ETY., *bergantin* est une métathèse de *bregantin*, *brigantin*, qui viennent des verbes *bregá*, *brigá*, briser, égruger, *maquer*, broyer. Les pieds des chevaux brisent en effet les gerbes comme la *maque* brise le chanvre.
BERGAT, TOUL., s. m. Espèce de nasse, verveux en osier ou en roseaux. Il serait mieux d'écrire *vergat*, parce que ce mot vient du roman *verga*, verge. — SYN. *bergadel*, *bergol*.
BERGAT, CAST., s. m. Enjambée de gerbes qu'on bat avec le fléau; le temps nécessaire pour ce travail. — ETY. ROMAN., *verga*, verge, fléau.
BERGAT, ado, adj. Bariolé, ée. V. Vergat.
BERGATIÉR, PROV., s. m. Bredouilleur. — SYN. *manjo-favos*, expr. familière.
BERGÉ, PROV., s m. Terrasse qu'on établit dans un terrain disposé en amphithéâtre.
BERGE, GASC., s. f. V. Vierge.
BERGÈIRETO, s. f. Bergerette, petite bergère; dans le Gard et l'Aveyron, bergeronnette, oiseau. — SYN. *bergèireto*. — ETY., dim. de *bergèiro*.
BERGÈIRO, s. f. BERGÈIRA, bergère. — SYN. *bergièiro*, *bergiéro*. — BÉARN., *beryére*.
BERGÈIROUNETO, CÉV., s. f. Mante-prie-Dieu, mante-orateur. V. Prego-Dieu-Bernado. Bergeronnette, oiseau. — SYN. *bargèirouneto*. V. Gaio-pastre.
BERGET, **BERGEY**, GASC., s. m. Verger. V. Vergier.
BERGIÈIRO, **BERGIÉRO**, s. f. V. Bergèiro.
BERGIER, s. m. BERGIER, berger. — SYN. *bargier*. — ETY. B. LAT., *berbicarius*, du b. lat. *berbix*, brebis.
BERGIÉRO, s. f. Bergère. V. Bergèiro.
BERGINAL, **BERGINETO**, GASC. V. Virginal, Virgineto.
BERGNADOS, CAST., s. f. p. Pousses de l'aune; lieu planté d'aunes. — ETY., *bergne*, aune.
BERGNE, CAST., s. m. Aune. V. Vergne.
BERGNE, PROV., s. Bérule à feuilles étroites, *Sium angustifolium*, plante de la fam. des ombellifères. — SYN. *beria*.
BERGNO, s. f. V. Vergne.
BERGNOCO, GASC., s. f. V.
BERGNOLO, s. f. Véron ou vairon, petit poisson de rivière.
BERGO, CAST., s. f. Petite barre de fer

carrée ; GASC., fléau pour battre le blé. V. Vergo.

BERGOL, CAST., s. m. Verveux. V. Bergat.

BERGOLOS, CAST., s. f. p. Vertevelles, brides, ganses de fer dans lesquelles on fait glisser un verrou. — SYN. berbeno.

BERGOUGNO et ses dérivés. V. Vergougno.

BERGOUNDALHO, QUERC., s. f. Brigandaille. V. Brigandalho.

BERGOUNJOUS, O, GASC., adj. V. Vergougnous.

BERGUISSO, GASC., s. f. Nasse à prendre les grenouilles.

BERI, CÉV., s. et adj. Ignorant, niais, homme de rien. — SYN. bérigaud. — ETY., beri est mis pour berigas, qui est une altération de bedigas.

BERI-BERI, mot dont se servent les bergers pour appeler les moutons. — SYN. berou-berou.

BERIA, MONTP., s. f. Bérule à feuilles étroites. V. Bergne.

BERICLE, s. m. V. Aïgue-marine.

BÉRICLE, s. m. Besicles, lunettes à branches. — ETY. LAT., beryllus, de βήρυλλος, pierre transparente.

BERICOCO, s. f. Micocoule, fruit du micocoulier. — SYN. belicoco, micoucoulo, falabrego.

BERICOUQUIER, s. m. Micocoulier. — SYN. belicouquier, falabreguier, micoucoulier.

BÉRIDOUN, PROV., s. m. Jeune agneau.

BERIGAS, PROV., s. m. V. Bedigas.

BERIGAUD, PROV., s. m. Niais, imbécile ; bérigaudas, gros nigaud. — ETY., altér. de berigas.

BERIGOULA, BRIGOULA, MONTP., s. f. Nom d'une espèce d'artichaut.

BERIGOULETO, s. f. V.

BERIGOULO, s. f. Agaric du panicaut, Agaricus eryngii. — SYN. brigoulo, bouligoulo, bourigoulo.

BERIN, s. m. Venin. V. Verin, Veré.

BERINGOUN, PROV., s. m. Petit vase de terre.

BERINGUIEIRO, s. f. V. Bérenguièiro.

BERIO, s. f. V. Berrio.

BERISSO, s. f. V. Bedisso.

BERJA, CAST., v. a. Jauger. — SYN. verjá.

BERJAIRE, CAST., s. m. Jaugeur. — SYN. verjaire.

BERLAN, s. m. Brelan. V. Barlan.

BERLINGAU, BERLINGOT, s. m. Bonbon au caramel, ainsi appelé soit à cause de sa ressemblance avec l'os de la jointure d'un gigot de mouton, appelé, en Provence, berlingau, dont se servent les enfants pour jouer aux osselets, soit à cause de ce jeu lui-même qui a donné son nom aux bonbons, qui en sont quelquefois l'enjeu. — SYN. berlingau, berlingot. — ETY. B. LAT., berlenghum.

BERLINGO, CAST., s. Indiscret, babillard.

BERLIO, DAUPH., s. f. Colline.

BERLO, s. f. Éclat de bois ou de pierre ; souche, morceau de souche ; partie du tronc d'un arbre touchant aux racines ; CÉV., bord d'un vase, plé de ras en berlo, plein de bord à bord ; B. LIM., souná de berlo en berlo, sonner à toute volée ; BITERR., burlo, pour la première acception.

BERLO, s. f. Nom qu'on donne à plusieurs plantes qui croissent dans les terrains humides ; à la berle à larges feuilles, au laser de France, à la lentille d'eau, etc. — ETY. B. LAT., berula.

BERLOGO, s. f. V. Barloco, et Breloco.

BERLODA, DAUPH., s. f. Épingles, ce qu'on donne après un marché convenu.

BERLUGAMENT, s. m. Éblouissement ; tournis, maladie des animaux. — ETY., berlugo.

BERLUGO, s. f. Berlue, éblouissement momentané ; au fig. avèire la berlugo, avoir la berlue, c'est-à-dire ne pas voir une chose sous son véritable point de vue. — SYN. bárlugo, barluro, brelhaudo, brihaudo. — CÉV., bimbarolos. — ETY., préf. ber, qui a un sens péjoratif, et lugo, forme dérivée de lucere, luire ; berlugo signifie fausse lueur.

BERMA, QUERC., TOUL., v. a. et n. Diminuer, V. Mermá.

BERMAINO, TOUL., s. f. Verveine. V. Verbeno.

BER (231) BER

BERME et ses dérivés. V. Verme.

BERMENA, MONTP., s. f. Verveine. V. Verbeno.

BERMI, BÉARN., s. m. V. Verme.

BERMIOUS, e, BÉARN., adj. V. Vermenous.

BERMOU, GASC., s. m. V. Verme.

BERMOUS, o, GASC., adj. Morveux, euse. V. Mourvous.

BERN, s. m. Aune. V. Vergne.

BERNACAT, GASC., s. m. Lieu couvert d'aunes rabougris. — ETY., *bern*, aune.

BERNADAS, AGAT, s. m. Butor, oiseau. V. Butor.

BERNADET, TOUL., s. m. Porc marin. V. Porc-marin.

BERNADO, CAST., s. f. Nom de la mante-religieuse et de la mante-orateur. V. Prego-Dieu-Bernado.

BERNARDO, PROV., s. f. Tonne de moulin à huile.

BERNAT-L'ERMITO, s. m. Ce nom désigne toutes les espèces du genre pagure de l'ordre des décapodes, et particulièrement le pagure-Bernard, *Pagurus* ou *astacus*, appelé l'*ermito* parce qu'il vit dans une coquille univalve vide.

BERNAT-PESCAIRE, CÉV., s. m. Héron. V. Guirau-pescaire.

BERNAT-ROUGE, s. m. Héron pourpré huppé. V. Charpentier.

BERNIC, que, BÉARN., adj. Inquiet, ète; pointilleux, euse.

BERNIC, interj. qui exprime la déception, le désappointement, bernique.

Escalo, trimo, ardit! mais ni per reventa,
De mai d'un pan la pitanso es trop n-auto,
BERNIC! lai pot pas abasta.
B. FLORET.

BERNIGAU, PROV., s. m. Sébile, sorte d'écuelle de bois.

BERNISSERO, GASC., s. f. Oseraie.

BERNISSOS, GASC., s. f. p. Osiers sauvages.

BERO, QUERC., s. f. BERA, bière, cercueil.

BERO-DE-NÈIT, GASC., s. f. V. Belo-de-nèit.

BEROI, oio, CÉV., adj. Joli, ie ; altér.

de *beloi*, *oio*. *Beroi*, *ye*, appartient aussi à l'idiome béarnais. — GASC., *berot*.

Moun Diu ! la BEROYE flourette
Quis miralhe hens lou cristau,
Hens lou cristau d'aquere aygueto
Y tan bribente y tan fresqueto
Qui-ba bagna lous pes de Pau.
VINCENT DE BATAILLE, *La Capère de Betharram*.

BEROLO, B. LIM., s. f. Ce qui est trop liquide, trop délayé, comme la bouillie ou les buvées qu'on donne aux cochons.

BERO-MAI, GASC., s. f. Belle-mère. — ETY., *bero*, belle, et *mai*, mère.

BEROS-PAUSOS, GASC., loc. adv. Longtemps ; interj. ; parbleu ! *De bero-pauso*, de beaucoup.

BEROT, o, GASC., adj. Joli, e. — ETY., altér. de *beloi*.

BEROU, GASC., s. f. Beauté. — ETY., altér. de *belou*.

BEROU, CÉV., s. m. Robin d'un troupeau, le principal bélier, le mouton favori. Altér. de *belou*.

BEROU, CÉV., s. m. Ver ; il se dit particulièrement du gros ver blanc qu'on trouve dans les guignes. — SYN. *brec*. V. Verme.

BEROU-BEROU, Mot dont se servent les bergers pour appeler les moutons. — SYN. *beri-beri*.

BEROUGE, BEROUET, s. m. Jeune agneau, agneau faible ou infirme qui ne peut pas suivre le troupeau.

Courron lis agnelado, en bramant loungamen
Au belamen de si BEROUGE.
MISTRAL, *Mirèio*.

BEROUIA, CÉV., v. a. V. Barroulha.

BEROULH, s. m. V. Barroul.

BEROUNICO, s. f. V. Verounico.

BEROUTET, eto, GASC., adj. Joli, e. Dim. de *berot*.

BEROUYAS, asse, BÉARN., adj. Très-joli, e. Augm. de *beroy*.

BEROUYET, e, **BEROUYIN**, e, **BEROUYOU**, ote, BÉARN., adj. Joliet, ette. — GASC., *berouet*. — ETY., dim. de *beroy*.

BEROUYIN, e, BÉARN., adj. V. Berouyet.

BERP, BERPOU, CAST., s. m. V. Verme.

BERPERIER, s. m. V. Verperier.

BERQUIÈIRO, BERQUIÈRO, s. f. VER-

QUIERA, dot, bien, ce que la femme en se mariant apporte à son mari. —SYN. *verquièro, verquièiro.* — DAUPH., *verchèiri*; B. LAT., *verqueria.* — ETY., ce mot est une abréviation de *berbicaria,* dont le radical est *berbix,* brebis ; la fortune consistant autrefois dans la possession des troupeaux, appelés *aver,* on dotait les filles avec quelques brebis.

BERRE, CAST., s. m. Verrat. V. Verre.

BERRET, GASC., s. m. Petite assiette de faïence ou de terre.

BERRET, s. m. BIRRET, béret, toque de laine plate qui sert de coiffure aux paysans basques et béarnais. — ETY. B. LAT., *beretum, birretum,* dérivé de *birrum,* sorte d'étoffe rousse.

BERRET-DE-CAPELA, TOUL., s. m. Fusain. V. Bounet-de-Capelá.

BERRETO, TOUL., s. f. Bonnet, le même que *barreto. Es plus fier que berreto,* il est plus content qu'un roi (Doujat) ; pourquoi pas qu'un cardinal, puisqu'il est question d'une barrette ?

BERRI, PROV., s. m. Crochet fixé à un plafond pour y suspendre des paniers, ou aux paniers pour les suspendre aux branches des arbres ; rossignol de serrurier ; bélier (*aret*) ; filet de cordes dans lequel on transporte le fourrage, la paille, etc. *Berris,* s. m. p., échelettes qu'on fixe sur le bât et sur lesquelles on place des toiles formant deux grands sacs pour le transport des gerbes. — SYN. *berrios, begnos, embaissos.*

BERRINALHO, CAST., s. f. Réunion d'enfants qui font du bruit.

BERRIO, CÉV., s. f. Hotte, panier long et plus large du haut que du bas, qu'on porte sur le dos au moyen de deux bretelles.

BERRIO, s. f. Berle à ombelles sessiles, *Sium nodiflorum,* plante de la fam. des ombellifères.

BERROULH, BERROULHA. V. Barroulh, barroulhá.

BERRUGO, s. f. V. Varrugo.

BERSO (grando), s. f. Acanthe. V. Branco oursino.

BERT et ses dérivés. V. Vert.

BERTACH, GASC., s. f. V. Vertat.

BERTADÉ, ere, BÉARN., adj. V. Vertadier.

BERTAL, BERTAU, s. m. Hanneton. V. Bambarot.

BERTAS, PROV., s. m. V. Bartas.

BERTÈILENCO, CAST., s. f. Poire qui a la forme d'un peson de fuseau, *vertel.* V. Vertèilenco.

BERTEL, s. m. Peson d'un fuseau. V. Vertel.

BERTELLO, QUERC., s. f. Bretelle.

BERT-ESPERO, mieux, *Vert-espero,* s. f. Faux espoir, vaine espérance : *I proumetet uno raubo de vert-espero, encaro l'espero.* — ETY., *espero,* attente, espérance, et de *vert, verto,* vert, verte, qui n'est pas mûr.

BERTISSES, mieux *Vertisses,* s. m. Agneau d'un an. V. Bedigas. Il signifie aussi mouton, brebis. — ETY., *vervex, vervicis,* mouton.

Lou loup vous a manjat, despèis que noun y sès,
Dous moutons, tres agnels et quatre BERTISSÈS.

BONNET, de Béziers. *Le Jugement de Páris.*

BERTOUL, CÉV., s. m. Cueilloir, petit panier à anses fait d'éclisses qui sert à cueillir les fruits, à ramasser les châtaignes ; filet à prendre les anguilles, *vertoulet.* V. ce mot. — SYN. *bertoulo, bertluel,* Dim. *bertoulé, bertouleto.*

BERTOULADO, CÉV., s. f. Plein le panier appelé *bertoul.*

BERTOULAIGUO, s. f. V. Bourtoulaiguo.

BERTOULO, s. f. V. Bertoul.

BERTUEL, CÉV., s. m. V. Bertoul.

BERTUROUS, o, TOUL., adj., Robuste, vigoureux, ardent.

BERYÈ, BÉARN., s. m. Verger. V. Vergier.

BERYÉRE, BÉARN., s. f. V. Bergèiro.

BES, s. m. Bouleau blanc. V. Bé.

BES, PROV., s. m. Petit traîneau. — SYN. *besc.*

BES, s. m. T. de jeu. Bord [d'une fossette.

BÈS, CAST., prép. Vers : *bès dessá,* de ce côté ; *bès de lá,* de l'autre côté. — ETY., altér. de *vers.*

BES, esso, PROV., s. f. Fourchu, e :

branco besso, branche fourchue ; *couo besso*, queue fourchue. — Ety., *bes*, du lat. *bis*, deux.

BESADA, cév., v. n. Folâtrer, se jouer; v. a., mignarder, dorloter. V. Besiadá.

BESADO, garg., s. f. Rigole d'un pré pour l'arroser. — Syn. *besalo*. V. Beal.

BESADOMENT, adv. Mignardement, d'une manière caressante. V. Besiadoment.

BESAGUDO, cév., s. f. Besaiguë, outil de fer taillant par les deux bouts, dont se servent les charpentiers. — Gasc., *bisagut*, *bisagudo* ; cast., *bisego*. — Ety. lat., *bis acula*, deux fois aiguë.

BESAL, BESAU, s. m. V. Beal.

BESALA, cév., v. n. Faire des rigoles d'arrosement pour un pré. — Ety., *besal*.

BESALA, prov., v. n. Braire ; crier à tue-tête.

BESALENA, prov., v. a. V. Desalená.

BESALIÈIRO, cév., s. f. Principale rigole d'un pré, celle à laquelle les autres viennent aboutir ; fossé d'écoulement. — Ety., *besal*.

BESALO, cast., s. f. V. Beal.

BESAMENS, s. m. Alt. de *baisamens*, baisements, compliments.

BESASSO, s. f. Besace, bissac de mendiant, long sac ouvert par le milieu et fermé aux deux bouts. — Esp., *bizasa*; ital., *bisaccio*. — Lat., *bisaccia*, sac à double poche.

BESC, biterr., gasc., s. m. Glu. V. Vesc.

BESC, prov., s. m. Sorte de traîneau en bois. — Syn. *bès*.

BESCA, v. a. Enduire de glu. — Ety., *besc*, glu.

BESCAIRE (De), loc. adv. A fausse équerre. V. Biscaire.

BESCAUME, cév., s. m. Bescalme, balcon, perron.

BESCLE, cév., s. m. Bescle, fressure, rate des animaux de boucherie ; *se gratà lou bescle*, se chatouiller. — Syn. *besclin, besclo, blesqué, blesquin, bedousso, béusso*.

Anc. no compretz ni ventre, ni budel,
Ni caps, ni pes, ni fetges, ni bescles.
P. Brémond.

Vous n'achetâtes jamais ni ventre, ni boyau, ni tête, ni pieds, ni foies, ni fressures.

BESCLIN, BESCLO, s. v. Bescle.

BESCO, gasc., s. f. Glu. V. Vesc.

BESCOMPTE, prov., s. m. Besconte, mécompte. — Syn. *menescompte*. — Cat., *bescompte*. — Ety., *bescoumptá*.

BESCOUEL, prov., s. m. T. de bouch. Bout saigneux, cou de mouton. — Syn. *bescouer, biscouel, biscouer, bescouil, saunadour* ; esp., *bescuezo de carnero*, cou de mouton. — Ety., *bes*, préf. péjor, et *couel*, cou.

BESCOUER, prov., s. m. V. Bescouel.

BESCOUERO, prov., s. f. *Faire bescouero*, ressentir les premiers symptômes de la grossesse.

BESCOUIRE, prov., v. a. Recuire. — Biterr., *recoire*. — Ety., *bes* pour *bis*, deux fois et *couire*, cuire.

BESCOUMPTA, v. n. Bescomtar, mécompter, se tromper dans un calcul. — Syn. *menescoumptá* ; cat., *bescomptarse*. — Ety., *bes*, préf. péjor. et *coumptá*, mal compter.

BESCUCHA, do prov., adj. Recuit, e, calciné : *roco bescuchado*, rocher calciné. — Ety., *bes* pour *bis*, deux fois, et *cuchá* pour *cuechá*, cuit.

BESCUÉ, BESCUI, s. m. Biscuit. V. Biscuèit.

BESCUECH, o, adj. Deux fois cuit, e, recuit. — Ety., *bes* pour *bis*, deux fois, et *cuech*, cuit.

BESE, gasc., v. a. Voir. V. Vèire.

BESEDOU, BESEDOUR, adj. m. Visible. V. Vesedour.

BESEGNO, BESEGO, cév., s. f. Gousse d'ail. — Agat., *bereno*.

BESENJO, prov., s. f. Mésange charbonnière. V. Sarralhier.

BESÈU, prov., s. m. Braillement.

BESIADA, cév., v. a. Choyer, mitonner, mignarder ; *se besiadá*, v. r., se dorloter. — Syn. *besadá*.

BESIADEJA, toul., v. a. Mitonner, fréq. de *besiadá*.

BESIADELO, GASC., s. f. Mignardise, délicatesse. — SYN. besiaduro. — ÉTY., besiadá.

BESIADOMENT, adv. Délicatement, mignardement. — SYN. besadoment. — ÉTY., besiado et ment.

BESIADURO, s. f. V. Besiadelo.

BESIAT, ado, TOUL., adj. Délicat, e, mignon, douillet, précieux, chéri. Il se prend aussi en mauvaise part, on dit d'une femme prétentieuse : fa la besiado, elle fait la mijaurée ; parlá besiat signifie langage affecté, efant besiat, enfant gâté.

BESIATYE, BÉARN., s. m. V. Vesinage.

BESII, besie, BÉARN., adj. Voisin, e. V. Vesi.

BESIN, besio, GASC., adj. V. Vesi.

BESITA, GASC., v. a. V. Visitá.

BESOCHO, PROV., s. f. Basoche.

BESOING, BESOUNG, GASC., s. m. V. Besoun.

BESOUCH, CÉV., GASC., s. m. Serpe à tailler les haies.

BESOUCOUS, ouso, CÉV., adj. Vétilleux, euse, minutieux ; il se dit en parlant des personnes et des choses. — SYN. besuçous, bechigous, begigous, bichigous; m. sign. espepidaire, espepissaire, patroun-fanguet. — ÉTY., bosugo, niaiserie.

BESOUGNA, CÉV., v. n. Travailler, s'occuper, faire de l'ouvrage. — ÉTY., besougno.

BESOUGNO, s. f. BESONHA, Besogne, travail, ouvrage. — BÉARN., besounhe; LIM., bezugno; ITAL., bisogna.
A fach BESOUGNO de mounin, pau e mal.
PRO.

BESOUGNOUS, ouso, adj. BESONHOS, besoigneux, euse, nécessiteux, qui est dans la gêne. — ÉTY., besougno, dans le sens de besoin.

BESOUN, s. m. BESONH, besoin, ce qui est nécessaire ; indigence, pauvreté : Acò me fa besoun, cela m'est nécessaire ; s'èro de besoun, s'il le fallait. — SYN. besoing, besoung, besouy. — ANC. CAT., besson ; ITAL., bisogno.

BESOUNHE, BÉARN., s. f. V. Besougno.

BESOURDO, s. f. Bucarde sourdon. V. Foulego.

BESOUY, GASC., s. m. V. Besoun.

BESPARO, GASC., s. f. Espèce de raisin rouge.

BESPE, BÉARN., s. m. Soir. V. Vespre.

BESPIL, GASC., s. m. Persil ou ache sauvage ; même nom, la petite ciguë ou ciguë des chiens.

BESPOTENC, o, ROUERG., adj. Qui tient de la guêpe. — ÉTY., bespo, guêpe, et tenc, tient.

BESPRO, GASC., s. f. Après-midi. V. Vespros.

BESQUIHA, PROV., v. n. Manquer, ne pas avoir lieu : aquéu mariagi a besquihá, ce mariage s'est rompu.

BESSAI, adv. Peut-être. — SYN. belèu ; ARIÉG., bessé. — ÉTY., bes, préf. qui ajoute aux mots auxquels on l'unit l'idée de doute, et sai, je sais.

BESSAROLOS, TOUL., s. f. p. Croix de par Dieu.

BESSÉ, ARIÉG., adv. V. Bessai.

BESSEDO, CÉV., s. f. Boulaie, lieu planté de bouleaux. — SYN. bessouso. — ÉTY., bes, bouleau.

BESSETO, GAST., s. f. Nagée sur le dos ou à la renverse. Faire de bessetos, faire la plancho, ont la m. sign. — SYN. nadá de revesselo.

BESSINO, s. f. V. Vessino.

BESSO, CÉV., TOUL., s. f. Bête sauvage ; alt. de bestio. Quand on crie au loup, suivant l'auteur du Dict. lang., on dit : paro la besso, prends garde au loup !

BESSO et ses dérivés. V. Vesso.

BESSOL, B. LIM., s. m. Bouleau blanc. — ÉTY., bes, bouleau.

BESSOU, BESSOUN, o, s. et adj. BESSOS, jumeau, jumelle, deux ou un plus grand nombre d'enfants nés d'une même couche. Ce mot se dit aussi des choses : Amello bessouno, amande jumelle. — CAT., bessó. — ÉTY. B. LAT., bisso, formé de bis, deux.

BESSOUNADO, s. f. Accouchement de jumeaux ou de jumelles. — ÉTY., bessoun.

BESSOUNET, eto, s. et adj. Jumeau, jumelle. — Dim. de bessoun.

BESSOUSO, CÉV., s. f. Boulaie. V. Bessedo.

BESSUELHO, BESSULHO, prov., s. f. Copeau fait par la hache ; *bessulhoun*, s. m., petit copeau. — Syn. *bussalho, bussalhoun*.

BESTI, prov., s. f. V. Bestio.

BESTI, BESTIMENT, BESTIT, BESTO. V. Vesti, Vestiment, etc.

BESTIA, béarn., s. m. (bestiá). V.

BESTIAL, biterr., s. m. Bétail, nom générique de tous les animaux d'un domaine ; il est souvent syn. de *bestio*. Il s'emploie aussi comme adj. ; *bestial*, qui tient de la bête. — Prov., *bestiari, bestuòu* ; b. lim., *bèyliau* ; cat., *bestiar* ; esp., ital., *bestiame*. — Ety. lat., *bestialis*.

BESTIALADO, s. f. V. Bestiolado.

BESTIALENC, o, cév., adj. Bestial, qui tient de la bête ; celui ou celle qui aime les animaux et les soigne avec plaisir. — Ety., *bestial*.

BESTIARÉT, gasc., s. m. Petite bête. — Ety., dim. du roman, bestiar, bétail.

BESTIARI, s. m. Bestiari, bétail. V. Bestial ; vestiaire. V. Vestiari.

BESTIAS, asso, adj. et s. Grosse et vilaine bête ; au fig. bestiasse, personne stupide ; homme simple et qui se laisse duper. — Cat., *bestiassa* ; esp., *bestiaza* ; ital., *bestiaccia*. Augm. de *bestio*.

BESTIASSADO, cév., s. f. V. Bestiolado.

BESTIEJA, cév., v. n. Faire le nigaud ; faire de mauvaises plaisanteries.

BESTIEJAIRE, cév., s. m. Celui qui fait le nigaud ; mauvais plaisant. — Ety., *bestiejá*.

BESTIETO, s. f. Bestiole, petite bête, les insectes en général ; au fig. petit esprit, personne peu intelligente et peu instruite. — Syn. *bestiolo, bestioulo, bestiouleto*. Dim. de *bestio*.

BESTIGE, s. m. V. Bestiso.

BESTIO, s. f. Bestia, bête, animal irraisonnable ; au fig. imbécile, sot ; *bestio-negro*, bête noire, c'est-à-dire la terreur, l'ennemi de quelqu'un. — Prov., *besti* ; cat., esp., ital., *bestia* ; port., *besta*. — Ety. lat., *bestia*.

BESTIO DEL BOUN DIÉU, s. f. C'est le nom des coccinelles. V. Galineto.

BESTIOLADO, s. f. Bêtise, niaiserie. — Syn. *bestialado, bestiassado*. — Ety., *bestial*.

BESTIOLO, s. f. V. Bestieto.

BESTIOMENT, adv. Bestialment, bêtement, sottement. — Ety., *bestio*, et le suffixe *ment*.

BESTIOULETO, s. f. Dim. de *bestiolo*. V. Bestieto.

BESTIOUNO, s. f. V. Bestieto.

BESTISASSO, s. f. Grosse bêtise. — Augm. de *bestiso*.

BESTISO, s. f. Bêtise, défaut d'intelligence et de jugement ; action ou propos de bête ; propos léger et inconvenant. — Syn. *bestige*. — Ety., *besti*, bête.

BESTIU, udo, cév., adj. Qui a les instincts de la bête ; abruti. — Syn. *bestias*.

BESTOUERTO, prov., s. f. Espace de terrain qu'on arrose à la fois en lâchant l'eau d'une écluse.

BESTOUR, s. m. V. Bistour.

BESTUOR, prov., s. m. V. Butor.

BESTUOU, prov., s. m. (bestuòu), Menu bétail. V. Bestiari.

BESUCA, toul., cév., v. n. Chipoter, s'occuper à des riens ; manger négligemment, sans besoin. — Syn. *besudiá*. — Ety., *besugo*.

BESUCAIRE, o, toul., cév., s. m. et f. Chipotier ; homme qui sait s'occuper sans rien faire. — Ety., *besucá*.

BESUCARIÈS, toul., cév., s. f. p. Vétilles, bagatelles, niaiseries. — Ety., *besucá*.

BESUCOUS, ouso, toul., cév., adj. Vétilleux, euse, minutieux. — Syn. *besoucous, besuquet*.

BESUDIA, prov., v. n. V. Besucá.

BESUGO, toul., cév., s. f. Niaiserie, vétilles ; c'est aussi, suivant l'abbé de Sauvages, un jeu à l'usage des gens désœuvrés, qui consiste dans un enlacement d'anneaux difficiles à délier. — Ety., suivant Ménage, de *besugue*, mot de l'ancien français, qui signifie *marque de jeu*.

BESUGO, s. f. Spare marseillais, *Sparus massiliensis*, poisson de la Méditerranée dont la chair est estimée.

BESUGUÉ, prov., s. et adj. Louche, qui regarde de travers. — Syn. *guechou, guinchou*.

BESUQUEJA, toul., v. n. S'amuser à des riens ; manger négligemment et comme un homme dégoûté, pignocher. — Ety., *besucá*.

BESUQUET, toul., s. et adj. Homme qui s'amuse à des vétilles, c'est-à-dire à ne rien faire ; prov., *er besugué*, air dédaigneux ; *maniero besuqueto*, manières dédaigneuses. V. Besucous.

BESUSCLA, v. a. Brûler superficiellement, ne brûler que le poil ; flamber. — Syn. *bourousclá*, f. a. M. sign. *flambuscá*. — Ety., *bés*, préf. diminutif, et le roman *usclar*, brûler.

BESVÈIRE, prov., v. a. Voir mal une chose, la voir autrement qu'elle n'est. — Ety., *bes*, préf. péjor. et *vèire*, voir.

BET, prov., s. m. Colostre, colostrum, premier lait qu'on tire du pis des vaches, des chèvres et des brebis ; premier lait des femmes nouvellement accouchées. — Port., *tabete*.

BET, bere, béarn., adj. Beau, belle, certain, e ; *de bet talh*, loc. adv., exactement ; assez, largement ; *bel*, adv., bien. V. Bé.

BET, BERO, gasc., adj. Beau, belle ; *bet-aro*, loc. adv., à l'instant, tout-à-l'heure ; *bet-cot*, beaucoup ; *bet-darré*, à la suite, à la fin. V. Bel.

BETEL, béarn., s. m. Veau. V. Vedel.

Baque poumpouse, betel cagarous.
PRO.

Vache magnifique, veau foireux. On dit à Béziers : *grosso baco, budel fouirous*.

BETERA, béarn., V. Vedelá.

BETERE, béarn., s. f. Génisse.

BETILHOS, s. f. p. V. Beatilhos.

BET-LÈU, béarn., adv. Bientôt. — Syn. *benlèu*.

BET-MAU, gasc., interj. Parbleu !

BETO, s. f. Petite barque de 5 à 6 mètres de longueur ; *beto de trahino*, bateau dont se servent nos pêcheurs pour aller jeter leur filet de traîne à plusieurs encâblures au large. On appelle aussi ce bateau, *marinier*.

BETO, cév., s. f. Bonne humeur ; *soi de beto*, a la m. sign. que *soi de bounos* ; *belo* est dit probablement pour *belo*.

BETOINO, s. f. V. Betounico.

BETO-RABO, s. f. Bette-rave. V. Bledoravo.

BÉTORGO, cév., s. f. Cerise courte-queue, gobet, espèce de cerise que l'on confit à l'eau-de-vie. (Sauvages).

BETOUNICO, s. f. Betonica, bétoine, *Betonica officinalis*, plante de la fam. des labiées qui habite les bois et les pacages. On donne le même nom à l'arnica des montagnes. — Syn. *betaino*. — Biterr., *broulounico* qui désigne aussi, dans ce dialecte, la véronique teucriette. — Cat., esp., port., *betonica*.

Betonica, ses fallizo,
De mals d'uelhs dona guerizo
E de la febre quartana
E de la quotidiana.
Breviari d'Amor.

BÉTOURGUIER, cév., s. m. Cérisier courte-queue. — Ety., *betorgo*.

BET-SOUEN, gasc., adv. comp. Bien souvent.

BETTA, BETTRE, dauph., v. a. mettre ; *se bettá, se beltre*, v. r., se mettre. V. Metre.

BETUERTO, prov., s. f. Lourdaud, stupide.

BETUGO, s. f. Tourniquet. V. Viroulet.

BETUM, gasc., s. m. Betum, bitume. — Cat., *betum* ; esp., *betun* ; port., *belume* ; ital., *bitume*. — Ety. lat., *bitumen*.

BETUMA, v. a. Enduire de bitume. — Ety., *betum*. V. Embetumá.

BÈU, BELO, adj. Beau, belle ; *d'acò bèu, d'acò pus bèu*, ce qui est beau, ce qu'il y a de plus beau. V. Bel.

BÈU (de), lim., loc. prép. A force de : *de bèu de grovechá*, à force de gratter.

BÈU, gasc., s. m. Bœuf. V. Biòu.

BÈU, prov., s. m. V. Beal.

BÈU, prov., s. m. Diable, lutin. V. Drac.

BÈU-BÈU, s. m. Caresses, flatteries. V. Bel-bel.

BÈUCOP, adv. Beaucoup. — Syn. *belcop*.

BÈUD, e, béarn., adj. Veuf, veuve. V. Vèuse.

BÈUDOU, e, béarn., adj. V. Vèuse.

BÉUE, béarn., v. a. Boire. V. Béure.

BEUEDÉ, gasc., s. m. Abreuvoir. — Syn. *abéuradoù*. — Ety., *béue*, boire.

BEUET, edo, gasc., adj. Ivrogne, buveur. M. sign. *embriaigo*, *ubriago*.

BÈU-FIU, prov., s. m. Beau-fils, gendre.

BÈU-JUÈU, prov., s. m. Beau poupon, beau bijou; expression dont se servent les mères et les nourrices en parlant de leur nourrisson. — Ety., *bèu*, beau, et *juèu*, jouet.

BÉU-L'AIGUO, s. m. Abstème, qui ne boit que de l'eau.

BÉU-L'OLI, s. m. Effraie ou fresaie, chouette des clochers, *Strix flammea*, oiseau nocturne de l'ordre des rapaces. — Syn. *bellori*, *béulori*, *damo*, *damasso*, *brezago*, *fresago*, *sausso-lampo*, *damo de nioch*. — Ety., *béu*, qui boit et *oli*, huile. L'effraie, qui pénètre la nuit dans les églises, y boit, assure-t-on, l'huile de la lampe du sanctuaire.

BÉUPO, gasc., s. f. Ver du bois.

BÈU-PRAT, prov., s. m. T. de mar. Mât de beaupré, l'un des quatre grands mâts d'un vaisseau.

BÉURAGE, s. m. Beurage, breuvage, boisson. — Esp., *brebage*; port., *beberagem*; ital., *beveraggio*. — Ety., *béure*.

BÉURE, v. a. Beure, boire; au fig. endurer avec patience; *béure à la choucho*, boire en mettant le goulot de la bouteille entre les lèvres. — Béarn., *bebe*, *béue*; cast., *biéure*; dauph., *bèyre*; cat., *beurer*; esp., *beber*; ital., *bevere*. — Ety. lat., *bibere*.

BÉURE (lou), s. m. Boire, ce que l'on boit; ce que l'on fait boire: *I cal un quartoù de vi cado jour per soun béure*, il lui faut un pot de vin par jour pour son boire. En Provence, on appelle *lou grand béure*, un petit repas que les moissonneurs font vers les dix heures du matin.

BÉUSE, BÉUSO, BÉUSAGE. V. Véuse, etc.

BÉUSO, s. f. Galantine perce-neige. V. Vergougnouso.

BÈUSSO, cév., s. f. Fressure. V. Besclé. — Prov., corbeille.

BÈUTAT, s. f. Beltat, beauté, réunion de formes, de proportions et de couleurs agréable aux yeux; il se dit au propre des hommes, des animaux et des choses, et au figuré des qualités morales. — Esp., *beldad*; port., *beldade*; ital., *bellà*. — Ety. lat., *bellitatem*.

BÈUTIÉR, prov., s. m. Bouvier, celui qui garde les bœufs. — Ety., *bèu*, bœuf.

BÉUTO, gasc., s. f. Altér. de *véuso*, veuve.

BÉU-VESÉ, cév., s. m. Belvédère. — Syn. *belvésé*.

BEVACHIA, prov., v. n. Buvotter, siroter. — Syn. *bevassiá*, *bevouchejá*, *buvachiá*, *buvassiá*, *buvouchiá*, *buvouniá*. — Ety., fréq. de *beve*, boire.

BEVADOUR, ouiro, prov., s. m. et f. Auget d'une cage d'oiseau que l'on remplit d'eau. — Syn. *bevedour*, *buvadour*, *buvedour*.

BEVEDOUR, prov., s. m. V. Bevadour.

BEVASSIA, prov., v. n. V. Bevachiá.

BEVÈIRE, s. m. Beveire, buveur, qui aime le vin, ivrogne. — Syn. *buvèire*; cat., esp., port., *bebedor*; ital., *bevitore*. — Ety., *bever*, boire, pour *béuré*.

BEVENDO, s. f. Bevenda, breuvage, boisson en général. — Syn. *buvendo*, *bevento*. — Esp., *bebienda*; ital., *bevanda*. — Ety., *bevent*, part. prés. de *béure*.

BEVENTO, prov., s. f. V. Bevendo.

BEVOUCHEJA, v. n. Buvotter. — Ety., fréq. de *bevachiá*.

BEVEROUN, cév., s. m. Biberon.

BÈY, gasc., v. a. Voir. V. Vèire.

BÈY, cast., adv. Aujourd'hui. V. Vuèi.

BEYLET, gasc., s. m. V. Varlet.

BÈYRAT, cév., querc., adj. Qui commence à mûrir. V. Vairat.

BÈYRE, toul., gasc., v. a.; Voir s. m. verre. V. Vèire.

BÈYRE, dauph., v. a. Boire. V. Béure.

BÈYRIÉ, gasc., s. m. Verrier, ouvrier qui fait du verre et des ouvrages de verre. — Ety., *bèyre*, verre.

BEYRIOS, GASC., s. f. p. Verrières, vitraux. — SYN. bèyros. — ETY., bèyre.

BEYROS, GASC., s. f. p. V. Bèyrios.

BEYSIÉ, DAUPH., s. m. Baiser. — SYN. bais.

BÈYT, o, TOUL., adj. Vide. V. Vouide.

BÉYTIAU, B. LIM., s. m. Bétail. V. Bestial.

BEZI (lo), LIM., s. f. Un rien, une niaiserie.

BEZIÈS, nom de ville, Béziers, chef-lieu d'arrondissement du département de l'Hérault. Anciens noms de Béziers : Βιταρρα, Baiterra, Baeterra, Baitira ; époque romaine, Beterra, Biterræ ; au moyen-âge, Beses, Bezes, Beders, Bezers. A la même époque, on appelait Bederres, Bezeres, le pays dépendant du diocèse de Béziers.

Al Tolosa e Proenza
E la terra d'Agensa,
BEZERS et Carcassey,
Quo vos vi et quous voy!
UN TROUBADOUR.

BEZUGNO, LIM., s. f. V. Besougno.

BI, BITERR., GASC., s. m. Vin. V. Vi, vin.

BIA, MONTP., s. f. Bille pour serrer les ballots, bâton court et gros. Altér. de bilha, bilho. V. ce mot.

BIA, CÉV., v. a. V. Bilhá.

BIA, GASC., v. a. Biner. V. Biná.

BIADO, GASC., s. f. Piquette. V. Vinado.

BIAFORO, CÉV., s. m. Ce mot ne s'emploie que dans cette phrase : cridá biaforo, donner l'alarme, crier au meurtre. — SYN. biahoro. — ETY., LAT., via foras, allons ! dehors !

BIAHORE, BÉARN., s. f. V.

BIAHORO, GASC., s. f. Cri, clameur qui s'étend au loin ; cri de détresse. Employé adverbialement, il signifie, comme biaforo, allons ! dehors !

BIAHOURÉ, GASC., s. m. Tapage, vacarme, tumulte. — SYN. biahoro.

BIAI, s. m. V. Biais.

BIAICHUT, udo, GARG., adj. V. Biaissut.

BIAIS, s. m. Biais, biais, obliquité ; façon, manière d'agir, tournure, allure, adresse, esprit. De tout biais, de toutes les manières ; de biais, obliquement ou de côté ; d'un biais ni d'autre, en aucune façon ; acò pren un boun biais, cela tourne bien. — SYN. bièi. — ANC. CAT., biais ; CAT. MOD., biax. — ETY. B. LAT., bifax, qui a un double regard, qui est louche, d'où oblique et au fig. moyen détourné, par ext. adresse, esprit.

BIAISA, v. n. BIAISAR, biaiser, être de biais ou de travers; au fig. tergiverser, chercher des faux-fuyants, user de finesse, de subterfuge ; v. a., mettre de biais, détourner un peu, placer obliquement ; se biaisá, v. r., s'industrier, user de finesse, se donner du mouvement pour réussir dans une entreprise. — SYN. bièisá, biasá, biaissá, embiaissá. — PONT., enviesar. — ETY., biais.

BIAISSA, v. a. et n. V. Biaisá.

BIAISSEJA, v. n. Biaiser, user de finesse, de subterfuge, tergiverser ; être posé obliquement, — ETY., fréq. de biaissá.

BIAISSO, s. f. Mauvaise manière d'agir: aquel goujat a de marridos biaissos, ce garçon a de mauvaises façons d'agir. — ETY., biais.

BIAISSOUS, **BIAISSUT**, udo, adj. Adroit, e, qui a du savoir-faire. — SYN. biaichut. — ETY., biais.

BIAL, s. m. V. Béal.

BIALA, **BIALAMEN**, CÉV., V. Belá, Belament.

BIALAIRE, o, CÉV., adj. Qui bêle ; au fig. pleurard. — ETY., bialá.

BIALOUN, **BIALOUNAIRE**, GASC., V. Viéuloun, Viéulounaire.

BIARDA, CÉV., TOUL., v. n. S'enfuir précipitamment. — SYN. bilhardá. — B. LIM., biordá ; PROV., birdá.

BIARDO, B. LIM., s. f. Mensonge, défaite ; bourde, hâblerie.

BIARNO, s. f. Ciel couvert de nuages qui annonce la pluie ; temps pluvieux. — ETY. ROMAN., biarn, béarn, parce que le vent qui souffle de ce pays pendant l'été amène souvent des orages dans le Bas-Languedoc.

BIAROU, s. m. Temps gris, nuageux,

humide. *Biaroù* est probablement une alt. de *biarno*. V. ce mot.

BIASSO, s. f. Besace, provisions de bouche, vivres. — Cast., *bigasso*; agat., *biato*, altér. de *biasso* ; esp., *biazàs*. — M. éty. que *besasso*.

BIATO, agat., s. f. Besace; gasc., repas ; quête, présent, aumône.

BIATYE, béarn., s. m. Voyage. V. Viage.

BIATYEDOU, biterr., s. m. Voyageur. — Ety., *byatye*.

BIAU, prov., s. m. V. Beal.

BIAU, cév., s. m. Groneau ou grondin, *Trigla gurnadus*, poisson de la Méditerranée de la fam. des dactylés. — Syn. *granau, grougnau*.

BIAU, dauph., adj. Beau, V. Bel.

BIAUDO, querc., s. f. Blouse. V. Blodo.

BIAUJOU, BIOJOU, lim., s. m. Petit moucheron.

BIBALA, gasc., v. a. Ratisser. — Ety., *bibalo*.

BIBALHES, béarn., s. f. p. Râtelées, matières qui s'enflamment facilement. Ety., *bibalo*, râteau.

BIBALO, gasc., s. f. Espèce de râteau ou de ratissoire.

BIBANT, béarn., Espèce de juron qui s'emploie pour *Diu-bibant !* Dieu vivant ! On dit aussi, pour donner plus de force au juron, *double-bant* pour *double-Diu-bibant !* M. sign. *Diu bibos, Diu bibostes*.

BIBARLÉ, biterr., s. m. V. Buberlé.

BIBAROL, toul., adj. *escagarol.bibarol*, escargot borgne, jeu d'enfants, suivant Doujat.

BIBE, béarn., v. n. V. Viéure.

BIBEROUN, s. m. Biberon. — Syn. *beveroun, bieroun; biberoun, o*, adj., celui, celle qui boit beaucoup de vin. — Ety. lat., *bibere*, et le suffixe *oun*.

BIBI, lim., s. f. Bique, chèvre. — Syn. *bico*.

BIBILI (faire), V. Cligner, fermer les yeux à demi pour diminuer l'impression d'une lumière trop vive.

BIBOTIS, cév., adv. Motus, chut ; expression familière par laquelle on avertit quelqu'un de garder le silence.

BIC, cév., s. m. Petit mercier ou porte-balle. — Syn. *bicarel, bicarèu*.

BICA, b. lim., v. a. Baiser, embrasser; *se bicá*, v. r., se baiser, s'embrasser. — Ety., *bico*, lèvre, *bicas*, lèvres.

BICAIOULO, prov., s. f. V. Micocoulo.

BICAREL, BICARÈU, cév., s. m. V. Bic.

BICASSO, querc., s. f. Scion d'osier. M. sign., *vim*.

BICH, béarn., s. m. Glu. V. Vesc.

BICHANO, s. f. Clématite, plante. V. Vitalbo.

BICHARD, prov., s. m. Houe fourchue. V. Bechar.

BICHAU, gasc., s. m. Fauvette. V. Bichot.

BICHÉ, BICHET, cév., s. m. Petit broc; ancienne mesure pour les grains. — Ety. b. lat., *bichetus*, de βίκος, espèce de vase.

BICHÈIRE, cév., s. m. Très petit broc. Dim. de *biché*.

BICHIGOUS, o, adj. V. Bechigous.

BICHOT, cév., s. m. Panier à anses. — Ety. βίκος, vase ou urne à anses.

BICHOT, prov., s. m. Grisette ou fauvette grise. V. *Bouscarido*. On donne le même nom à la guignette, *Tringa hypoleucos*. — Syn. *bichau*, fauvette.

BICHOU, cév., s. m. Nasse pour prendre les anguilles, espèce de verveux. V. Vertoulet.

BICHUC, ugo, s. m. et f. Bigle, louche, celui qui a les yeux tellement tournés que, lorsqu'il regarde d'un côté, il semble diriger sa vue d'un autre. — Esp., *bisojo*, louche, composé de *bis* double et *ojo*. œil ; la personne bigle paraît avoir en effet deux regards différents.

BICHUC, BICHUT, s. m. Noms des diverses espèces d'ascidies et particulièrement de l'ascidie brune et de l'ascidie sillonnée, mollusques d'un goût très amer, qu'on mange sur les bords de la Méditerranée. — Syn. *vichet, vichos, vicheras, vicherasso*. — Ety. ital., *biscio*, serpent, ver ; les ascidies sont des vers acéphales.

BICI (bici). T. de charretier pour faire aller à gauche les bêtes attelées qu'il conduit. Le commandement pour les faire aller à droite est *biò*.

BICO, s. f. Bique, chèvre.— SYN. *bibi*. — ETY. B. BRET., *bicq*, chèvre.

BICO, CÉV., s. m. Compagnon, luron, drille : *Un bon bico*, un bon garçon, un bon drille ; *un trasso de brico*, un mauvais garçon.

BICO, LIM., s. f. Lèvre ; plur. *bicas*, lèvres.

BICOU, LIM., s. m. Baiser, embrassement. — ETY. LIM., *bico*, lèvre.

BICOUCA, B. LIM., v. n. Sommeiller.

BICOUNA, B. LIM., v. a. Baisotter, baiser à plusieurs reprises. — ETY., *bicoù*, baiser.

BICOUNEJA, B. LIM., v. a. Baisotter. — ETY., fréq. de *bicouná*.

BIDA, v. a. Vider. V. Vouidá.

BIDAIGUO, CÉV., s. f. Piquette.— ETY., *bi*, vin, et *aiguo*, eau ; vin mêlé d'eau.

BIDALBO, s. f. Clématite. V. Vitalbo.

BIDALHADO, TOUL., s. f. Liseron des haies. V. *Courrejolo-de-bartas*.

BIDAT, CÉV., s. m. Rangée de ceps de vigne. — BITERR., *lago* ; PROV., *tiero*.

BIDAUGUERO, GASC., s. f. Clématite.— SYN. *bidaugués*. V. Vitalbo.

BIDAUGUÉS, GASC., s. m. V. Bidauguero.

BIDAULO, GASC., s. f. V. Vitalbo.

BIDAUSSA, PROV., v. a. Brandiller. V. Bindoussá.

BIDAUSSO, PROV., s.f. Bascule. V. Bindousso.

BIDÉ, CÉV., s. m. As au jeu de cartes.

BIDECH, GASC., s. m. Raifort sauvage ; m. sign. *arrflaé*, *arrèifouert*.

BIDISSO, s. f. V. Bedisso.

BIDOS (de), AGAT., adv. comp. De travers : *Anà de bidos*, aller obliquement ; T. de mar., *anà à bidos*, aller droit au large. M. sign. *de bingoy*, *de guingoy*, *de bigouèy*, *de biscaire*.

BIDOT, AGEN., s. m. Cep de vigne. — ETY., *bidos*, de travers, tortueux.

BIDOUIRE, PROV., s. m. Homme ventru, courtaud, gonflé comme une outre pleine, *ouire*.

BIDOURÉ, PROV., s. m. V.

BIDOURLÉ, BIDOURLET, CÉV., s. m. Sonnaille de mulet, gros grelot suspendu au cou du chef de file des mulets. — SYN. *biodurli*, *timbourle-adraiau*.

BIDOURLI, CAST., s. m. V. Bidourlé.

BIDOURSA (se), v. r. Se tortiller, tordre sa croupe, se replier sur eux-mêmes de plusieurs façons en parlant des vers et des serpens ; marcher avec un balancement trop marqué des hanches. — SYN. *se bidoussá*. — ETY., *bidos*, de travers.

BIDOUSSA (se), v. r. V. Bidoursá.

BIE, BÉARN., s. f. Voie, chemin. V. Vio.

BIÉ, BIÉNE, BÉARN., v. n. Venir ; *biets*, venez ; *biengoù*, il vint ; impér., *sabi*, viens, ce mot se décompose ainsi : *bi*, viens et *sa*, ici ; on dit aussi avec le même sens : *saybienen*, part. prés., venant ; *biengut*, *ude*, partic., venu, e ; on dit aussi *bingut*, *ude*.

BIÉDASE, BIÉDASOU, V. Viédase, etc.

BIEGNOS, s. f. p. V. Begno.

BIÉI, PROV., s. m. V. Biais.

BIÉISA, BIÉSA, v. n. V. Biaisá.

BIELH, BIELHESSO, BIELHIGE. V. Vielh, etc.

BIELHO, s. f. Vielle, instrument de musique. V. Vielho.

BIELHOS, CÉV., s. f. p. Effilures, franges d'une robe usée et qui s'en va en loques. M. sign. *bambualhos*, *fialfros*, *buelhos*.

BIELHOU, GASC., s. f. Vieillesse. V. Vielhesso.

BIELHOU, GASC., s. m. Lumignon, bout de la mèche d'une lampe ; petite lampe. Altér. de *velhoù*.

BIELHUMI, GASC., s. m. Vieillesse. V. Vielhun.

BIÉNE, BÉARN., v. n. Venir. V. Bié.

BIENFÈY, GASC., s. m. Bienfait. V. Benfag.

BIENGUDE, BÉARN., s. f. Arrivée, venue. — ETY., part. f. de *biéne*, venir.

BIEN-LÈU, B. LIM., adv. comp. Bientôt.

— Syn. ben-lèu, ou seulement lèu, qui a la même acception.

BIENTENENT, cast., s. m. Celui qui travaille son propre bien et qu'on appelle à Béziers, *mainagier*. Altér. de *bentenent*.

BIÉRA, prov., v. n. V. Belá.

BIERBO, prov., s. f. Boue. V. Fango.

BIERGE, BIERJUN, V. Vierge, etc.

BIERLENJÁ, b. lim., v. n. Être barlong, ou plus long d'un côté que de l'autre; être en fausse équerre; être biscornu.

BIÈRO, s. f. Bière, cercueil, brancard couvert pour transporter les morts. — Querc., *bero*; ital., *bara*; h. all. *bâra*. — Ety. angl.-sax., *bœr*, cercueil.

BIÉROUN, prov., s. m. V. Biberoun.

BIÉRYE, béarn., s. f. V. Vierge.

BIÉTASE, cast., s. m. V. Viédase.

BIÉU, s. m. Buccin, nom commun à plusieurs mollusques de la Méditerranée, et qu'on donne particulièrement au triton nodifère, *Tritonium nodiferum*; trompette marine faite avec la coquille de ces mollusques. *Biéu arput*, buccin habité par le bernard-l'ermite, dont les jambes, *arpos*, sortent de la coquille de ce mollusque. — Syn. *bioù*.

BIÉURE, cast., v. a. Boire. V. Béure.

BIÈVRE, prov., s. m. Harle commun ou grand harle. V. Cabrelo.

BIFFA, v. a. Biffer, effacer.

BIFFA, dauph., s. f. Ride, raie.

BIFFADURO, s. f. Raie par laquelle on biffe, on efface. — Ety., *biffá*.

BIFRA, v. a. Báfrer. V. Bafrá.

BIFURCA (se), v. r, Bifurcar, se bifurquer, se diviser en deux à la façon d'une fourche. — Ety. lat., *bifurcus*, à deux branches.

BIG, a, dauph., s. et adj. Montagnard, e.

BIGA, cév., b. lim., v. a. Troquer, échanger, changer sa carte contre une autre; cév., *bigá uno filho*, marier une fille. — Biterr., *bigatá*. — Ety. angl. sax., *bygan*, vendre et acheter.

BIGAGNE, o, gasc., adj. Bizarre; importun.

BIGAL, cast., cév., querc., s. m. Moucheron, cousin. V. Mouissal.

BIGALHA, prov., v. a. Barioler. V. Bigarrá.

BIGANAUDO, prov., s. f. V. Baganaudo.

BIGAR, gasc., s. m. Grand chevalet dont on se sert pour scier le bois. — Syn. *bijar*. — Ety., augm. de *bigo*.

BIGAR, cév., s. m. Taon; ce nom est commun à toutes les grosses mouches du genre taon, *Tabanus*, insectes de l'ordre des diptères et de la fam. des haustelles. On les appelle dans la Provence *tavan*, et dans le Languedoc *tavot*. Sauvages donne aussi le nom de *bigar* à la mouche frelon. — Syn. *chabrian*.

BIGARRA, v. a. Bigarrer, barioler, peindre de plusieurs couleurs mal assorties. — Syn. *bigalhá, brigalhá, picalhá*. — Cat., *bigarrar*; esp., *albigarrar*. — Ety. lat., *bis* et *variare*; le *v* de *variare*, se changer en *g*.

BIGARRADURO, s. f. Bigarrure, assemblage de couleurs tranchantes. — Syn. *bigarrage, bigarruro*. — Ety., *bigarrá*.

BIGARRAGE, s. m. V. Bigarraduro.

BIGARRÈU, s. m. Bigarreau, espèce de cerise, ainsi appelée parce qu'elle est bigarrée de rouge et de blanc. — Syn. *bigarrots, bigarrouno*. — Ety., *bigarrá*.

BIGARROTS, prov., s. m. p. V. Bigarrèu.

BIGARROUNO, cév., s. f. Bigarreau. V. Bigarrèu.

BIGART, s. m. Cousin. V. Bigal.

BIGASSO, cast., s. f. Besace. V. Biasso.

BIGATA, v. a. Troquer, échanger, vendre, se défaire d'une mauvaise marchandise en trompant l'acheteur. *Bigatá tout soun balaclan* signifie dissiper tout son avoir, le manger, se ruiner. — Ety., fréq. de *bigá*.

BIGATIER, prov., s. m. Muletier qui travaille à la journée avec ses bestiaux et fait des transports.

BIGLOSSO, s. f. V. Bourracho bastardo.

BIGNET, montalb., s. m. Beignet, espèce de friture. V. Begnet.

BIGNETASSO, prov., s. f. Gros beignet, grosse tache d'huile ou de graisse. — Ety., augm. de *bigneto*.

BIGNETO, prov., s. f. Beignet ; tache d'huile ou de graisse. V. Begnet, Bougneto.

BIGNETOUS, o, prov., adj. Taché, ée d'huile ou de graisse. — Ety., *bigneto*.

BIGNOU, cév., s. m. Truble, filet en forme de capuchon qu'on tient ouvert au moyen d'un bâton plié en arc, auquel est adaptée une perche pour le porter et s'en servir. — Syn. *bignoun, begno*.

BIGO, s. f. Biga, bigue, petite poutre, perche, chevron ; machine formée de deux chevrons et de plusieurs traverses qui sert à monter les barriques sur une charrette ; T. de mar., pièce de bois que l'on passe dans les sabords pour soutenir ou pour coucher le vaisseau ; mâts qui servent d'appui à ceux d'une machine à mâter ; poutrelle pour tenir un navire à une certaine distance d'un quai. — Syn. *bigou*. — Esp., *viga*. — Ety. b. lat., *bigus, biga*.

BIGOBARJAS, asso., b. lim., adj. (bigobardzas). Celui ou celle qui a les jambes contournées, contrefaites ; bancal, bancroche.

BIGORNO, s. f. Bigorne, petite enclume à deux branches ; pointe de l'enclume. — Syn. *biorno*. — Cat., esp., *bigornia* ; ital., *bicornia*. — Ety., *bi* pour *bis*, deux, et *gorno* pour *corno*, corne.

BIGORO, lim., s. f. Maïs.

BIGORRO (bando de), s. f. Bande de voleurs, de mauvais travailleurs, troupe désordonnée ; ainsi appelée du pays de Bigorre d'où l'on suppose que venaient autrefois les *gitanos*.

BIGOS, s. m. Pioche à deux ou trois fourchons ou pointes ; binette, houe fourchue. — Cév., *bigó, bigot, bigou* ; querc., *bego, bigó*. — Ety. b. lat., *bigo, onis*, m. sign.

BIGOSSO, cast., s. f. Fourche coudée servant à charger le fumier. — Ety., *bigos*.

BIGOT, cév., s. m. M. sign. que *bigos*, et, de plus, suivant l'abbé de Sauvages, fourche coudée pour charger le fumier ;

tire-foin qu'on appelle *croc*; maie d'un pressoir de vendanges ; fosse au fond d'une cave pour recevoir les liquides qui se répandent.

BIGOU, s. m. V. Bigo et Bigos.

BIGOUÈI (de), lim., loc. adv. De guingois, de travers : *viò lou nas tout de bigouèi*, il avait le nez tout de travers. — Syn. *de bidos, de biscairé*.

BIGOUOR, prov., s. m. Creux rempli d'eau, servant à laver et éteindre l'écouvillon d'un four.

BIGOURELO, prov., s. f. Couture à gros points.

BIGOURNÈU, s. m. Petite bigorne. — Ety., dim. de *bigorno*. V. ce mot.

BIGOURSA, cév., v. a. V.

BIGOUSSA, v. a. Tordre, disloquer ; se *bigoussá*, v. r., se tordre, se tortiller. — Syn. *debigoussá, bidoursá*.

BIGOUSSADO, cast., s. f. Tout ce qu'on peut porter de paille ou de fumier avec la fourche appelée *bigosso*. M. sign. *fourcado*.

BIGOUSSAIRE, cast., s. m. Ouvrier qui travaille la terre avec la houe appelée *bigos*.

BIGOUSSOU, s. m. Petite pioche. — Ety., dim. de *bigou*.

BIGOUTA, toul., cév., v. n. Se dépiter, enrager, crever de dépit.

BIGRATOU, cév., s. m. Petit drôle. Dim. de *bigre*.

BIGRE, s. m. Mauvais sujet, drôle, pauvre hère. On appelait, autrefois, ainsi le garde-forestier chargé de la conservation des abeilles. *Bigre* est souvent employé pour *bougre* : *boun bigre*, bon compagnon ; au fém. *bigresso*, femme méchante. *Bigre* est aussi une interjection qui se traduit par diantre !

BIGUÈY, gasc., s. m. Coq. V. Gal.

BIHA, BIHAGE, BIHOUN, prov. V. Bilhá, etc.

BII, béarn., s. m. Vin. V. Vi, Vin.

BIJAR, gasc., s. m. V. Bigar.

BIJARRE, o, gasc., adj. Bizarre.

BIJARRÉ, BIJARRERO, gasc., s. f. V. Bizarrié.

BIJO, b. lim., s. f. (bidzo). Bise. V. Biso.

BIJOUN, cév., s. m. Bijon, térébenthine liquide qui est un remède universel aux yeux des gens de la campagne; c'est celle qu'on retire des différentes sortes de pins.

BILAGNO, gasc., s. f. Vilenie, saleté; action basse et vile; *bilagnos*, toul., s. f., ordures. V. Vilaniè.

BILATO, s. f. Bicoque, très-petite maison, petite place de guerre mal fortifiée.

BILATYE, BILATYOT, béarn., s. m. Village, petit village. V. Vilage, Vilajot.

BILEN, o, s. et adj. V. Vilan.

BILHA, v. a. Serrer avec le garrot. — B. lim., *bilhouná*. — Ety., *bilho*. V. ce mot.

BILHADO, gasc., s. f. Veillée. Altér. de *velhado*. V. ce mot.

BILHAGOU, béarn., s. m. Vieillard.

BILHAGE, s. m. Action de serrer un chargement avec le garrot. — Ety., *bilhá*.

BILHAIRE, s. m. Celui qui serre avec le garrot. — Ety., *bilhá*.

BILHARDA, v. n. V. Biardá.

BILHÈIRO, B. lim., s. f. Évier. V. Aiguièiro.

BILHET, s. m. Billet.

BILHETA, v. a. Assigner par billet; donner des billets d'avertissement pour aller payer les contributions. — Ety., *bilhet*.

BILHETO, s. f. M. sign. que *bilhet*; il se dit, en outre, de tout avis donné par l'autorité. On dit d'un conscrit qui a reçu son ordre de départ : *I an pourtat la bilheto*.

BILHO, s. f. Bille, boule d'ivoire avec laquelle on joue au billard; petite boule de marbre ou de grès avec laquelle s'amusent les enfants. —Esp., *billa*; ital., *biglia*. — Ety. lat., *bulla*, boule.

BILHO, s. f. Bilho, garrot, bâton dont on se sert pour serrer un ballot, la charge d'un mulet, le moulinet d'une charrette. — Syn. *bio*. — B. lim., *bilhoú*, *bilhodoú*. — Ety. b. bret., *bill*, tronc d'arbre.

BILHODOU, B. lim., s. m. Garrot. V. Bilho.

BILHOT, s. m. Billot, bâton gros et court, tricot; il a aussi la m. sign. que *bilho*.

BILHOTO, prov., s. f. Petite barre dont on se sert pour commencer à faire tourner la vis d'un pressoir à huile. — Dim. de *bilho*.

BILHOUIRE, prov., s. m. Billot, petit bâton que l'on suspend au cou des chiens pour les empêcher d'aller courir dans les récoltes. — Ety., *bilhoú*.

BILHOU, BILHOUN, s. m. Billot, toute sorte de petit bâton; B. lim., *bilhous*, s. m. p., palançons, morceaux de bois qui retiennent les torchis; *bilhoú*, cév., T. de scieur de long, bille, poutre équarrie et coupée de longueur pour en faire des planches ou des chevrons. — Prov., *bilhoun*, rouleau qui sert à aplanir les terres nouvellement labourées; *bilhounas*, gros billot; *bilhounet*, petit billot. — Ety., *bilho*.

BILHOUNA, B. lim., v. a. V. Bilhá.

BILHOUS, cév., s. m. Gesse cultivée, *Latyrus sativus*, plus connue sous le nom de *jèisso* ou *jaïsso*. On appelle aussi *bilhous* le lupin, *Lupinus albus*, plante de la fam. des légumineuses.

BILIER, B. lim., s. m. Février. V. Febrier.

BILL, béarn., s. m. Vieux. V. Vielh.

BILLÈU, gasc., adv. V. Belèu.

BILLIÈRO, prov., s. f. Bélière, anneau qui soutient le battant d'une cloche.— Ety. b. lat., *belleria*, du flamand *bel*, cloche.

BIM, s. m. Osier. V. Vim.

BIMAJA, cast., v. a. Plier, ployer. V. Vimejá.

BIMBA, prov., v. a. Frapper avec force, rosser. V. Boumbá.

BIMBAROLOS, cév., s. f. p. Berlue, éblouissement. V. Berlugo.

BIMBOLA, dauph., adj. Bariolé, peint de diverses couleurs; plur. fém., *bimbolèy*, bariolées.

BIMBOLO, prov., s. f. V.

BIMBORLO, gasc., s. f. *A la bimborlo*, loc. adv., étourdiment, à la hâte, sans réflexion. Ce mot paraît être le vieux substantif français *billebaude*, qui signifie confusion : *A la billebaude*, sans ordre, en confusion ; *chasser à la billebaude*, c'est chasser sans ordre et sans règle. — Syn. *à la bimbolo*.

BIMBORO, prov., s. f. Coccinelle. V. Galineto.

BIME, béarn., s. f. Génisse. V. Bimo.

BIME, et ses dérivés. V. Vime.

BIMO, prov., s. f. Jeune chèvre d'un an à deux ans, qui n'a pas encore porté. — Syn. *bimoun*. — Béarn., *bime*. — Ety. lat., *bimus, bima*, qui a deux ans.

BIMOUN, prov., s. m. Chevreau femelle. V. Bimo.

BIN, s. m. Vin. V. Vi, Vin.

BIN, s. m. Scion d'osier. V. Vim.

BINA, v. a. T. d'agric. Biner, donner une seconde façon aux terres, soit en les bêchant, soit en les labourant; part. *binat, ado*, biné, ée. — Gasc., *biá*; esp., *binar*. — Ety. b. lat., *binare*, dérivé de *binus, a*, double.

BINADO, cév., s. f. Piquette. V. Vinado.

BINAGE, s. m. Binage, action de biner, de donner une seconde façon aux terres. — Syn. *bino*. — Ety., *biná*.

BINAGRA, BINAGRE, BINAGRETO, BINAGRIÈIRO. V. Vinagrá, etc.

BINAGRELO, cast., s. m. Oseille des prés, oseille sauvage. — Syn. *agradelo*.

BINAIRE, s. m. Ouvrier employé à donner une seconde façon aux terres. — Ety., *biná*.

BINAIRO, s. f. Charrue armée de lames pour donner la seconde façon aux vignes et couper les herbes. — Ety., *biná*.

BINASSÈ, ero, gasc., adj. Qui produit du vin. — Ety., *bin*, vin.

Ion sou la binassero autouno.
D'ASTROS.

Je suis l'automne qui produit le vin.

BINAT, s. m. Grande abondance de vin ; béarn., piquette. V. Vinat.

BINBIGNER, cast., s. m. Altér. de *vimigner*. V. ce mot.

BINDAUSSA, v. a. V.

BINDOUSSA, prov., v. a. Brandiller, remuer par secousse, agiter ; *se bin-doussá*, v. r., se brandiller, se balancer. — Syn. *bidaussá, bindoussiá*.

BINDOUSSIA, v. a. V. Bindoussá.

BINDOUSSO, prov., s. f. Escarpolette, branloire, bascule. — Syn. *bidausso, bindoussoir* ; m. sign. *balansadou*.

BINDOUSSOIR, prov., s. m. V. Bindousso.

BINÈICHO, prov., adj. Qui est susceptible d'être binée, en parlant d'une terre. — Ety., *biná*.

BINETO, cast., querc., s. f. Oseille. V. Agreto.

BINGA, cast., v. n. Gambader, sauter, en parlant des enfants.

BINGANIU, BINGASSIU, prov., s. m. Faux corail blanc. V. Inganiu.

BINGO-LOUNG, cast., s. m. Homme long et fluet comme une perche. — Ety., *bingo* pour *bigo*, perche, poutrelle et *loung*, long.

BINGOY (de), adv. comp. De guingois; altér. de *guingoy*. V. ce mot.

BINGUT, ude, béarn., part. Venu, e. V. Vengut.

BINHE, béarn., s. f. V. Vigno.

BINIU, s. m. Musette des Bretons.

BINLO, cév., s. f. Bile.

BINO, s. f. Binage, action de biner. V. Binage.

BINO-BINO-TU, agat., s. m. Nom populaire de l'ortolan, pris de son chant qui semble exprimer ces mots. On dit à Béziers, *devigno-tu*, et on appelle l'oiseau *devignaire* ; d'autres disent *vignaire*, dénomination qui serait plus exacte, car l'ortolan, au printemps, habite ordinairement les vignes et fait son nid sur les ceps. V. Ourtoulan.

BINOULHER, cast., s. m. Vigneron. V. Vignairoù.

BINSANO, s. f. Clématite. Altér. de *vilalbo*. V. ce mot.

BINUN, prov., s. m. Terre qui doit être binée. — Ety., *bino*.

BIO, gasc., s. f. V. Vido.

BIO, s. f. Sentier, chemin. V. Vio.

BIO, cast., s. f. T. de tisser., trente-deux fils de la chaîne.

BIO (bió). T. de charr. pour faire aller les bêtes à droite.

BIOCH, adj. Voig., vide ; s. m. le fond d'un tonneau. V. Vouide.

BIOJOU, LIM., s. m. Espèce de prune qui n'est pas plus grosse qu'une noisette ; moucheron. V. Biaujoú.

BIOL, CAST., s. m. Sentier dont on jouit à titre de servitude sur la propriété d'autrui.

BIOL, s. m. Viol. V. Viol.

BIOLO, GASC., s. f. Borne; vielle, instr. de musique ; c'est *violo* qu'il faut écrire pour cette dernière acception.

BIOLO, B. LIM., s. f. Charbon ardent, charbon rouge.

BIOQUE, BÉARN., s. f. Vivres.

BIQ-QUE, BÉARN., loc. conj. D'abord que.

BIORDA, B. LIM., v. n. Se retirer, s'enfuir. V. Biardá.

BIORNO, s. f. V. Bigorno.

BIOU, s. m. (bíòu). Bov., bœuf, taureau châtré. On appelle *bíòus* les deux bateaux qui vont de conserve pour la pêche dite *au bœuf.* Le filet, *gangui*, est amarré à chacun de ces bateaux, qui naviguent parallèlement et ressemblent, vus d'une certaine distance, à deux bœufs qui labourent attelés à la même charrue. — SYN. *bòu, biòu, bou, brau, boòu.* — CAT., *bou* ; ESP., *buey* ; ITAL., *bove* ; PORT., *boi.* — ETY. LAT., *bos, bovis.*

A fauto de biòu, on fa laurá l'ase.
PRO.

BIOU, o, GASC., adj. V. Viéu.

BIOUANDÈ, ero, GASC., s. m. et f. Vivandier, vivandière.

BIOU-DE-NOSTRE-SEGNE, CAST., s. m. (biòu). Nom des diverses espèces de lygées, insectes dont le corps est un mélange de rouge et de noir : le lygée aptère, le lygée équestre, le lygée de la jusquiame et le lygée damier. On les appelle aussi, comme les coccinelles, *bestios del boun Diéu.*

BIOU-MARIN, s. m. (bíòu-marin). Phoque ordinaire ou commun, *Phoca vitulina* et phoque à ventre blanc, *Phoca monachus,* mammifères amphibies. On donne aussi le nom de *biòu* à plusieurs mollusques, tels que les buccins, les troques, les monodontes, l'argonaute papyracé, appelé *bíòu dau pourpre, bíòu arput.*

BIOULE, TOUL., s. m. Peuplier. V. Piboul, piboulo.

BIOULÉ, BIOULET, CÉV., s. m. Bouvillon, jeune bœuf d'un âge moyen entre celui du veau et celui du bœuf. On dit aussi, *gori, bravet, brau.*

BIOULETO, s. f. Violette. V. Viéuleto.

BIOULIER, s. m. V. Viéulier.

BIOURE, v. n. V. Viéure.

BIOURE, v. a. V. Béure.

BIOUSE, o, QUERC., s. et adj. V. Véuse.

BIQUEJA, v. n. S'amuser, s'arrêter à des bagatelles. — ETY., *biqui.*

BIQUETO, s. f. Chemisette, petite chemise ; T. familier.

L'enfantounet que sa BIQUETO
le sort un pau de sa braieto.
F. GRAS, Li Carbounié.

BIQUI, QUERC., s. m. Petit morceau ; le même que *bricou.*

BIQUINERRE, QUERC., s. m. Petit enfant, gamin, moutard. — ETY., *biqui.*

BIRA, BIRADELO, BIRADIS, BIRADO, BIRAL, BIRAT, V. Virá, Viradelo, etc.

BIRAGO, AGEN., s. f. Ivraie. V. Juelh.

BIRBA, CÉV., v. n. Gueuser, mendier, friponner. — ESP., *birlar.* — ETY. ITAL., *birba.*

BIRBALHOS, CAST., s. f. p. Broussailles, ramilles.

BIRBO, AGAT., s. m. Canaille, gueux, voleur, homme sans foi. — ITAL., *birbante* ; ESP., *birlo.*

BIRDA, PROV., v. n. Déguerpir, s'enfuir. V. Biardá.

BIRE-COUDET, BÉARN., *cambiá à tout bire-coudet,* tourner à tout vent comme une girouette, littéralement changer aussi souvent que certains animaux tournent ou remuent leur queue.

BIRE-PAU, BÉARN., s. m. Tourne-broche.

BIRIS, PROV., s. m. Canard millouin. V. Boui.

BIROBARQUIN, GASC., s. m. V. Virobrequi.

BIROBEL, s. m. V. Virobel.

BIROBOUQUET, s. m. Bilboquet.—Ety. franç., *bil* pour bille, et *bocquet*, fer de pique, T. de blason.

BIRO-BOUTO, BIROBRIQUI, BIRO-CALLOS, BIROGAUT. V. Viro-vouto, Virobrequi, etc.

BIROL, BIROLO, BIRO-SOULEL, BIROU, BIROULA, BIROULEJA. V. Virol, Virolo, etc.

BIROULESAT, ado, adj. Tout étourdi, e.

BIROULET, BIROULEYA. V. Viroulet, virouleyá.

BIROUNA, v. a. Percer avec une vrille. V. Virouná.

BIROUNADO, s. f. Pêche aux anguilles avec une ligne dont l'extrémité opposée au roseau reçoit à la place de l'hameçon un peloton de vers. — Syn. *biroutado*; prov., m. sign. *bouiroun*.

BIROUNIÈIRO, BIROUNO, s. f. Tarière. V. Virouno.

BIROUSTO, cév., s. f. Quignon de pain, m. sign. *crouchou*, *croustet*.

BIROUTADO, s. f. V. Birounado.

BIRRET, s. m. V. Berret.

BIRTUEL, cast., s. m. Verveux. V. Vertoulet.

BIS, o, adj. Brun, e, gris-brun; peu usité aujourd'hui. On dit *de pu bru*, et rarement de *pa bis*, en français du pain bis — Ital., *bigio*; port., *bugio*. — B. lat., *bisus*.

BISA, v. a. Gercer, en parlant de l'action d'un vent froid sur les lèvres. — B. lim., *ebizá*; cév., *bisalà, bisalhà*. — Ety., *biso*.

BISACO, biterr., s. f. Besace.

BISADO, s. f. Gerçure. — B. lim., *ebizado*. — Ety., s. part. de *bisá*.

BISADO, s. f. Sarment de vigne avec ses raisins. V. Visado.

BISAGUDO, gasc., s. f. Besaiguë. V. Besagudo.

BISAGUT, gasc., s. m. V. Besagudo.

BISAIUL, BISAIULO, s. m. et f. Besavi, besavia, bisaïeul, bisaïeule. — Ital., *bisavolo, bisavola*; port., *bisavo*; esp., *bisabuelo*. — Ety. lat., *bis* et *avus*, aïeul, deux fois aïeul.

BISALA, cév., v. a. Labourer un champ coup sur coup, lui donner deux façons à la suite l'une de l'autre; gercer en parlant de l'action de la bise sur les lèvres. — Ety., *bis arare*, labourer deux fois, pour la première acception; et pour la seconde, *bisá*, dont *bisalá* est le fréquentatif.

BISALHA, prov., v. a. Gercer. V. Bisalá.

BISATYE, béarn., s. m. V. Visage.

BISBIL, s. m. Bisbille, petite querelle. — Syn. *bisbilho*. — Ital., *bisbiglio*, murmure. — Ety., onomatopée.

BISBILHO, s. f. V. Bisbil.

BISCA, v. n. Bisquer, se fâcher, se dépiter, s'impatienter, être de mauvaise humeur.

BISCACHEU, cév., s. m. Biscotin, petit gâteau ferme et cassant. — Syn. *bisquelèu*. — Ety., alt. de l'esp., *bizcocho*, deux fois cuit.

BISCAIA, prov., v. n. V. Biscalhá.

BISCAIN, ino, adj. Inquiet, ète, triste, chagrin; il dérive de *biscá*. Traître, méchant, *rasso biscaïno*, méchante race. On le dérive pour ce dernier sens de *bis* et *Caïn*, deux fois plus méchant que Caïn.

BISCAIRE, o, **BISCARELLO**, adj. Quinteux, euse, inquiet, e, chagrin, colérique, impatient, qui est de mauvaise humeur. — Cast., *biscous*. — Ety., *biscá*.

BISCAIRE, s. m. Biais, côté, travers: *aquelo muralho es de biscaire*, ce mur est de travers ou en fausse équerre. — Syn. *de bescaire, de biscant, de biscor*; Lim., *de bigouéi*. — Ety., *bis*, préf. péjor., et *caire*, fausse équerre.

BISCALHA, prov., v. n. Aller de côté; en *biscalhant*, en biaisant. — Syn. *biscaiá*.

BISCAMBI, gasc., s. m. Échange. — Ety., *biscambiá*.

BISCAMBIA, gasc., v. a. Biscambiar, échanger. — Ety., *bis*, deux fois, et *cambiá*, changer.

BISCANT (de), loc. adv. De côté, de travers, à fausse équerre. — Syn. *biscaire*.

BISCANT, prov., s. m. Faculté accordée à un prêtre de dire deux messes dans le même jour. — SYN. *biscantandi*. — ETY., *bis*, deux et *cant*, chant.

BISCANTA, v. a. BESCANTAR, publier sur les toits, répandre dans le public une nouvelle ou une calomnie ; v. n., biner, dire deux messes. — ETY. LAT., *bis cantare*, chanter deux fois.

BISCANTANDI, PROV., s. m. V. Biscant.

BISCARD, ardo, CÉV., adj. Égrillard, e, éveillé, vif : *uel biscard*, œil fripon.

BISCARLOT, CÉV., s. m. Bidet, petit cheval.

BISCARROT, adj. et s. Inconstant.

BISCAUSO-MOUNDE, GASC., s. Proverbe, adage.

BISCLE, GASC., s. m. Faîte, pièce d'une charpente qui va d'un pignon à l'autre. — CAST., *biscro*.

BISCO, s. f. Mauvaise humeur, colère, fâcherie : *a la bisco*, il a pris la mouche. — ETY., *biscá*.

La BISCO apouncho pas un fus.

PRO.

BISCO, s. f. Bisque, potage succulent; espèce de pâtisserie, tourte dans laquelle un hachis de viande remplace les fruits ou la crème.

BISCOBORA, B. LIM., v. a. Barioler, peindre de couleurs diverses et bizarres.

BISCOBORO, B. LIM., s. m. Baragouin, baragouinage. V. Baragouen.

BISCOR (de), BÉARN., loc. adv. De travers ; du coin de l'œil.

BISCOTO, PROV., s. f. Châtaigne sèche et cuite deux fois dans le vin blanc. — ETY. LAT., *bis coctus*.

BISCOU, PROV., s. m. Biseau ; morceau. Altér. de *bricóu*, pour la seconde acception.

BISCOUALHO, PROV., s. f. Marmaille. — SYN. *piscoualho*.

BISCOUDET, BÉARN., s. m. Chien basset.

BISCOUÈIT, BÉARN., s. m. Biscuit. V. Biscuèit.

BISCOUEL, PROV., s. m. V. Bescouel.

BISCOUER, PROV., s. m. V. Bescouel.

BISCOUI, s. m. T. de boucherie, la partie du derrière d'un mouton à laquelle ne tient pas la queue. Cette dernière partie est appelée *cougal*.

BISCOUNDAT, BÉARN., s. f. Vicomté ; *biscoundau*, adj., Vicomtal.

BISCOUNTOUR, CÉV., s. m. Détour, zigzag. V. Bistour.

BISCOUO, B. LIM., s. f. Bergeronnette.

BISCOUS, O, CAST., adj. Quinteux, euse. — ETY., *bisco*. V. Biscaire.

BISCRO, CAST., s. f. V. Biscle.

BISCUCHAIRE, PROV., s. m. Confiseur, celui qui fait des biscuits. — ETY., *biscuech*.

BISCUCHELO, PROV., s. f. Sorte de biscuit non encaissé.

BISCUECH, PROV., s. m. V.

BISCUÈIT, s. m. BESCUEG, BESCUEIT, biscuit, pâtisserie faite avec des œufs, de la farine et du sucre ; galette dont on fait provision pour les voyages de mer ; ouvrage de porcelaine cuite au four et non émaillée. — BÉARN., *biscouèit*, CÉV., *bescué*, *bescui*, CAT., *bescuyt*, ESP., *bizcocho*, ITAL., *biscotto*. — ETY., *bis*, deux fois, et *cuèit*, cuit.

BISCUÈIT, O, CAST., adj. Mal cuit ou trop cuit, e. Il se dit des briques qui éprouvent au four une espèce de fusion. — ETY., *bis*, préf. péjor., et *cuèit*, cuit, mal cuit.

BISÉ, B. LIM., s. m. Malheur, guignon ; *annado de bisé*, année bissextile. V. Bisset.

BISÉ, CÉV., adj. et s. V. Biset.

BISE, s. m. V. Vise.

BISÈGLE, s. m. *Bisaigle*, morceau de bois dont se servent les cordonniers pour lisser les bords des semelles des souliers.

BISEGO, CAST., s. f. V. Besagudo.

BISEL, BISÈU, s. m. Biseau, talus formé à l'extrémité d'un outil, d'un instrument, sur le bord du plan d'un miroir, sur celui des verres de lunettes ; bord taillé obliquement d'un objet quelconque. — ESP., *bisel*.

BISÉS, CÉV., s. m. p. Coups de vent de bise ; vent froid.

BISET, O, adj. Gris-brun, marron et blanc, ou noir et blanc ; s. m., pigeon biset ou pigeon sauvage. — ETY., *bis*, gris-brun.

BISETO (en), cév., loc. adv. De biais, obliquement.

BISNAGO, s. f. Bisnague, herbe aux cure-dents, *Daucus visnaga*, *Ammi visnaga*, plante de la fam. des ombellifères, à fleurs blanches. — Syn. *carotoféro.* — Cat., *bisnaga*; esp., *biznaga.*

BISO, s. f. Bisa, bise, vent froid et sec qui souffle du Nord ou du Nord-Nord-Est. — B. lim., *bijo*; ital., *bisa.* — Ety., *bis*, gris-brun, parce que le temps, quand ce vent souffle, est ordinairement sombre.

BISOC, prov., s. m. Bâtonnet, court-bâton, taillé en pointe par les deux bouts, que les enfants lancent en l'air au moyen d'une baguette ; c'est le jeu du bâtonnet. — Biterr., *saularel.*

BISOC, s. m. Terre-noix ou bunion bulbeux, châtaigne de terre, moinson, suron, gernotte, *Bunium bulbo-castanum*, plante de la fam. des ombellifères, à fleurs blanches. Noms div. : *castagno-de-terro, pissagou, favarol, gravayoun, nissau, nissol, nissòu, abernoun, linsoulet, linsoulin.*

BISOLHAT, ado, querg., adj. Gercé, ée, crevassé : *figo bisolhado*, figue dont la peau est entaillée. — Syn. *bisalat, bisalhat.*

BISOUARD, s. m. Bise violente ; augm. de *biso*. — B. lim., colporteur dauphinois, ainsi appelé à cause de la couleur brune de ses vêtements grossiers.

BISOULAT, ado, cast., adj. Couvert, e, de boutons, de pustules, appelés *bissols*.

BISOUS, cév., s. m. p. Œufs que les grosses mouches carnassières et particulièrement celle connue sous le nom de *Musca vomitaria*, pondent sur la viande, et que la chaleur de l'été convertit en larves. — Syn. *visous.*

BISPOUS, o, carc., adj. V. Bispre.

BISPRE, o, cév., adj. Apre au goût, très-acide ; au fig. acariâtre, revêche. — Syn. *bispous, bisprous, vispre, visprous.*

BISPROUS, o, cév., adj. V. Bispre.

BISQUERLO, nim., s. f. Fauvette locustelle, *Sylvia locustella* ; fauvette des joncs, *Sylvia phragmitis* ; fauvette des saules ; fauvette aux moustaches noires, *Sylvia melanopogon* ; fauvette cisticole, appelée aussi *castagnolo* ; petite fauvette, *Sylvia hortensis* ; bec-fin pitchou ; fauvette passerinette. V. *Bouscarido*, pour ces trois dernières espèces.

BISQUETÈU, cév., s. m. Biscotin. V. Biscachèu.

BISSAC, s. m. Bissac, bissac, sorte de sac ouvert en long par le milieu. — Anc cat., *bissac.* — Ety., *bis*, deux, et *sac.*

BISSANO, s. f. Clématite ; V. *Vitalbo* ; vigne sauvage. V. Lambrusco.

BISSAUTO, b. lim., s. f. Étourderie, équipée, frasque.

BISSÈ, béarn., adv. Certainement.

BISSEST, s. m. Bissest, bissexte, nom du jour qu'on ajoute tous les quatre ans au mois de février. — Cat., *bigest*; esp., *biesesto* ; ital., *bisesto.*

Del temps sapchatz certanamens
Qu'el es partitz naturalmens
Per ans, et l'an per. III. temps,
Li qual fan .XII. mes essems,
O .LII. setmanas.
. . . .
E trobaretz dedins sos torns
CCC. e .LXV. jorns
E mai .VI. horas, de lasquals
Bissest, segon los naturals,
Se fai de .IIII. en .IIII. ans,
De .XXIV. horas sobrans.
Breviari d'amor.

BISSESTILO, adj. f. Bissextil, bissextile, année composée de 366 jours. — Esp., *bisextil* ; ital., *bissestile.* — Ety. lat., *bissextilis.*

BISSOC, prov., adj. et s. Sot, maladroit.

BISSOL, cast., s. m. Bouton, pustule. — Syn. *bussol*. M. sign. *baroù.*

BIST, béarn., s. m. Vue, aspect. V. Visto.

BISTALHA, rouerg., v. a. Revoir.

BISTALHO, cév., s. f. Saisie.—Rouerg.; revue. — Ety., *bistalhá.*

BISTANFLU, prov., s. m. Sorte de croquante ; *bistanfluto*, homme d'une taille longue et menue.

BISTE, béarn., s. f. Vue. V. Visto.

BISTE, gasc., adv. Vite, promptement.

BISTORT, o, adj. Tordu, e, tortueux ;

mal fait, mal bâti, bancal. De *bistort*, adv. comp., de travers. — Syn. *bistouert*; cat., *bistort*. — Ety. lat., *bis* et *tortus*, deux fois tordu.

BISTORT, s. m. Bitord, corde ou ficelle à deux fils; T. de mar., petite corde goudronnée dont on se sert le plus souvent pour entourer de plus grosses cordes mises en faisceau. M. éty. que le mot précédent.

BISTORTO, s. f. Bistorte, renouée, *Polygonum bistorta*; ainsi appelée à cause de sa racine qui semble avoir été deux fois tordue. — Syn. *bandina, bandino*.

BISTOUERT, o, prov., adj. V. Bistort.

BISTOUR, s. m. Détour, sinuosité; au fig. subterfuge. — Syn. *bestour, biscountour*. — Ety., *bis* et *tour*, double, second tour, revenir deux fois au même chemin.

> Vous que ne venès, Antiloqua,
> Fasos-nous, sans ges de BISTOUR,
> Prene lou cami lou pus court.
>
> Favre. Odyss. C. X.

BISTOURNA, v. a. Vistornar, bistourner; c'est une méthode de castration qui consiste à tordre le cordon spermatique; il signifie aussi faire des détours, revenir sur ses pas. — Ital., *bistornare*. — Ety., *bis*, deux fois, et *tourná*, tordre, pour la première acception; et pour la seconde, *bis*, de nouveau, et *tourná*, venir.

BISTOURNEL, agen., s. m. Étourneau. V. Estournel.

BISTOURNET, gasc., s. m. V. Estournel.

BISTOURTIER, s. m. Rouleau dont se servent les pâtissiers pour étendre la pâte.

BISTRATRA, s. m. Nom du tarier et du traquet, petits oiseaux, ainsi appelés de leur cri qui se compose de ces trois syllabes. — Syn. *bistratré*.

BIT, béarn., gasc., s. f. Vigne, sarment; *plourá coume ue bit talhade*. Pleurer comme une vigne (récemment) taillée.

BITACLO, s. Habitacle. T. de mar., habitacle, armoire placée au milieu de la largeur du bâtiment, où l'on renferme la boussole, la lumière et l'ampoulette ou sablier horloge. *Bitaclo* est une altération de *habitacle*. — Lat., *habitaculum*.

BITALHO, cév., cast., s. f. V. Victualhos.

BITARE, béarn., adv. A l'instant même. — Ety., *bite*, vite, et *are*, maintenant.

BITE, béarn., s. f. V. Vido.

BITERNO, toul., s. f. Biterna, citerne. Ce mot ne s'emploie guère qu'accolé au mot *diable* : *un diable de biterno*, comme qui dirait un diable de vauvert. (Doujat). On trouve dans une pièce du troubadour Rainols d'Apt ce vers :

> Cara de boc de BITERNA,

Figure de bouc de citerne.

BITI; T. de charretier. V. Bici.

BITO, agen., s. f. V. Visto.

BITOR, BITOR D'AURO, s. m. Butor, oiseau; *bitor blanc*, aigrette, oiseau de marais. V. Butor.

BITOS, agat., s. f. p. Bittes, pièces de bois, poutrelles fixées solidement dans la carcasse d'un vaisseau, dont les extrémités, qui ressortent sur le pont, reçoivent les amarres et les câbles de toute sorte; elles servent aussi à amarrer l'ancre mouillée.

BITOU, béarn., s. m. Pourceau; au fig. *u boun bitou*, un bon vivant. — Syn. *bitoun*.

BITOUERO, gasc., s. f. V. Victualhos.

BITOUN, gasc., s. m. Luron. V. Bitou.

BITRATYE, béarn., s. m. V. Vitrage.

BITSEJA, cév., v. a. Biffer, rayer, griffonner.

BITUALHOS, s. f. p. V. Victualhos.

BITUME, s. m. Bitume, substance combustible qu'on trouve dans le sein de la terre. — Esp., *betun*; port., *betume*; ital., *bitume*. — Lat., *bitumen*.

BITUMINOUS, o, adj. Bituminos, bitumineux, euse, qui contient du bitume, ou qui est de la nature du bitume. — Ety. lat., *bituminosus*.

BIU, BIBE, béarn., adj. V. Viéu.

BLA (250) BLA

BIULETO, TOUL., s. f. Violette. V. Viéuleto.

E' laisso-me senti sus toun se musquetat
La BIULETO de mars que nous meno la primo.
  — GOUDELIN, La Pastouro Liris.

BIVARLÈ, BITERR., s. m. V. Buberlè.

BIZAMA, GASC., v. a. Flamber, brûler, sur une terre, après en avoir enlevé la couche superficielle, les matières organiques qu'elle renferme. M. sign. fournelá.

BIZAMADO, GASC., s. f. Flambée ; écobuage. M. sign. fournelage. — ETY., s. part. de bizamá.

BIZARRIÉ, PROV., s. f. Bizarrerie. — GASC., bijarrié, bijarrero.

BIZEST, GASC., s. m. Flamme.

BLA, CÉV., PROV., s. m. V. Blat.

BLA, LIM., s. m. Seigle. V. Sial.

BLACAIRAS, CÉV., s. m. Terrain schisteux, terre forte et limoneuse ; rochers calcaires et marneux qui se fondent à l'air, et qui composent les terrains propres à la végétation des chênes blancs, appelés blacas. — SYN. blancairas, blanquèiras.

BLACAREDO, CÉV., s. f. Lieu planté de chênes blancs. — SYN. blaquièiro. — ETY., blacas.

BLACAS, s. m. Chêne blanc, jeune chêne. — ETY., bla, blanc, et cas pour casse, mot celtique qui signifie chêne.

BLACASSINO, CÉV., s. f. Taillis de jeunes pousses de chênes blancs. — ETY., blacas.

BLACASSOU, CÉV., s. m. Jeune ramée de chêne blanc. — SYN. blaco.

BLACHO, PROV., s. f. Chêneau, jeune chêne.

BLACO, CÉV., s. f. V. Blacassoù.

BLAD, s. m. Blé. V. Blat.

BLADADO, TOUL., s. f. BLADADA, rente de blé qu'on retire annuellement d'un fermier. — ETY., blad.

BLADAT, ado, adj. Emblavé, ée. — ETY., blad.

BLADÈ, ero, GASC., adj. Abondant en blé. D'Astros appelle Cérès la bladero diouesso, la déesse des blés. — ETY., blad.

BLADÈIRAS, CÉV., s. m. Grand champ de blé. — SYN. blatèiras. — ETY., blad.

BLADERIO, GASC., s. f. Pièce, champ de blé. — ETY., blad.

BLADET, **BLADETO**, TOUL., s. Blé ordinaire, qui a le grain plus petit que les autres espèces ; blé fin qui fait un pain très-blanc ; froment, Triticum æstivum. — ETY., blad.

BLADIER, ero, adj. et s. Blatier, marchand de blé ; cruvel bladier, crible à passer le blé ; mouli bladier, moulin à moudre le blé. — PROV., terrado bladièro, pièce de terre semée de blé. — SYN. blatier. — ETY., blad.

BLADO, s. f. Spare oblade, Sparus melanurus, appelé aussi nigrol, poisson de l'ordre des holobranches et de la fam. des léiopomes.

BLADOUS, o, adj. Abondant, e, en blé. — ETY, blad.

BLAGA, v. n. Bavarder, babiller, hâbler, mentir, parler inconsidérément, le plus souvent pour se vanter. M. sign. baratá.

BLAGAIRE, s. m. Blagueur, bavard, menteur, vantard, qui parle inconsidérément. — B. LIM., blaguer. — ETY., blagá.

BLAGO, s. f. Blague, bavardage, menterie, paroles inconsidérées ; bourse pour enfermer le tabac à fumer. — ETY., blagá.

BLAGUER, B. LIM., s. m. V. Blagaire.

BLAHINA, BITERR., v. n. Bruiner. — SYN. blasiná, blesiná, breiná, blenuchá, aigouneja. — ETY., blahino.

BLAHINEJA, BITERR., v. n. Bruiner ; CÉV., v. a. Brouir, en parlant de l'action du soleil sur les plantes à la suite d'une gelée blanche. — SYN. blasinejá, blesinejá. — ETY., fréq. de blahiná.

BLAHINO, s. f. Bruine, pluie fine et froide dont les gouttes restent suspendues aux feuilles des plantes comme celles de la rosée congelée ; d'où le mot français bruine, dérivé du latin pruina, gelée blanche. — SYN. blasin, blesinado, blèinejolos, blesin.

BLAI, s. m. Érable à feuilles d'osier. V. Plai.

BLAÏ, do, cév., adj. BLAHIT, flétri, e. — SYN. *blasit*.

BLAIMA, Blaime, V. Blasmá, Blasme.

BLAISAN, GASC., s. m. Euphorbe épurge. V. Lagagno; CAST., bouillon-blanc, molène. V. Boulhoun-blanc.

BLAISMA, v. a. V. Blasmá.

BLAISSEJA, CÉV., v. n. V. Bleseja.

BLAIZI, CAST., v. a. BLAHIR, flétrir. V. Blasí.

BLAMARÉ, CÉV., s. m. Maïs, blé d'Inde. — ETY., altér. de *blat-maré*.

BLANC, o, adj. BLANC, blanche, qui est de couleur blanche; *uno camiso blanco*, une chemise propre; *faire un viage blanc*, faire un voyage inutile. — BÉARN., *blanc*, *blangue*; CAT., *blanc*; ESP., *blanco*; PORT., *branco*; ITAL., *bianco*. — ETY. ANC. H. ALL., *blanch*.

BLANC, s. m. Blanc, couleur blanche; rond au centre d'une cible: *tirà al blanc*, tirer à la cible; petite monnaie ancienne valant 5 deniers; il existait, de nos jours, des pièces de six blancs valant trente deniers ou 2 sous et demi, qu'on appelait *sous marcats*.

BLANCADO, PROV., s. f. Gelée blanche. V. Aubièiro.

Sout l'aflat matinié perlejo la BLANCADO
  DE BERLUC-PERUSSIS.

BLANCAIRAS, CÉV., s. m. Terre forte et limoneuse. V. Blacairas.

BLANCARIÉ, CÉV., s. f. BLANCARIA, blanchisserie de cire; tannerie; lieu où l'on blanchit les toiles. — SYN. *blancharié*. — ANC. CAT., *blanqueria*. — ETY. B. LAT., *blancaria*.

BLANCAS, asso, adj. Blanchâtre, d'un blanc sale, trop blanc, fade à force d'être blanc, en parlant du teint d'une personne. *Blancas*, s. m., marne calcaire dure; *blancasso*, s. f., schiste marneux dur. — ESP., *blancazo*; ITAL., *bianchiccio*. AUGM. de *blanc*.

BLANCASTRE, o, adj. Blanchâtre; dont la couleur tire sur le blanc. — ITAL., *biancastro*. — ETY., *blanc*.

BLANCAU, CÉV., s. m. Guigne blanche, qui est de couleur de cire d'un côté et d'une teinte rouge de l'autre. — BITERR., *moulaigno*. C'est aussi le nom qu'on donne, à Montpellier, à l'olive verdale quand elle est plus blanche qu'à l'ordinaire, et à l'olivier qui la produit. — ETY., *blanc*.

BLANCHARDO, PROV., s. f. Motteux culblanc. — ETY., *blanc*. V. Quioul-Blanc.

BLANCHARIÉ, PROV., s. f. V. Blancarié.

BLANCHAS, BLANCHASTRE, PROV., adj. V. Blancas, Blancastre.

BLANCHI, v. a. BLANCHIR, blanchir, rendre blanc; au fig. disculper; v. n., devenir blanc. — SYN. *blanqui*. — ANC. CAT., *blanquir*; ITAL., *bianchire*. — ETY., *blanc*.

BLANCHIÉR, s. m. Mégissier, chamoiseur, peaussier, artisan qui accommode les peaux pour divers usages. — CAT., *blanquier*. — ETY., *blanchi*.

BLANCHINEL, BLANCHINÈU, adj. V. Blanquinel.

BLANCHOUN, PROV., s. m. Lièvre blanc; cresson sauvage qui a les fleurs blanches; ibéride pinnée appelée aussi *bramo-fam*. V. ce mot. — ETY., *blanc*.

BLANCHOUR, PROV., s. f. V. Blancou.

BLANCO, TOUL., s. f. Pie, à cause des taches blanches qui tranchent sur les parties noires de son plumage. V. Agasso. PROV., gelée blanche. V. Blancado.

BLANCOU, BLANCOUR, s. f. Blancheur, couleur blanche. — SYN. *blanchour*. — CAT., ESP., *blancor*; ITAL., *biancore*. — ETY., *blanc*.

BLANCUGE, BLANCUGI, PROV., s. m. Blancheur des cheveux, canitie. — ETY., *blanc*.

BLANDA, DAUPH., s. f. Chenille.

BLANDO, s. f. Salamandre commune. — SYN. *blendo*, *blento*. V. Alabréno.

BLANQUÉ, éto, PROV., CÉV., adj. V. Blanquet.

BLANQUÈIRAS, CÉV., s. m. V. Blacairas.

BLANQUEJA, v. n. BLANQUEJAR, paraître blanc, tirer sur le blanc, commencer à prendre la couleur blanche. — SYN. *blanquià*, *blanquinejá*. — QUERC., *blonquejá*; ESP., *blanquear*; ITAL., *biancheggiare*. — ETY., *blanc*.

BLANQUELET, adj. V.

BLANQUET, o, adj. BLANQUET, blanchet, ette, légèrement blanc; s. m., onguent connu sous le nom de blanc rhasis ou cérat de Galien. GASC., agaric pectiné blanc, *Agaricus russula niveus*, appelé aussi *blanqueto*. — CAT., *blanquet*; ESP., *blanquillo*. — DIM. de *blanc*.

BLANQUETO, s. f. Blanquette, petite poire qui a la peau blanche ; vin blanc pétillant du Languedoc; ragoût de veau ou d'agneau à la sauce blanche ; produit de la première distillation de l'eau-de-vie ; figue de Lipari ; en terme d'arpenteur, piquet, jalon, flèche. On appelle aussi *blanqueto*, la raie oxyrinque, V. *Flassado* ; l'hélice vermiculée, V. *mourgueto* ; l'obione pourpier, *Obione* ou *atriplex portulacoïdes*, (*fraume*, *bourtoulaiguo de mar*) ; l'ansérine maritime, *Chenopodium maritimum* ; les diverses espèces d'herniaires ou hernioles qui sont d'une couleur blanchâtre ou cendrée ; la campanule des rochers, *Campanula petrosa* ; la phléole de Gérard, *Phleum Gerardi* ; l'arroche halime ou pourpier de mer, *Atriplex halimus* ; le scirpe maritime (*triangle*). — ETY., dim. de *blanco*.

BLANQUETO-DE-PRA, PROV., s. f. Lotier digité, *Lotus dorycnium*, plante de la fam. des papilionacées.

BLANQUI, v. a. V. Blanchi.

BLANQUIA, PROV., v. n. V. Blanquejá.

BLANQUIER, PROV., s. m. V. Ferblantier ; mégissier. V. Blanchier.

BLANQUIÉRO, PROV., s. f. Nom générique des terres marneuses. — ETY., *blanqui*.

BLANQUIGNOUS, o, adj. V. Blanquinous.

BLANQUIMENT, s. m. BLANQUIMENT, blanchiment. — CAT., *blanquiment*. — ETY., *blanqui*.

BLANQUINEJA, v. n. V. Blanquejá.

BLANQUINEL, elo, **BLANQUINÈU**, ello, adj. Blanchâtre, tirant sur le blanc, un peu blanc. — SYN. *blanquignous*, *blanquinous*. — ETY., *blanqui*.

BLANQUINOUS, o, adj. BLANQUINOS, blanchâtre. — SYN. *blanquignous*. — V. Blanquinel.

BLAQUEJA, CÉV., v. n. Plier, se courber, être affaissé. — ETY., βλακός, mou, lâche, faible.

BLAQUIÈRO, CÉV., s. f. V. Blacaredo.

BLASA, CÉV., v. n. Faire les premiers fils pour suspendre leurs cocons, en parlant des vers-à-soie. — SYN. *blaso*.

BLASI, CÉV., v. a. BLAHIR, BLEZIR, flétrir, faner, meurtrir, froisser. — SYN. *blaizi*, *blesi*. — ETY. ALL., *bleich*, pâle.

BLASIT, ido, part. Flétri, e, fané. — SYN. *blaï*, *blaisit*, *blèi*, *blesit*.

BLASIGA, v. a. V. Ablasigá.

BLASIN, PROV., s. m. Bruine, rosée. — BITERR., *blahino*.

BLASINA, PROV., v. n. Bruiner. V. Blahiná.

BLASINEJA, PROV., v. n. V. Blahinejá.

BLASINIÉR, CAST., s. m. Gaînier siliqueux, arbre de Judée, *Cercis siliquastrum*.

BLASMA, v. a. BLASMAR, blâmer, reprendre, réprimander ; il se dit improprement pour blémir. V. Blesmá. — SYN. *blaimá*, *blaismá*, *blamá*. — CAT., *blasmar* ; ITAL., *biasimare*. — ETY. LAT., *blasphemare* qui avait autrefois le sens de blâmer.

BLASMABLE, o, adj. Blâmable, digne de blâme. — ETY., *blasmá*.

BLASMAIRE, s. m. Celui qui blâme. — ITAL., *biasimatore*. — ETY., *blasmá*.

BLASME, s. m. BLASME, blâme, reproche. — SYN. *blame*, *blaime*. — ANC. ESP., *blasmo* ; ITAL., *biasimo*. — ETY., *blasmá*.

BLASO, CÉV., s. f. Bave, bourre, araignée des cocons des vers à soie, premiers fils qui servent d'échafaudage à leur petit édifice. — SYN. *blazo*. — CAST., *babelo*, *bavo-des-magnans*.

BLASPHEMA, v. a. et n. BLASFEMAR, BLASTEMAR, blasphémer, proférer un blasphème. — PROV., *blastemá* ; ANC. CAT., *blastemar* ; ESP., *blasphemar* ; ITAL., *biastemmiare*. — ETY. LAT., *blasphemare*.

BLASPHEMADOU, BÉARN., s. m. V.

BLASPHEMAIRE, s. m. BLASPHEMAIRE, blasphémateur. — PROV., *blastemaire* ; ESP., *blasfemador* ; ITAL., *biasimatore*. — ETY., *blasphemá*.

BLASPHEME, s. m. BLASPHEMA, blasphème, paroles qui outragent la divinité, la religion. — Syn. *blastème, blastemi*. — Esp., *blasfema* ; ital., *bestemmia*. — Ety., *blasphemá*.

BLASSA, v. a. Blesser, faire une blessure ; incommoder ; au fig. offenser, choquer, faire tort, porter préjudice; *se blassá*, v. r., se blesser, se faire du mal involontairement; en parlant d'une femme enceinte, faire une fausse couche, avorter ;. au fig. s'offenser réciproquement, se choquer. — Syn. *blessá*.

BLASSADURO, s. f. Blessedura, blessure ; fausse couche. — Syn. *blassuro, blessaduro*. — Ety., *blassado*, part. f. de *blassá*.

BLASSURO, s. f. V. Blassaduro.

BLASTEME, BLASTEMI, prov., s. m. V. Blaspheme.

BLAT, s. m. Blat, blé, plante graminée qui porte dans des épis une graine propre à faire du pain, *Triticum sativum* ; c'est le blé ordinaire, *blat fichut*. On appelle la touselle, *blat sens barbo*; *blat sarrat, aganit, anouit*, blé retrait; *blat vestit*, blé dont la balle ne s'est pas séparée du grain ; *blat ablacat*, blé versé ; *blat carbounat, carbounel, brullat*, blé carié ou charbonné ; *blat ergoutat*, blé ergoté ou qui a la maladie de l'ergot ; *blat bridat*, Agen., blé dont l'épi se recourbe et se dessèche ; au fig. *balhá blat bagnat*, Toul., en donner à garder ; *blat d'asc*, coup de bâton ; *boulá toul à tres blats*, mettre tout sens dessus dessous; *blat de luno*, blé que les enfants volent, pendant la nuit, à leurs parents, les femmes à leurs maris; au fig. enfant né d'un commerce illégitime ; larcins amoureux. On dit d'un imbécile : *es pas capable de virá l'ase d'un blat*. — Syn. *bla, blad*. — Cat., *blat* ; ital., *biada*. — Ety. B. lat., *bladum*.

BLAT-BARBO-NEGRO, prov., s. m. Blé à barbe noire. V. Regagnoun.

BLAT-DEL-DIABLE, s. m. Ce nom désigne les égylopes et particulièrement les espèces ovoïdes et tri-articulées, *Ægilops ovata* et *triuncialis*, dont les épis se détachent du chaume à la maturité. Il ne faut pas confondre *lou blat del diable* avec l'espangassat ou estranglo-chavals, espèce de brôme. — Syn. *blat de couguoú*.

BLAT DE COUGUOU, s. m. V. Blat del diable.

BLAT-DE-FUADO, prov., s. m. Maïs, ainsi appelé parce que son épi a la forme d'une fusée. V. Blat de Turquio.

BLAT D'ESPAGNO, s. m. V. Blat de Turquio.

BLAT DE PALUN, prov., s. m. Agrostis en roseau, *Agrostis arundinacea*, plante de la fam. des graminées. — Syn. *bougué de palun*.

BLAT-MARÉ, cév., s. m. V. Blat de Turquio.

BLAT MOURISCOU, toul., s. m. Blé noir ou sarrazin, *Polygonum fagopyrum*, de la fam. des polygonées, qu'on appelle généralement *blat negre, sarrasin, blodi*.

BLAT DE RASTOUL, DE RESTOUBLE, s. m. Blé sur chaume, semé sur un champ qui avait déjà fait une récolte de blé. — Syn. *blat de refestuc*.

BLAT DE TURQUIO, s. m. Maïs, blé de Turquie, *Zea mays*, plante de la fam. des graminées. — Syn. *blamaré, blatmaré, blat-de-fuado, barbaié, blat d'Espagno, blat tramat, blat turc, blat turqués, mil, mays*.

BLAT-NEGRE, s. m. V. Blat mouriscoú.

BLAT-SARRASIN, s. m. V. Blat mouriscoú.

BLAT TRAMAT, s. m. V. Blat de Turquio.

BLAT TURC ou **TURQUÉS**, s. m. V. Blat de Turquio.

BLATÉIRAS, cév., s. m. Grand champ à blé. — Syn. *bladèiras*. — Ety., *blat*.

BLATIER, cév., adj. m. On appelle ainsi un œuf clair ou non fécondé, *iòu blatier*. *Blatier* vient probablement de *blat*, blé ; les œufs en effet se conservent longtemps enfoncés dans un tas de blé, et ceux qui ne sont pas fécondés s'y conservent mieux encore que les autres. *Blatier*, s. m., est syn. de *bladier*. V. ce mot.

BLAU, cév., toul., s. m. Blau, meurtrissure ou contusion qui prend une couleur bleue. On dit dans le patois français un *bleu*, qui a la m. sign.

<small>La terro qu'habitam es couverto de BLAUS.
DAVEAU.</small>

— CAT., *blau*. — ETY. ROM., *blau*, bleu. dérivé de l'anc. h.-all., *bláo*, *blaw*, bleu.

BLAUA, GASC., v. a. Meurtrir, faire une meurtrissure, une contusion ; *blauat, ado*, part., meurtri, e. — SYN. *blavèirouná*. — ETY., *blau*.

BLAUDO, B. LIM., s. f., Blaude, blouse. On dit, à Béziers et dans les pays voisins, *blodo*. Mais la forme du B. LIM. est meilleure ; *blaudo* vient, en effet, de *bliau* ou de *blau*, bleu, couleur ordinaire de ce vêtement. — SYN. *blodo*. — QUERC., *biaudo*.

BLAUETO, TOUL., s. f. Bluet. V. Blavet.

BLAUGETAT, ado, CÉV., adj. Damasquiné, ée. — ETY., *blau*, bleu.

BLAVAT, ado, CÉV., adj. Meurtri, ie, contusionné, qui a des taches bleues. — GASC., *blauat*. — ETY., *blave*, bleu.

BLAVE, o, PROV., adj. Bleu, e ; pâle, blême, livide. — M. ÉTY. que *blau*.

BLAVÈIROL, BLAVÈIROU, BLAVÈIROUN, s. m. BLAVAIRO, BLAVAYROL, meurtrissure, contusion, bouton, furoncle. — SYN. *blau, bouvèirou*. — ETY., *blave*.

BLAVÈIROUNA, CÉV., v. a. Meurtrir, contusionner, blesser. — SYN. *blauá*. — ETY., *blavèiroun*.

BLAVENC, o, adj. BLAVENC, bleuâtre. — ETY., *blave*, bleu.

BLAVET, s. m. Bluet, barbeau, aubifoin, casse-lunettes, *Centaurea cyanus*, plante de la fam. des synanthérées. — SYN. *blaueto, blaveto, baluher, bluot, mounino*. On donne aussi le nom de *blavet* à l'aphyllante. V. Bragalou.

BLAVET, s. m. Merle bleu, ainsi appelé à cause de la couleur de son plumage.

BLAVETO, PROV., s. f. Bluet. V. *Blavet* ; figue-fleur. V. Bourrau.

BLAVIER, PROV., s. m. Martin-pêcheur. V. Arnier.

BLAVINÈU, ello, PROV., adj. Bleuâtre ; blême, livide. — ETY., *blave*, bleu.

BLAZI, v. a, V. Blasi.

BLAZO, CÉV., s. f. V. Blaso.

BLÉ, io, B. LIM., adj. Bleu, e. V, Blu.

BLÉ. V. Bled, Blet et Blés.

BLEC, PROV., s. m. Quantité de lait que l'on tire du pis d'une vache, d'une chèvre, chaque fois que la main le presse : *aquelo vaco n'a pas un blec*, cette vache n'a pas de lait.

BLED, PROV., s. m. Mèche d'une lampe, d'une chandelle, etc. ; mèche de cheveux ; poirée. — SYN. *blese, bleset, blèir, blet* ; pour le sens de poirée. V. Bledo. — CAT., *ble*. — ETY. B. LAT., *blesto*, mèche de cheveux.

BLED, PROV., s. m. Amaranthe blette, *Amaranthus blitum* ; amaranthe des jardins (*bled d'Espagno, armol*) ; amaranthe verte, *Amaranthus viridis* ou *sylvestris*. Bled désigne aussi, dans quelques contrées, la betterave. V. Bledoravo. — ETY. LAT., *betta*, blette, poirée, du grec βλίτον.

BLED BLANC, s. m. Ansérine blanche ou herbe au vendangeur, *Chenopodium album*, plante de la fam. des salsolacées à fleurs blanchâtres ou verdâtres.

BLEDO, s. f. BETA, BLEDA, BLETA, blette, poirée, plante de la fam. des chénopodées, cultivée dans les jardins. SYN. *bleto, bleo*. — CAT., *btet* ; ESP., *bledo*. — ETY. LAT., *betta*.

BLEDO-CARDO, TOUL., s. f. BLEDA, blette ou poirée à larges côtes, *Betta cycla*, cultivée dans les jardins.

BLEDORAVO, s. f. Betterave, dont on connaît trois variétés, la rouge, la jaune et la blanche ; à Béziers, par corrupt. *bluderabo*. — PROV., *blettoravo* ; ESP., *bettaraga*. — ETY. ROM., *bleda* et *rava* ; LAT., *beta* et *rapa*.

BLEDOU, CÉV., s. m. Arroche puante, ansérine vulvaire, *Chenopodium vulvaria*, plante de la fam. des salsolacées qui exhale par le froissement une odeur fétide.

BLÈI, PROV., adj. V. Blesit.

BLÈIME, o, adj. Blême, très-pâle. ETY. ANC. SCANDINAVE, *blami*, bleuâtre, livide.

BLÈIMI, v. n. BLESMAR, blêmir, devenir blême. — ETY., *blèime*.

BLEINEJOLOS, prov., s. f. Petite pluie, bruine. — Syn. *blinachoro.*

BLEIR, prov., s. m. Mèche. V. Bled.

BLEIT, o, prov., adj. V. Blet, o.

BLEJE, o, adv. V. Bleuje.

BLENDO, BLENTO, s. f. Salamandre. — Syn. *blando.* V. Alabreno.

BLENUCHA, prov., v. n. Bruiner; tomber de la gelée blanche.

BLEO, s. f. V. Bledo.

BLES, o, adj. Blez, qui articule mal, qui a la langue épaisse, embarrassée; le *bles* prononce de suite le mot, mais d'une manière défectueuse, le bègue ne peut pas l'articuler. — Ital., *bleso.* — Ety. lat., *blæsus.*

BLESE, biterr., s. m. Mèche. V. Bled.

BLESEJA, v. n. *Blézer*, zézayer, grasseyer, substituer le *z* au *j*, et à *ch*; dire *zouve* pour *jouve*, *zaval*, pour *chaval*. — Syn. *blessejá, blessiá.* — Ety., *bles.*

BLESEJADIS, s. m. *Blésité*, manière vicieuse de prononcer de celui qui est *blés*. — Ety., *blesejá.*

BLESET, s. m. Petite mèche. — Dim. de *blese.*

BLESI, cév., v. a. Blezir, élimer, user, friper, flétrir, émousser; rendre souple; M. éty. que *blasi.*

BLESIDURO, prov., s. f. État d'une chose à demi-usée. — Ety., *blesido*, part. f. de *blesi.*

BLESINA, v. n. Bruiner. V. Blahiná.

BLESINADO, prov., s. Bruine, petite pluie; verglas, givre. — Syn. *blasin, blahino.* — Ety., s. part. de *blesiná.*

BLESINEJA, v. n Bruiner. V. Blahinejá.

BLESIT, ido, part. Élimé, ée, usé, flétri, sali, gâté, corrompu; *counscienso blesido*, conscience flétrie. — Prov., *bléi*, ido. V. Blasit.

BLESIN, prov., s. m. Bruine. — Syn. *blasin.* V. Blahino.

BLESO, cév., s. m. Ce mot n'est usité que dans cette phrase: *fai de soun bleso*, il fait le bon apôtre ou l'homme de bien plus qu'il ne l'est.

BLESQUÉ, cév., s. m. V.

BLESQUIN, prov., s. m. Rate des animaux. V. Bescle.

BLESSA, BLESSABURO, V. Blassá, Blassaduro.

BLESSEJA, BLESSIA. V. Blesejá.

BLEST, o, toul., adj. *parlá blest*, bégaiement.

BLESTENÇO, prov., s. f. V.

BLESTENTO, s. f. Détente, M. sign., *palheto, guignocho*. — Ety., *blesto*, paille.

BLESTO, cév., prov., s. f. Talo opaque des Cévennes, *lauso*; B. lim., écheveau, fils de soie, de coton ou de laine, repliés en plusieurs tours; bande de mousseline qui fait partie d'une coiffe; petite touffe de cheveux; poupée de chanvre dont on garnit la quenouille; paille foulée sur l'aire; dépouille ou balle de blé; gerbée; au fig. chose embrouillée, embarras. — Ety. b. lat., *blesta*, mèche de cheveux.

BLESTOUN, prov., s. m. Poupée de lin ou de chanvre dont on garnit la quenouille. Dim. de *blesto.*

BLET, s. m. Mèche. — Syn. *blese.* V. Bled.

BLET, o, cév., adj. Mou, molle, friable, blet, blette, faible, mince, plat; *bourso bleto*, bourse plate; *pero bledo* ou *bleto*, poire blette; on dit à Béziers, *pero cloucco*. — Prov., *blèit.* — Ety. b. bret., *blëd*, mou.

BLET, nim., s. m. Ansérine glauque, *Chenopodium glaucum*, de la fam. des salsolacées; poirée sauvage, de la même famille. Pour l'amaranthe blette, V. Bled.

BLETAS, s. m. V.

BLETASSO, prov., s. f. Grosse gaule, grosse branche. Augm. de *bleto.*

BLETO, s. f. V. Bledo.

BLETO, prov., s. f. Gaule, houssine, petite verge.

BLETORABO, s. f. Betterave. V. Bledoravo.

BLETOU, BLETOUN, s. m. Clou rivé d'un couteau, de ciseaux, de cisailles, etc.

BLETOUNA, cév., v. a. River un clou, clouer la lame d'un couteau au manche, y mettre un clou que l'on rive des deux côtés. — Ety., *bletoun.*

BLETOUNEJA, v. n. Bégayer. V. Bretounejá.

BLETOUNEJA, PROV., v. a. Gauler, frapper avec une gaule. — ETY., *bletouno*, petite gaule.

BLETOUNÉ, CÉV., s. m. Petit clou rivé sur le manche d'un couteau. Dim. de *bletoun*.

BLETOUNIA, PROV., v. n. Bégayer. — SYN. *bletounejá*.

BLETOUNO, PROV., s. f. Petite gaule. — ETY., dim. de *bleto*.

BLÈUJE, o, adj. Éblouissant, e, éclatant de blancheur, par ext. immaculé, *espaso bléujo*, épée qui n'a jamais été trempée dans le sang. — SYN. *bleje*.

BLEY, PROV., s. m. Bon-henry, plante. V. Espinar bastard.

BLIAL, s. m. BLIAL, BLIAU, souquenille, sarrau de toile ou de laine grossière, qui a la forme d'un grand scapulaire ou plutôt d'une dalmatique. — SYN. *blizau*, *brizau*. — ETY. B. LAT., *bliaus*, *bliaudus*.

> Mantel e BLIAL de violas
> E sobrecot de rosas.
>
> P. VIDAL.

BLIAU, s. m. V. Blial.

BLINACHORO, PROV., s. f. Bruine, rosée. V. *Blèinejolos*.

BLIZAUT, s. m. V. Blial.

BLO, PROV., s. m. V.

BLOC, s. m. Bloc, gros morceau d'une substance pesante, bloc de pierre, de granit, de plomb, etc.; tas de certaines marchandises. — SYN. *blot*. — ETY. GAËL., *bloc*.

BLODA, LIM., v. a. Emblaver. V. Abladá.

BLODI, LIM., s. m. Blé noir, sarrazin. V. Blat-mouriscou.

BLODO, s. f. Blaude, blouse. V. Blaudo.

BLOGA, B. LIM., v. n. Bavarder. V. Blagá.

BLONQUEJA, QUERC., v. n. Blanchir. V. Blanquejá.

BLOT, ALB., s. m. Bloc, masse. V. Bloc.

BLOU, B. LIM., s. m. (blòu). Bouillon blanc. V. Boulhoun-blanc.

BLOU, PROV., s. m. Brou, écaille verte des noix. Altér. de *brou*.

BLOUCA, v. a. Bloquer; m. sign. qu'en français. — ITAL., *blocare*. — ETY., *bloc*.

BLOUCA, v. a. Boucler. V. Bouclá.

BLOUCO, s. f. Boucle. V. Bouclo.

BLOUND, o, adj. BLOS, BLONS, blond, e, qui est d'une couleur moyenne entre le doré et le châtain-clair. — ESP., *blondo*; ITAL., *biondo*.

BLOUNDEJA, v. n. Blondir, devenir blond; avoir un reflet blond; paraître blond, jaunâtre. — ETY., *blound*.

BLOUNDET, o, adj. BLONDET, blondelet, ette. Dim. de *blound*.

BLOUNDI, v. n. BLONDIR, blondir, devenir blond. Ermengaud dit en parlant des dames de son temps :

> Ni saran ja pro lavadas
> Ni penchas ni afachadas
> Ni lur cabelh pro maestrat
> Ni pro BLONDIT ni rigotat.
>
> BREVIARI D'AMOR.

Elles ne seront jamais assez lavées, ni assez fardées, ni assez parées; elles ne trouveront jamais leur chevelure ni assez artistement arrangée, ni assez BLONDIE, ni assez frisée.

BLOUS, o, CÉV., PROV., TOUL., adj. BLOS, pur, sans mélange, brillant, net, transparent, limpide, serein; *vi blous*, vin pur. — ETY. ALL., *blos*, pur.

> ..... L'on vèi li perlo de si plour
> Toumba de si BLOUSO prunello.
>
> F. GRAS, Li Carbounié.

BLOYNO, GASC., s. f. Bouillie de farine de maïs. — BITERR., *farinelos*.

BLU, o, adj. BLAU, bleu, e, qui est de la couleur du ciel sans nuages. En Prov., *bluio* au féminin. — B. LIM., *ble*; PROV., *blur*; ANC. ESP., *blavo*. — ETY. ANC. HAUT. ALL., *blao*, *blaw*.

BLUASTRE, o, adj. Bleuâtre, d'un bleu terne et sale; tirant sur la couleur bleue. — PROV., *blurastre*. — ETY., *blu*.

BLUATEJA, GASC., v. n. V. Bluejá.

BLUDERABO, BITERR., s. f. Betterave; c'est une altér. de *bledoravo* ou de *beltoravo*; ces deux formes sont conformes à l'étymologie, car *bleda* et *betta* signifient en roman et en latin *blette* ou *bette*, et dérivent du grec βλίτον, nom de la blette ou poirée. *Bluderabo* s'en éloigne, au contraire. C'est la couleur bleuâtre de sa racine qui l'a fait probablement appeler ainsi. V. *Bledoravo*.

BLUEJA, v. n. BLAVEJAR, paraître bleu, tirer sur le bleu. — SYN. *bluatejá, bluiejá, blurejá*. — ETY., *blu*.

BLUET, BLUIET, s. m. Bluet, V. *Blavet*; martin-pêcheur, V. *Arnier*; mésange bleue, V. *Sarralher blu*.

BLUETO, s. f. Altise des potagers, *Altica oleracea*, insecte d'un vert foncé ou bleuâtre, lisse et brillant, qui perce les feuilles des végétaux et particulièrement celles de la vigne d'une infinité de petits trous, et dépose ses œufs à leur revers. Les chenilles qui en proviennent mangent le parenchyme des feuilles, rongent le pédoncule des grappes, qui se dessèchent, et attaquent même le raisin. — SYN. *baboto, verme de la vigno*. — ETY., *blu*, bleu. Le nom français altise vient de ἀλτικός, ή, excellent sauteur, agile, bondissant.

BLUIEJA, v. n. V. Blueja.

BLUIET, s. m. V. Bluet.

BLUIT, s. m. Nom de la mésange bleue dans le Gard. V. Sarralher blu.

BLUO, CAST., s. f. Bluette, petite étincelle.

BLUR, BLURASTRE, BLUREJA, PROV. V. Blu, Bluastre, Bluejá.

BLURET, s. m. Martin-pêcheur. V. Arnier.

BLURI, PROV., v. a. Bleuir, donner la couleur bleue. — ETY., *blur*.

BLUTÈU, s. m. V. Balutèu.

BLUVET, s. m. Martin-pêcheur. V. Arnier.

BO, il faut chercher à *bou* les termes qui ne se trouveraient pas à *bo*.

BO, CAST., MONTALB., pron. relat. invar. Le. Il se met ordinairement après le verbe, tandis que *ba*, qui a la même signification, le précède : *ba farèi, fasez bo*, je le ferai, faites-le. Dans quelques dialectes, il se met aussi avant le verbe.

BO, no, CÉV., adj. V. Bou, Boun.

BO, PROV., interj. qui marque la surprise, bah ! elle marque aussi le commandement, BO ! halte-là !

BO, s. m. Bois. V. Bosc.

BOACHI, PROV., s. m. Bouc. V. Bouc.

BOAZAT, ado, AGEN., adj. Qui a pris le goût du bois, en parlant du vin. — ETY., *bo* pour *bos*, bois.

BOBAS, B. LIM., s. f. p. Lèvres ; *fa las bobas*, faire la moue, bouder. M. sign., *gregos, pots, potas*.

BOBAU, QUERC., s. m. Nom qu'on donne à tous les insectes. V. Babau. *Bobau-lusent*, ver-luisant.

BOBIGNO, LIM., s. f. Lèvre ; *bobignas*, babines, lèvres.

BOBIGNOU, LIM., s. m. Menton. — ETY., *bobigno*.

BOBO, GASC., s. f. BOBA, taupin strié, *Elater striatus*, insecte de l'ordre des coléoptères et de la fam. des sternoxes. On l'appelle aussi scarabée à ressort, à cause du saut qu'il fait quand, renversé sur le dos, il veut se remettre sur ses pattes excessivement courtes. *boba*, en roman, est le nom de la tique.

BOBO, s. m. (bobó), T. enfantin. Petit mal, mal léger.

BOBORAUNO, B. LIM., s. f. Ver-luisant; au fig. idée folle, extravagante ; *boboraunas*, s. f. p., éblouissement. V. *Luscambro*, ver-luisant.

BOBOU DE L'AUS, CÉV., s. m. Suint de la toison. V. Surge.

BOBULO, BOBUIO, BOBOIO, LIM., adj. Sot, niais.

BOCA, B. LIM., v. a. Donner la buvée aux cochons ; v. n., boire avec excès, godailler. — SYN. pour cette dernière acception, *bocordejá*.

BOCADO, B. LIM., s. f. Buvée, ce qu'on donne aux cochons mêlé avec de l'eau ; lavage, en parlant des aliments où l'on a mis une trop grande quantité d'eau. — ETY., s. part. f. de *bocá*.

BOCCONAL, B. LIM., s. m. V. Baccanal.

BOCH, GASC., s. m. Bois, forêt. V. Bosc.

BOCHA, v. n. V. Bouchá.

BOCHASSO, s. f. Grosse boule de buis. — AUGM. de *bocho*.

BOCHI, PROV., s. m. Bouc. V. Bouc.

BOCHI, PROV., s. m. Pâté d'encre.

BOCHIS, prov., s. m. p. V. Barbo-bouc.

BOCHO, diterr. s. f. Grosse boule, ordinairement de buis, servant à jouer. — Cat., bolxa; esp., bocha; ital., boccia. — Ety. celt., bocz, boule.

BOCHOUN, s. m. Cochonnet, petite boule qui sert de but aux joueurs de boule. — Syn. bouchoun, bouignoun. — Ety., dim. de bocho.

BOCORDEJA, b. lim., v. n. (bocordezza). Godailler. V. Bocá.

BODA, lim., v. n. Vomir; ouvrir la bouche. V. Badá.

BODAL, b. lim., s. m. V. Badal.

BODAU, b. lim., s. m. Badaud. V. Badaluc.

BODEFO, b. lim., s. m. et f. Badaud. V. Badaluc.

BODO, cév., s. f. Boda, neboda, nièce. V. Neboudo.

BODOLHA, b. lim., v. n. Bâiller. V. Badalhá.

BODOLHOL, b. lim., s. m. Bâillement. V. Badalhament.

BODOUREL, b. lim., s. m. Badaud. V. Badaluc.

BOÈ, s. m. Bouvier. V. Bouier.

BOEL, BOELE, béarn., s. m. Voile. V. Vel.

BOENA, dauph., s. f. Borne; anc. fr., boène. V. Boudulo.

BOENTAT, béarn., s. f. V. Bountat.

BOEU, BÉARN, s. m. Bœuf. V. Biòu.

BOEY, dauph., s. m. V.

BOEYT, béarn., s. m. Bois. V. Bosc.

BOEYT, e, béarn., adj. Vide. V. Vouide.

BOEYTE, béarn., s. f. Boîte.

BOFI, cév., s. m. Ablette. V. Goflo.

BOFI, do, adj. Bouffi, e, enflé. V. Boufit.

BOFIS, prov., s. m. p. Poches que l'on fait faire aux joues en mangeant goulûment.

BOFO, prov., s. f. Enflure qui survient à la peau à la suite d'un coup; bosse; bofo d'un capèu, forme d'un chapeau.

BOGO, s. f. Buga, bogue, poisson de l'ordre des holobranches, commun dans la Méditerranée; au fig. escalo aquelo bogo, signifie, tire-toi de là si tu le peux. — Cat., esp., port., ital., boga. — Ety. lat., bocas.

BOGOU, prov., s. m. Jeune garçon employé dans un moulin à huile et chargé d'alimenter la meule qui broie les olives

BOHIO, gasc , s. f. Borne. V. Boudulo.

BOI, b. lim., gasc., s. m. Bois, substance du bois, bois de charpente, bois à brûler, etc., V. Boues; boi-guinde, bois de campêche, altér. de boi-d'Indo; boi-dourilhoun, garou. V. Trintanelo. Boi est aussi syn. de bosc, bois, forêt.

BOILHETO, lim., s. f. Espèce de bail à ferme; par ext., contrat.

BOIME, o, querc., s. m. et f Bohémien, ne. V. Bemi.

BOIO. prov., s. m, Bourreau. — Syn. boiòu, boyòu; ital., boia. En roman comme en latin, boia signifie chaîne, menottes, carcan.

BOIOU, prov., s. m. V. Boio.

BOIRO, gasc., s. f. Buse. V. Tartano.

BOJASSO, s. f. Très-grand sac de toile. — Augm. de bojo.

BOJO, cév , s. f. Grand sac de toile; souchet, typha. V. Bozo.

BOJOS, cév., s. f. p. Bolhada, T. de tripière, poches ou sacs de la poche inférieure d'une des grosses tripes du pourceau qui servent à faire des mortadelles ou gros saucissons.

BOL, s. m. Coupe sans anse. — Ety. gaël., bol, coupe.

BOL, s.m. Bol, bol d'Arménie, espèce d'argile qui ressemble à la sanguine; couleur rouge-foncé faite avec diverses drogues; craie; bol, pilule. — Syn. boli, bori, bol d'Arménie. — Ety. grec., βάλος, bol, pilule.

BOL, s. m. T. de pêche, bonne pêche, prise, butin. Ce mot est surtout usité dans la pêche au bœuf; on dit de celui des deux bateaux qui tire le filet (gangui) à son bord : a lou bol, a fach un bel bol, a mes lou bol en terro. On dit aussi bau, bòu. — Ety. grec., βόλος, coup de filet.

BOLA, montp., s. f. Scirpe des marais. V. Bozo.

BOLADO, lim., s. f. Fête patronale.
BOLAJO, querc., s. f. V. Balajo.
BOLAN, lim., s. m. Balancement. V. Balans.
BOLANDINO. V. Jaubertasso.
BOLASSO, b. lim., s. f. Couette. — Syn. bolossièiro, balassou.
BOLÉ, gasc., v. a. Vouloir. V. Voulé.
BOLET, b. lim., s. m. Jubé, tribune dans une église, balustrade; auvent. V. Balen.
BOLGUÉ, s. m. Vouloir, volonté. — Syn. boulé.
BOLHARGE, b. lim., s. m. (bolhardze), Épeautre. V. Ordi boiar.
BOLHOU, gasc., s. m. Piquet, jalon.
BOLI, s. m. Bol d'Arménie. V. Bol.
BOLIN, b. lim., s. m. Grand drap de toile grossière qui sert à divers usages dans les exploitations agricoles. — Biterr., bourrouno.
BOLIN-BOLHAU, BOLISCO-BOLHASCO, loc. adv. V. Balhico-balhaco. On dit d'une femme malpropre et qui n'a point de tenue : es uno bolin-bolhau.
BOLINJO, b. lim., s. f. (bolindzo). Linge avec lequel on enveloppe les enfants au maillot. V. Bailen.
BOLISCO, b. lim., interj. V. Avalisco.
BOLLETO, s. f. Massette d'eau à feuilles étroites. Dim. de bolo, massette d'eau.
BOLO, s. f. Bola, boule, tout corps rond en général ; quand c'est une grosse boule de bois pour jouer, on dit bocho; au fig. tête : perdre la bolo, perdre la tête. — Cat., esp., bola; port., bolla. — Ety. lat., bulla.
BOLO, cév., s. f. Bola, borne d'un champ ou d'un héritage. V. Boudulo.
BOLO, cév., s. f. Scirpe des marais ou jonc des chaisiers, des tonneliers, Scirpus lacustris. On donne le même nom aux diverses espèces de typhas ou massettes d'eau. V. Bozo.
BOLO, prov., s. f. Bol, petit vase. V. Bol.
BOLO-CAUT, cast., s. m, V. Volo-caut.
BOLO-DE-GARRIC, s. f. Pomme de chêne, petite excroissance qui vient en forme de boule, sur les feuilles du chêne. — Syn. cassenolo, cascarineto.
BOLO-DE-NÈU, s. f. Agaric, boule de neige. V. Camparol blanc.
BOLO-GUIRAUT, cast., s. m. Nom vulgaire des diverses espèces de coccinelles et particulièrement de la coccinelle à sept points ; bolo-guiraut est mis pour volo-guiraut. — Bitter., galineto. V. ce mot.
BOLOFINCA, b. lim., v. a. Dissiper; gaspiller, friper, user, gâter.
BOLOFINCAGE, b. lim., s. m. (bolofincadze). Gaspillage. — Ety., bolofincá.
BOLOFINCAIRE o, querc., s. m. et f. Gaspilleur, euse, dissipateur. — Ety., bolofincá.
BOLOJA, BOLOJUN, querc., V. Balajá, Balajun.
BOLONDRAS, querc., s. m. V. Balandras.
BOLOSSIÈIRO, BOLOSSOU, b. lim., V. Balassou.
BOLOUNIER (Sac), querc. V. Balounier.
BOLOUVISOU, b. lim., s. f. Étourdissement, tournoiement de tête.
BOLSIÈIRO, querc., s. f. V. Balsièiro.
BOLTO, querc., s. f. Façon donnée à la terre. V. Vouto.
BOMBUALHOS, querc., s. f. p. Effilures. V. Bambualhos.
BOME, béarn., s. m. Vomier, soc. — Syn. relho. — Ital., vomero. — Ety. lat., vomer.
BOMI, v. a. V. Voumi.
BON, ono, prov., adj. Bon, a, bon, bonne. — Syn. bouon, bouen. V. Bou, Boun.
BONADI, BOUNADI, prov., prép. Grâce à. — Syn. bonadich, bouadi, bouenadich.
BONADICH, adv. V. Bonadi.
BONAMENT, BONAS, BONASSO, V. Bounoment, etc.
BONATO, lim., s. f. Manne, hotte. V. Banasto.
BONAVENTURO, s. f. V. Bounoventuro.
BONCAL, querc., s. m, V. Bancal.

BONCHO, B LIM., s. f. (bontso), Banc, petit banc. V. Banquet.

BONCO, QUERC., s. f. V. Banquet.

BON-DIÉU, PROV., s. m. Un plen bon-Diéu, une grande quantité. V. Boun-Diéu.

Un bon jour, dous bonjour, vous n'en mande de
(iéu ;
De bonjour, n'en voulès ? N'aurés un plen BON-
DIÉU.

L. ROUMIEUX, La Rampelado.

BONDO, PROV., s. f. Grand panier.

BONIAS, asso, PROV., adj. V. Bounas.

BONNO, B. LIM., s. f. Terrain marécageux, fondrière. M. sign. fangas.

BONO, PROV., s, f. Bonbon, friandise, terme enfantin.

BONO-BESTI, PROV., s. f. Badaud, nigaud.

BON-PRO, PROV., s. m. Bon profit. Bon-pro est un souhait qui signifie, grand bien vous fasse !

BON-RIBLE, BON-RUBI, PROV., s. m. Marrube blanc.

BON-SEREN, PROV., s. m. Vent qui souffle de l'ouest à l'est.

BONSERNET, CÉV., s.m. Bon soir; c'est une sorte de diminutif de bon ser.

BON-SETI, PROV., s. m. Sauge des prés.

BONS-HOMES, V. Bouns-homes.

BONTEJA, B. LIM., v. n. (bontedzá.) Balancer, être en suspens.

BON-TOUS-TEMPS, PROV., s. m. Bonheur et prospérité sans fin.

BONUT, udo, QUERC., adj. V. Banut.

BOQUI, PROV., s. m. Image, dessin grossier et mal fait.

BORA, LIM., v. a. V. Barrá.

BORAL, BORALI, B. LIM., CÉV., s. m. V. Baral.

BORBADO, B. LIM., s. f. V. Barbado.

BORBOUL, B. LIM., s. m, Criblures du blé, du seigle, etc. V. Grapos.

BORD s. m. BORN, bord, extrémité, lisière, ce qui est éloigné du milieu ; T. de mar., côté d'un vaisseau ; le vaisseau lui-même. — CAT., borde; ESP., borda; ITAL., borda. — ETY. GAÉL., bord, planche.

BORDA, BORDADO, BORDAGI, BORDAGIER, V. Bourdá, etc.

BORDALHO, B. LIM., s. f Ce qui flotte dans un liquide, ce qu'il y a de plus grossier dans une liqueur, ce qui se précipite au fond d'un vase, sédiment. — M. sign. foundralhos, founzaillos, founzillos.

BORDALUNÈIRI, DAUPH., s. m. Brandons qu'on allume dans les campagnes à certaines fêtes.

BORDE, BÉARN., s. f. V. Bordo.

BORDÈIRI, DAUPH. Nom commun aux insectes bourdonnants.

BORDETO, TOUL., ARIÉG., s. f. Petite borde, petite maison de campagne. — DIM. de bordo.

BORDISSA (se), B. LIM., V. Bardissá.

BORDO, TOUL., ARIÉG., QUERC., s. f. BORDA, BORIA, borde, métairie, ferme, maisonnette, chaumière ; étable à cochons. — BÉARN., borde; GASC., bourdau, bourdiu ; CAST., borio. — CAT., ITAL., borda, cabane. — ETY. GAÉL., bord, planche.

BORDO, PROV., s. f. Fétu. — SYN. bouerdo.

BORDOT, B. LIM., s. m. Bardot ; tampon ; au fig. béat, celui qui, dans une partie, est exempt de jouer avec les autres et de payer sa part.

BORDOUS, o, B. LIM., adj. Bourbeux, euse. — ETY., bard, boue.

BORÈIROU, LIM., s. m. Demi-porte à claire-voie. — DIM. de borièiro, barrière.

BORELHO, LIM., s. f. Chicane, tricherie.

BORGNAS, B. LIM., s. f. p. Moue : fa las borgnas, montrer sur son visage de la mauvaise humeur, faire la moue. M. sign. fa las bobas. — BITERR., fa l'augnasso.

BORGNE, o, s. et adj. Borgne, celui ou celle à qui il manque un œil, ou qui n'y voit que d'un œil. Au fig. obscur : Val borgne, vallée obscure ; auberjo borgno, mauvaise auberge. — SYN. borni, borli. — B. LIM., borli; CAT., borni; ITAL., bornio. — ETY. B. BRET., born, borgne.

BORGNI, o, PROV., s. et adj. V. Borgne.

BORGNO, CÉV., s. f. Bosse, contusion à la tête.

BORGNO, cév., s. f. Fuite ou déchargeoir d'un moulin à farine, canal qui sert à faire écouter l'eau superflue.

BORGNO, biterr., s. f. Trou, cavité, creux : *borgno d'un aubre*, creux d'un arbre. A Béziers, le friquet est appelé *passerat de borgno*, parce qu'il fait ordinairement son nid dans le creux des oliviers. — Syn. *borno*. — Ety., *borgne*, o, obscur, e.

BORGUN, querc., s. m. V. Bargun.

BORI, prov., s. f. V. Borio.

BORI, prov., s. m. Bol d'Arménie. V. Bol.

BORIAL, b. lim., s. m. V. Barrial.

BORIETO, s. f. Petite métairie. — Dim. de *borio*.

BORIO, s. f. Boria, métairie, ferme ; cabane, chaumière. — Syn. *bordo, bori, granjo, bastido, mas, maset*. — Ety. b. lat., *boria*, fonds de terre, maison de campagne.

BORJA, **BORJAIRE**, b. lim. V. Barjá, Barjaire.

BORJAL, b. lim., s. m. Babil. — Ety., *borjá*.

BORJUN, b. lim., s. m. V. Bargun.

BORLHER, cast., adj. Badin, plaisant, facétieux. — Syn. *bourlhas*. — Ety., *bourlo*, plaisanterie.

BORLI, io, b. lim., adj. et s. Borgne. V. Borgne.

BORLOCO, b. lim., s. f. Jeu de biribi.

BORLONDIER, ièiro, b. lim., s. m. et f. V. Barlandier.

BORM, **BORMO**, cév., toul., s. V. Morvo.

BORMOULADO, prov., s. f. Un petit morveux. — Ety., *borm*, morve.

BORMOUS, o, cév., adj. Morveux, euse, qui est atteint de la morve. — Ety., *borm*, morve. V. Mourvous.

BORNARU, do, prov., adj. V. Bournaru.

BORNI, io, cév., adj. Borgne, autrefois aveugle. On donne le nom de *borni* aux vers à soie privés parce qu'on les croit privés de la vue. V. Borgne.

BORNICLÉ, prov., s. et adj. V. Bourniclé.

BORNIGOUN, prov., s. m. V. Bournigoun.

BORNO, s. f. Borne, tout ce qui sert à séparer deux champs. V. Boudulo.

BORNO, s. f. Trou, cavité, creux. — Syn. *borgno*.

BORO, s. f. Massette d'eau. V. Bozo.

BORO, prov., s. f. Bouillie faite avec de la farine de maïs, de blé, etc.

BORT, gasc., s. m. Bord. V. Bord.

BORTAS, querc., s. m. V. Bartas.

BOS, b. lim., cév., prov., s. m. Bois, forêt, lieu planté d'arbres ; bois à brûler, bois de charronnage, de charpente, de menuiserie, etc. — Syn. *bosc*, pour la première acception et *boues* pour les autres. V. Bosc.

BOS, cév., prép. Vers ; *bos-en-lá*, de ce côté-là ; *bos-en-amount*, vers là-haut. — Biterr., *daus, dèu, dèus* ; prov., *vers*.

BOSC, s. m. Bosc, bois, forêt ; il se dit aussi, en provençal, du bois, substance ligneuse des arbres et des arbrisseaux ; *bosc d'atef*, bois provenant d'arbres cultivés ; *bosc escuech*, bois échauffé, bois qui commence à se gâter ; *bosc de la Santo Baumo*, prov., if ; plur. *bosques*. — Syn. *bos, boch, boues, bouasc, bouesc*; gasc., *boòyt* ; cat., *bosc* ; esp., port., *bosque* ; ital., *bosco*. — Ety. goth., *busch*.

BOSCA, **BOSCAGE**, V. Bouscá, Bouscage.

BOSCAIRA, **BOSCALHA**, **BOSCALHO**, V. Bouscairá, Buscalhá, Buscalho.

BOSCARDIER, **BOSCARIDO**, **BOSCARLO** ; V. Bouscardier, Bouscarido, Bouscarlo.

BOSCAS, **BOSCASSIER**. V. Bouscas, Bouscassier.

BOSO, s. f. V. Bozo.

BOSOULS (A), adv. comp. Loin, au diable, je ne sais où.

BOS-ROUGE, prov., s. m. Nerprun purgatif. V. Aiguos-pounchos.

BOSSEARLO, **BOSSERLO**, prov., s. f. V. Bousserlo.

BOSSEL, b. lim., s. m. Linteau, seuil d'une porte ; accoudoir d'une fenêtre. V. Soulhet.

BOSSIBO, rouerg., s. f. Brebis d'un an. — Syn. *bassibio*. V. Bassiu.

BOSSIÈIRO, b. lim., s. f. Évier, pierre d'évier. V. Aiguièiro.

BOSSIU, rouerg., s. m. Agneau d'un an. Voy. Bassiu.

BOSSO, s. f. Bossa, bosse, saillie au dos ou à l'estomac, produite par la déviation de l'épine dorsale ou du sternum ; toute excroissance contre nature ; protubérance, saillie, enflure, tumeur ; au fig. colline. — Prov., *gibbo* ; ital., *bozza* ; b. lat., *bocia*.

BOSSOCADO, rouerg., s. f. V. Bassacado.

BOSTE, béarn., adj. V. Vostre, o.

BOSTINO, b. lim., querc., s. f. Bardelle ; au fig. robe de docteur. — Biterr., *bardou*.

Al fach passá douctours milo ases de naturo
Qu'a gran peno sabióu legi lour escrituro.
. . . .
Mai que portou d'arjent, s'en tornou an lu bos-
(TINO.
Fabre de Théminès, *Scatabronda*.

BOSTORESSO (Egulho,) b. lim., adj. Aiguille à emballer, carrelet.

BOT, cév., s. m. Vœu. V. Vot.

BOT, cév., s. m. Outre, peau de bouc. Altér. de *bouc*. V. Ouire.

BOT, cév., s. m. But, fossette : *vos que jouguem al bot ?* Veux-tu que nous jouions à la fossette ? La fossette est un petit trou que les enfants font dans la terre. Celui-là gagne la partie, qui y jette le plus de noyaux d'abricots, de pêches, etc. Il existe un autre jeu du même genre pour lequel on fait neuf trous en terre, et qu'on appelle *rampol* ; c'est sans doute une altération de *grand bot*. — Ety., βύθος, fond, profondeur.

BOT. dauph., s. m. Crapaud.

BOTAIROUN, prov., s. m. V. Boutairoun.

BOTE, béarn., s. f. Voûte. — Syn. *croto*.

BOTI, prov., s. m. Nigaud, badaud, lourdaud.

Gros boti oriam, gros boti se troubam.
Diouloufet.

BOTICOLO, b. lim., s. f. Baraque, maison mal bâtie, maisonnette, échoppe. — Dim. de *boutico*.

BOTO, lim., s. f. Outre. V. Ouire.

BOTO, s. f. Fête patronale. V. Voto.

BOTO, cast., s. f. Mare, amas d'eau. — Syn. *pesquier*.

BOTO, querc., interj. Va ! V. Bouto.

BOTO, s. f. Botte, assemblage de plusieurs choses de même nature, liées ensemble : *boto de fe, boto d'espargues*, botte de foin, d'asperges. T. d'escr., estocade, coup porté avec un fleuret ou une épée ; au fig. coup de langue, argument. — Ety., *boutá*, mettre ensemble, pour la première acception, et *butá*, pousser, pour la seconde.

BOTO-EN-TREN, b. lim., s. m. Boute-en-train. V. Bouto-en-trin.

BOTO-FE, b. lim., s. m. Boute-feu. V. Bouto-floc.

BOTOLO, prov., s. f. Tumeur ; tubercule. — Ety., dim. du roman *boto*, bouton.

BOU, BOUN, BOUNO, adj. s. et adv. Bon, bon, bonne. Dans le dialecte de Béziers, toutes les fois que cet adjectif précède le mot, il prend le n final, que ce mot commence par une voyelle ou par une consonne ; il le perd quand il le suit : *Un boun paire, un paire bou; un boun amic, un amic bou. Acò's de boun faire, encaro mai de dire*, cela est aisé à faire, et encore plus à dire : *fa boun avèire de turros*, parlez-moi d'avoir des champs ; *se faire bou*, se faire bon, garantir, répondre ; *ai avut tout lou bou dins aquel afaire*, j'ai eu tout le profit dans cette affaire. *De bou*, adv. comp. de bonne foi, sérieusement, sans plaisanterie, sans arrière-pensée : *i va tout de bou*, il y va franchement ; *estre de bounos*, être de bonne humeur, bien disposé ; *finis, laisso-lou eslaire, que lou t raparas pas toujour de bounos*, finis, laisse-le tranquille, tu ne le trouveras pas toujours en bonne humeur. — Syn. *bo, bono, bon, o* ; béarn., *boune*, au f. — Cat., *bo*; esp., *bueno*; ital., *buono* et *bono*. — Ety. lat., *bonus*.

BOU, cév., s. m. Bout. V. Bout.

BOU, cév., s. m. (bòu). Bol ; mélange de drogues qui donne une couleur rouge foncée ; on donne le même nom à une espèce d'ocre. V. Bol.

BOU, DAUPH., s. m. Bœuf. V. Biòu.

BOU, CÉV., s. m. Papillon mâle des vers à soie.

BOU, CÉV., s. m. Bouc. V. *Bouc*; figuefleur. V. Bourrau.

BOUA, GASC., PROV., v. n. Fienter ; v. a., calfeutrer avec de la bouse. V. Bouzá.

BOUA, v. a. Vouer. V. Avoudá.

BOUADI, PROV., adv. Heureusement, grâce à. V. Bonadi.

BOUADE, BÉARN., s. f. V. Bouzado.

BOUADO, B. LIM., s. f. Populace, canaille ; troupe d'enfants tapageurs.

BOUALHO, s. f. Troupeau de bêtes aumailles ou de bœufs, de vaches, de taureaux ; ces animaux pris collectivement. — ETY., *bou*, bœuf.

BOUAN, o, PROV., adj. V. Bou, Boun.

BOUARDO, PROV., s. f. Ordure ; chènevotte. V. Bouerdo.

BOUASC, PROV., s. m. V. Bosc.

BOUATIER, PROV., s. m. Bouvier ; par ext. muletier. — ETY., *bou*, bœuf.

BOUATIÉRO, PROV., s. f. Ration de fourrage qu'on porte aux champs pour les bœufs et les autres animaux qui labourent, ou que les muletiers qui voyagent prennent sur leurs mulets pour les nourrir en chemin ; drap dans lequel on met ce fourrage. — ETY., *bouatier*.

BOUBET, s. m. T. de tonnelier, bouvet, rabot pour faire des rainures.

BOUBILICOS, QUERC., s. f. p. Babioles. V. Babiolos.

BOUBINA, v. a. T. de manuf., bobiner, voluter, dévider du fil sur des bobines. — SYN. *boumbiná*. — ETY., *boubino*.

BOUBINAIRE, o, s. m. et f. Ouvrier, ière, qui dévide sur la bobine. — ETY., *boubiná*.

BOUBINO, s. f. Bobine, petit cylindre en bois sur lequel on dévide le fil, le coton, la laine, etc. — SYN. *boumbino*.

BOUBO, PROV., s. f. Bouton qui s'élève sur les lèvres ; bubon. — ETY. LAT., *bubo*.

BOUBOUIRO, PROV., s. f. Huppe, oiseau. V. Putput.

BOUBOURADO, CÉV., s. f. Vapeur étouffante qui s'exhale d'un endroit chaud ; coup de chaleur occasionné par un temps orageux. M. sign. *calinas, calourado, caumagnas, toufo*.

BOUBOUZO (A la), TOUL., CÉV., loc. adv. A la volée, étourdiment, sans réflexion.

BOUC, s. m. Boc, bouc, le mâle de la chèvre; outre. — CÉV., *bou*; PROV., *boachi, bochi*; CAT., *boc*; ESP., *bode*; ITAL., *boco*. — ETY., GAÉL., *boc*.

BOUC, CÉV., s. m. Figue-fleur, figue précoce. V. Bourrau.

BOUCA, v. a. Verser dans, renverser ; verser, en parlant des blés sur pied ; se *boucá*, v. r., se vautrer, se rouler. — SYN. *aboulcá, boulcá, bourcá*. — ETY., *bouco*.

BOUCA, CÉV., v. a. Féconder la femelle du ver à soie.

BOUCA, v. n. Bouquer, être contraint de faire une chose, après avoir longtemps résisté : *N'avès pas res à dire sus acò, ma maire, fáu que bouqués aqui* (FAVRE). *Faire boucá*, faire bouquer, forcer quelqu'un à faire ce qui lui déplait, le forcer à se rendre.

BOUCA, TOUL., v. n. Faire le chien couchant. Ce mot est probablement une altération de *s'aboucá*, mettre la face contre terre, se prosterner.

BOUCADIS, GASC., s. m. Grande bouchée, par ext. grande quantité. — ETY., *bouco*.

BOUCADO, s. f. Bouchée, morceau qu'on met dans la bouche en une seule fois ; petit morceau. — CAT., PORT., ESP., *bocada*; ITAL., *boccata*. — ETY., *bouco*.

BOUCAL, s. m. Bocal, bocal, goulot d'une cruche, d'une bouteille; bouteille à col large et court ; en roman, défilé, d'où la signification de *goulot* donnée à ce mot. On appelle aussi *boucal* ou *boucau*, dans les campagnes, le vase de terre qui contient le vin de chaque jour. GASC., bouche d'un four. — SYN. *boucau*; ESP., ALL., *bocal*; ITAL., *boccale*. — ETY., βαυκάλιον, vase.

BOUCAL, CAST., s. m. Embouchure d'un ruisseau dans une rivière, d'un fleuve dans la mer. — PROV., *boucau*. M. sign. *grau*. — ETY., *bouco*.

BOUCALAT, GASC., s. m. Goulot de bouteille, plein un bocal. — ETY., *boucal*.

BOUCAN, s. m. Lieu de débauche; bruit, vacarme. — ETY., *boucan*, mot caraïbe, d'après Furetière, qui signifie claie ou gril de bois sur lequel les Caraïbes fument leur viande.

BOUCANA, v. a. Boucaner, faire sécher de la viande ou du poisson en les exposant à la fumée ; au fig., v. n., faire du bruit, du tapage, comme en faisaient les flibustiers appelés boucaniers *Boucanat*, *ado*, part., séché, ée, à la fumée. — LIM., *bouconá*. — ETY., *boucan*.

BOUCANUR, s. m. Tapageur. — ETY., *boucan*.

BOUCARAN, s. m. BOCARAN, BOQUERAN, bougran ou bouqueran, toile forte pour les doublures. — SYN. *bougran*.

> Ai ! ausberg e bran
> E belh BOCARAN.
> B. DE BORN.

Hélas ! hauberts, épées et beaux bougrans.

CAT., *bocaram* ; ESP., *bocari*. — ETY. B. LAT., *boquerannus*, le premier bougran ayant été fabriqué avec des poils de bouc ou de chèvre.

BOUCARIÉ, PROV., s. f. V. Bouchariè.

BOUCARU, udo, CÉV., adj. Lippu, ue. — SYN. *boucharut* ; m. sign., *befe*, *befi*. — ETY., *bouco*, bouche, lèvre.

BOUCASSO, s. f. Grosse bouche, grande bouche. — CAT., *bocassa* ; ESP., *bocaza* ; PORT., *bocaça*. Augm. de *bouco*.

BOUCAU, PROV., s. m. V. Boucal.

BOUCEARLO, **BOUCERLO**, s. f. V. Bousserlo.

BOUCH, GASC., s. m. Buis. V. Bouis.

BOUCHA, BÉARN., v. a. Frotter, essuyer, nettoyer. — SYN. *bouchouná*.

BOUCHA, v. a. Boucher. V. Tapá ; CÉV., v. n., T. du jeu de boules, tirer une boule, l'atteindre et la chasser avec une autre. — ETY., *bocho*, boule.

BOUCHADO, s. f. V. Boucado.

BOUCHAIRE, PROV., s. m. Grand tablier dans lequel les femmes de la campagne mettent les herbes qu'elles ramassent.

BOUCHARADO, GASC., s. f. Souffle ; secousse, impulsion.

BOUCHARCAT, do, adj. V. Bouchardat.

BOUCHARD, o, adj. et s. On appelle ainsi un mouton, une mule ou un mulet qui ont le museau noir, ou d'une couleur différente de celle du corps ; ce mot vient, dans cette acception, de *bouco*, bouche. *Bouchard*, *ardo*, signifie aussi, barbouillé, ée, sale, malpropre, crasseux, puant, et vient de *bouchar*, ancien nom du bouc suivant Sauvages ; *temps bouchard*, temps brumeux.

BOUCHARDAT, ado, adj. Sali, e, barbouillé. — SYN. *boucharcat*. — ETY., *bouchard*.

BOUCHARDIA, PROV., v. n. Faire la moue. — ETY., *boucho*, bouche.

BOUCHARDIJE, CÉV., s. m. Saleté, malpropreté. — ETY., *bouchard*.

BOUCHARIÈ, s. f. BOCARIA, boucherie ; boutique où l'on débite la viande ; au fig. tuerie, carnage. — BÉARN., *bouchèirié* ; PROV., *boucarié* ; ITAL., *boccheria* ; B. LAT., *bocaria*. — ETY., *bouc*, lieu où l'on tue les boucs.

BOUCHARIL, GASC., s. m. V. Bouchil.

BOUCHARROU, s. m. Espiègle, gamin débraillé qui se plait à faire des niches, espèce de loustic de mauvaise compagnie.

BOUCHARUT, udo, adj. V. Boucaru.

BOUCHE, B. LIM., s. m. (boutse). Grosse pierre ou pièce de bois mise en saillie dans un mur pour soutenir une poutre.

BOUCHÈIRIÉ, BÉARN., s. f. Boucherie. V. Bouchariè.

BOUCHET, GASC., s. m. Boisseau, mesure pour les grains. — SYN. *bouichet*.

BOUCHÈY, GASC., s. m. V. Bouchier.

BOUCHI-BARBO, **BOUCHIN-BARBO**, s. f. Barbe-de-bouc, salsifis des prés ; clavaire corralloïde. V. Barbo-bouc.

BOUCHIER, ièiro, s. m. et f. BOCHIER, boucher, ère ; au fig. homme sanguinaire. — GASC., *bouchèy* ; CAT., *botxi* ; ITAL., *beccaio*. — ETY., *bouc*.

BOUCHIÉRABO, TOUL., s. f. Barbe-de-bouc. V. Barbo-bouc.

BOUCHIÉROLO, s. f. V. Barbo-bouc.

BOUCHIGAS, s. m. V. Barbo-bouc.

BOUCHIGO, GASC., s. f. Vessie. V. Boutarigo.

BOUCHIL, s. m. Trognon ; cœur d'une pomme, d'une poire ; trognon d'un chou. — SYN. boucharil.

BOUCHIN, PROV., s. m. Éruption de boutons qui survient aux lèvres des chèvres. — ETY., boucho.

BOUCHO, CÉV., s. f. Chèvre ; ce mot est le féminin de bouc. V. Cabro.

BOUCHO, s. f. V. Bouco ; CÉV., bouchos, s. f. p., ampoules qui se forment aux mains des personnes qui n'ont pas l'habitude de manier de gros outils. — SYN. couissis.

BOUCHOLO, BOUCHORLO, TOUL., s. f. Ampoule des pieds et des mains. — SYN. bouchos, bousserlo.

BOUCHOU, TOUL., s. m. Buisson. V. Bouissou.

BOUCHOUN, s. m. V. Bochoun.

BOUCI, s. m. Bossi, morceau, bouchée. — CAT., boci. — ETY., bouco.

BOUCINA, v. a. Morceler, dépecer, couper en petits morceaux, émietter. Boucinat, ado, part., coupé, ée, en petits morceaux, entamé avec les dents. — SYN. aboucinà. — ETY., bouci, boucin, morceau.

BOUCINEJA, v. a. Morceler. — ETY., fréq. de boucinà.

BOUCINET, BOUCINOT, s. m. Très-petit morceau. Dim. de bouci.

BOUCLA, v. a. Boucler, serrer, attacher avec une boucle ; mettre les cheveux en boucles. — SYN. bloucá. — ETY., bouclo.

BOUCLO, s. f. BLOCA, BOCLA, boucle, anneau avec un ardillon pour serrer et fermer divers objets ; boucle de cheveux. — SYN. blouco. — ETY. LAT., buccula.

BOUCO, s. f. BOCA, bouche ; au fig. ouverture d'un vase, d'un sac, d'un trou, d'un four ; embouchure d'une rivière ; bouco-fendudo, bec-de-lièvre. Boucos, CÉV., PROV., s. f. p., lèvres. — BÉARN., bouque ; CAT., ESP., boca ; ITAL., bocca. — LAT., bucca.

A bouco barrado non intro mousco.
PRO.

BOUCO-DENTS, CARC., Toumbá de bouco-dents, tomber le visage contre terre ; on dit, en Provence, toumbá de mourre-bourdoun, à Béziers, toumbá de mourre, s'amourrá.

BOUCO-NOLIS, s. f. T. de mar., victuailles, provisions de bouche pour la durée d'un voyage. — ETY., bouco, bouche, et nolis, fret.

BOUCOS, CÉV., s. f. p. Nom donné à Nîmes, aux diverses espèces de sauterelles. — SYN. sauto-boucs. V. Langousto.

BOUDEFLA, BOUDEFLE, BOUDEFLIGE. V. Boudenfla, Boudenfle, Boudenflige.

BOUDEGO, CARC., s. m. Cornemuse ; au fig. personne ventrue. — SYN. boudeo. — ETY., boud. V. Boudenflá.

BOUDEGOU, CARC., s. m. Petite cornemuse. Dim. de boudego.

BOUDEISSOUN, PROV., s. m. Bouchon. — SYN. tap.

BOUDENA, CÉV., v. n. Crever d'embonpoint : es gras que boudeno, il est gras à lard. — ETY., boud. V. Boudenflá.

BOUDENFLA, PROV., CÉV., v. n. Se gonfler, s'enfler ; lou lach de la lagagno fa boudenflá lous pots, le lait du tithymale fait enfler les lèvres ; las figos boudenflou, les figues s'enflent, elles commencent à mûrir. — SYN. boudeflá, boudiflá, boudouflá. Ces mots, comme un grand nombre de ceux qui commencent par bou, boud, bout, tels que boudego, boudissoù, boudoli, boudos, boudoul, boufà, bouirot, bourrau, boulet, boulerlo, etc., supposent un radical bou, boud, bout, qui exprime l'idée de rondeur, de grosseur, d'enflure. On trouve ce radical dans le mot celtique bot, crapaud ; il s'est conservé dans bolla, du b. latin, qui a la même signification.

BOUDENFLE, O, PROV., adj. Enflé, ée, bouffi, boursouflé, bouffant ; ai lou cor boudenfle, j'ai le cœur gros ; un segnour boudenfle, un seigneur bouffi d'orgueil. — SYN. boudefle, boudoufle, boudoufe. M. ÉTY., que boudenflá.

BOUDENFLIGE, PROV., s. m. Enflure, bouffissure, hydropisie. — SYN. boudeflige, boudouflige. — ETY., boudenfle.

BOUDEO, CAST., s. f. Cornemuse. — SYN. boudego.

Sou lei dets e lei pots la BOUDEO rounflabo.

BOUDIÉRO, s. f. V. Bouledièiro.

BOU-DIÉU, interj. Bon Dieu ! Cette interjection exprime l'admiration, la surprise. — Syn. *boun-Diéu, bou-Diou*.

BOUDIFLA, v. n. Enfler, se boursoufler : *moun det boudiflo*, mon doigt s'enfle, il y vient une ampoule. Il est aussi réciproque. V. Boudenflá.

BOUDIFLO, cév., s. f. Vessie et particulièrement celle du porc quand elle est soufflée ; bulle qui s'élève sur l'eau par la chute de grosses gouttes de pluie ; bulle de savon. — Syn. *boudouflo*. — Ety., *boudiflá*.

BOUDIN, s. m. Boudin. — Ety., *boud*, radical qui indique quelque chose de gonflé, d'arrondi. V. Boudenflá.

BOUDINA, prov., v. n. Manger du boudin avec excès. — Ety., *boudin*.

BOUDINALHO, s. f. Boudin, en général. — Ety., *boudiná*.

BOUDINIÈIRO, BOUDINIÉRO, s. f. Boudinière, entonnoir pour faire le boudin ; femme qui va dans les maisons faire les boudins et saler les autres parties du porc qu'on y a égorgé. — Ety., *boudin*.

BOUDISSOU, cév., s. m. C'est un mot dont se servent les enfants quand ils font des calottes d'argile détrempée, qu'ils jettent avec force sur une pierre. Celui-là gagne la partie dont la calotte n'a *ni trau ni boudissou*, ni trou ni fente ; *boudissou* signifie aussi polisson ; *boudissouno*, grosse et courte femme. — Syn. *boudouissou*. — Ety. radic., *boud*, qui exprime une chose ronde ou enflée.

BOUDISSOUNA, prov., v. n. Polissonner, faire le polisson. — Ety., *boudissou*.

BOUDOLI, cév., s. m. Outre pour l'huile ; au fig. petit homme gros et ventru, ragotin. — Syn. *boudouire, boudoul, boudourlé, boudouissou*. — Ety. rad., *boud*. V. Boudenflá.

BOUDOS, toul., s. f. p. Gros paquet renflé et qui fait bosse : *fa boudos*, faire une grande bosse. — Ety. rad., *boud*. V. Boudenflá.

BOUDOUCHOUN, s. m. Bouchon.

BOUDOUCHOUNA, toul., v. a. Boucher, étouper. — Syn. *boudoutsouná*. — Ety., *boudouchoun*.

BOUDOUFLA, v. n. V. Boudenflá.

BOUDOUFLE, o, adj. V. Boudenfle.

BOUDOUFLETO, toul., s. f. Petite vessie ; petite bulle qui se forme sur l'eau quand il pleut. — Dim. de *boudouflo*.

BOUDOUFLIGE, s. m. V. Boudenflige.

BOUDOUFLO, toul., s. f. V. Boudiflo.

BOUDOUGNA, cév., v. n. S'élever, s'enfler, grossir. — Ety., *boudougno*.

BOUDOUGNO, cév., s. f. Loupe, bigne, contusion, bosse qui en résulte, tumeur. Ce mot a, dans les deux vers suivants, un sens particulier qu'on trouvera facilement :

Uno bico, quand vèi que pot pas cabridá,
A soun bochi, se-dis, degaio li boudougno,

Ano.

Syn. *bougno, bouigno*. — Ety. rad., *boud*. V. Boudenflá.

BOUDOUIRE, b. lim., s. f. Populace ; racaille ; tout ce qui est de rebut.

BOUDOUIRE, prov., s. m. Petit homme joufflu, ventru. V. Boudoli.

BOUDOUISSOU, toul., s. m. Bouchon d'écritoire ou de bouteille ; au fig. bout d'homme. V. Boudoli.

BOUDOUL, s. m. V. Boudoli.

BOUDOUMAS, prov., s. m. Colostrum, premier lait des femmes après leur délivrance.

BOUDOURENO, prov., s. f. Vieux chiffon ; vieux morceau de linge dont on enveloppe une corde pour servir de croupière.

BOUDOURLÉ, cév., s. m. V. Boudoli.

BOUDOUROUCHO, b. lim., s. f. (boudouroutso), Gadoue, excréments qu'on tire des latrines ; lie, sédiment. — Ety. kymri., *baw*, boue.

BOUDOURROU, prov., s. et adj. Bourru, bizarre, fâcheux, brutal.

BOUDOUS, prov., s. m. Bonde ; *douná lou boudous*, lâcher la bonde. V. Boundo.

BOUDOUSCLA, prov., v. a. Châtrer les ruches à miel. — Ety., *boudousclo*.

BOUDOUSCLIER, prov., s. m. Marchand qui achète la cire brute, rayons des abeilles dont a tiré le miel. — Syn. *boudousquiaire*. — Ety., *boudousclo*.

BOUDOUSCLO, prov., s. f. Rayon de miel. — Syn. *bresco*. Il est aussi synonyme de *boudousco*.

BOUDOUSCO, cév., s. f. Bourbe, bourbier ; écales ; peau des pois ; marc de miel ; carc., marc de raisin. — Syn. *boudousclo*. — Ety. kimri., *baw*, boue, *budhyr*, boueux.

BOUDOUSQUIAIRE, prov., s. m. V. Boudousclier.

BOUDOUTSOUN, BOUDOUTSOUNA, V. Boudouchoun, Boudouchouná.

BOUDRE (à), loc. adv. A foison, abondamment, à volonté, pêle-mêle, en désordre. — Syn. *à baudre, à boudres*, — Ety., *boudre*, vouloir, *à boudre*, autant qu'on peut en vouloir ; ce qui répond à l'expression française : *que veux-tu*, de cette phrase : *traiter quelqu'un à bouche que veux-tu*. Si telle est l'étymologie de ce mot, il faut écrire *voudre* et non pas *boudre*.

BOUDRES (à), loc. adv. V. Boudre.

BOUDRO, prov., adj. f. *Terro-boudro*, terre meuble, terre divisée par les labours ; terre légère, terre effritée.

BOUDRO, b. lim., s. f. Boue, fange des rues et des chemins ; gâchis. — Syn. *broudo*. — Ety. v. flam., *brod*, boue, ou kimri., *baw*, boue, *budhyr*, boueux.

BOUDROC, cév., s. m. Petit drôle.

BOUDROGO, prov., s. f. V.

BOUDROI, prov., s. m. Crasse, sédiment d'une liqueur. — Ety., *boudro*, boue.

BOUDROI, s. m. Baudroie. V. Baudroi.

BOUDROUN, cév., s. m. Bigue de bois qui sert à soutenir les planches d'un échafaudage élevé.

BOUDROUS, ouso, b. lim., adj. Boueux, euse. — Syn. *braudous, brioudous*. — Ety., *boudro*, boue.

BOUDROYO, prov., s. f. Vermine, petits vers. — Ety., *boudro*.

BOUDUFEJA, prov., v. n. Tournoyer, tourner comme une toupie ; ravauder, tracasser dans une maison. — Ety., *boudufo*.

BOUDUFO, s. f. (bòudufo), Toupie, jouet d'enfant. — Syn. *baudufo, gaudufo*. — Ety. rad., *boud*, qui exprime l'idée de rondeur. V. Boudenflá.

BOUDULO, BOUDULLO, s. f. Bola, borne, pierre destinée à marquer les limites d'un champ ou d'un héritage, appelées *partizous*. — Syn. *boena, borno, bohio, bolo* ; b. lat., *bodula*. — Ety., *boud*, rad. qui indique une chose de forme ronde. V. Boudenflá.

BOUÉ, prov., s. m. Rouge-gorge. V. *Barbo-rous* ; il signifie aussi bouvier. V. Bouier.

BOUÈI, lim., interj. Bah !

BOUEIFA, lim., v. a. Balayer.

BOUEIRI, lim., s. m. Regain.

BOUÉIT, e, béarn., adj. Vide. V. Vouide.

BOUEITA, béarn., v. a. Vider. V. Vouidá.

BOUEMI, cév., s. et adj. V. Bemi.

BOUEN, BOUENAMEN, BOUENASSO, prov., V. Boun, Bounament, Bounasso.

BOUENADI, prov. V. Bonadí.

BOUENÉIS-HERBOS, prov., s. f. p. Plantes potagères qui servent d'assaisonnement, telles que le persil, la chicorée, etc.

BOUENO-BROUISSO, prov., s. f. Nom commun à la crapaudine de montagne, *Sideritis montana*, à la crapaudine hérissée, *Sideritis hirsuta*, à la crapaudine romaine, *Sideritis romana* et à la crapaudine scordion, *Sideritis scordioïdes*, plantes de la fam. des labiées.

BOUENO-TENGUDO, prov., s. f. Rade dont le fond est propre à tenir l'ancre.

BOUEN-RIBLÉ, prov., s. m. Marrube blanc ou marrube commun, herbe vierge, *Marrubium vulgare*, plante de la fam. des labiées, à fleurs blanches. Noms div. : *marible-rubi, salvio-fero, salvio-folo, bouen-rubi*.

BOUEN-RUBI, prov., s. m. V. Bouen-riblé.

BOUENS-HOMES, prov., s. m. p. V. Bouns-homes.

BOUEN-SEDI (herbo dóu), prov., s. f. scrophulaire aquatique ou herbe du siège. V. Herbo del siége.

BOUEN-VISCLÉ, prov., s. m. Guimauve. V. Mauvissi.

BOUÈOU, gasc., s. m. V. Biòu.

BOUER, cév., toul., s. m. V. Bouier.

BOUERDO, prov., s. f. Ordure, saleté, excréments, balayures, fétu qu'on trouve dans la soupe, dans les boissons. — Syn. *bordo, bouardo*. — Ety. kymri., *baw*, boue.

BOUES, s. m. Bois, bois, la substance du bois, bois à brûler, bois de charpente, etc., et non pas forêt, *bosc*. — Syn. *bois, bos, boi, boy*.

BOUES, s. f. Voix. V. Vouès.

BOUESC, prov., s. m. V. Bosc.

BOUES-HOMES, prov, s. m. Grand houx. V. Grifoul.

BOUESO, cév., s. f. Massette d'eau ou typha. V. Bozo.

BOUETA, v. n. Boiter. — Querc., *bouitá, bouilejà*. — Ety., *boueto*, boîte, dans le sens d'articulation. Boiter, c'est avoir mal à l'articulation.

BOUETO, s. f. Boîte, petit coffre; pièce ronde de fonte qu'on enchâsse dans le moyeu d'une roue. V. Bouisso.

BOUÈU, gasc., s. m V. Biòu.

BOUFA, v. a. et n. V. Bufá.

BOUFA, v. a. et n. Bâfrer, manger gloutonnement et avec avidité, se gorger de viandes. — Altér. de *bafrá*.

BOUFADO, s. f. V. Bufado.

BOUFAIRE, s. m. Vorace, gros mangeur; jouflu; prov., jeune lapin sauvage. — Ety., *boufá*, bâfrer.

BOUFAL, cév., s. m. Raves bouillies des Cévennes, ainsi appelées, suivant Sauvages, parce qu'on souffle dessus pour les manger moins chaudes. Cette étymologie s'appliquerait à beaucoup d'autres choses

BOUFANIÉ, s. f. Vent impétueux, temps orageux; *manjá de boufaniè* signifie essuyer du mauvais temps. — Syn. *boufouniè, brefouniè, broufouniè*. — Ety., *boufá*, souffler, en parlant du vent.

BOUFARD, s. m. T. de verrier. Bouffard, maître souffleur, celui qui souffle les grandes bouteilles. — Syn. *boufau*. — Ety., *boufá*.

BOUFAREL, elo, adj. Jouflu, e, qui a de grosses joues; *anjo boufarel*, ange jouflu, bouffi. — Syn. *boufalan, boufé, boufeti*.

BOUFARÈU, ello, prov., adj. V. Boufarel.

BOUFARIÉ, cév., s. f. Soufflerie, l'ensemble des soufflets d'un orgue, soufflerie de forge. — Ety., *boufá*, souffler.

BOUFARONO, cév., s. f. Noix creuse, avortée. — Béarn., *rouaroque*.

BOUFAU, prov., s. m. V. Boufard.

BOUFÉ, cév., s. m. Enfant jouflu.

BOUFEGA, montalb., v. n. Manger, avaler, se gorger de viandes; biterr., *boufá*, bâfrer.

BOUFELO, cév., s. m. Gros, enflé, qui a un embonpoint excessif, qui a de grosses joues. — Syn. *boufo-la-balo*.

BOUFET, o, prov., adj. Creux, euse; vermoulu.

BOUFET, s. m. Soufflet. V. Bufet.

BOUFETA, prov., v. a. Souffleter. — Cat., *bofeteja*.

BOUFETADO, prov., s. f. Soufflet, coup sur la joue. — Ety., s. part. f. de *boufelá*.

BOUFETI, prov., adj. V. Boufarel.

BOUFETIA, prov., v. a. Souffler le feu. — Ety., *boufet*.

BOUFETIAIRE, prov., s. m. Fabricant, marchand de soufflets. — Syn. *boufetier*. — Ety., *boufetiá*.

BOUFETIER, prov., s. m. V. Boufetiaire.

BOUFETO, s. f. Bouffette, petite houppe, nœud de rubans un peu renflés; houppe de laine ou de coton qu'on suspend à la bride des mules et des mulets.

BOUFETOUN, prov., s. m. Petit soufflet. — Ety., dim. de *boufet*.

BOUFIGA, cév., prov., v. a. Boursoufler; v. n., se boursoufler, s'élever en pustules, soulever la peau; *las ventousos fan boufigá la pel*, les ventouses font soulever la peau; v. r., *se boufigá*, se gonfler, se boursoufler; *boufigat, ado*, part., boursouflé, ée; bourgeonné. — Syn. *boufijá*. — Ety., *boufigo*.

BOUFIGADURO, cév., s. f. Boufissure, enflure. — Syn. *boufiguèiro*. — Ety., *boufigado*, part. f. de *boufigá*.

BOUFIGO, cév., s. f. Vessie; bourgeons

du visage, cloche, ampoule, aphtes; faire boufigo, faire ostentation. — Syn. bouhorlo, baufigo, boufio, boutarigo. — Port., bexiga. — Ety., bou, radic. qui exprime l'idée d'enflure.

BOUFIGUÈIRO, prov., s. f. V. Boufigaduro.

BOUFIJA, prov., v. n. V. Boufigá.

BOUFIN, prov., s. m. Lopin, grosse bouchée; joue enflée; tumeur. M. éty. que boufigo.

BOUFINA, prov., v. n. Faire enfler les joues en mangeant goulûment; manger beaucoup. — Ety., boufin.

BOUFINAIRE, ello, prov., s. et adj. Gros mangeur, grosse mangeuse. — Ety., boufiná.

BOUFIO, prov., s. f. V. Boufigo.

BOUFO, s. f. Mangeaille, gloutonnerie. — Ety., boufá, báfrer.

BOUFO, cév., querc., s. f. Balle de blé, gousse de légume; adj. f. creuse, stérile, femno boufo, femme stérile; nose boufo, noix vide.

BOUFO-FIOC, s. m. Tisonneur, grattecendres. — Ety., boufá, souffler, et fioc, feu.

BOUFO-LA-BALO, cév., s. m. V. Boufelo.

BOUFORADO, b. lim., s. f. Bouflée de vent subite et passagère; au fig. résolution de peu de durée; faire uno bouforado, faire un feu de paille; au fig. ne travailler que par boutades; promettre beaucoup et ne rien tenir. — Gasc., bouharado. — Ety., boufá.

BOUFO-TRULE, prov., s. m. Souffleboudin; jouflu. — Ety., boufo, qui souffle et trule, boudin.

BOUFOUN, s. m. Bouffon, personnage de théâtre dont l'emploi est de faire rire; celui qui cherche à amuser par ses plaisanteries; orchis bouffon, plante. — Ital., buffone, de buffare, railler.

BOUFOUNA, cév., v. n. Bouffonner, faire le bouffon, dire des bouffonneries, plaisanter, railler. — Esp., bufonizar; ital., buffonare. — Ety., boufoun.

BOUFOUNADO, s. f. Bouffonnerie, facétie, plaisanterie.—Syn. boufounarié. — Esp., bufonada. — Ety., s. part. f. de boufouná.

BOUFOUNAIRE, s. m. Bouffon, plaisant, railleur. — Ety., boufouná.

BOUFOUNARIÉ, s. f. V. Boufounado.

BOUFOUNIÉ, prov., s. f. Vent impétueux, tempête, ouragan. V. Boufanié.

BOUFRA, cév., v. a. et n. V. Bafrá.

BOUFRE, o, prov., adj. Bouffi, e, gonflé, gorgé.

BOUFRIDO, cév., s. f. Goinfrerie. — Ety., boufre.

BOUGE, s. m. T. de tonnelier. Milieu d'une futaille, sa partie la plus élevée, la plus renflée, la plus bombée.

BOUGE, b, lim., s. m. (boudze). Bouge, petit cabinet, petite garde-robe.— Ety. b. lat, bogia.

BOUGE, toul., s. m. Genestrolle ou genêt des teinturiers, Genista tinctoria, s. arbrisseau de la fam. des papilionacées. — Syn. ginestrolo.

BOUGEROUN, o, cév., adj. Matois, luron, petit coquin.

BOUGET, s. m. Cloison en bois ou en briques; bouge; pierre de taille, d'après l'abbé de Sauvages. — Syn. buget. — Ety. celt., bugia, cloison.

BOUGETO, s. f. Poire à poudre. — Ety., dim. du gaulois, bulga, bourse.

BOUGNA, b. lim., v. a. et n. Baigner, tremper dans l'eau; demeurer quelque temps dans l'eau; macérer, infuser; être stagnante, en parlant d'une masse d'eau qui reste dans un endroit d'où elle ne peut s'écouler; il se dit figurément d'une affaire qu'on néglige ou dont on ne veut pas hâter la solution: ai trop lèissá bougná moun offá, j'ai trop laissé dormir mon affaire; tsal lèissá bougná acó, il faut laisser couver cela, il ne faut pas se hâter. — Syn. bagná.

BOUGNAS, asso, prov., adj. V. Bounas.

BOUGNAS, cast., s. m. Grande déjection d'excréments, par ext., personne malpropre et repoussante par sa saleté; cév., abcès au sein; vieux tronc d'arbre noueux. — Augm. de bougno.

BOUGNET, s. m. Beignet. V. Begnet.

BOUGNETO, s. f. Tache d'huile ou de tout autre corps graisseux; beignet; prov., bigneto. Bougnelos, s. f. p., ricochets, syn. soupelos.

BOUGNO, cév., toul., s. f. Bigne, glande, bosse, enflure, tumeur ; souche d'arbrisseau ou d'arbuste ; bosse ou loupe, maladie du maïs. — Syn. *boudougno, bouigno.*—Ital., *bugna*, bosse.

BOUGNOUN, prov., s. m. Trognon de chou cabus, au fig. magot, figure grotesque ; amas d'argent que l'on fait en cachette. — Ety., dim. de *bougno*.

BOUGNOUNA, prov., v. a. Entasser, mettre en tas. — Syn. *abougná. Bougnouna, do,* part., entassé, ée ; pommé, en parlant d'un chou, d'une laitue. — Ety., *bougnoun*.

BOUGNOURU, do, prov., adj. Pommé, ée. — Syn. *bougnounat*.

BOUGRAN, s. m. V. Boucaran.

BOUGUIÉRO, s.f. T. de pêche, filet très-délié pour prendre les petits poissons et particulièrement les *bogues*, d'où il tire son nom. — Syn. *buguieto*.

BOUHA, BOUHADE, béarn., V. Bufá, Bufado.

BOUHARADO, gasc., s. f. Coup de vent de peu de durée. V. Bouforado.

BOUHAROC, oque, béarn., adj. Véreux, euse, vide, creuse, en parlant d'une noix. — Syn. *boufarono*.

BOUHÉ-BRAC, béarn., s. m. Qui a l'haleine courte, qui est essoufflé. — Ety., *bouhè* qui souffle, et *brac*, court.

BOUHEC, gasc., s. m. et adj. Tuf, terre improductive, stérile. V. Bufec.

BOUHET, gasc., s. m. Soufflet. V. Bufet.

BOUHO, gasc., s. f. Taupe ; béarn., *bouhoun*.

BOUHORLO, gasc., s. f. Boursoufflure, loupe, tumeur. — Syn. *boufigo*.

BOUHOUN, béarn., s. m. V. Bouho.

BOUI, prov., s. m. Bouillon ; au fig. effervescence. — Syn. *boul*.

BOUI, interj. qui exprime le dédain, le mépris ou le dégoût ; ouais ! fi ! *boui ! qu'aquelo damo es mal fargado !* fi ! que cette dame est mal faite !

BOUI, cév., querc., s. m. Buis. V. Bouis.

BOUI, BOUIS, BOUISSO, BOUISSET, s. noms de plusieurs canards sauvages qui fréquentent pendant l'hiver nos étangs. On appelle : 1° *boui gris, bournasso, boui cabussaire* ou *cabussier*, le canard chipeau, *Anas strepera* ; 2° *boui d'Espagno*, canard mut, bec rouge, le canard siffleur huppé, *Anas rufina* ; 3° *boui rousset*, le canard milouin, *Anas ferina* ; 4° *boui negre, bouisset*, le canard milouinan, *Anas morila* ; 5° *bouisset rouge*, le canard à iris blanc, *Anas leucophtalmos* ; 6° *boui negre, negroú, cauquilho*, le canard morillon ; 7° *boui blanc, quatre-uelhs*, le canard garrot, *Anas clangula*. Le bruissement des ailes de tous ces canards leur a fait donner, par onomatopée, le nom de *boui* ; *bouisso* sert à désigner les femelles, dont le plumage est toujours plus terne. — Syn. *biris*, canard milouin.

BOUI-ABAISSO, prov., s f. V. Boulhabaisso.

BOUICHET, gasc., s. m. Boisseau. V. Bouchet.

BOUICHOUN, prov., s. m. V. Bouissoun.

BOUICHOUNAU, prov., s. m. V. Bouissounado.

BOUICHOUNOUS, o, adj. V. Bouissounous.

BOUIDA, BOUIDE. V. Vouidá, Vouide.

BOUIER, s. m. Boyer, bovier, bouvier, celui qui garde les bœufs ; laboureur qui laboure avec des bœufs, des mules ou des chevaux ; escargot, suivant Sauvages ; prov., *bouier dóu cèu*, Arcturus, étoile fixe de la première grandeur, située dans la constellation du Bouvier, à la queue de la grande Ourse. — Syn. *bod, bouyer*. — Gat., *bover* ; esp., *boyero* ; ital., *boaro*. — Ety. lat., *bos, bovis*.

BOUIÉROUN, prov., s. m. Nom d'une très-petite anguille qu'on pêche dans le Rhône. — Syn. *boulheroun, bouïroun*.

BOUIGA, prov., v. a. et n. Vermiller ; il se dit du pourceau et du sanglier qui remuent la terre pour y chercher des vers ; manger dans l'auge ; remuer. V. *Boulegá*, dont *bouigá* paraît être une altération.

BOUIGAIRE, prov., s. m. Boutoir de sanglier, groin, museau de cochon ; au fig. personne qui mange salement, personne qui grogne en parlant. — Syn. *bouigoun*. — Ety., *bouigá*.

BOUIGNETO, toul., s. f. V. Bougneto.

BOUIGNO, cév., s. f. Bosse à la tête. V. Bougno.

BOUIGNOU, toul., cév., s m. But au jeu de boules, cochonnet. — Syn. *bochoun, let*.

BOUIGOUN, prov., s. m. Groin, boutoir, V. *Bouigaire*. Il signifie aussi croissant, serpe tranchante des deux côtés et pourvue d'un long manche.

BOUIJO, b. lim., s. f. (bouitso). Pâturage sec, pâtis.

BOUILERO, gasc., s. f. Chant ; cri d'appel des bergers.

BOUIMENG, o, prov., adj. Homme ou femme de mauvaise foi, comme un bohémien.

BOUIMI, b. lim., v. a. V. Voumi.

BOUIN, prov., s. m. Bouchon. V. Tap.

BOUINA, prov., v. n. Confiner, être limitrophe. — Ety., *bouino*, borne, limite.

BOUINA, prov., v. n. V. Bousiná.

BOUINA, prov., v. n. Griller d'impatience ; mourir d'envie de dire ou de faire quelque chose.

BOUINAU, prov., s. m. Quantité de châtaignes ou de pommes de terre qu'on fait cuire à la fois sous la cendre.

BOUINIA, prov., v. a. Boucher avec force. — Ety., *bouin*, bouchon.

BOUINO, s. f. V. Bouvino.

BOUINO, prov., s. f. Borne, tout ce qui sert à marquer la division entre deux champs. — Syn. *boudulo*. — Ety. b. lat., *bodina*.

BOUIOL, BOUIOU, BOUIOUN, cév., s. m. l'eson de romaine. — Syn. *boulhoun, poumo*.

BOUIOUNCS (crèissoun), prov., s. m. V. Beccabougno.

BOUIOUNETO, BOUYOURETO, prov., s. f. Bergeronnette grise et jaune ; lavandière ; ainsi appelées parce qu'elles ont l'habitude de suivre les laboureurs, *bouiès*. — Ital., *boarina*.

BOUIOUS, o, prov., adj. Teigneux, se. V. Rascassous.

BOUIRA, b. lim., v. a. Mélanger, mêler, farfouiller, remuer, tourner ; cév., frapper, charger de coups, bourrer ; *se bouirá*, v. r., se gorger, s'empiffrer ; *bouirat, ado*, part., mélangé, ée, remué ; bourré, empiffré.

BOUIRAC, toul., s. m. Outre à huile. V. Ouire.

BOUIRAC, s. m. Bouvier. V. Bouirat.

BOUIRADISSO, b. lim., s. f. Toile faite avec de la filasse, toile de seconde qualité. — Ety., *bouirado*, part. f. de *bouirá*.

BOUIRAGE, b. lim., s. m. Mélange de seigle et de blé. — Syn. *bouiro, mesclo, mitadier*. — Ety., *bouirá*.

BOUIRAS, cév., s. m. Bœuf gras, gros bœuf ; au fig. gros paysan, montagnard. — Syn. *bouire, bouiret, bourdas*.

BOUIRAT, s. m. Bouvier, celui qui mène et soigne les bœufs. — Syn. *bouirac*.

BOUIRE, s. m. V. Bouiras.

BOUIREL, BOUIRÈU, s. m. Fagot en général ; fagot de chanvre.

BOUIRELAS, prov., s. m. Gros paquet, gros fagot. — Augm. de *bouirel*.

BOUIRELHO, s. f. V. Bouirilho.

BOUIRELOUN, prov., s. m. Petit fagot. — Dim. de *bouirel*.

BOUIRET, cév., s. m. Bœuf gras ; au fig. homme couvert de graisse. — Syn. *bouiras, bouire*.

BOUIRICO, b. lim., s. f. Bourriche ; panier à claire voie où l'on met de la volaille, des oiseaux vivants.

BOUIRIL, cév., s. m. Bédaine, grosse panse.

BOUIRILHO, agat., s. f. Grosse vesce noire, *Vicia nigra*, de la fam. des papilionacées, qui croît spontanément dans les champs. — Syn. *bouirelho*.

BOUIRO, cév., s. f. Biez ou canal pour l'eau d'un moulin. — Syn. *beal, besal, beliéro*.

BOUIRO, b. lim., s. f. Mélange de seigle et de blé. V. Bouirage. Il signifie aussi bouille, râfle de bois dont se servent les pêcheurs pour battre l'eau et pousser le poisson dans le filet. — Ety., *bouirá*, mêler, remuer, battre.

BOUIRO, prov., s. f. Petit lait ; bouillon, sauce, soupe trop liquide.

BOUIROT, b. lim., s. m. Goujon ; au fig. homme trapu, courtaud, ragot, crapoussin, rabougri. — Syn. *boullarot*, *bouiroun*.

BOUIROUN, prov., s. m. Lamproie fluviatile, *Petromizon fluvialilis* ; jeune anguille ; goujon. — Syn. *bouirot*; on appelle aussi *bouiroun*, un peloton de vers enfilés pour la pêche des anguilles ; V. Birounado.

BOUIS, s. m. Espèce de canard. V. Boui.

BOUIS, s. m. Bois, Boish, buis, arbrisseau toujours vert de la fam. des euphorbiacées, *Buxus sempervirens*; *bouisblanc*, arroche alime, V. Armol ; *bouisfer* ; prov., rhododendron ; syn. *bourgenc* ; *bouis-pougnent*, petit houx ; V. Verbouisset. — Cév., *boui*; gasc., *bouch*; cat., *box* ; esp., *buxo* ; ital., *bosso*. — Lat., *buxus*.

BOUIS SALVAGE, cast., s. m. Un des noms du troëne, mieux nommé *oulivier salvage*.

BOUISSA, cast., v. a. Mettre les boîtes à une roue. — Syn. *gouyssá*, *embouitá*, *bouitá*. — Ety., *bouisso*, boîte.

BOUISSA, querc., v. a. Nettoyer, balayer, essuyer. — Syn *bouixá*, *balajá*, *escoubá*, *engraná*. — Ety., *bouis*, buis.

BOUISSADOUR, prov., s. m. Instrument de fer qui sert à étendre les cuirs et à les décrasser. — Ety., *bouissá*, nettoyer.

BOUISSÉ, montp., s. m. Canard milouinan. V. *Boui*. V. aussi *Bouisset*.

BOUISSEL, s. m. Boisseau, ancienne mesure qui contenait trois litres environ. — Ety. roman., *boissa*, boîte ; b. lat., *bussellus*, boisseau.

BOUISSELIER, s. m. Boisselier, celui qui fait les boisseaux. — Ety., *bouissel*.

BOUISSERILHO, s. f. Busserole officinale, raisin d'ours, arbousier traînant, *Arctostaphylos officinalis*, arbuste de la fam. des éricinées. — Ety., *bouis*, buis, à cause de la ressemblance de ses feuilles avec celles du buis.

BOUISSEROLO, s. f. V. Bouisserilho.

BOUISSESO, cév., s. f. T. de meunier, boitillon, pièce de bois enchâssée au milieu de la meule dormante d'un moulin et traversée par l'arbre qui porte l'anil et la meule tournante. — Ety., *bouis*, buis.

BOUISSET, s. m. Canard milouin ; petit morillon. V. Boui, Boui negre.

BOUISSET, s. m. Hallier, lieu hérissé de buissons et d'épines. — Ety., *bouis*.

BOUISSIÈIRO, BOUISSIÉRO, s. m. Boissera, buissière, champ ou montagne couverts de buis. — Cat., *boxeda* ; esp., *buxeda*. — Ety., *bouis*, buis.

BOUISSO, s. f. Boîte d'une roue; syn. *gouesso*, *boueto* ; tampon servant à boucher l'ouverture d'un bassin, d'un réservoir ; buisse, morceau de bois concave dont les cordonniers se servent pour battre les semelles ; T. de mar., boussole; syn. *boussolo*. — Ety., *bouis*.

BOUISSONAL, BOUISSOUNAL, b. lim., s. m. Terrain couvert de genêts. — Syn. *ginesliero*. — Ety., *bouissou*, genêt dans le dial. b. limousin.

BOUISSOU, BOUISSOUN, s. m. Boisson, boisset, buisson, arbrisseau épineux ; b. lim., genêt ; cév., toul., *bouissou*, *bouissoun negre*, prunelier ou prunier épineux, *agrenier*, *agrunelier* ; *bouissoun* est le nom de l'aubépine dans plusieurs dialectes, *aubespin* ; querc., amas de buissons ou de buis coupé ; *bouissou-blanc*, argousier, *agranas*; lyciet d'Europe, V. Arnavèu. — Syn. *bouchou*, *bouichon*, *bartas*. — Ety., *bouis*, buis.

N'es pas tant pichot lou bouissou
Qu'uno fes del jour noun fasse oumbro,

—

L'un bat lou bouissou, l'autre pren lou lebraut.
Pro.

BOUISSOUNADO, s. f. Hallier, touffe de buissons, lieu où il ne croît que des buissons ; haie vive ; haie d'aubépine. — Syn. *bouichounau*, *bouissounaio*.

BOUISSOUNAIO, s. f. V. Bouissounado.

BOUISSOUNAS, s. m. Gros buisson. — Augm. de *bouissoun*.

BOUISSOUNÉ, BOUISSOUNET, s. m. Petit buisson. — Dim. de *bouissoun*.

BOUISSOUNIER, ariég., s. et adj. *Fé le bouissounier*, faire l'école buissonnière, rôder.

BOUISSOUNILHO, s. f. Buissons, en général. — Ety., *bouissoun*.

BOUISSOUNOUS, o, adj. Buissonneux, euse, couvert de buissons ; rabougri. — Syn. *bouichounous*. — Ety., *bouissoun*.

BOUITA, prov., querc., v. n. Boiter. V. *Bouetá*, v. a., emboîter, mettre les boîtes à une roue. V. *Bouissá*.

BOUITA, dauph., s. f. Boîte ; *bouite*, boîtes. V. *Bouito*.

BOUITASSO, s. f. Grosse et vilaine boîte. — Augm. de *bouito*.

BOUITEJÁ, prov., cév., v. n. Boiter un peu, clocher d'un pied. — Syn. *bouitoussejá*. — Ety., fréq. de *bouitá*.

BOUITETO, prov., s. f. Petite boîte. — Syn. *bouitouno*. — Dim. de *bouito*.

BOUITIER, prov., s. m. Boîtier; écrin, baguier. — Ety., *bouito*.

BOUITO, prov., querc., s. f. Boissa, boîte ; au fig. articulation. V. Boueto.

BOUITOMENT, querc., s. m. Clochement, claudication. — Ety., *bouitá*.

BOUITOUNO, prov., s. f. V. Bouiteto.

BOUITOUS, o, cév., querc., adj. Boîteros, boîteux, euse. — Syn. *goy, troussal*. — Ety., *bouitá*.

BOUITOUSSEJÁ, cév., v. n. V. Bouitejá.

BOUIX, béarn., s. m. Buis. V. Bouis.

BOUIXA, béarn., v. a. V. Bouissá.

BOUJA, prov., v. n. (boujá). Se gonfler, s'élever, se tenir en l'air ; paraître enflée, en parlant d'une poche trop pleine. — Ety. radic., *bou, boù* qui exprime l'idée d'enflure.

BOUJA, v. a. et n. V. Boutjá et Voujá.

BOUJA, BOUJADIS, BOUJAL. V. Voujá, etc.

BOUJACAN, prov., s. m. V. Boujarroun.

BOUJAIRE, o, cév., s. m. et f. V. Boutjaire.

BOUJARRA, prov., v. a. Flanquer, donner des coups.

BOUJARROUN, prov., s. m. Mauvais garnement, impertinent, luron. — Syn. *boujacan*. — Esp., *bujarron* ; ital., *bugiarone*.

BOUJASSO, cév., s. f. Grand sac, au fig. femme empiffrée, grosse crevée, grosse dondon. — Ety. radic., *bou*, qui exprime l'idée d'enflure.

BOUJO, prov., s. f. V. Boujos.

BOUJO, cast. s. f. Cranson drave. V. Cauril.

BOUJOL, b. lim., s. m. (boudzol). Bojolh, jaune d'œuf. — Syn. *boujou*.

BOUJOLA, BOUJOULA, b. lim., v. a. Trouer ; gasc., v. n., bouillonner, se gonfler, bourgeonner.

BOUJOS, prov., s. f. p. Soufflet de forge à bascule. — Syn. *boulzets*.

BOUJOU, prov., s. m. Seau. — Syn. *farrat, ferrat*.

BOUJOU, agat., s. m. (boùjou). Jaune d'œuf : *a sous ious i a dous boujous*, à ses œufs il y a deux jaunes ; cette phrase proverbiale s'applique à celui qui, dans ses discours, exagère ses revenus, sa fortune. — Syn. *boujol, rousset*.

BOUJOULA, gasc., v. n. V. Boujóla.

BOUL, s. m. Bouillon ; grosse bulle qui s'élève d'un liquide en ébullition ; *prene lou boul*, commencer à bouillir ; *acò sera leu cuech, i manco qu'un boul* ; ce sera bientôt cuit, il n'y manque qu'un bouillon. — Syn. *buil, bul*. — Ety. lat., *bulla*.

BOUL, prov., s. m. Sceau, cachet. — Ety. lat., *bulla*.

BOULA, prov., v. a. Fouler aux pieds, marcher sur : *boulá li rasim*, fouler la vendange ; *boulat, ado*, part., foulé, ée.

BOULA, v. a. Bolar, borner, limiter ; mesurer au jeu de boules. — Syn. *bourá*. — Ety. roman., *bola*, borne.

BOULA, prov., v. a. Sceller, cacheter ; marquer le menu bétail. — Ety., *boul*, sceau, cachet.

BOULAC, cast., s. m. Lien de balai, fait avec de l'osier.

BOULACA, cast., v. a. Lier un balai. — Ety., *boulac*.

BOULADIS, isso, PROV., adj. Sujet, ette à être foulé, piétiné par les passants, en parlant d'un chemin. — ETY., *bouladò*, part. f. de *boulá*, fouler.

BOULADO, CÉV., s. f. Jet d'une boule, au jeu de boules. V. *Voulado* pour les autres acceptions de ce mot.

BOULAR, CÉV., s. m. Grosse boule. — AUGM. de *bolo*.

BOULAROS, CÉV., s. m. Espèce de petit poisson. V. Boullarot.

BOULATA, BOULATEJA, BOULATUN. V. Voulatá, etc.

BOULATIER, CAST., s. m. Métayer, fermier à moitié fruits. — SYN. *bourratier*. V. Bourdier.

BOULATOUNS, GASC., s. m. p. Êtres volants, êtres fantastiques. — SYN. *fouletoun*.

BOULATYE, BÉARN., adj. comm. Volage. V. Voulage.

BOULAU (bon), PROV., s. m. Petite quantité.

BOULBENO, CAST., GASC., s. f. Terre argilo-sablonneuse, terre qui contient peu de calcaire.

BOULCA, v. a. Coucher à terre, en parlant des blés. — SYN. *aboulcá, boucá, bouldouirá*.

BOULDOUIRA, CÉV., v. a. Secouer, agiter, remuer, mélanger. V. Boulcá.

BOULDRADO, CÉV., s. f. Fente, crevasse. Ce mot est aussi synonyme de *baudrado*, balourdise.

BOULDRI, do, CÉV., adj. Meurtri, e ; réduit en fumier ou en boue. — ETY., *bouldr̃o*, boue.

BOULDRO, CÉV., s. f. Boue, bourbe, limon.

BOULÉ, v. a. Vouloir. V. Voulé.

BOULEA, CÉV., v. a. V. Boulegá.

BOULEC, BOULEG, CÉV., s. m. Remue-ménage, bruit de meubles qu'on change de place. — ETY., *boulegá*.

BOULECH, TOUL., s. m. Camomille des champs, *Anthemis arvensis*, SYN. *boulets, cambomilo, margarido*. Boulech-pounchut, buphthalme épineux, appelé aussi *uelh de biòu*. Boulech-pudent, maroute ou camomille puante ; SYN. *margaridier*.

BOULEDIÈIRO, CÉV., s. f. Terre où viennent naturellement les champignons, et non pas champignonnière, qui ne se dit que des couches de fumier préparées pour y faire venir des champignons. — SYN. *boudiero, bouletièiro*. — ETY., *boulet*, boiet, champignon.

BOULEGA, BITERR., v. a. BOLEGAR, BOLEGUAR, remuer une chose, la changer de place ; au fig. secouer, réprimander ; v. n., bouger, se remuer, s'agiter, changer de place, frétiller en parlant du poisson. *Se boulegá*, v. r., se remuer ; au fig. se donner du mouvement pour le succès d'une entreprise, intriguer. — BÉARN., *boulugá* ; GASC., *belegá* ; PROV., *bouleja* ; CÉV., *bouleá*.

BOULEGADIS, isso, adj. Leste, léger, qui se remue, qu'on peut facilement changer de place, mobile ; s. m., remue-ménage, trouble. — ETY., *boulegado*, part. f. de *boulegá*.

BOULEGADO, s. f. Tas, troupe : *uno boulegado de fèmnos*, une fourmillière de femmes ; *metre en boulegado*, mettre en mouvement, mettre en train. — ETY., s. part. f. de *boulegá*.

BOULEGAIRE, o, s. m. et f. Remuant, e, sémillant, frétillant. — SYN. *bouleguel, boulegoun*. — ETY., *boulegá*.

BOULEGAL, s. m. Reproche, réprimande. — ETY., *boulegá*, secouer.

BOULEGAMENT, s. m. Remuement, mouvement, frétillement. — ETY., *boulegá* et le suffixe *ment*.

BOULEGAN, s. m. Espèce de poisson. V. Belugan.

BOULEGOUN, PROV., s. et adj. V. Boulegaire.

BOULEGUET, o, adj. Tracassier, e, remuant, e, qui s'agite toujours; sémillant, e. V. Boulegaire.

BOULEGUETO, CÉV., s. f. Sorte de rigaudon. — SYN. *bouligueto*. — ETY., *boulegá*.

BOULEGUIÉU, ivo, PROV., adj. Agité, ée. — ETY., *boulegá*.

BOULEJA, CÉV., v. a. Être limitrophe. — ETY., *boulá*, borner.

BOULEJA, v a. V. Boulegá.

BOULEJOU, s. m. Filet à mailles étroites, large d'environ deux mètres, et d'une longueur proportionnée à la largeur de la rivière où on fait la pêche. Deux hommes, placés chacun dans une nacelle, tiennent les deux bouts du filet et manœuvrent de manière à y englober le poisson. — Ety., *boulegá*, remuer.

BOULEMI, io, cév., s. m. et f. Bohémien, ienne, V. Bemi.

BOULEN, b. lim., s. m. Seconde farine tirée au bluteau après la fleur. On appelle la troisième farine *tersol*; *boulen pa*, pain fait avec cette farine. — Ety. lat., *pollen*, fleur de farine.

BOULENO, cév., s. f. Larve des œstres du bœuf et du cheval, grosses mouches de l'ordre des diptères.

BOULENTARI, **BOULENTAT**, **BOULENTÈS**, gasc. V. Voulountari, etc.

BOULET, s. m. Bolet, bolet, nom de diverses espèces de champignons bons à manger et particulièrement des cèpes; *boulet d'oulme*, polypore écailleux; *boulet d'agnel*, cév., gros champignon globuleux, probablement la vesse de loup gigantesque. — Syn. *bouret*; cast., *campairol*; cat., *bolet*; ital., *boleto*. — Ety. lat., *boletus*.

BOULETEJA, **BOULETEJANT**. V. Voulatejá, Voulatejant.

BOULETIÈIRO, s. f. V. Boulediéiro.

BOULETIN D'ARANGE, prov., s. m. Zeste d'orange.

BOULETO, s. f. Boulette, petite boule; prov., ouverture d'un tonneau. — Cat., *boleta*. — Dim. de *bolo*.

BOULETO, s. f. Échinope, plante de la fam. des cyanocéphales. — Syn. *trepo-chival*.

BOULETS, gasc., s. m. p. Camomille. V. Boulech.

BOULEVART, s. m. V. Balouard.

BOULGUÉ, gasc., v. a. V. Voulé.

BOULHABAISSO, s. f. *Bouille-abaisse*, ragoût de poisson de mer à la provençale, auquel on ajoute de l'ail, du poivre et du safran. — Syn. *boui-abaisso*, *boulhe-abaisso*. — Ety., *boulh*, *boulhe*, il bout, et *abaisso*, abaisse, descends la marmite.

BOULHACADO, biterr., s. f. Mauvais ragoût.

BOULHACO, s. f. Souillon, marie-graillon, femme malpropre; sauce trop longue, mauvais ragoût. — Prov., *bouriaco*.

BOULHASSO, rouerg., interj. Hélas!

Boulhasso! eh, que foren se pouden pas pòrla
  Peyrot.

BOULHE, v. n. Bouillir; *faire boulhe*, faire bouillir ou faire cuire ce qu'on doit manger; c'est la besogne des mousses à bord des bateaux pêcheurs, où cette phrase est fort usitée. — Syn. *boulhi*, *boulh*.

BOULHENT, o, adj. Bouillant, e; au fig. ardent, colérique, emporté; *boulhents*, s. m. p., bouillons, eau bouillante: *douná lous boulhents*, verser sur la lessive de l'eau qui bout à gros bouillons; au fig. transes: *soi dins lous boulhents*, je suis dans toutes les transes. — Syn. *bullent*. — Ital., *bollente*. — Ety., part. prés. de *boulhi*.

BOULHI, v. n. V. Boull.

BOULHIDO, prov., s. f. Cuvée, toute la vendange qu'on met à la fois dans la cuve. — Syn. *tinado*. — Ety. s. part. f. de *boulhi*.

BOULHIDOUR, prov., s. m. Bolidor, bouillonnement, mouvement d'un liquide qui bout; trou par lequel jaillit l'eau d'une source; cuve de vendange pleine de raisins foulés. — Syn. *boutidou*, *bulidou*. — Ety., *boulhido*, part. f. de *boulhi*.

BOULHIMENT, prov., s. m. Ébullition, l'action de bouillir, de fermenter; éruption, vive démangeaison, grande irritation. — Syn. *buliment*. — Ital., *bolimento*. — Ety., *boulhi*, et le suffixe *ment*.

BOULHOT, cast., s. m. Fausse camomille; *gros boulhot*, œil-de-bœuf, *Buphthalmum salicifolium* et *buphthalmum spinosum*, appelé aussi *boulech-pounchut*.

BOULHOU, s. m. (boulhòu). Seau pour égoutter les bateaux ou pour tout autre usage. — Syn. *boujou*.

BOULHOUN, s. m. Bouillon, décoction de viandes ou d'herbes; petites vagues que forme un liquide qui s'échappe et qui tombe; grosse bulle qui s'élève d'un liquide qui bout; prov., crue d'une rivière. — Ety., *boulhi*.

BOULHOUN DE BALANSO, DE ROUMANO, s. m. Peson de balance, de romaine. — Cév., *bouioun*.

BOULHOUN-BLANC, s. m. Bouillon-blanc, ou molène commune, herbe de St-Fiacre, herbe à bonhomme, *Verbascum thapsus*, plante de la fam. des solanées-verbacées. Noms div.: *herbo de Nostro-Damo, de sant-Fiacre, fatarasso, lapas, blòu, candelo de sant-Jan, pedassoun, escoubil, escoubo d'iero, varlaco*. Ce dernier mot désigne plus particulièrement la molène médicinale, *Verbascum thapsiforme*.

BOULI, biterr., v. n. Bullir, Bulhir, bouillir; en parlant de la vendange, fermenter dans la cuve; on dit figurément d'une personne irascible: *pot pas bouli sensi versá*, elle ne peut pas être irritée sans éclater. — Syn. *boulhe, boulhi, bouri, builhi, bulhi, buli*. — Cat., *bullir*; ital., *bollire*. — Ety. lat., *bullire*.

BOULIDOU, s. m. Mouvement d'un liquide qui bout; cuve dans laquelle on fait fermenter la vendange. — Syn. *boulidour*. — Ety., *boulido*, part. f. de *bouli*.

BOULIECH, s. m. Bouliche, boulièche, filet en usage sur les étangs du Midi; c'est une espèce de seine.

BOULIÉCHO, s. f. V. Bouliéch.

BOULIGOULO, prov., s. f. Agaric du panicaut, V. *Berigoulo*; on donne aussi ce nom à la morille et à la mérule chanterelle. V. Boulingoulo, Mourilho et Girbouleto.

BOULIGUETO, prov., s. f. Espèce de rigaudon. V. Boulegueto.

BOULIMENT, biterr., s. m. V. Boulhiment.

BOULINDIER, ièiro, b. lim., s. m. et f. Boulanger, ère. — Dauph., *boulongier*; béarn., *boulanyè*. — Ety., *boulen*, fleur de farine; *boulindier* est une altération de *boulendier*.

BOULINGA, garc., v. a. Retourner, tourner sens dessus dessous; v. n., rouler, tourner rapidement; bondir.

BOULINGOULO, toul., s. f. Chanterelle comestible ou mérule chanterelle. — Syn. *bouligoulo*.

BOULINO, agat., s. f. V. Bourino.

BOULISSOU, s. m. Batelée, multitude bruyante de gens réunis.

BOULIVERSA, v. a. Bouleverser.

BOULIVERSO, prov., s. f. Bouleversement. — Syn. *bourrelige*.

BOULLAROT, biterr., s. m. Nom de plusieurs petits poissons, le gobie aphie, le gobie menu, le gobie noir, etc.; le goujon à Nîmes; au fig., homme d'une taille petite et épaisse, marmouset. — Cév., *boularos, bullarot*.

BOULNADO, cév., s. f. Panse, intestins, bas-ventre des animaux.

BOULO, cast., s. f. Bola, borne, pierre qui marque la limite d'un champ.

Et pages pòr bolas traire
Se perdon....
Folquet de Lunel.

Et les paysans se perdent pour arracher les bornes.
Syn. *boudullo, boudulo*.

BOULOFOS, cév., s. f. p. Balles de blé. V. Abes.

BOULON, querc., s. m. Faucille. V. Voulam.

BOULONGIER, dauph., s. m. Boulanger. — B. lim., *boulindier*.

BOULOP, gasc., s. m. Tire-d'aile, pleine volée.

BOULOUART, gasc., s. m. V. Balouard.

BOULOUER, cév., s. m. Bolidor, bouilloire, vaisseau de métal destiné à faire bouillir de l'eau. — Ety., *bouli*.

BOULOUN, boulun, s. m. Tas, monceau; marchandise encombrante; on dit à Béziers *emboulun*; ailleurs, on sépare la préposition *en* de *boulun*, et c'est alors un adv. comp. qui signifie en foule, en troupe, ensemble. — Ety. radic., *bou*, V. Boudenfla.

BOULOUNIER, rouerg., s. m. Sac à farine. V. Balounier.

Lou gro net o morchand dins un sac BOULOUNIER
Se boujo o pel borlet se correjo ol gronier.
Peyrot.

BOULOUNTA, v. a. V. Voulountá.

BOULOUVERSO, s. f. Bouleversement, cataclysme. — Syn. *bouliverso*.

BOULSA, v. a. V. Boulzá.

BOULSÉS, s. m. p. V. Boulzets.

BOULUDA (se), gasc., v. r. V. Avouludá.

BOULUGA, béarn., v. a. V. Boulegá.

BOULUGO, BOULOUGO, s. f. Étincelle. V. Belugo.

BOULUN, s. m. V. Bouloun.

BOULZA, v. a. Farfouiller, mettre sens dessus dessous, fouiller, retourner pour trouver quelque chose à manger. *Boulzá* signifie aussi battre, frapper. — Syn. *bouzá*. — Prov., *bourdouirá*.

BOULZA, cast., v. a. Souffler le feu au moyen d'une peau dont on fait sortir l'air par le mouvement de la main.

BOULZAIRE, cast., s. m. Celui qui souffle le feu. — Ety., *boulzá*.

BOULZETS, cév., s. m. p. Soufflet de forge à bascule ou de martinet mû par une chute d'eau; soufflet double des chaudronniers ambulants. — Syn. *boulsés, boulzos*.

BOULZINA, cast., v. n. Chantonner, chanter à demi-voix; tinter, en parlant du tintoin des oreilles; bourdonner, bruit que font les mouches et les bourdons. — Syn. *bouyziná*. — Ety., altér. de *bouziná*, du lat. *buccinare*.

BOULZINAMENT, cast., s. m. Bourdonnement, bruissement. — Ety., *boulziná*, et le suffixe *ment*.

BOULZO, s. f. Boza, bouse de bœuf ou de vache. V. Bouzo. Il signifie aussi, gros ventre.

BOULZO-PANETOS, biterr., s. m. Goinfre, gros mangeur.

BOULZOS, cast., s. f. p. Bouzas, soufflets dont se servent les chaudronniers ambulants; au fig. grosses joues. — Cév. *boulzets*.

BOULZUT, uda, adj. Celui ou celle qui a un gros ventre. — Ety., *boulzo*.

BOUM, BOUMBE, s. m. Bruit sourd que fait un corps en tombant. — Ety., βόμϐος, bruit.

BOUMBA, v. a. Bomber, rendre convexe; frapper, assommer; gasc., agiter l'eau avec une perche pour pousser le poisson dans les filets. — Ety., *boumbo*, bouille, pour cette dernière acception.

BOUMBA, v. n. Bondir. — Syn. *boumbi*.

BOUMBADISSO, s. f. Bruit que fait un objet en tombant, chute, secousse, volée de coups. — Ety., *boumbá*.

BOUMBAMENT, s. m. V. Boumbadisso.

BOUMBANSO, s. f. Bobansa, bombance, ripaille, grande chère.

BOUMBARDELIER, prov., s. m. Sureau, ainsi appelé parce que les enfants font avec un petit bâton de cet arbrisseau, dont ils tirent la moëlle, des canonnières appelées *boumbardelos*. — Syn. *boumbardier*. — Ety., *boumbardo*, canon. V. Sahuc.

BOUMBARDELO, prov., s. f. Canonnière. — Syn. *boumbardièro*.

BOUMBARDIER, prov., s. m. V. Boumbardelier.

BOUMBARDIÈRO, prov., s. f. V. Boumbardelo.

BOUMBAS, s. m. V. Bombassi.

BOUMBASINO, toul., s. f. Volée de coups de bâton. — Ety., *boumbá*.

BOUMBASSAL, BOUMBASSAU, s. m. Grand coup de poing. — Syn. *boumbissal*. — Ety., *boumbá*.

BOUMBASSI, s. m. Grosse veste, descendant jusqu'aux reins. — Syn. *boumbas*. — Ety. b. lat., *bombacinus*, nom d'une espèce de futaine.

BOUMBÉ, cév., s. m. V. Boumbet.

BOUMBE, cév., s. m. Boum.

BOUMBEJÁ, v. n. Bondir, rebondir; bouillonner. — Ety., fréq. de *boumbá*.

BOUMBET, s. m. Gilet qui se croise par-devant; corsage de femme; au fig. petit homme, rond de graisse. — Syn., pour la dernière acception, *boumboli*.

BOUMBI, v. a. Frapper, V. *Boumbá*; v. n., bondir, sauter, tressaillir, frétiller, s'élancer, tomber à terre avec bruit; par ext. mourir, crever; il signifie aussi sonner creux, retentir. — Syn. *ressoundi, restounti*. — Ety. lat., *bombitare*.

BOUMBI, B. LIM., v. n. *Fa boumbi*, combuger des futailles, les remplir d'eau pour les imbiber.

BOUMBILHA, v. n. Bondir; v. a., heurter, frapper. — ETY., fréq. de *boumbi*.

BOUMBINA, PROV., v. a. V. Boubina.

BOUMBINO, PROV., s. f. Bobine. V. Boubino.

BOUMBISSAL, CAST., s. m. Grand coup de poing. — SYN. *boumbassal, boumbassau*. — ETY., *boumbi*, frapper.

BOUMBO, s. f. Bombe, globe de fer creux qu'on remplit de poudre et qu'on place dans un mortier; espèce de bouteille en terre; B. LIM.; noix plus grosse que les autres dont les enfants se servent pour jouer, *boumbo de quelho*, noix royale; GASC., bouille, perche dont on se sert pour agiter l'eau et pousser le poisson dans les filets.

BOUMBONCIER, ièiro, B. LIM., s. m. et f. Bobancier, celui, celle qui aime la bombance. — ETY., *boumbanso*.

BOUMBO-QUIOUL, s. m. Casse-cul, sorte de jeu d'enfant; chute qu'on fait en tombant sur le derrière; *carrièiro de boumbo-quioulis*, rue à pente très-rapide où l'on est exposé à tomber sur le derrière. — ETY., *boumbi*, tomber avec bruit, et *quioul*, derrière.

BOUMBOTI, Petit homme rond de graisse. V. Boumbet.

BOUMBOUINA, B. LIM., v. n. Marmotter, grogner, grommeler, murmurer; bourdonner.—SYN. *boumbouniá, boumbouná, boumbouriná, boumbounejá, vounvounejá*. — ETY., βομβέω, je murmure, je gronde.

BOUMBOUINEJA, PROV., v. n. Bourdonner; grogner; il signifie aussi picoter, démanger.—ETY., fréq. de *boumbouiná*.

BOUMBOUNA, LIM., v. n. V. Boumbouïna.

BOUMBOUNADO, s. f. V.

BOUMBOUNAMENT, PROV., s. m. Bourdonnement. — ETY., *boumbouná* et le suffixe *ment*.

BOUMBOUNEJA, v. n. Bourdonner; murmurer, grogner, corner : *las aurelhos me boumbounejou*, les oreilles me cornent. — ETY., fréq. de *boumbouná*.

BOUMBOUNEJAIRE, s. m. Grognard. — SYN. *boumbouniaire*. — ETY., *boumbounejá*.

BOUMBOUNIA, PROV., v. n. Picoter, produire des élancements en parlant d'un abcès. Il est aussi synonyme de *boumbouiná*.

BOUMBOUNIAIRE, s. m. V. Boumbounejaire.

BOUMBOURIDO, CÉV., s. f. V. Boumbourinado.

BOUMBOURINA, CÉV., v. n. Bourdonner; au fig. murmurer, grogner, bougonner. — SYN. *boumbouiná*. V. ce mot.

BOUMBOURINADO, CÉV., s. f. Boutade, caprice, transport. — SYN. *boumbourido*. — ETY., s. part. f. de *boumbouriná*.

BOUMBOURO (A la), CÉV., exp. adv. A la légère, à la volée.

BOUMBUT, udo, adj. Bombé, ée, convexe. — ETY., *boumbo*.

BOUMI, et ses dérivés. V. Voumi.

BOUMI, B. LIM., s. m. (bòumi). Écluse, barrière sur un canal ou une rivière pour retenir ou lâcher l'eau.

BOUMIADO, GASC., s. f. Danse bohémienne.

BOUMIAN, o, s. m. et f. (bòumian). Bohémien, enne. — SYN. *bouemi, aboumiani*. V. Bemi.

BOUMIANALHO, BOUMIANDALHO, s. f. Bohémiens, en général. — SYN. *bemialhalho*. — ETY., *bòumian*.

BOUMIANO, s. f. Anémone des Alpes, de la fam. des renonculacées.

BOUMO, s. f. (bòumo). Grotte. V. Baumo.

BOUN, o, adj. Bon, bonne. V. Bou.

BOUN, pour *vous en* : *boun dounarai*, je vous en donnerai. On doit écrire, Voun.

BOUNADI, PROV., prép. Grâce à. V. Bonadi.

BOUNADO, CÉV., s. f. Tripaille. V. Bournado.

BOUNARD, o, B. LIM., adj. V.

BOUNAS, asso, adj. Bonasse, simple,

facile à tromper, bon enfant. — Syn. *bounias*. — Cat., *bonas*; esp., *bonazo*; ital., *bonaccio*. — Augm. de *boun*.

BOUNASSARIÉ, s. f. Bonhomie, bonté naturelle et simplicité qui paraît dans toutes les actions. — Ety., *bounas, asso*.

BOUNASSO, s. f. Bonassa, T. de mar., bonace, calme plat. On dit, à Agde, *bounasso pòto*. — Cat., *bonansa*; esp., *bonanza*; ital., *bonaccia*. — Ety., *boun*.

BOUNBOUINEJA, prov., v. n. V. Boumbouinejá.

BOUNBOUNEJA, v. n. V. Boumbounejá.

BOUNBOUNO, s. f. *Bonbonne*, sorte de grande dame-jeanne ; dans quelques dialectes, vin, taverne ; vase en fer-blanc pour mettre de l'huile.

BOUN-BRAS, s. m. T. de mar., commandement pour faire brasser au vent.

BOUND, s. m. Bond, saut. — Ety., s. verb. de *boundá* ou de *boundi*.

BOUNDA, cév., v. n. Bondir, rebondir, sauter, faire un bond ; jaillir. — Syn. *boundi, boundejá, boundelá*. — Ety. lat., *bombitare*.

Quand atrovo 'sel' bla droissant onca la testo
Boundo coumo uno serp e fa sauta sa vosto,
M. Bourrelly, *Fablo*.

BOUNDAIRE, s. m. Celui qui envoie la balle ou le ballon ; homme violent, emporté. — Ety., *boundá*.

BOUNDEJA, v. n. V. Boundá.

BOUNDELA, v. n. V. Boundá.

BOUNDI, biterr., v. n. Bondir. — Syn. *boundá*. — Cat., *bonir*. — Ety. lat., *bombitare*.

BOUNDICA, querc., cév., v. n. Bourdonner, tinter, corner, en parlant des oreilles. — Syn. *boundiná*. — M. sign. *boumbounejá*.

BOUN-DIÉU, prov., s. m. Coin que les scieurs de long et les menuisiers mettent dans la fente que la scie a faite pour lui donner plus de voie.

BOUNDINA, cév., v. n. V. Boundicá.

BOUNDISSAMENT, prov., s. m. Bondissement, mouvement de ce qui bondit. — Ety., *boundi*.

BOUNDO, s. f. Bonde, trou rond d'un tonneau ou d'une barrique ; morceau de bois ou de liége qui sert à les boucher ; pièce de bois qu'on baisse ou qu'on lève pour fermer ou pour ouvrir un étang *marteliéiro* ; prov., berge, bord d'un champ labouré, qui n'est pas encore travaillé.

BOUNDOU, BOUNDOUN, s. m. Bondon, bondonel, bonde ; bondon, bouchon de bois ou de liége ; tampon. — Béarn., *bounou*. — Ety., dim. de *boundo*.

BOUNDOULAU, cév., s. m. Bourdon, frelon. — Syn. *foussalou*.

BOUNDOUNA, v. a. Bondonner, boucher. — Ety., *boundoun*.

BOUNDOUNA, prov., v. n. Sangloter.

BOUNDOUNIÉIRO, BOUNDOUNIÉRO, s. f. Instrument dont le tonnelier se sert pour faire la bonde des tonneaux ; bonde qu'on met au fond d'une cuve. — Ety., *boundoun*.

BOUNDRAGOUN, prov., s. m. Nom d'une espèce de sauterelle, qu'on appelle sauterelle armée.

BOUNÉ, cév., prov., s. m. V.

BOUNET, s. m. Boneta, bonnet ; *metre lou bounet de travès*, se fâcher ; *bounet carrat*, bonnet carré que portent les gens d'église. — Anc. cat., *bonet* ; esp., port., *bonete*. — Ital., *bonetto*.

BOUNET-DE-CAPELA, s. m. Fusain d'Europe, *Evonymus europæus*, arbrisseau, appelé aussi *berret-de-capelá, bounet-de-pestre* ; tabouret ou bourse à pasteur, *thlaspi bursa pastoris*, V. *Herbo de l'évangilo* ; helvelle mitre, helvelle élastique, champignons comestibles dont le réceptacle, de couleur noirâtre, a quelque ressemblance avec un chapeau à trois cornes.

BOUNET-DE-GRENADIER, s. m. Bonnet de dragon, cabochon, *Patella hungarica*, mollusque dont la coquille conique blanche est tachetée en dedans de rouge sur un fond rose.

BOUNET-DE-PESTRE, b. lim. V. Bounet de-capelá.

BOUNETA, b. lim., v. a. Bonneter, rendre des respects et des devoirs assidus à des personnes dont on a besoin. Il se prend le plus souvent en mauvaise part. — Ety., *bounet*.

BOUNETADO, s. f. Bonnetade, salut fait avec le bonnet. — Ety., s. part. f. de *bouneta*.

BOUNETAS, s. m. Gros et vilain bonnet. — Augm. de *bounet*.

BOUNETASSO, s. f. Grand bonnet. — Augm. de *bouneto*.

BOUNETO, s. f. Bonnet d'homme, bonnet de nuit ; coiffe de bonnet. — Ety. b. lat. *boneta*, sorte d'étoffe.

BOUNETOS, s. f. p. T. de mar. petites voiles dont on se sert quand le vent est faible. — Esp. *bonetas*.

BOUNI, b. lim., s. m. Beignet. V. Begnet.

BOUNIAS, asso. prov., adj. V. Bounas.

BOUNIC, o, Bonic, o, adj. Joli, e, aimable, agréable, charmant. — Cat. *bonic* ; esp., *bonito*. — Ety., *boun*.

BOUNICOT, o, b. lim., adj. Bon, assez bon ; doux, agréable. — Syn. *bounigué*, *bouniqué*. — Ety., dim. de *bounic*.

BOUNIÉSO, prov., s. f. Beignet. V. Begnet.

BOUNIGUÉ, BOUNIQUÉ, eto, prov., adj. V. Bounicot.

BOUNOMENT, adv. Bonamen, Bonnement, simplement, de bonne foi, sans arrière-pensée. — Cat., *bonament* ; esp., *buenamente* ; ital., *bonamente*. — Ety., *bouno* et le suffixe *ment*.

BOUNOU, béarn., s. m. Bondon. V. Boundou.

BOUNO-VENTURO, s. f. Bonne aventure, bonne rencontre, bonheur inespéré. — Cat., *bonaventura* ; esp., *buenaventura* ; ital., *ventura*. — Ety., *bouno*, *boune*, et *venturo*, du lat. *ventura*, part. de *venire*, ce qui doit arriver.

BOUNO-VOYO, s. f. Bonne volonté ; bonne envie de faire une chose ; bonne tournure. — Ety., *bouno* et *voyo*, de l'ital. *voglia*, volonté.

BOUNS-HOMES (herbo des) s. f. Sauge des prés ou herbe au prud'homme ; *Salvia pratensis*, syn. *herbo-de-veni-me-querre-que-te-guerirai* ; sauge verveinacée, *Verbeneca* ; sauge sclarée, *Sclarea*, appelée aussi orvale, toute-bonne ; plantes de la fam. des labiées.

BOUNS-HOMES-BLANCS, s. m. Sauge ormin, *Salvia horminoïdes*, plante de la fam. des labiées.

BOUNT, s. m. Bond. V. Bound.

BOUNTAT, s. f. Bontat, bonté. — Béarn., *boentat* ; cat., *bontat* ; esp., *bondad* ; ital., *bontá*. — Lat., *bonitatem*.

BOUNTO, cév. adj. *Cabro bounto*, chèvre qui n'a point de cornes.

BOUNUR, s. m. Bonheur. — Ety., *boun*, bon, et *ur*, du lat. *augurium*, augure, bon augure.

BOUNZINA, cast., v. n. Chantonner, murmurer. V. Boulziná.

BOUP, gasc., s. m. Bête féroce, animal carnassier.

BOUPOLO, cast., s. f. Engoulevent. — Syn. *telo-cabro*.

BOUQUE, béarn., s. f. V. Bouco.

BOUQUÉ, gasc., s. m. Chute d'eau d'un biez sur les roues d'un moulin ou de toute autre usine. — Ety., *bouco*.

BOUQUÉ, prov., s. m. V. Bouquet.

BOUQUÉ DE LA SANTO VIERGE, prov., s. m. Chèvre-feuille.

BOUQUÉ DE PALUN, prov., s. m. V. Blat de palun.

BOUQUET, s. m. Bouquet, faisceau de fleurs liées ensemble ; bouquet, partie de bois ; parfum qu'exhale le vin ; pièce finale d'un feu d'artifice ; faisceau de certaines choses ; *bouquetas*, gros bouquet, bouquet mal fait ; *bouquetou*, *bouquetoun*, petit bouquet. — Anc. ital., *bocchelo* ; ital. mod., *boschetto* ; esp., *bosquete*. — Ety. b. lat., *boschettum*, de *boscum*, bois.

BOUQUET-FACH, s. m. Bouquet-fait, œillet-plume, *Dianthus plumarius*, plante de la fam. des silénées, que ses fleurs disposées en panicule lâche ont fait appeler ainsi ; même nom, la *chironia pulchella*, et la gentiane centaurée, *Gentiana centaurium*.

BOUQUETO, s. f. Petite bouche : *faire bouqueto*, faire la bouche en cœur, faire la petite bouche, ne manger ou ne parler que du bout des lèvres ; *bouquetos*, prov., s. f. p., petites lèvres. — Cat., *boqueta* ; esp., *boquita* ; ital., *bocchetta*. — Dim. de *bouco*.

BOUQUINCAN, s. m. Tapabord, espèce de bonnet en usage chez les matelots, bonnet élevé ; bonnet dont les bords se rabattent pour garantir du mauvais temps.

BOUQUIU, BÉARN., s. m. Homme doué d'un bon appétit, gros mangeur, glouton. — ETY., *bouque*, bouche.

BOURA, PROV., v. a. Mesurer. V. *Boulá*. Pour les acceptions de bourrer, bourgeonner. V. *Bourrá*.

BOURAI, BOURRAI, PROV., s. m. Poignée d'étoupes.

BOURATIER, CAST., CÉV., s. m. V. Bourratier.

BOURBOUIRA, CÉV., v. a. Salir, gâter, couvrir de boue. — ETY., βορϐόρow, de βόρϐορος, bourbe, boue.

BOURBOUISSÉ, CÉV., s. m. Fragon, V. Verbouisset.

BOURBOUL, s. m. Grouillement, bruit que les flatuosités causent dans les intestins ; fange, gâchis.

BOURBOULHA, v. n. Grouiller, en parlant des intestins. — ETY., *bourboul*.

BOURBOULHADO, BOURBOULHAGE, BOURBOULHAIRE, V. Barboulhado, etc.

BOURBOULHOUS, CÉV., adj. Chipotier, homme qui épluche trop les choses et qu'il est difficile de contenter. — ETY., *bourboul*, gâchis, dans un sens figuré.

BOURBOUNTINO, BOURBOUTINO, PROV., s. f. V. Barbountino.

BOURBOUSSADO, CAST., s. f. V.

BOURBOUSSAT, CAST., s. m. Curoir de l'aiguillon, petit fer plat pour détacher la terre du soc. — SYN. *barboussat, barboussado*.

BOURCA, v. n. Verser, en parlant des blés. V. Boucá.

BOURCET, s. m. T. de mar., misaine, voile qui est entre le beaupré et la grande voile du grand mât.

BOURCHAS, asso., PROV., adj. Apre, astringent, en parlant de certains fruits.

BOURDA, v. a. Border ; former le bord d'un champ, d'une rivière ; border un lit, replier les couvertures sous le premier matelas ; coudre une bordure. T. de mar., tendre un cordage ou une voile ; clouer les bordages d'un navire

sur ses manœuvres ; *bourdat*, ado, part., bordé, ée. — ITAL., *bordare*. — ETY., *bord*.

BOURDA, B. LIM., v. n. Dire des bourdes, se moquer. — ETY., *bourdo*.

BOURDADO, s. f. T. de mar., bordée, décharge simultanée de tous les canons d'un des côtés du vaisseau ; cours d'un vaisseau qui louvoie ; on dit figurément d'un malade dont l'état laisse peu d'espoir : *a la bourdado en terro*. — ETY., s. part. f. de *bourdá*.

BOURDAGE, BOURDAGI, s. m. T. de mar., bordages, planches qui recouvrent en dehors la carcasse d'un navire. — ETY., *bourdá*.

BOURDAGIER, PROV., s. m. Balayures. — SYN. *bourdelier*. — ETY., *bordo, bouerdo, fétu*.

BOURDAIRE, O, B. LIM., s. m. et f. Bourdeur, celui qui donne des bourdes. — ETY., *bourdá*, dire des bourdes.

BOURDALAT, BÉARN., s. m. Hameau. — ETY., *bordo*.

BOURDALAYGUE, BÉARN., s. f. V. Bourtoulaiguo.

BOURDALÉ, éro, GASC., s. m. et f. V. V. Bourdier.

BOURDALESO, CÉV., s. f. Débris de végétaux que l'eau des inondations laisse, en se retirant, dans les terres. — SYN. *bourdinché*. — ETY., *bordo, bouerdo, fétu*.

BOURDALIER, iéro, CÉV., s. m. et f. Fermier, ère, métayer. — SYN. *bourdassier*. V. Bourdier.

BOURDAS, CÉV., s. m. Montagnard, gros paysan. V. Bouiras.

BOURDASSIER, iéiro, GARC., s. m. et f. V. Bourdalier.

BOURDAU, GASC., s. m. Métairie. V. Bordo.

BOURDÉ, CÉV., s. m. V. Bourdet.

BOURDEIRAGE, BOURDERAGE, LIM., s. m. Maisonnette, petite métairie. — ETY., *bordo*.

BOURDEJA, v. n. T. de mar., bordoyer, louvoyer, gouverner tantôt d'un côté, tantôt d'un autre ; CÉV., jouer du bâton, appelé *bourdó*. Pour la première acception, ITAL., *bordeggiare*. — ETY., *bord*.

BOURDEL, s. m. Bordel, bordel, lieu de prostitution. — Syn. *bourdeu*. — Cat., *bordell*; esp., *burdel*; ital., *bordello*; all., *bordell*. — Ety. rom., *bordà*, métairie, petite cabane, baraque.

BOURDELAGE, s. m. Bordelairia, prostitution. — Ety., *bourdel*.

BOURDELIER, prov., s. m. Balayures. V. *Bourdagier*.

BOURDELIÉRO, prov., s. f. Nom de deux poissons de la Méditerranée ; la bordelière, *Cyprinus blicca*, et la sope, *Cyprinus ballerus*.

BOURDESC, o, adj. Brusque, fantasque, capricieux, prompt, vif, colère. — Syn. *bourdescous*.

BOURDESCADO, s. f. Caprice, boutade. — Ety., *bourdesc*.

BOURDESCOUS, o, adj. V. Bourdesc.

BOURDESQUET, adj. Fantasque, capricieux. — Dim. de *bourdesc*.

BOURDET, cév., querc., s. m. Sabot que les enfants font tourner en le fouettant. — Ety., *bourdo*, petit bâton court.

BOURDÈU, prov., s. m. V. Bourdel.

BOURDIÈI, lim., s. m. V. Bourdier.

BORUDIÈIRO, cast., s. f. Saule à fleurs rouges, *Salix purpurea*, de la fam. des salicinées.

BOURDIER, toul., s. m. Métayer, laboureur à moitié fruit. — Syn. *bourtaire*, *bourdalé*, *bourdalier*, *bourdassier*, *bourdilé*, *boulatier*, *bourratier*, *bourdièi*. — Ety., *bordo*, métairie.

BOURDIFALHO, cév., s. f. V. Bourdufalho.

BOURDIFEL, s. m. Broussailles, racines enchevêtrées qu'on appelle *racinun* ; amas de fils ou de ficelles, tellement mêlés qu'on ne peut en trouver la centaine. — Syn. *bourdufalho*.

BOURDIGAU, prov., s. m. V. Bourdilho.

BOURDIGO, s. f. T. de pêche, bordigue, enceinte faite avec des claies sur le bord de la mer pour prendre du poisson ou pour le conserver vivant. — Syn. *bourdigòu*. — Ety. b. lat., *bordigala*.

BOURDIGOU, s. m. V. Bourdigo.

BOURDIHO, prov., s. f. V. Bourdilho.

BOURDILÉ, gasc., s. m. V. Bourdier.

BOURDILHAIRE, prov., s. m. Chiffonnier, celui qui achète les balayures. — Ety., *bourdilho*.

BOURDILHER, s. m. Caisse où l'on met les balayures. — Ety., *bourdilho*.

BOURDILHO, prov., s. f. Balayures, ordures. — Syn. *bouerdo*, *bourdagier*, *bourdelier*, *bourdigau*. — Ety., *bouerdo*, *fetu*.

BOURDINCHÉ, **BOURDINCHET**, cév., s. m. Écume mêlée de débris de bois et de terre. — Syn. *bourdaleso*. — Ety., *bordo*, *bouerdo*.

BOURDIU, gasc., s. m. V. Bordo.

BOURDO, s. f. Borda, bourde, menterie, mauvaise excuse, défaite.

BOURDO, biterr., s. f. Gourdin, bâton court qui se termine par une espèce de boule ; houlette ; *pè-debourdo*, pied-bot. — Ety. lat., *burdo*.

BOURDOSSA, b. lim., v. a. Rapetasser. — Syn. *pedassá*, *petassá*.

BOURDOU, **BOURDOUN**, s. m. Bordo, bourdon, long bâton de pèlerin ; quenouille ou pilier d'un lit à la duchesse ; *de pè-bourdou*, de pied-ferme ; *plantá bourdou*, s'établir dans un lieu. — Esp., *bordon* ; ital., *bordone*. — Ety., *bourdo*.

BOURDOUIRA, cév., v. a. et n. Ravauder, farfouiller, remuer, mettre sens dessus dessous ; fouiller pour chercher quelque chose ; *se bourdouirá*, v. r., se rouler à terre, se vautrer. V. S'avouludá.

BOURDOUL, s. m. V. Bourdoulho.

BOURDOULAIGUO, s. f. Pourpier. V. Bourtoulaiguo.

BOURDOULHAIRE, s. m. Bredouilleur, brouillon. — Ety., *bourdoulho*.

BOURDOULHO, s. f. Trouble, confusion, désordre, embarras ; brouillement. — Syn. *bourdoul*.

BOURDOUS, **BOURDOUNS**, s. m. p. *Lous tres bourdous*, la ceinture d'Orion ou les trois rois, constellation de trois étoiles de la première grandeur, disposées en ligne droite et à des distances égales l'une de l'autre. — Syn. *tres rèis*, *ensigne*, *rastèu*.

BOURDOUS, CAST., s. m. p. T. d'agriculture; billons, bandes de terre élevées par la pioche ou par la charrue au-dessus du niveau environnant. — ETY., *bord*.

BOURDUFALHO, s. f. Broutilles, broussailles; guenilles, bagatelles, effondrilles; au flg. chose de peu de valeur. — SYN. *bourdifalho*. — M. ÉTY. que *bourdilho*.

BOURE, BOURÉ, BOUREL. V. Bourre, etc.

BOUREL, CÉV., s. m. V. Bourreu.

BOURÉS, BOURET, B. LIM., adj. Qui est d'un rouge faible. V. Bourret.

BOURET, PROV., s. m. Champignon, bolet. V. Boulet.

BOURG, s. m. Bourg, endroit moins considérable qu'une ville, mais plus grand qu'un village. — ANC. CAT., *borg*; ESP., *burgo*; ITAL., *borgo*. — ETY. LAT., *burgus*; GOTH., *baurgs*, lieu fortifié.

BOURGA, PROV., v. n. Tourner, commencer à mûrir. V. Vairá.

BOURGADIER, iéro, ièiro, s. m. et f. Habitant, e, d'un faubourg. A. Bigot de Nîmes a publié, en 1866, un recueil de poésies écrites dans la langue populaire de son pays, auquel il a donné le titre de Li *Bourgadièiro*. — ETY., *bourg*.

BOURGAL, o, CÉV., adj. et s. Loyal, e, franc, che, jovial, poli, civilisé. — SYN. *bourgalet*, *bourgau*.

Tout'ama BOURGALA se pica,
Quand vei co que li dona plai,
D'y ajusta quicon de mai.
FAVRE.

BOURGALADO, s. f. Naïveté; *bourgalados*, grosses plaisanteries. — ETY., *bourgal*.

BOURGALAMEN, BOURGALOMENT, adv. Loyalement. — ETY., *bourgal*, et le suffixe *ment*.

BOURGALET, adj. et s. V. Bourgal.

BOURGAU, alo, PROV., adj. et s. V. Bourgal.

BOURGENC, PROV., s. m. Rhododendron, laurier rose des Alpes, *Rhododendron ferrugineum*, arbuste de la fam. des éricinées à fleurs roses. — SYN. *bouis-fer*.

BOURGÉS, o, s. et adj. Borges, borzés, bourgeois, e, citoyen, citoyenne d'une ville; personne appartenant à la classe moyenne d'une ville; patron d'un ouvrier. — ESP., *burges*; ITAL., *borghese*, *burgese*. — ETY. B. LAT., *burgensis*, tiré de *burgus*, bourg.

Aquistz borzes alezerat
En mainta gula fait peccat,
Quar ilh sob ades ergoilhos
Quar an grandas possessios,
Don ses far autras fazendas
Podon vieure de lur rendas.
EKMENG., Brev. d'amor. v. 17822-27.

Ces bourgeois oisifs — pèchent en mainte manière, — car ils sont toujours orgueilleux — parce qu'ils ont de grandes possessions, — avec lesquelles, sans se livrer à d'autres affaires, — ils peuvent vivre de leurs rentes.

BOURGIN, PROV., s. m. Bregin, espèce de filet de pêche à mailles étroites, par ext. piège. — SYN. *bregin*, *bresin*, *bourgino*. — ETY. B. LAT., *burginus*.

BOURGINO, s. f. Bregin. V. Bourgin.

BOURGISSOTO, s. f. V. Bourjassoto.

BOURGNA, B. LIM., v. n. Bornoyer, regarder d'un œil une surface pour juger de son alignement; guigner, fermer à demi les yeux pour mieux voir; lorgner, regarder en tournant les yeux de côté et comme à la dérobée; regarder fièrement. — SYN. *bournejá*. — ETY., *borgne*; *bourgná* signifie, en effet, faire le borgne, c'est-à-dire, fermer un œil pour viser.

BOURGNAIRE, B. LIM., s. m. Bornoyeur, celui qui vise d'un œil pour s'assurer si une chose est droite et de niveau. — SYN. *bournejaire*. — ETY., *bourgná*.

BOURGNOU, BOURGNOUN, s. m. Ruche à miel, quelle que soit sa forme ou sa matière. — SYN. *bourniu*. — B. LIM., *bourna*, *bournal*; GASC., *bournac*; ITAL., *bugno*. — ETY., *borgno*, trou, creux d'un arbre, parce qu'on fait des ruches avec des troncs d'arbres creusés.

BOURGNOUN, PROV., s. m. Petite bécassine. V. Becassou.

BOURGUET, s. m. Petit bourg. — DIM. de *bourg*.

BOURGUET, B. LIM., s. m. Greux, cavité que fait le fer d'une toupie en la jetant avec force sur une autre toupie ou sur du bois ; au fig. brocard, lardon, mot piquant.

BOURGUETA, B. LIM., v. a. et n. Brocarder, railler, dire de mauvaises plaisanteries, comme on fait dans les petites localités. — ETY., *bourguet*.

BOURGUETADO, B. LIM., s. f. Brocard, raillerie piquante. — ETY., s. part. f. de *bourgueta*.

BOURGUIGNOTO, s. f. Calotte à oreilles, coiffe de dessous.

BOURGUIGNOU, BOURGUIGNOUN, TOUL., s. m. Pourceau, cochon. V. Poussel.

BOURGUIGNOUN, PROV., s. m. Épi de l'orge, queue-de-rat ; *Hordeum murinum*, appelé aussi *saulo-roubin*, et de l'orge marin, *estranglo-besti*.

BOURI, GASC., v. n. Bouillir. V. Boulı.

BOURI, B. LIM., s. m. Poussière, duvet qui s'attache aux habits, aux meubles ; ordures ; LIM., fétu ; balayures ; *bourique-bolai*, balayures et balai, c'est-à-dire tout. V. *Bourril* pour le sens de duvet.

BOURIA, PROV., v. a. Remuer, agiter un liquide.

BOURIACO, PROV., s. f. Mauvaise soupe, mauvais ragoût. V. Boulhaco.

BOURIAIRE, s. m. Métayer, fermier.— ETY., *borio*, métairie. V. Bourdier.

BOURICHOT, GASC., s. m. Panier couvert.

BOURIDE, BÉARN., s. m. Levain.

BOURIÉS, CAST., s. m. p. T. de cordonnier, morceaux de cuir qu'on retranche d'une semelle. — ETY., *bouri*, ordure, balayure.

BOURIGAL, CÉV., s. m. Bourrée. V. Bourrèio.

BOURIGO, PROV., s. f. Agaric du panicaut, et, improprement, morille. V. Berigoulo.

BOURIGOULO, s. f. V. Bouligoulo *et* Berigoulo.

BOURIJOLO, PROV., s. f. Chardon étoilé ou chausse-trape. V. *Cauc-trapo*.

BOURIL, CÉV., s. m. Ventre, bedaine.

BOURINO, PROV., s. f. T. de mar., bouline, corde amarrée de chaque côté d'une voile qui sert à la porter de biais pour prendre le vent de côté ; *faire courre la bourino*, faire courir la bouline, punition qui consiste à frapper un matelot délinquant avec une garcette. — SYN. *boulino*. — CAT., *borina* ; ESP., PORT., *bolina*. — ETY. HOLL., *boelijn*, de *boe*, proue, et *lino*, corde.

BOURINOUS, O, B. LIM., adj. Chagrin, e, morose, quinteux ; gris, en parlant du temps ; couvert d'ordures, de poussière. — ETY., *bouri* pour cette dernière acception.

BOURIOL, QUERD., s. m. Crêpe faite avec de la farine de blé noir ou sarrazin.

BOURIOLO, CÉV., s. f. Petite bécassine. V. Becassoû.

BOURISSOU, no, B. LIM. ; s. m. et f. Babouin, jeune enfant badin et étourdi ; tracassier, ère.

BOURJA, CÉV., v. a. et n. Fouiller profondément la terre avec la pioche ou la marre ; trouer, dégorger un tuyau, un conduit. — SYN. *bourjouná*.

BOURJADOUIRO, PROV., s. f. Baguette dont on se sert pour enlever le tampon d'une cuve, ou pour dégorger un tuyau. — ETY., *bourjado*, part. f. de *bourjá*.

BOURJAIRE, PROV., s. m. Chaufournier, ouvrier qui fait des fours à chaux ; ouvrier employé à dégorger des tuyaux, des conduites d'eau. — ETY., *bourjá*.

BOURJANSOTO, s. f. V. Bourjassoto.

BOURJAQUIN, PROV., s. m. Jeune ou petit bourgeon.

BOURJAS, PROV., s. m. Bruyère commune. V. Bruc.

BOURJASSOTO, s. f. Figue bourjassotte ; elle est violette, ronde, plate et d'un goût exquis. — SYN. *bourjansoto, bourgissoto, barnissoto*. — PORT., *borjaçote*.

BOURJOU, BOURJOUN, s. m. Bourgeon des arbres, des arbrisseaux, etc. — SYN. *bourre, bourroû, boutoû*.

BOURJOU, CÉV., s. m. Tisonnier, instrument de fer pour attiser le feu ; baguette propre à fouiller. — ETY., *bourjá*.

BOURJOUNA, v. n. Bourgeonner, pousser des bourgeons. — Syn. *bourjouniá, bourrá, boutouná*. — Ety., *bourjoun*.

BOURJOUNA, cév., v. a. Fouiller, farfouiller, trouer, remuer, attiser. — Ety., *bourjou*.

BOURJOUNADO, prov., s. f. Cohue, grande foule.

BOURJOUNAIRE, s. m. Tisonneur, celui qui remue le feu ; au fig. qui attise une querelle ; celui qui fouille partout. — Syn. *bourjouniaire, fourgouniaire*. — Ety., *bourjouná*, attiser, fouiller.

BOURJOUNAT, adj. part. Bourgeonné, ée, qui a des bourgeons ; au fig. celui dont le visage est couvert de boutons ; fouillé, attisé.

BOURJOUNIA, v. a. Fourgonner. V. Fourgougná ; v. n. bourgeonner. V. Bourjouná.

BOURJOUNIAIRE, s. m. V. Bourjounaire et Fourgouniaire.

BOURLA, B. LIM., v. a. Brûler ; *bourlá lou tioul ò quauqu'un*, manquer de parole à quelqu'un. V. Brullá.

BOURLA, prov., v. a. Railler ; *se bourlá*, v. r., se moquer. — Ety. ITAL., *burlare*.

BOURLA, AGAT. PROV., v. n. Remuer, bouger, bondir, sauter en l'air.

BOURLA, GASC., v. a. Ourler. — Ety., altér. de *ourlá*.

BOURLAIRE, B. LIM., s. m. V. *Brullaire*. Il signifie aussi moqueur ; sauteur ; celui qui ourle.

BOURLAN, GASC., s. m. Draps à longue laine ou de grosse toile.

BOURLE, AGAT., s. m. Bond, saut ; il se dit d'un corps qui tombe de haut. Ety., *bourlá*.

BOURLHOU, B. LIM., s. m. Petite touffe de laine, de soie, de coton ; flocon. — Ety., altér. de *bourrilhou*, dim. de *bourril*.

BOURLIASSADA, MONTP., s. f. Grande quantité, confusion, mêlée.

    Per ieu, coum'era moun amiga,
    Me dis : « Assa, gusas, adion !
    Fai-me lou poutou de l'estriou, »
    Y en faguere una BOURLIASSADA.
                    FAVRE, Odyss.

BOURLICE, s. m. V.

BOURLIS, s. m. Trouble, mêlée, confusion, vacarme ; tempête ; d'où le mot français, bourlinguer, qui exprime l'action d'un vaisseau qui lutte contre une grosse mer. — Syn. *broulice, burlice*.

    Per tant granda qu'il age au monnde malastrada,
    Aquel qu'es druc jamai se daissa assabranlá ;
    Lou tron d'en Diéu qu'es preste a lou curá,
    Lou BOURLIS tempestous de la mar courroubiada,
    Ou lou serre que branda en orra trautalbada,
    D'un cor siau loui sap agacha.
                    A. ROQUE-FERRIER, *Soulas*.

BOURLO, s. f. BURLA, moquerie, plaisanterie ; tromperie, attrape. — Esp., ITAL., *burla*; PORT., *bulra*.

BOURLODI, B. LIM., s. m. Brûlure, trou produit par une étincelle. — Ety., *bourlá*, brûler.

BOURLOUN, PROV., s. m. Bouillie, bouillon.

BOURLOZOU, B. LIM., s. f. Fer-chaud, soda, sentiment de chaleur et d'érosion à la gorge. — Syn. *cremesoun*. — Ety., *bourlá*, brûler.

BOURMENEC, cév., adj. Vermoulu. V. Vourmenec.

BOURMERO, GASC., s. f. Morve. V. Morvo.

BOURMEROUS, O, GASC., adj. Morveux, euse. V. Mourvous.

BOURMOULADO, TOUL., s. et adj. Morveux, jeune enfant.

BOURMOUS, O, GASC., cév., s. et adj. Morveux, euse. V. Mourvous.

BOURMOUSOT, GASC., cév., Petit morveux. — Dim. de *bourmous*.

BOURNA, B. LIM., s. m. Ruche. V. Bournat.

BOURNA, PROV., v. a. Creuser, rendre creux ; *bournát, ado*, part., creusé, ée. — Ety., *borno*, creux, cavité.

BOURNAC, GASC., s. m. Ruche. B. LIM., *bournat*. V. Bourgnou.

BOURNADO, cév., s. f. Tripailles des bêtes de boucherie ; SYN. *bounado, tripalhos, toumbados*; PROV., *bournado dis infer*, lies des fosses d'un pressoir à huile. — SYN. *bourras*, pour la dernière acception.

BOURNAL, cév., s. m. Cendrier d'un

four. — SYN. *gagournas, gougournas, babournas, fournas*. — ETY., altér. de *fournal*, du four.

BOURNARÚ, do, PROV., adj. Creux, euse. — ETY., *bourná*, creuser.

BOURNASSO, NIM., s. f. Canard chipeau, appelé aussi *boui cabussaire, boui gris*.

BOURNAT, ado, part. Creusé, ée.

BOURNAT, B. LIM., GASC., s. m. V. Bourgnoú.

BOURNEJA, v. n. V. Bourgná.

BOURNEJAIRE, s. m. V. Bourgnaire.

BOURNEL, s. m. V. Bournèu.

BOURNELA. PROV., v. a. et n. Placer des tuyaux, des conduits, y faire passer l'eau ; creuser ; *bournelat*, ado, part., garni, e, de tuyaux ; renfermé dans des conduits ; creux, creuse, creusé. — ETY., *bournel*.

BOURNELAGE, BOURNELAGI, PROV., s. m. Tous les tuyaux pour la conduite des eaux ; action de les poser. — ETY., *bournelá*.

BOURNÈU, s. m. Tuyau de fonte, de brique ou de toute autre matière pour la conduite des eaux ; tuyau de cheminée ; soupirail d'un four de boulanger. — SYN. *bournel*. — ETY., *borno, borgnó*, creux, cavité.

Tout un pople palinèu
Béu à plèn BOURNÈU.
MISTRAL, *Lou Porto-aigo*.

BOURNIACHOU, PROV., s. et adj. Myope. V.

BOURNICLÉ, GÉV., adj. Myope, qui a la vue basse, qui cligne les yeux au grand jour. — SYN. *bourniquel, bourniquet*. — CAST., *clugomechos*. — ETY., *borni* ou *borgne*.

BOURNIÈS, s. m. p. Rognures, résidus, restes de foin, de paille, de bourre, de cuir, de drap ; tout ce qu'on rejette et qui est ordinairement employé comme engrais.

BOURNIFLE, o, s. et adj. Celui ou celle qui se mouche salement ; enfant malpropre ; femme mal accoutrée. — ETY. KYMRI., *baw*, boue, saleté, et *niflá*, renifler.

BOURNIGAS, CAST., s. m. V. Bourtigas.

BOURNIGOUN, PROV., s. m. Petit réduit, mal éclairé, rue étroite, cul-de-sac. — ETY., *borni*, borgne.

BOURNIQUEL, BOURNIQUET, s. et adj. V. Bourniclé.

BOURNIU, s. m. V. Bourgnoú.

BOUROUSCLA, ado, PROV., adj. Légèrement brûlé, ée. — SYN. *besusclat*, dont *bourousclá* est une altération.

BOURRA, v. a. Bourrer, garnir de bourre ; presser la charge d'un fusil avec un bouchon de bourre ; au fig. v. a. et n., manger beaucoup, presser les aliments dans l'estomac de la même manière qu'on bourre un canon ; maltraiter quelqu'un en paroles, le frapper. Il se dit aussi d'un chien qui se jette sur le gibier et le prend avec les dents. Il signifie encore frapper les rochers avec une masse de carrier, appelée *bourro* ; briser avec le même outil des blocs de pierre ; *se bourrá*, v. r., se gorger d'aliments ; se bien vêtir pour se défendre du froid ; se donner des bourrades, se gourmer réciproquement ; B. LIM., se moisir. — ETY., *bourro*, bourre.

BOURRA, v. n. BROTAR, BROTONAR, bourgeonner ; on le dit de la vigne et des autres plantes quand elles commencent à pousser leurs bourgeons. — SYN. *bourri, bourriá, bourrouná, brou touná, bourjouná, bourjouniá*. — ETY., *bourre*, bourgeon.

BOURRACAN, s. m. BARRACAN, bouracan, camelot, étoffe de laine rasée.

BARRACAN dona de tenher en grana. III. S.
CART. DE MONTP.

Le bourracan coûte trois sous pour teindre en écarlate.

ESP., *barragam* ; ITAL., *baracane*, PORT., *barregana*.

BOURRACHO, PROV., s. f. Espèce de flacon de terre. — SYN. *boumbo*. — ETY. ITAL., *baracchia*, bouteille de cuir.

BOURRACHO, s. f. BORRAGE, bourrache, *Borrago officinalis*, plante de la fam. des borraginées ; on donne, mais improprement, le même nom à l'asphodèle. V. Pourraco. — SYN. *bourragi, bourraió, bourrajo*. — ESP., *borraja* ; PORT., *borragem* ; ITAL., *borragine*. — ETY., *bourro*, bourre, parce que la tige et les feuilles de cette plante sont hérissées de longs poils qui forment une espèce de bourre.

BOURRACHO BASTARDO ou **SAUVAJO**, s. f. Buglosse d'Italie, *Anchusa italica*, plante de la fam. des borraginées ; on donne le même nom à la buglosse à feuilles étroites et à la buglosse officinale, et, en Gascogne, à la sauge des prés, appelée aussi *herbo des bounshomes*.

BOURRADO, s. f. Bourrade, mauvais traitement, reproches violents, coups de crosse de fusil ; morsure que fait un chien de chasse à une pièce de gibier ; effort, épaulée ; reprise d'un ouvrage ; *faire uno bouno bourrado*, c'est donner un bon coup de main ; on dit dans le même sens : *faire uno bulado*. — Syn. *bourral*. — Ety., s. part. f. de *bourrá*.

BOURRAGI, prov., s. m. V. Bourracho.

BOURRAGI-FER, prov., s. m. Vipérine commune, herbe aux vipères, *Echium vulgare*, plante de la fam. des borraginées. — Syn. *buglo, viperino, faures, lengo de biòu*. On donne le même nom aux buglosses. V. *Bourracho bastardo*.

BOURRAIO, s. f. V. Bourracho.

BOURRAIRE, s. m. Celui qui est toujours prêt à donner quelque bourrade; chien qui bourre le gibier, qui le prend avec les dents; celui qui se bourre, qui mange avec excès ; chargeoir pour les mines ; baguette dont on se sert pour bourrer. — Ety., *bourrá*.

BOURRAJO, s. f. V. Bourracho.

BOURRAL, s. m. Bourrade, volée de coups. V. Bourrado.

BOURRALIER, s. m. Bourrelier. — Ety., *bourro*, du lat. *burra*.

BOURRAQUI, cév., s. m. Grande peau de cuir en forme de flacon, avec laquelle certains religieux faisaient la quête du vin. — Ety. b. lat., *burrhanicum*.

BOURRAS, s. m. Borras, toile grossière dont on fait des sacs ; grand carré de cette toile qu'on remplit de paille, de fourrage, etc., pour pouvoir les transporter ; canevas grossier. — Biterr., *bourrouno* ; cat., *borrax*. — Ety., augm. de *bourro*.

BOURRAS, cév., s. m. Boue, lie des fosses d'un pressoir à huile, résidu d'une jarre à huile. — Biterr., *crassos d'oli*. — Prov., *bournado dis infers*.

BOURRASCADO, s. f. Bourrasque, pluie violente et de peu de durée, giboulée, grand vent, tourbillon ; au fig. emportement violent et passager, grand accès de colère ; grêle de coups. — Syn. *bourrassado*. — Ety., *bourrasco*.

BOURRASCO, s. f. Bourrasque. — Cat., esp., port., *borrasca*. — Ital., *burrasca*.

BOURRASSADO, s. f. V. Bourrascado.

BOURRASSAT, s. m. Plein un *bourras*. — Ety., *bourras*.

BOURRASSIER, prov., adj. *Linsòu bourrassier*, drap de grosse toile dans lequel on transporte les gerbes. — Ety., *bourras, bourrenc, bourrouno*.

BOURRASSO, s. f. Lange de dessous en laine ou en coton. On dit d'un enfant au maillot : *es encaro à la bourrasso*. — Syn. *bourrenc*. — Ety., *bourras*.

BOURRASSOU, BOURRASSOUN, s. m. Lange, morceau d'étoffe dont on enveloppe un enfant au maillot. — Ety., dim. de *bourrasso*.

BOURRASSOU, s. m. Morgeline intermédiaire, *Alsine media*; petite buglosse, *Anchusa arvensis*.

BOURRAT, ado, part. Bourré, ée ; maltraité ; étrillé, bourgeonné. — Cév., *iòus bourrats*, œufs brouillés.

BOURRATIER, toul., s. m. Métayer, fermier. — Syn. *boulatier*. V. Bourdier.

BOURRATS (A), prov., loc. adv. *Toumbá à bourrats*, tomber par torrents, en parlant de la pluie.

BOURRAU, s. m. Aubique noire, figuefleur. — Syn. *gourrau, col-de-segnouro, blaveto* — Ety. radic., *bou*, qui exprime l'idée de rondeur, d'enflure. V. Boudenflá.

BOURRE, s. m. Bourgeon qui commence à pousser ; on le dit plus particulièrement de l'œil de la vigne ; *tombo pla un bourre*, se dit d'un homme qui boit beaucoup de vin. — Syn. *bourrou*. — Ety., *bourro*, bourre, duvet qui enveloppe les bourgeons.

BOURRE, o, PROV., adj., Brun, e. V.

BOURRÉ, BOURRET, CÉV., adj. Roux, rougeâtre ; clairet, en parlant du vin ; on appelle à Béziers, *terret-bourret*, un cépage qui produit un vin presque blanc quand le raisin n'a pas fermenté, et dans le cas contraire un vin rougeâtre ou rosé. — ÉTY. LAT., *burrus*, roux.

BOURREC, s. m. Anténois, agneau d'un an ; *bourrego*, brebis d'un an. — SYN. *agnelat*, *anouge*, *bedigas*, *vertisses*. — CAT., *borreg* ; ESP., *borrego*.

BOURRÈIO, PROV., s. f. Bourrée, fagot de menues branches sèches.

BOURRÈIO, s. f. Bourrée, rigaudon, espèce de danse. — SYN. *bourrèyo*, *bourrigal*.

BOURREL, s. m. Bourreau. V. Bourrèu.

BOURRELA, v. a. Bourreler, tourmenter ; *l'envejo lou bourrelo*, la jalousie le tourmente. — ÉTY., *bourrel*, bourreau.

BOURRELAIRE, PROV., s. m. V. Bourrèu.

BOURRELEJA, PROV., v. a. Bourreler, tourmenter. — ÉTY., fréq. de *bourrelà*.

BOURRELIGE, PROV., s. m. Bouleversement. — SYN. *bouliverso*.

BOURREN, BOURRENC, s. m. Drap de grosse toile. V. Bourrouno.

BOURRENCADO, CÉV., s. f. Plein le drap appelé *bourrenc*. — SYN. *bourrassado*, *bourrounado*.

BOURRENCO, PROV., s. f. V. Bourrouno.

BOURRET, CAST., s. m. Veau ; *bourreto*, s. f. génisse, vache qui n'a pas encore porté.

BOURRETAIRE, o, CÉV., s. m. et f. Cardeur, cardeuse de fleuret ou de bourre de soie. — SYN. *bourretiaire*, o. — ÉTY., *bourreto*, bourre de soie.

BOURRETALHO, CAST., s. f. Troupeau de veaux, de génisses. — ÉTY., *bourret*, o, veau, génisse.

BOURRETIAIRE, o, s. m. et f. V. Bourretaire.

BOURRETO, s. f. Fleuret, fil, ruban et étoffe faits avec les débris grossiers du tirage des cocons, bourre de soie. — DIM. de *bourro*.

BOURRETO, CÉV., s. f. *Faire bourreto*, mettre dans le pétrin une trop grande quantité d'eau. — SYN. *gouretò*.

BOURRETOS, PROV., s. f. p. Marque que le vin laisse à la lèvre supérieure quand on le boit dans un verre.

BOURRÈU, s. m. BOREL, bourreau, exécuteur des arrêts criminels ; *bourrelo*, s. f., femme du bourreau ; *pago de bourrèu*, paie de bourreau, c'est-à-dire, d'avance. — SYN. *bourrel*, *bourrelaire*, *boio*, *boyou*. — ESP., *borrero* ; ITAL., *boio*.

BOURRÈYA, GASC., v. a. Mettre en petits fagots. — ÉTY., *bourrèyo*.

BOURRÈYO, GASC., s. f. Bourrée. — SYN. *bourrèio*.

BOURRÈYOUN, PROV., s. m. V. Bourrilhou.

BOURRI, BOURRIA, PROV., v. n. Bourgeonner. V. Bourrà.

BOURRICO, s. f. Bourrique, ânesse ; au fig. personne stupide. — SYN. *bourrisco*. — ESP., *borrico* ; PORT., *burrico* ; ITAL., *bricco*. — ÉTY. LAT., *burricus*, petit cheval.

BOURRICOU, s. m. V. Bourriquet.

BOURRIDO, s. f. Ragoût ou soupe au poisson, qui ressemble à la *bouillabaisse* ; *courre bourrido*, se sauver pour échapper à une poursuite, errer ; avoir la diarrhée ; être dans la peine ; *bourrido agatenco*, titre d'un recueil de poésies écrites dans le dialecte d'Agde, publié, en 1866, par Balthazar Floret de cette ville.

BOURBIGAI-FER, PROV., s. m. Buglosse d'Italie. V. Bourracho bastardo.

BOURRIGAL, CÉV., s. m. Bourrée, rigaudon. V. Bourrèio.

BOURRIL, s. m. Bouchon, duvet, coton, ou bouts de fil qui départent les étoffes ; *bourril de nèu*, flocon de neige ; CAST., *bourril de lano*, bonnet de laine. — DIM. de *bourro*.

Tal vèi BOURRIL dins l'uel de soun vesi que vèi pas la fusto que curo lou sèu.
PRO.

BOURRILHOU, BOURRILHOUN, s. m.

Bouchon qu'on rencontre sur un fil mal filé ; petit bourgeon qui vient à côté du principal ; dans la bonne taille de la vigne, on ne laisse que le *bourre* et le *bourilhoú*.

BOURRILHOUS, o, adj. Cotonneux, euse, plein de bouchons ou de duvet. — Syn. *bourrilhut*. — Ety., *bourril*.

BOURRILHUT, udo, adj. V. Bourrilhous.

BOURRINAT, do, prov., adj. Retroussé, ée, en parlant des bords d'un chapeau.

BOURRIN-BOURRAN, gasc., loc. adv. Sens dessus dessous. — Syn. *bourroun-bourroun*.

BOURRIQUET, s, m. Bourriquet, ânon.

> Sense grand argent al paquet
> N'an pas un trin de gran parado ;
> Nou menon que lo BOURRIQUET
> Dambé le biòu, sonn camarado.
>
> Goudelin, *L'an mil siets cens.*

Syn. *bourricoú*, *bourriscoú*, *bourrisquet*, *bourrou* ; — Cat., *burriquet* ; esp., *borrisquele*. — Ety., dim. de *bourrico*.

BOURRIQUETADO, s. f. Anerie. — Syn. *bourrisquetado*. — Ety., *bourriquet*.

BOURRISCA, cév., v. n. Faire la bête au jeu de cartes appelé *bourriscado*.

BOURRISCADO, s. f. Anerie, faute grossière ; la bête, nom d'un jeu de cartes. — Cat., *bourricada* ; esp., *borriscada*. — Ety., *bourrisco*.

BOURISCALHO, s f. Les ânes, en général. — Ety., *bourrisco*.

BOURRISCO, s. f. V. Bourrico.

BOURRISCÒT, **BOURRISCOU**, **BOURRISCOUN**, s. m. Bourriquet. V. Bourriquet.

BOURRISQUET, s. m. V. Bourriquet.

BOURRO, prov. s. f. Bourgeon. V. Bourre.

BOURRO, s. f. Jeu de la bête, espèce de jeu de cartes. — Syn. *bourriscado*.

BOURRO, s. f. Borra, borrot, bourre, poil de certaines bêtes ; duvet de certains fruits ; bourre d'une arme à feu ; b. lim., moisissure ; cév., masse de carrier pour rompre les pierres. *Bourro-follo*, b. lim., duvet, poil follet. — Syn. *pel foulet*, *pel voulatièu*. — Cat., esp., ital., *borra*. — Ety. lat., *burra*, dérivé du grec πυρρός, roux, rougeâtre, à cause de la couleur de la bourre.

BOURRO-BOURRO, termes dont on se sert pour exciter un chien à se jeter sur une pièce de gibier. — Ety., *bourrá*.

BOURROMESCLA, v. a. Bouleverser, bousculer, mettre sens dessus dessous. — Ety., *bourro*, bourre, et *mesclá*, mêler, brouiller comme de la bourre.

BOURROU, **BOURROUN**, toul., querc., s. m. Bourgeon. V. Bourre.

BOURROU, s. m. Bourrique, baudet âne. V. Bourriquot.

BOURROUL, gasc., s. m. Verrou. V. Barroul.

BOURROUL, gasc., s. m. Tubercule, durillon, aspérité qui se trouve sur la feuille de certaines plantes ; il signifie aussi bourgeon. V. Bourre.

BOURROULA, prov., v. a. Brouiller, mettre pêle-mêle, troubler, remuer, bouleverser, brasser ; *bourroulá la salado*, fatiguer la salade ; *bourroulá lou fioc*, fourgonner le feu.

BOURROULADIS, s. m. V.

BOURROULAMENT, s. m. Remuement, bouleversement, trouble, agitation. — Syn. *bourroulo*. — Ety., *bourroulá*, et le suffixe *ment*.

BOURROULARÈU, ello, prov., adj. Remuant, e, bouleversant, e ; *revoulunado bourroularello*, rafale bouleversante. — Ety., *bourroulá*.

BOURROULHA, gasc., v. a. Verrouiller. — Ety., *bourroul*. V. Barroulhá.

BOURROULHUT, udo, gasc., adj. Pingueux, euse, couvert d'aspérités, de bouchons, en parlant du fil. — Syn. *bourrilhous*. — Ety., *bourroul*.

BOURROULO, prov., s. f. V. Bourroulament.

BOURROUN-BOURROUN, adv. Pêle-mêle, sans ordre : avec précipitation. — Syn. *bourrin-bourran*.

BOURROUNA, cast., v. n. Bourgeonner. — Biterr., *bourrá*. — Ety., *bourroun*.

BOURROUNADO, biterr., s.f. Plein le drap de toile grossière, appelé *bour-*

rouno ; au fig. *manjá à la bourrounado*, manger à discrétion. — Syn. *bourrassado, bourrencado*. — Ety., *bourrouno*.

BOURROUNO, biterr., s. f. Grand carré de toile grossière dont on se sert pour le transport du foin, de la paille, etc. — Syn. *bourrenc, bourrenco, bourras, bourrassier*. — B. lim., *bolin*. — Ety., *bourro*.

BOURROURETO, prov., s. f. Gaude, bouillie faite avec de la farine de maïs, de sarrazin, etc. — Biterr., *farinetos*.

BOURROUYO, prov., adj. Folâtre, éventé, coureur. V. *Barroulaire*.

BOURRUGO, toul., s. f. Verrue. V. *Varrugo*.

> Sa barbo se trosso en redoun
> Coumo la testo d'un biduloun,
> Oun per cabilhos soun plantados
> Quatre bourrugos incarnados.
> Goudelin, *D'autre sou...*.

BOURRUGUE, béarn., s f. V. *Varrugo*.

BOURRUGUEJA, gasc., v. n. Foisonner, multiplier ; être rempli de...

BOURRUT, udo, adj., Bourrue, e, qui n'est pas dégrossi, plein de bourre ; velu, e ; au fig. qui est d'une humeur brusque et chagrine. — Ety., *bourro*.

BOURSAL, prov., s. m. Filet de pêche de forme conique. — Syn. *mancho, goulet*. — Ety., *bourso*.

BOURSEJA, BOURSELHA, v. n. V. *Boursilhá*.

BOURSETO, s. f. Petite bourse. — Syn. *bousseto, boursouno*. — Ital., *borsella, borsetta*. — Dim. de *bourso*.

BOURSICA, b lim., v. n. V. *Boursilhá*.

BOURSICOT, s. m. V.

BOURSICOU, s. m. Bourson, petite poche au dedans de la ceinture d'un pantalon ; gousset. — Syn. *boussicot, boussot, boussoun, pouchoun*. — Ety., *bourso*.

BOURSILHA, v. n. Boursiller, contribuer chacun d'une petite somme à une dépense ; vider sa bourse. — Syn. *bourseja, bousseja, boursèlha, boursicá*. — Ety., *bourso*.

BOURSO, s. f. Borsa, bourse, petit sac dans lequel on met son argent de poche ; toute espèce de petit sac qui a la forme d'une bourse ; poche ou filet qu'on place à l'entrée des terriers des lapins après y avoir introduit un furet ; au fig. *bourso* signifie argent ; pension gratuite accordée à un élève ; lieu où s'assemblent les négociants. — An. cat., *borsa* ; cat. mod., *bossa* ; esp., *bolsa* ; ital., *borsa*. — Ety. lat., *byrsa*, du grec, βύρσα, bourse.

BOURSO-A-PASTRE, s. f. Bourse à pasteur, tabouret. V. *Herbo-de-l'evangilo*.

BOURSOUN, prov., s. m. Bourson, petite bourse, blague à tabac. — Dim. de *bourso*.

BOURSOUNADO, prov., s. f. Scrotum, bourses ; caillette des animaux ruminants. — Syn. *boussounado, boussounau*. — Ety., *bourso*.

BOURTIGAS, gast., s. m. Hallier, buisson fort épais. — Ety., *ourtigo*, ortie ; *bourtigas* est mis pour *ourtigas*.

BOURTOULAIGUO, s. f. Pourpier, *Portulaca oleracea*, plante de la fam. des portulacées qu'on mange en salade. — Syn. *cambo-de-poul, bourdoulaiguo, bourtouraiguo, bourdalayguo, bertoulaiguo, bourtoulaigro*. — Cat., esp., *verdolaga* ; ital., *portulaca* ; all., *portulac*. — Ety. lat., *portulaca*.

BOURTOULAIGUO-DE-MAR ou **BOURTOULAIGUO SAUVAJO**, s. f. Obione pourpier, *Atriplex portulacoïdes*. — Prov., *bourtoulaiguo-fèro*. V. *Blanqueto*.

BOURTOULEN, s. m. Verveux. V. *Vertoulet*.

BOURTOURAIGUO, prov., s. f. V. *Bourtoulaiguo*.

BOUS, pron. pers. Vous ; dans le dialecte béarnais, *bous*, quand il est complément ou régime, se change ordinairement en *b*, en *p*, ou *pe, eb, ep*. V. *Vous*.

BOUSA, BOUSADO, BOUSANQUET, V. *Bouzá*, etc.

BOUSCA, prov., v. a. Chercher ; attraper, extorquer : *bouscá fourtuno*, chercher fortune. — Esp., *boscar, buscar*.

BOUSCA, prov., v. n. S'enfuir à travers les bois ; déguerpir. — Syn. *tabouscá*. Ety., *bosc*, bois.

BOUSCAGE, BOUSCAGI, s. m. Boscatge, bocage, petit bois, lieu ombragé ; tout le bois qui entre dans la construction d'une maison. — CAT., *boscatge* ; ESP., *boscage* ; ITAL., *boscaggio*. — ETY., *bosc*.

BOUSCAIRA, PROV. v. n. Ramasser du menu bois dans la campagne. V. Buscalhá.

BOUSCALHA, v. n. V. Buscalhá.

BOUSCALHO, s. f. Menu bois que l'on ramasse dans la campagne. — ITAL., *boscaglia*. — ETY., *bouscalhá*.

BOUSCARASSO, s. f. Futaie épaisse, bois touffu. — BÉARN., *bouscarrá*. V. Bouscasso.

BOUSCARDIÈIRO, CÉV., s f. Bûcher, lieu où l'on enferme le bois de chauffage. — SYN. *bouscatiéro, bousquetiéro, legnier, piolo*. — ETY., *bosc*, bois.

BOUSCARDIER, CÉV., s. m. Bûcheron. V. Bouscatier.

BOUSCARIDETO, s. f. V.

BOUSCARIDO, CÉV., s. f. On donne ce nom à plusieurs oiseaux du genre bec-fin, *Sylvia* : 1° au bec-fin cetti, *roussignol bastard* ; 2° au bec-fin des saules; 3° au bec-fin grisette, *mousquet* ; 4° au bec-fin fauvette, *Sylvia hortensis* ; 5° au bec-fin à lunettes, *Sylvia conspicillata*; le mâle a l'espace, entre le bec et l'œil, noir et le tour des yeux blanc ; 6° au bec-fin pitchou ; 7° au bec-fin passerinette; 8° à la fauvette à tête noire, *Sylvia atricapella* (bouscarido del cap negre *ou* testo negro, couloumbado pichoto); 9° à la fauvette babillarde, (bouscarido des jardins) ; 10° à la fauvette aquatique (bouscarido des paluds). On donne aux plus petits de ces oiseaux le nom de *bouscaridelo*, notamment au bec-fin à lunettes, à la fauvette passerinette et au bec-fin pitchou. L'abbé de Sauvages appelle *bouscarido grosso* ; la sitelle torche-pot qui est mieux désignée par le nom de *Pic blu*. V. ce mot. *Bouscarlo* est syn. de *bouscarido* et désigne les mêmes oiseaux. L'étymologie des deux mots est la même et vient de *bosc*, bois, habitation ordinaire du plus grand nombre des becs-fins ou fauvettes. — SYN. *bousquerlo, bouscatièida*.

BOUSCARLO, PROV., s. f. Nom commun aux becs-fins ou fauvettes. V. Bouscarido.

BOUSCARLO-DE-CANIER, PROV., s. f. Bec-fin ou fauvette des roseaux, *Sylvia salicaria*, qui habite les lieux marécageux.

BOUSCAROT, GASC., s. m. Petit bois, bosquet. Dim. de *bosc*.

BOUSCARRA, BÉARN., s. m. Bois fourré, broussailles. — SYN. *bouscarasso, bouscasso*.

BOUSCAS, s. m. Grand bois, bois sombre ; PROV., mauvais bois, bois qui brûle mal, bois qu'on ne peut pas travailler ; *coupá lou bouscas d'un amourier*, couper le sauvageon d'un mûrier greffé. Augm. de *bosc*.

BOUSCAS, asso, PROV., adj. Sauvage : *branco bouscasso*, branche sauvage, branche non-greffée ; *cousin bouscas*, cousin bâtard ; *frount bouscas*, front couvert de cheveux ou de poils. — ETY., *bosc*, bois.

BOUSCAS, CÉV., s. m. Menthe sauvage. V. Mentastro.

BOUSCASSÉ, GASC., s. m. Bûcheron. V. Bouscatier.

BOUSCASSIÈIRO, s. f. Serpe de bûcheron. — ETY., *bouscassier*.

BOUSCASSIER, ièiro, adj. Bocager, ère, qui habite les bois ; s. m., bûcheron. V. Bouscatier.

BOUSCASSINO, CÉV., s. f. Réunion de sauvageons qui poussent le long de la tige d'un arbre greffé à la tête. — ETY., *bouscas*.

BOUSCASSO, s. f. Futaie épaisse. — SYN. *bouscarasso*. — PROV., sauge sauvage.

BOUSCATIÈIDA, MONTP., s. f. Nom commun à toutes les fauvettes et qui désigne particulièrement la fauvette orphée.

BOUSCATIER, s. m. Bûcheron. — SYN. *bouscadier, bouscassé, bouscassier, bousquetier, bouscardier, bousquilhou*. — CAT., *boscater* ; ITAL., *boscatere*. ETY., *bosc*.

BOUSCATIÈRO, s. f. Bûcher. V. Bouscardièiro.

BOUSCHA, B. LIM., v. a. (boutsá). Boucher. — SYN. *tapá*.

BOUSCHOUN, B. LIM., s. m. (boutsoun). Bouchon. — Syn. *tap*.

BOUSCHOUNA, B. LIM., v. a. (boutsouná). Fréq. de *bouschá*, boucher.

BOUSCLO, PROV., s. f. Blennie tentaculée, *Blennius tentaculatus*, petit poisson de la Méditerranée.

BOUSCO, PROV., s. f. Chaleur, temps chaud ; recherche, perquisition : *estre en bousco*, chercher, rechercher.

BOUSCOUS, o, adj. Boscos, boisé, ée, couvert de bois, de forêts. — Ety., *bosc*.

BOUSENO, CÉV.; s f. V. Bouzeno.

BOUSERACO, PROV., s. f. V. Bouzeraco.

BOUSERLÉ, s. m. V. Bouzerlé.

BOUSIGA, v. a. V. Bouzigá.

BOUSIGUET, GASC., s. m. Agaric comestible dont le chapeau prend, en vieillissant, une couleur roussâtre et dont les feuillets noircissent. — Syn. *rouget, pradelet*.

BOUSILHA, v. a. V. Bouzilhá.

BOUSIN, s. m. Tapage, bruit ; lieu de débauche. — Ety. ANGL., *bowsing*, cabaret fréquenté par les gens de mer.

BOUSINA, v. n. Faire du bruit, du tapage. — Syn. *bouiná*. — Ety., *bousin*.

BOUSINA, PROV., v. n. Cuire, causer une douleur cuisante. — Syn. *embousiná, escousiná*.

BOUSINAIRE, s. m. Tapageur, fanfaron qui fait beaucoup de bruit. — Ety., *bousiná*.

BOUSOLO, GASC., s. f. V. Bouzolo.

BOUSOULA, GASC., v. a. V. Bouzoulá.

BOUSQUEJA, PROV., v. n. Fréquenter les bois ; ramasser du menu bois dans la campagne. — Syn. *bouscairá* — Ital., *boscheggiare*. — Ety., *bousquet*.

BOUSQUERLO, NIM., s. f. Nom commun à la fauvette babillarde et à la fauvette grise. V. Bouscarido.

BOUSQUET, s. m. Bosquet, bosquet, petit bois ; touffe d'arbres. — Esp., *bosquete* ; Ital., *boschetto* ; B. LAT., *boschettum*. — Ety., dim. de *bosc*.

BOUSQUETIER, PROV., s. m. Bûcheron. — Ety., *bousquet*. V. Bouscatier.

BOUSQUETIÉRO, PROV., s. f. Bûcher. V. Bouscardièiro.

BOUSQUETO, PROV., s. f. Leuzée conifère. V. Lengo-de-cat.

BOUSQUIA, PROV., v. n. V.

BOUSQUILHA, PROV., v. n. Fuir à travers bois, s'évader, déguerpir ; ramasser du menu bois. — Syn. *bouscalhá*, pour la dernière acception. — Ety., *bosc*.

BOUSQUILHOU, GASC., s. m. Bûcheron. V. Bouscatier.

BOUSQUIN, PROV., s. et adj. Bâtard. — Ety., *bosc*, né dans les bois.

BOUSSA, v. n. Devenir bossu ; CAST., grossir, se renfler, en parlant des oignons et autres plantes bulbeuses qui, en grossissant, forment une bosse sur la terre ; CÉV., *Que la terro se bosse!* Que la terre devienne bossue de ton corps ! — Syn. *bousseja, bousselá*. — Ety., *bosso*.

BOUSSADO, CÉV., s. f. Magot d'un avare ; à Béziers, *pelhot*, réserve d'argent. Altér. de *boursado*, formé de *bourso*. — Syn. *boussau*.

BOUSSALOUN, GASC., s. m. Frelon. V. Foussalou.

BOUSSARD, o, CÉV., adj. Vilain ou mauvais bossu.

BOUSSAT, ado, part. Bosselé, ée, gonflé, bossué ; rempli au point de faire bosse.

BOUSSAT, ado, part. Bouché, ée.

BOUSSAU, PROV., s. m. V. Boussado.

BOUSSE, BÉARN., s. f. Bourse. La vigne dit au vigneron :

> Hod-me pregoun,
> Talhe-m ardoun,
> Tire-m la mousse,
> Que-t plearé la BOUSSE.

Bêche-moi profond — taille-moi rond — Ote-moi la mousse — Je te remplirai la bourse.

BOUSSEARLO, PROV., s. f. V. Bousserlo.

BOUSSEJA, PROV., v. n. Boursiller. V. Boursilhá.

BOUSSEJA, BITERR., v. n. Être renflé, prendre la forme d'une bosse. — Ety., fréq. de *boussá*.

BOUSSEJA, PROV., v. a. Égrener le chanvre.

BOUSSELA, v. n. V. Boussá.

BOUSSELO, cév., s. f. Tête d'ail, oignon de lis, de tulipe, caïeu. — Syn. *cabosso*, *veno*. — Ety., dim. de *bosso*.

BOUSSERLO, s. f. Ampoule, vésicule qui survient à la peau ; galle qui croît sur les oliviers ; prov., bolet du saule et bolet amadouvier. — Syn. *boussearlo*, *boussiorlo*, *boussurlo*. — Ety., dim. de *bosso*.

BOUSSETO, s. f. Petite bosse. — Syn. *boussicoto*. — Dim de *bosso*.

BOUSSETO, gasc. prov., s. f. Petite bourse. V. Bourseto.

BOUSSÈU, s. m. T. de mar. Bousson, sorte de poulie.

BOUSSI, BOUSSIN, Boussiná, etc. V. Bouci, Bouciná, etc.

BOUSSICHOU, cév., s. m. Petit bossu, petit homme, ragot.

BOUSSICLAU, prov., s. m. Prune qui se bossèle et se dessèche sur l'arbre.

BOUSSICOT, cév., s. m. V. Boursicot.

BOUSSICOTO, prov., s. f. Petite bosse. — Syn. *bousseto*.

BOUSSIGNOLO, cév., s. f. Petite bosse, contusion au front, excroissance, protubérance, tuméfaction.

BOUSSIGNOULA cév., v. n. S'enfler, se tuméfier. — Ety., *boussignolo*, enflure, tuméfaction.

BOUSSIORLO, prov., s. f. V. Bousserlo.

BOUSSO, gasc., s. f. Bourse. V. *Bourso*; lim., grand panier fait avec de la paille roulée.

BOUSSOLO, s. f. V. Bouisso.

BOUSSOT, s. m. Gousset. V. Boursicot.

BOUSSOU, b. lim., s. m. Corbillon, petite corbeille, petit panier. — Ety., dim. de *bousso*, panier.

BOUSSOUA, gasc., v. a. Fermer, claquemurer. — Ety., *boussou*, *boussoun*, bouchon.

BOUSSOUN, prov., s. m. V. Boussot. — Gasc., *bouchoun*.

BOUSSOUN, prov., s. m. Goulot d'un vase ; tuyau par où s'écoule l'eau d'une fontaine. — Syn. *broussoun*.

BOUSSOUNADO, prov., s. f. V. Boursounado.

BOUSSOUNAT, prov., s. m. Gousset bien rempli d'argent ; plein un gousset. — Ety., *boussoun*, gousset.

BOUSSOUNAU, prov., s. m. V. Boursounado.

BOUSSUDUEGNO, cév., s. f. Les bossus en général. — Ety., *boussut*.

BOUSSUELLO, prov., s. f. Bosse, enflure, pustule, loupe ; nœud du bois. V. Bousserlo.

BOUSSURLO, prov., s. f. V. Bousserlo.

BOUSSUT, udo, adj. Bossu, e ; par ext., inégal, montueux. — Syn. *gibbous*. — Ety., *bosso*.

BOUSTACAU, prov., s. et adj. m. Éveillé, luron, grivois.

BOUSTÈU, prov., s. m. Fagot, javelle.

BOUSTICA, cév., v. a. Piquer, aiguillonner, exciter, agiter, inquiéter ; fouiller, examiner minutieusement, chercher partout ; *bousticá lou fió*, attiser le feu ; *bousticat, ado*, part., piqué, e, inquiété, tourmenté ; fouillé ; attisé. — Syn. *boustigá, boustiquejá, boustiquiá*.

BOUSTIGA, prov., v. a. V. Boustica.

BOUSTIGAIRE, prov., s. m. Tisonnier, outil qui sert à remuer les tisons ; celui qui s'en sert. — Ety., *boustigá*.

BOUSTIGOUN, prov., s. m. Taquin, luron ; celui qui va furetant, fouillant partout ; aiguillon. — Syn. *boustiquejaire, boustiquiaire*. — Ety., *boustigá*.

BOUSTIO, b. lim. s. f. Bostia, bostea, boîte. V. Boueto.

BOUSTIQUEJA, agat. v. n. fureter, fouiller. — Ety., fréq. de *boustica*.

BOUSTIQUEJAIRE, agat., s. m. V. Boustigoun.

BOUSTIQUIA, prov., v. a. Harceler, taquiner, fatiguer ; fouiller. — Syn. *bousticá*.

BOUSTIQUIAIRE, prov., s. m. V. Boustigoun.

BOUT, s. m. Bout, ce qui termine un corps, un espace, point où une chose cesse ; petit morceau : *lou bout del cami*, le bout du chemin ; *jitá soun prumier bout*, débuter, faire ses premières armes ; cév., outre. V. Bot. — Ital., *botto* ; esp., *bote*. — Ety., *boutá*.

BOUT-DAU-MOUNDE, cév., s. m. Intestin cæcum qui n'a qu'une ouverture, ou le boyau gras.

BOUT, ALB. s. m. Bot, neveu, V. Nebout.

BOUTA, v. a. et n. BOTAR, bouter, mettre une chose ou une personne quelque part; *boutas qu'ajem res dich*, supposons que nous n'ayons rien dit, n'en parlons plus; *lous agnels boulou de banos*, les cornes poussent aux agneaux; *boutá ma à la barrico*, mettre la barrique en perce; *boutá coire*, mettre une chose à cuire; *se boutá*, v. r. se mettre, se placer. *Ah! bouto!* interj., attends, tu me la paieras; *Ah boutas!* allez, allez ! oh bon ! est-il possible ! Ces interjections expriment la menace, l'ironie, le doute. — CAT., ESP., PORT., *bottar*; ITAL., *botare*. — ETY. MOYEN ALL., *bözen*.

BOUTADO, s. f. Boutade, saillie d'esprit, caprice; temps pendant lequel on se dépêche plus qu'à l'ordinaire en travaillant; mise, action de mettre, de produire; premier lait qui vient au sein d'une femme après ses couches; rigole d'arrosement, écluse, réservoir d'un moulin.—ETY., s. part. f. de *boutá*.

BOUTADOU, cév., s. m. Affiquet, petit bâton creux par un bout pour soutenir une aiguille à tricoter. — SYN. *broucadou*.

BOUTAIRE, MONTP., s. m. Nom qu'on donne à plusieurs espèces de petits hérons, tels que le verany, le blongios, le crabier. Ce mot est une altération de *routaire*. V. ce mot.

BOUTAIRE, CAST., s. m. Agaric engaîné ou amanite engaînée, *Agaricus vaginatus*, vulg^t appelé coucoumèle jaune ou grise. Son nom de *boutaire*, mieux *voutaire*, vient de ce qu'il soulève la terre et forme comme une voûte au-dessus de son chapeau.

BOUTAIROUN, PROV., s. m. Petite botte de foin.

BOUTANEL, CAST., s. m. Petit enfant, bout d'homme. — ETY., *bout*.

BOUTANO, CAST., s. f. Cruchon à huile. — ETY., *bouto*.

BOUTAR, cév., s. m. Grand tonneau; Augm. de *bouto*. V. ce mot; tonnelier, suivant un auteur provençal.

BOUTARÉU, PROV., s. m. Petit tonneau. — ETY., dim. de *boutar*.

BOUTARGO, PROV., s. f. Œufs de muge salés et pressés. V. Poutargo.

BOUTARIGO, s. f. Vessie; ampoule remplie de sérosité qui s'élève sur la peau. — SYN. *boufigo*, *boudiflo*, *boutrigo*. — ETY. RADIC., *bou*. V. Boudenflá.

BOUTARROUGO, GARG., s. f. Borne. V. Buto rodo.

BOUTAS, PROV., s. m. Oignons dont le col est aussi épais que la tête. — ETY., *boutas*, augm. de *bout*, gros bout.

BOUTAS, interj. de menace. Allez ! V. Boutá.

BOUTÉ, cév., s. m. V. Boutet.

BOUTEC, BÉARN., s. m. Moue: *ha boutec*, faire la moue, faire la mine, bouder. — BITERR., *faire poulets*.

BOUTÈIA, **BOUTÈIESOUN**, PROV. V. Boutelhá, Bouthelhesoun.

BOUTEL, s. m. Cruchon, vase de terre qui a le ventre large et ordinairement une seule anse; au fig. mollet, gras de la jambe. — SYN. *poumpil*. — PROV., *boutéu*. — ETY., dim. de *bouto*, petite barrique.

BOUTEL, B. LIM., s. m. Trochet, bouquet de fleurs ou de fruits qui viennent et croissent ensemble comme par bouquets.

BOUTELET, s. m. Petit mollet. — ETY., dim. de *boutel*.

BOUTELHA, v. a. Mettre en bouteilles; PROV., décuver, v. n., boire, chopiner. — SYN. *boutilhá*, *emboutelhá* pour la première acception. — ITAL., *bottigliare*. — ETY., *boutelho*.

BOUTELHADO, s. f. Plein une bouteille. — SYN. *boutelhayo*. — ETY., *boutelho*.

BOUTELHAN, s. m. Nom d'une espèce de raisin. V. Boutelhau.

BOUTELHAT, ado, part. Mis en bouteilles; qui a de gros mollets. — ETY., *boutelhá* pour la première acception, et *boutel* pour la seconde.

BOUTELHAT, BITERR., s. m. Plein un cruchon. — ETY., *boutel*.

BOUTELHAU, MONTP., s. m. Nom d'une espèce d'olivier qui produit de petites olives rondes disposées en grappes ; c'est aussi le nom d'une espèce de raisin. — SYN. *boutelhan.*

BOUTELHAYO, PROV., s. f. V. Boutelhado.

BOUTELHESOUN, PROV., s. f. Action de décuver, de tirer le vin de la cuve ; au propre, action de mettre le vin en bouteilles. — ETY., *boutelho.*

BOUTELHETO, s. f. Petite bouteille. — SYN. *boutelhouno.* — ETY., dim. de *boutelho.*

BOUTELHIER, CÉV., s. m. Plant de courge ou de potiron, qu'on appelle aussi *cougourlier.* — ETY., *boutelho* à cause de la forme du potiron.

BOUTELHO, s. f. BOTELHA, bouteille, vase à goulot étroit destiné à contenir du vin ou d'autres liquides ; potiron, plante de la fam. des cucurbitacées, courge en général ; *boutelho envinadouiro*, gourde. — SYN. *boutilho.* — ESP., *botella* ; ITAL., *botiglia* ; B. LAT. *buticula*, dérivé de βῦτις, flacon.

BOUTELHO DE RAZIM, CÉV., s. f. Grain de raisin.

BOUTELHOU, BOUTELHOUN, s. m. Petit cruchon ; fruit de l'aubépine et de l'azerolier ; graine, pépin des cucurbitacées. — ETY., dim. de *boutelho.*

BOUTELHOUNIER, s. m. Azerolier, *Cratægus azarolus*, arbrisseau de la fam. des rosacées, qui produit des fruits rouges à deux pépins. Noms divers : *arzèirolier*, *azeroulier*, *argèiroulier*, *cerisoulier* ; GASC., *auarche.*

BOUTELHOUNO, s. f. V. Boutelheto.

BOUTERLO, CÉV., s. f. Petit tonneau d'un demi-muid, baril propre à charrier du vin ou tout autre liquide sur une bête de somme. — SYN. *barral, barrau loung.* — ETY., *boulo*, tonneau.

BOUTET, CÉV., s. m. Greffe, tuyau de greffe, virole d'écorce de franc qu'on insère sur un scion écorcé de sauvageon pour greffer en flûte. — ETY., dim. de *bout*, petit bout.

BOUTEU, PROV., s. m. Mollet. V. Boutel.

BOUTIA, PROV., v. a. Charrier du vin ou d'autres liquides dans des outres. — ETY., *bout*, outre.

BOUTIA, PROV., v. n. Faire la moue, bouder. — SYN. *boutiflá, boutigná, reboutigná.*

BOUTICARI, PROV., s. m. Apothicaire. — SYN. *apouticaire, pouticayre.* — ESP., PORT., *boticario.* — ETY. ROMAN., *botiga*, boutique.

BOUTICARIE, PROV., s. f. Apothicairerie, toutes les drogues d'un apothicaire. — ETY., *bouticari.*

BOUTICLOT, GASC., s. f. Trou, petite ornière. — CAST., *bouto-clot.*

BOUTICO, s. f. V. Boutigo.

BOUTIER, PROV., s. m. Gardien de bœufs. — ETY., βώτης, pasteur de bœufs.

BOUTIÉRO, PROV., s. f. Provision de foin que les muletiers prennent en voyage pour faire manger leurs mulets. — ETY., *boto*, botte.

BOUTIFAROT, PROV., s. m. Espace entre la chemise et le sein. — ETY. RADICAL., *bout*, qui exprime l'idée d'enflure.

BOUTIFARROU, s. et adj. Gros joufflu, ventru. — SYN. *boutiflau.* — ETY. ESP., *butifarro*, espèce de boudin, ou *bout*, outre.

BOUTIFLA, DAUPH., s. f. Touple. V. Boudufo.

BOUTIFLA (se), v. r. Se rembrunir, bouder, prendre un air de mauvaise humeur. — SYN. *boutiá, boutigná.*

BOUTIFLAU, do, CÉV., adj. V. Boutifarrou.

BOUTIGNA, CÉV., v. n. Bouder. — SYN. *reboutigná.* — V. Boutiflá.

BOUTIGNADO, CÉV., s. f. Bouderie, mutinerie. — ETY., s. part. f. de *bouligná.*

BOUTIGNAIRE, o, CÉV., adj. Boudeur, euse, capricieux, mutin. — SYN. *boutignous.* — ETY., *boutigná.*

BOUTIGNAU, PROV., s. m. Espèce d'olive.

BOUTIGNOUS, o, CÉV., adj. V. Boutignaire.

BOUTIGO, s. f. BOTIGA, boutique, lieu

BOU (296) BOU

où un marchand vend sa marchandise ; *boutigasso*, grande et laide boutique ; *boutigueto*, *boutigoun*, petite boutique. — Esp., *botica* ; Ital., *bottega*. — Ety. lat., *apotheca*, dérivé de ἀποθήκη.

BOUTIGUIER, BOUTIQUIER, s. m. Boutiquier, celui qui tient boutique ; marchand en détail. — Ety., *boutigo*.

BOUTILHA, v. a. et n. V. Boutelhá.

BOUTILHO, s. f. V. Boutelho.

BOUTIN, prov., s. m. Seau, ordinairement employé pour l'abreuvage des moutons. — Ety., *bouto*, petite barrique.

BOUTINGANSO, prov., s. f. Drogues, médicaments ; il se prend en mauvaise part. — Biterr., *poulingos*.

BOUTIOLA, v. n. Il se dit des bulles que les grosses gouttes de pluie font élever sur l'eau, et des cloches et ampoules formées par une brûlure sur la peau. — Ety., *boutiolo*.

BOUTIOLO, biterr., s.f. Botola, cloche, ampoule, bulle que la pluie fait élever sur l'eau ; *boutiolos d'aiguo*, T. de chirurgie, hydatides, vésicules pleines d'eau qui naissent sur différentes parties du corps ; *boutiolo de sabou*, bulle de savon.—B. lim., *boutolo*.—Ety. radic., *bout*, qui exprime l'idée d'enflure, ou le kymri, *bot*, corps rond.

BOUTIS, gast., s. m. Sabot grossier et sans bride ; prov., piqûre à l'aiguille.

BOUTIS, isso, prov., adj. Cordé, ée, en parlant des racines des plantes potagères. — Syn. *charbut*. — Il signifie aussi enflé, ée.

BOUTJA, gasc., v. a. Bojar, remuer, changer de place ; v. n., bouger, se remuer ; se mutiner, bouder. — Béarn., *boutyá*.

BOUTJAIRE, toul., s. m. Boudeur, capricieux, remuant. — Ety., *boutjá*.

BOUTO, s. f. Bota, tonneau, gros vaisseau de bois pour les liquides ; barrique : *mettre à man uno bouto*, mettre une barrique en perce ; mieux, *mettre man à uno bouto* ; *bouto-trempièiro*, tonneau à piquette. — Cat., esp., *bota* ; Ital., *botte* ; b. lat., *butta*, *botta*. — Ety. angl. sax., *bulle*, grand vase, ou le kymri, *bot*, corps rond.

BOUTO, cév., b. lim., s. f. Outre de peau de bouc ; vessie de couleur ; cornet d'écritoire. — Ety. cat., *bout*, outre, du kymri *bot*, corps rond.

BOUTO, s. f. (bòuto). Façon, qu'on donne à la terre. V. Vòuto.

BOUTO, cast., s. f. (bòuto). Ruelle, petite rue. — Querc. *boto*.

BOUTO-BOUIRE, prov., s. m. Boutefeu. V. Bouto-fioc.

BOUTO-BOUTO, interj. Va, sois tranquille ! Cette interjection exprime la menace. V. Boutá.

BOUTO-CLOT, cast., s. m. Bourbier, trou, fondrière. — Gasc., *boutíclot*.

BOUTO-COIRE, cév., s. m. et f. Le frère ou la sœur coupe-choux, nom qu'on donnait autrefois au cuisinier ou à la cuisinière d'un couvent. — Syn. *bouto-couire*. — Ety., *bouto*, qui met et *coire* cuire.

Te trovo à l'entour d'une taulo,
Clafido de biasso et de vin,
Tres fraire bouto-couire en trin
De béure et de faire ripaio.

L. Roumieux, *La Rampelado*.

BOUTO-EN-TRIN, s. m. Boute-en-train, cheval entier placé au voisinage des juments poulinières à l'effet de les mettre en chaleur ; petit oiseau qui sert à faire chanter les autres ; au fig. homme qui met les autres en train, en gaieté.

BOUTO-FIOC, s. m. Boute-feu, bâton garni d'une mèche pour mettre le feu au canon ; incendiaire ; au fig. celui qui excite des discordes, suscite des querelles. — Syn. *boute-bouire*, *bouto-foc*, *bouto-fuec*. — Cat., *botafoc* ; Esp., *botafuego* ; port., *botafogo*. — Ety., *bouto*, qui met, *floc*, le feu.

BOUTO-FOC, s. m. V. Bouto-fioc.

BOUTO-FORO, s. m. T. de mar., boute-de-hors, pièce de bois qu'on ajoute au bout des vergues pour porter les bonnettes. — Syn. *bouto-fouero*. — Ety., *bouto*, de *boutá*, met, et *foro*, dehors.

BOUTO-FOUERO, prov., s. m. V. Bouto-foro.

BOUTO-FUEC, prov., s. m. V. Bouto-fioc.

BOUTO-TREMPIÈIRO, cév., s.f. V. Bouto.

BOUTOIRO, GASC., s. f. Boutonnière.

BOUTOLO, B. LIM., s. f. V. Boutiolo.

BOUTORIGO, QUERC., s. f. Vessie. V. Boutarigo.

BOUTO-RODO, s. m. V. Buto-rodo.

BOUTOU, BOUTOUN, s. m. Boton, bouton pour les vêtements ; petite élevure qui se montre sur la peau ; moyeu d'une roue ; *boutou d'uno viseto*, noyau d'un escalier en vis ; bourgeon, ou œil qui vient aux plantes ; fleur non épanouie.—CAT., *boto* ; ESP., *boton* ; ITAL., *bottone* ; PORT., *botao*. — ETY., *boutá*, mettre, pousser.

BOUTOU D'ARGENT, BOUTOUN D'ARGENT, s. m. Bouton d'argent, herbe à éternuer ou achillée ptarnique, *Achillea ptarnica*, pl. de la fam. des synanthérées. — SYN. *herbo des estournuts*.

BOUTOU, BOUTOUN-DE-CAT, s. m. Ficaire renoncule ou petite chélidoine, éclaire, éclairette, herbe aux hémorroïdes. — SYN. *aurelhetos, aurihetos*.

BOUTOU, BOUTOUN D'OR, s. m. Renoncule rampante, *Ranunculus repens*, plante de la fam. des renonculacées, appelée aussi *auruflam, aurugo* ; renoncule âcre, *Ranunculus acer*, de la même fam., *mes de mai* ; immortelle jaune ou hélichryse stœchas, *Gnaphalium stœchas*, plante de la fam. des synanthérées. On donne improprement le nom de *boutoun d'or* à la globulaire turbith, dont la fleur est bleuâtre.

BOUTOU NEGRE, s. m. V. Belladono.

BOUTOUNA, v. a. Boutonner, attacher, arrêter un vêtement au moyen des boutons; v. n., pousser des bourgeons en parlant des arbres et des arbrisseaux. — CAT., *botonar*. — ETY., *boutou, boutoun*, bouton, bourgeon.

BOUTOVILO, CÉV., s. f. Contusion, cicatrice.

BOUTRIGO, CÉV., s. f. Vessie. V. Boutarigo.

BOUTS, TOUL., s. f. Voix. V. Voues. La forme romane est *volz*.

BOUTUGA, PROV., v. a. Souiller, tâcher, troubler. V. Bautugá.

BOUTYA, BÉARN., v. a. et n. V. Boutjá.

BOUTZ, GASC, s. f. V. Voues.

BOUVACHOUN, PROV., s. m. Bouvillon. V. Buvachoun.

BOUVATIER, PROV., s. m. Bouvier. — SYN. *bouier*.

BOUVÈIROU, PROV., s. m. V. Blavèirol.

BOUVET, PROV., s. m. Punaise rouge des choux ou pentatome orné, *Pentatoma ornata*, insecte de l'ordre des hémiptères et de la fam. des frontirostres ; *bouvet* est aussi un terme de menuiserie et se dit d'un rabot destiné à faire des languettes et des rainures.

BOUVET, CÉV., s. m. Bouvreuil, *Pyrrhula vulgaris*, oiseau de l'ordre des passereaux et de la fam. des conirostres. — SYN. *pivoino, siblaire*.

BOUVIER, s. m. V. *Bouier* ; motteux cul-blanc, V. *Quioul blanc*; on donne aussi le nom de *bouvier*, à la planète de Vénus, quand elle se montre avant l'aurore.

BOUVINO, s. f. Bêtes bovines, nom collectif des bœufs, vaches, taureaux et veaux. — SYN. *bouino* ; CAT., *bovi* ; ESP., *bovino, a*. — ETY. LAT., *bovinus*.

BOUVOUN (de), PROV., loc. adv. *Aná de bouvoun*, marcher courbé ; *se couchá de bouvoun*, v. r., se coucher sur le ventre. — SYN. *d'abouchoun*.

BOUX, ARIÉG. CAST., s. f. Voix. V. Voues.

BOUXET, BÉARN., s. m. Boisseau.

BOUY, interj. qui équivaut à : Mon Dieu !

Bouy ! paura, sou-dis, qu'es acòs ?
Ounn diauques ! aqueles bardòs
M'an quitat embé ma valisa !
Ah ! certa, aissò n'es una grisa !

FAVRE, *Odyss.* c. XIII.

BOUY, DAUPH., s. m. Buis. V. Bouis.

BOUYA, BÉARN., v. a. et n. Remuer ; labourer. — SYN. *boutjá*.

BOUYATJA, BOUYATJAIRE, V. Viajá, Viajaire.

BOUYCHET, GASC., s. m. Petit morceau. — SYN. *boucinet*.

BOUYOU, PROV., s. m. (bouyòu). Grand seau dont se servent les cureurs de puits pour épuiser l'eau.

BOUZA, PROV. v. a. Battre, frapper; *bouzat, ado*, frappé, ée, battu. — BITERR., *boulzá*.

BOUZA, v. n. Fienter, faire des bouses; v. a., calfeutrer avec de la bouse. — Syn. *bousá*. — Ety., *bouzo*.

BOUZACI, s. m. Homme de petite taille; terme de mépris qu'on applique aussi aux enfants, dans le langage grossier. — Syn. *bouzanquet*. — Ety., *bouzo*.

BOUZADO, s. f. Tas de bouses que les bœufs où les vaches ont déposées; grosse bouse. — Ety., s. part. f. de *bouzá*.

BOUZANQUET, cév., s. m. Bamboche, personne de petite taille, mal faite. — Syn. *bouzaci, bouzerlet, bouzet*.—Ety., *bouzo*.

BOUZAS, s. m. Grosse bouse. Aug. de *bouzo*.

BOUZENO, cév., s. f. Heurt, accident, rencontre; *malo bouzeno te vengue! La pesté te crève!*

BOUZERACO, prov., s. f. Produit du curage d'un puits, d'un égout, d'une mare. — Ety., *bouzo*. bouse, et *raco*, marc.

BOUZERLÉ, BOUZERLET, s. m. Petit bonhomme, bamboche. — Syn. *bouzeli, bouzaci, bouzanqué, bouzanquet*.

BOUZET, s. m. Ce mot, qui est un diminutif de *bouzo*, fiente de bœuf, ne se dit à Béziers que des excréments humains; au fig. petit bonhomme. V. Bouzanquet.

BOUZETI, s. m. V. Bouzerlé.

BOUZETO, s. f. Petite bouse. — Dim. de *bouzo*.

BOUZIER, b. lim., s. m. Personne qui a beaucoup de gorge et un gros ventre; cast, nom du scarabée stercoraire, et, en général, de tous les scarabées fouille-merde. — Ety., *bouzo*.

BOUZIGA, v. a. Essarter, défricher un terrain inculte; fouiller la terre avec le groin, en parlant des pourceaux et des sangliers; gâter un ouvrage, le bousiller; prov., harceler, déchirer. —Cast., *debouzigá*.—Ety., pour la première acception de βοῦς, bœuf, parce que les défrichements se font ordinairement avec des bœufs; et pour la seconde, de *bouzo*; bousiller, c'est bâtir avec de la bouse de bœuf, *Bouzigat,*

ado, part., défriché, ée ; fouillé; bousillé.

BOUZIGADO, s. f. Défrichement ; boutis des pourceaux ; mauvais ouvrage. — Ety., s. part. f. de *bouzigá*.

BOUZIGADOU, s. m. Boutis des pourceaux peu profond ; cév., groin, au fig. gros nez. — Ety., *bouzigado*.

BOUZIGAIRE, s. m. Celui qui défriche une terre ; mauvais ouvrier. — Syn. *bouzilhaire*, pour la dernière acception.

BOUZIGAJE, s. m. Bousillage, ouvrage mal fait. — Syn. *bouzilhage*. — Ety., *bouzigá*.

BOUZIGO, s. f. Essart, défrichement ; cast., friche. — Ety., *bouzigá*.

BOUZILHA, v. n. Bozinar, bousiller ; v. a., faire un mauvais travail ; engoncer, en parlant d'un vêtement mal fait. — Syn. *bouzigá*.

BOUZILHAGE, BOUZILHAGI, s. m. Bousillage, ouvrage mal fait. — Syn. *bouzigaje*. — Ety., *bouzilhá*.

BOUZILHAIRE, s. m. Bousilleur, mauvais ouvrier. — Ety., *bouzilhá*.

BOUZO, s. f. Boza, bouse, fiente du bœuf ou de la vache, et, par ext., crotin de l'âne, du cheval et du mulet. Augm., *bouzás, bouzasso* ; dim., *bouzeto*. — Cat., *buina* ; esp., *boniga* ; ital., *boazza, bovina*.—Ety., *bov, bou, bœuf*.

BOUZOLO, cast., s. f. Ventre, bedaine. — Ety., *bouzo*.

BOUZOLO, gasc., s. f. Bozola, borne, terme. — Syn. *boudulo*.

BOUZOULA, v. a. Bozolar, borner. — Ety., *bouzolo*, borne.

BOUZOULUT, udo, adj. Ventru, e. — Syn. *boulzut, pansut*. — Ety., *bouzolo*, bedaine.

BOVIER, s. m. V. Bouier.

BOVIRÉ, prov., s. m. Nigaud ; bon enfant.

BOY, s. m. Bois. V. Boues et Bosc.

BOYME, o, gasc., s. m. et f. Bohémien, enne. V. Bemi.

BOYOU, prov., s. m. Bourreau. V. Boio.

BOZO, s. f. Nom commun aux diverses espèces de typhas, vulgt. appelés massettes d'eau, roseaux des étangs, chandelles, quenouille, et au rubanier rameux, *Sparganium ramosum*; plantes marécageuses qui servent à faire des nattes grossières et à empailler les chaises. Noms divers : *canoto, bolo, boro, bojo, bolleto, bouezo, candelo, fusado, sagno*.

BOZONA, QUERC., v. a. Échauder, blanchir les légumes. V. Bachená.

BRABA, BRABEJA, BRABETAT. V. Bravá, etc.

BRAC, s. m. BRAC, bracon, braquet, braque, race de chiens qu'on emploie pour la chasse à tir et qu'on dresse à l'arrêt et au rapport; adj. m., braque, étourdi, écervelé, à moitié fou. — ANC., CAT., *brac, braquet.* — ETY. A. HAUT ALL., *braccho*, chien de chasse.

> Mais amal bordir el cassar
> E BRACS e lebriers et austors.
> B. DE BORN, *Quan vei lo...*

Il aime mieux le béhourt, la chasse, les braques, les lévriers et les autours.

BRAC, o, GASC., adj. court, e. — ETY., βραχύς, court.

BRAC, CÉV., s. m. BRAC, pus, humeur qui sort d'une plaie. — CAT., *brac*; ITAL., *brago*; ANC. FR., *brai, bray*, fange.

BRACA, v. a. Braquer, diriger un canon, une lunette du côté d'un objet; PROV., *bracá quauqu'un*, planter là quelqu'un, lui manquer de parole. — ETY., *brac*, braque; celui qui braque un canon, une lunette, etc., est dans une position assez semblable à celle du chien braque qui est en arrêt.

BRACANAT, ado, CÉV., adj. Bariolé, ée, moucheté, peint de diverses couleurs tranchantes. C'est une contraction de *barracanat*, traversé par des barres.

BRACOUN, s. m. BRACON, braque, chien de chasse. — DIM. de *brac*.

BRACOUNEJA, v. n. Braconner, faire le métier de braconnier. — ETY., *bracoun*, braque.

BRACOUNIER, s. m. Braconnier, chasseur destructeur du gibier. — ETY. *bracoun*, braque.

> S'un jour, per azar, de la cassa
> Vòus can tirá vostra vidassa,
> Quinte BRACOUNIER me scrós !
> FAVRE.

BRADALA, PROV., v. n. BRAÏDA, brailler.

BRADALAIRE, PROV., s. m. BRAIDIU, braillard.

BRADIN-BRADAN, loc. adv. Brédi-bredà; faire une chose *bradin-bradan*, c'est la faire à la hâte. On dit d'un objet qui vacille : *es tout bradin-bradàn*. — B. LIM., *brodin-brodan*.

BRADO, B. LIM., s. f. Gelée blanche. — SYN. *brouàdo*.

BRAFA, BRAFAIRE, BRAFO. V. Bafrá, etc.

BRAGA, CÉV., v. n. Piaffer, faire piaffe ou ostentation de ses meubles, de son équipage, de ses richesses; se pavaner; faire le beau, le fanfaron; se vanter; parler haut; se montrer fier; mener joyeuse vie; GASC., briller, prospérer; v. a., orner, parer. — ETY. GAËL., *blagh*, souffler, se vanter. Ce mot paraît être le même que blaguer; la permutation des liquides, *l, r* est fréquente dans nos idiomes.

BRAGA, v. a. Mettre des braies, une culotte; *se bragá*, v. r., se culotter. — SYN. *bralá*. — ETY., *brago*.

BRAGALOU, CÉV., s. m. Aphyllante jonciole ou nonfeuillée, *Aphyllantes monspeliensis*, plante de la fam. des liliacées. — SYN. *dragoun, dragouno, doucet, blavet*.

BRAGARD, o, CÉV., adj. Aimable, gentil, pimpant; fier, hardi. — ETY., *bragá*.

BRAGARDISO, CÉV., s. f. Piaffe, ostentation, prétentions; manie de se mêler des affaires des autres. — CÉV., *braiardije*; GASC., *bragario*. — ETY., *bragard*.

BRAGARDOMENT, adv. Joliment, gentiment, galamment. — ETY., *bragardo*, et le suffixe *ment*.

BRAGARIO, GASC., s. f. Abondance. V. aussi *bragardiso*.

BRAGASSI, s. m. Terme de mépris pour désigner un homme ou un enfant mal culotté, ou qui laisse tomber la culotte sur ses talons. — SYN. *braiassier, brayassier, braiasso, brayasso*. — ETY., *brago*, chausses, culotte.

BRAGETO, CAST., s. f. Brayette. V. Bragueto.

BRAGO, GASC., s. f. Primevère. V. Brago-de-couioul.

BRAGO, s. f. T. de mar. Élingue, cordage qu'on emploie en double pour embarquer ou débarquer les objets d'un grand poids; *brago de canoú*, élingue de la plus forte dimension pour résister au recul d'une bouche à feu, et la maintenir à sa place.

BRAGO DE COUCUT, DE COUGUOU. V.

BRAGOS-DE-COUIOUL, CÉV., s. f. Primevère officinale, ainsi appelée à cause de la couleur jaune de sa fleur. — SYN. *braiéto, brayéto*. V. Printanièiro.

BRAGOS, s. f. p. BRAIA, braies, culotte; *se n'es tirat las bragos netos*, il s'en est tiré heureusement; *cago-bragos*, s. m., lâche, poltron, T. familier. — SYN. *caussos, braios, braguios*; B. LIM., *brajos*; CAT., *braga*; ESP., *brayas*; ITAL., *brache*; B. LAT., *bracæ*. — ETY. LAT., *braca*, mot gaulois.

BRAGOUL, BRAGOUS, o, PROV., adj. Sale, boueux, malpropre en ses habits. — SYN. *crassous*. — ETY., *brac*.

BRAGUÈ, GASC., s. m. Pis, mamelle de certains animaux. V. Braier.

BRAGUETI, BRAGUETIN, PROV., s. m. V. Braguetian. Il signifie aussi qui porte de larges braies.

BRAGUETIAN, PROV., s. m. Charlatan, bateleur. — SYN. *braguetin, bragueto, breguetian*. — ETY. *bragá*, parler haut.

BRAGUETINADO, PROV., s. f. Criaillerie, vacarme, hâblerie de charlatan. — ETY., *braguetin*.

BRAGUETO, s. f. Criaillerie, vacarme, hâblerie ; s. m. et f. braillard, e ; *faire bragueto*, monter sur un théâtre pour amuser le public. — ETY., *bragá*.

BRAGUETO, s. f. Petite culotte, culotte d'enfant; brayette, fente de devant d'un haut-de-chausses; *bragueto-moussi*, s. m., petit enfant, qui porte depuis peu des culottes. — SYN. *braiet, brayet, brayéto*. — DIM. de *brago*.

BRAI, adj. m. V. Vrai.

BRAIA, CÉV., v. a. Mettre des braies, des culottes ; *se braiá*, v. r., se culot-ter ; *braia, ado*, part., culotté, ée ; au fig. *es braiá ben juste*, se dit d'une personne qui est dans un état voisin de la gêne ; *braio-l'ase*, s. m., homme nonchalant, celui qui s'occupe à des travaux de femme et qu'on appelle à Béziers, *Jan-femno*. — SYN. *bragá*. — ETY., *braio*.

BRAIA, CÉV., v n. Brailler. V. Bralhá.

BRAIADO, CÉV., s. f. Plein les culottes. — ETY., *braio*.

BRAIARD, o, CÉV., adj. V. Bralhard.

BRAIARDIJE, CÉV., s. m. V. Bragardiso.

BRAIASSIER, BRAIASSO, s. m. Mal culotté. V. Bragàssi.

BRAICHO, LIM., s. f. Rayon de miel, gaufre. — B. LIM., *brestso*. V. Bresco.

Noû veiran si co ci lou burgau
Que fan lo BRAICHO mai lou minu.
FOUCAUD. *La bella e lou burgau*.

Nous verrons si ce sont les frelons qui font la gaufre et le miel.

BRAIER, BRAYER, CÉV., s. m. BRAIER, braguier, brayer, bandage pour contenir les hernies inguinales ; pis de la brebis, de la chèvre, de la vache. — SYN. *bragué*. — CAT., *braguer*. — ETY. B. LAT., *bracarium*, de *braca*, braie.

BRAIET, s. m. Petit enfant qui porte depuis peu les culottes. — SYN. *brayet*. V. Bragueto.

BRAIETO, s. f. Brayette, petite culotte ; V. *Bragueto*. Il signifie aussi braie, couche ou lange qu'on met aux petits enfants ; s. m., petit enfant, depuis peu en culotte. C'est aussi le nom de la primevère officinale (*printanièiro*). — SYN. *brayeto, bragueto*. — ETY., dim. de *braio*.

BRAIO, PROV., s. f. Braies, culottes ; amandes jumelles, réunies par le bas, qui ressemblent à une culotte ; *braios d'uno croto*, reins d'une voûte. — SYN. *brayos*. V. Bragos.

BRAIOUN, PROV., s. m. Canon d'une culotte, petite culotte ; primevère officinale. — DIM., de *braio*.

BRAISSO, PROV., s. f. Ce qui soutient le panier dans lequel on fait la lessive. — ETY. ROMAN, *braissar*, embrasser, entourer.

BRALHA, v. n. BRAILAR, brailler, par-

-ler d'une voix haute et assourdissante, crier. — Syn. *braiá.*

BRALHAIRE, o, s. et adj. f. Brailleur, euse, braillard. — Ety., *bralhá.*

BRALLA, v. a. et n. Branler, remuer, agiter; se remuer, être agité; chanceler : *es al lèit que brallo pas,* il est immobile dans son lit; *fa pas que brallá,* il ne fait que sauter, il tressaille de joie; *brallá,* v. n., danser la branle ou la bourrée. — Syn. *branlá.*

BRALLE, s. m. Branle, agitation, mouvement, tournure; danse montagnarde, espèce de bourrée : *se donno pas ges de bralle,* il ne bouge pas; au fig. il ne se donne aucun mouvement pour ses affaires; *a michant bralle,* il a mauvaise tournure; on le dit figurément d'un malade dont l'état donne de l'inquiétude; *erem toutes en bralle,* nous étions tous en train; *faire dansá lou bralle de la pego,* administrer à quelqu'un une volée de coups de corde goudronnée; les marins infligent aux mousses cette correction. — Syn. *brande, brandi, brandou, branle.* — Ety., *brallá.*

Iéu cresi que sap mai de BRALLES de soun art
Que de verses en rimo Augié ni mai Ronsard;
De BRALLES et a fach tout soul de mai de sortos
Que n'a pas de sounets mestre Philip Desportos.
A. GAILLARD.

BRAM, s. m. BRAM., braiment, cri, beuglement, rugissement; désir : *fa pas qu'un bram,* il ne cesse pas de crier. — CAT., *bram.* PORT., *bramido*; B. BRET., *bram.* — Ety., *bramá.*

BRAM d'ase monte pas al cel.
PRO.

BRAMA, v. n. BRAMAR, bramer, braire, beugler, mugir, brailler; crier à tue-tête, s'égosiller. — Syn. *bradalá.* — CAT., ESP., PORT., *bramar*; ITAL., *bramare.*

Perd lou moucèn, fedo que BRAMO.
PRO

BRAMADIS, s. m. V.

BRAMADISSO, s. f. Braiement, hurlement, beuglement; cris, criaillerie, clameur, dispute. — Syn. *bramarié.* — Ety., *bramado.*

BRAMADO, s. f. Grands cris, pleurs d'un enfant qui durent peu : *a fach una bramado, pèi s'es calat,* il a poussé de grands cris, ensuite il s'est tu. — Ety., s. part. f. de *bramá.*

BRAMADOU, s. m. Gosier, ainsi appelé parce que c'est du gosier que sortent les cris. — Ety., *bramado.*

BRAMAIRAC, CAST., s. m. V.

BRAMAIRE, o, s. f. Brailleur, euse, braillard, gueulard. — Syn. *bradalaire.* — Ety., *bramá.*

BRAMAIRÉ, PROV., s. m. Chiendent glauque, *Triticum glaucum,* plante de la famille des graminées.

BRAMARIÉ, s. f. V. Bramadisso.

BRAMECO, CAST., s. m. Pleureur, qui pleure facilement. — Ety., *bramá.*

BRAMICA, GASC., v. n. Gémir, se plaindre, pleurer. — Ety., fréq. de *bramá.*

BRAMO, BÉARN., prép. (*bramó*). A cause de, parce que. — Ety., altér. de *pramo,* forme contractée de *per amor de, amor que.*

BRAMO, s. f. Brême, *Cyprinus bramá,* poisson d'étang et de rivière. — ITAL., *brama.*

BRAMO-FAM, s. m. Homme affamé, celui qui crie toujours qu'il a faim. — Syn., *bramo-pan.* — BÉARN., *bramopaa.* — Ety., *bramá,* crier, et *fam,* faim.

N'es pas jamai sadoul aquel gran BRAMO-FAM,
E quand a pla bourrat a mai talent qu'avant.
ANON.

......Mai non empie la bramosa voglia,
E dopo'l pasto a più fame che pria.
DANTE, *Inferno.*

BRAMO-FAM, s. m. Ibéride pinnée, *Iberis pinnata,* plante de la fam. des crucifères, ainsi appelée parce qu'elle est nuisible au blé, et qu'elle fait crier famine quand elle y est trop multipliée. — Syn. *bramo-pan, ardenoblanco, blanchoun.* On donne le même nom à l'alysson maritime.

BRAMO-FERRE, s. m. Mauvaise terre qui nécessite beaucoup de travail pour être productive. — Ety., *bramo,* qui demande, exige, et *ferre,* le fer, celui de la bêche ou du soc de la charrue.

BRAMO-PAN, s. m. V. Bramo-fam.

BRAMO-VACO, s. f. Colchique d'automne ou narcisse d'automne, *Colchicum autumnale*, plante de la fam. des colchicacées, à fleurs jaunes. Noms div. *estranglo-chis*, *doultho*, *nilho d'autoumno*, *ubriajo*, *flours de semenso*, *semenciéro*, *puoulhs*. — On donne dans quelques pays le nom de *bramo-vaco* à la gratiole officinale ou herbe au pauvre-homme. V. Herbo-dóu-paure home.

BRAN, s. m. V. Bram.

BRAN (jour), LIM., s. m. Jour ouvrier, *bran*, est mis par aphérèse pour *oubran*.

BRAN, PROV., s. m. V. Brand.

BRANC, GASC., s. m. BRANC. branche, V. Branco.

BRANCA, v. n. BRANCAR, pousser des branches. — ETY., *branc*, branche.

BRANCADO, s. f. Tous les fruits qui se trouvent sur une branche. — ETY., s. part. f. de *brancá*.

BRANCAGE, BRANCAGI, s. m. Branchage, toutes les branches d'un arbre, d'un arbrisseau. — ETY., *branco*.

BRANCAN. PROV., s. m. Chartil, corps d'une charrette; brancard.

BRANCARUT, udo, adj. V. Brancut.

BRANCAS, s. m. V.

BRANCASSO. s. f. Longue ou grosse branche. — AUGM. de *branco*.

BRANCAT, CAST., s. m. Brancard.

BRANCHAGI, PROV., s. m. V. Brancage.

BRANCHASSO, PROV., s. f. V. Brancasso.

BRANCHILHOUN, PROV., s. m. V. Branqueto.

BRANCHO, PROV., s. f. V. Branco.

BRANCHOUN, PROV., s. m. V. Branqueto.

BRANCHUT, udo, PROV., adj. V. Brancut.

BRANCO, s. f. BRANCA, branche, jets qui partent du tronc d'un arbre; portion, division, tout ce qui peut être comparé avec les branches d'un arbre. — SYN. *broncho*, *brenco*. — CAT., ANC. ITAL., *branca*.

BRANCO-OURSINO, s. f. BRANCA ORSINA. Nom de l'acanthe sans épines et de l'acanthe épineuse, *Acanthus mollis*, *Acanthus spinosus*, plantes de la fam. des acanthacées. — SYN. *pato d'ours*, *grando berso*. — CAT., ESP., *branca ursina*.

Atressi BRANCA ORCINA.
Contr'apostema es fina.
BREVIARI D'AMOR.

De même l'acanthe est un excellent remède contre l'apostème.

ETY. ITAL., *branca*, serre, griffe, et *orsina*, de l'ours; ainsi appelée à cause de la ressemblance de ses feuilles avec la patte de devant de l'ours.

BRANCUT, udo, adj. BRANCUT, branchu, e, qui a beaucoup de branches. — SYN. *brancarut*, *branchut*. — ETY., *branco*.

BRAND, s. m. Tison. — ETY. ALL., *brand*, feu, embrasement.

BRAND, s. m. BRAN, BRENC, espadon, grosse épée qu'on maniait à deux mains. — ITAL., *brando*. — ETY. ANC. SCANDINAVE, *brand*, épée.

BRAND, s. m. Branle; *souná à brand*, sonner à toute volée, mettre les cloches en branle. PROV., *leissá la porto à brand*, laisser la porte tout ouverte.

BRANDA, CÉV., v. n. BRANDAR, éclairer, luire, brûler : *lou fioc brando*, le feu jette une grande flamme; *touto la nèit, la caléio brandó*, toute la nuit, la lanterne brûle; *sous uelhs brandou*, ses yeux flamboient. — ETY., *brand*, tison.

BRANDA, v. a. BRANDAR, branler, brandir, agiter, mouvoir, remuer, faire aller deçà et delà; v. n., branler, bouger; vaciller, balancer; *se brandá*, v. r., se remuer, se balancer, se dandiner. — SYN. *brallá*, *branlá*. — DAUPH., *brandrá*.

BRANDADO, s. f. Branlement, agitation, mouvement; *merlusso à la brandado*, morue à la brandade. — SYN. *brallado*, *branlado*, *brandau*, *brandajo*. — ETY., s. part. f. de *brandá*.

BRANDAINA, PROV., v. n. Battre le pavé, fainéanter. — ETY., *brandá*, se dandiner.

BRANDAL, TOUL., adj. *Fuoc brandal*,

feu qui jette une grande flamme. — ETY., *brandá*, flamber.

BRAND'ALO, PROV. Gobe-mouche. V. Brando-l'alo.

BRANDAMENT, s. m. Branlement, mouvement de ce qui branle ou vacille. — ETY., *brandá* et le suffixe *ment*.

BRANDE, PROV., s. m. Branle, danse; *brande roundèu* branle-rondeau, espèce de danse. V. Bralle.

BRANDEJA, v. n. S'agiter, se remuer; brûler, être enflammé. — ETY., fréq. de *brandá*, avec sa double acception.

BRANDELHO, B. LIM., s. m. Dadais, niais, nigaud, celui qui ne fait que se dandiner. — ETY., *brandá*, se dandiner.

BRANDI, PROV., s. m. Branle, danse. V. Bralle.

BRANDI, v. a. BRANDIR, brandir, secouer, agiter, remuer, brandiller; terminer, bâcler; au fig. peloter, réprimander vivement : *l'a brandit coumo un sac de quitansos*, il lui a bien lavé la tête; *se brandi*, v. r., se remuer, se balancer; *brandit, ido*, part. brandi, e; terminé, bâclé. — CAT., ESP., PORT., *brandir*; ITAL., *brandire*.

BRANDIAL, s. m. V. Brandissal.

BRANDIDO, s. f. Branle, secousse, saccade; au fig. reproche, mercuriale; maladie. — ETY., s. part. f. de *brandi*.

BRANDILHA, v. a. Brandiller, agiter deçà et delà; *se brandilhá*, v. r., se brandiller, se mouvoir, s'agiter sur une corde, une escarpolette, etc. — SYN. *brandoulhá*. — ETY., fréq. de *brandi*.

BRANDIMARD, do, CÉV., adj. Grand fainéant, e, vaurien, grand flandrin. — ETY., *brandimart* est le nom d'un des personnages de l'*Orlando* de l'Arioste.

BRANDIMENT, s. m. Brandillement, mouvement qu'on se donne en se dandinant; mouvement de ce qui est brandillé ou agité deçà et delà. — ETY., *brandi* et le suffixe *ment*.

BRANDIN, CÉV., s. et adj. Décœuvré, batteur de pavé, vaurien. — SYN. *brandimard*; AUGM., *brandinas*, grand flandrin. — ETY., *brandi*.

BRANDIN-BRANDAN, adv. *Sous brasses van brandin-brandan*, il va les bras ballants. — SYN. *balandrin-balandran*. — ETY., *brandi*.

BRANDINEJA, v. n. Fainéanter, battre le pavé, aller en se dandinant. — ETY., *brandin*.

BRANDISSAL, s. m. Volée, rincée de coups. — SYN. *brandial*. — ETY., *brandi*.

BRANDO, s. f. Branle, danse. V. Bralle.

BRANDO-L'ALO, s. m. Nom du gobe-mouche, ainsi appelé parce qu'il a l'habitude de secouer ses ailes. — SYN. *brand'alo*.

BRANDO-QUIO, CÉV., s. f. Bergeronnette. — SYN. *branlo-cougo, branlo-cougueto*.

BRANDOU, BRANDOUN, s. m. Branle, sorte de danse montagnarde; brandade de morue; tangage d'un vaisseau; brandon, flambeau fait avec de la paille tortillée; guidon, bannière. *Lou dimenche des brandous*, le premier dimanche de Carême, ainsi appelé à cause de la coutume que l'on avait autrefois de porter, dans ce jour, des brandons allumés; *brandous*, signifie aussi, en provençal, jeux, folies: *a que de brandous*, il ne cherche qu'à folâtrer. — SYN. *brandoul*. — ETY., *brandá*.

BRANDOUIA, v. a. et n. V. Brandoulhá.

BRANDOUL, s. m. Branle, agitation de ce qui est remué tantôt d'un côté, tantôt d'un autre; *souná las campanos à brandoul*, sonner à toute volée; PROV., grille suspendue sur laquelle on place le pain. — SYN. *brindoul, trantoul*. — ETY., *brandá*.

BRANDOULA, v. a. et n. V. Brandilhá.

BRANDOULHA, v. a. et n. V. Brandilhá.

BRANDOUNA, v. a. Brandonner, planter des brandons dans un champ saisi judiciairement. — ETY., *brandoun*.

BRANDOUNIA, PROV., v. a. Promener un enfant sur ses bras en le balançant. — ETY., *brandou, brandoun*, balancement.

BRANDRA, DAUPH., v. a. Branler. V. Brandá.

BRANDUSSA, PROV., CÉV., v. a. Brandir, remuer, agiter, secouer; v. n., vaciller, chanceler. — Syn. *brandilhá, brandoulhá, brandoulá.* — Ety., *brandá.*

BRANE, béarn., s.f. Bruyère. V. Brano.

BRANETO, s.f. Brande, petite bruyère. — Dim. de *brane.*

BRANLA, v. a. et n. V. Brandá et Brallá.

BRANLADO, s. f. V. Brandado.

BRANLADOU, s. m. Branloire, balançoire, brandilloire. — Ety., *branlá.*

BRANLE, s. m. Branle, danse montagnarde. V. Bralle.

BRANLE-GAI, cév., s. m. Gros réjoui, gai compagnon.

BRANLO-COUGO, BRANLO-COUGUETO, s. f. Bergeronnette jaune. — Syn. *brando-quió.*

BRANLOUTA, v. n. Chanceler, trembler. — Syn. *bransoulá, brantoulá.* — Ety., fréq. de *branlá.*

BRANO, gasc. toul., s. f. Bruyère à balai, bruyère des landes; bruyère, en général. — Béarn., *branc.* V. Bruc.

BRANQUE, béarn., s. f. V. Branco.

BRANQUETO, s. f. Branqueil, branquil, branchette, petite branche. — Syn. *branchoun, branchilhoun, branquilhoù, branquilhoun.* — Dim. de *branco.*

BRANQUILHOU, BRANQUILHOUN, s. m. Très-petite branche. V. Branqueto.

BRANSOULA, biterr., v. a. Balancer; *se bransoulá*, v. r., se balancer. — Ital., *brancolare.* V. Brandoulá.

BRANSOULAMENT, biterr., s. m. Balancement. — Ety., *bransoulá*, et le suffixe *ment.*

BRANTOULA, v. n. Vaciller, chanceler. — Syn. *branloutá.*

BRAQUÉ, prov., s. m. Petit bouton de la nature du furoncle. — Ety., dim. de *brac*, pus.

BRAQUEJA, cév., v. n. Abcéder, apostumer, aboutir, suppurer. — Ety., *braqué.*

BRAQUET, gasc., s. m. Bœuf de couleur rousse; *braqueto*, vache de la même couleur.

BRAQUET, s. m. V. Braqué.

BRAQUETIN, prov., s. m. V. Braguetian

BRAS, s. m. Bratz, bras; un des courants d'un fleuve; *bras d'uno cadièiro*, bras d'une chaise; *bras d'une carreto*, timons d'une charrette; *bras de cebos*, chapelet de gros oignons. — Cat., *bras*; esp., *brazo*; ital., *braccio.* — Ety. lat., *brachium.*

BRASA, v. a. V. Brazá.

BRASC, BRASQUE, cév., adj. Fragile, cassant, en parlant des branches; raboteux, rude au toucher. — Syn. *brasque, braste.* — Ety. b. bret., *bresc*, cassant.

BRASCO, prov., s. f. Ais creux qui sert à égoutter la lessive.

BRASÉ, gasc., s. m. V. Brazier.

BRASIER, BRASIÉRO, s. V. Brazier, Brazièro.

BRASSA, v. a. Brasser, agiter, remuer ensemble; fabriquer de la bière, la brasser; T. de mar., mouvoir les bras d'une vergue pour changer la direction de la voile qu'elle porte. — Ety., *bras*, remuer avec les bras, pour les acceptions autres que celle de brasser ou fabriquer la bière, laquelle vient de *brace*, mot d'origine gauloise qui signifie malt, drèche, orge préparée pour faire de la bière.

BRASSADEL, toul., s. m. Échaudé. — Prov., *brassadèu.* — Syn. *tourtilhoù, chaudet.*

BRASSADEL, cast., s. m. Espèce de filet pour porter une brassée de fourrage, *pichoto trousso.*

BRASSADÈU, prov., s. m. Échaudé. V. Brassadel.

BRASSADO, s f. Brassada, embrassement, embrassade; brassée, ce que les bras peuvent entourer et contenir; nagée, l'espace que parcourt un nageur par un seul mouvement des bras et des jambes; *à brassados*, à brasse corps; *plòu à brassados*, il pleut à verse. — Syn. *brassau*; esp., *brazada*; port., *braçada*; ital., *bracciata.* — Ety., *bras.*

BRASSADOUR, prov., s. m. V. Brassarié.

BRASSALET, s. m. V. Brasselet.

BRASSARIÉ, s. f. Brasserie, lieu où l'on brasse la bière.—Syn. *brassadour*. — Ety., *brassá*.

BRASSAT, s. m. Brassée, ce qu'on peut tenir entre les bras: *un brassat de legno, de pasturo*, etc., une brassée de bois, de fourrage; *à bels brassats*, plein les bras, entre les bras. — Cat., *brassad*. — Ety., *bras*.

BRASSAU, s. m. Brassard, instrument de bois ou de cuir qu'on attache au bras pour jouer au ballon; partie de l'armure d'un chevalier qui couvrait les bras. — Esp., *brazal*; port., *braçal*; ital., *bracciale*. — Ety., *bras*.

BRASSAU, prov., s. f. Embrassade: *faire uno brassau*, embrasser. — Syn. *brassado*. — Ety., *bras*.

BRASSÈ, béarn., s. m. V. Brassier.

BRASSEJA, v. n. Agiter vivement les bras, gesticuler. — Cat., *brassejar*; esp., *bracear*. — Ety., *bras*.

BRASSEJAIRE, s. m. Celui qui remue sans cesse ses bras dans la conversation ou la déclamation. — Ety., *brassejá*.

BRASSEL, gasc., s. m. *Brassel de hen*, petite meule de foin. — Syn. *patoc*, *cucho*. — Ety., *bras*, parce que ces tas ne forment, pour ainsi dire, qu'une brassée.

BRASSELIÉRO, prov., s. f. Bretelles qui soutiennent un tablier, un jupon. — Ety., *bras*.

BRASSETO, s. f. *A la brasseto*, sous le bras, à bras-le-corps. C'est aussi un diminutif de *brasso, brassado*. — Ety., *bras*.

Se me vos prène à la BRASSETO
Rèn qu'un vici chaine arraparas.
MISTRAL, *Mirèio*.

BRASSIÈIROS, s.f.p. Brassières, espèce de corset qui sert à maintenir le corps des femmes et des enfants; lisières; bretelles d'une hotte, d'un crochet de porte-faix; *brassièiro*, cév., s. f., bras d'une rivière. — Ety., *bras*.

BRASSIER, s. m. Brassier, manouvrier, homme qui travaille des bras, journalier. — Béarn., *brassò*; cat., *brasser*; esp., *bracero*. — Ety., *bras*.

BRASSO, s. f. Brassa, brasse, mesure de la longueur des deux bras étendus: *prene à la brasso*, prendre entre ses bras, saisir à bras-le-corps, c'est-à-dire les deux bras passés autour du corps. — Cat., *brassa*; esp., *braza*; port., *braça*. — Ety., *bras*.

BRASSOU, BRASSOUN, s. m. Petit bras; cast., rais d'une roue. — Ital., *braccieto*. — Ety., dim. de *bras*.

BRASSOU, prov., s. m. (brassòu). Brassée. V. Brassado.

BRASTEGA, cast., v. n. Clabauder, crier, brailler.

BRASTEGAIRE, cast., s. m. Brailleur, clabaudeur. — Ety., *brastegá*.

BRASTO, gasc., s. f. Saleté du visage; bran.

BRASTOUS, O, gasc., adj. Barbouillé, ée, de bran, embrené, sale du visage. — Ety., *brasto*.

BRASUCA, v. a. V. Brazucá.

BRATA, dauph., v. n. Chanceler. V. Brantoulá.

BRAU, s. m. Brau, taureau; au fig. fort, brave, dur, fougueux, sauvage. *Fort coum'un brau*, fort comme un taureau. — Syn. *brave*. — Cat., *brau*. —Ety. roman., *brau*, fort, vaillant. Le taureau est ainsi appelé à cause de sa force.

BRAUALHO, gasc., s. f. Troupeau de jeunes taureaux. — Syn. *bravairo, bravatalho*. — Ety., *brau*.

BRAUDEJA, cév., v. a. Crotter, couvrir de boue; *se braudejá*, v. r., se crotter. — Ety., *braudo*, crotte, boue.

BRAUDERO, gasc., s. f. Crotte, boue. V. Braudo.

BRAUDIER, cév., s. m. Bourbier, amas de boue. — Ety., *braudo*.

BRAUDO, cév., s. f. Crotte, boue battue, ordure. — Syn. *bròudo*. — Gasc., *braudero*; toul., *brauto*; cast., *broio*. — Ety. anc. flamand., *brod*, boue.

BRAUDOUS, O, adj. Boueux, euse. — Syn. *brautous, boudrous, broudous*. — Ety., *braudo*.

BRAUERO, gasc., s. f. Troupeau de petit bétail, suivant Cénac-Moncaut. Mais *brau* signifiant veau, jeune taureau dans le dial. gascon, *brauero* paraît être synonime de *braualho*, troupeau de jeunes taureaux.

BRAULHA, TOUL., CÉV., v. n. Crier à tue-tête ou à perdre haleine. — B. LIM., *broulhá*. — ETY., *brau*, veau; *braulhá*, crier comme un veau.

BRAUTÓ, TOUL., s. f. V. Braudo.

BRAUTOUS, o, TOUL., adj. V. Braudous.

BRAUZI, v. a. Brouir, brûler, dessécher par le feu, rissoler : *aquelo coustelo es brauzido*, cette côtelette est trop cuite, elle est desséchée ; *uno soulethado a brauzit lous blats*, un coup de soleil a broui les blés ; *se brauzi*, v. r. ; se brûler, se griller. — SYN. *brounzi*, f. a. — ETY. MOYEN. ALL., *brüejen*, échauffer.

BRAUZIT, ido, part. Havi, e, desséché par le feu, rissolé, brûlé ; brouie, en parlant d'une plante.

BRAVA, v. a. Braver, faire le brave ; affronter le danger ; *se bravá*, v. r., se braver, se défier. — ESP., *bravear* ; ITAL., *bravare*. — ETY., *brave*.

BRAVACHOU, PROV., s. m. Bravache, fanfaron. — ITAL., *bravaccio*. — ETY., *brave*.

BRAVADO, s. f. Bravade, menace ; décharges de mousqueterie que l'on fait, en Provence, au moment d'allumer le feu de la St-Jean ; action de franchir ce feu. — CAT., ESP., ITAL., *bravata*. — ETY., s. part. f. de *bravá*.

BRAVAIRE, PROV., adj. Celui qui brave, vaillant, intrépide. — ETY., *bravá*.

BRAVAIRIER, PROV., s. m. Vacher, gardeur de vaches. — SYN. *bravèire*. — ETY., *bravairo*.

BRAVAIRO, PROV., s. f. Troupeau de vaches ou de bœufs. — SYN. *bravatalho*. — ETY., *brau*, *bravo*, taureau, génisse.

BRAVAJA, PROV., v. a. V. Bravejá.

BRAVAJAIRE, PROV., s. m. Querelleur. — ETY., *bravajá*.

BRAVARIÉ, s. f. Bravoure, valeur, bravade. — ESP., ITAL., *braveria*. — ETY., *brave*.

BRAVAS, asso, adj. Bonasse, personne simple et sans malice, qui est d'un caractère accommodant. — ETY., augm. de *brave*.

BRAVATALHO, CÉV., s. f. Troupeau de bœufs. V. Braualho.

BRAVE, o, adj. BRAU, BRAVA. Bon, bonne, sage, honnête, raisonnable, obligeant, en parlant des personnes ; s'il s'agit d'un meuble, d'un champ, etc., bon, commode, bien approprié, productif ; *un brave home*, un brave homme, un honnête homme ; *un enfant brave*, un enfant sage, doux de caractère ; *un brave camp*, un champ productif ou d'une assez grande étendue. — CAT., *brau* ; ESP., ITAL., *bravo*. — ETY. B. LAT., *bravus*, sauvage, dur, d'où l'on a fait vaillant, courageux. Dans la plupart de nos dialectes, ce mot s'est éloigné de son acception primitive.

BRAVE, o, TOUL., s. Veau, génisse. — ETY., *brau*.

BRAVE, B. LIM., s. m. Jouet d'enfant, joujou, bimbelot.

BRAVÈIRE, s. m. Vacher. V. Bravairier.

BRAVEJÁ, v. a. Braver, affronter ; quereller, menacer, brusquer, tancer ; *se bravejá*, v. r., se braver, se quereller. — SYN. *bravajá*. — QUERC., *brobejá* ; PORT., *bravejar* ; ITAL., *braveggiare*. — ETY., fréq. de *bravá*.

BRAVENC, o, CÉV., adj. Terre limoneuse qui n'est ni trop légère, ni trop argileuse. — ETY., *brave*, o, bon, bonne.

BRAVET, o, adj. Bon, bonne, d'un caractère doux, gentil, docile. — ETY., dim. de *brave*.

BRAVET, TOUL., s. m. Bouvillon, jeune veau. — DIM. de *brave*, veau.

BRAVETAT, s. f. Sagesse, vertu, retenue, bonté. — ETY., *brave*.

BRAVOMENT, adv. BRAVAMENT, bravement, adroitement, raisonnablement, honnêtement, gaiement, de bonne grâce ; beaucoup, à foison. — CAT., *bravament* ; ESP., ITAL., *bravamente*. — ETY., *bravo*, avec le suffixe *ment*.

BRAYA, v. a. V. Bragá.

BRAZA, v. a. Braser, joindre deux pièces de fer, d'acier ou de cuivre l'une avec l'autre par une soudure particulière. — SYN. *abrazá*. — ETY. ANC. SCAND., *brazá*, souder.

BRAZAS, s. m. BRAZAL, grand brasier, grand amas de braise, feu de reculée. — ETY., augm. de *brazo*.

BRAZÈ, BÉARN., s. m. V. Brazier.

BRAZÈ, BÉARN., s. f. Cendre. V. Cendres.

BRAZIÈIRO, BRAZIÈRO, s. f. Brasier, grand bassin de tôle ou de cuivre où l'on met de la braise ; aphtes qui viennent à la bouche des petits enfants et qui les empêchent de téter. — ETY., *brazo*.

BRAZIER, s. m. Brasier, feu de charbons ardents. — BÉARN., *brazè* ; ESP., *brasero*. — ETY., *brazo*.

BRAZILHA, v. n. Éparpiller la braise, tisonner. — SYN. *brazucá*. — B. LIM., *brosioulá*. — ETY., *brazo*.

BRAZO, s. f. BRAZA, braise, bois réduit en charbons ardents. — CAT., ESP., *brasa* ; ITAL., *braccia*. — ETY. ANC. ALL., *bras*, feu.

BRAZUCA, CÉV., v. n. Tisonner, remuer sans sujet la cendre, la braise et les tisons. — ETY., *brazo*.

BRAZUCADO, CÉV., s. f. Grillade de châtaignes. — ETY., s. part. f. de *brazucá*.

BRAZUQUEJA, CÉV., v. n. Tisonner. — ETY., fréq. de *brazucá*.

BRAZUQUET, AGAT., s. m. Tison. — ETY., *brazucá*.

BREALHO, s. f. Troupe d'enfants, de jeunes gens tapageurs ; toute la canaille. — SYN. *brialho*. — ETY., *brebial*, par contr., *brealh*, *o*, troupeau de brebis.

BREC, PROV., s. m. Ver. V. Berou.

BRECA, PROV., v. n. Broncher, faire un faux pas ; au fig. faire une faute, se tromper, faillir. *Brecá*, v. a., ébrécher. V. Bercá.

Tout bon chivau BRECO.
PRO.

BRECADURO, s. f. Brèche. V. *Bercaduro*.

BRECHET, s. m. V. Brochet, poisson.

BRECHO, s. f. V.

BRECO, s. f. Brèche. — SYN. *berco*. — ETY. ANC. HAUT-ALL., *brecha*, action de briser.

BRECO, PROV., s. f. V. Bresco.

BRECOULA, PROV., v. a. Tordre, tourner un corps flexible par ses deux bouts en sens contraire ; *se brecoulá*, v. r., se tordre, se donner une entorse. — ETY., fréq. de *brecá*, broncher.

BREDOS, GASC., s. f. p. Démangeaison qu'on éprouve aux pieds.

BREDOULO, CÉV., s. f. T. de vannier, lame mince d'une gaule refendue, éclisse.

BREFOUNIÉ, s. f. Bourrasque, rafale, tempête. — PROV., *broufanié*, *boufounié*, *broufounié* ; AGAT., *grifounié*. Les marins de Sérignan près de Béziers, disent *boufanié*. Cette dernière forme dérivée de *boufá*, souffler, paraît être la meilleure. Mistral voit dans βαρυφωνίον, voix forte, l'étymologie de *broufounié*.

BREGA, PROV., v. a. BREGAR, maquer, broyer le chanvre ; frapper, rosser ; GASC., frotter, nettoyer en frottant avec force. — SYN. *brigá*, égruger ; *bregouná*, broyer. — ETY. KYMRI, *brég*, rupture.

BREGADO, s. f. Brigade, troupe, bande. — SYN. *brigado* ; ESP., *brigada* ; ITAL., *brigata* ; B. LAT., *brigata*.

BREGAN, BREGANDAGE, BREGANDEJA. V. Brigand, etc.

BREGANEU, s. m. Plat-bord d'une petite barque ; dernier bordage d'un navire.

BREGANS (Herbo de), CAST., s. f. Jusquiame noire, *Hyosciamus niger*, plante de la fam. des solanées. On l'appelle aussi *herbo-de-dent*, *calelhado*. V. ce dernier mot.

BREGANTIN, s. m. V. Brigantin.

BREGARU, do, PROV., adj. Lippu, e, qui a de grosses lèvres. — SYN. *brejaru*. — ETY., *brego*, lèvre.

BREGATIAN, s. m. V. Braguetian.

BREGES, B. LIM., s. f. p. V. Brejes.

BREGIN, PROV., s. m. Brégin, filet de pêche. V Bourgin.

BREGNA, GASC., v. a. Vendanger. — SYN. *beregná*, *vendemiá*.

BREGNAIRE, o, GASC., s. m. et f. Vendangeur, vendangeuse. — SYN. *beregnaire*. — ETY., *bregná*.

BREGNOS, GASC., s f. p. Vendanges. — SYN. berègno. V. Vendemio.

BREGNOTO, PROV., s. f. Trigle adriatique. V. Belugan.

BREGO, PROV., s. f. Broie, instrument propre à briser le chanvre. — ETY. KYMRI, brêg, rupture.

BREGO, s. f. BREGA, rixe, querelle, dispute, tracasserie : cercá brego, chercher noise. — CAT., ESP., brega ; ITAL., briga. — ETY. B. LAT., briga.

Jnoc de mas engenra BREGAS.
PRO. ROMAN.

Jeu de mains engendre querelles.

BREGOS, s. f. p. Lèvres, babines, mâchoire, bouche, dents ; faire lus bregos, faire la moue ; s'en liparà las bregos, il s'en passera ; a las bregos enfarinados, il a bonne envie de... Il signifie aussi, au sing., mine : laido brego, vilaine mine. — SYN. bregous.

BREGOUIRA, PROV., v. a. V. Bregóuná.

BREGOUIRO, PROV., s. f. V. Bregoun.

BREGOULEJA, PROV., v. a. V. Brigoulejá.

BREGOUN, PROV., s. m. Broie, instrument propre à briser la tige du chanvre et du lin pour détacher la filasse de la chènevotte. — SYN. bregoundelos, bregouiro, bregouro, brejaire, brejos, bargos, bargadouiro, brigoun, gramoú. — ETY., brego, broie.

BREGOUNA, PROV., v. a. Broyer le chanvre ou le lin ; bregounat, do, part. broyé, ée. — SYN. bregá, brejá, bargá, bregouirá. — ETY., bregoun.

BREGOUNDELOS, PROV., s. f. p. V. Bregoun.

BREGOURO, s. f. V. Bregoun.

BREGOUS, o, adj. Querelleur, euse, hargneux. — ETY., brego, noise.

Chin BREGOUS a lis auriho vermenouso.
PRO.

BREGOUS, PROV., s. m. p. V. Bregos.

BREGUETIAN, PROV., s. m. V. Braguetian.

BREGUETO, PROV. Petite culotte. V. Bragueto.

BREGUETO, PROV., s. f. Petite lèvre. — ETY., dim. de brego.

BREGUIÉRO, PROV., s. f. Champ couvert de bruyères. — SYN. brussiéro.

BREGUIGNA, PROV., v. n. Remuer, se démener.

BRÈI, o, PROV., adj. Mouillé, ée; transi de froid.

BRÈICHO, PROV., s. f. V. Bresco.

BRÈIDO, BRÈIDOUN, PROV. V. Brido, Bridoun.

BRÈIME, PROV., s. m. Menue corde de sparte. V. Broume.

BRÈINA, PROV., v. n. Bruiner ; il se dit aussi de la gelée blanche qui couvre les plantes, les toits, les champs. — SYN. bresiná, aubièirá. — ETY., brèino.

BRÈINA, do, PROV., part. Couvert de gelée blanche.

BRÈINO, PROV., s. f. Gelée blanche. — SYN. brenado, bresinado, brino. — ETY. LAT., pruina, gelée blanche.

BRÈISSAUDO, PROV., s. f. Grande marmite remplie de soupe.

BREJA, B. LIM., v. a. (bredzá). BREGAR, frotter, froisser ; PROV., broyer le chanvre, le lin. V. Bregá, Bregouná.

BREJA, B. LIM., v. n. (bredzá). Gringotter, en parlant du chant des petits oiseaux, fredonner. — TOUL., brezá ; SYN. brezilhá. — ETY. ANC. HAUT.-ALL., brechá, briser ; la voix, dans cette espèce de chant, semble brisée.

BREJARU, do, PROV., adj. V. Bregaru, do.

BREJAT, ado, part. de brejá. Frotté, ée, broyé.

BREJAUDO, B. LIM., s. f. (bredzaudo). Potage aux choux et au lard, fait avec du pain de seigle.

BREJES, B. LIM., s. f. p. (bredzes). Ustensile de cuisine qui sert à enlever la seconde peau des châtaignes. — ETY. KYMRI, brêg, rupture.

BREJOS, s. f. p. V. Bregos et Bregoun.

BREJOU, LIM., s. m. Morceau de lard qu'on met dans la soupe.

BREJUN, PROV., s. m. Filasse de lin ou de chanvre broyés. — ETY., brejá, broyer.

BRELHAUDO, PROV., s. f. Berlue. V. Berlugo.

BRELHO, s. f. Première pousse du blé. V. Bruelho.

BRELHOU, B. LIM., s. m. Semotte, nouvelle production de choux pommés dont on a coupé la tête. — SYN. broulhou. — ETY., brelho.

BRELOCO, PROV., s. f. Leucosie noyau, Leucosia nucleus, crustacé de l'ordre des astacoïdes.

BRELUGO, PROV., s. f. Verrue. V. Varrugo.

BREM, ALB., s. m. Bran, matière fécale. — ETY. GAÉLIQUE, breun ; GALLOIS, braen, mauvaise odeur.

BREMBA, TOUL., v. a. Rappeler ; se brembá, v.r., se remémorer, se rappeler. — BÉARN., broumbá, brumbá. — ETY., altér. du roman, membrar, dérivé du latin memorare.

BREMBE, GASC., s. m. Souvenir, mémoire. — ETY., brembá.

BREN, PROV., s. m. Berceau. V. Bres.

BREN, s. m. BREN, son, la partie la plus grossière du blé moulu. On dit d'un homme qui s'occupe toujours à de petits détails : *es toujour en pasto, en bren* ; d'un grand priseur, *pren de tabat coumo un asc de bren* ; de celui qui lésine sur les petites choses et néglige les grandes, *destrech al bren e large à la farino.* — ESP., bren ; ITAL., brenno ; B. LAT., brennium, brennum. — ETY. B. BRET., breun.

En temps de famino
Tant se vend lou BREN coumo la farino.
PRO.

BREN, GASC., s. m. Brin, rameau.

BRENACHA, MONTP., s. f. V.

BRENACHO, s. f. Oie bernache, Anser leucopsis ; oie cravant, Anser bernicla ; toutes les deux plus petites que l'oie sauvage.

BRENADO, GASC., s. f. Charivari fait à deux époux qui se sont battus.

BRENADO, PROV., s. f. Cataplasme fait avec du son ; son délayé dans l'eau qu'on donne à la volaille et aux chevaux. — ETY., bren.

BRENADO, PROV., s. f. Gelée blanche. V. Breino.

BRENAGE, CAST., s. m. Dommage, dégât.

BRENCO, GASC., s. f. Altér. de branco, branche. V. Branco.

BRENGO, PROV., s. f. Vieio brengo, vieille femme acariâtre ; c'est probablement une altér. de bringo.

BRENICO, TOUL., CÉV., s. f. Miette de pain. — ETY., bren.

BRENOUS, o, adj. Embrené, ée, sali de matière fécale ; c'est quelquefois aussi une syncope de berenous, verenous, venimeux. — ETY., brem, bren, bran.

BRENOUS, o, CÉV., adj. Qui contient une trop grande quantité de son, en parlant du pain. — ETY., bren, son.

BRENSA, PROV., v. a. V. Bressá.

BREO, GASC., adj. Sec ; froid.

BREOU, s. m. V. Brèu.

BREQUERO, GASC., s. f. Brèche d'un instrument tranchant. — SYN. breco. V. Berco.

BREQUILHOUS, o, B. LIM., adj. et s. Pointilleux, euse, vétilleur, euse ; celui qui dispute sur le prix de tout ce qu'il achète. — SYN. rofissou. Mistral (Calendau, c. XII) donne à ce mot le sens de ébréché, le dérivant de breco, brèche.

BRÈS, s. m. BERS, BRES, berceau, lit mobile pour les enfants, ordinairement en osier. — SYN. bren, bresso, bressolo ; — CAT., bres ; ESP., brizo ; PORT., berço. — ETY. B. LAT., bersa, claie d'osier, treillage.

Mais sans canou, sans tambour, sans troumpeto,
Tapla grandis l'efant del puple al BRÈS.
JASMIN.

A pres lou pleg al BRÈS, lou perdrá pas qu'al [suzari.
PRO.

BRESA, v. a. et n. V. Brezá.

BRESAINO, s. f. V. Brezaino.

BRESC, CÉV., s. m. BRETZ, BREC, BRES, chasse à la pipée ; en roman, piége, appeau, pipée. — SYN. brezet.

Auzelets que son petitetz
C'om pren per mei lo cap ab BRETZ.
DEUDES DE PRADES.

Les oiseaux qui sont tout petits qu'on prend avec un piège par le milieu de la tête.

ANC. FR., broi, bresle, piége à prendre les oiseaux.

BRESCA, CAST., v. a. Enlever des ruches les gaufres ou rayons de miel; T. de boulang., travailler la pâte en la jetant rudement, afin d'y introduire l'air qui la fait lever ; GASC., gercer, fendiller. — ETY., *bresco* pour la première acception, et *brecá*, ébrécher, pour les autres.

BRESCAMBILHO, CÉV., s. f. V. Briscambilh.

BRESCAN, PROV., s. m. V. *Bresco*, rayon de miel.

BRESCAT, CÉV., s. m. Grillage de fenêtre ; jalousie.

BRESCAT, ado, CAST., part. *Pa brescat*, pain bien levé, qui a des yeux; GASC., gercé, fendillé.

BRESCHO, B. LIM., s. f. (bretso). Rayon de miel. V.

BRESCO, s. f. BRESCA, rayon, gaufre, gâteau de miel. — SYN. *brescan, breichò, brescho, breco.* — ANC. FR., *brésche*; CAT., ESP., ITAL., *bresca*. — ETY. LIGUR., *bresco*, m. sign.

BRESCO, PROV., s. f. Brisque, les as et les dix, au jeu de cartes du mariage.

BRESCO, CÉV., s. f. Bâtonnet, jeu du bâtonnet. — SYN. *bisoc, sautarel*.

BRESEGOS, BRESEGOU, BRESENA, BRESIER. V. Brezegos, etc.

BRESIHEJA, PROV., v. n. V. Brezilhá.

BRESILH, BRESILHA. V. Brezilh, Brézilhá.

BRESINA, PROV., v. n. V. Breiná.

BRESPADO, GASC., s. f. V. Vesprado.

BRESPALH, GASC., s. m. Goûter, repas de l'après-midi. — SYN. *brespalhat, brespalho*. — BÉARN., *brespè*. — ETY., *vespre*, soir ou après-dîner, parce que c'est alors qu'on fait cette collation.

BRESPALHA, CÉV., GASC., TOUL., v. n. Goûter, faire collation. — SYN. *espertiná*. — ETY., *brespalh*.

BRESPALHAT, GASC., s.m.V. Brespalh.

BRESPALHO, GASC., s. f. V. Brespalh.

BRESPAU, GASC., s. m. V. Brespado.

BRESPÈ, BÉARN., s. m. Goûter. V. Brespal.

A sent Miquèu,
Lou BRESPÈ mounto au cèu.
PRO.

BRESPE, CÉV., s. m. Soir. V. Vespre.

BRESPO, s. f. Veille : *la brespo de Nadal*, la veille de la Noël; *brespos*, s.f.p. V. Vespros.

BRESSA, v. a. BRESSAR, bercer, remuer le berceau d'un enfant pour l'endormir ; *se bressá*, se bercer, se balancer en marchant ; au fig., se faire illusion ; il signifie aussi baratter, remuer du lait dans une baratte pour en faire du beurre. — SYN. *brensá*. — CAT., *bressar* ; ESP., *brizar*. — ETY., *brès*.

BRESSAIRE, s. m. Celui qui berce ; PROV., table sur laquelle on pose le berceau pour bercer ; *bressairo; bressarello*, s. f., berceuse ; chanson ou air pour endormir un enfant. — ETY., *bressá*.

Escouto un pau la BRESSARELLO
Que toun nounoun a fa per tu ;
Es un pau longo, mal es bello;
Es sus l'er de turlu-tu-tu.
M. FRIZET.

BRESSAIROLO, s. f. Berceuse, femme ou fille qui se loue pour garder un enfant et le bercer. — SYN. *bressairo, bressairello, bressarello*.

BRESSAU, s. m. T. de pêche, empile ou pile, fil de crin, de chanvre ou de laiton, muni d'un hameçon, qu'on attache à une corde principale.

BRESSIÉRO, PROV., s. f. Table sur laquelle on pose le berceau. — SYN. *bressaire, bressolo*.

BRESSO, s. m. BRESSOL, berceau ; CÉV., nom de la cabane portative des bergers; CAST., manne que les charretiers suspendent sous leur charrette. — SYN. *bressolo*. — ETY., *brès*.

BRESSOLO, s. f. BRESSOLA, berceau, couchette. — Dim. de *bresso*. Il est aussi synonyme de *bressiéro* dans le dialecte cévenol.

BRESSOLOS, CÉV., s. f. p. Échelettes. V. Begnos.

BRESSOU, BRESSOUN, s. m. Petit berceau. — ETY., dim. de *bresso*.

BRESUGOU, GASC., s. m. Petit houx. V. Verbouisset.

BRET, o, adj. Bègue, qui bégaye. — SYN. *bretoun*.

BRET, DAUPH., s. m. Arbre dont les

branches et les racines s'étendent sur deux pièces de terre appartenant à deux propriétaires.

BRETA, B. LIM., v. a. Ronger, en parlant des rats. — ETY. ANC. H. ALL., *brechâ*, briser.

BRETALO, B. LIM., s. f. Gribouillette ; jeter à la gribouillette, c'est jeter un objet au milieu d'une troupe d'enfants qui cherchent à s'en emparer. C'est ce qu'on appelle, à Béziers, à *tiro-pelses*.

BRETANO, s. f. V. Bretoino.

BRETI (A), PROV., loc. adv. A foison, en grande quantité.

BRETO, s. f. Hotte, grand panier d'osier ou de bois, qu'on met sur le dos avec des bretelles pour porter diverses choses.

BRETOINO, TOUL., s. f. Troëne, *Ligustrum vulgare*, arbrisseau de la fam. des oléacées. — SYN. *bretano, cabrifel, cabrier, frezilhou, oulivier-sauvage*.

BRETOUN, O, PROV., adj. et s. Bègue. — SYN. *blest, bletoun, blez*. — ETY., *bret*.

BRETOUNEJA, v. n. Bégayer, articuler avec difficulté certaines consonnes, comme le *j* et le *ch* ; bredouiller. — SYN. *bartouneja, bletouneja, bretouniá*. — ETY., *bret, bretoun*.

BRETOUNEJAIRE, s. m. Bègue, bredouilleur. — ETY., *bretouneja*.

BRETOUNEJAGE, s. m. V.

BRETOUNEJAMENT, s. m. Bégaiement, bredouillement. — ETY., *bretouneja*, et le suffixe *ment*.

BRETOUNIA, PROV., v. n. V. Bretouneja.

BRETUÈGNE, O, PROV., s. et adj. Bredouilleur, bredouilleuse. — ETY., *bret*.

BRÈU, GASC., s. m. Breuvage, remède.

BRÈU, s. m. Laitue vivace, *Lactuca perennis*, plante de la fam. des composées chicoracées. — SYN. *brèule, broco, broule*.

BRÈU, CÉV., s. m. BREU, bref, brevet; amulette ; sachet, nouet que les personnes crédules portent au cou, comme préservatif contre les maladies et les fâcheux accidents ; relique : *s'aquel avaras me dono jamai quicon, ne farai*

un brèu, si cet avare fieffé me donne jamais quelque chose, j'en ferai une relique. Adj., bref, ève. — CAT., *breu*; ESP., ITAL., *breve*. — ETY. LAT., *breve*.

BRÈULE, s. m. Laitue vivace. V. Brèu.

BREVAGI, PROV., s. m. Breuvage. — GASC., *brèu* ; CAT., *brevatge* ; ESP., *brebage*.

BREVOS, PROV., s. f. p. Minutes des notaires. — ETY., *brèu, brevo*, court, e, abrégé.

BREX, GASC., s. m. V. Riable.

BREYA, v. n. V. Brilhá.

BREZA, TOUL., CÉV., v. n. Dégoiser ; fredonner, gringotter. V. Brejá.

BREZA, TOUL., v. a. et n. BREZAR, chasser à la pipée. — ETY. ROMAN., *bretz*, piège.

BREZA, B. LIM., v. a. Briser. V. Brizá.

BREZAGO, GASC., s. f. Effraie, oiseau nocturne, appelé à Béziers *bèu-l'oli*, et non pas l'orfraie ou aigle de mer, comme le dit Honnorat dans son dictionnaire. V. Bèu-l'oli. — ETY., *brezá*, ou *brizá*, briser parce que cet oiseau, comme tous les rapaces, brise les os des petits oiseaux ou des rats dont il se nourrit. Son nom latin, *ossifraga*, signifie qui brise les os.

BREZAINO, TOUL., CÉV., s. f. Faux poids, tromperie sur le poids. — ETY. ROMAN., *bretz*, piège.

BREZEGOS, CÉV., s. f. p. Aphtes qui viennent à la bouche des jeunes enfants et qui les empêchent de téter. M. sign. *brazièiro*, inflammation produite par ces aphtes. — SYN. *bresegos*.

BREZEGOU, s. m. Petit houx. V. Verbouisset.

BREZENA, QUERC., v. n. Gronder, murmurer entre les dents, grommeler. — SYN. *reboutegá, remièutejá*.

BREZET, GASC., s. m. BRETZ, filet ou piège pour prendre les oiseaux. V. Bresc.

BREZIER, CÉV., s. m. Rocher composé de grès plus ou moins fin.

BREZIHA, PROV., v. n. V. Brezilhá.

BREZILH, s. m. BREZILH, poussier, menu charbon du fond des sacs ; me-

BRI (312) BRI

nu gravier ; débris ; gazouillement des oiseaux. — Ety., *brezilhá.*

BREZILHA, cév., v. a. Brezilhar, briser, concasser, fracasser; v. n., gazouiller, gringotter; au fig. dégoiser. B. lim., *brejá.* V. ce mot.

BREZILHAGE, s. m. Gazouillement. — Ety., *brezilhá.*

BREZIO, cév., s. f. Rocher graveleux, tel que ceux dont on tire les meules de moulin et les meules à aiguiser. — Syn. *brezier.*

BREZO, b. lim., s. f. Miette de pain. — Ety., *brezá* pour *brizá,* briser.

BREZOLO, prov., s. f. Moëllon de roche plein de trous et fort dur ; pierre meulière. — Syn. *brezio.*

BREZUQUEJA, v. n. Pignocher, manger sans appétit, mâcher à peine ; ne mettre dans la bouche que de très-petits morceaux. — Syn. *besuquejá.* — Ety., *brezá* pour *brizá,* briser.

BRI, agen., s. m. Brin, petit morceau ; prov., débris des pierres qu'on taille. — Ety. gaél., *bruis, bris,* morceau.

BRIA, prov., v. a. *Briá la rusco dóu suve,* dépouiller le liége de sa partie raboteuse ; lim., *briá,* rogner, *briá las ounglias,* rogner les ongles.

BRIAC, agen., béarn, adj. Ivre, ivrogne. — Syn. *embriag, embriaigo, ubriac.*

BRIADOUIRO, prov., s. f. Couteau à deux manches dont on se sert pour couper le liége. — Ety., *briado,* part. f. de *briá.*

BRIAL, b. lim., s. m. Petite éminence, bord d'un tertre, d'un champ qui est élevé. — Syn. *broual.*

BRIALHO, cév., s. f. Toute la canaille, troupe d'enfants ou de jeunes gens qui font du bruit. — Syn. *brealho.*

BRIAN, cév., toul., s. m. Brian, ciron, mite, insectes de l'ordre des aptères et de la fam. des parasites ; espèce de dartre. — Cat., *bria.*

O qu'un gran aucel de rapino,
En lo picassant sus l'esquino,
Fasso que del plus grand petas
Un brian noun brespalhesso pas.
Goudelin. *La Balesto.*

BRIAT, rouerg., s. m. Un petit peu, un tantinet. — Syn. *bri, bricoù.*

BRIBADO, s. f. Séance, séjour de peu de durée, affaire d'un moment ; c'est le féminin de *briéu* : *acò será fach dins uno bribado,* ce sera fait dans un moment; *i a un loun briéu e uno bravo bribado,* il y a un long espace de temps. — Syn. *brivado.*

BRIBAN, toul., cév., s. m. Truand, bélître, fainéant. — Anc. fr., *briban*; ital., *birbante,* — Ety. esp., *bribar,* vagabonder.

BRIBANDEJA, toul., cév., v. n. Gueuser, mendier, mener une vie de vagabond. — Ety., *briban.*

BRIBENT, e, béarn., adj. Rapide, en parlant d'un fleuve, d'un ruisseau.

Moun Diu ! la beroye flourete
Que se miralhe hens lou cristau,
Hens lou cristan d'aquere aygueto
Y ta bribente y ta clarete
Qui ba bagna lous peos de Pau

V. de Bataille. *La Capère de Betharram.*

BRIC (DE) E DE BROC, loc., adv. D'une manière ou d'une autre ; deçà et delà. — Syn. *de riflo* ou *de raflo.*

BRICAL, s. m. V.

BRICALHO, toul., s. f. Petite parcelle, petit morceau. — Syn. *brigalhe, brigalhet, brigalho.* — Ety., *brico.*

BRICALHOU, toul., s. m. Très-petit morceau. — Syn. *brigalhoù.* — Ety., dim. de *bricalho.*

BRICALHOUNET, s. m. Parcelle des plus petites. — Dim. de *bricalhoù.*

BRICH, o, prov., adj. Trempé, ée, mouillé. — Syn. *brid, bris.*

BRICO, s. f. Briza, miette, petite parcelle d'une chose : *ne voli pas cap de brico,* je n'en veux pas le plus petit morceau. Il s'emploie aussi adverbialement et signifie nullement, pas du tout : *ne voli pas brico,* je n'en veux pas. — Syn. *brigo, brigue, bricalho, briquelo, bricoù, bricalhoù, bricalhounet, briquet, briquetoù, brizo* — Ety. ang. sax., *brice,* fragment, morceau.

BRICOLO, s. f. Bricole, partie du harnais qui s'attache au poitrail et remplace le collier ; bandes de cuir, espèce de bretelles pour porter ou traîner un fardeau ; *pourtá à la bricolo,* porter en bandoulière ; au fig. ruse, détour. *De bricolo*, adv., indirectement ; *va toujour per bricolo*, il ne va jamais franchement. — Esp., *brigola* ; ital., *briccolo*. — Ety. b. lat., *bricola*.

BRICOTO, gasc., s. f. Petit morceau ; *brico ni bricoto, ni morceau, ni miette* — Ety., dim. de *brico*.

BRICOU, BRICOUN, BRICOUNEL, RRICOUNET, s. m. Petit morceau. V. Brico.

BRICOUALO, prov., s. f. Besace, panetière. — Ety., *bricou*.

BRICOULA, v. n. Bricoler, jouer de bricole à la paume ou au billard ; au fig. aller par des voies obliques ; *se bricoulá lou péd, lou pougnet*, se fouler le pied, le poignet. — Ital., *briccolare*. — Ety., *bricolo*.

BRICOUNEJA, v. a. Mettre en petits morceaux. — Ety., *bricoun*.

BRICUOU, prov., s. m. Bouilloire. — Syn. *escaufaire*.

BRID, o, prov., adj. Trempé, ée, mouillé par une ondée. — Syn. *brich*.

BRIDA, v. a. Brider ; au fig. lier par un acte d'obligation ; *bridá l'ase*, croquer le marmot ; *bridá l'ase per la cougo*, agir à contre-sens. — Cév., *embridá* ; esp., *embridar* ; ital., *brigliare*. — Ety., *brido*.

BRIDEL, s. m. V. Bridoù.

BRIDIER, s. m. Ouvrier qui fait des brides. — Ety., *brido*.

BRIDO, s. f. Brida, bride, partie du harnais d'un cheval qui sert à le conduire ; T. de couturière, ganse que l'on fait aux boutonnières pour les fortifier ; lien fait autour d'une pièce de bois fendu. — Syn. *brèido*. — Cat., esp., *brida* ; ital., *briglia*. — Ety. anc. h. all., *brittil, brittil*.

BRIDO-MOUSCO, cév., s. m. Tatillon, celui qui entre mal à propos dans toute sorte de petits détails ; cognefétu, qui se fatigue beaucoup à ne rien faire ; personne d'une constitution frêle et délicate.

BRIDOU, BRIDOUN, s. m. Bridon, espèce de bride légère qui n'a point de branches, petit mors brisé au milieu.

Syn. *bridel, brèidoun*. — Ety. dim. de *brido*.

Tau que se marido,
Dison que se brido;
Mais un bras redoun
Es un dous BRIDOUN.
Mistral. *Lis Isclo d'or*.

BRIDOULA, cast., v. a. Éclisser les sabots, les garnir de brides d'osier. — Ety., *brido*.

BRIDOULA, cév., v. n. Crier, jeter un ou plusieurs cris, parler très-haut et avec animation.

BRIDOULO, cév., s. f. Corde de genêt ; *bridoulos*, cast., éclisses ; osier qu'on fend et dont on bride les sabots. A Alais, on donne le nom de *bridoulos* à de jeunes pousses de châtaignier dont on se sert pour faire divers paniers.

BRIDOULO, s. f. Agaric du panicaut. V. Brigoulo.

BRIEU, s. m. Brieu, breu, un petit moment : *tournarai dins un brièu*, je reviendrai bientôt, dans un petit moment. — Ety. lat., *brevis*.

BRIEVETAT, s. f. Brevitat, brièveté, courte durée. — Anc. cat., *brevitat* ; esp., *brevedad* ; port., *brevidade* ; ital., *brevità*. — Ety. lat., *brevitatem*.

BRIFA, b. lim., v. a. Brifer, manger avidement. — Syn. *bafrá*. — Ety. *brifo*.

BRIFAIRE, o, s. m. et f. Goulu, e, gros mangeur. — Ety., *brifá*.

BRIFAU, do, b. lim., s. et adj. Sot, sotte, niais, décontenancé.

BRIFO, s. f. Gros morceau de pain ; *brife*, redoublement d'appétit des vers à soie aux approches des mues ; *brifo-sausso*, s. m., grippe-sauce, goulu.

BRIFOU, prov., adj. m. Brouillé, brumeux en parlant du temps.

BRIGA, prov., v. a. Égruger, passer à l'égrugeoir. — Syn. *esbrigá, trissá, brisá, bregá*.

BRIGADEL, adj. et s. V. Brigadèu.

BRIGADELHA, prov., v. n. Balbutier, ânonner ; ne savoir ce qu'on dit. — Ety., *brigadel*.

BRIGADÈU, ello, prov., adj. Barbouilleur, nigaud, imbécile. — Syn. *brigadel*.

BRIGADEUS, PROV., s. m. p. Gaude bouillie faite avec de la farine délayée dans l'eau et réduite en grumeaux. — SYN. *brigoundèus*.

BRIGADO, s. f. V. Bregado.

BRIGAL, GASC., s. m. BRIGA, BRIZA, brin, morceau, miette. — SYN. *brical*. — ETY., *brico*.

BRIGALHA, GASC., v. a. Briser en petits morceaux ; B. LIM., bigarrer, billebarrer. — ETY., *brigal*.

BRIGALHE, BRIGALHETE, BÉARN ; **BRIGALHO**, GASC., s. f. V. Bricalho.

BRIGALHOT, oto, GASC., adj. Petit, e; *un brigalhot segnur*, un petit seigneur. — ETY., *brigal*.

BRIGALHOU, GASC., s. m. V. Bricalhoù.

BRIGAND, s. m. BREGAN, voleur de grand chemin ; celui qui se livre au vol à main armée. — SYN. *bergand*, *bergand-de-bos*, *bregand*. — ESP., *bergante* ; PORT., *bargante* ; ITAL., *brigante*.

BRIGANDAGE, s. m. Brigandage. — SYN. *bergandage*, *bregandaje*. — ETY., *brigand*.

BRIGANDEJA, v. n. Brigander, vivre du métier de brigand, voler sur les grands chemins. — SYN. *bergandejá*, *bregandejá*. — ETY., *brigand*.

BRIGAUS, PROV., s. m. p. Petits morceaux de pain. V. Brigal.

BRIGNO, s. f. Vandoise, poisson de rivière. — SYN. *brilho*. V. Sofio.

BRIGNOLO, s. f. Prune perdigonne desséchée. C'est la ville de Brignolles qui a donné son nom à cette prune quoiqu'elle se récolte, suivant Honorat, dans les environs de Digne. — CÉV., *brignou* ; ITAL., *brugnole*.

BRIGNOU, BRIGNOUN, s. m. Brugnon, espèce de pêche dont la peau est lisse. Dans quelques pays on donne le même nom à la petite prune de mirabelle. — AGEN., *aurignol*. — SYN. *brougnoù*, *brougnoun*. — GASC., *brugnoun*.

BRIGO, PROV., s. f. V. Brico.

BRIGOTO, PROV., s. f. Poule. V. Galino.

BRIGOUL, ARIÉG., s. m. Morceau ; *toumbá à brigoul*, tomber morceau par morceau. — SYN. *brigoun*. — ETY., *brigo*.

BRIGOULA, v. a. Briser, mettre en pièces; *se brigoulá*, v. r., se briser en mille morceaux. — SYN. *brigalhá*, *esbrigalhá*. — ETY, *brigoul*.

BRIGOULEJA, v. a. Briser, couper en petits morceaux ; v. n., grignoter, manger à tout moment. — SYN. *bregoulejá*. — ETY., fréq. de *brigoulá*.

BRIGOULETO, s. f. Un petit morceau, un petit peu. — SYN. *brigouloun*. — ETY., dim. de *brigoul*.

BRIGOULIER, PROV., s. m. V. Micoucoulier.

BRIGOULO, s. f. Agaric du panicaut. — SYN. *berigoulo*.

BRIGOULOUN, PROV., s. m. Très-petit morceau, miette. — SYN. *brigouleto*. — ETY., dim. de *brigoul*.

BRIGOUN, s. m. V. Brigoul.

BRIGOUN, s. m. Broie. V. Bregoun.

BRIGOUNDÈUS, PROV., s. m. p. V. Brigadèus.

BRIGUE, BÉARN., s. f. Petit morceau ; *nade brigue*, loc. adv., point du tout ; *nou l'ayde pas brigue*, il ne l'aide pas du tout ; *nou podi pas brigue councebe*, je ne puis pas du tout concevoir. V. Brico.

BRIGUETIAN, PROV. s. m. V. Braguetian.

BRIGUETO, PROV., s. f. V. Briqueto.

BRIA, BRIHANDO, PROV., V. Brilhá, Brilhando.

BRILHA, v. n. BRILLAR, briller, reluire, avoir de l'éclat ; être lumineux ou poli ; attirer les regards par l'éclat des couleurs, par la beauté, etc.; au fig. exceller, l'emporter par son mérite. — CAT., ESP., *brillar* ; ITAL., *brillare* ; PORT., *brilhar*. — ETY. LAT., *berillus*, béryl, pierre brillante.

BRILHADO, GAST., s. f. Liseron. V. Courrejolo.

BRILHANDO, PROV., s. f. Les trois premiers jours du mois d'avril. — Les paysans croient que le temps qui règne durant ces trois jours durera pendant quarante jours : *quand la* *brilhando es ventouso, n'a per quaranto jours.*

BRILHANT, o, adj. Brillant, brillante. — CAT., *brillant*; ITAL., *brillante*. — ETY., *brilhá*.

BRILHANT, s. m. Dartre. — SYN. *brizant*.

BRILHO, CAST., CÉV., s. f. T. de bouch., ris de veau, d'agneau. V. Galho, Galheto.

BRILHO, AGEN., s. f. Vandoise, poisson. — SYN. *brigno*. V. Sofio.

BRIMBALA, v. a. Brimbaler, agiter par un branle continu, en parlant des cloches ; *se brimbalá*, v. r., faire aller ses bras à droite et à gauche ; aller et venir. *Vai te faire brimbalá*, va te faire f...

BRIMBALÉ (A), PROV., loc. adv. De travers.

BRIMBALH, GASC., s. m. Filaments.

BRIMBELOS, PROV., s. f. p. Fruits de l'airelle ou myrtille. — SYN. *ages*, *atges*.

BRIME, PROV., s. m. Menue corde de sparte. V. Broume.

BRIN, CAST., s. m. Venin. Alt. de *berin*, *verin*, venin. V. Veré.

BRIN E BRAN, PROV., loc. adv. Cric-crac. Onomatopée.

E BRIN E BRAN pestello mai l'armari.
MISTRAL, *Lis Isclo d'or*.

Et cric et crac il referme l'armoire.

BRIN, s. m. Brin, brin, tige menue, pousse grêle et allongée ; angle d'une poutre ; petite parcelle, filasse du chanvre et du lin. — Esp., *brin* ; PORT., *brim*.

BRINCO, AGEN., s. f. Petite branche d'arbuste. Alt. de *branco*.

BRINDA, CÉV., v. n. Boire à la santé, porter un toast. — Esp., *brindar* ; ITAL., *brindare*. — ETY., *brinde*.

BRINDAIRE, s. m. Hotteur, celui qui porte une hotte. — ITAL., *brentadore*. — ETY., *brindo*, hotte.

BRINDE, PROV., s. m. Brinde, coup qu'on boit à la santé de quelqu'un. — SYN. *brindou* ; CAT., ESP., *brindis* ; ITAL., *brindisi*.

BRINDE, PROV., s. m. Allure, manière d'être, air, contenance, tournure ; *avé marrit brinde*, avoir l'air malade. — SYN. *brindo*, *brindou*.

BRINDO, s. f. V. Brinde.

BRINDO, CÉV., s. f. Hotte, panier de bois ou d'osier qu'on porte sur les épaules au moyen de deux bretelles. — CAST., *gorp*. — ETY. ALL., *bringen*, porter.

BRINDOL, CAST., s. m. Escarpolette, brandilloire, balançoire. — SYN. *drindrol*. — ETY., *brandoul*, dont *brindol* est une altération.

BRINDOU, PROV., s. m. Allure. V. Brinde.

BRINDOULA, CAST., v. a. Brandiller, agiter, remuer ; *se brindoulá*, v. r., se balancer. — SYN. *drindroulá*. — ETY., *brindol*.

BRINGA, LIM., v. n. Sauter, frétiller.

BRINGO, B. LIM., s. f. Bringue, hallebreda, homme ou femme de grande taille, mal bâtis ; grande gigue ou grande fille dégingandée. En français, *bringue* se dit surtout d'un cheval mal conformé ; *boutá en bringo*, mettre en pièces, en désarroi.

BRINGOBALO, s. f. Brimbale, levier d'une pompe.

BRINGUIÈIRO, CÉV., s. m. Grand pot de chambre. — SYN. *berenguièiro*.

BRINO, AGEN., part. nég. Mie, pas, point, du tout ; m. sign. que *brico* gês : *nou t'oublidarey brino*, je ne t'oublierai pas du tout. — B. LIM., *brio*.

BRINO, PROV., s. f. Gelée blanche. V. Brèino.

BRIO, DAUPH., s. f. Chaussée.

BRIO, B. LIM., part. nég. Pas, point, mie, du tout. V. Brino.

BRIOCH, CAST., s. m. Fourgon, instrument de boulanger pour remuer ou retirer la braise du four.

BRIOLO, GASC., s. f. Pâquerette. V. Margarideto.

BRIOTO, s. f. Brouette. — SYN. *barioto*.

BRIOU, GASC., s. m. V. Briu.

BRIOULETO, s. f. V. Briuleto.

BRIQUÉ, PROV., s. m. Peson, crochet, petite romaine, petite balance. — ETY., *brico*, petit morceau.

BRIQUET, s. m. Petit morceau. — Syn. *briquetŏ*. — Ety., dim. de *brico*.

BRIQUET, s. m. Chien courant métis; au fig. amant, poursuivant. L'abbé Favre emploie ce mot avec cette acception, dans les vers suivants de son Odyssée :

E davant que siégue pimpada.
Ben fardada, ben estiflada,
Qu'aje ressajut sous BRIQUÉS
N'a pas lou temps de fa pus res.
FAVRE. *Odyss.* c. xv.

BRIQUETO, s. f. Petit morceau. V. Briquet.

BRIS, o, PROV., adj. Mouillé, ée, trempé. — Syn. *brich*, *brid*.

BRISA, v. a. V. Brizá.

BRISCAMBILH, o, s. m. et f. Bancal, ale, celui ou celle qui a les jambes tortues ; au fig. homme de peu d'importance, homme léger. On donne aussi ce nom à un enfant qui se croit un grand personnage. En français, *brusquembille* est un jeu de cartes ; c'est aussi le nom d'un ancien comédien bouffon. — Syn. *brescambilho*, *bruscambilho*. L'abbé Favre, conformément à son orthographe ordinaire, écrit *briscambia* :

Finalament lou BRISCAMBIA
S'escardussa, s'escarrabia.
ENEIDA.

BRISCAMBILHO, s. f. V. Briscambilh.

BRISCAN, s. m. Brisque, briscan, nom que, au jeu du mariage, on donne aux as et aux dix. — Syn. *bresco*, *brisco*.

BRISCO, GASC., s. f. Brisque, jeu de cartes. V. Briscan.

BRISQUET, eto, GASC., adj. Bizarre, quinteux, violent.

BRISTOULA, CÉV., v. a. Brûler, hâler, en parlant de l'action du soleil sur le teint. — Ety. LAT., *perustulare*.

BRISTOULADURO, TOUL., CÉV., s.f. Rougeurs du visage provenant du hâle. — Ety., *bristoulá*.

BRISTOULAT, ado, TOUL., CÉV., adj. Hâlé, ée, brûlé par le soleil.

BRISUN, s. m. V. Brizun.

BRIU, s. m. Petit intervalle de temps. V. Briéu.

BRIU, GASC., s. m. Gué, lieu où l'eau coule avec bruit. — GASC., *briuá*.

BRIU, PROV., s. m. Recoupe des pierres de taille molles.

BRIUA, GASC., s. f. Eau qui coule. — Syn. *briu*.

BRIUCHA, CAST., v. a. Fourgonner, remuer, retirer la braise du four avec le fourgon. — Ety., *brioch*.

BRIUINO, s. f. BRIONIA, bryone, couleuvrée, *Bryonia dioïca*, plante de la fam. des cucurbitacées, commune dans les haies. — Syn. *cougourlher sauvage*, *houbloun*, *coucoumelasso*, *couxarasso*. — Ety., βρυώνη.

BRIULET, GASC., s. m. Giroflée. V. Girouflado.

BRIULETE, BÉARN., **BRIOULETO**, GASC., s. f. V. Viéuleto.

BRIULOUN, GASC., s. m. V. Viéuloun.

BRIUO, GASC., s. f. Sorte de blé fin.

BRIVA, DAUPH., s. f. Chemin.

BRIVADO, PROV., s. f. V. Bribado.

BRIVOUELO, PROV., s. f. Petit bouton qui survient à la peau.

BRIZA, v. a. BRIZAR, briser, mettre en pièces ; *brizá la lano*, drousser la laine, la passer par les droussettes avant de la carder. — Syn. *brezá*. — Ety. ANC. H. ALL., *brestan*, briser.

BRIZADO, s. f. *Brife*, grand appétit des vers à soie, quelques jours avant qu'ils ne fassent le cocon. — Syn. *brifo*. — Ety., s. part. f. de *brizá*.

BRIZAIRE, s. m. Celui qui brise ; T. de manuf., drousseur, ouvrier qui drousse la laine ; banc qui renferme la laine huilée et une droussette fixe, sur lequel s'assied le drousseur. — Ety., *brizá*.

BRIZAL, CÉV., s. m. Menus fragments, petits morceaux, bris, débris de pierres taillées. — BITERR., *bouci*, *boucinet*. — Ety., *brizá*.

BRIZAN, CAST., s. m. Dartre. V. Brilhant. C'est aussi le nom commun aux diverses espèces de molènes.

BRIZARELLO, PROV., s. f. Nom de la poire cramoisie.

BRIZAT, ado, part. Brisé, ée ; droussé, ée, cardée légèrement, en parlant de la laine.

BRIZAU, s. m. Sarrau de toile grossière. V. Blial.

BRIZETO, CÉV., s. f. Un brin, un tant soit peu, miette ; *brizetos*, s. f. p., pâte réduite en petits grains arrondis, dont on fait la soupe. — ETY., dim. de *brizo*.

BRIZO, s. f. Miette, morceau ; on dit d'une personne goulue : *n'a pas fach dous liards de brizos*, elle a tout mangé.

BRIZO, s. f. Brise, vent doux et irrégulier qui se fait sentir sur les bords de la mer. — ITAL., *brezza*; ESP., *briza*.

BRIZO-BARRO, CÉV., s. m. Écervelé, tranche-montagne, indiscipliné.

BRIZO-MOUNTAGNOS, s. m. Même signification que le mot précédent.

BRIZO-MOUNTAGNOS, gran van e pichot cop.
PRO.

BRIZOS, PROV., s. f. p. Droussettes, grandes cardes à longues dents qui servent à briser la laine et à lui donner la première façon. — SYN. *brizouiros*. — ETY., *brizá*.

BRIZOTO, GASC., s. f. Petite brise. — ETY., dim. de *brizo*.

BRIZOUIROS, PROV., s. f. p. Droussettes. V. Brizos.

BRIZOUN, s. m. Petit morceau ; *un brizoun*, un tant soit peu ; *un brizounel*, un morceau excessivement petit. — DIM. de *brizo*.

BRIZOUNO, PROV., s. f. Miette, très-petite parcelle. — ETY., dim. de *brizo*, miette.

BRIZUN, s. m. Débris, ce qui reste réduit en miettes, en petits morceaux. — ETY., *brizá*.

BRO, s. m. V. Broc.

BROBEJA, QUERC., v. a. Blâmer, réprimander. V. Bravejá.

BROC, TOUL., s. m. Bûchette, scion de bois, petite branche d'arbre, bâton ; GASC., épine ; PROV., bête vieille et hors de service. — ETY. LAT., *broccus*, dent saillante, par ext. chose aiguë, pointue.

BROC, s. m. Broc., BROQUER, broc, vase propre à contenir du vin ou tout autre liquide ; goulot d'une bouteille, d'une cruche, etc., seau, petit baquet à deux anses ; *ploure à broc*, pleuvoir à torrents. — CAT., *broc, brocal* ; ITAL., *brocca*. — ETY. LAT., *broccus*.

BROCA, BROCADOUR, BROCALHA. V. Broucá, etc.

BROCHO, s. f. BROCA, broche. V. *Aste* ; broche, espèce de longue aiguille ; broche d'un tonneau. V. Brouqueto. B. LIM., *brotso*, broutille, sarment.

BROCO, s. f. Bûchette, petite branche d'arbre, sarment de vigne ; bouture, greffe ; aiguille à tricoter ; petit clou ou pointe à l'usage des tapissiers ; pince de fer dont se servent les cordiers ; cheville d'un tonneau ; tige de fer qui soutient la bobine ; PROV., *broco bono*, bon sujet, *broco marrido*, mauvais sujet ; *broco enviscado*, gluau. — ITAL., *brocca*. — ETY., *broc*, bûchette.

BROCO, s. f. Laitue vivace. — SYN. *brèule, broule, couscouritho*.

BROCOLI, s. m. Brocoli, chou d'Italie. — ITAL., *broccoli*, de *brocco*, rejeton.

BROCO-QUIOU, BROCO-QUIOUL, CÉV., s. m. Jeu de broche-en-cul ; *à broco-quioul*, loc. adv., à la diable, très-mal ; *aquel afaire va à broco-quioul*, cette affaire marche à la diable.

BRODASSO, LIM., s. f. Barbouilleuse, qui parle à tort et à travers. — ROMAN., *braida*, brailler.

BRODO, CÉV., s. f. Paresse, fainéantise, mollesse, indolence ; ennui ; *douná la brodo à quauqu'un*, ennuyer une personne.

BROGA, QUERC., v. a. Mettre des culottes. V. Bragá.

BROGE, BÉARN., s. f. Bouillie de farine de maïs.

BROGUETO, QUERC., s. f. Fente de devant d'un pantalon. V. Bragueto.

BROI, e, BÉARN., adj. Joli, e. V. Beroi.

BROIEMENT, BÉARN., adv. Joliment. — ETY. *broie*, et le suffixe *ment*.

BROIO, CAST., s. f. Boue. V. Braudo.

BROJO, GASC., s. f. V. Brocho.

BROMES, PROV., s. m. Amorce dont on se sert pour attirer le poisson.

BRONCUT, udo, GASC., adj. V. Brouncut.

BRONDI, QUERC., v. a. Remuer, secouer. V. Brandi.

BRONDIDÚ, QUERC., s. f. Reproche, mercuriale. V. Brandido.

BRONDOU, QUERC., s. m. V. Brandou.
Lou BRONDOU del soulel nous coy jusquos à l'amo.
PEYROT.

BROQUET, BROQUETA, BROQUETIER, etc. V. Brouquet, Brouquetá, etc.

BROQUILHADO, PROV., s. f. v. Brouquilhado.

BROS, BÉARN., s. m. Char à deux roues ouvert à l'arrière.

BROSIOULA, B. LIM., v. n. V. Brazilhá.

BROSSIEIROU, B. LIM., s. m. Vêtement de paysanne qui s'applique exactement sur le corps.

BROT, GASC., s. m., Brot, bourgeon, bouton, pousse ; grappe.; ronce, épine, buisson ; plur. *brots, brotz.* — ETY. ANC. HAUT ALL., *broz,* bourgeon.

BROTO, GASC., s. f. Pousse, jet ; *brotos,* jeunes pousses de chou en hiver. — CAT., *broco*; ESP., *brote.* — ETY., *brot.*

BROU, CÉV., PROV., s. m. V. Brout.

BROU, PROV., adj. (bròu). Cassant, en parlant du bois. — GASC., *broze.*

BROUADO, B. LIM., s. f. Gelée blanche. — SYN. *brado,* forme altérée.

BROUAL, B. LIM., s. m. Petite éminence. V. Brial.

BROUC, TOUL., s. m. Bruyère commune. V. Bruc.

BROUCA, CÉV., v. a. Planter des boutures. — ETY., *broco,* bouture.

BROUCA, CAST., v. n. Tricoter. — ETY., *broco,* aiguille à tricoter.

BROUCA, BÉARN., s. m. (broucá). Buisson. — ETY., *broc,* épine.

BROUCADU, CAST., s. f. Tricotage, ouvrage d'une personne qui tricote. — ETY., s. part. f. de *broucá.*

BROUCADOU, BROUCADOUR, s. m. Affiquet, petit bâton creux pour soutenir une aiguille à tricoter ; SYN. *brouquet ;* brochoir, marteau de maréchal pour ferrer les chevaux. — SYN. *boutadou.* — ETY., *broucado.*

BROUCAL, s. m. Altér. de *boucal.* V. ce mot.

BROUCALHA, v. n. Ramasser du menu bois. — SYN. *bouscalhá, buscalhá.* — ETY.; *broco,* bûchette.

BROUCHA, B. LIM., v. a. (broutsá). Tricoter ; brocher ; faire un travail à la hâte. — SYN. *broucá.*

BROUCHADO, s. f. Brochée. — ETY., *brocho.*

BROUCHET, s. m. Brochet ; poisson. — SYN. *brechet, bechet, bruchet.*

BROUCHETIA, v. a. V. Brouquetá.

BROUCHIER, PROV., s. m. Tonnelier. — ETY., *broco,* petite cheville qui sert à boucher le trou qu'on a fait à un tonneau.

BROUCHOU, B. LIM., s. m. (broutsou), Bûchette, rame, ramille, bourrée, broutilles. — ETY., *broco.*

BROUCHOUNA, B. LIM., v. n. (broutsouná), Fourgonner, fouiller avec une petite broche. — ETY., *brocho.*

BROUCHOUNIA, PROV., v. n. Commencer à paraître, à pousser, en parlant des plantes. — SYN. *boutouná.* — ETY., *brouchou,* broutille.

BROUCO, CÉV., s. f. Petit clou. V. Broco.

BROUCOT, s. m. V. Brouqueto.

BROUDA, CÉV., v. n. Lambiner. — ETY., *brodo,* paresse.

BROUDI, B. LIM., v. n. Batifoler, se goberger, se gaudir ; bruire, rendre un son confus.

BROUDO, B. LIM., s. f. (bróudo). V. Braudo.

BROUDOUS, O, B. LIM., adj. V. Braudous.

BROUECHO, PROV., s. f. V. Brocho.

BROUÈS, PROV., s. m. Buisson, cépée; touffe d'herbes, de gazon. — ETY., βρύω, bourgeonner.

BROUETO, s. f. Brouette. V. Barioto.

BROUFA, v. n. S'ébrouer ; v. a., *broufá lou rire,* pouffer de rire.

BROUFOUNIE, PROV., s. f. Bourrasque. V. Brefounié.

BROUGNOU, BROUGNOUN, s. m. Brugnon, Brignon. V. Brignou.

BROUGNOU, s. m. Ruche à miel. V. Bourgnou.

BROUI, **BROUIT**, ido., adj. Mouillé, ée, trempé de sueur.

BROUI, **BROUIT**, PROV., s. m. BRO, broue, bouillon, partie liquide d'une soupe. — ESP., *brodio* ; ITAL., *brodo*. ETY. B. LAT., *brodium* du GAEL. *bród*.

BROUINA, v. n. V. Bruiná.

BROUIRE, PROV., s. m. Bruyère V. Bruc.

BROUISSO, s. f. *Boueno-brouisso*, *boueno-bruisso*, noms communs aux diverses espèces de crapaudines, pl. de la fam. des labiées à fleurs jaunes.

BROUJOU, CÉV. s. m. Bruit de la mer ; brouhaha, bruit confus. — ETY., *brugi*, bruire.

BROULE, **BROULLE**, MONTP., s. m. Laitue vivace, V. Breule.

BROULHA. v. a. Brouiller, mêler, mettre pêle-mêle ; au fig. désunir des amis ; *se broulhá*, v. r., se brouiller, cesser d'être amis. — ITAL., *brogliare*.

BROULHA, v. n. Germer, bourgeonner. — V. Brulhá.

BROULHA, B. LIM., v. n. (bròulhá). Brailler, crier à tue-tête, criailler. — SYN. *brailá*, *bralhá*.

BROULHADISSO, s. f. V.

BROULHADO, PROV., s. f. Macédoine de légumes ; œufs brouillés. — ETY., s. part. f. de *broulhá*, brouiller.

BROULHADO, B. LIM., s. f. (bròulhado), criaillerie, criérie. — SYN. *bròulhorio*. — ETY., s. part. f. de *bròulhá*.

BROULHADURO, s. f. Brouillerie, mésintelligence ; CÉV., échauboulure, effervescence du sang ; pour cette dernière acception, c'est *boulhaduro*, formé de *boulhi*, qu'il faudrait dire. — ETY., *broulhado*.

BROULHAIRE, O. B. LIM., s. m. et f. (bròulhaire). Braillard, e, criard, e, criailleur, euse. — ETY., *broulhá*.

BROULHARI. DAUPH., s. m. Confusion, désordre. — ETY., *broulhá*.

BROULHARIÉ, s. f. Brouillerie, dissension. — SYN. *broulhassarié*. — ETY., broulhá.

BROULHASSARIÉ, s. f. V. Broulharié.

BROULHAT, ado, part. Brouillé, ée ; mêlé ; B. LIM., adj. et s., écervelé, fou, folle.

BROULHIDURO, PROV., s. f. Tanné, petite bulle durcie qui se forme dans les pores de la peau. — SYN. *bròulhó*.

BROULHO, PROV., s. f. V. Broulhiduro ; *broulho dòu blad*, fane du blé. — ETY., altér. du roman, *bruelh*, bourgeon, branchage, ramée, pour la dernière acception.

BROULHORIO, B. LIM., (bròulhorio), criaillerie. V. Bròulhado.

BROULHOU, B. LIM., s. m. Semotte, nouvelle production de choux pommés. V. Brelhoú.

BROULICE, PROV., s. m. Trouble, tumulte. V. Bourlis.

BROUMA, PROV., v. n. Geler à la surface, en parlant des eaux dormantes et des ruisseaux. — ETY., *broumo*, bruine, du lat., *pruina*, gelée blanche.

BROUMBA, BÉARN., v. a. Rappeler ; *broumbá-s*, v. r., se rappeler. V. Brembá.

BROUME, PROV., s. m. Menue corde de sparte, lignette ; c'est un filé plus fin et plus fort que le filé ordinaire. — SYN. *breime*, *brime*, *brume*, *brumi*.

BROUMÉ, PROV., s. m. Marmelade, viande ou poisson réduits en pâte par la cuisson. — ETY., βρῶμη, nourriture.

BROUMEJA, GASC., v. n. Bruiner. — ETY., fréq. de *broumá*.

BROUMO, GASC., s. f. Bruine ; PROV., brume, brouillard ; au fig. femme de mauvaise vie ; chose qui ne vaut rien. — SYN. *bruno*. — ETY. LAT., *bruma*.

BROUMO, PROV., s. f. Taret, ver qui perce les bordages des vaisseaux ; gourme du cheval.

BROUN, GASC., s. m. V. Brounc.

BROUN-BROUN, CÉV., adv. Étourdiment, brusquement, en désordre ; *es intrat broun-broun*, il est entré sans dire gare, brusquement. — SYN. *brou-brou*.

BROUNC, GASC., s. m. BRONC, bosse, protubérance, nœud du bois ; PROV., saillie, *brounc de la peitrino*, saillie de la poitrine.

BROUNCA, v. n. Broncher, faire un faux pas, mettre le pied à faux ; au

fig. hésiter, faillir. — Syn. brounchá.
— Ety. ital., bronco, tronc ; broncher, c'est se heurter contre un tronc d'arbre.

BROUNCADO, s. f. Bronchade, action de broncher, faux pas. — Syn. brounchado. — Ety., s. part. f. de brouncá.

BROUNCHA, BROUNCHADO, V. Brouncá, Brouncado.

BROUNCHÈU, prov., s. m. Rameau.

BROUNCUT, udo, agen., adj. Raboteux, euse. — Ety. roman, bronc, âpreté.

BROUNDE, o, b. lim., adj. Récalcitrant, revêche, rétif.

BROUNDEL, cév., toul., s. m. Brondel, quignon de pain, croûton, croûte.

BROUNDIDOU, b. lim., s. et adj. Remuant, vif, éveillé. — Ety., broundi pour brandi, remuer.

BROUNDIGAIO, prov., s. f. V. Broundilhos.

BROUNDILHOS, s. f. p. Brondelh, brondill, brindilles, petites branches, broutilles, ramilles, fagot de broussailles, — Syn. broundigaio, poudilhos. — Lim., brundilhou.

BROUNDINEJA, gasc., v. n. Bourdonner ; chanter à voix basse, grommeler.

BROUNDO, s. f. Brondelh, brandes, bourrée, ramée, émondes, broussailles, branches. — Ety. b. lat., bronda, m. sign.

BROUNENT, o, gasc., adj. Retentissant, e, bourdonnant. — Ety., brouni, retentir, bourdonner.

BROUNI, gasc., v. imp. Tonner ; retentir, faire un grand bruit ; bourdonner. — Syn. brounzi.

BROUNIDERO, gasc., s. f. Grand bruit, bruit confus, bruissement, retentissement. — Syn. brounitere, brounidis, brouniment, brounitèyre. — Ety., brouni.

BROUNIDIS, gasc., s. m. V. Brounidero.

BROUNIMENT, béarn., s. m. V. Brounidero.

BROUNITERE, béarn., s. f. V. Brounidero.

BROUNITÈYRE, gasc., s. m. Tonnerre, bruissement. — Ety., brounidero.

BROUNIU, prov., s. m. Ruche. V. Bourgnoú.

BROUNTOULA, b. lim., v. n. V. Brantoulá.

BROUNZÈIRE, s. m. V. Brounzidoú.

BROUNZI, v. n. Bruire, faire du bruit, retentir, siffler, en parlant d'une pierre ou d'une balle qu'on jette avec force ; bourdonner, grommeler, murmurer. — Lim., brundi ; cat., brunzi. — Ety. roman, bruzi, bruire.

BROUNZI, v. n. Brouir, brûler. — Ety., altér. de brauzi.

BROUNZIDO, s. f. Bruissement, bourdonnement. — Lim., brundido. — Ety., s. part. f. de brounzi.

BROUNZIDOU, BROUNZIDOUR, s. m. Loup, instrument d'écolier, fait d'une lame de bois attachée au bout d'un cordon, qu'on fait tourner avec vitesse et qui produit un fort bourdonnement. — Syn. brounzèire, brounzidouiro, rounflo. — Ety., brounzido.

BROUNZIDOUIRO, s. f. V. Brounzidoú.

BROUNZIMENT. s. m. Sifflement d'une balle, d'un boulet, ou d'une pierre lancée avec la fronde; bruit que fait l'instrument appelé brounzidou ; rugissement du vent. — Syn. brounzinadis. — Ety., brounzi.

BROUNZIN, prov., s. m. Espèce de marmite en fonte. — Ety., brounze.

BROUNZINA, biterr., v. n. Bruire, siffler en parlant d'une pierre lancée avec une fronde ; au fig. gronder, grommeler. — Syn. brunziná. — Ety., fréq. de brounzi.

BROUNZINADIS, s. m. V. Brounziment.

BROUNZINAIRE, s. et adj. Bruyant ; au fig. grondeur, celui qui grommelle sans cesse. — Syn. roundinaire. — Ety., brounziná.

BROUNZINEJA, v. n. Bourdonner. — Ety., fréq. de brounziná.

BROUOO, prov., s. f. Bord d'un champ garni de buissons; broussailles ; brouos, s. f. p., fane, touffe ; cépée, trochée ; rejetons d'un arbre coupé rez-terre. — Ety., βρύω, bourgeonner.

BROUQUEJA, v. n. Travailler du petit

bois, rendre pointues des branches dépouillées de leurs feuilles pour en faire des tuteurs pour la vigne. — Syn. *capusá*. — Ety., *broco*.

BROUQUET, gasc., s. m. Affiquet ou porte-aiguille ; V. *broucadou* ; fausset, V. Brouqueto. — Ety., dim. de *broco*.

BROUQUET, prov., s. m. Tuyau d'un pressoir à huile ; baquet que l'on met sous ce pressoir pour recevoir l'huile qui en découle ; vase de bois pour transporter de l'eau, du vin, etc. — Ety., dim. de *broc*.

BROUQUETA, prov., v. a. Mettre un fausset à un tonneau ; iron. saigner quelqu'un. — Syn. *brouqueliá*. — Ety., *brouquet*, brochette, fausset.

BROUQUETIER, prov., s. m. Fabricant et marchand d'allumettes. — Ety., *brouqueto*, allumette.

BROUQUETO, s. f. Broqueta, bûchette ; brochette ; petit brin de paille ou d'osier dont on se sert pour donner à manger à de petits oiseaux; allumette; broquette, petit clou propre à fixer les tapisseries, etc. ; fausset ; *brouquetos*, s. f. p., jonchets, bâtons fort menus que l'on jette les uns sur les autres pour jouer à qui en retirera le plus avec un crochet, sans en faire remuer d'autres que celui que l'on cherche à dégager. — Syn. *broucot*. — Ety. dim. de *broco*.

BROUQUICHOUS, s. m. p. Hydne écailleux, champignon. V. Penchenilho.

BROUQUIER, cév., s. m. Boisselier, artisan qui fait des seaux, des baquets, des tinettes, etc. — Syn. *boutier*, *barralher*. — Ety., *broc*.

BROUQUIÈRO, cév., s. f. Souche mère du châtaignier. — Syn. *menier*.

BROUQUIL, s. m. Broutille, menue branche. — Ety., dim. de *broco*.

BROUQUILHADO, s. f. Fagot de broutilles ou de bûchettes. — Ety., *brouquil*.

BROUQUILHOUS, s. m. p. Brins de branches d'arbres. — Ety., *brouquil*.

BROUS, prov., s. m. Caillebotte, lait caillé et épicé. — Syn. *rebrous*.

BROUSENT, o, adj. Brûlant, e ; rougi au feu. — Syn. *brusent*. — Ety., *brousi*.

BROUSI, v. a. Bruzar, faire rougir au feu. — Syn. *brusi*. — Ety. a. haut. all. *brasen*, brûler.

BROUSQUIA, prov., v. n. S'emporter facilement. — Ety., altér. de *brusquiá*, fréq. de *bruscá*.

BROUSQUIAIRE, prov., s. m. Homme emporté, colère. — Ety., *brousquiá*.

BROUSSA, v. a. et n. Tourner, cailler, grumeler ; *broussá uno sausso*, laisser tourner une sauce ; *lou lach a broussat*, le lait s'est grumelé ; on dit aussi *se broussá*, se cailler ; *broussá lou chocolat*, faire mousser le chocolat ; *broussá*, v. n., signifie aussi se pourrir, en parlant de certaines semences qui ne lèvent pas parce qu'on les a mises dans une terre trop humide. — Syn. *broussourá*. — Ety., *brous*, caillebotte, lait caillé.

BROUSSAS, cév., s. m. Bruyère, champ couvert de bruyères. — Ety., *brousso*.

BROUSSIN, prov., s. m. Lait caillebotté et épicé ; rhubarbe de fromage. — Syn. *rebrous*. — Ety., *brous*.

BROUSSO, cév., s. f. Touffe de bruyère ; *brousso-razièiro*, petite bruyère basse et rampante. — Roman, *brossa*, broussaille.

BROUSSO, cév., s. f. Fromage frais de caillebottes. — Syn. *recuecho*. — Ety., *brous*.

BROUSSO-SAUSSOS ou **BROUSSO-SALSOS**, s. m. et f. Mauvais cuisinier, mauvaise cuisinière, qui laissent les liaisons se grumeler. — Ety., *broussá*, tourner, et *sausso*, *salso*, sauce.

BROUSSOULUN, s. m. Échauboulure, élevure sur la peau, rougeurs.

BROUSSOUN, prov., s. m. Goulot d'un vase ; tuyau d'une fontaine. — Syn. *boussoun*.

BROUSSOURA, prov., v. n. Se pourrir en parlant de certaines semences. V. Broussá.

BROUST, cast., s. m. Brot, brout, pousse des taillis, bourgeon. V. Brout. — Ety. anc. h. all., *broz*, bourgeon.

BROUSTA, b. lim., v. a. Brostar, brouter, par analogie, manger avec plaisir et appétit ; v. n., bourgeonner. — Ety., *broust*, jeune pousse.

BROUSTAT, B. LIM., s. m. Rameau, branchage. — ETY., broust.

BROUSTE, BÉARN.] s. f. Branche. V. Brousto.

BROUSTIA, CÉV., v. a. Peigner le chanvre et le lin. — SYN. brustiá. — ETY., brusti, barbon ou brossière, parce qu'on se sert des racines de cette plante pour faire des brosses.

BROUSTIC, BÉARN., s. m. Petit chou brocoli. — ETY., broustu.

BROUSTILHO, s. f. Broutille, menu bois, fagot, broussailles. — ETY., dim. de broust.

BROUSTIO, s. f. BROSTIA, petite boîte. V. Brustlo.

BROUSTO, B. LIM., s. f. Branches coupées avec leurs feuilles vertes, ou ramée ; émondes, branches superflues ; fagots que l'on fait, dans les bois taillis, des branches que l'on coupe sur les arbres. — ETY., broust.

BROUSTO-SEGOS, s. m. et f. Qui broute les haies, âne, ânesse.

BROUT, s. m. BRUT, bourgeon, jeune pousse des arbres ; brin détaché d'une plante ; PROV., brout de l'araire, flèche de la charrue. — CAT., brot ; ESP., brota ; B. LAT., brustus. V. Broust.

BROUT, s. m. T. de boucherie, trumeau, partie du poitrail du bœuf et de la poitrine du mouton.

BROUTA, v. n. BROTAR, bourgeonner, commencer à pousser. — SYN. broutouná, bourrá, boutouná ; v. a., brouter, manger sur place l'herbe ou les feuilles des arbres. — SYN. broustá. — ETY., brout, bourgeon.

BROUTADO, s. f. Taillis de châtaigniers. — SYN. broulo. — ETY., s. part. f. de broutá.

BROUTEIROLO, s. f. Baguenaudier. V. Baganaudier.

BROUTEL, s m. V.

BROUTET, s. m. Trochet, bouquet de fleurs où de fruits qui tiennent à un même brin ; glane de poires. — ETY., dim. de brout.

BROUTETO, GASC., s. f. Petit chou à feuilles vertes et crépues. — ETY., dim. de broulo.

BROUTIÉRO, BROUTIÈIRO, s. f. Oseraie. — SYN. vegiéro ; bois taillis, V. Brouto.

BROUTIGNO, s. f. Grappillon de raisin qui pend ordinairement à l'extrémité d'un sarment. — SYN. broutilho. — ETY., dim. de brout.

BROUTILHO, s. f. V. Broutigno.

BROUTO, s. f. BROTO, bouquet d'arbres, petit bois taillis ; TOUL., chou à feuilles vertes et crépues ; PROV., racine du buis, bocho de brouto, boule de racine de buis.

BROUTO-COUNILS, s. m. Liondent d'automne, Leontodon autumnalis, de la fam. des synanthérées, dont les lapins sont très-friands. — SYN. aurelho d'ase, pichourli.

BROUTOU, BROUTOUN, s. m. Bourgeon ; chou brocoli ; bubé. — ETY., dim. de brout.

BROUTOUCOU, B. LIM., s. m. Roucoulement des pigeons, des tourterelles. — ETY., onomatopée.

BROUTOUCOUNA, B. LIM., v. n. Roucouler. — ETY., broutoucou.

BROUTOULAIGUO, s. f. V. Bourtoulaiguo.

BROUTOUNA, v. n. BROTONAR, bourgeonner. — SYN. broutá, boutouná. — ETY., brout, bourgeon.

BROUTOUNAT, ado, part. Qui a poussé des bourgeons ; bourgeonné, en parlant du visage.

BROUTOUNICO, s. f. Bétoine, Betonica officinalis, plante de la fam. des labiées. On donne improprement, à Béziers, le nom de broutounico, à la véronique teucriette.

BROUTOURAIGUO, s. f. V. Bourtoulaiguo.

BROUTOVOUIRO, PROV., s. f. Ononis, Ononis fruticosa, arbrisseau de la fam. des légumineuses. — SYN. esbroutouiros, lebretins.

BROUTURO, PROV., s. f. Bouture. — ETY., brout.

BROUVO, PROV., s. f. Haie. V. Baragno.

BROUZENT, o. adj. V. Brousent.

BROUZESC, o, CAST., adj. Cassant, e, fragile, en parlant de certaines espèces de bois ; au fig. rustre, peu communicatif. — Cév., *brasc, brasquet* ; Gasc., *broze.*

BROUZI, v. a. V. Brousi.

BROVAJE, o, B. Lim., adj. (brovadze). Sauvage, qui n'est pas apprivoisé.

BROY, o, Gasc., adj. Beau, belle. V. Beroi.

BROYAS, Lim., s. f. p. Braies. V. Bragos.

BROYE, Béarn., s. f. Pâte de farine de maïs.

BROZE, Gasc., adj. Cassant, en parlant du bois. V. Brouzesc.

BRU, BRUN, o, adj. Bru, brun, brune ; bis en parlant de pain. Dim. *brunet, eto,* un peu brun. — Syn. *brunèu, ello.* — Cat., *bru* ; Esp., Ital., *bruno.* — Ety. anc. h. all., *brun.*

BRU, cév., s. m. Bruit. V. Bruch.

BRU, cév., s. m. Bruyère. V. Bruc.

BRU, s. m. Espèce de raisin de la Corrèze.

BRUC, Gasc., s. m. Champignon.

BRUC, s. m. Bruc, brus, bruyère ; ce nom s'applique à plusieurs de ces arbrisseaux et principalement à la bruyère commune, *Erica vulgaris* ; à la bruyère à balais, *Erica scoparia* et à la bruyère arborescente, *Erica arborea,* appelée aussi *bruc mascle,* dans quelques contrées. — Syn. *brusc, bruièiro, brugas, brugas-fumèu, brouire, bruguièiro, branc, brano, brouc, brugo, brousso-razièiro.* — Cat., *bruguera* ; Ital., *brughiera.* — Ety. kymri, *brwg,* buisson.

BRUCA, cév., v. n. Broncher, heurter contre. V. Brouncá.

Moun fil, annen bruquesses pas,
Souven-tè qu'incara ai moun nas.
Favre. *Enéida.*

BRUCADO, cév., s. f. Faux pas, bronchade. V. Brouncado. — Ety., s. part. f. de *brucá.*

BRUCH, s. m. Brut, bruit, bruit, tumulte, mélange confus de sons ; nouvelle qui se répand ; querelle ; éclat que fait une chose dans le monde. On dit d'un malade qui est à la dernière extrémité : *fará lèu ausi bruch,* c'est-à-dire il fera bientôt entendre le bruit ou le son du glas. — Gasc., *bruit,* cév., *bru* ; Agen., *bruèyt* ; Cat., *brugit* ; Ital., *bruito.* — Ety. b. bret., *brûd,* kymri, *broth,* bruit.

BRUCHET, Gasc., s. m. Brochet, poisson. V. Brouchet.

BRUCHOC, Gasc., s. m. Buisson isolé.

BRUCHOU, Béarn., s. m. Buisson. — Gasc., *brugno* ; Ital., *brucciolo.* V. Bouissou.

BRUDÈICHO, prov., s. f. Grand bruit qui dure longtemps. — Syn. *brudeïsso, brudièro.* — Ety. b.bret., *brûd,* bruit.

BRUDEÏSSO, prov., s. f. V. Brudèicho.

BRUDI, B. Lim., v. n. Brūzir, faire du bruit, siffler comme le vent, comme une pierre lancée avec la fronde. — Ety. b. bret., *brûd,* bruit.

BRUDIER, B. Lim., s. m. Cellier où l'on tient les jarres.

BRUDIÈRO, prov., s. f. V. Brudèicho.

BRUDISSIMEN, prov., s. m. Bruissement. — Ety., *brudi,* et le suffixe *men.*

BRUDO, Gasc., s. f. V. Bruto.

BRUÈIL, cév., s. m. V. Bruelh.

BRUÈIO, prov., s. f. V. Bruelho.

BRUELH, cév., s. m. Bruelh, bruelha, bois, forêt, jeune taillis, branche, bourgeon, végétation. — Ety., βρύω, pousser, bourgeonner.

BRUELHA, cév., v. n. Bruelhar, bourgeonner, germer, reverdir. — Syn. *brulhá, broulhá.* — Cat., *brollar.* — Ety., *bruelh,* bourgeon.

BRUELHO, s. f. Bourgeon ; blé en vert. — Syn. *brelho, bruèil, bruèiro.* — M. Ety., que *bruelh.*

BRUÈY, BRUÈYT, Agen., s. m. Bruit, V. Bruch.

BRUG, prov., s. m. Bruyère, V. Bruc.

BRUGA, prov., v. a. flamber, faire un feu de bruyère. — Ety., *brug,* bruyère.

BRUGAIROLO, Toul., s. f. Agaric élevé, *Agaricus procerus.* — Syn. *Sant-Martino.*

BRUGAS, prov., s. m. Bruyère ; pays couvert de bruyères. — Ety., *brug.*

BRUGAS-FUMÈU, prov., s. m. Bruyère à balais. V. Bruc.

BRUGAS-MASCLE, prov., s. m. Bruyère en arbre, *Erica arborea*, arbuste de la fam. des éricacées.

BRUGASSIER, iéro, cast., s. m. et f. Habitant des bruyères; celui, celle qui fait des balais de bruyère et les vend. — Ety., *brugas*, bruyère.

BRUG-FER, prov., s. m. V. Brusc-fer.

BRUGI, b. lim., v. n. Bruire. V. Bruzí.

BRUGIMENT, s. m. Bruissement. — Ety., *brugi*, et le suffixe *ment*.

BRUGNE, ariég., v. n. Bruire. V. Bruzí.

BRUGNO, gasc., s. f. Buisson. V. Bruchòu.

BRUGNOUN, gasc., s. m. V. Brignoú.

BRUGNOUN, gasc., s. m. Ruche. V. Bourgnoú.

BRUGO, toul., s. f. Bruyère; *brugo salvajo*, bruyère cendrée, *Erica cinerea*. V. Bruc.

BRUGUÈIROLO, cév., s. f. Petit champ couvert de bruyères. — Ety., *brugo*, bruyère.

BRUGUET, toul., s. m. Bolet comestible, cèpe, *Boletus edulis*; *bruguet-fol*, gasc., bolet rubéolaire, *Boletus rubeolarius*; rameau de cocons, branche de bruyère à laquelle les vers à soie attachent leurs cocons. — Cév., *bruquet*. — Ital., *brugnoli*.

BRUGUETO, gasc., s. f. Bolet orangé, *Boletus aurantiacus*.

BRUGUIÈIRO, s. f. Bruyère; terrain couvert de bruyères. V. Bruc.

BRUIÈIRO, s. f. Bruyère. V. Bruc.

BRUILETE, béarn., s. f. Violette. — Syn. *briulete*. V. Viéuleto.

BRUINA, v. n. Bruiner. — Syn. *brouiná*. — Cast., *rouziná*, *rouzinejá*. — Ety., *bruino*.

BRUINO, s. f. Pruina, buerna, bruine, petite pluie très-fine et froide; dans quelques dialectes, gelée blanche. — Cast., *rouzino*. — Ety. lat., *pruina*, gelée blanche.

BRUISSO, s. f. *Boueno-bruisso*. V. Brouisso.

BRUISSO DI PICHOTO, s. f. Germandrée blanc de neige.

BRUIZA, prov., v, n. V. Bruzá.

BRUJO, b. lim., s. f. (brudzo). Jarre; au fig. grosse femme.

BRUJO, s. f. Bruyère. V. Brugo.

BRUJOS, cév., s. f. p. Champs couverts de la petite espèce de bruyère, dont la fleur pourpre a la forme d'un grelot. V. Brugas.

BRUJOU, cév., s. f. Démangeaison. V. Bruzoú.

N'ère pas qu'à moun premier som
Quand uno BRUJOU ranfoursada
M'a fach escampá la flassada.
FAVRE.

BRUJOU, b. lim., s. m. (brudzoú). Cruchon; petite jarre. — Dim. de *brujo*.

BRULA, prov., v. a. Brûler; *brulá de la loco*, toucher presque le but. V. Brullá.

BRULE, gasc., s. m. Peuplier. V. Piboul.

BRULHA, cév., v. n. V. Bruelhá.

BRULLA, v. a. Bruslar, druzar, brûler, consumer par le feu; *brullá un estapo*, brûler un gîte, y passer sans s'arrêter; *brullá coumpagno*, fausser compagnie; *brullá lou quioul à quauqu'un*, exp. pop., manquer de parole à quelqu'un. *Brullá* signifie aussi brouir: *la barbarusto a brullat lous bourres*, la gelée blanche a broui les bourgeons. v. n., brûler, être en état de combustion; *se brullá*, v. r., se brûler. — Syn. *burlá*, *brulá*, *brunlá* — B. lim., *bourlá*; anc. cat., *bruzar*; ital., *brucciare*, *brugiare*. — Ety. lat., *perustulare*, d'où *prustular* et *bruslar* par contradiction et le changement du *p* en *b*.

BRULLADOU, s. m. Rôtissoire, machine de tôle pour torréfier le café. — Ety., *brullá*.

BRULLADURO, s. f. Brûlure, lésion causée par le feu. — Ety., *brullá*.

BRULLAIRE, s. m. Incendiaire, celui qui brûle; *bouilleur*, distillateur.

BRULLAMENT, s. m. Brûlement, action de brûler, ou état de ce qui est brûlé. — ETY., brullá, et le suffixe ment.

BRULOTO, TOUL., s. f. Cirse bulbeux, Carduus tuberosus, appelé bruloto ou brulloto à cause de la douleur cuisante que cause la piqûre de ses épines.

BRUMA, v. n. Écumer, jeter de l'écume, de la bave, en être couvert, mousser; poétiq., fumer, en parlant d'une épée teinte de sang; être chargé de brume, en parlant du temps. — ETY., brumo.

BRUMADO, s. f. Brouillard, nuage; au fig. troupe nombreuse, multitude. — SYN. brumage. — ETY., s. part. f. de brumá.

BRUMAGE, CARC., B. LIM., s. m. Brouillard. V. Brumado.

BRUMAT, ado, part. Qui écume, qui est couvert de mousse, de brume; nuageux. Il se dit aussi des métaux dorés ou argentés : uno crous brumado d'or, une croix dorée. — B. LIM., subrumat.

BRUMBA, GASC., v. n. Rappeler. V. Brembá.

BRUME, BÉARN., s. f. V. Brumo.

BRUME, PROV., s. m. Corde de sparte. V. Broume.

BRUMEJA, v. n. Écumer, mousser; être nuageux, couvert de brouillards, bruiner. — ETY., fréq. de brumá.

BRUMIÉU, ivo, adj. Sujet ou exposé à la brume, au brouillard. — ETY., brumo.

BRUMO, s. f. BRUMA, brume, brouillard, nuage, écume, mousse, bave; flegme, pituite; AGEN., rouille des blés et autres plantes ; brumos de boutigo, marchandise de rebut (Sauvages). — SYN. brume, brumour. — ESP., ITAL., bruma. — ETY. LAT., bruma, solstice d'hiver.

BRUMOUR, PROV., s. f. Brouillard. V. Brumo.

BRUMOUS, o, BITERR., adj. Brumeux, euse, nébuleux. — ETY., brumo.

BRUN, o, adj. V. Bru.

BRUNASSO, CÉV., s. f. Double macreuse. — SYN. cuièidas.

BRUNDI, LIM., v. n. Retentir; bourdonner. V. Brounzi.

BRUNDIDO, LIM., s. f. Retentissement; bourdonnement. V. Brounzido. — ETY., s. part. f. de brundi.

BRUNDILHOU, LIM.; s. m. Brindilles, petits morceaux.

BRUNÉ, PROV., s. m. Panaris.

BRUNEL, ello, adj. Brun, e.

BRUNELETO, s. f. Brunelle vulgaire, appelée aussi petite consoude charbonnière, plante de la famille des labiées.

BRUNELO, s. f. Mule ou jument de couleur grisâtre. — ETY., brun.

BRUNELO, s. f. Brunelle à grandes fleurs, Brunella grandiflora, plante de la fam. des labiées.

BRUNETO, PROV., s. f. Nom d'une espèce de champignon.

BRUNÈU, ello, PROV., adj. V. Bru.

BRUN-FOURCAT, s. m. Cépage qui produit en abondance des raisins à gros grains noirs. On l'appelle dans les départements du Gard et de l'Hérault moulan, moulard, et dans celui de Vaucluse, caulá negre. — ETY., brun.

BRUNLA, GASC., v. a. V. Brullá.

BRUNO, s. f. La brune, le soir : aquesto bruno, ce soir. — ETY., brun.

BRUNZINA, CAST., v. n. V. Brounziná.

BRUQUET, CÉV., s. m. Mousseron, très-petit champignon du genre des laminés, qui croît dans les bruyères. — TOUL., bruguet; ITAL., brugnolo. — ETY., bruc, bruyère.

BRUS, CÉV., s. m. BRUS, bruyère, V. Bruc. Ruche à miel. V. Bourgnoú.

BRUSA, PROV., v. n. V. Bruzá.

BRUSC, PROV., s. m. Ruche. V. Bourgnoú.

BRUSC, PROV., s. m. Nom de diverses espèces de bruyères. V. Bruc.

BRUSC, o, adj. Brusque, qui a une rudesse mêlée de promptitude. — CAT., brusc; ESP., ITAL., brusco.

BRUSCA, v. a. Brusquer, avoir à l'égard de quelqu'un un langage, un ton brusque; presser, hâter. — Syn. brousquiá, brusquiá. — Ital., bruscare. — Ety., brusc.

BRUSCALHA, v. n. Ramasser de menu bois, des broussailles. — Syn. buscalhá. — Ety. nom., brusca, broussaille.

BRUSCAMBILHO, s. f. V. Briscambilh.

BRUSCARIÈ, s. f. Brusquerie. — Cat., bruscaria. — Ety., bruscá.

BRUSC-FER, prov., s. m. Osyris blanc, Osyris alba, arbriss. de la fam. des éléagnées. — Syn. ginestoú, rouvet.

BRUSCLA, do, prov., adj. A demi brûlé, ée. — Syn. besusclá.

BRUSENT, o, adj. V. Brousent.

BRUSI, v. n. V. Bruzi.

BRUSO, gasc., s. f. Bluette, étincelle. — Syn. belugo.

BRUSOUR, prov., s. f. V. Bruzoú.

BRUSQUÉ, prov., s. m. Petite caisse de liège dans laquelle on tient le sel, et où les revendeuses mettent les châtaignes bouillies. — Ety., brusc, écorce.

BRUSQUET, agen., s. m. Bolet, potiron. — Toul., bruquet; cév., bruquet, qui désigne le mousseron. — Ety., brug, bruyère.

BRUSQUETO, s. f. Petite caisse. — Ety., dim. de brusqué.

BRUSQUIA, prov., v. a. V. Bruscá.

BRUSQUIÈIRO, cév., s. f. Terrain couvert de bruyères. — Syn. brussièro. — Ety., brus, bruyère.

BRUSQUIER, cév., adj. Pá brusquier, pain bis, pain de recoupe. — Ety. nom., brusca, broussaille, et par ext. paille, son.

BRUSSA, prov., v. a. et n. Cosser. V. Bussá.

BRUSSIÈRO, prov., s. f. V. Brusquièro.

BRUSTI, prov., s. m. Barbon ou brossière, pied-de-poule, chiendent à balais, Andropogon ischæmum, plante de la fam. des graminées; s. f., brosse de chiendent.

BRUSTIA, prov., v. a. Brosser, peigner le chanvre; panser un cheval; au fig. envoyer paître quelqu'un. — Syn. broustiá. — Ety., brusti, brosse.

BRUSTIÉTO, toul., s. f. Petite boîte. — Dim. de brustio, boîte.

BRUSTIO, toul., s. f. Brustia, brostiá, boîte; brosse de chiendent. — Syn. broustio, boîte, brusti, brosse. — Ety. b. lat., brustia.

BRUT, o, adj. Brut, brut, e, qui n'est pas travaillé; au fig. sale, malpropre, sans éducation: bruto bestio, bête brute. — Cat., brut, esp., ital., bruto. — Ety. lat., brutus, lourd, pesant, stupide.

BRUT, toul., s. m. Bruit. V. Bruch.

BRUTA, prov., v. a. Salir, couvrir d'ordures; se brutá, v. r., se salir, s'embrener. — Syn. brutí. — Ital., bruttare. — Ety., brut, sale.

BRUTAL, o, adj. Brutal, brutal, e, qui tient de la brute, grossier, emporté. — Syn. brutau. — Cat., esp., brutal; ital., brutale. — Ety., brut.

BRUTALAS, asso, adj. Très-brutal, e. — Ety., augm. de brutal.

BRUTALEJA, v. a. Brutaliser, traiter brutalement, durement. — Syn. brutalisá. — Ety., brutal.

BRUTALIGE, s. m. Brutalité, action brutale. — Ety., brutal.

BRUTALISA, v. a. V. Brutalejá.

BRUTALITA, prov., s. f. V.

BRUTALITAT, s. f. Brutalité; férocité, violence; action, passion brutale. — Cat., brutalitat; esp., brutalidad; ital., brutalità. — Ety., brutal.

BRUTALOMENT, adv. Brutalement. — Ety., brutalo, et le suffixe ment.

BRUTAS, asso, prov., adj. Très-sale, très-malpropre. — Augm., de brut.

BRUTAU, alo, prov., adj. V. Brutal.

BRUTI, prov., v. a. Salir, V. Brutá.

BRUTICE, BRUTICI, prov., s. m. Brutalité. Il est aussi syn. de brutige. V. ce mot.

BRUTIER, prov., s. m. Butor, oiseau. V. Butor.

BRUTIGE, s. m. Saleté, ordure; débris de menu bois pourri. — Syn. brutice, brutici, brutisso. — Ety., brut.

BRUTISSO, AGAT., s. f. V. Brutige.

BRUTO, s. f. Brute, bête. — SYN. *brudo*. — ETY., *bruto*, s. entendu *bestio*.

BRUZA, PROV., v. n. Démanger, cuire. — SYN. *bruizá*, *brusá*, *bruzi*, *pruzi*. — ETY. ROMAN., *bruzar*, brûler.

BRUZI, v. n. BRUZIR, bruire, faire du bruit, résonner, retentir, gronder, bourdonner, sonner, claquer. — ARIÉG., *brugne*; B. LIM., *brugi*; ANC. CAT., *brugir*; ITAL., *bruire*.

BRUZI, PROV., v. n. Démanger. V. Bruzá.

BRUZOU, BRUZOUR, s. f. Bruit sourd, bourdonnement, démangeaison. — SYN., *pruzou*. — ETY., *bruzi*.

BRYOUINO, s.f. V. Briuino.

BUA, GASC., v. a. et n. V. Bufá.

BUA, PROV., v. a. Enduire les joints et les fentes d'un tonneau avec du suif.

BUAIRE, PROV., s. m. Celui qui enduit de suif les joints d'un tonneau; espèce de couteau avec lequel on fait cette opération. — ETY., *buá*.

BUALHA, QUERC., v. a. Séparer avec un balai les balles d'avec le blé ou d'avec d'autres grains, pendant qu'on les vanne ou qu'on les crible; CÉV., ôter la boue ou la bouse. — SYN. *buelhá*, *buolhá*.

Penden que dins l'erié lou mestro lou trobalho,
Omb'un pichot romel lo sorbento BUALHO.

PEYROT.

Bualhá est probablement mis pour *bruelhá*, et signifie nettoyer avec un balai fait avec des branchages (*bruelh*).

BUAU, PROV., s. m. Bugado.

BUBERLÉ, BITERR., s. m. Ancien vêtement à l'usage des paysans. — SYN. *bibarlé*, *bivarlé*.

Lou bourgés de soun luxe ostouno lou païs,
Soun paire en caussos de sarjeto,
BUBERLÉ de ratino ou de bourracan gris,
Metió sur l'estoumac lou cese on la mounjeto.

J. AZAÏS.

BUBO, CÉV., s. f. BUBO, bube, pustule du chignon des enfants qu'on n'a pas le soin de peigner souvent. — ETY., βουβών, tumeur.

BUC, TOUL, s. m. BRUSC, BUC, ruche d'abeilles. — CAT., *buc*. V. Bourgnou.

BUC, CAST., s. m. Chicot, partie d'une dent qui reste dans la gencive, après que la couronne a été détruite ou enlevée; chicot d'arbre; écharde. — ETY. B. LAT., *buca*, tronc, tige.

BUCADO, CÉV., s. f. Accroc, déchirure. — ETY., *buc*, chicot.

BUCHAU, PROV., s. m. Drap de toile grossière dans lequel on transporte la paille. — SYN. *buissau*, *bourrouno*, *bourrenc*.

BUCHET, CÉV., s. m. Jeu de la poussette. On gagne à ce jeu lorsqu'en poussant son épingle du doigt, on la fait croiser sur celle de son adversaire. *Buchet*, qui dérive sans doute de *bulá*, pousser, est une altération de *buteto*, qui est aussi le nom du jeu de la poussette. — SYN. *bucheto*. — CAST., *pounchimperlo*.

BUCHET, LIM. s. m. Brochet. — SYN. *brouchet*.

BUCHETO, s. f. Jeu de la poussette. V. Buchet.

BUCHIA, PROV., v. n. Ramasser du menu bois. V. Buscalhá.

BUCHOT, GASC., s. m. Engorgement du larynx chez les brebis.

BUCHOURNOU, GASC., s. m. Mousseron, espèce de champignon.

BUCLA, DAUPH., v. a. Flamber. V. Flambuscá.

BUDA, CÉV., TOUL., v. a. Vider, répandre, verser. V. Voujá.

BUDALHO, PROV., s. f. Les boyaux, en général, le ventre. — ITAL., *budellame*. — ETY., *budel*, boyau.

BUDE, o, TOUL., adj. Vide. V. Vouide.

BUDEL, s. m. Veau. Altér. de *Vedel*.

BUDEL, CÉV., s. m. BUDEL, boyau, intestin; au fig. éboulis de terre, éboulement d'une terrasse. La masse éboulée est censée sortir du sein de la terre ravinée. D'autres disent *vedel*, veau, au lieu de *budel*, boyau, comparant la terre éboulée au veau qui sort du ventre de sa mère. C'est dans le même ordre d'idées que l'éboulis s'appelle en provençal, *poulin*. — Gasc., *budet* ; prov., *budèu* ; cat., *budell* ; ital., *budello*. — Ety. lat., *botellus*, boudin.

BUDELA, v. n. Vêler. V. *Vedelá* ; s'ébouler. V. Embudelá (s').

BUDET, gasc., s. m. V. Budel.

BUDÈU, prov., s. m. Boyau. V. Budel.

BUÈICHALHO, prov., s. f. Brindille. — Syn. *buscalho*.

BUÈIRO, prov., s. f. Noise, querelle. V. Buiro.

BUELHA, cév. v. n. V. Bualhá.

BUELHOS, cév. s. f. p. Effilures. V. Bielhos.

BUERBALHO, prov., s. f. Tripaille. — Ety., *buerbo*. V. Burbalho.

BUERBO, prov., s. f. Bedaine. V. Burbo.

BUERRI, prov., s. m. Beurre. V. Burre.

BUF, cast., s. m. Souffle, haleine, respiration. Onomatopée qui exprime le bruit que fait la bouche en soufflant.

BUFA, v. a. Bufar, souffler en enflant les joues ; au fig. repousser une proposition ; v. n., respirer ; cév., bouffer, témoigner par un certain gonflement de la face que l'on est de mauvaise humeur. — Prov., *boufá* ; gasc., *buá* ; cat., esp., *bufar* ; ital., *buffare*. — Ety., *buf*.

BUFADEL, carc., s. m. Petite bouffée, Dim. de *bufado*. — Ety., *bufá*.

E per nous atudá, que cal ? tout simploment
Un'res, un bufadel de bont.

mir d'Escales.

BUFADO, s. f. Souffle, bouffée de vent ; au fig. dédain, rejet d'une proposition sur laquelle on souffle en quelque sorte pour la faire emporter par le vent. — Prov., *boufado* ; béarn., *bouhade*. — Ety., s. part. f. de *bufá*.

BUFAIRE, s. m. Celui qui souffle, qui gonfle ses joues en soufflant pour se donner un air d'importance ; au fig. vantard, hâbleur. — Prov., *boufaire*. — Ety., *bufá*.

BUFAL, s. m. Bouffée de vent plus prompte et moins prolongée que celle qu'on exprime par le mot *bufado* ; cév., soufflet de cheminée. — Ety., *bufá*.

BUFA-LIÉ, cév., s. m. Bassinoire. — Biterr., *caufo-lèit*.

BUFALIÈRO, cév., s. et adj. Fanfaron, vantard. — Syn. *bufaire*. — Ety., *bufá*.

BUFANIER, cév., s. m. Gros ventru, homme joufflu. — Ety., *bufá*, se gonfler.

BUFAR, s. m. Soufflet de forge. — Ety., *bufá*.

BUFAREL, èlo, adj. Bouffi, ie, joufflu. V. Boufarel.

BUFAROULADO, s. f. Petit coup de vent ; petite bouffée. — Syn. *bufadel*. — Ety., *bufá*.

BUFAU, prov., s. m. V. Bufal.

BUFEC, èco, adj. Creux, euse, vide, gâté ; stérile ; par ext. inutile. *Uno nougo bufèco*, une noix creuse, vide, avortée ; *uno fedo bufèco*, une brebis bréhaigne ou stérile. — Gasc., *bouhec*; B. lim., *buforolo*; cév., *boufarono*. — Ety., *buf*, souffle, vent ; *bufec*, rempli de vent.

Un pastourel disió : Bo fay uno gran peco
De douna moun amour à qui noun la bol pas,
A la bèlo Liris, de qui l'armo de glas
Bol rendre paùromont ma poursuito bufèco.

Goudelin. *Hier tant que*...

BUFET, s. m. Bufet, soufflet. — Gasc., *bouhet*. — Toul., *bufetos*; cév., *auriflan* ; ital., *soffieto*. — Ety., *buf*, souffle.

BUFET, s. m. Buffet, armoire pour la vaisselle et le linge de table. — Esp., *bufete* ; ital., *buffetto*.

BUFETA, v. n. Fouiller dans le buffet. — Ety., *bufet*.

BUFETO, toul., querc., s. f. Soufflet à vent. — Syn. *bufetos*. — Ety., *bufet*.

BUFO, prov., s. f. Moue, grimace que l'on fait en signe de mécontentement, moquerie ; traque, battue. — Ety. roman, *buf*, moquerie pour la première acception.

BUFO-BREN, toul., s. m. Bavard, hâbleur, celui qui dit des paroles insignifiantes. — Syn. *bufaire, bufaliéro*. — Ety., *bufá*, souffler, et *bren*, son.

BUFO-LESCO, s. m. Affamé ; nigaud, gobe-mouches.

BUFOROL, O, B. LIM., adj. Vide, creux, V. Bufec.

BUFOS, CÉV., TOUL., s. f p. Fesses, ainsi nommées parce qu'elles sont comme gonflées ; B. LIM., lèvres, quand on les avance pour faire la moue ; GASC., croquignoles. — Ety., *bufá*, bouffer, se gonfler.

BUFOU (Rat), CAST., s. m. Loir, *Myoxus glis*, mammifère onguiculé de la famille des rongeurs — Syn. *enderboù*. — Agat., *burel*; biterr., *missarro*.

BUFRE, CÉV., s. m. Brufe, brufol, buffle. — Esp., ital , *bufalo*. — Ety. LAT., *bubalus*, de βούβαλος.

BUGADA, v. a. Bugadar, lessiver, mettre à la lessive, blanchir au moyen de la lessive ; prov., combuger. — Syn. *endoua*. — B. LIM., *bujodá*. — Ety., *bugado*, lessive.

BUGADÉ, GASC., s. m. V. Bugadier.

BUGADESSO, s. f. Baudroie, poisson. V. Baudroi.

BUGADETO, s. f. Petite lessive. — Prov., *chicaudoun*. — Ety., dim. de *bugado*.

BUGADIÈIRA, MONTP., s. f. Liseron des champs ; liseron de Biscaye. V. *Courrejolo*. C'est aussi un des noms de la saponaire officinale.

BUGADIÈIRO, s f. Buandière, femme qui fait la lessive ; dans quelques pays, buanderie, cuve à lessive ; lavandière, un des noms de la bergeronnette grise. — B. LIM., *bujodairo*. — Ety., *bugado*.

A bouno BUGADIÈIRO manco jamai pèiro.
PRO.

BUGADIER, s. m. Cuve où l'on fait la lessive, *grando cournudo* ; buanderie, lieu où se fait la lessive. — Gasc., *bugadè* ; B. LIM., *bujodier*.—Ety., *bugado*.

BUGADIÉRO, prov., s. f. Buandière ; au fig. gros nuages orageux amoncelés sur le Mont-Ventour. V. Bugadièiro.

BUGADO, s. f. Bugada, buée, lessive, action de nettoyer et blanchir le linge en l'entassant dans un cuvier rempli d'eau chaude et de cendres. Cette eau, rendue alcaline par ce moyen, est appelée *lessièu* ou *lissièu*. *Bugado* signifie aussi la quantité de linge mise dans le cuvier ; *faire la bugado*, faire la lessive ; *coulá la bugado*; lessiver ; *trempá la bugado*, essanger ou laver le linge sale avant de le lessiver ; *asseliá la bugado*, encuver le linge. *Metre sa pelho à la bugado*, se dit d'une personne qui se mêle indiscrètement à une conversation à laquelle elle doit rester étrangère. — Syn. *buau*.—B. LIM., *bujado* ; CAT., ESP., *bugada* ; ITAL., *bucato* ; ALL., *beuche*. — Ety. ITAL., *buca*, trou, *bucare*, filtrer.

BUGADOU, BUGADOUN, s. m. Petite lessive ; petit cuvier dans lequel on fait une petite lessive ; au fig. confessionnal. — Gasc., *buguet*. — Ety., dim. de *bugado*.

BUGÉ, CÉV., s. m. Bouge, garde-robe ; cloison ; pierre de taille. — Syn. *buget*. — Ety. B. LAT., *bugia*, bougia.

BUGET, BITERR., s. m. Cloison. — Syn. *bugé, bouget*.

BUGETA, CAST., v. n. Faire une cloison, bâtir avec des briques et des solives. — Ety., *bugel*, cloison.

BUGETOS (fa), GAST., v. n. Faire venir l'eau à la bouche, exciter l'envie d'une personne pour un objet qu'on ne veut pas lui donner ; on dit aussi, *fa la nico*. Altér. de *envejetos*.

BUGLA, v. n. Beugler, pousser des beuglements ; crier très fort. — Ety., *bugle*.

BUGLE, s. m. Bugle, clairon. — Ety. LAT., *buculus*, jeune bœuf.

BUGLET, BÉARN., s. m. Beuglement, mugissement. — Ety., *buglá*.

BUGLO, prov., s. f. Bugle rampante ou petite consoude, herbe de St-Laurent, *Ajuga reptans*; bugle pyramidale, *Ajuga pyramidalis*; bugle de Genève, *Ajuga genevensis* ; plantes de la fam. des labiées. — Syn. *Herbo das carbous*. On donne aussi ce nom à la vipérine commune. V. Bourragi-fer.

BUGLOSSO, s. f. V. Bourracho bastardo.

BUGNET, s. m. Beignet. V. Begnet.

BUGNO, prov., s. f. V. Bougno.

BUGO, s. f. Bogue commune, poisson.

BUGU, do, prov., part. Bu, e. V. Begut.

BUGUET, gasc., s. m. V. Bugadou.

BUGUIÈRO, s. f. Filet pour la pêche. V. Bouguièro.

BUICHALHADO, prov., s. f. Plein un grand drap de toile, appelé *buichau* ou *buissau*. — Syn. *estamegnaijo*. — Biterr., *bourrounado*.

BUICHAU, prov., s. m. V. Buissau.

BUICHO, prov., s. f. Chanvre qui n'est pas parvenu à sa maturité, et qui est resté nain ; chènevotte.

BUILH, ariég., s. m. V. Boulh.

BUILHI, ariég., v. n. Bouli.

BUIRO, prov., s. f. Noise, querelle. — Syn. *bouiro*, *buèiro*.

BUISSAU, prov., s. m. Drap de toile grossière dans lequel on transporte le foin, la paille, etc. — Syn. *buichau*, *buchau*, *buscalh*, *bourras*, *bourrenc*, *bourrouno*.

BUISSO, prov., s. f. Gros puquet de chanvre commun; *buissos*, s. f. p., paillettes qui restent dans le pain grossier. — Syn. *buicho*.

BUISSOUN, prov., s. m. V. Bouissou.

BUJA, v. a. Verser. V. Voujá.

BUJADO, b. lim., s. f. V. Bugado.

BUJAU, gasc., s. m. Trou. — Ety., *bujá*, verser.

BUJO, lim., s. f. Buire, vase à mettre des liqueurs, espèce de cruche à long cou.

Mas lo cigougno fuguet fino,
Quan lou servignet lou diná
Lo lou bouget dins uno bujo.
FOUCAUD.

Mais la cigogne fut fine ; — quand elle servit le dîner, — elle le versa dans une buire.

BUJODA, b. lim., v. a. (budzodá). Lessiver. V. Bugadá.

BUJODAIRO, b. lim., s. f. (budzodairo). Buandière. V. Bugadièiro.

BUJODIER, b. lim., s. m. (budzodier).

Cuve où l'on fait la lessive. V. Bugadier.

BUL, s. m. Bouillon. V. Boul.

BULEU, adv. V. Beléu.

BULHENT, o, adj. V. Boulhent.

BULHI, toul., v. n. Bouillir. V. Boulí.

BULI, v. n. V. Boulí.

BULLADO, cév., s. f. Tripaille. Altér. de *budellado* fait de *budel*, boyau, intestin.

BULLAROT, s. m. Goujon. V. Boullarot.

BULLEGAN, prov., s. m. V. Belugo.

BULLO, s. f. Bulle, globule remplie d'air qui s'élève à la surface de l'eau en ébullition ; au fig. contes en l'air ; happelourde; chose, personne, animal, qui paraissent meilleurs qu'ils ne sont; prov., vaurien ; b. lim., badaud, niais, dadais. — Ety., *bulla*, boule.

BULO ou **BULLO**, nim., s. f. Barge à queue noire, V. Becasso-de-mar ; barge rousse, V. Charlotino.

BUOLHA, querc, v. a. Éclaircir, nettoyer. V. Bualhá.

BUOU, s. m. (buòu). Bœuf. V. Biòu.

BUOU-DE-NOSTE-SÈGNE, prov., s. m. Coccinelle. V. Galineto.

BUOU-L'AIGUO, s. m. V. Béu-l'aiguo.

BUOURE, v. a. Boire ; *lou buoure*, s. m., le boire, la boisson. V. Béure.

BUOUVIN, prov., s. m. Rejeton, branche gourmande qui croît autour et au pied des ceps. — Biterr., *revès*. — *buòu*, qui boit, *vin*, le viu.

BUQUÉ, prov., s. m. Manche de gigot; morceau de bois bâti dans un mur pour soutenir des étagères.

BUQUIO, prov., s. f. Houe pointue, marre. — Syn. *aissado*.

BURADO, prov., s. f. V. Burrado.

BURAT, toul., s. m. Buratine, étoffe dont la chaîne est de soie et la trame de laine. — Ety. b. lat., *bura*, du lat., *burrus*, roux.

BURATAIRE, cév., s. m. Fabricant des étoffes appelées *burat*, *burato*.

BURATO, cév., s. f. Bure, étoffe grossière de laine. — Esp., *burato* ; ital., *buratto* ; b. lat., *bura*, du lat., *burrus*, roux.

BURBAIO, prov., s. f. V.

BURBALHO, s. f. Tripaille, tous les boyaux d'un animal. — Syn. *buerbalho, tripalho, ventralho*. — Ety., *burbo*.

BURBO, prov., s. f. Bulbe, oignon des plantes liliacées ; par assimilation, bedaine, tripaille ; on donne aussi le nom de *burbo*, à la peau des olives. — Ety., *bulbo*, du lat. *bulbus*, grec βολβὸς, oignon, racine bulbeuse. En désignant par ce mot une bedaine, un gros ventre, on les compare au renflement tuberculeux que certaines plantes présentent au-dessous du collet.

BURCA, gasc. v. a. Pousser, exciter, piquer, animer. En roman, *burcar*, butter, broncher (*brouncá*). V. Burgá.

BURCHOU, prov. s. m. Libage ; quartier de pierre équarri grossièrement qu'on emploie dans les fondements d'un édifice.

BURDUFAIO, prov., s. f. V. Bourdifalho.

BUREL, o, adj. Burel, qui est de couleur sombre, brun, e, s. m., buré, étoffe grossière d'un brun noirâtre, faite de laine, telle que la produisent les moutons ; serge beige. — Cat., *burell* ; esp., *buriel*. — Ety. lat., *burrus, burra*, du grec πυῤῥὸς, roux.

BURELOUS, o, gasc., adj. Roussâtre, brun tirant sur le roux. — Ety., *burel*.

BURET, s. m. Loir. V. Bufou (rat).

BUREU, prov., s. m. Jeune linotte mâle, qui n'a pas encore la belle couleur rouge qui couvrira plus tard sa poitrine. — Ety., *burel*, roussâtre.

BURGA, querc., v. a. Burcar, heurter, piquer ; fouiller, fourgonner. — Syn. *burcá, burjá*.

BURGAU, lim., s. m. Frelon.

BURGO, gasc., s. f. Bruyère. V. Bruc.

BURI, BURIÈRO, prov., s. V. Burre, Burrièiro.

BURJA, cév., v. a. Burgar, fouiller, fourgonner. V. Burgá.

BURJOS, cév., s. f. p. Défrichement, terrain fouillé. — Ety., *burjá*.

BURLA, v. a. Burlar, railler, se moquer. — Esp., *burlar* ; ital., *burlare*.

BURLA, gasc, v. a. Brûler. V. Brullá.

BURLA, v. a. Remuer et retourner la paille sur l'aire pour la soumettre à un nouveau foulage. Après que les gerbes déliées ont été foulées sous les pieds des chevaux, on les retourne une première fois, ce qui s'appelle *virá* ; elles restent quelque temps exposées aux rayons du soleil ; on les remue ensuite une seconde fois avant de les faire fouler de nouveau, et c'est là ce que nos paysans appellent *burlá*, qui paraît une forme contractée de *barrulá*, rouler, tourner.

BURLET, dauph., s. m. Bâton ferré, bâton pour se battre.

BURLICE, s. m. V. Bourlis.

BURLO, s. f. Burla, burga, raillerie, niche, sornette, mensonge, tromperie. — Cat., esp., ital., *burla*.

BURLO, s. f. Éclat de bois, morceau du tronc d'un arbre ; on dit d'une personne qui ment effrontément : *Las derrabu am touto la burlo*, elle les arrache avec toutes leurs racines.

BURMI, prov., s. m. Terrain humide, aqueux. — Syn. *moulhèiro*.

BURMOUS, o, prov., adj. V. Mourvous.

BURRA, v. a. Beurrer, étendre du beurre sur du pain ou sur toute autre chose. *Burrà la merlusso*, c'est préparer la morue à la brandade.

BURRADO, cév., s. f. Crème qu'on tire de dessus le lait des vaches et dont on fait le beurre. — Ety., *burre*.

BURRAIRE, cév., s. m. Beurrier, celui qui fait ou qui vend du beurre. — Ety., *burre*.

BURRAT, ado, part. Beurré, ée ; au fig. gras ; c'est dans ce sens qu'on dit : *aquel efant es burrat*, cet enfant est gras à lard.

BURRE, s. m. Burré, beurre ; *i estre pèr soun burré*, y être pour son argent ; *aquel vielh es encaro am tout soun burre*, ce vieillard est encore vert et vigoureux ; *proumettre mai de burre que de pa*, promettre plus qu'on ne veut tenir. — Prov., *buerri, burri* ; anc. esp., *butyro* ; ital., *butiro* ; *burro*. — Ety. lat., *butyrum*.

BURREL, cast., s. m. Petit tas de foin

BURRELA, GAST., v. a. Mettre le foin en petit tas. — ETY., *burrel*. V. Aburrelá.

BURRI, PROV., s. m. V. Burre.

BURRIÈIRO, s. f. Baratte dans laquelle on fait le beurre. — ETY., *burri*, beurre.

BURS, PROV., s. m. Manche de la charrue.

BUSAC, s. m. BUSART, BUZAC, buse. — SYN. *tartano, tartarasso*.

BUSC, s. m. Busc, petite lame d'acier ou de baleine dont se servent les femmes pour soutenir leur corset.

BUSC, PROV., s. m. BUSCA, bûche, branche.

> Noun sabe 'iéu coume m'empache,
> Sequèlo de bóumian, de vous levá la pèu
> E de vous pen;á l busc de quauque balivèu !
>
> F. GRAS, *Li Carbounié*.

BUSCA, v. a. T. de coutur. Échancrer une jupe, un tablier, les raccourcir par devant; garnir d'un busc.

BUSCA, PROV., v. a. Chercher. V. Bouscá.

BUSCAGNO, PROV., s. f. V. Buscalho.

BUSCAIA, PROV., v. n. V. Buscalhá.

BUSCALH, PROV., s. m. Petit drap qui sert à porter du fourrage. V. Buchau, Buissau.

BUSCALHA, DITERR., v. n. Ramasser de menu bois, des broussailles. — SYN. *bouscairá, bouscalhá, bousquilhá, buchiá, buscaiá, busquejá, busquelhá, bruscalhá, broucalhá*. — B. LAT., *boscayrare, boscalhare, bosquerare*. — ETY. ROMAN., *busca*, bûche.

BUSCALHADO, s. f. Fagot de broutilles ou de bûchettes. — SYN. *buscaiado, brouquilhado*.— ETY., s. part. f. de *buscalhá*.

BUSCALHAIRE, o, s. m. et f. Celui ou celle qui ramasse de menu bois dans la campagne. — SYN. *busquejaire*. — ETY., *buscalhá*.

BUSCALHO, s. f. Menu bois, bûchettes, broussailles ramassées dans la campagne. — SYN. *buèichalho*. — ETY., *buscalhá*.

BUSCALHOU, s. m. Petite barre de bois. — ETY., dim. de *buscalho*.

BUSCATELLO, PROV., s. f. Échaudé, biscuit.

BUSCAZEL, PROV., s. m. Populage des marais, *Caltha palustris*, plante de la fam. des renonculacées.

BUSCHO, B. LIM., s. f. (bustso). Gros son.

BUSCO, AGEN., CÉV., s. f. BUSCA, bûche, bûchette; brin détaché d'une bûche; espèce de corbeille dans laquelle on expédie les figues sèches; paille ou balle d'orge ou de paumelle qu'on trouve dans le pain. — ITAL., *busco*. — ETY. ROM., *busca*, bûche.

BUSO, s. f. Buse commune. V. Tartano.

BUSOC, GASC., s. m. Buse. V. Tartano.

BUSOROCO, B. LIM., s. m. et f. Buse, sot, sotte. — ETY., *buso*, buse dans un sens figuré.

BUSOUCASSIS, GASC., s. m. Buse; au fig. méchant, vilain.

BUSQUEJA, PROV., v. n. V. Buscalhá.

BUSQUEJAIRE, PROV., s. m. V. Buscalhaire.

BUSQUELHA, PROV., v. n. V. Buscalhá.

BUSQUERLO, CÉV., s. f. Fauvette. V. Bouscarido.

BUSQUETO, s. f. BUSQUETA, bûchette, petit éclat de bois; bâtonnet; jonchet; touche; morceau de bois fendu avec lequel on fixe des estampes à une ficelle tendue ; *roumpre busqueto*, rompre la paille, se brouiller; on dit aussi : *parti busqueto*. — ITAL., *buschetta*. — ETY., dim. de *busco*.

BUSQUICHELLO, PROV., s. f. Biscuit qui tient à une feuille de papier.

BUSQUIÈIRO, CÉV., s. f. Ancien nom du busc, lame de baleine qui fait partie d'un corset. Cette lame était primitivement de bois, d'où est venu le mot *busc*; *busquièiro* désigne aujourd'hui la coulisse du corset qui contient le busc. — ETY., *busc*.

BUSQUIÈRO, PROV., s. f. V. Busquièiro.

BUSSA, PROV., v. a. et n. Cosser; il se dit des béliers qui heurtent de la tête les uns contre les autres. — SYN. *brussá*. — ETY. ITAL., *bussare*.

BUSSAIRE, arello, PROV., adj. m. et f. Qui a l'habitude de cosser. — ETY., *bussá*.

BUSSALHO, prov., s. f. Bussalhoun, s. m. V. Bessuelho.

BUSSINA, v. n. Trompetter, jouer de la trompette; au fig. péter; c'est, du moins, dans ce sens que l'abbé Favre emploie ce mot dans le vers suivant de son Enéide :

Tout bussinant, tout s'esfouirant.

Ety. lat., *buccinare*, jouer de la trompette.

BUSSINA, montp., s. f. Vesse. — Syn. *vessino*. — Ety., *buccina*, trompette. L'abbé Favre dit, dans son Odyssée, en parlant d'Éole :

Pioi, aquel prince que doumina
Jusqu'a sus la mendra bussina,
El meme emb'un courdil fort béu
Estaca l'ouire à moun batéu.
C. X.

BUSSOL, b. lim., s. m. Bouton, pustule, ampoule. — Syn. *bissol*.

BUSTA, prov., v. a. Busquer, garnir d'un busc. — Ety., *bust*, pour *busc*.

BUTA, v. a. Butar, botar, pousser, heurter; serrer contre, affermir en parlant d'une voûte; étayer, étançonner, soutenir avec un arc-boutant; au fig. secouer, réprimander; *butá lou temps*, pousser le temps avec l'épaule; *buto quinze ans*, il y a quinze ans. *Butá*, v. n., pousser, faire ventre, en parlant d'un mur qui se jette en dehors; *se butá*, v. r., se pousser. — B. lim., gasc., *buti*; ital., *buttare*; b. lat., *butare*.

BUTADO, s. f. Action de pousser quelqu'un rudement, secousse, heurt, choc; au fig. reproche, mercuriale. *Butado*, en parlant d'un travail ou d'un ouvrage, signifie branle, épaulée, reprise, suite : *I ai baitat uno bouno butado*, j'ai donné un bon branle à cette affaire, j'ai bien avancé cet ouvrage; *l'ai acabat d'uno butado*, je l'ai achevé sans m'arrêter; *à belos butados*, par reprises, par épaulées. — Ety., s. part. f. de *butá*.

BUTARÈU, prov., s. m. Étai, étrésillon, pièce de bois qui sert à soutenir les murs qui déversent ou les terres qui pourraient s'ébouler. — Ety., *butá*.

BUTASSA, prov., v. a. Pousser à plusieurs reprises, secouer, agiter. — Ety., fréq. de *butá*.

BUTAVANT, s. m. Instrument d'agriculture, petite planche de bois avec un manche, dont on se sert sur les aires pour ramasser et mettre en tas le grain avec ses balles après qu'il a été battu; outil de maréchal, boutoir pour parer le sabot des chevaux avant de les ferrer. — Prov., jeu qui consiste à jeter une boule à toute force pour voir qui la lancera le plus loin. — Syn. *buloban*. — Cast., *reno*, pour la première acception; cat., *botavant*; esp., *bujavante*, boutoir des maréchaux. — Ety., *butá*, pousser, et *avant*, en avant.

BUTETO, cév., s. f. Jeu de la poussette. — Syn. *buchet*, *buto-l'oli*. — Ety., *butá*.

BUTÈYO, prov., s. f. Contre-fort, mur contre-boutant. — Syn. *butarèu*. — Ety., *butá*.

BUTI, b. lim., gasc., v. a. Pousser, secouer, faire effort contre quelque chose pour l'ôter de sa place. — Syn. b. lim., *butre*. V. Butá.

BUTIDO, b. lim., s. f. Poussée, effort, chiquenaude. — Syn. *butado*. — Ety., s. part. f. de *buti*.

BUTO, cast., s. f. Soutien d'un mur, d'un plancher; poussée; boutoir. — Ety., *butá*.

BUTOBAN, s. m. Boutoir. V. Butavant.

BUTO-BUTO, b. lim., s. f. Jeu qui consiste à se placer plusieurs sur un banc et à se pousser de manière à forcer quelqu'un à quitter la place; au fig. *fa ò lo buto-buto*, chercher à se supplanter. — Ety., *butá*.

BUTO-CANELO, s. f. Instrument en fer-blanc, qui a la forme d'une boudinière et dont un bout est dentelé, avec lequel on coupe la plus grande partie du bouchon d'une barrique avant d'enfoncer la cannelle dans la bonde.

BUTO-FORO, prov., s. f. Défense, pièce de bois qu'on met devant une maison pour avertir qu'on travaille à son démolissement; T. de mar., boute-hors, bout-dehors. — Ety., *buto*, pousse, et *foro*, dehors.

BUTO-L'OLI, toul., s. m. Jeu de la poussette. — Syn. *buchet*, *buteto*.

BUTO-RODO, s. f. Borne, grosse pierre qu'on met au coin des rues et contre les murs, les trottoirs et les parapets des ponts, pour empêcher que les roues des voitures et des charrettes ne les dégradent. — Syn. casso-rodo, pèiro-de-cantoun ; garc., boutarrougo, f. a. — Ety., buto et rodo, pousse-roue, expression qui n'est pas française.

BUTOR, cév., s. m. Butor ; on dit ordinairement *butor daurat*, *Ardea stellaris*, oiseau de l'ordre des échassiers, et de la fam. des cultirostres, qui est sédentaire dans nos étangs. On l'appelle à Béziers *cournaire*, à cause du cri, semblable au mugissement du taureau, qu'il fait entendre pendant la nuit. — Syn. *bitor, bitor daura, bestuor, brutier, bernadas, amagaire*. — Ety. lat., *botaurus*.

BUTRE, b. lim., v. n. V. Butí.

BUTS, béarn., s. f. Voix. V. Vouès.

BUU, gasc., s. m. Bœuf. V. Biòu.

BUVACHIA, v. n. V. Bevachiá.

BUVACHOUN, prov., s. m. Bouvillon. — Syn. *bouvachoun, bouvilhoun, bravet*.

BUVADOUR, prov., s. m. V. Bevadour.

BUVASSIA, v. n. V. Bevachiá.

BUVEDOUR, prov., s. m. V. Bevadour.

BUVÈIRE, s. m. V. Bevèire.

BUVÈIROT, s. m. Petit buveur. — Ety., dim. de *buvèire*.

BUVÈIROUN, prov., s. m. Buvée que l'on donne aux pourceaux ; ivrogne ; il est aussi syn. de *biberoun*.

BUVENDO, prov., s. f. V. Bevendo.

BUVENO, prov., s. f. Boucon, mets ou breuvage empoisonné : *avalá la buveno*, avaler le boucon, s'empoisonner ; au fig. avaler un affront. — Ety., *buveno*, pour *buvendo*, boisson.

BUVETO, prov., s. f. Burette, petit vase dont on se sert pour le sacrifice de la messe ; buvette, cabaret.

BUVOLI, prov., s. m. Branche gourmande qui pousse sur le tronc des oliviers. — Ety., *buv* pour *buve*, qui boit, *oli*, l'huile.

BUVOUCHIA, prov., v. n. V. Bevachiá.

BUVOUNIA, prov., v. n. V. Bevachiá.

BUX, gasc., s. f. Voix. V. Vouès.

BUZUGORIO, b. lim., s. f. Vétille, l'action de vétiller. — Syn. *besucarié*.

BY, béarn., s. m. Vin. V. Vi.

C

C, s. m. Troisième lettre de l'alphabet, et seconde des consonnes. Cette lettre remplace quelquefois le *qu* dans les textes romans, où l'on trouve *cals* pour *quals*, *cais* pour *quais*, *caisque* pour *quaisque*, *calque* pour *qualque*, *can* pour *quan*, *cantitat* pour *quantitat*, *carantena* pour *quarantena*, etc.

E de vos cro c'o sabes miels doy tans.
J. Estève, de Béziers.

Le *c* marqué d'une cédille, dont se servent presque tous les poëtes modernes, n'existe pas dans la langue romane. A l'exemple des troubadours, Louis Bellaud de la Bellaudière, poëte provençal du XVIe siècle, ne l'a jamais employé. Balthazar Floret, dans la *Bourrido agatenco*, ne s'en sert pas non plus. Nous l'excluons de ce dictionnaire, et comme ces auteurs nous écrivons *amistanso*, *esperanso*, etc., et non pas *amistanço*, *esperanço*, etc.

CA, cév., s. m. Chat. V. Cat.

CA, gasc., s. m. Ca, chien. — Querc., *co*. V. Chi.

CA, s. m. V. Cap.

CA, CARE, béarn., adj. Cher, ère. V. Car.

CAA, béarn., s. m. Chien. — Syn. *ca, can, chi, chin, co*.

CAB, s. m. Tête. V. Cap.

CABA, béarn., v. a. V. Acabá.

CABA, v. a. Creuser. V. Cavá.

CABAL, s. m. Cabal, captal ; capital ; cheptel ; bestiaux d'une ferme, ustensiles de ménagerie ; fonds d'un magasin. Le pluriel *cabals* est plus usité. On dit aussi *cabaus*. — Prov., *chatau* ;

B. LIM., *chobal*; LIM., *cobau*; ANC. CAT., *capdal*; CAT. MOD., *cabal*; ESP., *caudal*. — ETY. LAT., *capitale*, capital

CABAL, s. m. CAVALH, cheval. — SYN. *caval*. — CAT., *caball*; ESP., *caballo*; PORT., ITAL., *cavallo*. — ETY. LAT., *caballus*.

CABALA, v. n. Cabaler, intriguer. — ETY., *cabalo*.

CABALAIRE, s. m. Celui qui cabale. — ETY., *cabalá*.

CABALCA, v. n. Chevaucher. — SYN. *cavalcá*, *cabalgá*. — ETY., *cabal*, cheval.

CABALÈE, BÉARN., s. m. Cavalier. V. Cabaler.

CABALEJA, CAST., v. n. Cabaler, intriguer; trafiquer, négocier. — ETY., fréq. de *cabalá*.

CABALER, BÉARN., s. m. Chevalier; cavalier. — SYN. *cabalèe*. — ESP., *caballero*. — ETY., *cabal*.

CABALET, s. m. Gerbier dressé sur une aire, qui est plus long que large, et se termine à peu près en dos d'âne, d'où son nom, *cabalet*, petit cheval; chevalet des peintres; tréteau des scieurs de bois; banc des corroyeurs; trémie des mesureurs de blé. — SYN. *cavalet*. — ETY., dim. de *cabal*.

CABALET-DE-SANT-JORGI, CÉV., s. m. Jeu du cheval fondu. — SYN. *cavaleto-toumbo*.

CABALGA, BÉARN., v. n. V. Cabalcá.

CABALHO, ALB., s. f. Chevaux, en général. V. Cavali.

CABALINO, s. f. V. Cavali.

CABALISTO, CÉV., s. m. Fermier judiciaire; personne intéressée dans un commerce sans que son nom paraisse; homme aisé, capitaliste, autrefois imposé au rôle des aisés appelé *counpés cabalisto*; cabaliste, homme savant dans la cabale des juifs.

CABALO, s. f. Jument. — ETY., *cabal*.

CABALO, s. f. Cabale, brigue, complot de plusieurs personnes. — ETY., HÉBR., *kabala*, tradition juive touchant l'interprétation de l'Ancien Testament, expliqué par des docteurs appelés de la *cabale*. Ce n'est que par extension que ce mot signifie *brigue*, *complot*.

CABAN, s. m. Manteau de drap à manches et à capuchon. — ESP., *gaban*; ITAL., *gabbano*.

CABANA, v. a. Faire des cabanes, mettre dans une cabane. — SYN. *encabaná*. — ETY., *cabano*.

CABANEL, CÉV., s. m. Feu de la Saint-Jean. — SYN. *rabanel*. V. *Floc de Sant-Jan*. Il est aussi syn. de *cabanier*. V. ce mot.

CABANETO, s. f. Petite cabane. — SYN. *cabanòu*, *cabanoun*. — ETY., dim. de *cabano*.

CABANIÈIRO, CÉV., s. f. Laitière, femme qui trait le lait et qui le vend; qui fait des fromages frais. — BITERR., *lachèiro*; ROUERG., *cobonieyro*.

CABANIER, s. et adj. Habitant d'une cabane, sot, imbécile, ignorant; chasseur à l'affût dans une cabane. — ETY., *cabano*.

CABANO, s. f. CABANA, cabane, hutte, petite chaumière; nom de divers réduits ordinairement formés de planches. — CAT., *cabanya*; ESP., *cabaña*; ITAL., *capana*; B. LAT., *capanna*. — ETY. KYMRI, *caban*, hutte.

CABANOU, **CABANOUN**, s. m. Petite cabane, cabanon, cachot obscur, loge pour les fous furieux. — SYN. *cabaneto*. — DIM. de *cabano*.

CABANTOU, CÉV., s. m. Trognon de chou ou de toute autre plante. — SYN. *camantóu*, *calos*, *lanòs*.

CABARET, s. m. Cabaret, mauvaise auberge où l'on vend du vin en détail; plateau pour tasses à café, à thé, etc.; l'assortiment des tasses ou verres qu'on met sur le plateau. — ETY., suivant l'abbé de Sauvages, de *cap-aret*, tête de bélier, parce qu'on en mettait une au-dessus de la porte des maisons où l'on donnait à boire et à manger.

Couma que fagués, fau qu'intrés
Dins un d'aqueles CABARÈS.
FAVRE.

CABARET, s. m. Nard sauvage, *Asarum europæum*, pl. de la fam. des aristoloches. — SYN. *asaré*, *usaré*, *aurelho d'home*.

CABARETÈY, GASC., s. m. V.

CABARETIER, s. m. Cabaretier, celui qui tient un cabaret. — Ety., cabaret.

CABARETISA, v. n. Tenir un cabaret; fréquenter les cabarets. — Ety., cabaret.

CABARLAS, toul., s. m. Variété de l'agaric comestible d'un plus grand volume, dont le chapeau est d'un blanc de neige au-dessus ; on donne le même nom à l'agaric écailleux, *Agaricus squammosus*, qui croit sur les vieux troncs. — Syn. *cabarlat, caberlas, caberlat*.

CABARLAT, cast., s. m. V. Cabarlas.

CABARLETOS (A), cast., adv. comp. A califourchon. V. Escambarlous.

CABARLHAUT, cast., s. m. Chabot meunier. V. Testo-d'ase ; cév., cabillaud, gade-morue, *Gadus morrhua*.

CABARLOTO (A), cast., adv. comp. A califourchon. V. Escambarlous.

CABARLOUS (A), gasc., adv. comp. A califourchon. V. Escambarlous.

CABARRÉ, béarn., s. m. L'ouest ou le couchant. — Syn. *pounent*.

CABAS, s. m. Cabas, panier plat et flexible garni de deux anses à son extrémité supérieure ; espèce de sac de sparte, de forme carrée, dans lequel on met la pâte des olives moulues pour en exprimer l'huile au pressoir ; au fig. femme négligée dans son ajustement, d'où le verbe *s'acabassi*, devenir sale comme un vieux cabas de moulin à huile. *Cabas* se dit aussi d'un panier de jonc qui sert ordinairement à mettre des figues sèches. — Esp., *capazo*; ital., *cabaca* ; cat., *cabas* ; b. bret., *cabacz* ; b. lat., *cabacus, cabacius*.

CABASSEJA, v. n. V. Cabessejá.

CABASSEJAIRE, adj. et s. V. Cabessejaire.

CABASSET, s. m. Petit cabas ; au fig. petite coureuse. — Syn. *cabassou, cabassoun, cabassounel*. — Dim. de *cabas*.

CABASSO, cév., s. f. Tronc d'arbre étêté ; maîtresse branche coupée. — Augm. de *cab*, pour *cap*, tête.

CABASSO-DE-GOUS, toul., s. f. V. Cabosso-de-gous.

CABASSOL, cév., s. m. s. Issues d'un chevreau, la tête, les pieds. — Ety., *cab*, pour *cap*, tête.

CABASSOLO, cév., prov., s. f. Tête. — Syn. *cabesso*. — Ety., *cab*, tête.

CABASSOU, CABASSOUN, s. m. Petit cabas. — Syn. *cabasset*. — Ety., dim. de *cabas*.

CABASSOUN, prov., s. m. Petite tête.

CABASSOUNEL, s. m. Très-petit cabas; au fig. petite coureuse. — Dim. de *cabassoun*.

CABASSUDO, s. f. Nom de diverses espèces de centaurées. V. Caboussudo.

CABASSUT, udo, adj. Celui ou celle qui a la tête grosse ; têtu.

CABAU, s. m. Cheptel, biens immeubles par destination. V. Cabal. — Béarn., présent, avoir, fortune.

CABAUDE, béarn. s f. Chevauchée, cavalcade. — Syn. *cavalcado*.

CABBAL, cast., adv. En bas, de haut en bas. — Syn. *cambal, cabbat*. — Ety., *cab*, tête et *bal*, pour *aval*, en bas.

CABBAT, béarn. loc. prép. A travers. Il s'emploie aussi adverbialement, et il est synonyme de *cabbal*.

CABÉ, casc., v. a. et n. V. Cabi.

CABÉ, b. lim. Quand un enfant veut s'amuser avec un autre enfant, il lui donne une petite tape en disant : *cabé*, afin que celui-ci se mette à sa poursuite, et, qu'après l'avoir atteint, ils jouent ensemble. — Ety. lat., *cape*, prends, attrape.

CABECO, s. f. Chevêche, *Strix passerina*, oiseau de proie nocturne, d'une couleur grisâtre, parsemée de grandes taches blanches. C'est à tort que Doujat et Sauvages font de la *cabeco* la femelle du hibou, *scops* ; ce sont deux espèces distinctes. A Béziers, on n'a point de nom particulier pour la chevêche ; on l'appelle *choto* comme la femelle du hibou nommé *chot* ; au fig. *cabeco*, signifie nigaud, imbécile. — Gasc., *cauèco*.

Hier tan que le cails, le chot e la cabéco
Trataboun à l'escur de lours menus afas.

Goudelin.

CABEDE, TOUL., s. m. Chabot, poisson. V. Cabedo et Cabèire.

CABEDÈIRE, BÉARN., s. f. Coussinet que l'on met sur la tête pour porter un fardeau. V. Cabessal.

CABEDÈU, PROV., s. m. Peloton de fil, de soie, etc. — SYN. *cabudel*.

CABEDO, s. Nom du cyprin chevane ou meunier, *Cyprinus dobula*, poisson du genre *Ables*, qui se trouve dans nos rivières et nos étangs. Il est rempli d'arêtes, ce qui lui a fait donner aussi le nom d'*arestou*. — SYN. *cabés*, *cabo*. On appelle aussi *cabedo* la loche fluviatile, *Cyprinus alburnus*, le gardon, *Cyprinus idus* et le chabot.

CABÈIRE, TOUL., s. m. Chabot des rivières. V. Cabedo.

CABEJA, TOUL., v. n. Ne se montrer que par le haut de la tête. V. Capejá.

CABEL, CÉV., GASC., s. m. CABELH, cheveu ; tuyau de blé, épi. — ESP., *cabello* ; ITAL., *capello*. — ETY. LAT., *capillus*.

CABELA, CAST., adv. Vers là-bas, pas bien loin. Altér. de *cap-à-la*, *cap-à-lai*.

CABELADURO, s. f. Chevelure. — SYN. *cabelladuro*. — ETY., *cabel*, cheveu.

CABELHA, BÉARN., v. n. Se former en épi. — SYN. *espigá*. — ETY., *cabel*, épi.

CABELHÉRO, PROV., s. f. V. Cabilhèiro.

CABELHO, GASC., TOUL., s. f. Tête ; panache d'un arbre ; *cabelho de mil*, tête de maïs, la partie de cette plante qui se trouve au-dessus du dernier nœud. — ETY., *cabel*, épi.

CABELLADURO, s. f. V. Cabeladuro.

CABELLAY, yo, GASC., adj. Qui a des épis. — ETY., *cabel*, épi.

CABENSO, CAST., s. f. Logement, place, espace. — ETY., *cabi*, contenir.

CABERLAS, **CABERLAT**, s. m. V. Cabarlas.

CABERLOUS (A), AGEN., adv. comp. A califourchon. — SYN. *à cabarlous*, *à cabarletos*. — BITERR., *escambarlous*.

CABÉS, s. m. CABES, chevet de lit, le côté où l'on met la tête et le traversin ; au fig. la partie la plus haute d'une chaussée. — SYN. *cabet*, *cabessial*, *cabessiau* ; B. LIM., *chobes*, *chobest* ; ESP., *cabezal* ; ITAL., *capezalle*. — ETY., *cab*, tête.

CABÉS, s. m. Cyprin chevane. V. Cabedo.

CABESSAL, CAST., QUERC., s. m. Coussinet qu'on met sur la tête au-dessous d'un fardeau que l'on veut porter ; torchon pour essuyer les mains ; *semblo un cabessal*, il est sale comme un torchon. — BÉARN., *cabedèire* ; B. LIM., *chobessal* ; BITERB., *cabilhado*. — ETY., *cab*, tête.

CABESSAU, v. m. V. Cabessal.

CABESSEJA, v. n. Menacer de la tête, en parlant des bêtes qui ont des cornes ; hocher la tête en sommeillant ; balancer la tête en marchant ; au fig. se mutiner, se montrer têtu. — SYN. *cabassejá*, *cabousseja*. — ETY., *cabesso*, tête.

CABESSEJAIRE, CÉV., s. et adj. Qui menace de la tête, en parlant des animaux armés de cornes.

> Capitani de la bregado,
> E li bano revertegado,
> Après venien de front, en brandant si redoun,
> E lou regard vira de caire,
> Cinq fier menoun CABESSEJAIRE.
>
> MISTRAL. *Mirèio*, c. IV.

CABESSIAL, CÉV., AGAT., s. m. Dossier du lit ; le même que *cabés*. On dit d'un homme qui parle ab hoc et ab hâc : *Quouro pico sus l'arescle e quouro sul cabessial*. — B. LIM., *chobessal*. — ETY., *cabés*, *cabessier*.

CABESSIAU, s. m. V. Cabessial.

CABESSIER, s. m. Dossier, planche du lit placée du côté de la tête ; partie de la garniture du lit du même côté. — SYN. *cabessial*. — PORT., *cabeceira*. — ETY., *cabés*.

CABESSO, s. f. Tête ; au fig. esprit, jugement. — TOUL., *cabosso* ; ESP., *cabeza* ; ITAL., *capo*. — ETY., *cab*, tête.

CABESTE, BÉARN., s. f. V.

CABESTRE, s. m. CABESTRE, chevêtre, licou composé d'une têtière et d'une longe pour attacher les bêtes de somme. — B. LIM., *chobestre* ; CAT., *cabestre* ; ESP., *cabestro* ; ITAL., *capestro*. — ETY. LAT., *capistrum*.

A toun efant se lachos lou CABESTRE,
Es el, noun tu, que sera mestre.
PRO.
A chaval manjaire CABESTRE court.
PRO.

CABET, s. m. Chevet du lit. V. Cabés.

CABETO, s. f. Grande bouteille de verre verdâtre, dame-jeanne. Les uns dérivent ce mot du verbe latin *capere*, contenir ; suivant d'autres, c'est un diminutif de *cavo*, petite cave. Il faudrait écrire, dans ce cas, *cavelo*. Mais comme ces grandes bouteilles sont ordinairement placées dans des paniers d'osier, de paille ou de roseau, il est probable que *cavelo* n'est qu'une abréviation de *canavelo*, dérivé de *cana*, roseau, qui, en provençal, signifie bouteille garnie de paille ou de roseau.

CABI, v. a. et n. CABER, contenir, ranger, serrer ; au fig. établir, marier un enfant. *Es talomen gros que pot pas cabi dins sa pel*, il est si gros qu'il éclate dans sa peau ; *se cabi*, v. r., se marier, s'établir. — SYN. *chabi*. — B. LIM., *chobe, chobi ;* ESP., *caber* ; ITAL., *capere*. — ETY. LAT., *capere*.

Dech ans su mar variaras,
Mais à la fi te CABIRAS
Ou dins l'Africa ou dins l'Uropa ;
Vai, marcha i aqui toun horoscopa.
FAVRE. Enéid.

Filheto que vol trop cauzi
Resto souvent sens se CABI.
PRO.

CABIDOULO, s. f. Ce mot sert à désigner plusieurs espèces d'oiseaux de l'ordre des échassiers qui fréquentent, presque tous, nos étangs. Voici ceux auxquels on le donne généralement : 1° La maubèche ou le bécasseau canut, *Tringa cinerea*, qui passe, au mois de mai, dans nos contrées ; 2° le chevalier combattant, remarquable par les papilles jaunes et rougeâtres qui garnissent sa face au printemps, et par les plumes longues et frisées qui se dressent sur son occiput, sa gorge et son cou ; 3° le chevalier arlequin dont le plumage est d'un brun noir avec des taches blanches sur le dos, les ailes et les flancs ; 4° le chevalier gambette, qu'il est facile de distinguer à la couleur rouge de ses pieds ; 5° enfin le chevalier stagnatile ou chevalier gris.

Presque toutes les espèces de chevaliers sont aussi connues, dans nos contrées, sous le nom de *cambet* à cause de la longueur de leurs jambes grêles. Les bécasseaux et les maubèches sont appelés *espagnoulets*. — SYN. *cabidourlo, cambidourlo*.

CABIDOURLETO, s.f. Bécasseau cocorli ou alouette de mer, oiseau plus petit que les chevaliers ; on l'appelle aussi *espagnoulet*.

CABIDOURLO, s. f. V. Cabidoulo.

CABIFOL, CÉV., TOUL., s. et adj. Écervelé, ée, tête de linotte. — ETY., *cab*, tête, et *fol*, fou.

CABILHA, v. a. Cheviller. V. Cavilhá.

CABILHADO, s. f. Coussinet de linge tortillé en rond que les femmes placent sur leur tête au-dessous de la cruche ou de tout autre fardeau qu'elles portent ; sac à demi-plein de paille dont les portefaix se coiffent pour appuyer plus mollement les fardeaux sur leurs épaules. — SYN. *cabessal*. L'abbé de Sauvages donne aussi à *cabilhado* la signification de chicane, subtilité, qui est une altération du mot latin, *cavillatio*. V. le mot suivant. — ETY., *cab*, tête.

CABILHARIO, TOUL., s. f. Cavillation, subterfuge, chicane, subtilité, contestation sur un rien ; mieux *cavilhario*, d'après l'étymologie latine de ce mot. — CAT., *cavillació* ; ESP., *cavilacion*.— ETY. LAT., *cavillatio*.

CABILHÉ, PROV., s. m. Ruban de fil. — SYN. *cabilhèiro*.

CABILHÈIRO, s. f. Chevillière, ruban de fil. — SYN. *cabelhéro*.

CABILHEJA, TOUL., v. n. Pointiller, faire des chicanes, user de ruse, de finesse ; mieux *cavilhejá*.—ESP., *cavilar* ; ITAL., *cavillare*. — ETY. LAT., *cavilla*, chicane.

CABILHER, s. m. Mule ou cheval qui, dans l'attelage d'une charrette, précède le limonier. V. Cavilher.

CABILHO, s. f. Cheville. V. Cavilho.

CABILHOU, s. m. C'est le nom de plusieurs poissons de la Méditerranée, du genre gobie : Le gobie aphie, appelé aussi loche de mer ; le paganel ; le gobie ensanglanté dont le corps est tacheté de rouge ; le gobie noir-brun qui a le corps et la queue bruns et les nageoires noires ; le gobie menu qui est d'une couleur blanchâtre avec des taches brunes ; et enfin le gobie nébuleux. — Ety., *gobi*, du lat. *gobius*, goujon. *Cabilhou*, forme altérée de *gobilhou*, est un diminutif de *gobi*.

CABILHOU, gasc., s. m. Petite tête. — Ety., dim. de *cab* pour *cap* ; petite cheville. V. Cavilhou.

CABILHOUS, o, toul., cév., adj. Pointilleux, euse, chicaneur, rusé. — Esp., *caviloso* ; ital., *cavilloso*. — Ety. lat., *cavillosus*.

Mes la pauro Arachné b'aguec à soun doumage
Le cerbel delongat e l'esprit CABILHOUS.

GOUDELIN. *Quand lo col...*

CABIRA, v. a. Retourner, renverser ; v. n. Chavirer. V. Capvirá.

CABIROL, cév., cast., s. m. Cabirol, Cabrol, chevreuil, *Cervus capreolus*, mammifère ruminant. — Syn. *cabrol*, *cabròu*, *cabiròu*. — Cat., *cabirot* ; anc. esp., *cabriolo* ; ital., *capriuolo*. — Ety. lat., *capreolus*.

CABIROLO, cév., s. f. Cabirolá, chevrette, la femelle du chevreuil ; saut que l'on compare à celui d'un chevreuil ou d'un chevreau, cabriole. — Dim., *cabirouleto*.—Ital., *cavriola*, *capriuola*. — M. ety., que *cabirol*.

CABIROU, **CABIROUN**, s. m. Cabrion, cabrio, chevron, longue pièce de bois d'une charpente, soutenue par les pannes. — Cat., *cabiró* ; esp., *cabrio*. — Ety. lat., *capreolus*, chevreau. *Pullitra*, dans le b. latin, signifie poutre et jument ; les chevrons étant aux poutres ce que les chevreaux sont aux juments, on leur a donné par opposition le nom qu'ils portent. *Caprone* se trouve dans Vitruve avec la signification de chevron.

CABIROULA, cast., v. n. Cabrioler, faire des cabrioles ; rouler du haut en bas, ou faire la culbute. — Biterr., *cambirouláȧ*. — Ety., *cabirol*, chevreuil, sauter comme un chevreuil.

CABIROULADO, cast., s. f. L'action de rouler du haut en bas, de faire une cabriole. — Ety., s. part. f. de *cabirouláȧ*.

CABIROUNA, v. a. Placer les chevrons au toit d'une maison. — Ety., *cabiroú*, *cabiroun*.

CABIROUNALHO, cast., s. f. Les chevrons en général. — Ety., *cabiroú*, *cabiroun*.

CABISCOL, s. m. Capiscol, grand chantre, dignité qu'on ne donnait ordinairement qu'au doyen d'un chapitre, qui était le chef du chœur. Un domaine des environs de Béziers, qui était attaché à cette dignité, porte encore le nom de *Cabiscol*. — Syn. *cabiscòu*. — Esp., *capiscol* ; b. lat., *capischolus*. — Ety., *cab*, tête, chef, et *scolo*, école.

CABIT, ido, part. Contenu, e, enfermé ; établi, marié.

CABLAS, s. m, T. de mar., calebas ou cargue-bas, espèce de palan. — Ety., *calo-bas*, qui sert à tirer en bas.

CABLAT, s. m, T. de mar., Câbleau, petit câble servant d'amarre aux embarcations.

CABO, gasc., s. m. Le chabot, poisson. V. Cabedo. C'est aussi le nom de la nymphe de la grenouille. V. Testo d'ase.

CABOCHO, s. f. V. Cabosso.

CABORNO, cév., s. f. Antre, tanière, caverne. — Syn. *caforno*.

CABOSSEJA, prov., v. n. V. Cabesseja.

CABOSSO, s. f. Tête, caboche dans le style familier : *bouno cabosso*, bonne caboche, homme d'un bon jugement ; sorte de clou à grosse tête ; *cabosso d'al*, tête d'ail ; *cabosso de mil*, épi de maïs ; *cabosso descoulefado*, épi de maïs dépouillé de ses feuilles.—Syn. *caboueßso*, *cabocho*, *canoulho*. — Cat., *cabessa* ; ital., *capocchia*. — Ety., *cap* ou *cab*, tête, avec le suffixe *osso*, augmentatif.

CABOSSO-DE-GOUS, toul., s. f. Capsule du muflier des jardins ou mufle de veau, *Antirrhinum majus*, connu, à Montpellier, sous le nom de *cacalá*. V. ce mot.

CABOT, s. m. Chabot des rivières. On appelle aussi *cabot* le muge ou mugil, mulet, *Mugil cephalus*, poisson très-commun sur les côtes de la Méditerranée. On l'appelle aussi *mijoul*. —

Éty., *cab*, tête, à cause de la largeur de sa tête.

CABOT, prov., s. m. Cahutte, taudis.

CABOTO, s. f. Trigle grondin, *Trigla cuculus*, poisson de mer de l'ordre des holobranches et de la fam. des dactylés, dont la couleur est rougeâtre. Il ne faut pas la confondre avec la trigle lyre ou groneau, qui ne lui ressemble que par sa couleur rougeâtre. — Même éty., que *cabot*.

CABOUESSO, s. f. V. Cabosso.

CABOUL, cast., s. m. Épi de maïs; talle qui pousse au pied des plantes. — Syn. *caboulho*. — Éty., *cab*, tête.

CABOULHA, prov., v. n. Taller, pousser des talles, des épis. — Éty., *caboul*, talle, épi.

CABOULHAT, gasc., s. m. Chabot des rivières. V. Cabot.

CABOULHO, cast., s. f. Épi de maïs; talle, rejeton. — Syn. *caboul*.

CABOURNAT, ado, cév., adj. Caverneux, euse. — Syn. *cabournut*. — Éty., *caborno*, caverne.

CABOURNUT, cév., adj. V. Cabournat.

CABOURRUT, ude, béarn., adj. Têtu, e, entêté, ée. — Syn. *caboussut*.

CABOUSSA, cast., v. n. Grossir, se renfler, on le dit en parlant des ognons; au fig. grandir, se développer, en parlant d'un enfant; prov., tomber la tête la première. — Éty., *cabosso*, tête.

CABOUSSEJAIRE, cév., adj. Qui menace de la tête. V. Cabessejaire.

CABOUSSOLO, cast., s. f. Têtard, nymphe de la grenouille, appelé aussi *asc*, *testo-d'asc*, *padeno*, *cap-gros*. — Éty., *cabosso*, grosse tête.

CABOUSSUDO, s. f. On donne ce nom, à cause de la grosseur de leurs capitules, à plusieurs plantes de la fam. des synanthérées; à la centaurée jacée, *Centaurea jacea*; à la centaurée des collines, *Centaurea collina*; à la centaurée *aspera*; à la centaurée noire, appelée en provençal *maca-muous*; à la scabieuse, en provençal *marsurau*, et à d'autres plantes, ainsi appelées à cause de la grosseur de leur tête. — Syn. *cabassudo*, *carouge* — Éty., *cabosso*, grosse tête.

CABOUSSUT, udo, cast., adj. Qui a une grosse tête; au fig. opiniâtre, têtu. — Syn. *cabassut*, *cabourrut*. — Éty., *cabosso*, grosse tête.

CABOUTIÉRO, prov., s. f. Espèce de filet de pêche.

CABRA (Se), v. r. Se cabrer, se dresser sur les deux pieds de derrière, en parlant des chevaux; au fig. s'emporter, se révolter, rechigner. — Cast., *s'acrabá*, *se crabá*. — Éty., *cabro*, chèvre; se dresser comme une chèvre.

CABRADO, s. f. Troupeau de chèvres. — Cév., *cabras*; prov., *cabrairo*. — Éty., *cabro*.

CABRAIRETO, prov., s. f. Psoralier bitumineux. V. Cabridoulo.

CABRAIRO, prov., s. f. V. Cabrado.

CABRAL, s. m. V. Cabrau.

CABRAS, cév., s. m. Troupeau de chèvres qui ont un bouc à leur tête. — Syn. *cabrado*. — Éty., *cabro*.

CABRAU, cév., s. et adj. m. Figuier sauvage dont les figues ne mûrissent jamais; *camin cabrau*, chemin de chèvre, mauvais chemin. — Syn. *cabral*. — Esp., *caprafico*; ital., *caprifico*. — Éty., *cabrau*, de chèvre.

CABREIRETO, prov., s. f. V. Cabraireto.

CABRELO, s. f. Ce nom désigne deux espèces de harles, oiseaux de l'ordre des palmipèdes qui ont le bec en scie: 1° Le grand harle, *Mergus merganser*, connu aussi sous le nom de *canard del bec pounchut*; 2° Le harle huppé, *Mergus serrator*, plus petit que le précédent.

CABRELLO, s. f. V. Cabrelo.

CABRETO, s. f. Cabreta, chevrette, petite chèvre; au fig. petit chenet bas et sans branches; toupin de cordier; potence qui soutient une lanterne ou une enseigne. — Syn. *craboto*. — Éty., dim. de *cabro*.

CABRETOUN, prov., s. m. Chevreau. — Syn. *cabri*, *cabrit*. — Éty., *cabrelo*.

CABRI, s. m. V. Cabrit.

CABRIA, v. n. V. Cabridá.

CABRIAN, prov., s. m. Guêpe-frelon. — Syn. *cabridan*. V. Foussaloú.

CABRIAU, CABRILHAU, PROV., s. m. Engoulevent. — SYN. *leto-cabro*.

CABRIDA, v. n. Chevroter, faire des chevreaux. — SYN. *cabriá*. — TOUL., *crabidá*. — ETY., *cabrit*, chevreau.

CABRIDAN, PROV., s. m. V. Cabrian.

CABRIDELLO, s. f. Aster de tripoli, *Aster tripolium*; plante de la fam. des synanthérées, très-commune dans les prairies humides et les marais salants; on donne le même nom à l'aster âcre.

E si dos testo pendoulavon
Uno vers l'autro, que semblavon
Dos CABRIDELLO en flour que clino un vent galoi.
MISTRAL, *Mirèio*, c. 1.

CABRIDIER, ièiro, s. m. et f. Boucher, ère, qui vend de la viande de chevreau. — ESP., *cabritero*. — ETY., *cabrit*.

CABRIDOU, s. m. Petit chevreau. — SYN. *cabritoun*. — DIM. de *cabrit*.

CABRIDOULO, s. f. Trèfle puant ou psoralier bitumineux, *Psoralea bituminosa*, plante de la fam. des papilionacées qui exhale une très-forte odeur de bitume, dont les fleurs sont bleuâtres, et qui croît dans les terrains arides et pierreux. Noms divers : *cabraireto, cabrièiro, cabrèireto, pé-de-poulo, engraisso-moutous, limaucado, basilic sauvage*.

CABRIÈIRO, s. f. V. Cabridoulo.

CABRIÈIRO, s. f. CABRIEIRA, étable ou parc à chèvres; gardeuse de chèvres; en roman, boucherie où l'on vend de la viande de chèvre. — ETY., *cabro*.

CABRIER, s. m. CABRIER, chevrier, gardeur de chèvres. — SYN. *crabaire, crabè, crabier*. — CAT., *cabrer* ; ESP., *cabrero*; ITAL., *caprajo*. — ETY., *cabro*.

CABRIER, s. m. Troène. V.

CABRIFEL, TOUL., s. m. Troène ou olivier sauvage, *Ligustrum vulgare*, arbrisseau de la fam. des jasminées, qu'on trouve au milieu des haies. — SYN. *bretoino, frezilhou, oulivier sauvage, cabrifol*. — ETY. LAT., *caprifolium*.

CABRIFOL, s. m. V. Cabrifel.

CABRIMÉ, CABRIMET (A), CÉV., loc. adv. A la chèvre morte, *pourtá à cabrimet*, porter sur les épaules à chèvre morte, c'est-à-dire les jambes pendantes sur la poitrine du porteur. — SYN. *à cabriné, à crabot-crabic*. — ETY., *cabri*, chevreau.

CABRINÉ (A). V. Cabrimé.

CABRIOLO, s. f. Cabriole, saut que l'on compare à celui d'une chèvre; saut du cheval qui s'enlève et qui lâche la ruade. — CAT., ESP., *cabriola*; ITAL., *capriola*. — ETY., *cabri*, chevreau.

CABRION, PROV., s. m. Chevron. V. Cabiroù.

CABRIONADO, PROV., s. f. Travée, espace entre deux poutres garni de chevrons. — SYN. *travado, trevado*. — ETY., *cabrion*, chevron.

CABRIOULA, v. n. Cabrioler, faire la cabriole ou des cabrioles. — SYN. *cabiroulá, cambiroulá*. — ESP., *cabriolar* ; ITAL., *capriolare*. — ETY., *cabriolo*.

CABRIOULAIRE, s. m. Cabrioleur, celui qui fait des cabrioles. — ETY., *cabrioulá*.

CABRIT, s m. CABRIL, cabri, chevreau, le petit de la chèvre ; *sautá coum'un cabrit*, sauter comme un chevreau. — CÉV., PROV., *cabri* ; GASC., *crabot, crabouti* ; B. LIM., *chobri* ; DAUPH., *choro* ; TOUL., *crabit* ; CAT., *cabrit* ; ESP., *cabrilo* ; ITAL., *capretto, caprettino* ; B. LAT., *capritus*, de *capra*, chèvre.

CABRITOUN, PROV., s. m. Petit chevreau. — SYN. *cabridoù*. — ETY., dim. de *cabrit*.

CABRO, s. f. CABRA, chèvre, femelle du bouc, mammifère ruminant. *Cabro mouto* ou *bounto*, chèvre motaie ou sans cornes. *Me farias veni cabro*, vous me feriez chevroter ou perdre patience; *pourtá à cabro-morto*, porter derrière le dos. — LIM., *chabro*; TOUL., *crabo*, forme altérée ; ESP., *cabra* ; ITAL., *capra*.—ETY. LAT., *capra*.

Tant grato CABRO qu'enfin mal jais.
PRO.

CABRO, s. f. Chèvre, T. de charp. et de maçon., machine pour élever des objets très-lourds; T. de scieur de long, chevalet qui soutient le billot qu'on scie; T. de cordier, toupin pour tenir écartés les tourons des cordes pendant qu'on les tord ; échelle à pied pour cueillir les fruits et la feuille de mûrier; machine pour soulever la roue d'une voiture ; chevrette d'une cheminée pour soutenir les pots. — Cast., *crabit*. — Ety., *cabro*, à cause de la ressemblance qu'on a cru trouver entre ces machines et une chèvre.

CABRO, s. f. Morpion ou pou des aines, suivant l'abbé de Sauvages; papillon femelle des vers à soie, suivant le même auteur. On donne ce même nom, dans certains pays du Languedoc, à la mante-prie-Dieu, parce que les enfants sont dans l'habitude de lui demander : *Cabro, ount'es lou loup?*

CABROL, s. m. Chevreuil. V. Cabirol.

CABROLET, s. m. Jeune chevreuil. — Syn. *cabroré, cabroret*. — Dim. de *cabrol*.

CABRORÉ, CABRORET, prov., s. m. V. Cabrolet.

CABROU, s. m. (Cabroù). Chevreuil. V. Cabirol.

CABROU, cév., s. m. Chevron. V. Cabiroù.

CABRUN, s. m. Chèvres, en général. — Syn. *cabruno*. — Ety., *cabro*.

CABRUNO, s. f. V. Cabrun.

CABUCEL, s. m. Couvercle, ce qui sert à couvrir un vase, en général ; les petits couvercles sont ordinairement appelés *cabucels*, et les grands *cabucelos*. *Lou cabucel de la testo*, le crâne. — Syn. *cabucèu, curbecèu, couvertou*.

CABUCELA, cév., v. a. Mettre un couvercle sur un pot, un plat, une marmite, etc. — Ety., *cabucel*.

CABUCELO, s. f. Grand couvercle d'un vase, en général ; au fig. mari qui sert de manteau à l'inconduite de sa femme. Ce mot sert aussi à désigner l'ombilic à fleurs pendantes ou le nombril de Vénus, *Umbilicus pendulinus*, de la fam. des crassulacées. V. Escudet. *Cabucelos*, s. f. p. cymbales ; T. d'agric., *faire de cabucelos*, bêcher une terre d'une manière inégale, et sans toucher à certaines parties ; c'est ce qu'on appelle, à Béziers, *laissá de couïssis*; *faire de cabucelos*, se dit aussi d'un lit mal fait, dont on a étendu les draps sans en remuer les matelats et la paillasse. — Syn. *cabucel, crabusselo, crebuceló*.

Cado toupi trovo sa CABUCELO.
Pro.

CABUCÈU, prov., s. m. V. Cabucel.

CABUDEL, cév., s. m. Peloton de fil, de soie, de coton, etc. — Syn. *cabudèu, cabedel, cadel, catel, candel*. — Cat., *capdell*.

CABUDÈU, prov., s. m. V. Cabudel. *Cabudèu d'un destrech*, clef d'un pressoir. *Cabudèu* est aussi un des noms du grèbe castagneux. V. Cabusset.

CABUDIÈIRO, cév., s. f. Tramail, espèce de filet qu'on tend au travers d'une rivière pour prendre le poisson. — Ety., *cab*, tête, parce que le poisson se prend ordinairement par la tête qu'il engage dans les mailles du filet.

CABURN, CABURNI, prov., s. m. Coqueluche. V. Chaburni.

CABUS, cév., s. m. Provin, sarment que l'on enfonce dans un trou pratiqué dans la terre et qui est destiné à former un nouveau cep. — Syn. *cabussal, cabussado, cougaduro, prouvo, proubajo*; biternº., *sounesso*. — Ety., *cabussá*, plonger, enfoncer dans la terre.

CABUS, s. m. *Caulet cabus*, chou cabus, pommé, dont les feuilles étroitement serrées forment une grosse boule qui ressemble à une tête ; d'où le mot *cabus* ou *capus*, tête ; en lat., *caput*.

CABUS, s. m. Plongeon, action de plonger, de se jeter dans l'eau la tête la première. *Tene lou cabus*, demeurer longtemps sous l'eau ; au fig. garder longtemps la rancune contre une personne, et la regarder de travers quand on la rencontre. — Dim., *cabussel*, petit plongeon.

CABUSSA, v. n. Cabussar, plonger ; faire la culbute, tomber la tête la première ; pommer, en parlant des choux; v. a., plonger dans l'eau, noyer ; abattre, renverser, précipiter, abaisser ; provigner. — Cat., *cabussar* ; esp., *chapuzar*. — Ety., *cabus*.

CABUSSADO, s. f. Action de plonger ; culbute, chute qui se fait avec la tête en bas et les jambes en l'air ; au fig. ruine, passage d'une grande fortune à l'indigence. — Ety., s. part. f. de *cabussá*.

CABUSSAIRE, s. m. CABUSSOL, plongeur, celui qui se jette dans l'eau, la tête la première ; on donne le même nom à plusieurs oiseaux appelés en français *plongeons*, à l'imbrim ou grand plongeon, *Colymbus glacialis* ; au petit plongeon de la mer du Nord, *Colymbus arcticus* ; au plongeon à gorge, *Colymbus septentrionalis*, et à plusieurs autres oiseaux de la même espèce qui se montrent rarement dans nos parages. — ETY., *cabussá*.

CABUSSAL, s. m. Plongeon. V. Cabus.

CABUSSAU, CÉV., s. m. Grèbe castagneux. V. *Cabusset*. Il signifie aussi coussinet. V. Cabessal.

CABUSSEJA, v. n. Plonger et replonger. — FRÉQ. de *cabussá*.

CABUSSET, s. m. Plongeon, action de plonger ; culbute ; provin ; on donne le même nom, à cause de l'habitude qu'ils ont de plonger dans l'eau où ils restent longtemps cachés, à plusieurs espèces d'oiseaux, notamment au grèbe castagneux et aux autres espèces appelées *cabussouns*, *cabussaus*, et quelquefois aussi au râle et aux poules d'eau, à la grande et à la petite marouette. — ETY., dim. de *cabus*.

CABUSSOLO, CÉV., GAST., s. f. Têtard ou nymphe de la grenouille, dont la tête et le corps forment une boule renflée, terminée par une queue verticale plate. — SYN. *caboussolo*, *testo-d'ase*, *padeno*. — ETY., *cab* ou *cap*, à cause de la grosseur de sa tête.

CABUSSOU, CABUSSOUS, s. m. Plongeon; provin; grèbe. V. Cabus, Cabusset.

CACA, s. m. Excrément. V. *Cacai* ; marc des olives. C'est aussi le nom d'une cigale d'une petite espèce.

CACACO, s. f. Nom que les enfants donnent à la châtaigne. — B. LIM., *caco*.

CACAI, s. m. CACA, caca, excrément ; au fig., tout ce qui est sale. *Toques pas acò, qu'es de cacai*, ne touche pas cela, parce que c'est sale. — BÉARN., *cacalhe* ; CAT., ESP., *caca* ; ITAL., *cacca* ; B. BRET., *cach*. — ETY. LAT., *cacare*, faire caca.

CACAL, s. m. Écale, noyau, gousse de certains fruits. V. Cocal.

CACALA, CACALACA, CÉV., s. m. Muflier ou mufle de veau, *Antirrhinum majus*, plante de la fam. des scrophulariacées ; on appelle ses capsules *cabossos-de-gous*. — SYN. *pantoufleto*, *tetarello*, *tetarelo*, *cisso-merdo*, *guto-delioun*.

CACALA (A), PROV., loc. adv. A califourchon.

CACALACA, s. m. Bec des anciennes coiffes dont le devant *tuyauté* s'élevait au-dessus du front comme la crête d'un coq. L'abbé de Sauvages appelle aussi *cacalacá* le coquerico ou chant du coq ; en provençal, noix dont on a ôté la coquille ; coquelicot ainsi nommé à cause de la couleur de sa fleur, semblable à une crête de coq. — SYN. *cacaracá*.

CACALAS, s. m. Bruyant éclat de rire ; au pluriel, cacalasses. Onomatopée.

Fasió de tant grans CACALASSES,
Que l'aurias auzit de cent passes.
Axo.

CACALASSA, v. n. Éclater de rire, rire aux éclats. — SYN. *s'escarcalhá*. — CAT., *cacarejar* ; ITAL., ESP., *cacarear*. — ETY., *cacalas*.

CACALAU, CACALAUS, PROV., s. m. Escargot. — BITERR., *cagarol*.

CACALAUSADO, PROV., s. f. Ragoût d'escargots. — BITERR., *cagaraulado*. — ETY., *cacalaus*.

CACALAUSETO, PROV., s. f. Petit escargot. — SYN. *cacalausoun*. — BITERR., *cagaraulelo*. — ETY., dim., de *cacalauso*.

CACALAUSO, PROV., s. f. Escargot. — SYN. *cacalau*, *cacalaus*, *cagaraulo*.

CACALAUSOUN, PROV., s. m. V. Cacalauseto.

CACALEJA, v. n. Coqueliner, en parlant du chant du coq ; caqueter, s'il agit de celui de la poule qui va pondre ; au fig. babiller, caqueter ; on dit aussi, dans cette dernière acception, *cascalhá*, *cascalhejá*. — SYN. *cacareiá*, *cacarelhá*, *cacareliá*, *cacaraquejá*, *cacarelejá*.

CACALHE, BÉARN., s. f. Boue, fange, caca. — SYN. *cacai*.

CACALICA, BÉARN., v. a. Chatouiller.

CACALUCHA, prov., v. a. Saupoudrer, enduire; combler une mesure par-dessus les bords. — Syn. *cacaruchá*.

CACALUCHO, prov., s. f. Comble, ce qui peut tenir au-dessus des bords d'une mesure.

CACAMBRE, prov., s. m. V. Cago-nis.

CACAN, prov., s. m. Richard; homme important.

CACANDRE, prov., s. m. V. Cago-nis.

CACANDROUN, prov., s. m. V. Cagonis.

CACAPUSSO, s. f. V. Cagarino.

CACARACA, s. m. Coquerico ou chant du coq. *Coucouroucou* exprime mieux le chant des coqs des grosses espèces, tels que les cochinchinois et les *bramapaulra*. V. Cacalacá, pour les autres acceptions de ce mot.

CACARAQUEJA, prov., v. n. V. Cacalejá.

CACARÈIÉ, dauph., s. m. Chant de la poule qui veut pondre.

CACARELEJA, prov., v. n. V. Cacalejá.

CACARELETO, s f. V. Cagareleto.

CACARELHA, prov., v. n. V. Cacalejá.

CACARETIA, prov., v. n. V. Cacalejá.

CACAROCHI, dauph., s. m. Contusion à la tête.

CACAROCO, toul., cév., s. f. Taie à l'œil, cataracte; c'est une altération de ce dernier mot.

CACAROT. prov., adj. et s. Amoureux, séducteur.

CACAROUCHOU, prov., s. m. V. Cacaruchoù.

CACARUCHA, prov., v. a. Combler, accumuler. — Syn. *cacaluchá, acuchá*.

CACARUCHO, cév., s. f. Coqueluche.

CACARUCHOU, prov., s. m. Sommet, comble. — Syn. *cacalucho, cacarouchoù*.

CACASSIAIRE, prov., s. m. Acheteur de lies d'huile. — Ety., *cacasso*.

CACASSO, prov., s. f. Lie de l'huile. — Biterr., *crassos*. — Ety. augm., de *cacá*.

CACAU, prov., s. m. V. Cago-nis.

CACAU, prov., s. m. Sabot, jouet d'enfants.

CACAULA, montp., s. f. Corneille. — Syn. *cacouleto, caucalo, graulo, graio, gralho*.

CACELADO, cast., s. f. Abcès, tumeur, inflammation suivie de suppuration qui se déclare au pied; on appelle *baladis* ou *batedis* celle qui se forme à un doigt. On appelle l'une et l'autre *naisseduro* dans le dialecte castrais. — Syn. *casselado*.

CACHA, v. a. Cachar, cassar, écacher, presser, serrer, pincer, frapper, couper quelque chose de dur avec les dents. *Aquelos figos sou pla cachados*, ces figues sont bien serrées l'une contre l'autre; *i n'ai cachados de bounos*, je lui en ai donné de rudes; *se cachá tous dets*, se pincer les doigts; *quicon me cacho*, quelque chose me blesse au pied. *Cachà*, dans le sens de cacher, n'est pas roman; il faut dire *amagá* ou *escoundre*. — Ety. lat., *quassare*, dérivé du grec σχάζω.

E de la joia que m'aviey,
Se me cachava, ou soufrissiey.
Favre, *Odyss.* C. X.

CACHADÈU, montp., s. m. Sarcelle ordinaire ou sarcelle d'hiver. V. Sarcelo.

CACHADIÈU, montp., s. m. V. Sarcelo.

CACHADO, cév., s. f. Coup, tape; forte pression. — Syn. *cachaduro*. — Ety., s. part. f. de *cachá*.

CACHADOU, cast., s. m. (caxadoù). *Chassoir*, outil dont se servent les tonneliers pour faire descendre les cerceaux. — Syn. *chasso*. — Ety, *cachado*, part. f. de *cachá*.

CACHADURO, s. f. Cachadura, cassadura, pinçon, meurtrissure, contusion, occasionnée par une violente pression. — Syn. *cachado*. — Ety., *cachado*.

Al debastá se vesou las cachaduros.
Pro.

CACHAL, cast., s. m. Violent coup de poing. Ety., *cachá*.

CACH'AMELO, s. m. Casse-noix, oiseau. — Ety., *cachá*, qui écache, *amelo*, l'amande. V. Avelanier.

CACHANO, s. f. Licou en cuir avec un anneau de fer, dans lequel on passe la longe qui sert à attacher les bêtes de somme. — Syn. *capsano, caussano.* — Ety., *cachá*, serrer.

CACHAT, ado, part. Pressé, ée, serré, meurtri, coupé. *Froumage cachat*, ou seulement *cachat*, subst., fromage réduit en pâte, auquel on ajoute du vinaigre et des épices. — Syn. *cacheti, cachèio.*

CACHAU, gasc., s. m. Dent molaire. V. Caissal.

CACHE, b. lim., s. f. (catse). Châtaigne avortée.

CACHE, béarn., s. f. V. Caisso.

CACHE, cast., s. m. Point d'appui pour un levier. — Ety., *cachá*, serrer.

CACHÈIO, cév., s. f. V. Cachat.

CACHELO, prov., s. f. Coup donné avec la pointe du pouce. — Ety., *cachá*, frapper.

CACHEMELHI, dauph., s. m. Tirelire. V. Cacho-malho.

CACHETI, prov., s. m. V. Cachat.

CACHÈYO, prov., s. f. Boue, fange.

CACHÈYOUS, o, prov., adj. Boueux, euse. — Ety., *cachèyo.*

CACHIÉRO, prov., s. f. *Faire cachièro en quauqu'un*, faire bon accueil à quelqu'un, le caresser, lui témoigner de l'amitié, le flatter. — Syn. *quichiero.*

CACHIMBAU, s. m. Espèce de pipe ornée de figures, et par ext. toute espèce de pipe. — Port., *cachimbo.*

Lion dal bourlis Genèvo filo ennant
E sul balcoun ambé sounn plan-bagasso
Nostr'Oulandés fumo sounn CACHIMBAU.

B. Floret.

CACHINA, gasc., v. a. Écacher, presser, serrer. — Ety., fréq., de *cachá.*

CACHINO, gasc., s. f. Dent incisive. — Ety., *cachiná*, presser.

CACHINO, cév., s. f. Cache, cachette.

CACHO, gasc., s. f. V. Cuisso.

CACHO-CACHOUN, loc. adv. En cachette.

CACHO-CLAU, gasc., s. m. Monture ou porte-charge d'un fouet.

CACHOCLE, prov., s. m. Iris germanique ou flambe. V. Coutelas.

CACHO-DENT, s. m. Biscotin, ainsi nommé à cause de sa dureté; amande dont la coque est tendre et qu'on casse facilement avec les dents.

CACHO-DET, s. m. Amande, dite princesse, que l'on coupe avec les doigts.

CACHO-FIO, cév., s. m. Bûche de Noël qu'on met au feu, la veille de cette fête. On l'appelle à Béziers *souc de Nadal*, et, en Provence, *calendau.* — Syn. *cacho-fue.*

CACHOFLE, prov., s. m. Artichaut.

CACHO-FOUIS, **CACHOFOUNS**, s. m. Chambrière de charrette, gros bâton pendu au brancard d'une charrette, ou qu'on y place pour le soutenir et soulager le limonier ; chambrière de puits à roue pour l'empêcher de tourner. M. sign. *chambrièiro*, pour le support fixé au brancard d'une charrette.

CACHO-FUE, prov., s. m. V. Cachofio. V. aussi.

CACHO-FUS, prov., s. m. Fronde à un seul trou, fronde sans croisillon.

CACHO-MALHO, cév., s. m. Tirelire. — Dauph., *cachemelhi.* — Ety., *cacho*, serre, et *malho*, maille, ancienne monnaie. V. Diniarolo.

CACHO-MECHO, prov., adj. et s. Méfiant, sournois.

CACHOMELO, prov., s. m. V. Cach'amelo.

CACHO-MOURRE, s. m. Coup de poing sur le visage ou sur le nez. — Ety., *cachá*, presser, frapper, et *mourre*, museau, visage.

CACHO-MUSEL, b. lim., s. m. (catsomusel). V.

CACHO-MUSÈU, toul., s. m. Casse-museau, petit chou, pièce de pâtisserie (Doujat).

CACHO-NIU, agen., b. lim., s. m. Dernier né d'une couvée. V. Cagu-nis.

CACHO-NOSE, s. m, Casse-noix, oiseau. V. Avelanier.

CACHO-PESOU, prov., adj. et s. Pouilleux, euse.

CACHO-PIGNOUN, cév., s. m. Grandesarcelle ou sarcelle d'été. V. Sarrelo. On donne le même nom au bec-croisé, et au casse-noix.

CACHOU, interj. Peste! diantre! foin! fi!

CACHOU, CAST., CÉV., s. m. Ferret, morceau de ferblanc qui embrasse l'extrémité d'un lacet ou d'une aiguillette.

CACHOUFLIER, PROV., s. m. Plant d'artichaut. — ETY., *cachofle*.

CACHOUN, GASC., s. m. Petite caisse. — ETY., dim. de *cacho*, caisse.

CACHOUNA, CAST., CÉV., v. a. Ferrer un lacet, une aiguillette. — ETY., *cachoù*.

CACHOURRA, TOUL., CÉV., v. n. Mentir.

CACO, B. LIM., s. f. Nom que les enfants donnent à la châtaigne. — BITERR., *cacabo*.

CACOI, PROV., s. m. V. Cago-nis.

CACQUAT, ado, s. m. et f. Cadet, cadette. V. aussi Cago-nis.

CACOUGNA, TOUL., v. a. Dodiner un enfant, le soigner avec trop d'affectation.

CACOUGNAT, B. LIM., part. Benêt, sot, niais. V. Coucougnà.

CACOULETO, GASC., s. f. Corneille — SYN. *cacaula*, *caucalo*, *graulo*.

CADAI, **CADAÏS**, s m. Cadi, chas, colle que font les tisserands avec de la farine de seigle et de la graisse pour enduire les chaînes, afin d'en rendre le fil plus glissant; cambouis. — CAST., *empeso*. — ETY. B. LAT., *cada*, saindoux.

CADAISSA, v. a. Calir une pièce de toile. — SYN. *encadaissà*, *cadèichà* — ETY., *cadais*.

CADALIECH, CÉV., s m. Bois de lit. — ETY. ESP., *cadalecha*, lit fait de branches d'arbre.

CADARAU, CÉV., s. m. Ruisseau des rues, égout, cloaque ; PROV., voirie.

CADAROSSO, B. LIM., s. f. Branche sèche d'un arbre ; au fig. personne maigre et exténuée.

CADASCUN, CÉV., pron. V. Cadun.

CADAULA, v. a. Fermer une porte avec la cadole ou le loquet. — SYN. *cadaurá*. — ETY., *cadaulo*.

CADAULEJA, BITERR., v. n. Remuer le loquet d'une porte pour l'ouvrir ou pour annoncer qu'on a l'intention d'entrer. — ETY.; fréq. de *cadaulá*.

CADAULIA, PROV., v. n. V. Cadauleja.

CADAULO, s. f. Cadole, loquet. On dit aussi *sisclet*. *Es toujours en l'air coum'uno cadaulo*, il est toujours en mouvement comme un loquet. Au fig. *fausso cadaulo*, homme dissimulé, *fino cadaulo*, fin matois. — SYN. *cadauro*.

> Qu'ausissi ? Levos la CADAULO ;
> Beligando, es que miccho-nèit.
> — Entendes la cato que miaulo ?
> — Digos lou cat ; vai-t-en al lèit.
> Se me levi, garo la gaulo !
>
> ANO.

CADAUN, TOUL., pron. indét. CADAUS, chacun. V. Cadun.

CADAURA, PROV., v. a. V. Cadaulá.

CADAURO, PROV., s. f. V. Cadaulo.

CADDENOUM, interj. Tête-Dieu !

CADE, BÉARN., v. n. CAZER, tomber, choir. — GASC., *cage*; CAT., *caurer*; ANC. ESP., *cader*; ESP. MOD., *caer*; PORT., *cahir*; ITAL., *cadere*. — ETY. LAT., *cadere*.

CADE, s. m. CADE, grand genévrier, genévrier oxycèdre, *Juniperus oxycedrus*, arbrisseau de la fam. des conifères. On tire de cet arbrisseau une huile très-fétide, qui est un bon vermifuge et un remède très-efficace contre la gale des bêtes à laine. On appelle cette huile : *Oli de cade*. — SYN. *chade*.

CADE, **CADEDIS**, **CADEDIÉU**, **CADEDIÉNO**, **CADDENOUM**, **CAP-DE-NOUM**. Jurons qui peuvent se traduire par tête-Dieu, *cap de Dieu*: nom de Dieu, *cap-de-noum*. On croit que *cadediéno* est une altération de *cap de Diano*, *capo de Diana* chez les Vénitiens.

CADÈICHA, PROV., v. a. V. Cadaissá.

CADÈIRA, PROV., v. a. Chasser, poursuivre à coups de chaises. — ETY., *cadèiro*.

CADÈIRAIRE, s. m. V. Cadièiraire.

CADÈIRENCO, s. f. Espèce de poire qui vient de la Cadière (Var).

CADÈIRO, CADÈIRASSO, CADÈIRETO, etc. V. Cadiero, etc.

CADEL, AGAT., s. m. Écheveau. V. Catel.

CADEL, s. m. CADEL, Petit de la chienne ; par ext., jeune enfant, jeune homme qui a les manières et les goûts d'un enfant. Ermengaud appelle *cadel* le petit de la baleine.

> Balena porta mais d'amor
> Que negus peissos que sia
> A sos CADELS, don tot dia
> Los se vol tot entorn menar.
>
> BREVIARI D'AMOR, v. 7318.

La baleine porte plus d'amour qu'aucun autre poisson à ses petits, qu'elle veut toujours mener autour d'elle.

> Entr'efant e CADEL
> Conneissou qui li fa bel
> PRO.

PROV., *cadèu* ; B. LIM., *chodel* ; CAT., *caddel* ; ITAL., *catello*. — ETY. LAT., *catulus*.

CADEL, CÉV., s. m. Chaton ou folles fleurs de certains arbres de la fam. des amantacées : le noyer, le coudrier, le châtaigner, etc. — ETY., *cadel* pour *catel*, peloton. L'assemblage de petites écailles florales, appelé chaton, ressemble en effet à un peloton.

CADELA, v. n. CADELAR, chienner, mettre bas en parlant d'une chienne ; pousser des chatons, en parlant des arbres ; au fig. s'ébouler, en parlant des terres. — GASC., *caderá* ; B LIM., *chodelá* ; CAT., *cadellar* ; ITAL., *catellare*. — ETY., *cadel*.

CADELA (Se), v. r. Être rongé par le trogosite caraboïde (*cadèlo*), en parlant des blés.

CADELADO, s. f. Portée ou ventrée d'une chienne. — B. LIM., *chodelado* ; ITAL., *catellata*. — ETY., s. part. f. de *cadelá*.

CADELAN, CÉV., s. m. Premier jour de l'an ; anniversaire, service pour un mort une année après son décès. — ETY., alt. de *cap de l'an*.

CADELAS, s. m. Jeune et gros chien ; au fig. blanc-bec, jeune homme imberbe et de peu de jugement. — AUGM. de *cadel*.

CADELET, s. m. Petit chien. — SYN. *cadeloù*. — CAT., *cadellet* ; ITAL., *catellino*. — ETY., dim. de *cadel*.

CADELIOU, CÉV., s. m. Tête folle, tête verte ; homme violent et emporté. (Sauvages). — ETY., *cadel*.

CADELO, s. f. Jeune chienne.

CADELO, s. f. Trogosite caraboïde et sa larve, *Trogosita caraboïdes*, insecte coléoptère de forme plate, qui ronge les blés dans les greniers. On confond souvent cet insecte avec le charançon qui en diffère par sa taille qui est plus petite et par la forme de son corps. On appelle ce dernier *picoù*, à Béziers, et dans quelques contrées voisines, *cavaroù*. V. ce mot. — CAST., *canadelo, canedelo*.

CADELOU, s. m. Jeune chien. — SYN. *cadelet*. — ETY., dim. de *cadel*.

CADENA, v. a. CADENAU, enchaîner. V. Encadená.

CADENAS, s. m. V.

CADENAT, s. m. CADENAT, cadenas, serrure mobile qu'on accroche à la porte ou au meuble qu'on veut fermer. — SYN. *cadenau*. — ESP., *candado* ; ITAL., *catenaccio*. — ETY. LAT., *catena*, parce que le cadenas a la forme d'un chaînon, ou parce que les serrures étaient autrefois attachées avec une chaîne.

CADENAU, PROV., s. m. V. Cadenat.

CADENE, BÉARN., s. f. V. Cadeno.

CADENEDO, CÉV., s. f. Lieu couvert de genévriers oxycèdres. — SYN. *cadenièiro, cadenelo*. — ETY., *cade*.

CADENELO, PROV., s. f. Baie du genévrier oxycèdre. Il est aussi synonyme de *cadenedo*. — ETY., *cade*.

CADENETO, s. f. Petite chaîne ; cadenette, tresses de cheveux qu'on laissait croître de chaque côté de la tête, et qui pendaient sur les tempes ; il se dit aussi de la réunion des vertèbres qui composent le sacrum. — ETY., dim. de *cadeno*.

CADENIERO, CADENIÈIRO, s. f. Terrain couvert de genévriers oxycèdres. V. Cadenedo.

CADENO, s. f. CADENA, chaîne, suite d'anneaux de fer engagés les uns dans les autres : *cadeno d'un coulà, mancelle*, chaîne qui tient au collier d'un cheval de trait ; *cadeno del col* ou *cadenat*, la nuque, le nœud du cou ; *cadeno de l'esquino*, les vertèbres de l'épine du dos ; *cadeno d'un roucas*, cime d'un rocher. On dit d'une personne froide et indifférente : *Es frejo coumo uno cadeno de pous*, elle est froide comme une chaîne de puits. — BÉARN., *cadèye* ; GASC., *cadeo* ; B. LIM., *chodeno* ; CAT., ESP., *cadena* ; ITAL., *catena*. — ETY. LAT., *catena*.

CADENOU, CADENOUN, s. m. Chaînon, anneau d'une chaîne. — DIM. de *cadeno*.

CADENOUN, PROV., s. m. Ressentiment.

CADENOUNGE, B. LIM. (cadenoundze). Juron arrêté à mi-chemin par une sorte d'ellipse. Comme *caddenoum*, il peut se traduire par Tête-Dieu. *Cadenounge* est aussi une interjection qui exprime la surprise, peste !

CADEO, GASC., s. f. V. Cadeno.

CADERA, GASC., v. n. V. Cadelá.

CADE-SABIN, s. m. Genévrier savinier, vulgt. sabine, *Juniperus Savina*, arbrisseau de la fam. des cupressinées, qui croit sur les coteaux arides. *Sabino, barben, chai, chaine-trainel, chai-mal, chainier*.

CADET, *èto*, s. et adj. Cadet, cadette, puiné, le second de deux ou de plusieurs enfants, le plus jeune de tous ceux d'une famille ; autrefois jeune gentilhomme qui faisait partie des compagnies dites des cadets, instituée sous Louis XIV. — CAT., *cadet* ; ESP., *cadele* ; ITAL., *cadetto*. — ETY., ESP., *cap*, chef dont *cadet* ou *capdet* est le diminutif ; le cadet est le petit chef de la famille.

CADÈU, PROV., s. m. V. Cadel.

CADÈYE, BÉARN., s. f. V. Cadeno.

CADIÈIRAIRE, CADIERAIRE, s. m. Fabricant de chaises. — SYN. *cadèiraire*. — B. LIM., *chodieiraire*. — CAT., *cadiraire*. — ETY., *cadiero, cadièiro*.

CADIÈIRASSO, CADIERASSO, s. f. Grande et mauvaise chaise. — SYN. *cadèirasso*. Augm. dépréc. de *cadièiro*.

CADIÈIRETO, CADIERETO, s. f. Petite chaise. *Pourtà á la cadièireto*, est une manière de porter une personne qui se pratique ainsi : Les porteurs, au nombre de deux, joignent leurs mains qui forment le siége sur lequel se place la personne portée ; celle-ci, pour ne point se laisser tomber, passe un de ses bras autour du cou de chacun des porteurs. B. LIM., *pourtà à la cagocago*. — SYN. *cadèireto*. — ETY., dim. de *cadièiro*.

CADIÈIRO, CADIERO, s. f. CADIEIRA, CADERA, chaise ; chaire pour prêcher ; *cadièiro courrerello* ou *cadièiro de brès*, chaise roulante pour les enfants qui ne peuvent pas encore marcher. — SYN. *cadèiro* ; ANC. CAT., *cadira* ; CAT. MOD., *cateda* ; ESP., *cadera* ; ITAL., *catledra*. — ETY. LAT., *cathedra*.

CADIEROUN, CADIEROUNO, s. v. Cadièireto.

CADIS, s. m. Cadis, étoffe grossière, ordinairement grise ou blanche, bure ; *fialá de cadis*, filer de la bure.

CADISSAIRE, CÉV., s. m. Tisseur de cadis. — ETY., *cadis*.

CADISSAT, *ado*, adj. Fait en façon de cadis. — ETY., *cadis*.

CADIUÈISSO, CÉV., s. f. Cosse de pois, de fève, de haricot ou d'autres légumes. On dit au fig. : *A bouno cadiuèisso*, il a de bonnes épaules ; *picá sus la cadiuèisso*, frapper sur le dos. — BITERR., *peloufo*.

CADO, adj. distrib. comm., CAC, *Cada*, chaque : *cado jour*, chaque jour ; jour ouvrable, jour de travail ; *lou vestit de cado jour* c'est le vêtement de la semaine par opposition à l'habit des dimanches et des jours de fête. — SYN. *chasque*.

CADOLEX, BORD., s. m. Couchette.

CADOSCO, CÉV., s. f. Chevêche ou petite chouette, *Strix passerina*. — BITERR., *choto* ; PROV., *picholo machoto*.

CADOUN, CADOUO, GASC., pron. V. Cadun.

CADU, e, BÉARN., pron. V. Cadun.

CADUC, o, adj. CADUC, caduc, caduque, qui tombe ou qui est près de tomber ; vieux, usé, cassé. — CAT., *ca-*

duc ; ESP., ITAL., *caduco*. — ETY. LAT., *caducus*.

CADUCITAT, s. f. Caducité. — ESP., *caducidad* ; ITAL., *caducità*. — ETY., *caduc*.

CADUN, o, pron. distrib. sans pluriel, CASCUN, CASCUS, CADAUS, chacun, e. *Un cadun*, chacun de son côté. — SYN. *cascun, chascun*. — GASC., *cadoün* ; BÉARN., *cadu, e* ; CAT., *cada-hu* ; ESP., *cada uno* ; ITAL., *ciascuno*. — ETY., *cado* et *un*, du roman *cadaus*, dérivé de κατά, et *us*, un.

Cadun troubará sa caduno,
E jou noun troubarèi paa uno.
GOUDELIN.

CADUN-COULAS, PROV., s. m. *Mancelle*, petite chaîne qui tient au collier des chevaux de charrette.

CADUT, ude, BÉARN., part. de *cade*. Tombé, ée.

CAERCI, ancienne dénomination du Quercy.

Neguna parladura no es tant naturals ni tant drecha.... con aquella de Proenza, o de Lemozi.... o de CAERCI
R. VIDAL, *Las rasos de trobar*.

CAERCINÉS, s. et adj. Habitant du Quercy. — ETY., *caerci*.

CAFARDÈU, PROV., s. m. Jeune cafard ; blatte, insecte.

CAFARNIOU, s. m. V. Caforno.

CAFAROTO, s. m. Antre, caverne naturelle ou artificielle ; nid à rats.

CAFER, PROV., adj. et s. Mécréant ; impie. — ETY. ARABE, *cafer*, infidèle.

CAFI, v. a. Remplir, gorger ; se *cafi*, v. r., se gorger d'aliments. — SYN. *clafi, claufi*.

CAFI, B. LIM., s. m. Gros morceau ; *cafi de po*, quignon de pain.

CAFINOT, o, PROV., adj. Coquet, ette, pimpant.

CAFIO, TOUL, PROV., CÉV., s. m. Chenet, landier. — SYN. *cafouiet, cafouge, carfuoc, cafue*. — ITAL., *capi-fuoco*. — ETY, *ca* pour *cap*, tête, et *fió*, feu ; tête du feu.

CAFIRA, CÉV., v. a. Tordre, tourner sens dessus dessous. Altér. de *capvirá*. V. ce mot.

CAFORNO, s. f. Cachette, recoin, enfoncement, réduit, cahute, baraque. — PROV., *cafourno*. La deuxième syllabe de *caforno*, étant accentuée, ne doit pas s'affaiblir en *ou*, comme dans le mot provençal. — SYN. *cafarniou, cafaroto*.

CAFOUCHOU, s. m. Petite cachette. — SYN. *cafourchou*. Altér. de *caforno*. V. ce mot.

CAFOUGE, s. m. V. Cafió.

CAFOUIET, s. m. V. Cafió.

CAFOUR, CÉV., s. m. Bifurcation ; enfourchure d'un arbre.

CAFOURCHOU, s. m. Petite cachette. — SYN. *cafouchou*.

CAFOURNÈIA, v. n. Fouiller dans tous les coins et recoins. — SYN. *cafourniá, cafournejá*. — ETY., *caforno*, cachette, recoin.

CAFOURNEJA, v. n. V. Cafournèia.

CAFOURNIA, PROV., v. n. V. Cafournejá.

CAFOURNO, PROV., s. f. V. Caforno.

CAFOURNOUN, PROV., s. m. Petite cachette, petit réduit. — ETY., dim. de *caforno*.

CAFOURNU, do, PROV., adj. Creux, euse, profond, enfoncé, serré. — ETY., *caforno*.

CAFOUYER, CAST., s. m. Chenet, landier. V. Cafió.

CAFROUN, CAST., s. m. T. de charp. Morceau de tuile-canal placé au forget ou larmier d'un toit.

CAFUE, CAFUEC, PROV., s. m. Chenet. V. Cafió.

CAGA, v. n. et a. CAGAR, chier, rendre des excréments ; au fig. s'ébouler, en parlant d'un mur, d'un chargement, etc. Suivant l'abbé de Sauvages, mépriser, se moquer ; peu usité dans ce sens et, en tout cas, très-grossier. — B. LIM., *cogá* ; CAT., ESP., *cagar* ; ITAL., *cacare*. — ETY. LAT., *cacare*.

CAGACHO, GASC., s. f. Mésange. V. Sarralher.

CAGADAULETA, MONTP., s. f. Petit escargot ; au fig. troglodyte, *Troglodytes vulgaris*. Le nom de *cagadauleta* lui vient de sa très-petite taille qui le fait comparer à un petit escargot. V. Petouso.

CAGADO, s. f. Cacade, émission des excréments ; au fig. construction qui s'écroule ; chargement de foin, de paille, etc., qui s'éboule ; pas de clerc, folle entreprise qui échoue ; fuite, retraite honteuse causée par la lâcheté, le manque d'habileté. — Syn. *cagalado*. — Cat., esp., *cagada* ; ital., *cacata*. — Ety., s. part. f. de *cagá*.

CAGADOU, s. m. Lieu où l'on fait les excréments ; latrines, commodités ; lieu où le lièvre et le lapin ont l'habitude de faire leurs repaires ou crottes. — Syn. *cagadour*, *cagadouiro*. — Cat., *cagadoro* ; esp., *cagadero* ; ital., *cacalojo*. — Ety., *cagado*, part. f. de *cagá*.

CAGADOUIRO, prov., s. f. V. Cagadoú.

CAGADOUR, prov., s. m. V. Cagadoú.

CAGADURO, s. f. Chiure de mouche, de puce ou de tout autre insecte. et par ext., de tous les animaux. — Ital., *cacatura*. — Ety., *cagado*.

CAGA-PERRETO, querc., v. n. Couarder, avoir peur.

CAGAGNO, s. f. Diarrhée, dévoiement. *Lou trou me dono la cagagno*, le tonnerre m'effraie tellement qu'il me donne le dévoiement. — Syn. *caguègno*, *caguigno*, *cagadyro*, *cagario*. *cagarousto*. — Cat., *cagarina* ; esp., *cagalèra*. — Ety., *cagá*.

CAGAIRE, o, s. m. et f. Chieur, euse ; au fig. lâche, poltron ; *caro de cagaire*, visage blême. — Prov., *cagarello*, pour le féminin. — Cat., *cagaire* ; ital., *cacatore*. — Ety., *cagá*.

CAGAL, cév., toul., s. m. Étron, chiure ; au fig. petit bout d'homme. — Ety., *cagá*.

CAGALADO, s. f. Bêtise, projet ou entreprise qui n'aboutit pas ; *faire uno cagalado*, faire une bêtise, échouer dans une affaire. — Syn. *cagado*. — Ety., *cagal*.

CAGALHOUN, prov., s. m. Un petit étron, au fig. petit bout d'homme. — Ety., dim. de *cagal*.

CAGANDRE, CAGANDRI, CAGANDROUN, prov., s. m. V. Cago-nis.

CAGARAULADO, biterr., s. f. Ragoût d'escargots. — Prov., *cacalausado*. — Syn. *cagaraulat*. — Ety., *cagaraulo*.

CAGARAULAT, biterr., s. m. V. Cagaraulado.

CAGARAULET, s. m. Petit escargot ; au fig. le plus petit pot à bouillir. — Syn. *cagaraulou*. — Ety., dim. de *cagaraulo*.

CAGARAULETO, biterr., s. f. Hélice variable, hélice des moissons ou *mèissounenco*, *Helix cæspitum* ; hélice bouche rose, *Helix rhodostoma*, et toutes les petites espèces. — Syn. *cagaraulet*. — Prov., *cacalausoun*. — Dim. de *cagaraulo*.

CAGARAULIER, biterr., s. m. Terrain ou l'on trouve beaucoup d'escargots ; celui qui en ramasse. — Ety., *cagaraulo*.

CAGARAULO, biterr., s. f. Nom générique des escargots ; on donne particulièrement ce nom à l'hélice aspergée ou chagrinée, *Helix aspersa*. — Syn. *caragaulo*, f. a.

CAGARAULOU, s. m. Petit escargot, celui dont la coquille est encore molle et qui, suivant l'expression de nos paysans, *n'a pas encaro lou sen*. Dim. de *cagaraulo*. — Syn. *cagaraulet*. Ce mot désigne aussi, suivant l'abbé de Sauvages, un très-petit pot à bouillir ; *un toupi d'uno preso*, c'est-à-dire d'une prise de bouillon pour un malade. V. Cagaraulet.

CAGAREL, prov., s. m. Mendole, poisson. V. Mendolo.

CAGARELETO, prov., s. f. Mercuriale, plante. V. Cagarelo.

CAGARELO, s. f. Crottin des moutons, des chèvres et d'autres menus bestiaux ; prov., latrines. — Ety., *cagá*.

CAGARELO, cév., s. f. Mercuriale, *Mercurialis annua*, plante de la fam. des euphorbiacées, qui croit dans les champs cultivés. Cette plante est laxative, d'où lui est venu son nom d'*herbo cagarelo*, en français celui de *foirolle*. — Syn. *cagareleto*, *mourtairot*, *rambergo*.

CAGARÈUS, prov., s. m. p. Schiste marneux friable.

CAGARIL, cast., s. m. Pommes, châtaignes retraites et, en général, tous les fruits avortés. — Ety., *cagá*.

CAGARINO, toul., s. f. Épurge, catapuce, *Euphorbia lathyris*, plante de la fam. des Euphorbiacées, appelée aussi *catapurjo*, *cacapusso*, *catapusso*. C'est une plante purgative, ce qui lui a fait donner le nom de *cagarino*. — Syn. *cagaroto*. — Ital., *cacapuzza*. Ety., *cagá*.

CAGARIO, prov., s. f. V. Cagagno.

CAGAROL, biterr., s. m. Escargot; on donne ce nom à la plus grosse espèce par opposition à l'hélice nonnain, *mourgueto*, qui se trouve dans les mêmes lieux. — Cév., *escargarol* ; querc., *escorgol* ; prov., *cacalaus*, *cacalauso*.

CAGAROTO, biterr., s. f. Crottin, excrément des moutons, des chèvres, etc.; repaires des lièvres, des lapins, etc. *Cagarotos de magnan*, crottin des vers à soie, qu'on appelle aussi *pecoulos de magnan*. — Ety., *cagá*.

CAGAROTO, toul., s. f. Concombre sauvage, concombre d'âne, *coucoumbrasso*, *Momordica elaterium*, plante de la fam. des cucurbitacées, très-purgative, ce qui lui a fait donner le nom de *cagaroto*, V. *Counpissocó* ; Épurge, catapuce, V. Cagarino.

CAGAROUSSO, cast., cév., s. f. Diarrhée. V. Cagagno.

CAGAROUSTO, cast., cév., s. f. V. Cagagno.

CAGAS, prov., s. m. Gros tas d'excréments ; *cagas de néu*, gros jet de neige. — Ety., *cagá*.

CAGE, gasc., v. n. Tomber. — Syn. *cade*, du lat., *cadere*.

CAGÈU, cast., s. m. Petit enfant malpropre, chie-en-lit. — Ety., *cagá*.

CAGIRA, prov., v. a. Tourner sans dessus dessous. V. Capvirá.

CAGN, toul., s. m. Chien, *cagno*, s. f. chienne. — Anc. fr., *cagne*. — Ety. lat., *canis*.

CAGNARD, ardo, adj. Cagnard, e, fainéant paresseux ; s. m. abri, lieu exposé au soleil et à l'abri du vent. — Ety., *cagno*, chienne.

Sus la mountagno
Toumbo de neu, à deman lou brouillard ;
Pèi la ventado,
Pèi la jalado ;
Vite, vite, cap al CAGNARD.
B. Floret.

CAGNARDA, v. n. Cagnarder, vivre en cagnard ; *se cagnardá*, v. r., se chauffer aux rayons du soleil. — Ety., *cagnard*.

CAGNARDEJA, v. n. Cagnarder. Fréq., de *cagnardá*.

CAGNARDIER, cév., s. m. Un paresseux, un fainéant. V. Cagnard.

CAGNARDISO, s. f. Cagnardise ; fainéantise, paresse, vie de cagnard. — Ety., *cagnard*.

CAGNARDOUN, prov., s. m. Marne argileuse mêlée de gypse lenticulaire.

CAGNE, o, cév., adj. Quel, quelle, lequel, laquelle. — Syn. *quane*, *qual*, *quau*.

CAGNIN, o, prov., adj. Malicieux, euse ; froid, en parlant du temps. — Ety., *cagn*, chien ; lat., *caninus*.

CAGNO, s. f. Chienne. V. Cagn.

CAGNO, s. f. Cagnardise, langueur, nonchalance, fainéantise ; *ai la cagno*, j'éprouve un mouvement de paresse ; *faire la cagno*, dédaigner, faire la mine, avoir l'air dédaigneux, refrogné. — Gasc., *cagnos*, grimaces. — Ety., *cagno*, chienne.

CAGNO, prov., s. f. Traitoire, outil de tonnelier pour allonger les cercles et les faire entrer dans les futailles.

CAGNO-BERBERO, gasc., s. f. Cure-oreille. V. Cur'aurelho.

CAGNOT, s. m. Petit chien ; *cagnoto*, s. f. petite chienne. — Ety., dim., de *cagn*, *cagno*.

CAGNOT, cast., s. m. Chevrette, petit chenet sans branches ; morceau de planche pour lier deux pièces ; agat., bout de tuyau qu'on ajuste au robinet d'une futaille.

CAGNOT, prov., s. m. Nom commun au squale milandre et au squale glauque (*cagnot blu*). — Syn. *cagnou*. — Ety., *cagn*, chien.

CAGNOTO, s. f. Cornette, espèce de coiffe.

E sourtissié de sa CAGNOTO
Un pel lusent coumo la floto
Ount s'encatèlo, lou magnan.
ANO.

CAGNOU, s. m. Squale. V. Cagnot.

CAGNOUS, o, adj. Paresseux, euse, fainéant; cagneux, qui a les genoux tournés en dedans et les pieds écartés en dehors. — ETY., *cagno*, chienne, parce que les chiens, et particulièrement les bassets, ont les jambes torses

CAGNOUTA, CAST., v. n. Chienner, en parlant des chiennes qui mettent bas; au fig. faire mal une chose facile. — BITERR., *cadelá*. — ETY., *cagnot*, jeune chien.

CAGNOUTADO, CAST., s. f. Portée, ventrée d'une chienne; au fig. chose mal faite. — ETY., s. part. f. de *cagnoutá*.

CAGO-CAGO, (Pourtá à la), B. LIM., V. Cadièireto (Pourtá à la).

CAGO-CHI, CÉV., s. m. Ansérine bon-Henri, épinard sauvage, toute-bonne, *Chenopodium bonus-Henricus*, plante de la fam. des salsolacées, dont on mange les feuilles et les jeunes pousses; ce nom lui vient de l'habitude qu'ont les chiens d'y déposer leurs excréments; noms div : *herbo dóu bonhome, espinar bastard, espinar sauvage, arnal, sangari, senglas, blèy*.

CAGO-DINIERS, s. m. Chie-deniers, pince-maille, ladre, avare. — SYN. *cago-du, cago-prim, cago-sec, cago-malhos*. Ce sont autant de termes injurieux à l'adresse des avares. Dans le dial. castrais, on appelle aussi *cago-diniers* la fleur et la graine des ormeaux, parce qu'elles ont quelque ressemblance avec un denier.

CAGO-DU, s. m. Ladre. V. Cago-diniers.

CAGO-FERRE, CÉV., s. m. Mâche-fer, scories qui se détachent du fer dans une forge. — SYN. *caral de fabre, macho-ferre*.

CAGO-MALHOS, s. m. V. Cago-diniers.

CAGO-MANJO, s. f. Basse fosse, cachot.

CAGO-MELETO, s. m. Lâche, poltron, trembleur.

CAGO-MORTO, s. f. Courte-échelle. V. Courcacelo.

CAGO-NIS, s. m. Culot, le plus petit oiseau d'une nichée ou le dernier éclos ; par analogie, le dernier né d'une famille. — SYN. *cacho-nièu, cago-nièu, escouas, cacanbre, cacandre, cacandroun, cacau, caguèiroun, cago-trauc*.

CAGO-PRIM, s. m. Ladre, avare. V. Cago-diniers.

CAGOROTO, s. f. V. Cagareto.

CAGO-SANG, s. m. Flux de sang, dyssenterie. — ITAL., *caga-sangue*.

CAGO-SEC, s. m. V. Cago-du.

CAGO-TRAUC, PROV., s. m. V. Cago-nis.

CAGOT, o, s. m. et f. CAGOT, cagot, e, hypocrite, faux dévot; crétin, goîtreux, scrofuleux. — B. LAT., *cagoti*. — ETY., *canes Gothi*, chiens de Goths. Les cagots étaient des hommes abjects et méprisés qu'on croyait descendus des Goths d'Aquitaine qui s'étaient réfugiés, sous les derniers Mérovingiens, au pied des Pyrénées. Comme ils ne possédaient rien, ils ne payaient pas de tailles.

Cagots no pagaran talhas.
FORS DE BEARN.

CAGO-TREPO, CÉV., s. f. Chausse-trappe.

CAGO-TROUES, PROV., s. m. Trognon de chou. — SYN. *lanòs, calous, cabantoù, camantoù*.

CAGOUTARIÉ, s. f. Cagoterie. — ETY., *cagot*.

CAGOYO, PROV., s. f. *Pourtá à la cagoyo*, porter à la chèvre-morte.

CAGUAÈYRO, GASC., s. f. V. Cagagno.

CAGUEGNO, PROV., s. f. V. Cagagno.

CAGUÈIROUN, PROV., s. m. V. Cago-nis.

CAHOUS, CÉV., s. m. V.

CAHUS, TOUL., CÉV., s. m. Chat-huant ou hulotte, *Strix aluco*, oiseau de proie nocturne, à peu près de la grosseur du hibou moyen-duc, dont il est facile de le distinguer à son plumage plus roux et à l'absence des deux aigrettes de la tête.

CAI, PROV., s. m. État d'un grain de blé qui n'est plus en lait, qui est caillé :

plen de cai, caillé ; il signifie aussi balle d'avoine, barbe de l'épi de blé, épi de brome.

CAIASTRAS, PROV., adj. Flandrin, lâche, efflanqué. — Syn. *calhastras*.

CAIAU, CÉV., s. m. Caillou. V. Calhau.

CAIAU, PROV., s. m. Houlette. — Syn. *cayau*. — Esp., *cayadò*.

Em'un CAIAU li tournavo au pasquié...
MISTRAL.

Avec une houlette, il les ramenait au pâturage.

CAICHAL, CARC., s. m. V. Caissal.

CAICHO, s. f. V. Caisso.

CAIÉ, éio, PROV., adj. Qui est de deux couleurs, pie. V. Calhet.

CAIÈIRO, CÉV., s. f. V. Calhèiro.

CAIÉTO, NIM., s. f. Boule de viande empoisonnée pour détruire les chiens errants.

CAIGNA, TOUL., v. a. Cogner, écacher : *caigná lou nas*, écacher le nez.

CAIMA, CÉV., v. n. Caimander ou quémander, mendier par pure fainéantise, languir de misère.

CAIN, o, adj. (caïn). Inquiet, ète, triste, qui se plaint toujours, qui est toujours de mauvaise humeur. — ETY., *caïná*.

CAIN, o, adj. (caïn). Méchant, fourbe, querelleur. — ETY., *Caïn*, frère d'Abel.

CAINA, v. n. (caïná) Craquer ; au fig. se plaindre sans cesse, être inquiet. Ce mot est une altération de *crainá*, qui est lui-même une altération de *craciná*, fréq. de *cracá*.

CAINARIÈ, s. f. (caïnarié). Inquiétude, langueur, mélancolie. — ETY., *caïná*.

CAINARIÈ, s. f. (caïnarié). Méchanceté, fourberie. — ETY., *Caïn*, Caïn, frère d'Abel.

CAINEJA, v. n. (caïnejà). Se plaindre sans cesse, être inquiet. — ETY., fréq. de *caïná*.

CAIO, s. f. V. Callo.

CAIORNOS, s. f. p. T. de mar. Caliornes, palans de la plus grande dimension, servant à hisser les embarcations et à lever de gros fardeaux. — ITAL., *caliorna*, altér. de *carnale*, *carnal*, nom d'un fort palan.

CAIOU, MONTP., s. m. (caioù). Prison, cachot.

CAIOUN, DAUPH., s. m. Cochon. V. Gagnoú.

CAIOUN, s. m. Cailleteau. V. Callat.

CAIRA, GAST., v. a. Cairar, équarrir, tailler à angles droits ; carrer, disposer avec symétrie. — CAT., PORT., *quadrar* ; ESP., *cuadrar* ; ITAL., *quadrare*. — ETY. LAT., *quadrare*.

CAIRADÈS, CÉV., s. m. p. Pois carré, espèce de gesse. — ETY., *cairat*, carré.

CAIRAT, ado, part. Carré, ée ; anguleux ou de forme angulaire. — ETY., *caire*, angle, pour la dernière acception.

CAIRAT, ado, CÉV., adj. Élevé, ée, perché ; au fig. difficile à croire, à comprendre ; *me la bailos cairado*, tu me la donnes belle. — ETY., *caire*, carne, pierre de taille ; c'est comme si l'on disait debout sur un quartier de pierre.

CAIRE, s. m. Caire, côté, coin, angle ; carne, pierre anguleuse. *S'en es anat d'aquel caire*, il est allé de ce côté ; *cercá per toutes lous caires*, chercher dans tous les coins ; *en tout caire*, en tout sens ; *m'a ficat d'un caire*, il m'a fort ennuyé ; c'est une locution figurée qui signifie, à proprement parler ; il m'a jeté contre une pierre angulaire. — ETY. GAËL., *caïrn*, carne.

CAIRE, CÉV., s. m. Carreau, une des couleurs du jeu de cartes. — BITERR., *carrèu*.

CAIREL, B. LIM., s. m. Cairel, carreau de brique pour paver. En roman, trait, flèche. — ETY., *caire*.

CAIREL, CÉV., s. m. Passement pour border les habits ou les chapeaux. — ETY., *caire*, côté, bord.

CAIREL, élo, PROV., adj. Qui est de côté, qui n'est pas coupé carrément. — ETY., *caire*.

CAIRELA, B. LIM., v. a. Carreler, paver avec des briques, des carreaux. — ETY., *cairel*.

CAIRELHÈIRO, CÉV., s. f. Meurtrière. — ETY., *cairel*, trait, flèche, parce que c'est par ces ouvertures qu'on les tirait sur l'ennemi.

CAIRIÈ, TOUL., CÉV., s. m. Charrier, drap de grosse toile dont on couvre la lessive d'un cuvier, et sur lequel on étend la cendre qu'on appelle charrée après qu'elle a servi à la lessive, SYN. *cairièirat*.—L'étymologie de *cairiè* est la même que celle de charrée, qui n'est probablement qu'une altération de cendrée. *Çarre*, en bourguignon, signifie cendre.

CAIRIÉIRAS, CAST., s. m. Coureuse de rue, injure grossière qu'on jette aux filles de mauvaise vie.—ETY., *carrièiro*, rue.

CAIRIÈIRAT, CAST., s. m. Charrée, cendres qui restent sur le charrier après qu'on a coulé la lessive. — SYN. *cairiè*.

CAIRO, s. f. Roche. — ETY., *caire*.

CAIROU, CÉV., s. m. CAIRON, pierre d'encoignure; pierre de taille cubique; moellon. — BITERR., *cantoù*. — ETY., dim. de *cairo*.

CAIS, s. m. CAIS, CAISSEL, mâchoire, dent; par ext., bouche, visage, joue. *Manjà à plen cais*, manger à pleine mâchoire, comme un ogre; *boulà lou cais en desubranso*, faire chômer la mâchoire, jeûner; *à bel cais*, à belles dents.

CAISSA, CÉV., v. a. Butter un arbre. V. *Caussà*.

CAISSA, CÉV., v. n. Taller, drageonner. V. *Gaissà*.

CAISSAL, s. m. CAYSAL, dent mâchelière ou molaire, dent en général.

E' tant gran cop el li donet
Che doas CAYSALS li arabet.
ROM. DE BLONDIN DE CORN.

Et il lui donna un si grand coup qu'il lui arracha deux molaires.

SYN. *caissau, caichal, caisse, caisselo, cachau, chancelayo*. — CAT., *caxal*. — ETY., *cais*.

CAISSAT, ado, CÉV., adj. Ragot, e, court et gros, en parlant d'un homme, d'un cheval; au fig. il se dit de celui qui a bien fait ses affaires, qui a relevé sa fortune, qui a du foin dans ses bottes: *femno ben caissado*, femme bien nippée, bien pourvue de toutes choses.

CAISSAU, CÉV., s. m. Cuisso, cuissard, genouillère. *Caissau* est une altération de *cuièissau*.

CAISSAU, CÉV., s. m. V. Caissal.

CAISSE, GASC., s. m. V. Caissal.

CAISSELO, PROV., s. f. V. Caissal.

CAISSETIN, PROV., s. m. Caisson qu'on transporte à dos de mulet rempli de terre, de pierres, etc.; petite caisse. — ETY., dim. de *caisso*.

CAISSETO, s. f. Petite caisse, cassette. — CAT., *capseta*; ITAL., *casseta*; ESP., *caixita*. — DIM. de *caisso*.

CAISSO, s. f. CAYSSA, caisse, coffre de bois ou de toute autre matière; cylindre d'un tambour, le tambour lui-même; corps d'une voiture; carcasse: *ai bouno caisso*, j'ai une bonne carcasse: *caisso de mort*, cercueil; fosse pour un provin. — CAT., *capsa*; ESP., *caxa*; PORT., *caixa*; ITAL., *cassa*.—ETY. LAT., *capsa*, coffre.

CAISSOU, CAISSOUN, s. m. Petit compartiment pratiqué à l'un des bouts d'un grand coffre; godet d'un chapelet de puits à roue; petit coffre dans un carrosse; caisson, grande caisse sur un train à quatre roues, servant à porter des vivres et des munitions à l'armée. — CAT., *caxo*; ESP., *caxon*; ITAL., *cassone*. — ETY., dim. de *caisso*.

CAITIBÈ, BÉARN., s. m. V. Caitivier.

CAITIBIER, s. m. V. Caitivier.

CAITIÉU, TOUL., CÉV., adj. CAITIU. CAITIVET, chétif, ive, misérable, malingre, cacochyme; malin, rusé, méchant. M. sign., *caitivier, caitivous*. — CAT., *caitiu*; ITAL., *caitivo, catlivello*. — ETY. LAT., *captivus*.

— Coussi, bas-tu, Peyrot, ta triste e soulitari ?
— Mori de ta bèutat miserable CAITIÉU !
—Se bos fa testament, ban querre lou noutari?—
Que podi jou douna, Liris, quand soun tout tiéu !
GOUDELIN.

CAITIU, ivo, adj. V. Caitiéu.

CAITIUÈ, GASC., s. m. V. Caitivier.

CAITIUOMENT, GASC., adv. Misérablement. — ETY., *caitiuo*, et le suffixe *ment*.

CAITIVIER, TOUL., CÉV., s. m. CAITIVAGE, CAITIVEZA, CAITIVIER, misère, pauvreté, détresse, peine, chagrin, affliction ; méchanceté ; saleté, ordure, malpropreté, telle qu'on la voit chez les prisonniers et les esclaves ; car le premier sens du mot *caitivier* est esclavage. *Es mort de caitivier*, il est mort de misère ; *li va pas de caitivier* ; il n'y va pas de main morte. — Syn. *caitibè, caitibier, caitiué, quetivié*.— Cat., *captiveri* ; Esp., *captiverio* ; port., *cativeiro*. — Ety., *caitiéu*.

CAITIVIER, ièiro, cév., adj. V. Catiéu.

CAITIVOUS, o, cév., adj. V. Caitiéu.

CAITOUS, o, gasc., adj. Fin, e, rusé. — Ety. lat., *cautus*.

CAJAROCO, toul., cév., s. f. Hutte, petite loge, taudis ; chaumière. V. Caforno.

CAJÉ, gasc., v. n. Tomber. V. Cadé.

CAJUDO, gasc., s. f. Chute. — Ety., s. part. f. de *cajé*.

CAJUT, udo, gasc., part. de *cajé*, tombé, ée.

CAL, troisième personne du sing. du prés. de l'ind. du v. *calé*, falloir ; *cal*, il faut. V. Calé.

CAL, cév., s. m. Présure pour faire cailler le lait ; caillé, lait caillé. B. lim., partie caséeuse du lait , fromage ; prov., *nose en cal*, noix en lait. — Ety. lat., *coagulare*, d'où, par contract., *coaglá, coalhá, calhá, cal*.

CALA, CALAR, v. n. Se taire, bouquer, céder ; v. r., *se calá*, se taire ; prov., v. a., apaiser, calmer, cesser : *calo ta bramadisso*, cesse tes cris ; *calo ta rabi*, calme ta rage ; T. de mar., v. a., caler, baisser, en parlant des basses vergues, des mâts de hune ou de perroquet ; par ext., jeter les filets à l'eau, *calá lou gangui* ; dans les pays voisins de la Méditerranée, on se sert du même mot pour exprimer l'action de tendre un filet, des lacets pour prendre les oiseaux ; v. n., caler, il se dit d'un bâtiment dont la carène s'enfonce plus ou moins dans l'eau. Il cale d'autant plus que le chargement est plus considérable. — Cat., *calar* ; esp., *callar* ; ital., *calare*. — Ety., χαλάω, abaisser, lâcher, descendre, jeter.

CALABASSO, s. f. Calebasse, fruit de plusieurs espèces de cucurbitacées, qui, étant vidé et séché, sert à contenir les liquides ; prov., durillon. — Syn. *carabasso*. — Biterr., *tuco* ; cat., *carabassa* ; esp., *calabaza* ; port., *cabaza*. — Ety. arabe, *kerbah*, plur. de *kerábat*, outre pour l'eau.

CALABRUN, s. m. Brune, temps entre le coucher du soleil et la nuit, entre chien et loup. — Syn. *carabrun*.

Prenen pertout sa part, à l'aubo, au CALABRUN,
A la luno, au souleu, la flour fai soun perfum.
A. TAVAN. *Amour e plour*.

CALADA, v. a. Paver, couvrir le sol, le plus ordinairement celui des places et des rues, de pierres placées régulièrement. — Ety., *calado*.

CALADAGE, s. m. Pavage, l'ouvrage du paveur, ce qui est pavé. — Ety., *caladá*.

CALADAIRE, s. m. Paveur, celui qui pave avec des cailloux. — Ety., *caladá*.

CALADAT, ado, part. Pavé, ée ; au fig. couvert, jonché : *las carrièiros erou caladados de flous*, les rues étaient jonchées de fleurs ; *la plasso del mercat es caladado de mounde*, la place du marché est remplie de monde. *Caladat* s'emploie aussi substantivement et signifie le terrain pavé. — Ety., *caladá*.

CALADO, s. f. Pierre de la nature du silex, dont on se sert pour paver les rues ; le pavé lui-même.

CALADOU, cast., cév., s. m. Carreau de pierre ou de terre cuite ; brique carrée dont on se sert pour carreler un appartement. — Syn. *pan carrat*.

CALADUN, prov., s. m. Terrain à paver ; chemin en pente, de *calá*, descendre.

CALAFAT, s. m. T. de mar. Calfat, ouvrier qui calfate les navires. — Cat., *calafat* ; esp., *calafate* ; ital., *calafato* ; B. grec, καλάφατης. — Ety. arab., *kalafa*, mettre des étoupes dans les fentes d'un vaisseau.

CALAFATA, v. a. CALAFATAR, calfater, garnir de poix et d'étoupes les fentes, les joints, les trous d'un bâtiment ; *se calafatá*, v. r., se calfeutrer. — Cat., *calafatar, calefatar* ; ESP., *calafetear* ; ITAL., *calafatare*. — ETY., *calafat*.

CALAFATAGE, s. m. Calfatage, action de calfater, ouvrage du calfat. — ETY., *calafatá*.

CALAFATAT, ado, part. Calfaté, ée ; calfeutré.

> Lou bastimen sènt bon qu'embaumo
> Tout flame-nòu CALAFATA.
> MISTRAL. *Lou bastimen vèn de Maiorco*.

CALAMA, GASC., s. m. Tuyau. V. Calamel.

CALAMAN, CÉV., s. m. Arêtier, faîtage d'un toit, pièce de bois qui s'étend d'une ferme à l'autre et qui soutient le bout supérieur des chevrons ; poutre en général ; madrier. — SYN. *caraman*. — ETY. LAT., *cala*, bois, bûche, ou GREC., καλον, m. sign.

CALAMANDRIER, PROV., s. m. Nom commun à la germandrée aquatique ou chamarras, *Teucrium scordium* ou *palustre* ; à la germandrée de Marseille, *Teucrium massiliense* ; à la germandrée petit-chêne ou officinale, *Teucrium chamadris* ; et à la germandrée de Montagne, *Teucrium montanum*, plantes de la fam. des labiées. — SYN. *calamandrina*. — ESP., *camedris* ; ITAL., *calamandrina*.

CALAMANDRIN, MONTP., s. m. Vent humide, vent du sud qui produit une chaleur étouffante. — SYN. *calamandrina, calinas, caumas, caumagnas*.

> Eola ten jou sa counduita
> Lou fier aquiloun e sa suita,
> Tremountana, aguialas, marin,
> Narbounés e CALAMANDRIN.
> FAVRE, *Odyss*. C. X.

CALAMANDRINA, MONTP., s. f. V. Calamandrier et Calamandrin.

CALAMANDRO, CÉV., s. f. Calmande, étoffe de laine lustrée d'un côté comme le satin. — SYN. *caramandro*. — ESP., *calamaco*.

CALAMANT, s. m. CALAMENT, mélisse calament, *Melissa calamintha*, pl. de la fam. des labiées. — CAT., *calament* ; ESP., *calamiento* ; ITAL., *calamento*. — ETY. LAT., *calamintha*, de καλαμινθη.

CALAMANTRANT, PROV., s. m. V. Carementrant.

CALAMAR, CÉV., s. m. Perche qui soutient hors du bateau le filet appelé *carrelet*, dont on se sert pour la pêche des sardines et des anchois. Même Ety. que *calaman*.

CALAMEL, s. m, CALAMEL, chalumeau, flûte, flageolet champêtre. — SYN. *calamet*, *caramel* ; B. LIM., *choromel* ; ANC. FR., *chalemel* ; CAT., *caramella* ; ESP., *caramillo*. — ETY. LAT., *calamellus*, dim. de *calamus*, chaume, tuyau de paille, de roseau.

CALAMELA, v. n. CALAMELLAR, jouer du chalumeau. — SYN. *calamellá, caramelá* ; ANC. FR., *chaleméler* ; CAT., *caramelar* ; ESP., *caramellar*. — ETY., *calamel*.

CALAMELLA, v. n. V. Calamelá.

CALAMELLO, CALAMELO, s. f. Chalumeau, flûte. — SYN. *calamero*. — ETY., dim. de *calamel*.

CALAMENT, s. m. Action de se taire, silence, calme. — ETY., *calá*, se taire.

CALAMERO, GASC., s. f. V. Calamelo.

CALAMET, GASC., s. m. V. Calamel.

CALAMÉU, PROV., adj. Nigaud, imbécile ; s. m., chalumeau.

CALAMITAT, s. f. CALAMITAT, calamité, grand malheur, infortune. — CAT., *calamitat* ; ESP., *calamidad* ; ITAL., *calamitá*. — ETY. LAT., *calamitatom*.

CALAMITOUS, o, adj. Calamiteux, euse, fécond en calamités. — CAT., *calamitós* ; ESP., ITAL, *calamitoso*. — ETY. LAT., *calamitosus*.

CALAMO, PROV., s. f. Calme, relâche, silence. — SYN. *calaumo*. — ETY., *calá*, calmer.

CALAMUO, CALAMUSO, PROV., s. f. V. Carlamuso.

CALANC, PROV., s.m. Sommet, morne, précipice : *à l'ubá di calanc*, au nord des précipices. Il est aussi syn. de *calanco*. V. ce mot.

CALANCAT, PROV., s. m. Calencar, espèce d'indienne. — SYN. *carancat*.

CALANCO, s. f. Calangue, crique, abri entre des rochers ou des pointes de terre. — SYN. *calanc*. — ITAL., *calanca*.

Quant l'issalop gimblo coum'uno branco
Lous bastiments al founs do la CALANDO,
Cap ganso pas sus l'aiguo s'asarta.
AZ. ANO.

CALANDRA, v. a. Faire passer une étoffe à la calandre pour la presser et la lustrer. — ETY., *calandro*.

CALANDRAIRE, s. m. Calandrier, ouvrier qui calandre. — ETY., *calandra*.

CALANDRAS, CÉV., s. m. Grand benêt, grande personne de mauvaise façon. — Augm. de *calandre*.

CALANDRE, s. m. CALANDRA, alouette calandre, *Alauda calandra*; oiseau de l'ordre des passereaux et de la fam. des subulirostres. — PROV., *caliandro*, *coulassado* ; ANC. FR., *kalendre* ; CAT., ESP., *calandria* ; PORT., *calhandra* ; ITAL., *calandra*.

CALANDRE, s. m. Jeune apprenti marchand, et, suivant l'abbé de Sauvages, bon drille, bon compagnon, homme de débauche, plaisant, gaillard.

CALANDREJA, v. n. Se réjouir, se donner du bon temps, dégoiser. Ce mot est probablement mis pour *calendeja*, et doit se traduire par s'amuser, comme on s'amuse aux fêtes de la Noël, appelées en provençal, *calendo*.

CALANDRETO, NIM., s. f. Alouette calandrelle. V. Calandrino.

CALANDRINO, s. f. Alouette calandrelle, *Alauda brachydactyla*; de l'ordre des passereaux et de la fam. des subulirostres. Cet oiseau arrive dans nos contrées au printemps, en même temps que l'ortolan, et émigre avec lui au mois d'août. On l'appelle à Montpellier *corentilha*, et en Provence *crèu* ; mais les noms de *calandrino* et *calandreto* lui conviennent mieux à cause de sa ressemblance avec la grande alouette calandre.

CALANDRO, s. f. Calandre, machine de bois avec laquelle on tabise les taffetas et d'autres étoffes de soie ; vaisseau de cuivre pour distiller le marc de raisin et en faire du trois-six. — PORT., *calandra*. — ETY. B. LAT., *calendra*, forme altérée de *cylindrus*, cylindre.

CALANDRO, s. f. Calandre granaire ou charançon du blé, appelé aussi cusson ; l'insecte qu'on appelle *cadèlo* est le trogosite caraboïde. — SYN. *picoù*.

CALANDRO CAPELUDO, PROV., s. f. V. Cauquilhado.

CALANDROU, **CALANDROUN**, s. m. Le petit de la calandre. — ETY., dim. de *calandro*.

CALANSO, PROV., s. f. Silence, temps de repos. — ETY., *calá*, taire.

CALAPITO, PROV., s. f. Germandrée petite ivette, ou germandrée faux pin, *Teucrium chamæpitis*. On donne le même nom à la fausse ivette et à l'ivette musquée, plantes de la fam. des labiées.

CALAT, ado, part. de *calá*. Tu, e, calmé, ée.

CALAT, ada, MONTPL., adj. Bien mise, élégant, e. — ETY. GREC., καλός, beau.

CALAUMO, PROV., s. f. V. Calamo.

CALAVIO, PROV., s. f. Viorne. V. Tassignier.

CALCA, v. a. CALCAR, calquer, prendre le trait d'un dessin dont on suit les contours avec une pointe ; au fig. imiter servilement. En roman, fouler aux pieds. Pour cette dernière acception, V. Caucá.

CALCIDO, TOUL., s. f. Chardon hémorroïdal. V. Caussido.

CALCIÉS, s. m. p. V. Caussuro.

CALCINA, v. a. CALCINAR, calciner, réduire en chaux par le moyen de la calcination ; par ext. réduire en poudre par le feu ; au fig. inquiéter, tourmenter une personne d'une manière incessante et semblable à l'action du feu qui mine lentement le bois ; se calciná, v. r., se tourmenter sans cesse. — CAT., *calsinar* ; ESP., *calcinar* ; ITAL., *calcinare*. — ETY. LAT., *calx*, *calcis*, chaux.

CALCINAIRE, s. m. Personne inquiète qui tourmente par ses plaintes incessantes celles qui l'entourent. — ETY., *calciná*.

CALCINAMENT, m. Ce mot, qui signifie au propre calcination, ne s'emploie qu'au figuré et veut dire inquiétude, plaintes incessantes ; c'est l'état d'une personne en proie à une continuelle mélancolie. — Ety., calciná.

CALCO-TREPLO, cast., s. f. V.

CALCO-TREPO, gév., s. f. Calcatrepa. Centaurée chausse-trape. V. Caucotrapo.

CALCUN, o, cast., s. m. et f. Quelqu'un, une. V. Quauqu'un.

CALÉ, v. impers. Caler, falloir. Il ne s'emploie que dans les temps suivants : cal ou cau, il faut ; calió, il fallait ; calrá ou carrá, cadrá il faudra ; calrió ou carrió, il faudrait ; que calgue ou cargue, qu'il faille ; que calguesso ou carguesso, qu'il fallût ; calgut, cargut, part., fallu. Acò li cal ou li cau, tant pis pour lui. — Syn. calre, carre, chalhe. — Anc. esp., caler ; ital., calere — Ety. lat., calere.

CALEBILO, cast., s. f. Pomme calville ; on en connaît deux espèces, le calville blanc et le calville rouge. — Ital., caravella.

CALECUGI, prov., s. m. Vertige ou tournis. V. Caluge.

CALEDUSNI, prov., s. m. V. Caluge.

CALEGNA, v. n. V. Caligná.

CALEGNAIRE, CALEGNAIRIS, s. V. Calignaire.

CALEGNAU, prov., s. m. V. Calendau.

CALÈI, gasc., s. m. V.

CALEL, s. m. Lampe à queue ; lampe à crochet ; lampion. — Gasc., carel ; prov., calen ; b. lim., cholel ; dauph., cholèy. — Ety. lat., calere, être ardent.

CALEL, s. m. Demoiselle, insecte.

CALELHADO, s. f. Nom de la jusquiame blanche et de la jusquiame noire, plantes de la fam. des solanées. — Syn. carelhado, couriado, endourmidouiro, herbo de bregans ; esquillous à l'époque de leur fructification parce que leurs fruits ressemblent alors à des grelots.

CALELHAT, ado, adj. Qui a beaucoup d'yeux ; ce mot ne se dit ordinairement que du pain bien apprêté et bien levé. — Gév., carelhat. — Ety., calel, lampion ; au fig. œil.

CALELHO, s. f. Lanterne avec un lampion qui reçoit de l'huile et une mèche ; lanterne d'écurie. — Ety., calel.

CALELHOU, s. m. Lampion, petit vase de fer blanc qu'on met dans les lanternes, et qui contient l'huile et la mèche. — Ety., dim. de calel.

CALEN, prov., s. m. Ableret, espèce de filet carré attaché au bout d'une perche ; lèchefrite. V. Lecofroio.

CALEN, prov., s. m. V. Calel.

CALENDAU, s. m. Bûche que l'on met au feu la veille de la fête de Noël ; souc de nadal ; pain de miche, pain de Noël ; calendau, alo, adj., de Noël : Taulo calendalo, table de Noël. On donne aussi le nom de calendau au fragon, parce que ses baies deviennent rouges vers l'époque de la Noël. — Syn. calegnau, calignau. — Ety., calendo, chalendou.

CALENDAU, prov., s. m. Viande cuite dans la lèchefrite appelée calen.

CALENDO, prov., s. f. V.

CALENDOS, gév., s. f. p. Fête de Noël ; ce mot est venu de la manière de compter les mois, usitée chez les Romains ; ils disaient au 25 décembre : Octavo calendas, huit jours avant les calendes de janvier, qui, pour ce mois comme pour tous les autres, étaient le premier jour. Le 25 décembre étant pour les chrétiens la date la plus remarquable, le mot calendos s'est conservé pour ce jour-là seulement. — Ety. lat., calendæ, premier jour du mois chez les Romains.

CALENDREJA, gév., v. n. Se réjouir. V. Calandejá.

CALENDRIER, s. m. Calendier, calendrier, indication des jours, des mois et des saisons de l'année. — Cat., calendari ; esp., ital., calendario. — Ety., calendo.

CALENIÉRO, prov., s. f. Chaîne à laquelle on suspend la lampe appelée calen.

CALENOS, prov., s. f. p. Fragon. V. Verbouisset.

CALENTOURO, s. f. Calenture, maladie qui cause un délire violent, à laquelle sont sujets les marins qui naviguent entre les deux tropiques ; par ext., fièvre avec délire. — Esp., calentura. — Ety. lat., calentem, ardent.

CALESSIO, s. et adj. f. Ennuyeuse, fâcheuse, en parlant d'une femme dont on ne peut pas se débarrasser.

CALÈU, cév., s. m. Ableret, filet pour la pêche des sardines. — Syn. *calen*.

CALFA, toul., v.a. Chauffer. V. Caufá.

Tal se cuiava CALFAR que s'art.
BRÉV. D'AMOR.

Tel croyait se chauffer qui se brûle.

CALFAGE, toul., s. m. Chauffage. V. Caufage.

CALFO-LÈIT, cast., s. m. Bassinoire. V. Caufo-lèit.

CALFO-PANSO, cast., s. m. Contre-cœur de cheminée.

CALFOPÈ, gasc., cast., s. m. Chaufferette. V. Caufopè.

CALH, s. m. Présure. V. Cal.

CALHA, carc., v.n. Se taire. V. Calá.

CALHA, v. a. Cailler, faire prendre en caillot, figer, coaguler; on ne le dit qu'en parlant du lait; se calhá, v. r., se cailler, se coaguler. — Cat., *cualhar*; esp., *cuajar*; ital., *quagliare*; port., *coalhar*. Cette dernière forme est celle qui se rapproche le plus de l'étymologie latine, *coagulare*.

CALHA, dauph., s.m. Caillé. V. Calhat.

CALHABARI, béarn., s. m. V. Charivari.

CALHADIÈRO, prov., s. f. Femme qui vend du caillé et du lait. — Éty., *calhado*.

CALHADO, s. f. Caillé, lait caillé; b. lim., petit fromage. — Syn. *calhat*. — Port., *coalhada*. — Éty., s. part. f. de *calhá*.

CALHAS, cév., s. m. Caillot de sang, ou toute autre matière caillée. — Syn. *calhoun*, *calhastre*. — Éty., *calhá*.

CALHASTRAS, prov., adj. V. Caiastras.

CALHASTRE, prov., s. m. Caillot. V. Calhas.

CALHASTROUN, prov., s.m. Petit caillot, petit grumeau. — Éty., dim. de *calhastre*.

CALHAT, ado, part. Caillé, ée, coagulé; s. m., caillé, du lait caillé.

CALHAT, toul., s. m. Cailleteau. V. Callat.

CALHATÈU, prov., s. m. Cailleteau. V. Callat.

CALHAU, s. m. Calhau, caillou, pierre très-dure qui fait feu sous l'acier. — Prov., *caiau*; port., *calhâo*. — Éty. lat., *calculus*.

CALHAUARI, gasc., s. m. V. Charivari.

CALHÈIRO, cév., s. f. Présure pour faire cailler le lait. — Syn. *cal*, *calh*. — Éty., *calhá*.

CALHET, o, cév., adj. Bigarré, ée, qui est de deux couleurs; *biòu calhet*, bœuf pie; *blat calhet*, blé qui, n'étant pas encore bien mûr, a des épis verts parmi les épis roux; *terro calheto*, terre en partie couverte de neige, dont la surface présente diverses couleurs. Ariég., dégradé, ée, amoindri; gasc., avare, ladre. — Prov., *caié*; biterr., *calhol*.

CALHET, gasc., s. m. Vidangeur, gadouard, équarrisseur. — Cév., *colliet*.

CALHETIÈRO, prov., s. f. Vase de terre en forme de petite jarre. — Syn. *brunido*.

CALHETO, prov., s. f. Espèce de saucisse faite avec du foie de cochon et du lard. — Éty., *calhet*, qui est de deux couleurs.

CALHETOS, s. f. p. Riz de veau ou d'agneau. V. Galhetos.

CALHIBA, toul., cév., v. a. Cheviller. V. Cavilhà.

CALHIBARI, toul., cév., s. m. Charivari. V. Charivari.

CALHIBO, toul., cév., s. f. Cheville. V. Cavilho.

CALHIU, prov., s. m. V. Caliéu.

CALHIUA, gasc., v. a. Cheviller. V. Cavilhà.

CALHIUO, prov., s. f. Cheville. V. Cavilho.

CALHO, toul., interj. Foin! malepeste! cév., *callo!*

CALHOBOUTIN, s. m. T. de cordonn. Calebottin, panier, fond de chapeau où les cordonniers mettent leur fil.

CALHOL, o, adj. Bigarré, ée, qui est de deux couleurs; à Béziers, cet adjectif s'emploie aussi pour désigner un objet qui n'est pas parfaitement rond; c'est ainsi qu'on dit *uno bolo calholo*. — Cast., *calhol*, chose ou nouvelle peu vraisemblables. — Syn. cathet, o, colhol.

CALHO-LACH, s. f. Caille-lait, gaillet jaune, *Galium verum*, plante de la fam. des rubiacées, à laquelle on attribue, par erreur, la propriété de cailler le lait. Ses fleurs sont d'un beau jaune, à odeur miellée, disposées en panicule serrée. On l'appelle aussi *Herbo de St-Jan*; nom qu'on donne à plusieurs autres plantes aromatiques qu'on ramasse vers la St-Jean, et notamment à l'orpin reprise, *Sedum telephium*.—Cast., *herbo de mel, herbo de l'abelho, cirouso, cierouo, herbo de la ciro*.

CALHOT, béarn., s. m. Cailleteau. V. Callat; dauph., nourrisson bien gras.

CALHOU, cév., s. m. Pourceau. V. Poucel. — Syn. *gagnou*.

CALHOUN, prov., s. m. V. Calhas.

CALIANDRO, prov., s. f. Calandre, oiseau. V. Calandre.

CALIBADO, cév., s. f. V. Caliéu.

CALIBARI, s. m. Charivari. V. Charivari.

CALIBAT, cév., s. m. Cheville du pied. V. Cavilho.

CALIBO, cév., s. f. Cheville du pied. V. Cavilho.

CALIBO, cast., s. f. V.

CALIBOT, s. m. Caillebotte, masse de lait caillé coupée par morceaux ; caillot de sang, de lait, de morve, etc. — Cév., *calhas*; cat., *coagul*; esp., *coagulo*. — Ety., *cal*, avec le mot *bot*, bout, extrémité, morceau.

CALIBOUTA, cév., v. a. Caillebotter, réduire en caillots. — Ety., *calibot*.

CALIBOUTAT, ado, cév., part. Grumelé, ée, caillé en grumeaux, en parlant du lait et du sang.

CALICI, s. m. Calici, calice, calitz, calice, vase qui sert à la messe pour la consécration du vin ; calice, enveloppe extérieure des fleurs, qui a la forme d'une coupe. — Cat., *calser*; esp., *caliz*; ital., *calice*; lat., *calicem*.

CALIDO, prov., s. f. Brome, épi du brome. — Syn. *espangassat*, *herbo molo*.

CALIÉU, s. m. Caliu, cendre chaude, débris de braise, reste de feu caché sous la cendre, chaleur tempérée qui en résulte ; roman., braise. — Syn. *calibado, calhiu, caliu, recaliéu*. — Cat., *caliu*. — Ety. lat., *calere*.

CALIGNA, v. n. Coqueter, courtiser, faire la cour aux femmes, mugueter. — Syn. *calegná*. Suivant l'abbé de Sauvages, *caligná*, *calignaire* sont dits pour *galiná*, *galinaire*, et dérivent de *gal*, coq, oiseau dont on connaît l'ardeur amoureuse. Suivant d'autres, ces mots viendraient du grec καλεῖν, implorer, ou de καλός, beau, où bien encore de καλινειν, être assidu. La première étymologie est la plus probable ; *caligná, calignaire*, en changeant le *c* en *g*, sont les mêmes que les mots romans *galiar, galiaire*, séduire, séducteur, qui paraissent dériver de *gal*, coq.

CALIGNADA, montp., s. f. Braise, feu de sarments, de menu bois.

CALIGNAGE, prov., s. m. Action de faire l'amour ; galanterie, flatterie. — Syn. *calegnage, caregnage*. — Ety., *caligná*.

CALIGNAIRE, s. m. Galant, amant, jeune homme nubile ; au fém., *calignairis*, amoureuse.—Syn. *calegnaire*. — Ety., *caligná*.

CALIGNAIRIS, prov., s. m. Donzelle de la Méditerranée, poisson. V. Corrugian.

CALIGNAN, CALIGNANO, s. Cépage de raisin noir qui donne un excellent vin, mais qui est très-sujet à la coulure. Il est venu de l'Espagne où il porte le nom de *crignana*; c'est improprement qu'on l'appelle *carignan*; *carignano*, comme s'il était venu du pays de Carignan.

CALIGNAU, prov., s. m. Bûche de Noël. V. Calendau.

CALIGOT, cast., s. m. Gros morceau de pain.

CALIMAS, s. m. Chaleur étouffante. V.

CALINAS, s. m. Calina, chaleur étouffante, vapeur chaude ; c'est le vent de mer qui, sur le littoral de la Méditerranée, donne, en été et au commencement de l'automne, cet air lourd, difficile à supporter. — Syn. *carinas*. — Anc. fr., *chaline*. — Ety. lat., *calere*, être chaud.

CALINEJA, v. a. Courtiser, caresser ; v. n., faire le câlin ; se dorloter. — Ety. wallon., *câlin*, chien, être paresseux, caressant comme un chien.

CALIOU, cév., s. m. Pourceau. V. Poucel.

CALISSADO, gasc., s. f. Plein un calice, un verre, rasade. — Ety., *calici*.

CALITOR, nim., s. m. Nom de deux espèces de raisins hâtifs, dont les grains sont ronds et peu serrés ; *calitor blanc*, *calitor negre*. — Syn. *coutilor*.

CALIU, cév., s. m. V. Caliéu.

CALIVEJA, v. n. Calivar, être brûlé, desséché par le soleil ; ce mot ne se dit que des plantes dont les grandes chaleurs arrêtent la végétation, et de certaines terres qui se crevassent sous l'action du soleil. — Ety., *caliéu*.

CALIVENC, adj. V.

CALIVENT, adj. Ce mot, qui a la même signification et la même étymologie que *caliveja*, ne se dit que d'un terrain qui, par sa nature ou son exposition, est plus accessible que les autres à l'action de la chaleur.

CALIVIER, prov., s. m. Viorne. V. Tassignier.

CALLAT (tout), cast., loc. adv. Pour sûr, sans faute, sans se tromper.

CALLAT, s. m. Cailleteau, le petit de la caille. — Syn. *callete*, *calleto*, *callou*, *calhat*, *calhatèu*, *calhot*, *caioun*, *barbachouno*. — Toul., *barbochouno*. — Ety., *callo*.

CALLATADO, s. f. Troupe de cailleteaux conduite par leur mère ; au fig. essaim de jeunes filles alertes qui arrivent en chantant et en dansant. — Ety., *callat*.

CALLE, béarn., s. f. Caille. V. Callo.

CALLETE, béarn., s. f. V.

CALLETO, s. f. Cailleteau, petite ou jeune caille. V. Callat.

CALLÉU, s. m. Balançoire, branloire, bascule, planche, poutre qui fait la bascule quand on met le pied dessus. — Syn. *callevo*.

CALLEVA, v. n. Faire la bascule ; faire soulever ; il se dit des enfants qui, placés aux deux extrémités d'une solive ou d'une charrette, la font alternativement hausser et baisser ; il se dit aussi d'une planche qui, ne portant pas sur un point solide, cède sous les pieds à un de ses bouts. *Callevá* paraît être une altération de *caplevá*. — Syn. *canlevá*. — Querc., *bonlevá*.

CALLEVA, querc., v. a. Inventer, controuver, imputer méchamment des faussetés. — Syn. *alebá*.

CALLEVO, s. f. Jeu de la bascule ; petit ais d'une souricière qui se hausse et se baisse ; perche mobile placée horizontalement sur une pièce de bois plantée en terre et qui sert à puiser de l'eau, bascule. — Syn. *calléu*. — Cast., *calliu*. ; querc., *bonlevo*; cév., *callevo*; prov., *couo-levo*. — Ety., *callevá*.

CALLIU, cast., s. m. Balançoire, branloire, bascule. V. Callevo.

CALLO, s. f. Calha, cailla, *Perdix coturnix*, oiseau de l'ordre des gallinacés. La caille arrive dans nos contrées aux mois d'avril et de mai, et les quitte en août et septembre; il y a aussi des passages en juin et juillet. V. le mot *Barbo-blanc*. — Syn. *calho*, *calle*, *callo*. — Anc. fr., *quaille*; cat., *quatlla*; anc. esp., *coalla*; ital., *quaglia* ; angl., *quail* ; holl., *quakkel*; b. bret., *coailh*. — B. lat., *quaquila*.

CALLO (Herbo de), s. f. Plantain pucier. V. Badasso.

CALLOU, s. m. Cailleteau. V. Callat.

CALLUS, prov., s. m. Cal, calus, espèce de soudure naturelle qui réunit les deux bouts d'un os rompu ; au fig. *a fach callus*, c'est une habitude prise; c'est une chose irrémédiable. — Ety. lat., *callum*.

CALO, s. f. Cala, cale, abri pour les petits bâtiments, port, rade, crique ; tout l'intérieur d'un navire ; sa partie la plus basse ; punition de mer qui consiste à plonger plusieurs fois le coupable dans l'eau ; *faire calo*, abriter. — Cat., esp., ital., *cala*.

CALO, s. f. Cale, morceau de bois, de pierre, etc., qu'on met sous un corps quelconque pour le tenir de niveau ou lui donner de l'assiette. — Ety. lat., *cala*, bois, bûche.

CALOBAS, s. m. T. de mar. Cordage qui sert à amener les vergues des *pacfics*. — Syn. *cargobas*.

CALOBRE, prov., s. m. V. Coulobre.

CALOGE, prov., s. m. Confrère pénitent ; titre que se donnent ceux d'une même confrérie qui y ont exercé des dignités.

CALOIS, prov., s. m. Rondin. V. Calous.

CALOS, cast., cév., s. m. Trognon de chou, de pomme ; branche dépouillée de ses menus brins ; agen., tige de maïs, *cambo de mil*. Plur. *calosses*. — Syn. *tanòs*.

CALOT, béarn., s. m. Somme d'argent que l'on tient en réserve. — Syn. *esquipot*.

CALOTO, s. f. Calotte, petit bonnet qui ne recouvre que le sommet de la tête ; au fig. tape sur la tête ; agen., écuelle, ainsi nommée à cause de sa ressemblance, quant à la forme, avec une calotte. — Ety. b. lat., *calota*.

CALOU, CALOUR, s. f. Calor, chaleur, qualité de ce qui est chaud, sensation produite par un corps chaud : au fig. ardeur, feu, zèle, véhémence, activité, concupiscence. On appelle *cocho-calous* celui qui ne peut pas supporter la plus petite chaleur. — Syn. *charour*, f. a. — Esp., *calor* ; ital., *calore* ; anc. fr., *chalor*, *calor*. — Ety. lat., *calorem*.

CALOUAS, prov., s. m. Rondin. V. Calous.

CALOUÈS, prov., s. m. Rondin. V. Calous.

CALOUMNIA, v. a. Calumpniar, calomnier, faire méchamment une fausse interprétation ; accuser à tort. — V. fr., *calenger*, *chalenger* ; cat., esp., *calumniar* ; ital., *calunniare*. — Ety. lat., *calumniari*.

CALOUMNIAIRE, s. m. Calomniateur, celui qui calomnie. — Esp., *calumniador* ; ital., *calunniatore*. — Ety. lat., *calumniatorem*.

CALOUMNIO, s. f. Calumpnia, calomnie, fausse imputation faite par méchanceté. — Cat., esp., *calumnia* ; ital., *calunnia*.— Ety. lat., *calumnia*.

CALOUR, prov., s. f. Chaleur. V. Caloù.

CALOURADO, cév., s. f. Chaleur, bouffée de chaleur ; au fig. passion, mouvement de l'âme, ardeur amoureuse. — Ety., *calour*.

CALOURENT, o, adj. Caloren, chaleureux, euse, échauffé ; celui qui est d'un tempérament bouillant. — Cat., *caloròs* ; esp., ital., *caloroso*. — Ety., *calour*, chaleur.

CALOUS, o, prov., adj. Cailleux, euse. — Ety., *cal*.

CALOUS, prov., s. m. Trognon de chou ; syn. *calòs*, *tanòs* ; rondin, bâton court et gros ; branche dépouillée de ses rameaux ; au fig. sot, stupide. — Syn. *calois*, *calouas*, *calouès*, *colous*, *camantou*, *cabantou*.

CALOUSSA, prov., v. a. Bâtonner, donner des coups de bâton. — Ety., *calous*.

CALOUSSADO, prov., s. f. Bastonnade. — Ety., s. part. f. de *caloussà*.

CALOUSSAT, ado, part. Bâtonné, ée.

CALOUSSUT, udo, agat., adj. Homme fort et trapu. — Ety., *calous*, trognon de chou.

CALOUTA, v. a. Calotter, donner des tapes sur la tête, sur les joues.—Ety., *caloto*.

CALOUYET, béarn., s. m. Chanoine. V. Canounge.

CALPOTRAPO, toul., s. f. Chausse-trape. V. Cauco-trapo.

CALPRE, toul., s. m. Charmille ou charme, *Carpinus betulus*, arbre de la fam. des amentacées. — B. lim., *chaupre* ; esp., *carpe*.

CALPRUS, cast., s. m. Mérisier, *Cerasus avium*, de la fam. des amygdalées ; on donne aussi ce nom au prunier mahaleb, ou bois de Ste-Lucie.

CALQUE, o, carc., adj. déterm. Quelque ; *calquei*, plur., quelques. V. Quauque.

CALQUESO, prov., s. f. Fourneau pour dessécher le bois, cadre en tôle pour y recuire les ouvrages de verre. — Syn. *carqueso.* V. ce mot.

CALQUIER, cast., s. m. T. de tisserand, entaille qui tient les pédales assujéties.

CALQUIÉRO, prov., s. f. Tannerie. V. Cauquiéro.

CALS, cév., s. m. Chas ou œil d'une aiguille; cast., cage à poulets.

CALS, cév., s. f. Calz, chaux. — Biterr., *caus.* — Ety. lat., *calcem*, chaux.

CALSOU, cast., s. m. Caleçon. — Ital., *calzone.*

CALU, do, cév., adj. Qui est atteint, e, du vertige ou du tournis, biterr., *falour, do* ; myope, louche, qui a la vue extrêmement basse. — Biterr., *sup.*; querc., *supe, tucle,* myope.

CALUG, adj. V. Calu.

CALUGE, CALUGI, cév., s. m. Vertige ou tournis, maladie des bêtes à laine occasionnée par la présence de l'hydatide cérébrale ou de la larve de l'œstre des brebis dans les naseaux ou les sinus frontaux. — Syn. *caleguci, caledusni.* — Ety. lat., *caligo,* obscurcissement de la vue ; le vertige donne cette infirmité aux animaux qui en sont atteints.

CALUSTRA, prov., v. a. V. Escalustrá.

CALUSTRADO, prov., s f. V. Escalustrado.

CALVET, adj. Calvet, chauve. Lim., *colá*; cat., esp., port., ital., *calvo.* — Ety. lat., *calvus.*

CAM, gasc., s. m. V. Camp.

CAMAIA, cév., v. a. Barbouiller, tacher ; peindre en camaïeu, c'est-à-dire en n'employant qu'une seule couleur, mais avec diverses teintes, et non pas noircir, comme dit l'abbé de Sauvages. L'exemple qu'il cite, *la vigno se camaio,* le raisin commence à tourner, prouve son erreur. Quand le raisin commence à tourner, il ne devient pas noir ; mais il prend diverses teintes, qui font sur sa peau une peinture en camaïeu. — Querc., *comoyá.* — Ety. b. lat., *camœus,* sardoine, onyx.

CAMAIADURO, cév., s. f. Barbouillage, marque, tache. — Ety., *camaiá.*

CAMALIGUE, béarn., s. f. Jarretière. — Syn. *cambalié.* — Ety., *cama,* jambe, et *ligue,* qui lie.

CAMALOU, prov., s. m. Porte-faix.

CAMAMIENI, prov., s. f. V. Camoumilho.

CAMAMILHO, prov., s. f. V. Camoumilho.

CAMANTOU, cév., s. m. Trognon de chou, ou de toute autre plante. — Syn. *cabantou, calòs, talòs, tanòs, cago-troues.*

CAMARA, prov., v. a. Couvrir un toit.

CAMARA, cév., s. m. Cloison en briques, mur de refend ; lambris, plancher fait avec de simples planches. — Ety. grec., καμάρα, voûte, arcade.

CAMARADO, s. m. Camarade, nom que se donnent entre eux les militaires, les élèves d'un même collége et les personnes qui ont même vie, mêmes occupations. — Prov., *cambarado,* f. a.; cat., esp., *camarada*; ital., *camerata.* — Ety. esp., *camara,* chambre ; d'où le mot *camarade,* qui habite la même chambre.

CAMARD, o, s. et adj. Camus, camusat, camard, e ; qui a le nez plat et écrasé ; *camardo,* s. f., la mort. — Syn. *camoch, camot.* — Ital., *camuso, camoscio.*

CAMARLEN, CAMARLENC, s. m. Camarlenc, chamarlenc, chambellan. — Cat., *camarlenc*; esp., *camarlengo*; port., *camerlengo*; ital., *camarlingo.*—Ety. esp., *camara,* chambre.

CAMARO, CAMAROT, s. m. Douleur au poignet ou au coude. V. Cambarot, qui est plus usité.

CAMBADA, v. n. Gambader, faire des gambades. — Syn. *cambadiá, gambadiá*; cat., *camejar*; ital., *scambiettare.* — Ety., *cambo,* jambe.

CAMBADIA, v. n. V. Cambadà.

CAMBADO, s. f. Gambade, pas, saut, enjambée ; culbute. — Esp., *gambada*; ital., *gambata.* — Ety., *cambo.*

Vous faié vèyre las cámbadas
Que faziei dessus las caladas.
FAVRE.

CAMBAJE, CAMBAJI, s. m. Jambage ; pilier, poteau. — Ety., *cambo.*

CAMBAJOU, CAMBAJOUN, s. m. Jambon, cuisse d'un cochon qui a été salée ; manche d'un gigot ou d'un jambon. — Cév., *cambicou* ; esp., *jamon*. — Ety., *cambo*, dont *cambajou* est une sorte d'augmentatif.

CAMBAL, gasc., cast., s. m. Canon d'une culotte ou d'un pantalon, *braios*; morceau de bois qui passe dans l'anneau du coin dont on se sert pour traîner des poutres ; courroie en forme d'anneau où viennent se fixer les traits du cheval.

CAMBAL, cast., adv. de lieu. Là-bas ; en bas; altér. de *cap-à-bal*, vers là-bas. Dans le dial. carcassonnais, ce mot est employé substantivement et signifie abîme, précipice.

Abandouno tramblant, camis e carreirous,
Franchix brandos e recs, marges, cambals,
[rascasses.
Achille Mir.

CAMBALADO, s. f. Course inutile et fatigante. *Faire la cambalado*, faire une petite course tout d'un trait. — Ety., *cambado*.

CAMBALETO, cév., s. f. Culbute, le jeu du cheval-fondu, appelé aussi *cavaletotoumbo* ; *tumba*, en espagnol, signifie culbute, comme *cambaleto*.

CAMBALIA (Se), cast., cév., v. r. Mettre ses jarretières. — Ety., *camba*, et *lia*, lier la jambo.

CAMBALIAT, ado, cast., cév., part. Celui ou celle qui a les jarretières bien liées ; pourvu de bonnes jambes, employé dans ce sens par Tandon, de Montpellier. — Ety., *cambaliá*.

CAMBALIÉ, s. f. Jarretière. — Syn. *camaligue*, *camboligo*. — Ety., *cambo*, et *liá*, qui lie la jambe.

CAMBALIOUN, prov., s. m. Manche de gigot. — Syn. *cambilhoun*. — Ety., dim. de *cambo*.

CAMBALOTO, cast., cév., s. f. Culbute, saut périlleux. — Syn. *cambareleto*, *cambaleto*. — Ital., *capitombolo*.

CAMBALOU, cast, s. m. Long morceau de bois dont se servent les bouchers pour suspendre par les jambes les bêtes abattues. — Syn. *cambau*.

CAMBARADO, prov., s. f. V. Camarado.

CAMBARELETO, s. f. Culbute, saut ; *de cambareleto*, loc. adv., à califourchon. — Biterr., *d'escambarlous*.

CAMBAROT, s. m. Douleur au poignet et quelquefois au coude, occasionnée chez les travailleurs de terre par un exercice trop fréquent et trop prolongé de ces parties. On appelle aussi *cambarot* un bracelet d'étoffe écarlate dont on entoure le poignet ou le coude, et qu'on croit être un remède contre la douleur qu'on y ressent. Les paysans biterrois se servent, pour cela, de la ficelle ou du fil qu'ils tirent de la branche de laurier suspendue au chevet de leur lit, qu'ils ont fait bénir, le dimanche des Rameaux. — Biterr., *camaro*, *camarot*.

CAMBAROT, cév., s. m. Souche ou tronc d'un vieux chêne coupé par le pied. — Ety., *cambo*, jambe, et *rot*, coupé.

CAMBAROT, s. m. Chevrette de mer. V. Carambot.

CAMBARUT, udo, adj. Cambarut, qui a de longues jambes ; on désigne par ce mot, employé substantivement, plusieurs oiseaux de l'ordre des échassiers : le héron, la cigogne, la grue, le flamand, l'échasse, etc. — Syn. *cambut*, *camut*. — Ety., *cambo*.

CAMBASSO, s. f. Grosse jambe ; l'échasse, oiseau. — Cat., *camassa* ; ital., *gambaccia*. — Ety., augm. de *cambo*.

CAMBAU, agat., s. m. Une des jambes d'un pantalon ; prov., pièce de bois qui sert à suspendre un animal de boucherie abattu. — Syn. *cambalou*. — Ety., *cambo*.

CAMBAXOU, cast., s. m. V. Cambajou.

CAMBE, s. f. Chanvre. V. Canbe.

CAMBEJA, v. n. Gambiller, remuer les jambes en tous sens, sauter. — Ety., *cambo*.

CAMBET, béarn., s. m. Chanvre. V. Canbe.

CAMBET, s. m. On donne ce nom à plusieurs oiseaux de l'ordre des échassiers, qui ont les jambes longues et grêles ; ce sont : le bécasseau violet, appelé aussi *chartolino* ; le chevalier gambette, *cabidoulo des pès rouges* ; le grand chevalier aux pieds rouges; le chevalier stagnatile ou chevalier gris; le chevalier combattant ou paon de mer; le chevalier arlequin; le chevalier aboyeur, et, enfin, l'échasse à manteau noir, appelée *cambet-grand*, dans le département du Gard. — Syn. *cambusso*. — Ety., *cambo*.

CAMBET, Gasc., Cast., s. m. Partie basse et coudée de la charrue, l'âge de la charrue. — Syn. *cambeto*. V. Basse.

CAMBET-GRAND, Nim., s. m. Échasse à manteau noir, *Himantopus melanopterus*, oiseau de l'ordre des échassiers et de la fam. des tenuirostres. Cet oiseau est facile à reconnaître à la longueur de ses jambes, qui sont d'un rouge vermillon. Sa taille est de 50 centimètres environ. — Syn. *cambarut*, *cambel*.

CAMBETO, s. f. Petite jambe. *Saulá à la cambeto*, sauter à cloche-pied; *faire la cambeto*, donner le croc-en-jambe; au fig. supplanter quelqu'un. — Ital., *gambetta*. — Dim. de *cambo*.

CAMBETO, s. f. Partie coudée de la charrue. V. Basse; pièce de bois portant la meule d'un moulin et tournant sur un pivot. — Dim. de *cambo*.

CAMBI, cév., s. m. Cambi, change, échange, troc; changement. — Syn. *escambi*. — Cat., *cambi*; Esp., Ital., *cambio*. — Ety., *cambiá*.

CAMBIA, v. a. Cambiar, changer, échanger. — Syn. *descambiá*, *escambiá*, *chanjá*. — Cat., Esp., *cambiar*; Ital., *cambiare*; v. wallon, *cambgier*, *chambger*. — Ety. lat., *cambire*, changer.

CAMBIADIS, isso, adj. Changeant, e, variable, inconstant. — Ety., *cambiá*.

CAMBIAIRE, s. m. Cambiaire, changeur, troqueur; volage, inconstant. — Cat., Esp., *cambiador*; Ital., *cambiatore*. — Ety., *cambiá*.

CAMBIAMENT, s. m. Cambiamen, changement. — Ety., *cambiá*.

CAMBIAT, ado, part. Changé, ée, échangé.

CAMBICOU, cév., s. m. Jambon. V. Cambajoú.

CAMBIDOURLO, s. f. Nom de divers oiseaux de la fam. des échassiers. V. Cabidoulo.

CAMBILHOUN, prov., s. m. V. Cambajoun.

CAMBINIÈIRO, cast., s. f. Chènevière. V. Canabièiro. — Ety., *canbe*, chanvre.

CAMBIOMENT, s. m. Changement. V. Cambiament.

CAMBIROLO, s. f. Cabriole. Il serait mieux d'écrire *camvirolo*, ce mot se décomposant en *cambo* et *viroulá*, tourner les jambes en l'air.

CAMBIROULA, v. n. Faire une cabriole; v. a., culbuter, renverser. — Syn. *cambovirá*. — Ety., *cambirolo*.

CAMBIROULETO, s. f. Petite cabriole. — Biterra., *candeleto*. — Dim. de *cambirolo*.

CAMBIS, prov., s. m. Collier; *cambis di sounaio*, collier des clarines. — Syn. *chambis*.

CAMBITORT, cast., cév., adj. et s. Boiteux, bancroche. — Syn. *tort, garrel, troussat*. — Gasc., *camotors*; Cat., *camatort*. — Ety., *cambo*, et *tort*, jambe torse.

CAMBIUTEJA, cast., cév., v. a. Changer souvent. — Fréq. de *cambiá*.

CAMBO, s. f. Camba, jambe, partie du corps de l'animal qui s'étend du genou au pied; tige des plantes, tronc des arbres. *Douná las cambos à un efant*, lui donner sa première robe; *s'avoudá à Nostro-Damo de las cambos*, prendre la fuite, s'en aller bien vite, mot-à-mot, se vouer à Notre-Dame des jambes; prov., *faire de cambolasso*, faire des démarches inutiles. Béarn., *came*; Gasc., *camo*; B. lim., *chombo*; Cat., Ital., *gamba*. — Ety. lat., *gamba*.

CAMBOBIRA, v. a. V. Camboyirá.

CAMBOCRUSO, toul., s. f. Être imaginaire, espèce de fantôme, de fée, de croquemitaine femelle dont on fait peur aux petits enfants.

CAMBO-DE-BANC, cast., s. m. Bançal.

CAMBO-DE-MIL, s. f. Tige de millet. — Cév., *calòs, milhasso*; toul., *camborlo*.

CAMBO-DE-POUL (Herbo de), s. f. Pourpier. V. Bourtoulaiguo.

CAMBOFI, cast., adj. et s. Homme

bien vêtu, celui qui a la jambe fine ; un monsieur.

CAMBOLIGO, GASC., s. f. Jarretière. V. Cambalié.

CAMBOMILO, CAST., s. f. Camomille; altér. de *camoumilho*. V. ce mot.

CAMBORLO, TOUL., s. f. Tige sèche de millet. — SYN. *milharasso*.

CAMBO-ROUSSO, PROV., s. f. Pariétaire. V. Paratalho.

CAMBOU, CAST., s. m. Genou ; pièce de bois courbé sur laquelle on cloue les planches d'une barque. — ÉTY, dim. de *cambo*.

CAMBOVIRA, v. a. Culbuter, renverser, mettre sens dessus dessous; faire tourner, en parlant du vin; au fig. : *se cambovirà*, v. r., pâlir, perdre les sens, s'évanouir par l'effet d'une vive émotion; trépasser. — SYN. *cambobirá*.

Aissi jais uno escrancada,
Seco, vielho como un ban,
Qu'anan veire un Dius efan,
La mort a CAMBOVIRADA.

ANON. *de Frontignan*.

ÉTY., *cambo*, jambe, et *virá*, tourner.

CAMBOY, PROV., s. m. Cambouis. — SYN. *cambroy*.

CAMBRA, v. a. Cambrer, arquer légèrement, courber en arc ; *se cambrá*, v. r., se cambrer, devenir cambré. — ÉTY. LAT., *camerare*, voûter. de *camera*, voûte.

CAMBRADO, s. f. Chambrée, tout ce que contient une chambre; un certain nombre de personnes qui couchent dans une même chambre; un certain nombre de soldats, d'ouvriers ou d'autres personnes qui logent ensemble ; T. de magnanerie, chambrée, vers à soie élevés dans une ou plusieurs pièces sous la conduite d'un *magnanier*. — SYN. *chambrado*, *cambrèia*. — ITAL., *camerata*. — ÉTY., *cambro*.

CAMBRÈIA, DAUPH., s. f. Chambrée ; réunion de petits enfants. V. Cambrado.

CAMBRESINO, s. f. Toile fine. — ÉTY. LAT., *carbasinus, a*, de *carbasus*, espèce de lin très-fin.

CAMBRETO, s. f. Petite chambre. — CAT., *cambreta*; ITAL., *cameretta* ; BÉARN., *crampete*. Dim. de *cambro*.

CAMBRILHOU, CAMBRILHOUN, s. m. Très-petite chambre. — DIM. de *cambro*.

CAMBRIUL, CÉV., s. m. Échauboulure, éruption presque instantanée de petits boutons à la surface de la peau. — SYN. *cambroul*.

CAMBRO, s. f. CAMBRA, chambre, pièce d'une maison, principalement celle où l'on couche. — BÉARN., *crampe*; TOUL., *crambo* ; CAT., *cambra*; ESP., *camara*; ITAL., *camera* ; ALL., *kammer* ; B. BRET., *cambr*. — ÉTY. LAT., *camera, camara*.

CAMBROT, s. m. Petite chambre. — TOUL., *crambot* ; PROV., *chambroun*. — ÉTY., dim., de *cambro*.

CAMBROTI, PROV., s. m. Valet de chambre. — ÉTY., *cambro*.

CAMBROU, s. m. Petite chambre. — ÉTY., dim., de *cambro*.

CAMBROUISO, PROV., s. f. V. Chambrièiro.

CAMBROUL, CÉV., s. m. V. Cambriul.

CAMBROUNOT, s. m. Très-petite chambre. — ÉTY., dim., de *cambrou*.

CAMBROUO, PROV., s. f. V. Chambrièiro.

CAMBROUSO, PROV., s. f. V. Chambrièiro.

CAMBROY, PROV., s. m. V. Camboy.

CAMBUSO, s. f. T. de mar. Cambuse, lieu où l'on tient les provisions de bouche dans un vaisseau, et où l'on distribue les rations à l'équipage. — ÉTY, HOLLAND., *kabuys*, cuisine d'un navire marchand.

CAMBUSSO, PROV., s. f. Noms communs à plusieurs espèces de chevaliers. V. Cambet.

CAMBUT, udo, adj. Qui a de longues jambes. — SYN. *cambarut*. — GASC., *camut*. — ÉTY., *cambo*.

CAME, BÉARN., s. m. s. f. V. Cambo.

CAMEL, èlo, s. m. et f. CAMEL, CAMELA, chameau, chamelle, mammifère de la fam. des ruminants, qui habite l'Afrique et l'Asie; au fig. niais, imbécile, badaud. — SYN. *camòu*. — ANC :

FR., *chamels*; CAT., *camell*; ESP., *camello*; ITAL., *cammello*; ANC ALL., *kemel*. — ETY. LAT., *camelus*.

CAMELADO, s. f. Ce mot formé de *camel* et qui ne s'emploie qu'au figuré, ne se trouve que dans l'idiome biterrois ; il signifie bêtise, sottise, niaiserie. Pour comprendre sa formation et le sens qu'on y attache, il est nécessaire de savoir que, d'après la tradition, le premier évêque de Béziers, St-Aphrodise, y arriva monté sur un chameau, et qu'en conséquence de cette tradition cette ville fait figurer tous les ans, à la fête de l'Ascension et aux autres réjouissances publiques, un chameau de bois, recouvert d'une toile peinte sur laquelle on lit : *sem fosso*, sous-entendu *camels*, nous sommes beaucoup de chameaux ou d'imbéciles. De là est venu le mot *camelado*, qui signifie sottise, bêtise, etc. etc. Au propre, *camelado* signifie la charge d'un chameau.

CAMELEJA, CAST., CÉV., v. n. Badauder, s'amuser à regarder des choses qui n'en valent pas la peine ; dire ou faire des bêtises. — ETY., *camel*.

CAMELLA, MONTP., s. f. V.

CAMELLO, PROV., s. m. *camelle*, Pyramide formée dans les salines pour faire égoutter le sel.

Tout lusis, tout tremolo et tout es secarous
Foro vous, fournigué de drolos à l'incl' dous
Que, drudos, varaias de CAMELLO en CAMELLO.
MAURICE FAURE.

CAMELOUTA, BÉARN., v. n. Croiser les jambes. — ETY., *came*, jambe.

CAMELUN, PROV., s. m. Comble : *camelun de la paièro*, comble de la meule de paille.

CAMERADE, BÉARN., s. m V. Camarado.

CAMERAT, PROV., s. m. Espace qui se trouve entre le toit et le plancher d'un galetas.

CAMÉU, PROV., s. m. V. Camel.

CAMFORATA, s.f. V. Campharato.

CAMI, CAMIN, s. m. CAMI, chemin, voie, route ; *gratá cami*, marcher vite, déguerpir ; au fig., *faire soun cami*, faire son chemin, prospérer, réussir dans la carrière que l'on suit ; *estre à la fi de soun cami*, être à la fin de sa course. *Cami carretal*, chemin charretier. — BÉARN., *camii* ; B. LIM., *chomi* ; CAT., *cami* ; ESP., *camino* ; ITAL., *cammino* ; KYMRI., *camen*, chemin.

Boun mantel, boun capel,
Bótos de bouno pel,
Chaval de bouno rasso,
Fòu CAMI, qunt temps que fasso.
PRO.

CAMI DE SANT-JAQUES, s. m. Voie lactée, chemin de Saint-Jacques, ainsi appelé parce que, suivant la chronique de Turpin, ce saint apparut à Charlemagne dans la voie lactée, d'où il lui montra le chemin de l'Espagne. — SYN. PROV., *draio lachenco*.

CAMIADO, s. f. Plein la chemise. — SYN. *camisado*. — ETY., *camio*, chemise.

CAMIARDO, s. f. V.

CAMIAS, GAST., CÉV., s. m. Chemise de grosse toile ; blouse de charretier. C'est une abréviation de *camisas*, augm. de *camiso*.

CAMII, BÉARN., s. m. V. Cami.

CAMIMOUN, s. m. Guenon. V. Mounino.

CAMIN, PROV., s. m. V. Cami.

CAMINA, v. n. CAMINAR, cheminer, marcher, aller, faire son chemin. Au fig., *caminá drech*, se bien conduire, ne pas faire de faute ; *caminá coumo se déu*, marcher droit. — B. LIM., *chominá* ; CAT., ESP., *caminar* ; ITAL., *camminare*. — ETY., *camin*.

CAMINADO, CÉV., GASC., QUERC., s. f. Presbytère, maison du curé. — SYN. *clastro*.

CAMINAIRE, s. m. CAMINAIRE, celui qui chemine, marcheur ; autrefois, routier ; cantonnier, celui qui est chargé de l'entretien des routes d'un canton. — CAT., ESP., *caminador*. — ETY., *caminá*.

CAMINAREL, elo, CÉV., adj. Voyageur, euse. — ETY., *caminá*.

CAMINAU, BÉARN., s. m. Chemin, grand chemin. — ETY., *camin*.

CAMINAU, GASC., s. m. Chenet ; par ext. coin du feu. — QUERC., *cominal*.

CAMINE, BÉARN., s. f. Petite jambe. ETY., dim. de *came*.

CAMINET, s. m. V. Caminoú.

CAMINETOS, PROV., s. f. Lisières pour les enfants. — SYN. *menarelos*. — ETY., *camin*.

CAMINÈYO, s. f. V. Chiminièiro.

CAMINOL, CAMINOLO, TOUL., s. Sentier. — GASC., *camiolo, camiroto*. V. Caminoú.

CAMINOU, CAMINOUN, s. m. Petit chemin, sentier. — SYN. *caminet*. — TOUL., *caminolo*; CAT., *caminot*; ESP., *caminito*; ITAL., *camminetto*. — DIM. de *camin*.

CAMIO, s. f. V. Camiso.

CAMIOLO, GASC., s. f. Sentier. V. Caminol.

CAMIROTO, GASC., s. f. V. Caminol.

CAMISADO, s. f. Plein la chemise; PROV., grande sueur, grande fatigue.

CAMISARD, o, adj. Camisard, e, homme ou femme en chemise. On appelait les calvinistes des Cévennes *camisards*, parce qu'ils portaient de gros sarraux de toile.

CAMISASSO, s. f. Grande chemise; mauvaise chemise. — ETY., augm. de *camiso*.

CAMISETO, s. f. Petite chemise. — SYN. *camisoun*. — DIM. de *camiso*.

CAMISO, s. f. CAMISA, chemise. — SYN. *camio*. — B. LIM., *chominjo*; ESP., CAT., *camisa*; ITAL., *camiccia*; GAÉL., *camse*; ARAB., *quamiss*. — ETY. LAT., *camisia*.

CAMISOLO, s. f. Camisole, vêtement court qu'on porte ordinairement sur la chemise; petite robe d'enfant. — B. LIM., *chominjolo*. — ETY., *camiso*.

CAMISOUN, s. m. Petite chemise, chemise d'enfant. — ETY., dim. de *camiso*.

CAMMAS, CÉV., TOUL., s. m. CAMMAS, CAMPMAS, CAPMAS, hameau. Ce mot signifiait, au moyen-âge, habitation principale, maison de maître dans les champs, chef-lieu d'un domaine. — ETY., *cap*, chef, et *mas*, maison de campagne; B. LAT., *campmasium*. Cammas est une altération de *capmas*.

CAMMESTRE, s. m. Maître de chai, celui qui commande et dirige tout dans un magasin de vin ou d'eau-de-vie. — SYN. *capmestre*. — ETY., *mestre*, maître, chef, et *cayum*, qui signifiait *chai* dans le b. lat.; *cam* est une altération de ce mot.

CAMO, GASC., s. f. V. Cambo.

CAMO, PROV., s. f. Teigne. V. Arno.

CAMOCH, o, PROV., adj. Camard, e. V. Camard.

CAMOLIGAT, GASC., adj. Qui a les jambes liées, impotent.

CAMOMIDO, s. f. V. Camoumilho.

CAMOMILHO, s. f. V. Camoumilho.

CAMOT, PROV., adj. V. Camard.

CAMOTO, GASC., s. f. Petite jambe. — SYN. *camboto*. — ETY. dim. de *camo*.

CAMOTORS, GASC., adj. Bancroche, boiteux. V. Cambitort.

CAMOUFLET, s. m. Camouflet, fumée qu'on souffle malicieusement dans le nez d'une personne endormie avec un cornet de papier allumé; au fig. mortification, affront. — CAST., *camouquet*. — ETY. ANC. FR., *chault mouflet*. Ce dernier mot est un diminutif de *mouflequi* est un vaisseau de terre dont on se sert pour exposer les corps à l'action du feu sans que la flamme y touche immédiatement.

CAMOUMILHO, s. f. CAMO, CAMOMILHA, *Anthemis arvensis*, plante de la fam. des synanthérées, appelée aussi *margarido*. On la cultive dans les jardins pour ses fleurs. — SYN. *camamieni, cambomilo, camomilho*. — CAT., *camomilla*; ESP., *camomila*; ITAL., *camomilla*. — ETY. GREC., χαμαίμηλον, fait de χαμαι, à terre, et μῆλον, pomme, ainsi nommée parce que les fleurs de la camomille ont une odeur de pomme.

CAMOUQUET, CAST., s. m. Camouflet. V. Camouflet.

CAMOUS, CÉV., PROV., s. m. Chamois. V. Chamous.

CAMP, s. m. CAMP, champ, pièce de terre labourable non comprise dans l'enclos d'une habitation; *camp* a, en outre, presque toutes les acceptions des mots *champ* et *camp* en français.

Ficá lou camp, prendre la clef des champs, partir, s'évader. — Dim., *campet*, petit champ; *campetarel*, très-petit champ; augm., *campas*, grand et mauvais champ.—Esp., ital., *campo*; cat., *camp*. — Ety. lat., *campus*.

CAMPAGNARD, o, s. et adj. Campagnard, e, celui, celle qui habite les champs, ou qui y va souvent; par extens., grossier, mal élevé. — Ital., *campagniuolo*. — Ety., *campagno*.

CAMPAGNO, s. f. Campagne, grande étendue de pays, de terrains cultivés ou non cultivés, de terres labourables, de vignes, de bois, etc.; habitation rurale; expédition militaire, sa durée; *fièiros de campagno*, fredaines.—Béarn., *campanhe*.

> Moussu Flacard de Pauyaloú
> Conto sas fièiros de campagno;
> En Russio, en Prusso, en Espagno
> Soun laurier laisset de plansoú.
> B. Floret.

Esp., *campana*; ital., *campagna*. — Ety. lat., *campania*, formé de *campus*, terre de labour.

CAMPAGNOLO, s. f. V.

CAMPAGNOULET VINOUS, cév., s. m. Champignon de couche, du genre des laminés; il a un collet au pédoncule; le dessus du chapiteau est blanchâtre, le dessous gris de lin. — Syn. *campagnoulier, envinassat*.

CAMPAGNOULIER VINOUS, s.m. V. Campagnoulet.

CAMPAIROL, s. m. Potiron, cèpe. V. Camparol.

CAMPANA, v. n. Sonner la cloche. — Ety., *campano*.

CAMPANAIRE, s. m. Sonneur, carillonneur. — Syn. *campanè, campanier*. — Ety., *campaná*.

CAMPANAGE, cast., s. m. Revenu du sonneur de cloches. — Ety., *campano*.

CAMPANAL, cast., s. m. Clocher. — Syn. *campanau*. — Ety., *campano*.

CAMPANAU, gasc., s. m. V. Campanal.

CAMPANÈ, gasc., s. m. V. Campanier.

CAMPANE, béarn., s. f. V. Campano.

CAMPANEJA, v. n. Sonner les cloches longtemps et à coups redoublés.— Ety., fréq., de *campaná*.

CAMPANEJADO, cév., s. f. Plein un clayon. — Ety., *campaneje*. V. ce mot.

CAMPANEJE, cév., s. m. Claie, clayon, treillis, sorte de corbeille plate pour sécher les fruits au soleil, et élever dans leur premier âge les vers à soie.— Syn. *levadou, canis*, formé de *can*, roseau, dont *campaneje* paraît être une altération.

CAMPANELO, s. f. Campanule à feuilles de pêcher, *Campanula persicifolia*, plante de la fam. des campanulacées. Ce nom désigne aussi la campanule à feuilles de lierre et les autres plantes de la même famille. — Ety., dim. de *campano*.

CAMPANETO, s. f. Clochette, sonnette, petite cloche, clarine. — Syn. *esquillo, esquilleto, esquilloú*. — Cat., *campaneta*; ital., *campanella*. — Ety., dim. de *campano*.

CAMPANETO, s. f. Ce nom désigne généralement toutes les plantes qui ont des fleurs en cloche, et particulièrement toutes les espèces de liseron des champs, *Convolvulus arvensis*, plus souvent désigné par le nom de *courrejolo*. V. ce mot. On donne ce même nom de *campanelo* au narcisse à bouquet, au nombril de Vénus, *escudet*, au fritillaire méléagre, et à la grassette à grandes fleurs, *campaneto grosso*, au grand liseron ou *courrejolo de bartas*, ou lis mathiole ou scille blanche, *Pancratium maritimum*, à l'ancolie, *Aquilegia vulgaris*. — Ety., dim. de *campano*.

CAMPANHE, béarn., s. f. Campagne; *fa campanhe*, faire un voyage.

CAMPANIER, s. m. Carrillonneur, sonneur de cloches. — Syn. *campanè*. V. Campanaire.

CAMPANIER, s. m. V. Campanaire.

CAMPANO, s. f. Campana, cloche, instrument de métal muni d'un battant, destiné à faire un bruit qui doit s'entendre au loin. *Campanos*, s. f. p., digitale pourprée, vulg. appelée baie-de-cocu.—Cat., esp., ital., *campana*, anc. fr., *campane*. — Ety., *Campania*, Campanie, contrée d'Italie où St Paulin, évêque de Nola, introduisit d'abord l'usage des cloches.

CAMPANOUGNO, GASC., s. f. Petite cloche. — SYN. *campaneto.* — ETY., dim. de *campano*.

CAMPANULLO, s. f. Campanule; liseron. V. Campanèlo et Campaneto.

CAMPARDIN, O, AGAT., CAST., s. m. et f. Éveillé, ée, roué, fin, luron, estafier.

Idu cresi miejoment qu'aquelo CAMPARDINO
Lou menara pas luent que noun ba s'imagino.

DAUBIAN de Castres.

CAMPAROL, TOUL., CÉV., s. m. Potiron, champignon de couche, le même qu'on appelle *campagnoulet*, *arcieloú*. Ce nom désigne, en outre, plusieurs espèces des genres agaric et bolet, savoir: camparol de biou, *Agaricus bovinus*; camparol de l'amadou, *Boletus igniarius*; camparol jaune, *Agaricus deliciosus*; camparol negre, *Boletus perennis*; camparol pegous, *Boletus viscidus*; camparol pelut, *Agariricus villosus*; camparol de sause, *Boletus suaveolens*; camparol de piboul. V. Piboulado. *Camparol d'oulme*, GASC., polypore écailleux, *Polyporus squammosus*, SYN. *boulet d'oulme*; agaric d'orme, *Agaricus ulmarius*, SYN. *auretho d'oulme*. — SYN. *campayrol*.

CAMPAROLO, CÉV. Grande et ancienne collerette de femme.

CAMPAS, s. m. Grand et mauvais champ, lande. — AUGM. de *camp*.

CAMPAT, s. m. Grande récolte, sur pied, de blé, seigle, d'avoine, plantes légumineuses, etc. *Un campat de blat, de cibado, de peses*, etc. — ETY., *camp.*

CAMPAURIOLO, s. f. Champ couvert de la plante appelée centaurée du solstice, *auriolo*. — ETY., *camp*, champ et *auriolo*, centaurée du solstice.

CAMPAYROL, ALB., s. m. Champignon, V. Camparol.

CAMPECH, s. m. *Bouès de campech*, bois de campêche, plante d'Amérique qui sert à teindre en noir. — QUERC., *boi-guinde*, pour *boi-d'Inde*; CAT., *campetxe*; ITAL., *campeggio*. — ETY., Campêche, baie du Mexique d'où l'on tire ce bois.

CAMPEJA, v. a. Poursuivre quelqu'un à travers champs, courir après lui; chasser, pourchasser; dissiper; aller chercher bien loin: *l'ai campejat à cops de pèiros*, je l'ai poursuivi à coups de pierres à travers champs. — DAUPH., *campèiá*. — SYN. *accouli*, *assegutá*. — ETY., *camp*, champ.

CAMPEJA, v. n. Courir la campagne ; rester étendues dans les champs, en parlant des récoltes coupées, telles que le blé, le seigle, l'avoine.

Laisso CAMPEJA ta civado
E l'auras pulèu degrudado.
PRO.

ETY., *camp*.

CAMPESTRE, adj. Champêtre, qui appartient aux champs; s. m., les champs en général, la campagne : *roudá lou campestre*, courir les champs. — ETY., *camp*.

CAMPET, s. m. Petit champ. Dim. de *camp*.

CAMPET, s. m. Campêche. V. Campech.

CAMPETAREL, s. m. Très-petit champ. — ETY., dim. de *camp*.

CAMPHARATO, s. f. Camphrée de Montpellier, *Camphorosma monspeliaca*, s, arbriss. de la fam. des salsolacées à fleurs blanchâtres. On donne le même nom à l'armoiso camphrée de la fam. des synanthérées. — SYN. *camphorato*, *camphralo*, *canfouralo*.

CAMPHORATO, **CAMPHRATO**, s. f. V. Campharato.

CAMPIA, PROV., v. a. Charrier les récoltes; v. n., marauder. — SYN. *campilhá*. — ETY., *camp*.

CAMPIAIRE, ARELLO, PROV., adj. et s. Maraudeur, euse. — ETY., *campiá*.

CAMPICHO, GASC., s. f. Bergeronnette. V. Galo-pastre.

CAMPIER, PROV., s. m. Garde champêtre; maraudeur. — ETY., *camp.*

CAMPILHA, v. a. et n. V. Campiá.

CAMPIS, TOUL., CÉV., s. et adj. Bâtard; par ext. fripon, malin, brusque. Dans le Poitou, la Saintonge, l'Angoumois et le Berry, on dit champi, isse, qui signifie aussi bâtard, e. — QUERC., *compis*. — ETY., *camp*, trouvé dans les champs.

CAMPISSADO, TOUL., CÉV., s. f. Frasque, impertinence, friponnerie. — BITERR., *escampissado*; CÉV., *compissado*. — ETY., *campis*, trait ou action de bâtard.

CAMPO, TOUL., CÉV., s. f. Ce mot ne s'emploie que dans ces phrases: *douná la campo*, donner la chasse ; *à la campo, à la campo*, cri de guerre des enfants qui se battent à la fronde, et qui peut se traduire par *avance, avance*. AGEN., *abé de campo*, v. n., être en train de faire une chose, s'occuper de plusieurs choses à la fois. — ETY., *camp*.

CAMPSA, CARC., v. a. V. Chanjá.

CAMUCHET, GASC., s. m. Peloton de fil, de soie, etc.

CAMUS, o, adj. Camus, e, qui a le nez court et plat ; camard, e. — ITAL., *camuso*. — M. ÉTY. que *camard*. V. ce mot.

CAMUT, udo, GASC., adj. V. Cambut.

CAN, GASC., s. m. CAN, chien. — ITAL., *cane*. — ETY. LAT., *canis*.

CANA, v. a. CANAR, mesurer à la canne, auner, mesurer en général. — SYN. *canejá*. — CAT., *canar*. — ETY., *cano*, canne, mesure de longueur.

CANABAL, CAST., s. m. V. Canabièiro.

CANABAS, s. m. CANABAS, canevas, toile écrue claire, qu'on emploie aux ouvrages de tapisserie à l'aiguille ; au fig. plan, projet, ébauche d'un ouvrage ; en roman, toile de chanvre. — SYN. *canavas, canebas*. — CAT., *canyamas*; ITAL., *canevaccio*. — ETY. B. LAT., *canevasium*, de *cannabis*, chanvre.

CANABASSARIÉ, CÉV., s. f. CANABAS, toilerie, tissus de chanvre et de lin. — ETY. ROM., *canabas*, de *cannabis*, chanvre.

L'un crompo de draparié
L'autre de CANABASSARIÉ.
MICHEL, de Nîmes.

CANABERO, CÉV., s. f. CANAVERA, Roseau, canne ; tige de chanvre. — SYN. *canauero, canauero*. — BITERR., *carabeno*, altération de *canabero*. — ETY. LAT., *cannabaria*.

CANABIÈIRO, s. f. V. Canabièro.

CANABIER, s. m. Chanvre. V. Canbe.

CANABIÈRO, CÉV., TOUL., s. f. CANAVIERA, chènevière; canne, roseau. — SYN. *canabero, canabièiro, canabièyro*. CAST., *cambinèiro, canabal* ; PROV., *canebiéro*; B. LIM., *chonobal*. — ETY. LAT., *cannabaria*.

CANABIÈRO-PICHOUNO, TOUL., s. f. Canne calamagrostide, plante de la fam. des graminées ; connue aussi sous le nom générique de *bauco*.

CANABIÈRO SALVAJO, TOUL., s. f. Roseau ordinaire, *Arundo phragmites*, plante de la fam. des graminées. — SYN. *raulet, sesquil*. — CAST., roseau à balais. — ETY. LAT., *cannabaria*.

CANABOU, CÉV., CAST., s. m. Chènevis, semence ou graine de chanvre. — B. LIM., *chonobou*; ESP., *canamon*. — ETY. LAT., *cannabius*, de chanvre.

CANADELLO, PROV., s. f. Canade ou grande épinoche, poisson.

CANADELO, CAST., s. f. V. Cadelo.

CANADOUIRO, s. f. V. Acanadouiro.

CANAL, s. m. CANAL, canal, conduit par où l'eau passe, rivière creusée de main d'homme pour établir des communications d'un lieu à un autre et faciliter le transport des marchandises. *téule de canal*, tuile creuse des toits; *faire canal*, couler abondamment, couler à pleins bords ; QUERC., *canal*, ruisseau des rues. — SYN. *canau*. — LIM., *conar* ; ESP., *canal* ; ITAL., *canale*. — ETY. LAT., *canalis*.

CANALHE, BÉARN., s. f. V.

CANALHO, s. f. Canaille, vile populace, gens dignes de mépris, de quelque condition qu'ils soient ; *bruch de canalho va pas luent*, bruit ou querelle de canaille s'apaise bientôt. — ETY. ITAL., *canaglia*, dérivé de *cane*, chien.

CANALISTO, s. m. Patron de barque du canal du Midi, et généralement les hommes qui y sont employés. — ETY., *canal*.

CANARD, CANARDO, s. m. et f. Nom

générique d'un grand nombre d'oiseaux de l'ordre des palmipèdes ; mais ce nom désigne particulièrement le canard domestique. Les canards sauvages ont presque tous un nom particulier; ainsi on appelle le canard siffleur, *piéulaire*; le canard sauvage, proprement dit, *colvert*, etc. Voici cependant quelques espèces auxquelles on est dans l'usage de donner le nom de canard, suivi d'un substantif ou d'une épithète qui les désigne : *canard d'hiver*, tadorne, appelé aussi *canard del bec rouge*; *canard mut*, siffleur huppé ; *canard couoloungo*, canard|pilet ; *canard gris*, canard chipeau; *canard negre*, macreuse ; *canard del bec pounchut*, grand harle, appelé aussi *cabreito*; *canard religious*, harle piette, *Mergus albellus*. — ETY. ALL., *kahn*, bateau ; B. LAT., *canardus*, petit bateau.

CANARD (Chi), s. m. Chien barbet ou chien canard, ainsi appelé à cause de sa facilité à se jeter à l'eau.

CANARDELO, CAST., s. f. Canard sauvage.

CANARDIÈIRO, s. f. Canardière très-long fusil pour la chasse aux canards.

Vite pren dins sa gibecièira
De que carga sa CANARDIÈIRA.
FAVRE.

ETY., *canard*.

CANARDOU, CANARDOUN, s. m. Petit canard, jeune canard. — ETY., dim. de *canard*.

CANARIS (Herbo des), s. f. Mouron rouge, *Anagallis phœnicea*, mouron bleu, *Anagallis cærulea*, plantes de la fam. des primulacées, appelées aussi morgelines d'été. — SYN. *mourilhoù, paparudo*.

CANASTEL, s. m. V. Canastèlo.

CANASTELADO, s. f. Plein une corbeille de la forme de celles qu'on met sur les bêtes de somme et qu'on appelle *canastèlos*. V. Canastèlo.

CANASTELO, s. f. CANASTEL, corbeille d'osier ou de châtaignier, de forme oblongue, liée à une corbeille pareille avec deux cordes. Ces deux corbeilles, ainsi attachées, sont placées sur le bât d'une bête de somme, et servent à transporter divers objets. — SYN. *canastel, canestelo, canastèu, canasto, chanestèlo, chanistella* — CAT., *canastra, canastreta* ; ESP., *canasta, canastella* ; B. BRET., *kanastel*. — ETY. LAT., *canistrum*, du grec, κάναστρον, corbeille de jonc.

CANASTELO, CAST., s. f. Tramail pour la pêche, attaché à une barre de bois fendue à laquelle on donne la forme d'un V.

CANASTELOU, CANASTELOUN, s. m. Corbillon, petite manne. — ETY., dim. de *canastel*.

CANASTÈU, PROV., s. m. V. Canastèlo.

CANASTO, s. f. V. Canastèlo.

CANAT, PROV., s. m. Claie pour faire sécher les figues. — SYN. *canis, canisso*. — ETY., *cano*, roseau.

CANATIER, ALB., s. m. Marchand de chiens. — ETY., *can*, chien.

CANATOU, CÉV., s. m. Celui qui, dans les grandes métairies, porte le repas aux travailleurs. — ETY., *canat*, fait avec des roseaux, nom de la corbeille que porte le *canatoù*.

CANAU, CÉV., s. m. V. Canal ; GASC., conduite d'eau, gros tuyaux ; PROV., auge à cochon.

CANAUERO, GASC., s. f. Roseau. V. Canabero.

CANAULO, CÉV., TOUL., s. f. Sorte d'échaudé, gâteau de forme oblongue, fait sans œufs, destiné à être mangé en carême ; CAST., collier de bois qu'on met aux bœufs et auquel sont suspendues plusieurs sonnailles.

CANAVAS, s. m. V. Canabas.

CANAVERO, s. f. V. Canabero.

CANAVETO, PROV., s. f. Cantine à compartiments où l'on place des bouteilles ; grande bouteille garnie de paille, de roseau ou de sparte. — BITERR., *cavelo*. — ETY., *cano*, roseau.

CANAYO, s. f. V. Canalho.

CANBE, s. f. CAMBRE, CAMBE, CARBE, CANEBE, chanvre, *Cannabis sativa*, plante dioïque qui porte le chènevis et dont l'écorce sert à faire la filasse. *Canbe* est une contraction de *canebe*. — SYN.

canabier, candi, canebe, canebere, carbe, cherbe. — CAT., canam; ESP., canamo; ITAL., canapa. — ETY. LAT., cannabis, cannabus.

A lou mal de la CAMBE, la feme val mai que lou mascle.
PRO.

CAMBE SALVAGE, CAST., s. m. Chanvre sauvage, chanvre d'eau, lycope d'Europe, *Lycopus europæus*, de la fam. des labiées.

CANCAN, s. m. Bruit, scandale fait mal à propos ; bavardage, calomnie. *Fa cancan*, se glorifier ; *fa gran cancan*, se glorifier avec éclat, se vanter de... — ETY. LAT., *quanquam*, quoique, mot dont la prononciation excita une vive querelle dans les écoles du moyen-âge.

E FA GRAN CANCAN que soun pel
Sió loung e tout d'or coum'aquel.
GOUDELIN.

CANCANA, v. n. Faire ou dire des cancans, bavarder à tort et à travers, et, le plus souvent, méchamment.— ETY., *cancan*.

CANCANEJA, v. n. — FRÉQ. de *cancana*.

CANCARIGNOL, GASC., s. m. Nymphe de la grenouille ou têtard.— SYN. *cap-grignoun*, *cap-gros*, *padeno*, *cal-gros*, *tèsto-d'ase*.

CANCARINETOS, AGEN., s. f. p. Cliquettes ; au fig. cancans. V. Cliquetos.

CANCE, CAST., s. m. CANCER, cancer, tumeur qui s'ulcère et qui ronge les tissus du corps où elle se développe.— ESP., *cancer* ; ITAL., *canchero*. — ETY. LAT., *cancer*.

CANCE, CAST., CÉV., s.m. V. Antarado.

CANCÈU, PROV., s. m. Courbet d'un bât.

CANCHERO, GASC., s. f. Plate-bande ; sillon très-large ; lisière d'un champ. — ETY., *cance*.

CANCHOU, CÉV., s.m. Quignon de pain. — SYN. *tros de pa*, *croustet*, *crouchou*.

CANCI, PROV., s. m. V. Antarado.

CANCRE, s. m. CANCER, cancre ou crabe. V. Cran.

CANDALIER, s. m. Chandelier. — ALTÉR. de *candelier*. V. ce mot.

CANDAN, s. m. T. de mar. *Candan de la remo*, balancement de l'aviron, retenu au tolet par son anneau de corde.

CANDARISSO, PROV., s. f. T. de mar. Cordage qui sert à hisser et à amener une vergue ou une voile.

CANDE, O, GASC., CÉV., adj. Pur, e, clair, limpide, transparent : *aiguo cando*, eau limpide ; *sucre cande*, sucre candi, sucre épuré et cristallisé. — ETY. LAT., *candere*, être blanc.

CANDE, NIM., s.m. Chanvre. V. Canbe.

CANDEJA, TOUL., v.n. Être d'une blancheur éclatante. — ETY., *cande*.

CANDEL, CÉV., s. m. Peloton de fil, de coton. V. Catel.

CANDELAIRE, s. m. Chandelier, celui qui fait ou vend des chandelles.— SYN. *candalier*, *candelier*. — GASC., *candelè* ; PROV., *candeliaire* ; B. LIM., *chondiolaire* ; CAT., *candelèr* ; ESP., *candeliero* ; ITAL., *candelajo*. — ETY., *candèlo*.

CANDELAIRO (Nostro-Damo la), ou *la Candelouso*, la Chandeleur, fête de la Purification de la Sainte-Vierge, durant laquelle on allume beaucoup de cierges. — SYN. *candelouo*. — B. LIM., *chondolièiro* ; B. LAT., *candelosa*. — ETY., *candèlo*.

CANDELÈ, GASC., s. m. V. Candelaire et Candelier.

CANDELETO, s. f. Petite chandelle, petite bougie ; au fig. *faire uno candeleto*, mettre la tête en bas et les jambes en l'air, exercice auquel se livrent les enfants sur la paille, et qu'on appelle l'arbre fourchu ou cul par-dessus la tête ; à Nîmes, *aubre drech*. On dit, en espagnol : *hazer la candelilla*. — B. LIM., *chondiolou*, *chondioleto*. — ETY., dim. de *candèlo*.

CANDELIAIRE, PROV., s. m. V. Candelaire.

CANDELIER, s. m. CANDELIER, CANDELAR, chandelier, ustensile qui sert à tenir la chandelle, la bougie, etc. ; celui qui fait et vend de la chandelle. — GASC., *candelè* ; B. LIM., *chondolier* ; ANC. CAT., *candelier* ; ESP., *candelero* ; ITAL., *candeliere*. — ETY., *candèlo*.

CANDELIÉS, BORD., s. m. p. Datura stramoine. V. *Castagnier sauvage*.

CANDELO, s. f. CANDELA, chandelle, cierge ; arbre ou axe d'une meule de moulin ; dans une charpente, poinçon posé sur l'entrait d'une ferme et qui porte l'arêtier ; timon ou flèche d'une charrue ; noyau d'un escalier en limaçon ; massette d'eau à grandes feuilles ou roseau des marais ; au fig. morve qui pend au nez des enfants ; glaçon ; stalactite qui a la forme d'un bout de cierge. — B. LIM., *chondialo*, chandelle; CAT., ESP., ITAL., *candela*; PORT., *candea*. — ETY. LAT., *candela*.

CANDELO-DE-SANT-JAN, TOUL., s. f. V. Boulhoun-blanc.

CANDELOU, CANDELOUN, s. m. Petit flambeau de résine en usage chez les gens pauvres ; petit bout de bougie filéo. — SYN. *petairo*. — ETY., dim. de *candèlo*.

CANDELOUO, CANDELOUSO, PROV., s. f. Chandeleur, fête de la Purification de la Sainte Vierge. V. Candelairo.

CANDÈU, CÉV., s.m. Chènevotte, tuyau de la plante du chanvre ou du lin, dépouillé de la filasse, brisé ou non, par la maque; PROV., bûche desséchée dont on se sert pour éclairer l'intérieur d'un four. — SYN. *barjilhos, candilhous*. — ETY., *cande*, pour *canbe*, chanvre.

CANDI, CÉV., s. m. Chanvre. — SYN. *canbe, canebe*. V. Canbe.

CANDI, v. a. Candir, rendre le sucre candi ; geler ; au fig. étonner, rendre stupéfait ; *se candi*, v.r., se candir, se cristalliser, se geler ; rester stupéfait. *Candit, ido*, part. candi, e ; au fig. interdit, stupéfait. — SYN. *se candiá*. — ETY. ARABE, *kand*.

CANDIA (se), PROV., v. r. Être stupéfait, s'émerveiller.—ETY., *candit*, stupéfait.

CANDOLOS, PROV., s. f. p. Gâteau que les Juifs font avec de la fleur de farine, du sucre et de l'eau rose. — SYN. *caudolo*. — ETY., κάνδαυλος, mets composé de farine, de fromage et de lait.

CANDOU, CAST., CÉV., s. m. Abonnement à l'année avec les artisans qu'on emploie dans une exploitation rurale, tels que le maréchal-ferrant, le fournier, le charron, le bourrelier, etc. : *estre à candou*, être abonné ; *boutá à candou*, s'abonner. L'abonnement avec le maréchal-ferrant s'appelle *relhage*. V. ce mot.

CANDOU, CANDOUR, s. f. CANDOR, candeur, franchise ; blancheur. — ANC. CAT., *candor*; ITAL., *candore*. — ETY. LAT., *candorem*, de *candere*, être blanc.

CANDOURIER, CÉV., s. m. Abonné avec un fournier, un bourrelier, un charron, etc. — SYN. *chandourier*.—ETY., *candou*.

CANDOURIER, PROV., s. m. Jour ordinairement très-froid.

CANEBAS, GASC., s. m. V. Canabas.

CANEBAS, s. m. Guimauve à feuilles de chanvre, *Althæa cannabina*, plante de la fam. des malvacées, à fleurs roses. — SYN. *maugo* ou *mauvo canebe*. On appelle, à Montpellier, canebas, la mauve alcée, de la même fam., remarquable par ses grandes fleurs roses. — ETY., *canebe*, du lat. *cannabis*, chanvre.

CANEBE, PROV., s. m. Chanvre. V. Canbe.

CANEBERE, BÉARN., s. f. Chanvre. V. Canbe.

CANEBIER, PROV., s. m. V. Canabiéro.

CANEBIÉRO, s.f. Champ semé de chanvre. V. Canabiéro.

CANEDELO, PROV., s. f. V. Cadelo.

CANEFICI, PROV., s. m. Casse, fruit du canéficier. — SYN. *casso*.

CANEJA, v. a. Mesurer à la canne. V. Caná.

CANEJAGE, s. m. Action de mesurer à la canne. — ETY., *canejá*.

CANEJAIRE, s.m. Mesureur à la canne; arpenteur. — ETY., *canejá*.

CANEL, s. m. Tuyau en général, et, en particulier, tuyau de roseau ; bobine de navette, *époulle*, fil de la trame sur l'*époullin* ; étui à épingles ; QUERC., couteau commun pliant sans ressort ; GASC., jeu du bouchon. — ETY., *cano*, roseau.

CANELA, v. a. Canneler, orner de cannelures, faire des *époullins* pour tisser; *se canelá*, v. r., se former en tuyau, monter en tige, en parlant du blé, du seigle, de l'avoine, etc. — Esp., *acanalar* ; port., *acanellar* ; ital., *scanalare*. — Ety., *canel*.

CANELA (Se), v. r. Devenir blanc par l'effet de la maladie de la *muscardine*, en parlant des vers à soie qui se couvrent d'une moisissure blanchâtre.

CANELAIRO, cast., s. f. Ouvrière chargée de faire les *époullins* pour tisser. — Ety., *canelá*.

CANELAT, ado, part. Cannelé, ée, marqué de cannelures ; blanchi, en parlant des vers à soie atteints de la *muscardine*.

CANELAT, s. m. Cannelas, sorte de sucrerie à la cannelle. — Ety., *canèlo*, cannelle.

CANELIÈIRO, cast., s. f. Trou d'une cuve où l'on place la cannelle.— Ety., *canèlo*.

CANELIER, cév., s. m. Cannaie, lieu planté de roseaux ; cannelier, arbre qui produit la cannelle. — B. lat., *canetum*. — Ety., *cano*, du lat. *canna*, roseau.

CANELO, s. f. Roseau, suivant l'abbé de Sauvages ; cannelle, robinet de bois avec lequel on tire le vin ou tout autre liqueur d'une futaille ; *boutá canèlo*, mettre une barrique en perce ; *pis de canèlo*, le vin. — Gasc., *canero* ; b. lim., *chonelo* ; cat., *canella* ; esp., *canilla* ; ital., *cannello*. — Ety., *canel*.

CANELO, cast., s. f. T. de meunier. Abée, ouverture par laquelle passe l'eau qui fait tourner la meule d'un moulin. — Ety., *canel*, tuyau.

CANELO, s. f. Cannella, écorce du cannelier, dépouillée de son épiderme. — Ety., dim. de *cano*, roseau.

CANELOU, **CANELOUN**, s. m. Petit tuyau, piston de seringue. — Ety., dim. de *canel*.

CANERIU, ivo, gasc., adj. Qui porte des pailles. — Ety., *canero*.

CANERO, gasc., s. f. Paille ; tuyau.— Syn. *canèlo*.

CANESTELLO, s. f. V. Canastelo.

CANESTÈU, prov., s. m. V. Canastelo.

CANESTOUN, s. m. V. Canasteloù.

CANET, gasc., s. m. Tuyau. V. canel ; baguette, petit roseau. V. Caneto.

CANET, s. m. Petit chien. — Ety., dim. de *can*, chien.

CANETO, cév., s. f. Caneta, petite canne, petit roseau. T. de rubanier, *époullin*, bout de roseau sur lequel on dévide la trame des rubans et qu'on loge dans la poche de la navette. — Cast., *canel*. — Dim. de *cano*, roseau.

CANETO, cév., s. f. Caneton, petit de la cane qu'on appelle halbrand, s'il s'agit du canard sauvage. On donne le même nom à la sarcelle d'été (*sarrelo*). — Ety., dim. de *cano*, femelle du canard.

CANETO, s. f. Canette, mesure de liquide, restée en usage pour la bière, tenant un litre. — Ety. all., *kanne*.

CANÈU, prov., s. m. Roseau. — Ety., *cano*.

CANEVAS, s. m. V. Canabas.

CANÈYO, toul., cév., s. f. Haquenée, cheval ou jument de moyenne taille, facile au montoir et qui va ordinairement l'amble. — Esp., *hacanea* ; ital., *chinca*. — Ety. angl., *hakney*, du german., *hacke*, cheval.

CANFOURATO, prov., s. f. V. Campharato.

CANI, ino, cast., adj. Malin, igne, méchant, taquin. — Ety. lat., *canis*, chien.

CANI, io, b. lim., pron. interr. Quel, quelle. V. Quane.

CANICULO, s. f. Canicula, canicule, constellation autrement nommée le grand Chien ; jours pendant lesquels règne la canicule. — Cat., esp., *canicula* ; ital., *canicola*. — Ety. lat., *canicula*, dim. de *canis*, chien.

En caniculo ges d'excès,
En tout temps ges de proucès.
Pro.

CANIDENT, cast., s. m. Érythrone dent-de-chien, *Erythronium dens canis*, pl. de la fam. des liliacées.

CANIER, s. m. Cannaie, fourré de roseaux. — Cat., *canyar*. — Ety., *cano*, roseau.

CANIFÈS, cév., s. m. V. Carnifès.

CANIGOUN, prov., s. m. Cahutte, petite cabane ; chenil.

CANILHAT, ado, adj. Rongé, ée, par les chenilles. On emploie aussi ce mot subst. dans le sens de chenille.—Ety., *canilho*, chenille.

CANILHO, s. f. CANILHA, chenille, insecte rampant qui a le corps allongé et partagé en douze anneaux. Les chenilles sont les larves des insectes lépidoptères. — Dial. de Sorèze, *soufri las canilhos*, souffrir le martyre. — Toul., *cantilho*; prov., *toro*, *touero*; b. lim., *choneli*, *chonilho*.

Ayssable coumo las CANILHOS
Marcel, fol de Fraugoun, fringo toutos las filhos.
JASMIN, *Françouneto*.

Ety. lat., *canicula*, petite chienne ; plusieurs espèces de chenilles ont, en effet, la tête assez semblable à celle de certains chiens.

CANIPAU-BLANC, toul., s. m. Chardon-Marie ou chardon argenté, chardon Notre-Dame, *Sylibum Marianum* ou *Carduus Marianus*, plante de la fam. des synanthérées. On mange ses côtes comme celles du cardon, et l'on fait des confitures avec sa racine. — Syn. *carchofo*, *cardousses* ; *marlus de champ*. — Ety., *canipau* est une altér. de *panicau*.

CANIS, isso, cév., adj. Raboteux, se, escarpé ; âpre, revêche ; *figo canisso*, figue mûre qui commence à se rider. — Querc., *conis*.

CANIS, s. m. Treillis fait avec des tiges de roseau aplaties, dont on fait des lambris. — Syn. *canisso*. — Ety., *cano*, roseau, ou grec. κανίας, objet tressé en joncs.

CANISSA, v. a. Lambrisser avec des roseaux. — Ety., *canis*.

CANISSES, gasc., s. m. p. Chemins. V. Cami.

CANISSO, prov., s. f. Claie, treillis de roseaux. — Cat., *canyis* ; esp., *canizo* ; ital., *canniccio*. — M. éty. que *canis*.

CANITORTO, cast., s. f. Violette; ariég., *cantorto*. V. Viéuleto — cast., coronille queue de scorpion, *Coronilla scorpioïdes*.

CANITOURTIER, cév., s. m. Plant ou pied de violette. — Ety., *canitorto*, violette.

CANLEVA, v. n. Faire la bascule. V. Callevá.

CANLO, gasc., s. f. Caille. V. Callo.

CANNETO, s. f. Sarcelle d'été. V. Sarrelo.

CANNÈU, s. m. Roseau. V. Canèu.

CANO, s. f. CANA, canne, roseau, *Arundo phragmites*, de la fam. des graminées ; jonc, bâton sur lequel on s'appuie ; canne à sucre ; mesure pour l'huile, à Alais ; canne, ancienne mesure de deux mètres environ. — Biterr., *carabeno*, roseau ; cév., *canabero* ; cat., *canya*, *cana* ; esp., *cana*, — Ety. lat., *canna*, roseau ; du grec κάννα, κά'ννη.

CANO, s. f. Cane, Femelle du canard ; *faire la cano*, faire un plongeon, montrer de la poltronnerie. — Syn. *canardo*.

D'i anà dire de ma part
Que volo veire Ulyssa en mar,
Qu'ocla i preste sa tartana,
E que fague pas pus la CANA.
FAVRE, *Odyss*. c. v.

CANOBOUN, prov., s. m. Fauvette aquatique, *Motacilla aqualica*.

CANOPETIÈIRO, s. f. Outarde canepetière ou petite outarde, *Otrix tetrax*, oiseau de l'ordre des gallinacées, qu'on appelle fort improprement *feme de faisan*, *faisan bastard*. — Ety., *cano*, cane, et *petièiro* qui pète, étymologie justifiée par le cri du mâle, *proul*, *proul*, qui imite les pétarades d'un âne. — Nim., *grefo*.

CANORGO, cast., s. f. Hampe des aulx qui rend un son bruyant, quand on souffle dedans. — *Canorgo* est une altér. du lat. *canora*.

CANOS, s. f. Fleurs du vin, petits flocons de moisissure qui paraissent sur le vin contenu dans une bouteille ou une futaille. Au fig. : *es à las canos*, il est à son dernier sou ; les fleurs du vin se trouvent, en effet, au fond de la bouteille ou de la futaille qu'on a vidées. — Ety., *canus*, *cana*, blanc. C'est la couleur de la moisissure.

CANOTO, s. f. Roseau des étangs, masse d'eau. — ETY., dim. de *cano*, roseau, petit roseau. V. Bozo.

CANOU, CANOUN, s. m. CANON, nom qu'on donne à beaucoup de choses qui ont la forme d'un tube ; canon, pièce d'artillerie ; tuyau des céréales.—CAT., *canó* ; ESP., *canon* ; ITAL., *cannone*. — ETY., *cano*, roseau, parce que les canons sont creux.

CANOULHO, CAST., s. f. Épi de maïs. V. Cabosso.

CANOUNA, v. n. Être en tuyau, en parlant des blés et autres plantes, et de la plume des oiseaux. — ETY., *canoun*.

CANOUNADO, s. f. Conduite d'une fontaine, tuyaux de descente des toits, faits ordinairement en poterie, en fer-blanc ou en zinc. — ETY., s. part. f. de *canouná*.

CANOUNGE, s. m. CANONGE, CANORGUE, chanoine, clerc séculier membre d'un chapitre : *flourat coumo un canounge*, frais comme un chanoine ; *vido de canounge*, vie douce et tranquille. — BÉARN., *canountye* ; *canounye* ; GASC., *canounxe* ; CAT., *canonge* ; ESP., *canonigo* ; ITAL., *canonico*. — ETY. LAT., *canonicus*.

CANOUNTYE, BÉARN., s. m. V. Canounge.

CANOUNYE, BÉARN., s. m. V. Canounge.

CANOUNXE, GASC., s. m. V. Canounge.

CANOUO, GASC., s. f. Rouleau de laine cardée prête à être filée.

CANOURGO, s. f. CANORGUA, église des chanoines ou toute autre construction faite par eux ou pour eux ; en roman, canonicat, réunion de chanoines. — CAT., ESP., *canongia*. —LAT., *canonica*,

CANPAU(D'un), AGAT., loc. adv. Un peu plus, encore un peu, peu s'en est fallu. Ce mot se décompose ainsi : *enca* ou *encaro un pau*, encore, un peu. *Canpau* est une forme très-altérée.

CAN-RIOU, PROV., s. m. Champ arrosé. — ETY., *can* pour *camp*, champ, et *riou*, ruisseau.

CANSA, CARC., v. a. Rendre malade, mettre mal en point. — ETY., ce mot est une altération de *cassá*, dérivé du latin *quassare*, secouer, ébranler, affaiblir.

CANSALADO, s. f. Chair de porc salé, le maigre et le lard tout ensemble ; iron., le corps humain : *boli que s'oblique la cansalado*, je veux qu'il s'oblige par corps. — CAT., *cansalada*. — ETY., altér. de *carn* et *salado*, chair salée.

CANSALADO, CAST., s.f. Fleur et graine des ormeaux. — SYN. *cago-diniers*.

CANSAT, ado. part. Malade, faible, mal en point, recru, fatigué, cassé ; plur. *cansats*, ados. — CARC., *cansadis* ; *cansados* ; CAT., *cansat* ; ESP., *cansado, a.*

CANSET, GASC., s. m. Pièce des ridelles d'un chariot.

CANSO, ARIÉG., s. f. Peine, fatigue. — ETY., *cansá*.

CANSO, GASC., s. f. Vigne. V. Vigno.

CANSOU, CANSOUN, s. f. CANSO, CANSON, pièce de vers destinée à être chantée ; au fig. et au plur., sornettes, mensonges. DIM., *cansouneto*. — CAT., *cansó* ; ESP., *cancion* ; ITAL., *canzone*. — ETY. LAT., *cantionem*, action de chanter.

CANSOUNA, v.a. Chansonner, faire des chansons contre une personne. — CAT., *cansonejar*. — ETY., *cansoun*, chanson.

CANSOUNEJA, v. a. Chansonner. Fréq. de *cansouná*.

CANSOUNEJAIRE, s. m. Chanteur, chansonnier ; faiseur de chansons ; celui qui chansonne les autres. — ETY., *cansounejá*.

CANT, s. m. CAN, CANT, chant, chanson ; ramage des oiseaux, de la cigale, du grillon, etc., etc. ; division des grands poèmes.—CAT., *cant* ; ESP., ITAL., *canto* ; — B. BRET., *kan*. — ETY. LAT., *cantus*.

CANT, adv. de quantité. Combien. V. Quant.

CANTA, v. a. et n. CANTAR, chanter ; *cantá clar*, avoir la voix agréable et sonore ; *cantá prim*, avoir la voix aigre ; *cantá fa plòure*, chanter fait pleuvoir : *Antiquitas credebat attrahi imbres cantibus.* (SÉNÈQUE). — B. LIM., *chontá* ; CAT., ESP., ITAL., *cantare*. — ETY. LAT., *cantare*.

CAN (378) CAN

CANTABREMO, PROV., s. f. V.

CANTABRUNO, s. f. Roseau ou paille qui sert à humer le vin dans un baril ; chalumeau.

CANTADIS, isso, adj. Chantant, e, harmonieux. *Cantadis*, s. m. V.

CANTADISSO, s. f. Concert à l'unisson de plusieurs voix ; chants continuels qui ennuient ceux qui les entendent, *quouro finirá aquelo cantadisso?* Quand finiront tous ces chants ?— SYN. *cantario.* — ETY., *cantá.*

CANTADOU, s. m. V. Cantaire.

CANTAGE, s. m. Service religieux, célébré le jour anniversaire de la mort d'une personne. B. LIM., *chontaje* ; ANC. CAT., *cantar*. — ETY., *cantá*.

CANTAIRE, o, s. m. et f. CANTAIRE, chanteur, euse, celui, celle qui chante, qui fait métier de chanter. — PROV., au fém. *cantarello* ; v. FR., *chantere* ; CAT., ESP., *cantador* ; ITAL., *cantatore*. — ETY. LAT., *cantator*.

CANTAREL, ello, adj. Qui aime les chants. — SYN. *cantarèu*. — ETY., *cantá*.

CANTARELEJA, v.n. Chantonner, chanter à demi-voix. — ETY., fréq. de *cantá*.

CANTARELO, s. f. Chanterelle, la corde la plus fine d'un instrument à manche, celle qui a le son le plus aigu ; oiseau qu'on met dans une cage pour que son chant en attire d'autres; perdrix, caille dressées pour servir d'appeau. — ITAL., *cantarella*. — ETY., *cantá*.

CANTARIDA-DE-LA-VIGNA, MONTP., s. f. On donne ce nom à plusieurs insectes de l'ordre des coléoptères qui causent certains dégâts dans les vignes, et particulièrement à l'attelabe, auquel nos vignerons donnent le nom de *cigarur* (V. ce mot), et à l'altise, qu'ils désignent par celui de *blueto*. Ces deux insectes sont d'un vert à peu près semblable à celui de la cantharide.

CANTARIDIER, s. m. Frêne ou arbre des cantharides. V. Fraisse. — ETY., *cantarido* ; cet insecte a donné son nom au frêne, parce qu'il en mange les feuilles.

CANTARIDO, s. f. CANTARIDA, cantharide, *Meloe vesicatorius*, insecte de l'ordre des coléoptères et de la fam. des vésicants. — SYN. *cantarigo*, *cantarilho*. — CAT., ESP., PORT., *cantarida* ; ITAL., *cantaride*. — LAT., *cantharida*.

CANTARIGO, s. f. V. Cantarido.

CANTARILHO, CAST., s. f. V. Cantarido.

CANTARIO, PROV., s. f. V. Cantadisso.

CANTAROT, PROV., s. m. Pot de chambre.—ETY. LAT., *cantharus*, de κάνθαρος, coupe.

CANTASOUS, s. f. p. Disposition à chanter : *me troubas pas en cantasous*, je ne suis pas d'humeur à chanter. — ETY., *cantá*.

CANTASSÈYA, BÉARN., v. n. Chanter beaucoup et mal. — ETY., fréq. de *cantá*.

CANTE, BÉARN., s. m. Chant. V. Cant.

CANTE, o, PROV., pron. Lequel, laquelle, quel, quelle, combien.

CANTE, PROV., s. m. Liche ou sparaillon, *Sparus annularis*, poisson du genre squale. — ETY., κάνθαρος.

CANTEL, **CANTÈU**, CARC., PROV., s. m. CANTEL, chanteau ; premier morceau ou gros quartier qu'on tire d'un pain ; chanteau d'un manteau, d'une meule de moulin, etc. ; une des pièces du fond d'un tonneau. *De cantel*, loc. adv., de champ. — PROV., *chantèu* ; B. LIM., *chontel*; QUERC. *contel* ; CAT., *cantel*; ESP., *cantillo* ; ITAL., *cantoncello*. — ETY. B. LAT., *cantellus*, dim. de *cantus*, coin.

Bòni, moun riban blu, ma doublo giroufiado,
Moun CANTEL de pa blanc, moun mel e ma cau—
[lado.
GOUDELIN.

CANTELÁ, CAST., v. a. Couper un pain par chanteaux. — ETY., *cantel*.

CANTEQUANT, PROV., adv. Tout de suite. V. Catecan.

CANTEREJA, GASC., v. n. Suivre les bords d'un fossé ; les réparer. — ETY., *cantero*, bord d'un fossé.

CANTERO, GASC., s. f. Bord d'un fossé. ETY. KYMRI, *cant*, rebord.

CANTET, GASC., s. m. V. Cantero.

CANTILAT, GASC., s. m. Chevron d'angle d'une charpente. — ETY. ALL., *kante*, coin.

CANTILHO, TOUL., s. f. Chenille. V. Canilho.

CANTINADO, s. f. Plein une cantine.— ETY., *cantino*.

CANTINO, s. f. Cantine, espèce de bouteille ; lieu où l'on vend du vin, de l'eau-de-vie, etc., dans les casernes, les prisons ; petite caisse à compartiments qui sert à transporter des bouteilles de vin et d'autres liqueurs. — ITAL., *cantina*, cuve, cellier. — ETY. LAT., *quintana*, lieu dans les camps romains où l'on vendait toutes sortes de choses.

CANTO-CARUMEL, GASC., s. m. Chalumeau fait avec une hampe de seigle vert.

CANTO-PERDRIS, s. f. On désigne par ce mot composé les coteaux arides où l'on entend, le matin et le soir, chanter les perdrix. C'est aussi le nom du garou à feuilles étroites, arbrisseau qui croît dans les terrains secs et arides. — SYN. *trentanel, trintanèlo*, garou.

CANTOPLOURO, s. f. Chante-pleure, sorte de grand entonnoir en ferblanc ou en zinc ; particulièrement, entonnoir avec un long tuyau percé de plusieurs trous par le bout inférieur, pour faire couler du vin dans une futaille, sans le troubler ; CAST., ventouse pour tirer le lait du sein d'une femme. — ETY., *canto*, chante, et *plouro*, pleure ; cette espèce d'entonnoir est ainsi appelée à cause du bruit que fait entendre le liquide en s'écoulant.

CANTORTO, ARIÉG., s. f. Violette. — SYN. *canilorto*.

CANTOU, CANTOUN, s. m. CANTON, coin, recoin, angle d'un mur ; portion de pays comprise entre certaines bornes ; carrefour ; au fig. *a virat lou cantou*, la tête lui a tourné. — QUERC., *contoù*; BÉARN., *cout*; ESP., CAT., *canton*, *canto*; ITAL., *cantone*. — ETY. ALL., *kante*, côté, coin.

CANTOULHA, v. a. et n. Chantonner. — ETY., *cantá*.

CANTOUNA, v. a. Cantonner, distribuer en différents cantons ou villages; acculer, pousser dans un coin ; au fig. mettre au pied du mur; *se cantouná*, v. r., se cantonner ; s'acculer, se mettre dans un coin, se blottir. — SYN. *acantouná*. — ETY., *cantoun*.

CANTOUNADO, s. f. Recoin, endroit reculé et caché ; coin de rue ; ordures entassées dans un coin. — CAT., *cantonada*; ITAL., *cantonata*.— ETY., *cantounado*, s. part. f. de *cantouná*.

CANTOUNEJA, v. n. Chantonner, chanter souvent et entre les dents, fredonner un air, une chanson, gringotter. — SYN. *cantourlejá, cantoulhá, cantouniá, cantourlhá, canturlejá*.—ETY., fréq. de *cantá*.

CANTOUNET, s. m. Petit coin. — ETY., dim. de *cantoun*.

CANTOUNIA, v. n. Chantonner. V. Cantouneja.

CANTOUNIÈIRO, CANTOUNIÉRO, s. f. Femme de mauvaise vie. — ETY., *cantoun*, recoin, lieu écarté où ces femmes cachent leur commerce honteux.

CANTOURLEJA, v. n. Chantonner. V. Cantouneja.

CANTOURLHA, v. n. V. Cantouneja.

CANTOURLO, s. f. V. Canturlo.

CANTOURNO, CÉV., s. f. Chantourné, pièce d'un lit qui se met entre le dossier et le chevet.

CANTRE, s. m. Chantre.

CANTUCEL, s. m. Appeau fait de la partie supérieure d'une corne de bœuf, avec lequel le chasseur attire les perdrix mâles ou *gabres*, en imitant le chant des femelles. Ce mot paraît être une altération de *cantaucel*.

CANTUCELA, v. n. Faire la chasse aux perdrix mâles avec l'appeau appelé *cantucel*, qui imite le chant des femelles.

CANTUCELAIRE, s. m. Celui qui, avec l'appeau appelé *cantucel*, attire, pour les tuer ou les faire tomber dans un piège, les perdrix mâles. — ETY., *cantucelá*.

CANTURLEJA, v. n. Chantonner. V. Cantouneja.

CANTURLO, s. f. Tête, sens, jugement : *a bouno canturlo*, il a du bon sens ; *virá la canturlo*, perdre la tête, devenir fou. L'abbé de Sauvages donne aussi à *canturlo* la signification de ivresse : *a la canturlo*, il est ivre. Comme les ivrognes ont l'habitude de chanter, *canturlo* dérive probablement de *cantá*, *canturlejá*. — Syn. *cantourlo*.

CANUDO, s. f. Nom de plusieurs poissons de la Méditerranée. V. Roucau.

CANUGI, prov., s. m. Odeur de chien, faguenas, mauvaise odeur, sortant d'un corps malpropre ou malsain. — Ety., *can*, chien.

CAP, s. m. Cap, tête ; bout, fin, extrémité : *cap des dets*, bout des doigts; T. de mar., cordage destiné à la manœuvre d'un vaisseau ; l'avant du vaisseau ; promontoire. *Al cap de l'an*, à la fin de l'année ; *n'a ni cap ni centeno*, se dit, au propre, d'un écheveau qu'on ne peut démêler, et au fig. d'une chose absurde qui n'a ni tête ni queue. *N'ai pas cap*, je n'en ai point ; *n'ai pas cap de boussi*, je n'en ai pas un seul morceau ; *estre à cap de cami*, être à la fin de sa course. *Cap-e-cap*, adv., tête à tête ; *de cap à pè*, du haut en bas, d'un bout à l'autre ; *cap ou autre*, issue ; *cal qu'aquel afaire prengue cap ou autre*, il faut que cette affaire ait une bonne ou une mauvaise issue, qu'elle se termine d'une manière quelconque ; gasc., *nou n'i a cap*, il n'y a rien ; béarn., *metet-p'au cap*, mettez-vous dans la tête ; *de cap en bat*, la tête en bas. — *Cap*., prép. vers : *cap an cl*, vers lui.—Cat., *cap* ; esp., *cabo*; ital., *capo*. — Ety. lat., *caput*.

CAPA, cast., v. n. Cosser, se cosser ; il se dit des béliers et des autres bêtes à cornes qui heurtent de la tête l'une contre l'autre ; on dit aussi *se capá*, v. r. — Ety.; *cap*, tête.

CAPAIRE, s. m. Bélier, mouton qui se cosse. — Ety., *capá*.

CAPAIROU, toul., s. m. Chaperon. V. Capèiroù.

CAPAISSOL, nim., s. m. Aisseau. V. Aisset.

CAPARRAS, s. m. Grosse et forte tête, au propre et au figuré. — Ety., augm. de *cap*.

CAPARRASSO, s. f. V. Caparras.

CAPARRUT, udo, gasc., adj. Têtu, e, entêté, qui ne veut pas démordre de sa manière de voir. — Syn. *capbourrut*. — Ety., *cap*.

CAPAS, s. m. Grosse tête. — Ety., augm. de *cap*.

CAP-BAL, cév., adv. En bas, de haut en bas ; mieux, *cap-val*, *cap-aval*.

CAP-BAS, s. et adj. Fin, rusé, sournois, qui va la tête inclinée. — Cat., *cap-bax* ; esp., *cabisbajo*. — Ety., *cap*, tête, et *bas*, basse.

CAPBILHA, cév., v. a. Culbuter ; v. n. tomber la tête la première. — Ety., altér. de *capvirà*.

CAPBIRA, v. a. Mettre en haut ce qui était en bas ; tordre le cou. V. Capvirá.

CAP-BLANC, toul., s. m. Ammi à larges feuilles ou ammi des anciens, *Ammi majus*, plante de la fam. des ombellifères. Le nom de *cap-blanc*, tiré de la couleur blanche des fleurs de cette plante, convient aussi à l'ammi visnage ou herbe aux cure-dents, de la même famille, qui a les fleurs de la même couleur. On donne le même nom, à Toulouse, à l'ammi diversifolié. — Syn. *api fol*, ammi à larges feuilles.

CAPBOURRUT, udo, gasc., adj. Entêté, ée, têtu, opiniâtre. — Syn. *caparrut*.

CAPCASAL, s. m. Capcasal, métairie principale ; gasc., chef de maison. — Ety., *cap*, chef, principal, et *casal* maison, métairie.

CAP-D'AGNELO, gasc., s. f. Grande vesse de loup, champignon. — Syn. *boulet d'agnel*.

CAP-D'AN, s. m. Bout de l'an ou service du bout de l'an, qui se fait pour un mort, un an après le jour de son décès. — Syn. *cap*, tête, bout, et *an*.

CAP-D'ASE, toul., s. m. Centaurée noirâtre, *Centaurea nigrescens*, plante de la fam. des synanthérées, à fleurons purpurins, qu'on trouve dans les prairies et qui fleurit en juin et août ; centaurée jacée, *Centaurea jacea*, de la même fam., qui ressemble beaucoup à la précédente. On donne aussi ce nom à la scabieuse des champs, *Scabiosa arvensis*, et à la scabieuse mors-du-diable, *Scabiosa succisa* de la fam. des dipsacées.

CAPDAUANTE, èro, GASC., adj. Celui qui tient la tête, qui marche en avant; premier, ière. — ETY., *cap*, tête, et *dauant*, devant.

CAP-D'AUCEL, s. m. Séneçon commun ou herbe aux charpentiers, *Senecio vulgaris*, plante de la fam. des synanthérées, à fleurons jaunes. Noms divers : *signassou, sanissou, cardet, cardeto, cardeco, herbo de las cardounilhos*. Dans le dialecte toulousain, on appelle *cap d'aucel*, le trèfle des champs, appelé aussi *pato de lapin*.

CAP-D'AUTAL, CÉV., s. m. Fête majeure. — ETY., *cap* et *autal*, autel.

CAP-DE-CANTOU, CÉV., s. m. Coin de rue.

CAP-DE-JOUVENT, s. m. Chef de la jeunesse. On dit aussi, *abat de la jouinesso*. — ETY., *cap*, tête, et *jouvent*, jeunesse.

CAP-DE-LÈIT, CAST., s. m. Châlit, bois de lit. — ESP., *cadalecho* ; ITAL., *cataletto*. — ETY. B. LAT., *cadeletus*.

CAP-DE-NOUM, espèce de jurement, V. Cade.

CAP-DE-PORC, s. m. Imbécile, nigaud; insouciant, ignorant. — ETY., *cap*, tête, et *porc*, cochon, tête de cochon.

CAP-D'OBRO, s. m. Chef d'œuvre. — ETY., *cap*, chef, et *d'obro*, d'œuvre.

CAP-D'HOUSTAL, s. m. L'aîné, le chef de la maison, de la famille. — ETY., *cap*, chef, et *houstal*, maison.

CAPE, BÉARN., s. f. Manteau d'homme. V. Capo.

CAPÈIROU, CAPÈIROUN, s. m. CAPAIRO, chaperon, espèce de coiffure, capuchon; ornement que portent sur l'épaule certains magistrats et les gradués des facultés ; CÉV., instrument de pêche appelé truble, en forme d'entonnoir, avec un manche de bois adapté au cerceau qui entoure le haut du filet. — SYN. *vignòu, baganaut, bagaut*, truble. — ETY., *cap*.

CAPEJA, v. n. Avancer avec précaution la tête afin de voir ce qui se passe dans un lieu quelconque sans être vu; tourner la tête à droite et à gauche pour regarder de tous côtés ; remuer la tête en dormant sur un siège. — ESP., PORT., *cabecear*. — ETY., *cap*, tête.

CAPEJAIRE, s. m. Celui qui veut voir sans être vu, et qui montre tant soit peu la tête; en roman, *capejayre*, poursuivant. — ETY., *capejá*.

CAPEJAMENT, s. m. Action de ne montrer que le haut de la tête pour voir sans être vu ; balancement de la tête de celui qui dort sur une chaise. — ETY., *capejá*, et le suffixe *ment*.

CAPEL, s. m. CAPEL, chapeau, couvre-chef, coiffure d'homme et de femme ; tout ce qui sert à couvrir; champignon qui se forme au lumignon d'une mèche qui brûle. *Capel-de-bugado*, couvert de paille ou d'éclisse qu'on met sur le cuvier. — CAT., *capel* ; ESP., *capelo* ; PORT., *chapeo* ; ITAL., *cappello*. — ETY., dim. de *capo*, chape.

CAPELA, GASC., CÉV., v. a. Couvrir d'un chapeau, et, par ext., couvrir ; *se capelá*, v. r., se couvrir la tête d'un chapeau. — SYN. *caperá, caperaa*. — ETY., *capel*.

CAPELA, CAPELAN, s. m. Prêtre, chapelain, abbé en général ; T. de magnanerie, ver à soie mort d'une maladie qui le fait devenir noir comme une soutane. — CAT., *capella* ; ESP., *capellan* ; ITAL., *capellano* ; B. LAT., *capellanus*. — ETY. B. LAT., *capella*, chapelle.

Entre filhos e CAPELA
Savou pas ount manjarou soun pa.
PRO.

CAPELA, CAST., s. m. Nom du *Muscari neglectum*, de la fam. des liliacées.

CAPELA, CAPELAN, s. m. Capelan ou officier, *Gadus minutus*, petit poisson de mer de l'ordre des holobranches et de la fam. des jugulaires ; on donne le même nom au gade blennoïde, qui est beaucoup moins commun. A Montpellier, on appelle ainsi le merlan commun.

CAPELADO, s. f. Salutation faite avec le chapeau ; plein un chapeau; taudis, dans le dialecte toulousain ; couvert d'un moulin à vent. — SYN. *chapelau, chapelayo*. — B. LIM., *chopelado*. — ETY., *capel*, chapeau.

CAPELAN, cév., s. m. Carthame ou safran bâtard, *Carthamus tinctorius*, plante de la fam. des synanthérées, dont les semences sont appelées graines de perroquet. — Syn. *grano de perrouquet, safranoun*. — Prov., *capelan di favos*, bruche qui mange les fèves ; *capelan-fer*, grande sauterelle verte dont les ailes ressemblent à celles d'un surplis.

CAPELAN, cév., s. m. Bucarde glauque, *Cardium glaucum*, mollusque bivalve de l'ordre des acéphales, qu'on trouve dans les sables auprès des côtes, et qu'on mange comme la bucarde sourdon ou *foulego*.

CAPELANIÉ, cast., s. f. Capelania, presbytère, maison curiale ; chapellenie, bénéfice d'un chapelain. — Éty., *capela, capelan*.

CAPELANILHO, CAPELANIO, s. f. Prétraille, terme de mépris pour désigner les ecclésiastiques. — Éty., *capelan*.

CAPELANOT, s. m. Petit prêtre. — Dim. de *capelan*.

CAPELARIÉ, s. f. Chapellerie. — Éty., *capel*.

CAPELAT, ado, gasc., cév., part. Couvert, e, couronné ; *mountagno capelado de néu*, montagne couronnée de neige. — Éty., *capelá*.

CAPELET, s. m. Petit chapeau, cupule du gland ; fruit du paliure ; jeu qui consiste à faire croiser des épingles en les jetant dans un chapeau ; dans quelques pays, chapelet. — Éty., dim. de *capel*.

CAPELETO, s. f. Petite chapelle. — Esp., *capilita* ; ital., *capelleta*. — Éty., dim. de *capèlo*.

CAPELETO, cév., s. f. Nombril de Vénus, ou ombilic à fleurs pendantes, ainsi appelé parce que sa feuille ronde ressemble à un petit chapeau chinois. — Syn. *coucaréio, campanelo, herbo de mounil, onder, escudel*. V. ce dernier mot.

CAPELETS, cév., s. m. Paliure. V. Capelet.

CAPELHA, toul., v. n. Tomber la tête la première. — Syn. *capilhá*. — Éty., *cap*, tête.

CAPELIER, ièiro, s. m. et f. Capellier, chapelier, ière, celui qui vend ou fabrique des chapeaux d'homme. — Éty., *capel*, chapeau.

CAPELINETO, s. f. Petite capeline ; liseron des champs, ainsi appelé à cause de la forme de ses fleurs en cloche qui ont quelque ressemblance avec une capeline. — Syn. *courrejolo*, liseron. — Dim. de *capelino*.

CAPELINO, s. f. Capelina, capeline, sorte de chapeau de femme, chapeau de paille, capote faite d'une étoffe légère pour être portée l'été. — Éty. b. lat., *capellina*, de *capa*, cape.

CAPELO, s. f. Capella, chapelle, petite église dans un palais, un hospice, un collége, etc. ; partie d'une église où est un autel ; au fig. marelle, jeu d'enfant qui consiste en une sorte d'échelle qui a la forme du plan d'une église, tracé sur la terre, dans laquelle on saute à cloche-pied en poussant un palet avec le bout du pied. — Béarn., *capere* ; esp., *capilla* ; cat., ital., *capella*. — Éty., suivant l'abbé de Sauvages, du b. lat. *capella*, petite chape. Les clercs qui gardaient la chape de St-Martin furent appelés *capellani*, et le petit édifice qui contenait cette relique reçut le nom de chapelle, d'où *capèlo*.

CAPELOU, CAPELOUN, s. m. Petit chapeau, chapeau d'enfant. — Dim. de *capel*.

CAPELUT, udo, cév., prov., adj. Huppé, ée ; on le dit, au propre, de certains oiseaux, tels que la huppe, le cochevis, etc., et au fig., des femmes qui ont une coiffure trop haute ; chevelu, e ; *capelu*, s. m., huppe ; crête, sommet d'une montagne. — Syn. *capurlat*. — Cat., *capillud* ; esp., *capilludo* ; ital., *capelluto*. — Éty., *capel*, ce qui couvre la tête.

CAPERA, CAPERAA, béarn., s. m. Prêtre. V. Capelá.

CAPET, gasc., s. m. Terre qui recouvre une carrière. — Éty., *capel*, chapeau.

CAPET, béarn., s. m. Petit manteau de femme ; capuchon. — Éty., *cap*.

CAPETO, s. f. Petit manteau qui ne couvre que la tête et les épaules; dans le dialecte toulousain, les paysans, en général, parce qu'ils étaient couverts d'une cape. — ETY., dim. de *capo*, cape.

CAPÈU, PROV., s. m. V. Capel.

CAPGIRA, AGAT., v. a. Retourner, mettre en haut ce qui était en bas. — SYN. *capvirá*. — ETY., *cap*, tête, et *girá*, tourner, retourner.

CAPGRIGNOUN, GASC., s. m. Têtard. V. Cancarignol.

CAP-GROS, s, m. Têtard. V. *Cancarignol* ; grenouille.

CAPIA, PROV., v. a. Comprendre, concevoir ; dépouiller le coton des corps étrangers qu'il contient.

CAPIAL, CAST., CARC., s. m. Mur de tête d'une maison; mur élevé, pignon d'un toit. — B. LIM., *chopial* ; QUERC., *copial* ; TOUL., *capiéu*. — ETY. altér. de *capital*, principal.

Aniren, quan fará souïel,
Nous seire al CAPIAL sur la fusto.
L. B. DE MONTRÉAL.

CAPICHOU, s. m. Capuchon. V. Capuchoù.

CAPIER, CASr., s. m. Chapier, celui qui porte une chape dans les cérémonies religieuses. — ETY., *capo*, chape.

CAPIERO, GASC., s. f. Peau de mouton ou de blaireau dont les bouviers couvrent la tête des bœufs. — ETY., *cap*.

CAPIÉU, TOUL., s. m. V. Capial.

CAPIGNA, v. a. CAPIGNAR, taquiner, asticoter, chercher noise, frapper doucement, sans malice et par manière d'agacerie; *se capigná*, se quereller, se provoquer par de petits coups. — ETY., *cap*, et *pigná*, prendre aux cheveux.

CAPIGNAIRE, o, adj. Taquin. V. Capignous.

CAPIGNEJA, v. a. Frapper doucement par manière d'agacerie. — FRÉQ. de *capigná*.

CAPIGNET, CÉV., adj. V.

CAPIGNOUS, o, adj. Taquin, e, pointilleux, hargneux, querelleur, toujours prêt à frapper. — SYN. *capignaire*. — ETY., *capigná*.

Savés pas que la populassa
Prou fioc sans saupre per qu'ou fai.
Tout-aro te la virarai,
Que sera touta vergougnousa
D'estr'estada autant CAPIGNOUSA.
FAVRE.

CAPILHA, CÉV., v. a. Culbuter, renverser ; v. n., tomber la tête la première. — SYN. *capelhá*. — ETY. ROM., *capil*, cheveux pour tête.

CAPILLERO, s. f. Capillaire, plante de la fam. des fougères, et particulièrement le capillaire de Montpellier ou cheveux de Vénus, *Adianthum capillus Veneris*, et le capillaire noir, *Asplenium adianthum nigrum*. On donne aussi ce nom à plusieurs espèces de doradilles. — ETY. LAT., *capillaris*, formé de *capillus*, cheveu ; les tiges de ces plantes ressemblent, jusqu'à un certain point à des cheveux.

CAPILOURDO, QUERC., s. f. Cabriole. V. Cabriolo.

CAPIOUN, PROV., s. m. Panetière, petit sac dans lequel les bergers portent leur pain.

CAPIROT, GASC., s. m. Manteau de femme. — ETY., dim. de *capo*.

CAPISCOL, s. m. Capiscol, chef du chœur d'un chapitre. V. Cabiscol.

CAPITA, v. n. Réussir bien ou mal dans une entreprise , *pla capitá*, *mal capitá*; quand on dit seulement *capitá*, on veut parler d'un succès ; *se capitá*, v. r., se rencontrer, se trouver ; arriver à un lieu vers lequel on se dirigeait. Il s'emploie aussi avec la voix active, et il signifie saisir, rencontrer. — SYN. *encapá*, *encapilá*. — ETY., *cap*, tête, but, *capitá*, aller vers un but.

En devisant de talo sorto
Se CAPITERON vers la porto.
MISTRAL, *Mirèio*.

CAPITAA, BÉARN., s. m. V. Capitani.

CAPITAL, o, adj. CAPITAL, capital, e, principal ; s. m., capital ; principal d'une dette ; cheptel, la totalité des bestiaux d'une métairie; bestiaux donnés à cheptel. — ETY., *capitau*. — ETY. LAT. *capitalis*.

CAPITANI, s. m. Capitani, chef d'une compagnie de soldats. — Anc. fr., *chévetaine* ; cat., *capitá* ; esp., *capitan* ; ital., *capitano*. — Ety. b. lat., *capitanus*, de *caput*, tête, chef.

CAPITAU, prov., adj. et s. V. Capital.

CAPITEL, cév., s. m. Capitel, couvercle, tout ce qui se sert à couvrir ; chapiteau qui couvre le fût d'une colonne. — Syn. *cabussel*. — Cat., *capitell* ; esp., port., *capitell* ; ital., *capitello*. — Ety. lat., *capitellum*, de *caput*, tête.

CAPITELLO, cév., s. f. Hutte ou baraque de vigne, contenant ordinairement une cuve pour recevoir la vendange ; maisonnette des champs. — Ety. lat., *capitellum*, de *caput*, ce qui couvre.

> Ai uno vigno à Pisso-vin
> Qu'os uno di miel acoutrado,
> Moun aso n'en sap lou camin,
> Lou fai tant de fes dins l'annado !
> Quand i vau, à moun pensamen
> Que de causo fan parpantello !
> Moun Dieu ! moun Dieu ! li bon moumen
> Qu'ai passa dins ma capitello.
>
> Reboul, de Nimes.

CAPITET, gasc., s. m. Linteau d'une porte.

CAPITO, prov., s. m. V. Capitoú.

CAPITORBO, toul., s. f. Jeu de colin-maillard. — Syn. *capitorto, catitorbo, catorgo, cato-borgno, meni-moun-ai*.

CAPITORTO, toul., s. f. V. Capitorbo.

CAPITOU, cév., s. m. Ferme d'un chapitre. On dit d'un gros mangeur et d'un dissipateur : *manjarió capitoú*, il mangerait le revenu d'un chapitre ; c'est dans le même sens qu'on dit : *manjarió la ramo de cent malhots*, il mangerait la feuille de cent jeunes vignes. — Syn. *capito*.

CAP-LATIER, cast., s. m. Coyau ou coyer, bout de chevron en saillie qui porte l'avance de l'égout d'un toit. — Ety., *cap*, bout, et *latier*, du lat. *later*, brique.

CAP-MARTEL, s. m. Champ qui n'est pas carré, dont la forme est irrégulière ; partie du champ où se trouve l'irrégularité. — Ety., *cap*, tête, et *martel*, marteau, parce que les champs ainsi appelés ont quelque ressemblance avec la tête d'un marteau.

CAP-MAS, s. m. Chef-lieu d'un domaine, habitation du maître ; chef de famille. — Syn. *cammas*. V. ce mot.

CAPMATRAS, gasc., s. m. Tige d'une vanne.

CAPMESTRE, s. m. Maître de chai. V. Cammestre.

CAP-NEGRE, s. m. Fauvette à tête noire. V. Bouscarido del cap negre. On appelle aussi *cap-negre*, ou *negro*, l'orchis brûlé, *Orchis ustulata*.

CAPO, s. f. Capa, cape, manteau à capuchon ; chape, vêtement d'église en forme de manteau, qui s'agrafe par devant et va jusqu'aux talons ; nom qu'on donne à différentes choses qui servent à couvrir et à renfermer ; *la capo del cel*, la voûte du ciel ; *rire joust capo*, rire sous cape, éprouver une satisfaction maligne qu'on cherche à dissimuler. *Metre à la capo*, T. de mar., serrer les voiles d'un navire et tourner la proue vers le vent. — Esp., *capa* ; ital., *cappa*. — Ety. b. lat., *capa*, du lat. *capere*, contenir.

CAPOLO, prov., s. f. Tas de gerbes triangulaire d'une ferme.

CAPOT, gasc., s. m. Capote, espèce de manteau ; prov., chaperon de la chape d'un berger. — Ety., *capo*.

CAPOTO, s. f. Capote, vêtement militaire ; couverture en cuir d'une voiture ; espèce de voiture ; chapeau de femme. — Dial. cast., *capoto roujo*, guillotine. — Ety, *capo*.

CAPOU, CAPOUN, s. m. Capon, chapon, coq châtré que l'on engraisse pour la table : *capo es gal per defauta de testils efeminat* (Elucidari) ; croûte frottée avec de l'ail qu'on met dans la salade ; au fig. capon, lâche, poltron, vaurien ; au fém., *capouno*, fille ou femme de mauvaise vie ; cév., T. de boucherie, la boîte à la moelle, pièce de l'épaule du bœuf à laquelle se joignent le paleron et le collier. T. de mar., capon, instrument composé d'une corde, d'une poulie et d'un croc de fer, qui sert à lever l'ancre. On donne aussi ce nom à l'eupatoire à feuilles de chanvre. — CAT., *capó*; ESP., *capon* ; PORT., *capão* ; ITAL., *cappone*. — ETY. LAT., *caponem*.

CAPOU, AGAT., s. m. Chef d'ouvriers travaillant à la construction des navires, et principalement chef des calfats et charpentiers. — ETY., *cap*, tête, chef.

CAPOUA, PROV., v. a. V. Capounà.

CAPOUCHIN, o, s. m. et f. Capucin, e, religieux, euse, de l'ordre de St François, portant un manteau avec un capuchon : *barbo de capouchin*, salade de chicorée sauvage étiolée. On donne aussi le nom de capouchin au pied d'alouette, et celui de *capouchin-fer* au pied d'alouette des champs. — ESP., *capuchin*. — ETY., ITAL., *cappucino*, de *cappucio*, capuce, capuchon.

CAPOUCHINA, v. n. Dandiner la tête en avant ou de côté en dormant ; dormir debout. — ETY., *capouchin*.

CAPOUCHINADO, s. f. Capucinade, mauvais sermon, discours de capucin ; mouvement de tête que fait une personne endormie sur une chaise ou sur un banc. — ETY., s. part. f. de *capouchinà*.

CAPOUCHINARIÉ, s. f. Fausse dévotion qui se borne à des pratiques extérieures. — ETY., *capouchin*.

CAPOUCHINEJA, v. n. V. Capouchinà.

CAPOUCHINO, s. f. Capucine à grandes fleurs ou grande capucine, cresson du Pérou, *Tropæolum majus*, plante de la fam, des géraniées, à fleurs d'un jaune orange maculé. On donne le même nom à la capucine à petites feuilles, *Tropæolum minus*, de la même famille, et à la capucine tubéreuse, *Tropæolum tuberosum*, dont les tubercules amylacés peuvent servir d'aliment après la cuisson. — ETY., *capouchin*, parce que les fleurs de la capucine ont la forme d'un capuchon.

CAPOUCHOU, **CAPOUCHOUN**, s. m. V. Capuchoun.

CAPOULA, CÉV., v. a. CAPOLAR, chapeler, hacher menu, couper par morceaux, découper avec des ciseaux ; charpenter, couper, tailler d'une manière maladroite. — ETY. LAT., *capulare*.

CAPOULIER, s. m. Chef d'une compagnie, d'une troupe de travailleurs. *Lou capoulier del felibrige*, le chef ou le président de la Société des poëtes provençaux. — SYN. *capourier*. — ETY., *cap*, tête, chef.

CAPOULIERO, PROV., s. f. Nappes de filets à larges mailles qu'on place à l'entrée ou à l'extrémité des bourdigues.

CAPOULOUN, CÉV., s. m. Coupon d'étoffe. — SYN. *escapouloun*. — ETY., *capoulá*, découper, couper.

CAPOUN, s. et adj. Capon, lâche. V. Capoú.

CAPOUNA, v. a. CAPONAR, chaponner ou châtrer un jeune coq ; v. n., caponner, agir en capon, faire le capon, se montrer poltron ; gueuser. — SYN. *capouá*, chaponner ; B. LIM., *chopouná* ; CAT., *caponar* ; ESP., *capar* ; ITAL., *capponare*. — ETY., *capoun*.

CAPOUNADOU, adj. m. En âge d'être chaponné, en parlant d'un jeune coq. — ETY., *capouná*.

CAPOUNALHO, s. f. Les capons, les vauriens, en général, gueusaille. — ETY., *capoun*.

CAPOUNARIÉ, s. f. Lâcheté, trait, conduite de capon, de vaurien. — ETY., *capouná*.

CAPOUNAS, asso, adj. Très-lâche. — ETY., augm. de *capoun*.

CAPOUNEJA, v. n. Se montrer lâche, poltron ; vagabonder ; polissonner. — ETY., fréq. de *capouná*.

CAPOUN-FER, PROV., s. m. Sacre, *Vultur percnopterus* ; on donne le même nom au petit vautour, *Vultur leucocephalus*.

CAPOUN-GALHOUN, s. m. Coq à demi châtré.

CAPOUNOT, o, s. m. et f. Jeune libertin, jeune libertine ; vaurien. — ETY., dim. de *capoun*.

CAPOURIER, PROV., s. m. V. Capoulier.

CAPOUTA, CÉV., v. a. Donner des coups sur la tête ; tapoter ; relever la capote d'une voiture. — ETY., *cap*, tête, pour la première acception ; et *capoto*, pour la seconde.

CAPOUTET, cév., s. m. Petit chapeau de femme. — Ety., dim. de *capoto*.

CAP-PELAT, ado, adj. Chauve, qui n'a plus de cheveux ou qui n'en a guère. — Syn. *cap-plumat*. — Ety., *cap*, tête, et *pelat*, pelé.

CAP-PLUMAT, ado, adj. V. *Cap-pelat*.

CAP-PRESSAT, querc., s. m. Fromage de cochon.

CAPRICI, s. m. Caprice, fantaisie, boutade ; inégalité d'humeur. *Per caprici*, adv. comp., capricieusement, par caprice. — Cat., *caprixo* ; esp., *capricho* ; ital., *capriccio*. — Ety., *capra*, chèvre ; saut de chèvre, chose inattendue.

CAPRICIA (Se), v. r. V. *Caprissà*.

CAPRICIUS, o, adj. Capricieux, euse, sujet à des caprices, inconstant dans ses goûts. — Cat., *caprixos* ; esp., *caprichoso* ; ital., *capriccioso*. — Ety., *caprici*.

CAPRICORNO, s. m. Capricornus, capricorne, un des douze signes du Zodiaque ; capricorne, genre d'insectes coléoptères qui sont pourvus de très-longues antennes, et dont une espèce, le *Cerambix moschatus*, a une forte odeur de rose. V. *Banard*.

CAPRIER, s. m. Câprier. V. *Taperier*.

CAPRISSA (Se), v. r. Prendre du caprice, avoir un caprice, s'entêter, s'obstiner à une chose déraisonnable. — Syn. *se capriciá*, *s'acaprissá*. — Ety., *caprici*.

CAPRO, s. f. V. *Tapero*.

CAP-ROUS, toul., s. m. Lotier corniculé ou lotier à cornes, *Lotus corniculatus*, plante de la fam. des papilionacées, appelée aussi *jauneto*, *embriago*, *embreigo*.

CAPSANO, s. f. Licou. V. *Cachano*.

CAPSE, gasc., s. m. Traversin ; roman, châsse. — Ety. lat., *capsa*.

CAPSUS, béarn., adv. Au-dessus, fort au-dessus. — Ety., *cap*, tête, et *sus*, en haut.

CAPTALIER, prov., s. m. Fermier, preneur d'un cheptel ; sectateur. — Ety., *captal* pour *capital*, cheptel.

CAPTIVA, v. a. Captivar, captiver, rendre captif, retenir prisonnier ; au fig. soumettre, maîtriser, séduire, gagner, charmer. *Se captivà*, v. r., se captiver, se rendre attentif, soumis. — Esp., *cautivar* ; port., *cativar* ; ital., *cattivare*. — Ety. lat., *captivare*.

CAPUCHO, s. f. Capuce, capuchon ; couverture de la tête ; b. lim., pomme d'un chou cabus, d'une laitue pommée. — Ety. ital., *cappuccio* ; augm. de *cappa*.

CAPUCHOU, CAPUCHOUN, s. m. Capuchon, vêtement de tête qui se rabat ou se jette en arrière à volonté. — Syn. *capichou*, *capacchou*, *capouchoun*. — Ety., *capucho*.

CAPUCIN, s. m. V. *Capouchin*.

CAPUCINA, v. n. V. *Capouchinà*.

CAPUCINADO, s. f. V. *Capouchinado*.

CAPULADO, gasc., s. f. Huppe, oiseau. V. *Putput*.

CAPULLO, s. f. Vêtement blanc, appelé aussi *chrismale*, qu'on mettait sur la tête des enfants qui venaient d'être baptisés ; robe ou manteau de baptême ; au fig. commencement, principe. — B. lat., *capulla*.

Lou trintrau de sa vido es establit dejà,
L'a près à la capullo, et toujour s'en tendrà.
J. AZAÏS.

CAPURIOLO, montalb., s. f. Culbute ; *fa la capuriolo*, faire la culbute, tomber la tête première. — Syn. *cabriolo*, *cambirolo*. — Ety., *caput*, tête.

CAPURLAT, ado, toul., cév., adj. Huppé, ée, en parlant de certains oiseaux ; *pijou capurlat*, pigeon huppé. — Syn. *capelat*. — Ety., *capurlo*, huppe.

CAPURLO, toul., cév., s. f. Huppe d'oiseau. — B. lim., *chopu*. — Ety., *cap*, tête.

CAPUS, adj. m. Cabus, pommé ; *caulet capus*, chou cabus, chou pommé. Ety., *caput*, tête.

CAPUSA, v. a. V. *Capuzà*.

CAPUSALHO, gast., s. f. Choux cabus avant leur maturité. — Ety., *capus*.

CAPUSSET, s. m. V. *Cabusset*.

CAPUSSOU, CAPUSSOUN, s. m. V. *Capuchou*.

CAPUT, udo, part. contenu, e, V. *Cauput*.

CAPUT, adj. Têtu, entêté. — Ety, *cap*.

CAPUTA, CAPUTAGE, CAPUTAIRE, CAPUTILHOS, V. Capuzà, etc.

CAPUZA, v. a. Capuzar, charpenter, couper en morceaux, dépécer, en parlant du bois. — Syn. *capusà, caputà*, qui signifie aussi épointer.

CAPUZADOU, s. m. Atelier où l'on coupe du bois. — Syn. *capuzarié*. — Ety., *capuzà*.

CAPUZAGE, s. m. Action de charpenter, de dépécer, d'équarrir du bois, d'en faire des tuteurs ou des échalas. — Syn. *capusage, caputage*. — Ety., *capuzà*.

CAPUZAIRE, s. m. Celui qui charpente, qui taille, équarrit des pièces, des barres de bois avec la hache. — Syn. *capusaire, caputaire*. — Ety., *capuzà*.

CAPUZARIÉ, s. f. V. Capuzadou.

CAPUZILHOS, s. f. p. V. Copeaux que la hache détache d'une pièce de bois. — Syn. *caputilhos*.

CAPVIRA, v. a. Renverser, mettre en haut ce qui était en bas, retourner, brouiller, mêler ; v. n., chavirer. — Ety., *capgirà, cagirà*. — Ety., *cap*, tête, et *virà*, virer, retourner.

CAPVIRADO, s. f. V. Antarado.

CAR, b. lim., s. m. Charrette, char à bœufs. V. Carri.

CAR, s. f. Chair. V. Carn.

CAR, o, adj. Car, cher, chère, aimé, chéri ; précieux, qui est d'un prix élevé. — Cat., *car* ; esp., ital., *caro*. — Ety., lat., *carus*.

CAR, conj. Car, quar, qar ; cette conjonction sert à marquer que l'on va donner la raison d'une proposition énoncée. — Anc. cat., *quar* ; anc. ital., *quare*. — Ety. lat., *quare*, c'est pourquoi.

CARA, prov., v. a. *Cara fuec*, mettre le feu, incendier.

CARA, béarn., v. n. Se taire. V. Calà.

CARABACO, prov., s. f. Crabe. V. Cran.

CARABAGNADO, cév., s. f. Batelée, prodigieuse quantité. — Syn. *parabastado, tarabastado*.

CARABASSO, s. f. Crevasse. V. Crebasso.

CARABASSO, cast., s. f. Cravache, sorte de fouet dont on se sert quand on monte à cheval. — Ety. all. *karbalsche*.

CARABASSO, prov., s. f. V. Calabasso.

CARABAUGNA, ado, cév., adj. Creux, se, creusé par la pourriture, en parlant des arbres. — Syn. *carabougnat*. — Ety., *carabaugnò*.

CARABAUGNO, cév., s. f. Creux, cavité d'un arbre pourri. — Syn. *carabougno*.

CARABEGNAT, cast., s. m. V.

CARABENAT, s. m. Lieu planté de roseaux ; treillis de roseaux ; clôture faite avec des roseaux. — Ety., *carabeno*.

CARABENO, s. f. Roseau, canne de Provence, *Arundo donax*. — Syn. *carbeno, cano, caneu*. — Ety., altér. de *canabero*.

CARABINEJA, cév., v. a. Trôler, mener quelqu'un, le traîner après soi dans différents endroits ; porter çà et là un objet quelconque ; v. n., courir çà et là. — Ety., *carabin*, soldat de cavalerie légère au XVIe siècle.

CARABOUGNAT, ado, adj. V. Carabaugnà.

CARABOUGNO, s. f. V. Carabaugno.

CARABOUQUIER, prov., s. m. Rossignol de muraille. — Syn. *couo-roussò*.

CARABRUI, prov., s. m. Chanvre grossier, chènevotte. — Syn. *carai, candilhous*.

CARABRUN, prov., s. m. V. Calabrun.

CARACACA, s. m. Coquerico ou chant du coq ; coquelicot. V. Rouèlo. — Syn. *cacalaçà*.

CARACOL, s. m. Haricot à grandes fleurs, *Phaseolus caracalla*, de la fam. des papilionacées, ainsi appelé à cause de sa fleur qui est contournée en spirale comme la coque d'un limaçon. — Syn. caracollo. — Ital., caracò; esp., caracol, limaçon.

CARACOLLO, s. f. V. Caracol.

CARACOU, s. m. Bohémien ; à Béziers, on appelle ainsi les *Gitanos* qui fréquentent les marchés de cette ville, où ils font le commerce des ânes. — Syn. *chinchou, chincho*. — Ety., *Caraca*, petite île dans la province de Séville.

CARAGAULA, montp., s. f. Nom de l'*Hélix aspersa*. — Biterr., *cagaraulo*.

CARAGE, CARAGI, prov., s. m. Face, visage, par ext., tête ; ancienne coiffe des Juives. — Ety., *caro*.

CARAGOU, prov., s. m. (caragòu). Escargot. V. Cagarol.

CARAI, prov., s. m. Chènevotte ; filasse brute du chanvre. — Syn. *carabrui, candilhouns*.

CARAIOUN, prov., s. m. V. Fournelé.

CARAJOU, cév., s. m. (carajòu), cruche. — Biterr., *arjol*.

CARAL, CARALIÈ, V. Carral.

CARAMAN, cév., s. m. V. Calaman.

CARAMANDRO, cév., s. f. V. Calamandro!

CARAMANTRANT, s. m. V. Carementrant.

CARAMANTRETO, s. f. V. Carementreto.

CARAMBOT, s. m. V. Caramoto.

CARAMEL, s. m. Tuyau de blé, chalumeau ; scion ou jet vigoureux d'un arbre ; *caramel de cordos*, paquet de cordes de jonc. — Syn. *calamel*, chalumeau.

CARAMELA, v. n. V. Calamelá.

CARAMÈLO, toul., s. f. Cáramela, chalumeau ; nom donné aussi au trèfle odorant ou psoralier bitumineux. V. Calamèlo.

CARAMÈLOS, cast., s. f. p. Quatre bâtons courts et petits dont on se sert pour atteler les bêtes de labour ; on les passe dans les trous du joug, *jouato*, et les ganses du collier. — Ety., *caramel*, scion, rejeton d'arbre ou d'arbrisseau.

CARAMET, albi., s. m. Petit chalumeau. — Ety., dim. de *caramel*.

CARAMI, prov., adj. et s. Chafouin, qui a la figure refrognée.

CARAMOTO, s. f. Palémon esquille, chevrette de mer, vulg. appelée crevette, *Cancer squilla*, crustacé de l'ordre des astacoïdes. — Syn. *civad, civado de mar, langoustin, carambot*. — Ety., καίραβος.

CARANCA, CARANCAT, s. m. V. Calancat.

CARANCHOUNO, prov., s. f. Caresse.

CARANCO, prov., s. f. Ruelle étroite qui a une forte pente ; il est aussi synonyme de *calanco*. V. ce mot.

CARANDRO, s. f. V. Calandro.

CARAS, cév., s. m. Tombeau ; radeau. (Sauvages).

CARASSO, s. f. Figure : *bouno carasso*, bonne figure ; *marrido carasso*, mauvaise mine. — Cat., *carassa*; esp., *caraza*. — Ety., augm. de *caro*.

CARAT, ado, adj. Qui a trait à la figure : *home mal carat*, homme de mauvaise mine. — Ety., *caro*, visage, figure.

CARAUGNADO, s. f. V. Carougnado.

CARAVAS, prov., s. m. Nom commun à tous les insectes du genre escarbot. — Syn. *escarbot, escaravas*.

CARAVENC, cév., s. m. Trou, précipice.

CARAVÈU, prov., s. m. Creux dans le bois mort, petite caisse où l'on met le levain.

CARAVIGA, prov., v. a. Infiltrer ; *caravigá lou pouisoun jusqu'is os*, infiltrer le poison jusqu'aux os.

CARAVIRA, v. a. Bouleverser, effrayer. V. Carovirá.

CARAVIU, prov., s. m. V. Charivàri.

CARBA, cast., v. a. Mettre les anses à un chaudron, à un panier, à un seau, etc. — Ety., *carbo*, anse.

CARBATOU, cast., s. m. Moineau friquet. — Biterr., *passerat de borgno*; prov., *sausin*.

CARBE, toul., cév., s. m. Carbe, chanvre. V. Canbe.

CARBENALH, CARBENAILH, TOUL., CÉV., s. m. Chènevière, champ semé de chanvre. — ETY., *carbe*. V. Canabiéro.

CARBE SALVAGE, TOUL., s. m. Cornuet ou chanvre d'eau, *Bidens tripartita*, plante de la fam. des synanthérées qui donne une teinture jaune.

CARBENO, GASC., s. f. Roseau. V. Canabèro.

CARBETOS, CAST., s. f. p. Chevrette, ustensile de cuisine que l'on suspend à la crémallière pour soutenir la poêle.

CARBO, s. f. Anse de chaudron, de seau, de panier; au fig. *carbos del col*, vertèbres du cou; clavicule. — SYN. *manilho*. — CAST., *querbo*; B. LIM., *charbo*.

CARBOU, CARBOUN, s. m. CARBO, charbon [de bois, charbon de terre ou de pierre, houille; morceau de bois embrasé; partie brûlée d'une mèche; charbon, tumeur inflammatoire qui passe promptement à l'état gangréneux; SYN. *carbouncle*, anthrax. — ETY. LAT., *carbonem*.

CARBOU, CARBOUN, s. m. Charbon, nielle des blés, *Uredo carbo*, plante parasite de la fam. des champignons, qui se développe sur le rachis, sur le pédicelle et à la place du grain. On donne le même nom à la carie, *Uredo caries*, qui attaque aussi les blés — SYN. *mascarun, carbouncle, carbounfle*.

CARBOUA, GASC., v. a. V. Carbouná.

CARBOUÈ, BÉARN., s. m. V. Carbounier.

CARBOUNA, v. a. Charbonner, réduire en charbon, noircir avec du charbon; v. n., tisonner; *se carbouná*; v. r., se charbonner, devenir charbon. — GASC., *carbouá*, PROV., *carbouniá*. — ETY., *carboun*, charbon.

CARBOUNADO, s. f. CARBONADA, étuvée de mouton, rouelle épaisse du côté de la noix qu'on fait cuire avec des oignons; *carbounado d'ase*, coups de bâton. — ITAL., *carbonata*; PORT., *caravonada*.

CARBOUNADO que se coi pas per tu,
Se se brulo, que t'enchautos tu?
PRO.

CARBOUNAT, adj., part. Charbonné, ée, réduit à l'état de charbon; noirci avec du charbon, barbouillé de noir; niellé ou carié, en parlant du blé. — SYN. *carbounel, carbounous*. — ETY., *carboun*.

CARBOUNCLE, s. m. CARBONCLE, escarboucle, pierre précieuse d'un rouge foncé qui a beaucoup d'éclat.

Le CARBOUNCLES ret gran claridat,
Tant que resplan en escurdat.
BREVIARI D'AMOR.

ANC. CAT., *carboncle*; ESP., *carbunclo*; ITAL., *carbonchio*. — ETY. LAT., *carbunculus*.

CARBOUNCLE, s. m. Charbon, anthrax; nielle des blés. V. Carbou.

CARBOUNEL, CÉV., adj. Charbonné ou niellé. V. Carbounat.

CARBOUNERÉ, CARBOUNERET, s. m. Petit grimpereau. — SYN. *escalo-peroun*.

CARBOUNET, s. m. Petit charbon. — CAT., *carbonet*. — ETY., dim. de *carboun*.

CARBOUNÉY, GASC., s. m. V. Carbounier.

CARBOUNFLE, s. m. Nielle des blés. V. Carbou.

CARBOUNIA, v. n. Tisonner. V. Carbouná.

CARBOUNIEIRO, s f. V. Carbouniéro.

CARBOUNIER, s. m. Charbonnier, celui qui fait, porte ou vend du charbon; mineur employé à extraire la houille; *jas carbounier*, mine de houille. — GASC. *carbouney*; CAT., *carboner*; ESP., *carbonero*, ITAL., *carbonajo*; PORT., *carvoeiro*. — ETY., *carboun*.

D'un sac de CARBOUNIER pot pas sourti farino blanco
PRO.

CARBOUNIÉRO, s. f. Charbonnière, lieu où l'on fait le charbon de bois; mine de houille; lieu où l'on met le charbon dans les maisons. — CAT., ESP., *carbonera*; ITAL., *carbonaja*. — ETY., *carbounier*.

CARBOUNILHO, s. f. Poussier ou débris de charbon; blé charbonné. — ETY., *carboun*.

CARBOUNOUS, adj. V. Carbounat.

CARBOUS (Herbo des), s. f. Bugle rampante ou consoude moyenne, *Ajuga reptans*; bugle pyramidale de Linnée; bugle de Genève, *Ajuga Genevensis*, plantes ainsi appelées parce qu'on leur attribue la vertu de guérir les charbons.

CARCA, BÉARN., v. a. V. Cargá.

CARCAGNA, v. a. Inquiéter, fatiguer, tourmenter, chercher noise, importuner, chatouiller; presser, assaillir; solliciter; *se carcagná*, v. r., s'inquiéter, se tourmenter, se quereller.

CARCAGNAIRE, s. m. Hargneux, grondeur, inquiet, celui qui aime à chercher noise aux autres. — ETY., *carcagná*.

CARCAGNAS, PROV., s. m. Gros crachat. — SYN. *carcagnolo, carcalas, escarcavai, carcalhat.*

CARCAGNAU, AGAT., s. m. Recoin, cachette.

CARCAGNO, PROV., s. f. Vieille femme grognarde. — SYN. *carcano.* — ETY., *carcagná.*

CARCAGNOLO, PROV., s. f. V. Carcagnas.

CARCAGNOU, PROV., s. m. (carcagnòu). Ergot des coqs.

CARCACNOUS, s. m. p. Gonds. V. Caucagnous.

CARCAISSOUS, ouso, ouo, PROV., adj. Inquiet, iète, tourmenté.

CARCALAS, CAST., s. m. V. Carcagnas.

CARCALHAT, PROV., s. m. Crachat. V. *carcagnas* : il signifie aussi mauvais tonneau.

CARCALHI, DAUPH., s. m. *Pourtá à carcalhi*, porter à chèvre-morte sur les épaules. V. Cabrimé.

CARCANAS, CÉV., s. m. Buse. V. Tartano.

CARCANAUS, CÉV., s. m. p. Gros et vilains souliers.

CARCANO, PROV., s. f. Vieille femme.

Aqui jouino emai CARCANO
Soun vestido egalamen
D'un plechoun de blanco lano
E d'un negro abihamen.
    MISTRAL, *Lis Isclo d'or.*

Là les jeunes et les vieilles — sont vêtues également — d'un voile de blanche laine — et d'un habillement noir.
SYN. *carcagno.*

CARCASSELLO, CAST., s. f. Courte échelle. V. Courcacélo.

CARCAVELA, CÉV., v. a. Tourmenter, agiter. — ETY., *carcavel*, pour *cascavel*, agiter comme un grelot.

CARCAVEL, DAUPH., s. m. Grelot, sonnette. V. Cascavel.

CARCAVÈLO, adj. *Nougo carcavèlo*, noix dont l'amande sèche sonne dans la coquille comme un grelot. — ETY., *carcavel*, grelot.

CARCAVIELH, o, CÉV., adj. Décrépit, e, de vieillesse, impotent, éclopé, usé. — SYN. *carcavielhit.* — ETY., *carca*, altér. de *carcan*, et *vielh*, vieux carcan, ou de *carcasso vielho*, carcasse vieille.

CARCAVIELHIT, ido, CÉV., adj. V. Carcavielh.

CARCAYSSOU, CAST., s. m. Brancard de charrette ou de charrue.

CARCHOFE, TOUL., CÉV., s. m. Grande joubarbe, à cause de sa ressemblance avec un artichaut. V. Barbajol.

CARCHOFETO, s. f. V. Carchofe.

CARCHOFLE, CÉV., s. m. Artichaut. V. *Artichau*. C'est aussi le nom de la cardonnette ou chardonnette.

CARCHOFLE D'ASE, s. m. Chardon crépu. V. *Artichau d'ase*. On donne le même nom au cirse laineux. — SYN. *carduil d'ase.*

CARCHOFO, NIM., s. f. Chardon Marie, chardon argenté. — PROV., *cardoun de Mario.* V. Canipau.

CARCHOUFLIER, CÉV., s. m. Plante de l'artichaut. — CAT., *carxofera.* — ETY., *carchofle.*

CARCI, CAST., s. m. Petit fromage sec et piquant; dans le dial. de Béziers, personne inquiète qui tourmente par ses plaintes incessantes celles qui l'entourent, le même que *calcinaire*, dont *carci* pour *calci* parait être une abréviation.

CARCINA, CAST., v. a. Calciner. V. Calciná.

CARCOI, AGAT., s. m. Petite toupie; au fig. femme rondelette.

CARCOUET, BÉARN., s. m. Ressentiment.

CARDA, v. a. CARDAR, carder, peigner

la laine avec les cardes ; au fig. battre, maltraiter ; *faire cardá*, faire enrager. v. n., avoir un accès de fièvre qui provoque dans le corps un mouvement semblable à celui d'un cardeur. — B. LIM., *chordá* ; CAT., ESP., *cardar* ; ITAL., *cardare*. — ETY., *cardo*, carde.

CARDACHOU, AGAT., s. m. CARDIAC, ami de cœur, ami sincère : ce mot ne s'emploie ordinairement qu'au pluriel ; *sem gardachous*, nous sommes amis de cœur. — ETY. ARAB., *cardachs*, m. sign.

CARDADO, s. f. Cardée, quantité de laine ou de coton qui a été cardée à la fois ; loquette, petit rouleau de coton ou de laine cardée. — SYN. *cardagno*. — B. LIM., *chordado*. — ETY., s. part. f. de *cardá*.

CARDAGNO, PROV., s. f. V. Cardado.

CARDAIRE, o, **CARDAIRIS**, s. m. et f. Cardeur, cardeuse, celui, celle qui carde la laine ou le coton ; au fig. *cardaires*, accès de fièvre, parce que le tremblement du malade, au moment de la crise, ressemble au mouvement d'un cardeur, SYN. *cardèiris*, cardeuse. — B. LIM., *chordaire* ; CAT., ESP., PORT., *cardador* ; ITAL., *cardatore*. — ETY., *cardá*.

CARDAIRE, **CARDAIRO**, PROV., s. Raie chardon, *Raia fullonica*, poisson ainsi appelé à cause de sa ressemblance avec la tête du chardon à bonnetier.

CARDAJE, s. m. Lainage, façon qu'on donne aux draps en les peignant avec les chardons pour en faire sortir le poil ; cardage, ensemble des opérations par lesquelles on carde la laine ; action de carder les matelas. — ETY., *cardá*.

CARDAL, CAST., s. m. Volée de coups ; c'est une expression figurée, venue du v. *cardá*, qui, au fig., signifie battre, maltraiter.

CARDALINETO, PROV., s. f. Jeune chardonneret. V. Cardineto.

CARDALINO, PROV., s. f. Bécasse ou éléphant de mer, *Centriscus scolopax*, poisson de la Méditerranée. — SYN. *cardilago* C'est aussi le nom du chardonneret. V. Cardino.

CARDANILHO, PROV., s. f. Chardonneret. V. Cardounilho.

CARDARINETO, PROV., s. f. V. Cardousso.

CARDAVELLO, s. f. Carline à feuilles d'acanthe. V. Cardousso.

CARDÈCO, s. f. Séneçon. V. Sanissoú.

CARDEIRIS, PROV., s. f. Cardeuse. V. Cardaire.

CAR-DE-LAS-ARMOS. CÉV., s. m. Chariot de David, grande Ourse, composée de sept étoiles, formant une espèce de chariot. — SYN. *carri-de-las-armos*. — ETY., *car*, char, et *armos*, âmes ; chariot des âmes.

CARDELIN, **CARDELINO**, V. Cardino.

CARDELLO, PROV., s. f. Laitron, plante. V. Lachairoú.

.... Quand Diéu mando un lapin
Mando tambèn uno CARDELLO.
MISTRAL. *Lis Isclo d'or.*

CARDENIER, PROV., s. m. Chardonneret. V. Cardino.

CARDET, CAST., s. m. Séneçon. V.

CARDETO, CÉV., s. f. Séneçon. V. Sanissoú.

CARDI, s. m. V. Cardino.

CARDIER, s. m. Cardier, celui qui fait ou qui vend des cardes. — ETY., *cardo*.

CARDILAGO, PROV., s. f. Éléphant de mer. V. Cardalino.

CARDIN, GASC., s. m. Chardonneret. V. Cardino.

CARDINA, GASC., v. n. Chanter comme un chardonneret. — ETY., *cardino*.

CARDINAT, CAST., s. m. Chardonneret. V. Cardino.

CARDINEJA, TOUL., v. n. Gazouiller comme un chardonneret ; dégoiser. — ETY., fréq. de *cardiná*.

CARDINETO, GASC., s. f. Chardonneret. — SYN. *cardalineto*. — ETY., dim. de *cardino*.

CARDINO, s. f. CARDONEL, CARDAIRINA. chardonneret, *Fringilla carduelis*, oiseau de l'ordre des passereaux qui se nourrit des graines des chardons, d'où lui est venu son nom. — NIM., *cardouino* ; CAST., *cardinat* ; QUERC., *cardit* ; GASC., *cardin, cardineto* ; PROV., *cardalino* ; BITERR., *cardounilho*, de *cardoun*, chardon ; CAT., *cardanèra* ! ITAL., *cardello, cardellino*.

CARDIT, QUERC., s. m. Chardonneret. V. Cardino.

CARDO, s. f. Carde, peigne pour les draps et les autres étoffes. — ETY. LAT., *carduus*.

CARDO, s. f. Cardon, plante potagère. V. Cardous.

CARDOL, TOUL., s. m. Chardon à bonnetier. V.

CARDOU, **CARDOUN**, s. m. Chardon à foulon, ou chardon à bonnetier, *Dipsacus fullonum*, plante de la fam. des dipsacées, dont les capitules servent à peigner les draps et les couvertures. On donne le même nom au chardon-Marie (V. Canipau), et à la cardonnette ou chardon d'Espagne. V. Cardous.

CARDOU-BENIT, s. m. Chardon-bénit ou carthame laineux, *Centaurea benedicta*, plante de la fam. des synanthérées. — CAT., ESP., ITAL., *cardo sancto*.

CARDOU-D'ASE, s. f. Cirse laineux. V. Carchofle-d'ase.

CARDOUINO, NIM., s. f. V. Cardino.

CARDOUINO-BASTARDO, NIM. Venturon, *Fringilla citrinella*, oiseau qui ressemble fort au cini ; mais les couleurs de son plumage sont plus vives. On l'appelle aussi *viéulounaire*, *cardounio bastardo, cistro*.

CARDOULHO, s. f. Carline à feuilles d'acanthe. V. Cardousso.

CARDOUN-DIS-AI, PROV., s. m. Chardon hémorroïdal. V. Caussido et Carchofle d'ase,

CARDOUN SAUVAGE, NIM., s. m. Scolyme maculé, *Scolymus maculatus* ; c'est aussi le nom du scolyme d'Espagne. V. Cardousses.

CARDOUNA, PROV., Carder les draps avec le chardon. — ETY., *cardoun*.

CARDOUNETO, TOUL., s. f. Cardonnette. V. Cardous.

CARDOUNIÉRO, PROV., s. f. Lieu couvert de chardons. — ETY., *cardoun*.

CARDOUNIL, TOUL., s. m. Cirse sans tige ou nain, *Circium acaule*, plante de la fam. des synanthérées, à tige presque nulle et à fleurons purpurins.

CARDOUNILHETO, s. f. Jeune chardonneret. Dim. de *cardounilho*, qui est lui-même un dim. de *cardino*.

CARDOUNILHO, s. f. Chardonneret, jeune chardouneret ; au fig. *testo de cardounilho*, personne légère, étourdie. — DIM. de *cardino*.

Pescaire de ligno,
Cassaire de CARDOUNILHO,
Fagueron jamai bouno cousino,
PRO.

Cassaire de CARDOUNILHO
Croumpet jamai ni camp, ni vigno.
PRO.

CARDOUNILHO, GASC., s. f. Carline commune, plante de la fam. des cynarocéphales.

CARDOUNILHOS (Herbo de las), s.f. Séneçon, séneçon vulgaire, *Senecio vulgaris*, plante de la fam. des synanthérées, qu'on trouve dans les terrains cultivés, et dont les petits oiseaux recherchent les graines. — SYN. *signassoù, sanissoù, cardèco, cardeto, cap d'aucel*.

CARDOUNIO, s. f. V. Cardino ; *cardounio bastardo*, V. Cardouino bastardo.

CARDOUNO, CAST., s. f. V.

CARDOUS, s. m. p. Cardons, cardonnette, cardons d'Espagne, *Cynara carduncuus*, plante de la fam. des synanthérées, dont on mange la racine et les côtes ; ses fleurs servent à faire cailler le lait, ce qui lui a fait donner le nom de *presurier*. Le cardon sauvage parte aussi le nom de *cardous*. — CÉV.. *carchofle* ; ESP., *cardon* ; ITAL., *cardo* et *cardone*. — ETY. LAT., *carduus*.

CARDOUSSES, s. m. p. Scolyme d'Espagne, *Scolymus hispanicus*, plante de la fam. des synanthérées. On donne aussi, mais improprement, le nom de *cardousses* au cirse laineux ou chardon aux ânes ; SYN. *pafio*, scolyme d'Espagne ; *carchofle d'ase*, cirse laineux.

CARDOUSSO, s. f. Carline à feuilles d'acanthe, ou chardousse, *Carlina acanthifolia*, appelée aussi *cardavello, cardoulho*. On donne, à Montpellier, le nom de *cardoussa* au scolyme d'Espagne. V. Cardousses.

CARDUCHOUN, GASC., s. m. Jeune chardon, petit chardon.

CARDUÈLO, prov., s. f. Nom commun aux laitrons. V. Lachairoú.

CARE, o, adj. Car, cher, chère, d'un prix élevé; *lou sucre es care; las amellos sou caros; cal croumpá à boun mercat e vendre care.* — Cat., *car*; esp., ital., port., *caro*. — Ety. lat., *carus*; adv., *care*.

CARE, béarn., s. f. Visage. V. Caro.

CARE (Se), gasc., v. r. Se taire. V Calá.

CAREGNA, v. a. V. Caligná.

CAREGNAGE, prov., s. m. V. Calignage.

CAREGNAIRE, s. m. V. Calignaire.

CAREIL, gasc., s. m. V. Calel.

CAREL, gasc., s. m. Lampe à queue ou à croc, lumignon. Altér. de *calel*. V. ce mot.

> Penjat al bout d'un tros de carumèlo
> Un biel CAREL nous prestavo sa luts.
>
> JASMIN.

CAREL, cév., s. m. Petite lèchefrite. Michel de Nimes dit qu'on trouve à la foire de Beaucaire :

> De sartans e de viradouiros,
> Licafroios, astes, CARELS,
> Fialousos, fuses e vertels.

On appelle aussi *carel* un carré de gros papier dont on a relevé les bords comme ceux d'une lèchefrite, et sur lequel on met les vers à soie nouvellement éclos.

CARELHADO, s. f. V. Calelhado.

CARELHAT, ado, adj. Qui a des yeux. V. Calelhat.

CARELHO, cév., s. f. Altér. de *calelho*. lampe, lanterne. V. Calelho.

CARELHOU, s. m. Foyer d'une lampe qui contient l'huile et la mèche. Altér. de *calelhoù*. V. ce mot.

CAREMENTRANT, s. m. Carême-prenant, les trois jours gras avant le mercredi des Cendres, et particulièrement le mardi-gras ; mannequin qui personnifie le carnaval et qu'on noie le mercredi des Cendres ; personne masquée pendant les jours gras ; par ext., personne ridiculement vêtue, déguenillée, au fig. un misérable, un sot, un vieux libertin. Il signifie aussi corps décharné. — Syn. *calamantrant.* — Toul., *carmantrant*. — Ety., *carême et entrant*, carême prenant.

CAREMENTRETÓ, cév., s. f. Carême-prenant, les trois jours qui précèdent le mercredi des Cendres. Ce mot n'a pas les autres acceptions de *carementrant*.

CAREMO, s. m. Carema, carême, les quarante-six jours d'abstinence entre le mardi-gras et le jour de Pâques. — Syn. *caresmo*. — Cat. *quaresma*; esp., *cuaresma*; ital., *quaresima*. — Ety. lat., *quadragesima (dies)*, le quarantième jour avant Pâques.

CARENAU, prov., s. m. Carène, quille d'un vaisseau.

CARESMO, s. f. V. Caremo.

CARESSA, v. a., caresser; *se caressá*, v. r., se caresser, se faire des caresses. Ety., *caresso*.

CARESSO, s. f. Caresse. — Ital., *carezza*.

CARESTIÉ. cast., cév., s. f. Cherté, disette. V. Carestio.

CARESTIÈUS, o, adj. V. Carestious.

CARESTIO, s. f. Carestia, cherté, disette, pénurie. — Cast., cév., *carestié*; cat., esp., ital., *carestia*; b. lat., *caristia*. — Ety., *care*, cher.

> Val mai l'aboundancio que la CARESTIO.
> PROV.

CARESTIOUS, o, adj. Cher, e, enchéri, qui met sa marchandise à un prix trop élevé. — Syn. *carivend*, *charivend*, *cherivendi*. — Cat., *caristiòs*. — Ety., *carestio*, cherté.

CARET, dauph., adj. Rance, ranci, gâté.

CARETO, cév., s. f. Jolie petite figure ; masque, faux visage. — Ety., dim. de *caro*.

CARFUEC, CARFUOC, s. m. Chenet.— Syn. *chafuec*.

CARFUELH, s. m. Cerfeuil, *Chœrophyllum sativum*, plante de la fam. des ombellifères.— Syn. *charfuelh*, *charfiel*, *cherfai*, *cerfuelh*.

CARGA, v. a. Cargar, charger, mettre une charge sur..., peser d'un trop grand poids ; emplir ; couvrir, accabler ; imposer une obligation à quelqu'un ; attaquer l'ennemi au pas de charge. T. de mar., carguer, raccourcir ou trousser les voiles. *Se cargá*, v. r., se charger d'un fardeau ; au fig. se charger d'une dette, d'une commission, d'une affaire, etc. — B. LIM., *chorjá* ; PORT., *carregar* ; CAT., ESP., *cargar* ; ITAL., *caricare*. — ÉTY. B. LAT., *carricare*, de *carrus*, chariot.

CARGA, PROV., v. a. Introduire de la racine d'hellébore dans le poitrail d'un cheval ou le fanon d'un bœuf pour y déterminer de la suppuration.

CARGADOU, CARGADOUR, s. m. Endroit où l'on charge. — CAT., *carregador* ; ESP., *cargadero*. — ÉTY., *cárgá*.

CARGADOUIROS, s. f. p. Cordes servant à fixer ce que l'on charge sur le dos d'un mulet. — SYN. *cargastièiros, engastièiros*. — ÉTY., *cargá*.

CARGAIRE, o, s. m. et f. Chargeur, euse, celui ou celle qui charge. — ESP., *cargador* ; ITAL., *caricatore*. — ÉTY., *cargá*.

CARGAMENT, s. m. CARGAMEN, chargement, action de charger, charge d'une voiture ; cargaison d'un navire ; *cargament de lach*, engorgement laiteux. — CAT., *carregament* ; ESP., *cargamento* ; ITAL., *caricamento*. — ÉTY., *cargá*.

Lou bastimen vèn de Maiorco
Emé d'arange un CARGAMEN.

MISTRAL, *Lou bon viage.*

CARGASOUN, PROV., s. f. Cargaison. SYN. *carguesoun*. — ESP., *cargazon*. — ÉTY., *cargá*.

CARGASTIÈIROS, CÉV., s. f. p. Echelettes ; cordes servant à charger V. Cargadouiros.

CARGO, s. f. CARGA, charge, poids, fardeau ; *cargo d'ase*, ce qu'un âne peut porter ; au fig., tout ce qui est onéreux, assujétissant ; impôt, emploi, place. — CAT., ESP., *carga*, TAL., *carica* ; V. FR., *cargue*. — ÉTY., *cargá*.

CARGO, CÉV., s. f. Viette ou courson. La viette est un sarment taillé sur le cep, qu'on plie en arc pour l'attacher avec du pleyon sur le moignon du cep ou de la perche. Le courson est beaucoup plus court que la viette. Comme ces deux sarments pèsent sur le cep auquel ils sont attachés, on les appelle cargo. — SYN. *cornovi*.

CARGO, s. f. Charge, mesure de convention particulière à certaines localités, pour les principales denrées. *Uno cargo de vi, uno cargo d'oli.* La charge de vin n'existe plus à Béziers ; mais on y a conservé l'usage de la charge d'huile qui se compose d'un hectolitre, 81 litres, 79 décilitres.

CARGO, s. f. T. de mar. Impér. du verbe *cargá*, commandement de raccourcir ou de trousser les voiles. — ÉTY., *cargá*.

CARGO-BAS, s. Espèce de presse faite avec une barre de bois placée dans le trou d'un mur, qui sert à exprimer la partie liquide soit des lies de vin, soit des rayons de miel, etc. ; T. de mar., petit palan qui sert à amener les vergues du grand hunier ; *cargo-bas*, dans cette acception, est mis pour *calobas*.

CARGO-CÈLO, CÉV., s. f. Courte échelle. V. Courcacèlo.

CARGO-MUOU, CARGO-MIOL. s. m. Nom d'un cépage qui produit beaucoup de raisins. — SYN. *boutelhan*.

CARGO-PELHO, CAST., s. f. Bruine ou petite pluie qui ne mouille que les vêtements. *Plóurá pas brico, fará sounque cargo-pelho.*

CARGOS, s. f. p. T. de mer. Cargues, cordages ou manœuvres qui servent à retrousser une voile sur elle-même pour la soustraire à l'action du vent. On ajoute au mot *cargos* le nom des voiles qu'elles servent à retrousser, *cargo-founds, cargo-boulino*, etc.

CARGUE, s. m. Charge, ce qu'on met dans une arme à feu de poudre et de plomb. — ÉTY., *cargó*.

CARGUESOUN, s. f. V. Cargasoun.

CARGUET, CÉV., s. m. Étui à épingles. — ÉTY., dim. de *cargo*.

CARGUETO, s. f. Petite charge. — CAT., *carregueta* ; ESP., *carguita* ; ITAL., *carichetta*. — ÉTY., dim. de *cargo*.

CARGUETO, cév., prov., s. f. Moissine, viette ; sarment auquel tiennent des grappes de raisin. — Syn. *visado*, — Ety., *cargo*, viette, courson ; *cargueto* en est un diminutif.

CARIANDRO, s. f. Calandre, oiseau. V. Calandre.

CARIBARI, montp., s. m. Charivari. Syn. *chalibari*, *taribari*. V. Charivari.

CARINAS, s. m. Chaleur étouffante. Altér. de *calinas*.

CARINCA, cév., v. n. Crier, en parlant des roues d'une voiture dont l'essieu n'est pas graissé, et des gonds rouillés d'une porte ; crisser qui se dit des dents quand elles font entendre un bruit aigre, parce qu'on les serre ou qu'elles glissent les unes sur les autres. — Biterr., *crainá* ; prov., *cnacinà*. — Ety., onomatopée.

CARINCARO, prov., s. f. Crecelle, au fig. sarcelle d'été, ainsi appelée à cause de son chant, semblable au bruit d'une crecelle. — Syn. *sarrèlo*. — Ety., *carincá*.

CARITABLE, o, adj. Caritados, Caritatiu, charitable, qui a de la charité ou de l'amour pour son prochain ; qui fait des aumônes. — Cat., *caritatiu* ; esp., *caritativo* ; ital., *caritatevole*. — Ety., *caritat*.

CARITADIER, s. m. Caritadier, celui qui est chargé de distribuer des aumônes ; à Béziers, on appelait *caritadiers* des officiers municipaux, nommés à l'élection pour diriger la fête de *caritats* qui se célébrait, tous les ans, le jour de l'Ascension, et pour distribuer aux pauvres le pain bénit fourni par les diverses corporations et par les consuls, ainsi que les revenus d'un fief institué pour cette solennité. — Ety., *caritat*.

CARITAT, s. f. Caritat, charité, amour du prochain ; aumône, acte de bienfaisance. — Cat., *caritat* ; esp., *caridad* ; ital., *carità*. — Ety. lat., *caritatem*.

CARIVARI, s. m. Charivari.

CARIVEND, o, adj. Qui est d'un haut prix ; enchéri, e, il se dit d'un marchand qui vend sa marchandise trop cher ; *mouri carivend*, vendre cher sa vie. — Syn. *charivend*, *cherivendi* ; b. lim., *choren*. — Ety., *car*, cher, et *vend*.

CARLAMUSO, s. f. Chalumeau, cornemuse. — Syn. *carnamuo*, *calamel*, *chalemio*. V. Cornomuso.

CARLIMPADO, prov., s. f. V. Escarlimpado.

CARLOT, toul., s. m. Petite rue, impasse.

CARMAL, gasc., s. m. Crémaillère. V. Cremal.

CARMALHÉ, gasc., s. m. Crémaillère. V. Cremal.

CARMALHOUS, gasc., s. m. p. Crochets qu'on adapte à une crémaillère. — Ety., *carmal*.

CARMANTRAN, toul., s. m. V. Carementrant.

CARMANTRETO, s. f. V. Carementreto.

CARMENTRANT, s. m. V. Carementrant.

CARN, s. f. Carn, chair, substance molle et sanguine qui est entre la peau et les os de l'homme et des animaux ; viande ; peau, en parlant des personnes ; *floc de carn sens faire*, personne mal faite, fille sans tournure. — Cat., *carn* ; esp., ital., *carne*. — Ety. lat., *carnem*.

CARNABAL, s. m. V. Carnaval.

CARNABIOL, CARNABIOU, s. m. V. Cornobiòu.

CARNADURO, s. f. Carnadura, carnation ; coloration apparente des chairs dans une personne. — Cat., *carnadura* ; esp., *encarnadura* ; ital., *carnagione*. — Ety., *carn*, chair.

CARNAL, adj. Carnal, charnel, qui appartient à la chair ; *home carnal*, homme charnel ; s. m., temps où il est permis de manger de la viande. — Syn. *carnau*, *carnenc*. — Cat., esp., port., *carnal* ; ital., *carnale*. — Ety. lat., *carnalis*.

CARNAMUO, prov., s. f. V. Carlamuso.

CARNALAGE, toul., s. m. Carnatgue,

charnage, dîme qu'on levait autrefois sur les animaux de boucherie. — Syn. carnenc. — Ety., carnal.

CARNAS, cast., s. m. T. de tanneur; résidu de la colle, ce qui n'a pas été fondu des oreilles, des pattes, du museau, etc.

CARNASSÉ, éro, gasc., adj. V.

CARNASSIER, ièiro, adj. Carnacier, carnassier, carnassier, ère, avide de chair, en parlant de l'homme ; au fig., cruel. — Cat., carnicer ; esp., carnicero ; ital., carnivoro. — Ety., carn.

CARNASSIÈRO, s. f. Carnassière, sac de chasse ; cage où l'on suspend la viande destinée à être mangée. — Esp., carnero ; ital., carnajo. — Ety., carnassier.

CARNASSO, s. f. Carnaza, mauvaise viande. — Ety., augm., de carn.

CARNAU, s. et adj. V. Carnal.

CARNAVAL, s. m. Carnal, carnaval, temps de divertissements depuis l'Épiphanie jusqu'au mercredi des Cendres; au fig., personne désordonnée dans ses manières, sa tenue et sa conduite. Cast. Épouvantail, mannequin, que l'on place dans les champs et les jardins pour effrayer les oiseaux. — Syn. carnavas ; ital., carnavale. — Ety. b. lat., carnelevamen, temps où l'on enlève l'usage de la viande attendu que le carnaval est proprement la nuit avant le mercredi des cendres.

CARNAVALADO, s. f. Amusement de carnaval, débauche, mauvaise farce. — Ety., carnaval.

CARNAVALEJA, v. n. Se livrer aux plaisirs du carnaval, et par ext. à la débauche. — Ety., carnaval.

CARNAVAS, prov., s. m. V. Carnaval.

CARNAVÈLOS, s. f. p. Cervelle, cerveau. A lou diable á las carnavèlos, il a le diable au corps.

CARNÈ, gasc., s. m. V. Carnier.

CARNEL, cév., s. m. Cranel, créneau, ouverture pratiquée dans un mur de ville ou de château pour sa défense. — Syn. merlet, carnot. — Ety., cran, entaille.

CARNENG, cév., s. m. V. Carnalage, et carnal.

CARNETO, s. f. Carneta, chair tendre ; ma carneto, terme de tendresse d'une mère à son jeune enfant. — Ety., dim. de carn.

CARNIER, s. m. Carnier, charnier, sépulture particulière d'une famille ; lieu où l'on garde les viandes ; carnier, carnassière, sac de chasse, gibecière. — Gasc., carnè ; b. lim., chornier. — Esp., carnero ; port., carneiro ; ital., carnajo. — Ety. b. lat., carnarium, de carn, chair.

CARNIFALHO, s. f. Mauvaise viande, viande maigre où il n'y a que de la peau ; grande quantité de viande. — Ety., carn.

CARNIFÈS, cév., s. m. Malaise, inquiétude, souci : ai un carnifès, j'ai quelque chose qui me ronge. On dit aussi canifès. — Ety., carnificem, bourreau.

CARNILHETS, prov., s. m. V. Caulichou.

CARNILHO, s. f. Viande de boucherie. — Ety., carn.

CARNILHO, prov., s. f. Anse que fait le fil trop tordu, en se tordant sur lui-même. — Syn. crenilhé.

CARNILHOUN, prov., s. m. V. Caulichou.

CARNISSOU, CARNISSOUN, s. m. Carnulha, carnositat, carnosité, excroissance charnue qui se développe dans une plaie ou dans toute autre partie du corps — Esp., carnosidad ; ital., carnositá. — Ety., carn.

CARNIVAS, prov., s. m. Grosse excroissance de chair. — Syn. charnivas. — Ety., carn.

CARNO, prov., s. f. Fruits à pepins, séchés au soleil par tranches.

CARNOT, cév., s. m. Créneau. V. Carnel.

CARNUS, toul., s. m. Charogne, viande pourrie. — Ety., carn.

CARNUT, udo, adj. Carnut, charnu, e, bien fourni de chair. Oulivos carnudos, olives charnues, celles dont la substance est ferme et épaisse. — Syn. charnut ; b. lim., chornu ; ital., carnuto. — Ety., carn, chair.

CARO, s. f. Cara, figure, visage, mine, aspect. — Cat., esp., *cara*; ital., *ciera*. — Ety. καῖμα, tête.

Boun pa, boun vi, bouno caro d'hoste.
PAO.

Cal pas jujá seloun la caro.
PROV.

CARO-DRET, gasc., adj. Qui a la tête droite; fier, courageux.

CAROGNADO, s. f. V. Carougnado.

CAROGNO, s. f. Caronha, charogne, corps de bête morte et en décomposition; au fig., femme débauchée; méchante femme. — Cat., esp., ital., *carogna*. — Ety. lat., *caro*, chair.

CARO-LIS, gasc., adj. Qui a le teint uni.

CAROLO, toul., s. f. Brouette. — Ety., *car*, char.

CAROTO, s. f. Carotte, *Daucus carota*, plante de la fam. des ombellifères; au fig., *tirá uno caroto*, tromper, attraper, obtenir quelque chose de quelqu'un par adresse ou par ruse. — Ital., *carota*. — Ety. lat., *carota*, du grec καρωτόν.

CAROTO-SALVAJO, toul., s. f. Caucalide daucoïde, *Caucalis daucoïdes*, plante de la fam. des ombellifères, qui a beaucoup de ressemblance avec la carotte.

CAROU, dauph., s. m. Côté V. Caire.

CAROU, toul., cév., s. m. Espèce de méteil ou mélange de froment et d'orge. — Biterr., *mesclo*.

CAROUBIER, s. m. Caroubier, caroubier à siliques, *Ceratonia siliqua*, arbre de la fam. des légumineuses, qui croit en Orient et dans le Midi de l'Europe. — Syn. *couroubier, courroubier, courroupier, courrupier*. — Ety., *caroubio*.

CAROUBIO, s. f. Carobba, caroube, fruit du caroubier. — Syn. *couroubio, courroubio, courroupio, courrubi*. — Anc. cat., *carobla*; esp., *garrobo*; ital., *carrubo*. — Ety. arab., *charroub*.

CAROUGE, s. m. C'est le nom de plusieurs centaurées appelées *caboussudos*. — Ety., *cap rouge*, tête rouge.

CAROUGNADO, s. f. Caronhada, corps de bête morte en état de décomposition; mauvaise viande. — Syn. *cardaugnado, carougnasso, couragnado, charognau, charougnau*. — Ety., *carogno*.

CAROUGNASSO, s. f. V. Carougnado.

CAROUSSO, prov., s. f. Perche de mer.

CAROVIRA, v. n. Faire volte-face, tourner casaque, changer de parti; v. a. Troubler, mettre hors de soi, donner des vertiges; *se carovirá*, se troubler, pâlir. — Ety., *caro*, figure, et *virá*, tourner.

CAROVIRAT, ado, part. Défiguré, ée, laid, contrefait; au fig., troublé, étourdi, étonné, et, par ext., imbécile; *soi tout carovirat*, je suis tout troublé, je suis hors de moi.

Be cal estre pla descarat
Per boutá d'aiguo dins la tasso,
Per mi, quand besi aquelo glaço,
Jou beni tout carobirat.
Goudelin. Be cal estre.

CARPA, toul., v. a. Battre, étriller, rosser; frapper avec le poignet, donner des coups de poing; *se carpá*, v. r., se prendre aux cheveux. — Ety., grec, καρπός, poignet.

CARPADO, gasc., s. f. Plate-bande, large sillon.

CARPAL, cast., s. m. V.

CARPAN, biterr., s. m. Coup de poing. — Ety., *carpá*.

CARPAN, cév., s. m. Bonnet ou toque d'enfant; bourlet; escoffion, ancienne coiffure de femme.

CARPEGNO, s. f. Femme acariâtre, toujours prête à se quereller. — Ety., *carpá*.

CARPENA, v. a. V. Carpignā.

CARPENADO, prov., s. f. Action de se tirer par les cheveux. — Syn. *carpenalho, choupinado*. — Ety., s. part. f. de *carpá*.

CARPENALHO, prov., s. f. V. Carpenado.

CARPENTA, gasc., v. a. Charpenter, faire une charpente.

CARPÉU, s. m. Carpeau, jeune carpe. — Ety., *carpo*.

CARPIGNA, v. a. Prendre aux cheveux, décoiffer, égratigner, harpailler; se *carpigná*, v. r., se prendre aux cheveux. — Syn. *carpená*, *choupiná*. — Ety., fréq. de *carpá*.

CARPIGNEJA, CARPINEJA, v. a. Prendre aux cheveux. — Ety., fréq. de *carpigná*.

CARPINOUS, o, adj. Hargneux, euse, querelleur, pointilleux ; rabougri, hérissé de pointes, en parlant d'un arbre. — Syn. *capignous*. — Ety., *carpigná*.

CARPO, s. f. Carpe, *Cyprinus carpia*. — Syn. *escarpo*.

CARPO-TREPO, cast., s. f. Chausse-trape. — Syn. *cauco-trapo*.

CARPOU, gasc., s. m. Charme. V. Calpre.

CARQUESO, s. f. Fournaise. — Syn. *calqueso*. — Ety., *carchesium*, espèce de vase.

CARQUIGNA, v. a. Taquiner, harceler; se *carquigná*, v. r. se taquiner.

CARQUIGNEJA, v. a. Taquiner à plusieurs reprises. — Ety., fréq. de *carquigná*.

CARRA, v. a. Cairar, carrer, rendre carré ; aller bien, en parlant d'un vêtement; se *carrá*, v. r., se carrer, se redresser, marcher avec prétention. — Cat., *quadrar* ; esp., *cuadrar* ; ital., *quadrare*. — Ety. lat., *quadrare*.

CARRA, cév., v. a. Prendre le bras de quelqu'un, lui donner le bras.

CARRACO, prov., s. f. Coqueluche.

CARRACOUS, o, prov., adj. Phthisique, étique. — Ety., *carraco*.

CARRADO, s. f. Charada, charretée, ce qu'on porte sur une charrette. — Syn. *carretado*. — B. lim., *chorado*. — Ety., *car*, char.

CARRAIRO, prov., s. f. Voie, sentier, chemin pour les troupeaux.

CARRAIROU, CARRAIROUN, s. m. Carrairon, sentier. — Syn. *carrairoué*, *carriroun*.

CARRAIROUÉ, prov., s. m. V. Carrairoú.

CARRAL, s. m. Carrau, voie, ornière, trace que les roues des charrettes et des voitures impriment sur les chemins; au fig. *coupá carrals*, contredire, contrarier. — Syn. *carrau*. — Esp., *carril*. — Ety., *car*, char.

CARRAL, cév., s. m. Carrelet, filet de pêcheur carré et soutenu aux quatre coins pour deux bâtons en croix, dont le milieu est fixé par une perche. — Ety., *carrá*.

CARRAL-DE-FABRE, s. m. Mâchefer. V. Cago-ferre.

CARRALIÉ, gasc., adj. *fet carraliè*, grand feu ; au fig. étincelant, rayonnant. — Ety., *carral*, mâchefer.

CARRAMENT, s. m. Ce qui est à angles droits ; adv., carrément d'une manière carrée. — Ety., *carrá*.

CARRAS, cast., s. m. Grosse charrette propre à porter de lourds fardeaux; radeau. — Ety., augm. de *car*, char.

CARRAT, ado, part. Carré, ée; s. m. Carré, qui a les quatre angles droits et les quatre côtés égaux ; *carrat de cebos*, carré d'oignons; *carrat de moutou*, quartier de devant, le collet et les épaules étant enlevées; t. de tanneur, fosse où l'on prépare les cuirs; prov., bouteille de verre carrée.

Qu'es nascut carrat pot pas mouri pounchut.
PRO.

CARRATAL, adj. *Cami carratal*, chemin charretier, chemin par lequel les charrettes peuvent passer. — Syn. *carretal*.

CARRATEU, prov., s. m, Quartaut, quart d'un muid, sorte de mesure. — Syn. *quartaut*.

CARRATIER, s. m. Carratier, charretier, charretier. — Syn. *carretier*, *carreté*, *carreléy*. — Ety., *carreto*.

N'i a pas tant bonn carratier que nonn tanle.
PRO.

CARRATOU, s. m. Aide-charretier, celui qui aide à charger la charrette. — Prov., *carretèiroun*. — Ety., dim. de *carratier*.

CARRAU, s. m. V. Carral.

CARRÉ, prov., s. m. Instrument qui

sert à nettoyer le soc de la charrue. Syn. *cureto*; ornière d'un chemin; syn. *carral*.

CARRE, cast., s. m. Bruit, vacarme: *faire lou carre*, faire du bruit; *siòs lou carre*, tu es le diable.

CARRE, v. imp. Falloir: *carre tant soufri per mouri!* falloir tant souffrir pour mourir! — Syn. *calre*. — B. lim., *chaure*.

CARRECH, s. m. Charrei, carreigh, charroi, voiture, transport d'un lieu à un autre par charrette, ce qu'il en coûte: *las peiros costou pla de carrech*, le transport des pierres est fort coûteux. — Syn. *carrejaje*, *carrey*, *carruagi*. — Ety., *carrejá*.

CARREIRO, garc., s. f. Rue. V. Carrièiro.

CARREIRO, cév., s. m. Sentier. V. Carrairou.

CARREJA, v. a. Garregar, charrier, voiturer, transporter dans un chariot, dans une charrette. V. n. Emporter, entraîner dans son cours, déposer, en parlant d'une rivière, d'une liqueur: *La rivièro carrejo*, la rivière est bourbeuse, elle charrie du sable, du limon, des glaçons; *aquel vi carrejo*, ce vin dépose; au fig. *carrejou pas ensemble*, leurs chiens ne chassent pas ensemble, ils ne s'accordent pas. — Béarn., *carreyá*; prov., *carruá*; cat., *carrejar*; anc. esp., *carrear*; ital., *carreggiare*. — Ety. rom., *carre*, char.

CARREJADIS, isso, adj. Voituré, ée, transporté du dehors; susceptible d'être transporté par une charrette; au fig., *soi pas carrejadis*, je ne puis me traîner. — Ety., *carrejá*.

CARREJAIRE, o, s. m. et f. Voiturier; celui ou celle qui transporte les objets d'un lieu à un autre avec une voiture ou de toute autre manière. — Ety., *carrejá*. — Prov., au fém. *carrejáiris*, *carrejarello*.

CARREJAJE, s. m. V. Carrech.

CARREJE, cév., s. m. Sédiment, dépôt d'une liqueur. — Ety., *carrejá*.

CARREJO-TEMPESTOS, s. m. Un porte-malheur, celui dont la présence cause ou est censé causer du malheur à une autre personne. — Ety., *carrejor* qui charrie, *tempestos*, des tempêtes.

CARREJOU, **CARREJOUN**, s. m. Petit ruisseau.

CARREL, cast., s. m. Entaille dans laquelle on passe une corde pour faire tourner un fuseau de laine ou de coton; chariot construit en planches dont se servent les cordiers; cév., petite lèchefrite; carré de papier sur lequel on place les vers à soie qui viennent d'éclore; ornière. V. Carral.

CARRELA, cast., v. a. Traîner un fardeau sur une brouette. — Ety., *carrèlo*, brouette.

CARRELADURO, s. f. Carrelure, semelles neuves qu'on met à de vieux souliers; broderie à carreaux.

CARRELAIRE, s. m. Ouvrier qui fait des poulies. — Ety., *carrèlo*, poulie.

CARRÈLO, s. f. Poulie, petite roue qui sert à élever des fardeaux au moyen d'une corde; brouette; roulette d'enfant. *S'i a uno carrèlo que cride, es lo qu'es mal ounchado*, ce sont toujours les mauvais ouvriers qui se plaignent; *faire la carrèlo*, être lâche au travail; *ounchá la carrèlo*, oindre la poulie, c'est-à-dire boire un coup. — Cév., *pouleje*, *tirolo*; esp., *carrillo*, *garrucha*. — Ety., dim. de *carre*, petit char.

CARRÈRO, gasc., s. f. Rue, chemin. V. Carrièiro.

Las carrèros diouyon flouri,
Tan bèlo nobio bay sourti;
Diouyon flouri, diouyon grana,
Tan bèlo nobio bay passa!
Jasmin, *L'Abugle de Castel-Cuillè*.

CARREROT, gasc., s. m. Petite rue. — Biterr., *carrièireto*. — Dim. de *carrèro*.

CARRET, cast., s. m. T. de cordier. Traîneau. — Ety. rom., *carre*, char.

CARRET, prov., adj. V. Carretal.

CARRETA, v. a. Voiturer, transporter sur une charrette. — Ety., *carreto*.

CARRETADO, s. f. Carretada, charretée, ce que l'on porte à la fois sur une charrette. — Syn. *carrado*, *carretau*. — Cat., esp., port., *carretada*; ital., *carretata*. — Ety., s. part. f. de *carretá*.

CARRETAL, cast., adj. *Cami carretal,* chemin où peut passer une charrette. — Syn. *carret.* — Biterr., *carratal* ; prov., *carretau.* — Ety., *carreto.*

CARRETAL, cast., s. m. Remise pour les charrettes. — Ety., *carreto.*

CARRETASSO, s. f. Grosse et mauvaise charrette. — Ety., augm. de *carreto.*

CARRETAU, prov., s. et adj. V. Carretado et Carretal.

CARRETÈ, gasc., s. m, V. Carratier.

CARRETÈIROUN, prov., s. m. V. Carratoú.

CARRETEJA, v. n. Faire le métier de charretier ou de roulier; v. a., voiturer. — Cat., *carretejar* ; esp., *carretear.* — Ety., fréq. de *carretá.*

CARRETÈU, prov., s. m. Petite futaille pour le vin.

CARRETÈY, gasc., s. m. V. Carratier.

CARRETIER, s. m. Charretier. — Syn. *carratier.* — Ety., *carreto.*

CARRETO, s. f. Carreta, charrette. — Cat., esp., *carreta* ; ital., *carreta.* — Ety. rom., *carre,* du lat. *carrus,* char.

CARRETO-DE-CAS, gasc., s. f. V. Poulsinièiro.

CARRETOU, CARRETOUN, s. m. Chariot, petite charrette. — Ety., dim. de *carreto.*

CARRETOUNO, s. f. Très-petite charrette. — Ety., *carretoun.*

CARRÈU, s. m. Cairel, carreau, pavé; *carrèu,* une des couleurs du jeu de cartes ; fer à repasser à l'usage des tailleurs; coussin de forme carrée; carreau, trait ; *carrèu de vitro,* carreau de vitre. — Anc. cat., *quadrel* ; esp., *quadrillo* ; ital., *quadrello.* — Ety. lat., *quadratellum.*

CARRÈY, gasc., s. m. Charroi. V. Carrech.

CARRÈYA, béarn., v. a. V. Carrejá.

CARRI, s. m. Carre, chariot, char à bœufs; dans quelques pays, étourneau ou diable, espèce de charrette pour le transport des poutres qu'on suspend au-dessous de l'essieu ; *carri de las armos,* grande ourse. — Syn. *car.* — Esp., ital., *carro.* — Ety. lat., *carrus.*

CARRIATO, gasc., s. f. Tinette pour transporter la vendange. — Ety., *carri.*

CARRIÈIRASSO, s. f. Grande rue, vilaine rue. — Ety., augm. de *carrièiro.*

CARRIÈIRETO, s. f. Petite rue. — Ety., dim. de *carrièiro.*

CARRIÈIRO, s. f. Carriera, rue ; chemin rural ; au fig. carrière, profession ; suivant l'abbé de Sauvages (Dict. languedoc.), grande caisse que les tailleurs tiennent sous leur établi et dans laquelle ils jettent les rognures des draps et des autres étoffes. — Syn. *carrièro* ; gasc., *carraro* — Cat., *carrer*; esp., *carrera* ; ital., *carriera.* — Ety. lat., *carrus.*

CARRIERO, s. f. Rue V. Carrièiro; gasc., chaise ; V. Cadièiro.

CARRIEROUN, prov., s. m. Ruelle. — Ety., dim. de *carriero.*

CARRINCA, CARRINCARO, gasc., V. Carincá, Carincaro.

CARRIOL, s. m. V. Carriot.

CARRIOLO, s. f. Carriola, carriole, voiture légère, souvent portée sur l'essieu et montée sur deux roues ; mauvaise voiture ; brouette. — Esp., *carriola*; ital., *carriuola.* — Ety. dim. de *carri.*

CARRIOT, s. m. Cariato, Carriol, chariot. — Syn. *carriol, carriòu, carrou.* — Ety., *carri.*

CARRIOU, prov., s. m. (carriòu). V. Carriot.

CARRIOULA, gasc., cast., v. a. Porter sur un chariot, charrier. — Ety., *carriol.*

CARRIOULEJA, gasc., v. n. Charrier. — Ety., fréq. de *carriouláa.*

CARRIOUTAT, s. m. Plein un chariot. — Ety., *carriot.*

CARRIROUN, prov., s. m. V. Carrairoú.

CARROLIECH, cast., s. m. Chartil, corps d'une charrette.

CARROLO, GASC., s. f. Gousse, enveloppe de la graine de lin.

CARROP, GASC., s. m. Enveloppe de la châtaigne.

CARROSSO, s. f. CARROS, carosse. — CAT., carossa; ESP., carosa; ITAL., carrozza. — ETY. LAT., carrus.

CARROU, BÉARN., s. m. V. Carriot.

CARROU, TOUL., s. m. Froment dont le grain est petit et de couleur rousse. — ETY., ca, pour cap, tête, et rou, pour rous, roux.

CARROULHO, TOUL., s. f. Épi de maïs qui porte des grains.

CARROULHOU, TOUL., s. m. Épi de maïs à grains avortés. — ETY., dim. de carroulho.

CARROUNA, PROV., v. a. Briqueter une muraille, y appliquer un enduit qui imite la brique. — ETY., carroun, carré.

CARROUNTEJA, PROV., v. a. Charrier de côté et d'autre, changer souvent ses effets de place. — ETY., carrou, chariot.

CARROUNTEJAIRE, PROV., s. m. Celui qui change souvent de domicile. — ETY., carrountejá.

CARROUSSA, v. a. Carrosser, voiturer en carrosse. — ITAL., carrozzare. — ETY., carrosso.

CARROUSSADO, s. f. Carrossée, plein un carrosse. — SYN. carroussat. — ETY., s. part. f. de carroussá.

CARROUSSAT, s. m. V. Carroussado.

CARROUSSIN, CÉV., s. m. Petit carrosse : celui qui le conduit. — ETY., carrosso.

CARRUA, PROV., v. a. V. Carrejá.

CARRUAGI, PROV., s. m. V. Carrech.

CARRUBIER, s. m. V. Caroubier.

CARRULÈU, PROV., s. m. Rouleau, roulette.

CARRUOU, PROV., s. m. (carruòu). Chariot dans lequel on met les petits enfants pour leur apprendre à marcher.

CARRUSSA, GASC., v. a. Traîner.

CARRUSSOS, GASC., s. m. Traîneau. — ETY., carrussá.

CARSALADIER, PROV., s. m. Charcutier. — ETY., carsalado.

CARSALADO, s. f. Chair de cochon salée, petit lard. — SYN. cansalado. — ITAL., carne salada. — ETY., car, chair, et salado, salée.

CARTABÈU, PROV., s. m. V.

CARTABLE, s. m. CARTABEL, grand portefeuille propre à contenir des gravures, des dessins, etc. — ESP., cartapel; PORT., cartapacio; ITAL., cartabello. — ETY. ROM., carta, dérivé du grec, χάρτης, papier.

CARTAGENO, s. f. Liqueur de ménage filtrée et aromatisée, faite avec trois parties de moût et une d'eau-de-vie.

CARTAIROLO, **CARTAIROU**, **CARTAL**, **CARTAU**, **CARTIÈIRO**, **CARTO**. V. Quartairolo, etc.

CARTANIS-CARTANAS, CÉV., s. m. Jeu de colin-maillard. — SYN. tartanis-tartanas.

CARTAT, s. f. CARTAT, CARTAT, cherté, prix élevé d'une marchandise. — ESP., caridad; ITAL., caritá. — ETY. LAT., caritatem.

CARTIPEL, TOUL., s. m. Étiquette qu'on attachait à un sac renfermant les pièces d'un procès. — ETY., carto, papier, et pel, peau.

CARTO, s. f. CARTA, carte; autrefois papier; acte de l'autorité, registre. — ESP., ITAL., carta. — ETY. LAT., charta, dérivé de χάρτης, papier.

Ount parlou cartos, taisou barbos.
PRO.

CARTO-TOUCHO, CÉV., s. f. Giberne contenant les cartouches ; la cartouche elle-même. — CAT., cartutxo; ESP., cartucho; PORT., cartuxo; ITAL., cartoccio. — ETY., carto, carte.

CARTOUCHO, s. f. Cartouche. — SYN. carto-toucho, cartousso. — ITAL., cartoccio.

CARTOUSSO, GAST., s. f. V. Cartoucho.

CARUMÈLO, GASC., s. f. Roseau, chalumeau. V. Caramèlo.

CARUT, udo, GARC., adj. Qui a mauvaise mine, qui a la figure hâve, bouleversée. — ETY., caro, figure.

CARVI, s. m. V. Charui.

CAS, PROV., s. m. Clavelée. V. Picoto.

CAS, s. m. Cas, cas, ce qui est advenu ou peut advenir, événement; désinence variable des mots qui se déclinent; *per cas*, loc. adv., par hasard; *faire veni lou cas à rimo*, faire naître l'occasion, amener la conversation sur un point désiré. — ESP., ITAL., *case*. — ETY. LAT., *casus*.

CAS, CÉV., s. m. Chas, trou d'une aiguille. — ETY. LAT., *capsa*.

CAS, B. LIM., s. m. Mue, grande cage ronde et haute sous laquelle on enferme la volaille; PROV., enclos fait avec des claies. — ETY. LAT., *capsa*, caisse, coffre, en français, châsse.

CASA, v. a., CASAR, CAZAR, caser, mettre en place, installer dans un lieu; pourvoir, établir, donner une place, un emploi; *casá uno filho*, marier une fille; *se casá*, v. r., se caser, s'installer; s'établir; se marier. — CAT., ESP., *casar*; ITAL., *casare*. — ETY., *caso*, case.

CASAL, s. m. CASAL, masure, grande et vieille maison; improprement jardin, selon Jasmin. Augm., *casalas*, grande et vieille maison ruinée; dim., *casalet* ou *cazalet*, petite métairie. — SYN. *casau*. — CAT., ESP., *casal*; ITAL., *casale*. — ETY., augm. déprèc. de *casa*.

Lou mestre d'aquel bel houstal,
Qu'es toujours rette coum'un pal,
Visquet lountemps dins un CASAL
Ount fasió soun milhou regal.
D'uno cebo on d'un pourrigal,
E beviò l'aigo del pegal;
Aro es un home coumo cal,
Me demandés pas so que val,
ANO.

CASALAS, s. m. V. Casal.

CASALET, s. m. V. Casal.

CASALISSO, CÉV., s. f. Grange. — ETY., *casal*.

CASAU, CÉV., s. m. Vieille masure; BÉARN., jardin attenant ordinairement à une maison; AGAT., *casau de Gregous*, très-mauvaise masure habitée par des misérables qui y sont entassés; *Gregous*, Grecs, est sur le littoral d'Agde et celui de Sérignan, synonyme de vagabonds. V. Casal.

CASAVEC, CAST., s. m. Espèce de veston; *casavec de sedo*, veston de soie.

CASCA, CÉV., TOUL., v. n. Tomber; défleurir en parlant des arbres, couler en parlant des autres plantes; v. a., secouer, faire tomber, abattre le fruit en agitant l'arbre qui le porte; choquer, heurter, frapper contre; mettre dedans; émotter; chasser. — ITAL., *cascare*. — ETY. LAT., *quassare*, secouer.

CASCABEL, GASC., s. m. V. Cascavel.

CASCA-BLAT, PROV., s. m. Chant de la cigale. — ETY., onomatopée.

CASCAGNA, PROV., v. n. Tinter. — SYN. *cascalhá*.

CASCAGNOU, PROV., s. m. (cascagnòu). Bruissement, murmure d'un ruisseau. ETY., *cascagná*.

CASCAI, CASCAIA, CASCAIAIRE, PROV., V. Cascal, etc.

CASCAIEIRO, PROV., s. t. Babillarde. V. Cascalhaire.

CASCAIRE, PROV., s. m. Celui qui gaule un arbre pour en faire tomber le fruit. ETY., *cascá*.

CASCAL, CÉV., TOUL., s. m. Bruit des noix qu'on remue, des assiettes qu'on déplace; gloussement des oiseaux; au fig. bruit confus que produit le caquetage de femmes parlant toutes à la fois; bruit de la mer quand elle est calme; CAST., brou, écale de noix, d'amande. — SYN. *cascai*. — ETY., onomatopée.

CASCALA, PROV., v. n. Chanter en parlant de la caille ou de la perdrix. — SYN. *cascalhá*.

CASCALHA, v. n. Glousser, gazouiller; chanter en parlant de la caille ou de la perdrix; au fig. babiller, jaboter; murmurer en parlant d'un ruisseau; bégayer, zézayer. *Lou cascalhá*, s. m., le chant de la caille, l'appeau dont on se sert pour l'appeler. — SYN. *cascagná*, *cascaiá*, *cascalá*, *cascará*, *cascariá*. — ETY. *cascal*.

CASCALHA, GASC., v. a. Écailler, briser; PROV., secouer fortement un arbre ou une personne; GASC., v. n., trembler, être agité, aller de çà et de là.

CASCALHAIRE, o, adj. Qui chante comme la caille; caqueteur, euse; qui bégaye, qui zézaye. — Syn. *cascaiaire, cascaiairo, cascalin.* — Ety., *cascalhá.*

CASCALHEJA, v. n. Glousser, gazouiller; caqueter. — Syn. *cascarelhá, cascarelejá.* — Ety., fréq. de *cascalhá.*

CASCALHÉ, CASCALHET, cév., s. m. Courcailler, appeau qui imite le chant de la caille. — Syn. *cascalho.* — Ety., *cascalhá.*

CASCALHO, s. f. V. Cascalhet.

CASCALHOUN, prov., s. m. Grelot, V. Cascavel; tique, V. *Langasto*; groseille à maquereau, V. *Grouselho.* — Ety., dim. de *cascal.*

CASCALIN, prov., adj. Caqueteur, babillard; *rièu cascalin*, ruisseau babillard. — Syn. *cascalhaire.*

CASCAMEL, narb., s. m. Petite grappe de raisin; grappillon; c'est probablement une altération de *cascavel*, grelot; les grapillons, qui pendent à l'extrémité des sarments, ressemblent un peu à des grelots. — Syn. *broutigno, broutilho.*

CASCAN, te, béarn., adj. Dégoûtant, e, de malpropreté.

CASCARA, s. m. Chant de la caille. V. Cascalhá.

CASCAREL, adj. et s. V. Cascarelet.

CASCARELEJA, v. n. V. Cascalhejá.

CASCARELEJAIRE, s. m. Babillard. — Ety., *cascarelejá.*

CASCARELET, o, adj. et s. Freluquet, léger, frivole, inconstant, fantasque; frondeur; loustic; qui gazouille en parlant d'un oiseau; *vouès cascareleto*, voix flûtée; *man cascareleto*, main fantaisiste; *cascareleto*, s. f. plaisanterie, bouffonnerie; petit conte amusant. Syn. *cascarin.*

CASCARELHA, prov., v. n. V. Cacalejá et Cascalhejá.

CASCARELUN, prov., s. m. Babil, caquet. — Ety., *cascarelhá.*

CASCARIA, prov., v. n. V. Cascalhá.

CASCARIN, o. prov., adj. Plaisant, facétieux. — Syn. *cascarelet.*

CASCARINET, cast., s. m. Bourrelet pour les enfants. — Ety., esp., *casco*, dont *cascarinet* est un diminutif.

CASCARINETO, cast., s. f. Excroissance semblable à la noix de galle qui vient sur les feuilles du chêne. — Syn. *bolode-garrit*, toul., *cassenolo.*

CASCARRO, s. f. Coiffe noire que mettent certaines femmes au-dessous de leur bonnet.

CASCARROU, s. m. Clochette ou grelot que les bergers attachent au collier des moutons. — Syn. *cascavel.*

CASCAVARI, prov., s. m. Pièce de bois en forme de rouet qu'on met, au lieu de poulie, dans une mortaise.

CASCAVEL, s. m. Cascavel, grelot, sonnette, clochette; hochets des enfants semblable à la marotte de Momus; au fig. souci : *se leva tout cascavel del cap*, se lever tout souci de l'esprit; homme léger dont la tête est creuse comme un grelot; cév., jonquille. — Syn. *cascalhoun, cascavèu, cascarrou, quiscavel.* — Cat., *cascavell*; esp., *cascabel.*

CASCAVELA, prov., v. n. Faire sonner les grelots; au fig. faire du bruit, faire claquer son fouet; babiller, jaser, ébruiter un secret; grelotter. — Syn. *cascavelejá, cascavelhá.* — Ety., *cascavel*, grelot.

CASCAVELAS, prov., s. m. Gros grelot. — Ety., augm. de *cascavel.*

CASCAVELEJA, prov., v. n. V. Cascavelá.

CASCAVELET, eto, prov., adj. Jeune écervelé, petite étourdie. — Ety., *cascavel.*

CASCAVÉLETO, s. f. Réséda sauvage. — Syn. *amourelo.*

CASCAVELHA, prov., v. n. V. Cascavelá.

CASCAVELO, prov., s. f. Crête de coq, plante, V. *Tartaliége*; melampyre des champs, V. *Cougo-de-reinard.*

CASCAVELOUN, prov., s. m. Petit grelot. — Ety., dim. de *cascavel.*

CASCAVÈU, s. m. V. Cascavel.

CASCOU, s. m. Casque. — Cat., esp., *casco.*

CASCOUET, gasc., s. m. Escargot. — Ety., dim. de *cascou.*

CASCOULHÈ, gasc., adj. et s. Pèlerin,

qui porte des coquilles. — ETY., *cascoulho*, coquille.

CASCOULHO, GASC., s. f. Coquille.

CASCUN, O, pron. CASCUN, chacun, chacune. — SYN. *cadun*, *chascun*. — CAT., *quascun*; ITAL., *ciascuno*. — ETY. LAT., *quisque unus*.

CASE, BÉARN., s. f. Maison. V. Caso.

CASER, PROV., s. m. Gradin.

CASO, s. f. CASA, case, petite et chétive maison ; un des carrés du damier de l'échiquier ; au trictrac, place marquée par une espèce de flèche. — CAT., ESP., ITAL., *casa*. — ETY. LAT., *casa*, maison.

CASPI, CÉV., interj. Dam ! peste ! tudieu ! Cette interj. marque la surprise. — SYN. *caspitello*, *caspitèno*. — CAT., ESP., *caspita*.

CASPITELLO, CASPITÈNO, PROV., interj. V. Caspi.

CASQUE, O, CAST., adj. Quelque ; *casques-cols*, quelquefois. V. Quauque.

CASQUILHOUN, PROV., s. m. Tique. V. Langasto.

CASSA, v. a. et n. CASSAR, chasser, aller à la chasse, poursuivre le gibier pour le tuer ou le prendre ; expulser, mettre dehors ; casser, annuler, rompre, briser. — CAT., *cassar* ; ESP., *cazar* ; PORT., *caçar* ; ITAL., *cacciare*.

CASSADO, s. f. Plein une grande cuiller de celles qu'on appelle *casso*. — ETY., *casso*, grande cuiller ronde.

CASSADOU, CASSADOUR, s. m. Chassoir, instrument de tonnelier. — SYN. *chasso*. — ETY., *cassá*.

CASSAÈYRE, GASC., s. m. V. Cassaire.

CASSAFA, PROV., s. m. Fronde à plusieurs mailles.

CASSAIRE, s. m. CASSAYRE, chasseur, celui qui aime la chasse, qui se livre habituellement à cet exercice. *Cassaire, casso-gaire, casso-rèn.* — SYN. *cassayre*. — GASC., *cassaèyre* ; BÉARN., *cassedour* ; CAT., *cassador* ; ESP., *cazador* ; ITAL., *cacciatore*. — ETY., *cassá*.

CASSAIRE e jougaire
Nou podon que mautraire.
PRO.

CASSAIROLO, s. f. V. Casserolo.

CASSAIROT, s. m. Petit chasseur, mauvais chasseur. — ETY., dim. de *cassaire*.

CASSAÑA, CÉV., v. a. Attacher ou coudre la ceinture à un tablier, à une culotte, etc. — ETY., *caussano*, ceinture.

CASSANÈLO, CAST., s. f. Cenelle, fruit de l'aubépine.

CASSANO, CÉV., s. f. Ceinture de culotte, de caleçon, cordon de ceinture de jupe ; *cassano del col*, col de chemise. Ce mot paraît être le même que *cachano* ou *capsano*, licou.

CASSANO, CÉV., s. f. Noix de galle ou de chêne. — ETY., *casse*, chêne.

CASSARELLO, PROV., s. f. V.

CASSARÈLO, s. f. Veste de chasse ; chasseresse. — ETY., *cassá*.

CASSAU, CÉV., s. m. Coussin de paille, dont on se sert pour porter les fardeaux. — ETY., *cachá*, presser, serrer ; *cassau* est une altération de *cachau*, *cachal*.

CASSAUDO, CÉV., s. f. Nom commun aux diverses espèces de prêles qui portent aussi le nom de queue de cheval, *equisetum*, ιππουρις. Les principales espèces sont la prêle des champs, la prêle des fleuves, la prêle des marais, la prêle d'hiver, la prêle rameuse. — Noms divers : *caussoudo*, *counsòudo*, *coussaudo*, *couo-chivau*, *couo-de-mandro* ; *escuret*, *escureto*, *freladòu*; ces derniers noms sont donnés particulièrement à la prêle rameuse qui sert à récurer la vaisselle et à polir les métaux. — ESP., *corda-de-mula* ; ITAL., *coda-di-cavallo*.

CASSE, TOUL., s. m. CASSER, chêne blanc ou vert ; *casse-blanc*, chêne blanc, appelé aussi *rouire*, *roure* ; *casse-vert*, chêne vert, *èuse* ; *cassenat*, jeune chêne ; CAST., chêne qui porte beaucoup de glands. — BÉARN., *cassou* ; B. LIM., *chosson*. — ETY. ROMAN., *casser*, qu'on croit être d'origine celtique, ou B. LAT., *casnus*.

CASSE, BÉARN., s. m. Fromage. — PROV., *cassèyo*. — ETY. probable, du lat., *caseus*.

CAS (405) CAS

CASSEDOUR, BÉARN., s. m. V. Cassaire.

CASSEIROLO, PROV., s. f. V. Casserolo.

CASSEJA, PROV., v. n. Chasser souvent, chasser maladroitement. — ETY., fréq. de *cassá*.

CASSEL, s. m. Tesson, morceau de poterie, de verre, cassés.

CASSELADO, CAST., s. f. V. Cacelado.

CASSENADO, s. f. Chênaie; GASC., TOUL., 1° Agaric social, *Agaricus socialis*, qui croît par touffes sur les vieilles souches du chêne; 2° Agaric gymnopode, *Agaricus gymnopodius*, qu'on trouve aussi réuni en groupes au pied des arbres; 3° Agaric d'yeuse, *Agaricus ilicinus*; 4° enfin Agaric annulaire, *Agaricus annularius*, qui croît par groupes de douze individus environ au pied de plusieurs espèces d'arbre. — SYN. *garrigado*. — ETY., *casse*, chêne.

CASSENAT, s. m. Jeune chêne. — ETY., *casse*.

CASSENOLO, TOUL., s. f. V. Cascarineto.

CASSEROLO, s. f. Casserole, ustensile de cuisine. — SYN. *cassairolo*, *casserolo*. — CAT., *cacerola*, *cassarola*; ITAL., *casserola*. — ETY., dim. de *casso*.

CASSEROULADO, s. f. Plein une casserole. — ETY., *casserolo*.

CASSET, CAST., s. m. Poêlon, petite casserole de cuivre. — BITERR., *pade*. ETY., dim. de *casso*.

CASSETADO, PROV., s. f. Plein le poêlon, appelé *casset*; plein une cassette. — ETY., *casseto*.

CASSETO, s. f. CAISSETO, cassette, petit coffre; TOUL., CÉV., poêlon. — ETY., pour cette dernière acception, *casset*.

CASSEYÉ, s. f. V. Cassier.

CASSÈYO, PROV., s. f. Fromage fort, mis en pâte. — ETY. BÉARN., *casse*, fromage.

CASSIBRAIO, **CASSIBRALHO**, s. f. Canaille, racaille, mauvaises gens, la lie du peuple; marmaille.

CASSIDO, PROV., s. f. Chassie. V. Lagagno.

CASSIDOUS, O, PROV., adj. CASSIDOS, chassieux, euse. V. Lagagnous.

CASSIER, s. m. Acacia des jardins, acacia farnèse, *Mimosa farnesiana*. C'est aussi le nom du canéficier, arbre qui porte la casse. — SYN. *casseyé*.

CASSIÉU, CÉV., s. m. Chatouillement. — SYN. *cassiu*. — BITERR., *cousselego*.

CASSIGNOULA, v. a. Chatouiller. — ETY., *cassiéu*.

CASSILHO, CÉV., s. f. Produit de la chasse. — ETY., *casso*.

CASSINO, NIM., s. f. Cassine, petite maison, vide-bouteille. — ITAL., *casino*. — ETY., B. LAT., *cassa*, altér. de *casa*, maison.

CASSINO, TOUL., s. f. Groseiller noir, dont le fruit est appelé *coulindrou negre*.

CASSIS, MONTR., s. m. Groseiller noir ou cassis, *Ribes nigrum*, de la fam. des grossulariées, à fleurs verdâtres. — SYN. *grouselier negre*, même nom pour le fruit, et le ratafia qu'on fait avec ce fruit.

CASSIU, CÉV., s. m. V. Cassiéu.

CASSO, s. f. CASSA, chasse, action de chasser le gibier; *casso à la luminario*, chasse à la lanterne. — CAT., *cassa*; ESP., *caza*; ITAL., *caccia*. — ETY., *cassá*.

CASSO, s. f. Sasse, pelle de bois creuse dont on se sert surtout dans les moulins à huile; grand poêlon à long manche; cuiller pour servir le potage; grande cuiller en bois de forme ronde; T. d'imprimerie, casse, caisse divisée en petites cases, contenant chacune tous les caractères d'une même lettre. — CAT., *cassa*; ESP., *caza*; ITAL., *cazza*. — ETY. LAT., *capsa*, caisse.

CASSO, CÉV., s. f. Fois; *aquesto casso*, cette fois.

CASSO-COUQUIS, CAST., s. m. Couvre-feu.

CASSO-DENT, s. m. Croquelin, petit gâteau qui craque sous la dent.

CASSO-GOUSSES, NARB., s. m. Bedeau, qui chasse les chiens de l'église.

CASSO-HAME, gasc., adj. et s. Chasse-faim, ce qui rassasie. — Syn. *cassotalent*.

CASSO-JOIO, s. m. Un rabat-joie, un trouble-fête.

CASSO-RODO, s. f. V. Buto-rodo.

CASSOLO, cév., s. f. Grande terrine à deux anses ; mets fait avec du gruau et du riz qu'on fait cuire au four dans la terrine appelée *cassolo*; à Castelnaudary, on y fait cuire le *cassoulet*. V. ce mot ; T. de meunier, auget d'un moulin, placé sous la trémie, qui verse peu à peu le blé sur la meule par l'effet des secousses qu'il reçoit du claquet. — Syn. *chassouèro*. Au fig. *levà de cassolo*, dégoûter, supplanter, faire oublier. — Ety., dim. de *casso*.

CASSOT, s. m. Couvet, réchaud dans lequel on met le feu d'un chauffepied ; sasse, pelle creuse des moulins à huile (V. Casso); seau en fer-blanc avec un manche de bois pour prendre de l'eau dans une rivière. — Ety., dim. de *casso*.

CASSO-TALENT, toul., adj. et s. V. Casso-hame.

CASSOU, interj. qui exprime la surprise. Diantro! Posto! Malepeste!

CASSOU, **CASSOUN**, s. m. Ferret, fer d'aiguillette, de lacet ou de toupie. — Syn. *coucoumèu*, fer de toupie.

CASSOU, béarn., s. m. Chêne. V. Casse.

CASSOUDO, s. f. (cassòudo). Prêle. V. Cassaudo.

CASSOULADO, cév., s. f. Plein une terrine du mets appelé *cassolo* ou *cassoulet*. — Ety., *cassolo*.

CASSOULET, s. m. Quartier d'oie salée, ou jarret de cochon avec des haricots, qu'on fait cuire au four dans une terrine appelée *cassolo*.

CASSOULETO, s. f. Cassolette, réchaud de métal où l'on fait brûler les parfums ; couvet d'une chaufferette. — Syn. *cassot, casseroun*. — Esp., *cazoleta*. — Ety., dim. de *cassolo*, qui est un diminutif de *casso*.

CASSOULETO, toul., s.f. Nom commun aux diverses espèces de juliennes, plantes de la fam. des crucifères. *Cassouleto jauno*, barbarée vulgaire ou vélar de Ste-Barbe ; *Barbarea vulgaris*, connue aussi sous le nom de *herbo de Santo-Barbo* ; *cassouleto blanco*, julienne inodore, *Hesperis inodora*.

CASSOULOUN, prov., s. m. Petit réchaud. — Ety., dim. de *cassolo*.

CASSOUNA, cév., v. a. Ferrer une aiguillette, un lacet, une toupie. — Ety., *cassoun*, ferret.

CASSOURET, béarn., s. m. Petit chêne. — Ety., dim. de *cassou*.

CASSU, prov., s. m. Chou cabus. V. Cabus.

CAST, prov., s. m. Enclos, parc d'un troupeau ; séparation qu'on fait dans une bergerie avec des claies. — Syn. *castrou*. — Ety. lat., *castrum*.

CASTAGNA, v. n. Ramasser des châtaignes, faire la récolte des châtaignes. — Béarn., *caslanhá*. — Ety., *castagno*.

CASTAGNADO, s. f. Quantité de châtaignes qu'on fait cuire à la fois ; *castagnados*, s. f. p., saison pendant laquelle on fait la récolte des châtaignes. Le marquis de La Fare a publié, à Alais, en 1844, un charmant recueil de poésies écrites dans le dialecte cévenol ou raïol, qu'il a intitulé : *Las castagnados*. — B. lim., *chostoniousos*. — Ety., s. part. f. de *castagná*.

CASTAGNAIRAS, prov., s. m. V. Castagnèiredo.

CASTAGNAIRE, o, s. m. et f. Homme, femme, employés à la récolte des châtaignes. — Prov., au fém. *castagnairis*. — Ety., *castagná*.

CASTAGNAL, cast., s. m. Châtaigneraie.

CASTAGNÈIREDO, s f. Châtaigneraie — Syn. *castagnal, castagnairas, castanet, castanedo*. — Ety., *castagner*.

CASTAGNIÈIRO, s. f. Poêle pour faire rôtir les châtaignes. — Cév., *padèlo de las afachados*. — Ety., *castagner*.

CASTAGNER, s. m. V. Castagnier.

CASTAGNETO, s. f. Espèce de macaron ; *castagnetos*, castagnettes, petits morceaux de bois qu'on met entre les doigts et qu'on fait frapper l'un contre l'autre, ainsi appelés à cause de leur ressemblance avec les deux valves d'une châtaigne partagée ; SYN. *castagnolos*, castagnettes. — CAT., *castaneylas* ; ESP., *castanetos* ; ITAL., *castagnetta*. — ETY., *castagno*, dont *castagneto* est un diminutif.

CASTAGNIER, s. m. CASTAN, CHATAGNER, CHATIGNER, châtaignier, *Castanea vulgaris*, arbre de la fam. des amentacées, qui produit les châtaignes. *Castagnier-fer*, marronnier. — B. LIM., *chostan* ; CAT., *castanyer* ; ESP., *castaño* ; ITAL., *castagno*. — ETY., *castagno*.

CASTAGNIER D'INDO, s. m. Marronnier, grand et bel arbre apporté en France de Constantinople, dont les fleurs sont en bouquets pyramidaux et dont le fruit est âcre et très-amer. — SYN. *castagnier-fer* ; *castagnier-sauvaje*.

CASTAGNIER SAUVAJE, s. m. Pomme épineuse, herbe aux taupes, herbe aux magiciens, herbe du diable, *Datura stramonium*, plante de la famille des solanées. — SYN. *darboussiero*, *herbo de las taupos*, *endourmidouiro*, *candaliès*. Le nom de *castagnier sauvage* lui vient de la forme de sa capsule épineuse qui ressemble à celle des marrons d'Inde.

CASTAGNO, s. f. CASTAGNA, CASTANHA, châtaigne, fruit du châtaigner. La plus estimée à Béziers, est celle qu'on appelle *cornobiòu*. On l'appelle *zabouno*, dans quelques contrées ; *cornobiòu groullut*, châtaigne entourée, dans sa coque, d'une ou de deux autres châtaignes avortées ou retraites ; *castagno blanco*, châtaigne sèche sans sa peau. V. Castagnou. — CAT., *castanya* ; ESP., *castaña* ; ITAL., *castagna* ; ALL., *kastania* ; ARAB., *kastana*. — LAT., *castanea*.

Entre filho e CASTANHO
De foro bel e dedins la magagno.

A fille et châtaigne, beau le dehors et au dedans le vice.

CASTAGNO D'ASE, s. f. Marron d'Inde. — SYN. *castagno-fero*, *castagno-sauvajo*.

CASTAGNO-DE-MAR, s. f. Marron ou petit castagneau, *Sparus chromis* ; castagnole, *Sparus calanca*, petits poissons de la méditerranée. — SYN. *castagnolo*.

CASTAGNO-DE-CHAVAL, s. m. Ergot des chevaux, qui a quelque ressemblance avec une châtaigne.

CASTAGNO-FERO, PROV., s. m. Marron. V. Castagno d'ase.

CASTAGNOLO, PROV., s. f. V. Castagno-de-mar.

CASTAGNOLO, s. f. Bec-fin ou fauvette cisticole, *Sylvia cisticola*, dont le plumage est jaunâtre, piqueté de noir au-dessus. — SYN. *bisquerlo*. On donne aussi le nom de *castagnolo* au troglodyte. V. Petouso.

CASTAGNOLOS, s. f. p. V. Castagnetos.

CASTAGNO-PISTO, PROV., s. f. Châtaigne sèche dépouillée de sa peau. — SYN. *castagno-blanco*, *castagnou*.

CASTAGNO SAUVAJO, V. Castagno-d'ase.

CASTAGNOU, CASTAGNOUN, s. m. Châtaigne dépouillée de sa coque et de sa pellicule, séchée sur un *suoir* ; au fig. un cuistre, un fesse-mathieu, dont le cœur est aussi sec qu'une châtaigne desséchée. — SYN. *castagno-blanco*, *castagno-pisto*, *bajano*. — ETY., dim. de *castagno*.

CASTAGNOUS, s. m. Grèbe castagneux, ainsi appelé à cause de la couleur brun-châtain de son dos. — SYN. *cabusset*.

CASTAN, s. m. Châtaigner. V. Castagnier.

CASTAN, adj. m. Châtain, couleur qui approche de celle des châtaignes. — GASC., *castay*. — ETY., *castan*, châtaignier.

CASTANEDO, s. f. Châtaigneraie. V. Castagnèiredo.

CASTANET, CÉV., s. m. Châtaigneraie. V. Castagnairedo.

CASTANEY, BORD., s. m. Châtaignier. V. Castagnier.

CASTANHA, BÉARN., v. n. V. Castagná.

CASTAY, GASC., adj. m. V. Castan.

CASTECH, GASC., s. m. V. Castel.

CASTEG, BÉARN., s. m. V. Castel.

CASTEJA, PROV., v. n. Acheter des bêtes à laine pour les engraisser et les revendre. — ETY., cast, parc. Il s'emploie aussi pour *castelejá*.

CASTEJAIRE, PROV., s. m. Celui qui achète des bêtes à laine pour les engraisser et les revendre ; berger qui va continuellement d'un lieu à un autre avec son troupeau. — ETY., *castejá*.

CASTEL, s. m. CASTELH, château, habitation seigneuriale; toute grande habitation rurale. *Castel de cartos*, château de cartes ; au fig. petite maison peu solidement construite. — SYN. *castech*, *casteg*, *castet*, *castèu*. — B. LIM., *chostel* ; CAT., *castell* ; ESP., *castillo* ; ITAL., *castello*. — ETY. LAT., *castellum*, château fort.

CASTELA, v. n. V. Castelejá.

CASTELARAS, PROV., s. m. V. Castelas.

CASTELAS, s. m. Vieux château, très-grand château. — PROV., *castelaras* ; BÉARN., *casteras*. — ETY., augm. de *castel*.

CASTELAT, ado, adj. fortifié, ée. — ETY., *castel*.

CASTELEJA, v. n. Aller de château en château, faire le métier de parasite ; PROV., aller d'un lieu à un autre avec un troupeau de bêtes à laine qu'on fait paître un peu partout. — SYN. *castejá*, *castelá*. — BÉARN., *casterèyá* ; R. LIM., *chostelá*. — ETY., *castel*, pour la première acception ; et *cast*, pour la seconde.

CASTELET, s. m. CASTELET, châtelet, petit château ; jeu d'enfant qui consiste à mettre une châtaigne ou une noix sur trois autres châtaignes ou noix placées en triangle à côté les unes des autres ; celui qui abat le petit édifice avec une autre châtaigne ou noix, gagne le tout. — B. LIM., *chostelet*. — CAT., *castellet* ; ESP., *castillete* ; ITAL., *castelleto*. — ETY., dim. de *castel*.

CASTELETS, CÉV., s. m. p. Petites jumelles à l'usage des rubaniers dont on se sert pour mettre un écheveau de soie en *roquets*. — ETY., dim. de *castel*.

CASTELS, CAST., s. m. Nuages noirs et épais qui ont la forme d'un château ou d'une tour. — BITERR., *tourragals*.

CASTERAS, BÉARN., s. m. V. Castelas.

CASTERÈYA, BÉARN., v. n. V. Castelejá.

CASTEL, BÉARN., TOUL., s. m. V. Castel.

CASTETAT, s. f. CASTITAT, chasteté, pureté. — SYN. *chastetat*. — CAT., ESP., *castitad* ; PORT., *castidade* ; ITAL., *castità*. — ETY. LAT., *castitatem*.

CASTÈU, PROV., s. m. Château; dans le style familier, morve ; *soun nas tiravo lou castèu*, son nez reniflait sa morve. V. Castel.

CASTIA, v. a. CASTIAR, châtier, infliger un châtiment. — SYN. *castigá*. — CAT., ESP., *castigar*. — ETY. LAT., *castigare*.

CASTIADO, s. f. Châtiment. — ETY., s. part. f. de *castiá*.

CASTIGA, v. a. V. Castiá.

CASTIGADOU, **CASTIGADOUR**, adj. Qui mérite d'être châtié, qui peut être châtié. — ETY., *castigádo*, part. de *castigá*.

CASTIGAMENT, s. m. CASTIAMENT, châtiment, punition. — CAT., *castigament* ; ESP., *castigamento*. — ETY. LAT., *castigamentum*.

CASTIO-FÒL, CÉV., s. m. Un maître-sire ; au fig. martin-bâton. — ETY., *castio*, qui châtie, *fol*, le fou.

CASTRA, v. a. CASTRAR, châtrer, couper les testicules ou les ovaires. — SYN. *crestá*. — ESP., *castrar*, ITAL., *castrare*. — ETY., LAT., *castrare*.

CASTRAT, ado, part. Châtré, ée. Il s'emploie aussi substantivement. — SYN. *crestat*.

CASTRIOLA, MONTP., s. f. Nom de l'olivier qui produit l'huile de Castries, qui est très-estimée.

CASTROU, CÉV., s. m. Râtelier d'une bergerie. — SYN. *pindoulo*. Il signifie aussi séparation faite dans une bergerie avec des claies ou des fagots. — ETY. LAT., *clatro*, fermer avec des barreaux ; *castrou* est une altération de *clastroù*.

CASTROU, CÉV., s. m. Agneau ou chevreau, châtré. — ETY., *castrat*, dont *castroù* est un diminutif.

CASUAL, alo, adj. CASUAL, casuel, elle, accidentel, qui arrive par cas fortuit ; s. m., casuel, revenu qui n'est point fixe. — CAT., ESP., *casual* ; ITAL., *casuale.* — ETY. LAT., *casualis*.

CAT, cato, s. m. et f. CAT, chat, chatte, *Felis catus*, animal domestique. A la vue de trois chandelles allumées sur la même table, nos paysans ne manquent pas de dire : *Lous cats fianson*, les chats font leurs fiançailles. — CAT., *gat* ; ESP., PORT., *gato* ; ITAL., *gatto.* — ETY., LAT., *cattus* ou *catus*.

Cat emmantelat
Prendra pas jamai rat.

PRO.

CAT-DE-MAR, s. m. Chien de mer, aiguillat, *Squalus acanthias*, poisson qui a le dos hérissé d'épines ou d'aiguilles, d'où son nom français, *aiguillat*. — PROV., *agulhat* ; BITERR., *cat-mari*.

CAT, GASC., s. m. Tête ; commencement d'une chosa. — ETY., altér. de *cap*.

CATA, v. n. Chatter, en parlant d'une chatte qui fait ses petits. — ETY., *cat*.

CATA, PROV., v. a. Couvrir. V. Acatá.

CATA (se), GASC., v. r. Se taire. Altér. de *se calá*. V. ce mot.

CATACAN, adv. V. Catecan.

CATACHOURNO, chattemite. V. Catomiaulò.

CATAFALCO, s. f. CALAFALC, catafalque. — SYN. *catafau.* — CAT., *catafal* ; ITAL., *catafalco.* — ETY. B. LAT., *catafaltus, catafaldus*.

CATAFAU, s. m. V. Catafalco.

CATAFORNO, PROV., s. f. Caverne, creux. V. Caforno.

CATAGAN, s. m. Catogan, cadogan, nœud qui retrousse les cheveux et les attache près de la tête.

E quand porte, lon demenche,
Lou CATAGAN embé la penche
Es poulit que lou manjarias.

FAVRE.

CATALA, CÉV., s. m. Le diable ; *ne sap mai que catalá*, il en sait plus que le diable.

CATALAN, o, s. m. et f. Catalan, ane, qui est de la Catalogne ; espèce de raisin. — CAT., *catala* ; ESP., *catalan* ; ITAL., *catalano*.

CATALANA, CÉV., v. a. Relever les bords d'un chapeau avec des agrafes pour le mettre à la mode catalane. — ETY., *catalan*.

CATALANO, CÉV., s. f. Retroussis, bord d'un chapeau relevé suivant la mode catalane, agrafe et sa porte qui servent à cet usage ; coiffe catalane.

CATA-MIAUCHO, PROV., s. f. Tirelire. — SYN. *cacho-malhos*.

CATAMIAULO. s. f. V. Catomiaulo.

CATAPLAIME, NARB., s. m. Cataplasme ; au fig., soufflet appliqué avec toute la largeur de la main.

CATAPURJO, s. f. V.

CATAPUSSO, s. f. Catapuce, épurge, *Euphorbia lathyris*, plante de la fam. des euphorbiacées, dont les graines et les feuilles sont un violent purgatif. — SYN. *cagarinò, cacapussò*.

CATARACHO, PROV., s. f. V. Cataracto.

CATARACOS, CÉV., s. f. p. V.

CATARACTO, s. f. Cataracte, opacité du cristallin ou de sa membrane, qui empêche les rayons lumineux de parvenir jusqu'à la rétine. — SYN. *cataracho, catarassos*. — CAT., ESP., *cataratà* ; ITAL., *cateratta.* — ETY. LAT., *cataracta*.

CATARAS, CÉV., s. m. Maton, gros chat mâle. — BITERR., *catas*. — ETY., augm. de *cat*.

CATARASSOS, CÉV., s. f. p. V. Cataracto.

CATARAUGNA, CARC., CAST., v. a. Quereller, tracasser, inquiéter, taquiner ; *se cataraugná* v. r., se quereller, se taquiner.

CATARAUGNEJA, v. a. V. Cataraugná.

CATARINASSO, s. f. *Faire catarinasso,* prendre des airs d'innocence, de bonhomie, de simplicité, faire la sainte nitouche, s'il s'agit d'une femme. M. Éty. que *catarinot.*

CATARINÈLO, s. m. Hypocrite, faux dévot. — Syn. *catarinot.*

CATARINETO, s. f. Nom des diverses espèces des coccinelles, et dans quelques contrées des chrysomèles dorés et de la lycoperdine à bandes. — Syn. *galineto.*

CATARINOT, cév., s. m. Hypocrite ou faux dévot; nom donné à une troupe de séditieux qui s'assemblaient, en 1617, dans le cimetière de Ste-Catherine, à Montpellier.

CATAROT, cév., s. m. Homme lunatique, fantasque.

CATAROUS, s. m. Canard millouin. V. Boui.

CATARRI, s. m. Catar, catarrhe, écoulement d'un liquide plus ou moins épais, par une membrane muqueuse; gros rhume; prov., convulsion, épilepsie. — Cat., esp., ital., *catarro.* — Ety. lat., *catarrhus.*

CATARRI, cast., s. m. Hélichryse stœchas ou herbe du catarrhe, plante de la fam. des corymbifères.

CATAS, s. m. Gros chat; au fig. *faucatas* ou *fals-catas*, personne fausse et dissimulée. — Ety., augm. de cat.

CATAU, s. m. Gros bonnet, notable, puissant, riche; tyran. — Ety., altér. de *captau,* du roman *captal* de *cap,* chef.

CAT-AUBIER, s. m. Roussette ou grande roussette, *squalus canicula,* gros poisson, dont la peau préparée porte le nom de galuchat ou peau de chagrin; on dit d'une personne qui a un mauvais teint: *acò's de carn de cat-aubier.* — Syn. *cat-auguier.*

CAT-AUGUIER, s. m. V. Cat-aubier.

CAT-BAT, toul., adv. Là-bas, vers là-bas. — Biterr., *cap-aval.*

CAT-BRARÈU, prov., s. m. Chouette hulotte, suivant Honnorat, qui dérive ce mot de *cat,* chat, et *brarèu,* bruyant.

CATCEROU, béarn., s. m. (catceròu), maillot, langes.

CATCHINA, cast., v. a. Écacher. V. Cachiná.

CATÉ, CATET, cév., s. m. Petite roussette ou chat-marin. V. Cato-rouquièiro.

CATECAN, cév., adv. Tout de suite, sur-le-champ; prép., dès que, aussitôt que. — Syn. *catacan,* quatecant.

CATECHIERME, gasc., s. m. V. Catechisme.

CATEL, s. m. Peloton de fil, de coton, de laine, etc. — Syn. *cadel, candel, cabudel, cabudèu, grumel, grumicel, escautòu.* — Cat., *capdell.*

CATELAN, prov., s. m. Espèce de raisin à grains noirs presque ronds. — Syn. *catalan.*

CATETO, s. f. Petite ou jeune chatte. — Syn. *catouno.* — Ety., dim. de *cato.*

CATETOS, cév., toul., s. f. p. Caresses, cajoleries; *fa catetos,* caresser, flatter; *fa las catetos,* faire la courte échelle; au fig. aider, faciliter; *de catetos,* adv. comp., en rampant, humblement. — Ety., dim. de *cato,* chatte.

> Esterle, que de ta mestresso
> Noun poudes tira que rudesso,
> Apren qu'ièu bèni de sabé
> Que per facilomènt abé
> Ço que bos de tas amouretos
> La bourso te fara catetos.

Goudelin, *Fi de l'amour.*

CAT-EVÈS, cév., s. m. Chat acculé, qui fait tête pour se défendre; *s'apará coumo cat-evés,* se défendre à bec et à griffes. — Ety., *cat-evés,* est dit pour *cal envers,* chat renversé sur son dos.

CAT-FER, prov., s. m. Chat-harret ou chat sauvage.

CAT-GROS, s. m. Têtard, nymphe de la grenouille.

CATIÈU, cév., adj. m. Chétif, méchant, malin, pervers, rusé, trompeur: *abrièu lou catièu,* avril, le trompeur. — Syn. *caitièu, cailiu.*

CATIÈU, cév., s. m. Chatouillement. V. Catilh.

CATIFOULA, gasc., v. n. Batifoler, folâtrer; faire des folies pour amuser les gens. — Ety., *cat*, chat, et *fol*, fou, folâtrer comme un chat.

CATIFOULET, eto, GASC., adj. Bâtifoleur, folâtre ; tête folle ; celui qui fait des espiègleries pour plaire à une personne ; *vent catifoulet*, vent doux. — Ety., *catifoulá*.

CATIGOT, PROV., s. m. *Catigot d'enguiélo*, pâté d'anguilles.

CATIGOU, s. m. V. Catilh.

CATIGOULA, PROV., v. a. V. Catillá.

CATILH, CÉV., s. m. Chatouillement, action de chatouiller, sensation qui en résulte ; *fa lou catilh*, chatouiller ; *cregne lou catilh*, être chatouilleux. — Syn. *catiéu*, *catiu*, *catigou*, *coutiga*, *coutigadura*, *coutigou*, *chocili*, *caussigoulo*, *coussélego*, *sousselego*, *gratilhou* ; — CAT., *pessigollas* ; ESP. *cosquilhas* ; PORT., *cocegas*. — Ety., *catilhá*.

CATILHA, CÉV., v. a. Chatouiller. — Syn. *gatilhá*, *coutilhá*, *coutigá*. — B. LIM., *chocillá* ; BÉARN., *cacalicá*. — Ety. LAT., *catullire*.

CATILHOUS, o, PROV., adj. Qui chatouille ; *danso catilhouso*, danse lascive ; — MONTP., *coutigous*. — Ety., *catilh*.

CATIMÉLA, MONTP., s. f. Caresse, cajolerie. V. Gatimélos.

Manques pas de faire à la bèla
Per aqui, cauca CATIMÉLA.

FAVRE.

CATITORBO, TOUL., s. f. Jeu de colin-maillard. — Syn. *catorgo*. V. Capitorbo.

CATIU, s. m. V. Catilh.

CATIU, ivo, adj. V. Catiéu.

CAT-MARI, s. m. Chien de mer. V. Cat-de-mar.

CATO, s. f. Chatte, femelle du chat. V. Cat.

CATO-BAGNADO, s. f. Poule mouillée, mots par lesquels on désigne une personne timide et sournoise, une chattemitte.

CATO-CENDROULETO, PROV., s. f. Cendrillon.

CATO-FANETO, PROV., s. f. Sainte-nitouche. V. Cato-miaulo.

CATO-MIAULO, s. f. Chattemite, hypocrite, sainte-nitouche. — Syn. *cato-faneto*, *cato-mito*, *cato-sourno*, *chato-miau*, *chato-mito*, *catachourno*, *cato-maucho*, *cato-miauno*, *cato-siau*.

CATO-MIAUNO, CAST., s. f. V. Cato-miaulo.

CATOMILOCIRO, AGAT., s. f. Jeu de colin-maillard. V. Capitorbo.

CATO-MITO, s. f. V. Cato-miaulo.

CATORBO, CAST., s. f. Jeu de colin-maillard. V. Capitorbo.

CATO-ROUQUIEIRO, s. f. Petite roussette, rochier, chat rochier ou chien de mer mâle, *squalus catulus*, ainsi appelé parce qu'il se tient dans les rochers ; la femelle porte le nom de *rousseto*. — Syn. *caté*, *catet*.

CATO-SIAU, QUERC., s. m. Chattemite. V. Cato-miaulo.

CATO-SOURNO, s. f. V. Cato-miaulo.

CATOU, **CATOUN**, s. m. Chaton, petit chat, jeune chat. — B. LIM., *chôtou*. — Dim. de *cat*.

CATOU, **CATOUN**, Chaton des arbres, assemblage de petites écailles florales. — Syn. *chatoun*. — Ety., *catou*, petit chat, parce que ces sortes de fleurs sont lanugineuses comme la fourrure d'un chat.

CATOUN, PROV., s. m. Brûlure faite sur un vêtement par une bluette.

CATOUN, PROV., s. m. Trèfle champêtre, *trifolium campestre* ; trèfle couché, *trifolium resupinatum*, plantes de la fam. des légumineuses.

CATOUNA, v. n. Chatonner, chatter, faire ses petits, en parlant de la chatte ; pousser des chatons, en parlant de certains arbres ; au fig., vomir. — B. LIM., *chôtouná*. — Ety., *catoun*.

CATOUNADO, s. f. Portée d'une chatte, tous les petits qu'elle fait à la fois. — Ety., s. part. f. de *catouná*.

CATOUNEJA, v. n. Aller avec méfiance et à petits pas comme un chat ; il se dit du lièvre et du lapin. — Ety., *catoun*.

CATOUNIÈIRO, s. f. Chatière, trou pratiqué à une porte pour le passage des chats. *Metre la clau à la catounièiro*, faire banqueroute et disparaître; quitter une maison sans en payer le loyer. — B. LIM., *chotounièiro*. — ETY., *catoúni*.

CATOUNO, s. f. Petite ou jeune chatte. — ETY., *catoun*.

CATOUNO, CÉV., s. f. Petite pierre, caillou. — ETY. LAT., *cotem*, caillou, dont *catouno* est un diminutif sous une forme altérée.

CATOYO, PROV., s. f. Jaunisse, maladie des plantes légumineuses.

CAT-PUDIS, s. m. V. Pudis.

CATRAN, PROV., s. m. *Oli de catran*, huile de cade ou du genévrier oxycèdre. — ETY., altér. de *quitran*.

CATRULHAT, CÉV., adj. *Uel catrulhat*, œil louche, œil dont on ne voit pas bien clair, vue trouble.

CATS, AGEN., prép. de lieu. Vers, *cats à la vilo*, vers la ville. — ETY., altér. de *cap*.

CATSA, CÉV., v. a. Orner, parer; TOUL., ferrer une aiguillette; GASC., mettre bout à bout, couper ras du bout. — SYN. *catsouná*.

CATSANO, s. f. V. Cachano.

CATSE, GASC., s. m. Traversin.

CATSOU, CATSOUN, s. m. Ferret d'aiguillette.

CATSOUNA, v. a. Ferrer une aiguillette. — SYN. *catsá*. — ETY., *catsoun*.

CATSUS, BÉARN., adj. Vers le haut; *anà catsus*, aller en montant.

CATTET, éto, CAST., s. et adj. Cadet, ette. V. Cadet.

CATTIER, PROV., s. m. Argousier.

CATUEGNO, CÉV., s. f. Troupe de chats; les chats en général; au fig. troupe de petits enfants. — ETY., *cat*.

CATULHA, GASC., v. a. Détraquer, ruiner, miner; *catulhat, ado*, part. détraqué, ée.

CATURO, PROV., s. f. Capture, proie. — ETY., LAT., *captura*.

CATUSSEL, s. m. Dentelaire d'Europe. V. Herbo di rascas.

CAU, pour CAL, troisième personne du singulier du présent de l'indicatif du verbe *carre, calre*, ou *cale*, falloir; *cau*, il faut; *acó te cau*, tant pis pour toi. V. Cale.

CAU, CAST., CÉV., s. m. Chou. V. Caulet.

CAU, PROV., s. m. Câble.

CAUA, DAUPH., s. f. Cause. V. Causo.

CAUARET, GASC., s. m. Cabaret.

CAUBÉNO, GASC., s. f. Vache grise. — SYN. *caubino*.

CAUBÉT, CAUBET-BERMET, CAST., GASC., s. m. Bœuf de labour.

CAUBINO, GASC., s. f. V. Caubeno.

CAUBRE, v. n. Caupre.

CAUCA, v. a. CALCAR, faire battre le blé ou les autres grains par le pied des chevaux; fouler des chapeaux, des draps, des cuirs, etc., presser fortement; *caucá per la palho*, travailler pour un petit profit; *caucá lous rasims*, fouler les raisins. — SYN. *chauchá*. — DAUPH., *chauchié*; ESP., PORT., *calcar*; ITAL., *calcare*. — ETY. LAT., *calcare*, de *calx, calcis*, talon, pied.

CAUCA, (Lou), s. m. L'action de fouler; le temps où l'on bat le blé. — SYN. *caucage*.

CAUCADIS, isso, adj. Foulé, ée, aux pieds; il est aussi subst. et signifie terrain piétiné. — ETY., *caucá*.

CAUCADO, s. f. Airée, la quantité de gerbes qu'on met à la fois sur l'aire pour y être foulées; temps où l'on bat les céréales. — SYN. *calcado, caucagno*. — ETY., s. part. f. de *caucá*.

CAUCADOUIRO, PROV., s. f. Fouloire. ETY., *caucado*, part. f. de *coucá*.

CAUCAGE, CAUCAGI, s. m. Action de battre les gerbes de blé, de seigle, etc. — ETY., *caucá*.

<blockquote>
La palho val pas lou CAUCAGE.
PRO.

Le jeu ne vaut pas la chandelle
</blockquote>

CAUCAGNO, s. f. Cocagne, temps de réjouissance où l'on boit et l'on mange largement; *païs de caucagno*, pays imaginaire où tout abonde; *acós es caucagno*, cela n'est pas difficile. — SYN. *coucagno*. — ESP., *cucana*; ITAL., *cuccagna*.

CAUCAGNO, prov., s. f. airée. V. Caucado.

CAUCAGNOUS, gasc., s. m. p. Gonds de porte, crochets de penture. — Syn. *carcagnous*.

CAUCAIRE, s. m. Homme employé au foulage des gerbes sur l'aire; prov., celui qui foule les raisins. — Syn. *chauchaire*, *chauchouire*. — Ety., *caucá*.

CAUCAL, o, cév., toul., adj. et s. lâche, mou, butor: *uno grosso caucalo*, une grande bégueule.

CAUCALHO, s. f. V. Caucalo.

CAUCALLA, montp., s. f. V.

CAUCALO, s. f, caucala, corneille; à Béziers, corneille freux, *Corvus frugilegus*. — Syn. *caucalho, gralho, graulo*. — Cat., *cacula*. — Ety. grec., καυκαλίας.

CAUCALOUS, o, cév., adj. Maladif, ive, malingre. — Ety., *caucal*.

CAUCARÉN, prov., V. Quauquarèn.

CAUCASOU, CAUCASOUN, s. f. Saison où l'on bat le blé, le seigle, etc; l'action de les battre, foulage; *es nascut per caucasous*, il est né au temps où l'on bat le blé. — Syn. *caucado, coucage, caucagi, cauco, batesous*. — Ety., *caucá*.

CAUCAT, ado, part., foulé, ée; *la masco m'a caucat*, la sorcière m'a pressé, j'ai eu le cauchemar.

CAUCIDO, s. f. V. Caussido.

CAUCIÉU, s. f. Cautio, caution. — Esp., *caucion*; ital., *cauzione*. — Ety. lat., *cautionem*.

CAUCIGA, prov., v. a. Caussigar, fouler aux pieds, presser avec le pied, — Syn. *caussigá, coussigá, caupisá*. —Ang., cat., *calcigar*; ital., *calcicare*. — Ety. lat., *calx, calcis*, talon.

CAUCIGADO, prov., s. f. Action de marcher sur les pieds de quelqu'un. — Ety., s. part. f. de *caucigá*.

CAUCO, s. f. V. Caucasou.

CAUCO, cév., s. f. Calga, calgua, petit bourdonnet de charpie qui sert à tamponner une plaie. — Syn. *chaujo, gaugo*.

CAUCORÈ, lim., V. Quaucarèn.

CAUCO-TRAPO, s. f. Chausse-trape ou chardon étoilé, *Calcitrapa stellata*, pl. de la fam. des synanthérées à fleurons purpurins. — Syn. *cago-trepo, calco-trapo, calco-trepo, carpo-trepo, cauco-trepo, causso-trepo, cauco-tripo, cauquetrepo, masclous, agriola à masclau, bourijolo*. — Ety. lat., *calcitrapa*, nom d'une ancienne machine de guerre, à laquelle ressemblent par leur disposition les épines de la chausse-trape.

CAUCO-TREPO, CAUCO-TRIPO, s. f. V. Cauco-trapo.

CAUCOUN, gasc., V. Quicon.

CAUCO-VIÈLHO, cév., s. f. Cauchemar. — Syn. *chaucho-viéio*. — Dauph., *chauchi-vielhi*. — Ety., *cauco* qui presse ou foule, et *vièlho*, vieille (sorcière); les paysans attribuent le cauchemar à l'action d'un être imaginaire, le plus souvent à l'action des morts qui exercent une pression sur l'estomac.

CAUCUN, CAUCUS, o. adj. et s. V. Quaucun.

CAUD, o, adj. Cald, chaud, e; *lou caud*, s. m., la chaleur; en provençal, on dit *la caud*; *fa pla caud*, il fait bien chaud. — Syn. *caudinèu, ello*. — Cat., esp., *calido*; ital., *caldo*. —Ety. lat., *calidus*.

CAUDÈ, gasc., s. m. Chaudron. V. Pairol.

CAUDEIRO, s. f. V. Caudiero.

CAUDEIROUN, prov., s. f. Petite chaudière, chaudron. — Ety. dim., de *caudeiro*.

CAUDEJA, v. n. *Caudejá la bugado*, couler la lessive à chaud; cév., brasser une liqueur chaude pour la faire refroidir. — Ety., *caud*.

CAUDEJADO, s. f. Chaude, feu vif; chauffe que l'on donne à une pièce de fer pour la remanier: *douná uno caudejado* ou *uno caudo à la bugado*, donner un réchaud ou une chaude à la lessive, y verser une nouvelle eau chaude. — Ety., s. part. f. de *caudejá*.

CAU-DE-MOUTO, prov., s. f. (mouto). Moque, poulie ronde sans roue, ayant trois trous sur le plat dans lesquels on passe des cordes.

CAUDÈRO, gasc., s. f. V. Caudiero.

CAUDET, o, adj. Caudét, un peu chaud. — Ety., dim. de *caud.*

CAUDETOS, cév., s. f. p. Châtaignes bouillies, sous-entendu *castagnos.*

CAUDIERO, CAUDIEIRO, s. f. Caudiera, chaudière, grand vaisseau, ordinairement de cuivre, où l'on fait cuire, bouillir, chauffer quelque chose ; chaleur très-forte ; *vi de caudiero*, vin destiné à être converti en trois-six par la distillation, par opposition au vin d'une meilleure qualité, destiné à être bu en nature. — Syn. *caudèiro, chaudèiro.* — Cat., esp., *caldera*; port., *caldeira*; ital., *caldaja.* — Ety. lat., *caldaria.*

CAUDINÈU, ello, prov., adj. Chaud, e, V. Caud.

CAUDO, s. f. Chaude, feu nécessaire pour faire rougir le fer au blanc, action de le forger ; chaude qu'on donne à une lessive ; mesure des moulins à huile dans laquelle on met les olives broyées avant de les presser ; au fig. promptitude, premier mouvement de colère ; *l'a tuat sus la caudo*, il l'a tué dans un premier mouvement de colère. — Syn. *chaudo.* — Cat., esp., *calda*; ital., *caldo.* — Ety., *caud, o* ; pour *caudo*, mesure, lat., *cadus*, du grec καδος.

CAUDOLO, prov., s. f. Pain azyme. V. Candolos.

CAUDOMENT, adv. Chaudement, avec chaleur ; au fig. avec ardeur et vivacité. — Cat., *caldament*; esp., *calieutemente*; ital., *caldamente.* — Ety., *caudo*, et le suffixe *ment.*

CAUÈCO, gasc., s. f. Chevèche. V. Cabèco.

CAUENT, gasc., s. m. Ruche. V. Bourgnoú.

CAUERNO, gasc., s. f. V. Caverno.

CAUFA, v. a. Calfar, chauffer, exposer à la chaleur du feu, rendre chaud ; *se caufá*, v. r., se chauffer devant le feu ou aux rayons du soleil ; v. n., faire chaud ; au fig., quand il s'agit d'une querelle qui devient vive, on dit : *aissó caufo*, ceci s'échauffe. — Gasc., *cauhá*; prov., *chaufá*; b. lim., *choufá*; cat., *caldejar*; esp., *caldear*; ital., *scaldare.* — Ety. lat., *calefacere.*

CAUFADOUR, prov., s. f. Bouilloire. — Syn. *escaufaire.* — Ety., *caufá.*

CAUFAGE, CAUFAGI, s. m. Chauffage, action de se chauffer ; quantité de bois que l'on consomme pour cela ; prov., espèce de cellier où l'on dépose des hardes inutiles. — Syn. *chaufage.* — Gasc., *cauhatge.* — Ety., *caufá.*

CAUFAIRE, s. m. Chauffeur, celui qui entretient le feu d'une forge, d'une machine à vapeur, etc. — Ety., *caufá.*

CAUFEJA, cév., v. a. Réchauffer, chauffer à plusieurs reprises. — Ety., fréq. de *caufá.*

CAUFLI, querc., cév., v. a. V. Clafi.

CAU-FLORI, cév., s. m. Chou-fleur. V. Caulet-flori.

CAUFOLÈIT, s. m. Bassinoire, ustensile servant à chauffer le lit. — B. lim., *chaufolíè*; cév., *escaufo-liè, bufalièiro.* — Ety., *caufá*, chauffer, ei *lèit*, lit.

Acò's à propaus coumo lou caufolèit l'estiéu. Pro.

CAUFO-PÈ, s. m. Chauffe-pied. — B. lim., *chaufo-pè.*

CAUFOUR, cast., s. m. Chaufour, four à chaux. Ety., *cau*, chaux, et *four*, four.

CAUFOURNIER, s. m. Chaufournier, ouvrier qui fait la chaux. — Ety., *caufour.*

CAUHA, gasc., v. a. V. Caufá.

CAUHADÉ, gasc., s. m. Lieu où l'on se chauffe. — Ety., Cauhá.

CAUHATGE, gasc., s. m. V. Caufage.

CAUHO-PANSO, gasc., s. f. Pierre du foyer.

CAUL, cast., cév., s. m. Chou. V. Caulet.

CAULA, cast., cév., v. a. Cailler, coaguler. — Ety. lat., *coagulare.* V. Calhá.

CAULA-NEGRE, prov., s. m. Espèce de raisin noir, appelé dans le département de l'Hérault, *brun fourcat*; *moulan* ou *moulard* dans celui du Gard.

CAULADO, cast., cév., s. f. Caillé, lait caillé. V. Calhado.

CAULAT, ado, part. Caillé, ée ; coagulé, figé. On dit d'une viande qui est à peine cuite : *n'es pas caulado*; d'un enfant ou d'un animal qui n'a pas encore acquis toutes ses forces : *n'es pas miech caulat*.

CAULAT, cév., s. m. Plant de chou; graine de chou. — Ety., *caul*; chou.

CAULECHOUN, prov., s. m. Cranson drave, plante de la fam. des crucifères. — Syn. *caulet bastard*, *cauri*, improprement *godo*; même nom pour la silénée gonflée. V. Caulichou.

CAULEJA. v. a. Effeuiller un chou; au fig. choisir minutieusement entre plusieurs choses pour prendre la meilleure; couper dans un champ de blé ce qui est mûr, en laissant le reste. — Ety., *caul*, chou.

CAULET, s. m. Caul, chou, *Brassica oleracea*, plante de la fam. des crucifères, dont on connaît plusieurs variétés. — Syn. *cau*, *caul*, *chaul*, *chaur*, *cauret*. — Cat., esp., *col*; ital., *cavolo*; port., *couve*. — Ety. lat., *caulis*.

CAULET-BRUT, cév., s. m. Chou vert, ou chou de Bruxelles. — Syn. *cauletvert*. — Cat., *col de broto*.

CAULET-CABUS, s. m. Chou-cabus ou pommé, *Brassica oleracea capitata*. — Cat., *col capdellada*; ital., *cavolo capucino*.

CAULET-DE-SERP, prov., s. m. Gouet ou pied de veau. — Syn. *figuièirou*.

CAULET-FLORI, s. m. Chou-fleur, *Brassica oleracea botrytis*. — Cév., *cauflori*; cat., *colyflor*; esp., *colifor*; ital., *cavolo fiore*.

CAULET-VERT, s. m. Chou vert, *Brassica oleracea viridis*. — Cat., *col verdo*; ital., *cavolo verzollo*.

CAULETIÈIRO, s. f. Terroir planté de choux. — Syn. *chauliero*, *chauressiero*, *couretiero*. — Ety., *caulet*, chou.

CAULETIER, adj. Qui se nourrit de chaux, qui aime les choux ; *counil cauletier*, lapin domestique. — Ety., *caulet*.

CAULETO, gasc., s. f. Petit chou. — Ety., dim. de *caulet*.

CAULETOU, CAULETOUN, s. m. Petit chou. — Ety., dim. de *caulet*.

CAULICHOU, s. m. Silénée gonflée, carnillet, cucubale behen, behen blanc, *Silene inflata*, *cucubalus behen*, plante de la fam. des silénées. Noms divers : *caulechoun*, *carnihé*, *carnilhet*, *carnihoun*, *crainèu*, *crèinèu*, *cresinèu*, *crignèu*, *crignaulé*, *courihoun*, *petiaire*, *teto-lebre*, *flautel*, *caunil*, *caurit*. On donne aussi le nom de *caulichou* à la lychnide fleur de coucou, de la même famille appelée aussi *teto-lebre*. — Ety., dim. de *caulet*.

CAULILHOS, cév., s. f. Rejetons de chou. — Ety., *caul*, chou.

CAUMA, v. n. Chômer, se reposer; il se dit surtout du repos que prennent les bêtes à laine pendant les heures de la grande chaleur; gasc., lancer des rayons de chaleur, produire une chaleur suffocante; bouillir, s'il s'agit d'un liquide exposé à l'action du feu. Ety. grec., καῦμα, chaleur.

CAUMADOU, s. m. Lieu ombragé où l'on fait reposer les bêtes à laine pendant les grandes chaleurs du jour. — *chaumadou*, *chaumiero*, *chaumo*, *chaumarélo*, *chourradou*. — Ety., *caumá*.

CAUMAGNAS, s. m. Chaleur étouffante. — Syn. *caumas*. — Ety., *caumá*.

E siguudas au mièjour,
Fan soun pan sans floc è sans four,
Amal cauquafes se rabina,
Tant lou caumagnas i domina.
Favre. *Odyssée*, ch. IX.

CAUMANIER, ièiro, cast., adj. Qui craint la chaleur. — Syn. *caumier*. — Ety., *caumá*.

CAUMAS, s. m. Chaleur étouffante occasionnée par le vent du midi. — Prov., *chaumasso*; cév., *caumagnas*. — Ety., καῦμα, chaleur.

CAUMASEIA, v. n. Produire une chaleur étouffante. — Syn. *caumá*. — Ety., *caumas*.

CAUMETO, s. f. Petit plateau qui domine une montagne; monticule. — Ety., dim. de *caumo* pour *coumeto*. V. Coumeto.

CAUMIER, èro, cév., adj. V. Caumanier.

CAUMO, prov., s. f. Chaleur; cév., plateau ordinairement rocheux qui domine une montagne; croupe d'une montagne; prov., chaumière, cabane couverte de chaume ou de ramée, servant à abriter le bétail au moment des grandes chaleurs. — Ety., καῦμα, chaleur.

CAUMOUS, prov., adj. Spacieux, en parlant d'un lieu, d'un terrain. — Ety., *caumo.*

CAUMOUSI (se), v. r., Chancir, se moisir ; *caumousit, ido.* part., moisi, ie. Il s'emploie aussi comme substantif ; *acò sentis lou caumousit,* cela sent le moisi. Syn. *chamousi.* — B. lim., *chomousi.*

CAUNIERO, prov., s, f. Gouffre, fondrière. — Ety., *cauno.*

CAUNIL, cast., s. m. Silénée gonflée. V. Caulichou ; *caunil salvage,* gypsophile des vaches.

CAUNIT, ido, cév., toul., adj. Trépassé, ée. Ety., *cauno,* trou ; *caunit,* mis dans un trou, dans une fosse.

CAUNO, s. f. Cavité, creux, caverne, grotte, anfractuosité ; gouffre dont le fond est rempli de plantes marécageuses, crône ; *cauno des lapins,* rabouillère.

CAUO, gasc., s. f. V. Cavo.

CAUPISA, cév., v. a. Calpisar, fouler aux pieds. — Syn. *caucigá, poucigá.* — Port., *pizar* ; ital., *calpestare.* — Ety., *cau,* du lat. *calx,* talon, et *pisá,* du lat. *pisare,* broyer.

CAUPRE, v. n. Caber, tenir dans, être contenu ; *acòs i put pas caupre,* cela ne peut y tenir ; on dit d'un homme obèse : *pot pas caupre dins sa pel,* il ne peut tenir dans sa peau. — Syn. *caubre, caure, chaupre.* — Esp., port., *caber* ; ital., *capere.* — Ety. lat., *capere.*

CAUPRE. prov., s. m. Charme, arbre. V. Calpre.

CAUPUT, do, part. de *caupre,* Contenu, ue,

CAUQUE, o, adj. V. Quauque.

CAUQUÈIRAN, prov., s. m. Tanneur.

CAUQUÈLO, cast., s. f. Chatouillement. — Syn. *catilh, cousselego.*

CAUQUE-TREPO, s. f. V. Cauco-trapo.

CAUQUIADO, s. f. V. Cauquilhado.

CAUQUIERO, prov., s. f. Tannerie ; réservoir où l'on fait tremper les peaux ; fosse à chaux. — Syn. *couquièiro,* f. a. — Ety., *caus,* chaux.

CAUQUILHADO, s. f. Cochevis, alouette huppée, *Alauda cristata,* oiseau de l'ordre des passereaux. — Syn. *cauquiado, couquihado, couquilhado, coucoulhado, coupado.* — Cat., *cugullada* ; esp., *cucujada.*

CAUQUILLAGE, biterr., s. m. V. Couquilhage.

CAUQUILHO, biterr., s. f. V. Couquilho.

CAUQUILHOU, CAUQUIOU, montp., s. m. Canard morillon. V. Boui.

CAURE, toul., v. n. Tenir dans, être contenu. V. Caupre.

CAURELLO, prov., s. f. V. Douceto.

CAURET, s. m. V. Caulet.

CAURIL, s. m. V. Caulichou. Même nom pour le cranson drave. V. Caulechoun.

CAURILHA, ado, cév., adj. Percé, ée, de petits trous ; qui a des yeux. — Syn. *calelhat.*

CAURINASSO, prov., s. f. Chaleur étouffante. — Syn. *calinas.*

CAUS, béarn., s. m. Tige d'un arbre.

CAUS (A la), ariég., loc. prép. A côté de, auprès de.

CAUS, s. f. Calz, caus, chaux, pierre calcaire calcinée : *atudá la caus,* éteindre la chaux. — Toul., *acaus* ; cév., *causèno* ; gasc., *causèo* ; cat., *cals* ; esp., port., *cal* ; ital., *calce.* — Ety. lat., *calx, cis.*

CAUSA. v. a. Causer, être cause, occasionner. — Esp., *cauzar* ; ital., *causare.* — Ety., *causo.*

CAUSE, béarn., s. f. V. Causo.

CAUSÈNO, cév., s. f. V. Caus.

CAUSÈO, gasc., s. f. Chaux. V. Caus.

CAUSETO, s, f. Une petite chose, un rien. — Syn. *causoto.* — Cat., *cosita* : ital., *cosela.* — Ety., dim. de *causo.*

CAUSI, v. a. Causir, chausir, choisir, prendre de préférence ; *se causi,* v. r., se choisir, faire choix l'un de l'autre. — B. lim., *chòusi* ; anc. ital., *ciausire.* — Ety. goth., *kausjan,* voir, examiner.

CAUSIDO, s. f. Causida, choix, élection, préférence donnée à une personne ou à une chose sur une ou plusieurs autres ; élite, ce qu'il y a de meilleur. — B. LIM., chòusido. — ETY., s. part. f. de causi.

CAUSO, s. f. CAUSA, CHAUSA, chose, désignation indéterminée de tout ce qui est inanimé ; cause, ce qui produit ou concourt à produire un effet ; à causo de, loc. prép., à cause de lui, à cause de cela, pour l'amour de ; à causo que, loc. conj., à cause que, parce que. — SYN. cauvo, cavo. — DAUPH., caua. — ETY. LAT., causa.

CAUSOTO, s. f. V. Causeto.

CAUSSA, v. a. CAUSSAR, chausser, mettre des bas, des souliers ; faire des souliers pour quelqu'un, en parlant d'un cordonnier ; au fig. caussá un aubre, uno souco, chausser un arbre, une soucho, c'est-à-dire les entourer de terre, les butter ; caussá l'airo, étendre de la terre glaise ou du limon sur l'aire pour la rendre plus ferme et plus unie ; caussá uno relho, recharger un soc en y ajoutant du fer ; se caussá, v. r., se chausser, mettre ses bas, sa chaussure ; au fig. se niveler, se relever, en parlant d'un terrain que l'inondation d'une rivière couvre de sable ou de limon. — B. LIM., chóussá, CÉV., caissá, butter ; CAT., calsar ; ESP., calzar ; ITAL., calzare. — ETY. LAT., calceare.

CAUSSAGE, CAUSSAGI, s. m. Chaussure, tout ce qui sert à chausser les pieds ; lou caussage costo care, la chaussure coûte cher. — SYN. caussier, caussuro. — ETY., caussá.

CAUSSANIER, PROV., s. m. V. Caussinier.

CAUSSANO, CÉV., s. f. Licou. V. Cachano.

CAUSSATARIÉ, CÉV., s. f. Bonneterie, fabrique ou commerce de bas, de bonnets, de chaussons, etc ; commerce du chaussetier. — SYN. causselariè. — ETY., caussat, part. de caussá.

CAUSSE, s. m. On appelle ainsi dans nos montagnes de vastes terrains situés ordinairement entre la partie haute de ces montagnes et la plaine ; ces terrains forment quelquefois de grands plateaux ; mais le plus souvent ce sont des coteaux à pentes abruptes, parsemés de distance en distance de rochers. On donne aux terrains sablonneux du littoral de la Méditerranée le nom de cosso, qu'on croit être le même que causse en se fondant sur cette circonstance que le causse comme la cosso sont des terrains arides et peu fertiles. Mais les deux terrains sont de nature différente ; l'un est ordinairement calcaire, et son nom de causse vient probablement de caus, chaux ; l'autre, au contraire, est sablonneux et salé. Pour que les deux mots eussent la même origine, il faudrait dériver causse du latin cautes, rocher, roc, caillou, comme le fait l'abbé de Sauvages, et cosso de cotes qui est le même que cautes, en sorte que causse et cosso signifieraient terrains cailloutteux ; mais le changement du t de cautes en deux s, n'est pas admissible. Il faut donc laisser à causse son étym. de caus, chaux, qui paraît la véritable, et chercher ailleurs celle de cosso. Il est probable que ce mot n'est qu'une altération de costo, côte, et signifie, comme en français, bord, rivage de la mer. On dérive aussi causse de casse chêne ; mais l'addition de l'u n'est pas justifiée. On ne trouve pas cette lettre dans les dérivés de casse. On dit cassenado, cassenolo, etc., et non pas caussenado, caussenolo.

CAUSSEGOL, CÉV., QUERC., s. m. Mélange de seigle avec d'autres grains. V. Coussegal.

CAUSSENARD, s. m. Habitant d'un pays montagneux, appelé causse. V. ce mot.

CAUSSÉRO, GASC., s. f. Crêpe, pâte fort délayée, qu'on fait cuire légèrement en l'étendant dans la poêle.

CAUSSETARIÉ, s. f. V. Caussatariè.

CAUSSETIER, s. m. Chaussetier, bonnetier.

CAUSSETO, s. f. Chaussette, bas qui ne va pas jusqu'au mollet ; caussetos, petites chausses, petite culotte. — ETY., dim. de causso.

CAUSSIC, BORD., s. m. V.

CAUSSIDO, s. f. CAUCIDA, chardon hémorroïdal, chardon aux ânes, *Cirsum arvense*, plante de la fam. des synanthérées. On donne improprement le nom de *caussido* au chardon crépu. — Syn. *caucido, caussit*. — B. lim., *chòucide* ; Querc., *colcido*.

CAUSSIER, Cév. Caussier, Chaussure, en général. V. Caussage.

CAUSSIGA, caussigado, V. Caucigá.

CAUSSIGOULO, nard., s. f. Chatouillement. — Syn. *cousselego, catilh*.

CAUSSINA, v. a. Chauler. — Ety., *caus*. V. Encaussiná.

CAUSSINADO, s. f. Chaux détrempée. — Ety., s. part f. de *caussiná*.

CAUSSINIER, s. m. Chaufournier, ouvrier qui fait de la chaux. — Syn. *caussanier, chaucinier*. — Ety., *caussino*.

CAUSSINO, s. f. Chaux détrempée ; T. de tannerie, usine où l'on passe les peaux à la chaux. — Syn. *chaucino*. — Ety., *caussino*.

CAUSSINOBRE, n. s. m. Plâtras. — Ety., Caussino.

CAUSSIT, toul., s. m. V. Caussido.

CAUSSO-TREPO, s. f. V. Cauco-trapo.

CAUSSOS, s. f. p. Caussa, calsa, chausses, haut-de-chasses, pantalon, culotte ; on dit d'une femme qui est plus maîtresse que son mari : *porto las caussos*, elle porte la culotte ; *as pus fis las caussos i tombou*, les plus fins se laissent parfois leurrer. — Cat., *calsas* ; esp., *calza* ; ital., *calzo*. — Ety., *caussá*, du lat. *calceare*.

CAUSSOU, CAUSSOUN, s. m. Chausson, espèce de chaussure. — Ety., *caussá*.

CAUSSURO, s. f. Chaussure. V. Caussage.

CAUTÈLO, toul., s. f. Cautela, précaution mêlée de défiance et de ruse. — Cat., esp., ital., *cautela*. — Ety. lat., *cautela*.

CAUTELOUS, o, adj. Cautelos, cauteleux, euse, rusé, prévoyant ; pointilleux, fâcheux. — Cat., *cautelos* ; esp., *cauteloso*. — Ety., *cautèlo*.

CAUTELOUSOMENT, adv. Cautelozament, cauteleusement, avec finesse. — Ety., *cautelouso*, et le suffixe ment.

CAUTO-A-CAUTO, DE-CAUTO-CAUTO, loc. adv. En tapinois, à pas de loup, sans bruit. — Ety. lat., *caule*, avec précaution.

....Sariés-ti di gusas
Que dins la niue de cauto-cauto
Van estrangla li pastre e devasta li jas ?
F. Gras, *Li carbounié*.

CAUTÈRE, béarn., s. f. V. Caudiero.

CAUVAS, asso, prov., adj. Fainéant, e, sans-souci, qui n'est bon à rien ; sale.

CAUVE, s. m. *Moussu cauve*, monsieur chose ; on s'en sert pour désigner une personne connue dont on n'a pas le nom présent à la mémoire. — Syn. *causo*.

CAUVETOS, prov., s. f. p. Layette, trousseau d'enfant. — Ety., altér. de *causetos*.

CAUVILHA, do, prov., adj. *pan cauvilha*, pain qui a des yeux. V. Calelhat.

CAUVO, prov., s. f. Chose. — Altér., de *causo*.

CAUVO-CAUVETO, prov., s. f. Jeu d'enfant qui consiste à proposer des énigmes à deviner.

CAUVOUN, o, prov., s. m. et f. Enfant en bas-âge.

CAUZISCO, gasc., adv. A la bonne heure, passe pour cela.

CAVA, v. a. Cavar, caver, creuser, miner, crever : *cavá lous uelhs*, crever les yeux ; *se cavá*, v. r., se caver, devenir cave. — B. lim., *chová* ; cat., esp., port., *cavar* ; ital., *cavare*. — Ety. lat., *cavare*.

CAVAL, s. m. Cheval. V. Chaval.

CAVALARIÈ, s. f. Cavalaria, cavalerie, troupe de soldats à cheval ; en roman, chevalerie. — Cat., esp., *caballeria* ; ital., *cavalleria*. — Ety., *caval*.

CAVALAS, s. m. Grand et vilain cheval ; *cavalasso*, s. f., grosse jument. — Cat., *caballas*. — Ety., augm. de *caval*.

CAVALCA, v. n. Cavalcar, chevaucher, aller à cheval. — Syn. *cavaucá, chivauchá*. — Cat., port., *cavalgar* ;

ESP., *cabalgar*; ITAL., *cavalcare*. — ETY., *caval*.

CAVALCADO, s. f. CAVALCADA, cavalcade, marche de gens à cheval, promenade à cheval faite par plusieurs personnes ; chevauchée. — SYN. *cavaucado.* — CAT., ITAL., *cavalcata* ; ESP., *cavalcada*. — ETY., s. part. f. de *cavalcá*.

CAVALET, s. m. V. Cabalet.

CAVALET-DE-SANT-JORDI, s. m. V. Cavaleto-toumbo.

CAVALETADO, s. f. Chevalet volant des charpentiers.

CAVALETO, s. f. Petite ou jeune jument. — ETY., dim. de *cavalo*.

CAVALETO-MORTO, PROV., s. f. V.

CAVALETO-PORTO, PROV., s. f. Jeu d'enfant qui consiste à deviner la quantité d'épingles, de noyaux ou d'autres objets que l'un d'eux a dans la main. — SYN. *tintan-porto*.

CAVALETO-TOUMBO, s. m. Jeu du cheval-fondu. — SYN. *cambaleto-toumbo, cavalet-de-sant-jordi*.

CAVALI, CAVALIN, s. m. CAVALIN, la race chevaline. — SYN. *cavalun, bestios cavalinos*. — LAT., *caballinus*.

CAVALIÈIRO, CÉV, s. f. et adj. *Barrico cavalièiro*, barrique engerbée, c'est-à-dire placée entre et sur deux autres barriques ; *faire de cavalièiros*, engerber des futailles l'une sur l'autre. T. de charp., poutre cintrée qui forme croupe. — ETY., *caval*.

CAVALIER, ièiro, s. m. et f. CAVALLIER, cavalier, ière, femme à cheval, soldat appartenant à un régiment de cavalerie ; homme qui monte bien à cheval ; aux échecs, pièce qui marche obliquement du blanc au noir et du noir au blanc en sautant une case. — ANC. CAT., *cavalier* ; ESP., *caballero* ; PORT., *cavalleiro* ; ITAL., *cavaliere*. — ETY., *caval*.

CAVALIERS, s. m. p. On appelle ainsi certains saints du calendrier dont les jours de fête sont souvent marqués par des gelées blanches qui brouissent les bourgeons et les plantes, ou par des orages accompagnés de grêle. Aussi ces cavaliers sont-ils appelés *Saints grêleurs*. Ce sont, à Béziers, saint Georges (*Jourget*); saint Marc (*Marquet*); saint Aphrodise (*Phourdiset*); sainte Croix (*Crouzet*), dont les fêtes sont les 23, 25, 28 avril et le 3 mai. On y ajoute saint Jean (*Janet*), qui est le 6 mai. Dans le B.-Limousin, saint Eutrope (*Troupet*), dont la fête est le 30 avril, remplace saint Aphrodise. L'abbé de Sauvages classe aussi saint Médard au nombre des cavaliers. Dans le B.-Limousin, ces jours funestes sont appelés *Tralus (atra-lux)*, et dans les Cévennes *Vachèirous*. Mais cette dernière dénomination s'applique plus particulièrement aux trois derniers jours du mois de mars et aux quatre premiers d'avril, souvent marqués par des gelées tardives. V. *Vachèirous*. Les cavaliers redoutés par les agriculteurs sont, au contraire, attendus avec impatience par les chasseurs de cailles. Ce sont les époques ordinaires de l'arrivée de ces oiseaux sur nos côtes.

CAVALIOU, CÉV., s. m. Perchée ou perchis. T. de vigneron; *faire de caralious*, c'est mettre des sarments de vigne en perche pour les rendre plus productifs. — ETY., *caval*, dont *cavaliou* est un diminutif.

CAVALISCO, interj. V. Avalisco.

CAVALO, s. f. CAVALH, cavale, jument, *cavalo poulinièiro*, jument poulinière. — ETY. LAT., *caballus*, cheval.

CAVALOT, s. m. Petit cheval, criquet; *cavaloto*, s. f., petite cavale. — SYN. *cavaloù, cavaloun*. — CAT., *caballet* ; ESP., *caballisto*, ITAL., *cavaluccio*. — ETY., dim. de *caval*.

CAVALOU, CAVALOUN, s. m. V Cavalot.

CAVALUELH, PROV., s. m. Nom des diverses espèces de libellules ou demoiselles.

CAVALUN, s. m. V. Cavali.

CAVAN, PROV, s. m. Panier, ainsi appelé parce qu'il est creux. — ETY., *cavá*, creuser.

CAVANILHO, PROV., s. f. V.

CAVAROU, CAVAROUN, s. m. Charançon du blé, *Curculio granarius*, insecte coléoptère de la fam. des rhinocéros (à antennes sur le nez), beaucoup plus petit que le trogosite caraboïde, (*cadèlo*); car il atteint tout au plus deux millimètres de longueur. — Syn. *calandro*, *picou*. — B. lim., *chorontou*. — Ety., *cavá*, creuser.

CAVAU, prov., s. m. V. Caval et Cabalet.

CAVAUCA, prov., v. n. V. Cavalcá.

CAVAUCADO, prov., s. f. V. Cavalcado.

CAVAUCADURO, prov., s. f. Enchevauchure, point où deux pièces passent l'une sur l'autre. — Ety., *cavaucado*, part. f. de *cavaucá*.

CAVAUCOUN (De), prov., loc. adv. A califourchon. — Syn. *d'escambarlous*.

CAVERNO, s. f. Caverna, caverne, grotte, antre; lieu creux. — Gasc. *cauerno*; cat., esp., port., ital., *caverna*. — Ety. lat., *caverna*.

CAVERNOUS, o, adj. Cavernos, caverneux, euse. — Esp., port., ital., *cavernoso*. — Ety. lat., *cavernosus*.

CAVÉ, **CAVET**, prov., s. m. Échanvroir, instrument qui sert à échanvrer; bruche des pois (*courcoussou*). — Ety., *cavá*, creuser.

CAVETO, s. f. Dame-jeanne, V. Cabeto.

CAVIGNEJA, prov., v. a. Fouiller, passer le doigt dans le nez ou dans les oreilles. — Syn. *cavourniá*. — Ety. fréq., de *cavá*.

CAVILHA, v. a. Cavilhar, cheviller, planter des chevilles, assembler et faire tenir ensemble des planches au moyen de chevilles; planter avec la cheville appelée plantoir; séparer à la cheville dite *trafusoir* un écheveau de fil ou de soie pour le dévider. — Port., *cavilhar*. — Ety., *cavilho*.

CAVILHADO, s. f. V. Cabilhado.

CAVILHAIRE, s. m. Celui qui enfonce des chevilles, celui qui plante avec la cheville appelée plantoir; chicaneur, vétilleur. — Ety., *cavilhá*.

CAVILHASSO, s. f. Grosse cheville. — Ety., augm. de *cavilho*.

CAVILHAT, cast., s. m. Chevilles du pied. — Ety., *cavilho*.

CAVILHETO, s. f. Petite cheville. — Dim de *cavilho*.

CAVILHIER, s. m. Cheval qui est placé en cheville; c'est celui qui, dans l'attelage d'une charrette, précède immédiatement le limonier, et suit la bête qui marche la première, lorsque l'attelage n'est que de trois bêtes. Il a ses traits fixés par des chevilles à l'extrémité du brancard d'où lui vient son nom; *cavilhier* signifie aussi portemanteau. — Ety., *cavilho*.

CAVILHO, s. f. Cavilla, cheville; atteloire, cheville de fer qui s'enfonce dans le trou du limon et dans ceux du brancard pour tirer la charrette ou la faire aller en arrière (*alaladouiro*); plantoir; court-bâton, courte-paille; cheville du pied; mot inutile en poésie, et seulement nécessaire pour la mesure. — Cat., *clavilla*; esp., *clavija*; port., *cavilha*; ital., *caviglia*; à la *cavilho*, nard., loc. adv., à la rencontre. — Ety. lat., *clavicula*.

CAVILHO-COUO, prov., s. f. Embarras de fil sur le travouil; au fig. reliquat, reste de compte.

CAVILHO D'EMPLOUMBADURO, s. f. Épissoir, cheville qui sert à entrelacer une corde avec une autre en mêlant ensemble leurs fils ou cordons.

CAVILHOT, cast., s. m. Morceau de bois fendu qui sert à faire tenir des estampes, du linge ou toute autre chose à une corde. — Ety., dim de *cavilho*.

CAVILHOUN, prov., s. m. Petite cheville; *cavilhouns*, T. de mar., cabillots, petits morceaux de bois qu'on met au bout de plusieurs herses qui tiennent aux grands haubans. — Ety., dim. de *cavilho*.

CAVITAT, s. f. Cavité, creux. — Cat., *cavital*; esp., *cavidad*; port., *cavidade*; ital., *cavità*. — Ety. lat., *cavitatem*.

CAVO, prov., s. f. Chose. V. Causo.

CAVO, s. f. Cava, cave, construction souterraine, ordinairement voûtée, destinée à loger le bois de chauffage, le vin, etc. ; fossé, cavité ; terrier, tanière. — GASC., cauo ; ESP., ITAL., cava. — ETY. LAT., cava.

CAVOUCA, PROV., v. n. (cavoucá), cahoter.

CAVOUCAMENT, PROV., s. m. (cavoucament), cahot, cahotage, ressaut d'une voiture. — ETY., cavoucá.

CAVOUNIA, PROV., v. a. V. Cavignejá.

CAXA, PROV., v. a. Ranger, parer, orner. — ETY., grec κάζω.

CAXAU, BÉARN., s. m. V. Caissal.

CAYANO, PROV., adj. f. Nom d'une espèce d'olive qu'on appelle aglandalo. V. ce mot.

CAYAT, GASC., s. m. Croc de fer pour arracher la paille de la meule.

CAYAU, PROV., s. m. Houlette. — BÉARN., clouquele. V. Caiau.

CAYETIERO, PROV., s. f. Vase qui a la forme d'une petite jarre.

CAYGE, GASC., v. n. Tomber. — ETY. LAT., cadere.

CAYON, DAUPH., s. m. Cochon.

CAYROU, BÉARN., s. m. Moëllon. — ETY., dim. de caire.

CAYRUT, udo, adj. V. Carrat.

CAYTIBIE, TOUL., s. m. V. Caitivié.

CAYTIU, ibe, BÉARN., adj. V. Caitiéu.

CAZAL, **CAZAU**, **CAZO**, V. Casal, etc.

CAZE, BÉARN., s. f. Case, cabane, maison ; à caze, chez moi, chez nous ; entrem à caze, entrons chez moi ou chez nous ; bienetz de caze, venez-vous de chez moi ou de chez nous ? V. Caso.

CAZI, adv. Quasi, presque.

CAZIMENT, adv. V. Quaziment.

CAZUBLO, s. f. CAZUBLA, chasuble. — ESP., casulla ; ITAL., casupola, casipola. — ETY. B. LAT., casibula, dim. de casula, manteau.

CE, prov. démonst. Ce. V. So.

CEAC, PROV., s. m. Le moindre désaccord ; c'est aussi une interj. qui signifie, tais-toi ! tu m'ennuies !

CEARCA, PROV., v. a. V. Cercá.

CEAUCLA, v. a. Cercler. V. Ceuclá.

CEAUCLA, v. a. Sarcler. V. Sauclá.

CEAUCLADOU, s. m. Sarcloir. V. Saucladou.

CEAUCLE, s. m. V. Ceucle.

CEAUCLIEIRO, s. f. V. Ceuclieiro.

CEBAIRE, GASC., s. m. Marchand d'oignons ou de plants d'oignons. — PROV., cebiaire. — ETY., cebo.

CEBAN, NIM., s. m. Paysan ou mangeur d'oignons. — ETY., cebo.

CEBART, s. m. Oignon qui a poussé de nouvelles feuilles. — ETY., cebo.

CEBASSO, s. f. Gros oignon. — ETY., augm. de cebo.

CEBAT, s. m. CEBAT, oignon, jeune plant d'oignon. — SYN. ceboulat. — ETY., cebo.

CEBEL, CAST., s. m. Petit oignon. — SYN. cebeto, cebil. — ETY., cebo.

CEBETO, s. f. Petit oignon, cebetos, s. f. p., plants d'oignons. — ETY., dim. de cebo.

CEBIA, PROV., v. n. Planter, manger des oignons. — ETY., cebo.

CEBIAIRE, PROV., s. m. V. Cebaire.

CEBIERO, CEBIEIRO, s. f. Oignonière, planche d'oignons, terre semée d'oignons. — ETY., cebo.

CEBIL, CAST., s. m. V. Cebel.

CEBIL, o, GASC., adj. civil, e ; polissé. — Altér. de civil.

CEBILHO, PROV., s. f. Haie. V. Cebisso.

CEBILHOU, CÉV., s. m. Ail des vignes ou poireau des chiens, Allium vineale, plante de la fam. des liliacées. — SYN. porre de vigno, pourrigal. Cebilhous, s. m. p., ail civette, appétit, ciboulette, Allium schœnoprasum, de la même famille. — SYN. ceboulhoun. — ETY., cebil.

CEBILHOUN, PROV., s. m. Muscari botrioïde ; ornithogale jaune, ornithogale nain, plantes de la fam. des liliacées, Cebilhouns, s. f. p., ail feuillé, Allium foliosum, de la même famille. — SYN. ciboulhun. — ETY., cebil.

CEBISSO, PROV., s. f. Haie vive. — SYN. cebilho. V. Barágno.

CEBO, s. f. CEBA, oignon, *Allium cepa*, plante potagère de la fam. des liliacées ; *cebos miquelencos*, oignons de la St-Michel ; *cebos renardivos*, oignons de l'arrière-saison ; *cebo marino*, scille, oignon marin. — CAT., *ceba* ; ESP., *cebolla* ; ITAL., *cipolla*. — ETY. LAT., *cepa*.

CEBORI, CÉV. PROV., s. m. *Cibori*, ciboire ; portique ; porche, lieu couvert à l'entrée d'une église. — ETY. LAT., *ciborium*, de κιβώριον, coupe faite du fruit du nelumbo, espèce de nénuphar.

CEBOULAT, s. m. Plant d'oignons et de ciboules. — SYN. *cebat*. — ETY., *cebo*.

CEBOULHADO, PROV., s. f. Muscari à toupet. — SYN. *barralet gros*.

CEBOULHOUN. PROV., s. m. V. Cebilhoú *et* Cebilhoun.

CEBULO, PROV., s. f. Ciboule. V. Civeto.

CECAI, CECAIOUN, CECALH, CECALHOUN, s. m. V. Secal, Secalhoun.

CECEROU, CAST., s. m. Cicerole ou poischiche. — ETY. LAT., *cicer*. V. Céze.

CEDARIO, GASC., s. f. Soierie, — ETY., altér. de *sedario*.

CEDAS, s. m. Tamis de soie. V. Sedas.

CEDO, s. f. Soie. V. Sedo.

CEDOS, CÉV., s. f. p. Jeu d'enfants ; ils se touchent légèrement et s'enfuient ; celui qui a touché le dernier et qu'on ne peut atteindre a gagné. (SAUVAGES.)

CEDUS, PROV., s. f. Gerçures du sein. — SYN. *crebassos*.

CEDOU, CEDOUN, s. m. Lacet. V. Sedoun.

CEGUEL, TOUL., s. m. Seigle. V. Sial.

CEI, B. LIM., adv. de lieu. Ici : *Cei es*, il est ici ; *cei-sus*, ici en haut. — BITERR., *aissi*.

CEITO, CÉV., s. f. Moulin à scie.

CEL, s. m. CEL, ciel, l'espace indéfini dans lequel se meuvent tous les astres; la partie de cet espace que nous voyons au-dessus de nos têtes ; climat, pays ; paradis ; la Divinité, la Providence. — SYN. *ciel* — CÉV., PROV., *cèu* ; ROUERG., *cer* ; CAT., *cel* ; ESP., ITAL., *cielo*. — LAT., *cœlum*.

CELA, v. a. CELAR, celer, cacher. — CAT., ESP., *celar* ; ITAL., *celare*. — ETY. LAT., *celare*.

CEL-DUBERT, s. m. Petite cour dans l'intérieur d'une maison ; plate-forme sans toit au premier étage ; ouverture pratiquée à un toit pour donner du jour à un escalier. — ETY., *cel*, ciel, et *dubert*, ouvert.

CELEBRA, v. a. CELEBRAR, célébrer, vanter, exalter. — CAT., ESP., *celebrar* ; ITAL., *celebrare*. — ETY. LAT. *celebrare*.

CELEBRACIÉU, s. f. CELEBRATION, célébration, l'action de célébrer. — CAT., *celebració* ; ESP., *celebracion* ; ITAL, *celebrazione*. — ETY. LAT., *celebrationem*.

CELÈBRE, o, adj. Célèbre, celui qui jouit d'une grande réputation. — CAT., ESP., ITAL., *celebre*. — ETY. LAT., *celeber*.

CELEBRITAT, s. f. CELEBRITAT, célébrité, renom qui s'étend au loin. — CAT., *celebritat*; ESP., *celebridad*; ITAL., *celebrità*. — ETY. LAT., *celebritatem*.

CELERITAT, s. f. CELERITAT, célérité, activité, promptitude. — ESP., *celeridad* ; ITAL., *celerità*. — ETY. LAT., *celeritatem*.

CELESTE, o, adj. CELESTE, céleste, divin ; qui est de la couleur du ciel. — CAT., ESP., *celeste*. — ETY. LAT., *cœlestis*.

CELESTIAL, o, adj. CELESTIAL, céleste : *lou rèiaume celestial*, le royaume céleste. — SYN. *celestiau*. — CAT., ESP., PORT., *celestial* ; ITAL, *celestiale*. — ETY., *celeste*.

CELESTIAU, alo, adj. V. Celestial.

CELÈY, DAUPH., pron. démonst. Cela.

CELHA, CÉV., v. n. V. Cilhà.

CELHO, CÉV., s. f. Cil. V. Cilho.

CELLIER, s. m. CELIER, cellier, lieu où l'on serre le vin et les autres provisions. — CAT., *celler* ; ITAL., *celiere* ;

CEN (423) CEN

ESP., *celleiro*. — ETY. LAT., *cellarium*, garde-manger.

CELOU, CELLOU, DAUPH., pron. démonst. Celui.

CEMENTÈRI, s. m. CEMENTERI, cimetière, lieu où l'on enterre les morts. — SYN. *cimentèri*, *cimetèri*. — CAT., *cimenteri*; ESP., PORT., *cimenterio*; ITAL., *cimeterio*. — ETY. LAT., *cœmeterium*, venu du grec κοιμητήριον, lieu de repos.

CENADO, s. f. Souper, repas du soir; *faire cenado*, courir pendant la nuit pour marauder. — ETY. LAT., *cœna*.

CEN-CARTOS, CÉV., s. f. p. T. de tripière, le millet, le livre, troisième ventricule des animaux ruminants, rempli de feuillets et de petits mamelons que les tripières enlèvent en les ratissant. — SYN. *cen-pelhos*, *entrefiel*.

CENCENO, LIM., s. f. Centaine, bride de fil ou de soie; au fig. jugement; *ovèi bouno cenceno*, avoir un bon jugement. V. Centeno.

CENCERISI, CÉV., s. m. Bruant proyer. — SYN. *cerezin*. — BITERR. *chichourlo*.

CENCHA, v. a. CENHER, SENCHAR, ceindre, entourer, environner, sangler, mettre une ceinture; *se cenchá*, v. r., se ceindre; *lou coummissàri s'est cenchat*, le commissaire s'est ceint de son écharpe. — SYN. *cenjá*, *cenje*, *cinlá*, *centurá*. — ESP., *cinchar*: ITAL., *cignere*; PORT., *cingir*. — ETY., *cencho*.

CENCHO, s. f. CENCHA, ceinture; enceinte. — SYN. *cinte*, *cinto*, ceinture. — ESP., *cincha*; PORT., *cinta*; ITAL., *cigna*. — ETY. LAT., *cinctum*, part. de *cingere*.

CENDRADO, TOUL., s. f. Charrée; lessive dans laquelle on trempe les olives pour les conserver, et les raisins pour en faire des panses. — SYN. *cendrau*. — CAT., *cendrado*. — ETY., *cendre*.

CENDRALHO, s. f. Cendrée, le plus petit plomb de chasse. — B. LIM., *cendrèo*. — ETY., *cendre*.

CENDRAS, s. m. Cendrier d'une cheminée ou d'un fourneau; grand tas de cendres; charrée ou cendre qui a servi à la lessive. — SYN. *cendrè*, *cendrier*. — ETY., *cendre*.

CENDRASSOU, TOUL., s. m. Petit cendrier; au fig. cagnard, casanier, celui qui ne quitte point le coin du feu; *cendrassouno*, s. f., cendrillon. — SYN. *cendraussou*, *cendrausseto*. — ETY., *cendras*.

CENDRAU, PROV., s. m. Charrée. V. Cendrado.

CENDRAUSSOU, **CENDRAUSSETO**, GAST., s. m. et f. V. Cendrassou.

CENDRE, PROV., s. m. Cendre. V. Cendres.

Lou vent espousquè lou CENDRE
De nouestei vièi soubèiran.
DE BERLUC-PERUSSIS. *Cant di Fourcaquèiren.*

CENDRÉ, GASC., s. m. V. Cendrier.

CENDREJA, CÉV., v. n. Remuer la cendre sans sujet et par désœuvrement; salir avec les cendres. — SYN. *cendrouiá*, *cendroulhá*, *cendrouriá*. — ETY., *cendre*.

CENDRÈO, B. LIM., s. f. V. Cendralho.

CENDRES, BITERR., s. f. p. CENDRE, CENRE, cendres; en PROV., cendre est du genre masculin. — GASC., *cenc*. — CAT., *cendra*; ITAL., *cenere*. — ETY. LAT., *cinerem*.

CENDRIER, s. m. Partie du fourneau où tombent les cendres. — GASC., *cendrè*; ESP., *cendrier*. V. Cendras.

CENDRILHOUS, o, adj. Cendreux, euse, V. Cendrous.

CENDROULET, s. m. et f. Tisonneur, celui qui s'amuse à remuer les tisons et les cendres, qui est toujours au coin du feu. — SYN. *cendroulier*, *cendrourier*, au f. *cendrouleto*, cendrillon. V. Cendrouseto.

CENDROULHA, v. n. V. Cendrejá.

CENDROULIER, iero, s. m. et f. V. Cendroulet.

CENDROURETO, s. f. V. Cendrouseto.

CENDROURIA, v. n. V. Cendrejá.

CENDROURIER, iero, s. m. et f. V. Cendroulet.

CENDROUS, o, adj. CENDROS, cendreux, euse, couvert de cendre; qui prend mal le poli, en parlant du fer. — SYN. *cenerous*, *cendrilhous*. — CAT., *cendros*; ITAL., *ceneroso*. — ETY., *cendre*.

CENDROUSETO, CÉV., s. f. Cendrillon,

jeune fille qui ne sort pas de la maison et qu'on trouve toujours au coin du feu. Syn. *cendrouseto-bachassou*, *cendrassouno*, *cendraussèto*, *cendrouleto*, *cendroureto*, *cendrouliero*. — Ety., dim. de *cendrouso*.

CENDROUSETO - BACHASSOU, s. f. V. Cendrouseto.

CENE, gasc., s. f. Cendre. V. Cendres.

CENEROUS, o, gasc., adj. V. Cendrous.

CENGLA, v. a. V. Cinglá.

CENGLADO-DE-VENTRE, s. f. Colique. V. Cinglado.

CENGLO, prov., s. f. Ceinturon. V. Cinglo.

CENGLOU, **CENGLOUN**, s. m. Petite sangle, lisière, petit cordage, ficelle. — Syn. *cinglou*. — Ety., dim. de *cenglo*.

CENIL. s. m. Cinil ou serin de Provence, *Fringilla serinus*, oiseau de la fam. des conirostres. — Syn. *cini*, *cerèzin*, *sarrazin*.

CENIL, s. m. Souchet long. V. Triangle.

CENILHO, prov., s. f. Cendre fine qui s'élève du feu et retombe sur les corps environnants; dans quelques contrées, bluettes; improprement, litière faite avec les feuilles du chêne à kermès; *cenilhos*, copeaux. — Ety., *cene*, cendre.

CENJA, v. a. V. Cenchá.

CENJE, b. lim., v. a. (cendze) Ceindre. V. *Cenchá*; donner des coups avec une sangle ou un nerf. V. Cinglá.

CENOBRE, s. m. Cinabre. V. Cinabre.

CEN-PELHOS, cév., s. f. p. T. de tripiero, troisième ventricule des ruminants. — Syn. *cen-carlos*. V. ce mot.

CENSARAGE, **CENSARACI**, prov., s. m. Courtage, droit du courtier, du mesureur public pour les liquides. — Syn. *censario*. — Ety., *censo*, ancienne redevance féodale.

CENSARIO, prov., s. f. V. Censarage.

CENSAROTI, prov., s. m. Courtier marron.

CENSAU, prov., s. m. Courtier, mesureur public pour les liquides.

CENSENO, lim., s. f. V. Centeno.

CENSIER, prov., s. m. Récipient des essences. — Ety., *censo* pour *essenso*.

CENT, adj. num. Cent, cent, dix fois dix ou cinq fois vingt. On l'emploie substantivement dans ces phrases: *un cent d'ious*, *un cent d'iranges*; de cent en *quaranto*, rarement, de loin en loin; on dit aussi: *cent en quatre*. — Cat., *cent*; esp., *cien*, *ciento*: ital., port., *cento*. — Ety. lat., *centum*.

CENTANIER, prov., s. m. V. Centeno.

CENTAUREO, s. f. Centaurea, centaurée, genre de plantes dont quatre espèces sont employées en médecine: la grande centaurée, *Centaurea centaurium*; la jacée, *Centaurea jacea*; le bluet, *Centaurea cyanus*, et la chausse-trappe, *Centaurea calcitrapa*. On connaît aussi la petite centaurée ou chirone, centaurée, *Gentiana centaurium*, plante de la fam. des gentianées, qui est un excellent fébrifuge. La centaurée est l'herbe du Centaure, qui se guérit d'une blessure avec les feuilles de la chirone: d'où lui est venu le nom qu'elle porte. — Syn. *centauri*.

CENTAURI, s. m. V. Centaureo.

CENTENADO, s. f. Centenar, centaine, cent environ. — Ety., *cent*. V. Centeno.

CENTENARI, s. m. Centenaire, celui qui a atteint l'âge de cent ans. — Esp., port., *centenario*. — Ety. lat., *centenarius*.

CENTENAU, prov., s. m. V. Centeno.

CENTENIER, prov., s. m. V.

CENTENO, s. f. Centena, centaine, bride de fil ou de soie, etc., par laquelle sont maintenus tous les fils d'un écheveau. On ne peut le dévider sans la couper. On dit d'un prédicateur à qui la mémoire manque: *n'a pas pouscut troubá la centeno*, il n'a pu reprendre le fil de son discours; *acò n'a ni cap ni centeno*, cela n'a ni tête ni queue. — Syn. *centanier*, *centenau*, *cenceno*, *censeno*. — Ety., *cent*, cent.

CENTENO, s. f. Centena, une centaine, cent environ. — Syn. *centenado*. — Ety., *cent*.

CENTOREO, s. f. Centaurée. V. Centaureo.

CENTURA, V. a. CENTURAR, ceindre, entourer, mettre une ceinture. V. Cenchâ.

CENTURO, s. f. CENTURA, ceinture. V. Cinturo.

CEP, s. m. CEP, cép, pied de vigne, souche. — CAT., cep; ESP., PORT., cepa, ITAL., ceppo. — ETY. LAT., cippus, tronc.

CEP, s. m. CÈPE; bolet comestible, Boletus edulis; bolet bronzé, Boletus æreus. — SYN. cepet, bruguet, boulet.

CEPA, v. a. ESSIPAR, receper, couper les branches d'un arbre, d'un saule particulièrement, jusqu'au tronc, l'étêter; couper un pied de vigne rez terre pour qu'il repousse avec plus de vigueur. — ITAL., scapezzare. — ETY., cep, tronc.

CEPADO, s. f. Cépée; touffe de rejetons sortant d'une même souche; saules étêtés; taillis. — SYN. cepo — ETY., s. part. f. de cepá.

CEPAIRE, s. m. Celui qui recèpe les arbres. — ETY., cepá.

CEPAT, ado, part. Recepée, ée, étêté; CÉV., dodu, e, bien nourri. On compare l'homme dodu à un arbre dont le tronc grossit sensiblement, en le recepant.

CEPÈIOUN, PROV., s. m. Morceau de bois d'un arbre recepé; partie brisée d'un tronc d'arbre. — SYN. souquel. — ETY., cepo.

CEPÈRE, BÉARN., s. f. Lieu où croissent les champignons. — ETY., cep.

CEPET, s. m. V. Cep; cepet blanc, bolet comestible, blanc en dessous; cepet jaune, autre bolet, jaune en dessous.

CEPILHOUN, PROV., s. m. Petite souche; plant enraciné de l'olivier. — ETY., dim. de cepo.

CEPO, s. f. Tronc d'arbre; pied de vigne; au fig. souche d'une famille. Cepos, saules, ainsi appelés parce qu'on est dans l'usage de les receper souvent; cépée. — SYN. cepado. — ESP., cepa; ITAL., ceppo. — ETY., cep.

CEPOU, CEPOUN, CÉV., s. m. Petite serrure d'armoire; forte serrure d'un jardin ou d'une maison de campagne; PROV., billot sur lequel on coupe; on ha-che les viandes; mouton d'une cloche; soutien, appui, colonne; pilier; souche des registres; cepoun de bouchier, tronchet, billot de boucher qui porte sur trois pieds. — ETY., cepo, tronc.

CER, ROUERG., s. m. Ciel. V. Cel.

CERAS, PROV., s. m. Fromage qui résulte de la recuite salée. — ETY., cero, cire.

CERBE, TOUL., s. m. Moutarde sauvage. V. Moustardo.

CERBEL, s. m. Cerveau. V. Cervel.

CERBEL, CAST., s. m. Cervelas. V. Cervelat.

CERBET, BÉARN., s. m. V. Cervel.

CERBI, CAST., s. m. Cerf. — PROV., cervi; CAT., ITAL., cervo; ESP., ciervo. — LAT., cervus.

CERCA, v. a. CERCAR, chercher, tâcher de trouver, aller à la recherche. Quand on va chercher quelque chose qu'on est sûr de trouver, on dit querre, anas querre d'aiguo, aller chercher de l'eau; cercá sa vido, mendier; cercá rougno, chercher noise; es el que me cerco, c'est lui qui me cherche querelle; cercá la neit per lous armaris, chercher midi à quatorze heures; cercá de rougno per se gratá, se compromettre en parlant ou en agissant inconsidérément. — SYN. ccarcá. — CAT., ESP., cercar; ITAL., cercare. — ETY. LAT., circare, errer çà et là.

CERCADIS, isso, adj. Recherché, ée, chose qu'on désire avoir et qui vaut la peine d'être cherchée. — ETY., cercá.

CERCAIRE, o, CERCARELLO, s. m. et f. Chercheur, euse. — ETY., cercá.

CERCO, s. f. Recherche, perquisition; cercos, crocs-à-puits (cerco-pous). — CAT., ITAL., cercá.

CERCOBUIRO, PROV., s. f. Querelleur. — ETY., cerco, qui cherche, et buiro, noise, querelle.

CERCO-NISADOS, s. m. V.

CERCO-NISES, s. m. Chercheur de nids, dénicheur d'oiseaux; au fig. celui qui a la manie de fureter, de fouiller partout. — B. LIM., espio-niou. — ETY., cerco, qui cherche, et nises, les nids; au fig. les recoins.

CERCO-POURCO, prov., s. m. Cherche-fiche, ou cherche-pointe, instrument de serrurier.

CERCO-POUS, cév., s. m. Crocs-à-puits, qui servent à retirer les seaux et autres objets tombés dans les puits. — Syn. *cercos*. — Cat., *cerca-pous*.

CERCORAGNOS, prov., s. m. Grimpereau de muraille. — Syn. *escalo-barri*. — *cerco*, qui cherche, *ragnos* pour *aragnos*, araignées.

CERCO-RENO, s. m. Querelleur, toujours prêt à chercher noise à quelqu'un. — Ety., *cerco*, qui cherche, *reno*, en roman *raina*, noise, dispute.

CÈRE, béarn., s. f. Cire. V. *Ciro*.

CEREIREDO, s. f. Cerisaie, champ planté de cerisiers. — Syn. *cerièiredo*. Ety. rom., *cereira*, cerise.

CERENTO, prov., s. f. Guêpier. V. Serenat.

CERENTOUN, prov., s. m. Fromage de sang de bœuf ou de cochon, cuit dans un moule, qu'on vend par morceau.

CEREZIN, cév., s. m. Nom commun au bruant proyer, appelé aussi *cencerisi*, *chichourlo*, et au cini ou serin vert de Provence. V. Cenil.

CERF-VOULANT, s. m. Cerf-volant, ou lucane cerf, *Lucanus cervus*, insecte coléoptère qui a les cornes en scie. — Syn. *crabas gruyo*. — Esp., *cervo volante*.

CERFUELH, CERFUESCH, s. m. V.

CERFUL, s. m. Cerfeuil cultivé, *Scandix cerefolium*, plante de la fam. des ombellifères à fleurs blanches, très petites. — Syn. *carfuelh*, *charfui*, *cerfun*, *cherfun*, *cherficul*, *charfiel*, *surful*. — Cat., *cerepoll*; Esp., *cerefolio*; Ital., *cerfoglio*. — Ety. lat., *cærefolium*.

CERFUL SALBAGE, s. m. Nom commun au cerfeuil ou anthrisque sauvage, *Chærophyllum sylvestre*, et au cerfeuil penché ou cerfeuil enivrant, *Chærophyllum temulum*.

CERFUN, cast., s. m. V. Cerful.

CERGNIÈ, dauph., adj. Mûr, e, en parlant des noix.

CERI, gasc., s. m. Cerisier. V. Cerier.

CERIÈIRIER, s. m. Ceririer. V. Cerier.

CERIÈIS, biterr., s. m. V. Cerier.

CERIERAT, CERIÈIRAT, s. m. Production du cerisier. — Ety., *cerièiro*.

CERIEREDO, CERIÈIREDO, s. f. Cerisaie — Syn. *cereiredo*. — Ety., *cerièiro*.

CERIER, s. m. Cerisier, *Cerasus vulgaris*, arbre de la fam. des rosacées, dont il existe un grand nombre de variétés. — Syn. *ceri*, *cerièis*, *cerisier*, *cerièirier*. — Cat., *cirerer*; Esp., *cereza*; Port., *cerajeira*; Ital., *ciriegio*. — Ety., *ceriero*.

CERIER SAUVAGE, nim., s. m. Prunier mérisier, *Cerasus avium*, qu'on appelle en Provence *amaruvier* à cause de l'amertume de ses fruits et de son écorce.

CERIER BOUSCAS, s. m. Prunier bois de Ste-Lucie. V. Amarel.

CERIERIER, s. m. V. Cerier.

CERIERO, CERIÈIRO, s. f. Cereira, cerise; toul., *ceriero esperounado*, cerise rouge légèrement tachée de blanc. — Cat., *cirera*; Esp., *cereza*; Port., *cereja*; Ital., *ciriegia*. — Ety. lat., *cerasa*.

CERISIER, s. m. V. Cerier.

CERISOULIER, s. m. Azerolier. V. Boutelhounier.

CERITÈRO, cév., s. f. Guigne, cerise aigre.

CERNÉ, cév., v. a. Sasser, tamiser. — Ety. lat., *cernere*, séparer, agiter.

CERNI, v. a. Chercher, fureter dans les livres, les meubles, les hardes, etc., découvrir. — Ety. lat., *cernere*, voir, apercevoir.

CÈRO, prov., s. f. Grive draine. V. Gesèro.

CÈRO, toul., s. f. Cera, cire. V. Ciro.

CERS, s. m. Cers, vent du Nord-Ouest. On l'appelle aussi *mistral*, *magistrau*, *terral*. C'est le vent opposé à l'autan. — Cat., *cers*; Esp., *cierzo*. — Ety. lat., *cirsius* ou *cercius*, dérivé, suivant Vossius, de κίρκος ou κρίκος, tourbillon. « Oh! qui pourrait avoir, dit Panurge, *une vessie pleine de ce* *bon vent du Languedoc qu'on nomme Cercie, qui renverse les charrettes chargées.* »

Quand le ciel en plen jour s'amantoulo d'oum-
(brage,
E le cers et l'auta se gourmoun touti dous,
Lo bestial espaurit d'un ta rabent aurage
Se court agourrada dins sous amagadous.

GOUDELIN. *Quand lo cel...*

CERTAN, o, adj. CERTAN, certain, e, certifié; et non pas *certen*, o, forme altérée. — SYN. *segù*, *ro*. — ESP., ITAL., *certano*. — ETY. LAT., *certus*.

CERTANETAT, s. f. CERTANETAT, CERTANZA, certitude, assurance. — ETY., *certan*.

CERTANOMENT, adv. CERTANAMENT, certainement, d'une manière certaine.—ETY., *certano*, et le suffixe *ment*.

CERTO, adv. V.

CERTOS, adv. CERTAS, certes, certainement, en vérité; *oui certos !* oui vraiment ! *oh, certos !* oh, pour le coup ! *oh, certos, ou podi pas faire*, pour cela, je ne puis le faire; *certos oi !* ah, vraiment ! *certos, m'en dires tant ! Dam ! vous m'en direz tant !* — CAT., *certes*, ; PORT., *certo* ; V. ESP., *certas*. — ETY. ROM., *cert.*, certain.

CERVEGANO, PROV., s. f. Linge que l'on met sur la tête des nouveau-nés. — SYN. *servegano*, *sarvegano*.

CERVEL, s. m. CERVEL, cerveau. — SYN. *cervèu* ; ARIÉG., *cirbel*. — CAT., *cervel*. — ETY. LAT., *cerebellum*.

CERVELAT, s. m. Cervelas, fromage de cochon, dans le Midi ; ailleurs, espèce de grosse saucisse faite avec de la viande fortement épicée. — CAST., *cerbel*. — ITAL., *cervellata*. — ETY, *cervel*, parce qu'il entrait, sans doute, de la cervelle dans cette préparation culinaire.

CERVELETOS, s. f. p. Cervelles d'agneau ou de chevreau. — ETY., dim. de *cervèlo*.

CERVÉLO, s. f. CERVELLA, cervelle, substance blanche et molle qui remplit l'intérieur du crâne; au fig. tête, esprit, raison, jugement, mémoire; *cervèlo de lebre*, mémoire courte. — M. ÉTY. que *cervel*.

CERVÈU, PROV., s. m. V. Cervel.

CERVI, PROV., s. m. V. Cerbi.

CERVI DE COUTEL, CÉV., s. m. Épaisser d'une lame de couteau.

CESCA, BÉARN., s. m. (cesca). Marais où croit le typha dont on garnit les chaises. — ETY., *cesco*.

CESCO, GASC., s. f. CESCA, glaïeul commun, *Gladiolus communis*, plante de la fam. des iridées. V. *Coutèlo*. Il signifie aussi typha.

Oh bas-tu, m'amoureto ? — ou bas-tu, moun
(soulel ?
Iou baue d'aquesto part oun l'herbo es la mai
(fresco. —
Bouto-te près de mi ? — Non, y a res que de
(cesco.

FRANÇOIS DE CORTETE, d'Agen.

CESE, s. m. V. Ceze.

CESÈRO, CÉV., s. f. Draine, la plus grosse des grives. — SYN. *cèro*, *sèro*, *Irido*.

CESQUE, BÉARN., s. f. Typha; il signifie aussi glaïeul. V. *Cesco*.

CESSENADO, CÉV., s. f. Jeune chêne. V. *Cassenat*.

CESSENAS, CESSENAT, CÉV., s. m. V. *Cassenat*.

CESSEROU, GAST., s. m. Pois-chiche. V. *Ceze*.

CESSOU, s. m. Arrêt de chemise pour l'empêcher de se déchirer; coin de toile ajouté à l'ouverture d'un sac pour l'élargir.

CESTO, B. LIM., s. f. Panier, corbeille ordinairement d'osier. — ETY. LAT., *cista*.

CESTOU, B. LIM., s. m. Petite corbeille, petit plateau d'osier, maniveau. — ETY., dim. de *cesto*.

CESTRE, GAST., s. m. Chose, mot pour désigner une personne ou un objet dont on a oublié le nom.

CETERAC, s. n. Cétérach ou doradille, *Asplenium ceterach*, pl. de la fam. des fougères. — SYN. *herbo daurado*, *dauradeto*. — ITAL., *cetracca*, *citracca*.

CETÈU, DAUPH., adj. démonst. ce, cet. V. Cèu.

CÈU, PROV., s. m. Ciel. V. Cel.

CÈU, DAUPH., adj. démonst. Ce, cet

cela, cella; cette; *cella not*, cette nuit; *celos, cele*, ces; *cele fenne*, ces femmes. — Syn. *cèut, celèu*.

CÈUCLA, v. a. CELCLAR, cercler, garnir de cercles, de cerceaux. — Syn. *ceaucla*. — Anc. cat., *bérclar*; Esp., port., *cercar*; Ital., *cerchiare*. — Ety., *ceucle*.

CÈUCLA, v. a. Sarcler. V. Sauclá.

CÈUCLADOU, s. m. V. Saucladoú.

CÈUCLAGI, prov., s. m. V. Action de cercler une futaille. — Ety., *ceuclà*.

CÈUCLAT, adj., part. Cerclé, ée, relié avec des cerceaux; au fig. *home mal cèuclat*, homme exalté, à moitié fou. V. aussi *sauclat*.

CÈUCLE, s. m. SELCLE, CERCLE, cercle, circonférence; cerceau. — Syn. *cercle*. — Anc. cat., *cercle*; Esp.; port., *circulo*; Ital., *cerchio*. — Ety. Lat., *circulus*.

CÈUCLÉ, CÈUCLET, prov., s. m. Palæmon narval, crustacé qu'on trouve dans la Méditerranée. — Ety. grec, κυκλη.

CÈUCLIERO, s. f. Taillis de châtaigniers dont les gaules servent à faire des cerceaux. — Syn. *ceauclièiro*. — Ety., *ceucle*.

CÈUCLUN, prov., s. m. V. Sauclun.

CÈUJO, prov., s. f. Fente, fêlure qui se trouve dans le bois ou dans la pierre.

CÈUT, dauph., pron. démonst. V. Cèu.

CEVADILHO, prov., s. f. V. Civadilho.

CEVENOL, O, s. et adj. Habitant, e, des Cévennes; *lou parlà cevenòl*, l'idiome cévenol; on donne aussi le nom de *ratòl*, à l'habitant des Cévennes, ainsi qu'à la langue dont il se sert.

CEZE, s. m. CEZER, pois-chiche, pl. de la fam. des papilionacées; toul., pois; *cèze de camp*, pois des champs; *cezè d'audou*, pois de senteur. — Syn. *becut, becudel, ceze bequel, ceze bequis ou bequit, cezeroù*. — Ital., *cece*. — Ety. lat., *cicer*.

CEZÈRO, s. f. Gèsero.

CEZEROU, s. m. V. Ceze.

CEZIÈIRO, CEZIER, CEZIERO, s. Champ semé de pois chiche. — Ety., *ceze*.

Que vol un boun CEZIER
Que lou fague en febrier.

CHA, b. lim., prép. (tsa). Chez, à la maison de... Il est aussi substantif: *aver soun cha se*, avoir son chez soi, sa maison. — Syn. *acò, encò*.

CHA, b. lim. s. m. (tsa). *Cha de familho*, chef de maison; *cha* signifie aussi bout du fil d'un écheveau; fin, extrémité, point; *lou cha d'un camp*, la limite d'un champ; *de cha in cimo*, de la fin au commencement. — Altér. de *cap*.

CHA, cév., part. réduplic. *A cha dous, à cha tres*, etc., deux à deux, trois à trois; *à cha pauc*, peu à peu.

CHABAL, s. m. Cheval. V. Chaval.

CHABELIERO, prov., s. f. Ruban de fil. V. Cabilhèiro.

CHABENSO, s f. Chevance, le bien qu'on a; chance heureuse. En roman, *escazenso*, chance. — Ital., *civanzo*, profit.

CHABESTEL, s. m. Muselière qu'on met aux bœufs pour les empêcher de manger, quand ils sont attelés. — Syn. *mourrat*. — Ety., *cabestre*.

CHABESTRE, s. m. V. Cabestre.

CHABI, prov., v. a. et n. V. Cabi. Il signifie aussi, avec la voix active, consommer des provisions, se défaire de certaines marchandises; perdre, égarer.

CHABLA, cast., cév., v. a. V. Chaplá.

CHABOS (A), agat., adv. comp. A rien ne coûte: *Ai dinat à chabos*, j'ai diné à rien ne coûte ou sans payer mon écot, ce qui répond à la phrase familière française: J'ai diné à l'œil.

CHABOUCÉU, prov., s. m Anémone à feuilles de narcisse, plante de la fam. des renonculacées.

CHABOUNA, dauph., v. a. Finir, terminer.

CHABOUTA, cast., v. n. Gargouiller; v. a., troubler, en remuant une bouteille, une futaille, le vin ou tout autre liquide qu'elles contiennent. — Syn. *chamboutá, samboutá.*

CHABOUTADIS, cast., s. m. Action de remuer, de troubler un liquide. — Syn. *chamboutadis, samboutadis, samboutament.* — Ety., *chaboutado*, part. f. de *chaboutá.*

CHABOUTOUN, prov., s. m. Cahute, réduit, chenil.

CHABRAIRO, prov., s. f. Troupeau de chèvres. V. Cabrairo.

CHABRAS, b. lim., s. f. p. (tsabras). Graines à aigrettes qu'emporte le vent.

CHABRAS-MORTAS, b. lim., s. f. p. (tsabras-mortas) *Pourtá à las chabras-mortas*, porter sur ses épaules à chèvre-morte. — Syn. *pourtá à cabrimel.*

CHABRETO, cév., s. f. Mante-prie-Dieu. V. Prégo-Diéu-Bernado. L'abbé de Sauvages donne le même nom à la bergeronnette.

CHABRIA, prov., v. n. V. Cabridá.

CHABRIAN, s. m. Guêpe frelon, *Vespa crabo*. V. Foussaloú.

CHABRIDOUN, prov., s. m. Petit chevreau. V. Cabritoun.

CHABRIÈIRA, prov., v. n. V. Cabridá.

CHABRIÈIRADO, prov., s. f. Portée d'une chèvre. — Ety., s. part. f. de *chabrièirá.*

CHABRIÈIRO, dial. d'annot, s. f. Chouette. V. Choto.

CHABRIER, s. m. V. Cabrier.

CHABRIOULA, cév., v. n. Grappiller. — Biterr., *reglaná* ; cast., *lambrusquejá* ; prov., *rapugá.*

CHABRIOULÉ, cév., s. m. Grappillon, raisin laissé par les vendangeuses. — Biterr., *broutigno* ; garc., *cascamel* ; prov., *rapugo.* — Ety., *chabrioulá.*

CHABRIOUN, prov., s. m. V. Cabiroú.

CHABRIT, dauph., s. m. V. Cabrit.

CHABRO, b. lim., s. f. (tsabro). Chèvre. V. Cabro.

CHABRO-FUELH, s. m. Chèvrefeuille ; prov., grand houx.

CHABRO-MOUTO, prov., s. f. Jeu de colin-maillard. V. Cabro-mouto.

CHABROLO, cév., s. f. Framboise, fruit du framboiser, *Rubus idæus*. — Syn. *faragousto, frambouéso.* V. ce dernier mot.

CHABROU, prov., s. m. (chabrou). Chevreuil. V. Cabrol.

CHABRUNO, prov., s. f. V. Cabruno.

CHABUCADO, gasc., s. f. Secousse violente.

CHABUCLO, dauph., s. f. Nielle des blés. V. Carboú.

CHABURNI, prov., s. m. Coqueluche. — Syn. *caburn, caburni.*

CHABUS, prov., s. m. V. Cabus.

CHABUSCLA, cév., v. a. Passer à la flamme pour enlever le duvet d'une volaille plumée, flamber. — Biterr., *flambuscá.* — Ety., *cha*, particule réduplicative, et *usclá*, brûler.

CHABUSSAU, prov., s. m. V. Cabessal.

CHAC, s. m. Bruit que fait une pierre, un morceau de fer ou toute autre chose en tombant ; coup de dent ; gasc., averse, abat-d'eau ; béarn., coup d'aiguillon ou de quelque instrument pointu. — Ety., onomatopée.

CHACA, toul., cév., v. a Mâcher, manger avidement. — Biterr., *chicá.*

CHACA, prov., v. a. Agacer ; béarn., piquer, donner un coup d'aiguillon. — Ety., *chac.*

CHACAIRE, prov., s. m. Celui qui agace. — Ety., *chacá.*

CHACARNÉ, gasc., s. m. Flaque d'eau sale et croupissante.

CHACAT, gasc., s. m. Chose jetée avec mépris.

CHA-CHA, cév., s. m. Nom qu'on donne fort improprement à la draine et qui ne peut convenir qu'à la litorne, attendu que *cha-chà* est une onomatopée tirée du cri que fait entendre cet oiseau lorsqu'il vole. Le cri de la draine est *dre, dre*, fortement accentué, et son nom français paraît être aussi une onomatopée de ce cri. Dans l'idiome biterrois la draine est appelée *tridó* et la litorne *chaco*.

CHACHARAS, prov., s. f. Femme ou fille qui n'a ni tenue, ni bon sens.

CHACO, s. f. Grive litorne, *turdus pilaris* qui est plus grosse que la grive proprement dite, *tourdre*, et un peu moins que la draine, *trido*. — Syn. *cha-chá, couchocha*.

CHACUHUA, prov., v. a. Houspiller, tirailler, maltraiter, menacer.

CHADE, s. m. Genévrier oxycèdre. V. Cade.

CHADENEDO, cév., s. f. Terrain couvert de genévriers oxycèdres. — Syn. *cadenedo, cadenièiro*. — Ety., *chade*, genévrier oxycèdre.

CHADRO, b. lim., s. f. (tsadro). Charrée, cendre qui a servi à faire la lessive. — Syn. *chairel, chairias, cheirel*.

CHAÉY, bord., s. m. Chai. V. Chai.

CHAFARET, cév., s. m. Bruit, tapage, vacarme, train. — Syn. *sofaret*.

CHAFRE, cév., s. m. Dalle, pavé de pierre; pierre à aiguiser dont se servent les faucheurs et les moissonneurs. — Syn. *acou, acout*.

CHAFRE, lim., s. m. Sobriquet.

CHAFUEC, prov., s. m. Chenet. — Syn. *cafuec, carfuoc, charfuec, cafloc, cafouié*.

CHAGOUTA, cév., v. n. Barboter dans l'eau comme les canards.

CHAGUT, gasc., s. m. Sureau. V. Sahuc.

CHAI, s. m. Chai, magasin au ras du sol, servant à emmagasiner le vin et l'eau-de-vie. — Syn. *chaèy, chay*. — Ety. b, lat., *cayum, chagum*.

CHAI, b. lim., s. m. (tsai), tête; *chai de gognou*, tête de cochon, hure; *chai-tort*, torticolis, au fig. faux dévot, hypocrite; prov., barbe de l'épi du blé. — Syn. *cap*.

CHAI, querc., s. m. (tsai). Gîte. V. Jas.

CHAI, prov., s. m. Genévrier. — Syn. *chai pougnent*. V. Ginèbre; *chai-chainier, chai-mat*, noms de la sabine ou genévrier savinier. V. Cade-Sabin.

CHAIJOUN, prov., s. m. Petite tourte aux herbes.

CHAINE, s. m. Chêne; *chaine-pougnent*, genévrier. V. Ginèbre. — Dauph., *chano, chêne*.

CHAINE-PICHOT, montp., s. m. Germandrée petit chêne, ou germandrée oficinale, *Teucrium chamædris*, plante de la fam. des labiées. — Prov., *calamandrié*. — Esp., *camedris*.

CHAINE-TRAINEL, s. m. Sabine ou genévrier savinier. V. Cade-sabin.

CHAINET, cév., s. m. Genette, *Viverra geneta*, mammifère carnivore, qui a la taille d'un chat et qu'il est facile de distinguer à sa longue queue annelée de blanc et de noir.

CHAINOUNS, prov., s. m. Chaînes pour attacher les vaches dans l'écurie.

CHAIO, prov., s. f. Corneille. V. Gralho.

CHAIOUS, prov., s. m. Cœur d'une plante; il se dit aussi de la tige.

CHAIRE, b. lim., s. m. (tsaire), Intelligence, facilité à comprendre, *l'inten à mié chaire*, il le comprend à demi-mot.

CHAIRE, querc., v. n. V. Jaire.

CHAIRE, cast., v n. Chazer, choir, tomber; *la rato li chai*, il se désopile la rate à force de rire. — Ety. lat., *cadere*.

CHAIREL, prov., s. m. Charrée. V. Chadro.

CHAIRIAS, prov., s. m Charrée. V. Chadro.

CHAISSES. prov., s. m. p. Orge des souris. — Syn. *couo-de-rat*.

CHAITIVIER, s. m. V. Caitivier.

CHAITO, prov., s. f. Caquet, babil.

CHAITOS, prov., s. f. p. Copeaux de bois. — Syn. *bessuèlhos, bussalhoun*.

CHAL, chaudo, b. lim., adj. (tsal, tsaldo), chaud, e. V. Caud.

CHAL, b. lim., s. m. (tsal). Chou. V. Caulet.

CHAL, b. lim., (tsal), troisième personne du sing. du prés. de l'indic. du verbe *chaure*, falloir, *chal*, il faut. — — Syn. *cal*.

CHALA, prov., v. a. Regarder avec la lunette d'approche, appelée *chalou*.

CHALA, (se), cév., v. r. Se divertir, se régaler, s'épanouir, prendre du bon temps, se mettre à son aise.

CHALA, dauph., s. m. V. Chalau.

CHALAMINO, s. f. Chalumeau, musette, haut-bois — Ety. lat., *calamus*.

> Acò d'uno doulento mino
> Cantabi sus ma chalamino.
> Goudelin, *D'autre sou*.

CHALAMOUN, cév., s. m. Faîtage d'un toit. V. Calaman.

CHALANCHO, prov., s. f. Pente rapide, dépourvue d'arbres par où on fait rouler le bois dans les montagnes.

CHALANDA, v. a. V. Achalandá.

CHALANT, béarn., s. m. Chaland, espèce de bateau.

CHALANTER, béarn., s. m. Conducteur de chaland.

CHALAU, prov., s. m. Sentier tracé dans la neige. — Syn. *chalayo*, *chalá*.

CHALAYO, prov., s. f. V. Chalau ; *chalayos*, s. f. p., feuilles des poireaux, des oignons, etc., épluchures.

CHALÉ, b. lim., v. a. (tsalè). Falloir; *tsal soufri et oprè mouri*, il faut souffrir et ensuite mourir. V. Calé.

CHALE, prov., s. m. Plaisir, volupté, félicité, bonheur. — Syn. *chalou*.

CHALEMIO, prov., s. f. V. Carlamuso.

CHALENDA, dauph., s. f. V. Calendos.

CHALENDAL, s. m. V. Calendau.

CHALENDOS, s. f. p. V. Calendos.

CHALENDOU, dauph., s. m. Bûche de Noël. V. Calendau.

CHALHÉ, prov., v. imp. V. Calé.

CHALIBA, carc., v. n. Salivá.

CHALIBARI, gasc., s. m. V. Charivàri.

CHALIBO, carc., s. f. V. Salivo.

CHALON, cév., s. m. Précipice.

CHALOT, gasc., s. m. Ornière, trou, précipice.

> Dizes qu'ey prés uno mechanto routo ;
> Paurot, al cat y bezi lou bounur,
> Tu, dins la tio, que me parey fangouso,
> Camino pla ; mais causso tous esclots,
> Aci dejà trobos milo chalots.

CHALOTO, s. f. Ail échalotte ou ciboule, *Allium ascalonicum*, plante de la fam. des liliacées.

CHALOU, prov., s. m. V. Chale.

CHALOU, dauph., s. f. Chaleur. V. Calou.

CHALOU, s. m. Lunette d'approche dont se servent les marins.

CHALTRE, cast., s. m. Bruant proyer. V. Chic.

CHALTROUS, gasc., s. m. Chartreux ; *Chattrouso*, s. f. Chartreuse.

CHAMA, v. a. Appeler, faire venir quelqu'un en l'appelant par son nom ; huer ; *las neblos chamou lou mistrau*, les brouillards annoncent le *mistral*. — Esp., *xamar* ; port., *chamar* ; ital., *chiamare*. — Ety. lat. *clamare*.

CHAMADO, s f. Chamade, batterie de tambour, sonnerie de trompette, par lesquelles les assiégés annoncent qu'ils veulent parlementer ; sérénade ; appel ; rappel ; huée ; *faire la chamado*, huer. — Esp., *clamada* ; ital., *chiamata*. — Esp., s. part. f. de *chamá*.

CHAMADURO, s. f. Action de demander qu'on joue une couleur à certains jeux de cartes. — Ety., *chamado*, part. f. de *chamá*.

CHAMALHA, v. n. Chamailler, avoir une dispute bruyante ; *se chamalhà*, v. r., se quereller. — Syn. *chamatá* ; b. lim., *chomolhá*. — Ety., fréq. de *chamá*, huer.

CHAMALHAIRE, s. m. Celui qui est toujours disposé à se chamailler, querelleur. — Ety., *chamalhá*.

CHAMAROT, O, prov., s. m. et f. Personne qui s'emploie pour faire des mariages. — Ety., *chamá*.

CHAMARRA, v. a. Chamarrer ; barioler, barbouiller. — Syn. *chimarrá*. — Ety. esp., *chamarra*, broderies.

CHAMARRADURO, cév., s. f. Chamarrure, ornement ou parure composés de couleurs tranchantes ; griffonnage, barbouillage. — Syn. *chimarruro*. — Ety., *chamarrado*, part. de *chamarrá*.

CHAMARRAIRE, s. m. Celui qui chamarre ; griffonneur, barbouilleur de papier. — Syn. *chimarraire*. — Ety., *chamarrá*.

CHAMAS, cév., s. m. Tison allumé qui tient lieu de torche pour s'éclairer, la nuit, dans la campagne.

CHAMATA, prov., v. n. V. Chamalhá.

CHAMATAN, s. m. Tapage, vacarme, chamaillis ; gazouillis. — Ety., *chamatá*.

CHAMATO, prov., s. f. Bruit, huée, *faire la chamato*, huer. — Ety., *chamatá*.

CHAMBA, dauph., s. f. V. Cambo.

CHAMBALÉ, éto, prov., adj. Cagneux, euse. V. Jambar.

CHAMBAR, do, prov., adj. V. Jambar.

CHAMBAROT, prov., s. m. V. Cambarot.

CHAMBE, prov., s. m. Chanvre. V. Canbe.

CHAMBEIROUN, prov., s. m. Espèce de guêtre dont les paysans enveloppent leurs jambes et le cou-de-pied pour empêcher la terre d'y entrer quand ils piochent ; chaussure de peau qu'on attache sur le pied avec un lacet. — Syn. *chamberno*. — Ety., *chambo* pour *cambo*.

CHAMBERLAN, prov., s. m. V. Chambrelan.

CHAMBERRO, prov., s. f. V. Chambeiroun.

CHAMBIA, v. a. V. Cambiá.

CHAMBIJO, lim., s. f. Timon de la charrue. — Syn. *candèlo de l'araire*.

CHAMBIN, agat., s. m. Touffe de hameçons garnis de vers, qu'on traîne dans une rivière au derrière d'une nacelle où sont deux personnes dont l'une rame tandis que l'autre tient la ficelle au bout de laquelle sont les hameçons ; c'est à peu près la même pêche que celle qui se fait aux anguilles et qu'on appelle *birounado* ; seulement dans cette dernière, on ne se sert pas de hameçons, on se borne à attacher au bout de la ligne un peloton de vers.

CHAMBIS, prov., s. m. V. Cambis.

CHAMBLOT, gasc., s. m. Cahot, cahotage.

CHAMBLOUTA, gasc., v. a. et n. Cahoter. — Syn. *samboutá*. — Ety., *chamblot*.

CHAMBLOUTEJA, gasc., v. a. et n. Cahoter. — Ety., fréq. de *chambloutá*.

CHAMBO, b. lim., s. f. (tsambo). Jambe ; *chambo lengueto*, s. f., personne privée d'une jambe ; *fa la chambo lengueto*, aller à cloche-pied ; prov., *pourtá à chambo culiero*, porter à chèvre-morte. — Syn. *pourtá à cabrimet*. V. Cambo.

CHAMBOLOU, lim., s. m. V. Chomboloú.

CHAMBOURDO, nim., s. f. Chambrière. V. Chambrièiro.

CHAMBOURLHA, cast., v. n. Patrouiller, remuer l'eau sale et bourbeuse avec les mains, les pieds. — Syn. *chaupilhá*. — Cast., *champourlhá*.

CHAMBOURLHADIS, cast., s. m. Patrouillis, patrouillage. — Syn. *chaupil*, — Cast., *champourlhadis* ; toul., *chapoutadis*. — Ety., *chambourlhá*.

CHAMBOURLHAIRE, s. m. Qui patrouille, qui barbotte. — Cast., *champourlhaire*.

CHAMBOUSCLE, prov., s. m. Carie et charbon du blé. — Syn. *carboú*, *carboun*.

CHAMBOUTA, cév., narb., v. a. et n. V. Samboutá.

CHAMBRADO, prov., s. f. V. Cambrado.

CHAMBRE, prov., s. m. Écrevisse ; *couquilho de chambre*, coquille d'écrevisses ; *rampau de chambre*, buisson d'écrevisses. — Syn. *chambri*, *escaravisso*, *escrevissi*. — Ety. lat., *cammarus*, grec κάμμαρος, écrevisse

CHAMBREIROUN, prov., s. f. Petite servante. — Syn. *chambrioun*. — Gasc., *chambrereto*. — Ety., *chambro*.

CHAMBRELAN, prov., s. f. Chambellan. — Syn. *chamberlan*. — Ety., *chambro*.

CHAMBRERETO, gasc., s. f. V. Chambreiroun.

CHAMBRETO, s. f. V. Cambreto.

CHAMBREYRO, gasc., s. f. V. Chambrièiro.

CHAMBRI, prov., s. f. Chambre. V. Cambro.

CHAMBRI, prov., adj. V. Jambar. V. aussi Chambre, écrevisse.

CHAMBRIÈIRO, s. f. Camariera, chambrière, femme de chambre. — Syn.

CHA (433) CHA

cambrouiso, cambrouso, chambriero, chambreyro, chombrièiro. — Cat., *cambrera*; port., *camareira*; ital., *cameriera.* — Ety., *chambro, cambro, chambre.*

Ai amoun quatorze chambrièiras
A pintra sus de tabatièiras
De tant poulidas que soun.
FAVRE, *Enèïd.*, c. I.

Chambrièiro nouvèlo o balajo novo fou l'houstal net.
PRO.

CHAMBRIÈIRO, s. f. Ustensile de cuisine qu'on suspend à la crémaillère et sur lequel on met la poêle ou la casserolle; trépied à queue que l'on place sur le foyer pour le même objet; poignée de fer pour saisir la marmite sur la crémaillère. — Cév., *ender, endes*; querc., *oundrilheiro.*

CHAMBRIÈIRO, s. f. Chambrière, barre de bois mobile, suspendue au moyen d'un anneau aux deux bouts du corps d'une charrette pour soutenir la charge; fouet léger à long manche, dont on se sert dans les manèges; anse ou cordon pour maintenir la quenouille.

CHAMBRIERO, s. f. V. Chambrièiro.

CHAMBRIOUN, prov., s. f. V. Chambreiroun.

CHAMBROUN, prov., s. m. Petite chambre. V. Cambrot.

CHAMECISSO, prov., s. f. Camécisse, lierre terrestre. V. Roundoto.

CHAMETO, prov., s. f. Carte, au jeu de trois-sept, qu'un joueur met sur la table pour indiquer à son partenaire ce qu'il doit jouer. — Ety., *chamá*, appeler.

CHAMIGNEIRO, s. f. V. Chiminièiro.

CHAMINEIO, prov., s. f. V. Chiminièiro.

CHAMIO, prov., s. f. V. Camiso.

CHAMOUS, prov., s. m. Chamois. — Syn. *camous.* — Ital., *camoscio.*

CHAMOUSEL, s. m. Fille coureuse. — Ety., *chamous.*

CHAMOUSIT, ido, adj. Moisi, ie, V. Caumousit.

CHAMP, prov., s. m. V. Camp.

CHAMPAGO, prov., s. f. Guitarre.

CHAMPAS, prov., s. m. V. Campas.

CHAMPASSIT, prov., adj. V. Acampestrit.

CHAMPEIÉ, dauph., v. a. V. Campeja.

CHAMPEIRA, prov., v. a. Rechercher avec avidité, courir après; v. n., courir les champs, battre la campagne. — Syn. *esqueirejá*, pour le premier sens.

CHAMPEJA, cast., v. n. Boîter, clocher. — Biterr., *garrelejá*.

CHAMPIEN, prov., s. m. *Cercá champien*, chercher noise.

CHAMPIGNOUN, s. m. Champignon, nom commun aux bolets et aux agarics; *champignoun de vigno*, morille. — Ital., *campignuolo.* — Ety., *champ*, parce que les champignons y viennent spontanément.

CHAMPINO, prov., s. f. Lande, campagne déserte et inculte. — Ety., *champ.*

CHAMPIOU, gasc., s. m. Bruit, querelle, confusion; *cercá champiou*, chercher querelle. — Syn. *cercá brego.*

CHAMPO, cast., s. f. Mare, amas d'eau dormante.

CHAMPOUIRAU, cév., s. m. Champ de foire, suivant l'abbé de Sauvages, qui suppose que ce mot vient des deux mots latins *campus emporii* qui ont la même signification. On appelle aussi *champouirau* ou *champourrau*, un jargon composé d'espagnol, d'italien, de portugais et de provençal, parlé par des étrangers qui fréquentent nos côtes. On donne le même nom à ces étrangers.

CHAMPOURLHA, CHAMPOURLHADIS, CHAMPOURLHAIRE, cast. V. Chambourlhá, etc.

CHAMPOURNIO, prov., s. f. Calomniatrice, sotte. Il signifie aussi guimbarde.

CHAMPOURRAU, s. m. V. Champouirau.

CHAMPOUTA, querc., v. a. Samboutá.

CHANAS, b. lim., s. f. p. (tsanas). Fleurs qui se forment sur le vin; moisissure qui nage sur ce liquide. — Syn. *canos.*

CHANAS, b. lim., s. f. p. (tsanas).

CHA (434) CHA

Derrière des jambes ; *virá chanas à quauqu'un*, tourner le dos à quelqu'un.

CHANASSO, prov., s. f. Chaleur étouffante. — Syn. *calinas, caumagnas, tafour*.

CHANAU, prov., s. m. Cheneau, conduit de bois formé de trois planches réunies.

CHANAVARI, dauph., s. m. V. Charivári.

CHANCEL, s. m. Sanctuaire, espace qui existe entre le maître-autel et la balustrade.

CHANCELAYO, prov., s. f. Dent molaire. — Syn. *caissal*.

CHANCELLO, prov., s. f. Hésitation ; *estre en chancello*, être en suspens, hésiter.

CHANCIO, prov., s. f. Lisière d'un champ. V. Cance.

CHANCRAGNI, dauph., s. m. Bourrasque d'hiver.

CHANDALIER, prov., s. m. V. Candalier.

CHANDÈARO, s. f. V. Candèlo.

CHANDÈLO, s. f. V. Candèlo.

CHANDELOUSO, s. f. V. Candelouso.

CHANDILHON, dauph., s. m. Chênevette. — Syn. *dagni*.

CHANDOURIER, prov., s. m. V. Candourier.

CHANESTÈLO, s. f. V. Canastèlo.

CHANESTRE, prov., s. m. Corbeille plate qui a la forme d'un van.

CHANET, montp., s. m. Nom des diverses espèces d'alouettes *pipi*, et particulièrement de celle appelée *grasset* ou *lourdret*.

CHANFRAN, prov., s. m. Allure gauche et grossière des paysans et des villageois.

CHANIFÈS, cév., s. m. Souci, inquiétude. V. Carnifès.

CHANILHO, prov., s. f. V. Canilho.

CHANISTELLA, dauph., s. f. V. Canastèlo.

CHANJA, v. a. Canjar, changer, faire un échange ; v. n., passer d'un état à un autre état ; *chanjá d'houstal*, déménager ; *despèi qu'es riche a pla chanjat*, depuis qu'il est riche, il a bien changé, il n'est plus le même ; *se chanjá*, v. r., se changer, changer de vêtements, mettre ceux du dimanche ; changer de maison. — Syn. b. lim., *chogná* ; carc., *campsá* ; biterr., *sanjá* ; cast., *cambiá*, *escambiá*. — cat., *canjar*, *cambiar* ; esp., port., *cambiar* ; ital., *cangiare*, *cambiare*. — Ety. b. lat., *cambiare*.

CHANJAIRE, s. m. Changeur de monnaies, échangeur, brocanteur ; adj. inconstant, léger. — Ety., *chanjá*.

CHANJAMENT, s. m. Changement, mutation, transformation. — Ety., *chanjá*.

CHANJI, s. m. Change, échange, troc. — cat., *cange* ; esp., port., ital., *cambio*. — Ety., *chanjá*.

CHANO, dauph., s. m. Chêne. V. Chaine.

CHANOUÈRO, prov., s. f. Trémie, auget de la trémie. — Port., *canoura*.

CHANOUIRO, prov., s. f. Gaule pour abattre les noix. V. Acanadouiro.

CHANOUN, prov., s. m. Canal, conduite d'eau ; chenal ; gouleau. — Ety., *chanal*, *canal*, dont *chanoun* est un diminutif.

CHANSE, b. lim., s. f. (tsanse). Dot, droits successifs, fortune ; *oquelo filho o uno bouno chanse*, cette fille a une jolie fortune ; *li o fa uno chanse de mil escus*, il lui a donné mille écus de dot.

CHANTA, prov., v. a. V. Cantá.

CHANTEL, CHANTÈU, s. m. Chanteau. V. *Cantel* ; sanctuaire. V. Chancel.

CHANTIA, prov., v. a. Plaisanter, se moquer de.

CHANTIAIRE, s. m. Moqueur, facétieux, plaisant, chicaneur. — Ety., *chantiá*.

CHANTIGNOLO, s. f. s. T. de charp., chantignole, pièce de bois en forme de coin qui soutient les pannes d'une charpente ; T. de charron, pièce de bois clouée au-dessous du corps d'une charrette dans laquelle passe l'essieu et qui le soutient.

CHANTIHOUN, CHANTILHOUN, prov., s. m. Petit chanteau. — Ety., dim. de *chantel*.

CHANTUM, toul., s. m. Une chose qu'on ne sait comment appeler; quálque chantum, quelque drôlerie.

CHANUT, udo, adj. Chenu, e.

CHANUYO, prov., s. f. Sorte, espèce, qualité, classe.

CHAP, prov., s. m. Talon d'une douille. — Ety., cap.

CHAPA. cév., toul., v. a. Hacher, couper menu, refendre, en parlant du bois; chapa la brido, ronger son frein; v. n., mâcher à vide. V. Chaplá.

CHAPADO, prov., s. f. Fêlure; au fig. folie, manie. — Syn. chapaduro. — Ety., s. part. f. de chapá.

CHAPADURO, prov., s. f. V. Chapado.

CHAPAIRE, toul., cév., s. m. Celui qui refend du bois. — Syn. espessaire. Ety., chapá.

CHAPAT, ado, part. Fendu, e, refendu, haché; fêlé; au fig. fou, folle.

CHAPEIROUN, s. m. V. Capeirou.

CHAPEL, s. m. V. Capel.

CHAPELADO, CHAPELAU, CHAPERAYO, s. V. Capelado.

CHAPELET, s. m. Chapelet; au fig. espèce de collier composé d'une douzaine de boules de bois qu'on met au cou d'une mule ou d'un cheval pour l'empêcher d'arracher un séton ou de déranger un pansement. — Ety., dim. de chapel, petit chapeau; par similitude, couronne de roses que l'on mettait sur la tête de la Ste-Vierge, rosaire.

CHAPELETAIRE, s. m. Faiseur, marchand de chapelets; par dérision, personne faisant partie d'une confrérie religieuse. — Ety., chapelet.

CHAPELLO, prov., s. f. V. Capelo.

CHAPET, dauph., s. m. V. Capel.

CHAPINA, cast., v. n. Clabauder, crier, faire du bruit sans sujet.

CHAPINAIRE, o, cast., s. m. et f. Clabaudeur, euse. — Ety., chapiná.

CHAPIT, dauph., s. m. Charpente provisoire.

CHAPITÉU, s. m. Capistel, chapiteau, la partie du haut de la colonne posé sur le fût. — Ety., lat., capitellum.

CHAPITRA, v. a. Chapitrer, tancer, réprimander vertement; au propre, réprimander en plein chapitre.—Ety., chapitre.

CHAPLA, cév., prov., v. a. Capolar, hacher, trancher, tailler en pièces, massacrer; chapeler, enlever la surface de la croûte du pain.

CHAPLAT, ado, part. Haché, ée, chapelé; massacré. — Syn. chapá, chaplá. — Ety. lat., capulare.

CHAPLACHOU, prov., s. m. (chaplachou) Carnage; fracas. — Ety., chaplá.

CHAPLACHOUS, cév., s. m. p. Crotales, deux bassins de cuivre que l'on frappe l'un contre l'autre, aujourd'hui cymbales. — Ety., chaplá.

CHAPLADIS, cév., s. m. CHAPLADIS, débris de choses cassées ou brisées, chablis ou abattis; carnage. — Syn. chapladisso. — Ety., chaplado, part. f. de chaplá.

CHAPLADISSO, cév., s. f. V. Chapladis.

CHAPLAIRE, prov., s. m. Hachoir, planche sur laquelle on hache; celui qui hache; au fig. celui qui diffame un absent. — Ety., chaplá.

CHAPLAMEN, prov., s. m. Action de hacher, de couper, de trancher, de casser; massacre. — Ety., chaplá.

CHAPLAN, prov., s. m. Espèce de charançon noir qui ronge les feuilles des oliviers. — Syn. chaplun. — Ety., chaplá.

CHAPLE, s. m. CHAPLE, carnage, massacre, tuerie, abattis. — Agat., chasple. — Ety., chaplá.

CHAPLO-LESCOS, prov., s. m. Couteau fixé par un bout à une planche au moyen d'un anneau, servant à couper le pain par tranches. — Ety., chaplo, qui coupe, lescos, les tranches.

CHAPLUN, cév., s, m. Chapelure, débris de la croûte du pain chapelé qui sert à paner certaines viandes et certains ragoûts; recoupes de la pierre de taille; ce qui a été haché. Ety., chaplá. V. aussi chaplan.

CHAPO, s. f. CAPA, chape, ornement d'église; tout ce qui déborde un mur; travée. — ESP., *capa* ; ITAL., *cappa*; B. LAT., *capa*. — ETY. LAT., *cappa*.

CHAPO, PROV., s. f. Quartier d'un billot refendu ; morceau de bois. — ETY. *chapá*, couper.

CHAPO-FRESOS, TOUL., CÉV., s. m. Ce mot, qui a la même signification que *manjo-favos*, se dit d'un homme qui ne fait que bredouiller. — ETY., *chapo*, qui mâche, *fresos*, des fraises.

CHAPOLI, PROV., s. m. Rhubarbe rhapontic, ou rhubarbe des moines, grande patience, patience des Alpes, plante de la fam. des polygonées.

CHAPOLI, PROV., s. et adj. Fou, écervelé; *estre se trouvá à chapòli*, être content, joyeux. — SYN. *chaporni*.

CHAPORNI, PROV., s. m. V. Chapoli.

CHAPOTA, v. a. Chapoutá.

CHAPOUIRE, PROV., s. m. Marteau de faucheur. — ETY. *chapá*.

CHAPOUN, CHAPOUNA , V. Capoú, Capouná.

CHAPOUTA , TOUL., v. a. Dégrossir le bois avec une plane, faire des tailladés à une poutre, à un chevron; hacher, couper avec une cognée ; battre, frapper; laver, tremper et remuer dans l'eau; au fig., v. n., parler à tort et à travers, jaboter. *Se chapoutá*, v. r., s'ébattre dans l'eau, s'y délecter. — SYN. *chaputá, capuzá*. — ETY., fréq. de *chapá*.

CHAPOUTADIS, TOUL., s. m. Patrouillis, action de se tremper souvent dans l'eau. — CAST., *chambourlhadis, champourlhadis*. — ETY., *chapoutado*, part. f. de *chapoutá*.

CHAPOUTARIÉ , CÉV., s. f. Guenilles, bagatelles. — ETY., *chapoutá*.

CHAPOUTÉ, éro, GASC., s. et adj. Bavard, e. — ETY., *chapoutá*.

CHAPOUTEJA , v. a. Hacher, couper menu. — ETY., fréq. de *chapoutá*.

CHAPUS, GASC., s. m. Tronchet, billot à trois pieds sur lequel les tonneliers et autres ouvriers dégrossissent leur ouvrage ; billot de bois pour équarrir les ardoises. — ETY., *chapá*.

CHAPUTA, PROV., v. a. V. Chapoutá, et Capuzá.

CHAPUTAIRE, o, s. et adj. Celui, celle qui coupe par petits morceaux. — ETY., *chaputá*.

CHAPUTILHOS, PROV., s. f. p. V. Capuzilhos.

CHAR, B. LIM., s. m. (tsar) . Chair, viande. V. *Carn*; char à bœufs, chariot. V. Carri.

CHAR, O, B. LIM., adj. (tsár). Cher, ère. V. Care.

CHARA, DAUPH., v. a. Écurer , nettoyer.

CHARALLA (Fa), AGAT., v. n. Se soulever , s'insurger , faire une levée de boucliers ; faire banqueroute. Il est, dans ce sens, synonyme de *fa quinquanèlo*.

CHARAMALHA, ado, PROV., adj. Ébaubi, e, émerveillé, charmé. — SYN. *charamelhá*.

CHARAMAN, PROV., s. m. V. Calaman.

CHARAMELA, DAUPH., v. n. Jouer du chalumeau.

CHARAMELHA, PROV., v. a. Émerveiller, charmer, enchanter ; *charamelha, ado*, part. émerveillé, ée. — SYN. *charamalhá*.

CHARAMOULA, PROV., v. a. V. Amoulá.

CHARAMOULAT, PROV., s. m. V. Amoulaire.

CHARAS, PROV., s. m. (charás). Masure, reste d'une maison tombée en ruine.

CHARAT , DAUPH., s. m. Blessure. V. Charot.

CHARAVARIN, CHARAVERIN , s. m. V. Charivàri.

CHARAVIL, s. m. V. Charivàri.

CHARAVIRA , PROV., v. n. Culbuter, tomber à la renverse, chavirer.

CHARAYOS, PROV., s. f. V. Chalayo.

CHARBE, PROV., s. m. V. Canbe.

CHARBE, B. LIM., s. f. Anse. V. Carbo

CHARBO, QUERC., s. f. Anse. V. Carbo.

Tan vai lou bro ò lo foun que lei laisso lo
(CHARBO.
PRO.

CHARBOUS, o, prov., adj. V.

CHARBU, udo, prov., adj. Cordé, ée, filandreux, euse, en parlant des racines des plantes potagères ; cotonné, en parlant de certains fruits. — Ety., *charbe,* chanvre.

CHARCHO-BRU, b. lil., s. m. (tsartsobru). Querelleur. — Syn. *cerco-bruch, cerco-bregos.*

CHARCHO-FEINO, b. lim., s. m. (tsartsofeino). Animal de l'espèce de la fouine ; le putois probablement. — Syn. *pudis.*

CHARCHO-POU, b. lim., s. m. (tsartsopou). V. Cerco-pous.

CHARCON, dauph., s. m. Chouette.

CHARCUTIA, prov., v. a. Charcuter, couper malproprement les viandes à table ; opérer maladroitement en parlant d'un chirurgien.

CHARCUTIAIRE, prov. ; s. m. Charcutier ; fig. mauvais chirurgien, opérateur maladroit.

CHARDA v. a. Carder ; au fig. déchirer, mettre en lambeaux ; déchirer avec les dents, mâcher, manger.

CHARDELLO, prov., s. f. Laitron. V. Lachichou.

CHARDINE, béarn., s. f. V. Sardino.

CHARDIT, toul., cév., Expression qui signifie : on n'oserait, on n'aurait garde, on ne serait pas assez hardi pour. *Mais chardit de vous escarni,* mais on n'oserait pas vous railler.

CHARDO, b. lim., s. f. (tsardo), Carde. V. Cardo.

CHARDOUSSIA, prov., v. a. Secouer, agiter, balloter.

CHARDOUSSO, s. f. Carline à feuilles d'acanthe.

CHARE, b. lim., v. (tsare) falloir. V. Carre.

CHARE, cév., s. m. Char à bœufs. — Syn. *carri.*

CHARENDOS, CHARENOS, prov., s. f. p. V. Calendos.

CHARENDAU, prov., s. m. V. Calendau.

CHARÈRI, dauph., s. f. Rue. V. Carrièiro.

CHARESTIO, s. f. V. Carestio.

CHARFIEL, cév., s. m. Cerfeuil. V. Cerfulh.

CHARFUEC, s. m. Chenet. — Syn. *chafuec.*

CHARFUELH, prov., s. m. V. Cerfulh.

CHARISCLE, toul., s. m. Serin, *Fringilla canaria,* oiseau de l'ordre des passereaux.

CHARITAT, cév., s. f. Charité. V. Caritat.

CHARITOUN, prov., s. m. Enfant nourri à la Charité.

CHARIVARI, s. m. Caravil, charivari M. acception qu'en français. Ce mot a, dans les idiomes méridionaux, un grand nombre de formes, plus ou moins altérées, telles que *charavàri, caribàri, taribàri, chalibàri, charrabàli, calhibàri, cherbeli, calhabàri, calhauàri, caraviu, carivàri, chanavari, charavarin, charaverin, charavil.* — Esp., *chilindrina ;* b. lat., *carivarium, chavallium, chalvaritum.*

Las languidoniras dau véusage
Soun be trop rudas à toun age ;
Pren vito un autre home, mardi !
De qu'as pòu ? Dau charivari ?
Ah ! vai, lou fan a la carrièira,
E l'on s'amaga à la païèira,
Ou per un escut de sièis francs
On fai cala palas, sartans ;
E pièi vóusa que se marida
Déu perdre lou vèire o l'ansida.

Favre.

CHARIVEND, o, prov., adj. V. Càrivend.

CHARJA, prov., v. a. V. Cargà.

CHARJIER, prov., s. m. Grande quantité de neige tombée à la fois. — Ety., *charjá.*

CHARJIVOU, ivo, prov., adj. Lourd, e, pesant, indigeste. — Ety., *charjá.*

CHARLA, v. n. Bavarder. V. Charrà.

CHARLACA, gasc., s. m. Bourbier d'eau sale.

CHARLAIRE, s. m. Babillard, bavard. Syn. *charraire.* — Ety., *charlá.*

CHARLATO, s. f. Chevron, refendu diagonalement qui soutient les dernières tuiles et l'égout d'un toit ; madrier.

CHARLOT, s. m. Charlot, courlis proprement dit, courlis cendré, *Numenius arquatus*. — Syn. *courreli clauvissiero*. *Charlot-pichot*, petit courlis ou courlis-corlieu, beaucoup plus petit que le précédent, appelé aussi *charlotino*, *courliéu*, *courreliéu*. *Charlot-vert*, charlot *d'Espagno*, courlis vert ou courlis falcinelle, *ibis falcinellus*. — Syn. *lisiaire*.

CHARLOT-DE-GARRIGO, s. m. Courlis de terre. V. Tarralet.

CHARLOT, s. m. T. de mar. Entaille sur la quille d'un vaisseau appelée *râblure*.

CHARLOUTINO, s. f. Petit courlis. V. *Charlot*, bécasseau violet, chevalier arlequin. V. Cabidoulo, Cambet.

CHARLOUTINO-CENDROUSO, s. f. Barge à queue noire. V. Becassin-cendrous.

CHARLOUTINO-GRISO, s. f. Chevalier aboyeur, *Totanus glottis*, oiseau de l'ordre des échassiers. — Syn. *siblarèlo blanco*.

CHARLOUTINO-ROUSSO, s. f. Barge rousse. — Syn. *pichoto bullo*. V. Becassin-rous, au mot *becassin-cendrous*.

CHARME, s. m. Charme, arbre. V. Calpre.

CHARMÉLO, lim., s. f. Cornemuse. — Ital., *ciarmella*. V. Choromèlo.

CHARMENA, lim., v. a. Carder; au fig. écharper. — Esp., port., *carmenar*: ital., *carminare*. — Lat., *carminare*, carder, peigner.

CHARMENT, gasc., s. m. Sarment. — Syn. *visé*.

CHARMÉU, lim., s. m. Chalumeau. V. Choromel.

CHARMILHO, s. f. Charmille, plants de petits charmes, haie faite avec de jeunes arbres de cette espèce. — Ety., dim. de *charme*.

CHARNÈGO, adj. et s. *Charnaigre*, chien lévrier à poil fort, qui pénètre dans les buissons pour y prendre le gibier; au fig. bourru, hargneux, difficile, acariâtre, cacochyme. — Cév., *charnegou*, *charnegous*, *charnigou*.

CHARNEGOU, cév., adj. et s. V. Charnègo.

CHARNEGOUS, o, adj. et s. V. Charnègo.

CHARNIGA, prov., v. n. Chasser avec le chien appelé *charnègo*, charnaigre.

CHARNIGAIRE, prov., s. m. Libertin, efféminé. — Syn. *charnègo*.

CHARNIGOU, prov., s. m. V. Charnègo.

CHARNIVAS, prov., s. m. V. Carnivas.

CHARNUT, udo, adj. V. Carnut.

CHARO, b. lim., s. f. (tzaro), figure, teint; *charo-blan*, adj., pâle, blême; *charo-virat*, adj. V. Caro-virat. — Syn. *caro*.

CHAROGNAU, prov., s. m. V. Carougnado.

CHAROGNO, prov., s. m. V. Carogno.

CHAROL, cast., s. m. Pipi spioncelle, *Anthus aquaticus*. — Cév., *cici dei gros*.

CHAROSPO, prov., s. f. Femme de mauvaise vie, prostituée, coureuse.

CHAROT, dauph., s. m. Blessure. — Syn. *charat*.

CHAROUGNAU, prov., s. m. V. Carougnado.

CHAROUR, prov., s. m. V. Caloú.

CHARPA, gasc., v. a. Écharper, couper, mettre en morceaux; gronder, réprimander; v. n. endêver, avoir du dépit; *se charpá*, se quereller. — Syn. *carpá*, *charpi*, *charquá*. — Ety. lat., *carpere*, couper, et *carpi*, être harcelé, tourmenté.

Es vrai qu'Amfitrioun charpava;
Mas degun noun lou rasounava.
FAVRE, *Odyss.* c. II.

CHARPADISSO, cév., s. f. Gronderie, réprimande faite avec humeur. — Ety., *charpá*.

CHARPAIRE, prov., s. m. Celui qui endêve, impatient, emporté, querelleur. — Ety., *charpá*.

CHARPENA, dauph., v. a. Chercher noise. V. Carpigná.

CHARPENTIER, nim., s. m. Un des noms du héron pourpré, *Ardea purpurea*, appelé aussi *bernat rouje*.

CHARPENTIER, (Herbo dau), NIM., s. f. Barbarée commune ou herbe de Ste-Barbe, *Barbarea vulgaris*, ou *Erysimum barbarea*, plante de la fam. des crucifères siliqueuses. — SYN. *herbo de Santo-Barbo, cassouleto jauno*.

CHARPI (Se), v. r. Se quereller. V. Charpá.

CHARPI, CHARPIN, s. m. Inquiétude, anxiété, mauvaise humeur; grattelle, gale des chiens. — SYN. *charrin*, mauvaise humeur; PROV., *chaupin*, f. a. — ETY., *charpi*.

CHARPINA, PROV., v. a. V. *Carpigná*, *capigná*, qui, ainsi que leurs dérivés, ont une origine commune, et viennent de *carpi*, du lat. *carpere*, avec un changement de conjugaison.

CHARPIÑADO, PROV., s. f. Combat à coups de poings. — ETY., s. part. f. de *charpiná*.

CHARPINOUS, O, adj. V. *Carpignous* et *Capignaus*; il signifie aussi atteint de la grattelle.

CHARQUA, CÉV., v. a. Inquiéter, tourmenter. V. Charpá.

CHARRA, v. n. Babiller, caqueter, causer, parler beaucoup; CÉV., gronder, bougonner. — SYN. *charlá*. — CAT., *xarrar*; ESP., PORT., *charlar*. — ETY. ITAL., *ciarlare*.

CHARRABALI, CHARRIBALI, CAST., s. m. V. Charivari.

CHARRADIS, s. m. V.

CHARRADISSO, s. f. Longue causerie V. Charro.

CHARRADO, s. f. V. Charro.

CHARRAIRE, o, **CHARRARELLO**, s. m. et f. Babillard, e, grand parleur, hâbleur. — SYN. *charlaire*. — PORT., *charlador*; ITAL., *ciarlone*. — ETY., *charrá*.

CHARRAMAGNOU, CAST., s. m. Étameur. V. Estamaire.

CHARRASCLINO, GASC., s. f. Crécelle. — SYN. *charuscladèro*. — BITERR., *tarabastòlo*.

CHARRASSIA, PROV. v. n. Babiller longtemps, caqueter. — ETY., fréq. de *charrá*.

CHARRE, BÉARN., adj. Faible.

CHARRETO, GASC., s. f. Petit broc. — ETY., dim. de *charro*. V. aussi *Carretto*.

CHARREYRI, DAUPH., s. f. V. Carrièiro.

CHARRI, CÉV., s. m. Char. V. Carri.

CHARRIA, v. a. V. Carrejá.

CHARRIADO, s. f. V. Carretado.

CHARRIERO, PROV., s. f. V. Carrièiro.

CHARRIN, O, adj. Bourru, e, méchant, hargneux; PROV., *biòu charrin*, bœuf méchant, BITERR., *charrino* (s. entendue *miolo*), jeune mule, ainsi appelée, sans doute, parce que, dans leur jeune âge, les mules sont difficiles à conduire; *charrino*, se dit aussi d'une mule de petite taille.

CHARRIN, PROV., s. m. Mauvaise humeur. V. Charpin.

CHARRINARIÉ, PROV., s. f. Mauvaise humeur habituelle, chagrin, inquiétude. — ETY., *charrin*.

CHARRO, TOUL., CÉV., s. f. Flacon, grande bouteille d'étain ou de cuivre; TOUL., *perlic charro*, perdrix grise. — ETY., altér. de *jarro*.

CHARRO, s. f. Babil, causerie, bavardage. — SYN. *charrado*, *charadisso*, *charrun*. — ETY., *charrá*.

CHARROT, CÉV., s. m. Gargouillis; bruit que fait l'eau en tombant d'une gargouille. — ETY., *charro*, babil.

CHARROULET, GASC., s. m. Petit vase pour le vin. — ETY.; dim. de *charro*.

CHARROUN, s. m. Charron; on disait autrefois *roudier*; c'est, du moins, ainsi que désigne sa profession de charron Auger Gaillard de Rabastens, né dans cette ville vers l'an 1530, auteur d'un volume de poésies patoises. — ETY., *char*.

CHARROUNIA, PROV., v. n. Caqueter, bavarder. — ETY., fréq. de *charrá*.

CHARROUNTA, PROV., v. a. Porter d'un côté à un autre côté; transporter, voiturer; *se charrountá*, v. r. se balancer à l'escarpolette. — SYN. *charrountiá*. — ETY., *char*, voiture, charrette.

CHARROUNTIA, PROV., v. a. V. Charrountá.

CHARROUTA, TOUL., CÉV., v. n. Couler

CHA (440) CHA

à reprise, goutte à goutte; gargouiller. — ETY. charrot, gargouillis.

CHARROUTADO, TOUL., CÉV., s. f. Filet d'huile ou de vinaigre, — ETY., s. p. f. de charroutá.

CHARRUA, v. a. Labourer avec la charrue; mais ce mot ne s'emploie que pour exprimer l'action de faire un défoncement avec une grosse charrue attelée de trois ou quatre paires de mules ou de bœufs. — ETY., charruo.

CHARRUIO, s. f. V. Charruo.

CHARRUN, PROV., Babil. V. Charro.

CHARRUO, s. f. CARRUGA, charrue, instrument d'agriculture propre à labourer la terre, composé d'un train monté sur deux roues. La charrue sans roue porte le nom d'araire ou alaire. — SYN. charruio. PORT., charrua; ITAL., carruca. — ETY. LAT., carruca.

CHARTIGA, GASC., v. a. V. Recurá.

CHARUBRINO, PROV., s. f. Chaleur étouffante. — SYN. calinas.

CHARUI, PROV., s. m. Carvi commun ou cumin des prés, Carum carvi, pl. de la fam. des ombellifères. — SYN. carvi, chervi, escarabido, escarabili, estorovi, tsorovi. — ETY., GREC., κάρον, carvi.

CHARUSCLADÈRO, GASC., s. f. Crécelle. V. Charrasclino.

CHARUSCLE, GASC., s. m. Tonnerre.

CHAS, QUERC., prép. chez, à la maison de.

La fa'na de l'on bol, CHAS lou surgent Astor;
Mais aquò's soun parent, n'y fay pas de gran
(tor;
Aquò n'es pas aqui l'endrech que mai m'es-
(tounc.
S'en bau chas la françoun oubligeanto per-
(sounc.

FABRE DE THEMINES, Scatabronda.

CHAS, QUERC., s. m. (tsas). Gîte; l'ai pres al chas, je l'ai pris au gîte. V. Jas.

CHAS, BÉARN., s. m. V. Fais.

CHAS, PROV., s. m. Clavelée. V. Picoto.

CHASCLA, GASC., v. a. Couper, refendre, mettre en éclats. V. Asclá.

CHASCUN, o, pron. distributif. CHAS- CUN, QUASCUN, chacun, e, chaque personne, chaque chose. — SYN. cadascun. — ETY. LAT., quisque unus. V. Cadun.

CHASPA, PROV., v. a. Palper, manier, patiner, fouiller avec les mains dans l'eau pour prendre des poissons; v. n., tâtonner; en chaspant, en tâtonnant — SYN. chaspatiá, chaspouniá.

CHASPAIRE, PROV., s. m. Celui qui palpe, qui tâtonne, qui hésite. — SYN. chaspouniaire. — ETY., chaspá.

CHASPATIA, PROV., v. a. et n. V. Chaspá.

CHASPLE, AGAT., s. m. V. Chaple.

CHASPOUN (de), PROV., loc. adv. En tâtonnant : aná de chaspoun, aller en tâtonnant; au fig. hésiter. — SYN. en chaspant. — ETY., chaspá.

CHASPOUNIA, PROV., v. a. Palper, manier; v. n., tâtonner. — ETY., fréq. de chaspá.

CHASPOUNIAIRE, PROV., s. m. V. Chaspaire.

CHASQUE, co, PROV., adj distributif, qui n'a point de pluriel, QUECZ, chaque. — SYN. cado. — ETY. LAT., quisque.

CHASSAGNAS, CÉV., s. m. V.

CHASSAGNO, CÉV., s. f. Chênaie, terrain planté de chênes. — SYN. cassagno, cassagnas, cassagneto. — ETY., casse, chêne.

CHASSAL, CÉV., s. m. Coussinet qu'on met sur la tête pour porter plus commodément un fardeau. — SYN. cabessal.

CHASSIERO, PROV., adj. f. fedo chassiero, brebis qui est en rut.

CHASSO, s. f. Forcet, ficelle déliée qu'on met au bout des fouets pour les faire claquer; chassoir, outil dont les tonneliers se servent pour placer les cercles des cuves, foudres et autres futailles. — SYN. cachadou, cassadour, chassoir.

CHASSO-DIABLE, B. LIM., s. m. (tsasso-diable), chasse-diable ou millepertuis. V. Trascalan.

CHASSOIR, s. m. V. Chasso.

CHASSOUÈRO, PROV., s. f. Auget de

moulin. V. *Cassolo* ; cep de charrue. V. *Dental*.

CHASTIA, v. a. V. *Castiá*.

CHASTRE, PROV., s. m. Mouton; *chastro*, brebis stérile ou bréhaigne (*tourigo*). — ETY., *chastrá*, châtrer.

CHASTRO, CÉV., s. f. Ruche à miel, ainsi appelée de *chastrá*, lat. *castrare*, châtrer ; on châtre les ruches lorsqu'on en retire le miel et la cire.

CHASTROUOS, PROV., s. f. p. Machines qui ont à peu près la forme d'une raquette, que l'on attache aux pieds pour marcher plus commodément sur la neige.

CHAT, B. LIM., s. m. (tsat). V. *Cat*.

CHAT, PROV., s. m. Petit garçon, gars ; *chato*, s. f. Jeune fille ; *chat* est moins usité que *chato*.

CHATAL, PROV., s. m. Cheptel; capital. V. *Cabal*.

CHATARASSO, PROV., s. f. Fille désordonnée, dépensière. — ETY., *chato*.

CHATAU, PROV., s. m. Chas, trou d'une aiguille. — SYN. *chaur*.

CHATENI, DAUPH., v. a. Arrêter, en les prenant par les cornes, un bœuf un mouton, etc.

CHAT-ESCUROL, B. LIM., s. m. V. *Esquirol*.

CHATIGOU, s. m. Chatouillement. V. *Catilh*.

CHATIGOULHA, v. a. V. *Catilhá*.

CHATILHOU, CÉV., s. m. Petite lamproie. V. *Lamprezoú*.

CHATISO, CÉV., s. f. Niche, espièglerie.

CHATO, CÉV., s. f. Jeune fille. V. *Chat*.

CHATO-MIAU, B. LIM., s. m. (tsato-miauló). Chattemite. V. *Cato-miauló*.

CHATO-MITO, B. LIM., (tsato-mito), s. f. Chattemite. V. *Cato-miaulo*.

CHATO-MITO-BORLIO, B. LIM., s. f. (tsato). Jeu de colin-maillard. — BITERR., *cuguet*.

CHATOU, **CHATOUN**, s. m. Loquette de coton ou de laine cardée dont les fileuses au tour enveloppent l'index de la main gauche pour filer ces loquettes ; chaton, fleur des amantacées, ordinairement en épi ; les châtaigniers, les saules, les peupliers et les noyers ont des chatons.

CHATOU, TOUL., CÉV., s. m. Fripon; brouillon.

CHATOUNA, v. n. Pousser des chatons. V. *Catouná*.

CHATOUNO, CÉV., s. f. Très-jeune fille, terme de tendresse ; on dit aussi *chatouneto*. — ETY., dim. de *chato*.

CHATROU, DAUPH., s. m. Flûte de pan.

CHAU, B. LIM., s. f. (tsau). Chaux. V. *Caus*.

CHAUCHA, CAST., CÉV., v. a. Fouler. V. *Caucá*.

CHAUCHAIRE, s. m. Fouleur. V. *Caucaire* ; en provençal, airée. V. *Airol*.

CAUCHAS, CAST., s. m. Gâchis, mare d'eau sale, bourbier. — BITERR., *tautas*.

CHAUCHIÉ, DAUPH., v. a. Fouler. V. *Caucá*.

CHAUCHIERO, PROV., s. f. Tannerie. — ETY., *chau* pour *caus*, chaux.

CAUCHIERO, PROV., s. f. Airée. — SYN. *chauchaire*. — BITERR., *airol*.

CAUCHIL, s. m. Patrouillis, bourbier dans lequel on patrouille, petite flaque d'eau bourbeuse. *Las becassinos aimou lou chauchil*, les bécassines se plaisent dans les petites flaques d'eau bourbeuse. — SYN. *chaupil*, *chaupin*.

CHAUCHILHA, v. n. Patrouiller, agiter de l'eau bourbeuse, se plaire à piétiner dans un bourbier. — SYN. *chauchiná*, *chaupilhá*, *chaussetiá*. — ETY., *chauchil*.

CHAUCHILHAIRE, o, adj. et s. Celui ou celle qui patrouille, remue l'eau bourbeuse avec les mains ou les pieds. — ETY., *chauchilhá*.

CHAUCHIMÉIO, CÉV., s. f. Ratatouille, ripopée, mélange de plusieurs vins, mauvaise boisson. — SYN. *chichiméio*.

CHAUCHINA, CÉV., CAST., v. a. et n. V. *Chauchilhá*.

CHAUCHI-VIELHI, DAUPH., s. f. Cauchemar. V. *Cauco-viélho*.

CHA (442) CHA

CHAUCHO-CRAPAU, nim., s. m. Engoulevent, oiseau. V. Tetp-cabre.

CHAUCHOLO, prov., s. f. Baliverne, fadaise, vétille, chose de peu de valeur, objet de rebut; civ., soupe au vin ; l'action de tremper du pain ou des gâteaux dans du vin blanc ou dans toute autre boisson. — Syn. chauchorlo, chicholo, saussolo.

Despèi moun age d'argoulet,
Iéu caressi le flasconlet
Que, dan le croustet en CHAUCHOLOS
Rejoninis las humous anjolos.
Goudelin, l'Humou me.

CHAUCHORLO, prov., s. f. V. Chaucholo.

CHAUCHOUIRE, prov., s. m. V. Caucaire.

CHAUCHOUN, prov., s. f. Petite fille. T. familier.

CHAUCHOUNET, o, gasc., adj. Avare, ladre.

CHAUCHO-VIELHO, s. f. Cauchemar. V. Cauco-vielho.

CHAUCINIER, s. m. V. Caussinier.

CHAUCINO, s. f. V. Caus.

CHAUD, o, adj. Caud.

CHAUDAN, prov., s. m. Eau de source qui paraît plus chaude en hiver qu'en été, quoique sa température soit toujours à peu près la même. — Ety., chaud.

CHAUDEIRADO, prov., s. f. Plein une chaudière, plein un grand chaudron. — Ety., chaudèiro.

CHAUDEIRETO, prov., s. f. Petite chaudière, petit chaudron. — Syn. chaudeiroun. — Ety., dim. de chaudèiro.

CHAUDEIRO, prov., s. f. Chaudière. V. Caudiero.

CHAUDEIROUN, prov., s. m. V. Chaudeireto.

CHAUDEL, s. m. Échaudé, gâteau fait avec de la pâte trempée dans l'eau chaude. — Prov., chaudèu ; toul., brassadel. — Ety., chaud, chaud.

CHAUDELET, s. m. Petit échaudé. — Ety., dim. de chaudèl.

CHAUDELIER, s. m. Faiseur, marchand d'échaudés. — Ety., chaudèl.

CHAUDÈU, prov., s. m. V. Chaudel.

CHAUDIERASSO, s. f. Grande chaudière. — Ety., augm. de chaudiero.

CHAUDIERO, s. f. Chaudière. V. Caudiero.

CHAUDO, b. lim., s. f. (tsaudo). Chaude, action de faire chauffer le fer et de le forger; fournée de pain. V. Caudo.

CHAUDOU, b. lim., s. m. (tsaudoú). Fer chaud avec lequel on marquait les condamnés à ce supplice. — Ety., chaud.

CHAUDROUNIER, prov., s. m. Chaudronnier. V. Pairoulier.

CHAUFA, prov., v. a. V. Caufá.

CHAUFAGE, prov., s. m. Chauffage; cellier, pièce du rez-de-chaussée où l'on fait la lessive et où l'on met les provisions de bouche. — Syn. caufage. — Ety., chaufá.

CHAUFOLIÉ, b. lim., s. f. (tsaufolié). V. Gaufo-lèit.

CHAUFO-PANSO, b. lim., s. f. (tsaufopanso). Contre-cœur, plaque de cheminée.

CHAUFO-PÈ, b. lim., s. m. (tsaufo-pè), V. Caufo-pè.

CHAUGNA, b. lim., v. n. (tsaugná). Manger avec dégoût.

CHAUJO, s. f. Bourdonnet de charpie, V. Cauco.

CHAUL, prov., s. m. Chou. V. Caul.

CHAULIERO, prov., s. f. Lieu planté de choux, carré de choux — Syn. chauriero, chauressiero, couretiero. — Ety., chaul.

CHAUMA, CHAUMADOU, V. Caumá, Caumadoú.

CHAUMARÈLO, prov., s. f. Lieu ombragé où les brebis se reposent pendant la chaleur du jour. V. Caumadoú.

CHAUMASSO, prov., s. f. Chaleur étouffante. V. Caumas.

CHAUMIERO, prov., s. f. V. Caumadoú.

CHAUMILHO, prov., s. f. Marmaille, multitude d'enfants. — Biterr., chormo d'efants.

CHAUMO, prov., s. f. V. Chaumarèlo.

et Caumadou; *faire chaumo*, faire trêve, chômer.

CHAUPÉ, CHAUPET, PROV., s. m. Querelle, bisbille, rumeur, désordre.

CHAUPI, v. a. Piétiner; au fig. malmener, gourmander. — SYN. *chaupiná, chaupiquejá, chaupisá.*

CHAUPIASSO, PROV., s. et adj. Salope; femme de mauvaise vie; déguenillée, fainéante. — NIM., *choupiasso*.

CHAUPIGNA, v. a. V. Chaupiná.

CHAUPIL, s. m. Patrouillis. V. Chauchil.

CHAUPILHA, v. n. Patrouiller, remuer de l'eau bourbeuse. — SYN. *chauchilhá, chaupiná.* — ETY., *chaupil*.

CHAUPIN, AGAT., s. m. Patrouillis, bourbier dans lequel on patrouille; par ext. fouillis de divers objets enchevêtrés, entassés, collés les uns aux autres; tranche de pain placée au fond du plat où l'on verse le court-bouillon de poisson appelé *boulhabaisso* ou *bourrido*; à Sérignan, croûton que chaque homme d'un bateau a le droit de tremper dans le court-bouillon au moment où on le retire du feu; au fig. *estre dins lou chaupin*, être dans l'embarras; en provençal, *chaupin* est synonyme de *charpin* et signifie querelle, dispute. — SYN. *chauchil, chaupil*.

CHAUPINA, v. n. V. Chaupilhá; PROV., v. a., fouler aux pieds; tirailler par les cheveux; chiffonner, froisser, éparpiller. — SYN. *chaupigná.* — ETY., fréq. de *chaupi*.

CHAUPINAGE, PROV., s. m. Action de se quereller, de se battre. — ETY., *chaupiná*.

CHAUPIQUEJA, PROV., v.a. V. Chaupi.

CHAUPITRIER, s. m. Tripotier, celui qui fait des tripotages; celui qui met les mains partout; gâte-sauce. — ETY., *chaupi*.

CHAUPRA, B. LIM., v. a. et n. Regretter, se repentir.

CHAUPRE, B. LIM., s. m. (tsaupre). Charme, arbre. V. Calpre.

CHAUPRE, PROV., v. n. Arriver, parvenir, réussir.

...Fau saupre
Sacrifica, si l'on vou chaupre.
Il faut savoir sacrifier, si l'on veut arriver.
F. GRAS, *Li Carbounié*.

CHAUR, s. m. Chou. V. *Caul*; œil d'une aiguille. V. Châtau.

CHAURA, CÉV., v. a. Échauffer, suffoquer de chaleur; *me chauras*, vous me suffoquez, au fig. vous m'assommez. — ETY., *chau* pour *cau*, chaud.

CHAURE, B. LIM., v. imper. (tzaure), falloir. V. Carre.

CHAURE, BÉARN., s. m. Vent, air; *chaureyade*, s. f., action de prendre l'air.

CHAURELHA, v. n. Prêter l'oreille, écouter sans se montrer, dresser les oreilles en parlant des chevaux; au fig. réfléchir. — SYN. *chaurihá, chaurilhá*.

CHAURESSIA, PROV., v. n. Manger beaucoup de choux. — ETY., *chaur*, chou.

CHAURESSIERO, PROV., s. f. V. Chauliero.

CHAURESSOUN, PROV., s. m. Chou des champs, *Brassica arvensis*, plante de la fam. des crucifères. — SYN. *pan blanc*.

CHAURET, PROV., s. m. V. Caulet.

CHAURETIER, PROV., s. m. Fauvette de Provence, ainsi appelée parce qu'on la trouve souvent sur les plantes de choux. V. Cauletier. — ETY., *chauret*, pour *caulet*, chou.

CHAURETOUN, PROV., s. m. Petit chou; ornithope queue de scorpion (pèd d'aucel). — ETY., dim. de *chauret*.

CHAURI, CÉV., s. m. Sabat, vacarme.

CHAURIERO, PROV., s. f. V. Chauliero.

CHAURIHA, PROV., v. n. V. Chaurelhá.

CHAURIMA, CÉV., v. a. Faire blanchir des herbes sur le feu, mitonner; v. n., être flétri par la chaleur. — SYN. *perboulí.* — ETY., *chau* pour *cau*, chaud, et *rimá*, brûler, rissoler.

CHAUSI, PROV., v. a. V. Causí.

CHAUSIDO, PROV., s. f. V. Causido.

CHAUSSA, PROV., v. a. V. Caussá.

CHAUSSADO, PROV., s. f. Manche et cep de charrue. V. Estevo et Dental.

CHAUSSANO, PROV., s. f. V. Cachano.

CHAUSSET, PROV., adj. Souillon, celui, celle qui salit ses habits. — ETY., altér. de sausset, de saussa, saucer, tremper dans la sauce, par ext. dans la boue.

CHAUSSETIA, PROV., v. n. Patauger, marcher dans la boue. — ETY., chausset.

CHAUSSINO, PROV., s. f. V. Caus.

CHAUSSO, B. LIM., s. f. (tsausso). Bas; chausse pour filtrer les liquides.

CHAUSSOUN, PROV., s. m. V. Caussou.

CHAUSSOUNIER, PROV., s. m. Traîne-savate. — ETY., chaussoun.

CHAUTA (S'en), CALER, chaloir, se chaloir, se soucier, se mettre en peine de : qual s'en chauto? qui s'en soucie? ieu m'en chauti, je m'en moque. Il faudrait dire : ieu me n'en chauti, je ne m'en mets pas en peine ; on disait dans le vieux français : moi ne chaut; Pierre Vidal dit dans une de de ses chansons : n'o m'en cal ; et Marcabrus, troubadour comme lui : no m'en cau. — SYN. s'enchaure, s'enchauvá, s'enchausiá. — ETY. ANC. ESP., caler, ITAL., calere.

CHAUTRIASSO, PROV., s. f. V.

CHAUTRINASSO, CÉV., s. f. AUGM. de chautrino.

CHAUTRINO, CÉV., s. f. Traîne-savate, salope ; femme de mauvaise vie. — SYN. chaupiasso.

CHAUVAS, asso, PROV., adj. Fainéant, e.

CHAUVE, o, adj. CALVET, chauve, qui n'a presque plus de cheveux ; LIM., s. m., châtaigne rôtie sous la braise. — ETY. LAT., calvus.

CHAUVIO, PROV., s. f. Corneille freux, ainsi appelée parce qu'elle a le front dénué de plumes. V. Caucalo.

CHAVA, DAUPH., v. a. Creuser. V. Cavá.

CHAVAL, s. m. CAVALH, cheval, Equus caballus ; CAST., carcasse d'une volaille, ce qui reste après en avoir enlevé les cuisses et les ailes. — SYN. chival, chivau. — CAT., caball; ESP., caballo; PORT., ITAL., cavallo. — ETY. LAT., caballus.

CHAVAL-DE-SANT-JORDI, s. m. Jeu du cheval-fondu, dans lequel quelques enfants courbent le dos en appuyant la tête, le second sur le dos du premier et ainsi de suite, tandis que les autres sautent et se tiennent à cheval sur ceux-ci. — SYN. cruco-merlusso, cuou-roubin.

CHAVALARIN, s. m. V. Charivari.

CHAVANO, s. f. Pluie soudaine, averse, tempête, orage.

CHAVÈU, DAUPH., s. m. Cheveu.

CHAY, TOUL., s. m. Chai. V. Chai.

CHAZEL, CÉV., s. m. Masure. V. Casal.

CHAZET, CÉV., s. m. Petite masure. V. Casalet.

CHE, CHÈNO, B. LIM., s. (tse) Chien, chienne. V. Chi.

CHEBROFULHO, CAST., s. f. Chèvrefeuille ; cette forme, purement française, est inadmissible. On doit dire, dans le langage castrais, crabofuelho, comme on dit, en provençal ; caprifualh, on italien caprifoglio, on latin, caprifolium.

CHECHIER, PROV., s. m. Jujubier. V. Dindoulier.

CHECHO-POUN, s. m. Grosse caisse, instrument de musique ; onomatopée dont se servent les enfants.

CHECHOU, s. m. Jujube. V. Dindoulo.

CHECHOU, CÉV., s. m. Surplus, supplément ; petit coup de mail.

CHECUN, BÉARN., V. Cadun.

CHEGUI, GASC., v. a. Suivre. V. Segui.

CHEIJOUN, PROV., s. m. Espèce de tourte aux herbes.

CHEINAU, PROV., s. m. Anneau retenu par une clavette pour monter une charrue.

CHEIPO, B. LIM., (tseipo). Vieille femme malpropre.

CHEIREL, PROV., s. m. Charrée. V. Chadro.

CHEISSO, GASC., s. f. Gesse. V. Geisso.

CHEL, GASC., prép. Chez le, chez celui; composé de *che*, chez, et de *l* pour *lou*, article ou pronom suffixes.

CHEL, PROV., s. m. Pêne d'une serrure.

CHELIDOINO, s. f. SALIDONIA, chélidoine, grande éclaire, herbe aux verrues, herbe au bouc, herbe de l'hirondelle, *Chelidonium majus*, de la fam. des papavéracées. On l'appelle aussi *clarelo*, *herbo d'esclaire*, *herbo de santo-clero*, *dindoulièiro*. — CAT., *celidonia*; ITAL., *chelidonia*. — LAT., *chelidonium*. D'après l'étymologie grecque de ce mot, qui signifie hirondelle, χελιδών, on croyait au moyen-âge que cet oiseau guérissait avec la fleur de cette plante les yeux de ses petits quand ils étaient malades.

> La *Salidonia* a gran vertut,
> De mot mals d'uelhs dona salut,
> Don sapchatz cert quez am la flor
> D'est'herba, cum dizo li auctor,
> L'irundes sos paucs irundatz
> Sana quant an los uelhs crebatz.
> *Brev. d'Amor*, v. 6989 et suiv.

La chélidoine a une grande vertu; elle donne la guérison de plusieurs maladies des yeux; aussi sachez bien qu'avec la fleur de cette herbe, comme le disent les auteurs, l'hirondelle guérit ses petits *hirondeaux*, quand ils ont les yeux crevés.

CHEMA, GASC., v. a. Fumer une terre. — ETY., *heme*, fumier.

CHEMA, BÉARN., v. n. Il se dit des oiseaux qui dans leur vol dessinent une courbe pour se reposer.

CHEMAIRE, GASC., s. m. Celui qui fume une terre. — ETY., *chemá*.

CHEMI, B. LIM., v. n. (tsemi), se chêner, maigrir. — ETY. ROMAN., *semar*, diminuer, du lat. *semis*, demi; *chemi* signifie donc, diminuer de moitié.

CHEMICA, GASC., v. a. (tsemicá), éparpiller le fumier. — FRÉQ., de *chemá*.

CHEMICAIRE, GASC., s. m. (tsemicaire), celui qui éparpille le fumier. — ETY., *chemicá*.

CHEMINEIO, **CHEMINIÈIRO**, CAST., s. f. V. Chiminièiro.

CHENA, CARC., v. a. Tricoter le talon d'un bas.

CHENARD, B. LIM., s. m. (tsenard), grand chien mou et lâche. — ETY., *chen*, chien.

CHÈNE, GASC., v. a. Fendre, refendre. V. *Hène*, dont *chène* est une altération.

CHENEC, PROV., s. m. Consomption, dépérissement. — M. ETY. que *chemi*, avec le changement du *m* en *n*.

CHENEQUIA, PROV., v. n. Se chêmer, dépérir. — ETY., *chenec*.

CHENERCLA, GASC., v. a. Fendiller. — ETY., *chène*.

CHENERCLOS, GASC. s. f. p. Fentes, gerçures. — ETY., *chenerclá*.

CHENGUE, GASC., v. n. Tenir pied; ne pas dépasser le point d'où l'on doit partir.

CHENIBRE, AGEN., s. m. V. Ginèbre.

CHENITRE, O, BÉARN., adj. Avare comme un chien. — ETY., *chen*.

CHENOBOUN, LIM., s. m. Chènevis. V. Canaboù.

CHENOTIER, B. LIM., s. m. (tsenotier). Cynique, paillard. — ETY., *chen*.

CHENS, BÉARN., prép. sans. V. Sens.

CHENYO, CÉV., s. f. Redingotte, expression populaire, peu usitée.

CHERBE, LIM., s. f. Chanvre. V. Canbe.

CHEQUE, BÉARN., adj. Chaque.

CHERBELI, ARIÉG., s. m. V. Charivàri.

CHERBI, s. m. Berle chervi, *sium sisarum*, plante de la fam. des ombellifères. — B. LIM., *chorovi*.

CHERCHO-BUIRO, PROV., s. m. Querelleur. — ETY., *chercho*, qui cherche, *buiro*, noise. — SYN. *cerco-buiro*.

CHERESCLE, O, PROV., adj. Effilé, ée, grêle.

CHEREVÈLIN, **CHEREVÉRIN**, PROV., s. m. V. Charivàri.

CHERFUEI, **CHERPULH**, PROV., s. m. V. Cerfulh.

CHERINGLA, **CHERINGLO**, V. Séringá, Seringo.

CHERIVENDI, prov., s. et adj. V. Cativend.

CHERLI, s. m. T. de mar., Bouts de cordes propres à amarrer.

CHERMO, s. f. T. de mar. Grande barque d'Alexandrie gréée à antenne, portant deux mâts, celui de misaine fort court.

CHERO, gasc., s. f. Aisselle. V. Aisselo.

CHERPO, prov., s. f. Écharpe. — Port., *charpa*. — Ital., *ciarpa*.

CHERUI, prov., s. m. V. Charui.

CHES, prép. Sans. — Syn. *chens*. V. Sens.

CHESSE, alb., adj. Étique, maigre, qui dépérit, qui se chême. — Syn. *chetre*. — Ital., *sismo*.

CHESTRES, cév., rouerg., s. m. p. Champs; *anà per chestres*, courir les champs.

Dins vostro jouben, Diou morcés,
Bous tengueroù be prou de mestrés,
Mais saique oimabes mai pes CHESTRES
Del bouriaire ausi los lèissous
Ou del mojoural los consous.
PETROT.

CHETRE, béarn., adj. Étique, chétif. V. Chesse.

CHEYRO, agen., s. f. Chaise. V. Cadièiro.

CHEYS, béarn., adj. num. Six. V. Sièis.

CHEYTA, béarn., v. a. Asseoir; *se cheytà*, v. r., s'asseoir. V. Assetà.

CHI, CHINO, s. che, chi, chien, chienne; *sou courmo lou cat e lou chi*, ils sont toujours en guerre. — Syn. *chin, co, gous*. — Cat., *cà, gos*; ital., *cane*. — Ety., lat., *canis*.

CHI, prov., s. m. V. Chic.

CHI-DE-MAR, s. m. Nom donné par nos pêcheurs à plusieurs poissons du genre des squales, et particulièrement à *l'agulhat* et à la *gato* ou *cato* (roussette).

CHIBAL, CHIBAU, s. m. V. Chaval.

CHIBAUCA, cév., v. n. Chevaucher. — Ety., *chibau*.

CHIC, s. m. *Faire chic*, rater, en parlant d'une arme à feu; au fig., *aquel afaire a fach chic*, cette affaire n'a pas abouti. — Ety., onomatopée, tirée du bruit que fait le chien du fusil lorsque, en s'abattant sur la capsule, il ne produit pas d'explosion.

CHIC, béarn., s. m. Petit morceau, peu; prov., *chic*, o, adj., petit, e; *chic-à-chic*, peu à peu; béarn., *cuic-à-cuic*; esp., *chico, chica*. — Ety. lat., *ciccum*, pellicule qui sépare les grains de la grenade; au fig. peu de chose.

CHIC, s. m. Nom donné à presque tous les bruants, tiré du cri de ces oiseaux : 1° le bruant proprement dit ou bruant de France, *chic jaune*, *verdagno, verdayrolo, perdeyrolo, berdaulo*; 2° le bruant proyer, *cencerizi, chichourlo, chic-perdris, chic-cerisi, chaltre, pelarier, terido, teri-teri*; 3° le bruant des roseaux et le bruant des marais, qui ont à peu près le même plumage, *chic deis sagnos*, *chinouès, chic de palus*; 4° le bruant fou ou bruant des prés, *chic moustacho, chic cendrous, chic farnous, chic gris, chic d'Auvergno, chico-marino*; 5° le bruant sizi ou bruant des haies; 6° le bruant de Mitilène, le plus petit de tous; 7° le bruant gavoué, le même que le bruant des roseaux, suivant quelques ornithologistes et qui, d'après d'autres, serait la femelle du bruant fou. Les femelles des bruants portent le nom de *chico*.

CHICA, v. a. Chiquer, mâcher du tabac; manger avec appétit; prov., v. n., caqueter.

CHICADO, s. f. Mangeaille, ribote; prov., caquet; chant des oiseaux. — Ety., s. part. f. de *chicá*.

CHICAGNO, et ses dérivés. V. Chicano, etc.

CHICAIRE, s. m. Celui qui chique; mangeur; prov., babillard. — Ety., *chicá*.

CHICANA, v. n. Chicaner, faire des chicanes, élever de mauvaises difficultés; v. a., intenter à quelqu'un un procès mal fondé; critiquer sur des vétilles. — Biterr., *chicagná*; b. lim., *chiconá*. — Ety., *chicano*.

CHICANAIRE, o, s. m. et f. Chicaneur,

euse. — Syn. *chicagnaire.* — Ety., *chicaná.*

CHICANARIE, s. f. Chicanerie, mauvaise difficulté. — Syn. *chicagnarie, chicanario.* — Ety., *chicaná.*

CHICANARIO, cast., s. f. V. Chicanarie.

CHICANAUDO, s. f. Chiquenaude, coup qu'on donne sur la joue avec le doigt du milieu en le séparant rapidement du pouce contre lequel on l'avait roidi. Syn. *chico.*

CHICANEJA, v. n. Chicaner. — Fréq. de *chicaná.*

CHICANETO, s. f. Petite chicane; cév., s. m. chicaneur, tricheur. — Ety., *chicano.*

CHICANO, s. f. Chicane; dans le B. Lim. il se dit aussi d'une maladie ou d'une tare d'une bête que le vendeur dissimule pour tromper celui qui veut l'acheter. — Syn. *chicagno.* — Ety. B. grec., τζυκάνιον, jeu de mail, dispute au jeu de mail; par ext., dispute, mauvaise contestation dans un sens général.

CHICARROT, prov., s. m. V. Tipo-tapo.

CHICAUDOUN, prov., s. m. Petite lessive. — Biterr., *bugadeto.* — Ety., *chic*, o, petit, e.

CHIC-D'AVAUS, prov. s. m. Mouchet ou fauvette d'hiver, bec-fin grisette. — Biterr., *mousquet.* — Ety., *chic*, petit (oiseau) et *avaus*, chêne au kermès.

CHICHA, prov., v. a. V. Quichá.

CHICH'ACUERNI, s. m. Chiche, avare. — Ety., *chicho*, qui exprime le jus, *acuerni*, de la cornouille.

CHICHANTE, béarn., adj. num. Soixante.

CHICHARIE, s. f. V. Chichounarie.

CHICHAY, s. m. V. Chicoy.

CHICHÉ, CHICHET, cév., s. m. Petit chien. — Syn. *chichou, chinet.* — Dim. de *chi.*

CHICHI, cév., s. m. Nom commun aux petits oiseaux, mais qui désigne particulièrement le bec-fin siffleur et le roitelet. — Syn. *chichiou.*

CHICHI-BELLI, prov., s. m. Morceau d'étoffe ou de papier qu'on suspend au dos des passants pour s'en amuser. Syn. *chichiri-belli.*

CHICHIBUT, prov., s. m. Nom de l'ortolan, tiré de son chant. V. Ourtoulan.

CHICHIMEIO, cév., s. f. V. Chauchimeio.

CHICHIN, prov., s. m. Tromperie, tricherie, filouterie faite au jeu.

CHICHINOUS, o, prov., adj. Tricheur, euse; querelleur. — Ety., *chichin.*

CHICHIOU, gasc., s. m. Cri, chant des oiseaux; prov., petit oiseau en général; au fig., *boun chichiou*, bonne santé; *michant chichiou*, mauvaise santé, mauvais tempérament. — Syn. *piéu-piéu.*

CHICHIRI-BELLI. V. Chichi-belli.

CHICHO, gasc., adj. m. et f. V. Chichou.

CHICHOLO, prov., s. f. V. Chaucholo.

CHICHOMENT, adv. Chichement. — Ety., *chicho*, et le suffixe *ment.*

CHICHOU, CHICHOUN, adj. Chiche, parcimonieux à l'excès. — Syn. *chicho.* — Ety., *chic*, o, petit, e, qui fait des économies sur les petites choses.

CHICHOU, B. — Lim., cév., s. m. Petit chien; *chichouno*, *chichoto*, petite chienne. — Syn. *chiché, chichet.*

CHICHOUN, o, adj. Chiche. V. Chichou.

CHICHOUNARIE, s. f. Lésine, cuistrerie, avarice. — Syn. *chicharie.* — Ety., *chichoun.*

CHICHOUNEJA, v. n. Lésiner. — Syn. *chichouniá.* — Ety., *chichoun*, chiche.

CHICHOUNIA, v. n. V. Chichouneja.

CHICHOURLIER, s. m. Jujubier. V. Dindoulier.

CHICHOURLO, s. f. Bruant proyer. V. *Chic.* C'est aussi le nom de la jujube, dans quelques contrées. V. *Dindoulo* pour cette dernière acception.

CHICLETO, prov., s. f. V. Cliquetos.

CHICO, s. f. Chiquet, petit morceau, petite partie d'un tout, presque rien; chique, quantité de tabac qu'on met dans la bouche pour la chiquer; soie de basse qualité faite avec le rebut des cocons ; chiquenaude. *A chicos e micos*, loc. adv., chiquet à chiquet, par parcelles ; *soun déqué s'es enanat à chicos e micos*, son bien s'est dissipé insensiblement, petit à petit. — Cat., *xic* ; Esp., *chico* ; Ital., *cica*. — Ety. Lat., *ciccum*, petite chose.

CHICO, s. f. Mangeaille, ce que l'on mange et ce que l'on boit ; *aimá la chico*, aimer la ribote. — Ety., *chicá*. — Prov. babil, caquet.

CHICO, cast., s. f. Zizi ou bruant des haies. V. Chic.

CHICO-MARINO, cat., s. f. Bruant fou. V. Chic.

CHICONA, b. lim., v. a. et n. (tsiconá). V. Chicaná.

CHICONO, toul., s. f. Quinte-feuille ou potentille rampante. — Syn. *cincono*. V. Cinq fuelhos (Herbo de).

CHICOT, s. m. Chicot ; argot d'un arbre, ce qui sort de terre quand le tronc a été rompu ; bois qui est au-dessus de l'œil. — Syn. *cigot, cigouès, cigouet*. — Ety., *chic, o*, petite chose.

CHICOU. b. lim., s. m. (tsicoú) Chicon, laitue romaine. V. Lachugar.

CHICOULA, prov., v. a. Agacer, chatouiller, pincer. — Syn. *chicourá*. V. Catilhá.

CHICOULO, prov., s. f. V. Micoucoulo.

CHICOULOUN, prov., s. m. Un petit morceau ; un petit coup. — Ety., dim. de *chico*.

CHICOURA, prov., v. a. V. Chicoulá.

CHICOUREIO, s. f. V.

CHICOURÈO, s. f. Chicorée sauvage, *Cichorium intybus*, plante de la fam. des synanthérées. On donne aussi le nom de chicorée au pissenlit dent de lion, *Leontodon taraxacum*. — Syn. *chicourèo amaro, chicourèo sauvajo, cicori, cicoureio, cicori-fer*. — Esp., *cichoria* ; v. Ital., *cichorea*. — Ety. Lat., *cichorium*.

CHICOURÈO DE LA BROCO, s. f. Ce nom qu'on donne à la chicorée sauvage est aussi celui de la chondrille jonciforme, plus connue sous le nom de *couscounilho*. V. ce mot.

CHICOURUN, prov., s. m. Chatouillement. — Ety., *chicourá*.

CHICOUTA, prov., v. a. Déchiqueter ; faire des taillades à une poutre, à un chevron, etc., pour que le plâtre y adhère ; argoter un arbre, en couper les argots ou chicots ; au fig., v. n., contester sur des bagatelles ; *se chicoutá*, v. r., se chamailler, se disputer pour des vétilles. — Biterr., *chapoutá, chipoutá* ; prov., *cigoutá*. — Ety., *chicot*.

CHICOUTAGE, s. m. Action de découper, de déchiqueter, de festonner, de taillader. — Ety., *chicoutá*.

CHICOUTAIRE, s. m. Vétilleur, chicaneur. — Ety., *chicoutá*.

CHICOUTARIE, s. f. Action de vétiller, de chicoter. — Ety., *chicoutá*.

CHICOUTEJORIO, b. lim., s. f. (tsicoutedzorio). Chiquet, morceau, objet de peu de valeur. — Syn. *ticoutorio*. — Ety., *chico*, chiquet, petite chose.

CHICOY, béarn., s. m. Petit enfant. — Syn. *chichay*. — Ety., *chic, o*, petit, e.

CHIC-PERDRIS, prov., s. m. Bruant proyer. V. Chic.

CHIÉICHIÉU, ivo., b. lim., adj. (tsiéitsiéu) Chétif, ive, pauvre, misérable ; de mauvaise apparence, de mauvaise qualité. — Syn. *caitiéu*. — Ety. Roman., *caitiu, caitivet*.

CHIÉICHIVIÉ, b. lim., s. m. (tsièitsivié) La vermine en général, tous les petits insectes incommodes, poux, puces, punaises, etc. — Ety., *chiéichiéu*, chétif.

CHIEROUN, prov., s. m. Vermoulure. — Syn. *cussou*. — Ety. *chiroun*, ciron.

CHIEROUNA, prov., v. a. Ronger, carier le bois. V. Cussouná. — Ety. *chieroun*.

CHIÉU, chieus, dauph., prép. Chez ; *chiéu si*, chez soi.

CHIÉITO, lim., s. f. Assiette.

CHIÉU-CHIÉU, s. m. Cri des jeunes poulets ou poussins ; gazouillement des petits oiseaux. Au fig. on dit d'un malade dont l'état ne donne plus aucun espoir: *farà pas jamai boun chiéu-chiéu*, il n'en reviendra jamais, il ne le portera pas loin; on écrit aussi *chiu-chiu*. — SYN. *piéu-piéu*. — ETY., onomatopée.

CHIEUCHOLO, TOUL., s. f. Gourme des jeunes chevaux. V. Gourmo.

CHIFARNÈU, PROV., s. m. Coup à la tête ou au visage.

CHIFLA, PROV., v. a. et n. CHIFLAR, CHUFLAR, persifler, plaisanter, railler, se moquer. V. Trufà. — ESP., *chiflar*.

CHIFLAIRE, O, PROV., CHIFLADOR, s. m. et f. Moqueur, euse, persifleur. — SYN. *chiflet, chiflur*. — ETY., *chiflá*.

CHIFLARIÉ, PROV., s. f. Moquerie. V. Chiflà.

CHIFLET, PROV., s. m. V. Chiflaire.

CHIFLO, PROV., CHIFLA, CHUFLA, s. f. Sifflement, persiflage, moquerie, plaisanterie, raillerie. — SYN. *chiflarié*. — ETY., *chiflá*.

CHIFLUR, USO, PROV., s. m. et f. V. Chiflaire.

CHIFOU, PROV., s. m. Dépit, mauvaise humeur, chagrin.

CHIGNAU, GASC. s. m. Un petit morceau, un petit peu. — ETY., *chic*.

CHILA, PROV., v. a. Piper, appeler les oiseaux avec un sifflet ou un appeau qui imite le cri de la chouette ou celui des autres oiseaux. — SYN. *chilhá*. — GASC., *chiulá*; BÉARN., *siulá*, siffler. — ETY. ROMAN., *quitar, quillar*, piailler.

CHILAIRE, PROV., s. m. Chasseur à la pipée. — ETY., *chilá*.

CHILET, s. m. Appeau, sifflet dont on se sert pour la chasse à la pipée et avec lequel on imite le cri de la chouette ou celui des autres oiseaux. — ETY., *chilá*.

CHILHA, PROV., v. a. V. Chilá.

CHILHET, PROV., s. m. V. Chilet.

CHILINGO, s. f. V. Seringo.

CHILO, PROV., s. f. Pipeau; chasse à la pipée; GASC., *chiulo*, flûte grossière. — ETY., s. verb. de *chilá*.

CHIMA, v. a. Siroter, boire avec sensualité, à petits coups et longtemps; humer; v. n., couler goutte à goutte, en parlant du vin qui pousse et dégoutte par quelque fente de la futaille, ou d'une voûte qui transsude; *chimat, ado*, part., bu, e, humé.

Mais Diéu sap coumo se trouvèrou
D'un vin estranger que CHIMÈROU.

FAVRE, *Odyss*, c. x.

CHIMAGRÈO, GASC., s. f. Simagrée, grimaces, façons affectées.

CHIMAIRE, s. m. Celui qui boit avec sensualité, et, par ext., grand buveur. — ETY., *chimá*.

CHIMARRA, CHIMARRAIRE, CHIMARRURO, V. Chamarrá, Chamarraire, Chamarraduro.

CHIMARRO, CÉV., s. f. Grand flacon.

CHIMBA, CAST., v. a. Gambader, sauter, en parlant des enfants.

CHIMBALOS, CAST., s. f. p. V. Cimbalos.

CHIMEL, GARC., s. m. V. Cimel.

CHIMICA, AGEN., v. n. Gémir, se plaindre, pleurer; pétiller d'impatience; v. a., mijotter, faire cuire doucement et lentement. — SYN. *chumicá*.

CHIMINIÈIRO, s. f. Cheminée. — CÉV., *chamignèiro*; CAST., *cheminièiro*; B. LIM., *chominado*; ESP., *cheminea*; PORT., *cheminé*; ITAL., *camminata, caminata*. — ETY. LAT., *caminata*, dérivé de *caminus*.

CHIMOURRIT, ido, adj. Ridé, ée.

CHIMPIO, TOUL., CÉV., s. f. Adresse, esprit; *in chimpio*, du bon côté. — SYN. *chimpo*; m. sign., biais.

CHIMPO, TOUL., CÉV., s. f. V. Chimpio.

CHIN, s. m. Chien. V. Chi.

CHIN, e, BÉARN., adj. Petit, e, V. Chic.

CHINA, v. n. Se montrer lâche comme un chien; saigner du nez; reculer. — ETY., *chin*, chien.

CHINAS, asso, s. m. et f. Gros chien, grosse chienne. — ETY., augm. de *chin*.

CHINASSARIÉ, s. f. Les chiens en général, une troupe de chiens. — ETY., *chinas*.

CHINCA, CÉV., v. a. Tâter. V. Chinchá.

CHINCA, PROV., v. a. Chopiner, cho-

CHINCHÁ, v. a. Tâter, goûter, prendre avec la main, mettre la main dessus, atteindre ; *cinchá quauqu'un à faire*, etc., décider quelqu'un à faire une chose ; il s'emploie neutralement dans les phrases suivantes : *n'en chincharas pas*, *tu n'en tâteras pas*; *m'i tournarés pas pus chinchá*, vous ne m'y prendrez plus ; *m'i laissarai pas pus chinchá*, je ne m'y laisserai plus prendre, je ne me laisserai plus tenter; GASC., boucher, fermer les fentes d'un tonneau; PROV., parer, attifer ; *se chinchá*, v. r., s'attifer. — SYN. *chincá*. — Pour les acceptions de joindre, atteindre, prendre, fermer une fente, *chinchá* paraît être une altération de *juntá*.

CHINCHADO, s. f. Poignée, tout ce que la main fermée peut contenir. — SYN. *junchado*. — ETY., s. part. f. de *chinchá*.

CHINCHARRO, GASC., s. f. Troglodyte, oiseau. V. Petouso.

CHINCHARRO, GASC., s. f. Jeu dans lequel les joueurs se frappent avec un mouchoir auquel ils ont fait un nœud; c'est aussi le nom du mouchoir noué.

CHINCHERIN, PROV., adv. Clopin-clopant.

..... Anavo CHINCHERIN
Travaia dins lei champ per bousca la vidasso.
M. BOURRELLY.

CHINCHI, LIM., s. f. Viande, T. enfantin.

CHINCHOU, **CHINCHOUN**, CÉV., s. f. Jeune fille, fluette et maigre.

CHINCHOU, **CHINCHO**, s. m. et f. V. Caracou.

CHINCHOURLIER, PROV., s. m. Jujubier. V. Dindoulier.

CHINCHOURLINO, PROV., s. f. Bergeronnette. V. Gaio-pastre.

CHINCHOURLO, PROV., s. f. Bruant proyer, et non pas l'ortolan ni le verdier, comme le dit à tort l'abbé de Sauvages. V. Chic.

CHINCHOURLO, PROV., s. f. Jujube. V. Dindoulo.

CHIN-DE-CAMBAU, PROV., s. m. Moine-bourru, loup-garou. V. Babau.

CHINET, **CHINETO**, s. m. et f. Petit chien, petite chienne, jeune chien. — SYN. *chinou*, *cagnot*, *cagnoto*, *gousset*, *gousseto*. — CÉV., B. LIM., *chichet*, *chichou*. — ETY.; dim. de *chin*.

CHINGLOUN, GASC., s. m. Grappillon, petite grappe, fragment de grappe ; grain de raisin. V. Broutigno.

CHINI, **CHINIÈI**, **CHINIÈIRO**, s. m. Chenil, lieu où l'on enferme les chiens ; taudis ; lit sale et en désordre. — ITAL., *canile*. — ETY., *chin*.

CHINOU, **CHINOUN**, s. m. V. Chinet.

CHINOUÈS, MONTP., s. m. Bruant des roseaux. V. Chic.

CHINS, PROV., s. m. p. Têtes ou fruits de la bardane. V. Gafarot.

CHIOU-CHIOU, s. m. V. Chiéu-chiéu.

CHIOUL, CAST., s. m. V. Quioul.

CHIOULA, **CHIOULADO**, GASC. V. Chiucá, etc.

CHIOUL-COIT, CAST., s. m. V. Quioul-coit.

CHIOULETO, CAST., s. f. V. Quiouleto.

CHIOURMO, s. f. Chiourme, tous les rameurs d'une galère ; au fig. foule, multitude de gens. — SYN. *chormo*, *chourmo*, *chuermo*, *chuermalha*, *churmo*. — ESP., *chuzma* ; PORT., *chusma* ; ITAL., *ciurma*. — ETY. TURC., *tcheurmè*, chiourme.

CHIPA, v. a. Dérober, voler, prendre, chiper, terme dont se servent les écoliers; c'est aussi un terme de tannerie, chiper les peaux, c'est les coudre ensemble, les remplir de tan et les remuer ensuite avec force; GASC., tirer fortement les cheveux à quelqu'un.

CHIPO, CAST., s. f. Toton, espèce de dé que l'on fait tourner comme une toupie, en le prenant par la queue avec le pouce et le doigt du milieu. — SYN. *toloul*, *lotis*.

CHIPOUS, O, GASC., adj. Sale, malpropre, crasseux. — SYN. *chirpous*.

CHIPOUTA, v. a. Chipoter, faire un ouvrage négligemment et avec lenteur; v. n., lanterner, barguigner, toucher à tort et à travers ; au fig. vétiller, chicaner, contester sur des minuties; PROV., boire du bout des lèvres, buvoter. — B. LIM., tipoutá. — ETY., ce mot paraît être une altér. de chicoutá, venu de chico, petite chose, minutie.

CHIPOUTADURO, s. f. Vétille, discussion sur des minuties. — SYN. chipoutage. — ETY., chipoutado, part. f. de chipoutá.

CHIPOUTAGE, s. m. V. Chipoutaduro.

CHIPOUTAIRE, o, s. m. et f. Chipotier. ère, vétilleur, chicaneur, barguigneur; celui qui aime à contester sur des riens; faiseur d'embarras. — SYN. chipouté, chipoutejaire. — ETY., chipoutá.

CHIPOUTÉ, GASC., s. m. V. Chipoutaire.

CHIPOUTEJA, v. n. Chipoter, chicaner. — FRÉQ. de chipoutá.

CHIPOUTEJAIRE, s. m. V. Chipoutaire.

CHIQUET, CÉV., s. m. Grillon. V. Gril; PROV., petit coup de vin.

CHIQUETO, PROV., s. f. Modèle pour former la grosseur d'un baril.

CHIRBÈLI, ARIÉG., s. m. V. Charivari.

CHIRINGLA, CAST., v. a. V. Seringá.

CHIRINGLO, CAST., s. f. V. Seringo.

CHIRIVENDI, PROV., s. m. V. Carivend.

CHIROUN, PROV., s. m. Ciron. V. Ciroun. C'est aussi le nom du bostriche de l'olivier ou vrillette, Hylesinus oleæ, insecte de l'ordre des coléoptères.

CHIROUNA, v. a. V. Cirouná.

CHIROUNDÈLO, CÉV., s. f. Hirondelle. V. Hiroundèlo.

CHIROUNDOUN, CÉV., s. m. Petit de l'hirondelle. V. Hiroundoun.

CHIRPOUS, o, GASC., adj. V. Chipous.

CHIS, BÉARN., adj. num. Six. V. Sièis.

CHISCLÁ, v. n. Pousser des cris aigus. V. Sisclá; BÉARN., v. a., frapper rudement à coups de fouet ou de verges; GASC., fendre du bois, le couper en morceaux. V. Asclá.

CHISCLAT, ado, GASC., part. de chisclá. Fendu, e, coupé en morceaux; BÉARN., battu, fouetté.

CHISCLET, GASC., s. m. Sifflet aigu. V. Chiulet.

CHISCLO, GASC., s. f. Éclat de bois. — SYN. asclo. — ETY., chisclá.

CHISTRÁ, GASC., v. n. Jaillir, rejaillir. — SYN. gisclá, regisclá.

CHISTRADÉRO, GASC., s. f. Petite pompe faite avec du sureau ou du roseau, espèce de seringue. — ETY., chistrá, jaillir.

CHIT-CHIT, BÉARN. Cri pour appeler une personne qui n'est pas éloignée.

CHITA, TOUL., v. n. Cuchoter, parler bas. — SYN. chutá.

CHITOU, BÉARN., adv. A voix basse, en silence. — ETY., chitá.

CHIU-CHIU, s. m. V. Chiéu-chiéu.

CHIULA, GASC., v. n. Siffler. — SYN. chisclá, hiulá, siulá. V. Siblá.

CHIULADO, GASC., s. f. Roulade, coup de sifflet. — ETY., s. parti f. de chiulá.

CHIULET, GASC., s. m. Sifflet. — SYN. chisclet; PROV., chilet; BÉARN., siulet. — ETY., chiulá.

CHIULO, GASC., s. f. Pipeau, flûte grossièrement faite. — SYN. chilo.

CHIURA, DAUPH., s. f. Chèvre; chiure, les chèvres. V. Cabro.

CHIVAL, s. m. V. Chaval.

CHIVALARIÉ, s. f. CAVALARIA, chevalerie. — ESP., caballeria; PORT., ITAL., cavalleria. — ETY., chival.

CHIVALET, s. m. Petit cheval; cheval de carton qu'on ajuste à la ceinture de telle manière que celui qui le porte semble en être porté. La danso del chivalet (en Provence, dóu chivau frus) est en usage, à Béziers, dans les réjouissances publiques; elle faisait autrefois partie de la fête de caritatz. — ETY., dim. de chival.

CHIVALETO, s. f. Jeu de coupe-tête. V. Passo-chin; c'est aussi le nom du jeu du cheval-fondu. V. Chaval de sant-Jordi.

CHIVALIER, s. m. CAVALLIER, chevalier, celui qui est membre d'un ordre de chevalerie; IRON., intrigant, roué, faiseur de dupes. — ESP., caballero; PORT., cavalleiro; ITAL., cavaliere. — ETY., chival.

CHIVAT, DAUPH., s. m. V. Chaval.

CHIVAU, PROV., s. m. Cheval; *chivau frus*; cheval de carton qui figure, à Aix, à la procession de la Fête-Dieu. V. Chaval et Chivalet.

CHIVAU, PROV., s. m. Fil embrouillé dans un écheveau.

CHIVAUCHA, **CHIVAUJA**, PROV., v. n. Chevaucher, V. *Cavalcá*; chevaucher en parlant de deux choses dont les bouts se croisent. — ETY., *chivau*.

CHO, CÉV., s. m. V. Chot.

CHOBA, LIM., v. a. Achever, V. Acabá.

CHOBAL, B. LIM., s. m. (tsobal). Bail de bestiaux, espèce de cheptel; le preneur est appelé *chobolier*, en roman *captalier*; le capital, la mise de fonds qu'on fait dans une affaire; *minjá lou chobal*, ébrécher sa fortune. — ETY. ROM., *captal*, capital.

CHOBANO, B. LIM., s. f. (tsobano). Cabane; *fa los chobanos*, froncer les sourcils; BITERR., *faire* ou *frounzi las ussós*. V. Cabano.

CHOBATRE, B. LIM., v. a. (tsobatre). Débattre, discuter une question; *se chobatre*, v. r., se disputer, se quereller.

CHOBE, B. LIM., s. m. (tsobe). Dossier du lit. — SYN. *chobost*. ETY., altér. du rom. *cabes*, chevet.

CHOBE, B. LIM., v. a. et n. (tsobe). Contenir, être contenu; établir. V. Caupre *et* Cabi.

CHOBEL, B. LIM., s. m. (tsobel). Fane ou feuillage des plantes potagères.

CHOBESSAL, B. LIM., s. m. (tsobessal). Coussinet, tortillon; au fig. ragoût de lièvre plié comme un tortillon; lièvre en tortue. V. Cabessal.

CHOBEST, s. m. V. Chobe.

CHOBI, B. LIM., v. a. et n. V. Cabi.

CHOBISSENSSO, B. LIM., s. f. (tsobissenso). Capacité d'une chose, ce qu'elle peut contenir. — ETY., *chobi*, contenir.

CHOBISTRA, do, B. LIM., adj. (tsobistra). Enchevêtré, ée. — SYN. *encabestrat*. ETY., *chobistre*.

CHOBISTRE, B. LIM., s. m. (tsobistre). Chevêtre, licou. — SYN. *cabestre*.

CHOBIVOU, VO, B. LIM., adj. (tsobivou). Qui peut beaucoup contenir, qui est d'une grande capacité. — ETY., *chobi*, altér. de *cabi*.

CHOBONEL, B. LIM., s. m. (tsobonel). On appelle ainsi les malheureux qui n'ont d'autre métier que d'écorcher les bêtes mortes qu'ils trouvent dans la campagne, afin d'en vendre la peau.

CHOBRETA, B. LIM., v. n. (tsobreta). Jouer de la cornemuse ou de la musette. — ETY., *chobreto*, cornemuse.

CHOBRETAIRE, B. LIM., s. m. (tsobretaire). Joueur de cornemuse ou de musette. — ETY., *chobretá*.

CHOBRETO, B. LIM., s. f. (tsobreto). Petite chèvre; cornemuse, musette. La cornemuse est un instrument à anches qu'on enfle au moyen d'un porte-vent et de trois chalumeaux. La musette en diffère en ce qu'elle reçoit le vent d'un soufflet qui se hausse et se baisse par le mouvement du bras. — ETY., *chobreto*, dim. de *cabro*, chèvre, parce que le soufflet de la cornemuse est fait d'une peau de chèvre.

CHOBRI, B. LIM., s. m. (tsobri). Chevreau. V. Cabrit.

CHOBRIER, B. LIM., s. m. (tsobrier). Vent du nord-ouest. — ETY. ROM., *sobrier*, supérieur, d'en haut.

CHOBRILHOU, B. LIM., s. m. (tsobrilhoú). Espèce de raisin noir à grains très-serrés.

CHOBROLLO, B. LIM., s. f. (tsobrollo). Chevreuil. V. Cabrol.

CHOBROU, B. LIM., s. m. (tsobroú). Chevron. V. Cabirou.

CHOBROUNIER, B. LIM., s. m. (tsobrounier). On donne ce nom aux gros rats, parce qu'ils se cachent sur les chevrons des toits, appelés *chobrous*.

CHOBROUNLA, B. LIM., v. n. (tsobrounlà). Aimer à grimper comme les chèvres. — ETY., *chabro*, chèvre.

CHOBROUNLAIRE, B. LIM., s. et adj. (tsobrounlaire). Enfant qui aime à grimper comme la chèvre. — ETY., *chobrounlá*.

CHOBUSCLA, B. LIM., v. a. (tsobusclà). Brûler légèrement, flamber. V. Flambuscá.

CHOC, o, GASC., adj. Petit, e, menu.

CHO (453) CHO

CHOCIDO, LIM., s. f. V. Caussido.

CHOCILHA, B. LIM., v. a. (tsocilhà). Chatouiller. — ETY., chocili. V. Catilhá.

CHOCILI, B. LIM., s. m. (tsocili). Chatouillement. V. Catilh.

CHOCO, BÉARN., s. f. Linotte, oiseau. V. Linoto.

CHODAN, LIM., s. m. Champ qu'on sème tous les ans.

CHODEL, B. LIM., s. m. (tsodel). V. Cadel. Il se dit aussi d'un collier de bois dont on se sert pour attacher les jeunes veaux.

CHODELA, B. LIM., v. n. (tsodelá). V. Cadelá.

CHODELADO, B. LIM., s. f. (tsodelado). V. Cadelado.

CHODENO, B. LIM., s. f. (tsodeno). V. Cadeno.

CHODIÈIGRO, LIM., s. f. V. Cadièiro.

CHODIÈIRAIRE, B. LIM., s. m. (tsodièiraire). V. Cadièiraire.

CHODIÈIRO, B. LIM., s. f. (tsodièiro). V. Cadièiro.

CHODOLIER, B. LIM., s. m. (tsodolier). Ridelle V. Telhèiro.

CHODRIER, B. LIM., s. m. (tsodrier). Charrier. V. Flourier.

CHODROU, ouso, B. LIM., adj. (tsodroú). Cendreux, euse; encore couvert de charrée en parlant du linge qu'on vient de retirer de la lessive. — ETY., chadro, charrée.

CHOFRA, B. LIM., v. a. (tsofrá). Donner un sobriquet à quelqu'un. — ETY., chafre, sobriquet.

CHOFREN-CHOFRAN, B. LIM., loc. adv. (tsofren-tsofran). Sans façon, sans y mettre de l'importance, indistinctement, comme ça vient.

CHOGNA, B. LIM., v. a. (tsognà). Changer. V. Chanjá.

CHOIX, PROV., s. m. Dévidoir propre à mettre le fil en écheveaux. V. Debanadoú.

CHOL, B. LIM., s. m. (tsol). Chas, trou d'une aiguille; creux d'un arbre.

CHOLEL, B. LIM., s. m. (tsolel). V. Calel.

CHOLEY, DAUPH., s. m. Lampe rustique. V. Calel.

CHOLI, PROV., s. m. V. Debanadoú.

CHOLIA, LIM., v. a. Souiller, salir. — SYN. chouliá.

CHOLOIROU, B. LIM., s. m. (tsoloiròu). Engelure. — BITERR., cidoulo.

CHOLOU, GASC., s. m. Crapaud. V. Grapaud.

CHOLOUFO, B. LIM., s. f. (tsoloufo). V. Peloufo.

CHOMBAL, B. LIM., s. m. (tsombal). Barre de bois dont se servent les bouchers pour assommer les bœufs et les suspendre par les jambes. — ETY., chombo, jambe.

CHOMBART, ardo, B. LIM., (tsombart). V. Jambart.

CHOMBO, B. LIM., s. f. (tsombo). Jambe; jambon. V. Cambo et Cambajoú.

CHOMBOLOU, B. LIM., s. m. (tsomboloú). Bâton courbé en arc dont on se sert pour porter deux seaux sur l'épaule. — LIM., chambolou. — ETY., dim. de chombal.

CHOMBOLOUNEJA, B. LIM., v. a. (tsombolounejá). Donner des coups de bâton. — ETY., chomboloú, bâton.

CHOMBORIÈIRO, B. LIM., s. f. Servante de campagne; lien qui retient la quenouille à l'épaule de la fileuse. V. Chambrièiro.

CHOMBRIÈIRO, QUERC., s. f. Servante. V. Chambrièiro.

CHOMEIJA, B. LIM., v. a. (tsomeidzá). Salir, souiller, noircir, barbouiller. — SYN. mascará.

CHOMENI, do, LIM., adj. Moisi, e. V. Chamousi.

CHOMI, B. LIM., s. m. (tsomi). Chemin. V. Cami.

CHOMINA, B. LIM., v. n. (tsominá). V. Caminá.

CHOMINADO, B. LIM., s. f. (tsominado). Cheminée. V. Chiminièiro.

CHOMINAIRE, B. LIM., s. f. (tsominaire). Ouvrier qui travaille aux chemins; celui qui chemine. — ETY., chomi.

CHOMINJO, B. LIM., s. f. (tsomindzo).

Chemise ; dim., *chominjoù*, chemise d'enfant. V. Camiso.

CHOMINJOLO, B. LIM., s. f. (tsomindzolo). Camisole ; blouse. V. Camisolo.

CHOMOLHA (Se), B. LIM., v. r. (tsomolhà). V. Chamalhá.

CHOMORA, B. LIM., v. a. (tsomorá). V. Chamarrá.

CHO-MOT, BÉARN., loc. adv. Chut, taisez-vous !

CHOMOUNT, B. LIM., s. m. (tsomount). Hauteur, éminence ; le haut. — BITERR., *amount*.

CHOMOUNT-CHOVAL, B. LIM., loc. adv. (tsomount-tsoval). Tantôt haut, tantôt bas, en montant et en descendant.

CHOMOUSI, ido, B. LIM., adj. (tsomousi). — SYN. *chomeni*. V. Caumousit.

CHOMPERJE, o, B. LIM., adj. (tsomperdze). Rude, âpre au goût ; en parlant d'une personne, revêche, d'un caractère bourru ; en parlant du bois, difficile à travailler, qui brûle mal ; qui plie facilement. — SYN. *choncru*.

CHOMPI (Se), B. LIM., v. r. (tsompi). S'opiniâtrer, s'obstiner ; s'attacher à quelque chose.

CHOMPI, do, B. LIM., part. (tsompi). Opiniâtre, entêté, tenace.

CHONAL, B. LIM., s. m. (tsonal). Conduite d'eau en maçonnerie ou avec des pièces de bois creusées ; chenal.

CHONARDO, B. LIM., adj. f. (tsonardo). *Lano chonardo*, laine grossière et de couleur grisâtre.

CHONCIER, B. LIM., s. m. (tsoncier). V. Chantier.

CHONCRU, do, B. LIM., adj. Rude, âpre au goût. V. Chomperje.

CHONDIALO, B. LIM., s. f. (tsondialo). Chandelle ; dim., *chondioloù*, petite chandelle ; *chondiolaire*, fabricant de chandelles ; *chondolier*, chandelier. V. Candèlo, Candeleto, Candelaire, Candelier.

CHONDIOLETO, B. LIM., s. f. (tsondioleto). *Fa la chondioleto*, faire l'arbre fourchu, mettre la tête en bas et les jambes en l'air. — ETY., dim. de *chondialo*, petite chandelle.

CHONDOLIÈIRO, B. LIM., adj. (tsondolièiro). *Nostro-Damo chondolièiro* ou *chondolouso*, la Chandeleur. V. Candelairo.

CHONELA, B. LIM., v. n. (tsonelá). Couler, et, par extension, pleurer. — ETY., *chonèlo*, cannelle.

CHONELHA, do, B. LIM. adj. (tsonelhà). Qui est percé de petits trous. —BITERR., *calelhat*.

CHONÈLI, B. LIM., s. f. (tsonèli). Chenille. V. Canilho.

CHONÈLO, B. LIM., s. f. (tsonèlo). Cannelle ; dim., *chonelou*, petite cannelle. V. Canèlo.

CHONÈY, LIM., s. m. Lampion.

CHONILHO, B. LIM., s. f. (tsonilho). V. Canilho.

CHONISSOU, B. LIM., s. m. (tsonissoú). Séneçon. V. Sanissoú.

CHONLEVA (Se), B. LIM., v. r. (tsonlevá). Se séparer, se détacher ; il se dit des noix, des amandes, etc., qui se détachent de l'écale quand elles sont mûres.

CHONOBAL, B. LIM., s. m. (tsonobal). Chènevière. V. Canebiéro.

CHONOBOU, B. LIM., s. m. (tsonoboú). V. Canaboú.

CHONSELA, D. LIM., v. a. (tooncolá). Apportionner ses enfants, donner à chacun sa part de la fortune des père et mère. — ETY., *chanse*, dot, droits successifs,

CHONTA, B. LIM., v. a. et n. (tsontà). Chanter ; d'où *chontaire*, chanteur ; *chontroù*, enfant de chœur ; *chontaje*, messe chantée pour un mort. — ETY., *cantá*.

CHONTEL, B. LIM., s. m. (tsontel). Chanteau ; quignon de pain. V. Chantèu.

CHONTOURNA, B. LIM., v. a. (tsontournà). Chantourner, évider une pièce de bois, de fer, etc. — ETY., *chant*, *cant*, côté, et *tourná*, tourner.

CHOP, CHOPE, TO, TOUL., CÉV., GASC., adj. Mouillé, ée, trempé.

CHOPEL, CHOPELOU, CHOPELADO, B. LIM. V. Capel, Capeloù, Capelado.

CHOPELET, B. LIM., s. m. V. Chapelet.

CHOPÈLO, B. LIM., s. f. V. Capèlo.

CHOPI, LIM., s. m. Hachette.

CHOPIAL, B. LIM., s. m. Pignon d'un toit. V. Capial.

CHOPIER, B. LIM., s. m. (tsopier). Prêtre ou chantre revêtu d'une chape. On dit figurément de deux personnes qui marchent à côté l'une de l'autre, par comparaison avec deux chantres qui vont côte à côte : *lou chopiers*; on se sert de la même phrase pour exprimer l'état maladif d'un poulet dont les ailes sont traînantes comme une chape ; on dit, à Béziers, *emmantelit*, pour exprimer la même idée.

CHOPITOUÉI, LIM., s. m. Putois. V. Pudis.

CHOPO, BÉARN., s. f. Geôle, prison.

CHOPOU, B. LIM., s. m. (tsopou). Chapon ; pâté d'encre. V. Capoù.

CHOPOUNA, B. LIM., v. a. (tsopouná). V. Capouná.

CHOPU, B. LIM., s. m. (tsopu). Huppe ; d'où l'adjectif *chopu, udo*, huppé, ée, qui a une huppe. V. Capurlo, Capurlat.

CHOPUJA, B. LIM., v. a. (tsopudzá). Charpenter, couper du bois ; au fig. revenir toujours sur le même propos. V. Capuzá.

CHOPUTAI, B. LIM., s. m. (tsoputai.) Putois. V. Pudis.

CHOR, BÉARN., s. m. Chœur.

CHORADO, s. f. (tsorado). Charretée. V. Carrado.

CHORBOU, B. LIM., s. m. (tsorboù). Charbon ; d'où *chorbouná*, v. a., charbonner, noircir avec du charbon ; *chorbounier*, s. m., charbonnier; *chorbouniéiro*, charbonnière. V. Carboù et ses dérivés.

CHORCUTA, B. LIM., v. a. V. Charcutá.

CHORDA, B. LAT., v. a. (tsordà). Carder ; d'où *chordado*, cardée ; *chordaire*, cardeur. V. Cardá, Cardado, Cardaire.

CHORETO, B. LIM., s. f. (tsoreto). Charrette; d'où *choretoù*, petite charrette ; *chorilho*, espèce de tombereau ; *chorelá*, v. a., charrier; *choretado* et *chorado*, charretée ; *choretal*, adj., *chomi*-*choretal*, chemin de charrette; *choral*, s. m., chemin de servitude qu'on laisse dans les champs pour aller aux terres voisines. V. Carreto et ses dérivés.

CHOREN, to, B. LIM., adj. (tsoren). Marchand, e, qui vend à plus haut prix que les autres. V. Carivend.

CHORESTIO, B. LIM., s. f. (tsorestio). V. Carestio.

CHORIÈIRO, B. LIM., s. f. (tsoriéiro). Rue. V. Carrièiro, LIM., sentier.

CHORIÈIROU, B. LIM., s. m. (tsoriéiroù). Petite rue. V. Carrieroun.

CHORITA, B. LIM., s. f. (tsorità). Charité; d'où *choritable*, charitable. V. Caritat, Caritable.

CHORIVORI, B. LIM., s. m. (tsorivori). V. Charivùri.

CHORJA, B. LIM., v. a. (tsordzá). Charger, d'où *chordodour*, lieu où l'on charge. V. Cargá, Cargadoù.

CHORMA, B. LIM., v. a. (tsormá). Charmer, d'où *chormant, chormable*, aimable, charmant.

CHORMILHO, B. LIM., s. f. (tsormilho). V. Charmilho.

CHORMO, s. f. V. Chiourmo.

CHORNIER, B. LIM., s. m. (tsornier). V. Carnier.

CHORNU, udo, B. LIM., adj. (tsornu) V. Carnut.

CHORO, DAUPH., s. m. Chevreau. V. Cabrit.

CHORO, B. LIM., s. f. Servante de cuisine; *fa choro*, rester court au milieu d'un discours.

CHOROBEL, B. LIM., s. m. (tsorobel). Vieux tronc de châtaignier pourri.

CHOROMEL, B. LIM., s. m. (tsoromel). V. Calamel.

CHOROMÈLO, B. LIM., s. f. (tsoromèlo). Flûte champêtre, chalumeau; d'où *choramelá*, v. n. jouer du chalumeau; *choromelaire*, joueur de cet instrument. — LIM., *ciarmello*. V. Calamèlo.

CHORONTOU, B. LIM., s. m. (tsorontoù). Charançon, d'où *chorontounal*, adj. attaqué par le charançon. — SYN. *cavaroù, picoù*.

CHOROVI, B. LIM., s. m. (tsorovi). Berle chervi. V. Cherbi.

CHORVI, L. LIM., v. n. (tsorvi). Se consumer d'ennui, de tristesse ; languir.

CHOSSA, B. LIM., v. a. et n. (tsossá). Chasser, d'où *chossaire*, chasseur. V. Cassá, Cassaire.

CHOSSAN, B. LIM., s. m. (tsossan), Chêne, d'où *chossagnado*, chênaie. V. Casse et Cassenado.

CHOSSIDE, B. LIM., s. f. (tsosside). Chassie, d'où *chossidoù, so*, chassieux, euse.

CHOSSO, PROV., s. f. Poule qui a des poussins. V. Clouco.

CHOSSOU, B. LIM., s. m. (tsossoù). Ligneul. — SYN. *lignol*.

CHOSTAN, B. LIM., s. m. (tsostan). Châtaignier. V. Castan.

CHOSTANIO, B. LIM., s. f. (tsostanio). Châtaigne. V. Castagno.

CHOSTEL, B. LIM., s. m. (tsostel). Château, d'où *chostelet*. s. m., petit château ; *chostelá*, v. n., aller de château en château. V. Castel, Castelet, Castelejá.

CHOSTONIOSOUS, B. LIM., s. f. p. (tsostoniosous). Saison pendant laquelle on récolte les châtaignes. — SYN. *castagnados*. — ETY., *chostanio*.

CHOSTRA, B. LIM., v. a. (tsostrá). Châtrer. V. Castrá.

CHOT, s. m. CHAUS. On donne ce nom à plusieurs oiseaux nocturnes du genre hibou, à ceux qui ont des aigrettes sur la tête, tandis que le mot *choto* désigne les espèces qui n'en ont pas, c'est-à-dire les chouettes. Le *chot* proprement dit est le hibou scops, *Strix scops*, le plus petit de tous. On appelle aussi *chot* : 1° Le hibou grand-duc, V. Duc; 2° le hibou moyen-duc, V. Duc mejan ; 3° le hibou brachiote, *Strix brachyotes*. Au fig., on appelle *chot* une personne d'un caractère sauvage et qui fuit la société. *Prene lous chots per de cardounilhos*, prendre martre pour renard, c'est-à-dire se tromper, se méprendre. — ETY., *chot* est une onomatopée du chant du hibou scops.

CHOTA, v. n. V. Choutá.

CHOTIÉ, DAUPH., adj. Gaucher.

CHOTO, s. f. NUCHOLA, chouette, la femelle du hibou ; ce nom désigne, en outre, tout le genre des chouettes qui se distinguent des hiboux par l'absence d'aigrette sur la tête ; 1° la chevèche ou petite chouette, *Strix passerina*, appelée aussi *civeto, machoto*, et 2° la chouette hulotte ou chat-huant, *strix aluco*. — SYN. *cahus, machoto, chabrièiro*. — CÉV., *cadosco* ; DAUPH., *charcon*.

CHOTOU, B. LIM., s. m. (tsotoù). Petit chat. V. Catoù.

CHOTOUNA, B. LIM., v. n. (tsotouná). V. Catouná.

CHOTOUN-BOTOUN, TOUL., CÉV., loc. adv. A l'étourdie, en désordre ; en zigzag ; on dit d'un ivrogne qui chancelle en marchant, qui se heurte contre les bornes et les murailles, qu'il s'en va *chotoun-botoun* ou *chotum-botum*.

CHOTOUNIÈIRO, B. LIM., s. f. (tsotounièiro). V. Catounièiro.

CHOU, LIM., s. m. Hache.

CHOU, adv. Silence ! V. Chut.

CHOU-CHOU-CHOU, sorte d'interjection, cri pour chasser les cochons. Les mots *tirez ! tirez !* en sont à peu près la traduction. CHOU, s. m., cochon.

CHOUAU (Tout), BÉARN., loc. adv. Tout bas, sans bruit, doucement. — ETY., *siau, suau*, du lat. *suavis*, doux.

CHOUBARGOS, GASC., s. f. p. V. Cochis.

CHOUC, s. m. t. de mar. Chouquet, billot dont on se sert pour emboîter les mâts. — SYN. *chouquet*.

CHOUCHA, B. LIM., v. a. (tsoutzá). Presser, fouler, serrer. — SYN. *caucá, quichá*.

CHOUCHO, s. f. *Béure à la choucho*, c'est boire en pressant entre ses lèvres et en suçant, pour ainsi dire, le goulot de la bouteille ou du cruchon, tandis que *béure al galet* ou *al gargalet*, boire au galet, c'est faire tomber d'une certaine hauteur le liquide dans la bouche, sans que le goulot de la bouteille touche les lèvres. — ETY., *chucá* ou *chuchá*, boire en suçant; *choucho*, est une altération de ces mots.

CHOUCHO-VIELHO B. LIM., s. m. (tsòutso-vielho). Homme qui épouse une vieille femme.

CHOUCHOURRA, PROV., v. a. (chòuchourrá). Porter un enfant sur les bras; garder un cochon ou tout autre animal qu'on laisse paître en liberté. — ETY., *chou*, cochon.

CHOUCIDE, B. LIM., s. f. (tsòucide). V. Caussido.

CHOUDEL, s. m. (chòudel). V. Chaudel.

CHOUDIÈIRO, B. LIM., s. f. (tsòudièiro). V. Caudièiro.

CHOUETO, NIM., s. f. Chouette, c'est proprement le nom de la chevêche. V. Choto.

CHOUFA, B. LIM., v. a. (tsòufá). Chauffer. V. Caufá.

CHOUGNA, B. LIM., v. a. (tsòugná). Manger sans appétit, mâcher lentement. — SYN. *manjuquejá*.

CHOUGNIÉ, DAUPH., v. a. Manger, en parlant des animaux.

CHOULA, B. LIM., s. f. (tsòulá). Graine de chou, jeune plant de chou. V. Caulat.

CHOULA, B. LIM., v. a. (tsòulá). V. Encaussiná.

CHOULHO, PROV., s. f. Morceau de bœuf ou de porc qu'on fait griller sur les charbons. — ETY. ESP., *chullas*, côtelettes de mouton grillées.

CHOULIA, B. LIM., v. a. (tsòuliá). Froisser du linge, des étoffes, du papier; les chiffonner, les salir. — LIM., *choliá*, souiller.

CHOULISSOU, B. LIM., s. m. (tsòulissoù). Petit chou. — SYN. *cauletoù*. — ETY., dim. de *chaul*, chou.

CHOUMA, B. LIM., v. n. (tsòumá). Chômer. V. Caumá.

CHOUMARRO, s. et adj. Fainéant, paresseux, vaurien.

CHOUMASSO, B. LIM., s. f. (tsòumasso). Temps chaud et étouffant. V. Caumas.

CHOUN, s. m. Appeau. V. Piéulel.

CHOUN, PROV., s. m. Goret, petit cochon; cochon. — SYN. *gagnoù*, *nourridoù*.

CHOUNA, PROV., v. n. Boire avec excès, se soûler. — SYN. *pouná*, *tampouná*.

CHOUNET, PROV., s. m. Petit cochon. — ETY., dim. de *choun*.

CHOUNU, udo, B. LIM., adj. (tsòunu). Creux, euse.

CHOUPA, TOUL., CÉV., v. a. Mouiller, tremper dans l'eau ou dans tout autre liquide. — ETY., *chop*, *o*, mouillé, ée, trempé.

CHOUPI, B. LIM., v. a. (tsòupi). V. Chaupi.

CHOUPIASSO, NIM., s. f. V. Chaupiasso.

CHOUPINA, PROV., v. a. V. Carpigná.

CHOUPINADO, PROV., s. f. Batterie, combat à coups de poing. — ETY., s. part. f. de *choupiná*.

CHOUPLA, PROV., v. a. Saisir, empoigner; détendre un piége; *se chouplá*, v. r., se prendre les doigts à un piége; au fig. se compromettre.

CHOUPLE, o, PROV., adj. Détendu, e; *lèco chouplo*, piége détendu. — ETY., *chouplá*.

CHOUPRA, B. LIM., v. a. (tsòuprá). Regretter une chose perdue ou qui n'existe plus, un bien dont on a joui et dont on s'est privé par sa faute.

CHOUQUET, CÉV., s. m. Hoquet; V. Sanglout. Jouet d'enfant; V. Jouguet. T. de mar., chouquet. V. Chouc.

CHOURDA, GASC., v. a. Assourdir, étourdir. — BÉARN., *eschourdá*. V. Ensourdá.

CHOURÈLA, DAUPH., s. f. Grapillon, petite grappe laissée sur le cep.

CHOURILHA, v. n. V. Chaurelhá.

CHOURLA, v. n. Buvotter, boire souvent et à petits coups, savourer; laper en parlant des chiens; *chourlá à la gargato*, boire à la régalade. — SYN. *churlá*, *churlumelá*, *chourloumelá*, *churmelá*.

CHOURLO, PROV., s. m. Gars, garçon d'une ferme chargé de porter le boire et le manger aux moissonneurs. — Syn. *chouro, chourrou*.

CHOURLOUMELA, cév., toul., v. n. Boire avec un chalumeau; buvotter. V. Chourlá.

CHOURMO, s. f. V. Chiourmo.

CHOURO, s. m. V. Chourlo.

CHOURRA, v. n. Chômer, sommeiller, être engourdi; ce mot se dit surtout des brebis ou des moutons qui, pendant les heures de la grande chaleur, se reposent dans un lieu ombragé; toul., tarder, muser, être longtemps en un lieu quelconque; suivant Doujat, se délasser, boire, festiner.

CHOURRA, gasc., v. n. Dégringoler, tomber.

CHOURRA, gasc., s. m. Colza, plante oléagineuse.

CHOURRADOU, s. m. Lieu ombragé où les bergers ont l'habitude de faire reposer leurs troupeaux pendant les grandes chaleurs de la journée. — Syn. *chaumadou, chaumarèlo, chaumièro, chaumo, caumadou*. — Ety., *chourrá*.

CHOURRI, cast., v. a. Tarir, mettre à sec. V. Tarí.

CHOURRI, cast., v. n. Dénicher; décamper, s'évader. — Syn. *foronizá, descampá*.

CHOURRO, gasc., s. f. Roitelet. V. Reipetit.

CHOURROU, cév., s. m. Valet de moulin à huile employé aux plus pénibles offices; aide garde-vigne; porcher et généralement jeune valet qui, dans une ferme, est, pour ainsi dire, le souffre-douleur des autres. — Syn. *chouro*.

CHOURROU, cév., adj. Sombre, taciturne, d'un caractère triste. — Ety., *chourrá*, être endormi.

CHOURROULHA, gasc., v. n. Tomber par petits morceaux. — Ety., fréq. de *chourrá*, tomber.

CHOURROULHEJA, gasc., v. n. Tomber par très-petits morceaux. — Ety., fréq. de *chourroulhá*, tomber.

CHOURROUTA, béarn., v. n. Ruisseler. — Ety., *chourrá*, tomber.

CHOURTA, cév., v. a. Heurter; se *chourtá*, v. r., se heurter involontairement en se rencontrant tête à tête avec quelqu'un; cosser, en parlant des moutons et des bœufs. — Syn. *dourdá, tumá*.

CHOUSCLO, s. f. V. Lachusclo.

CHOUSSA, b. lim., v. a. (tsòussá) V. Caussá.

CHOUSSADO, b. lim., s. f. (tsòussado). Caussada, chaussée, remblai en terre pour mettre un champ à l'abri des inondations. — Esp., *cazalda*; port., *calcada*. — Ety., s. part. f. de *chòussá*, chausser, entourer de terre.

CHOUSSÈLO, b. lim., s. f. (tsòussèlo). Enfant mort très-jeune et après avoir reçu seulement le sacrement du baptême; enfant qui n'a pas encore fait la première communion.

CHOUSSODI, b. lim., s. m. (tsòussòdi). Fer qu'on ajoute à un soc; bois qu'on ajoute à une roue. — Ety., *chòussá*, chausser.

CHOUSSOTAS, b. lim., s. f. p. (tsòussotas). Petits bas. — Dim. de *chausso*, bas.

CHOUT, montp., prép. Sous, dessous, — Biterr., *dejoust*.

CHOUTA, v. n. Balancer la tête, la laisser tomber en dormant; dormir debout; être sombre, taciturne comme une chouette, fuir le monde. — Ety., *choto*, chouette.

Aquel entretien duret tant
Que se parlavon en CHOUTAN.

Favre, *Odys.*, o. XIX.

CHOUTAIRE, montp., s. m. Celui qui fait la chasse aux oiseaux en se servant d'une chouette pour les attirer; au fig. personne à moitié endormie; personne sombre, taciturne. — Ety., *choulá* et *choto*.

CHOUZA, dauph., s. f. Chose V. Causo.

CHOUZI, b. lim., v. a. (tsòuzí). Choisir. V. Causi.

CHOUZIDO, b. lim., s. f. (tsóuzido). V. Causido.

CHOVA, b. lim., v. a. (tsová). Caver, creuser. V. Cavá.

CHOVAL, B. LIM., s. m. (tsoval). V. Chaval.

CHOVILHO, B. LIM., s. f. (tsovilho). Cheville ; d'où *chovilhá*, v. a., cheviller ; au fig. *chovilhouná*, taquiner, railler, picoter ; *chovilhou, ouso*, querelleur, euse, minutieux, euse. V. Cavilho et ses dérivés.

CHOVOLA, B. LIM., v. n. (tsovolá) Parler, agir, travailler comme un cheval. — ETY., *choval*.

CHOVON, B. LIM., s. m. (tsovon). Chat-huant, hibou, d'où *chovontu, udo*, celui ou celle qui a des yeux hagards comme le hibou. V. Chot.

CHRESTIAN, o, s. et adj. Chrétien, enne. — B. LIM., *crestio*. — LAT., *christianus*.

CHRESTIANA, v. a. Rendre chrétien par le baptême. — ETY., *chrestian*.

CHROMA, v. a. V. Cremá.

CHUANO, PROV., s. f. Fleurs du vin. V. Canos.

CHUAU, LIM., adv. Doucement. V. Suau.

CHUC, BITERR., s. m. Suc, suc ou jus ; *ple de chuc*, un ivrogne, un sac à vin ; *lirá quauque chuc*, boire quelques coups : *acò n'a ni chuc ni muc*, cela n'a point de goût ; *un'irange sens chuc*, se dit d'une personne indifférente sur toutes choses, d'une jeune fille ou d'un jeune garçon qui n'ont pas les goûts de leur âge. V. Suc.

CHUCA, v. a. Succar, sucer, boire avec sensualité. On dit d'un ivrogne : *lou chuco pla*. — SYN. *cucá, chimá, chulá, chumá, cuchá*. — PORT., *jupar*; CAT., *sucar* ; ITAL., *succiare*. — ETY., *chuc*, pour *suc*.

CHUCHA, v. a. V. Chucá.

CHUCHO, s. f. Vin, jus de la treille. — ETY., *chuc*.

CHUCHOUNARIÉ, PROV., s. f. Chuchoterie.

CHUCHOUNIA, PROV., v. n. V. Chuchoutá.

CHUCHOUNIAIRE, o, s. m. et f. Chuchoteur, euse. — ETY., *chuchouniá*.

CHUCHOUTA, v. n. Chuchoter. — SYN. *chuchouniá, chuchuta*. — ETY., *chut*, silence.

CHUCHUT (A la), loc. adv. A la sourdine, en secret, sans bruit ; *parlá à la chuchut* ou *à la chuchuto*, chuchoter, parler à basse note ; *faire quicon à la chuchuto*, faire quelque chose en cachette. — SYN. *à la chuto*.

CHUCHUTA, DAUPH., v. n. V. Chuchoutá.

CHUER, s. m. Chœur. V. Cur.

CHUERMALHO, s. f. Troupe d'enfants. — ETY., *chuermo*.

CHUERMO, PROV., s. f. V. Chiourmo.

CHUGA, GASC., v. a. Essuyer. V. *Essugá*.

CHUGO-MAS, GASC., s. m. Essuie-main. — SYN. *sugo-mas*.

CHUGUETO, CÉV., s. f. Mâche ou doucette. — ETY., aphérèse de *lachiugueto*. V. Douceto.

CHULA, PROV., v. a. V. Chucá.

CHUMA, v. n. Humer, boire en suçant, siroter ; flairer, respirer. — SYN. *chimá*.

CHUMI, GASC., v. n. Suinter.

CHUMICA, GASC., v. n. Pleurer, verser des larmes, se plaindre. — SYN. *chimicá*. — ETY., *chumique*, larmes.

CHUMINIÈIRO, CAST., s. f. Cheminée. V. Chiminièiro.

CHUMIQUE, GASC., s. f. Larmes, pleurs.

CHUNCHAT, CAST., s. m. Jointée, ce que peuvent contenir les deux mains jointes.

CHUNLA, LIM., v. n. Pleurer en criant ; *sei fa semblan de re, lo laisso bien chunlá*, sans faire semblant de rien, il le laisse bien se lamenter.

CHUQUET, TOUL., s. m. Lathrée clandestine, herbe de la matrice, *Lathræa clandestina*, ou *rectiflora*, plante parasite de la fam. des labiées, employée contre la stérilité. On l'appelle clandestine parce que sa tige est souterraine.

CHURLA, CAST., v. n. V. Chourlá.

CHURLUMELA, CÉV., v. a. V. Chourlá.

CHURMELA, CAST., v. a. Boire, buvotter. V. Chourlá.

CHURMO, s. f. V. Chiourmo.

CHUSCLA, PROV., v. n. Boire, siroter.

V. **Churlá**; empoisonner le poisson avec le lait des euphorbes. V. Enchousclá.

CHUT, interj. Chut., mot dont on se sert pour avertir de faire silence; *plantá un chut*, se taire, mettre l'index sur les lèvres/serrées.

CHUT, o, GASC., adj. Sec, sèche. Il s'emploie aussi substantivement avec le genre féminin : *este à la chuto*, être à l'abri de la pluie, être au sec. — ETY., *eichug, eissug, essuch*, ressuyé, séché, dont *chut* est une altération.

CHUTA, v. n. Chuchoter. — SYN. *chitá*, parler bas. ETY., *chut*.

CHUT-CHUT, CÉV., s. m. Chuchotement.

CHUTÈU, GASC., s. m. Lieu sec, lieu couvert à l'abri de la pluie. — ETY., *chut*, sec.

CHUTI (Se), v. r. Se taire, garder le silence. — ETY., *chut*.

CHUTIS E MUTIS, loc. adv. Silence et discrétion.

CHUTO, (A la), loc. adv. A voix basse. — SYN. *à la chuchut, à la chuchuto*.

CHUTOU, PROV., s. m. Rancune, malice, désir de se venger.

CIAL, B. LIM., s. m. Ciel. V. Cel.

CIAL, s. f. Seigle. V. Sial.

CIALO, CAST., s. f. Nom générique des criquets. V. *Langousto*. C'est aussi le nom de la cigale. V. Cigalo.

CIAU, B. LIM., s. m. V. Cel.

CIBADETO, s. f. V.

CIBADIL, s. m. Cévadille, *Veratrum sabadilla*, plante vénéneuse de la fam. des colchicacées.

CIBADILHO, s. f. Fruit du varaire cévadille. — SYN. *grano de capouchin*. — CAT., *cibadilla*.

CIBADO, s. f. V. Civado.

CIBERGO, TOUL., s. f. Corde de jonc ou de sparte. — BITERR., *cordo d'espartoù*.

CIBET, s. m. Civet, ragoût de lièvre ou de lapin avec un assaisonnement d'oignons hachés et tamisés. — SYN. *cibier*. — ETY. LAT., *cœpatum*, plat à l'oignon.

CIBIER, CÉV., s. m. Civet. V. Cibet.

CIBOT, PROV., s. m. Pignon de la pomme de pin. V. Pignoú.

CIBOT, AGEN., s. m. Toupie. V. Gaudufo. — ETY., *cibo*, ou *cebo*, oignon, dont la toupie a à peu près la forme.

CIBOULAT, CIBOULETO, CIBOULO, V. Civeto.

CIBOURLAT, s. m. Variété de l'ail civette qui croit naturellement dans les prairies humides.

CIBRE, PROV., s. m. Seau de bois ou de fer-blanc.

CICAN, CICART, CICAU. V. Sicap.

CICI, CÉV., s. m. V. Pipi.

CICLA, B. LIM., v. a. V. Cèucla.

CICLE, B. LIM., s. m. V. Cèucle.

CICLO, DAUPH., s. f. Cri aigu. V. Sisclet.

CICORI, s. f. Chicorée. V. Chicourèo.

CICOURÈIO, s. f. V. Chicourèo.

CICOURÈIO-DE-LA-BONO, s. f. Pissenlit. V. Pissalleit.

CICOURÈIO-DES-PRATS, s. f. V. Pissalleit.

CICOUTRI, s. m. Aloès succotrin ou de l'île de Soccotora, *Aloë perfoliata*, plante de la fam. des liliacées, originaire d'Afrique.

CIDOULO, s. f. Engelure. — CÉv., *ligno*; QUERC., *choloiroú*. — ETY., GALLOIS, *chwyddou*, tumeur.

CIÉ, DAUPH., s. m. Ciel. V. Cel.

CIEL, s. m. V. Cel.

CIELA, B. LIM., v. a. Celar, céler, cacher; taire; *se cielá*, v. r., se cacher, se mettre à l'abri du vent, de la pluie; etc. — CAT., ESP., *celar*; ITAL., *celare*. — ETY. LAT., *celare*.

CIEL-DUBERT, CÉv., s. m. V. Cel-dubert.

CIERERAS, TOUL., s. m. Prunier de Sainte-Lucie. V. Amarel.

CIERGE (Herbo del), CÉV., s. f. Salicaire, *Lythrum salicaria*, appelée vulgt. lysimachie rouge à cause de la couleur de ses fleurs.

CIERI, PROV., s. m. Cirque, arènes.

CIEROUO, PROV., s. f. V. Calho-lach.

CIÉUCLA, PROV., v. a. V. Cèuclá.

CIEUCLE, PROV., s. m. V. Cèucle.

CIÉURE, s. m. Chêne-liége; écorce de chêne-liége, qui sert principalement à faire des bouchons. — CÉV., *suve*. — ETY. LAT., *suber*, liége.

CIÉUTA. PROV., s. f. V. Ciutat.

CIFER, GASC., s. m. Altér., de *Lucifer*.

CIGAL, GAST., s. f. Seigle. V. Sial.

CIGALA, v. n. V. Cigalejá.

CIGALASSO, s. f. Grosse cigale. — ESP., *cigalassa* : ITAL., *cicalaccio*. — ETY., augm. de *cigalo*.

CIGALASTRE, PROV., s. m. Mâle de la cigale.

CIGALEJA, v. n. Briller, éblouir, miroiter. — SYN. *cigalá, parpalhounejá*. Il signifie aussi chanter. — ETY., *cigalo*, briller comme l'aile de la cigale.

CIGALÉ, CIGALET, CÉV., s. m. Petite cigale; adj., léger, évaporé, sémillant, fringant. — SYN. *cigaret, cigalou*. — ETY., dim. de *cigalo*.

CIGALO, s. f. Cigale, insecte de l'ordre des hémiptères, dont le mâle a sous le ventre de larges écailles qui sont les organes du chant; on dit figurément d'une personne sujette à des caprices: *a de cigalos dins lou cap; prene la cigalo*, s'enivrer; *prés de cigalo*, ivre. — SYN. *cigalastre, cigau*, cigale mâle. — CAT., *cigala*; ESP., PORT., *cigarra*; ITAL., *cicala*. — LAT., *cicada*.

CIGALO. PROV., s. f. Croquignole donnée sous le nez.

CIGALOU, CIGALOUN; s. m. Nom de plusieurs espèces de cigales, plus petites que la cigale proprement dite. Ce sont celles des genres *ciccadella, cercopis, membracis*. etc. — SYN. *cigalo, cigaleto*. — DIM., de *cigalo*.

CIGARET, s, m. V. Cigalé.

CIGARUR, s. m. Rynchite ou attelabe du bouleau, *Attelabus betuleti*, insecte de l'ordre des coléoptères et de la fam. des zynchophores, qui est d'un vert brillant et doré, et qui a de cinq à six millimètres de longueur. Cet insecte est très-connu des viticulteurs du Midi, qui lui ont donné le nom de *cigarur*, faiseur de cigares, parce que sa femelle enroule comme un cigare les feuilles des vignes, où elle dépose ses œufs. L'attelabe ressemble beaucoup à l'altise; mais il a un millimètre de plus de longueur; sa tête se termine par une espèce de trompe d'un vert bronzé, qui est beaucoup moins saillante dans l'altise. La chenille ou larve de l'attelabe a dans son plus grand développement de 4 à 5 millimètres de longueur. C'est l'insecte parfait qui cause des dégâts dans les vignes; les feuilles qu'il enroule, après avoir fait avec ses mandibules une entaille au pédoncule, ne tardent pas à se sécher, et les raisins restent exposés à l'action brûlante du soleil et aux intempéries du temps. Noms divers : *Baboto, cantarida de la vigna, copo-bourres, vignogou* (que Honnorat traduit par *vercoquin*, désignation appliquée seulement à la cochylis), *lanfarou, begue*. Noms français: *Bêche, lisette, coupe-bourgeons, cunche, urbec, ullebar, étulber, velours vert, grimod, gorgellion, becmare vert*. Il est facile de détruire l'attelabe en enlevant les feuilles enroulées où la femelle a déposé ses œufs.

CIGAU, s. m. Cigale. On donne aussi ce nom à la cigale du frêne, *cicada orni*, une fois au moins plus petite que la cigale ordinaire; PROV., *rasade*, verre de vin plein jusqu'aux bords.

CIGAU, s. m. Altération de *sicap*. V. ce mot.

CIGNOUNC, PROV., s. m. Nœud qui se forme aux arbres. V. Si.

CIGOGNA, B. LIM., v. n. V. Cigougná.

CIGOGNO, s. f. CICONIA, cigogne, *Ardea ciconia*, oiseau de l'ordre des échassiers et de la fam. des cultirostres; au fig. rabâcheur, euse. — SYN. *cigoigno, ganto*. — CAT., *cigonya*.

CIGOGNO, s. f. Manivelle d'une meule à aiguiser; B. LIM., levier coudé, barre de bois qui tient à l'anse d'une cloche et à laquelle on attache la corde qui sert à la sonner; ainsi appelé à cause de sa ressemblance avec le cou d'une cigogne; au fig., *cigogno*, signifie difficulté inutile, lanternerie.

CIGOT, PROV., s. m. Chicot d'une dent ; argot d'un arbre. V. Chicot.

CIGOUGNA, B. LIM., v. n. Lambiner, agir lentement et avec irrésolution ; travailler à quelque chose avec des moyens insuffisants pour y réussir. CAST., CÉV., v. a., inquiéter, importuner, rabâcher, se livrer à des redites ennuyeuses. — ETY., cigogno, au sens figuré.

CIGOUGNAIRE, B. LIM., s. m. Homme lambin, irrésolu, lent, lanternier. CÉV., inquiet, importun, rabâcheur. — ETY., cigougna.

CIGOUGNO, CAST., s. f. V. Cigogno.

CIGOUÈS, PROV., s. m. Chicot, argot ; au fig., morte-paye, personne qu'on entretient dans une maison sans qu'elle y fasse aucune fonction, ni qu'elle y rende aucun service. V. Chicot.

CIGOUET, PROV., s. m. V. Chicot.

CIGOUTA, PROV., v. a. V. Chicoutá.

CIGUDO, TOUL., s. f. CICUDA, ciguë ou grande ciguë, ciguë officinale, ciguë tachetée, ciguë de Socrate, fenouil sauvage, Cicuta major, ou Conium maculatum, plante de la fam. des Ombellifères. — SYN. cigure, ciguo, jaubertasso, joulbertino, juvertino, juvert-fèr, juvert-bastard, bolandino, coucudó. — CAT., ESP., PORT., cicuta. On appelle aussi cigudo, la petite ciguë ou éthuse, ache des chiens, Æthusa cynapium, de la même fam. que la précédente.

CIGUO, s. f. V. Cigudo.

CIGURE, BÉARN., s. f. V. Cigudo.

CIL, s. m. CIL, cil, poil des paupières, cilhs cubertas dels uels (Elucidarí). V. Cilho.

CILHA, v. a. et n. Ciller, fermer et rouvrir coup sur coup les yeux et les paupières ; fermer les yeux sous l'impression d'une vive frayeur. — SYN. celhá. — ETY., cilho, du lat. cilium, cil.

CILHO, s. f. CILLA, cil, poils qui garnissent les bords des paupières. CILHOBARRAT, s. m., homme qui a les sourcils barrés, homme méchant. — SYN. cel, celho. — CAT., cella ; ESP., ceja ;

PORT., ceglia ; ITAL., ciglio. — ETY. LAT., cilium.

Soun frount semblo un téule canal,
Lis comm'un rouet de petrinal,
E nòu pels li formou las OILHOS
Arengats comm'un joc de quilhos.
GOUDELIN, D'autre sou.

CIM, ARIÉG., BÉARN., s. m. CIM, cime. V. Cimo.

CIMADO, CAST., s. f. Cime, sommet d'une montagne, d'un arbre. V. Cimo.

CIMBALOS, s. f. CIMBOL, SIMBOL, cymbales, deux bassins de métal creux qu'on frappe l'un contre l'autre. — Dim. cimbaletos. — ETY. LAT., cymbalum.

CIMBEL, CIMBÈU, s. m. V. Simbel.

CIMBOUL, TOUL., s. m. CIMBOL, sonnaille, clochette attachée au cou des chèvres, des moutons, des bœufs, etc. — ETY LAT., cymbalum.

CIMBOULÓ, s. f. Grosse sonnaille. — ETY., cimboul.

CIME, CIMEC, s. m. Punaise des lits, Cimex lectularius, insecte de l'ordre des hémiptères et de la fam. des sanguisugues. — SYN. cimi, cinge, cinzé, cinzo, sumi, pennairo, purnacho. — ESP., chinche ; ITAL., cimice. — ETY. LAT., cimicem.

CIMEL, s. m. Cime d'un arbre, arbre sec dont on enduit les hautes branches de glu pour prendre les oiseaux ; sommet d'une montagne. — PROV., cimèu ; CARC., chimel. V. Cimo.

CIMENTÈRI, s. m. V. Cementèri.

CIMERLO, CÉV., s. f. Extrême cime. — ETY., augm. de cimo.

CIMES (Herbo de las), s. f. Grande consoude. V. Consoudo. On donne le même nom à la conyse rude ou inule conyse, Conyza squarrosa, qu'on appelle aussi herbe aux mouches, herbe aux puces.

CIMETÈRI, BÉARN., s. m. V. Cementèri.

CIMÈU, PROV., s. m. V. Cimel.

CIMI, s. m. Punaise. V. Cime.

CIMIER, CAST., s. m. Claie aux punaises ; espèce de tissu fait de brins d'osier entrelacés pour prendre les punaises. — Syn. *barastou*. — Ety., *cime*, punaise.

CIMO, s. f. Cim, cima, cime, la partie la plus haute d'un arbre, d'une montagne, d'un clocher. — Syn. *cim, cimado, cimel, cimèu*. — Cat., *cim* ; Esp., Ital., *cima*; Port., *cimo*. — Ety. Lat., *cyma*.

CIMOU, nov., s. m. (cimòu). Le chanvre le plus grossier. V. Cimousso. — Ety., *cimo*, bout, extrémité.

CIMOUL, s. m. V. Cimousso.

CIMOUNSO, prov., s. f. V. Cimousso.

CIMOUS, s. m. V. Cimousso.

CIMOUSSA, Cév., v. a. Emmailloter un enfant, le bander avec des lisières. — Ety., *cimousso*.

CIMOUSSO, s. f. Simossa, simoyssha, lisière d'une étoffe, ce qui la borde, bandelettes d'un enfant au maillot. — Syn. *cimou, cimounso, cimous, cimoul*; Dauph., *cimoussa*; Cat., *simolsa*; Esp., *cimossa*. — Ety., *cimo*, cime, bout.

CIN, prov., s. m. Nœud d'un arbre. V. Si.

CINABRE, s. m. V. Cinobre.

CINAS, s. m. V. Aubespin.

CINCERIZI, Cév., s. m. Cinzerizi, bruant proyer. — Biterr., *chichourlo*. V. Chic.

CINCHARRO, gasc., s. f. Troglodyte. — Syn. *chincharro*. V. Petouso.

CINCINETS, s. m. p. Appendices charnus, couverts de poils qui croissent sous la mâchoire des chèvres, et quelquefois sous celle des brebis et des pourceaux. — Syn. *sansounets, sinsounets, pendils*. — Ety. Lat., *cincinnus*, boucle de cheveux.

CINCONO, s. f. Quinte-feuille. V. Cinq fuelhos (Herbo de).

CINDO, gasc., s. f. V. Cinto.

CINDRA, cast., v. a. Cintrer. V. Cintrá.

CINDRE, cast., s. m. Cintre. V. Cintre.

CINDRIA, v. a. V. Cintrá.

CINGE, s. f. Punaise des lits. — Altér. de *cime*. V. ce mot.

CINGLA, s. m. Sanglier. V. Singlá.

CINGLA, v. a. Cinglar, sangler, serrer la sangle; attacher avec une sangle, serrer une sous-ventrière, lier fortement avec une courroie ou une corde; donner des coups : *li ai cinglat un cachomourre*, je lui ai sanglé un bon coup de poing sur la figure ; *cinglá las cambos*, donner des coups aux jambes; *se cinglá*, v. r., se sangler, se serrer la taille avec une courroie ou une ceinture ; se trop serrer dans son corset ou dans son corsage. — Cév., *ginglá* ; Cat., *cinglar* ; Esp., *cinchar* ; Ital., *cinghiare*. — Ety. *cinglo*, sangle.

CINGLADO, s. f. Tranchée, violente colique; volée de coups ; au fig. vifs reproches. — Ety., *cinglá*, sangler, parce que les tranchées serrent le ventre.

CINGLO, s. f. Cingla, sangle, bande de cuir, lisière, etc., tout ce qui sert à serrer, ceinturon. — Syn. *cenglo*. — Cat., *cingla*; Esp., *cincha*; Port., *cilha*; Ital., *cinghia*. — Ety. Lat., *cingula*.

CINGLOU, s. m. Petite sangle, bout de ficelle dont on se sert pour attacher quelque chose. — Ety., dim. de *cinglo*.

CINI, s. m. Cini ou serin vert de Provence. V. Cenil.

CINIER, prov., s. m. V. Aubespin.

CINNE, s. m. V. Cygne.

CINOBRE, s. m. Cynobre, cinabre. — Esp., Port., *cinabrio* ; Ital., *cinabro*. — Ety. Lat., *cinnabaris*.

CINOUS, o, prov., adj. Noueux, euse, en parlant d'un arbre. — Ety., *cin*, nœud.

CINQ-COSTOS (Herbo de), s. f. On donne ce nom à plusieurs plantains à cause des cinq nervures saillantes en dessous qu'on remarque aux feuilles de ces plantes; ce sont : 1º le grand plantain, appelé aussi plantage, *Plantago major*; 2º le plantain intermédiaire, beaucoup plus petit que le précédent ; 3º le plantain blanc, appelé aussi *lenguo d'agnel*; 4º le plantain lancéolé, *Plantago lanceolata*, qu'on appelle *herbo de cinq costo estrechos*; 5º le plantain aquatique ou alisme plantain, *Alisma plantago*, désigné par le nom de *herbo de cinq costos d'aiguo*.

CINQ-FUELHOS (Herbo de), s. f. Quinte-feuille, potentille rampante, plante de la fam. des rosacées. — Syn. *chicono, cincono, cinqueno* ; on l'appelle aussi *frago*, fraisier sauvage, à cause de la ressemblance de ses feuilles avec celles du fraisier, en latin *fragaria*.

CINQUAL, e, béarn., adj. Cinquième. Ety., *cinq*.

CINQUANTEJA, gasc., v. n. Chercher midi à quatorze heures, lambiner, hésiter, soulever des difficultés pour renvoyer la solution d'une affaire. — Ety., *cinquanto*.

CINQUANTENO, s. f. Cinquanten, cinquantaine, un nombre de cinquante personnes ou de cinquante choses ; renouvellement du mariage après cinquante ans. — Cat., *cincuantena* ; port., *cincoenta* ; esp., *cincuentena* ; ital., *cinquantina*. — Ety., *cinquanto*.

CINQUANTO, n. de nomb. Cinquanta, cinquante, dix fois cinq. — Cat., *cincuanta* ; esp., *cincuenta* ; port., *cincoenta* ; ital., *cinquanta* ; lat. *quinquaginta*.

CINQUENO, cév., s. f. Quinte-feuille. V. Cinq-fuelhos (Herbo de).

CINSA, prov., v. a. Sentir, flairer, fureter, sonder le terrain. V. *Fintá*. Enfumer avec du chiffon brûlé. — Ety., *cinso* pour cette dernière acception.

CINSO, prov., s. f. Toile charbonnée qui tient lieu d'amadou ; cév., bolet amadouvier. — Syn. *sinso*.

CIN-SÓ, lim., s. m. Carabe doré, appelé vulg. jardinier, vinaigrier, *Carabus auratus*, insecte noir au-dessous, d'un vert doré au-dessus ; on ignore d'où vient le nom de *cin-só*, cinq-sous, qu'on lui donne dans le Limousin.

CINSOUS, prov., adj. Pourri, e, vermoulu.

CINTA, cév., toul., v. a. Ceindre. V. Cenchá.

CINTE, béarn., s. f. V. Cinto.

CINTIÈIRO, cév., s. f. V. Cinturo.

CINTO, cév., toul., s. f. Cintha, ceinture. V. Cencho. *Cinto de Sl-Jan*, armoise.

CINTRA, v. a., Cintrar, cintrer. — Syn. *cindrá, cindriá*. — Ety. lat., *cincturare*.

CINTRE, s. m. Cintre ; échafaudage en arc de cercle sur lequel on construit les voûtes. — Syn. *cindre, cintro*. — Cat., *cinbria* ; esp., *cimbra* ; ital., *centina*. — Ety., *cintrá*.

CINTRO, prov., s. f. V. Cintre.

CINZE, CINZO, cév., s. f. Punaise des lits. V. Cime.

CIOUAZO, gasc., s. f. Avoine. V. Civado.

CIOUCLA, v. a. V. Cèuclà.

CIOUCLET, prov., s. m. Spare passeroni, poisson de l'ordre des holobranches, dont la chair est peu estimée. — Syn. *moissin*.

CIOUÈRO, gasc., s. f. Civière. V. Bayard.

CIOURRA, s. f. Allouette calandrelle. V. Calandrino.

CIOUTAT, s. f. V. Ciutat.

CIPRIÉ, CIPRISSIÉ, gast., s. m. Cyprès. — Lat., *cupressus*.

CIRA, v. a. Encerar, cirer, enduire de cire, frotter avec du cirage s'il s'agit des souliers ; cév., bougier les bords d'une étoffe pour l'empêcher de s'effiler. — Esp., port., *encerar* ; ital., *incerare* ; lat., *cerare, incerare*. — Ety., *ciro*.

CIRA, cév., v. n. Ce verbe exprime l'action des tourbillons de vent qui soulèvent la neige dont la terre est couverte au point d'en obscurcir l'air. On dit aussi : *fa seyo*.

CIRAMPO, s. f. Bise, vent glacial. — Syn. *cisampo*. — Ety., *ciro*, tourbillon de neige.

CIRBEL, ariég., s. m. V. Cervel.

CIRCUM-CIRCA, adv. Environ, à peu près. — Port., *circum-circa*. — Ety. lat., *circum-circa*.

CIRE, s. m. Ciri, cierge. — Cat., *ciri* ; esp., port., *cirio* ; ital., *cero*. — Ety. lat., *cereus*.

CIRÈIS, b. lim., s. m. Cerisier.

CIREJO, agen., s. f. Cerise. V. Cerièiro.

CIRGA, v. n. V. Sirgá.

CIRI, CAST., s. m. CIRI, cierge, cierge pascal. — SYN. *cire.* V. ce mot.

CIRO, s. f. CER\, cire, bougie, chandelle ; humeur jaune qui se forme aux yeux et dans les oreilles. — CAT., ESP., PORT., ITAL , *cera* — ETY. LAT., *cera*, du grec κηρός.

CIRO-DE-BLAD, PROV., s. m. Excrément humain.

CIRO, CÉV., s. f. Neige que le vent soulève sur les hautes montagnes comme de la poussière. — SYN. *seyo*.

CIRO, (Herbo de la), s. f. Gaillet jaune. V. Calho-lach.

CIROUN, s. m. Ciron, *Acarus*, insecte de l'ordre des aptères et de la fam. des parasites, qui se développe particulièrement dans le fromage et dans la farine. — SYN. *chiroun*. On donne aussi le nom de ciron à la mite. Pour le ciron du bois, V. Cussoù. — ITAL., *siro*. — ETY. ANC. ALL., *sur*.

CIROUNA, v a. Ronger, carier, piquer; au fig. inquiéter, tourmenter ; *se cirouná*, v. r., se carier, se vermouler, être rongé, piqué par les cirons. — SYN. *chirouná*. — ETY., *ciroun*.

CIROUS, o, adj. Poisseux, euse; chassieux. — SYN. *lagagnous*. — ETY., *ciro*.

CIROUSO, s. f. Gaillet jaune. V. Calholach.

CIRPO, s. f. V. Sirpo.

CIS, TOUL., s. m. Hellébore fétide. V. Marsioure.

CIS, CÉV., s. m. Roche graveleuse de granit calciné qui s'émie facilement ; tuf. — SYN. *cistras, cistre*.

CISAMPO, s. f. Bise, vent glacial. V. Cirampo.

CISCLA, v. n. V. Sisclá.

CISCLATOUN, s. m. Siglaton, espèce d'étoffe.

CISCLET, s. m. V. Sisclet.

CISEL, s. m. Ciseau, instrument de fer ou d'acier tranchant par un bout servant à couper et à travailler le bois, la pierre, le fer, etc. — SYN. *ciséu*. — ESP., *cinsel* ; PORT., *sizel* ; ITAL., *cesello*. — B. LAT., *cisellus*.

CISELET, s. m. CISELET, outil de sculpteur ; petit ciseau. — ETY., dim. de *cisel*.

CISELLA, PROV., v. a. Ciseler ; couper avec des ciseaux. — ETY., *cisel*.

CISÉU, PROV., CÉV., s. m. V. Cisel.

CISOIROS, PROV., s. f. Cisailles, gros ciseaux.

CISSA, PROV., v. a. V. Aquissá.

CISSO-MERDO, PROV., s. m. Muflier ou muffle de veau. V. Cacalá.

CISTO, PROV., s. f. Meum, plante. V. Cistre.

CISTRA, MONTP., s. f. CISTRA, ciste. V. Mouge.

CISTRAS, s. m. Tuf ; pierre qui s'émie facilement. — SYN. *cis, cistre*.

CISTRE, CÉV., s. m. Méum athamantique, pl. de la fam. des ombellifères. SYN. *cisto*. Hellébore noir, V. *Herbo del floc* ; roche graveleuse de granit calciné qui s'émie facilement ; brèche ou poudingue.

CISTRO, s. f. Manne, corbeille, berceau en osier. — ETY. LAT., *cista*, corbeille.

CITA, v. a. CITAN, citer, assigner devant la justice ; faire une citation. — CAT., ESP., PORT., *citar*, ITAL., *citare*. — LAT., *citare*.

CITACIÉU, **CITACIOUN**, s. f. CITATION, assignation ; exemple tiré d'un auteur. — ESP., *citation* ; ITAL., *citazione*. — LAT., *citationem*.

CITRE, CÉV., adj. Fou, insensé ; sot, imbécile.

CITRO, PROV., s. m. Melon d'Amérique, qui diffère de la vraie pastèque en ce que sa chair est ferme et verdâtre, tandis que celle de la pastèque est de couleur rose; venturon, oiseau, ainsi appelé parce que son plumage est citrin. V. *Cardouino bastardo*.

CITROUIOUN, CÉV., s. m. Ache sauvage, persil odorant, *Apium graveolens*. — SYN. *api-bouscas, api-fer, api-sauvage*.

CITROULHA, MONTP., s. f. Pastèque ; V. *Pastéco* ; BITERR., courge. V. *Tuco, cougourlo*.

CITROUN, s. m. Citron ; adj. citrin,

couleur de citron. — ETY. LAT., *citrus*.

CITROUNÈLO, s. f. Citronnelle, mélisse, *Melissa officinalis*, de la fam. des labiées — SYN. *limouneto; herbo de limoun, abelhano, herbo d'abelho, poucirado*, — ESP., *cidronela*. — ETY., *citroun*, à cause de l'odeur de citron de ses feuilles.

CITROUNÈLO SALVAJO, s. f. Mélisse sauvage, melissot des bois, herbe sacrée, *Melitis melissophyllum*, de la fam. des labiées.

CITROUNIÈR, s. m. Citronnier, *Citrus media*, arbre de la fam. des hespéridées. — ETY., *citroun*.

CIUTAD, s. f. V. Ciutat.

CIUTADAN, o, s. m. et f. CIUTADAN, a, citoyen, enne, habitant d'une cité. — CAT., *ciutadano*, ESP., *ciudadano*; ITAL., *cittadino*. — ETY., *ciutad*.

CIUTAT, s. f. CIEUTAT, cité, ville; autrefois on appelait cité un territoire dont les habitants se gouvernaient par leurs propres lois. — CAT., *ciudad*; ESP., *ciodad*; ITAL., *cittá*. — ETY. LAT., *civitatem*.

CIVAD, NIM., s. m, V. Caramoto.

CIVADA, v. a. Donner l'avoine. V. Acivadá.

CIVADAT, BITERR., s. m. Champ semé d'avoine; belle récolte d'avoine. — SYN. *civadièiro*. — ETY., *civado*.

CIVADIÈIRO, CIVADIERO, s. f. V. Civadat.

CIVADIER, s. m. Ancienne mesure pour l'avoine et les autres grains, valant deux picotins. — DAUPH., *civier*. — ETY., *civado*.

CIVADILHO, s, f. V. Cibadilho.

CIVADO, s. f. CIVADA, avoine cultivée, *Avena sativa*; *civado blanco*, épeautre serrée; *civado baujo*, *civado-fer*, *civado-sauvajo*, *civodasso*, *couguioulo*, *couioulo*, folle avoine. — GASC., *ciouazo*; CAT., *civada*; ESP., PORT., *cevada*.

CIVADO-DE-MAR, s. f. V. Caramoto.

CIVADOU, s. m. Avoine jaunâtre qui croît dans les prairies.

CIVARÈU, CIVARIU, s. m. Civelle ou lamproyon. V. Lamprezoú.

CIVÈCO, PROV., s. f. *Prendre la civèco*, prendre froid en attendant quelqu'un.

CIVETO, s. f. Chevêche. V. Choto.

CIVETO, s. f. Civette, ciboule, ciboulette, fausse échalotte, variétés du genre ail. — SYN. *ceboulo*, *ciboulat*, *cibouleto*, *ciboulat*. — ETY., *cive*, du lat. *cepa*.

CIVIER. DAUPH., s. m. Ancienne mesure pour les grains. V. Civadier.

CIVODASSO, B. LIM., s. f. Folle avoine. — AUGM. PÉJ. de *civado*.

CIZO, CAST., s. f. Assise de pierres. V. Assiso.

CLA, adj. Clair. V. Clar.

CLABA, CLABEL, CLABELA, CLABELADO, V. Clavá, etc.

CLABEIRA, CLABERA, BÉARN., v. a. V. Clavelá.

CLABELINO, CAST., s. f. Nom commun aux diverses espèces de vipérines. V. Bourragi-fer.

CLAC, s. m CLAC, bruit que font plusieurs objets en se heurtant, bruit que produisent deux mains frappées l'une coutre l'autre. — ONOMATOPÉE.

CLACA, v. n. Claquer, faire entendre un bruit sec et éclatant; CÉV., TOUL., bâfrer; friper; BÉARN., parler à tort et à travers; v. a., donner une claque, au fig. applaudir. — CAST., *clicá*. — ETY., *clac*.

CLACANT, BÉARN., s. m. Hâbleur. — ETY, *clacá*.

CLACASA, BÉARN., v. n. Jaser, hâbler. — FRÉQ., de *clacá*.

CLAFI, v. a. Remplir, combler; *se clafi*, v. r. se gorger d'aliments; *clafi, ido*, part., comblé, ée, chargé de fruits, en parlant d'un arbre. — BITERR., *claufi*; PROV., *caffi*, dérivé de *gaffium*, nom d'une ancienne mesure en usage à Marseille et à Barcelone; *caffi* qui d'après cette étymologie signifie remplir la mesure serait donc la bonne forme, et *clafi, claufi* ne seraient que des altérations.

CLAIRANO, PROV., s. f. Éclaircie. V. Esclarcido.

CLAIREJA, v. n. Commencer à luire. V. Clarejá.

CLAIROUN, PROV., s. m. Bois qu'on met au-devant du four pour l'éclairer. — ETY., *clar*.

CLAM, BÉARN., s. m. CLAM, réclamation, plainte, plaid, citation en justice, requête. — ANC. CAT., *clam*; ESP., *clamo*. — ETY., *clamá*, dont *clam* est le s. verbal.

CLAMA, v. a. CLAMAR, crier, appeler; BÉARN., réclamer, porter plainte. — CAT., PORT., *clamar*; ITAL., *chiamare*. — LAT., *clamare*.

CLAMAIRE, BÉARN., s. m. CLAMAIRE, réclamant. — SYN. *clamant*. — ETY., *clamá*.

CLAMANT, BÉARN., s. m. V. Clamaire.

CLAME, CÉV., s. m. *Tout-lou-sant-clame-dau-jour*, toute la sainte journée. — SYN. *tout-lou-mane-del-jour*; *tout-lou-sant-Dièu-dóu-jour*; *tout-lou-sante-baten-del-jour*.

CLAMOU, CLAMOUR, s. f. CLAMOR, clameur, plainte, réclamation.—CAT., ESP., PORT., *clamor*; ITAL., *clamore*; LAT., *clamorem*.

CLANTI, PROV., v. n. Retentir, claquer.

CLAP, CÉV., s m. CLAP, pierre, caillou; débris d'un pot de terre; en roman, tas, monceau. — ETY. ISLANDAIS., *klaupp*, roc.

CLAPA, TOUL., CÉV., v. a. CLAPAR, mettre en morceaux, frapper, briser de coups, assommer à coups de pierres. — ETY., *clap*, caillou, pierre.

CLAPAIRA, CÉV., v. a. Poursuivre à coups de pierres.—ETY., *clapá*.

CLAPAIRE, CÉV., s. m. Celui qui chasse à coups de pierres, qui frappe, qui assomme. — ETY., *clapá*.

CLAPAL CAST., s. m. Volée, rincée de coups. — SYN. *clapassal*. — ETY., *clapá*.

CLAPAREDO, CÉV., s. f. Terrain pierreux; tas de pierres. — ETY., *clap*.

CLAPAS, s. m. Gros tas de pierres; bloc de pierre; *clapas de counil*, clapier. On dit figurément d'un homme déjà riche dont une succession inattendue ou un heureux événement imprévu viennent augmenter la fortune : *Las peiros vòu as clapasses* — SYN. *clapisso*. — ETY., augm. de *clap*.

CLAPASSAL, CÉV., TOUL., s. m. V. Clapal.

CLAPASSEJA, PROV., v. n. Marcher dans un lieu couvert de grosses pierres. — SYN. *clapassiá*. — ETY., *clapas*.

CLAPASSIA, v. n. V. Clapasseja.

CLAPASSILHO, s. f. Blocaille. — DIM. de *clapas*.

CLAPASSOUN, s. m. Petit tesson. — DIM. de *clapas*.

CLAPEIRÉ, CLAPEIRET, s. m. Motteux cul-blanc, ainsi appelé parce qu'il se tient dans les terrains pierreux. V. Quioul-blanc.

CLAPEIROLO, s. f. Tas de pierres; blocaille; par ext., écueil. — ETY., *clap*.

CLAPEIROUS, o, adj. Pierreux, euse. — ETY., *clap*.

CLAPET, s. m. Clapet, soupape; la bascule d'un comptoir de marchand par où l'on jette l'argent dans un tiroir. — ETY. ALL., *klappe*, soupape.

CLAPETA, v. n. Claquer; il se dit du bruit que fait un clapet. — ETY., *clapet*.

CLAPETO, CÉV., adj. *Aiguo clapeto*, eau dégourdie au feu, eau qui a perdu sa trop grande fraîcheur.

CLAPI, v. n. Glapir, aboyer. — ETY. NÉERLANDAIS, *klappen*, m. sign.

CLAPIER, s. m. CLAPIER, tas de pierres; clapier des lapins. — SYN. *clapas*; B. LIM., rucher. — ETY., *clap*.

Piero a peiro CLAPIER *se fa*.
PRO.
Sou à sou la fortune se bâtit.

CLAPILHO, s. f. Lieu couvert de petits cailloux. — DIM. de *clap*.

CLAPISSO, s. f. Tas de pierres.—SYN. *clapas*.

CLAPITEYE, BÉARN., s. f. Aboiement; *deus caas courrentz cranh chic la clapiteye* (Gassion); des chiens courants il craint peu l'aboiement. — Ety., *clapi*, glapir.

CLAPLUN, prov., s. m. Hachis.

En cade uiau que l'emberlugo,
Piel à soun claplun mai s'afugo.
F. Martelly.

A chaque éclair qui l'éblouit, — Plus à son hachis il s'obstine.

CLAPO, s. f. Lieu couvert de grosses pierres, de rocs ; *clapo de bouès*, bûche, éclat de bois; *clapo de counil*, clapier. — Ety., *clap*, pierre.

CLAPO, cév., s. f. Grande sonnaille de mulet ou de mouton, dont les côtés sont plats. — Cast., *reboumbo*. — Onomatopée.

CLAPOUIRAS, prov., s. m. V. Clapas, Claparedo.

CLAPOUIRO, s. f. Pierrée, terrain caillouteux ; clapier. — Ety., *clapo*.

CLAQUET, s. m. V. Cliquet.

CLAQUETA, v. n. Cliqueter, faire un bruit qui ressemble à celui du cliquet ou claquet d'un moulin à grains. — Ety., *claquet*.

CLAR, o, adj. Clar, clair, e, liquide, rare, clair-semé ; évident ; *lou clar*, s. m., la clarté ; *entre lou clar e lou trèu, entre chien et loup, au crépuscule* ; *tirá de vi al clar*, soutirer du vin ; *tirá un afaire al clar*, débrouiller une affaire ; *clar, lac*, la partie la plus profonde de la cuvette d'un étang où il y a le plus d'eau ; *clar*, adv., clair, d'une manière distincte ; *i vèire clar*, voir clair : *seména clar*, semer à clair, par opposition à semer dru. — Syn. *cla*, *clari*. — Cat., *clar* ; esp., port., *claro* ; ital., *chiaro*. — Lat., *clarus*.

CLAR, prov., s. m. Glas. — Biterr., *clas*.

CLAREJA, v. n. Clarejar, briller, poindre, commencer à luire; être clair, limpide ; v. a , rendre clair, limpide. — Syn. *clairejá, clareyá*. — Ety., *clar*.

CLAREJO, gasc., s. f. V. Clarièiro.

CLARET, eto, adj. Claret, clairet, ette ; *vi claret*, vin clairet, petit vin. — Cat., *claret* ; esp., *clarete* ; ital., *chiaretto*. — Dim. de *clar*.

CLARETAT, s. f. V. Clartat.

CLARETIÈIRO, s. f. Vigne qui produit le vin blanc appelé *clareto*.

CLARETO, s. f. Sorte de raisin blanc dont on fait le vin qui porte le même nom et celui de *blanqueto*. — Ety., *claret*, dim. de *clar*.

CLARETO, toul., s. f. Éclairette ou grande chélidoine. V. Chelidoino.

CLAREYA, béarn., v. n. V. Clarejá ; *clareyant, e*, brillant, e.

CLARGUÉ, s. m. Clergé. V. Clerjat.

CLARI, ido, prov., adj. V. Clar.

CLARI, béarn., s. m. Chalumeau, flageolet. Syn. *clarin* ; *cantá clari*, cév., v. n., sonner creux.

CLARIANO, prov., s. f. Nom des narcisses. V. Aledo, Embreigo.

CLARIÈIRO, **CLARIERO**, s. f. Éclaircie dans les nuages ; endroit d'un bois dégarni d'arbres ; éraillure, en parlant des crêpes, toiles, mousselines, etc. — Syn. *clarejo, cleriero*. — Ety., *clar*.

CLARIEGE, s. m. Salsepareille d'Europe. V. Ariege.

CLARIN, cév., s. m. Petite clochette à moutons qui rend un son clair ; gasc., hautbois. Ety., *clar, clari*.

CLARINÈU, ello, prov., adj. Clair, e, limpide, diaphane. — Ety., *clar*.

CLARINTEINO, nard., s. f. Soupe claire, bouillon clair. — Ety., *clar*.

CLARJAS, cév , s. m. T. de fonderie, gueuse, morceau de fer fondu qu'on fait passer sous le martinet pour le rendre malléable ; *floc de clarjas*, feu de reculée, grand feu.

CLARJIER, prov., s. m. Clergé. V. Clerjat.

CLARO, prov., s. f. Nasse, espèce de panier pour prendre le poisson ; *claro d'iòu*, glaire, blanc d'œuf. V. Glario.

CLAROU, **CLAROUR**, s.f. Claror, clarté, lumière, lueur. — Syn. *clarun*. — Lat. *clarorem*.

CLAROU, béarn., s. m. Clairon. — Ety., *clar*, aigu.

CLARS, prov., s. m. V. Clas.

CLARTAT, s. f. Clartat, clarté, lumière, éclat, splendeur. — Syn. *cla-*

rotat. — CAT., clardat, claredat; ESP., claridad; ITAL., chiarità. — ETY. LAT., claritatem.

CLARUN, PROV., s. m. Clarté, éclaircie. V. Claroû.

CLAS, s. m. Glas, son de cloche pour un mort ou pour un convoi funèbre; *as paures lous pichots classes*, aux pauvres la petite sonnerie. — ITAL., *chiasso*. — ETY. LAT., *classicum*, signal donné par la trompette.

CLASSEJA, CAST., v. n. Sonner longtemps le glas, le sonner à plusieurs reprises. — ETY., *clas*.

CLASSO, s. f. Classe; GASC., *classos*, s. f. p., jeu de la marelle. V. Capèlo. — ETY. LAT., *classis*.

CLASTREJA, CÉV., v. n. Aller de clocher en clocher, de presbytère en presbytère, par analogie de château en château pour y jouer le rôle de parasite. — SYN. *castelejá*. — ETY., *clastro*, presbytère.

CLASTRO, s. f. CLAUSTRA, presbytère, maison du curé; *clastros*, s. f. p., cloître. — ETY. LAT., *claustrum*.

CLASTROU, s. m. Réduit, endroit retiré, ordinairement obscur d'une maison. — SYN. *castroû*. — DIM. de *clastro*.

CLATI, BITERR., v. n. V. Glatí.

CLAU, s. m. CLAU, clef; T. d'arch. dernier voussoir d'un arc, d'une voûte; sonnerie pour les morts, V. *Clas*; BÉARN., clou, V. *Clavel*; CAST., *clau-de-pount*, éperon, ouvrage en pointe qui défend le piles d'un pont; GASC., *claude-Sant-Peire*, lézard gris, V. *Angrolo*. *Ai perdut las claus*, signifie dans un langage très-familier: j'ai une diarrhée que je ne puis arrêter. — CAT., *clau*; PORT., *chave*; ITAL., *chiave*. — ETY. LAT., *clavis*.

CLAUA, GASC., v. n. V. Clavá.

CLAUÈ, GASC., s. m. Guichetier, geôlier. — ETY., *clau*.

CLAUERA, GASC., v. a. Clouer. — SYN. *clavelá*. — ETY., *clau*.

CLAUFI, BITERR., v. a. V. Claffí.

CLAUPORTO, s. f. Cloporte, insecte du genre des crustacés isopodes. — SYN. *porquet de cavo*.

CLAUPRE, CAST. v. n. V. Caupre.

CLAURE, v. a. CLAURE, clore, enfermer; *claus, o*, part., clos, e. — SYN. *clausá, clòusà, clausi*. — ETY. LAT., *claudere*.

CLAUS, s m. CLAUS, clos, enclos. — SYN. *enclaus*. — ETY. LAT., *clausum*, supin de *claudere*.

CLAUSA, v. a. CLAUSER, clore. V. Claure.

CLAUS-DE-SANT-JORDI, TOUL., s. f. p. Mouchoir derrière le cul, jeu d'enfant. (Doujat.)

CLAUSEL, **CLAUSET**, CÉV., s. m. Closeau, closerie, petit enclos. — SYN. *clauvé*. — ETY., dim. de *claus*.

CLAUSISSO, CÉV., s. f. Boîte où les bergers et les paysans mettent la viande qu'ils prennent aux champs. — ETY., *clausi*, enfermer.

CLAUSOUN, PROV., s. m. Petit enclos; par ext., cimetière; cloison; T. de maçonn., *peiroun-clausoun*, boutisse, pierre de face dans un mur. — SYN. *clòusoun*. — ETY., *claus*.

CLAUSTRA, v. a. Cloîtrer, enfermer dans un cloître. — ETY., *claustre*, cloître.

CLAUSTRE, BÉARN., s. f. CLAUSTRA, cloître. — SYN. *clastro*. — CAT., ESP., *claustra*. — ETY. LAT., *claustrum*.

CLAUSUGO, CÉV., s. f. Cul-de-sac, impasse. — ETY. LAT., *clausus*, fermé.

CLAUSURA, v. a. Clore avec une haie; *clausurat, ado*, part., entouré, ée, d'une haie. — SYN. *clauvurá, chuá*. — ETY., *clausá*.

CLAUSURE, BÉARN., s. f. V.

CLAUSURO, s. f. CLAUZURA, fermeture; clôture faite avec une haie. — SYN. *clauvuro*. — CAT., ESP., PORT., *clausura*; ITAL., *chiusura*. — ETY., *clausá*.

CLAUTIER, CÉV., s. m. Cloutier. V. Clavelier.

CLAUVAU, PROV., s. m. Porte d'un four. — ETY, *clauvá* pour *clausá*.

CLAUVÈ, PROV., s. m. V. Clausel.

CLAUVISSIERO, PROV., s. f. Le grand et le petit courlis d'eau, ainsi appelés parce qu'ils mangent les coquillages connus sous le nom de *clauvisso*. V. Charlot.

CLAUVISSO, prov., s. f. Nom des vénus, connues, à Béziers, sous le nom d'*arcelis*; V. ce mot; grosse boîte dans laquelle on porte du fromage. — Ety., *clauvi*, pour *clausi*, clore.

CLAUVISSOUO, prov, s. f. Calcaire houiller coquillier. — Ety., *clauvisso*.

CLAUVURA, prov., v. a. V. Clausurá.

CLAUVURO, prov., s. f. V. Clausuro.

CLAVA, v. a. Clavar, fermer à clef ; mettre la clef à une voûte ; par ext., achever; *se clavá dedins*, v. r., fermer la porte sur soi, s'enfermer dans sa maison ; *clavat, ado,* part., fermé, ée, à clef. — Gasc., *clauá*. — Ety., *clau*, clef.

CLAVAIRE, s. m. Clavari, portier, gardien des clefs ; autrefois, clavaire, trésorier municipal. — Cat., *clavari*. — Ety., *clavá*.

CLAVEL, s. m. Clavel, clou ; *clavel doublat*, clou tortu ou crochu ; *clavel mourrut*, clou rebouché ou époinlé ; *clavel de semal*, clou de tinette pour en fixer les cerceaux ; *clavel de desferro*, clou qu'on tire du pied d'un cheval parce qu'il ne peut plus servir; *clavel de girofle*, clou de girofle ; *clavel*, clou, furoncle ; *claveou, clavelée*, maladie des moutons; on dit d'un débiteur insolvable : *ne podi pas derrabá ni ferre ni clavel*. — Prov., *clavèu* ; cat., *clavell* ; esp., *clavo*; ital., *chiodo, chiavello*. — Ety. lat., *clavellus*, dim. de *clavus*, clou.

CLAVELA, v. a. Clavelar, clouer, fixer avec un ou plusieurs clous ; *clavelat, ado*, part., cloué, ée. — Béarn,, *clabèirá* ; gasc., *clauèrá*; anc. cat., *clavelar* ; esp., *clavar*; port., *cravejar* ; anc. ital., *chiavellare*. — Ety., *clavel*.

CLAVELADO, s. m. Raie bouclée, *Raia clavata*, poisson à bouche transversale, appelée aussi *palouso* ; *clavelado pissairo* ou *pissouo*, variété de la même espèce dont la chair, quand elle commence à passer, a une odeur d'urine. Le nom donné à ces poissons vient des piquants, semblables à des têtes de clou, qu'ils ont sur le dos.

CLAVELADO, s. f. Clavelée. V. Picoto.

CLAVELADO-FERO, prov., s. f. Céphaloptère giorna, espèce de raie qui a deux appendices au devant de la tête, qu'on a comparées à des cornes, ce qui lui a fait donner le nom de *vaqueto*.

CLAVELAT, prov., s. m. Squale bouclé, *squalus spinosus*, poisson dont la chair est peu estimée. — Syn. *mounge clavelat*.

CLAVEL DE LIGNO, agen., s. m. Hameçon. V. Mesclau.

CLAVELÉ, **CLAVELET**, cév., s. m. Détente d'un fusil. — Syn. *palhelo, guignocho*. — Dim. de *clavel*.

CLAVELIER, s. m. Cloutier, marchand ou fabricant de clous. — Cév., *clautier*; b. lim., *clovetier*. — Ety., *clavel*.

CLAVELIÈIRO, CLAVELIERO, s. f. Cloutière, petite enclume percée, propre à former la tête des clous. — Syn. *clavièro*. — Ety., *clavel*.

CLAVELINO, cast., s. f. Clavelée. V. Picoto.

CLAVETO, s. f. Clavette, clou plat qu'on passe dans l'ouverture faite au bout d'une cheville pour l'arrêter. — Ety., dim. de *clau*.

CLAVÈU, prov., s. m. Clou ; au fig., *clavèu d'un countrat*, clause expresse d'un contrat. V. Clavel.

CLAVIERO, prov., s. f. Ferrière, sac de cuir dans lequel les muletiers portent tout ce qui est nécessaire pour ferrer leurs bêtes; trou de la serrure qui reçoit la clef; cloutière. V. Clavelièiro.

CLAYREJA, CLAYRIÈIRO, CLAYROU. V. Clarejá, Clarièiro, Claroú.

CLÉ, CLECH, b. lim., cév., s. m. Glui. V. Cluech.

CLEC, o, gasc., adj. Bègue. — Biterr., *quec, quecou* ; béarn., *mec* ; prov., *brel, bretoun*.

CLECH, gasc., s. m. V. Clesc.

CLECHIER, prov., s. m. V. Clouquier.

CLECUS, toul., s. m. Michon, mot hors d'usage qui signifiait argent. (Doujat.)

CLEDA, v. a. Entourer de claies ; *cledat, ado*, part., entouré, ée, de claies. Ety., *cledo*.

CLEDAS, s. m. Grande claie, grande porte à barreaux. — AUGM. de *cledo*.

CLEDAT, s. m. Claie, parc à brebis; bercail; grille de fenêtre, claire-voie; *cledat de ferre*, treillis en fer. — ETY., *cledo*.

La mey bere anesquete
De tout lou me CLEDAT,
SOPHIE.

La plus belle brebis — de tout mon parc.

CLEDE, BÉARN., s. f. V. Cledo.

CLEDIER, CÉV., s. m. Homme chargé de transporter au séchoir, appelé *cledo*, les châtaignes et de veiller à leur dessication.

CLEDIS, s. m. Treillis de fer.

CLEDO, s. f. CLEDA, claie, porte à barreaux ou à claire-voie, claie d'un parc à brebis; claie sur laquelle on bat la laine des matelas; haloir ou *suoir* à châtaignes; natte d'osier qui se place derrière l'oreiller pour y attirer les punaises; herse, V. *Arpe*; *cledos*, s. f. p., ridelles d'une charrette, V. Telheiros. — B. LIM., *clida*.

CLEDOU, s. m. Petite claie; barrière faite avec une claie; petite porte à barreaux; traverse d'une claie; B. LIM., brayette, ouverture de devant d'une culotte. — DIM. de *cledo*.

CLEGNA, v. a. Incliner, baisser. V. *Clina*; cligner. V. Clignà.

CLEINA, v. a. V. Clinà.

CLEIOUN, **CLEISOUN**, PROV., s. m. V. Clerczoun.

CLEIRIERO, PROV., s. f. V. Clarièiro.

CLEISOUN, PROV., s. m. Labre tripletache, *Labrus trimaculatus*, poisson de l'ordre des holobranches — SYN. *tenco*.

CLENA, CÉV., v. a. V. Clinà.

CLENC, o, CAST., adj. Courbé, ée; maladif, languissant; chétif.

CLENI, do, PROV., adj. Incliné, ée.

CLEO, PROV., s. f. V Cledo.

CLEQUEJA, GASC., v. n. Bégayer. — BITERR., *quequejà*. — SYN., *clec*, bègue.

CLERC, **CLERGUE**, s. m. CLERC, clerc, petit clerc, enfant de chœur; clerc d'avoué, de notaire. Dans nos idiomes, il n'a point la signification qu'il avait au moyen-âge, et qu'il a encore en français quand on l'oppose au mot *laïque*. — SYN. *clier*. — CAT., *clerc*; ESP., PORT., *clerigo*; ITAL., *chierico*. — LAT., *clericus*.

CLERCZOUN, s. m. CLERZON, petit clerc, enfant de chœur. — SYN. *cleioun*, *cleisoun*, *clerjoun*, *clersoun*. — DIM. de *clerc*.

CLERJA, **CLERJAT**, s. m. CLERJAT, clergé, le corps des ecclésiastiques d'une ville, d'un pays, d'une église. — SYN. *clairjien*, f. a. — ESP., PORT. ITAL., *clero*. — ETY. LAT., *clericatus*, de *clericus*.

Coumo canto l'abat
Atal respon lou CLERJAT.
PRO.

CLERJOUN, **CLERSOUN**, s. m. V. Clerczoun.

CLESC, **CLESQUE**, GASC., TOUL., s. m. Noyau, coquille de noix, coque d'œuf; au fig. tête, crâne. V. Closc.

E pus fis que nous-aus que lou toucaben pres-
(que,
Es se bourron lou frut e nous jeton lou CLES-
(QUE.
JASMIN.

CLESQUEJA, CAST., v. n. Tinter comme un pot fêlé. — ETY., *clesque*, noyau.

CLEUPLEJOUN, DAUPH., s. m. Natte de paille tressée. — ETY., *cleu*, glui.

CLICA, CAST., v. n. Éclater. V. Clacà.

CLIC-CLAC, s. m. Cliquetis, bruit que font les armes blanches en se choquant. — ONOMATOPÉE.

CLICLETOS, s. f. p. V. Cliquetos.

CLICOS (A las), AGEN., loc. adv. *A las clicos del jour*, à la pointe du jour. — ETY., *clicà*, éclater.

CLIER, s. m. V. Clerc.

CLIGNA, v. a. Cligner, fermer l'œil ou les yeux à demi pour diminuer l'impression d'une lumière trop vive, ou pour considérer des objets très-petits. — SYN. *crancà*. — ETY. LAT., *clinare*, baisser.

CLIGNETO, CÉV., s. f. Cligne-musette, jeu de cache-cache. — SYN. *cuguet*, *pluguet*. — ETY., *clignà*.

CLIMPO-CLAMPO, B. LIM., loc. adv. Clopin-clopant.

CLIN, TOUL., s. m. Crin, altér. de *crin*. V. ce mot.

CLIN, o, adj. CLIN, incliné, ée, baissé, courbé. — ETY., s. verb. de *cliná*.

CLINA, v. a. CLINAR, incliner, baisser, courber; *se cliná*, v. r., s'incliner, se pencher, se courber; *clinat*, *ado*, part., incliné, ée. — ANC. ITAL., *clinare*. — ETY. LAT., *clinare*.

CLINAMEN, PROV., s. m. Inclination, penchement. — ETY., *cliná*.

CLINANT, o, part. prés. de *cliná*. Qui penche; *cami clinant*, chemin en pente.

CLINCHA, PROV., v. a. Bornoyer, regarder d'un œil en fermant l'autre. V. Guinchá.

CLINCHAIRE, PROV., s. m. Bornoyeur. V. Guinchaire.

CLIN-CLAN, s. m. Clinquant, lamelle brillante d'or, d'argent, etc.; feuilles de cuivre doré qui imitent le vrai clinquant; au fig. objet brillant de mauvais goût.

CLINCLETOS, s. f. p. V. Cliquetos.

CLINOUN (De), loc. adv. En s'inclinant; *aná de clinoun*, marcher courbé, aller le front baissé. — ETY., *clin*, courbé.

CLINQUETOS, s. f. p. V. Cliquetos.

CLIOPETA, LIM., v. a. Applaudir, battre des mains.

CLIQUET DE MOULI, s. m. Claquet ou traquet de moulin, morceau de bois attaché à une corde qui passe au travers de la trémie et dont le mouvement fait tomber le blé sous la meule. — SYN. *claquet*, *batarel*. — ETY., *clicá*, dans l'ancien français *cliquer*, qui avait le même sens que *claquer*.

CLIQUETOS, s. f. Cliquettes, sorte d'instrument fait de deux os, de deux morceaux de bois ou de deux tessons, etc., qu'on met entre les doigts et dont on tire des sons, en les battant l'un contre l'autre; *cliqueto de ladre*, crecelle; V. Tarabastello.—SYN. *clicletos*, *clincletos*, *clinquetos*, *criquetos*, *crincalhos*, *truquetos*; B. LIM., *cloque-*

tas; AGEN., *cancarinetos*.—M. ÉTY. que *cliquet*.

CLISQUET, AGEN., s. m. Loquet. — M. ÉTY. que *cliquet*.

CLOBIÈIRO, QUERC., s. f. Trou de la serrure. — ETY., *clobá*, fermer. V. Claviero.

CLOC, CÉV., s. m. Bruit que fait un objet en tombant et en se cassant.

CLOCO, CÉV., s. f. CLOCA, CLOCHA, tintement, coup de cloche.

CLOHO, GASC., adj. Mou, molle, trop mûr; blette. — BITERR., *clouço*.

CLOPA, QUERC., v. a. Frapper. V. Clapá.

CLOPADO, QUERC., s. f. Claque, coup du plat de la main; *fa à las clopadas*, jouer à la main morte. — SYN. *clapal*, *clapassal*. — ETY., s. part. f. de *clopá*.

CLOPIER, B. LIM., s. m. CLOP, pied-bot, boiteux, éclopé. — LAT., *claudipes*.

CLOQUETAS, B. LIM., s. f. p. V. Cliquetos.

CLOS, CÉV., s. m. Creux de la main; noyau; coque d'œuf. V. Clot et Closc.

CLOSC, **CLOSQUE**, s. m. CLOS, CLOSC, noyau, coque de noix, d'œuf. — SYN. *clesc*. — CAT., *closco*. — ETY. B. BRET., *kloczen*.

CLOSCO, s. f. Gros noyau d'abricot, de pêche, etc; au fig. caboche, crâne, tête; *a cervèlo en closco*, il a une bonne caboche; *closcos de mort*, cônes de cyprès. — SYN. *clusco*. — ETY., *closc*.

CLOSSES BITERR., s. m. p. Noyaux des olives triturées, marc ou résidu des olives. C'est le même nom que *closques*, pluriel de *closque*; mais il sert spécialement à désigner le marc des olives, dont les noyaux avant d'être triturés sont appelés *closques*, comme ceux des cerises, des abricots, etc.

CLOSTRA, GASC., v. a. Cloîtrer. V. Claustrá.

CLOT, o, adj. Plain, e, d'aplomb, de niveau; *aquelo taulo brallo, perso que n'es pas cloto*, cette table vacille parce qu'elle n'est pas sur un terrain uni; il signifie aussi couché, atterré par une maladie. — SYN. *clouat*, *clouet*.

CLOT, PROV., s. m. Touffe; *clòt de jaussemin*, touffe de jasmin.

CLOT, BITERR., s. m. Creux, cavité, enfoncement, fosse, tombeau; creux de la main; fossette du menton; jeu de la fossette; PROV., *cros*, fosse, tombeau. — CAT., *clot*.

> La mort ambé sa negro caro,
> Sens dire quand, sens dire garo,
> Va davalá coum'un balot
> Riches e paures dins lou CLOT.
> ANO.

CLOTÉ, CLOTET, s. m. V. Cloutet.

CLOTETOS, s. f. p. V. Cloutetos.

CLOTO, CÉV., s. f. Cave, voûte. V. Crolo; GASC., grand fossé, grand trou, grand réservoir d'eau. — AUGM. de *clot*.

CLOTS, CÉV., s. m. Glui. V. Cluech.

CLOU, PROV., s. m. (clòu). Menu bois qu'on met dans un four pour l'éclairer.

CLOUA, QUERC., v. a. V. Cougá.

CLOUAT, o, adj. V. Clot, o.

CLOUC, s. m. Gloussement d'une poule couveuse ou de celle qui mène ses poussins; *faire clouc*, glousser. — SYN. *clous*. — ONOMATOPÉE.

CLOUCA, v. n. CLOQUIAR, glousser; V. *Cloussi*. Clocher, boiter, V. *Clouchá*. Sonner, V. *clouchá*. Fermer les yeux, V. *Cugá*.

CLOUCADO, BITERR., s. f. Couvée de poussins, de perdreaux, de cailles, etc., au fig. famille nombreuse. — SYN. *clouchado*. — ETY., s. part. f. de *cloucá*.

CLOUCHA, v. n. Glousser. V. Cloussi.

CLOUCHA, v. n. CLOUCHAR, clocher, boiter; locher en parlant du fer d'un cheval qui branle. — ETY., *cloppicare*, du B. LAT., *cloppus*, boiteux.

CLOUCHA, v. n. CLOQUAR, clocher, faire sonner une cloche. — ETY., *clocho*.

CLOUCHADO, CÉV., s. f. V. Cloucadó.

CLOUCHIER, s. m. V. Clouquier.

CLOUCHO, CÉV., s. f. V.

CLOUCO, BITERR., s. f. Glousse, poule couveuse, poule qui mène ses petits; AGEN., les pléiades, constellation que par cette dénomination on compare à une poule suivie de ses poussins. — SYN. *poulsinièiro*.

CLOUCO, TOUL., s. f. Panicaut. V. Panicaut.

CLOUCO, BITERR., adj. f. Blette, *pero clouco*, poire blette. — GASC., *clocho*.

CLOUET, o, PROV., adj. V. Clot.

CLOUETO, PROV., s. f. Pente, terrain horizontal.

CLOUFA, CÉV., v. a. V. Couflá.

CLOUIERO, PROV., s. f. V. Clavelièiro.

CLOUQUÈ, GASC., s. m. V. Clouquier.

CLOUQUEIA, CLOUQUEYA, BÉARN., v. n. CLOQUEIAR, glousser. V. Cloussi.

CLOUQUETE, BÉARN., s. f. Houlette. — PROV., *caïau*, *cayau*.

CLOUQUIER, s. m. CLOCHIER, CLOQUIER, clocher. — SYN. *clechier*, *clouchier*, *clouquè*, *cluquè*, *cluquier*. — ETY. B. LAT., *clocca*, cloche.

CLOUS, CAST., s. m. Gloussement, au fig., plaintes d'un malade. V. Clouc.

CLOUSA, v. a. Clore. V. Claure.

CLOUSOUN, PROV., s. m. (clòusoun). Fosse pour un mort, petit enclos. V. Clausoun.

CLOUSSA, CÉV., v. n. Taller, V. Gaissá. Glousser, V. Cloussi.

CLOUSSEIRE, O, CAST., s. m. et f. Celui, celle qui se plaint toujours. — ETY., *cloussi*, glousser.

CLOUSSEJA, v. n. Glousser. — FRÉQ. de *cloussá*.

CLOUSSI, v. n. Glousser, en parlant de la poule qui veut couver, ou qui appelle ses poussins; au fig. se plaindre sans cesse, gémir. — SYN. *cloucá*, *clouchá*, *cloussá*, *clouqueiá*, *clouquejá*, *clousseja*, *cluisse*, *clussi*. — CAT., *cloquejar*; ESP., *cloquear*; ITAL., *chiocciare*. — ETY. LAT., *glocire*.

CLOUSSI, CAST., s. m. Gloussement de la poule.

CLOUSURO, s. f. (clòusuro). V. Clausuro.

CLOUTA, PROV., v. a. Aplanir, rendre uni; raffermir au moyen d'une cale, un meuble qui chancelle; *cloutat, ado*, part. aplani, e, calé, ée. — Syn. encloutá. — Ety., clot, o.

CLOUTA, cast., v. a. Voûter, rendre concave; déchausser un arbre, un pied de vigne; cloutat, ado, part., voûté, ée, déchaussé. — Ety., clot, trou.

CLOUTET, s. m. Petit trou; fossette de la joue ou du menton; cloutetos, cloutets, petits trous au nombre de neuf, faits pour le jeu de la fossette; (gotis, rampot). — Dim. de clot, trou.

CLOUTOU, CLOUTOUN, cév., s. m. Petite voûte, petite cave. — Dim. de clot.

CLOUTUT, udo, gasc., adj. Creux, euse, voûté, concave, profond. — Ety., clot, trou.

CLOUVISSO, cév., s. f. (clòuvisso). V. Arceli.

CLOUVURA, prov., v. a. (clòuvurá) V. Clausura.

CLOVETIER, b. lim., s. m. V. Clavelier.

CLUA, cast., v. n. Cligner. V. Clugá.

CLUA, prov., v. a. Entourer d'une haie.

CLUATEJA, cast., v. n. Clignoter. V. Clugatejá.

CLUAU, prov., s. m. Abri en chaume pour les bergers qui couchent à la belle étoile. — Ety. roman., glueg, glui, paille des graminées; cluau est mis pour glugau.

CLUAYO, prov., s. f. Toit de chaume. — M. éty. que cluau.

CLUCA, v. a. et n. V. Clugá.

CLUCHA, v. a. Cluchar, fermer les yeux. V. Clugá.

CLUCHÉ, CLUCHET, cév., s. m. Jeu de cligne-musette, de colin-maillard. — Syn. cluquet, cuguet, pluguet. — Ety., cluchá.

CLUCHIER, s. m. V. Clouquier.

CLUCHOUN (A), prov., loc. adv. A l'aveuglette, à tâtons. — Syn. de cluchoun, de clucoun, de clucous, de cugouns, de cuguet, de plegoun, de plugoun. — Ety., clucá.

CLUCOUN (De), prov., loc. adv. V. Cluchoun.

CLUCOUS (De), agen., loc. adv. V. Cluchoun.

CLUECH, querc., s. m. Glueg, glui, paille longue des graminées et particulièrement du seigle, qui sert à garnir les colliers de labour, les bardes, les chaises, à faire des paillassons, à couvrir les chaumières, etc. On l'appelle gerbée quand elle renferme encore quelques grains. — Syn. clé, clech, clots, glots, cluei, clueso, clui. — Ety. flamand, gluye, paille.

CLUEI, prov., s. m. V. Cluech.

CLUESO, s. f. V. Cluech.

CLUET, cast., s. m. V. Cuguet.

CLUGA, cév., toul., v. n. Clugar, cluchar, fermer les yeux; jouer au jeu de colin-maillard, de cligne-musette; au fig. mourir; v. a., bander les yeux à quelqu'un; clugá lou fioc, éteindre le feu. — Syn. cluá, clucá, cluchá, cutá, clucá, cugá, culá, plugá.

CLUGADIS, isso, adj. Blat clugadis, blé dont le grain est adhérent à la balle. — Biterr., blat vestit.

CLUGAIRE, o, s. m. et f. Celui, celle à qui on a bandé les yeux au jeu de colin-maillard; celui, celle qui, au jeu de cligue-musette cherche les autres joueurs qui se sont cachés. — Syn. cutaire. — Ety., clugá.

CLUGATEJA, v. n. Clignoter, remuer et baisser fréquemment les paupières coup sur coup; loucher.— Syn. cluatejá, cugatejá. — Ety., fréq. de clugá.

CLUGOMECHOS, cast., s. m. Badaud, niais, nigaud. — Syn. cluomechos.

CLUGUET, cast., s. m. V. Cuguet.

CLUI, s. m. Glui. V. Cluech.

CLUIRA, prov., v. a. Clore, entourer d'une haie. — Ety., clui, entourer de glui.

CLUIRO, prov., s. f. Haie, clôture faite avec une haie. — Ety., cluirá.

CLUISSE, prov., v. n. V. Cloussí.

CLUJA, b. lim., v. a. (clutsá) couvrir un bâtiment de glui, de chaume. — Ety., clui, glui.

CLUJAIRE, b. lim., s. m. (clutsaire). Couvreur en chaume, en glui. — Ety., clujá.

CLUJASSO, B. LIM., s. f. (clutsasso). Grosse javelle de glui — ETY., augm. de *clui*.

CLUMASCLE, PROV., s. m. Crémaillère. V. Cremal.

CLUOMEJOS, CAST., s. m. V. Clugomechos.

CLUOS, s. f. p. V. Cugos.

CLUPSIS, GASC., s. f. Éclipse.—PROV., CÉV., *esclussi*. V. Eclipso.

CLUQUÈ, MONTALB., s. m. V. Clouquier.

CLUQUET, TOUL., s. m. V. Cluché; *tout de cluquets*, loc. adv., à yeux clos; *fa cluquets*, fermer les yeux.

CLUQUIER, TOUL., s. m. V. Clouquier.

CLUS, s. m. Relent; *senti lou clus*, sentir le relent, mauvaise odeur que prennent certains aliments qui restent trop longtemps dans un lieu fermé. — ETY. LAT., *clusus*, de *cludere*, fermé.

CLUSCO, s. f. Gros noyau, au fig. crâne; *clusco-pelat*, adj., chauve. V. Closco.

CLUSO, CÉV., s. f. Gorge de montagne fermée et sans issu. — ETY. LAT., *clusus*, de *cludere*, fermé.

CLUSSA, PROV, v. n. Glousser; couver. V. Cloussi et Cougá.

CLUSSI, PROV., v. n. V. Cloussi.

CLUSSI, DAUPH., s. f. V. Cloueo.

CLUSSO, PROV., s. f. V. Cloueo.

CLUTA, CÉV., v. n. V. Clugá.

CLUTO, GASC., s. f. Gorge resserrée entre deux montagnes où passent ordinairement les ramiers dans les Pyrénées et où l'on place les *palomières*. — ETY., altér. de *cluso*, fermée.

ÇO, pron. démonst. neutre. Ce, cela; le *c* avec la cédille n'existant pas dans l'ancienne langue, on doit écrire *so* qui vient du lat. *ecce hoc*.

So qu'hom plus vol e don es plus cochos.
PONS DE CAPDUEIL.

Ce qu'un homme veut le plus et dont il es le plus désireux.

CO, PRÉP., pour *acó*. Chez, dans la maison de.

CO, BÉARN., LIM., pron. démonst. neutre. Ce, cela. V. So.

CO, s. m. Chien. V. Chi.

CO, CÉV., s. m. Coup. V. Cop.

CO, CÉV., s. m. Vanne, écluse, abée, déversoir: *toumbá lou co*, abaisser ou abattre la vanne. — SYN. *resclauso*.

CO, CÉV., s. f. Queue: *co-de-cebo*, fane d'oignon; *co-de-reinard*, mélampyre des champs. V. Couo.

CO, GASC., s. m. Cœur. — BÉARN., *coo*. — ALTÉR. de *cor*.

Faribolo pastouro
Sereno al co de glas.
JASMIN.

COAGULA, v. a. Coagular, coaguler. — SYN. *calhá*. — CAT., ESP., PORT., *coagular*; ITAL., *coagulare*. — LAT., *coagulare*.

COARROU, BÉARN., s. et adj. Couard; gueux, va-nu-pieds. V. Coucaro.

COBAL, QUERC., s. m. V. Cabal.

COBASSO, QUERC., s. f. Maîtresse branche coupée; tronc d'arbre étêté.—SYN. *escobasso*. — ETY., altér. de *cabosso*, augm. de *cap*, grosse tête.

COBAU, LIM., s. m. Grand panier, il est aussi synonyme de *cabal*. V. ce mot.

COBENSO, QUERC., s. f. Chance. V. *chabenso*; position sociale. — ETY., *chobi*, établir.

COBESESSO, s. f. Convoitise. — SYN. *coubesenso*.

COBI, QUERC., v. a. V. Cabi.

COBOLHOUS, (A) QUERC., loc. adv. A califourchon. — BITERR.; *d'escambartous*.

COBOLINS, QUERC., s. m. Race chevaline. V. Cavali.

COBONIÈIRO, QUERC., s. f. Laitière, femme qui trait et vend le lait et fait le fromage frais. — SYN. *lachèiro*.

COBRA, B. LIM., v. n. Avaler une grande quantité de liquide sans reprendre haleine.

COBRE (De), CÉV., loc. adv. De reste, en réserve, de relais: *fau avé coucon de cobre*, il faut avoir quelque chose en réserve. — ETY., altér. de *sobre*, en roman, en sus, par dessus.

COBRIT, QUERC., s. m. V. Cabrit.

COBUSSA, COBUSSAIRE, ROUERG., V. Cabussà, Cabussaire.

COBUSSAT, ROUERG., s. m. Provin. — PROV., *cabus,* BITERR., *soumesso.*
Des sirmens obotats obont fa de gobels,
Per fa de COBUSSATS, causissès lous pus bels.
PEYROT.

COCA-DE-VE, LIM., loc., adv. Quelquefois. V. Quauquos-fes.

COCAGNO, s. f. V. Caucagno.

COCAL, B. LIM., s. m. Noix; *cocal bufforol*, noix vide ou gâtée; *cocal d'ase*, coq-à-l'âne, discours incohérent, coquecigrue, d'après Béronie. — SYN. *cocalano*. — SYN. *cacal,* écale, gousse.

COCALANO, CÉV., s. f. Coq-à-l'âne, discours sans suite et sans liaison.—SYN. *cocal-d'ase.*

COCAREL, èlo, adj. V. Coucarel.

COCH, GASC., s. m. V. Col.

COCHIS, PROV., s. m. Étoupe grossière qui se sépare de la filasse du chanvre et du lin, quand on les broye. — SYN. *barganilhos, choubargos, pubargos.*

COCHO-PERDRIS, NIM., s. m. Busard St Martin ou sous-buse, *Falco cyaneus.* — CAST., *gusart,* f. a.

COCO, s. f. Espèce de gâteau de forme oblongue et renflée ; coque, enveloppe extérieure de l'œuf; CÉV., noix, châtaigne, amande, poule en terme de nourrice ; PROV., pli qui se forme à une corde trop tendue ; touffe de cheveux lissés ; CAST., *coco de fus,* coche, entaille d'un fuseau pour recevoir le fil ; GASC., *coco-de-mil,* épi de maïs; *cocos*, s. f. p., pièces d'une serrure servant à fixer le pène.

COCO, PROV., s. f. Tablette d'osier où les paysans mettent leurs verres et leurs cuillers.

COCOMAR, s. m. V. Coucoumar.

COCOROTO, B. LIM., s. f. Coque, coquille ; écale de l'amande, de la noix, etc; au fig. tête ; *paubro cocoroto*, tête éventée. — ETY., *coco.*

COCOTO, s. f. Poulette, terme familier, qu'on applique aux personnes comme aux animaux domestiques et particulièrement à la jument ; maladie des yeux, inflammation des paupières.

COCOU, CÉV., s. m. Gueux, va-nupieds. — SYN. *coarrou*, *coucaro.* — ESP., *cuco,* ivrogne.

COCOUNA (Se), LIM., v. r. Se blottir, se tapir.

CODAULO, QUERC., s. f. V. Cadaulo.

CODE, CÉV., PROV., s. m. Caillou. V. Codou.

CODEL, QUERC., s. m. Jeune chien. V. Cadel.

CODELAR, QUERC., s. m. Jeune maladroit. — ETY. *codel.*

CODELHA, PROV., v. n. Jeter des pierres. — ETY., *code,* pierre.

CODENO, QUERC., s. f. V. Cadeno.

CO-DE-PÈD, s, m. Cou-de-pied. — SYN. *col-del-pèd.*

CODET, QUERC., s. m. V. Cadet.

CODO, CÉV., s. f. Caillou. V. Code.

CODOROSSO, B. LIM., s. f. Petite branche sèche ; au fig. personne maigre et sèche.

CODOU, CODOUL, s. m. *Codol,* caillou, galet. — SYN. *code, codo.* — CAT., *codol.* — ETY. B. LAT., *codolus,* du lat. *cotes,* caillou.

CODOULET, s. m. V. Coudoulet.

CODOULOU, GASC., s. m. V. Cordouloú.

COEITA, DAUPH., s. f. COITA, empressement.

COELHE, BÉARN., v. a. Chercher, aller quérir. — SYN *coilhe, colhe.*

COENH, BÉARN., s. m. Coin. V. Cantoú.

COEXE, BÉARN., s. f. Cuisse. V. Quèisso.

COEYTE, GASC., s. f. Couette.

COFI, B. LIM., s. m. Gros morceau; *cofi de pa,* quignon de pain.

COFO, s. f. COFA, coiffe ; forme d'un chapeau ; bonnet de nuit, couverture de tête pour les femmes ; par ext, écale, gousse, enveloppe de certains fruits : *li voli parlá dins sa cofo* , je veux lui parler tête-à-tête ; *sou pas de cofo,* ils ou elles ne sympathisent pas. — GASC., *coho* ; BÉARN., *cohe* ; CAT., ESP., *cofta* ; PORT., *coifa;* ITAL , *cuffia.* — ETY. LAT., *cofea.*

COGNOTO, QUERC., s. f. Jeune chienne. V. Cagnoto.

COGO-MORTO, cév., s. f. *Pourtá à cogomorto*, porter à chèvre-morte. V. Cabrimé; courte-échelle. V. Courcacèlo.

COGO-NIS, QUERC., s. m. V. Cago-nis.

COGORAULO, QUERC., s. f. V. Cagaraulo.

COGOUEI, LIM., s. m. COGUOT, derrière du cou, chignon, nuque. — CAT., *cogo*; ESP., PORT., *cogote*.

COHE, BÉARN., **COHO**, GASC., s. f. V. Cofo.

COICA, GASC., v. n. (coïcá). Pleurer, être inquiet, en parlant d'un enfant. — BITERR., *cainá*.

COILHE, BÉARN., v. a. V. Coelhe.

COIFFIÈ, DAUPH., v. a. Remplir. V. Cafi.

COIO, AGAT., s. f. Queue. V. Couo.

COIRE, BITERR., v. a. COIRE, COZER, cuire; *boutá coire*, mettre le pot au feu; *acò vol pa de coire*, cela demande peu de cuisson; il signifie au neutre, cuire, être cuisant; *coit, o*, part., cuit, e; BITERR., *cuech, o*. — SYN. *coyre, cose, coze, couire*. — CAT., *couxer*; ESP., *cocer*; ITAL., *cuocere*. — ETY. LAT., *coquere*.

COISSAL, QUERC., s. m. V. Caissal.

COISSO, PROV., s. f. Écuelle de bois. V. Couasso.

COITO, CAST., s. f. Cuite, cuite de pain, de briques, etc. — BITERR., *cuecho*. — ETY., s. part. f. de *coire*.

COL, s. m. COL, cou; *col de moutou*, T. de boucher, collet de mouton; *col-de-pero*, cou de grue, long cou; *col de boutelho*, goulot de bouteille; *col-trincá*, rompre le cou; *col-tort*, torticolis, hypocrite; *col*, oignon remonté, qui pousse dans l'arrière-saison du germe d'un vieil oignon, ainsi appelé à cause de la longueur de sa tige, PROV., *cebo renadivo*; *col*, du lat. *collis*, col de montagne, passage étroit entre deux montagnes. — SYN. *coch, còu, coual*. — CAT., *coll*; ESP., *cuello*; PORT., ITAL., *collo*. — ETY. LAT., *collum*.

COLA, GASC., v. a. Chômer une fête. V. Colé.

COLA, do, LIM., adj. Chauve.

COLA, QUERC., v. n. Se taire; *colassiau*, taisez-vous. V. Calá.

COLAC, COLAT, s. m. Alose. V. Alauso.

COLANCHIÉ, DAUPH., v. n. Glisser.

COLANCHON, DAUPH., s. m. Pente rapide, lieu où l'on risque de glisser.

COLAR, COLAS, s. m. Collier. V. Coulá.

COLASSADO, PROV., s. f. Calandre, ainsi appelée à cause de son collier noir. — SYN. *couloussado*. V. Calandre.

COLCA, QUERC., v. a. Battre le blé sous le pied des chevaux. V. Caucá.

COLCIDO, QUERC., s. f. V. Caussido.

COLCIÈS, QUERC., s. m. p. Guêtres, appelées aussi *goraldos*.

COLCINA, QUERC., v. a. Calciner. V. Calciná; chauler le blé, V. *Encalciná*; *terro calcinado*, terre brûlée par le soleil.

COL-CREBAT, CARC., CAST., adj. Déboîté, ée, disloqué, estropié.

COL-DEL-BLAT, GASC., s. m. Partie de la tige du blé depuis la dernière feuille jusqu'à l'épi.

COL-DEL-PÈD, s. m. V. Co-de-pèd.

COL-DE-SEGNOURO, TOUL., s. f. Figuefleur. V. Bourrau.

COLÉ, CÉV., TOUL., v. a. Chômer une fête, honorer la mémoire d'un saint. — SYN. *colre, colá*; GASC., *acolá*. — ETY. LAT., *colere*.

COLEL, QUERC., s. m. V. Calel.

CO-LÈVO, PROV., s. f. Bascule. V. Callevo.

COL-GROS, s. m. Goître. V. Gouitre.

COLHADO, QUERC., s. f. V. Calhado.

Sus un floc temperat, obout fa lo COLHADO,
Lou lach ris un moument, e lo crèmo es triado.

PEYROT.

COLHANDRO, s. f. V. Couriandro.

COLHE, BÉARN., v. a. V. Coelhe.

COLHET, s. m. Vidangeur. V. Calhet.

COLHO, NARB., s. f. Bande, troupe. V. Colo.

COLHOBO, B. LIM., s. f. Pelote de neige; caillot de sang; *colhobo de pus*, bourbillon. — ETY., *colhá*, pour *calhá*, du lat. *coagulare*.

COLHOL, o, QUERC., adj. V. Calhol.

COLIBOTS, QUERC., s. m. p. Caillebotes. V. Calibots.

COLIDOR, CAST., s. m. Corridor. V. Courredoú.

COLIMAS, QUERC., s. m. V. Calinas.

COLLÈVO, CÉV., s. f. Bascule, branloire. V. Callèvo.

COLLO, s. f. V.

COLO, s. f. Colle, matière gluante qui sert à joindre divers objets; CÉV., bailá una colo, donner une cassade, débiter des mensonges. — ESP., cola; ITAL., colla. — LAT.. colla, du grec κόλλα.

COLO, s. f. Troupe, compagnie de travailleurs ruraux dont le chef est désigné, suivant les localités, par les noms de baile, menaire, patroú, tenent, madono. Aná de colo, aller de compagnie. — NARB., colho.

COLO, PROV., s. f. COLL, colline, col d'une montagne. — SYN. coualo, coulet. — CAT., coll; ITAL., colle. — ETY. LAT., collis.

L'auro dousso que s'envolo
Di cresten de l'auto colo
Vèn Pountounejo li fiour....
V, BALAGUER, de Barcelone.

COLOBRO, s. f. V. Coulobro.

COLOM, DAUPH., s. m. COLOMB, pigeon. — CAT., colomb; ITAL., colombo. — LAT. columbus.

COLOMINO, QUERC., s. f. V. Chalamino.

COLO-PEIS, s. m. Grand esturgeon ou ichthyocolle, Accipenser husso, ainsi appelé à cause de la grande quantité de colle qu'on en retire. — SYN. copso.

COLOPHONIO, TOUL., s. f. COLOPHONIA, colophane. — CAT., ESP., ITAL, colofonia; PORT., colophania. — ETY. LAT., colophonia, résine de Colophon, ville de l'Asie Mineure.

COLOU, QUERC., s. f. V. Caloú.

COLOUS, QUERC., s. m. Trognon de chou. V. Calous.

COLRE, CÉV., v. a. Faire la fête d'un saint. V. Colé.

COL-ROUS, s. m. Canard siffleur. V. Piéulaire.

COLSES, CAST., s. m. p. Criblures de blé, de seigle, etc. — SYN. purgos.

COL-TORSE, TOUL., v. a. Tordre le cou; AGEN., col-toursá.

COL-TORT, adj. et s. Celui qui a le cou tordu, qui tient la tête penchée, au fig. cagot, hypocrite. — SYN. coltoussit.

COL-TORTO, CAST., s. f. Torcol, oiseau. SYN. col-turso.

COL-TOURSA, AGEN., v. a. V. Col-torse.

COL-TOUSSIT, BITERR., adj. et s. V. Col-tort.

COL-TRINCA, v. a. Couper le cou. — GASC., col-trincá.

COL-TURSO, s. f. V. Col-torto.

COL-VERT, BITERR., s. m. Canard sauvage proprement dit. V. Canard.

COMA, DAUPH., adv. et conj. Comme. V. Coumo.

COMBEIÉ, DAUPH., v. a. Combuger, imbiber, mouiller.

COMBIA, QUERC., V. Cambiá.

COMBIROUS. CÉV., QUERC., s. m. p. Les environs; altér. de environs.

COMBIT, GASC., s. m. Festin. V. Counvit.

COMBO, QUERC.. s.f. Jambe. V. Cambo.

COMBOJOU, QUERC., s. m. V. Cambajoú.

COMBOURI, PROV., v. n. Se consumer, s'excéder, dépérir. — SYN. coumbouri.

COME, s. m. Comite. V. Còmi.

COMEL, èlo, QUERC., adj. et s. V. Camel.

COMI, CÉV., s. m. (còmi). Come, comite, garde-chiourme. — SYN. còme, còmo. — BITERR., còmus; ITAL., comito. — ETY. B.LAT., comitus, du b.grec κόμυς, chef de navire.

COMI, ROUERG.,s.m. Chemin. V. Cami

Olerto ! olerto ! cfons, lou souleI fo comí ;
Lo nuech, noun pas lou jour, es facho per
(dourmi.
PEYROT.

COMIAS. QUERC., s. m. Manteau de cadis en forme de roulière.— ETY., augm. de comio, chemise.

COMINAL, QUERC., s. m. Chenet. V. Caminau.

COMIO, QUERC., s. f. Chemise. V. Camiso.

COMMESSURA, DAUPH., s. f. Second timon qu'on met à un chariot pour pouvoir y atteler plusieurs bœufs.

COMO, s. f. COMA, chevelure, crinière. — ANC. ESP., PORT., *coma*; ITAL., *chioma*. — LAT., *coma*.

COMO, CÉV., s. m. Comite. V. Còmi.

COMORADO, LIM., s. m. V. Camarado.

COMOYA, QUERC., v. a. V. Camaiá.

COMPAI, BÉARN., s. m. V. Coumpaire.

COMPIS, SO, QUERC., adj. Rechigné, ée, rétif, revêche, quinteux. V. Campis.

COMPISSADO, CÉV., s. f. Ruade. V. Campissado.

COMPTA, v. a. V. Coumptà.

COMPTE, s. m. COMPTE, compte, supputation, calcul. — CAT., *comple*; ESP., *cuento*; ITAL., *conto*. — ETY. LAT., *computus*.

COMPTE arrestat
Es miech pagat.

—

A tout COMPTE mescompte.
PRO.

COMUS, BITERR., s. m. Comite, garde-chiourme. V. Còmi.

CONAR, LIM., s. m. Canal V. Canal.

CONDOMINO, QUERC., s. f. V. Coundamino.

CONEGUT, ude, BÉARN., part. V. Counescut.

CONIAM, QUONIAN, s. m. Sot, imbécile, bizarre.

CONILHO, QUERC., s. f. V. Canilho.

CONIS, isso, QUERC., adj. V. Canis.

CONIS, s. m. CONIS, ancien nom de l'inule conyse ou herbe aux puces. V. Nasco.

CONOBIÈIRO, **CONOBOU**, QUERC V. Canabiéro, Canaboú.

CONOU, QUERC., s. m. V. Canoú.

CONSE, **CONSO**, **CONSOU**, s. m. Consul. V. Cossoul.

CONSOUDO, s. f. CONSOUDA, COSSOUDA, consoude, grande consoude, *Symphytum consolida*, plante de la fam. des borraginées. Noms div. : *herbo de flous, empes, aurelho d'ase, counsolo-major*. — CAT., *consolva*; ESP., *consuelda*; ITAL., *consolida*. — ETY. LAT., *consolido*, je soude; cette plante était autrefois regardée comme un puissant vulnéraire.

Et a soudar rompedura
Recep la COSSOUDA MAJOR.
BREV. D'AMOR.

Et pour souder une fracture — prends la grande consoude.

CONTE, s. m. CONTE, conte, anecdote; discours ou récit mensonger. — ESP., *cuento*; PORT., ITAL., *conto*. — ETY., s. verb. de *countá*.

CONTEL, QUERC., s. m. V. Cantel.

CONTOU, QUERC., s. m. V. Cantoú.

CONTRO, prép. CONTRA, contre, en opposition de : vis-à-vis, en face, tout auprès. Dans le dial. de Béziers, qui supprime presque toujours les nasales, on dit *costro* hors le cas où cette préposition est accolée à d'autres mots, tels que *contro-cop*, *contro-cinglou*, *contro-cor*, etc. — CAT., ESP., ITAL., *contra*. — LAT., *contra*.

CONTRO-CENGLOUN, **CONTRO-CINGLOU**, s. m. Contre-sanglon, contre-sangle, courroie clouée à un des arçons de la selle dans laquelle on passe la boucle de la sangle pour l'arrêter.

CONTRO-COP, BITERR., s. m. Contrecoup, répercussion d'un corps sur un autre; impression produite par un coup dans une autre partie que celle qui a été atteinte; au fig. événement fâcheux, déterminé par un autre événement. — PROV., *contro-còu*. — ITAL., *contraccolpo*.

CONTRO-COR (A), loc. adv. A contre-cœur, avec regret, avec répugnance. — CAT., *contra-cor*.

CONTRO-COU, PROV., s. m. (contro-còu). V. Contro-cop.

CONTROFA, **CONTROFAIRE**, v. a. CONTRAFAR, CONTRAFAYRE, contrefaire, imiter, représenter une personne ou une chose, copier les autres dans le dessein de les rendre ridicules; défigurer; *se controfà*, *se controfaire*, se contrefaire, dissimuler, feindre; se rendre difforme ; *controfach, o, part.,* contrefait, e, imité ; difforme. — BÉARN., contrahé, contrahèyt ; CAT., contrafer, contrafet ; ESP., contrahácer, contrahecho; PORT., contrafazer, contrafeyto ; ITAL., contraffare, contrafatto.

CONTRO-FENESTRO, s. f. V. Controvent.

CONTRO-PEL, CONTRO-PÈU, s. m. Contre-poil ; *à contro-pel,* loc. adv., à contre-poil, au rebours, en sens contraire. — ESP., *contrapelo*.

CONTRO-PÉS, s. m. CONTRA-PES, contre-poids, poids qui sert à en balancer un autre ; au fig. ce qui compense. — SYN. *coumpés*. — CAT., *contrapes*; ESP., *contrapeso* ; ITAL., *contrappeso*.

CONTRO-POUISOU, s. m. Contre-poison, antidote.

CONTRO-SOULEL, CONTRO-SOULÈU, s. m. Parhélie ou image du soleil réfléchi dans une nuée.

CONTRO-TEMPS, s. m. Contre-temps, accident qui nuit au succès d'une affaire et qui rompt les mesures qu'on avait prises ; *à contro-temps,* loc. adv., mal-à-propos. — CAT., *contratemps* ; ESP., *contratiompo* ; PORT., ITAL., *contrattempo*.

CONTROVENI, v. n. CONTRAVENIR, contrevenir, agir contre, transgresser ; *controvenent, o,* contrevenant, e ; *controvengut, udo,* contrevenu, e. — CAT., ESP., *contravenir* ; ITAL., *contrawenire*. — ETY. LAT., *contra* et *venire,* venir contre.

CONTRO-VENT, s. m. Contrevent, volet qu'on place en dehors des fenêtres et qui sert à garantir du vent. — SYN. *tourno-vent, contro-fenestro*. — PORT., *contravento*.

CONTRO-VERMES, s. m. Vermifuge. — ETY. LAT., *contra vermes*.

COO, BÉARN., s. m. Cœur. V. Cor.

COOS, BÉARN., s. m. Corps. V. Corps.

COP, s. m. COLP, COP, coup, impression que fait un corps sur un autre en le heurtant ; blessure, contusion ; au fig., *laid cop,* mauvaise action ; *cop d'uelh,* coup d'œil ; *douná un boun cop de dent,* manger avec appétit ; faire un bon repas ; *douná un cop de ma,* aider quelqu'un dans un ouvrage, dans une entreprise, dans ses projets ; *tène cop,* tenir bon ; au fig. ne pas reculer, ne point lâcher ; tenir tête ; *agantá lou cop,* se dit d'un malade ou d'un convalescent qui reprend ses forces, qui est décidément rétabli ; *cop de sang,* attaque d'apoplexie ; *cop de soulel,* insolation ; *tout-d'un-cop,* loc. adv., tout à coup ; *tout-en-un-cop, tout per-un cop,* tout à la fois ; *belcop,* beaucoup ; *un cop, dous cops, tres cops,* etc., une fois, deux fois, trois fois ; *un cop i aviò un home,* il y avait autrefois un homme; *cops i a, à bescops,* parfois ; *d'un cop que,* dès que ; *autre cop,* encore de rechef ; *autres-cops,* autrefois ; *tout-cop,* parfois. — PROV., *còu* ; CAT., *cop* ; ITAL., *colpo.* — ETY. LAT., *colpus,* contracté de *colaphus,* coup de poing.

COP, s. m. Courson, bois qu'on taille, tous les ans, sur les branches de la vigne et qui porte le produit de la bourre ou de l'œil ; sifflet, portion du sarment qui reste attachée au cep après la taille.

COPA, v. a. V. Coupá.

COPEJA, QUERC., v. n. V. Capejà.

COPEL, COPELADO, QUERC., s. V. Capel, Capelado.

COPIGNA, QUERC., v. a. V. Capigná.

COPIO, CÉV., s. f. Crémaillon, petite crémaillère qui s'accroche à une plus grande.

COPIOL, QUERC., s. m. *Copiol d'armado,* chef d'armée V. Capial.

COPO, s. f. Action de couper, coupe de bois, coupe de cheveux ; art de tailler les pierres, manière dont la coupe est pratiquée ; T. du jeu de cartes, séparation qu'un joueur fait en deux parties du jeu de cartes que l'autre joueur a mêlé. — ETY., *coupá,* couper.

COPO (Herbo de la), B. LIM., s. f. Joubarbe des toits, grande joubarbe. V. Barbajol.

COPO-BOURRES, s. m. Coupe-bourgeon, nom commun à plusieurs insectes destructeurs de la vigne et notamment à la pyrale, à l'eumolpe (*escrivan*), et à l'attelabe (*cigarur*). — Syn. *copo-boutoun*.

COPO-BOUTOUN, prov., s. m. V. Copo-bourres.

COPO-CAP, s. m. Casse-tête, contention d'esprit ; inquiétude, souci. — Syn. *trincament de cap*.

COPO-CEBOS, s. m. Courtilière. V. Taro-cebos.

COPO-COL, s. m. Casse-cou, brise-coup ; endroit dangereux où l'on peut facilement tomber.

COPO-CUOU, prov., s. m. Veste courte, espèce de gilet à manches. — Syn. *copo-mou*.

COPO-PA, s. m. Couteau à débiter le pain, fixé par un des bouts à un tranchoir au moyen d'un anneau. — Syn. *talho-soupo*, *talho-lesco*.

COPO-PÈS, s. m. Courtilière, ainsi appelée parce qu'elle coupe la racine des plantes. V. Taro-cebos.

COPO-TÈU, s. m. Avare, parcimonieux à l'excès, qui coupe les morceaux menus.

COPOUNA, lim., v. n. Mendier.—Éty., altér. de *capouná*, gueuser.

COPOUNA, rouerg., v. a Chaponner. V. Capouná.

Quand lous pouls son grondets, lo mestro lous
(copouno,
Lo biando ol cornobal n'es pus grasso e mil-
(houno.
PEYROT.

COPO-VEDILHOS, cév., s. m. Couteau de sage femme propre à couper le cordon ombilical. — Syn. *sègo-embounil*. — Éty., *copo*, qui coupe, *vedilho*, cordon ombilical.

COPSO, prov., s. f. V. Colo-peis.

COPUCHO, querc., s. f. Capuce, capuchon ; au fig. tête ; *bouno capucho*, bonne tête, homme de sens. — Syn. *cabocho*. V. Capucho.

COPUZA, COPUZADOU, querc. V. Capuzá, Capuzadou.

COR, s. m. Cor, cœur, viscère qui est le principal organe de la circulation du sang ; courage, fermeté d'âme, constance ; pensée intime ; dispositions secrètes de l'âme ; milieu, centre d'une chose ; *al cor de l'hiver, de l'estiéu*, au plus fort de l'hiver, de l'été ; *lou cor d'un caulet, d'uno lachugo*, le cœur d'un chou, d'une laitue ; *saupre per cor*, savoir par cœur ; *mal de cor*, mal de cœur, envie de vomir, pâmoison ; *cor*, dans cet exemple, signifie estomac.—Béarn., *coo*; cat., *cor*; ital., *cuore*. Lat., *cor*.

CORALHI, dauph., s. f. Nausée ; *avei la coralhi*, avoir des nausées. — Éty., *coralh*, du cœur.

CORASSOUN, s. m. V. Courassoun.

CORBAS, toul., s. m. Corbeau V. Corpatas.

CORBOU, CORBOUNAT, querc. V. Carboù, Carbounat.

CORCOCÉLO, cév., s. f. Croque au sel ; *manjá un artichaut à la corcocélo*, manger un artichaut cru, sans autre assaisonnement que du sel.

CORCONO, s. f. *Home de corcono*, homme de néant, vaurien. *Carcano*, qui parait être le même mot, signifie en provençal vieille femme et se prend en mauvaise part.

CORD, cév., s. m. Chanvre en cordon, manière d'habiller la filasse du chanvre du premier brin. — M. éty. que *cordo*.

COR-DE-CAPOU, cast., s. m. Espèce de cerise. V. Cor de pijoù.

COR-DE-GALINO, toul., s. m. V.

COR-DE-PIJOU, s. m. Cœur de pigeon, espèce de bigarreau qui a la forme et la grosseur d'un cœur de pigeon, produit par le *prunus bigarella*. — Syn. *cor-de-capoù*.

CORDA, v. a. V. Courdá.

CORDEI, dauph., s. m. Échaudé, espèce de gâteau. V. Chaudel.

CORDEL, s. m. V. Courdel.

CORDI, CORDINO, querc., s. Chardonneret. V. Cardino.

CORDO, s. f. *Cordá*, corde, tortis fait de chanvre, de lin, de sparte, de boyaux, etc. —Cat., port., ital., *corda*. — Éty. lat., *chorda*.

CORDOS, agen., s. f. p. Les premiers

COR (482) COR

bouts des brins de soie qu'on tire des cocons ; maladie des porcs qui leur rend les jambes raides.

CORDOULENT, o, adj. Affligé, ée; *sentiments cordoulents*, sentiments d'affliction.

CORDOULOU, s. m. CORDUELH, crève-cœur, peine, affliction : *acò fa condouloù*, cela fait mal au cœur. — SYN. *codouloù*. — ESP., *cardojo*; ITAL., *cordoglio*. — ETY. LAT., *cordolium*.

CORDUS, ROUERG., s. m. Chardon.

Caussisses un CORDUS, de bouquets entourat.
PEYROT.

CORFALI, TOUL., CÉV., v. n. S'évanouir, se pâmer. — SYN. *s'estavani*.

CORGNO, s. f. V. Cornio.

CORIOLA, MONTP, s. f. Pluvier à collier. V. Couriol.

CORIS, PROV., s. f. Porcelaine *cypræa*, genre de mollusques gastéropodes. — SYN. *boucelano*, *piéucelage*.

CORMANAT, ado, AGAT., adj. Maladif, ive, exténué.

CORMARIN, s. m. CORPMARI, cormoran, *Corbo marinus*, oiseau de l'ordre des palmipèdes qui habite les bords de la mer. — SYN. *courmouran*, *cromarin*, *scorpi*. — ETY. LAT., *corvus marinus*.

CORMO, s. f. Corme, fruit du cormier ou sorbier. — SYN. *sorbo*, *sorgo*.

CORN, BÉARN., s. m. CORN, corne ; cor, cornet, trompe. — CAT., *corn*. — LAT., *cornu*.

CORNEISSOUER, s. m. Trachée-artère chez les animaux. — B. LIM., *courniolo*.

CORNIER, ièiro, adj. V. Cournier.

CORNIFUSTIBULA, CÉV., TOUL., v. a. Troubler, fâcher, inquiéter, affliger ; *cornifustibulat*, ado, part., troublé, ée, malade de chagrin.

CORNILHE, DAUPH., s. f. Bourgeon de l'extrémité du cep.

CORNILHOU, s. m. Petite corne, petit cor ; *cornilhous*, s. m. p., gousses des pois, quand elles commencent à se montrer. — DIM. de *corno*.

CORNIO, CÉV., s. f. Cornouille. V. Acurni.

CORNO, s. f. CORN, corne, éminence qui naît sur le front de certains animaux ; partie du pied du cheval, de l'âne, etc.; épissoir, cheville qui sert à faire les épissures ; B. LIM., tuile à rebord. — ESP., *cuerno*; ITAL., *corno*. — LAT., *cornu*.

CORNOBIOU, s. m. (cornobiòu). Châtaigne classée dans les meilleures espèces avec celles qu'on appelle à Alais *doufinenco*, *pelegrino*, *finaudello* ; suivant les localités, ce mot est du genre masculin ou féminin ; il désigne aussi la vesce à fleurs jaunes, *Vicia lutea*, et la vesce hybride, *Vicia hybrida*, plantes de la fam. des papilionacées. — SYN. *carnabiol*, *carnabiòu*.

CORNO-BUDÈU, LIM., s. m. Culbute. — ANC. FR., *tourne-boelle*.

CORNO-DE-CERBI, CORNO-DE-CERF, s. f. Plantain corne-de-cerf, *Plantago coronatus*, ainsi appelé à cause de la ressemblance de ses feuilles avec un bois de cerf.

CORNO-DE-POURQUIER, AGEN., s. m. Cornet à bouquin, dont se servent les porchers pour rassembler leur troupeau.

CORNOMUSO, s. f. CORNAMUSA, cornemuse ; *cornomusaire*, s. m. joueur de cornemuse. — PROV., *carlamuso*, f. a., CARC., *boudego*, *boudegou* ; CAT. ESP., PORT., ITAL., *cornamusa*. — ETY. *corno*, cor, et *muso*, musette.

CORNOU, s. m. T. de mar., sorte de vergue dont un bout s'appuie en forme de croisssant sur l'arrière d'un mât, et dont l'autre bout est soulevé obliquement par des cordages attachés au haut de ce mât. — ETY., *corno*.

CORNOULHER, s. m. V. Acurnier.

CORNOVI, CÉV., s. m. Viette ou sarment auquel on laisse, en le taillant, un grand nombre d'yeux, afin qu'il produise beaucoup de grappes. — ETY., *corno*, corne, *vi*, vin.

COROBIRA, QUERC., v. a. V. Carovirá.

COROMADO, LIM., s. m. V. Camarado.

COROMEL, QUERC., s. m. Chalumeau. V. Caramel.

CORONLO, CÉV., s. f. Corolle, partie

de la fleur qui enveloppe les organes de la fécondation; tête d'un arbre. — Syn. *courolo*. — Ety. lat., *corolla*.

COROUBIO, s. f. V. Caroubio.

CO-ROUJO, CO-ROUSSO, s. f. Rouge-queue. V. Couo-rousso.

CORPATAS, s. m. Corb, corbeau, oiseau de l'ordre des passereaux et de la fam. des plénirostres, *Corvus corax*. Noms div. : *corbas*, *couarp*, *couerp*, *courbalas*, *courpotar*, *croupatas*, *gorb*, *gorpatas*. — Béarn., *corbaix*.

CORPATAS BLANC, nim., s. m. Corneille mantelée, *Corvus cornix*.

CORPO, cév., s. f. Fond ou poche d'un filet; dernière chambre d'une madrague: *averá la corpo*, relever la poche du filet. — Ety., κόλπος, enfoncement, pli, baie, golfe.

CORPS, s. m. Cors, corps, mêmes acceptions qu'en français; dans les idiomes agenois et toulousain, il signifie aussi cadavre; *es corps*, il est mort ou il est cadavre. — Syn. *cos*. — Béarn., *coos*; anc. cat., *cos* et *cors*; ital., *corpo*. — Lat., *corpus*.

CORPUS, s. m. *Proucessiéu del corpus*, procession de la Fête-Dieu ou du corps de J.-C.

CORPUS, prov., s. m. Jeu de palet qu'on joue avec des sous doubles ou des pièces de cinq francs.

CORQUOUISSOU, cast., s. m. Angine, maladie de la gorge.

CORRIÉU, s. m. V. Courriéu.

CORRA (Se), querc., v. r. V. Carrá.

CORREJA, querc., v. a. V. Carrejá.

CORRÈLO, querc., s. f. Poulie. V. Carrèlo.

CORRIOL, querc., s. m. Carrosse.

CORRIÈYRO, querc., s. f. Rue; *corrièyrou*, petit sentier V. Carrièiro, carrairou.

CORRUGIAN, s. m. Donzelle de la Méditerranée, *Ophidium barbatum*, poisson dont la chair est délicate. — Syn. *courugiano*, *jarralièiro*, *calignairis*.

CORS, s. m. V. Corps.

CORSOU, prov., s. m. Vesce blanche.

CORT, béarn., s. f. V. Court.

COS, gasc., s. m. Hauteur, monticule.

COS, gasc., s. m. Vase de bois. V. Cosso.

COS, toul., s. m. Corps. V. *Corps*.

COSAL, querc., s. m. V. Casal.

COSSA, querc., v. a. V. Cassá.

COSSABETS, cév., adj. Cossabens, confident; complice, coupable. — Ety., *co* pour *cum*, comme, et *sabets* pour *sabens*, sachant.

COSSEAL, COSSIAL, dauph., s. m. Méteil. V. Coussegal.

COSSEC, b. lim., adv. Aussitôt. — Syn. *cotset*.

COSSIEN, dauph., adj. Bienséant, convenable; *maucossien*, impertinent.

COSSO, gasc., s. f. Écuelle, ordinairement de bois avec une queue; grande cuiller. — Syn. *cos*. V. Casso; prov., *punière*, ancienne mesure pour les céréales contenant quatre litres environ; T. de mar., anneau de fer cannelé et garni dans sa circonférence extérieure d'une boucle de corde.

COSSO, biterr., s. f. Terrain sablonneux sur les bords de la Méditerranée. Ce mot est probablement une altération de *costo*, côte, bord de la mer. Comme le mot *costo* a une foule d'autres acceptions, *cosso* a prévalu pour ce sens particulier. C'est ainsi que pour désigner les noyaux d'olives triturées, on dit *closses*, tandis qu'on se sert du mot *closques* pour les autres noyaux, tels que ceux des pêches, des abricots, et même pour ceux des olives non encore triturées. V. Causse.

COSSOU, lim., s. m. Motte de terre.

COSSOU, s. m. V. Cossoul.

COSSOUDO, s. f. V. Consoudo.

COSSOUL, biterr., s. m. Cossol, consol, consul, ancien officier municipal. — Syn. *conse*, *conso*, *consou*, *cossiou*, *cossol*, *cossou*. — Ital., *consol*e. — Ety. lat., *consulem*. En l'an xcccxlviii, *la premieyra seminana de carema, comenset à Bezes la gran mortalitat, e comenset... al cap de la carrieyra francesa, e moriron totz los sen-*

hors cossols, els clavars, els escudiers, et apres tanta de gent que de mil non y remanian cent (CHRONIQUE DE MASCARO).

COST, GAST., s. m. Balsamite odorante. V. Tanarido.

COST, **COUST**, s. m. Cost, coût, ce qu'une chose coûte ; *lou coust levo lou goust*, la cherté d'un objet en fait perdre la fantaisie. — Cév., *costi, coustage*; ESP., ITAL., *costo*. — ETY., *coustá*.

COSTEL, QUERC., s. m. V. Castel.

COSTI, CÉV., s. m. V. Cost.

COSTO, AGEN., ARIÉG., prép. Contre ; *de costo*, auprès de ; *de costo terro*, près de la terre. — SYN. *contro, costro*.

COSTO, s. f. COSTA , côte, partie latérale de la poitrine ; nervure des feuilles de certaines plantes; charpente des ouvrages de vannerie ; pièces latérales d'un vaisseau ; rivage de la mer ; coteau ; côte des cocons de tirage, filasse ou fleuret de soie ; jonc, bague de noces sans pierrerie, suivant l'abbé de Sauvages. — ETY. LAT., *costa*.

COSTO-COUNILHÈIRO , s. f. Picridie commune ou terre grépie. — ETY. , *costo*, côte, et *counilhèiro*, des lapins , qui en sont très-friands. — SYN *couasto-counio , tourralhenco , escarpouleto*.

COSTOGNO, QUERC. , s. f. V. Castagno.

COSTRO, prép. V. Contro.

COT, AGEN., s. m. Coup, fois ; COTSET, COTSEC , loc. adv., à l'instant , tout de suite. V. Cop.

COT, BÉARN., s. m. Cou. V. Col.

COT, O, DAUPH., part. Cuit , e. — BITERR., *cuech, o*.

COTA, LIM. , v. a. Couvrir, cacher. — M. sign. que *acatá*.

COTETO , CÉV., s. f. Jeune ou petite poule; au fig. poulette , jeune fille. — DIM. de *coto*.

COTI, DAUPH. , v. a. Manger ; *u ne pot pas coti* il ne peut rien manger.

COTI, TOUL , v. a. Écourter, couper la queue; *cotit, ido*, part., écourté, ée; gentil , ille, propret , troussé. (DOUJAT).

COTO, s. f. Ce qu'on met au-devant ou au derrière de la roue d'une charrette ou d'une voiture pour qu'elle ne puisse ni avancer ni reculer, cale.

COTO , s f. Poule ; *coto-coto-coto*, cri avec lequel elle appelle les poulets. — MONTP , *couta*. — ETY., κόττος, coq.

COTOU, QUERC., s. m. Chaton de noyer, de châtaignier. V. Catoú.

COTOUNIÈIRO, QUERC. , s. f. V. Catounièiro.

COT-SEC, **COTSET** , GASC. , loc. adv. Tout à coup. — B. LIM., *cossec*. V. Cot.

COTTO, AGEN. , s. f. COTA , cotte, jupon.

COTTRINCA, GASC., v. a. V. Col-trincá.

COTTURSO, GASC., s. f. Torcol, oiseau. — CAST., *col-torto* ; BITERR., *fourmilher, fourmiguier*. — ETY., *cot*, cou, et *turso* du lat. *torsus*, tordu.

COU, ARIÉG. , s. m. adv. et conj. Co, COM, comme, de même que, ainsi que. V. Coumo.

COU, PROV., s. m. (còu). Coup. V. Cop; cou. V. Col.

COUA, CÉV., QUERC., TOUL., v. a et n. Couver, cotir ; choyer, mitonner; tarder, musarder; *couat, ado*, part., couvé, ée ; coti, en parlant des fruits : *las sorbos* ou *sorgos sou couados*, les sorbes sont devenues molles et peuvent être mangées ; charboné, s'il s'agit du blé.— SYN. *couvá*. — BITERR., *cougá* ; CAT. , *covar* ; ITAL., *covare*. — ETY. LAT., *cubare*.

COUACHO, CÉV., s. f. Bergeronnette , dite lavandière. — SYN. *cuancho*. — ETY., *couacho*, mis probablement pour *couasso*, longue queue.

COUADI, PROV., v. a. Cotir, meurtrir, en parlant des fruits ; v. n., commencer à se gâter, devenir blet, ette, mûrir; *couadis, isso*, part., couvé, en parlant des œufs; coti, gâté, blet, s'il s'agit d'un fruit. — SYN. *cougadis, covadis*. — ETY., *couá, couaihá, cougá*.

COUADO, s. f. Couvée. — SYN. *cougado*. — ITAL., *covata*. — ETY., s, part. f. de *couá*.

COUADO, B. LIM., s. f. Écuelle de bois avec une longue queue trouée par laquelle on fait écouler le liquide qu'elle contient; godet, sorte de petite écuelle. — Prov., *couasso, couesso.* — Ety., *couo.*

COUADRAT, do, GASC., adj. Carré, ée ; *orch couadrat,* orge carrée ou anguleuse, *Hordeum hexasticum,* V. Carrat.

COUADURO , CÉV. , s. f. Provin. V. Cougaduro.

COUAISSINET , PROV. , s. m. V. Couissinet.

COUAL, CÉV., s. m. Quasi ou queue de mouton. — BITERR., *cougal.* — Ety., *couo.*

COUAL, PROV., s. m. V. Col.

COUALHA, CAST., v. n. Mûrir, en parlant de certains fruits, tels que les sorbes qu'on ne peut manger que quand elles sont blettes. — SYN. *couadi.* — Ety., *couá,* cotir.

COUALHOS, CÉV., s. f. p. Couvain, celui des vers à soie ; les œufs qui tardent à éclore ; les restes d'une couvée. — Ety., *couá,* couver.

COUALO, PROV. , s. f. Colline. V. Colo.

COUAMEL , CAST., s. m. V. Coucoumel.

COUANCHO, PROV., s. f. V. Couacho.

COUANT, BÉARN., adv. et conj. V. Quand.

COUAR, PROV., s. m. V. Cor.

COUARAMENTRANT , GASC. , s. m. V. Carementrant.

COUARCHO. PROV. , s. f. Poule couveuse. — SYN. *clouco.*

COUARD, adj. et s. COART, COARDAYRE, couard, lâche, poltron. — SYN. *couardilho.* — ITAL. , *codardo.* — Ety., *couo,* queue, qui porte la queue basse.

COUARDA, v. n. Couarder, se montrer couard. — Ety., *couard.*

COUARDÈLO, s. f. V. Couardiso.

COUARDET, GASC., s. m. Petite écuelle. V. Couado.

COUARDILHO, TOUL. , s. f. La race des couards ; il signifie aussi couard : *es uno couardilho,* c'est un couard. — Ety., *couard.*

COUARDISO, s. f. COARDIA, couardise, poltronnerie. — SYN. *couardèlo.* — ITAL., *codardia.* — Ety., *couard.*

COUARÈLO, adj. f. *Poulo couarèlo,* poule couveuse. — Ety., *couá.*

COUARÈME, GASC. , s. m. Carême. V. Caremo.

COUAREMENTRA, GASC., v. n. Entrer en carême. — Ety., *couareme.*

COUARP, s. m. Corbeau. V. Corpatas.

COUARRE, s. m. Bourgeois.

COUARROU, PROV., s. et adj. V. Coucaro.

COUAS, PROV., s. m. Petite cabane de chaume ; menthe verte appelée aussi *couest.* V. ce mot.

COUASSIER , CÉV. , s. m. Berger qui garde séparément les agneaux qui ne peuvent pas suivre le troupeau.

COUASSO, CÉV., PROV., s. f. Écuelle de bois sans anses, sébile ; égrugeoir en bois ; ancienne mesure pour les grains ; cuiller à arroser faite d'une moitié de calebasse emmanchée d'un long bâton. — B. LIM., *couado* ; PROV., *coïsso, couesso, cousset.* — Ety., augm. de *couo,* longue queue.

COUASTO, COUASTO-COUNIO, PROV., s.f. V. Costo *et* Costo-counilhèiro.

COUAT, PROV., adj. Coi, tranquille. V. Couet.

COUATA , v. a. Donner des taloches. V. Caloutá.

COUATE, GASC., adj. num. Quatre. V. Quatre.

COUATEJA, v. n. Remuer vivement la queue ; quoailler, en parlant des chevaux ; frétiller comme fait le poisson hors de l'eau. — GASC., *couejá* ; BITERR., *cougalejá.* — Ety., *couato,* dim. de *couo,* queue.

COUATEJAIRE , s. m. Qui remue vivement la queue. — Ety., *coualejá.*

COUATO , s. f. Petite queue. — SYN. *couguelo.*

COUBEA, COUBEJA, v. a. Convoiter. V. Coubezejá.

COUBERT , o, part. de *coubri.* Couvert, e ; s. m. , couvert, toit, maison. — SYN. *couvert, cubeart, cubearto,* cubert. — CAT., *cubert*; ESP., *cubierto*; ITAL., *coperto*.

Que demoro joust soun COUBERT,
Se res noun gagno, res noun perd.
PRO.

COUBERTO, s. f. CUBERTA, couverture de lit; linteau; chartil ou appentis qui sert de remise; porche d'une église; couverte, vernis de la faïence et de la poterie; T. de mar., pont supérieur d'un navire. — SYN. *cuberto*. — CAT., PORT., *cuberta*; ESP., *cubierta*; ITAL., *coperta*. — ETY., s. part f. de *coubri*.

COUBERTOU, s. m. Couvercle, tout ce qui sert à couvrir et à fermer. — SYN. *couvertoun*, *cubertoù*. — ESP., *cobertor*; ITAL., *coperto*. — DIM. de *couberto*.

COUBERTOUIRO, CAST., s. f. Grand couvercle, couvercle de marmite. — SYN. *coubertoulo*, *coubertoù*, *cubertouire*, *cubertouro*.

COUBERTOULO, NARB., s. f. V. Coubertoù.

COUBÉS, éso, adj. COBES, COBEITOS, envieux, euse, cupide. — ANC. CAT., *cobes*; PORT., *cobiçoso*. — ETY. LAT., *cupidus*.

COUBESSEJA, v. a. V.

COUBEZEJA, v. a. COBEZEJAR, convoiter, désirer ardemment, regarder avec convoitise; *courbezejat*, *do*, part., convoité, ée, envié, recherché. — SYN. *coubeá*, *coubejá*. — ANC. CAT., *cobejar*. — ETY., *coubés*.

COUBEZENSO, s. f. COBEZEZA, convoitise, avidité. — CAST., *coubezié*; QUERC., *coubezio*; CAT., *cobezeza*. — ETY., *coubés*.

COUBEZIÈ, COUBEZIO, s. f. V. Coubezenso.

COUBI, O, B. LIM., adj. Importun, e, demandeur, quêteur, parasite.

COUBIDA, v. a. V. Counvidá.

COUBINA, AGEN., v. a. V. Counvidá.

COUBIOUS, O, PROV., adj. Soigneux, euse, économe. Ce mot paraît être une altération de *gaubious*, dérivé de *gaubi*, biais, adresse.

COUBLE, s. m. V. Couple; *couble-decebós*, glane d'ognons. — SYN. *rest*.

COUBLE, CÉV., s. m. Peau de veau tannée; *soulier de couble*, soulier fait avec du gros cuir blanc de veau.

COUBLE, PROV., s. m. Une paire de mules, de chevaux. V. Couplo.

COUBLET, GASC., s. m. Ferrure de porte ou de fenêtre; penture. — SYN. *doublisset*, *travet*. — CÉV., solive. V. Couple.

COUBLO, s. f. V. Couplo.

COUBRI, v. a. COBRIR, CUBRIR, couvrir, mettre une chose sur une autre pour la cacher, la conserver, etc.; garantir, mettre à l'abri; saillir, en parlant de certains animaux; au fig. voiler, excuser; *se coubri*, v. r., se couvrir, mettre son chapeau sur sa tête; s'obscurcir, en parlant du temps — BÉARN., *croubi*; TOUL., *crubi*; QUERC., *cubri*, *curbi*; CAT., ESP., PORT., *cobrir*, *cubrir*; ITAL., *coprire*. — ETY. LAT., *cooperire*.

COUBRISOUS, CAST., s. f. Semailles, temps où l'on sème. — ALB., *crubizous*, *curbizous*. — ETY., *coubri*, couvrir.

COUBRO-FIOC, s. m. Couvre-feu, ustensile de fer qu'on met devant le feu; autrefois, coup de cloche qui marquait l'heure où chacun devait se retirer dans sa maison, et éteindre feu, et lumière.

COUBRO-PÈD, s. m. Couvre-pied, petite couverture qu'on met sur les pieds.

COUBUELLI, PROV., s. m. Coqueluche, toux violente qui attaque principalement les enfants.

COUCA, CÉV., v. a. Cocher, entailler; faire la cannelure à un fuseau; *coucat*, *ado*, part., entaillé, ée. — CÉV., *mescoulá*. — ETY. ROMAN., *coca*, du b. bret. *coch*, entaille.

COUCA, PROV., v. a. et n. Coucher. V. Coulcá.

COUCADO, s. f. Couchée. V. Coulcado.

COUCADOUIRO, PROV., s. f. Lit. — ETY., *coucado*, part. f. de *coucá*.

COUCAGNO, s. f. V. Caucagno.

COUCAIRE, CAST., s. m. Marchand de gâteaux, de ceux qu'on appelle *cocos*. V. ce mot.

COUCAIROU, CÉV., s. m. Culot, dernier éclos d'une couvée. — SYN. *cago-nis*.

COUCALOS, s. f. p. Durillons, petits calus. — ETY., κόκκαλος, pignon, auquel ressemblent les durillons.

COUCARAIO, **COUCARALHO**, s. f. La canaille en général, bande de gueux, de vagabonds, de femmes perdues. — B. LIM., couçeralho. — ETY., coucaro.

COUCARAS, asso, adj. et s. Très-mauvais gueux, femme de très-mauvaise vie, femme dévergondée. — AUGM. de coucaro.

COUCAREL, ėlo, CÉV., adj. Agréable, gentil, caressant, mignon ; coquet, éveillé, galant. — SYN. cocarel, coucarèu, coucourel, coucourèu, fricaud, fricaudel.

COUCAREL, TOUL., s. m. Épi de maïs, V. Coucaril. CÉV., escargot, V. Cagarol.

COUCARÈLO, CÉV., s. f. Nombril de Vénus, plante. V. Escudet ; cône de pin ou de sapin ; escargot, V. Cagarol.

COUCARÈU, PROV., s. m. Pivoine officinale. V. Piouno.

COUCARIL, CAST., s. m. Épi de maïs dépouillé de ses grains, rafle de maïs. — SYN. couquarel, couquet.

COUCARO, CÉV., s. f. Bavolet, coiffure de paysanne.

COUCARO, **COUCAROU**, **COUCARROU**, s. m. et f. Gueux, euse, mendiant, va-nu-pied, gredin, femme de mauvaise vie ; mena uno vido de coucaro ou coucarou, mener une mauvaise vie, une vie de vagabond, de fainéant. — BÉARN., coarrou. — ETY. ESP., cucarro, ivrogne.

COUCEDO, s. f. COCENA, couette, lit de plumes. — PROV., coucèro ; CÉV., coulse, coutseno ; AGEN., couïno ; TOUL., cousseno ; BORD., cousti ; B. LIM., coustio. — ETY. LAT., culcita.

COUCÈRO, PROV., s. f. V. Coucedo.

COUCH, TOUL., CÉV., adj. m. Coi, immobile : está couch, rester coi, se taire ; se coucher le ventre contre terre, en parlant d'un chien ; fa couch, faire coucher, faire rester immobile. — ETY., couchá, dont couch est subst. verbal.

Mes toutis estan couch à ma soulo presenso.
GOUDELIN.

COUCHA, v. a. COCHAR, COICHAR, COITAR, presser, chasser, pousser devant soi des animaux pour les contraindre à marcher ; couchá las bestios, toucher les bêtes, couchá lous mouissals, chasser les moucherons ; se couchá, v. r., se hâter ; se faire couchá, se faire suivre, en parlant des femelles en rut poursuivies par les mâles.

COUCHA, **COUCHADO**. V. Coulcá, Coulcado.

COUCHA (Se), v. r. Se faire une masse au jeu.

COUCHADO (De), loc. adv. A la hâte, avec précipitation, promptement. — ETY., part. f. de couchá, hâter, presser.

COUCHADOS, GASC., s. f. p. Espèce de jeu grossier où les deux lutteurs se débattent jusqu'à ce que le plus fort ait couché l'autre par terre, c'est ce qu'on appelle, hé à las couchados. — ETY., part. f. de couchá.

COUCHAIRA, v. a. COCHAR, pourchasser, poursuivre ; tâcher de se rendre maître d'un objet que l'on désire. — ETY., fréq. de couchá, poursuivre.

COUCHAIRE, s. m. Celui qui presse, qui pousse devant lui, qui excite. — ETY., couchá.

COUCHAIRO, CÉV. s. f. Levain, morceau de pâte aigrie qui fait fermenter celle qu'on pétrit. — SYN. couchairoú, couchèiroun, levame, levat. — ETY., couchá, hâter, presser ; le levain hâte, en effet, la fermentation de la pâte.

COUCHAIROU, TOUL., s. m. V. Couchairo.

COUCHA-JOURNAL, B. LIM., s. m. (coutsa-dzournal). La première chose qu'on s'empresse de faire en commençant la journée. — ETY., couchá, hâter, et journal, journée.

COUCHARÈLO, adj. f. Houro coucharèlo, heure du coucher. — ETY., couchá.

COUCHEIROUN, PROV., s. m. V. Couchairoú.

COUCHESSA, GASC., v. a. Altér. de counfessá.

COUCHI, AGEN., s. m. Coussin ; BÉARN., couchin. V. Couissi.

COUCHINO (Poumo), adj. f. Pomme d'api.

COUCHO, cév., s. f. Coita, hâte, diligence; poursuite; *ai coucho*, je suis pressé; *de-coucho-en-coucho*, loc. adv., à la hâte, — Syn. *coutso*. — Ety., *couchá*, presser, hâter.

COUCHO-CAREMO, s. m. Crécelle et tout instrument dont on se sert pour faire du bruit aux offices des Ténèbres. — Ety., *coucho*, qui chasse, *caremo*, le carême.

COUCHOCHA, cév., s. f. Grive litorne. V. Chaco.

COUCHO-CHIS, s. f. Bedeau d'église. — Syn. *casso-gousses*. — Ety., *coucho*, qui chasse, *chis*, les chiens.

COUCHO-MOUSCOS, s. m. Émouchoir, filet qu'on met sur un cheval pour le garantir des piqûres des mouches.

COUCHOLO, cév., s. m. Gourme, suppuration qui découle des naseaux des jeunes chevaux. V. Gourmo.

COUCHOUDO, cast., s. f. (couchòudo). Joubarbe. V. Barbajol.

COUCHOUIRAL, cév., s. m. Vin précoce, fait avant la publication du ban des vendanges. — Querc, *couchouirel*. Ety., *couchá*, hâter, d'où *couchouiral*, hâtif.

COUCHOUIRE, o, cév., adj. Qui cuit facilement : *cezes couchouires*, pois-chiches de facile cuisson. — Syn. *couxiboul*; biterr., *de bouno cuèrho*. — Ety., *couchous*, formé de *coucho*, hâtif.

COUCHOUIREL, querc., s. m. Vin précoce, fait avec des raisins qui mûrissent les premiers et qui commencent à se gâter. V. Couchouiral.

COUCHOUS, o, cév., adj. Cochos, empressé, ée, diligent, e; rapide. — Ety., *coucho*, hâte.

COUCHURO, s. f. Salaire en nature que reçoivent les ouvriers employés à faire les récoltes et particulièrement celle du blé. — Ety., *coucho*, hâte, diligence.

COUCHYLIS, s. f. Cochylis de la grappe, *Cochylis omphaciella*, connu autrefois sous le nom de *ver coquin*, qui cause les plus grands dégâts dans les vignes. Elle se reproduit deux fois dans la même année, au mois de mai et vers le 15 juillet; la première éclosion a lieu dans les feuilles, la seconde dans les grains que l'insecte dévore; il coupe aussi le pédoncule de la grappe qui se flétrit et se dessèche immédiatement. La chenille de la cochylis ressemble à celle de la pyrale, mais elle est plus épaisse. Nos paysans lui donnent le nom de *verme*.

COUCI, cév., v. a. Hacher. V. Coussi.

COUCOU, COUCOUN, s. m. Cocon du ver à soie; œuf, en terme de nourrice; oronge en boule ou à demi développée, qui ressemble à un œuf; agen., espèce de gâteau; agat., datte, fruit du palmier; coucou, oiseau. V. *Coucut*. C'est aussi le nom d'un jeu de cartes.

COUCOUARO, dauph., s. f. Hanneton. — Syn. *coucourou*.

COUCOUDESCO, toul., s. f. Coquerico, cri ou chant du coq ou de la poule; *fa la coucoudesco*, coqueler. — Syn. *coucouresco*; cast., *coulicoutesco*. — Cév., *coucouroucoù*.

COUCOUGNA, cév., v. a. Dorloter, mignoter, soigner avec affectation; *se coucougná*, v. r., se dodiner. — Syn. *coucouná, coucounejá, coucoutá*.

COUCOUGNA, do, part. Dorloté, ée, mignoté, homme qui se dodine, qui s'écoute trop; par ext., sot, niais; bigot, superstitieux.

COUCOULA, agen., v. a. V. *Coucougná*; il signifie aussi ensorceler.

COUCOULHADO, cév., s. f. Alouette huppée. V. Cauquilhado.

COUCOULOUCHA, prov., v. a. V. Coucoulucha.

COUCOULOUMASSO, prov., s. f. Momordique. V. Councoumbre d'ase.

COUCOULOUMOUCHOU, agat., s. m. Chignon, cheveux du derrière de la tête relevés sur l'occiput. V. Coucoulouchoù.

COUCOULUCHA, v. a. Combler, remplir jusque sur les bords. — Syn. *coucoulouchá, coucourouchá*.

COUCOULUCHOU, s. m. Comble, le surplus d'une mesure; sommet d'une montagne; par ext., chignon; coqueluche. — Syn. *coucougnoù*, chignon. —

ETY. LAT., *cuculliunculus*, capuchon, et par analogie tout ce qui se termine en pointe comme un capuchon.

COUCOUMAR, s. m. Coquemar, bouilloire, vase dont on se sert pour faire bouillir de l'eau. — ITAL., *cogoma*. — ETY., *cucuma*, chaudron.

COUCOUMASSO, COUCOUMBRASSO, PROV., s. f. Momordique. V. Councoumbre d'ase.

COUCOUMBRE, s. m. V. Councoumbre.

COUCOUMEL, s. m. V. Coucoumèlo.

COUCOUMELASSO, PROV., s. f. Bryone dioïque. V. Briouino.

COUCOUMÈLO, s. f. Nom de plusieurs espèces de champignons; *concoumèlo blanco*, oronge blanche, *Agaricus ovoïdes albus*; *coucoumèlo jauno*, oronge jaune, *Agaricus aurantiacus*, appelée aussi *iranjado, iranjel, coucoun, roumanel, rouget*. — SYN. *couamel, coucoumel, cougoumèlo*. — ESP., *cogomelo*; PORT., *cogumelo*. On donne aussi le nom de *coucoumèlo* au nombril de Vénus. V. Escudet.

COUCOUNET, s. m. Jeu de la fossette; *jougá al coucoumet*, jouer à la fossette. — SYN. *bot*.

COUCOUMÈU, PROV., s. m. Fer de toupie. — SYN. *cassou*.

COUMOUMILHO, CÉV., s. f. V. Camoumilho.

COUCOUNA, v. a. Dorloter. V. Coucougná; v. n., former le cocon, en parlant des vers à soie; pondre, s'il s'agit d'une poule. — ETY., *coucoun*, cocon, œuf.

COUCOUNALHO, s. f. Les cocons en général. — ETY., *coucoun*.

COUCOUNAT, ado, part. Dorloté, ée, dodiné, gâté, en parlant d'un enfant.

COUCOUNEIRO, s. f. V. Coucounièiro.

COUCOUNEJA, CÉV., v. a. Dorloter. — FRÉQ. de *coucouná*.

COUCOUNET, s. m. Enfant gâté; homme douillet, mou, efféminé. — SYN. *coucounier*. — ETY., *coucouná*. Il signifie aussi petit cocon.

COUCOUNIÈIRO, s. f. Coquetier; ovaire de la poule ou de tout autre animal; magnanerie, lieu où l'on élève les vers à soie. — ETY., *coucoun*.

COUCOUNIER, CÉV., s. m. Coquetier, marchand d'œufs et de volaille; il est aussi synonyme de *coucounet* et se dit d'un homme mou, efféminé. — ETY., *coucoun*.

COUCOURDIER, s. m. Lieu planté de courges. V. Cougourlier.

COUCOURDO, PROV., s. f. V. Cougourlo.

COUCOUREL, COUCOURÈU, èlo, cév., PROV., adj. et s. Poupon, pouponne, gentil, elle, agréable. — SYN. *coucarel*.

COUCOURELET, s. m. Petit coquemar, petite coupe, petit verre.

COUCOURELETO, PROV., s. f. Coupelle, petit vase; nombril de Vénus, plante, V. Escudet.

COUCOURÈLO, s. f. Figue petite violette qui mûrit vers le milieu de l'été; aristoloche, V. Fauterno.

COUCOURESCO, s. f. Coquerico. V. Coucoudesco.

COUCOURÈU, èlo, adj. sot, sotte, niais, imbécile; pâle, en parlant du soleil. V. Coucourel.

COUCOURLIER, NIM., s. m. V. Cougourlier.

COUCOURLO, GASC., s. f. Nom de l'agaric du panicaut. V. Couderlo.

COUCOUROU, s. f. Hanneton blanc. — DAUPH., *coucouaro*.

COUCOUROUCHA, PROV., v. a. V. Coucouluchá.

COUCOUROUCHOU, PROV., s. m. V. Coucouluchou.

COUCOUROUCOU, CÉV., TOUL., s. m. Coquerico. V. Coucoudesco.

COUCOUROUGNOU, GASC., s. m. Têtard, nymphe de la grenouille. — SYN. *testo d'ase, padeno*.

COUCOUROUMASSO, s. f. Momordique. V. Councoumbre d'ase.

COUCOUROUS, PROV., s. m. Trolle d'Europe. V. Herbo dóu coucoun.

COUCOURUCHOU, s. m. V. Coucouluchou.

COUCUCH, GASC., s. m. V. Coucut.

COUCUDO, CAST., s. f. Narcisse des prés, primevère. V. Coucut.

COUCUDO, B. LIM., AGEN., s. f. Ciguë. V. Cigudo.

COUCULHADO, s. f. V. Cauquilhado.

COUCURLO, AGEN., s. f. Courge. V. Cougourlo.

COUCUS, cév., s. m. Muscari. V. Barralet.

COUCUT, s. m. Cogul, coucou d'Europe, *Cuculus canorus*, oiseau de l'ordre des grimpeurs et de la fam. des cunéirostres; on donne le même nom au coucou huppé, *Cuculus glandarius*, qui se montre rarement dans nos contrées. — MONTP., cougau; PROV., cous, couguou, couguiéu; CAT., cugul, ESP., cuchillo; ITAL., cuculo. C'est le chant de cet oiseau qui lui a fait donner le nom qu'il porte.

Al temps del coucut
Lou mati bagnat e lou vèspre essuch.
PRO.

COUCUT, s. m. Cocuc, cocu, mari d'une femme infidèle; TOUL., narcisse des prés et en général toutes les plantes dont les fleurs sont jaunes; dans la Gascogne, on appelle ainsi la primevère officinale, la digitale et le trolle d'Europe. — CAST., coucudo.

COUDASQUEJA, cév., v. n. Caqueter; on le dit au propre du cri de la poule qui veut pondre. — GASC., coudouscá, dont *coudasquejá* est la forme itérative.

COUDAT, ado, adj. Gras-cuit, mal levé, en parlant du pain. — BITERR., acoudit; TOUL., acoudat.

COUDE, PROV., s. m. Coude; B. LIM., demi-aune, ancienne mesure. V. Couide.

COUDE, BÉARN., s. f. Queue. V. Couo.

COUDEJA, v. a. V. Couidejà.

COUDELÉ, NIM., s. m. CODOL, galet, caillou des rivières. — SYN. codoul, codoulet. — CAT., codol — DIM. de code, caillou.

COUDEN, AGEN., s. m. Dosse, planche sciée d'un côté et équarrie seulement de l'autre; la première et la dernière planche d'une pièce de bois équarrie. — SYN. escouden. — ETY., coudeno, couenne, peau.

COUDENA, v. n. Se couvrir d'une couenne grasse comme celle du porc, s'engraisser. — ETY., coudeno, couenne.

Tircis toujour gambadavo
Fasié boundi sous troupel,
Ero gras que COUDENAVO
Cabié pas dedins sa pel.
ANO, de Frontignan.

COUDENAS, s. m. Grosse et vilaine couenne; au fig. personne sale et crasseuse; champ aride d'une grande étendue. — AUGM. de coudeno. V. Couden, Escouden.

COUDENO, s. f. CODENA, couenne, peau de cochon raclée; *arri-coudeno*, loc. triviale dont on se sert pour faire avancer un âne. — ITAL., codenna. — ETY. LAT., cutanea, dérivé de cutis, peau.

COUDER, COUDERC, COUDERT, s. m. CoDERC, CONDERC, autrefois, pâturage communal; aujourd'hui petite place avec une pelouse, souvent entourée d'une haie, au-devant d'une maison de campagne; petit jardin attenant à l'habitation du maître; à Cahors, champ dont la récolte vient d'être faite. — B. LAT., codercum.

COUDERLO, TOUL., s. f. Agaric du panicaut; SYN. coucourlo. V. Brigoulo. Dans le dictionnaire castrais de Couzinié, ce nom désigne la noix vomique et une espèce de cresson; couderlos, s. f. p., poires et pommes tapées.

COUDERLOU, TOUL., s. m. Agaric oreillette, *Agaricus auricula*. — DIM. de couderlo.

COUDIAL, BITERR., s. m. Espèce d'étui, de bois, de fer-blanc que le faucheur suspend à sa ceinture, dans lequel il met la pierre à aiguiser et de l'eau pour la mouiller. — CAST., cév., coudièiro, coudier, coudiou, coulièro; B. LIM., coudièiro; AGEN., coup, couyé. — ETY., codoù, pierre.

COUDIAL, O, BITERR., adj. et s. Niais, e, imbécile. — SYN. coudiau, coudouèlo. V. ce dernier mot.

COUDIÈIRASSO, B. LIM., s. f. Bryone ou couleuvrée. V. Briouino.

COUDIÈIRO, COUDIER, s. V. Coudial.

COUDIGNADO, LIM., s. f. Coup de coude.

COUDINE, **COUDINEY**, GASC., s. m. V. Cousinier.

COUDINO, GASC., s. f. V. Cousino.

COUDIOU, CÉV., s. m. V. Coudial.

COUDIS-COUDASCO, CÉV., s. m. Cri de la poule qui veut pondre. — ONOMATOPÉE.

COUDOLO, CÉV., s. f. Pain azyme. V. Caudolo.

COUDOUÈLO, PROV., s. f. Niais, e, imbécile; *jan-coudouèlo*, ancien jeu d'enfants. — SYN. *coudial*, *coudoulet*, niais.

COUDOUGNADO, CAST., s. f. Cognassier. V. Coudounier.

COUDOUGNAT, AGEN., CÉV. s. m. Confiture de coings. V. Coudounat.

COUDOUGNER, **COUDOUIGNER**, **COUDOUGNIÈIRO**. V. Coudounier, Coudounièiro.

COUDOUIS, s. m. Reste d'une charge de charbon qu'on n'a pu vendre, résidu en général. — SYN. *coudous*.

COUDOUISSA, CÉV., v. a. Coudoyer. V. Couidejá.

COUDOUISSAMENT, CÉV., s. m. V. Couidejament.

COUDOUITRE, PROV., s. m. Pièces d'étoffe superposées et grossièrement cousues.

COUDOULET, s. m. Petit caillou; il signifie aussi niais, imbécile, et il est synonyme de *coudouèlo*, *coudial*. — SYN. *codoulet*. — ETY., dim. de *codoul*.

COUDOULHÈIRO, CÉV., s. f. Grève, lieu pierreux. — ETY., *codoul*, caillou.

COUDOUMBRE, CÉV., s. m. V. Councoumbre.

COUDOUN, s. m. CODOING, coing, fruit du cognassier; au fig. grand chagrin, poids douloureux qu'on a sur le cœur. — GASC., *coudouy*, *cougoumet*; CAT, *codony*; ITAL, *cotogna*. — ETY. LAT., *coloneum*.

COUDOUNA, PROV., v. a. Attraper quelqu'un; ce mot sert à déguiser une expression peu décente qui a le même sens.

COUDOUNAT, s. m. COTIGNAC, confiture, gelée de coings. — CÉV., *coudougnat*; CAT., *codonyat*; ITAL., *cotognato*. — ETY., *coudoun*.

COUDOUNIÈIRO, s. f. Lieu planté de cognassiers, haie de cognassiers. — ETY., *coudoun*.

COUDOUNIER, s. m. CODONHIC, cognassier, *Cydonia communis*, de la fam. des rosacées. — TOUL., *coudouigner*; CAST., *coudougnado*; CAT., *codonyer*; ITAL., *cotogno*. — ETY., *coudoun*.

COUDOURE, PROV., s. m. Pomme de pin resserrée par l'humidité.

COUDOUROUSSOU, B. LIM., s. m. Petite branche sèche. — DIM. de *codorosso*.

COUDOUS, CÉV., s. m. Surcharge d'une bête de somme; *boutá per coudous*, mettre par surcharge; au fig. berger en second; passe-volant. V. Coudouis.

COUDOUSCA, GASC., v. n. Chanter comme la perdrix. — ONOMATOPÉE.

COUDOUY, GASC., s. m. V. Coudoun.

COUDRA, CAST., v. a. Brasser les cuirs, les remuer dans la cuve avec le tan, les tremper dans une dissolution de noix de galle.

COUDRILHO, TOUL., s. f. Camarade; marmaille ou troupe de petits enfants; CAST., coterie, assemblée, engeance; *acò's de la mèmo coudrilho*, c'est la même engeance. — PROV., *coutrio*.

COUÉ, s. m. *Ouèu-couè*, nichet, œuf qu'on met dans les nids préparés pour la ponte des poules.

COUÉ, GASC., s. m. Cuir. V. Cuier.

COUECHO, GASC., s. f. V. Queisso.

COUEDOU, PROV., s. m. V. Codou.

COUEI, **COUEL**, s. m. V. Col.

COUEIJA, LIM., v. a. Coucher. V. Couejá.

COUEIT, O, GASC., part. Cuit, e. V. Cuech.

COUEJA, v. a. Coucher, étendre sur la terre. — LIM., *coueijá*.

COUEJA, GASC., v. n. V. Couatejá.

COUÉ-LEVO, PROV., s. f. Bascule. V. Callèvo.

COUELHE, GASC., v. a. V. Culi.

COUELHEDE, GASC., adj. Qui peut être cueilli. V. Culidoú.

COUELHE-ROUS, PROV., s. m. Rouge-gorge. V. Barbo-rous.

COUÉLO, **COUEL-TORT**, **COUEL-VERT**, PROV., s. V. Colo, Col-tort, Col-vert.

COUEN, CÉV., s. m. Couvain des abeilles, larves de ces insectes attachées au fond des alvéoles des rayons de cire. — ETY., *couá*, couver.

COUEN, B. LIM., Angle. V. *Cantoú*; coin à fendre le bois. V. Cun.

COUÈNO, TOUL., s. f. Ce mot ne s'emploie que dans cette phrase triviale : *bailá¡la couèno*, bailler une bourde, une cassade.

COUENTE, BÉARN., s. f. Affaire, souci ; *couento*, GASC., embarras ; hâte, précipitation.

COUENTRO, PROV., prép. V. Contro.

COUER, PROV., s. m. Cœur ; *couer de lin*, *de canebe*, premier brin du lin, du chanvre ; *couer-sun-couer*, toile entièrement composée du premier lin ; BÉARN., cuir. V. Cuier.

COUER, MONTP., s. m. Saut, bond, exercice de gymnastique.

COUÉRALHO, B. LIM., s. f. Gueusaille, truandàillle. — BITERR., *coucaralho*. — ETY., *couèro*.

COUERDO, PROV., s. f. V. Cordo.

COUEREJA, B. LIM., v. n. (coueredzá). Mendier, vagabonder. — ETY., *couèro*.

COUÈRO, **COUÈROU**, B. LIM., adj. Mendiant, e, vagabond, gueux de profession. — BITERR., *coucaro*, *coucarou*; BÉARN., *coarrou*.

COUERP, PROV., s. m. V. Corpatas.

COUESSO, PROV., s. f. V. Couasso.

COUEST, PROV., s. m. Menthe verte, *Mentha viridis*, plante de la fam. des labiées. — SYN. *couas*, *mento de pous*.

COUEST, **COUESTA**, PROV., V. Cost, Coustà.

COUESTO, s. f. V. Costo.

COUET, DAUPH., adj. Coi, tranquille ; stupéfait ; déçu. — SYN. *couat*. — ETY. LAT., *quietus*.

COUET, o, part. Cuit, e. V. Cuech.

COUETO, s. f. Petite queue. — SYN. *couato*, *cougueto*. — PROV., nuque, coup sur la nuquel, appelée en roman *coeta*.

COUETO-DE-CHIROUNDO, s. f. V. Couo d'hiroundo.

COUETO-DE-LAPIN, s. f. Lagurier d'Europe, *Lagurus ovatus*, ainsi appelé à cause de la forme de son épi.

COUETO-ROUJO, CÉV., s. f. Rossignol de muraille, rouge-queue. V. *Couo-rousso*; *grosso coueto-rousso*, merle de roche, V. Merle rouquier.

COUÈU, **COUÈY**, GASC., s. m. Cuir. V. Cuier.

COUÈYTIU, IVO, GASC., adj. Facile à cuire. — SYN. *couiliéu*.

COUÈYTOUIA, GASC., v. a. Mitonner, préparer avec soin.

COUFA, v. a, Coiffer, couvrir, orner la tête avec ce qui sert à la couvrir ; arranger les cheveux ; au fig. attraper, duper ; *se coufá*, v. r., se coiffer, se couvrir la tête, s'arranger les cheveux ; au fig. s'engouer, s'infatuer de...., se coiffer, s'enivrer ; *coufat*, *ado*, part., coiffé, ée ; dupé, prévenu en faveur d'une personne ; *nascut coufat*, né coiffé, c'est-à-dire heureux. — PROV., *couifá*; GASC., *couhá*, *couyá*. — ETY., *cofo*.

COUFADO, s. f. Plein une manne, un cabas. — ETY., *coufo*.

COUFADURO, CARC., s. f. Coiffure, — ETY., *coufá*.

COUFAGE, s. m. Tout ce qui regarde la coiffure. — CARC., *coufat*. — ETY., *coufá*.

COUFAGE, B. LIM., s. m. (coufadze). Coin du feu, recoin, pièce du rez-de-chaussée où l'on fait la lessive. — SYN. *coufin*. — ETY., altér. de *caufage*.

COUFAL, TOUL., s. m. Soufflet, tape, claque. — GASC., *couhat*. — ETY., *coufá*, coiffer.

COUFAT, CARC., s. m. Tout ce qui concerne la coiffure. V. Coufage.

COUFESSA, **COUFESSAIRE**, **COUFESSIÉU**, **COUFESSOU**. V. Counfessá, etc.

COUFET, s. m. Petite coiffure ; bonnet à pli de tête qui ne sert qu'à contenir les cheveux ; petit bonnet d'enfant. — Dim. de *cofo*.

COUFETO, s, f. Petite coiffe ; *fa coufeto*, se coiffer ; s'enivrer. — Cast., *coufolo* ; cat., *cofieta* ; ital., *cuffieta*. — Dim. de *cofo*.

COUFI, COUFIMENT, COUFITURO. V. Counfi, etc.

COUFIN, s. m. Cofin, coffin, cabas à deux anses, cabas de sparte. — Syn. *coufo*. — Cat., *cofi* ; esp., *cofin*. — Ety. lat., *cophinus*, de χόφινος, corbeille, panier.

COUFIN, toul., cév., s. m. Coin, recoin, coin du feu, — B. lim., *coufage*.

COUFINET, COUFINETO, s. Petit cabas. — Dim. de *coufin*.

COUFIT, ido, part. Altér. de *cafit*. V. Cafi.

COUFLA, biterr., v. a. Gonfler, rendre enflé : *las moungetos couflou l'estoumac*, les haricots gonflent l'estomac ; au fig., *couflá quauqu'un*, souffler aux oreilles de quelqu'un, l'indisposer contre une autre personne ; *se couflá*, v. r., se gonfler, se boursoufler ; *se couflá de vitalho*, se gorger de viandes, s'empiffrer ; au fig. se rengorger, s'enorgueillir ; *couflat, ado*, part., enflé, ée, boursouflé ; empiffré. — Syn. *cloufá*. — Prov., *gounflá* ; cév. *boudufla* ; querc., *couflourá* ; ital., *gonfiare*. — Ety. lat., *conflare*.

COUFLADISSO, cév., s. f. Gonflement, enflure ; au fig. ressentiment. — Syn. *couflige, gounfluge*. — Ety., *couflá*.

COUFLAGE, cév., s. m. Grande ripaille. — Syn. *gounflage*. — Esp., *couflá*.

COUFLE, o, adj. Gonflé, ée, enflé, plein, dodu ; *es coufle coumo un pesoul*, il a le ventre tendu comme un ballon ; au fig. piqué, ou très-affligé ; *ne soi tout coufle*, j'en ai le cœur tout gros. — Syn. *gounfle, boudenfle, boudufle*. — Ety., *couflá*.

COUFLET, cast., s. m. Soufflet, instrument à souffler. — Ety., *couflá*.

COUFLIGE, cév., s. m. V. Coufladisso.

COUFLOURA (Se), querc., v. r. Se gonfler ; au fig. se rengorger, s'enorgueillir. — Syn. *couflá*.

COUFO, s. f. Manne, panier, grand cabas dont les marins se servent pour serrer leurs hardes ; *prene sa coufo*, partir, s'en aller. Au fig., *coufo* se dit d'une femme qui n'a point d'ordre dans ses affaires et aussi d'une prostituée. — Syn. *coufin*.

COUFO-DE-PALANGRE, s. m. Panier de sparte entouré d'hameçons amorcés, qu'on descend au fond de la mer après l'avoir rempli de pierres.

COUFOU, s. m. Partie de la coiffe qui s'applique sur la tête. — Dim. de *cofo*.

COUFOULUT, udo, gasc., adj. Comble, bien plein, qui déborde.

COUFOUNADO, s. f. Grande coiffe ; tout ce que les femmes mettent sur la tête pour la couvrir, les chapeaux et les mouchoirs exceptés. — Ety., *coufou*.

COUFOURUS, COUFOURUT, prov., adj. V.

COUFUT, udo, prov., adj. Creux, euse, concave, profond, en parlant des plats, des assiettes, d'un vase, etc.

COUGA, biterr., v. a. Couver ; *cougá uno malautié*, sentir les premières atteintes d'une maladie. V. Couá.

COUGA, cév., v. n. Provigner. V. Soumessá.

COUGADIS, adj. V. Couadis.

COUGADO, s. f. Couvée. V. Couado.

COUGADURO cév., s. f. Provin. — Syn. *couaduro*. — Biterr., *soumesso*. — Ety., *cougado*, part. f. de *cougá*.

COUGAL, biterr., s. m. V. Coual.

COUGATEJA, biterr., v. a. V. Couatejá.

COUGAU, montp., s. m. Coucou, oiseau. V. Coucut.

COUGET, toul., s. m. Cagot, cafard.

COUGI, cév., prov., v. a. Contraindre, obliger, forcer à.... — Ety. lat., *cogere*.

COUGNA, v. a. Cogner, enfoncer un coin, fixer avec un coin ; presser, frapper ; *se cougná*, v. r., se rencogner. — Ety. roman., *conh*, coin.

COUGNADO, b. lim., s. f. Coup rude et violent. — Ety., s. part. f. de *cougná*.

COUGNAS, asso, s. m. et f. V,

COUGNAT, ado, s. m. et f. Cognat,

beau-frère, belle-sœur. — BÉARN., cugnat, cunhat; ITAL., cognato. — LAT., cognatus.

COUGNET, s. m. Coin, cale; issartá au cougnet, greffer en fente; CAST., cougnet, angle, coin d'une rue. — SYN. couignet.

COUGNETA, PROV., v. a. Fixer, consolider avec un ou plusieurs coins. — ETY., cougnet.

COUGNETAS, PROV., s. m. Gros coin; cougnetoun, petit coin. — ETY., cougnet.

COUGNIÈIRO, CÉV., s. f. Fondrière, neige entassée par le vent dans un ravin ; entaille faite à une pierre avec un instrument tranchant ; cognée.

COUGNOUGNOU, BITERR., s. m. Chignon. — SYN. coucouluchou.

COUGO, **COUGO D'HIROUNDO**, **COUGOROUS**. V. Coub, Couo d'hiroundo, Couorousso.

COUGO-DE-RAT, s. m. Espèce de trèfle. V. Couo-de-rat.

COUGO-LOUNG, BITERR., s. m. Canard pilet. V. Cougo d'hiroundo.

COUGO-ROUS DE MOUNTAGNO, s. m. V. Merle rouquier.

COUGOU, PROV., s. m. Coucou, V. Coucut ; petit maquereau, V. Vairadel ; primevère officinale, V. Printanièiro ; muscari, V. Barralet.

COUGOUMAS, **COUGOUMASSO**, PROV., s. Momordique. V. Councoumbre-d'ase.

COUGOUMEL, **COUGOUMÈU**, s. m. V. Coucoumel.

COUGOUMÈLO, s. f. V. Coucoumèlo.

COUGOUMET, GASC., s. m. V. Coudoun.

COUGOURDAN, O, PROV, adj. Cordé, ée, filandreux, en parlant des racines des plantes potagères ; cotonneux, s'il s'agit des fruits dont la chair devient sèche et fibreuse ; pero cougourdano, poire d'étranguillon. — SYN. cougourdat, ado. — ETY., cougourdo.

COUGOURDEA, **COUGOURDEJA**, PROV., v. n. Aller çà et là comme les cucurbitacées dont les jets traçants s'éloignent sans cesse de leur pied. — SYN. cougourdiá. — ETY., cougourdo.

COUGOURDETO, s. f. Petite courge. — SYN. cougourdoun. — DIM. de cougourdo.

COUGOURDIA, PROV., v. n. V. Cougourdeá.

COUGOURDIER, PROV., s. m. V. Cougourlier.

COUGOURDO, PROV., s. f. V. Cougourlo.

COUGOURDOUN, PROV., s. m. V. Cougourdeto.

COUGOURÈLO, PROV., s. f. Aristoloche clématite. V. Fauterno.

CONGOURIER, s. m. V. Cougourlier.

COUGOURLAT, AGAT., s. m. Potage fait avec de la courge, du riz et du lait. — BITERR., lucat. — ETY., cougourlo.

COUGOURLIER, CÉV., s. m. Pied de courge ou de calebasse ; lieu planté de courges ; asaiguá lou cougourlier, s'énivrer ; on dit d'une fille qui n'a pas pu se marier : a restat au cougourlier. On donne le même nom à l'adénostyle ou cacalie, plante dont les feuilles ont quelque ressemblance avec celles de la courge ; cougourlier sauvage, bryone ou couleuvrée. V. Briouino. — SYN. cougourdier. — ETY., cougourlo.

COUGOURLIJE, CÉV., s. m. Folie, sottise, imbécillité.

COUGOURLO, CÉV., s. f. Nom commun à plusieurs plantes de la fam. des cucurbitacées, qui sont : 1° la courge à gros fruits, citrouille, potiron, Cucurbita maxima; 2° la courge à graines noires, Cucurbita melanosperma; 3° la courge ou citrouille musquée, Cucurbita moschata (cougourlo roujo); 4° la courge melopépon ou pastisson, Cucurbita melopepo, appelée à Marseille bounet-de-capelan ; 5° la calebasse ou gourde des pèlerins, (cougourlo envinadouiro), Cucurbita lagenaria. — SYN. cougourdo. — BITERR., luco ; TOUL., coujo, couxo, coujélo, coujous ; GASC., cuge ; BÉARN., cuyo. — ETY. LAT., cucurbita.

COUGOUS, PROV., s. m. p. Copeaux de bois. — V. Coupèus.

COUGUETO, s. f. V. Coueto.

COUGUIÉU, **COUGUIOU**, s. m. Coucou, oiseau. V. Coucut. C'est aussi un des noms du muscari. V. Barralet.

COUGUIOULAS, cév., s. m. Grand cocu. — Augm. de *couguiou*.

COUGUIOULO, s. f. Coquiole, avéron, folle-avoine, *Avena fatua*, de la fam. des graminées. — Syn. *couioulo, aveno, veno-fèro, civodasso, arajo, aréjo, rajo, crèbo-sac*. On donne aussi le nom de *couguioulo* à plusieurs plantes à fleurs jaunes et particulièrement à la primevère officinale. V. Printanièiro.

COUGUN, cév., s. m. Restes d'une couvée. — Syn. *coualhos*. — Ety., *cougà*.

COUHA, gasc., v. a. V. Coufá.

COUHAT, gasc., s. m. Soufflet, tape, V. Goufal.

COUHESSA, gasc., v. a. V. Counfessá.

COUHI, gasc., v. a. V. Coufi.

COUHIN, gasc., s. m. V. Counfin.

COUHOUNE, gasc., v. a. V. Counfoundre.

COUI, prov., s. m. Cou; *coui grisard*, canard chipeau; *coui rous*, canard siffleur; *coui verd*, canard sauvage proprement dit. V. Canard.

COUI (Det), s. m. Petit doigt, doigt auriculaire. — Esp., *dedo menique*; ital., *dello mignolo*.

COUI, prov., s. m. Petite fourmi venimeuse.

COUIAGE, prov., s. m. V. Cuècho.

COUIASSO, prov., s. f. Grosse olive, arrondie par les deux bouts, qu'on conserve dans de l'eau salée. — Cév., *couyacho*; biterr., *redoundalo*.

COUICHIN, prov., s. m. V. Couissi.

COUIDA, cast., v. a. V. Counvidá.

COUIDA, v. a. Couder, plier en forme de coude; *couidal, ado*, part., coudé, ée, tordu. — Ety., *couide*.

COUIDAT, cév., s. m. Coydat, coudée, mesure d'un pied et demi. — B. lim., *coude*; prov., *coydo*. — Ety., *couide*.

COUIDE, s. m. Coide, coude; angle plus ou moins aigu formé par la rencontre de deux lignes; endroit de la manche correspondant au coude; au fig., *aqui cal de graisso de couide*, il faut là beaucoup de force; *me fas rire lous couides*, ton raisonnement me fait pitié; *aussa lou couide*, boire avec excès. — Syn. *coude*. — Cast., querc., *couire*; esp., *codo*. — Ety. lat., *cubitus*.

COUIDEJA, v. a. Coudoyer, donner des coups de coude, pousser avec le coude; *se couidejá*, v. r., se coudoyer, se toucher l'un l'autre du coude. — Syn. *coudejá, coudouissá*. — Esp., *codear*. — Ety., *couide*.

COUIDEJAMENT, s. m. Action de coudoyer. — Syn. *coudouissament*. — Ety., *couidejá*.

COUIDEIRO, cév., s. f. Accoudoir d'un prie-dieu; accotoir d'un confessional; appui d'une fenêtre. — Ety., *couide*.

COUIÉ, s. m. Collier. V. Coulá.

COUIER, éro, prov., adj. Benêt, nigaud, imbécile, souffre-douleur.

COUIFA, **COUIFAGE**, **COUIFÉ**, **COUIFO**, prov. V. Coufá, coufage, etc.

COUIFRE, prov., s. m. Souche des arbres.

COUIJA, B. lim., v. a. (couitzá). V. Couchá.

COUIJAIRE, B. lim., s. m. (couitzaire), coucheur, celui qui couche avec un autre. — Ety., *couijá*.

COUIJO, prov., s. f. Couche, enduit.

COUIJODI, B. lim., s. m. (couitzodi), sautelle, sarment que l'on transplante avec sa racine; provin. — Biterr., *barbado, soumesso*. — Ety., *couijá*, coucher.

COUIGNET, s. m. Coin. V. Cougnet.

COUIMA, prov., v. n. S'échauffer, fermenter, en parlant des olives qu'on entasse pour en extraire l'huile plus facilement; mûrir.

COUINA, prov., v. n. Cuisiner. V. Cousiná.

COUINA, cast., v. n. Grogner en parlant du cri du cochon; il se dit aussi du cri d'un lapin blessé ou pris à un traquemard. — Onomatopée.

COUINÈU, prov., s. f. Omelette au lard.

COUINO, agen., s. f. Couette; dim. *couineto*. V. Coucedo.

COUIO, s. f. V. Couo.

COUIOUL, B. lim., s. m. Coucou, oiseau;

cocu. V. Coucut; *couioul, o,* adj., barlong, ue, qui est par un endroit plus long ou plus court qu'il ne doit être; mal coupé, en parlant d'un habit.

COUIOULO, s. f. Folle avoine. V. Couguioulo.

COUIRAN, B. LIM., s. m. Habit couvert de crasse, sale comme un cuir.

COUIRASSO, PROV., s. f. Cuirasse.

COUIRE, v. a. et n. Cuire. V. Coire et Escoire.

COUIRE, s. m. Coude. V. Couide.

COUIRE, s. m. Cuivre; *vendre, croumpá à mitat couire*, vendre, acheter à moitié prix. — ESP., PORT., *cobre*; CAT., *coure*. — ETY. LAT., *cuprum*.

COUIREN, CAST., adj. Couleur de cuivre. — ETY., *couire*.

COUIRETO, QUERC., CÉV., s. f. Marmite de cuivre. — ETY., *couire*.

COUIS, isso, PROV., adj. Coti, e, meurtri; blet, blette, en parlant de certains fruits. — SYN. *couat, ado, couadis, isso.*

COUISOU, PROV., s. m. Cuisson. V. Cousesoú.

COUISSADO, B. LIM., s. f. Claque sur les fesses.

COUISSÉ, PROV., s. m. Grosse fourmi noire; *coui*, même dialecte, petite fourmi venimeuse.

COUISSI, COUISSIN, s. m. Coissi, COYSIN, coussin, oreiller; partie rembourrée du collier d'une bête de trait ou de labour; durillon, cal qui vient aux mains par l'effet d'une forte pression; on dit d'une personne bavarde; *n'a pas laissat la lenguo sul couissi.* — SYN. *couchi, couchin.* — CAT., *coxi.* — ESP., *coxin*; ITAL., *cuscino.*

Après boun vi
Boun couissi
PRO.

COUISSINAT, ado, adj. Calleux, euse, qui a des durillons aux mains. — ETY., *couissin.*

COUISSINET, s. m. Coussinet, petit coussin; durillon. — DIM. de *couissi.*

COUISSINIÈIRO, COUISSINIERO, s. f. Taie d'oreiller. — CAT., *coxinera.* — ETY., *couissin.*

COUITA, CÉV., TOUL., v. a. COITAR, hâter, presser; *li ou an bailat couitat*, on ne lui pas donné de relâche; *se couitá*, v. r., se hâter, se presser; *couitat, ado*, part., pressé, ée. — SYN. *couchá, cutá*—ANC., ESP., *coytar.*

COUITANSO, TOUL., s. f. Hâte, empressement. — ETY., *couitá.*

COUITE, CÉV., s. f. Queue. V. Couo.

COUITIBOUL, TOUL., adj. V.

COUITIÉU, CÉV., adj. De bonne cuisson, en parlant des légumes. — CAST., *coujour, coujouire.*— ETY., *couit*, part. de *couire*, cuire.

COUITIÉU, s. m. Terrain de peu d'étendue, ensemencé en orge que se réserve le berger d'une métairie pour le faire manger en vert par son troupeau. — SYN. *coutioú.* — ETY., *couilo*, hâte, d'où *couitiéu*, hâtif, précoce.

COUITIOU, COUITIU, s. m. V. Couitiéu.

COUITO, CÉV., s. f. COITA, hâte, empressement: *aveire couito*, être pressé. — SYN. *cuto.*

COUITRE, CÉV., s. m. Coutre; outil de fer qui sert à fendre le bois. — ETY. LAT., *culter.* V. Coutre.

COUJA, CÉV., v. a. Coucher. V. Couchá.

COUJARASSO, TOUL.; s. f. Bryone ou couleuvrée. V. Briouino.

COUJET, TOUL., s. m. V.

COUJETO, CÉV., s. f. Citrouille; poire à poudre faite d'une calebasse, par ext., poire à poudre, en général; au fig. petite tête. — BITERR., *goujeto*, f. a. — ETY., dim., de *coujo*, courge.

COUJO, TOUL., s. f. Courge, citrouille, potiron; *coujo vinouso*, calebasse; *coujo melouno*, plante qui produit les melons; *coujo roumano*, courge à côtes; au fig., *coujo-plumat*, CAST., adj., chauve, *coujo* signifiant figurément crâne. V. Cougourlo.

COUJOUIRE, COUJOUR, CAST., adj. De bonne cuisson. V. Couitiéu.

COUJOUS, TOUL., s. m. V. Coujo; *coujous d'aiguo*, fruit de nénuphar jaune; *coujous salvaje*, momordique. V. Councoumbre d'ase.

COULA, TOUL., s. m. V. Alauso.

COULA, COULAS, s. m. Colar, collier; collier d'attelage pour les chevaux de trait et pour les bêtes qui labourent; gorgerin ou collier de chien de berger; collier de sonnaille pour les bêtes à laine; au fig., *marrit coulá*, mauvais garnement. — Cév., *coularivo*, qui se dit particulièrement du collier de chacune des deux mules de labour attelées ensemble, ce qui s'appelle à Béziers, *laurá al double*, à Alais, *au doublis*. — Cat., esp., *collar*; ital., *collare*. — Ety. lat., *collare*.

COULA, cév., v. a. Chômer, fêter. V. Colé.

COULA, v. a. Colar, couler un liquide à travers un linge pour le clarifier; *coulá uno lino*, décuver; *coulá la bugado*, abreuver la lessive, lessiver; au fig., *la coulá dousso*, mener une vie douce; v. n. couler, laisser échapper le liquide qu'il contient, en parlant d'un vase, d'un tonneau; etc.; suivre sa pente, s'il s'agit d'un ruisseau, d'une rivière; s'écouler en parlant du temps; ne pas venir à bien, en parlant des fleurs qui tombent sans former un fruit; *coulá à fial*, couler à fil, sans discontinuer. — Cat., esp, *colar*; ital.; *colare*. — Ety. lat., *colare*.

COULA, LIM., v. n. Reculer.

COULA, v. a. Coller, joindre avec de la colle. — Esp., *encolar*; port., *collar*; ital., *incollare*. — Ety., *colo*, colle.

COULA, B. LIM., v. a. Coûter. V. Coustá.

COULAC, ALB., s. m. Alose. V. Alauso.

COULADÈ, GASC., adj. Coulant; *nudech couladè*, nœud coulant. — Syn. *couladis*.

COULADIS, isso, adj. Coladitz, coulant, e, qui coule: *vent couladis*, vent coulis; *cledat couladis*, herse; *porto couladisso*, porte à coulisses; *nous couladis*, nœuf coulant; *aiguo couladisso*, eau qui coule; *couladis*, s. m., courant d'une rivière. — Ety., *coulado*, part. f. de *coulá*.

COULADO, s. f. Coulée, le temps ou l'action de décuver le vin; éboulis, écroulement; accolade; deux mules ou chevaux attelées par le cou au moyen d'un joug, appelé *jouato*.

E li bouié sus si COULADO
Venien plan-plan à la soupado,
Mistral, *Mirèio*.

COULADO, cév., s. f. Colline, coteau. V. Colo.

COULADOU, COULADOUN, COULADOUR, s. m. Couloir, écuelle de bois qui a pour fond un linge pour filtrer le lait; chaudron ou bassine pour faire cailler le lait; passoire de cuisine, chausse; grand crible pour passer le blé et les autres grains, appelé à Béziers *passadou*; prov., petit cuvier; bout de linge qu'on met au-devant du trou pour conduire la lessive dans le baquet destiné à la recevoir. — Syn. *coulaire*, *couradou*. — Ety., *coulado*, part. f. de *coulá*.

COULADURO, s. f. Eau dans laquelle on fait cuire les légumes; liquide qui coule par une fente; filet d'eau. — Ety., *coulado*, part. f. de *coulá*.

COULAIRE, s. m. V. Couladoú.

COULANCHO, prov., s. f. Avalanche. — Syn. *coulayo*. — Ety., *coulá*, glisser.

COULANO, GASC., s. f. Traînée, traînée de feu. — Ety., *coulá*.

COULANO, CAST., s. f. Collier; chaîne que les femmes mettent autour du cou. — Ety., *coulá*, collier.

COULAR, B LIM., s. m. Alose, V. *Alauso*; collier, V. Coulá.

COULARÉ, prov., s. m. Merle à plastron blanc. — Syn. *merle à piés blanc*. — Ety., *coular*, collier.

COULARIVO, COULERIVO, cév., s. f. Collier d'attelage des bêtes de labour. V. Coulá; il se dit aussi de la manière de porter une pierre de taille ou un autre objet d'un grand poids au moyen d'un rondin que chacun des porteurs place sur son épaule, ce qu'on appelle à Béziers, *pourtá à la coulerio*.

COULAS, s. m. Collier. V. Coulá.

COULASOUS, s. f. p. Action de décuver, le temps où l'on décuve. — Ety., *coulá*.

COULASSOU, COULASSOUN, s. m. Petit collier pour les bêtes qu'on attelle à la charrue à brancard. — Dim. de *coulas*.

COULAU, nim., s. m. Nom commun aux mouettes et aux goëlands. V. Gabian.

COULAUBIO, biterr., s. f. Nom des culs-blancs ou motteux et particulièrement du motteux stapazin, qui diffère du cul-blanc proprement dit par le noir plus profond de sa gorge, de ses joues et de ses ailes. — Ety., *coul*, altér. de *quioul*, cul, et *aubio* pour *aubo*, *albo*, blanc.

COULAYO, prov., s. f. Avalanche. V. Coulancho.

COULC, adj. Couché, couchant; *à soulel coulc*, au coucher du soleil. — Ety., *coulcá*, coucher.

COULCA, v. a. Colcar, colcar, coucher, mettre au lit; étendre, baisser, courber; *se coulcá*, v. r., se coucher. — Syn. *coucá, couchá*. — Cat., *colgar*. — Ety. lat., *collocare*.

COULCADO, s. f. Couchée, lieu où l'on couche. — Syn. *coucado*, *couchado*. — Ety., s. part. f. de *coulcá*.

COULCAT, ado, part. Couché, ée, étendu.

Tu, Tityro, coulcat tant que la calou pico,
Joust l'oumbro d'un grand fau, uno cansoú rustico
Sus un prim caramel t'escrimes à cantá.
J. DE VALÈS, *de Montech*.

COULCE, cast., s. f. Couette. V. Coucedo; *coulcat*, cév., s. m. V. Coucedo.

COULÈFO, cast., s. f. Cosse, gousse, enveloppe de certains légumes; *coulèfo de rasim*, peau de raisin. — Ety., *peloufo, coutoufèlo, cufèlo*.

COULENA, lim., v. n. Glisser. V. Couliná.

COULENT, o, adj. Chômable, digne d'être fêté; *festo coulento*, fête chômable. — Ety. lat., *colentem*, part. prés. de *colere*.

COULERIO, biterr, s. f. Pourtá à la *coulerio*, porter sur les épaules au moyen d'un rondin de bois. V. Coularivo.

COULÈRO, s. f. Colera, colère, grande irritation. — Esp., *colera*; ital., *collera*. — Lat., *cholera*.

COULEROUS, o, adj. Colèric, colère; colérique, enclin à la colère. — Ety., *coulèro*.

COULET, s. m. Coll, colline, monticule; *per valouns e per coulets*, par monts et par vaux. — Ety., dim. de *col*.

COULET, s. m. Collet d'un vêtement; petit fichu; nœud coulant pour prendre les lapins, les lièvres, etc.; au fig. bourde, mensonge, suivant Doujat. T. de bouch., la partie du mouton, du veau, etc., qui est entre les épaules et la tête; gasc., cou; goulot d'une bouteille. — Esp., *coleto*; ital., *coletto*. — Ety., dim. de *col*, cou.

COULETA, v. a. Colleter, prendre au collet; *couletat*, ado, colleté, ée; celui, celle qui porte un col ou un collet. — Ety., *col*.

COULETINO, toul., s. f. Collet ou pourpoint de cuir. — Ety., *coulet*.

COULETO, toul., s. f. Sorte de filet pour pêcher dans les rivières. — Ety., *coulet*.

COULETO, prov., s. f. Repas que les paysans font, le matin, avant de se mettre à l'ouvrage ou après la première heure de travail.

COULÈVO, cév., s. f. Bascule. V. Callèvo.

COULIANDRO, prov., s. f. V. Couriandro.

COULICO, s. f. Colique; *me dono la coulico*, il m'excède, il m'ennuie; *coulicouno*, petite colique. — Ety. lat., *colica*.

COULIMPA, cév., v. n. Glisser. — Syn. *limpá, couliná, coulissá*.

COULIMPADO, cév., s. f. Glissade, action de glisser involontairement, mouvement qu'on fait en glissant. — Ety., s. part. f. de *coulimpá*.

COULINA, v. n. Glisser, rouler, se glisser, s'échapper sans bruit, aller en tapinois; s'ébouler, en parlant des terres qui coulent sur un plan incliné comme sur la pente d'une colline. — Lim., *coulená*; prov., *couriná*; cast., *coulissá*. — Ety., fréq. de *coulá*.

COULINDROU, QUERC., TOUL, s. m. Groseille ; *coulindroù negre*, fruit du groseiller noir, cassis. — SYN. *coulintoù, cassino*.

COULINEJA, v. n. Se glisser, s'échapper sans bruit, aller en tapinois. — ETY., fréq. de *couliná*.

COULINO, s. f. Colline, petite montagne, éminence de terre en pente douce ; CÉV., bas-fond, entouré d'un terrain plus élevé. — ESP., *colina* ; ITAL., *collina*. — ETY. LAT., *collina*.

COULINTOU, CAST., s. m. V. Coulindroù.

COULISEC, O, BITERR., adj. *Figo-couliseco*, figue très-mûre, dont la partie qui touche à la queue est desséchée. — ETY., *couli*, cou et *sec* desséché.

COULISSA, CAST., v. n. Glisser. V. Couliná.

COULISSO, s. f. Coulisse ; mêmes acceptions qu'en français. — ETY., *coulissá*, couler, glisser.

COULITOR, CÉV., s. m. Raisin blanc. — SYN., *colitor* ; il signifie aussi propriétaire agriculteur et dérive du lat. *cultorem*.

COULLEVA, v. n. Faire la bascule, faire un mouvement semblable à celui d'une bascule. — SYN. *callevá, caplevá*. — ETY., *coullèvo*.

COULLÈVO, s. f. Bascule, pièce de bois soutenue par le milieu de telle manière qu'en pesant sur l'un des bouts on fait lever l'autre. — SYN. *callèvo, couo-lèvo*.

COULOBRE, TOUL., PROV, s. m. COLOBRE, couleuvre, espèce de serpent, au fig. fille dévergondée, garçonnière, et, suivant Doujat, laideron. — SYN. *coulobri*. — ESP., *culebre* ; ITAL., *colubro*. — LAT., *colubra*.

COULOBRI, COULOBRO, s. V. Coulobre.

COULOU, COULOUR, s. f. COLOR, couleur, substance propre à peindre et à teindre ; teint, couleur du visage. — CAT., ESP., *color* ; ITAL., *colore*. — LAT., *colorem*.

COULOUBRINIER, CÉV., s. m. Sureau, ainsi appelé parce que les enfants en font des canonnières, *couloubrinos*. — SYN. *sahuc, sambuc*.

COULOUBRINO, s. f. COLOBRINA, couleuvrine, pièce d'artillerie allongée et mince comparée à une couleuvre ; canonnière, appelée à Béziers *esclafidou*, que font les enfants avec un bout de tige de sureau coupé entre deux nœuds et vidé de sa moelle. — SYN. *couloumbrino, couroubrino*. — CAT., *colobrina* ; ESP., *culebrina* ; ITAL., *colebrina*. — ETY. LAT., *colubrinum*.

COULOUER, CÉV., s. m. Sorte de cuiller en fer-blanc dont se servent les épiciers et les regrattiers pour faire tomber peu à peu dans la balance leur marchandise pour la peser. — ETY., *coulá*.

COULOUGNA, PROV., v. n. Filer la quenouille ; au fig. agir en lâche, saigner du nez, se dédire. — SYN. *courougná*. — ETY., *coulougno*, quenouille.

COULOUGNADO, PROV., s. f. Quenouillée. — SYN. *courougnado, coulougnau*. — BITERR., *fialousado*. — ETY., s. part. f. de *coulougná*.

COULOUGNAU, PROV., s. m. V. Coulougnado.

COULOUGNETO, CÉV., s. f. Petite quenouille, au fig. lâche, poltron, homme irrésolu. — ETY., dim. de *coulougno*.

COULOUGNIÉRO, PROV., s. f. Espèce de crochet ou d'anneau qui tient la quenouille rapprochée du corps de la fileuse. — SYN. *courougnièiro*. — ETY., *coulougno*.

COULOUGNO, s. f. Quenouille. — SYN. *courougno*. — BITERR., *fialouso* ; ITAL., *conocchia*. — ETY. B. LAT., *colucula*.

COULOUGNOUM, PROV., s. m. Petit paquet de chanvre, se terminant en tire-bourre, formant une quenouillée. — BITERR., *couo-de-canbe*. — ETY., *coulougno*.

COULOUM, COULOUMB, GASC., s. m. COLOMB, pigeon ; *couloumet*, petit ou jeune pigeon. — CAT., *colom* ; ITAL., *colombo*. — LAT., *columbus*.

COULOUMA, PROV., v. a. Précipiter, jeter du haut en bas.

COULOUMBA, CÉV., s. m. (couloumbá). Variété de mûrier dont la feuille est préférée à toute autre par les vers à soie ; on l'appelle aussi *couloumbasso, couloumbasseto*.

COULOUMBADO, PROV. s. f. Fauvette à poitrine jaune, V. Mousquet jaune ; *pichoto couloumbado*, fauvette à tête noire, V. *Bouscarido del cap negre*.

COULOUMBAR, CÉV., s. m. Carcan. — ETY. LAT., *collumbar*, *columbar*.

COULOUMBASSETO, PROV., s. f. Variété de mûrier. V. Couloumbá. — ETY., dim. de *couloumbasso*.

COULOUMBASSO, CÉV., s. f. Graminée qui produit du mauvais foin ; variété de mûrier. V. Couloumbá.

COULOUMBAU, PROV., adj. De colombe : *nis couloumbau*, nid de colombe ; s. m., espèce de raisin.

COULOUMBAUDO, PROV., s. f. Fauvette grise. V. Mousquet.

COULOUMBET, s. m. Petit pigeon ; petite pierre longue qn'on place aux angles d'une bâtisse ; cloche-pied , jeu d'enfant appelé aussi *cambelo*, *pedcouquet* ; *couloumbetos*, s. f. p., anneaux de fer, plantés autrefois à la porte des tonneaux et servant à l'y fixer ; GASC., *couloumet*, petit pigeon.

COULOUMBIERO, PROV., s. f. Combrière, filet pour la pêche des thons et autres gros poissons. — SYN. *couloumbriero*.

COULOUMBIN, O, adj. COLOMBIN, de pigeon : *carn couloumbino*, chair de pigeon ; *couloù couloumbino* ; couleur gorge-de pigeon. — ETY., *couloumb*.

COULOUMBINO, s. f. Fiente de pigeon. — SYN. *couloumbrino*, f. a. — ITAL , *colombina*. — ETY. LAT., *columbina*.

COULOUMBO, CÉV., s. f. Panic vert. V. Rais.

COULOUMBO, s. f. COLOMBA, pigeon ramier. V. Paloumbo. — ITAL., *colomba*. — LAT., *columba*.

COULOUMBO, s. f. Gâteau en forme de couronne, sur lequel on figurait un Saint-Esprit, ce qu'il l'a fait appeler ainsi.

COULOUMBO, s. f. Colombe, grande varlope renversée des tonneliers , sur laquelle ils rabotent les douelles des tonneaux.

COULOUMBRIERO, s. f. V. Couloumbiero.

COULOUMBRINO, AGEN., s. f. V. Couloubrino.

COULOUMBRINO, s. f. Fiente de pigeon. V. Couloumbino.

COULOUMET, GASC., s. m. V. Couloumbet.

COULOUMO, GASC., adj. f. *Baco couloumo*, vache couleur de pigeon , vache grise. — ETY., *couloum*, pigeon.

COULOUMUDAT, ade, BÉARN., adj. Qui a changé de couleur ; qui est devenu jaune, en parlant d'un épi de blé ; qui a tourné, en parlant du raisin qui s'est coloré en mûrissant. — ETY., *couloù*, couleur et *mudat*, changé.

COULOUNO, s. f. COLONNA , colonne, fût cylindrique avec base et chapiteau portant un entablement. — SYN. *couroundo*, *courouendo*. — ANC. CAT., *colona* ; ESP., *coluna* ; ITAL., *colonna*, — LAT., *columna*.

COULOUR, s. f. V. Couloù.

COULOURA, v. a. COLORAR, colorer, donner de la couleur ; au fig. embellir un récit, le rendre saisissant par la manière de le présenter ; *se coulourá*, v. r., se colorer , prendre de la couleur. — CAT., ESP., *colorar* ; ITAL. , *colorare*. — LAT., *colorare*.

COULOURIA, v. a. Colorier, appliquer des couleurs sur un objet. — SYN. *encoulouri*. — CAT., ESP., PORT., *colorir* ; ITAL., *colorire*. — ETY., *coulour*.

COULOUSSADO, s. f. Calandre, oiseau. — SYN. *colassado*. V. Calandre.

COULSE, COULSENO, s. f. Couette. V. Coucedo.

COULSO, s. f. Course. — ETY. LAT., *cursa*.

COUM, BÉARN., adv. et conj. Comme ; à peine. V. Coumo.

COUMA, MONTP., adv. et conj. V. Coumo.

COUMADO, B. LIM., s. f. Couverture en glui d'une bâtisse. — ETY. , *coumo*, comble d'un bâtiment.

COUMAIRAGE, COUMAIRAGI, s. m. Commérage, propos, conduite de commère. — B. LIM., coumméirage. — ETY., coumaire.

COUMAIRE, s. f. COMAIRE, commère, celle qui a tenu un enfant sur les fonts baptismaux avec un compère, ce qui établit entr'eux une parenté spirituelle; demoiselle qui assiste au mariage d'une amie; femme bavarde, médisante, intrigante et rusée; *coumaire*; CÉV., joujou, jouet d'enfant; *faire coumaire*, jouer au ménage, à la madone, s'amuser avec des joujoux, faire des enfantillages; *aquel mainage fa coumaires de tout*, cet enfant s'amuse avec tout ce qui lui tombe sur la main; *moun fraire m'a pres mas coumaires*, mon frère m'a pris mes joujoux. — SYN. *coumay*. — ESP., PORT., *comadre*; ITAL., *camare*. — ETY., *cou* pour *coun*, comme, *maire*, mère, semblable à la mère, pour l'acception de marraine.

COUMAIREJA, v. n. Faire des commérages; CÉV., jouer au ménage, en parlant des enfants. — ETY., *coumaire*.

COUMAIRETOS, CÉV., s. f. Joujoux, jouets d'enfant. — ETY., dim. de *coumaire*.

COUMANDA, v. a. COMANDAR, commander, donner des ordres, avoir le commandement d'une armée, d'une flotte, etc.; faire une commande; CÉV., fixer, arrêter la corde qui serre une charge de mulet, fixer une ligature; v. n., exercer l'autorité supérieure. — CAT., *comanar*; ESP., *comandar*; ITAL., *comandare*. — ETY. LAT., *commendare*.

COUMANDAIRE, s. m. COMANDAIRE, commandant, celui qui commande. — CAT., *comanador*; ESP., PORT., *comendador*, ITAL., *commendatore*. — ETY., *coumandá*.

COUMANDAMENT, s. m. COMENDAMEN, commandement, action de commander, autorité, pouvoir de commander; loi, précepte. — ANC. CAT., *comandamen*; ITAL., *comandamento*. — ETY., *coumandá*.

COUMANDO, s. f. Commande, ordre, commission; *besougno de coumando*, ouvrage commandé, fait exprès pour celui qui l'a commandé; bout de corde servant à retenir un filet dans une position fixe. — ETY., *coumandá*.

COUMAY, GASC., s. f. V. Coumaire.

COUMAYRETO, GASC., s. f. Surnom de la belette. V. Moustèlo.

COUMBAU, PROV., s. m. V. Coumbo.

COUMBE, ALB., conj. Quoique, bien que, encore que.

COUMBENT, BÉARN., s. m. V. Counvent.

COUMBESII, iè; BÉARN., adj. Circonvoisin, e. — ESP., *circumvecino*; ITAL., *circonvicino*. — ETY. LAT., *circum*, devenu *coum* par l'aphérèse de la première syllabe, et *besii*, du lat. *vicinus*, voisin.

COUMBETO, s. f. COMBEL, petite vallée, ravin. — SYN. *coumet*. — DIM. de *coumbo*.

COUMBIDA, BÉARN., v. a. V. Counvidá.

COUMBINA, v. a. COMBINAR, combiner, faire une combinaison; dans nos campagnes, quand deux individus ont chacun une mule ou un cheval qu'ils accouplent pour les faire labourer ou battre les gerbes, ils appellent cela *se coumbiná*, par altération, *s'escoumbiná*. — CAT., ESP., PORT., *combinar*; ITAL., *combinare*. — ETY. LAT., *combinare*.

COUMBINASOU, s. f. Combinaison, mélange, union de plusieurs corps entre eux; mesures que l'on prend en vue du succès d'une entreprise. — SYN. PROV., *coumbinesoun*. — CAT., *combinació*; ESP., *combinacion*; ITAL., *combinazione*. — LAT., *combinationem*.

COUMBINEJA, PROV., v. a. Fréq. de *coumbiná*. M. signification.

COUMBINESOUN, PROV., s. f. V. Coumbinasoù.

COUMBIT, BÉARN., s. m. Festin. V. Counvit.

COUMBLA, v. a. CUMULAR, combler, remplir autant qu'il est possible; au fig. faire avoir en surabondance; *se coumblá*, v. r., se combler; *coumblat, ado*, part., comblé, ée. — SYN. *coumoulá*. — ESP., *colmar*; ITAL., *colmare*, *cumulare*. — LAT., *cumulare*.

COUMBLE, o, adj. Comble, rempli jusque par-dessus le bord; PROV., coume, o; BITERR., coumoul; s. m., comblement, remblai, comble, faîte, ce qui peut tenir au-dessus des bords d'une mesure, d'un vase, d'un récipient déjà plein. — B. LIM., coumo; ESP., cumbre; PORT., cume; ITAL., como. — ETY. LAT., cumulus.

COUMBO, s. f. COMBA, vallée, vallon, gorge, ravin dans les montagnes, lieu bas et enfoncé.—GASC., coumo; PROV., coumbau; ESP., comba. — ETY. KYMRI, cwm, vallée.

COUMBOUR, PROV., s. f. Combustion, embrasement, conflagration; au fig. tristesse, mélancolie, consomption, épuisement; trouble, tumulte; estre en coumbour, être hors de soi. — ETY., coumbouri.

COUMBOURI, PROV., v. a. Consumer; v. n., se consumer, se dessécher, s'excéder, dépérir; coumbouri, do, part., défait, dans un état de consomption. — SYN. combouri. — ETY. LAT., comburere.

COUMBOUY, GASC., v. a. Combuger, remplir d'eau une futaille, une tinette, etc., pour les étancher.

COUME, o, PROV., adj. V. Coumble.

COUMEDI, PROV., s. f. V. Coumedio.

COUMEDIAN, o, s. m. et f. Comédien, enne; au fig. hypocrite, celui qui feint des sentiments qu'il n'a pas. — CAT., comediant; ESP., PORT., comediante; ITAL., commediante. — ETY., coumedio.

COUMEDIO, s. f. COMEDIA, comédie, pièce de théâtre, représentation théâtrale; troupe de comédiens; au fig. feinte, hypocrisie. — ETY. LAT., comœdia.

COUMEIRETO, PROV., s. f. Petite commère. — DIM. de coumeiro.

COUMEIRO, PROV., s. f. Commère. V. Coumairo.

COUMENS, s. m. p. T. de mar., coutures, interstices dans les bordages d'un vaisseau qu'on remplit d'étoupes.

COUMENSA, v. a. COMENSAR, commencer, faire une chose pour la première fois; être au commencement; ébaucher; être l'agresseur; v, n., prendre commencement, en parlant des choses; coumensat, ado, part., commencé, ée : es el que m'a coumensat, c'est lui qui m'a attaqué. — SYN. acoumensá. — CAT., comensar; ESP., comenzar; ITAL., cominciare. — ETY. LAT., cuminitiare, composé de cum et de initiare, commencer.

COUMENSAIRE, s. m. COMENSAIRE, commençant, celui qui commence. — ITAL., cominciatore. — ETY., coumensá.

COUMENSAMENT. s. m. COMENSAMEN, commencement, principe, cause première, le contraire de la fin. — SYN acoumensanso. — CAT., comensament; ITAL., cominciamento. — ETY., coumensá.

COUMENSANSO, s. f. V. Coumensament.

COUMENSOU, COUMENSOUN, s. m Principe d'une chose; première et nouvelle pousse des arbres et des plantes; noyau d'un peloton; gros fuseau sur lequel on commence à dévider le fil que l'on met en peloton. — ETY., coumensá.

COUMENT, adverbe qui exprime l'étonnement, COMENT : coument! tu sos aici! comment! tu os ici! coument! sos pas encaro partit? comment! tu n'es pas encore parti? — ETY. LAT., quomodo et le suffixe ent, du lat. inde.

COUMESSARI, CÉV., s. m. V. Coumissari.

COUMET, GASC., s. m. Vallon resserré. — SYN. coumbeto. — ETY., dim. de coumo.

COUMETE, GASC., v. a. V. Coumetre.

COUMETO, s. f. (còumeto), COMETA, comète.

L'estela dicha COMADA
Es pertant aissi nomnado,
Quar fuec e fum en l'aire fai,
A lei de COMA fazen rai.

Brev. d'Amor.

L'étoile dite chevelue — est ainsi appelée. — parce qu'elle fait dans l'air un rayon de feu et de fumée — semblable à une chevelure.

SYN. caumeto, f. a. —CAT., ESP., PORT. ITAL., cometa. — ETY. LAT., cometes, du grec κόμητης, fait de κόμη, chevelure.

COU (503) COU

COUMETRE, v. a. COMETRE, commettre, préposer quelqu'un à ; se rendre coupable d'une faute, d'un délit, d'un crime; *coumés, o, coumetut, udo*, commis, e, chargé de, perpétré. — GASC., *coumete*; ESP., *cometer*; ITAL., *commettere*. — LAT., *committere*.

COUMISSARI, s. m. COMISSARI, commissaire, officier commis par l'autorité compétente pour remplir certaines fonctions. — CÉV., *coumessari*; CAT., *comissari*; ITAL., *commissario*. — ETY. LAT., *commissum*, supin de *committere*.

COUMJAT, s. m. COMJAT, congé, permission de s'absenter pour un certain temps. — CAT., *comiat*; ITAL., *congedo*. ETY. LAT., *commeatus*.

COUMMEIRAGE, B. LIM., s. m. (coumeiradze). V. Coumairage.

COUMMEIRETAS, B. LIM., s. f. p. Commission qu'on donne à une personne pour une intrigue galante, pour quelque affaire secrète; *fa las coummeiretas*, participer à une intrigue, y prêter la main. Ce mot ne s'emploie qu'en mauvaise part.

COUMMENA, B. LIM., v. a. Amadouer, flatter, caresser, cajoler. — SYN. *amagnagá*.

COUMMOUCIÉU, s. f. COMMOCIO, commotion, secousse, agitation, ébranlement violent. — CAT., *commoció*; ESP., *commocion*; ITAL., *commozione*. — ETY. LAT., *commotionem*.

COUMO, B. LIM., s. f. Faîte, comble d'un bâtiment, V. Coumble. GASC., vallon, V. Coumbo.

COUMO, adv. et conj. COM, comme, de même que, ainsi que, comment, de quelle manière, lorsque: *es coumo acò*, c'es comme cela; *coumo aquel afaire s'es arrengat*? comment cette affaire s'est-elle arrangée? *soi vengut coum'el*, je suis venu avec lui; *coumo nous bouterem en danso*, lorsque nous commençâmes à danser; *arribet coumo partissiò*, il arrivait au moment où je partais; *es tant saben coumo soun meslre*, il est aussi savant que son maître. — ARIÉG., *cou*; PROV., *coume*; ESP., PORT., *coumo*; ITAL., *come*. — ETY. LAT., *quomodo*.

COUMODE, o, adj. COMMODE, qui offre des facilités, qui est aisé; d'un caractère tolérant et facile, en parlant d'une personne. — CAT., ESP., ITAL., *comodo*. — ETY. LAT., *commodus*.

COUMODITAT, s. f. CÒMODITAT, commodité, chose commode; temps opportun, facilité, occasion de message; *coumouditats*, s. f. p., latrines. — CAT., *comoditat*; ESP., *comodidad*; ITAL., *comodità*. — ETY. LAT., *commoditatem*.

COUMOU, adj. m. Comble. V. Coumoul.

COUMOUDA, PROV., v. a. V. Accoumoudà.

COUMOUL, o, adj. COMOL, comble; s. m., volume: *la palho de mil fa mai de coumoul que de pés*; la paille de millet fait plus de volume que de poids. GASC., comble, faîte. V. Coumble.

COUMOULA, v. a. V. Coumblà.

COUMOULOUN, COUMOULUN, s. m. Comble; le pardessus, monceau, meule faite, cime. — PROV., *camelun*. — ETY., *coumoul*.

COUMOUR, PROV., s. m. (coumour). Quantité volumineuse d'objets; grand nombre de personne; *faire un grand coumour*, faire un grand tumulte.

COUMOURA, v. a. V. Coumoulà; *coumourat, ado*, part., comblé, ée.

COUMPAGNÉ, s. f. COMPANHIA, COMPAGNIA, compagnie; mêmes acceptions qu'en français. — CAT., *companya*; ITAL., *compagnia*. — ETY., *coumpagno*.

COUMPAGNERO, TOUL., s. f. COMPANHIERA, compagne. — PORT., *companhieira*. V. Coumpagno.

COUMPAGNIO, s. f. V.

COUMPAGNO, s. f. COMPANHA, compagne, épouse; amie, personne avec laquelle on vit habituellement; réunion de plusieurs personnes; *tène coumpagno*, faire compagnie; *bounjour à touto la coumpagno*, bonjour à toute la compagnie. — ETY. ROM., *compan*, formé de *com*, lat. *cum*; et *pan*, lat. *panis*, pain, qui mange le même pain.

Val mai estre soulet qu'en marrido coumpagno.
PRO.

COUMPAGNO, prov., s. f. Soute au pain, lieu où l'on met dans un vaisseau la provision de pain ou de biscuit ; les bergers d'Arles donnent ce même nom à un troupeau qu'ils sont chargés de conduire et d'administrer en société. (Honnorat.)

COUMPAGNOU, **COUMPAGNOUN**, s. m. Companh, compagno, compagnon, camarade, associé ; ouvrier affilié à une société de gens de métier ; *un boun coumpagnou*, un bon drille, un bon vivant. — Cat., *company* ; ital., *compagnone*. — M. éty. que *coumpagno*.

COUMPAGNOULET, s. m. V. Coumpagnounet.

COUMPAGNOUNAGE, s. m. Compagnonnage, réunion des gens de métier en différentes associations. — Ety., *coumpagnoun*.

COUMPAGNOUNET, s. m. Jeune compagnon, jeune ami. — Syn. *coumpagnoulet*. — Ety., dim. de *coumpagnoun*.

COUMPAGNOUNO, s. f. Companhona, fille amie d'une autre fille ; fille de boutique, ouvrière. — Anc. cat., *companiona*. — Ety., *coumpagnoun*.

COUMPAI, béarn., s. m. V. Coumpaire.

COUMPAIRAGE, **COUMPAIRAGI**, s. m. Compairesc, compérage, affinité spirituelle entre le parrain et la marraine d'un enfant, et les père et mère de cet enfant ; au fig. connivence, complicité dans toute espèce de supercherie. — Ety., *coumpaire*.

COUMPAIRE, s. m. Compaire, compère, le parrain par rapport à la marraine ; il se prend souvent en mauvaise part, et se dit de celui qui en seconde un autre dans quelque action frauduleuse ; *es un coumpaire*, c'est un luron, un fin compère. — Béarn., *coumpai* ; cat., *compare* ; esp., port., ital., *compadre*. — Ety., *coum*, comme, et *paire*, père, comme le père, semblable au père.

COUMPAIREJA, cév., v. n. Se régaler entre compères. — Ety., *coumpaire*.

COUMPAN, s. m. Companh, compagnon. V. Coumpagnoú.

COUMPAN, to, b. lim., adj. Affable, bienveillant ; bon compagnon, bon drille. — M. éty. que *coumpagno*.

COUMPANAGE, toul., s. m. Companatge, tout aliment qu'on mange avec du pain ; nourriture autre que le pain ; *avé per coumpanage*, avoir à manger. — Cat., *companatge*. — Ety. b. lat., *cumpanaticum*, formé du lat. *cum pane*.

COUMPANATGEJA, toul., v. n. Manger plus de pain que de viande, ménager sa pitance ; au fig. ne pas dépasser ses ressources, être économe ; *se coumpanatgejá*, v. r., se régler selon ses moyens. — Syn. *companatejá*, *coumpanejá*. — Ety., *coumpanage*.

COUMPANATEJA, v. n. V. Coumpanatgejá.

COUMPANEJA, v. n. V. Coumpanatgejá.

COUMPANHE, béarn., s. f. V. Coumpagno.

COUMPARA, v. a. Comparar, comparer. — Cat., esp., ital., *comparar* ; ital., *comparare*. — Lat., *comparare*.

COUMPARANSO, s. f. Comparansa, comparaison ; *coumparanso à dire*, par manière de parler. — Cat., *comparansa* ; anc. esp., *comparanza*. — Ety., *coumpará*.

COUMPARASOU, s. f. Comparaso, comparatio, comparaison, action de comparer ; supposition : *acò n'es que per coumparasoú*, ce n'est qu'une supposition ; *sens coumparasoú*, sans comparaison ; on se sert de cette locution afin d'adoucir une comparaison offensante pour celui à qui on l'adresse ; par ex., si l'on dit à une mère : *vostre enfant es goulut coumo un poucel*, on s'empresse d'ajouter : *sens coumparasoú* ; *bramo coumo un ase, sens coumparasoú*, il crie comme un âne, pardon de la comparaison. — Syn. *coumparanso, coumparesoú. coumparesoun*. — Ety. lat., *comparationem*.

COUMPAREISSE, v. n. Compareisser, comparaître, paraître devant un juge, devant un tribunal. — Syn. *coumparestre*. — Cat., *comparexer* ; esp., *comparire*. — Ety. lat., *comparescere*.

COUMPARESCUT, **COUMPAREISSUT**, udo, part., Comparu, e.

COUMPARESOU, COUMPARESOUN, s. f. V. Coumparasoú.

COUMPARESTRE, v. n. V. Coumpapareisse.

COUMPARUCIÉU, COUMPARUCIOUN, s. f. COMPARUTION, comparution, action de comparaître. — CAT., *comparició*; ESP., *comparicion* ; ITAL., *comparizione*. — ETY. LAT., *comparitionem*.

COUMPAS, s. m. COMPAS, compas; *coumpas de mar*, boussole. — CAT., ESP., *compas* ; ITAL., *compasso*. — ETY. LAT., *compassus*, pas égal, pas régulier.

COUMPASSA, v. a. COMPASSAR, compasser, mesurer avec le compas; prendre bien ses mesures; bien proportionner une chose ; *coumpassat*, *ado*, part., compassé, ée, régulièrement disposé; en parlant d'une personne, celle qui marche avec gravité et dont les manières n'ont rien de naturel; homme exact et même minutieux dans tout ce qu'il fait. — ITAL., *compassare*. — ETY., *coumpas*.

COUMPASSIENT, o, adj. V. Coumpatissent.

COUMPASSIÉU, COUMPASSIOUN, s. f. COMPASSIO, compassion, mouvement de l'âme qui nous rend sensibles aux peines d'autrui. — CAT., *compassió*; ESP., *compasion* ; ITAL., *compassione*. — ETY. LAT., *compassionem*.

COUMPATI, v. n. COMPATIR, compatir, être touché de compassion pour les peines d'autrui; *se coumpati*, v. r., compatir, se supporter, vivre avec ; *aquel mainage se pot pas coumpati am sa mairastro*, cet enfant ne peut pas compatir avec sa marâtre ; *cal se coumpati am tout lou mounde*, il faut compatir avec tout le monde ; *me podi pas coumpati dins aquelo soucietat*, je ne puis pas m'habituer à vivre dans cette société. — ITAL., *compatire*. — ETY. B. LAT., *compatire*, du lat. *compati*.

COUMPATISSENT, o, adj. et part. Compatissant, e. — SYN. *coumpassient*. — ESP., *compadeciente*. — ETY., *coumpati*.

COUMPAUSA, PROV., v. a. V. Coumpousá.

COUMPAY, COUMPAYRE, s. m. V. Coumpaire.

COUMPEIRAGE, s. m. V. Coumpairage.

COUMPELI, cév., v. a. COMPELIR, contraindre, obliger, forcer ; saisir, s'emparer. — CAT., PORT., *compellir*. — LAT., *compellere*.

COUMPENRE, v. a. V. Coumprene.

COUMPÉS, s. m. Registre public dans lequel la quantité et la valeur des biens-fonds étaient marquées en détail. Les mots *compoids* ou *compois*, très-usités dans le Midi, ne se trouvent pas dans le dictionnaire de l'Académie. On appelait *coumpés cabalisto*, le rôle des capitalistes. — ETY. LAT., *compensare*, d'où le roman *compessar*, contre-peser, contre-balancer, mettre en parallèle ; dans les *compois*, en effet, pour fixer la contribution des biens on en comparaît la valeur respective d'après un type commun. *Coumpés* est un s. verb.

COUMPÉS, s. m. Contre-poids. V. Contro-pés.

COUMPESIA, v. a. Enregistrer sur le compois ou le cadastre les biens immeubles d'une personne. — ETY., *coumpés*.

COUMPILA, v. a. COMPILAR, compiler, faire un recueil de divers morceaux d'un ou de plusieurs auteurs. — CAT., ESP., PORT., *compilar*. — LAT., *compilare*.

COUMPILACIÉU, COUMPILACIOUN, s. f. COMPILATIO, compilation, action de compiler. — CAT., *compilació* ; ESP., *compilacion* ; ITAL., *compilazione*. — ETY. LAT., *compilationem*.

COUMPILAIRE, s. m. Compilateur, celui qui compile. — CAT., ESP., PORT., *compilador*; ITAL., *compilatore*. — LAT., *compilator*.

COUMPISSA, cév., v. a. COMPISSAR, salir d'urine, uriner contre quelque chose ; *se coumpissá*, v. r., se mouiller de son urine. — ETY., *coum*, et *pissá*, pisser contre.

COUMPLAINTO, COUMPLANTO, s. f. COMPLAINTA, COMPLANTA, complainte, lamentation, romance d'un genre larmoyant sur un air monotone. — SYN. *coumplancho*. — ANC. CAT., *complanta*; ITAL., *compianto*. — ETY., préf. *coum* et le lat. *planctus*.

COUMPLAIRE, v. n. Complaire, condescendre aux désirs d'une personne; se coumplaire, v. r., se complaire, s'admirer, mettre sa jouissance dans une chose toute personnelle ; *coumplagut, udo*, part., complu. — CAT., *complacere*; ESP., *complacer*; PORT., *comprazer*; ITAL., *compiaciere*. — ETY. LAT., *complacere*.

COUMPLAISENSO, s. f. V. Coumplasenso; *coumplasent, o*, adj., V. Coumplasent.

COUMPLANCHO, s. f. V. Coumplainto.

COUMPLANTA, v. a. Planter, faire des plantations; *coumplantá un camp d'ouliéus, d'ameliés*, planter dans un champ des oliviers, des amandiers, le remplir de ces plantations. — ETY. B. LAT., *complantare*.

COUMPLASENSO, s. f. COMPLACENSIA, complaisance, soin, désir de complaire. — CAT., ESP., PORT., *conplacencia* ; ITAL., *compiacenza*. — ETY., *coumplasent*.

COUMPLASENT, o, adj. Complaisant, e. — CAT., *complasent*; ESP., *complaciente*; ITAL., *compiacente*, — ETY., part. prés. de *coumplaire*.

COUMPLEXIÉU, COUMPLEXIOUN, s. f. COMPLEXIO, complexion, constitution, tempérament; inclination. — CAT., *complexió* ; ESP., *complexion*; ITAL., *complessione*, — ETY. LAT., *complexionem*.

COUMPLI, v. a. COMPLIR, accomplir, achever, réaliser; *coumplit, ido*, part., accompli, ie, parfait, e. — CAT., ESP., *cumplir*; PORT., *comprir*; ITAL., *compire*. — ETY. LAT., *complere*.

COUMPLICA, v. a. COMPLICAR, compliquer, embrouiller; *se coumplicá*, v. r., se compliquer, s'embrouiller; *coumplicat, ado*, part., compliqué, ée, embrouillé, mêlé. — CAT., ESP., PORT., *complicar*. — ETY. LAT., *complicare*.

COUMPLICACIÉU, COUMPLICACIOUN, s. f. Complication, confusion, assemblage, concours de plusieurs choses différentes. — CAT., *complicació* ; ESP., *complicacion*; ITAL., *complicazione*. — LAT., *complicationem*.

COUMPLIOS, s. f. p. COMPLETAS, complies, dernière partie de l'office divin qui se chante après vêpres. — ESP., *completas*. — ETY. LAT., *completæ (horæ)*.

COUMPONAGE, QUERC., s. m. V. Coumpanage.

COUMPOS, B. LIM., s. m. Liaison, jaunes d'œufs délayés avec du vinaigre ou du verjus. — ETY. LAT., *compositus*, mélange.

COUMPOSTO, COUMPOTO, s. f. Compote, fruits cuits avec du sucre ou du miel. PORT., *compota*; ITAL., *composta*. — ETY. LAT., *composita*.

COUMPOUSA, v. a. COMPONRE, composer, faire un tout de l'assemblage de plusieurs parties ; faire un ouvrage d'esprit, de musique. — CAT., *compondrer*; ESP., *componer*, PORT., *compór*; ITAL., *comporre*.

COUMPOUSICIÉU, COUMPOUSICIOUN, s. f. COMPOSICIO, composition, action de composer. — CAT., *composició* ; ESP., *composicion*; ITAL., *composizione*. — LAT., *compositionem*.

COUMPRENDRE, v. a. V.

COUMPRENE, v. a. COMPRENER, COMPENRE, COMPRENDRE, comprendre, contenir en soi ; au fig. avoir l'intelligence d'une chose, s'en faire une juste idée; *coumprés, o*, part., compris, e. — SYN. *coumpenre*. — CAT., *comprendrer*; ESP. *comprender*; ITAL., *comprendere*. — ETY. LAT., *comprendere*.

COAMPRENORI, COUMPRENURI, s. m. Compréhension, faculté de comprendre, intelligence. — ETY., *coumprene*.

COUMPRESSIÉU, COUMPRESSIOUN, s. f. COMPRESSIO, compression, action de comprimer ; l'effet produit sur ce qui est comprimé. — CAT., *compressió* ; ESP., *compression*; ITAL., *compressione*. — LAT., *compressionem*.

COUMPRIMA, v. a. COMPREMER, comprimer ; serrer de manière à diminuer le volume d'une chose ; au fig. empêcher d'agir, d'éclater. — CAT., ESP., PORT., *comprimir*; ITAL., *comprimere*. — LAT., *comprimere*.

COUMPROUMETRE, v. a. COMPROMETRE, compromettre, exposer quelqu'un à des désagréments, à des poursuites judiciaires ; v. n., faire un compromis ; *se coumproumetre*, v. r., se compromettre, s'exposer à des embarras, à des périls; *coumproumés, o*, part., compromis, e. — Cat., *compromelrer* ; esp., *comprometer*; ital., *compremettere.* — Lat., *compromittere.*

COUMPTA, v. a. Comptar, compter, nombrer, calculer, supputer ; *coumptá d'argent à quaúqu'un*, payer une personne ; *coumptá lous boucis à sa familho*, ne donner à sa famille que le juste nécessaire ; *pot la coumptá per uno*, il l'a échappé belle ; *compto pas pus*, ou *a perdut soun compte*, se dit d'une femme qui approche du moment de ses couches ; v. n., croire, se proposer de ; *coumptá sus quauqu'un*, faire fond sur une personne ; *coumptá sus uno causo*, être convaincu qu'une chose se réalisera. — Anc. cat., *comptar*; esp., port., *contar*; ital., *contare*. Ety. lat., *computare*.

COUMPTADOU, s. m. Comptoir. — Cat., esp., port., *contador*. — Ety., *coumptado*, part. f. de *coumptá*.

COUMPTAIRE, o, s. m. et f. Compteur, euse, celui, celle qui compte ; *boun coumptaire*, celui qui sait compter, qui est très-éveillé sur ses intérêts. — Ety., *coumptá*.

COUMU, COUMUN, o, adj. Comun, a, commun, e, qui appartient à tous ; répandu, populaire ; vulgaire, bas ; *coumus*, s. m. p., lieux d'aisance. — Cat., esp., *comu* ; esp., *comun* ; ital., *comune*. — Ety. lat., *communis*.

COUMUNAL, adj. Comunal, cominal, communal, qui est commun aux habitants d'un ou de plusieurs villages, qui appartient à une commune ; s. m., communauté ; vaine pâture ; *tout lou coumunal*, toute la contrée. — Anc. cat., *comunal* ; ital., *communale*. — Ety., *coumun*.

Mentre que soun troupel rodo lou coumunal,
Ieu soun anat cent cops parlá-li de moun
(mal.
Goudelin.

COUMUNAUTAT, s. f. Communautat, cominaltat, communauté, réunion des habitants d'une ville, d'un bourg ; communauté religieuse ou laïque; participation en commun. — Cat., *comunitat* ; esp., *comunidad* ; port., *comunidade* ; ital., *comunaltà*. — Ety. lat., *communalitatem*.

COUMUNIA, v. a. Communiar, communier, administrer le sacrement de l'Eucharistie ; v. n., recevoir ce sacrement. — Esp., *comulgar* ; port., *comungar* ; ital., *communicare*. — Ety. lat., *communicare*.

COUMUNICA, v. a. Comunicar, communiquer, transmettre, rendre commun ; v. n., avoir commerce et relation avec une personne ; aboutir à. — Cat., esp., *comunicar* ; ital., *communicare*. — Lat., *communicare*.

COUMUNICACIÉU, COUMUNICACIOUN, s. f. Communication, action de communiquer. — Cat., *comunicació*, esp., *comunicacion* ; ital., *communicazione*. — Ety. lat., *communicationem*.

COUMUNIOUN, s. f. Communion, communion, action de recevoir le sacrement de l'Eucharistie ; union de plusieurs personnes dans une même foi. — Cat., *comunió* ; esp., *comunion* ; ital., *comunione*. — Lat., *communionem*.

COUMUNO, s. f. Comuna, commune, division territoriale administrée par un maire ; maison commune, hôtel-de-ville. — Ital., *comuna*. — Ety., *coumuno*, s. f. de *coumun*.

COUNCAGA, cév., v. a. Concagar, embrener, salir, souiller, gâter ; au fig., *se councagá*, v. r., s'embrener ; au fig. se fâcher, crever de dépit. — Syn. *counchá*. — B. lim., *descouncogá*. — Ety. lat., *concacare*.

COUNCANCÈLO, prov., s. f. Courte échelle. V. Courcacèlo.

COUNCAVE, o, adj. Concau, concav, concave, ce qui est creux au lieu d'être convexe. — Cat., esp., ital., *concavo*. — Lat., *concavus*.

COUNCAVITAT, s. f. Concavitat, concavité, le côté concave opposé au côté convexe. — Cat., *concavitat* ; port., *concavidade* ; esp., *concavidad* ; ital., *concavità*. — Ety. lat., *concavitatem*.

COUNCEBE, gasc., v. a. V.

COUNCEBRE, v. a. Concebre, concevoir, devenir enceinte ; au fig. créer, inventer, imaginer ; comprendre, entendre bien une chose ; *councegut, udò*, part., conçu, e. — Cast.; *counsaupre* ; Ang. Cat., *conoebre* ; Esp., *concebir* ; Port., *conceber* ; Ital., *concepire*. — Ety. Lat., *concipere*.

COUNCEGAU, s. m. Méteil. V. Coussegal.

COUNCEPCIÉU, COUNCEPCIOUN, s. f. Conceptio, conception, action par laquelle un enfant est conçu dans le sein de sa mère ; au fig. faculté de concevoir les choses. — Cat., *conceptió* ; Esp., *concepcion* ; Ital., *concezione*. — Ety. Lat., *conceptionem*.

COUNCESSIÉU, COUNCESSIOUN, s. f. Concession, concession, octroi qu'un souverain fait de quelque droit ; ce que l'on accorde à quelqu'un dans une contestation, dans un débat. — Cat., *concessió* ; Esp., *concesion* ; Ital., *concessione*. — Ety. Lat., *concessionem*.

COUNCHA, prov., v. a. Embrener, salir, souiller ; *se counchá*, v. r., s'embrener ; *counchat, ado*, part., embrené, ée ; *se senti counchat*, se sentir coupable. — Syn. *conchiá, councagá*. — Ety. Lat., *coinquinare*, souiller.

COUNCHO, b. lim., s. f. Concha (countso), fontaine ou bassin de fontaine. — Syn. *counco*.

COUNCIÉUTADAN, o, s. m. et f. Concitoyen, enne. — Ety., *coum*, préf., et *ciéutadan*, citoyen.

COUNCLURE, v. a. Conclure, conclure ; v. n., proposer ses conclusions. — Cat., Esp., Port., *concluir* ; Ital., *conchiudere*. — Ety. Lat., *concludere*.

COUNCLUSIÉU, COUNCLUSIOUN, s. f. Conclusio, conclusion, conséquence d'un raisonnement. — Cat., *conclusió* ; Esp., *conclusion* ; Ital., *conclusione*. — Ety. Lat., *conclusionem*.

COUNCO, s. f. Conca, bassine, grand vase de terre, de bois ou de fer-blanc, dont on se sert dans les cuisines ; auge dans laquelle on donne à manger aux animaux ; vase dans lequel on fait le fromage ; conque, bassin, lieu où l'eau est stagnante et profonde ; *counco de l'aurelho*, cavité de l'oreille ; *counco d'uno fount*, bassin d'une fontaine. — B. lim., *councho* ; Cat., Esp., Ital., *conca*. — Ety., κογχη, conque, vase en forme de coquille.

COUNCORDO, s. f. Concordia, concorde, conformité des volontés, accord des dissidents ; paix, bonne intelligence. — Cat., Esp., Port., Ital., *concordia*.

COUNCOUMBRE, s. m. Cogombre, concombre, plante de la fam. des cucurbitacées ; trolle d'Europe, appelé aussi *herbo dóu councoun*. — Syn. *counsoumet*. — Cat., *cogombre* ; Esp., *cogombro* ; Ital., *cocomero*. — Lat., *cucumis*.

COUNCOUMBRE D'ASE, s. m. Momordique, *Momordica clateriûm*, plante de la fam. des cucurbitacées qui se trouve le long des chemins et autour des habitations rurales. — Syn. *coucoumasso, coucoumbrasso, coucouloumasso, coucouroumasso, cougoumas, cougoumasso, coujous sauvage, cagarolo, pissocó, counpissocó, councoumbre sauvage*.

COUNCOUMBRE SAUVAGE, s. m. V. Councoumbre d'ase.

COUNCOUMBRE-DE-MAR, s. m. Concombre de mer, *Cucumis marinus*, espèce d'holothurie qui a quelque ressemblance avec un cornichon.

COUNCOURDA, v. n. Concordar, concorder, être d'accord, vivre en bonne intelligence, en parlant des personnes ; avoir du rapport entre elles, en parlant des choses. — Cat., Esp., Port., *concordar* ; Ital., *concordare*. — Lat., *concordare*.

COUNCOURI, v. a. V

COUNCOURRE, v. n. Concurrer, concourir, coopérer ; entrer en concurrence ; être admis dans un concours, s'y présenter. — Cat., *concorrer* ; Esp., *concurrir* ; Ital., *concurrere*. — Ety. Lat., *concurrere*.

COUNCREGIÉU, COUNCRECIOUN, s. f. Concrecio, concrétion, assemblage, réunion de plusieurs parties en un corps solide. — Cat., *concreció* ; Esp., *concrecion* ; Ital., *concrezione*. — Ety. Lat., *concretionem*.

COUNCUBINAGE, COUNCUBINAGI, s. m.

Concubinage, commerce illicite d'un homme et d'une femme.— CAT., concubinatge; PORT., ITAL., concubinato. — ETY., councubino.

COUNCUBINO, s. f. CONCUBINA, concubine, celle qui, sans être mariée, vi- avec un homme comme si elle était sa femme. — ETY LAT., concubina.

COUNCUPISCENSO, s. f. CONCUPISCENTIA, concupiscence, appétit déréglé des plaisirs illicites et sensuels. — CAT., ESP., PORT., concupiscencia; ITAL., concupiscenza. — LAT., concupiscentia.

COUNDA, GASC., v. a. CONDAR, compter; raconter. V. Coumptá et Countá.

COUNDAMINO, s. f. V. Coundoumino.

COUNDAMNA, v. a. CONDAMPNAR, condamner; blâmer, ne pas approuver; rejeter; fermer une porte ou une fenêtre de manière qu'elles ne puissent plus s'ouvrir; se coundamná, v. r., se condamner, s'obliger à. — CAT., PORT., condemnar; ESP., condenar; ITAL., condennare. — ETY. LAT., condemnare.

COUNDAMNACIÉU, COUNDAMNACIOUN, s. f. CONDEMNACION, condamnation, jugement par lequel on condamne ou par lequel on est condamné.—CAT., condemnació; ESP., condenacion; ITAL., condennazione. — ETY. LAT., condemnationem.

COUNDE, GASC., s. m. V. Compte et Conte.

COUNDI, PROV., v. a. CONDIRE, CONDRE, confire, assaisonner. — SYN. coundoui. — ANC. ESP., condir; ITAL., condire. — ETY. LAT., condire.

COUNDIERO, PROV., s. f. Pain de ménage.

COUNDIZI, TOUL., v. a. Conduire; GASC., coundouzi. V. Counduire.

COUNDORSO, PROV., s. f. Perche. V. Pergo.

COUNDOUI, PROV., v. a. Assaisonner; coundoui la salado, assaisonner la salade, la fatiguer pour qu'elle prenne bien l'assaisonnement — SYN. coundi. ETY. LAT., condire.

COUNDOUMINO, s. f. CONDAMINA, champ principal d'un domaine contigu à l'habitation du maître; autrefois champ du seigneur, — ETY. LAT., campus domini.

Atal souven de cops la bicho qu'espertino
E que pren soun repas dins uno COUNDOMINO.
BERGOING, de Narbonne.

COUNDOUZI, GASC., v. a. V. Counduire.

COUNDRIÉU, COUNDRIOU, adj. Dangereux, euse, en parlant d'un chemin écarté, d'une mauvaise saison.

COUNDU, COUNDUCH, s. m. CONDUCH, conduit, canal, tuyau. — B. LIM., counju; CAT., condueto; ESP., PORT., conducha, — ETY. LAT., conductus.

COUNDUCHA, PROV., v. a. V. Counduire.

COUNDUCHO, PROV., s. f. V. Counduito.

COUNDUCTOU, COUNDUCTOUR, s. m. CONDUCTOR, conducteur, celui qui conduit, qui dirige. — SYN. coundusèire, counduttou. — CAT., ESP., PORT., conductor; ITAL., conduttore. — LAT. conductorem.

COUNDUIRE, v. a. CONDUIRE, CONDURRE, conduire, mener, guider, diriger; CÉV., ranger, serrer dans un endroit, dans une armoire; se counduire, v. r., se conduire, se comporter; CÉV., s'établir, se marier. — SYN. counduchá, coundurre, coundizi, coundouzi. — CAT., conduir; ESP., condusir; PORT., conduzir; ITAL., condurre. — ETY. LAT., conducere.

COUNDUIT, s. m. V. Counduch.

COUNDUITO, s. f. CONDUCH, conduite, action de conduire, de mener; manière d'agir, de se gouverner; tuyau, conduit pour les liquides.— SYN. counduch, counducho. — ETY., s. part. f. de counduire.

COUNDURRE, v. a. V. Counduire.

COUNDUSÈIRE, PROV., s. m. V. Counductoú.

COUNDUTTOU, s. m. V. Counductoú.

COUNECHE, GASC., v. a. V. Couneisse; counechenso, V. Couneissenso; counechut, udo, V. Couneissut.

COUNEGUE, GASC., v. a. V. Couneisse; counegut, V. Couneissut.

COUNEICHE, GASC., v. a. V. Couneisse; couneigut, V. Couneissut.

COUNEISSABLE, o, adj. Connaissable;

il ne s'emploie qu'avec la négation. *es estat talament malaute qu'es pas couneissable*, il a été si malade qu'il n'est pas reconnaissable. — SYN. *counouissable*. — ETY., *eouneisse*.

COUNEISSE, v. a. CONOSCER, connaître, avoir dans l'esprit l'idée, la notion d'une chose ou d'une personne; avoir une grande pratique de certaines choses; avoir commerce avec une femme; *se couneisse*, v. r., se connaître, être en relations; se connaître à une chose; *se couneisse*, sans régime, avoir sa connaissance, en parlant d'un malade. — SYN. *counestre, counouisse, counouitre, couneche, counegue, couneiche, couneixe, counesse*. — CAT., *conexer*; ESP., *conoscer*; ITAL., *conoscere*. — ETY. LAT., *cognoscere*.

Que te couneis que te crompe.

PRO.

COUNEISSÈIRE, s. m. CONIOISSEIRE, connaisseur, celui qui se connaît à une chose. — SYN. *couneissent*. — ESP., *conocedor*; ITAL., *conoscitore*. — ETY., *couneisse*.

COUNEISSENSO, s. f. CONEISSENSA, connaissance, idée, notion qu'on a de quelque chose ou de quelque personne; habitude qu'on a avec quelqu'un; *couneissensos*, s. f. p., instruction, savoir; connaissances, personnes avec lesquelles on a des liaisons ou des relations. — SYN. *counouissenso*. — CAT., *conexensa*; ITAL., *conoscenza*. — ETY., *couneisse*.

COUNEISSENT, o, s. m. et f. Connaisseur, euse. — SYN. *couneissèire*. — ETY., part. prés. de *couneisse*.

COUNEISSUT, udo, part. Connu, e. — SYN. *counechut, counegut, couneigut, counescut*. — CAT., *conegut*; ESP., *conoscido*; ITAL., *conosciuto*. — ETY., *couneisse*.

COUNEIXE, GASC., v. a. V. Couneisse.

COUNENO, GASC., adj. Poltron, lâche. — ETY. ESP., *counejo*, conil, lapin.

COUNESCUT, udo, part. V. Couneissut.

COUNESSE, v. a. V. Couneisse.

COUNESTRE, v. a. V. Couneisse.

COUNEXE, **COUNEXENSO**, BÉARN., V. Couneisse, Couneissenso.

COUNFEDERA (se), v. r. CONFEDERAR, se confédérer, se liguer. — ESP., *confederar*; ITAL., *confederare*. — LAT., *confæderare*.

COUNFEDERACIÉU, **COUNFEDERACIOUN**, s. f. CONFEDERATION, confédération, ligue, alliance. — CAT., *confederació*; ITAL., *confederazione*. — LAT., *confæderationem*.

COUNFESSA, v. a. COFESSAR, CONFESSAR, confesser, déclarer ses péchés au tribunal de la pénitence; recevoir la confession, en parlant du confesseur; au fig., *counfessá un lèit*, faire un lit à la hâte et négligemment; *se counfessá*, v. r., se confesser, faire sa confession au prêtre, s'avouer, se reconnaître. — SYN. *coufessá*. — GASC., *couhessá*; CAT., PORT., *confessar*; ITAL., *confessare*. — ETY., *confessum*, supin de *confiteri*.

Ni per fioiro ni per mercat
Counfesses pas ta pauretat,

PRO.

COUNFESSAIRE, s. m. Confesseur, prêtre à qui l'on se confesse; il se dit aussi de celui qui se confesse souvent. — SYN. *coufessaire*. — ETY., *counfessá*.

COUNFESSIÉU, **COUNFESSIOUN**, s. f. CONFESSIO, confession; aveu, déclaration d'un fait. — ETY. LAT., *confessionem*.

COUNFESSOU, **COUNFESSOUR**, s. m. CONFESSOR, confesseur, celui qui a bravé le martyre pour confesser le nom de J.-C.; celui qui confesse une doctrine; il est aussi synonyme de *counfessaire*. — CAT., PORT., *confessor*; ESP., *confessor*; ITAL., *confessore*. — ETY. LAT., *confessorem*.

COUNFI, v. a. COFIR, CONFIR, confire; faire *counfi la soupo*, faire mitonner la soupe; au fig., *counfi un mainage*, choyer un enfant avec excès, le gâter; *se counfi*, v. r., se mitonner, se dorloter, s'enfermer dans sa chambre sans en sortir de longtemps; *se counfi de sucrariés*, se bourrer de sucreries. — SYN. *coufi*. — ETY. LAT., *conficere*.

COUNFIA, v. a. CONFIAR, confier, commettre quelque chose à la fidélité de quelqu'un; *se counfiá*, v. r., se confier, faire une confidence. — SYN. *counfisá*.

—, CAT., ESP., PORT., *confiar*; ITAL., *confidare*. — ETY. LAT., *confidere*.

COUNFIDENSO, s. f. CONFIDENCIA, confidence; en roman, confiance. — ESP., PORT., *confidencia*; ITAL., *confidenza*. — LAT., *confidentia*.

COUNFIEG, **COUNFIENG**, PROV., s. m. Gond. — SYN. *goufou*.

COUNFIGNO, PROV., s. m. Confin. V. Counfin.

COUNFIMENT, s. m. COFIMEN, confiture de raisins. — SYN. *coufimen*. — ETY., *counfi*.

COUNFIN, s. m. Confins, limites, extrémités d'un pays, d'un territoire. — PROV., *counfigno*; CAT., *confis*; ESP., PORT., *confins*; ITAL., *confini*. — ETY. LAT., *confinis*.

COUNFINA, v. n. CONFINAR, confiner, être situé près des confins; v. a., reléguer dans un certain lieu; *se counfiná*, v. r., se confiner, se retirer volontairement dans un pays, se retirer du monde. — CAT., ESP., PORT., *confinar*; ITAL., *confinare*. — ETY., *counfin*.

COUNFIRMA, v. a. CONFIRMAR, CONFERMAR, confirmer, apporter de nouvelles preuves à l'appui de ce qu'on avait avancé; conférer le sacrement de la confirmation. — CAT., ESP., PORT., *confirmar*; ITAL., *confermare*. — LAT., *confirmare*.

CONFIRMACIÉU, **CONFIRMACIOUN**, s. f. CONFIRMATION, confirmation, nouvelle assurance d'une chose qui avait déjà été donnée pour vraie; sacrement de la confirmation. — CAT., *confirmació*; ESP., *confirmacion*; ITAL., *confermazione*. — ETY. LAT., *confirmationem*.

COUNFISA, v. a. Confier. V. Counfiá.

COUNFISÈIRE, PROV., s. m. Confiseur. — SYN. *counfissoù*; ESP., *confitero*; PORT., *confeiteiro*; ITAL., *confettiere*. — ETY., *counfi*.

COUNFISSOU, GASC., s. m. V. Counfisèire.

COUNFIT, ido, part. Confit, e; au fig. gâté, en parlant d'un enfant trop choyé; pâle, défait, mort; perdu, ruiné; *counfit d'ourgulh*, bouffi d'orgueil; *counfit*, s. m., viandes, poissons conservés dans l'huile ou dans la graisse. — SYN. *coufit*.

COUNFLAND, o, B. LIM., adj. Adroit, e, souple, complaisant, flatteur; il se prend en mauvaise part.

COUNFLONDEJA, B. LIM., v. n. (counflondedzà): Faire le complaisant, le flatteur, se montrer souple, adroit. — ETY., *counfland*.

COUNFLOUNDEJORIO, B. LIM., s. f. (counflondedzorio). Flatterie, cajolerie, complaisance intéressée. — ETY., *counflondeja*.

COUNFOUNDRE, v. a. CONFONDRE, confondre, brouiller plusieurs choses; prendre une personne ou une chose pour une autre; faire tomber en confusion. — CAT., *confondrer*; ESP., PORT., *confundir*; ITAL., *confondere*. — LAT., *confundere*.

COUNFOURMA, v. a. CONFORMAR, conformer, rendre conforme; *se counfourmá*, v. r., se conformer, se soumettre à la volonté d'autrui. — CAT., ESP., PORT., *conformar*; ITAL., *conformare*. — LAT., *conformare*.

COUNFOURMACIÉU, **COUNFOURMACIOUN**, s. f. Conformation, manière dont une chose est formée; proportion naturelle des parties du corps. — CAT., *conformació*; ESP., *conformacion*; ITAL., *conformazione*. — LAT., *conformationem*.

COUNFOURMITAT, s. f. CONFORMITAT, conformité, rapport qu'il y a entre les choses qui sont conformes. — CAT., *conformitat*; ESP., *conformidad*; ITAL., *conformità*. — LAT., *conformitatem*.

COUNFOURTA, v. a. CONFORTAR, conforter, fortifier, encourager, consoler; *se counfourtá*, v. r., se conforter, se corroborer. — CAT., *confortar*; ESP., *conhortar*; ITAL., *confortare*. — LAT., *confortare*.

COUNFOURTACIÉU, **COUNFOURTACIOUN**, s. f. CONFORTACIO, confortation, action de conforter, état de ce qui est conforté. — ESP., *confortacion*; ITAL., *confortazione*. — ETY., *counfourtá*.

COUNFRAIRAGE, s. m. Confraternité, relation, rapports entre les personnes d'une même confrérie, d'une même association. — Syn. *counfréirage*. — Ety., *counfraire*.

COUNFRAIRE, s. m. Confraire, confrère, qui est de la même confrérie, du même corps, de la même société ; *counfrairo, counfrairesso*, s. f. membre d'une confrérie de femmes. — Cat., *confrare*; ital., *confrate*. — Ety., *coun*, comme, et *fraire*, frère.

COUNFRAIRESSO, s. f. V. Counfraire.

COUNFRARIÈ, COUNFRAIRIO, s. f. Confrairia, confrérie, compagnie de personnes associées pour quelques exercices de piété. — Syn. *confrariè*. — Cat., port., *confraria*; esp., *cofradia*. — Ety., *counfraire*.

COUNFRARIÉ, s. f. V. Counfrairiè.

COUNFRATERNITAT, s. f. Confraternitat, confraternité, relation, rapports entre confrères. — Cat., *confraternitat*; esp., *confraternidad*; ital., *confraternità*. — Ety., *coun*, pref. et *fraternitatem*, fraternité.

COUNFRÈIRAGE, prov., s. m. V. Counfrairage.

COUNFROUNT, s. m. Ce qui confronte, ce qui est attenant ; *lou cami de ferre es un marrit counfrount*, le chemin de fer est un mauvais voisinage ; *counfrounts*, limites d'un champ, tenants et aboutissants d'une terre, d'une maison. — Ety., s. verb. de *counfrountá*.

COUNFROUNTA, v. a. Confronter, mettre en présence, pour les interroger, des témoins, des accusés; conférer une chose avec une autre, les examiner en même temps pour les comparer ; confiner, être limitrophe ; *nous coufrountam del mari, del pounent*, nos terres se touchent du côté du vent marin, du couchant. — Cat., esp., port., *confrontar*; ital., *confrontare*. — Ety., *coun*, avec, et *frount*, front, être front à front, ou front contre front.

COUNFROUNTACIÉU, COUNFROUNTACIOUN, s. f. Confrontatio, confrontation, action de confronter des accusés, des témoins; examen qu'on fait ou de deux écritures en les comparant, ou de différents passages que l'on confère les uns avec les autres. — Cat., *confron-tació*; esp., *confrontacion*; ital., *confrontazione*. — Ety., *counfrountá*.

COUNG, gasc., s. m. Cong, coin. — Port., *cugno*; ital., *cònio*. — Ety. lat., *cuneus*.

COUNGET, COUNGÈY, s. m. V. Coumjat.

COUNGLAS, s. m. Glacier. — Ety., *coun*, préf. et *glas*, glace.

COUNGLASSA, v. a. Congeler, réduire à l'état de glace; figer, coaguler, en parlant du froid ; *se counglassá*, v. r., se congeler, se coaguler. — Ety., *counglas*.

COUNGOUSTA (Se), prov., v. r. Se délecter ; savourer ce que l'on mange, ce que l'on boit. — Ety., *coun*, avec, et *goust*.

COUNGOUSTO, prov., s. f. Délectation; *estre en cougousto*, se délecter.—Ety., s. verb. de *congoustá*.

COUNGRANA, (Se), v. r. Se remplir de; *se coungraná de vermes*, se remplir de vermine comme la capsule d'une plante se remplit de graines. — Syn. *s'engraná*.

COUNGRE; s. m. Congre, congre, *Murœna conger*, poisson qui a à peu près la forme d'une grosse anguille. — Cat., ital., *congre*; esp., *congrio*; port., *crongo*.

COUNGRE, agat., s. m. Coin ; il ne s'emploie que dans cette phrase; *laissá quicon au coungre*, laisser une chose au rebut, la mettre dans un coin avec les balayures. — Syn. *coung*, coin.

COUNGREA, COUNGREIA, v. a. Produire engendrer ; T. de tanneur, corroyer; *se coungreá*, v. r., se produire en abondance; *coungreat*, ado, part., produit, e, engendré. — Syn. *coungriá, coungruá*. — Ety. lat., *concreare*, produire.

COUNGREAIRE, s. m. Producteur ; prov., corroyeur. — Syn. *coungriaire*. — Ety., *coungreá*.

COUNGRIA, COUNGRUA, COUNGRIAIRE, COUNGRUAIRE. V. Coungreá, Coungreaire.

COUNIA, montp., s. f. Femelle du lapin. V. Counil.

COUNIÉRO, prov., s. f. (couniéro). Recoin, enfoncement. V. Cauniéro.

COUNIÉU, prov., s. m. V.

COUNIL, s. m. Conil, lapin; *counilho*, s. f., Hase, femelle du lapin; au fig. femme dissolue; nigaude, bégueule, prude. — Cat., *conill*; esp., *conejo*; ital., *coniglio*. — Ety. lat., *cuniculus*.

COUNILHA, cév., v. n. Être peureux comme un lapin, s'évader, prendre la fuite. — Ety., *counil*.

COUNILHEIRO, cév., toul., s. f. Rabouillère, trou peu profond que creusent les lapins pour y faire leurs petits; terrier, garenne; au fig. détour, échappatoire. — Ety., *counil*.

COUNILHOU, COUNILHOUN, s. m. Lapereau, jeune lapin. — Dim. de *counil*.

COUNIOU, COUNIO, prov., s. m. et f. V. Counil.

COUNJOUNGLA, prov., v. a. Attacher les attelles du collier des bœufs ou des autres bêtes de labour; au fig. étreindre, serrer avec force; exercer une pression morale sur quelqu'un. — Lat., *conjungere*, conjoindre.

COUNJOUNGLO, prov., s. f. Corde ou lanière qui lie le joug au-dessus du cou des bêtes de labour; au fig. bave des jeunes enfants qui pend à leur bouche comme une lanière. — Ety., s. verb. de *counjounglá*.

COUNJU, b. lim., s. m. (coundzu). Conduit d'eau. V. Counduch.

COUNLÉVO, cév., s. f. Bascule; *faire la counlévo*, s'amuser au jeu de la bascule.

COUNOR, lim., s. m. Conort, augure, présage, opinion, égard; *la mort n'a pas de counor*, la mort n'a d'égard pour personne.

COUNOUISSE, COUNOUISSENSO, V. Couneisse, Couneissenso.

COUNOUITRE, montp., v. a. V. Couneisse.

COUNOUL, cév., s. m. Quenouille, quenouillée; b. lim., petit tas de foin; *counoul de Sant'Anno*, massette d'eau à larges feuilles, quenouille, canne de jonc, *Typha latifolia*. V. Sagno.

COUNOULHADO, s. f. Quenouillée. — Syn. *coulougnado*. — Biterr., *fialousado*. — Ety., *counoulho*.

COUNOULHAT, toul., s. m. Fusain, arbrisseau. V. Bounet-de-capela.

COUNOULHO, querg., s. f. Quenouille. Syn. *counoul, coulougno*. — Biterr., *fialouso*. — Ital., *conocchia*.

COUNOURTA, b. lim., v. a. Conortar, encourager, réconforter, consoler; *se counourtá*. v. r., se reconforter, se consoler; par ext., se réjouir.— Ety. rom., *conort*, consolation,

COUNPISSOCO, biterr., s. m. Momordique. V. Councoumbre d'ase.

COUNQUERRE, v. a. Conquerre, conquérer, conquérir. — Esp., *conquerir*. Ety. lat., *conquirere*.

COUNQUETO, s. f. Petit bassin de poterie, de bois ou de fer-blanc pour l'usage des ménages. — Ety., dim. de *counco*.

COUNQUISCADOU, béarn., s. m. Conquérant. V. Counquistaire.

COUNQUIST, o, part. Conquis, e. — Ital., *conquisto*. — Ety. lat., *conquisitus*.

COUNQUISTA, v a. Conquistar, conquérir, acquérir, gagner. — Syn. *counquerre*. — Cat., esp., port., *conquistar*; ital., *conquistare*. — Ety., *counquist*.

COUNQUISTAIRE, s. m. Conquérant. — Béarn., *counquistadou*. — Ety., *counquistá*.

COUNQUISTO, s. f. Conquête, chose conquise; proie.— Cat., esp., port., ital., *conquista*. — Ety. lat., *conquisita*.

COUNSAT, s. m. Nom que les pêcheurs de nos côtes donnent à certains passages qui sont près de l'embouchure d'une rivière où l'eau repose et remonte même un peu vers sa source.

COUNSAUPRE, cast., v. a. Concevoir, comprendre. V. Councebre.

COUNSCIENSO, s. f. Conciensiá, conscience.— Cat., esp., *conciencia*; port., *consciencia*; ital., *coscienza*. — Lat., *conscientia*.

COUNSCIENSO, s. f. Planche que les faiseurs de chaises attachent sur la poitrine, à laquelle ils appuient la pièce de bois qu'ils veulent polir avec la plane ; autrefois, cantine des frères quêteurs.

COUNSEGAL, COUNSEGAU, s. et adj. m. Méteil ; *pan counsegau*, pain de méteil. V. Coussegal.

COUNSELH, s. m. Conselh, conseil. — Syn. *counséu*. — Cat., *consell* ; esp., *consejo* ; port., *conselho* ; ital., *consiglio*. — Lat., *consilium*.

Causo facho, counselh prés.
Pro.

COUNSELHA, v. a. Conselhar, cossilhar, conseiller, donner un conseil ; *se counselhà*, v. r., se conseiller , se concerter. — Syn. *counsilhá*. — Port., *conselhar* ; ital., *consigliare*. — Ety., *counselh*.

Que counselho pago pas.
Pro.

COUNSELHAIRE, s. m. Cosselhaire, conseilleur, celui qui donne des conseils, qui en donne souvent sans qu'on les lui demande. — Anc. esp., *cossejador* ; ital., *consigliatore*. — Ety., *counselhá*.

COUNSENT, o, adj. Counsens, consentant, e ; *i sem counsents*, nous y consentons. — Syn. *coussent*. — Anc. cat., *consent* ; esp., *consenciente*. — Ety., *counsenti*.

COUNSENTAMENT, s. m. V. Counsentiment.

COUNSENTI, v. n. Consentir, consentir, vouloir bien ; au fig. céder , s'ébranler, en parlant d'un corps lourd qu'on veut remuer ; T. de mar. plier sous l'action du vent en parlant d'un mât. — Syn. *coussenti*. — Cat., esp., port., *consentir* ; ital., *consentire*. — Lat., *consentire*

COUNSENTIDO, s. f. V.

COUNSENTIMENT, s. m. Cossentimen, consentement , action de consentir, d'acquiescer. — Syn. *counsentament*, *counsentoment*, *coussentiment*. — Cat., *consentiment* ; esp., *consentimiento* ; port., ital., *consentimento*. — Ety., *counsenti*.

COUNSENTIT, ido, part. Consenti, e ; fêlé, ée, en parlant d'un vase, d'une cruche, gâté s'il s'agit d'une pièce de bois ; atteint d'une maladie grave et même incurable, en parlant d'une personne.

COUNSENTOMENT, s. m. V. Counsentiment.

COUNSEQUENSO, s. f. Consequencia, conséquence , conclusion tirée d'une proposition ; importance. — Cat., esp., port., *consequencia* ; ital., *consequenza*. — Lat., *consequentia*.

COUNSEQUENT, o, adj. Consequent , conséquent, e, qui agit, qui raisonne conséquemment, avec suite. — Cat., *consequent* ; esp., port., *consequente* ; ital., *conseguente*. — Ety. lat., *consequentem*.

COUNSERVA, v. a. Conservar, conserver, garder avec soin ; *se counservá*, v. r., se conserver, ne pas se gâter ; soigner sa santé. — Cat., esp., port., *conservar* ; ital., *conservare*. — Lat., *conservare*.

COUNSERVACIÉU, COUNSERVACIOUN, s. f. *Conservatio*, conservation. — Esp., *conservacion* ; ital., *conservazione*. — Ety. lat., *conservationem*.

COUNSERVAIRE, s. m. Conservaire, conservateur. — Cat., esp., port., *conservador* ; ital., *conservatore*. — Lat., *conservatorem*.

COUNSERVO, s. f. Conserve, confiture faite de fruits, d'herbes, de fleurs ou de racines ; T. de mar, navire qui fait route avec un autre pour le secourir, s'il y a lieu ; *anà de counservo*, aller de conserve, naviguer ensemble. *Counservos*, s. f. p., conserves, lunettes propres à conserver la vue. — Ety., *counservá*.

COUNSÉU, prov., s. m. V. Counselh.

COUNSIGNA, v. a. Consignar, consigner, mettre une somme en dépôt ; donner une consigne ; mettre aux arrêts. — Syn. *counsinná*. — Cat., esp., port., *consignare* ; ital., *consegnare*. — Ety. lat., *consignare*.

COUNSIGNACIÉU, COUNSIGNACIOUN, s f, Consignation, action de consigner, la chose consignée. — Esp., *consigna-*

cion; ITAL., *consignazione*. — ETY., *counsigná*.

COUNSILHA, v. a. V. Counselhá.

COUNSINNA, v. a. V. Counsigná.

COUNSISTORI, s. m. CONSISTORI, consistoire, assemblée en général ; particulièrement assemblée de cardinaux convoquée par le pape ; assemblée des ministres de la religion réformée ; lieu où se tiennent ces assemblées. — CAT., *consistori* ; ESP., PORT., ITAL., *consistorio*. — ETY. LAT., *consistorium*.

COUNSOLO-MAJOR, NIM., s. f. Grande consoude. V. Consoudo.

COUNSOUDO, PROV., s. f. (counsòudo). Prêle. V. Cassaudo.

COUNSOULA, v. a. CONSOLAR, consoler; *se counsoulá*, v. r., se consoler. — CAT., ESP., PORT., *consolar*; ITAL., *consolare*. — ETY. LAT., *consolare*.

COUNSOULACIÉU, COUNSOULACIOUN, s. f. Consolation, soulagement apporté à la douleur, à l'affliction, au déplaisir de quelqu'un ; véritable sujet de satisfaction et de joie. — CAT., *consolació* ; ESP., *consolacion* ; ITAL., *consolazione*. ETY. LAT., *consolationem*.

COUNSOULAIRE, o, **COUNSOULARELLO**, s. m. et f. CONSOLAIRE, consolateur, consolatrice. — CAT., ESP., PORT., *consolador* ; ITAL., *consolatore*. — ETY., *counsoulá*.

COUNSOULIDA, v. a. CONSOLIDAR, CONSOLDAR, consolider, rendre solide; *se counsoulidá*, v. r., se consolider, s'affermir. — CAT., ESP., PORT., *consolidar* ; ITAL., *consolidare*. — LAT., *consolidare*.

COUNSOULIDACIÉU, COUNSOULIDACIOUN, s. f. CONSOLIDACIO, consolidation, action par laquelle une chose est consolidée, état de la chose consolidée. — CAT., *consolidació*; ESP., *consolidacion* ; ITAL., *consolidazione*. — LAT., *consolidationem*.

COUNSOUMA, v. a. CONSUMAR, consommer, achever, accomplir ; employer pour sa nourriture et ses besoins des choses qui se détruisent par l'usage.— ESP., *consumar* ; PORT., *consummar* ; ITAL., *consumere*.—ETY. LAT., *consummare*.

COUNSOUMACIÉU, COUNSOUMACIOUN, s. f. Consommation, action de consommer; achèvement, accomplissement.—ESP., *consumacion* ; ITAL., *consumazione*. — ETY. LAT., *consummationem*.

COUNSOUMIS, s. m. Ce nom désigne deux testacés de la fam. des bivalves qui vivent dans nos rivières: la mulette des peintres qui a une demi-dent cardinale à chaque valve, et l'anodonte qui en est dépourvue. — SYN. *encounsoumit, arcèli*.

COUNSOUMPCIÉU, COUNSOUMPCIOUN, s. f. CONSUMPCIO, consomption, amaigrissement progressif. — SYN. *counsumi*. — CAT., *consumpció*; ESP., *consuncion*; ITAL., *consunzione*. — LAT., *consumptionem*.

COUNSPIRA, v. a et n. COSPIRAR, conspirer, faire une conspiration. — CAT., ESP., PORT., *conspirar* ; ITAL., *conspirare*. — ETY. LAT., *conspirare*.

COUNSPIRACIÉU, COUNSPIRACIOUN, s. f. COSPIRATIO, conspiration, conjuration ; cabale, complot, machination. — ESP., *conspiracion* ; ITAL., *conspirazione*.— LAT., *conspirationem*.

COUNSTANSO, s. f. CONSTANCIA, constance, fermeté d'âme, fidélité, persévérance. — CAT., ESP., PORT., *constancia* ; ITAL., *costanza*. — LAT., *constantia*.

COUNSTANT, o, adj. COSTANT, constant, e. — CAT., *constant* ; ESP., PORT., *constante*; ITAL., *costante*. — LAT., *constantem*.

COUNSTIPA, v. a. COSTIPAR, constiper, causer la constipation; *se counstipá*, v. r., se constiper, devenir constipé. — SYN. *couslipá, couslubá, couslupá* — CAT., ESP., PORT., *constipar*; ITAL., *costipare*. — ETY. LAT., *constipare*, serrer.

COUNSTIPACIÉU, COUNSTIPACIOUN, s. f. CONSTIPACIO, constipation. — CAT., *constipació*; ESP., *constipacion* ; ITAL., *costipazione*. — LAT., *constipationem*.

COUNSTITUA, v. a. CONSTITUIR, constituer. — SYN. *couslituá*. — CAT., ESP., PORT., *constituir* ; ITAL., *constituire*. — LAT., *constituere*.

COUNSTITUCIÉU, COUNSTITUCIOUN, s. f.

CONSTITUTIO, constitution; charte gouvernementale; tempérament, complexion. — SYN. coustituciéu. — CAT., constitució; ESP., constitucion; ITAL., costituzione. — ETY. LAT., constitutionem.

COUNSTREGNE, v. a. COSTRAIGNER, CONTRANDER, contraindre, obliger à faire une chose, gêner, presser; mettre à l'étroit; se counstregne, v. r., se contraindre, se forcer, se gêner, se retenir. — SYN. coustregne. — CAT., contrenyer; ITAL., costrignere. — LAT., constringere.

COUNSTRENCH, o, part. Contraint, e.

COUNSTRENCHO, s. f. Contrainte, violence qu'on exerce contre quelqu'un; retenue qu'imposent les bienséances; mandement décerné contre un redevable des deniers publics, etc; état de gêne, d'embarras. — SYN. coustrencho. — ETY., s. part. f. de counstregne.

COUNSTRUCCIÉU, **COUNSTRUCCIOUN**, s. f. COSTRUCTIO, construction. — SYN. coustrucciéu. — CAT., construcció; ESP., construccion; ITAL., costruzione. — LAT., construccionem.

COUNSTRUIRE, v. a. CONSTRUIRE, COSTRUIRE, construire, bâtir; counstruch, o, part. construit, e. — SYN. coustruire, counstruize. — CAT., ESP., PORT., construir; ITAL., costruire. — LAT., construere.

COUNSTRUIZE, BÉARN., v.a. V. Counstruire.

COUNSUL, s. m. V. Cossoul.

COUNSULTA, v. a. Consulter, prendre avis, conseil ou instruction de quelqu'un; se counsultá, v. r., se consulter, délibérer, conférer ensemble. — CAT., ESP., PORT., consultar; ITAL., consultare. — LAT., consultare.

COUNSULTACIÉU, **COUNSULTACIOUN**, s.f. Consultation. — SYN. counsulto. — ETY. LAT., consultationem.

COUNSULTO, s. f. Consultation. — CAT., ESP., PORT., ITAL., consulta. — ETY., s. verb. de counsultá.

COUNSUMA, v. a. CONSUMIR, consumer, détruire, user, réduire à néant, dissiper, dévorer; se counsumá, v. r.,

se consumer, dépérir, maigrir, mourir de consomption. — SYN. counsumi. — CAT., consumar; ESP., PORT., consumir; ITAL., consumare. — LAT., consumere.

COUNSUME, s. m. Déchet des denrées et des marchandises; diminution dans la quantité, produite par le temps ou par toute autre cause; toutes les dépenses qui diminuent l'avoir d'une personne. — ETY. LAT., consumere.

COUNSUMI, PROV., s. m. Consomption. V. Counsoumpciéu.

COUNTA, v. a. CONTAR, conter, dire, relater; countá de sournetos, dire des mensonges. — CAT., ESP., PORT., contar; ITAL., contare. — LAT., computare.

COUNTAIRE, o, s. m. et f. COMTAIRE, conteur, euse. — CAT., ESP., PORT., contador; ITAL., contatore. — ETY., countá.

COUNTEIRAL, o, B. LIM., adj. Contemporain, e.

COUNTEMPLA, v. a. CONTEMPLAR, contempler, considérer attentivement. — CAT., ESP., PORT., contemplar; ITAL., contemplare. — ETY. LAT., contemplari.

COUNTEMPLACIÉU, **COUNTEMPLACIOUN**, s. f. CONTEMPLATIO, contemplation. — CAT., contemplació; ESP., contemplacion; ITAL., contemplazione. — LAT., contemplationem.

COUNTEMPLAIRE, s. m. CONTEMPLAIRE, contemplateur, celui qui contemple. — CAT., ESP., PORT., contemplador; ITAL., contemplatore. — ETY., countemplá.

COUNTÈNE, v. a. CONTENER, contenir, comprendre dans un certain espace, être composé de...., retenir, arrêter; se countène, v. r., se contenir, se retenir, se modérer; countengut, udo, part., contenu, e; s. m., le contenu d'un panier, d'un livre, etc. — SYN. countengue, counteni, coutiene, counthiè. — CAT., contenir; ESP., contener; ITAL., contenere. — LAT., continere.

COUNTENENSO, s. f. CONTENENSA, contenance, capacité, étendue; manière de se tenir; tène sas countenensos, avoir une bonne attitude, se montrer réservé. — Cat., *contenensa* ; Ital., *continenza*. — Ety., *countène*.

COUNTENGUDO, s. f. Étendue de terre, ce qu'un champ ou une vigne contiennent d'ares. — Ety., s. part. f. de *countène*.

COUNTENGUE, gasc., v. a. V. Countène.

COUNTENI, v. a. V. Countène.

COUNTENT, o, adj. Content, content, e. — Cat., *content* ; Esp., Ital., *contento* ; Port., *contente*. — Lat., *contentus*.

Que n'es pas countent ane al countentier.
PRO.

COUNTENTA, v. a. Contenter, satisfaire, plaire, apaiser ; *countentá sa coulèro*, assouvir sa colère ; *countentá sa fam*, apaiser sa faim ; *se countentá*, v. r., se contenter, se satisfaire.—Cat., esp., port., *contentar* ; Ital., *contentare*. — Ety., *countent*.

COUNTENTAMENT, s. m. Contentement, satisfaction. — Ety. *countentá*.

COUNTEST, béarn., s. m. V. Countestaciéu.

COUNTESTA, v. a. Contestar, contester, disputer, débattre. — Cat., esp., port., *contestar* ; Ital., *contestare*. — Lat., *contestari*.

COUNTESTACIÉU, COUNTESTACIOUN, s. f. Contestation, débat, procès. — Syn. *countest, countesto*. — Cat., *contestació* ; Esp., *contestacion* ; Ital., *contestazione*. — Lat., *contestationem*.

COUNTESTO, s. f. Contesta, contestation ; *sens countesto*, incontestablement. V. Countestaciéu.

COUNTHIÉ, COUNTIENE, béarn., v. a. Contenir. V. Countène.

COUNTINENCI, s. f. V.

COUNTINENSO, s. f. Continencia, continence. — Cat., esp., port., *continencia* ; Ital., *continenza*. — Ety. lat., *continentia*.

COUNTINENT, o, adj. Continens, continent, qui a la vertu de continence ; Toul., adv. incontinent, tout de suite. — Cat., *continent* ; Esp., Ital., Port., *continente*. — Ety. lat., *continentem*, part. de *continere*.

COUNTINUA, v. a. et n. Continuar, continuer, poursuivre ce qui est commencé ; durer, ne pas cesser. — Toul., *countigná*, f. a. ; Cat., Esp., Port., *continuar* ; Ital., *continuare*. — Lat., *continuare*.

COUNTINUACIÉU, COUNTINUACIOUN, s.f. Continuation, suite, durée, prolongement. — Esp., *continuacion* ; Ital., *continuazione*. — Ety. *continuá*.

COUNTINUAL, o, adj. Continuable, continuel, elle. — Ety., *continuá*.

COUNTINUITAT, s. f. Continuitat, continuité, durée continue. — Esp., *continuidad* ; Ital., *continuità*. — Lat., *continuitatem*.

COUNTOUR, s. m. Contour, sinuosité, détour ; *lous countours*, les environs. — Cat., *contorn* ; Esp., Port., Ital., *contorno*. — Ety., s. verb. de *countourná*.

COUNTOURNA, v. a. Contourner, former les contours d'une figure ; passer autour ; faire le tour. — Port., *contornear* ; Ital., *contornare*. — Ety., *coun*, préf., et *tourná*, tourner, faire le tour, arrondir.

COUNTOURNEJA, v. a. Contourner. — Ety., fréq., de *countourná*.

COUNTOURNIÈIRO, agen., s. f. Espace de terre au bout d'un champ que la charrue ne peut atteindre. — Syn. *cresses, cousso, touvèro*. — Ety., *countourná*. V. Antarado.

COUNTRADO, s. f. Contrada, contrée, région, pays. — Béarn., *countrade* ; Ital., *contrada*. — Ety. lat., *contrá*, contre, devant ; pays qui est devant nous.

COUNTRAHÉ, béarn., v. a. Contrefaire. V. Controfá ; *countrahèyt, èyde*, part., contrefait, contrefaite. — Syn. *controfach*.

COUNTRARI, o, adj. Contrari, contraire, opposé, nuisible ; s. m., contrariété, espièglerie ; *faire de countràris*, faire des niches. — Cat., *contrari* ; Esp., Port., Ital., *contrario*. — Ety. lat., *contrarius*.

COUNTRARIA, v. a. Contrariar, contrarier ; *se countrariá*, se contrarier, se chicaner. — Cat., Esp., Port., *cor* *trariar*; ITAL., *contrariare*. — ETY., *countrári*.

COUNTRARIAIRE, s. m. CONTRARIAIRE, contrariant; contradicteur. — SYN. *countrariant, countrarivent, countrarivous, countrarious*. — ANC. ESP., *contrariador*. — ETY., *countrariá*.

COUNTRARIETAT, s. f. CONTRARIETAT, contrariété, traverse, empêchement. — ITAL., *contrarietà*. — LAT., *contrarietatem*.

COUNTRARIVENT, COUNTRARIVOUS, PROV., adj. V. Countrariaire.

COUNTRASTA, v. a. CONTRASTAR, contraster, former un contraste, des contrastes; *se countrastá*, v. r., se disputer, se quereller. — CAT., ESP., PORT., *contrastar*; ITAL, *contrastare*. — ETY. LAT., *contrastare*.

COUNTRE, BÉARN., prép. V. Contro.

COUNTRO, prép. V. Contro.

COUNTRODISE, GASC., v. a. Contredire.

COUNTROFA, COUNTROFAIRE, v. a. V. Controfá.

COUNTROPUNTO, GASC., s. f. Courtepointe, couverture de lit.

COUNTUGNA, COUNTUNIA, v. a. V. Countinuá.

COUNTUGNO, COUNTUNI, s. f. V. Countunio.

COUNTUN (De), adv. comp. De suite, sans interruption: *travalhá de countun*, travailler d'une manière continue. — SYN. *de countunio*.

COUNTUNIO, s. f. Continuité, suite, durée, persévérance; *de countunio*, adv. comp., continuellement. — SYN. *de countun*. — ETY. ROMAN, *contuni*, du lat. *continuus*, continu.

COUNVENENSO, s. f. CONVENENCIA, convenance, rapport, conformité; bienséance, décence, commodité. — ESP., *convenencia*. — LAT., *convenientia*.

COUNVENI, v. n. CONVENIR, demeurer d'accord; plaire, être expédient, à propos; *se counveni*, v. r., se convenir, se plaire réciproquement. — CAT., ESP., *convenir*; ITAL., *convenire*. — LAT, *convenire*.

COUNVENTIAU, alo, PROV., s. m. et f. Moine, nonne. — ETY., *couvent*.

COUNVIDA, v. a. CONVIDAR', convier, inviter à un festin, à une fête, etc.; *counvidat, ado*, part., convié, ée, invité, régalé; *m'a pas soulomen counvidat d'un cop de vi, il ne m'a pas seulement offert un verre de vin*. — BITERR., *couvidá*; CAT., ESP, PORT., *convidar*; ITAL., *convitare*. — ETY., *counvit*.

COUNVIDACIÉU, COUNVIDACIOUN, s. f. Invitation. — ETY., *counvidá*.

COUNVIDAIRE, s. m. Celui qui invite à un repas, à une fête. — SYN. *couvidaire*. — ETY., *counvidá*.

Boun COUNVIDAIRE fa manjá lou malauto.

PRO.

COUNVIT, s. m. CONVIT, COVIT, invitation à un repas; incitation. — BÉARN, *coumbit*, festin; BITERR., *couvit*; CAT., *convit*; ESP., PORT., ITAL., *convito*. — ETY. LAT., *convivium*.

COUNVOUCA, v. a. CONVOCAR, convoquer, faire assembler. — CAT., ESP., *convocar*; ITAL., *convocare*. — LAT., *convocare*.

COUNVOUCACIÉU, COUNVOUCACIOUN, s. f. CONVOCATIO, convocation. — ETY. LAT., *convocationem*.

COUO, s. f. COA, CODA, queue, partie qui termine le corps de la plupart des animaux par derrière; au fig. ce qui sert à tenir dans la main un grand nombre d'ustensiles; reste de cordage, fin d'une affaire, reliquat; arrière-garde; *couo de las fuelhos*, pétiole; *de la frucho*, pédicule; *de las flous*, pédoncule; *couo d'uno caumelo*, chevelure d'une comète; *lou toupi boulis per la couo*, le pot-au-feu ne bout pas.— SYN. *co, coïo, coude, cougo*. — CAT., ANC. ESP., *coa*; PORT., *cauda*; ITAL., *coda*. — LAT,, *cauda*.

L'ai de dous mestres, la couo li pelo.

PRO.

L'âne qui appartient à deux maîtres a la queue pelée.

COUO-BESSO, PROV., s. f. Perce-oreille, insecte ainsi appelé parce qu'il a deux queues, *besso* signifiant double. — BITERR., *cur'aurelho*.

COUO-CENE, GASC., s. m. Couvre-cendre ; s. f., cendrillon. V. Cendrouseto.

COUO-CHIVAU, PROV., s. f. Prêle. V. Cassaudo.

COUODADO, QUERC., s. f. Quantité de liquide que peut contenir l'écuelle de bois appelée *couado*,

COUO-D'AI, PROV., interj. qui marque la surprise. Peste! — ETY., *couo*, queue, *d'ai*, d'âne.

COUO-DE-GARRI, PROV., s. f. V. Couo-de-rat.

COUO-DE-GIROUNDO, CÉV., V. Couo-d'hiroundo.

COUO-DE-LOUP, s. f. Molène ou bouillon-blanc. V. Boulhoun-blanc.

COUO-DE-MANDRO, CAST., s. f. Prêle. V. Cassaudo.

COUO-DE-RAT, s. f. Queue-de-rat, lime ronde terminée en pointe. — AGAT., *coio-de-rat*.

COUO-DE-RAT, s. f. Noms vulgaires de l'orge queue-de-souris, *Hordeum murinum* ; de l'orge des prés, *Hordeum pratense*; du vulpin des prés, *Alopecurus pratensis*; du vulpin bulbeux, *Alopecurus bulbosus*. — SYN. *cougo-rato*, *couo-de-garri*.

COUO-DE-REINARD, s. f. Mélampyre des champs, *Melampyrum arvense*; mélampyre des forêts; bouillon-blanc ; amaranthe. — SYN. *co-de-reinard*, *cresto-de-gal*, mélampyre des champs.

COUO-DE-REINARD, s. f. Queues, racines qui engorgent les tuyaux d'arrosage. On dit aussi seulement *reinard*.

COUO-DE-SARTAN, PROV., s. f. Têtard, nymphe de la grenouille. — BITERR., *padeno*, *testo-d'ase*.

COUO-D'HIROUNDO, s.f. Canard pilet ou canard à longue queue, *Anas acuta*. — SYN. *couo-de-giroundo*, *couoloung*, *aloloung*, *aloloungo*.

COUOL, DAUPH., s. m. V. Col.

COUO-LOUNG, s. m. V. Couo-d'hiroundo et Gaio-pastro.

COUONI, CAST., s. m. Nichet, œuf qu'on met dans les nids préparés pour la ponte des poules; couvet, pot que certaines femmes remplissent de braise et qu'elles mettent entre leurs pieds.

COUO-NISE, GASC., s. m. Dernier né d'une couvée. V. Cago-nis.

COUO-RATO, s. f. V. Couo-de-rat.

COUO-ROUGE, COUO-ROUY, GASC., **COUO-ROUS**, CAST. V. Couo-rousso.

COUO-ROUSSETO, s. f. V.

COUO-ROUSSO, Rouge-queue, *Motacilla tithys* ; on donne le même nom au rossignol de muraille, *Motacilla phœnicorus*. Noms div. : *co-roujo*, *co-rousso*, *couèto-roujo*, *courousset*, *courousseto*, *cuou-rousset*; *carabouguier*, rossignol de muraille. — ESP., *coli-rojo*; ITAL., *culo-rosso*.

COUO-ROUSSO-MOUNTAGNARDO, s. f. Merle de roche. V. Merle rouquier.

COUO-TISOUS, GASC., s.m. Couve-tisons, celui qui reste toujours au coin du feu.

COUOZOU, B. LIM., s. f. Incubation, action des poules et des autres oiseaux qui couvent leurs œufs. — ETY., *couá*, couver.

COUP, s. m. Sommet, sommité, partie supérieure d'un chapeau ; petite mesure de capacité ; AGEN., *coffin* de faucheur, V. *Coudial* ; PROV., mortier pour égruger les matières qui entrent dans la composition du verre.

COUP, PROV., s. m. (côup). Coup, fois; *de-coup*, parfois. V. Cop.

COUPA, v. a. COPAR, couper, trancher, tailler, châtrer ; casser, rompre, briser; mélanger en parlant d'un vin faible auquel on mêle un vin plus alcoolique ; *coupá las cambos*, casser les jambes ; *coupá del rei*, couper avec le roi ; *coupá lous doublens*, châtrer les bêtes à laine mâles à leur deuxième année ; *coupá lou crèis*, arrêter la croissance ; *coupá un mariage*, rompre un mariage ; *coupá court*, dire peu de mots ; *fa uno biso que copo la caro*, il souffle un vent de bise qui cingle le visage ; au fig., *coupá quauqu'un*, interrompre une personne en prenant soi-même la parole ; *coupá lou siblet*, forcer quelqu'un à se taire ; *coupá lous carrals*, cartayer, éviter de faire passer les roues d'une voiture dans les ornières : on dit d'une couleur tranchante : *copo trop* ; *se coupá*, v. r., se couper, se blesser ; au fig., s'interrompre, se contredire, se démentir soi-même. — Ety., *cop*, du b. lat. *colpus*, coup.

COUPADO, cast., s. f. Mesure agraire. — Gasc., *coupet*, *coupo*.

COUPADO, s. f. Alouette huppée. — Esp., *copada*. V. Cauquilhado.

COUPADO, cév., s. f. Espèce de raisin.

COUPADOUR, prov., s. m. Étalier, celui qui vend la viande pour le maître boucher. — Ety., *coupá*.

COUPADURO, s. f. Coupure faite par un instrument tranchant. — Ety., *coupado*, part. f. de *coupá*.

COUPAIRE, o, prov., *couparello*, s. m. et f. Coupeur, euse ; vendangeur, vendangeuse. — Ety., *coupá*.

COUPAIRE, s. m. Altér. de *coumpaire*, V. ce mot.

COUPARÈLO, s. f. Nombril de Vénus, V. Escudet.

COUPARRAS, s. m. Grand coup donné avec un instrument tranchant ou contondant , grande blessure. — Ety., augm. de *cop*.

COUPEIRAGE, s. m. Altér. de *coumpairage*, V. ce mot.

COUPELLO, **COUPÈLO**, cév., s. f. Petite romaine avec un plateau de balance ; bassin, petite coupe ; coupelle , petit vase dont on se sert pour séparer par l'action du feu l'or et l'argent des autres métaux. — Ety., lat., *cupella*.

COUPET, s. m. Petit coup. — Ital., *colpetto*. — Ety., dim. de *cop*.

COUPET, béarn., s. m. Petite coupe, petite mesure de capacité, le quart d'un boisseau. — Ety., dim. de *coup*.

COUPET, s. m. Chignon du cou. V. Couté.

COUPETEJA, v. a. Déchiqueter, couper en petits morceaux. — Esp., fréq. de *coupá*.

COUPÈU, s. m. Copeau. — Ety., *coupá*.

COUPIA, v. a. Copier ; imiter ; reproduire. — Cat., esp., port., *copiar*; ital., *copiare*. — Ety.. *coupio*.

COUPIAIRE, s. m. Copiste. — Cat., esp., *copiador* ; ital., *copiatore*. — Ety., *coupiá*.

COUPIO, s. f. Copia, copie, transcription ; imitation exacte d'un ouvrage, etc. ; exploit d'huissier. — Ety. lat., *copia*, abondance, multiplicité, reproduction.

COUPLE, s. m. Couple, deux personnes unies ensemble par amour ou par mariage ; *un couple de biòus*, un paire de bœufs ; *un be de dous couples*, un domaine dont le labour exige deux charrues. — Syn. *couble*. V. *Couplo* pour l'étymologie.

COUPLE, s. m. Solive , pièce de bois qui sert à former ou à soutenir un plancher. — Syn. *coublet , doublisset, trabeto*.

COUPLO, s. f. Attelage de deux bêtes pour la charrette ou la charrue ; nos paysans entendent par ce mot un attelage de trois mules ou chevaux. — Syn. *coublo*. — Ety. lat., *copula*, lien.

COUPO, s. f. Copa, coupe, action de couper ; bois destiné à être coupé ; façon dont on taille une étoffe, du cuir, des pierres ; séparation qu'un des joueurs fait d'un jeu de cartes en deux parties, après que celui qui donne les a mêlées. Ety., s. verb. de *coupá*.

COUPO. s. f. Copa, coupe, espèce de tasse, de vase ; brasier de tôle ou de cuivre ; bassin de balance ; biterr., ancienne mesure pour les grains ; cév., cratère. — Cat., esp., Port., *copa* ; ital., *coppa*. Ety. lat., *cuppa*.

COUPOU, b. lim., s. m. Petite éclisse dans laquelle on fait égoutter le lait caillé pour en faire des fromages. — Syn. *faissèlo*. — Ety., dim. de *coupo*.

COUPO-VENT, prov., s. m. Lumière d'un instrument par laquelle le vent s'y introduit ; engoulevent. V. Tetocabro.

COUQUEL, biterr., s. m. Grumeau qu'on trouve dans les bouillies de blé noir, de farine de maïs ; petite portion durcie de lait, de sang. — Syn. *brigadèu, moutouroun*.

COUQUELA (Se), v. r. Se grumeler, se mettre en grumeaux. — Syn. *s'acou-*

quelá, s'acouquelá, se. couquelejá. — Ety., couquet.

COUQUELEJA (Se), v. r. V. Couquelá.

COUQUET, s. m. Trochet de fruit, de fleurs; épi de maïs dépouillé de ses grains. — Syn. pour cette dernière acception, coucaril, carbou blanc. — Ety., dim. de coco.

COUQUET, prov., adj. Sautá à pèd-couquet, sauter à cloche-pied.

COUQUETO, toul., s. f. Espèce de petit gâteau; cév., coiffe de velours ou de taffetas. — Ety., dim. de coco pour la première acception.

COUQUI, COUQUIN, o, s. et adj. Coquin, e; augm. couquinas, asso, grand coquin, grande gueuse.

Al joc e al vi
L'home se fa couqui
Pro.

COUQUIADO, mieux **COUQUILHADO**, s. f. Alouette huppée. V. Cauquilhado.

COUQUIÈIRO, s. f. V. Cauquièiro.

COUQUIER, s. m. Coquetier, petit vase où l'on met un œuf pour le manger à la coque. — Ety., coco, du lat. concha.

COUQUIÉU, prov., s. m. Coucou, oiseau. V. Coucut.

COUQUILHAGE, s. m. Coquillage, animal revêtu d'une coquille; les coquilles en général. — Syn. cauquilhage. — Ety., couquilho.

COUQUILHO, s. f. Coquille, enveloppe calcaire des mollusques testacés; sarrá sas couquilhos, prendre ses hardes et partir; plegá couquilhos, mourir. — Syn. cascoulho, cauquilho. — Ital., conchiglia. — Ety. lat., conchylium.

COUQUINA, cév., v. n. Gueuser, mener la vie d'un coquin. — Syn. couquinejá, couquinordá. — Ety., couquin.

COUQUINADO, b. lim., s. f. Coquinerie. V. Couquinarié.

COUQUINAGE, s. m. Gueuserie, vie de coquin. — Ety., couquiná.

COUQUINALHO, s. f. Les coquins, en général. — Ety., couquin.

COUQUINARD, o, b. lim., adj. Grand coquin, grande coquine. — Syn. couquinas, asso. — Augm. de couquin.

COUQUINARIÉ, s. f. Coquinerie, action de coquin — b. lim., couquinado, couquinorio. — Ety., couquin.

COUQUINEJA, v. n. Gueuser. — Ety., fréq. de couquiná.

COUQUINET, o, s. m. et f. Petit coquin, petite coquine; c'est ordinairement un terme de caresse qu'on adresse à un enfant. — Syn. couquinossou, couquinot. — Ety., dim. de couquin.

COUQUINORDA, b. lim., v. n. V. Couquiná.

COUQUINORIO, b. lim., s. f. V. Couquinarié.

COUQUINOSSOU, b. lim., s. m. V. Couquinet.

COUQUINOT, COUQUINOU, s. m. V. Couquinet.

COUQUINS, prov., s. m. p. Ciste cotonneux. V. Mouge.

COUQUIOU, s. m. Coucou, oiseau. V. Coucut.

COUR, s. f. Cort, cour, espace découvert qui dépend d'une habitation et qui est entouré de murs; lieu où est un souverain avec les gens de sa maison; palais de justice. — Béarn., prov., court; cast., courral; cat., cort; esp., port., ital., corte. — Ety. b. lat., curtem, du lat. chortem, de χόρτος.

COUR, dauph., s. m. Cœur. V. Cor.

COURA, prov., v. a. V. Coulá.

COURA, lim., adv. de temps. Quand. V. Quouro.

COURADÈLO, prov., s. f. V.

COURADETO, prov., s. f. Fressure d'agneau ou de chevreau. — Syn. couradoun, lavadeto. — Ety., dim. de courado.

COURADILHOS, toul., s. f. p. V.

COURADO, toul., cév., lim., s. f. Corada, fressure des animaux de boucherie comprenant le foie, la rate, le cœur, le poumon. — Syn. levado, levadeto, meginos. — Cat., coradella; esp., coradas, anc. ital., corata. — Ety., cor.

COURADOU, prov., s. m. Ais creux qu'on place sur un grand panier, servant de cuvier pour une petite lessive. — Ety., altér. de *couladoú*.

COURADOUN, prov., s. m. V. Couradeto.

COURADOUR, prov., s. m. V. Couladour.

COURAGE, s. m. Coratge, courage, résolution, fermeté, zèle, ardeur. — Béarn., *couratye* ; cat., *coratge* ; esp., port., *coragem* ; ital., *coraggio*.

COURAGNADO, prov., s. f. (còuragnado). Charogne. V. Carougnado.

COURAGNAS, prov., s. m. (còuragnas). Voirie. — Ety., altér. de *carougnas*. V. ce mot.

COURAJOUS, o, adj Coratjos, courageux, euse. — Béarn.. *couratyous* ; cat., *coratjos* ; anc. esp., *corajoso* ; ital., *coraggioso*. — Ety., *courage*.

COURAL, s. m. Corail ; cév., piment des jardins, V. *Pebrino* ; toul., chêne vert ; cast., cœur de chêne : b. lim , gratte-cul, fruit de l'églantier, ainsi appelé à cause de la couleur de corail de ses baies. V. *Tapo-quioul* pour cette dernière acception.

COURAL, cast., s. m. Abée. V. Acoural.

COURAL, o. adj. Cural, cordial, e, qui vient du cœur ; qui est courageux, qui a du cœur. — Gasc, prov., *courau* ; cat., *coral* ; ital., *corale*.— Ety., *cor*.

COURANCHA (Se), prov., v.r. Se balancer.

COURANCHO, prov., s. f. Rigole où l'on fait glisser le bois coupé sur une hauteur.

COURANTO, s. f. V. Courrento.

COURASSOUN, s. m. Cœur, petit cœur, terme de caresse.— Ety. esp., *corazon*.

COURATYE, **COURATYOUS** , béarn. V. Courage, courajous.

COURAU, alo, prov., adj. V. Coural.

COURAU, béarn., s.m. Parc à brebis. — Ety., *cour*.

COURAU, prov., s. m. Cœur d'une pastèque. — Ety., *cor*.

COURBA, v. a. Corbar, curvar, courber, rendre courbe ; *se courbá*, v. r..

se courber, devenir courbe, s'incliner. — Anc. esp., *corvar* ; ital., *curvare*. — Lat., *curvare*.

COURBACH, béarn., s, m. Corbeau. V. Corpatas.

COURBACHUCH, udo, gasc., adj. Courbé, ée.

COURBADO, s. f. Corvée ; travail obligé et gratuit ; au fig. tout ce que l'on fait à regret, avec peine et sans profit. — Ety. b. lat., *corrogata* , travail commandé.

COURBADO, **COURBAGNO** , prov., s. f. Provin. — Syn. *courbet*.— Ety., s. part. f. de *courbá*.

COURBAIX, **COURBAS**, béarn,, s. m. V. Corpatas.

COURBAN , cast., s. m. Bois courbe qui sert à faire les jantes des roues. — Ety., *courbá*.

COURBAT, dauph., s. m. V Corpatas.

COURBATAS, s. m. V. Corpatas.

COURBE, o, adj. Corb, courbe, qui approche de la forme d'un arc. — Cat., *corb* ; esp., ital., *corvo*.—Lat. *curvus*.

COURBEL, cast., s. m. Cercle de cuve fait de plusieurs jantes liées par des chevilles de fer. — Ety., *courbe*.

COURBEL, gasc., s. m. Récipient de la farine dans un moulin.

COURBENSON , gasc , s. m. Engoulevent. V. Teto-cabro.

COURBET, s. m. Provin. V. Courbado; cast., la partie coudée d'une charrue. V. Basse.

COURBO, s. f. Corba. courbe, pièce de bois cintrée, jante.—Ety. lat., *curva*.

COURBO, s. f. Courbature, maladie du cheval courbatu. — Ety., *courbe*.

COURBO-DONO, prov., s.f. Narcisse des poëtes. V. Aledo.

COURBO-SETO, prov., s. f. V.

COURCACÈLO , biterr., s. f. Courte-échelle.— *cargo-cèlo, courto-sello, carcassèlo, councancèlo, courcoucèlo, catetos, esquino-d'ase, esquineto*. — Anc. fr., *combre-celle*. — Ety. , *courcacèlo* paraît être une altération du français *courte-échelle*.

COURCALHÉ, **COURCALHET**, s. m. Appeau pour la chasse aux cailles. — BITERR., *piéulel*.

COURCHÈIRO, LIM., s. f. Chemin le plus court. — SYN. *èicourchèiro, écourcièiro, courcho, acourcho*.

COURCHET, B. LIM., s. m. V. Grouchet.

COURCHETA, B. LIM., v. a. V. Crouchetá.

COURCHETO, B. LIM., s. f. Porte d'agrafe. — ETY., dim. de *courchet*.

COURCHO, BITERR., s. f. Traverse, route qui abrège les distances ; *prene la courcho*, prendre le chemin le plus court ; *coupá de courcho* ou *à la courcho*, couper par le plus court chemin ; au fig., aller au plus pressé. — CAST., *dressièiro*. V. Courchèiro.

COURCHO, CÉV., s. f. Ver à soie qui se raccourcit et se transforme sans filer.

COURCHOUN, **COURCHOUNAT**, V. Crouchoù, crouchounat.

COURCHOUNS, PROV., s. m. p. Fiançailles.

COURCOUCELA, PROV., v. n. Cabrioler, faire des cabrioles. — ETY., *courcoucèlo*.

COURCOUCÈLO, PROV., s. f. Cabriole, culbute ; courte-échelle ; pour cette dernière acception, V. Courcacèlo.

COURCOUISSOU, CAST., s. m. Fer-chaud ; irritation de la gorge. — SYN. *cremasoù*.

COURCOUMAL, CAST., s. m. Galéope tétrahit, vulg. ortie ; chanvre ; *courcoumal salbage*, galéope à grandes feuilles; galéope à petites feuilles, plantes de la fam. des Labiées.

COURCOUSSA, PROV., v. a. V. Courcoussouná.

COURCOUSSOU, **COURCOUSSOUN**, s. m. Puceron, bruche des lentilles, des vesces et particulièrement des pois, *bruchus pisi*, insecte coléoptère dont la larve ronge ces grains ; au fig., vieillard tout courbé. — SYN. *cavel, courgoussoun; couscoul; cussoù, gourgoul*. — CAT., *corc*. — ETY. LAT., *curculio*.

COURCOUSSOUNA, CÉV., v. a. Ronger les légumes, les grains en parlant des bruches et du charançon ; *courcoussounat*, *ado* part. Rongé, ée par les bruches, le charançon, vermoulu ; au fig., taré, véreux, maladif. — SYN. *courcoussá, courgoussá*. — BITERR., *cussouná*. — ETY., *courcoussoun*.

COURCOUSSUN, s. m. Vermoulure, trace que les bruches et le charançon laissent dans les grains qu'ils ont rongés. — BITERR., *cussoù*. — ETY., *courcoussá*.

COURCREVA, v. a. Presser quelqu'un où quelque animal sous son corps ou contre un mur de manière à l'aplatir ou à l'étouffer. — ETY., *cour*, préf. augm. et *crevá*, crever.

COURDA, v. a. CORDAR, corder, lier avec une corde ; lacer ; mettre en corde en parlant du chanvre et du tabac; v. n., filer en parlant des pâtes et des choses gluantes qui s'allongent sans se rompre ; *se courdá*, v. r., se corder, devenir filamenteuses, en parlant des racines; *courdat*, *ado*, part., cordé, ée; filandreux, filamenteux. — ETY., *cordo*.

COURDADO, s. f. V. Courdelado.

COURDAL, s. m. Lien fait avec de l'osier, un sarment, une branche tordue. — ETY., *cordo*.

COURDALENO, s. f. V. Court'aleno.

COURDARIÈ, s. f. Corderie. — ITAL., *corderia*; ESP., *cordeleria*; PORT., *cordoaria*. — ETY., *cordo*.

COURDAT, s m. Toile grossière à trame croisée, gros linge de table ; torchon. — ETY., *cordo*.

COURDECH, GASC, s. m. V. Courdel.

COURDÈIRAU, PROV., s. m. Aiguillée de fil. — SYN. *courdurado, agulhado de fial*.

COURDEJA, CÉV., v. n. Tracer, en parlant de certaines plantes qui étendent leurs racines à fleur de terre, s'étendre comme une corde ; T. de boulanger, filer ; la pâte file lorsqu'en en prenant une poignée, il en découle de longs cordons qui pendent aux doigts. — SYN. *courdelhá, courdeyá*. — ETY. fréq., de *courdá*.

COURDEL, s. m. CORDEL, cordeau; corde ou lanière de cuir pour conduire les animaux attelés à une charrette, guides ; lacet d'un corset. — GASC., *courdech*; PROV., *courdéu*; ESP., PORT., *cordel*. — ETY., dim. de *cordo*.

COURDELA, v. a. Lacer un corset ; tresser en forme de corde; *courdelat, ado*, part., lacé, ée. — ETY., *courdel*.

COURDELADO, s. f. Chapelet de différentes choses enfilées ; *courdelado de mourilhos*, chapelet de morilles ; au fig. longue suite de personnes. — B. LIM., *courdilhado*. — ETY., s. part. f. de *courdela*.

COURDELAT, s. m. Étoffe de laine grossière, treillis, grosse toile. — SYN. *courdelhat*, *courdilhat*. — ETY. , s. part. m. de *courdela*.

COURDELHA, v. n. V. Courdeja.

COURDELHAT, s. m. V. Courdelat.

COURDELLO, s. f. V.

COURDÉLO, s. f. CORDELLA, petite corde, lacet. — GASC., renfort de bœufs, de chevaux ; ancienne danse provençale. — ANC. CAT., ITAL., *cordella*. — ETY., *courdel*.

COURDELO, s. f. *Nephtys funicula*, ver annélido de la fam. des antennés.

COURDETO, s. f. Cordelette, petite corde. — DIM. de *cordo*.

COURDÈU, PROV., s m. Cordeau ; anneau fait avec des branches de bois tordues, chaîne faite de la même manière où l'on suspend la lampe dite *calel, calen*. V. Courdel.

COURDÈYA, BÉARN., v. n. V. Courdeja.

COURDIÈRO, PROV., s. f. Nom d'une espèce de châtaigne.

COURDIL, s. m. Cordon, bout de ficelle, de ruban de fil ; *plou coumto de courdils*, il pleut à seaux ; *plegà soun courdil*, plier bagage, déloger, mourir. — B. LIM., *courditho*. — ETY., dim. de *cordo*.

COURDILHADO, B. LIM., s. f. V. Courdelado.

COURDILHAT, CÉV., s. m. V. Courdelat.

COURDILHO, B. LIM., s. f. V. Courdil.

COURDIN, PROV., s. m. Corde à nœuds avec laquelle on frappe les matelots qui ont commis quelque faute grave. — ETY., *cordo*.

COURDOU, **COURDOUN**, s. m. CORDO, cordon; *courdou de capel*, laisse ou cordon de chapeau ; au fig., rang de pierres en saillie qui règne autour d'un bâtiment. — ETY., dim. de *cordo*.

COURDOUNA, CÉV., v. a. Border un champ d'arbres qui y forment une espèce de cordon. — ETY., *courdoun*.

COURDOUNEA, PROV., v. n. Faire le métier de cordonnier. — ETY., *courdoun*.

COURDOUNIER, s. m. CORDONEIR, cordonnier, *courdounièiro*, s. f. femme de cordonnier. — SYN. *pegot*, par dérision. — ETY., *courdounier* est une altération de *courdouanier*, nom qu'on donnait autrefois à ces ouvriers parce qu'ils employaient du cuir de Cordoue. — ITAL., *cordovaniere*.

COURDOUNIER, s. m. Punaise d'eau à aviron, *nothonecta*, insecte qui nage sur son dos, comme l'indique son nom latin, et qui imite avec ses longues pattes les mouvements des bras du cordonnier qui tire le ligneul ; même nom, hydromètre des étangs, *hydrometra stagnorum*.

COURDURA, v. a. COSER, coudre, joindre deux choses avec du fil, de la soie, etc., etc. passés dans une aiguille ; CÉV., *courdurà lou cami*, faire des zigzags sur la route comme fait un ivrogne ; *courdurat, ado*, part. cousu, e; couturé, ée ; qui a des cicatrices. — SYN. *couse*, *cuse*, *cuire*. — CAT., *cosir* ; ESP., *coser* ; ITAL., *cucire*.

COURDURADO, s. f. Aiguillée de fil. — ETY., s. part. f. de *courdourà*.

COURDURAGE, s. m. Action de coudre. — ETY., *courdurà*.

COURDURIÈIRO, s. f. CORDURIERA, couturière. — SYN. *couturièiro*, forme française. — ETY., *courdurà*.

COURDURO, s. f. CORDURA, couture, action de coudre, métier de couturière ; T. de chirurgie, suture. — CAT., ESP., PORT., *costura*; ITAL., *cucitura*.

COURE, et ses dérivés. V. Courre.

COUREJA, B. LIM., v. a. V. Courrijá.

COUREGNO, PROV., s. f. Branche morte.

COURELHO-BRUNO, PROV., s. f. Espèce de figue.

COURET, s. m. Petit cœur; cœur de bœuf, de mouton. — ETY., dim. de *cor*

COURETIÉRO, PROV., s. f. (còuretiéro), terrain planté de choux. V. Cauletièiro.

COURGNAREDO, CÉV.. s. f. Lieu planté de cornouillers. — ETY., *courgner*.

COURGNER, s. m. V. Cournier.

COURGOUSSA, COURGOUSSOUN, V. Courcoussouná, courcoussoú.

COURI, PROV., s. m. (còuri). Ornithope queue de scorpion. V. Pè-d'aucel.

COURIADO, CÉV., s. f. Jusquiame. V. Calelhado.

COURILHOUN, s. m. (còurilhoun) silénée gonflée. V. Caulichoú.

COURINA (se) PROV., v. r., se glisser, s'enfoncer. — ETY., altér., de *couliná*.

COURIOL, COURIOLO, V. Courriol.

COURIORO, PROV., s. f. V. Courréjolo.

COURLIÉU, COURLIOU, s. m. Courlis, V. *Charlot*; petit courlis, V. Charlot pichot.

COURLIS, COURLU, s. m. V. Charlot et Tarralet.

COURNACHO, PROV., s. f. Angélique sauvage ou des prés. V. Angelico.

COURNADO, B. LIM., s. f. Toit couvert de tuiles; soupente, hangar. — ETY., *corno*, tuile à rebord.

COURNAIRE, B. LIM., s. m. Tuilier. — BITERR., *téulier*. — ETY., *corno*, tuile à rebord.

COURNAIRE, s. m. Butor, oiseau. V. Butor.

COURNALHEIRO s. f. Endroit où deux rangées de tuiles d'un toit se réunissent. — ETY., *corno*, tuile à rebord.

COURNALHEIRO, BITERR., s. f. Anse d'une tinette appelée, à Béziers, *semal*; *nas de cournathéiro*; grand nez recourbé. — ETY., *corno*, à cause de la forme de cette anse.

COURNALHO, s. f. Râpures, débris de cornes, espèce d'engrais. — ETY., *corno*.

COURNARD, adj. et s. Cornard; GASC., escargot. — ETY., *corno*.

COURNAREDO, CÉV., s. f. Terrain, bois plantés de cornouillers. — ETY., *cournier*.

COURNÉ, BÉARN., GASC., s. m. Coin, foyer, coin de la cheminée.

COURNÉ, COURNET, s. m. Cornet, petit cor; courge trompette, *Cucurbita longa*, qui sert de cornet à bouquin quand elle est sèche et percée de deux trous; on l'appelle aussi *troumpeto*. — ETY., dim. de *corno*.

COURNELU, do, CÉV., adj. Cornu, e, qui a de longues cornes. — SYN. *cournut*. — ETY., *corno*.

COURNETO, s. f. Petite corne; cornette, coiffure de religieuse. — ETY., dim. de *corno*.

COURNIAU, MONTP., s. m. Olivier qui produit des olives qui ont la forme de la cornouille.

COURNIÈIRO, COURNIERO, s. f. Cornière, double rangée de tuiles d'un toit qui se joignent au-dessus du larmier et qui servent à l'écoulement des eaux pluviales; poutre d'un couvert qui parait dans l'angle au coin d'une rue. — SYN. *cournier*.

COURNIER, IÈIRO, B. LIM., adj. Cornier, ère, qui est à l'angle d'un toit ou d'un bâtiment; s. m., biais, ligne oblique : *de cournier*, adv. comp., obliquement. — ETY., *corno*, corne, angle.

COURNIER, s. m. Cornouiller mâle. V. Acurnier; *cournier sangle*, cornouiller sanguin. V. Sangui.

COURNIO, s. f. V. Acurni.

COURNIOLO, B. LIM., s. f. Œsophage, trachée-artère, gorge; personne qui a un long cou. — SYN. *courgnolo*, *cornèissouer*, *courregnolo*.

COURNIOU, PROV., s. m. Gousse des pois, quand elle est encore tendre.

COURNO, gasc., s. f. Lit de plumes.

COURNODA, b. lim., v. a. Couvrir un toit avec des tuiles à rebord, appelées *cornas*.

COURNODAIRE, b. lim., s. m. Couvreur en tuiles. — Ety., *cournodá*.

COURNODOU, b. lim., s. m. Petit toit couvert de tuiles. — Ety., dim. de *cournado*.

COURNORIO, b. lim., s. f. Tuilerie. — Ety., *corno*, tuile à rebord.

COURNUDADO, s. f. Plein le vaisseau de bois appelé *cournudo*. V. ce mot.

COURNUDEL, cév., s. m. Volet, tablette, petit ais sur lequel on trie des choses menues, des pois, des lentilles, du riz, etc., c'est aussi un dim. de *cournudo*.

COURNUDO, s. f. Cornuda, cuvier, vaisseau de bois avec deux anses ; tinette appelée, à Béziers, *semal*; b. lim., petit pain à trois cornes. — Syn. *cournuo, cournut*. — Ety. lat., *cornula*, qui a des cornes ou des anses.

COURNUDOS, prov., s. f. p. Oreillons, glandes des parotides qui deviennent dures comme la corne.

COURNUDOU, **COURNUDOUN**, s. m. Petit cuvier. — Dim. de *cournudo*.

COURNUO, s. f. V. Cournudo.

COURNUT, s. m. V. Cournudo.

COURNUT, udo, adj. Cornut, cornu, e, qui a des cornes ; au fig., qui a plusieurs pointes, plusieurs angles ; b. lim., ergoté en parlant du seigle dont les épis présentent des petites cornes de la forme de l'ergot du coq, au fig., *rasou cournudo*, mauvaise raison. — Syn. *cournelu, banaru, banut*. —Cat., *cornud* ; esp., port., *cornudo* ; ital., *cornuto*. — Lat., *cornulus*.

COURO, adv. de temps, et conj. V. Quouro.

COUROLO, cév., toul., s. f. T. de botan., corolle; tresse de cheveux entortillée autour de la tête. — Ety. lat., *corolla*, petite couronne.

De sa couroLo l'orre pel
Luzis coumo un quioul de calel.
Goudelin.

COUROQUÉ, COUROQUET, cév., s. m. Petit morceau de sucre ou d'une friandise. — Syn. *courrec, courrouquet*.

COUROSO, bord., s. f. Coquelicot. — Syn. *rouèlo*.

COUROU, s. m. Plaque de fer verticale placée au cep de la charrue du côté opposé au *versoir* (mousso) ; cep ou corps de la charrue, appelé ordinairement *dental*. — Syn. *courroù*.

COUROU, prov., s. m. Roquet, petit chien de garde.

COUROUBIER, **COUROUBIO**, V. Caroubier, caroubio.

COUROUBIER-BASTARD, s. m. V. Avelatier.

COUROUBRINO, s. f. V. Couloubrino.

COUROUENDO, prov., s. f. V. Coulouno.

COUROUGNA, **COUROUGNADO**, **COUROUGNEIRO**, **COUROUGNO**, V. Coulougná, etc.

COUROUN, prov., s. m. Gâteau en forme de couronne que les parrains donnent à leurs filleuls à l'occasion de la Noël.

COUROUNCHO, prov., s. f. Balançoire, bascule.

COUROUNDAGE, cév., s. m. Colombage, rang de solives posées verticalement dans une cloison. — Syn. *couroundat, croundat*. —Ety. roman., *coronda*, colonne.

COUROUNDAT, gasc., s. m. V. Couroundage.

COUROUNDEL, gasc., s. m. Plateau rond dont se servent les pâtissiers. — Cast., *croundel*.

COUROUNDO, cév., s. f. Coronda, colonne, solive, pilier, poteau — B. lim., *courouno* ; cast., *croundo*.

COUROUNDOU, cév., s. m. Petite colonne, petit pilier. — Ety., dim. de *couroundo*.

COUROUNÈU, ello, prov., adj, Principal, e, suprême : *merevilho courounello*, grande merveille.

COUROUNO, b. lim., s. f. V. Couroundo.

COUROURAGE, COUROURAGI, prov.,

s. m. Collation qu'on offre, au retour de l'église, aux personnes qui ont assisté à un baptême ou à un mariage.

COUROUS, o, adj. Propre, aimable, gentil, brillant, agréable, bien paré; *mal-courous*, impoli, grossier.

COURPATAS, MONTP., s. m. V. Corpatas.

COURPÉ, COURPET, PROV., s. m. Corset. — ETY., dim. de *corps*.

COURPIOUN, s. m. Croupion.

COURPOTAR, B. LIM., s. m. V. Corpatas.

COURPOUISSOU, CÉV., TOUL., s. m. Difficulté de respirer, essoufflement. — ETY., *cour*, court, et *pouissou*, altér. de *pousso*, *poulso*, respiration.

COURPOURASSO, PROV., s. f. V. Courpulenso.

COURPOURAU, LIM., s. m. Caporal.

COURPOURENSO, s. f. V.

COURPULENSO, s. f. CORPULENCIA, corpulence, embonpoint, obésité. — SYN. *courpourasso*. — CAT., ESP., PORT., *corpulencia*; ITAL., *corpulenza*. — LAT., *corpulentia*.

COURPULENT, o, adj. Corpulent, e. — SYN. *coursat*. — CAT., *corpulent*; ESP., PORT., ITAL., *corpulento*. — LAT., *corpulentus*.

COURQUICHA, BITERR., v. a. Presser, serrer violemment quelqu'un, lui mettre les pieds sur la gorge. — ETY., *cour*, préf. augm., et *quichá*, presser.

COURRADOUR, PROV., s. m. V. Courredoù.

COURRAIRO, PROV., s. f. Rigole d'écoulement. — ETY., *courre*.

COURRAL, CAST., s. m. V. Cour.

COURRANTIA, PROV., v. n. Aller çà et là, rôder. — SYN. *courratiá*, *courrejá*. — ETY., *courre*.

COURRANTIN, o, PROV., s. et adj. Coureur, euse, rôdeur, euse. — SYN. *courrantio*, rôdeuse.

COURRAT, ado, PROV., adj. Courroucé, ée, agitée, en parlant de la mer.

COURRATAGE, s. m. Courtage, profession, salaire de courtier. — SYN. *courtage*. — PORT., *corretajem*. — ETY., *courratier*.

COURRATEJA, CÉV., v. n. CORRATEJAR, faire le métier de courtier; v. a., vendre par le ministère d'un courtier. — ETY., *courratier*.

COURRATIA, PROV., v. n. V. Courrantiá.

COURRATIÉR, s. m. CORRATIER, courtier; *courratièiro*, courtière. — ANC., CAT. *corraler*; ESP., *corredor*; PORT., *corretor*; ITAL., *curratliere*. D'après l'espagnol et le portugais, ce mot viendrait du latin *currere*; d'après l'italien de *curare*, soigner, prendre soin d'une affaire.

COURRAYÉ, BÉARN., s. m. Corroyeur. — PORT., *correiro*. — ETY. B. LAT., *correator*.

COURRAYORO, PROV., s. f. V. Courrejolo.

COURRE, v. n. CORRER, courir, aller de vitesse; couler en parlant d'un cours d'eau: *l'aiguo que courre fa pas mal al mourre*, l'eau courante ne fait jamais de mal; circuler quand il s'agit d'une nouvelle, d'un bruit; *courre que l'ai vist*, va-t-en vite; *courre que t'espèri*, va t'en voir s'ils viennent, Jean; faire *courre un nous*, faire glisser un nœud; *courre sul mercat d'un autre*, aller sur le marché d'une autre personne. T. de mar., *courre à sec*, aller sans voiles ou avec les voiles serrées; *courregut*, udo, part. couru, e. — CAT., ESP., PORT., *correr*; ITAL., *correre*. — LAT., *currere*.

COURREAN, PROV., s. m. V. Courrejoù.

COURREC, PROV., s. m. V. Couroqué.

COURREDIS, isso, CÉV., TOUL., adj. Coureur, euse, femme de mauvaise vie, batteur de pavé; *leit courredis*, *taulo courredisso*, lit, table, qui courent sur des roulettes. — ETY., *courre*.

COURREDOU, COURREDOUR, s. m. Corridor, galerie intérieure d'une maison; couloir, roulette; *nous courredou*, nœud coulant. — SYN. *courradour*, *courrèire*. — CAT., ESP., PORT., *corredor*; ITAL., *corridore*. — ETY., *courre*.

COURREGETO, s. f. CORREGETA, petite courroie. — DIM., de *courrejo*.

COURREGNOLO, CÉV., s. f. V. Courniolo.

COURREGUDO, s. f. Course, escousse, élan pour mieux sauter. — ETY., s. part. f. de *courre*.

COURRÈIRE, O, s. m. et f. CORREDOR, coureur, euse ; corridor. — SYN. *courrare*, *courredis*, *courriéu*, *courriol*. — ESP., PORT., *corredor*; ITAL., *corridore*. — ETY., *courre*.

COURRÈIROU, PROV., s. m. (courrèirou). Petit conduit d'un évier. — SYN. *courrejòu*. — ETY., *courre*.

COURREJA, v. a. V. Courrijá.

COURREJA, v. a. CORREJAR, corroyer, préparer le cuir ; TOUL., attacher avec une courroie. — ETY., *courrejo*, courroie.

COURREJA, AGEN, v. n. Courir çà et là et sans but. — M. sign. *courrantiá*, *courratiá*. — ETY., fréq. de *courre*.

COURREJADO, CÉV., s. f. CORREJADA, CORREGADA, coups de courroie, d'étrivières. — ETY., s. part. f. du roman *correja*, frapper avec des courroies.

COURREJADO, CÉV., GASC., s. f. Certaine quantité de gerbes battues par deux personnes. — ETY., *courrejo*, courroie, lanière du fléau.

COURREJÉ, GASC., s. m. Marchand de courroies. — ETY., *courrejo*.

COURREJO, s. f. CORREJA, CORITJA, courroie, lanière de cuir ; au fig., lisière de terrain qui borde un champ ; *courrejo de l'estriéu*, étrivière. — SYN. *courrèyo*. — ANC., CAT., *correja* ; ESP., *correa*; PORT., *correja*; ITAL., *correggia*. — ETY. LAT., *corrigia*.

COURREJOLO, s. f. Liseron des champs, clochette des blés, liset, *Convolvulus arvensis*, de la fam. des convolvulacées. — SYN. *campaneto*, *capelineto*, *bugadièiro*, *bidalhado*, *brilhado*, *courrayoro*, *correjoua*, *courriasso*, *courriolo*. — On donne le même nom à la persicaire centinode, au ruban de mer et à la cépole serpentine ; *correjolo-de-bartas*, grand liseron, liseron des haies (*campaneto grosso*). — CAT., *corretjola* ; ESP., *correhuela* ; ITAL.; *correggiula*. — ETY., dim. de *courrejo*, petite courroie, à laquelle on compare les rameaux flexibles des liserons qui s'attachent à d'autres plantes.

COURREJOU, COURREJOUN, s. m. Lanière de cuir qui sert à attacher les souliers, cordon de cuir d'une bourse : *estacá lous courrejous*, lier les courroies de ses souliers, au fig., se mettre en état de faire une course longue et rapide. — SYN. *courreau*, *courreyoun*. — ETY., dim. de *courrejo*.

COURREJOU, PROV., s. m. (courrejòu). V. Courrèiròu.

COURREJOUA, MONTP., s. f. V. Courrejolo.

COURREJOUNA, v. a. Serrer les courroies des souliers, les cordons d'une bourse. — ETY., *courrejoun*.

COURREJOUS, O, adj. Coriace, dur comme une courroie. — ETY., *courrejo*.

COURRELI, COURRELIOU, s. m. V. Charlot et Tarralet.

COURRENCHINO, PROV., s. f. Pipi des buissons, suivant Garcin ; ce nom est probablement celui de l'alouette calandrelle. V. Courrentia.

COURRENSO, PROV., s. f. V. Courrento.

COURRENT, O, adj. Courant, qui court, qui s'écoule ; *courrent*, s. m. fil de l'eau qui court ; train ordinaire des affaires ; planche longue et épaisse qui sert pour le second plancher d'une magnanerie. — CAT., *corrent* ; ESP., *corriente*; PORT., ITAL., *corrente*. — ETY., part., prés. de *courre*.

COURRENTIA, MONTP., s. f. Alouette calandrelle. V. Calandrino.

COURRENTILHO, s. f. Petite table volante.

COURRENTILHO, s. f. Grapse varié, *Grapsus varius*, crustacé de l'ordre des astacoïdes.

COURRENTIN, COURRENTINO, s. V. Courriol.

COURRENTINO, B. LIM., s. f. Promenade qu'on fait sans autre but que celui de se faire voir. Ce mot est aussi synonyme de *courrento*.

COURRENTO, s. f. CORRENSA, courante, dévoiement; ancienne danse. — SYN. *courrentino*. — ETY., part. prés. f. de *courre*.

COURRÈOU, PROV., s. m. V. Courrejoú.

COURREOUNO, **COURROUNO**, s. f. Cône des pins et des mélèzes.

COURRETAGE, **COURRETIER**, s. m. V. Courratage, Courratier.

COURRÈYO. **COURRÈYOLO**, **COURRÈYOUN**, V. Courrejo, Courrejolo, Courrejoú.

COURREZAT, TOUL., s. m. Herbes potagères.

COURRI, v. n. V. Courre.

COURRIASSO, PROV., s. f. V. Courrejolo.

COURRI-COUITO (En), GARC., loc. adv. A la hâte. — ETY., *courri*, courir, et *couito*, hâte.

COURRIDO, s. f. Course. — GASC., *courrudo*. — ETY., s. part. f. de *courri*.

COURRIÉU, **COURRIOU**, **COURRIOLO**, CÉV., TOUL., adj. V. Courrèire, etc.

COURRIJA, v. a. CORRIGIR, CORREGIR, corriger, reprendre, châtier; adoucir, tempérer; *courrijá l'aiguo*, mettre de l'eau dans le vin. — CAT., *corretgir*; ESP., *corregir*; ITAL., *correggere*. — LAT., *corrigere*.

Un paure diable que s'asaygo
N'es pas pla d'accord dambé mi:
Dam l'aygo el COURRIJO lou bi,
E jou dambé lou bi boli COURRIJA l'aygo.
GOUDELIN, *Un Fat de Medici*.

COURRIOL, o, adj. V. *Courrèire*. On donne aussi les noms de *courriol*, *o*, au grand et au petit pluvier à collier, ainsi qu'au pluvier à collier interrompu ou à demi-collier. — SYN. *coriola*, *rivièyrola*, *pioula d'aygua*. — ETY., *courriéu*, *courriou*.

COURRIOLO D'AYGUO, s. f. Chevalier guignette, *Totanus hypoleucos*, appelé aussi *pèd-vert*.

COURRIOLO, s. f. V. Courrejolo.

COURRIOU, **COURRIOUN**, CÉV., s. m. Béhen blanc. V. Caulichoú.

COURRIOU, CÉV., s. m. (courriòu). Roulette d'enfant. — SYN. *courredoú*, *courruou*.

COURROBI, GASC., s. m. Troupe, bande, société suspecte.

COURROU, CAST., s. m. Rouleau de bois ou de fer dont on se sert pour faire avancer un corps pesant. — ETY., *courre*.

COURROUBIER, **COURROUBIO**, V. Caroubier, etc.

COURROUCA, CAST., v. n. V. Acoucoucá.

COURROULIS, PROV., s. m. V. Charlòt.

COURROUPIER, **COURROUPIO**, V. Caroubier, *Courroupier bastard*, V. Avelatier.

COURROUQUET, CÉV., s. m. V. Couroqué.

COURROUSSET, **COUROUSSETO**, V. Couorousso.

COURROUTA, CAST., v. n. V. Acoucoucá.

COURROUTADO, CAST., s. f. Troupe de poussins que la poule appelle en gloussant; troupe, suite, kyrielle. — SYN. *courròbi*. — ETY., s. part. f. de *courroutá*.

COURRUBI, s. f. V. Caroubio.

COURRUBIÉRO, PROV., s. f. Fève dont la gousse ressemble par sa grosseur à celle du caroubier. — ETY., *courrubi*.

COURRUDO, GASC., s. f. V. Courrido.

COURRUOU, s. m. V. Courriòu.

COURSA, B. LIM., v. a. Gronder, réprimander; *se coursà*, v. r., se quereller. Ce mot est une forme contractée de *courroussá*.

COURSARI, s. m. CORSARI, corsaire. — SYN. *coussàri*. — CAT., *corsari*; ESP., PORT., *corsario*; ITAL., *corsare*. — ETY. ROM., *corsa*, course.

COURSAT, o adj. Corpulent, e, fort, robuste; qui a de la consistance, de la force en parlant d'une étoffe, du vin, etc. — ETY., *cors*.

COURSEGA, v. a. V. Coussaiá.

COURSEGAS, CAST., s. m. Gros corps; corps usé, ruiné, difforme. — SYN. *coussegas*. — ETY, augm. de *cors*.

COURSEJA, v. n. CORSEYAR, aller en course, faire le métier de corsaire; il est aussi syn. de *coussejà*, poursuivre.

COURSELÉ, **COURSELET**, s. m. Petit corset, corselet; partie du corps des insectes qui est située entre la tête et le ventre. V. Coursetoú et Coursilhoú.

COURSET, s. m. Corset. — CAT., ESP., *corsé*. — ETY., dim. de *cors*.

COURSETAIRE, o, s. m. et f. Ouvrier, ouvrière qui font des corsets. — ETY., *courset*.

COURSETOU, COURSETOUN, s. m. Petit corps; petit corset. — SYN. *courselé, coursilhoú, coussilhoú, coursilhounet*. — ETY., dim. de *courset*.

COURSILHOU, COURSILHOUNET, s. m. Camisole d'un enfant au berceau; brassières. V. Coursetoú.

COURSINTELA, MONTP., s. f. V. Croucentèlo.

COURT, o, adj. CORT, court, e, qui a peu de longueur, insuffisant, qui ne dure guère ; *lou pus court*, le chemin le plus court, au fig. ce qu'il y a de plus simple : *quand on déu, lou pus court es de pagá*, quand on doit, le plus court est de payer; *restá court*, ne savoir plus que dire, manquer de mémoire ; *coupá court*, abréger un discours, aller au fait, prendre un chemin de traverse; *tene de court*, donner peu de liberté; *virá court*, tourner court en parlant d'un cocher qui ne prend pas assez d'espace pour faire tourner sa voiture ; *court-aleno*, asthme; *courto-farino*, recoupe. — SYN. *courtanel*. — ANG. CAT., *cort*; ESP., ITAL., *corto*; PORT., *curto*. — LAT., *curtus*.

COURT, NIM., s. m. Petite bécassine. — SYN. *becassoú*.

COURT, s. f. V. Cour.

COURTAGE, s. m. V. Courratage.

COURTANEL, èlo, CAST., adj. Court, e.

COURTEJA, v. a. CORTEJAR, CORTEZAR, courtiser, faire la cour, se montrer galant. — CAT., ESP., PORT., *cortejar* ; ITAL., *corteggiare*. — ETY., *court*.

COURTEJAIRE, s. m. CORTEJAIRE, courtisan, qui fait la cour, galant. — CAT., ESP., *cortejador*. — ETY., *courtejá*.

COURTÉS, o, adj. CORTES, courtois, e, poli, homme de cour. — CÉV., *courtouès*; CAT., ESP., *cortes*; ITAL., *cortese*. — ETY., *court*.

Totz hom fora CORTES
Si tan ben conogues
So qu'es de mal en lui
Com conois en altrui.

UN TROUBADOUR.

Tout homme serait courtois — s'il connaissait aussi bien — ses défauts — comme il connait ceux des autres.

COURTESIO, s. f. CORTEZIA, courtoisie, galanterie. — CAT., ESP., ITAL., *cortesia*. — ETY., *courtsé*.

COURTIBAUT, B. LIM. s. m. Dalmatique, ornement d'église. — ETY., *court*.

COURTIÉU, PROV., s. m. Entre-sol. V. Miech-soulier.

COURTIL, s. m. V. Courtiol.

COURTILHÉIRO, s. f. Courtilière. V. Taro-cebo.

COURTINAGE, s. m. Rideaux de lit. — ETY., *courtino*.

COURTINAT, ado, adj. Garni, e, de rideaux de lit. — ETY., *courtino*.

COURTINO, s. f. CORTINA, courtine, rideau de lit. — CAT., ESP., PORT., ITAL., *cortina*. — LAT., *cortina*.

COURTIOL, COURTIOLO, s. m. et f. CORTIL petit jardin, attenant à une cour, à une métairie, verger. — SYN. *courtil, courtis*; PROV., *courtioù* qui signifie ruelle, cul-de-sac. — ESP., *cortijo*; ITAL., *cortile*. — ETY. B. LAT., *curtile*, de *curtis*, métairie, dérivé de χόρτος.

COURTIOU, COURTIS, PROV., s. m. V. Courtiol.

COURTISOU, CÉV., TOUL., s. m. Dameret, galant, galantin. — SYN. *courtejaire*. — ETY., *court*, cour.

COURTO-SELLO, B. LIM., s. f. V. Courcacèlo.

COURTOT, s. m. Courtaud, ragot; *courtot de boutico*, commis marchand. — ETY., dim. de *court*.

COURTOUN, PROV., s. m. Second pain fait avec de la farine seconde.

COURTPENDUT, PROV., s. m. Espèce de pomme dont la queue est très-courte, d'où lui vient ce nom.

COURUGIANO, PROV., s. f. Cépole, poisson dont il existe trois espèces, ainsi appelées parce que leur forme plate et allongée leur donne quelque ressemblanc avec une courroie, *courrejo*. — Même nom, la donzelle de la Méditerranée. V. *Corrugian*.

COUS, PROV., s. m. Cors, cours, promenade ; étage d'une maison ; T. de moulin à huile, auge dans laquelle tourne la meule qui broye les olives. — ETY. LAT., *cursus*.

COUS, PROV., s. m. Coucou, oiseau. V. *Coucut*.

COUSCOUILS, CÉV., s. m. p. Molopo-sperme cicutaire, plante de la fam. des ombellifères, à fleur d'un blanc jaunâtre. — SYN. *angelico-de-mountagno*.

COUSCOUL, s. m. V. *Courcoussoú*.

COUSCOULHO, s. f. COSCOLHA, gousse, enveloppe de tous les fruits des légumineuses ; pelure d'oignon, d'ail, de poire, de pomme ; écale d'amande, coquille de noix, cosse. — CAST., *coulèfo*; MONTALB., *cufèlo* ; TOUL., *culèfo* ; CAT., *coscoll* ; ESP., *cascarilha* ; ITAL., *quisquiglia*. — ETY. LAT., *quisquiliæ*, brins de bois mort, frétin, rebut.

COUSCOUNILHO, s. f. Chondrille jonciforme, *Chondrilla juncea*, plante dont on mange les jeunes pousse en salade. Noms div. : *aganel-de-camp, cicouréio-de-la-broco, falsos-garbos, margoussis, mourre-de-porc, saulo-voulame, garcirous*. Même nom, la prenanthe à feuilles menues qui se mange aussi en salade.

COUSCOURILHO, CAST., s. f. Laitue vivace. Ce nom qui paraît être une altér. de *couscounilho*, convient mieux à la chondrille jonciforme.

COUSE, TOUL., v. a. COZER, coudre. — ETY. LAT., *consuere*. V *Courdurá*.

COUSÈDE, GASC., s. m. Corde de boyaux.

COUSEDOU, CAST., s. m. Escourgeon, lanière de cuir.

COUSEDURO, CÉV., s. f. Cuisson. — SYN. *cousesoú*. — ETY., *cose*, cuire.

COUSENT, o, part. prés. de *cose*. Cuisant, e ; au fig. dur, pénible. — SYN. *couyent*.

COUSESOU, BITERR., s. f. COZENSA, cuisson. — SYN. *couseduro, couisoú, couyèsoun*. — ETY., *cose*, cuire.

COUSI, GARC., v. a. Coudre. V. *Couse*; NIM., choisir. V. *Causi*.

COUSI, COUSIN, o, s. m. et f. COZIN, A, cousin, e ; ce mot a été quelquefois employé avec l'acception de compagnon, camarade, ami ; *cousi que cousi davalo de ma fièiro*, ami jusqu'à la bourse. — CAT., *cosi* ; ITAL., *cugino*. — ETY. LAT., *consobrinus*.

COUSI, BITERR., s. m. Sauterelle porte-selle, ainsi appelée du son aigu *zizi*, que produit le frottement de ses deux élytres l'un contre l'autre.

COUSI, COUSIN, s. m. Cousin commun, moucheron, *Culex pipiens*; cousin puliçaire, *Culex pulicaris* ; cousin annelé, le plus gros de l'espèce. — SYN. *mouissal, bigal, bigart*. — ETY., dim. du lat. *culicem*, qu'on suppose être *culicinus*.

COUSINA, v. n. COZINAR, cuisiner, faire la cuisine. — SYN. *cuisiná*. — CAT., *cuinar* ; ESP., *cocinar*; PORT., *cosinhar*; ITAL., *cucinare*. — ETY., *cousino*, cuisine.

COUSINA, v. n. Se cousiner, se traiter réciproquement de cousins. — SYN. *cousineja*. — ETY., *cousin*.

COUSINAGE, s. m. Cousinage, parenté entre cousins. — CAT., *cosinatge*. — ETY., *cousiná*.

COUSINAT, CÉV., s. m. Potage de châtaignes sèches. — SYN. *bajanat, bajanado*. — BITERR., *soupo de castagnous*.

COUSINEJA, v. n. Cousiner. — ETY., fréq. de *cousiná*.

COUSINIÈIROS, s. f. p. Pléiades ou poussinières, constellation de six étoiles. — AGEN., *clouco*. V. *Poulsinièiros*.

COUSINIER, COUSINIÈIRO, s. m. et f. COZINIER, cuisinier, cuisinière ; *cousinier-macári*, cuisinier du diable, mauvais cuisinier. — GASC., *coudinè, coudinèy*; ESP., *cocinero*; PORT., *cozinheiro*; ITAL., *cuciniere*. — ETY., *cousino*.

COUSINO, s. f. COZINA, cuisine. — CAT., *cuina*; ESP., ITAL., *cucina*. — ETY. LAT., *coquina*.

Pichoto COUSINO fa l'houstal gran.

Grosso COUSINO
De paureta es vesino.
PRO.

COUSIT, ido, GARC., part. Cousu, e.

COUSOUMET, GASC., s. m. V. Councoumbre.

COUSSAGE, COUSSATGE, NARB., s. m. Personnage ridicule.

COUSSAIA, PROV., v. a. Chasser, pourchasser, poursuivre. — SYN. couchá, cousseiá, coussiá, acousseiá, courseja, cousseja, acoussegre.

COUSSANO, PROV., s. f. (coùssano). V. Cachano.

COUSSARI, s. m. V. Coursàri.

COUSSAUDO, s. f. V. Cassaudo.

COUSSAUDO BASTARDO, s. f. Prêle des fleuves, Equisetum fluviatile, V. Cassaudo.

COUSSAUDOUN, s. m. Petite prêle. — DIM. de coussaudo; frottoir fait avec des rameaux de prêle. — SYN. coussoudoun.

COUSSEDO, COUSSEDRO, s. f. V. Coucedo.

COUSSEGAL, s. m. Méteil, mélange de froment et de seigle. — SYN. caussegol, cosseal, cossial, councegal, councegau. BITERR., mesclo. — ETY., cous pour coun, du lat. cum, avec, et segal, seigle.

COUSSEGAS, TOUL., s. m. V. Coursegas.

COUSSEGRE, COUSSEGUI, v. a. V. Acoussegre.

COUSSÈI, LIM., s. m. Conseil; courage, élan; se boliá coussèi, se donner du cœur, de l'élan. V. Counsel.

COUSSÈIA, COUSSEJA, v. a. V. Coussaiá.

COUSSEJA, v. n. Côtoyer, suivre la côte. — ETY., cosso, côte.

COUSSEJA, GASC., v. a. Dévider du fil, de la soie, etc.

COUSSEJAIRE, s. m. Celui qui a une demeure ou un champ sur les terrains appelés cossos, côtes de la mer; celui qui dévide. — ETY., cousseja.

COUSSEJO, GASC., s. f. Dévidoir. — ETY., cousseja.

COUSSEL, COUSSELHA, V. Counsel, Counselhá.

COUSSELEGO, DITERR., s. f. Chatouillement. V. Catilh.

COUSSENO, s. f. V. Coucedo.

COUSSENT, COUSSENTI, COUSSENTIMENT. V. Counsent, etc.

COUSSERGUEJA, ROUERG., v. a. Chatouiller; au fig. causer du plaisir. — SYN. catilhá.

COUSSERO, s. f. V. Coucedo.

COUSSET, PROV., s. m. Sébile. V. Couasso.

COUSSI, adv. Cossi, comment, de quelle manière; ce mot exprime l'interrogation : coussi anas? comment allez-vous? coussi que siague, n'importe comment; quèilas-lou, coussi bisco, voyez comme il est de mauvaise humeur. Coussi-coussi, loc. adv., à peu près, tellement quellement. — ITAL., cosi. — ETY., co pour cum, et sic, ainsi.

COUSSI, CÉV., v. a. Hacher, couper menu; coussi l'agreto, hacher l'oseille. — SYN. couci.

COUSSIA, PROV., v. a. V. Coussaiá.

COUSSIDO, s. f. V. Caussido.

COUSSIÈRO, PROV., s. f. Fossé creusé au haut d'un champ pour retenir et détourner les eaux pluviales.

COUSSIGA, v. a. V. Caucigá.

COUSSILHOU, CÉV., s. m. V. Coursilhoú.

COUSSIOU, DAUPH., s. m. Consul. V. Cossoul.

COUSSIRA, GASC., v. a. Cossirar, considérer, penser. — ANC. CAT., consirar. — ETY. LAT., considerare.

COUSSO, s. f. Course. V. Courso.

COUSSO, AGEN., s. f. (còusso). V. Countournièiro.

COUSSODRO, s. f. Grande joubarbe. V. Barbajol.

COUSSOLO, GASC., s. f. Vase à queue pour puiser de l'eau; TOUL., lèchefrite; terrine appelée aussi cassolo.

COUSSOU, s. m. Portion de pâturage où l'on mène paître les troupeaux pendant l'hiver.

COUSSOU, COUSSOUN, CÉV., s. m. Artison, insecte qui ronge le bois; vermoulure du bois; charançon, cosson. — SYN. cussou, courcoussoú. — ETY. LAT., cossus, ver du bois.

COUSSOUDOUN, PROV., s. m. Prêle. V. Coussaudoun.

COUSSOUNA, cév., v. a. Ronger le bois, les grains, en parlant de l'insecte appelé *coussou*; *coussounat, ado*, part., rongé, ée, carié, piqué des vers. — Syn. *cussouná*. — Ety., *coussou, coussoun*.

COUSSURO, gasc., s. f. Paiement fait en nature par un fermier.

COUST, s. m. Coût. V. Cost.

COUSTA, v. a. Costar, coûter, être acheté à un certain prix; causer de la dépense; au fig. être cause de quelque perte, de quelque peine, de quelque soin; *coste que coste*, quoiqu'il en coûte. — Syn. *coulá*. — Cat., esp., *costar*; ital., *costare*. — Ety. lat., *constare*.

COUSTADO, prov., s. f. Bourgeon qui pousse à côté de la principale tige d'une plante. — Ety., *coustat*.

COUSTAGE, prov., s. m. Costatge, coût, frais. V. Cost.

COUSTAIRA, v. a. Mettre de côté; côtoyer, ne pas s'écarter des bords de la mer, d'une rivière, d'un champ, d'une terre, etc. — Syn. *coustejá* pour cette dernière acception, V. Acoustairá. — Ety., *coustat*.

COUSTAL, biterr., s. m. Tinette pour la vendange. — M. sign. *semal, lairan*; *coustal* signifie aussi coteau. V. Coustalat, pour cette dernière acception.

COUSTALADO, prov., s. f. Coteau, ligne ou suite de coteaux. — Ety., *coustal*, coteau.

COUSTALAT, COUSTALO, s. m. et f. Coteau. — Syn. *coustal*. — Ety. lat., *costa*, côte.

COUSTANO, s. f. Panne, longue pièce de bois qui porte sur les arbalétriers et soutient les chevrons. — Ety., *coustat*.

COUSTAT, s. m. Costat, côté, partie droite et gauche des animaux; partie latérale d'une chose; *de coustat, per coustat*, de côté, obliquement. *Lous coustats*, les hanches. — Dauph., *coutié*; esp., *coslado*; ital., *costato*.

COUSTAU, prov., s. m. Coteau. V. Coutau.

COUSTEJA, v. a Côtoyer. — Ital., *costeggiare*. V. Coustairá.

COUSTEJAIRE, s. m. Qui suit la côte, s'il s'agit d'un pilote. — Ital., *costeggiatore*. — Ety., *coustejá*.

COUSTELINO, prov., s. f. Picridie commune. V. Escarpouleto.

COUSTELO, s. f. Costeta, côtelette; *coustelelo*, petite côtelette. — B. lim., *couistoreto*; agen., *cousteto*. — Cat., *costelleta*; esp., *costilla*; port., *costella*; ital., *costolina*. — Dim. de *costo*, côte.

COUSTESI, toul., v. a. Soigner un vieillard, un enfant, un malade; engraisser un animal. — Syn. *coustousi, coutouyá*.

COUSTETO, agen., s. f. V. Coustelo.

COUSTIBLA, prov., v. a. Rompre les côtes, éreinter.

COUSTIC, cév., toul., s. m. Drogue caustique, cautère. — Ety. lat., *causticus* dérivé de καυστικός, brûlant.

COUSTIEIRO, COUSTIÉRO, s. f. Côte, littoral, bords de la mer; revers d'une montagne; bourgeon qu'on laisse à côté du courson en taillant la vigne; c'est le bourgeon qu'on appelle *borgne* à Béziers. — Ety., *costo*.

COUSTIER, iéro, adj. Celui, celle qui est de côté, qui donne à côté, maladroit; au jeu de boules, *court et coustier* se dit du joueur dont la boule reste en deçà du cochonnet, ou par côté; *n'es pas ni court ni coustier*, il réussit dans ses entreprises, et il ne recule pas devant une difficulté, un danger pour remplir son devoir; b. lim., *n'en tirá pas coustier*, ne pas se tenir en arrière; *piloto coustier*, pilote côtier. V. Coustejaire. — Ety., *costo*.

COUSTILHOUS, cév., s. m. p. Côtelettes de porc salées.

COUSTIO, b. lim., s. f. V. Coucedo.

COUSTIOUS, o, prov., adj. V. Coustous.

COUSTO, s. f. V. Cost.

COUSTORET, b. lim., s. m. Petit coteau. — Toul., *coustou*. — Dim. de *costo*.

COUSTORET, b. lim., s. m. Morceau de pain que prennent dans leur sac les ouvriers qui vont travailler au dehors.

Ce mot est probablement une altération de *croustet*.

COUSTORETO, B. LIM., s. f. V. Coustèlo.

COUSTOU, TOUL., s. m. Petit coteau.— B. LIM., *coustoret*.

COUSTOUÈLO, PROV., s. f. V. Coustoulo.

COUSTOUIRA, PROV., v. a. V. Coustoulá.

COUSTOUIRO, s. f. V. Coustoulo.

COUSTOULA, PROV., v. a. Broyer le chanvre, battre les chenevottes avec l'instrument appelé *coustoulo*, pour en tirer la filasse. — SYN. *coustouirá*.

COUSTOULADO, CÉV., s. f. Action de broyer le chanvre ; par ext., volée de coups de bâton. — ETY., s. part. f. de *coustoulá*.

COUSTOULAIRE, PROV., s. m. V. Coustoulo.

COUSTOULIER, COUSTOURIER, PROV., s. m. Support à trois pieds sur lequel on brise le chanvre. — ETY., *coustoulo*.

COUSTOULO, PROV., s. f. Instrument de bois en forme de sabre pour battre le chanvre et en séparer la filasse de la chénevotte ; CÉV., éclisse, scion d'osier ou de châtaignier refendu ; batte d'arlequin. — SYN. *coustouèlo, coustoulaire, coustouiro*, broie.

COUSTOUS, o, adj. Coûteux, euse. — SYN. *coustious*, f. a. — CAT., *costos* ; ESP., *cortoso*. — ETY., *cost*.

COUSTOUSI, v. a. V. Coustesí.

COUSTREGNE, COUSTRENCHO, COUSTRENTO. V. Counstregne, etc.

COUSTUBA, CAST., v. a. V. Counstipá.

COUSTUMADO [(A la), loc. adv. selon l'usage ; *tout marcho à la coustumado*, tout suit le train ordinaire. — ETY., *coustumo*.

COUSTUMIER, ièro, acj. COSTUMIER, coutumier, ère, qui a coutume de faire quelque chose ; habituel, elle.—ETY., *coustumo*.

COUSTUMO, s. f. COSTUMA, coutume, habitude. — ESP., *costumbre* ; PORT., ITAL., *costume*. — ETY. LAT., *consuetudinem*.

COUSTUPA, TOUL., v. a. V. Counstipá.

COUSTY, BORD., s. m. V. Coucedo.

COUT, s. m. V. Acout.

COUT, BÉARN., s. m. Coin. V. Cantoú.

COUTA, MONTP., s. f. Poule. V. Coto.

COUTA, v. a. Accoter, appuyer ; émonder un arbre : *coutá un malhol*, tailler une jeune vigne pour la première fois, en ne conservant que les bourgeons qui doivent former les bras du cep ; *coutá* signifie aussi frapper ; *se coutá*, v. r., s'accoter, se planter devant quelqu'un ; au fig. s'obstiner, s'opiniâtrer ; *coutat, ado*, part., accoté, ée, retenu par un obstacle, calé ; *par-là coutat*, parler avec gravité et en mesurant ses paroles. V. Acoutá.

COUTAL, CÉV., TOUL., s. m. Voiturier ; charrieur de vendange ; blouse des charretiers ; coteau. — SYN. *coulau*.— ETY. B. LAT., *colta*, vêtement des charretiers, et *costo*, coteau.

COUTARD, PROV., s. m. Hélice algérienne, *Helix algira*. — SYN. *platello, cagaraulo*.

COUTAU, CÉV., PROV., s. m. Coteau. V. Coutal *et* Coustal.

COUTÉ, COUTET, CÉV., s. m. Chignon du cou, trou qui se trouve immédiatement au-dessous de la nuque ; occiput, derrière de la tête. — PROV., *coutouié, coulouiet* ; INTERR., *coupet*. — ETY., κάττα, derrière de la tête.

COUTEIL, BÉARN., s. m. V.

COUTEL, s. m. COTEL, couteau, instrument tranchant, composé d'une lame et d'un manche ; coutre, grand couteau de fer, fixé obliquement au-dessus du soc ; racloir ; plateau de pois ou de haricots dont les gousses ont quelque ressemblance avec le manche d'un couteau ; *coutel sannadoù*, couteau des bouchers, des égorgeurs ; *coutel latier*, instrument de boisselier pour refendre des lattes ou du mérain ; on donne aussi, à cause de sa forme, le nom de *coutel* au solen manche de couteau, *Solen cultellus*, testacé de la fam. des bivalves. — SYN. *coutèu*, coutet. — CAT., coltell; ESP., cuchillo; PORT., cutello; ITAT., cultello.—ETY LAT., cultellus.

COUTELA, AGEN., V. a.] COTELAR, donner des coups de couteau ; poignarder, égorger ; *se coutelá*, v. r., se poignarder. — SYN. *escoutelá* — ETY., *coutel*.

COUTELADO, s. f. COLTELLADA, coup de couteau, estafilade.

Mas quim vol donar gautada
Non deg donar COLTELLADA.
BREVIARI D'AMOR.

Mais à qui veut me donner un soufflet, — je ne dois pas donner un coup de couteau.

ANC. CAT., coltellada ; ESP., cuchillada; ITAL., collellata. — ETY., s. part. f. de *coutelá*.

COUTELAS, s. m. Coutelas, gros couteau ; iris flambe ou iris germanique, (coutèlo); fétuque dorée, *Fetuca aurea*, ou *spadicea*, appelée aussi *asino*; T. de mar., coutelas, petites voiles ou bonnettes en étui. — ETY., augm. de *coutel*.

COUTELASSO, s. f. Glaïeul commun. V. Coutèlo.

COUTELÉ, CÉV., s. m. V. Coutelet.

COUTELÈIRO, s. f. V. Coutelièiro.

COUTELÉJA, v. a. Donner des coups de couteau ; *se coutelejá*, v. r., se battre à coups de couteau ; v. n., se servir fréquemment du couteau pendant le repas ; couper la viande et le pain à très-petits morceaux comme le font les paysans pour rester plus longtemps à table. — ETY., fréq. de *coutelá*.

COUTELET, s. m. Petit couteau ; *passo-passo coutelet*, jeu du petit couteau qui consiste à le faire passer de main à main, en le dérobant le mieux que l'on peut aux regards de celui des joueurs qui doit l'arrêter au passage ; glaïeul commun, V. Coutèlo; *coutelets*, s. m. p., haricots verts, dont les cosses ressemblent à la lame d'un petit couteau. — SYN. *couteloù, couteloun, couteret*. — ETY., dim. *de coutel*.

COUTELIÈIRO, COUTELIÉRO, s. f. Gaîne, étui de couteau ; au fig. plante de blé dont l'épi est encore enveloppé dans les feuilles ; cosse des pois, des haricots, etc ; silique des fruits de certains arbres et arbustes, tels que le genêt, le catalpa, etc.— SYN. *coutelèiro*; B. LIM., *coutilhéiro, coutilho*. — ITAL., *coltelliera*. — ETY., *coutel*.

COUTELINO, CAST., s. f. Canche touffu. V. Herbo de talh.

COUTÈLO, CAST., s. f. Grand couteau, couteau à deux manches. — SYN. *coutéro*. — ETY., *coutel*.

COUTÈLO, s. f. Glaïeul commun, petite flambe , *Gladiolus viridis*, appelé aussi *coutèlo de blat, coutelas, coutelasso, coutelet, coutèu, glaujol, glage, glaiéjoù, cesco*; le nom de *coutèlo* désigne aussi l'iris flambe ou germanique, *Iris germanica*, l'iris faux acore ou iris jaune, plus connu sous le nom de *coutèlo de valat*, généralement toutes les espèces d'iris (*glaujols*); et enfin le narcisse des poëtes (*aledo*). — ETY., *coutel*, parce que les feuilles de toutes ces plantes ont quelque ressemblance avec une lame de couteau.

COUTELOU, s. m., V. Coutelet ; alouette lulu, V. Coutoulino.

COUTERET, GASC., s. m. V. Couteloù.

COUTERLO, PROV., s. f. Morelle noire. V. Maurèlo.

COUTÈRO, GASC., s. f. Coutelas. V. Coutèlo.

COUTET, BÉARN., s. m. V. Coutel.

COUTETO, CÉV., s. f. Jeune poule; au fig. poulette, jeune fille. — ETY., dim. de *colo*.

COUTETO, CAST., s. f. Chèvre-feuille des bois. V. Pantacousto.

COUTÈU, PROV., s. m. Couteau ; *coutèu-serre*, scie à main ; glaïeul commun, *coutèlo*. V. Coutel.

COUTI, ido, B. LIM., adj. Mêlé, ée, embrouillé , mal peigné , échevelé. — CAST., *coutissal*.

COUTI-COUTI, loc. adv. *Tène quauqu'un couti-couti*, suivre quelqu'un pas à pas. — ETY., *couito*, du roman *coita*, hâte, empressement.

COUTICOUTESCO, CAST. Onomatopée qui exprime le cri de la poule qui vient de pondre.

COUTIÉ, DAUPH., s. m. V. Coustal.

COUTIÉU, CÉV., s. m. V. Coudial.

COUTIGA, MONTP., v. a. Chatouiller. V. Catilhá.

COUTIGA, COUTIGADURA, MONTP., s. f. Chatouillement. V. Catilh.

COUTIGNAT, s. m. V. Coudounat.

COUTIGOU, s. m. V. Catilh.

COUTIGOUS, o, adj. Chatouilleux, euse. V. Catilhous.

COUTIGUÉ, COUTIGUET, CÉV., s. m. Chatouillement. V. Catilh.

COUTILHA, v. a. V. Cathilhá.

COUTILHÈIRO, COUTILHO, B. LIM., s. f. Cosse, gousse, silique. V. Coutelèiro.

COUTINAU, CÉV., TOUL., adj. m. Gentil, joli, propret.

Simple, mes continau es soun habilhomen.

GOUDELIN, La Pastouro Liris,

COUTINFLOUN (MADAMO ou MADOUMAISÈLO DE), s. f. Personne mijaurée qui se donne des airs de grande dame, quoiqu'elle soit d'une condition inférieure; femme ou fille ridiculement accoutrée. — SYN. coutinfoun.

La princesso de COUTINFLOUN,
Qu'es couflado coum'un bâtoun.
Porto uno camiso esquinsadu
Qu'a jamai toucnt la bugado.

ANO.

COUTINFOUN. V. Coutinfloun.

COUTIOU, CARC., s. m. V. Coudial.

COUTIS, CÉV., s. m. Chose embrouillée, difficile à démêler comme des cheveux qui n'ont pas été peignés depuis longtemps. — ETY., coulissá.

COUTISSA, CAST., v. a. Brouiller, ébouriffer; coutissat, ado, part. échevelé, ée.

COUTOUPÈLO, CAST., s. f. V. Cufèlo.

COUTOUFLA, v. a. Mijoter, mignoter, dorloter.

COUTOUIÉ, COUTOUIET, PROV., s. m. Chignon du cou. V. Couté.

COUTOULÈFO, CAST., s. f. V. Cufèlo.

COUTOULHI, DAUPH., s. m. Vase de terre pour les liquides.

COUTOULINAIRE, CAST., s. m. Marchand ou fabricant de coteline. — ETY., coutoulino.

COUTOULINO, CAST., s. f. Coteline, étoffe de fil et de coton.

COUTOULINO, s. f. Alouette lulu ou petite alouette huppée, alouette des bois, Alauda cristatella, A. nemorosa; elle va par petites troupes et se remet ordinairement sous les arbres, quand on la fait lever, en faisant entendre un petit cri dont son nom est l'onomatopée. Noms div. : couteloú, coutouliou, coutouriou; petourlino; sauto-roucas, suivant Garcin (Dict. prov.-franç.).

COUTOULIOU, GASC., s. m. V. Coutoulino, alouette lulu.

COUTOUN, s. m. Maladie de l'olivier causée par une matière gommeuse que rendent par l'anus les larves des psylles qui attaquent cet arbre.

COUTOURIOU, B. LIM., s. m. Alouette lulu. V. Coutoulino.

COUTOUYA, CAST., v. a. V. Coustesí.

COUTRAL, o, **COUTRALAS**, asso., adj. Niais, e, nigaud, imbécile, celui qui reçoit les coups dans une querelle; coutrals, s. m. p., coups : ai recassat fosso coutrals, j'ai été bien rossé.

COUTRALA, v. a. Tromper, duper, berner; se coutralá, v. r., se tromper, faire une mauvaise affaire en croyant la faire bonne. — ETY., coutral.

COUTRALADO, s. f. Balourdise, ânerie, baliverne. — CAST., coutraliso. — ETY., s. part. f. de coutralá.

COUTRALHA, CÉV., v. a. Élaguer, émonder. — ETY., coutre, couteau.

COUTRALISO, CAST., s. f. V. Coutralado.

COUTRASSEJA, v. a. Donner des coups de couteau; au fig. asticoter, taquiner; v. n., travailler longtemps pour adapter un coutre à une charrue; au fig. s'occuper à des riens; coutrassejá, pour cette dernière acception, est synonyme de lescounejá, lascoulejá.—ETY., coutre.

COUTRASSEJAIRE, o, BITERR., adj. Taquin, e, celui, celle qui se plait à asticoter, contredire, contrarier. — SYN. coutrassenc. — ETY., coutrassejá.

COUTRASSENO, o, BITERR., adj. V. Coutrassejaire.

COUTRE, s. m. COTTRE, coutre, couteau qu'on adapte à la charrue au-dessus du soc. — ITAL., coltro. — ETY. LAT., culter.

Cal quel COUTRE fourbit
Brilhe del fretadis del selhoü qu a durbit.
JEAN DE VALÈS de Montech.

COUTREIA, COUTREJA, v. a. et n. Labourer avec la charrue appelée coutrier. — SYN. coutriá. — ETY., coutre.

COUTRELASSO, CÉV., s. f. Glaïeul. V. Coutèlo.

COUTRIA, v. a. et n. V. Coutreiá.

COUTRIADO, QUERC., CÉV., s. f. Coterie, troupe, assemblée ; batelée ; gros troupeau. — ETY., coutrio.

COUTRIER, s. m. Coutrier, araire avec un soc et un coutre. — ETY., coutre.

COUTRIO, CÉV., s. f. Coterie, compagnie de personnes qui vivent entre elles amicalement et qui ont les mêmes goûts : estre de coutrio, être de la même coterie, être en bons rapports. — SYN. coudrilho. — ETY. B. LAT., coteria, association de paysans pour tenir les terres d'un seigneur.

COUTSO, TOUL., s. f. Presse, hâte. V. Coucho.

COUTU, PROV., s. m. Champ qui a une grande profondeur de terre meuble ; douná un boun coutu, donner un profond labour ; coutu, adj. m., dru, dodu, tassé.

COUVA, v. a. V. Couá.

COUVADIS, adj. V. Couadis.

COUVEN, DAUPH., s. m. Piquette.

COUVERT, COUVERTO, COUVERTOUN. V. Coubert, etc.

COUVIDA, COUVIT, etc. V. Counvidá.

COUXARASSO, s. f. V. Briouino ; c'est aussi le nom du nénufar blanc ou nymphæa.

COUXASSO, s. f. V. Tussilage et Fauterno.

COUXEGUI, CARC., v. a. V. Acoussegre.

COUXIBOUL, adj. V. Couchouire.

COUXIMBARBO, GASC., s. f. V. Barbobouc.

COUXO, s. f. Courge. — SYN. V. Cougourlo.

COUXO, s. f. V. Courso.

COUXOU, CAST., s. m. Semence de courge, de melon ou de concombre. — ETY., couxo.

COUXOUDO, s. f. Grande joubarbe. V. Barbajol.

COUXOUIRE, adj. V. Couchouire.

COUY, GASC., s. m. Coin. V. Cunh.

COUYA, BÉARN., v. a. Tondre ; GASC., coiffer ; couyat, ado, part., coiffé, ée. — SYN. coufá, coufat.

COUYACHO, CÉV., s. f. V. Couiasso.

COUYÉ, s. m. V. Coudial.

COUYENT, o, adj. Cuisant, e. V. Cousent.

COUYÉSOUN, s. f. V. Cousesou.

COUY-HERRADE, GASC., s. m. Coin de charrue ; coin ferré. — ETY., couy, coin, et herrade pour ferrat, ferré.

COUYNETO, GASC., s. f. V. Couiño.

COUYO, LIM., s. f. V. Coujo.

COUYOUL, GASC., s. m. Mailloche, masse dont on se sert pour frapper sur les coins à fendre du bois.

COUYTA, v. a. V. Couitá.

COUZARDO-MATO, GASC., s. f. V. Trauco-bartas.

COVINOUS, TOUL., s. m. Champignon comestible dont le pédicule est de couleur vineuse. — SYN. envinassat, campagnoulier vinous.

COVOLA, LIM., v. a. Poursuivre au galop. — SYN. cavalcá, qui ne s'emploie que neutralement.

N' i o pu de lou que COVALE
Loû patrèi mai loû moutoû.
FOUCAUD.

Il n'y a plus de loup qui galoppe — après les pâtres et les moutons.

COYDO, PROV., s. f. V. Couidat.

COZE, v. a. Cuire ; v. n., être cuisant. — ESP., cocer ; PORT., cozar ; ITAL., cuocere. V. Coire.

CRABA (Se), CAST., v. r. V. Cabrá.

CRABAIRE, CAST., s. m. V. Cabrier.

CRABARASSO, GASC., s. f. Vieille chèvre, grosse chèvre. — AUGM. de *crabo.*

CRABAROLO, GASC., s. f. Narcisse des prés ou narcisse jaune, *Narcissus pseudo-narcissus*, de la fam. des amaryllidées. Noms div.: *troumpoun, coucut, jusiauvo, jusiéuvo, pasqueto.*

CRABAS-GRUYO, AGEN., s. m. Lucane-cerf. V. Cerf-voulant.

CRABAUDÉJA, CAST., v. n. Folâtrer, se dissiper en parlant des jeunes filles.— ETY., *crabo*, chèvre, et *ejá*, sauter comme une chèvre.

CRABAUDIÈ, ièiro, CAST., adj. Volage, dissipé, évaporé. — ETY. *crabo.*

CRABAUDISO, CAST., Dissipation, légèreté. — ETY., *crabaudier.*

CRABE, BÉARN., s. f. V. Cabro.

CRABÉ, èro, GASC., s. m et f. V. Cabrier, ièiro.

CRABENCO, GASC., adj. f. Qui contient des poils durs et luisants, en parlant d'une laine de mauvaise qualité.

CRABIDA, TOUL., v. n. Chevroter; au fig. languir, être malade. V. Cabridá.

CRABRIER, TOUL., s. m. V. Cabrier.

CRABILHO, TOUL., s. f. Mérule chanterelle. V. Girbouleto.

CRABIMET, (A), TOUL., loc. adv. V. Cabrimé.

CRABIT, TOUL., s. m. V. *Cabrit*; CAST., chèvre, machine à élever les fardeaux. V. Cabro.

CRABO, TOUL., s. f. Chèvre. V. *Cabro*; CAST., cornemuse. V. Boudego.

CRABOS, CAST., s. f. Brouillard qui rampe sur les montagnes après un orage. — M. SIGN. *tubos.*

CRABOT, s. m. Chevreau. V. *Cabrit*; CÉV., cautère.

CRABOT-CRABIC (A), ARIÉG., loc. adv. V. Cabrimé.

CRABOTO, AGEN., s. f. V. Cabreto.

CRABOUTI, GASC., s. m. V. Cabrit.

CRABUSSÈLO, s. f. V. Cabucèlo.

CRAC, s. m. CREAT, esturgeon. V. Estraioun.

CRAC, mot qui exprime le bruit sec que font les corps durs en se rompant, en s'entre-choquant ; interj. qui signifie soudainement. Onomatopée.

CRACA, v. n. Craquer. — ETY., *crac.*

CRACA, v. n. Craquer, dire des hâbleries, mentir, se vanter des choses qu'on n'a pas faites. — ETY., *craco.*

CRACADO, s. f. Craquerie, hâblerie.— SYN. *cracariè*. — ETY., s. part. f. de *cracá.*

CRACAIRE, o, s. m. et f. Craqueur, euse. — ETY., *cracá.*

CRACAMENT, s. m. Craquement, bruit que font certains corps en tombant. — ETY., *cracá.*

CRACARIÈ, s. f. V. Cracado.

CRACHA, v. n. ESCRACAR, ESCRACHAR, cracher. — M. SIGN. *escoupi.*— PORT., *escarrar.*

CRACHOUNA, v. n. Crachoter, cracher souvent. —SYN. *crachouniá, crachouriá, crachoutiá.* — ETY., fréq. de *crachá.*

CRACHOUNIA, CRACHOURIA, CRACHOUTIA, v. n. V. Crachouná.

CRACINA, v. n. Craquer, grincer. — SYN. *crouciná, craïná*; TOUL., tourmenter, inquiéter, V. Calciná. —ETY., *cracá*, pour la première acception.

CRACO, s. f. Mensonge, hâblerie.

Vautres ses de gens d'una mena
Que las CRACAS vous fan pas pena.
FAVRE.

CRACRA, NIM., s. m. Nom commun à trois oiseaux du genre bec-fin: la rousserolle appelée aussi *roussignol d'aiguo*; l'effarvate ou bec-fin des roseaux, *Sylvia arundinacea*; la fauvette verderolle, *Sylvia palustris.* — SYN. *tratrá* qui est, comme *cracrá*, une onomatopée du cri de ces oiseaux.

CRAGNE, CRANHE, BÉARN., v. a. Craindre. V. Cregne,

CRAGNO, AGEN., s. f. Marque, empreinte, trace.

CRAIGNE, v. a. V. Cregne.

CRAINA, BITERR., v. n. (craïná). Craquer, craqueter, grincer ; au fig. gémir, se plaindre. — Syn. *craná*, *cranilhá*, *crenilhá*. V. Craciná.

CRAINEJA, biterr., v. n. (crainejá). Craqueter ; au fig. se plaindre. — Ety., fréq. de *crainá*.

CRAINÉU, prov., s. m. V. Caulichoú.

CRAMA, toul., v. a. V. Cremá.

CRAMADIS, toul., s. m. Maladie des bêtes à laine.

CRAMAL, toul., s. m. V. Cremal.

CRAMBE, **CRAMBO**, **CRAMBEL**, **CRAMBETO**, **CRAMBOT**. V. Cambro, etc.

CRAMBOUL, cast., s. m. T. du jeu de billard, carambole, bille rouge, celle qui se place sur la mouche, d'où *cramboulá*, *cramboulage*, caramboler, carambolage.

CRAMPE, **CRAMPEXE**, béarn., s. f. V. Cambro, cambreto.

CRAMPIOT, cast., s. m. Ergot, petit ongle pointu qu'ont à la patte certains animaux. — Biterr., *arpiot*. — Ety. all., *krampe*, recourbé.

CRAN, prov., s. m. Aphthe, petit ulcère blanchâtre dans l'intérieur de la bouche ; cév., crâne ; il signifie aussi coche, entaille.

CRAN, cév., s. m. Incrustation pierreuse qui se forme dans le bassin des fontaines.

CRAN, **CRANC**, s. m. Cranc, crabe, *Cancer mænas*, crustacé de l'ordre des astacoïdes, dont il existe plusieurs espèces. — Syn. *cranco*, qui se dit des femelles et des grandes espèces ; cancer, un des douze signes du zodiaque. — Prov., *carabaco* ; cat., *cranc*; ital., *cancro*. — Lat., *cancer*.

CRAN, **CRANC**, adj. et s. m. Hargneux, inquiet, celui qui se plaint sans cesse ; *cancre*, se dit, en français, d'un homme avare, rapace, haïssable. — Ety., s. verb. de *craná*.

CRANA, v. a. Chagriner, inquiéter ; v. n., se chagriner, se plaindre sans cesse. — Syn. *crainá*, *crainejá*.

CRANA, toul., v. n. Faire le crâne, le rodomont, le fier. — Syn. *cranejá*. — Ety., *crano*.

CRANCA, prov., v. a. Cligner. V. Clignâ.

CRANCO, s. f. Crabe ; au fig. vieille femme qui marche péniblement. V. Cran.

CRANEJA, cév., v. n. Faire le crâne. — Ety., fréq. de *craná*.

CRANETO, cév., s. f. Petit crâne, fréluquet. — Dim., de *crano*.

CRANHE, béarn., v. a. V. Cregne.

CRANHUT, ude, béarn., part. de *cranhe*. Craint, e.

CRANILHA, v. n. Craqueter, grincer des dents. — Syn. *crenilhá*. V. Crainá.

CRANO, s. m. et adj. Crâne, querelleur ; en parlant des choses, excellentes, de première qualité : on dit *aquel aiguardent es del crano*, cette eau-de-vie est excellente.

CRANQUET, s. et adj. m. Cancre, pauvre diable, homme faible et sans énergie ; parcimonieux, avare. — Ety., dim. de *cranc*.

CRANTO, adj. num. V. Quaranto.

CRAPA, prov., v. a. Mettre au rebut, refuser une marchandise à cause de sa mauvaise qualité.

CRAPAS, prov., s. m. Gravois, pierraille. — M. sign., *grautas*. — Ety., altér. de *clapas*.

CRAPAUD, s. m. V. Grapaud.

CRAPIER, s. m. V. Grapier.

CRAPUCIN, s. m. Crapoussin, espèce de crutacé ; au fig. homme petit et contrefait.

CRAQUEJA, v. n. Craqueter, pétiller. — Syn. *craquetá*, *croquetá*. — Ety., fréq. de *cracá*.

CRAQUETA, v. n. V. Craquejá.

CRAS, s. m. V. Crasso.

CRASSA, v. a. V. Crassí.

CRASSADOU, biterr., s. m. Marque portant les initiales du maître du troupeau qu'on applique, après l'avoir trempée dans une espèce de goudron, sur les bêtes à laine. — Ety., part. f. de *crassá* : la couleur poisseuse dans laquelle on trempe la marque encrasse la toison des bêtes à laine.

CRASSAL, CAST., s. m. Crasse, par ext., rebut. — ETY., crasso.

CRASSALHO, PROV., s. f. Lie du peuple. — ETY., crassal, rebut.

CRASSARIÉ, s. f. Ladrerie, lésinerie. — ETY., crassal.

CRASSET, TOUL., s. m. Bassinet de la lampe à croc ou à queue qui reçoit l'huile qui en découle. — ETY., crasso.

CRASSI, v. a., Encrasser, rendre crasseux ; se crassi, v. r., se remplir de crasse ; TOUL., v. n., sécher ; au fig. sécher sur pied, languir, s'ennuyer. — CAST., crassimá, pour cette dernière acception. — ETY., crasso.

CRASSIMA, CAST., v. n. Sécher d'ennui, d'impatience. V. Crassi.

CRASSIT, ido, adj. et part. Encrassé, ée, crasseux, euse ; TOUL., desséché en parlant d'un mets resté sans suc et sans goût par un excès de cuisson.

CRASSO, s. f. Crasse, ordure, qui s'amasse sur la peau, le linge, les vêtements ; fig. avarice sordide ; crassos d'oli, lie, sédiment de l'huile. — SYN. crauma ; B. LIM., crefe. — ETY. LAT., crassus, épais.

CRASSOUS, o, adj. Crasseux, euse ; au fig. avare à l'excès ; autrefois il signifiait marchand épicier. — ETY., crasso.

CRAU, s. m. La Crau d'Arles, vaste plaine aride et caillouteuse ; le mot roman, crau, ou crauc signifie pierreux : *en tan sec ni en tan crauc loc no podem aver viandas segons quens auria mestiers.* (Philomena). (En un lieu aussi aride et aussi pierreux nous ne pouvons avoir des viandes autant qu'il nous serait nécessaire d'en avoir). — ETY. CELT., crai, crag, pierre ; du grec καῦρος, sec, desséché.

Acampestrido e secarouso,
L'inmenso CRAU, la CRAU peirouso,
Au matin pau-à-pau se vesié destapá
MISTRAL, Mirèio, c. VIII.

CRAUC, o, TOUL., adj. Creux, euse, vide.

CRAUCIT, CAST., s. m. Crochet en fer avec un manche ; T. de tanneur, crochet de bois auquel on suspend un poids pour tenir les cuirs tendus sur l'établi.

CRAUGNA, do, B. LIM., adj. Qui a des écrouelles, scrofuleux. — ETY., craugnas.

CRAUGNAS, B. LIM., s. f. p. Écrouelles. — CAST., CÉV., cruèlos.

CRAULO, LIM., s. f. Tronc d'arbre.

CRAUMA, MONTP., s. f. Crasse, malpropreté, sédiment, ordures. — SYN. crasso.

CRAUMEL, AGEN., s. m. Cage d'osier où l'on met la poule avec ses poussins ; volière. — SYN. craunel, cremel, cremèro — BITERR., gabias.

CRAUNEL, s. m. V. Craumel.

CRAVAN, s. m. Cravan ; anatife lisse ou sapinète, *Lepas anatifera* ; anatife pousse-pied, *Lepas pollicipes*, mollusques, vulgt. appelés glands de mer.

CRAVEN, co, adj. et s. qui appartient à la Crau, habitant de la Crau.

CREA, v. CREAR, créer, inventer, produire ; *que t'a creat que le mate !* va te faire pendre ailleurs ! — CAT., ESP., PORT., crear ; ITAL., creare. — ETY. LAT., creare.

CREAC, CREAT, s. m. Esturgeon. V. Estraioun.

CREADOU, CREATOU, s. m. Créateur. — ETY. LAT., creatorem.

CREAIRE, s. m. CREAIRE, créateur ; inventeur. — ETY. LAT., creator.

CREAT, ado, part. créé, ée ; inventé ; *i a pas amo creado*, il n'y a pas un chat ; *pas miech creat*, malingre en parlant d'un enfant.

CREAT, TOUL., adj. Pécunieux, suivant Doujat.

CREAU, TOUL., s. m. Ce mot ne s'emploie que dans cette phrase : *noun n'a creau*, il n'a ni denier, ni maille. — SYN. crèu.

CREBA, v. a. CREBAR, crever, rompre, faire éclater avec un violent effort, fatiguer un cheval au point de le faire mourir ; v. n., se rompre, éclater, aboutir en parlant d'un abcès ; *se crebá*, v. r., se crever, se gorger de viandes, se fatiguer outre mesure ;

crebat, ado, part., crevé, ée, abouti; mort; atteint d'une hernie. On dit d'un homme heureux : *cal que siegue crebat*; *sant-crebat*, PROV., s. m. réveillon qu'on fait la nuit de la Noël.— ESP., PORT., *quebrar*; ITAL., *crepare*. ETY. LAT., *crepare*.

CREBADEL, èlo, TOUL., CÉV., adj. Celui, celle qui boude; *mountá sul perier crebadel*, crever de dépit, bouder.

CREBADO, s. f. Ce mot ne s'emploie que dans cette phrase : *malo crebado faguesses !* puisses-tu faire une mauvaise fin ! — ETY., s. part. f. de *crebá*.

CREBADURO, s. f. CREBADURA, crevasse; hernie. — ANC. CAT., *crebadura*; ESP., PORT., *quebradura*; ITAL., *crepatura*. — ETY., *crebado*, part. f. de *crebá*.

CREBAMENT, s. m. CREBAMEN, action de crever; *crebament de cor*, crève-cœur. — ETY., *crebá*.

CREBASSA, v. a. Crevasser, faire des crevasses; *se crebassá*, v. a., se crevasser, s'entr'ouvrir, se fendre; *crebassat, ado*, part., crevassé, ée.—PROV., *escrebassá*. — ETY., *crebá*.

CREBASSI (Sant), BITERR., s. m. Repas où l'on mange comme un crevé ; c'est parce qu'on fait de semblables repas le jeudi-gras qu'on l'appelle *sant-crebassi*; le dernier jour du carnaval est pour le même motif appelé *sant-espetassi*. — ETY., *crebá*.

CREBASSO, s. f. CREBASSA, crevasse, fente, lézarde; seime, crevasse qui se forme au sabot du cheval; engelure; *crebassos*, s. f. p., gerçures du sein.— SYN. *carabasso*, f. a.; ITAL., *crepaccia*.— ETY., *crebá*.

CREBASSOUN, s. m. Petit enfant gros et de petite taille. — ETY., *crebá*.

CREBIDOLO, PROV., s. f. Narcisse des poëtes. V. *Aledo*.

CREBIS, PROV., s. m. Fracas, éboulement d'un mur, d'un tertre, rupture avec bruit. — ETY., *crebá*.

CREBIU, CREBIURO, CÉV., interj. Sacrebleu !

CREBO-BIOU, s. m. Renoncule rampante, *Ranunculus repens*, plante de la fam. des renonculacées. Noms div. *boutou d'or*, *mes-de-mai*, *auruflam*, *fresier salbage*.

CREBO-CAVALS, CÉV., s. m. Voirie, lieu où l'on abat les chevaux, mules et autres animaux hors de service, où l'on porte les mêmes bêtes mortes et les vidanges. — BITERR., *escorjo-rossos*, *escourjadou*, CÉV., *baracau*.

CREBO-CHIS, s. m. Nom des râles et petites poules d'eau, marouette, rallo-marouet, poule d'eau baillon, ainsi appelés à cause de la grande difficulté qu'ont les chiens à les faire lever. La poule d'eau baillon et la poule d'eau poussin sont aussi appelées *boy-boy, voivoi*, à cause de leur cri.

CREBO-FAM, s. m. Mort de faim, affamé, misérable. — SYN. *mort de fam*.

CREBO-GORSOU, B. LIM., s. m. Ragoût fort indigeste, composé de foie de porc, de croûtes de pain et de châtaignes.

CREBO-SAC, s. m. Folle avoine. V. *Couguioulo*.

CREBUCÈLO, PROV., s. f. V. *Cabucèlo*.

CRÈCHE, GASC., v. n. V. *Creisse*.

CRÈCHE, s. m. V. *Cretje*.

CRECHEIROUN, BORD., s. m. V. *Cressou*.

CRECINA, v. n. V. *Cracinà*.

CREDA, LIM., v. a. et n. Crier. V. *Cridá*.

CREDE, BÉARN., v. a. V. *Creire*.

CREFE, B. LIM., s. m. Crasse, saleté. V. *Crasso*.

CREGNE, v. a. CREMER, craindre, appréhender, redouter, éviter; v. n., être craintif; *se faire cregne*, se faire craindre, inspirer de la crainte; *bestio de cregne*, animal venimeux ou dangereux; *herbo de cregne*, herbe vénéneuse; *mal de cregne*, maladie contagieuse. — SYN. *cragne, cranhe, crigne, crentá*. — ETY. LAT., *tremere*.

CREGNENSO, s. f. Crainte, timidité, respect. — SYN. *crento*. — ETY., *cregne*.

CREGNENT, o, adj. et p. Craintif, ive, timide; délicat, fantasque, difficile, à contenter.—Syn. *cregnèu, èlo, crentous.*

CREGNÈU, èlo, prov., adj. V. Cregnent.

CREGNIGUT, udo, part. de *cregne.* Craint, e.

CREGUDO, s. f. Creguda; crue. V. Crescudo.

CREGUT, udo, part. de *creire.* Cru, e. —Syn. *crèigut, cresegut, cresut*; il est aussi syn. de *crescut*, accru. V. ce mot.

CREI, CREICH, s. m. V. Creis.

CREIDA, prov., v. a. V. Cridá.

CREIGUT, udo, cév., part. de *creire.* V. Cregut.

CREIL, dauph., s. m. Berceau pour un très-jeune enfant.

CREINA, prov., v. n. V. Craïná.

CREIRE, v. a. Creire, croire, ajouter foi, estimer, penser; v. n., avoir la foi, croire à…., *se creire*, v. r., se croire, avoir certaine opinion de soi; *se creire jouve*, se croire jeune quand on ne l'est pas; *s'en creire*, s'en croire, avoir en soi une confiance exagérée. — Béarn., *crede*; Ariég., *creje*; anc. cat., *creire*; esp., *creer*; ital., *credere.* — Lat., *credere.*

CREIRE, s. m. Croyance.

CREIRÈU, èlo, prov., adj. Crédule. V. Cresèire.

CREIS, CREI, CREICH, s. m. Creys, croît, accroissement dans la famille; augmentation de bétail par la génération; croissance, action de grandir; *avem de creis* se dit familièrement en parlant de la naissance d'un enfant; *aquel mainage a fach un brave creis*, cet enfant a bien grandi. — Béarn., *creix.* — Ety., s. verb. de *creisse.*

CREISSIÉU, dauph., s. m. Lampe. V. Crusiéu.

CREISSE, v. n. Crescer, creisser, croître, prendre de l'accroissement, acquérir une plus grande taille; augmenter, grossir: *la rivièiro creis*, la rivière croît; *lou blat creis*, le prix du blé augmente; *aquel mainage ni noun creis ni noun crebo*, cet enfant ne se développe pas; ce verbe s'emploie quelquefois, avec la voix active, comme dans cette phrase : *Dieus te creisse!* Dieu te fasse grandir! — Béarn., *creixe*; gasc., *creche*; cat., *créxer*; esp., *crecer*; ital., *crescere.* — Lat., *crescere.*

CREISSEGU, do, prov., part. V. Crescut.

CREISSELOUS, cast., s. m. p. V. Cressoù; *creisselous de prat.*, V. Cressoù sauvage.

CREISSELOUS, cast., s. m. Glandes de croissance; douleurs que ressentent quelquefois aux aines les personnes jeunes. — Syn. *creissens, creissous.* — Ety., *creisse.*

CREISSENS, biterr., s. m. p. Croît, V. *creis*; glandes de croissance, V. Creisselous.

CREISSENSO, s. f. Creissensa, croissance, développement du corps; b. lim., accroissement de famille, de bestiaux. — Syn. *creissent, creissudo.* — Anc., esp., *crecencia*; ital., *crescenza.* — Ety., *creisse.*

CREISSENT, s. m. V. Creissenso.

CREISSES, s. m. p. Glandes de croissance. V. Creisselous.

CREISSILHOUS, s. m. p. Cresson, V. Cressoù.

CREISSOUN, CREISSOUS, s. m., V. Cressoù; *creissoun boujounés,* V. Beccaboungo.

CREISSOUS, cév., s. m. p. Glandes de croissance. V. Creisselous.

CREISSUDO, b. lim., s. f. V. Crescudo *et* Creissenso.

CREISSUT, udo, part. V. Crescut.

CREITI, CREITIN, dauph., s. et adj. Crétin, goîtreux; impotent, malheureux.

CREIX, CREIXE, béarn., V. Creis *et* Creisse.

CREJE, ariég., v. a. V. Creire.

CREJOUS, o, ariég., adj. Crédule. V. Creirèu.

CREJUT, udo, ariég., part. de *creje*, Cru, e. V. Cregut.

CREMA, v. a. Cremar, brûler, flamber, consumer par le feu; il s'emploie aussi neutralement: *aqueles gavels* *cremou pla*, ces fagots de sarments brûlent bien; *m'en a fach uno que cremo al lum*, il m'a fait un tour pendabie ; *se cremá*, v. r., se brûler ; au fig. s'inquiéter vivement ; il est pour cette acception synonyme de *se calciná*. — Syn. Toul., *cramá* ; B. Lim., *cromá* ; Béarn., *cresecá*, *cresmá*. — Cat., *cremar* ; Esp., *quemar*, Port., *creimar*. — Lat., *cremare*.

CREMADOU, CREMADOUR, s. m. Foyer; pré situé dans un lieu sec et qui n'est arrosé que par les eaux pluviales. — Syn. *cremassou*. — Ety., *cremado*, part. de *cremá*.

CREMAL, s. m. Cremaillère, tige de fer dentelée ou chaîne en fer avec un crochet suspendue dans les cheminées pour y soutenir les chaudrons, les marmites, les baisser et les relever à volonté. On donne aussi le nom de *cremal* au galéope douteux, *Galeopsis dubia*, plante qui brûle celles qui l'avoisinent. — Syn. *carmal*, *cramal*, *cremascle*, *crimal*, *croumal*, *crumascle*, *cumascle*, *cumaclo*. — Anc. cat., *cap-mascles* ; esp., *gramallera*. — Ety. B. all., *kram*, crampon ; d'après cette étymologie, la forme toulousaine, *cramal*, serait la meilleure.

CREMASCLE, prov., s. m. V. Cremal.

CREMASSOU, **CREMASSOUN**, s. m. V. Cremadou.

CREMAT, ado, part. Brûlé, ée ; *acò sentis lou cremat*, cela sent le roussi.

CREMAZOU, CREMAZOUN, s. m. Brûlure, au fig. acrimonie, aigreur; cuisson qu'on sent au gosier. — Syn. *cremezoun*, *cremour*; cast., *courcouissou*. — Ety., *cremá*.

CREMEL, Toul., s. m. V. Craumel.

CREMIÈRO, gasc., s. f. V. Craumel.

CREMESI, CREMESIN, o, adj. Cramoisi, e, teint en rouge foncé ; il s'emploie aussi substantivement, le cramoisi, l'une des sept couleurs rouges de la teinture; — Esp., *carmesi*; Port., *carmezim*. Ital., *cremisino*. — Ety., *kermès*, espèce de cochenille, ou l'arabe, *karmesi*.

CREMEZOUN, prov., s. f. Brûlure ; au fig. envie; *ai cremezoun de*, je brûle d'envie de. — Syn. *cremazou*.

CREMIU, cast., adj. Qui brûle bien, en parlant du bois de chauffage. — Ety., *cremá*.

CRÈMO, s. f. Crema, crème ; mets composé de lait, d'œufs et de sucre ; au fig. ce qu'il y a de meilleur dans certaines choses. — Cat., Esp., Ital., *crema*. — Ety. lat., *cremum*.

CREMO, cast., s. f. *Bouès de bouno cremo*, bois qui brûle bien. V. Cremiu.

CREMO-SARDOS, s. m. Avare. — Syn. *rabino-sardos*, *esquicho-sardos*.

CREMOUN, s. m. V.

CREMOUR, prov., s. f. Cremor, brûlure, embrasement, flamme, combustion ; au fig. aigreur qui se fait sentir dans le gosier, fer-chaud, sentiment d'ardeur à l'épigastre, acrimonie, douleur extrême. — Anc. cat., *cremor*. — Ety., *cremá*, brûler.

CREN, prov., s. m. V. Crin ; cran, coche, entaille. — Ety. lat., *crena*, *cran*.

CRENCH, o, part. craint, e. — Syn. *cregnigut*, *crengut*, *crentat*.

CRENEL, dauph., s. m. V. Craumel.

CRENÈU, prov., s. m. Cranel, créneau. V. *Merlet* ; il signifie aussi bouche, ouverture des fours des potiers de terre.

CRENIÈRO, prov., s f. Crinière. — Esp., *crines*; Port., *crinas* ; Ital., *crini*. — Ety., *crin*.

CRENIHA, v. n. V. Crenilhá.

CRENILH, prov., s. et adj. Homme inquiet, qui se plaint toujours.—Ety., s. verb. de *crenilhá*.

CRENILHA, v. n. Craqueter; grincer, crier ; au fig. se plaindre sans cesse. — Syn. *cranilhá*, *cresná*. V. Craíná.

CRENILHAMENT, s. m. Bruit d'une poulie ; au fig. gémissement, plaintes incessantes d'une personne inquiète.— Syn. *cresinament*. — Ety., *crenilhá*.

CRENILHÉ, CRENILHET, prov., s. m. Grillon. V. *Gret*. V. aussi *Carnilho*.

CRENTA, biterr., v. a. Craindre, V. Cregne.

CRENTO, s. f. Crainte ; *faire crento*, intimider ; *acò me porto crento*, cela me fait peur. — Syn. *cregnenso*.

CRENTOUS, o, adj. Craintif, ive. — Ety., *crento*.

CRÈS, s. m. Terrain graveleux. V. Grès.

CRESCUT, udo, part. de *creisse*. Crû, crue, accru ; grandi en parlant d'un enfant. — Syn. *cregut*, *creissegu*, *creissut*. — Cat., *crescud* ; Esp., *crecido* ; Ital., *cresciuto*.

CRESCUDO, s. f. Crue ; augmentation de prix ; crue d'une rivière ; croissance. — B. Lim., *creissudo*. V. Creissenso.

CRESE, v. a. V. Creire.

CRESECA, Béarn., v. a. Brûler. V. Cremá.

CRESEDÉ, éro, gasc., adj Croyable, digne de foi. — Ety., *crese*.

CRESEGUT, udo, part. V. Cregut.

CRESÈIRE, adj. Crédule. — Syn. *creirèu*, *crejous*, *creserèu*. — Ety., *crese*, croire.

CRESENSO, s. f. Cresensa, croyance, avis, opinion ; croyance religieuse ; suffisance, orgueil. — Cat., *cresenza* ; Esp., *creencia* ; Ital., *credensa*. — Ety., *cresent*, croyant.

CRESENT, o, adj. Croyant e. — Syn. *creyent*. — Ital., *credente*. — Ety., *crese*.

CRESERÈU, adj. V. Cresèire.

CRESINA, prov., v. n. V. Crenilhá.

CRESINADO, prov., s. f. Comble d'un édifice, faîte. — Syn. *acrin*, *brisco*, *cresten*, *crignau*.

CRESINAMENT, s. m. V. Crenilhament.

CRESINETO, prov., s. f. Crécelle. — Ety., *cresiná*, craqueter.

CRESINÈU, s. m. Behen blanc. V. Caulichoù.

CRESMA, Béarn., v. a. V. Cremá.

CRESPA, v. a. Crespár, créper, friser ; crisper ; *se crespá*, v. r., se créper, se crisper ; au fig. se recroqueviller en parlant des feuilles des plantes sous l'action de la gelée blanche. — Cat., *crespar*, Esp., Port., *encrespar* ; Ital., *crispare*. — Lat., *crispare*.

CRESPÈU, prov., s. m. Espèce d'omelette faite avec de la farine et des œufs. V. Crespo.

CRESPIN (Sant-), s. m. Saint-Crépin, patron des cordonniers ; sac dans lequel ils mettent leur ligneul et leurs outils ; par ext., tout ce que l'on possède : *a perdut tout soun sant-crespin*, il a perdu tout son avoir ; on dit aussi dans ce sens *fresquin*, *frusquin*. — Ital., *crespino*.

CRESPINAT, adj. Celui qui est né coiffé ; celui à qui tout réussit. — Ety., *crespino*.

CRESPINO, s. f. Crespina, crépine, frange dont on orne les dais, les lits, etc. ; résille ; taie, sagène, membrane graisseuse des intestins, appelée aussi *teleto* ; tissu de graisse qui couvre la panse de l'agneau ; coiffe, membrane que quelques enfants portent sur la tête en venant au monde ; on dit d'un homme heureux : *es nascut ambé la crespino*.

CRESPO, B. Lim., s. f. Crêpe, sorte de beignet ou de petite galette cuite à la poêle. — Syn. *crespèu* ; Agen., *pescajoü*. — Cat., *crespell*. — Ety., l'huile bouillante crépant, pour ainsi dire, cette espèce de beignet lui a fait donner le nom de *crespo*.

CRESPO, prov., s. f. Crêpe, étoffe noire qu'on met au bras, au chapeau, etc., en signe de deuil. — Syn. *crespe*, *crespoù*. — Cat., *cresp*, Esp., Ital., *crespo*. — Ety. lat., *crispus*.

CRESPOU, cév., s. m. Crêpe. V. Crespo.

CRESSES, cév., querc., s. m. p. V. Countournièiro.

CRESSINELS, montp., s. m. p. Jeunes pousses de la scorsonère laciniée, appelée aussi podosperme lacinié, qu'on mange en salade.

CRESSOU, CRESSOUN, s. m. Cresson, *Nasturtium officinale*, plante de la famille des crucifères. Noms div. *crecheiroun*, *creissoun*, *graisseloù*, *graissilhoù*, *graissous*, *greissoù*, *creisselous*, *creisilhous*. — Cat., *crexent* ; Ital., *crescione*. On donne aussi le nom de *creissoú* à la véronique beccabonga ; et celui de *cressoun-baslard*, au cresson de rivière.

CRESSOUN SAUVAGE, s. m. Cresson sauvage ou cardamine des prés; cardamine amère; cardamine velue; coronope commun ou corne-de-cerf, plantes de la fam. des crucifères.

CRESTA, v. a. Chestar, châtrer; ôter des ruches une partie de la cire et du miel; retrancher les jets inutiles de certaines plantes; *cresta de basses*, ravauder des bas. — Cat., Esp., *castrar*; Ital., *castrare*. — Lat., *castrare*.

CRESTA, cast., v. a. Côcher, couvrir la femelle, en parlant du coq et par ext., des autres oiseaux. — Ety., *cresto*, crête.

CRESTADO, toul., s. f. Truie châtrée. — Ety., s. part. f. de *cresta*.

CRESTADOUIRO, **CRESTADOURO**, cév., toul., s. f. Sifflet de châtreur, flûte de Pan. — Garc, *sanaire* (s. entendu *flabutel de*). — Ety., *creslado*, part. f. de *cresta*.

CRESTADURO, s. f. Castration, action de châtrer. — Cat., *crestadura*. — Ety., *creslado*, part. f. de *cresta*.

CRESTAIRE, s. m. Crestaire, châtreur, celui qui fait profession de châtrer les animaux; cév., sifflet de châtreur, flûte de Pan. — Ety., *cresta*.

CRESTEL, cév., s. m. V.

CRESTEN, prov., s. m. Crête, faîte d'un toit, sommet d'une montagne, encrêtement d'un fossé. — Syn. *crestil, crestou, crist*. — Ety., *cresto*.

CRESTIL, cév., s. m. V. Cresten.

CRESTO, s. f. Cresta, crête, excroissance charnue qui vient sur la tête des coqs et des poules; au fig. cime, sommet. — Cat., Esp., Ital., *cresta*; Port., *crista*. — Lat., *crista*.

CRESTO-BÉS, rouerg., adj. Qui a la crête double en parlant d'un coq. — Ety., *cresto* et *bés* pour *bis*, deux, double.

CRESTO-DE-GAL, s. f. Pédiculaire des marais ou crête de coq glabre, appelée aussi *herbo des pesouls*; amaranthe à épi, *blé rouge*, *cresto-de-poul*; rhinanthe majeur, cocrète, crête de coq; rhinanthe mineur; mélampyre des champs. V. Couo-de-reinard.

CRESTO-DE-POUL, s. f. Amaranthe à épi. V. Cresto-de-gal.

CRESTOS-DE-MIL, s. f. p. Tiges qu'on retranche du maïs en le châtrant. — Cast., *milhasso*, *escapil*; Gasc., *milhargo*. — Ety., *cresta*.

CRESTOU, cast., querc., s. m. V. Cresten.

CRESTOUN, prov., s. m. Animal châtré. — Syn. *creslat*.

CRESTOUNO, s. f. Petite crête. — Ital., *crestina*. — Dim. de *cresto*.

CRESUT, udo, part. de *crese*. Cru, e. V. Cregut.

CRETA, prov., v. a. Faire des cicatrices. — Ety., *creto*, cicatrice.

CRETASSO, s. f. Grande cicatrice, balafre. — Ety., augm. de *creto*.

CRETAT, ado, part. Qui a une cicatrice, blessé; gâté, entamé en parlant d'un fruit. — Syn. *cretjat*, *crioudat*.

CRETJAT, ado, cév., adj. V. Cretat.

CRETJE, s. m. Cicatrice. — Syn. *creche*, *creuge*, *crioudo*, *creto*.

CRETO, prov., s. f. V. Cretje.

CRETO, cast., cév., s. f. Petite miette; *n'i'a pas creto causo*, il n'en reste pas la plus petite parcelle.

CRETURA, b. lim., v. n. Enfanter. — Ety., *creturo*.

CRETURO, b. lim., s. f. Enfant qui vient de naître. — Ety., altér. de *creaturo*.

CREU, cév., s. m. Alouette calandrelle. V. Calandrino.

CREU, toul., s. m. V. Crèau.

CREUGE, s. m. V. Cretje.

CREVÈU, s. m. V. Cribel.

CREXE, béarn., v. n. V. Creisse.

CREXEMENT, béarn., s. m. V. Creissenso.

CREYENT, **CREYENSO**. V. Cresent, Cresenso.

CREZE, toul., v. a. V. Creire.

CRI, s. m. V. Crid et Crin.

CRIA, **CRIAIRE**. V. Cridá, Cridaire.

CRIBEL, carc., s. m. Crible, instrument fait d'une peau ou de plaques en fer-blanc, percées de trous, fixées au dedans d'un cercle, dont on se sert pour séparer le bon grain d'avec le mauvais et d'avec les ordures."— Syn. *crible*, *crubel*, *cruvèu*, *curbel*, *drage*, *dral*, *grello*. — Ety. lat., *cribellum*.

CRIBELLA, carc., v.a. Cribellar, cribler, nettoyer les grains avec le crible. — Syn. *crubelá*, *curbelá*; cév., *drajá*, *dralhá*. — Anc. cat., *crivelar*; esp., *cribar*; port., *crivar*; ital., *crivellare*. — Ety. lat., *cribellare*.

CRIBELLADO, carc., s. f. Plein le crible, la quantité de grains qu'on peut cribler à la fois, ou qu'on a criblée dans un seul coup. — Syn. *crubelado*. — Ety., s. part. f. de *cribellá*.

CRIBELLADUROS, s. f. p. Criblures de blé ou d'autres grains ; criblures des châtaignes appelées *castagnous* ou *bajanos*. — Syn. *crubeladuros*, *dejousl de crubel*, *crinsous*.— Ety., *cribellado*, part. f. de *cribellá*.

CRIBELLAIRE, carc., s. m. Cribleur. — Syn. *crubelaire*. — Ety., *cribellá*.

CRIBELLAT, ado, carc., part. Criblé, ée ; percé d'un grand nombre de trous.

CRIBELLET, carc., s. m. Petit crible ; petite gaufre ronde comme un tamis; tournoiement d'eau qui prend la forme d'un entonnoir renversé à la surface d'une eau dormante, *remoulidoù*, *remoulis*; *fa virá lou cribellet*, faire tourner le sas, sorte de divination. — Syn. *crubelet*, *cruvelet*, *curbelet*. — Dim. de *cribel*.

CRIBELLIER, s. m. Fabriquant ou marchand de cribles, de tamis.— Syn. *crubelier*, *cruvelier*. — Ety., *cribel*.

CRIBLA, CRIBLE, V. Cribellá, etc.

CRIC, gasc., s. m. V. Crid.

CRICA, toul., v. n. Craqueter, grincer. — Onomatopée.

CRICO-LARDE, cév., s. m. Jeu de croque-lardon, peu connu aujourd'hui.

CRICOT, montp., s. m. Petite cigale. V. Cigaloù; toul., *en cricot*, crochu, e.

CRI-CRI, s. m. Criquet ; V. *Langousto*; grillon, V. Gril.

CRID, CRIT, s. m. Crit, cri ; proclamation des magistrats ; cri de guerre ; exclamation, plaintes. — Gasc., *cric*; cat., *crid*; esp., port., *grito*; ital., *grido*. — Ety., s. verb. de *cridá*.

CRIDA, v. n. Cridar, crier, pousser des cris, parler fort haut ; v. a., crier dans les rues une marchandise, la publier à cri ou à son de trompe ; appeller quelqu'un, gronder, réprimander ; *fa que cridá*, il ne fait que gronder, que criailler ; *cridá las anouncios*, publier les bans de mariage ; *lous òu cridats la semmano passado*, on a publié leurs bans la semaine dernière. — Syn. *credá*, *crèidá*, *criá*. — Cat., *cridar*; esp., *gritar*; ital., *gridare*. — Ety. lat., *quiritare*, crier, criailler.

CRIDADESTO, cév., s. f. Cris, criaillerie, bruit de plusieurs personnes criant à la fois. — Syn. *cridadis*, *cridadisso*, *cridarié*, *cridesto*, *cridatèros*. — Ety., *cridá*.

CRIDADIS, CRIDADISSO, V. Cridadesto.

CRIDADO, CRIDADA, s. f. Cri, clameur, reproche fait à haute voie. — Ety., s. part. f. de *cridá*.

CRIDAIRAS, asso, s. m. et f. Criard, e. — Syn. *cridarel*, *cridaròu*, *cridèiras*. — Augm. de *cridaire*.

CRIDAIRE, o, s. Cridaire, crieur, euse, braillard ; grondeur ; crieur public. — Syn. *criaire*, *cridasser*.—Cat., *cridayre*; esp., port., *gritador*; ital., *gridatore*. — Ety., *cridá*.

CRIDAREL, CRIDARÈU, V. Cridairas.

CRIDARIÉ, s. f. Cridoria, criaillerie. V. Cridadesto.

CRIDASSEYA, béarn., v. n. Crier fort et d'une manière désagréable. — Ety, *cridá*.

CRIDASSER, béarn., s. m. V. Cridaire.

CRIDATÈROS, gasc., s. f. p. V. Cridadesto.

CRIDÈIRAS, asso, prov., s. et adj. V. Cridairas.

CRIDESTO, s. f. V. Cridadesto.

CRIDOS, s. f. p. Cridas, criée, proclamation en justice pour parvenir à la vente d'un immeuble ; ban de vendange ; ban de mariage ; *òu fach las cridos*, on a publié les bans ; au fig., *vendemiá avant las cridos*, s'unir avant le sacrement. — Ety., *cridá*.

CRIGNAU, agat., s. m. Faîte, comble. V. Cresinado.

CRIGNE, v. a. V. Cregne.

CRIGNÈU, s. m. Behen blanc. V. Caulichoù.

CRIGNOULÉ, s. m. V. Caulichoù.

CRIMAL, s. m. V. Cremal.

CRIN, s. m. Faîte, comble. V. Acrin.

CRINCALHOS, s. f. p. V. Cliquetos.

CRINÈU, prov., s. m. Corbeille destinée à transporter le foin de la grange à l'écurie.

CRINSOUS, s. m. p. Criblures. V. Cribelladuros.

CRINUT, udo, adj. Poilu, e. — Ety., *crin*.

CRIOU, prov., s. m. Pipi des arbres, *Anthus arboreus*, V. Grasset. Il ne faut pas confondre ce mot avec *crèu* qui est, dans beaucoup de pays, le nom de l'alouette calandrelle.

CRIOUDAT, ado, cév., adj. Cicatrisé, ée, marqué de petite vérole. — Syn. *crioulat*, *crelat*, *creljat*. — Ety., *crioudo*.

CRIOUDO, cév., s. f. Cicatrice. — Syn. *crioule*, *criouge*, *crelje*, *crelo*.

CRIOUGE, s. m., V. Crioudo.

CRIOULAT, ado, adj. V. Crioudat.

CRIOULE, s. m. V. Crioudo.

CRIQUETOS, s. f. p. V. Cliquetos.

CRIS, cév., s. m. V. Crid.

CRIST, prov., s. m. Faîte. V. Cresten.

CRISTÈRI, s. m. V. Clistèri.

CRISTIAN, s. m. V. Chrestian.

CRISTOLET, dauph., s. et adj. Fat, fanfaron.

CRISTOLO, prov., s. f. Châtaigne de la plus petite espèce, plus haute que large et pénétrée par le zeste.

CRIT, béarn., s. m. V. Crid.

CRO, lim., s. m. Trou, fosse. — Prov., *cros*.

CRO, s. m. V. Croc.

CROAC, s. m. Croac, cri du corbeau.

CROACA, dauph., v. n. Croasser. — Ety., *croac*.

CROAU, b. lim., s. m. Bruit que fait un arbre en se rompant, une maison en s'écroulant. — Syn. *crac*.

CROC, s. m. Croc, croc, instrument à pointes recourbées servant à suspendre ou saisir quelque chose; hameçon, gaffe, grappin; *faire lou croc*, faire faux poids, en pesant avec des balances; *aquelo filho es al croc*, cette fille est à l'attente d'un mari avec peu d'espoir de le trouver; *lous dèts me fou croc*, j'ai les doigts crispés par l'onglée; *penjá sas dents al croc*, garder la diète, parce qu'on n'a pas de quoi manger; *vielh croc*, vieillard, peu estimé. — Syn. *cro*. — Anc. cat., *croc*; esp., *cocle*; port., *croque*; ital., *crocco*. — Ety. néerlandais, *krock*.

CROCENTÈLO, s. f. V. Croucentèlo.

CROCHE, gasc., v. a. V. Cruci.

CROCHO, s. f. Béquille. V. Crosso.

CROCIFICA, gasc., v. a. Crucificar, crucifier. — Esp., *crucificar*. — Ety., *crous*, et *ficá*, ficher.

CROCO, s. f. Côté de la masse du mail servant à lever la boule. — Biterr., *culhèiro*, *lèvo*.

CROCO, toul., cév., interj. Diable! Dam!

CROCO, gasc., s. f. Mauvais coup, entorse; maladie grave.

CROCO-LARD, s. m. Écornifleur, parasite.

CROCO-MELETOS, s. m. Mendiant qui rôde dans les poissonneries pour se faire donner ou voler quelques petits poissons, tels que ceux appelés *meletos*.

CROCO-ME-LA, s. m. Jeu de jeunes filles; sur l'indication de l'une d'elles qui préside à ce jeu, elles se jettent sur celle qu'elle a désignée et lui tombent dessus à bras raccourcis jusqu'à ce qu'elle se soit mise sous la protection de la présidente.

CROCOTACO, toul., s. m. Être imaginaire, ogre, croque-mitaine.

CROCS, s. m. p. Astragale en hameçon, *Astragalus hamosus*.

CRODISSA, b. lim., v. n. Faire un léger craquement.

CRO (548) CRO

CROÈI, DAUPH., s. m. Fruit vermoulu.

CROIO, s. f. Craie, carbonate de chaux. — ETY. LAT., creta.

CROIO, s. f. Suffisance, prétention : *aquel home a fosso croio*, cet homme s'en croit beaucoup, il est plein de suffisance.

CROLLO, B. LIM., s. f. Branchage d'un arbre, partie de l'arbre où finit la tige et où commencent les branches.

CROMA, B. LIM., v. a. Brûler. V. Cremá.

CROMA, B. LIM., s. m. Roussi, odeur d'une chose à demi-brûlée. — SYN. *rimat, rumat*. — ETY., s. part. m. de *cromá*.

CROMARIN, s. m. V. Cormarin.

CROMPADOU, BÉARN., s. m. V. Croumpaire.

CROMPO, PROV., s. f. COMPRA, achat. — GASC., *croumpo* ; CAT., ESP., PORT., ITAL., *compra*. — ETY., *croumpá*.

CRONTO, CÉV., prép. V. Contro.

CROPATAS, s. m. V. Corpatas.

CROPET, o, **CROPETOU**, B. LIM., adj. Petit homme trapu. V. Trapet.

CROQUETA, B. LIM., v. n. Craquer, craqueter. V. Craquejá.

CROS, s. f. V. Crous.

CROS, CÉV., PROV., s. m. Trou ; fosse pour un mort, tombeau ; fosse à fumier ; fossette ; fondrière ; GASC., silo. — SYN. *crouas, croués*. — ETY. LAT., *scrobs*.

CROSET, DAUPH., s. m. Morceau de pâte dont on fait la soupe.

CROSO, ALB., B. LIM., GASC., s. f. CROZA, grotte, ravin, trou. — ETY., *cros*.

CROSSI, B. LIM., v. a. V. Crassi.

CROSSINA, B. LIM., v. n. Bruiner. — ETY., *crossino*.

CROSSINO, B. LIM., s. f. Bruine, brouillard.

CROSSO, s. f. CROSSA, crosse, béquille ; bâton pastoral ; partie recourbée d'un fusil. — SYN. *crocho, crouecho*. — CAT., *crossa* ; ITAL., *croccia*. — ETY. B. LAT., *crucia, crossa*, du lat. *crux*.

CROSSON, DAUPH., s. m. Berceau.

CROTLE, MONTP., s. m. Secousse de tremblement de terre. *En l'an XCCXXIV dins novembre XV dias, vint lo crotle à Montpellier egal hora nona, e tenc tant quant hom poiria dire tres ves pater noster*. — SYN. *terro-tremoul*. — ETY. ROMAN., *crotlar*, branler, chanceler.

CROTO, s. f. CROPTA, CROTA, CLOTA, grotte, cave, voûte, lieu voûté. — ETY. LAT., *crypta*.

CROTO, s. f. Crotte, fiente globuleuse de certains animaux ; *crotos* ; s. f. p., boue des rues.

CROUAS, PROV., s. m. V. Cros.

CROUASA, PROV., v. a. V. Crousá.

CROUBI, BÉARN., v. a. V. Coubri.

CROUCA, v. a. Croquer, manger en faisant croquer sous la dent ; avaler, dévorer ; becqueter ; au fig. escroquer, dérober ; TOUL., accrocher, saisir avec un croc ; courber, plier ; *se croucá*, v. r., se pelotonner ; v. n., croquer, en parlant des choses dures qui font du bruit sous la dent, on dit aussi *cracá* ; *croco-t'acò !* attrape cela ! — SYN. *crucá*.

CROCO-T'ACÒ, chambrièiro resoulgudo.
Que noun vol ajudá noun li cal pas d'ajudo.

Théâtre de Béziers.

CROUCADOU, adj. V.

CROUCAREL, èlo, CÉV., adj. Qui est à croquer ; *aquelo filheto a lous uels croucarels*, cette fillette a les yeux fripons, coquets ; *es croucarèlo*, elle est à croquer. — ETY., *croucá*.

CROUCENTÈLO, CÉV., s. f. Cartilage des viandes de boucherie ; membranes à demi-osseuses, tendons. — SYN. *crocentèlo, croucintèlo, coursinlèla, crucentèlo*. — ETY., *croucá*, croquer.

CROUCHET, s. m. Crochet, petite agrafe ; clavier au bout duquel les couturières suspendent leurs ciseaux ; dent aiguë de certains animaux ; brusque changement de direction d'un animal poursuivi par les chiens ; détour d'un chemin. — SYN. *crouquet*. — DIM. de *croc*.

CROUCHETA, v. a. Agrafer ; ouvrir une serrure avec un crochet ou une fausse clef ; prendre quelqu'un au collet ; *crouchetá li dent*, grincer les dents; v. n., faire un crochet, changer brusquement de direction en parlant d'un lièvre ou d'un lapin poursuivis par les chiens ; *crouchetat, ado*, agrafé, ée ; au fig., boutonné, ée, qui cache ses pensées, ses desseins. — Syn. *crouchouná*. — Ety., *crouchet*.

CROUCHI, béarn., v. a. et n. V. Cruci.

CROUCHIT, ido, béarn., part. V. Crucit *et* Croucut.

CROUCHOU, CROUCHOUN, s. m. Fourgon, instrument pour remuer la braise dans le four. — Ety., dim. de *croc*.

CROUCHOU, CROUCHOUN, s. m. Quignon de pain ; *faire esquino de crouchoù*, courber le dos pour charger et porter un fardeau. — Syn. *canchoù, crouquet, tros*. — Ety. lat., *crustum*, croûte.

CROUCHOUNA, toul., v. a. V. Crouchetá.

CROUCHOUNAT, ado, cév., adj. *Pan crouchounat*, pain à cornes. — Ety., *crouchoun*, quignon.

CROUCI, v. n. V. Cruci.

CROUCINA, nim., v. n. V. Craciná.

CROUNCINTÈLO, s. f. V. Crouncentèlo.

CROUCUT, udo, ad. Crocut, crochu, e, recourbé ; affaissé, courbé par la vieillesse ; *aveire las mas croucudos*, avoir les mains crochues, être enclin au vol. — Syn. *crouchit*, courbé. — Ety., *croc*.

CROUÈCHO, prov., s. f. V. Crosso.

CROUÈS, prov., s. m. V. Cros.

CROUGNA, b. lim., v. n. Ruminer, mâcher lentement. — Altér., de *roumiá*.

CROUIS, CROUISSES, prov., s. m. p. V. Crousets.

CROUISSA, dauph., v. a. Bercer. — Ety., *crosson*, berceau.

CROUISSI, cast., v. n. V. Cruci.

CROULA, b. lim., v. n. Crollar, crotlar, crouler, tomber en s'affaissant. — Anc. cat., *crollar* ; ital., *crollare*. — Ety. b. lat., *co-rotulare*.

CROULO, b. lim., s. f. (cròulo). Tronc d'arbre creusé par la pourriture, dont il ne reste que l'aubier et l'écorce.

CROUMAL, s. m. V. Cremal.

CROUMPA, v. a. Comprar, acheter, acquérir à prix d'argent ; *croumpat, ado*, part., acheté, ée ; il s'emploie aussi substantivement, comme dans ce proverbe ; *lou croumpá ensegno lou vendre*. — Cat. esp., port., *comprar* ; ital., *comprare*. — Ety. lat., *comparare*.

CROUMPADOU, béarn., s. m. V.

CROUMPAIRE, o, s. m. et f. Compraire, acheteur, euse. — Cat., esp., port., *comprador* ; ital., *compratore*. — Ety., *croumpá*.

CROUMPO, toul., cév., s. f. Comprazo, achat, acquisition. — Cat., esp., port., ital., *compra*. — Ety., *croumpá*.

CROUNDAT, CROUNDEL, CROUNDO, cast. V. Couroundat, etc.

CROUPAS, prov., s. m. V. Groupado.

CROUPATAS, s. m. Corbeau, V. Corpatas ; nim., corneille, V. Gralho.

CROUPIGNOU, b. lim., s. m. Croupion. — Ety., *croupo*.

CROUPILHOUN, prov., s. m. Filet de pêche qui a la forme d'un entonnoir.

CROUPO, s. f. Cropa, croupe, partie de derrière qui comprend les hanches et le haut des fesses des chevaux, des mules, etc. — Cat., *gropa* ; esp., *grupa* ; ital., *groppa*. — Ety. all., *kropf*, protubérance.

CROUQUET, s. m. Petit crochet ; cév., quignon de pain. V. Crouchet *et* Crouchoú.

CROUQUETO, s. f. Croc-en-jambe ; *fa la crouqueto à quauqu'un*, entraver une personne avec les pieds pour la faire tomber ; cév., *fa la crousilheto* ; *la mort a fach la crouqueto à moun vesi*, mon voisin est mort. — Ety., *crouquet*.

CROUS, s. f. CROTZ, croix, gibet, bois de la croix où J.-C. fut cloué; décoration de divers ordres de chevalerie; *crous de Jesus*, croix de par Dieu, alphabet; *faire sa crous*, faire sa marque, quand on ne sait pas écrire; *poudès i faire la crous*, vous pouvez y renoncer en parlant d'une mauvaise créance; *cadun a sa crous*, chacun a ses afflictions. — ANC. CAT., ESP., PORT., *cruz*; ITAL, *croce*. — ETY. LAT., *crucem*.

CROUSA, v. a. CROZAR, croiser, disposer en forme de croix; labourer en croisant les raies déjà faites; rayer un compte; interrompre son interlocuteur; *se crousá*, v. r., se croiser, se mettre en travers; s'accoupler par croisement. — SYN. *crouasá*. — CAT., *crusar*; ESP., PORT., *cruzar*; ITAL., *crociare*. — ETY., *crous*.

CROUSADELO, TOUL., s. f. Oxalide alleluia, pain de coucou, petite oseille, surelle, *Oxalis acetosella*, pl. de la fam. des oxalidées, appelée aussi *ouselhodō-pascos*.

CROUSADO, s. f. Croisée, fenêtre en croix; manière de filer la soie en croisant les fils, de lever la paille sur un aire en croisant les fourches; croisade expédition des chrétiens à la Terre sainte; *à la crousado*, loc. adv., en quinconce, obliquement, de travers; *tirá uno lebre à la crousado*, tirer un lièvre en écharpe. — SYN. *crousièiro*, *crouzèio*. — ETY., *crousá*.

CROUSADOU, CROUSADOUR, s. m. Bivoie, lieu où deux chemins aboutissent pour n'en faire plus qu'un; carrefour, endroit où deux chemins se croisent tendant à des lieux différents; croisillon. — BÉARN., *crousal*; CAST., *crousier*, *crousièiro*; CAT., *crusad*; ESP., *cruzada*. — ETY., *crousado*, part. f. de *crousá*.

CROUSAIRE, B. LIM., s. m. Fossoyeur. SYN. *croussaire*. — ETY., *cros*, fosse.

CROUSAS, CÉV., s. m. Grande fosse; large vallée, profond ravin. — ETY., augm. de *cros*, fosse.

CROUSAT, BÉARN., s. m. Bivoie. V. Crousadoú.

CROUSÉ, s. m. Potage que l'on fait dans la Drôme avec de la farine de froment pendant la veillée de la Noël. — PROV., *crousets*, lazagnes.

CROUSÉLU, udo, CÉV., adj. Creux, euse, profond, enfoncé. — ETY., *cros*, trou.

CROUSENTS, PROV., s. m. V. Crousets.

CROUSET, s. m. Petite fosse, petit trou; petit vallon. — DIM. de *cros*.

CROUSET, BITERR., s. m. Fête de l'Invention de la croix, classée parmi les *cavaliers* ou les saints grêleurs. — ETY., dim. de *crous*.

CROUSETO, s. f. CROZETA, petite croix; jeu d'enfants qui consiste à faire croiser deux épingles en les poussant sur un plan uni. — ETY., dim. de *crous*.

CROUSETO, B. LIM., s. f. Petite fosse; fossette des joues et du menton. — ETY., dim. de *cros*.

CROUSETS, PROV., s. f. p. Lazagnes, pâte cuite dans l'eau, assaisonnée avec du fromage. — SYN. *crouis*, *crouisses*, *crousents*.

CROUSIÈIRO, s. f. V. Crousado et Crousadoú.

CROUSIER, CAST., s. m. V. Crousadoú.

CROUSILHETO, CÉV., s. f. Croc-en-jambe. V. Crouquèto.

CROUSILHO, s. f. Croisure, chose qui se croise; *croto en crousilho*, voûte composée de quatre arêtes dont la clé occupe le point d'intersection. — ETY., *crous*.

CROUSILHOUN, PROV., s. m. Petite cave; altér. de *croutilhoun*. — DIM. de *croto*.

CROUSSAIRE, s. m. Fossoyeur. V. Crousaire

CROUSSAT, adj. Crossé, qui a le droit de porter la crosse en parlant d'un évêque ou d'un abbé.

CROUSSETO, s. f. Petite crosse. — DIM. de *crosso*.

CROUSSI, CÉV., v. n. V. Cruci.

CROUSTA (se), v. r. Se couvrir d'une croûte en parlant de la terre durcie par un vent sec, soufflant après la pluie qui l'avait détrempée. — Ety., *crousto.*

CROUSTADO, s. f. Pâté ; préparation de certains mets avec une croûte de pain. — Ety., s. part. f. de *crouslá.*

CROUSTAS, s. m. Large croûte ou gale qui se forme sur une plaie. — Augm. de *crousto.* — Béarn., *croustère.*

CROUSTASSO, s. f. Croûte très-dure, très-épaisse; mauvaise croûte. — Augm. de *crousto.*

CROUSTÉ, cév., s. m. V. Croustet.

CROUSTEJA, cév., v. n. V. Croustilhá.

CROUSTÈRE, Béarn., s. f. Écorce du bois ; croûte qui se forme sur une plaie. V. Croustas.

CROUSTET, s. m. Crostela, croûton, morceau de pain qui a plus de croûte que de mie ; croustille, petite croûte de pain ; morceau de pain sec. — Syn. *croustis, croustou, croustoun.* — Cat., *crostó.* — Dim. de *crousto.*

CROUSTETO, s. f. Croustille, petite croûte. — Syn. *croustil.* — Ety., *croustet.*

CROUSTIL, cast., s. m. Croustille. V. Crousteto.

CROUSTILHA, v. n. Croustiller, manger de petites croûtes de pain pour boire après le repas, grignoter ; il se dit aussi du pain qui a beaucoup de croûte ; Querc., v. a., *crouslilhá lou contel*, grignoter un quignon de pain. — Syn. *croustejá.* — Ety., *croustil.*

CROUSTILHOU, **CROUSTILHOUN**, s. m. Croustille, petit croûton. — Dim. de *croustil.*

CROUTILHOUS, o, adj. Croustilleux, euse; discours ou écrit trop libre ou graveleux. — Ety., *croustilhoù*, petit croûton, morceau difficile à digérer.

CROUSTIS, cév., s. m. V. Croustet.

CROUSTO, s. f. Crosta, croûte, partie du pain, d'un pâté, ou de toute autre matière qui se durcit au contact de l'air ; escarre d'une plaie ; sorte de biscuit ; écorce des arbres ; surface de terrain durcie. — Cat., Ital., *crosta.* — Ety. Lat., *crusta.*

De Pasco à Pantacousto
Lou dessert es uno crousto.
Pro.

CROUSTO-LEVA (Se), cév., v. r. Être surpris par la chaleur du four, dont l'effet est de séparer la croûte du pain de la mie ; crousto-levat, part., pain gras-cuit, morfondu ; au fig., *visage crousto-leval*, visage couperosé. — Ety., *crousto*, croûte, et *levat*, soulevé.

CROUSTOU, CROUSTOUN, s. m. V. Croustet.

CROUSTOUNA, b. lim., v. n. Casser la croûte, manger un morceau. — Syn. *croustounejá.* — Ety., *croustoun.*

CROUSTOUNEJA, b. lim., v. n. V. Croustouná.

CROUTA, v. a. Voûter, faire une voûte. — Ety. rom., *crota*, voûte.

CROUTADO, s. f. Plein une cave, tout ce qu'elle peut contenir de vin. — Ety., s. part. f. de *croutá.*

CROUTOU, CROUTOUN, cév., s. m. Caveau ; cachot souterrain. — Dim. de *croto*, cave, voûte.

CROUTS, CROUTZ, Béarn., gasc., s. f. Croix. V. Crous.

CROUTSA, gasc., v. a. V. Crousá.

CROUVEL, cév., s. m. Coque, coquille, écale. — Syn. *crouvèu, cruvel, cruvèu.*

CROUVELUDO, cév., s. f. Châtaigne passée au séchoir à laquelle une partie de la coque reste adhérente. — Syn. *cruveludo.* — Ety., *crouvel*, coque, enveloppe.

CROUVÈU, cév., s. m. V. Crouvel.

CROUVILHAT, ado, cév., adj. Courbé, ée, voûté. — Ety., *crouvel*, coque de noix ou d'amande, dont chaque moitié a la forme d'une voûte.

CROUX, toul., s. f. V. Crous.

CROUZÈIO, toul., s. f. Croisée. V. Crousado.

CRU, uso, adj. Cru, crud, cru, e, qui n'est pas cuit ; au fig. choquant, dur, trop libre : *fial cru*, fil écru. — Syn. *crud, crus, escrud.* — Cat., *cru* ; Esp., Ital., *crudo.* — Ety. Lat., *crudus.*

CRUAGNO, gasc., s. f. V. Crusagno.

CRUAUTAT, s. f. Crueltat, cruauté, inhumanité. — Cat., *crudeltá* ; Esp., *crueldad* ; Port., *crueldade* ; Ital., *crudeltà.* Ety. Lat., *crudelitatem.*

CRUBA, BÉARN., PROV., v. a. Recouvrer ; amasser. — ETY. LAT., *recuperare*, avec l'aphérèse de la première syllabe.

CRUBE-CAP, PROV., s. m. V. Cubrecap.

CRUBECELA, CRUBECÈLO, CRUBECÈU. V. Cabucelá, etc.

CRUBEL, CRUBELA, CRUBELADO, CRUBELADUROS, CRUBELAIRE, CRUBELIER. V. Cribel, Cribellá, etc.

CRUBI, TOUL., v. a. V. Coubrí.

CRUBIZOUS, ALB., s. f. p. V. Coubrisous.

CRUCA, v. a. V. Croucá.

CRUCENT, o, adj. Croquant, e ; ce mot se dit surtout des grains de raisin dont la peau dure éclate en les mangeant. — SYN. *cruissenc, crucent*. — ETY., *cruci*.

CRUCENTÈLO, s. f. V. Croucentèlo.

CRUCHI, CÉV., TOUL., v. a. V.

CRUCI, v. a. CRUSSIR, CRUISSIR, Briser avec éclat, écraser, rompre, froisser, mâcher ; v. n., croquer, en parlant des aliments qui font du bruit sous la dent qui les écrase ; grincer ; *fa cruci*, dépêcher, user, friper ; *crucit, ido*, part., écrasé, e, mâché, croqué ; *vielh e crucit*, vieux et cassé. — SYN. *croche, crouchi, crouissi, croussi, cruchi, cruissi, cruscá, crusèjá*. — CAT., ESP., *cruxir*.

CRUCIMENT, s. m. Craquement, grincement. — ETY., *cruci*.

CRUCO, GASC., s. f. Tête, sommet de la tête.

CRUCO-MERLUSSO, s. f. V. Chaval-desant-Jordi.

CRUCO-PELHUCO, CARC., s. f. Objet sans valeur ; personne qui n'est bonne à rien. — SYN. *truco-peluco*.

CRUD, o, PROV., adj. V. Cru.

CRUDEL, èlo, adj. CRUEL, CRUZEL, cruel, elle, —SYN. *cruel*. — CAT., ESP., PORT., *cruel* ; ITAL., *crudele*. — LAT., *crudelis*.

CRUDI, PROV., s. m. Ictère des nouveaux-nés, espèce de jaunisse. — SYN. *crugi*.

CRUDITAT, s. f. CRUDITAT, crudité, état de ce qui n'a pas subi l'action du feu ; *cruditats*, s. f. p., crudités, aliments crus et indigestes ; au fig. gravelures. — ITAL. *crudità*. — ETY. LAT., *cruditatem*.

CRUÈLOS, CAST., s. f. p. Écrouelles — SYN. *escrolos*.

CRUGI, s. m. V. Crudí.

CRUGOT, GASC., s. f. CRUGO, cruche ; CRUGOET, s. m., cruchon. — SYN. *curguet*. — ETY. KYMRI., *cruc, crwc*.

CRUISSENC, adj. V. *Crucent*. C'est par erreur qu'Honnorat fait de ce mot le nom d'un espèce particulière de raisin ; il s'applique à tous ceux dont les grains éclatent sous la dent et il est synonyme de *crucent*.

CRUISSENTÈLO, s. f. V. Croucentèlo.

CRUISSI, v. a. et n. V. Cruci.

CRUM, GASC., s. m. Brume ; nuage noir qui annonce l'orage. — SYN. *crun, crumatèro*.

CRUMATÈRO, GASC., s. f. V. Crum.

CRUMÈRO, GASC., s. f. Nuage léger, brouillard. — ETY., *crum*.

CRUMOUS, o, adj. Nébuleux, euse, obscur. — ETY., *crum*.

CRUN, GASC., s. m. V. Crum.

CRUPIO, s. f. V. Grepio.

CRUS, o, adj. CRUS, creux, euse ; creusé, ée, profond ; s. m., creux, cavité. — ETY. B. LAT., *crosum*.

CRUS, o, adj. Cru. V. Cru.

CRUSA, v. a. Creuser, faire un trou. — SYN. *cavá*. — ETY., *crus*.

CRUSADO, GASC., s. f. V.

CRUSAGNO, s. f. Agaric pectinacé palomet, agaric des Landes, *Agaricus palomet* ; noms div. : *paloumet, cruagno, berdanel, berdanèlo, berdel, berdelo, crusolo*.

CRUSCA, CÉV., TOUL., v. a. et n. V. Cruci.

CRUSEJA, v. n. Craquer entre les doigts, en parlant de la soie écrue quand elle est de bonne qualité.— SYN. *cruci*. — ETY., *crus*, écru.

CRUSIÈU, DAUPH., s. m. Lampe. V. Crèisiéu.

CRUSIGE, s. m. Crudité ; état du fil écru. — ETY., *crus*.

CRUSOL, s. m. Creuset.

CRUSOLO, s. f. V. Crusagno.

CRUSSENT, adj. V. Crucent.

CRUSSENTÈLO, s. f. V. Croucentèlo.

CRUSSI, v. a. et n. V. Cruci.

CRUSSOUN, s. m. Cresson. V. Cressoú.

CRUVEL, CRUVÈU, CRUVELA. V. Cribel, Cribellà.

CRUVELUDO, CÉV., s. f. V. Crouveludo.

CUB, AGEN., s. m. CUBA, cuve à vin. — CÉV., *cubal, cubat* ; BITERR., *tino* ; ESP., PORT., *cuba*. — ETY. LAT., *cupa*.

CUBA, v. n. Cuver, fermenter dans la cuve ; *cubá soun vin*, cuver son vin. — ETY., *cub*, cuve.

CUBADEL, s. m. Petite cuve. — BITERR., *lineto*. — ETY., *cub*.

CUBAL, CÉV., s. m. Cuve. V. Cub.

CUBAT, TOUL., s. m. Petite cuve. — ETY., *cub*, cuve.

CUBEART, CUBEARTO, PROV. V. Coubert.

CUBECÈLO, CUBERCÈLO, s. f. V. Cabucèlo.

CUBERCHAT, PROV., s. m. Voile qu'on met sur la tête d'une mariée au moment de la bénédiction nuptiale. V. Cubre-cap.

CUBERT, adj. et s. V. Coubert.

CUBERTIN, PROV., s. m. Provision de foin que les voituriers et les muletiers portent en voyage.

CUBERTO, CUBERTOU. V. Couberto, Coubertoú.

CUBERTOUIRA, B. LIM., v. a. Mettre le couvercle. — ETY., *cubertouiro*.

CUBERTOUIRO, B. LIM. s. f. V. Coubertouiro.

CUBERTOUNO, PROV., s. f. Petite couverture. — DIM. de *cuberto*.

CUBERTOURO, TOUL., s. f. V. Coubertouiro.

CUBÈY, GASC., s. m. Cave, lieu où sont renfermés les tonneaux et les cuves. — ETY., *cub*.

CU-BLANCO, GASC., s. f. V. Quioulblanc.

CUBOUCH, GASC., s. m. Côté du nord. V. Uba.

CUBRE-CAP, CÉV., s. m. Couvrechef, voile de mousseline, mouchoir de tête. SYN. *crube-cap, cuberchat*. — ETY., *cubre*, qui couvre, et *cap*, la tête.

CUBRE-CEL, QUERC., s. m. Ciel de lit ; en roman, *cubresel*, couvercle. — SYN. CAST., *curbicel*.

CUBRI, QUERC., v. a. CUBRIR, couvrir. V. Coubri.

CUCA, B. LIM., v. a. Bander les yeux à quelqu'un. V. Cugá et Clugá.

CUCA, PROV., v. a. V. Chucá.

CUCHA, v. a. Amonceler, mettre en tas. — ETY., *cucho*.

CUCHO, CARC., PROV., s. f. CULCHE, tas, monceau, ramassis ; *cucho de fems*, tas de fumier ; *cucho de mel*, surface emmiellée. — SYN. *cuco*. — ETY. B. LAT., *cucho*, tas de foin.

CUCHOUN, PROV., s. m. Petit tas ; *cuchounet*, très-petit tas. — DIM. de *cucho*.

CUCHOUNAS, PROV., s. m. Gros tas. — AUGM. de *cucho*.

CUCO, s. f. V. Cucho.

CUCO, TOUL., s. f. CUCA, insecte, chenille ; CAST., salamandre ; en roman, *cuca verlz*, cantharide. — CAT., ESP., *cuca*.

CUCURACA, PROV., v. n. Chanter en parlant du coquerico ou chant du coq. — Onomatopée.

CUCURÈU, PROV., s. m. V. Barbobouc.

CUÈ, CUECH, o, adj. CUEG, CUEG, cuit, e ; *vi cuech*, vin cuit. — SYN. *cuiech, cuiéuch, cuioch, coit*.

CUÈCHO, BITERR., s. f. Cuite ; l'action de cuire : *aqueles sezes sou de bouno cuècho*, ces pois-chiches sont de bonne cuisson, ce qu'exprime le mot roman, *cuchiu*, facile à cuire. — SYN. *coito, cuiécho*. — CAT., *cuila*. — ETY., *cuech, o*.

CUERBI, PROV., v. a. V. Coubri.

CUÈISSAU, s. m. Cuisso, cuissard ; genouillère des cardeurs et des ramoneurs. — CAT., cuxal; ESP., quixote; ITAL., cosciale. — ETY., cuèisso.

CUÈISSO, s. f. CUEISSA, cuisse; cuèisso-de-damo, cuisse-madame, nom d'une poire d'automne; cuèisso-de-nougo, quartier de noix. — SYN. cuièisso. — CAT., cuxa; PORT., coxa; ITAL., coscia. — LAT., coxa.

CUÈISSUT, udo, adj. Celui, celle qui a une grosse cuisse. — SYN. cuièissut. — ETY., cuèisso.

CUEOU, PROV., s. m. V. Quiboul.

CUER, s. m. V. Cor et Cuier.

CUERLO, PROV., s. f. Molette, poulie de bois qui sert à retordre les fils et les cordes. — SYN. curlet.

CUERNIER, CUERNO, s. V. Cournier, Cournio.

CUFÈLO, CÉV., s. f. Cosse des légumes, pois, fèves, etc. — SYN. culèfo, coutoufèlo, coutoulèfo, coutelhèiro, coutilhèiro. — BITERR., peloufo.

CUGA, CUGAIRE, BITERR. V. Clugá, Clugaire.

CUGAMENT, CÉV., adv. Secrètement. — ETY., cugá, et le suffixe ment.

CUGATEJA, v. n.. V. Clugatejá.

CUGE, GASC., s. f. Courge. V. Cougourlo.

CUGNA, v. a. Cogner, faire entrer avec force, presser une chose entre deux autres. — ETY. LAT., cuneare.

CUGNAT, s. m. V. Cougnat.

CUGNERA, GASC., v. a. Bercer. — BITERR., bressá. — ETY., cugnet, berceau.

CUGNERAIRE, o, GASC., s. m. et f. Berceur, berceuse. — ETY., cugnerá.

CUGNÈIRO, CAST., s. f. Emplacement d'un coin pour fendre un corps dur. — ETY., cunh, coin.

CUGNET, GASC., s. m. Berceau.

CUGOS, s. f. p. Œillères qu'on met sur les yeux des mules qu'on emploie à battre les gerbes, ou à tourner la roue d'une noria. — SYN. cluos, cutos, plugos, cuguetos, — ETY., cugá.

CUGOUNS (De), loc. adv. A tâtons. V. Cluchoun.

CUGUERIT, ide, BÉARN,, adj. Excessivement rempli, e.

CUGUET, CAST, s. m. Jeu de cache-cache ou de cligne-musette; de cuguet, loc. adv., à tâtons. — SYN. cluet, cluguet, culorbo, pluguè. — ETY., cugá.

CUGUETOS, s. f. p. V. Cugos.

CUGURÈU, PROV., s. m. V. Barbo-bouc.

CUICHAL, CARC., s. m. Le haut des culottes.

CUIE, PROV., v. a. Cueillir. V. Culi.

CUIÉ, s. m. V. Culher.

CUIECH, CUIECHO. V. Cuech, Cuecho.

CUIÈIDAS, MONTP., s. m. Nom commun à la macreuse, Anas nigra, appelée aussi canard negre; à la double macreuse, Anas fusca (negrasso, brunasso), et à la macreuse à large bec, Anas perspicillata; c'est le bec de cette dernière espèce qui a fait donner aux deux autres le nom de cuièidas, qui est une altération de culhèiras, grande cuiller.

CUIÈIRAS, CÉV., s. m. V. Culhèiras.

CUIÈIRE, CUIÈIRÉ, CÉV., V. Culhèire, Culhèiret.

CUIÈISSO, CUIÈISSUT, CÉV., V. Cuèisso, Cuèissut.

CUIER, s. m. CUER, cuir, peau des animaux tannée ou corroyée. — BÉARN., couer; CAT., ESP., cuero; ITAL., cuoio. — LAT., corium.

CUIÈUCH, O, PROV., adj. V. Cuech.

CUING (DE TOUT), AGEN., loc. adv. En tout point.

CUIO, GASC., CÉV., s. f. V. Couo.

CUIRAS, s. m. Canard souchet. V. Culhèiras.

CUIRE, PROV., v. a. V. Courdurá.

CUISSO, PROV., s. f.. et ses composés. V. Cuèisso.

CUJA, CÉV., v. n. CUJAR, CUIDAR, penser, croire; faillir; ai cujá mouri, j'ai failli mourir; on dit aujourd'hui ai pensal; cujá est peu usité. — ESP., cuidar; ITAL., coitare. — ETY. LAT., cogitare.

CUJANÈLO, BORD., s. f. Aristoloche. V. Fauterno.

CUJANSO, s. f. Croyance, présomption; bonne opinion de soi-même, outrecuidance. — ETY., *cujá*, s'en croire.

CULA, v. n. T. de mar, culer, aller en arrière; *batre à culá*, faire porter le navire en arrière; au fig. reculer devant une provocation, battre en retraite. — ETY., *cul*, derrière.

CULAS, GASC., s. m. Fond d'un baquet; tronc d'arbre; culasse d'un fusil. — SYN. *culo, culasso*. — ETY., *cul*.

CULASSO, s. f. V. Culas.

CULATO, s. f. Arrière d'un vaisseau. — ETY., *cul*.

CULÉFO, CÉV., TOUL., s. f. V. Cufélo.

CULÈIRAS, s. m. V. Culhèiras.

CULÈIROUN, PROV., s. m. Culeron, partie de la croupière qui passe sous la queue du cheval; ce qui reste de blé ou de farine au fond d'un sac; linge qu'on place au derrière d'un petit enfant, appelé, à Béziers, *quioulairou*. — ETY., *cul*.

CULHEBET, BÉARN., s. m. Saut, haut-le-corps, bond que fait un cheval. — ETY., *cu, cul,* et *lhebet*, levé.

CULHEBETA, BÉARN., v. n. Bondir, sauter. — ETY., *culhebet*.

CULHÈIRADO, s. f. Cuillerée; plein une cuiller, ce que contient une cuiller. — CAT., *cullerada*; ESP., *cucharado*; ITAL., *cucchiaiata*; PORT., *colherada*. ETY., *culhèiro*.

CULHÈIRAS, s. m. Canard souchet ou canard spatule, *Anas clypeata*, ainsi appelé à cause de son large bec. — SYN. *cuièiras, cuiras, culher*.

CULHÈIRAS, s. m. Grande tarière, grande bondonnière. — SYN. *culèiras*. — ETY., augm. de *culher*, tarière.

CULHÈIRAT, s. m. Plein une cuiller. — ETY., *culher*.

CULHÈIRE, s. m. CULHIDOR, celui qui cueille, qui ramasse les fruits.— CAT., *cullidor*; PORT., *colhedor*; ITAL., *coglitore*. — ETY., *culhi*.

CULHÈIRE, PROV., s. m. Rancher, échelle à chevilles, appelée *culhèire*, parce qu'on s'en sert pour cueillir les fruits. — SYN. *escarrassoun*.

CULHÈIRET, s. m. Cuilleron, partie creuse d'une cuiller; CÉV., châtaigne avortée dont les panneaux de la peau, collés l'un contre l'autre, ont la forme d'une calotte ou d'une petite cuiller. — ETY., *culher*.

CULHÈIRET, PROV. s. m. Petite bondonnière à l'usage des tonneliers. — DIM. de *culher*.

CULHÈIRETO, s. f. Petite cuiller; têtard, V. Testo d'ase.

CULHÈIRO, s. f. Grande cuiller; levée du mail opposée à la masse appelée *tabacan*. — SYN. *cuièiro*. — CAT., *cullera*; ESP., *cuchara*; ITAL., *cucchiaio*; PORT., *colher*. — ETY., *culher*.

CULHÈIROS, s. f. p. Aubes d'un moulin à vent. — ETY., *culher*.

CULHÈIROU, CULHÈIROUN, s. m. Petite cuiller, cuiller à café. — ETY., dim. de *culhèiro*.

CULHER, s. m. CULHIER, cuiller; tarière; CÉV., solen golard, *Solen strigilatus*, testacé bivalve; canard souchet, V. *Culhèiras*. — CAT., *culler*; ESP., *cuchara*; PORT., *colher*; ITAL., *cucchiaio*. — ETY. LAT., *cochleare*.

CULHETO, s. f. V. Culido.

CULHI, v. a. V. Culi.

CULHIDO, PROV., s. f. Arête de plâtre faite avec une règle pour servir de repère. V. aussi *Culido*.

CULI, v. a. CULIR, CULHIR, COILLIR, cueillir, détacher des fruits, des légumes, des fleurs de leurs branches ou de leurs tiges; récolter; *an aquelo granjo se culis fosso vi*, à cette métairie on récolte beaucoup de vin; *la poulisso l'a culit dins soun lèit*, la police l'a pris dans son lit; *se culi*, v. r. se relever après qu'on est tombé. — SYN. *couelhe, culhi*. — CAT., *cullir*; ESP., *coger*; PORT., *colher*; ITAL., *cogliere*. — ETY. LAT., *colligere*.

CULIDO, s. f. CULHIDA, cueillette, récolte de certains fruits, olives, amandes, pommes, raisins, etc.; quantité récoltée d'une denrée. — SYN. *culhido*. — CAT., *cullita*; PORT., *colleita*; ITAL., *colleta*. — ETY., s. part. f. de *culi*.

CULIDOU, ouiro, adj. Assez mûr, e,

pour être cueilli, e. — GASC., *couethede.* — ETY., *culido.*

CULO, GASC., s. f. Tronc d'arbre. V. Culas.

CULPO, AGAT., s. f. COLPA, faute. — SYN. *cupo.* — ETY. LAT., *culpa.*

CULTIÉU, ROUERG., s. m. Culture, travail des champs, des vignes, etc. — ETY. *cultum,* supin de *colere,* cultiver.

CULUT, DAUPH., s. m. Ver-luisant. — ETY. *cu, cul,* et *lut,* luit.

CUM, BÉARN., adv. et conj. Comme. V. Coumo.

CUMACLO, DAUPH., s. f. V. Cremal.

CUMASCLE, PROV., s. m. V. Cremal.

CUMASCLOUN, PROV., s. m. Crémaillon. — DIM. de *cumascle.*

CUNH, s. m. CUNH, coin, pièce de fer ou de bois qui sert à fendre ; cale ; quignon, quartier ; *cunh de cambajoù,* quartier de jambon ; *cunh de debas,* coin de bas ; coin à frapper la monnaie ; il signifie aussi angle, coin, cantoùn. — GASC., *couy*; PSP., *cuno* ; PORT., *cugno* ; ITAL., *conio.* — ETY. LAT., *cuneus.*

CUNHAT, BÉARN., s. m. Beau-frère. V. Cougnat.

CUQU, PROV., s. m. V. Quioul.

CUOU-BLANC, s. m. V. Quioul-blanc.

CUOU-DE-BOS, PROV., s. et adj. Cul-de-jatte.

CUOU-DE-BOUTIGO, s. m. Fond de boutique ; marchandise invendue, appelée *roussignol.*

CUOU-DE-CABRO, PROV., s. m. Sarment auquel on a laissé un grand nombre d'yeux en taillant un cep.

CUOU-COUZI, PROV., adj. Coi, immobile.

CUOU-DE-GIROUNDO, NIM., s. m. V. Couo-d'hiroundo.

CUOU-DE-MESTRESSO, PROV., s. m. T. de chapelier, pli qui se forme au milieu d'un chapeau, en le fabriquant.

CUOU-DOU-TOUNÈU, PROV., s. m. Baissière.

CUOURAS, PROV., s. m. V. Quioulas.

CUOU-ROUBIN, PROV., s. m. Jeu du cheval-fondu. V. Chaval-de-sant-Jordi.

CUOUROUN, s. m. V. Quioulet.

CUOU-ROUS, **CUOU-ROUSSET**, s. m. V. Couo-rousso ; *cuou-rousset-barnat,* tarier, traquet. V. Bistratrá ; *cuou-rousset-blu,* V. Barbo-bluo.

CUPA, CÉV., v. a. COLPAR, inculper, accuser, blâmer. — ETY. LAT., *culpare,* blâmer.

CUPO, PROV., s. f. Ombre d'une lampe, d'un flambeau ; *à la cupo,* loc. adv., à l'ombre, en cachette.

CUPO, CÉV., s. f. V. Culpo.

CUQUET, s. m. Ciron, ver du fromage. — ETY., dim. de *cuco.*

CUQUET (De), loc. adv. A tâtons. V. Cluchoun.

CUR, s. m. Cœur ; *cur* est une altération de *cor*, due à l'influence du français sur nos idiomes ; il s'emploie pour désigner les objets qui ont la forme d'un cœur, comme le coulant de la croix que les femmes du peuple portent au cou ; on dit aussi *varlet de curs* et non pas *varlet de cor* ; *tirocur*, ancienne coiffe et non pas *tirocor* ; le chœur d'une église, un chœur de chanteurs sont désignés aussi par le mot *cur*. Hors ce petit nombre de cas, on dit *cor.*

Vau mai un amoulaire en vida
Qu'un rei de curs que l'a finida.

FAVRE, *Odyss.*

CURA, v. a. CURAR, curer, nettoyer, vider, enlever les immondices : *curá l'establo,* nettoyer l'écurie ; *curá un capou,* vider un chapon ; *curá un bourgnou,* châtrer une ruche ; *curá l'araire,* débarrasser la charrue de la terre et des herbes qui s'y attachent ; *se curá l'aurelho,* se curer l'oreille, *lou nas,* se fouiller dans le nez ; B. LIM., *curá,* écurer, V. Escurá. — ETY. LAT., *curare,* prendre soin, nettoyer.

CURADIS, GAST., s. m. Curage ; B. LIM., *curodi.* V. Curado, et Curage.

CURADO, s. f. Ce qu'on retire de boue, de terre, de fumier, etc., d'un fossé,

CUR (557) CUR

d'une écurie, d'une loge à cochons, qu'on nettoye. T. de labour, raie profonde faite par la charrue à versoir, qui sépare les ados plus ou moins larges formés dans un champ. — SYN. *curun*. — ETY., s. part. f. de *curá*.

CURADOU, s. m. *Curoir*, petite cuiller en fer, placée au bas du bâton du laboureur, appelé *barboussat*, pour tirer la terre qui s'attache à la charrue. — CÉV., *curetó*; B. LIM., *curodoù*, *curosoù*; m. sign., *darboun*, *darboussado*. — ETY., *curá*.

CURAGE, s. m. Curage, action de curer, de nettoyer. — SYN. *curadis*. — ETY., *curá*.

CURAIO, CÉV., s. f. V. Curalhos.

CURAIRE, s. m. Cureur, celui qui cure, qui nettoie; *curaire de pous*, cureur de puits; B. LIM., écureur de vaisselle. — ETY., *curá*.

CURAL, B. LIM., s. m. Ce qui reste d'un fruit après qu'on en a tiré ce qui est pourri et gâté. — SYN. *curalhos*. — ETY., *curá*.

CURALHA, PROV., v. a. Curer, nettoyer. — ETY., fréq. de *curá*.

CURALHOS, s. f. Restes, immondices, balayures; brebis, moutons hors d'âge qu'on retire d'un troupeau; pelures, épluchures; tripaille d'un poisson, d'une volaille. — SYN. *curaio*, *cural*, *curàli*, *curilhos*, *curilhoù*. — ETY., *curá*.

CURALI, B. LIM., s. m. Pelure des fruits; écorce des jeunes arbres, peau de l'homme. — SYN. *pielàli*. V. *Curalhos*.

CURANDIER, CÉV., s. m. Artisan qui blanchit les toiles. — ETY., *curá*.

CURASSOU, PROV., s. m. (Curassoù). Sédiment d'une liqueur; objets de rebut. — ETY., *curá*.

CURATARIÈ, CAST., s. f. Tannerie.

CURATIER, CAST., PROV., s. m. Tanneur, corroyeur, marchand de cuir.

CUR'AURELHO, s. f. Perce-oreille ou forficulaire auriculaire, insecte dont la queue à la forme de tenailles. — SYN. *couo-besso*, *talho-pero*, *aurelhèiro*, *talho-porres*, *cagno-berbèro*.

CURBECÈLO, PROV., s. f. Couvercle. V. Cabucèlo.

CURBECÈU, PROV., s. m. V. Cabucel.

CURBÈCO, PROV., s. f. Cornette, espèce de coiffe.

CURBEL, CURBELA, CURBELET, V. Cribel, Cribellá, Cribelet.

CURBÈLO, CAST., s. f. Crible cylindrique et horizontal qu'on fait mouvoir avec une manivelle. — ETY., *curbel*.

CURBI, v. a. V. Coubri.

CURBICEL, CAST., s. m. V. Cubrecel.

CURBIDONO, s. f. Narcisse des poëtes. V. Aledo.

CURBIZOUS, CAST., s. f. p. V. Coubrisous.

CURET, s. m. Lisière que le cordier tient dans la main pour que la corde ne la blesse pas.

CURETO, s. f. *Curette*, instrument de chirurgie; tarière tranchante des deux côtés dont se servent les sabotiers; *curoir*; V. Curadoú.

CURGUET, AGEN., s. m. Cruchon. V. Grugo.

CURILHOS, CÉV., s. f. p. V. Curalhos.

CURILHOU, s. m. Restes de fruits, pelures, épluchures, résidu. V. Curalhos.

CURLET, PROV., s. m. V. Cuerlo.

CURNI, CURNIER, V. Acurni, Acurnier.

CURO, s. f. CURA, soin, sollicitude, traitement d'une maladie, sa guérison. — ETY. LAT., *cura*, soin.

CURO-COUMUS, s. m. Vidangeur. — SYN. *curo-privats*. — ETY., *curo*, qui vide, et *coumus*, lieux d'aisance.

CURODI, B. LIM., s. m. V. Curadis.

CURODOU B. LIM., s. m. V. Curadou.

CURO-FIOC, s. m. Cure-feu, outil pour ôter le mâchefer d'un fourneau, d'une forge; tisonnier, fourgon.

CURO-NIS, s. m. Culot, dernier oiseau éclos d'une couvée. — SYN. *cagonis*.

CURO-PERO, s. m. Cerf-Volant, insecte. V. Manjo-peros.

CURO-PERTUS, PROV., s. m. Grimpereau de muraille, échelette. — SYN. *escalo-barris*.

CURO-POURCIU, PROV., s. m. Fourche dont on se sert pour tirer le fumier d'une loge à cochon ou d'une écurie.

CURO-PRIVATS, s. m. V. Curo-coumus.

CUROSOU, B. LIM., s. m. V. Curado.

CURRATE, GASC., s. m. Fesses, hanches.

CURT, O, GASC., adj. Cort, écourté, ée, qui n'a pas de queue. — ETY. LAT., *curtus*.

CURUN, s. m. V. Curado.

CUSCA, CÉV., v. a. Parer, arranger, mettre en ordre ; soigner un malade, un enfant ; m. sign., *coustesi, coustousi*. — ETY. ROMAN., *cusco*, valet ; faire l'office d'un valet.

CUSCHOU, B. LIM., (cutsou). Il ne s'emploie que dans cette phrase et avec la négation, *n'es pas cuschou*, il ne ménage personne.

CUSCUTO, s. f. Cuscute, plante parasite dont il existe plusieurs espèces, qui sont toutes adhérentes par de petits suçoirs aux plantes voisines, dont elles se nourrissent et qu'elles font mourir. Celle qui fait le plus de ravages est la cuscute des luzernes, *Cuscuta trifolia*, qui dans peu de temps étouffe cette plante. Pour la détruire il faut la couper à fleur de terre et en brûler les tiges avec de la paille, et renouveler cette opération jusqu'à ce qu'elle ne repousse plus. — SYN. *estranguil, herbo de lin, rasco*. — CAT., ESP., PORT., ITAL., *cuscuta*. — ETY. ARABE, *cochout*.

CUSSOLO, B. LIM., s. f. Pain de froment ou de seigle du poids de six ou dix livres ; au-dessous de six livres on l'appelle *cussoloù* ; et *tourto* quand son poids dépasse dix livres.

CUSSOTO, GASC., s. f. Joubarbe. V. Barbajol.

CUSSOU, B. LIM., s. m. Gerbes qu'on bat une seconde fois avec le fléau, *ja lous cussous*, battre les gerbes une seconde fois ; *bla de cussou*, blé qui provient de cette seconde opération.

CUSSOU, CUSSOUN, s. m. Nom commun à la bruche qui ronge les légumes, *couscoul, courcoussou, coussou, gourgoul* ; au charançon du blé ; mais plus particulièrement au ciron du bois ; *Acarus* de l'ordre des aptères. *Cussou* signifie aussi vermoulure, poussière du bois vermoulu, au fig. vieillesse, décrépitude. — CAST., *quissou* ; PROV., *chiroun* ; TOUL., *quèro*. — ETY. LAT., *cossus*, insecte qui ronge le bois.

CUSSOUA, GASC., v. a. V. Cussouná.

CUSSOUDO, CAST., s. f. (*cussàudo*). V. Barbajol.

CUSSOUNA, v. a. Ronger le bois, le carier en parlant du ciron ; *se cussouná*, v. r., se vermouler, au fig., être atteint des infirmités de la vieillesse ; sécher de langueur. — SYN. *coussouná, chierouná, chirouná, escussouná*. — ETY. *cussou*.

CUSSOUNADURO, s. f. Vermoulure ; poussière qui sort du bois vermoulu. — B. LIM., *cussounòdi*. — ETY., *cussouná*.

CUSSOUNAT, adv. part. Vermoulu, e, au fig. décrépit, usé. — TOUL., *quòral*.

CUSSOUNODI, B. LIM., s. m. V. Cussounaduro.

CUSTODIO, TOUL., s. f. Poitrine d'animal ; squelette.

CUSTODO, s. f. Custodi, custode, pavillon qu'on met sur le saint ciboire ; étui ; chaperon d'un fourreau de pistolet. — ETY. LAT., *custodem*, garde.

CUT, CAST., s. m. *Estre à cut*, être à cul, être sans ressources. — ALT. de *cul*.

CUTA, QUERC., v. a. et n. V. Clugá.

CUTA, CAST., v. a. Gagner à quelqu'un tout ce qu'il a, le mettre à cul. — ETY., *cul*.

CUTA, GASC., v. a. Presser, pousser. V. Couitá.

CUTAIRE, QUERC., s. m. V. Clugaire.

CUTO, GASC., s. f. Hâte. V. Couito.

CUTORBO, CÉV., s. f. V. Cuguet.

CUTOS, QUERC., s. f. p. V. Cugos.

CUVA, CUVADEL, V. Cubá, Cubadel.

CUVÈIRAT, PROV., s. m. Espèce de canard sauvage, probablement celui qu'on appelle, à Béziers, *col-vert*.

CUVIA, PROV., v. a. Séparer la paille du grain avec le fauchet.

CUVIAIRE, PROV., s. m. Fauchet, râteau de bois dont on se sert pour séparer du grain la paille et les balles. — M. sign., *rastel, espalhaire*. — ETY., *cuviá*.

CUVIALHOS, CUVIAYOS, PROV., s. f. p. Balles et paille séparées du grain avec le fauchet. — ETY., *cuviá*.

CUYALAA, BÉARN., s. m. Parc à bêtes à laine. — M. SIGN. *courau, pargue*.

CUYEIRAS, s. m. V. Culhèiras.

CUYO, CUYOU, BÉARN., s. V. Cougourlo.

CXENS, BÉARN., prép. Sans. V. Sens.

CXIC-A-CXIC, BÉARN., loc. adv. V. Chic-à-chic.

CYMBOLO, s. f. Clarine qu'on suspend au cou des bœufs. — SYN. *cimboulo*.

CYMOLLE, AGEN., s. m. Moulle. V. Molle.

D

D, s. m. (dé). D, la quatrième lettre de l'alphabet et la troisième des consonnes. C'est une dentale. En chiffres romains D signifie 500. — ETY., *D* de l'alphabet latin, qui représente le *delta* de l'alphabet grec.

DA, BÉARN., CÉV., v. a. DAR, donner; ce verbe a plusieurs formes irrégulières dans le dialecte béarnais: *dau*, je donne; *dèy*, je donnai; *que dèy*, que je donne; *que dessi*, que je donnasse. — SYN. *douná*. — ETY. LAT., *dare*.

DA, CÉV., s. m. V. Datil; B. LIM., dé à jouer, V. Dat; dé à coudre, V. Dedal.

DAB, BÉARN., GASC., prép. AB, avec. — SYN. *dambé, dap*. — ETY. LAT., *ab*.

DABADO, DEBADO, adv. et conj. V. Bado.

DABALA, DABALADO, DABALHA, DABALHADO, V. Davalá, etc.

DABANA, GAST., v. a. V. Debaná.

DABANEL, AGEN., CARC., s. m. Dévidoir. V. Debanaire.

Las parquos sans pietat, viro lou DABANEL,
Ba coumo uno tarabastèlo;
Lou fial de nostres jours, tout nouzets, s'encà-
(tèlo.

A. MIR D'ESCALE.

DABANT, BÉARN., s. m. Devant; *au bet cap de dabant*, à la tête. V. Davant.

DABANTAL, CAST., s. m. Tablier. V. Davantal.

DABANTIEIRO, CÉV., s. f. V. Davantieiro.

DABANTIU, AGEN., s. f. Avenue. — ETY., *dabant* pour *davant*.

DABÉ, GASC., prép. Avec. V. Dab.

DABEGADOS, CÉV., TOUL., adv. comp. Quelquefois, parfois. — SYN. *dabescops, d'auais-cops, d'usses-cops, d'unes-cops*.

DABERA, GASC., v. a. et n. Descendre. V. Davalá.

DABESCOPS, TOUL., adv. comp. Parfois. V. Dabegados.

DABISA, AGEN., v. a. Connaître, reconnaître: *tre lou vèire, l'ai dabisat*, aussitôt que je l'ai vu, je l'ai reconnu. — SYN. *devislá*. — ETY., altér. de *avisá*.

DABOUL, ALB., adj. Diabolique. V. Diaboulic.

DABOURO, B. LIM., adv. ABORAS, de bonne heure. — ETY., altér. de *bouno houro*.

DABUGADOS, CAST., adv. et conj. Aussi. V. Bado.

DAC, GASC., adv. de lieu. De là. V. Délai.

DACHA, GASC., v. a. V. Laissá.

D'ACI-EN-LA, GASC., adv. comp. D'ici là-bas. — BITERR., *d'aici-aval*.

D'ACIN-D'ABANT, CÉV., adv. comp. Dorénavant, désormais, à l'venir. — SYN. *d'aro-en-là, desenant.*

D'ACIN-D'ALA, GASC. adv. comp. D'ici et de là.

DADOLIN, DAUPH., adj. Traînard, paresseux, indolent.

D'AFOUNS, GASC., adv. comp. Tout à fait, entièrement : *es ruinat d'afouns*, il est complètement ruiné.

DAGA, v. a. Daguer, frapper à coup de dague ; par ext., poignarder. — SYN. *daguejá, daguetá.* — ETY., *dago.*

DAGNI, DAUPH., s. Chènevotte. V. Chandilhon.

DAGO, s. f. Dague, épée à lame courte et large ; espèce de poignard. — CAT., ESP., *daga* ; ITAL., *daga* ; PORT., *adaga.* — ETY. B. LAT., *daca.*

DAGUEJA, DAGUETA, v. a. V. Dagá.

DAI, art. du gén., masc. sing. Du pour de le. Dans le dial. carcassonnais *dai* est l'article masculin du pluriel, *des* ; ou met *das* quand cet article est placé devant un mot commençant par une voyelle. V. Del.

DAI, s. m. Faux. V. Dalh.

DAIA, DAIAGE, DAIAIRE, V. Dalhá, etc.

DAICHA, CARC., v. a. V. Laissá.

D'AICI-EN-FORO, D'AICI-N-FORO, adv. comp. D'ici au dehors ; *vesi tout so que se passo d'aici-en-foro*, je vois d'ici tout ce qui se passe au-dehors. dans le dial. cév., il signifie sans désemparer, toute affaire cessante ; dorénavant.

D'AICI'N-LAI, CÉV., adv. comp. D'ici-là, dans un temps plus ou moins éloigné.

DAINE, s. m. Dentale, *Sparus Dentex*, poisson de l'ordre des holobranches, qu'on pêche dans la Méditerranée. — CAT., *dental* ; ESP., *denton.* — ETY. LAT., *dentex* ; il est ainsi appelé parce qu'il a huit longues dents à sa antérieures mâchoire.

DAISSA, CARC., CAST., v. a. V. Laissá.

DAISSO-M'ESTA ; CAST., s. m. Nonchalance, paresse, faiblesse. — ETY. *daisso* pour *laisso*, laisse, *me*, moi, *está*, être en repos.

DAJA, adv. V. Dejà.

DAL, article masc. du génitif et de l'ablatif singulier. Du, par le. V. Del.

DALADER, s. m. V. Alader.

DALANT, MONTALB., adv. Où ; en quel endroit, le même que *ount, ounte* ; il signifie aussi auparavant.

DALFI, ARIÉG., s. m. Éclair. V. Iglaus.

DALH, s. m. Dalh, faux, instrument pour faucher.— SYN. *dai, dalhi, dalho.* — ETY. CELT., *dalh*, faux.

DALHA, v. a. DALHAR, faucher, couper avec la faux. — CÉV., *daiá* ; CAT., *dallar.* — ETY., *dalh*, faux.

DALHADO, s. f. Andain, l'étendue de pré qu'un faucheur coupe à chaque pas qu'il fait ; la rangée de foin et de luzerne qu'il a fauchée. — ETY., s. part. f. de *dalhá.*

DALHAGE, DALHAGI, s. m. Fauchaison ; temps où l'on fauche les prés, les luzernières ; fauchage, action de faucher, travail du faucheur et prix qu'on lui donne. — CAST., *dalhazous.* — ETY., *dalhá*

DALHAIRE, s. m. DALHAYRE, faucheur, celui qui coupe les plantes fourragères avec la faux. — CÉV., *daiaire* ; CAT., *dallaire* ; ESP., *dallador.* — ETY., *dalhá.*

DALHAZOUS, CAST., s. f. p. Temps où l'on fauche. V. Dalhage.

DALHET, s. m. Couteau dont on se sert pour hacher les herbes et couper les liens des gerbes ; ce couteau est fait ordinairement avec un talon de faux. — ETY., dim. de *dalh.*

DALHI, DAUPH., s. f. V.

DALHO, s. f. Faux ; au fig., *acò's lou picá de la dalho*, c'est le point difficile ; *picá* ou *enchaplá la dalho*, rebattre la faux. — BÉARN., GASC., *dragou*, *dragoun*; CAT., *dalla*. V. Dalh.

DALI, PROV., v. n. Se flétrir.

DALI-DALI, interj. Sus! courage! — SYN. *dauli! auto! auto!*

DALICANT, CÉV., s. m. Alicant, espèce de raisin.

DALICAT, o, adj. Délicat, e; *dalicado*, s. f., amante. V. Delicat.

DALIN-DALAN, CÉV., loc. adv. Nonchalamment, en se dandinant, en se balançant. — SYN. *darin-daran*. V. Balin-balan.

DALOUÈRI, DAUPH., s. f. Doloire, espèce de hache.

DALTRE, DALTROUS, CAST., V. Dartre, Dartrous.

DAM, DAMBÉ, TOUL., prép. Avec. V. Am.

DAM, s. m. DAM, dam, tort, perte, dommage. — ANC., CAT., *dani*; PORT., *dano*, *damno*; ITAL., *danno*. — ETY. LAT., *damnum*.

DAMA, v. a. Enfoncer les pavés, tasser la terre d'une chaussée avec l'instrument appelé hie ou demoiselle. — ETY., *damo*, dame, hie.

DAMAGI, PROV., s. m. V. Doumage.

DAMAISEL, DAMAISÈU, s. m. Damoiseau, damoisel, jeune gentilhomme qui aspirait à être chevalier; aujourd'hui, il se dit de celui qui fait le galant et qui se donne pour un homme à bonnes fortunes. — SYN. *damèisel*, *doumaisel*, *doumaiselenc*, *doumaiselet*. — ETY. B. LAT., *dominicellus*, dim. de *dominus*, petit maître.

DAMAISELETO, s. f. Petite ou jeune demoiselle. — SYN. *damèiseleto*, *doumaiseleto*, *doumaiseloto*, *damiseloto*. — DIM. de *damaisèlo*.

DAMAISÈLO, s. f. DAMISELA, demoiselle, nom commun à toutes les filles de famille qui ne sont pas mariées; autrefois on ne le donnait qu'à celles qui étaient nées de parents nobles; on s'en servait, il y a peu de temps, pour désigner les femmes mariées non nobles, mais bourgeoises; libellule, insecte de l'ordre des névroptères appelé demoiselle à cause de sa forme svelte et dégagée; demoiselle, hie, instrument dont se servent les paveurs pour enfoncer les pavés; poule de Numidie, oiseau d'Afrique. — B. LIM., *doumèisèlo*; PROV., *damisello*; ESP., *damisela*; ITAL., *damigella*. — ETY. B. LAT., *dominicella*, dérivé de *domina*, petite dame.

DAMAISELOTO, s. f. V. Damaiseleto.

DAMAISELUN, s. m. Les demoiselles en général. — SYN. *damèiselun*, *doumaiselun*, *damiselun*. — ETY., *damaisèlo*.

DAMAJO, DAUPH., s. m. V. Doumagi.

DAMANDA, GASC., v. a. V. Demanda.

DAMANDAL, MONTALB., QUERC., s. m. V. Davantal.

DAMASSO, s. f. Grosse ou grande dame: NIM., moyen-duc. V. *Duc-mejan*; dans d'autres dialectes, effraie, *béulòli*.

DAMBÉ, GASC., prép. V. Am.

DAMÈISEL, PROV., s. m. V. Damaisel.

DAMÈISELETO, PROV., s. f. V. Damaiseleto.

DAMÈISELIT, ido, PROV., adj. Paré, ée, affecté, prétentieux, sucré. — ETY., *damèisel*.

DAMÈISÈLO, PROV., s. f. Girelle, poisson de la Méditerranée; demoiselle, V. Damaisèlo.

DAMÈISELOTO, PROV., s. f. V. Damaiseleto.

DAMÈISELUN, PROV., s. m. V. Damaiselun.

DAME-JANO, CÉV., s. f. V. Damojano.

D'AMENT, PROV., adv. comp. *Teni d'ament*, observer, guetter, épier. — SYN. *teni-à-ment*. — ETY. LAT., *à mente*.

DAMETO, s. f. Petite dame, dame de bas étage; il se prend aussi en bonne part et signifie, gentille petite dame. — ETY., dim. de *damo*.

DAMISELETO, PROV., s. f. V. Damaiseleto.

DAMISÈLO, DAMISELLO, PROV., s. f. demoiselle. On donne aussi ce nom à l'*Hélix nemoralis*. V. Damaisèlo.

36

DAM (562) DAN

DAMISELUN, PROV., s. m. V. Damaiselun.

DAMINETO, GASC., s. f. Dame blanche.

DAMNA, v. a. DAMPNAR, damner, condamner aux peines éternelles ; au fig., *faire damná*, faire enrager ; *se damná*, v. r., se damner, mériter la damnation ; au fig. s'impatienter. — SYN. *danná*. — CAT., *damnar* ; ITAL., *dannare*. — ETY. LAT., *damnare*.

DAMNACIÈU, DAMNACIOUN, s. f. DAMPNATIO, damnation, punition des damnés ; au fig., *es uno damnaciéu*, c'est une cruelle chose. — ANC. CAT., *dampnació*, ESP., *damnacion* ; ITAL. *dannazione*. — ETY. LAT., *damnationem*.

DAMNAREL, èlo, CÉV., adj. Qui damne, qui est une cause de damnation. — ETY., *damná*.

DAMNATGE, GASC., s. m. DAMNATGE, dommage, V. Doumage.

DAMNE, AGEN., s. m. Dam, dommage, préjudice. — SYN. *dam*. — ETY. LAT., *damnum*.

DAMNO, CÉV., s. f. Damnation, séjour, peine des damnés. — SYN. *damnaciéu*. — ETY. LAT., *damnum*.

DAMO, s. f. DAMA, dame, femme mariée qui n'est pas de la dernière classe de la société ; hie, instrument des paveurs ; batte de jardinier pour aplanir les terres ; CÉV., hulotte, V. Choto. — CAT., PORT., *dama* ; ESP., *dona* ; ITAL., *donna*. — ETY. LAT., *domina*.

DAMO, B. LIM., PROV., s. f. Libellule. V. *Doumaisèlo* ; on dit aussi *damo de gandolo*, demoiselle de ruisseau.

Coum'uno DAMO DE GANDOLO
Ma sorre es enca primacholo.

MISTRAL, *Mirèio*.

DAMO-DE-MISERICORDO, CÉV., s. f. Hareng salé.

DAMO-DE-NIOCH, CÉV., s. f. Effraie ou frésaie. — SYN. *damo-del-clouquier*. V. Béu-l'òli.

DAMO-JANO, s. f. Dame-jeanne, grosse bouteille de verre verdâtre, recouverte ordinairement de sparte ou d'osier ; *se mascá en damo-jano*, se griser. — CÉV., *dame-jano*.

DAMORA, DAMOURA, GASC., TOUL., v. n. V. Demourá.

DAMOS, PROV., s. f. p. Les deux petites colonnes qui supportent l'épinglier du touret à filer ; jeu de dames.

DAMOUSSA, CÉV., v. a. Éteindre. V. Amoussá.

DAMUN, s. m. Les dames en général, terme de mépris dont se servent pour les désigner les gens de basse condition. — ETY., *damo*.

DAN, TOUL., prép. Avec V. Am.

DANANT-HOURO, loc. adv. V. Ananthouro.

DANC, o, PROV., adj. Couleur de daim, fauve, brun.

DANDÈIRETZ, PROV., s. m. p. Bandelettes de pâte fraîche avec lesquelles on fait instantanément une soupe.

DANDIN, s. m. Dandin, niais, qui n'a aucune contenance ; *dandinas*, grand dandin.

DANDINA (Se), v. r. Dandiner, se dandiner, balancer son corps d'une manière nonchalante et gauche. — ETY., *dandin*.

DANDRALHA, PROV., v. n. Vaciller. V. Trantalhá.

DANGÈ, DANGÈIROUS, DANGÈY, V. Dangier, etc.

DANGIÈIROUS, o, adj. Dangereux, euse, périlleux. — ETY., *dangier*.

DANGIER, s. m. DANGIER, danger, péril, risque ; en roman, difficulté, retard. — SYN. *danjé*, *lanjé*. — B. LIM., *dondier*, *dongier* ; CAT., *dany* ; ITAL., *damnum*.

DA-NOBIS-HODIÉ, Phrase de l'oraison dominicale dont on se sert dans le Toulousain pour désigner une sainte-nitouche.

DANRAYOU, s. V. Denrèo.

DANRÈO, DANRÈIO, s. f. V. Denrèo.

DANS, GASC., prép. V. Am.

DANSA, v. n. DANSAR, danser ; v. a., *dansá lou bralle*, danser la bourrée. Au fig., *faire dansá quauqu'un*, lui donner beaucoup d'embarras, lui susciter des tracasseries ; quand on menace un enfant des verges, on lui dit : *te fa-*

rai dansá sens vióulon. — CAT., *dansar*; ESP., *danzar*; ITAL., *dansare*. — ETY. ANC., H. ALL., *dansón*, tirer, étendre.

> Que pla canto, que pla DANSO
> Pas gaire avanso.
> PRO.

DANSADO, s. f. Danse, bal, soirée où l'on danse. — ETY., s. part. f. de *dansá*.

> Ero lou darrié jour, la darriéro DANSADO
> Dóu carnaval galoi,.....
> CROUSILLAT de Salon.

DANSAIRE, o, Dansarello, s. m. et f. Danseur, euse, celui, celle qui danse; celui, celle qui fait profession de danser. — GASC., *dansanèy*; CAT., *dansador*; ESP., *dançador*; ITAL., *danzalore*. — ETY., *dansá*.

DANSANÈY, GASC., s. m. V. Dansaire.

DANSAREL, ello, adj. Qui appartient à la danse, qui engage à danser : *aire dansarel*, air qui donne envie de danser ; *vesprado dansarello* ou *dansarèlo*, soirée dansante. — ETY., *dansá*.

DANSARIO, s. f. Passion pour la danse. — SYN. *dansun*. — ETY., *dansá*.

DANSO, s. f. Danse; au fig., *commensá la danso, intrá en danso*, commencer une affaire, une entreprise, une guerre, un procès, etc. — CAT., *dansa*; ANC. ESP., *dança*; ITAL., *danza*. — ETY., s. verb. de *dansá*.

DANSUN, s. m. Passion pour la danse; V. Dansario; danse de St-Guy. — ETY., *danso*.

DANTÈLO, s. f. V. Dentèlo.

DAOUNT, CÉV., où: *daount l'avès trouvat?* où l'avez-vous trouvé? *de-laount-èro*, là où il était. V. Ount, ounte.

DAP, BÉARN., prép. avec. V. Dab.

DAPAS, adv. *Dapas*, pas à pas, à petits pas, sans bruit, lentement. — ETY., *dapas*, pour *de pas*, au pas.

> Deu se toz homs cofessar
> Ben o dapas ses trop cochar.
> BREV. D'AMOR.

Tout homme doit se confesser bien et pas-a-pas, sans trop se presser.

DAPASSET, adv. A très-petits pas, très-lentement. — SYN. *dapassou*. — DIM. de *dapas*.

DAPASSIER, iéro, CÉV., TOUL., adj. Lent, e, qui va à petits pas, pas à pas; tardif. — ETY., *dapas*.

DAPASSOU, CAST., adv. V. Dapasset.

DAPÈD, PROV., adv. et prép., Près, auprès, tout près; *dapèd vous*, auprès de vous. — SYN. prep, *proche, prochi*.

D'AQUEL'HOURO'N DAVANT, TOUL., loc. adv. Depuis ce temps-là, dès lors, dorénavant. — SYN. *d'aqui-enant*.

D'AQUI-ENANT, **D'AQUIT-ENANT**, loc. adv. Désormais, dorénavant, à l'avenir. — CAT., *d'aqui-enant*; ESP., *de aquit en adelante*.

D'AQUI'N FORO, CÉV., loc. adv. A partir de là; après cela, ensuite.

D'AQUI-EN-LAI, **D'AQUIT-EN-LAI**, loc. adv. De ce point-là jusqu'à cet autre, dorénavant.

D'AQUI-INTRO-QUI, TOUL., CÉV., loc. adv. à tout bout de champ, à tous moments; depuis ce temps-là, dès-lors, de temps en temps.

DAQUIO, TOUL., prép. Jusques ; *del cap daquió as artels*, de la tête aux pieds. — CAT., *daquen*; ESP., *de achi*; ITAL., *dació*.

D'AQUIT, PROV., adv. De là, de ce lieu là. — ESP., *de aquit*; PORT., *daquit*.

DARADEL, **DARADÈU**, **DARADO**, V. Alader.

DARBOU, **DARBOUN**, s. m. Taupe, V. Taupo; mulot, V. Rat-taupier.

DARBOUN, PROV., s. m. *Curoir* de laboureur. V. Cureto.

DARBOUNA, PROV., v. a. Creuser la terre à la manière des taupes; au fig. v. n., rouler à terre, mordre la poussière. — SYN. *darbouniá*. — ETY., *darboun*, taupe.

DARBOUNIA, PROV., v. a. V. Darbouná.

DARBOUNIER, PROV., s. m. Taupière, piége pour prendre les taupes.—SYN. *darboussier*. — ETY., *darboun*, taupe.

DARBOUNIÉRO, PROV., s. f. Taupinière. — SYN. *darboussiéro, taupiniéiro*.

DARBOUS, prov., s. m. V. Darboun.

DARBOUSIÉR, s. m. V. Arbousier.

DARBOUSSADO, prov., s. f. V. Cureto.

DARBOUSSIER, prov., s. m. Taupière. V. Darbounier.

DARBOUSSIÉRO, prov., s. f, Pomme épineuse, *Datura stramonium*. — Syn. *castagnier sauvage, endourmidouiro, herbo de las taupos*.

DARBOUSSIÉRO, prov., s. f. Taupière. — Syn. *darbouniéro*.

DARBOUSSIÉRO, prov., s. f. Lieu planté d'arbousiers.

DARBOUSSO, s. f. Fruit de l'arbousier. — Syn. *arbousso*.

DARD, s. m. Dart, dard, arme de trait garnie par le bout d'une pointe de fer ; au fig. aiguillon de certains insectes. — Esp., ital., *dardo*. — Ety. gaél., *dart*.

DARDA, v. a. Darder, frapper avec un dard, lancer comme un dard ; v. n., *lou soulel dardo sus nostre cap*, le soleil darde sur notre tête. — Syn. *dardalhá*. — Ety., *dard*.

DARDAI, prov., s. m. Rayonnement, éjaculation ardente du soleil, réverbération, éclat, lueur. — Syn. *dardalhado*. — Ety., *dardá*.

DARDAIA, prov., v. a. V. Dardalhá.

DARDAIOUN, prov., s. m. V. Dardalhoun.

DARDALHA, v. a. et n. Darder, en parlant du soleil qui darde ses rayons, lancer comme un dard. — Prov., *dardaiá*. — Syn. *dardejá*. — Ety., fréq. de *dardá*.

DARDALHADO, s. f. Réverbération du soleil. — Syn. *dardai*. — Ety., s. part. f. de *dardalhá*.

DARDALHOU, **DARDALHOUN**, prov., s. m. Ardillon de boucle, aiguillon, languette de l'hameçon. — Syn. *dardaioun*. — Ety., *dard*. V. Ardalhoú.

DARDANAIRE, prov., s. m. V. Dardenaire.

DARDEJA, gasc., v. a et n. Darder. — Syn. *dardalhá*. — Ety., fréq. de *dardá*.

DARDENA, prov., v. n. Financer, payer forcément. — Ety., *dardèno*.

DARDENAIRE, prov., s. m. Usurier, agioteur, avare. — Syn. *dardanaire*. — Ety., *dardèno*.

DARDÈNO, s. f. Pièce de deux liards, frappée à Aix, ainsi nommée parce que ce fut un gentilhomme appelé *Dardenne*, qui fut chargé de la faire fabriquer ; *pito-dardènos*, grippe-sou ; *lis coumo uno dardèno*, fruste comme un liard.

DARDENOUN, s. m. Ancienne pièce de monnaie d'un liard. — Dim. de *dardèno*.

DARDENOUS, o, prov., adj. Pécunieux, euse, qui a beaucoup d'argent comptant. — Ety., *dardèno*.

DARDILHOUN, prov., s. m. V. Dardalhoú.

DARÈ, s. m. V. Darrè.

D'ARÈ-N-LA, béarn., adv. comp. V. D'aro-en-là.

DARIÉ et ses dérivés. V. Darrier.

DARIN-DARAN, prov., loc. adv. V. Dalin-Dalan.

DARJA, prov., adv. V. déjà.

DARNA, dauph., s. f. V. Arno.

DARNA, cast., prov., v. a. V. Arná.

DARNAGAS, DARNEGAS, prov., s. m. Pie-grièche. — Syn. *larnagas, amargassat*.

DARNÈIAT, dauph., s. m. Pie-grièche.

DARNIÈIROMENT, adv. Dernièrement, en dernier lieu, depuis peu. — Syn. *darreroment*. — Ety., *darnièiro*, et le suffixe *ment*.

DARNIÈIROUGE, jo, adv. Tardif, ive, qui vient dans l'arrière-saison, en parlant des fruits qui mûrissent tard. — Syn. *darrai, darraic, derrayc, darrèirenc*. V. Arrèirouje.

DARNIER, ièiro, adj. Darrier, derrer, derrier, dernier, ière, qui vient après tous les autres ; infime, extrême, pire; il s'emploie aussi substantivement: *es lou darnier de sa classo*, il est le dernier de sa classe ; *lou darnier des souldats*, le dernier des soldats, le plus mauvais ; *vol pas jamai avèire lou darnier*, il veut toujours répliquer le dernier ; *d'en darnier*, loc. adv., en dernier lieu ; *darnier*, CAST., prép., derrière. — SYN. *darrè, èro, darrier, derrier*. — CAT., *darrer*; PORT., *darradeiro*. — ETY. LAT., *de retro*.

DARNO, PROV., s. f. Mite, teigne ; ver de la farine et des viandes en putréfaction ; *picá sus lei darno*, rosser. V. Arno.

DARNO, PROV., s. f. Darne, tranche, morceau ; dalle que l'on fait avec du plâtre ou du ciment ; coiffure de femme, formée d'un carré de mousseline partagé en deux triangles ; *darno de nouse*, quartier de noix ; *darno de saumoun*, tranche de saumon. — ETY. B. BRET., *darn*, portion.

DARNO, PROV., s. f. Branche de pin ou de sapin. — SYN. *garno*.

D'ARO-EN-LA, D'ARO-EN-LAI, loc. adv. Dorénavant, désormais. — BÉARN., *d'arc'n la*. — ETY., *de*, prép. de, *en la*, en avant, de l'heure présente en avant.

DARRAIC, go, CÉV., TOUL., adj. V. Darnièirouge.

DARRAIGA (se), PROV., v. r. S'arriérer, se retarder, mûrir tardivement. — ETY., *darraic*.

DARRAIRIA, s. f. V. Derrairia.

DARRANCA, GASC., v. a. Arracher. V. Arrancá.

DARRAYC, go, TOUL., adj. V. Darraic.

DARRÈ, s. m. DAREYRE, DEREIRE, derrière, côté opposé au devant, partie postérieure ; fesses ; *darrè de boutico*, arrière-boutique ; *lou darrè d'uno porto*, le derrière d'une porte ; *porto de darrè*, porte de derrière ; au fig., faux-fuyant, échappatoire ; il s'emploie aussi comme adverbe ; *resto toujour darrè*, il reste toujours derrière ; *m'es toujour darrè*, il est toujours derrière moi, il me surveille sans cesse. — SYN. *detras*. Il est aussi préposition de lieu, opposée à la préposition, *davant*, et marque ce qui est après une chose ou une personne. On ajoute un *s* à *darrè*, quand le mot suivant commence par une voyelle, *darrès el*, derrière lui, on dit aussi *al darrè d'el*; *darrè la porto*, derrière la porte. — SYN. *darrèire*. — LIM., *dorèi, orèi*; CAT., *darrera*; ESP., PORT., *detras*; ITAL., *dietro*. — ETY. LAT., *de retro*, derrière.

DARRÈ, ère, BÉARN., adj. Dernier, ère. — GASC., *darrè, èro*. V *Darnier*.

DARRÈIRE, prép. Derrière. V. Darrè.

DARRÈIRENC, o, CÉV., adj. Tardif, ive. V. Darnièirouge.

DARREROMENT, GASC., adv. V. Darnièiroment.

DARRÈU, BITERR., adv. DARRÈ, de suite, sans interruption, sans choix, pied à pied, sans rien laisser ; *acampas tout darrèu coumo que dalho*, ramassez tout, sans rien laisser, comme si vous fauchiez. — SYN. *adarrè, aderè, dèrec, aderrec*. — ETY., *darrè*.

DARRIÈRACO, CÉV., s. f. Récoltes d'arrière-saison. — ETY., *darrier*.

DARRIÈIRENC, DARRIÈREN, co, adj. V. Darnièirouge.

DARRIER, ièiro, CÉV., adj. Dernier, ère ; *es à soun darrier*, il va mourir. V. Darnier.

DARRIÈS, CÉV., s. m. et prép. Derrière. V. Darrè.

DARRIGA, CÉV., TOUL., v. a. Arracher. V. Derrabá.

DARROUCA, GASC., v. a. Démolir. V. Derroucá.

DARSO, PROV., s. f. Darse, partie intérieure d'un port. — ITAL., *darsena*.

DARSO, B. LIM., s. f. *Darso d'alh*, gousse d'ail. — PROV., *veno d'aié*.

DARTRE, s. m. Dartre, maladie de la peau. — CAST., *daltre*; CÉV., *derbese, endervi*. ETY. KYMRI, *tarwden*.

DARTROUS, o, adj. Dartreux, euse, qui est de la nature des dartres ; qui a des dartres. — CAST., *daltrous*. — ETY., *dartre*.

DARUNA, PROV., v. n. Rouler, dégringoler.

DARUT, adj. et s. Sot, animal, butor.

DAS, art. du génitif plur. des deux genres. Des. — Biterr., *des, de las*.

DAS, prov., s. et adj. Nigaud, niais.

DASSARIÉ, prov., s. f. Balourdise, imbécilité, bêtise. — Ety., *das*.

DASSAS, prov., s. m. Gros imbécile. Ety., augm. de *das*.

DAT, ade, béarn., part. de *dá*. Donné, ée. — Biterr., *dounat, ado*.

DAT., s. m. Dat, dé à jouer. — Syn. *datis*. — Cat, *dau* ; esp., port., *dado*. — Ety. lat., *datum*, ce qui est donné, ce qui est jeté sur la table.

> Ab us DATZ
> Menutz plombatz,
> Nos a trichatz.
> P. Vidal.
> Avec des dés, plombés menu, il nous a trichés.

DATA, v. n. Dater, mettre la date ; *datat, ado*, part., daté, ée. — Esp., port., *dalar* ; ital., *datare*. — Ety., *dato*.

DATI, biterr, s. m. Datte, V. Datil ; *dati-de-mar*, datte ou dactyle, doil, mollusques ou coquillages de la Méditerranée, ainsi appelés à cause de leur ressemblance avec les dattes.

DATIER, DATTIER, s. m. Dattier, palmier qui produit des dattes. — Ety., *dati*.

DATIL, cév., s. m. Dactil, datil, datte, fruit du palmier dattier. — Syn. *dati, dato, datus*. — Cat., esp., *datil* ; ital., *dattero* ; port., *datile*. — Ety. lat., *dactylus*, du grec δάκτυλος, doigt, ainsi appelé à cause de sa forme allongée.

DATIS, s. m. p, Dés ; osselets dont se servent les enfants pour jouer. — Ety., *dat*, de.

DATO, s. f. V. Datil.

DATO, s. f. Data, dada, date, indication précise du lieu et du temps où une lettre a été écrite, un acte passé, un événement accompli. — Cat., esp., port., ital., *data*. — Ety. lat., *data*, donnée, parce que les lettres et les actes se terminaient autrefois par cette formule: *Epistola data Romæ* ou seulement *data*, donnée.

DATTI, s. m. V. Datil.

DATUS, cév., s. m. V. Datil.

DAU, cév., art. gén. sing. m. Du, de le. V. Del.

DAU, cév., s. m. Le haut ; adv., en haut ; *dau ! dau !* interj., là haut ! en haut ! sus, courage ! *que fasés d'au? que faites-vous là-haut? auro d'au* pour *d'aut*, vent du nord. — Ety., altér. de *aut*, du lat. *altus*.

DAU, DAUS, prép. Daus, vers, *s'en es enanat daus amount*, il est allé vers là-haut ; *dau segos*, vers le temps de la moisson ; cév., *dau-pertout*, de tous côtés. — Biterr., *dèu*, *dèus* ; prov., *vers* ; cév., *dor*.

DAU, b. lim., s. m. Serpe. — Syn. *dausso*. — Ety., *dal, dalh*, (faux. V. Faucil.

DAUACH, gasc., prép. Devant. —Syn. *dauant*. V. Davant.

DAUANCIER, èro, béarn., adj. V. Davancier.

DAUANCIEROS, gasc., s. f. p. V. Davantièiro.

DAUANT, gasc., prép. V. Davant.

DAUANTAU, gasc., s. m. V. Davantal.

DAUANTE, gasc., s. m. Vent d'est.

DAUBASSIU, cév., s. f. Ce mot ne s'emploie que dans cette phrase: *à ma daubassiu se....*, je veux être daubé ou assommé si..... on dit aussi, *à ma daurassiu*, qui est une forme altérée. — Ety., *daubá*, dauber.

DAUBUNS, DAUBUS, DAUBUSSIS, gasc., adj. m. p. Quelques-uns, certains.

D'AUCUS-COPS, cast., loc. adv. Parfois, quelquefois. — Syn. *d'unes-cops, d'usses-cops*. — Ety., *d'aucus*, de quelques-uns, et *cops*, coups, fois.

DAUFINENC, o, adj. Habitant, e, du Dauphiné ; cév., s. m., châtaignier dont les premières greffes furent apportées du Dauphiné ; *daufinenco*, marron ou grosse châtaigne produite par ce châtaignier.

DAUID, gasc., adv. V.

DAUIT, gasc., adv. D'ici à peu de temps, bientôt, presque.

DAULI-DAULI, toul., cév., Sus ! courage ! V. Dali.

DAUMAGE, DAUMAGI, s. m. V. Doumage.

D'AUMENS, adv. Du moins. V. Aumens.

DAUNE. DAUPH., s. f. V.

DAUNO, GASC., s. f. Dame, maîtresse de maison. — ETY., altér. du roman *dona, domna*, du lat. *domina*.

DAUNO-BÉRO, AGEN., s. f. Belette. — SYN. *coumayrelo*. V. Moustèlo.

DAURA, v. a. DAURAR, dorer, couvrir d'or ; par ext, colorer un pain ou un gâteau avec des jaunes d'œufs ; *daurat, ado*, part., doré, ée ; par ext., excellent, précieux ; *lengo daurado*, langue dorée en parlant d'une personne bien disante. — CAT., *daurar* ; ESP., *dorar* ; ITAL., *dorare* ; PORT., *dourar*. — ETY. LAT., *deaurare*.

DAURADETO, s. f. Cétérach officinal, *Asplenium ceterach*; doradille noire ou capillaire noire, *Asplenium adianthum nigrum*; doradille polytric, *Asplenium trichomanes* ; doradille, rue de murailles, *Asplenium rutomuraria*, appelée aussi *picholo capillèro*, plantes de la fam. des fougères. — CAT., *dauradella* ; ESP., *doradilla* ; PORT., *douradinha*.

DAURADO (Herbo). s. f. Cétérach officinal. V. Dauradeto.

DAURADO, s. f. Dorade ou daurade, *Sparrus auratus*, poisson à opercules lisses. On donne le même nom à la *Coryphæna hippurus*, poisson qui a une crête sur le dos. A Montpellier, on appelle *daurada*, la dorée ou poisson St-Pierre, *Zeus faber*, connu à Béziers sous le nom de *gal*. — SYN. *aurado*. — CAST., PORT., *daurada* ; ESP., *dorada* ; ITAL., *orada*. — ETY., s. part. f. de *daurá*.

DAURADO, s. f. Dorure. V. Daururo.

DAURAIRE, s. m. DAURAIRE, doreur, celui dont le métier est de dorer ; MON., vidangeur, gadouard, ainsi appelé à cause de la ressemblance de la couleur de la gadoue avec celle de l'or. — CAT., *daurador* ; ESP., *dorador* ; ITAL., *doratore* ; PORT., *dourador*. — ETY., *daurá*.

DAURASSIU, CÉV., s. f. V. Daubassiu.

DAURÉIO, s. f. Bijoux d'or.

DAUREJA, AGEN., v. a. Dorer, couvrir de rayons d'or ; v. n., lancer des rayons d'or en parlant du soleil ; au fig., *se daurejá*, v. r., se dorer de plaisir, expression employée par Jasmin. — ETY., fréq. de *daurá*.

DAURURO, s. f. DAURADURA, dorure, or fort mince appliqué sur la superficie de quelque ouvrage ; ce qui est doré ; *daururos*, bijoux, joyaux. — SYN. *dauraduro*. — CAT., *dauradura* ; ESP., *doradura* ; PORT., *douradura* ; ITAL., *doratura*. — ETY., *daurado*.

D'AUSSITO, CÉV., CAST., adv. Aussitôt, tout de suite.

DAUSSO, B. LIM., s. f. Serpe. V. Dau.

D'AUT, interj. Sus ! debout ! courage ! — ETY., *aut*, du lat. *altus*, haut.

D'AUTES-COPS, GASC., adv. comp. Autrefois.

DAUZA, v. n. T. de coupeur de blé. Donner des coups vifs et redoublés avec la serpe pour dépêcher la besogne. — ETY. B. LIM., *dau, dausso*, serpe.

DAVALA, v. a. et n. DAVALAR, dévaler, faire descendre quelque chose ; descendre, aller de haut en bas ; *davalá lous escaliers de quatre en quatre*, descendre les degrés de quatre en quatre ; *davalá un cavalier*, démonter un cavalier ; *davalá un perdigal*, tuer un perdreau au vol ; au fig., *davalá* signifie déchoir : *èrou mountats pla naut, aro sou pla davalats*, ils s'étaient bien élevés, ils sont maintenant bien déchus ; *davalat, ado*, part., descendu, e ; démonté, déchu. — BÉARN., GASC., *debará* ; PROV., *devalá* ; CAT., *devallar* ; ITAL., *divallare*. — ETY., *d'*, préf., et *aval*, en bas, aller en bas.

DAVALADO, s. f. Descente ; l'action de descendre ; pente, penchant ; *prene la davalado*, prendre la déroute, dégringoler. — SYN. *davalau*. — PROV., *devalado* ; GASC., *debarado*. — ETY., s. part. f. de *davalá*.

A las davalados toutes lous sants ajudou.
PRO.

DAVALADOU, s. m. Petite descente, petit remblai pour pouvoir descendre d'une vigne ou d'un champ. — ETY., dim. de *davalado*.

DAVALAU, s. m. V. Davalado.

DAVAN-AUTAN, cév., adv. de temps. L'année avant-dernière. — Ety., *avant*, avant, et *autan*, année dernière.

DAVAN-L'HOURO, cév., adv. de temps. V. Anant-houro.

DAVANCIER, ièiro, s. m. et f. Devancier, ière, celui qui en a précédé un autre dans une carrière , un emploi ; *davanciers*. s. m. p., devanciers, ancêtres, aïeux. — Syn. *devancier*. — Gasc, *dauancier*. — Ety., *davans*.

DAVANS, prov., s. m. et prép. V.

DAVANT, s. m. Davan, devant, le devant, la partie antérieure ; *lou davant de l'houstal*, la façade principale de la maison ; *un davan de moutou*, une épaulée de mouton , le quartier de devant sans l'épaule ; *davant de fioc*, couvre-feu ; *prene lou davant*, partir avant quelqu'un, le dépasser en allant plus vite ; *aná al davant de quauqu'un*, aller à la rencontre de quelqu'un ; *aná al davant d'un malur*, prévenir un malheur. *Davant*, prép., en avant, en face, en présence de, en avant de ; *caminá davant un autre*, marcher devant un autre. Adv., avant, auparavant, précédemment, loc. conj., *davant que*, avant que ; *d'en davant*, loc. adv., auparavant, ci-dessus ; *per davant*, par devant ; T. de mar., *avèire vent davant*, avoir vent devant ou être vent devant, il se dit d'un navire qui reçoit le vent sur ses voiles en le prenant de devant. — Cat., *davant*, *devant* ; anc. esp., *devant*, *delant* ; esp. mod., *delante* ; port., *diante* ; ital., *dinanzi*. — Ety., *d'*, préf., et *avant*, du lat. *abante*.

DAVANT-DARNIER, ièiro, adj. Avant-dernier, ière, qui est avant le dernier, pénultième. — Syn. *davant-darrier*.

DAVANT-DARRÉ, loc. adv. Sens devant derrière, à l'envers. — Cév., *davant-darrié* ; b. lim., *dovant-dornier*.

DAVANT-DARRIER, ièiro, cév., adj. Avant-dernier, ière. V. Davant-darnier.

DAVANTAL, cév., s. m. Davantal, tablier. — Syn. *devantal*, *devantau*. — Montalb., *damantal* ; biterr., *mantal* ;

cév., *davantau* ; b. lim., *devontal* ; gasc. *dauantau* ; cat., *davantal* ; esp., *devantal*. — Ety., *davant*, devant.

DAVANTAU, cév., s. m. V. Davantal.

DAVANTHIÈIRASSO, cév., adv. V. Avant-hièirasso.

DAVANT-HIER, loc. adv. de temps. V. Avant-hier.

DAVANT-HOURO, loc. adv. De grand matin. V. Anant-houro.

DAVANTIÈIRO, cév., s. f. Devantière, sorte de jupe ouverte devant et derrière que les femmes portent lorsqu'elles montent à cheval à califourchon. — Syn. *devantiéro*. — Gasc., *davantieros* ; b. lim., *dovant-de-montel*. — Ety.-, *davant*, devant.

DAVANTIER, s. m. Plastron de bois ou de cuir que quelques ouvriers mettent devant leur poitrine ; ensouple. — Ety., *davant*, devant.

DAVANTIÈS, cév., adv. Naguère ; il n'y a pas longtemps. V. Avant-hièirasso.

DAVAN-TRIN, cév., s. m. V. Avant-trin.

DAVAU, prov., adv. V. Aval.

DAVEGADOS, cév., adv. comp. Parfois, quelquefois. — Ety. rom., *vegada*, fois.

DAVERA, v. a. Aveindre, tirer à soi ; *se daverá*, v. r., se tirer de, s'arracher à, se délivrer. — Syn. *averá*, *deverá*.

DAVI, DAVIL, s. m. Davier, outil de tonnelier pour faire entrer les cerceaux d'une futaille ou d'une tinette ; sergent, outil de menuisier ; pince recourbée dont se servaient les dentistes pour arracher les dents ; barre de fer qui, attachée par des crampons à la pièce qu'on veut forger, permet de la transporter sur l'enclume.

DAY, DAYA. V. Dalh, Dalhá.

DAYCHA, agen., v. a. V. Laissá.

DAYSSA, carc., v. a. V. Laissá.

DE, prép. qui sert à marquer différents rapports des substantifs qu'elle précède. d', de, du, de la, de le, de l', des : *ai manjat de fougassos am d'oli*, j'ai mangé des gâteaux à l'huile ; *dounas-me de sucre, de saucisso, d'amelhos*, etc., donnez-moi du sucre, de

DEB (569) DEB

la saucisse, des amandes, etc.; *un bricou de pa*, un peu de pain; CAST., *tirá d'en peno*, tirer d'embarras; *de* s'emploie aussi pour pendant, *es partit de nèit*, il est parti pendant la nuit; cette préposition marque presque toujours les mêmes rapports que la préposition française *de*. — CAT., ESP., PORT., *de*; ITAL., *di* — ETY. LAT., *de*.

DE, préfixe qui sert à former un grand nombre de composés et qui modifie plus ou moins la signification du mot simple. Dans nos dialectes comme en français, cette particule exprime l'action d'ôter, de défaire, de sortir, de descendre, etc., elle exprime aussi une ampliation ou augmentation de force d'action, d'affirmation. Elle est surtout privative, mais quelquefois augmentative; elle est privative dans *defá*, défaire qui est le contraire de *fá*; elle est augmentative dans *demarrimá* qui vient du roman *marrir*, affliger; elle se confond avec le préfixe *des*, qui la remplace devant les mots commençant par une voyelle. — OBSERVATION. Cherchez par *des* ou par *dez* les mots que vous ne trouverez point par *de*. — ETY. LAT., *de*.

DÉ, B. LIM., s. m. Dais. V. Palis.

DÉ, CÉV., s. m. V. Det.

DEBABINA, PROV., v. a. Menacer, frapper au visage, défigurer; au fig. ôter les racines des ognons qu'on veut conserver pour les empêcher de germer. — ETY., *de*, préf., et *babino*, babine, lèvre.

DEBACEGA, PROV., v. a. Rompre; déranger. — ETY., *de*..., préf., et *bacego*, timon.

DEBACH, GASC., adv. En bas; s. m., bas. V. Debas.

DEBA-DEBAS, PROV., s. m. Marchand de bas. V. Debassaire.

DE-BADO, adv. et conj. *De-bada*, en roman, signifie en vain; mais ce mot a, dans nos idiomes, plusieurs autres acceptions. V. Bado.

DEBADOCA, PROV., v. a. Ôter la baguette en forme d'arc que les moissonneurs mettent devant le tranchant de la faucille. — ETY., *de*, préf., et *badoco* pour *bedoco*. V. ce mot.

DEBALA, TOUL., v. a. et n. V. Davalá.

DEBALAUSI, CÉV., v. a. Étonner, étourdir; *debalausit, do*, part., étonné, ée, stupéfait. — SYN. *esbalausi, esbalauvi, debolausi*.

DEBALAUSIDO, s. f. Nouvelle, événement qui étourdissent, qui consternent; vive émotion; indisposition subite. — SYN. *debolausido*. — ETY., s. part. f. de *debalausi*.

DEBANA, v. a. DEBANAR, dévider, mettre en écheveau le fil qui est sur le fuseau, ou bien mettre en peloton celui qui est en écheveau; au fig. *debaná un traval*, dépêcher une besogne; v. n. dégoiser, bavarder; PROV., tomber, dégringoler, décliner, mourir. — CAST., *dabaná*; B. LIM., *debouja*; CAT., ESP., *devanar*; PORT., *debar*; ITAL., *dipanare*.

DEBANA, v. a. Écorner. V. Desbaná.

DEBANADÈRO, PROV., s. f. Dévidoir. V. Debanadoú.

DEBANADO, s. f. Ce qu'on a dévidé dans une séance; temps, soirée passés à dévider; au fig. fuite, déroute, dégringolade: *a près la debanado*, il a pris la fuite, il a dégringolé. — SYN. *debanaduro*. — ETY., s. part. f. de *debaná*.

DEBANADOU, BITERR., s. m. Dévidoir. — SYN. *choix, choli, dabanel, debanaire, debanadèro, debanel, debanèlos, debanadouiro, debanadouro, debanouiro*. — CAST., *traboul, taraboul*. — ETY., *debanado*, part. f. de *debaná*.

DEBANADOUIRO, DEBANADOURO, TOUL., s. f. Grand dévidoir. V. Debanadoú.

DEBANADURO, s. f. Fil que l'on dévide, ou que l'on a dévidé. — SYN. *debanado*.

DEBANAGE, DEBANAGI, s. m. Action de dévider; dépense qu'entraîne ce travail. — ETY., *debaná*.

DEBANAIRE, O, PROV., *debanairis*; NIM., *debanarèlo*, s. m. et f. Dévideur, euse; dévidoir à main. — ESP., *devanador, devanadera*. — ETY., *debaná*.

Tout home que noun val gaire,
On lou met al DEBANAIRE.

PRO.

DEBANDA, v. a. Débander, détendre. — Ety., *de*, préf., et *bandá*.

DEBANDA, v. a. Débander, mettre en déroute; *se debandá*, v. r., se débander, se disperser, se mettre en déroute ; *debandat, ado*, part., débandé, ée. — Syn. *desbandá*. — Cat., Esp., *desbandar* ; Port., *desvendra* ; Ital., *sbandare*. — Ety., *de*, préf., et *bando*, troupe.

DEBANDADO, s. f. Débandade, déroute, confusion ; *à la debandado*, à la débandade, pêle-mêle, avec confusion. — Ety., s. part. f. de *debandá*.

DEBANEL, biterr., s. m. V. Debanadoú.

DEBANÈLOS, prov., s. f. p. V. Dabanadoú.

DEBANICA, cast., v. a. Écorner. V. Desbaná.

DEBANOUIRO, prov., s. f. V. Debanadoú.

DEBANS, DEBANT, adv. V. Davant.

DEBARA, cév., v. a. V. Debarrá.

DEBARA, gasc., béarn., v. a, et n. V. Davalá.

DEBARADO, gasc., s f. V. Davalado.

DEBARATA, prov., v. a. Vendre à bon marché, à vil prix. — Ety., *de*, préf., et *barat*, échange, vente.

DEBARATIER, prov., s. m. Fripon, voleur. V. Barataire.

DEBARGINA, toul., v. a. Brouiller, mettre en désordre ; déranger ; *debarginat, ado*, part., brouillé, ée, dérangé, ée.

DEBARIA, v. a. V. Devariá.

DEBARIZA, toul., cév., v.a. Dévaliser, bouleverser. — Ety., altér. de *devalisá*.

DEBARRA, cév., v.a., Lâcher, décharger, décocher : *li debarrè un cop de pistoulé*, il lui lâcha un coup de pistolet ; v. n., *soun fusil debarrè*, son fusil partit du repos. V. Desbarrá. — Esp., *disparar*. — Ety., *de*, préf., et *barro*, barre, lâcher la barre ou ce qui retient.

DEBARROUTA, cast., v. n. Parler avec précipitation, débiter un discours comme un écolier qui récite sa leçon, parler à tort et à travers. — Syn. *debarrutá*.

DEBARRUTA, cast., v. n. V. Debarroutá.

DEBAS, s. m. Bas, vêtement qui sert à couvrir le pied et la jambe, ainsi appelé parce qu'il est la partie inférieure du vêtement; plur, *debasses*; cév., *debasses d'estriu*, bas en chaussettes ou à étrier, ou chaussettes à étrier. — Prov., *bas* ; gasc., *debach*.

DEBAS, cév., s. m. Le bas, le rez-de-chaussée d'une maison ; adv., en-bas, au-dessous, dessous. — Gasc., *debal, debach* ; port, *debaixo*. — Ety., *de*, préf., et *bas*, bas.

DEBASSAIRE, s. m. Chaussetier, marchand ou fabricant de bas. — Prov., *debassiaire*. — Ety., *debas*, bas.

DEBASSAIRE, s. m. Mésange penduline, *Parus pendulinus*, oiseau de l'ordre des passereaux et de la fam. des subulirostres, ainsi appelé parce que son nid est tricoté comme un bas.

DEBASSARIÈ, s. f. Bonneterie, commerce de bonnetier ou de marchand de bas. — Ety., *debas*.

DEBASSIAIRE, prov., s. m. V. Debassaire.

DEBASTA, v. a. Débâter, ôter le bât; *se debastá*, v. r., se débarrasser du bât; au fig. se décharger de ce qu'on a perdu au jeu en le faisant payer par un autre joueur à qui l'on gagne la dernière partie. — Syn. *dèibastá, desbastá, desembastá*. — Ety., *de*, préf., et *bastá*, bâter.

DEBASTA, s. m. Action d'ôter le bât.

Al DEBASTA se vesou las cachaduros.

Pro.

DEBASTA, v. a. Dévaster. V. Devastá.

DEBASTADO, prov., s. f. Volée de coups.

DEBASTADOUR, prov., s. m. Tablette d'écurie sur laquelle on place les bâts; par ext., lieu de décharge. — Syn. *debastaire*. — Ety., *debastá*.

DEBASTAIRE. s. m. V. Debastadour.

DEBAT, béarn., toul., adv. et prép. Sous, dessous, en dessous, en bas. — Syn. *debach, debas*.

DEBATA. v. a. Couper, enlever le sabot du mulet, de l'âne, etc., dessoler; *se debatá*, v. r., se dessoler; au fig. courir à toutes jambes, courir à se dessoler. — Syn. *dèibatá, desbatá, dessabatá.* — Ety., *de*, préf., et *bato*, sole, sabot.

DEBATE, GASC., v. a. V.

DÉBATRE, v. a. DEBATRE, DESBATRE, débattre, contester, discuter; *se debatré*, v. n., se débattre, faire de grands efforts pour résister, se dégager; *debatut, udo*, part., débattu, e. — Syn. *desbatre.* — Esp., *debatir* ; port., *debater*; ital., *dibattere.* — Ety., *de*, préf., et *batre*, battre.

DEBAU, DEBAUS, PROV., s. m. V. Baus.

DEBAUSSA, CÉV., PROV., v. a. Précipiter, culbuter, désarçonner, renverser; au fig. débouter de sa demande; *se debaussá*, v. r., se précipiter; au fig. se mal marier, contracter une alliance ruineuse; *debaussat, ado*, part., précipité, ée ; au fig. débouté de sa demande. — Syn. *desbaussá, debòussá.* — Ety., *de*, préf., et *baus*, rocher, précipice.

DEBAUSSADOUR, PROV., s. m. Précipice, mauvais chemin, passage dangereux. — Ety., *debaussado*, part. f. de *debaussá*.

DEBAVA, v. a. Oter la bave aux cocons des vers à soie. — Syn. *dèibavá, desblazá.* — Ety., *de*, préf., et *bavo*, bave.

DEBAVAGE, s. m. Action d'ôter la bave aux cocons. — Ety., *debavá*.

DEBAZ, GASC., adv. Dessous. V. Debas.

DEBÉ, BÉARN., TOUL., Devoir. V. Dèure et Dever.

DEBEFIA, CÉV., v. a. Rendre laid, difforme, défigurer, gâter ; *se debefiá*, v. r., se contrefaire, se rendre difforme, s'enlaidir par des manières ridiculement affectées; *debefiat, ado*, part., contrefait, e, difforme, délabré, gâté. — Syn. *debifá.* — Ety., *de*, préf., et *befi*, lippu, bouffi.

DEBELETRINA (Se), v. r. V.

DEBELITRA (Se), v. r. Se débrailler, se décolleter; *debelitrat, ado*, part., débraillé, ée, mal ajusté, décolletée, en parlant d'une femme. — M. sign.; *se desgevitrá.* — Ety., *de*, préf., et *belitre*, ajusté comme un bélître.

DEBENDA, v. a. V. Desbandá.

DEBENDADO, s. f. V. Debandado.

DEBENGUE, GASC., v. n. Devenir. V. Deveni.

DEBEQUIGNA (Se), PROV., v. r. Se disputer, se quereller. — Ety., *de*, préf., et *bequi*, chagrin, inquiétude; les gens d'un esprit chagrin sont ordinairement querelleurs.

DEBEQUIGNAIRE, s. m. Querelleur, chicaneur, vétilleux. — Ety., *debequiná*.

DEBERDEGA, DEBERDIA, v. a. V. Deverdegá.

DEBERGOUGNA, v. a. V. Desvergougná.

DEBERGOUNDAT, ado. V. Desvergougnat.

DEBERTI (se), TOUL., v. r. V. Diverti.

DEBÉS, CÉV., prép. Vers. V. Dèu.

DEBESA, GASC., v. a. V. Desbesá.

DEBESCOMPTE, DEBESCOUMPTA, DEBESCONTI. V. Menescompte, etc.

DE-BET-SEG, BÉARN., adv. comp. Tout-à-fait, entièrement.

DEBÊU, LIM., s. m. p. Il ne s'emploie que dans cette phrase: *fá loú debêu ò quauqu'u*, faire la cour à quelqu'un ; on dit en provençal, *faire bèubèu*.

DEBEYÉ, BÉARN., s. m. Ennui.

DEBIBOULA, ado, cév., adj. Qui a perdu la tête, qui est dans le délire.

DEBIÉ, BÉARN., v. n. Devenir; *debiengui, ude*, part., devenue, e. V. Deveni.

DEBIFA, PROV., v. a. V. Debeflá.

DEBIGOURGNA, CÉV., v. a. Contrefaire quelqu'un pour le tourner en ridicule. — Syn. *degaugná, engaugná*.

DEBIGOUSSA, v. a. Disloquer, tordre; assommer, mettre en désarroi, renverser sens dessus dessous; *se debigoussá*, v. r., se tordre, se balancer en marchant comme si l'on avait quelque membre disloqué; *debigoussat, ado*, part., tortu, e, démis, disloqué, estropié, éreinté, accablé de coups, de fatigue; contrefait, sans contenance. — Syn. *desbigoussá, embigousá.*

DEBILE, o, adj. V. Debille.

DEBILHA, cast., v. n. V. Debisá.

DEBILITA, v. a. Debilitar, débiliter, rendre débile, affaiblir; *se debilitá*, v. r., devenir débile, s'affaiblir; *debilitat, ado*, part., débilité, ée. — Cat., esp., port., *debilitar* ; ital., *debilitare.* — Ety. lat., *debilitare.*

DEBILITAT, s. f. Debilitat, débilité, faiblesse. — Cat., *debilitat* ; esp., *debilidad* ; port., *debilidade* ; ital., *debilità.* —Ety. lat., *debilitatem.*

DEBILLE, o, adj. Débile, faible, qui manque de force au physique comme au moral. — Cat., esp., port., *debil* ; ital., *debole.* — Ety. lat., *debilis.* La forme *debille* qui existe dans plusieurs dialectes méridionaux, notamment dans celui de Béziers, doit être remarquée. L'accent qui, dans le mot latin, porte sur *de*, devrait dans nos dialectes se trouver sur la même syllabe, et cette syllabe, qui est l'antépénultième en latin, devrait être la pénultième dans nos idiomes. Il faudrait pour cela que *debilis* se fût transformé en *deble* comme *amabilis* l'est en *amable*, *flebilis* en *feble*, etc. Cette transformation, conforme aux règles de la dérivation des mots latins, n'existe pas pour *debilis*, pas plus que pour *facilis*, etc.... Aussi ces mots ne se trouvent pas dans l'ancien roman, quoiqu'on y trouve leurs dérivés *debilitat*, *facilitat*. Ils sont donc de formation récente, et ils ont été refaits sur le latin. L'accent a été changé de la première à la seconde syllabe; mais comme il n'aurait pu porter sur cette syllabe si elle eût été brève comme en latin, elle a été rendue longue par le redoublement de la lettre *l*. C'est ainsi qu'on a dit *debille, facille, utille, doucille*, etc., pour *debile, facile, utile, doucile*, etc.

DEBINO, agen., s. f. Devineresse, sorcière. V. Devignairo.

DEBIS, agen., s. m. Démêlé, contestation, débat. — Ety., altér., de *devis*, du lat. *divisum*, divisé.

DEBISA, cév., v. n. Jeter des quilles, des palets vers un but pour voir qui jouera le premier ; tirer au sort ; décider une chose par le sort. — Cast., *debilhá, dibizá.*

DEBISSA, cév., v. a. Détruire, renverser, ce mot est une altération de *devessá*; pour dévisser, V. Devissá.

DEBITA, v. a. Débiter, vendre en détail, diviser en petites parties.

DEBITO, gasc., s. f. Débit, vente, trafic.

DEBITOU, **DEBITOUR**, s. m. Deptor, débiteur, celui qui doit. — Syn. *devèire* ; ariég., *déutegner.* — Cat., *deutor* ; esp., *deudor* ; port., *devidor* ; ital., *debitore.*— Ety. lat., *debitorem.*

DEBLASIGA, **DEBLAZIGA**, v. a. V. Ablasigá.

DEBLATA, cast., v. n. Déblatérer, déclamer avec violence contre quelqu'un ; dégoiser. — Ety., altér. du latin *deblaterare*, crier.

DEBLESTAT, ado, b. lim., adj. Léger, ère, évaporé, écervelé. — Ety., *de*, préf. et *blesto*, balle de blé, léger comme une balle de blé.

DEBLUCI, prov., s. m. Destructeur. V. *Destrussi*, dont *debluci* paraît être une altération.

DEBOLAUSI, querc., v. a. V. Debalausi.

DEBOLAUSIDO, querc., s. f. V. Debalausido.

DEBOLONSA, b lim., v. n. Desbalansau, trébucher ; on le dit d'un poids plus fort qui en entraîne un autre ; v. a., mettre un poids de plus ou un poids plus fort dans un des plateaux d'une balance pour la faire trébucher ; au fig. entraîner, décider par la force de ses raisons celui qui était en balance. — Ety., *de*, préf., et *bolonsá*, balancer; empêcher d'être en balance, d'hésiter.

DEBOLONSADO, b. lim., s. f. Impulsion qui fait trébucher un des plateaux de la balance ; au fig. discours entraînant qui fait cesser toute hésitation dans l'esprit de celui qui était en balance. — Ety, s. part. f. de *debolonsá*.

DEBORD, s. m. Eruption d'humeurs, enflure qui vient aux lèvres ou sous le nez ; *debord de cervel*, enchiffrènement.

DEBORDA, B. LIM., v. a. Remuer dans l'eau du linge ou d'autres objets pour les nettoyer des plus grosses ordures. — Ety., *de*, préf., et *bor* pour *bar*, terre grasse, par ext., boue, saleté.

DEBOUCA, v. n. Déboucher, arriver, T. de mar., sortir d'un débouquement, d'un détroit, etc., pour entrer dans une mer libre ; *deboucat, ado*, part., debouqué, ée, sorti d'un détroit. — Syn. *desboucá*. — Ety. *de*, préf., et *bouco*, bouche, détroit.

DEBOUCAMENT, s. m. T. de mar. Action de débouquer ; débouquement, canal, détroit, passage entre deux îles. — Ety., *deboucá*, et le suffixe *ment*.

DEBOUCASSAT, ado, TOUL., CÉV., adj. Mal embouché, ée, libre, obscène dans ses paroles. — BITERR., *mal-emboucat*. — Ety., *de*, préf., et *boucasso*, augm. péj. de *bouco*.

DEBOUCAT, ado, CAST., adj. V. Deboucassat.

DEBOUGNA, PROV., v. a Déboucher, ôter le bouchon. — Syn. *debouissá, debouisselá, destapá*. — Ety., *de*, préf., et *bougno*, bouchon.

DEBOUINA, PROV., v. a. Cueillir toutes les figues qui commencent à tourner ; v. n., pleuvoir abondamment. Pour cette dernière acception, *debouiná* est sans doute une altération de *de*, préf., augm., et *brouiná* pour *bruiná*, bruiner.

DEBOUIRA, B. LIM., v. a. Détremper, délayer ; m. sign. *destrempá*. — Ety., *de*, préf., et *bouiro*, sauce trop liquide, bouillon clair, petit lait.

DEBOUIRE, PROV., s. m. Déboire, mauvais goût que laisse une boisson ; mauvaise odeur que répandent quelques personnes.

DEBOUISSA, PROV., v. a. Déboucher. V. Debougná.

DEBOUISSELA, PROV., v. a. Déboucher. — Ety. fréq., de *debouissá*.

DEBOUJA, B. LIM., v. a. (deboudzá). Dévider. V. Debaná.

DEBOULA, PROV., v. r. Décacheter. V. *Desboulá*.

DEBOULA, v. a. Enfoncer, faire ébouler ; B. LIM., v. n., s'enfuir, décamper ; T. de chasse, *débouler*, il se dit d'un lièvre ou d'un lapin, qui partent à l'improviste au-devant du chasseur et dont le corps pelotonné ressemble à une boule. — Ety., *de*, préf., et *bolo*, boule, rouler comme une boule.

DEBOULEGA, v. a. Démêler et dévider des fils qui s'étaient mêlés ; *deboulegá uno madaisso*, démêler un écheveau dont on ne trouve pas la centaine ; au fig. débrouiller une affaire compliquée. — Ety., *de*, préf., et *boulegá*, remuer, mêler en remuant.

DEBOULHA, B LIM., v. a. Faire ébouler, démolir, détruire ; *se deboulhá*, v. r., s'ébouler ; *quan iau vole cose, moun four se debolho*, quand je veux cuire mon four s'éboule ; au fig., je ne puis réussir dans ce que j'entreprends.

DEBOULIC, o, CÉV., DEBOULIT, ido ; CAST., adj. V. Diaboulic.

DEBOUNARI, DEBOUNAIRE, io, adj. DE BON AIRE, débonnaire, doux, bienveillant. — ANC. ITAL., *di bon aire*. — Ety., *de*, préf., et *boun*, bon, et *aire*, qui signifie à la fois race, famille, air de la personne, qualité, manière.

DEBOUNDA, v. a. Débonder, débondonner, ôter le bondon ou le bouchon ; v. n., sortir avec impétuosité, avec abondance ; déborder en parlant des rivières ; jaillir ; *se deboundá*, v. r., se déboucher, couler abondamment en parlant d'une futaille dont la force du vin fait partir le bondon ; s'évacuer par le bas ; au fig. donner un libre cours à ses pleurs, à sa colère, après s'être longtemps contenu ; s'épancher tout-à-coup et sans réserve ; *debounda̧t, ado*, part., débondé, ée, dont on a ôté le bondon. — Syn. *desboundá, debounouná*. — Ety., *de*, préf., et *boundo*, bonde.

DEBOUNDOUNA, v. a. Débondonner. — SYN. *dèiboundouná*. V. Debounda.

DEBOURDA, v. a. Déborder, ôter la bordure ; v. n., déborder, couler par dessus les bords, en parlant d'une rivière ; *debourdat, ado*, part., débordé, -ée. — SYN. *desbourdá*. — ETY., *de*, préf., et *bord*, bord, rivage.

DEBOURDAMENT, s. m. Débordement, élévation des eaux d'une rivière au-dessus de son lit; au fig. déréglement de mœurs. — ETY., *debourdá*, et le suffixe *ment*.

DEBOURENC, CÉV., s. m. V. Desbourrenc.

DEBOURI, v. a. Dévorer. V. Devourá.

DEBOURINA, PROV., v. a. Relever les bords d'un chapeau. — SYN. *descatalaná*.

DEBOURRA, v. a. V. Desbourrá.

DEBOURRAL, CAST., s. m. Volée de coups. — ETY., *debourrá*.

DEBOURSA, v. a. Débourser, tirer de l'argent de sa bourse, de sa caisse; *deboursat, ado*, part.. déboursé, ée ; s. m., débours, déboursé.— SYN. *desboursá, deboursela, deboursilhá*. — CAT., *desembolsar*; PORT., *desembolçar*; ITAL., *sborsare*.— ETY., *de*, hors de, et *bourso*, bourse.

DEBOURSELA, v. a. V. Deboursá.

DEBOURSILHA, v. n. Débourser; boursiller, contribuer d'une somme à une dépense. V. *Deboursá*.

DEBOUSA, v. a. Enlever la fiente, la bouse. — ETY., *de* priv., et *bouso*, bouse.

DEBOUSCA, CAST., v. a. Enlever le bois qu'on a coupé dans une forêt ; v. n., débucher.—SYN. *dèibouscá*. V. *Desbouscá*. — ETY., *de* préf., et *bosc* ; bois, enlever le bois.

DEBOUSIGA, DEBOUZIGA , v. a. Défricher un terrain, le rendre propre à la culture en le défonçant. — SYN. *ebouzigá, roumpre*, qui se dit plutôt du défoncement d'un terrain qui a été déjà cultivé. — ETY., *de*, préf., et *bousigo*, friche.

Jounst los trucs dal bigos le sol so DEBOUSIGO,
DAVEAU.

DEBOUSSA, PROV., v. a. V. Debaussá.

DEBOUSSELA, PROV., v. a. Égrener, enlever les gousses de maïs, les capsules qui contiennent les graines de certaines plantes, telles que le chanvre, les oignons, etc : *debousselá lou canebe*, égrener le chanvre pour en tirer le chènevis. — SYN., *desbousselá, èibousselá*. — ETY., *de*, préf., et, *boussel*, dim. *de bourso*, petite bourse, pris dans le sens de gousse.

DEBOUTA, CÉV., TOUL., v. a. Tirer le vin d'un tonneau. — ETY., [*de*, préf, hors de, et *boulo*, tonneau, mettre hors du tonneau.

DEBOUTA, v. a. DEBOTAR, débouter, rejeter comme mal fondée une demande formée en justice ; supplanter. — ANC. CAT., *debotar* ; ITAL., *dibottare*. — ETY., *de*, préf., et *boulá*, bouter, mettre hors.

DEBOUTA, CÉV., TOUL., v. a. Mettre à bas, renverser, enfoncer, rompre, ouvrir violemment. — SYN. *debulá*. — ETY., *de*, préf., et *bout*, bout ; faire qu'une chose ne soit pas debout, la renverser.

DEBRAGA, v. a. V. Desbraiá *et* Desbragá.

DEBRALHA, CAST.; v. a. Ébranler ; au fig. émouvoir, attendrir.

DEBRANCA, v. a. V. Desbrancá.

DEBRANDAGNA, ado, PROV., adj. V. Desbrandagna.

DEBRANLA, v. a. Ébranler. V. Esbranlá.

DEBRANLO, PROV., s. f. V. Desbrando.

DEBRAY, GASC., adv. Véritablement. — ETY., *de*, préf, augm., et *bray*, pour *vrai*, vrai.

DEBRÈIDA, PROV., v. a. V. Desbridá.

DEBREJA, PROV., v. a. V. Desbrejá.

DEBREMBA, TOUL., CÉV., v. a. DESMEMBRAR, oublier, ne plus se souvenir. — CAST., *debroumbá*; GASC., *debrumbá, desbrumbá, delembrá*, f. a. — ETY.. *de*, préf., et *brembá*, pour *membrá*, du lat. *memorare*, se souvenir, ne pas se souvenir.

DEBREMBIER, TOUL., CÉV., s. m. Oubli. — ETY., *debrembá.*

L'englazi se neguec al rec dal DEBREMBIER,
GOUDELIN.
La frayeur se noya au ruisseau de l'oubli,

DEBRENA, ARIÉG., v. a. Briser, réduire en morceaux, égrener ; *se debrená,* v. r., se briser, tomber en ruines. — ETY., *de,* préf., et *bren,* son.

DEBRENCA, AGEN., v. a. Ébrancher. V. Desbrancá.

DEBRENLA, B. LIM., v. a. Ébranler. V. Esbranlá.

DEBRIDA, v. a. V. Desbridá.

DEBRIDADO, s. f. Débridée, ce qu'on paie dans une auberge pour son cheval quand on ne s'y arrête que pour le faire manger, court trajet qu'on fait sans débrider ; *ai fach aquel cami d'uno debridado,* j'ai fait ce chemin tout d'une traite. — ETY., s. part. f. de *debridá.*

DEBRIS, s. m. Débris — ETY., *de,* préf., et *bris,* s. verb. de *brisà.*

DEBRISA, v. a. DEBRISAR, briser, mettre en pièces, écraser ; B. LIM., *se debrisá,* v. r., s'agiter, se tourmenter par l'effet d'une vive souffrance. — ETY. ANC. H.-ALL., *bristan,* briser.

DEBRONCA, B. LIM., v. a. Mettre une cloche en branle, sonner à toute volée.

DEBROUA, PROV., v. a. Couper les broussailles; par ext., cueillir les olives. — ETY., *de,* préf., et *brou* pour *brout,* branche.

DEBROUAIRE, PROV., s. m. Grande serpe pour couper les broussailles. — ETY., *debrouá.*

DEBROUMBA, CAST., v. a. Oublier. V. Debrembá.

DEBRUGA, CAST., v. a. Ébourgeonner. V. Desbourrá.

DEBRUGA, CAST., v. a. Détacher les cocons des vers à soie des branches de bruyère où ils sont attachés, — PROV., *descoucouná.* — ETY., *de,* préf. priv., et *brug,* bruyère.

DEBRUISSA, PROV., v. a. V. Desbrouissá.

DEBRUMBA. GASC., v. a. Oublier. — SYN. *desbrumbá.* V. Debrembá.

DEBRUYA, v. a. V. Desbroulhá.

DEBULI, B. LIM., v. a. Vider l'eau ou toute autre liqueur dans laquelle on a fait bouillir quelque chose ; décanter ; au fig. dégoiser, dire ce qu'il faudrait tenir caché ; *se debuli,* v. r., se décharger le cœur, dire tout ce que l'on sait, s'épancher, se débonder. — ETY., *de,* priv., et *buli,* bouillir.

DEBUSCA, v. a. Débucher, débusquer. V. Desbouscá.

DEBUTA, CÉV., v. a. Rompre, renverser. V. Deboutà.

DEBUTO, s. f. Début ; *à la debuto,* au début, au commencement.

DEC, TOUL., CÉV., s. m. DEC, borne, limite, barrière, frontière ; ce mot signifie aussi, en roman, défaut, vice, détérioration, tare ; amende. — SYN. *dèco,* pour la dernière acception.

DECA, PROV., v. a. Ébrécher ; *decado,* part., ébréché, ée. — SYN. *bercá, brecá.* — ETY., *dèco,* brèche.

DECABENS, GASC., adv. En bas, au fond, la tête en bas.

DECADENSO, s. f. DECHAZENSA, DESGAZENSA, décadence, état de ce qui tend à sa ruine, de ce qui commence à choir, de ce qui déchoit. — CAT., ESP., PORT., *decadencia* ; ITAL., *decadenza.* — ETY. B LAT., *decadencia,* de *decadere,* déchoir.

DECAGÉ, GASC., v. n. Tomber de haut en bas. — ETY., *de* et *cagé,* altér. du roman, *cazer,* du lat., *cadere,* tomber.

DECAMPA. CAST., v. n. V. Descampà.

DECAN, s. m. Doyen. — CAT., ESP., ITAL., *decano,* — LAT., *decanus.*

DECANA, PROV., v. a. V. Acaná.

DE-CAP, BÉARN., loc. prép. Vers, du côté de ; *de cap au casau,* vers le jardin, — BITERR., *cap.*

DECAUPRE, PROV., v. a. Abuser, tromper. V. Dessaupre.

DECEBE, BÉARN., v. a. V.

DECEBRE, v. a. DECEBRE, décevoir, tromper ; *decebut, udo,* part., déçu, e. — SYN. *dessaupre.* — ANC. CAT., *dece-*

bre; ANG. ESP., *decebir*. — ETY. LAT., *decipere*.

DECELA, v. a. DECELAR, DESCELAR, déceler, déclarer un secret, découvrir un personne qui était cachée ; *se decelá*, v. r., se déceler, se trahir, se faire connaître; *decelat*, *ado*, part., décelé, ée. — SYN. *decialá*, *dessalá*, f. a. — CAT., *decelar*. — ETY., *de*, préf. nég., et *celá*, céler, cacher.

DECEMBRE, s. m. DEZEMBRE, décembre, le dernier mois de l'année. — CAT., *desembre*; ESP., *diciembre*; ITAL., *dicembre*. — ETY. LAT., *december*, de *decem*, dix, parce que c'était le dixième mois de l'année des Romains.

DEZEMBRES es dig lo dotzes ;
Lo temps es per tot aquel mes
Naturalmen de grand frejor,
Car lo solelhs tan lunh nos cor
Que no pot dissendre plus bas.
BREV. D'AMOR.

DECENCHA, v. a. Défaire ce qui est ceint, ôter la ceinture à quelqu'un ; *se decenchá*, v. r., se l'ôter soi-même. — SYN. *dèicenchá*, *decintá*, *descenchá*. — PORT., *decingir*. — ETY., *de*, préf., et *cenchá*, ceindre.

DECENGLA, PROV., v. a. V. Descinglá.

DECERVELA, v. a. DECERVELAR, enlever la cervelle, faire sauter la cervelle; au fig., faire perdre la tête ; étourdir en faisant du bruit ; *decervelat*, *ado*, celui à qui l'on a fait sauter la cervelle ; écervelé, ée, étourdi, assourdi. — SYN. *dèicervelá*, *ecervelá*, *ecirvelá*, *enceverlá*. — ETY., *de*, préf., et *cervèlo*.

DECESSA, v. a V. Cessá.

DE-CÈY-DE-LÈY, DAUPH., loc. adv. Deça, delà, par-ci, par-là. — SYN. *dessai*, *delai*.

DECH, GASC., art. du génitif. sing. Du, de le. V. Del.

DECH, GASC., s. m. Pâture; nourriture des oiseaux.

DECH, adj. num. DETZ, dix. — SYN. *dets*, *dex*. — CAT., *deu* ; ESP., *diez* ; ITAL., *dieci*. — LAT., *decem*.

A cinq levo-te, dinno à DECH,
Soupo à cinq, e te jai à DECH,
E vièuras d'ans DECH cops DECH.

DECHA, GASC., v. a. V. Laissá.

DECHABARTA, AGEN., v. a. V. Deschabartá.

DECHAU, DAUPH., adj. V. Descaus.

DECHENO, s. f. DESENA, dizaine ; *dechenos*, s. f. p., dizaines de chapelet. — BÉARN., *detzene*; CAT., *desena*; ESP., *dechena*; ITAL., *diecina*. — ETY., *dech*.

DECHET, s. m. Déchet. V. Descai.

DECHETA, v. n. V. Descaissá.

DECHICA, CÉV., v. a. Déchiqueter, tailler menu, découper en faisant diverses taillades. — SYN. *dechicoutá*, *dechiquetá*. — CAST., *achiquetá* ; B. LIM., *desliquetá*. — ETY., *de*, préf., et *chic*, petit morceau, parcelle.

DECHICOUTA, v. a. V. Dechicá.

DECHIÈME, o, adj. num. DEZEN, dixième, nombre ordinal de dix ; *lou dechième*, s.m., la dixième partie. — SYN. *detzième*, *desième* — PROV., *desen* ; CAT., *deze* ; ESP., PORT., ITAL., *decimo*. ETY. LAT., *decimus*.

DECHIFRAGNA, v. a. Effacer, raturer, rayer. — SYN. *deschifragná*.

DECHIQUETA, v. a. V. Dechicá.

DECHISCLETA, CAST., v a. Lever le loquet d'une porte afin de l'ouvrir. — BITERR., *descadaulá* ; GARG., *degiscletá*, *desiscletá*. — ETY., *de*, préf., et *chisclet*, loquet.

DECHIUSSA, CAST., v. a. Contrarier, inquiéter, donner du souci, critiquer.

DECHO, LIM., s. f. Blessure. V. Dèco.

DECHOS, GASC., s. f. p. Pois carrés.

DECHOUT, adv. et prép. Dessous. V. Dejoust.

DECHUCA, TOUL., CÉV., v. a. Exprimer le suc; épreindre, épuiser, mettre à sec. — ETY., *de* priv., et *chuc*, suc, tirer le suc.

DECHURRE, v. n. Déchoir. — ETY., altér. du français, déchoir. La forme romane est *dechazer*, *decazer*.

DECIALA, CÉV., v. a. V. Decelá.

DECIBRA, LIM., v. a. Déchirer. — SYN. *ecibrá*.

DECIMA, v. a Écimer, couper la cime ; *decimat*, *ado*, part. écimé, ée. —

Syn. *dèicima*. — Ety., *de*, priv., et *cimo*, cime.

DECIMOUTA, prov., v. a. Écimer souvent les arbres, les arbustes, etc. — Syn. *dèicimoutá*. — Ety., fréq. de *decimá*.

DECINDRA, v. a. V. Decintrá.

DECINTA, v. a. V. Decenchá.

DECINTRA, v. a. Décintrer, ôter les cintres qu'on avait placés pour construire une voûte. — Ety., *de* priv., et *cintre*.

DECLARA, v. a. Declarar, déclarer, faire connaître, révéler, déceler, etc; en roman, expliquer, rendre clair ; *se declará*, v. r., se faire connaître, prendre parti pour ; T. de vénerie, on dit qu'un jeune chien *se déclare* quand il commence à donner de la voix sur le pied d'un animal ; *declarat*, *ado*, part., déclaré, ée. — Cat., esp., port., *declarar*; ital., *dichiarare*. — Ety. lat., *declarare*.

DECLARACIÉU, **DECLARACIOUN**, s. f. Declaratio, déclaration, action de déclarer, discours, acte, écrit par lequel on déclare. — Cat. *declaració*; esp., *declaracion*; ital., *dichiarazione*. — Ety. lat., *declarationem*.

DECLI, **DECLIN**, s. m. Decli, déclin, état d'une chose qui penche vers sa fin, qui arrive au terme de son cours, qui perd de sa force, de son éclat; décadence ; *decli de la luno*, décroissement de la lune. — Port., *declinió*; ital., *dichino*. — Ety., *decliná*; *decli* est un s. verb.

DECLINA, v. n. Declinar, décliner, déchoir, pencher vers sa fin ; s'affaiblir, diminuer; v. a., T. de grammaire, décliner, faire passer un nom, un adjectif par tous ses cas et toutes ses flexions. — Cat., esp., port., *declinar*; ital., *declinare*. — Ety. lat., *declinare*.

DECLINASOU, s. f. Declinazo, T. de grammaire, déclinaison, action de décliner. — Syn. *declinesoun*. — Cat., *declinació*; esp., *declinacion*; ital., *declinazione*. — Ety., *decliná*.

DECLINESOUN, prov., s. f. V. Declinasou.

DECO, s. f. Deca, decha, défaut, tare, détérioration, vice de conformation, infirmité ; atteinte à la réputation ; brèche faite au tranchant d'un instrument. — Syn. *dec* ; lim., *decho*.

DECO, gasc., pron. démonst. (deço). Cela. V. Acò.

DE-CONTRO, **DE-COSTRO**, adv. et prép. Tout auprès.

DE-COSTO, toul., cév., V. De-contro.

DECOUFA, prov., v. a. Écosser. V. Degouvá.

DECOUMBRA, v. a. V. Descoumbrá.

DECOUMPOSTA, b. lim., v. a. Mêler des œufs, du lait avec de la pâte pour en faire des gâteaux. — Ety., *de*, préf., *coum*, avec, et *postá* pour *pastá*, pétrir ou le lat. *compostum*, mis ensemble.

DECOUN, b. lim., adv. de lieu. Où. V. Ounte.

DECOURA, toul., v. a. Decorar, réciter, savoir par cœur. — Cat., esp., port., *decorar*. — Ety., *de*, préf., et *cor*, cœur.

DE-D'AILAI, cév., adv. et prép. Au delà. V. De-delà.

DE-D'ASSAI, adv. et prép. De ce côté-ci. V. De-dessà.

DEDAL, s. m. Dé à coudre, doigtier ou poucier ; tuyau de roseau dont se servent les moissonneurs pour ne pas se blesser avec la faucille ; par analogie, cupule du gland, de la noisette. — Syn. *dudal*. — Cév., prov., *dedau*; gasc., *didal*, *didau*; esp., port., *dedal*; ital., *ditale*. — Ety. lat., *digitale*.

DEDALAT, s. m. Plein un dé. — Syn. *dedalhat*. — Ety., *dedal*.

DEDALHA, prov., v. a. Faner le foin, la luzerne, etc., qui viennent d'être fauchés. — Ety., *de*, préf., et *dalhá*, faucher.

DEDALHAT, s. m. V. Dedalat.

DEDAU, cév., prov., s. m. V. Dedal.

DEDAUMAJA, prov., v. a. V. Desdaumajá.

DE-DAVAU, prov., adv. En bas, là-bas. V. Aval.

37

DEDEGNA, **DEDEGNOUS**, v. Desdegná, Desdegnous.

DE-DELA, adv. et prép. Delai, de l'autre côté, par delà, au-delà ; *la neit de-delà*, l'avant-dernière nuit ; *l'an de delà*, l'avant-dernière année ; *de-delà lou¹rec*, de l'autre côté du ruisseau, au-delà du ruisseau. — Syn. *de-delai* ; cév., *de-dailai*.

DE-DELAI, adv. et prép. V. De-delà.

DEDEN, s. m. V. Desdeng.

DEDENS, gasc., adv. de lieu. Dedans. V. Dedins.

DE-DESSA, **DE-DESSAI**, adv. et prép. De-sai, en deçà, du côté où l'on se trouve, de ce côté-ci, par opposition à *de-delà*, qui signifie de ce côté-là. — Syn. *de-daissai*. — Ety., *de*, et *des*, double préposition, et *sa*, *sai*, ici.

DEDICH, s. m. Dédit, rétractation d'une parole donnée ; somme stipulée dans une convention, que celui qui n'en remplit pas les conditions, est obligé de payer à l'autre partie. — Syn. *desdich*. — Ital., *disdetta*. — Ety., s, part. m. de *dedire*.

DEDIN, adv. et prép. V. Dedins.

DEDINIT, ido., prov., adj. Frileux, euse. — Syn. *frejeluc*, *frigourous*.

DEDINS, s. m. Le dedans, l'intérieur d'une chose, le dedans d'une maison : *aimo lou dedins*, il aime à rester chez lui ; *lou dedins de la ma*, la paume ou le plat de la main ; adv. et prép., dedans, dans l'intérieur ; *aqui dedins*, là dedans ; *en dedins*, en dedans ; *al dedins*, au dedans ; *per dedins*, par dedans. — Syn. *deguens*, *dedens*, *en dedens*. — Esp., ital., port., *dentro*. — Ety. lat., *de-intus*.

DEDIOLA, b. lim., v. n. Dégeler ; biterr., *desjalá*. — Ety., *de*, préf., et *dial* pour *djal*, gelée.

DEDIOLA, ado, b. lim., adj. Personne frileuse, qui a toujours l'air d'avoir froid. — Ety., *de*, préf. augm. et *diolá*, pour *djolá*, gelé.

DEDIOLOGI, s. m. (dediolodzi). Engelure. — Biterr., *cidoulo*. — Ety., *dediolá*, part. gelé.

DEDIRE, v. a. Desdir, desdire, dédire,

désavouer quelqu'un de ce qu'il a dit ou fait pour nous ; *se dedire* ou *s'en dedire*, v. r., se dédire, ne pas tenir sa parole, se rétracter, dire le contraire de ce qu'on a dit ; *desdich*, o, part., dédit, e, désavoué. — Syn. *desdire*. — Cat., *desdir* ; esp., *disdecir* ; port., *desdizer* ; ital., *disdire*. — Ety., *de*, préf., et *dire*.

DEDOUASSA, prov., v. a. Écosser. — Ety., *de*, préf., et *dousso*, cosse.

DEDU, **DEDUCH**, s. m. Deduch, desduch, récit, narration. En roman, déduit, divertissement. — Ety., s. part. m. du roman *dedure*, du lat. *deducere*, employé dans la b. latinité avec le sens de divertir.

DEFA, v. a. V. Desfá.

DEFACIA, **DESFACIA**, v. a. Défigurer, gâter le figure, le visage ; *se defaciá*, v. r., se défigurer, se gâter la figure. — Syn. *desfigurá*. — Ety., *de*, préf., et *facio*, face, figure.

DEFADURO, s. f. Luxation, déboîtement des os. — Ety., *defá*, défaire.

DEFAIRE, v. a. V. Desfaire.

DEFALCA, v. a. Defalcar, défalquer, retrancher une somme d'une somme plus grande. — Cat., port., esp., *desfalcar* ; ital., *diffalcare*. — Ety., *de*, préf., et l'anc. h. all. *falcan*, retrancher.

DEFALHA, gasc., v. n. V. Defalhi.

DEFALHENSO, s. f. Defallensa, defalensa, défaillance ; faiblesse, état d'une personne qui a perdu sa vigueur ; évanouissement. — Syn. *defalhiment*. — Ety., *defalhent*, part. de *defalhi*.

DEFALHENT, o, adj. Defalhens, défaillant, e, qui fait défaut, qui n'a pas comparu en justice quand il y a été appelé ; qui s'affaiblit. — Cat., *defallent*. — Ety., *defalhi*.

DEFALHI, v. n. Defalhir, défaillir, être en moins, manquer, faire défaut ; s'affaiblir, tomber en faiblesse, s'évanouir. — Gasc., *defalhá* ; cat., *defallir* ; esp., *desfallecer* ; ital., *sfallire*. — Ety., *de*, préf., et *falhi*, du lat. *fallere*, faillir.

DEFALHIMENT, s. m. Defalhiment, action de défaillir, défaillance, manque, défaut. — Syn. *defalhenso*. — Cat., *defalliment*; esp., *desfallecimiento*; port., *desfalecimento*. — Ety., *defalhi*.

DEFAMINA, prov., v. a. Apaiser la faim. — Ety., *de*, préf., et *famino*, famine, faim.

DEFANGA, v. a. V. Desenfangá.

DEFARDO, b. lim., cév., s. m. V. Desfardo.

DEFARFOULHA, prov., v. a. V. Desfarfoulhá.

DEFARRA, v. a. V. Desferrá.

DEFARROULHA, prov., v. a. V. Desbarroulhá.

DEFAT, toul., loc. adv. *Li n'es defat*, il le trouve bien à dire. (Doujat.)

DE-FAT, adv. comp. Par le fait, en effet. — Cév., *de-fet*.

DEFAUT, s. m. Défaut, défaut, imperfection; manque, privation de quelque chose; absence, refus de comparaître en justice. — Cat., *defalt*. — Ety. rom., *defalh*, 3e pers. du présent de l'indicatif de *defalhir*.

DEFAUTA, prov., v. n. Manquer, faire défaut, tromper, défaillir, retirer ou ne pas tenir ce qu'on avait promis. — Syn. *desfautá*, *fautá*. — Ety., *defaut*.

DEFAUTA, ado, prov., part. Privé, ée, à qui une chose fait défaut, où manque.

DEFECIBLE, o, toul., adj. Difficile. V. Difficile.

DEFECILE, o, prov., adj. V. Difficile.

DEFECTUOUS, o, adj. Defectuos, défectueux, euse, qui a des défauts, qui est entaché de quelques imperfection. — Cév., *defectuos*; esp., port., *defectuoso*; ital., *difettuoso*. — Ety. lat., *defectuosus*.

DEFECTUOUSITAT, s. f. Defectuositat, défectuosité; défaut, manquement. — Ital., *difettuosità*. — Ety., *defectuous*.

DEFEISSA, prov., v. a. V. Desfaissá.

DEFELHA, v. a. Effeuiller. V. Desfuelhá.

DEFENDE, gasc., v. a. V. Defendre.

DEFENDEIRE, s. m. Defendedor, défenseur, défendeur en justice. — Prov., *defendour*; béarn., *defenedou*; cat., *defenedor*; esp., port., *defendedor*; ital., *defenditore*. — Ety., *defende*.

DEFENDOUR, prov., s. m. V. Defendeire.

DEFENDRE, v. a. Defendre, défendre, prendre la défense; protéger, plaider pour une personne; faire défenses; se défendre, v. r., se défendre; se justifier, faire valoir ses droits; repousser la force par la force. — Gasc., *defende*, *dehene*; cat., *defendrer*; esp., port., *defender*; ital., *defendere*. — Ety. lat., *defendere*.

DEFENDUDOS, prov., s. f. p. Terrain réservé où l'on ne veut pas que les troupeaux aillent paître; perches plantées au bord de ces terrains pour marquer la prohibition. — Ety., *defendut*, *udo*.

DEFENDUT, udo, part. Défendu, e, protégé, mis à couvert; prohibé.

DEFENEDOU, béarn., s. m. V. Defendeire.

DEFENI, cast., v. a. V. Defini.

DEFENSO, s. f. Defensa, défense, action de défendre ou de se défendre, prohibition, interdiction de faire une chose; *defensos*, s. f. p., défenses, dents canines de quelques animaux. — Cat., esp., port., *defensa*; ital., *difesa*. — Ety. lat., *defensa*.

DEFENSOU, DEFENSOUR, s. m. Defensor, défenseur, avocat qui défend une cause. — Syn. *defendeire*. — Cat., esp., port., *defensor*; ital., *difensore*. — Ety. lat., *defensorem*.

DEFER, prov., adj. m. Désagréable, étrange. — Ety., *de*, préf., et *fer*, sauvage.

DEFES, s. m. T. de mar. foc, petite voile des bateaux de pêche. — Syn. *pantòri*; *de-fés*, adv. comp. quelquefois, parfois; on dit aussi *de fés qui a*. — Syn. *d'unos-fés*, *d'usses-fés*. — Ety., *de*, prép., et *fés*, fois.

DEFESSEJA (Se), prov., v. r. Se dégager, se débarrasser, se délivrer. — Syn. *defeissa*, *desfaissá*.

DE-FET, cév., adv. comp. Par le fait, en effet. — Toul., de-fat.

DEFÈTO, s. f. Événement, tumulte, altercation. C'est un mot français qui, en passant dans nos idiomes avec une acception différente, y a conservé par la manière dont il est écrit, la prononciation française ; mais comme il vient de *defaire*, c'est *defaito*, qu'il faudrait écrire. — Syn. *desfèto*.

DEFIAT, prov., s. m. Homme méchant dont on doit se défier.

DEFIDA, v. a. V. Desflá.

DEFIERA, prov., v. a. Effiler, V. Desfilá.

DEFIERA, prov., v. n. Abandonner la foire. — Ety., *de*, préf. et *fiéro*, foire.

DEFIGA, prov., v. a. Cueillir toutes les figues d'un figuier. — Ety., *de*, préf., et *figo*, figue.

DEFILA, v. n. Défiler, aller à la file ; pour effiler, V. Desfilá — Esp., port., *desfilar* ; ital., *sfilare*. — Ety., *de*, préf., et *filo*, file.

DEFILO, s. f. Prène la defilò, défiler, s'en aller à la file ; au fig. s'affaiblir, en parlant d'un malade dont l'état laisse peu d'espoir de guérison ; *de filo*, adv. tout d'une file. — Ety., *defilá*.

DEFINA, b. lim., v. a. Finir. V. Fini.

DEFINI, v. a. Definin, définir, expliquer ce qu'est une chose ; déterminer, fixer. — Gasc., *defeni* ; cat., esp., port., *definir* ; ital., *definire*. — Ety. lat., *definire*.

DEFINICIÉU, DEFINICIOUN, s. f. Deffinicio, diffinicio, définition, décision ; fin. — Cat., *definició* ; esp., *definicion* ; ital., *definizione*. — Ety. lat., *definitionem*.

DEFINIMENT, s. m. Difiniment, fin, terme, achèvement ; on dit aussi dans le même sens : *definiciéu*. — Ety., *defini*.

DEFIOUEJA, prov., v. a. Craindre quelqu'un.

DEFISA, v. a. V. Desflá et Mesfisá.

DEFLECIU, cév., s. f. V. Deflussiu.

DEFLOUÇA, v. a. V. Desflouçá.

DEFLOURA, v. a V. Desflourá.

DEFLUSSIU, cév., s. f. Amas d'humeurs sur une partie du corps ; affliction. — Syn. *defleciu*. — Anc. cat., *defluxió*. — Ety., *de*, préf. augm. et le latin *fluxionem*, fluction.

DEFORO, adv. Deforas, dehors : *lou cal boutá deforo*, il faut le mettre dehors ; *aná deforo*, aller en voyage ; prép., *deforo vilo*, hors de la ville, c'est-à-dire à la campagne ; *estre deforo d'un afaire*, s'être tiré d'une affaire ; *al deforo*, loc. adv. en dehors ; *de deforo*, du dehors, de l'extérieur ; *en deforo*, en dehors ; *per deforo*, par dehors, par l'extérieur ; *lou deforo*, s. m., le dehors, la partie extérieure d'une chose ; *aimá lou deforo*, aimer la promenade, la campagne. — Prov., *defouaro*, *defouèro* ; béarn., *dehore* ; gasc., *dehoro* ; cat., *defora* ; esp., *defuera* ; ital., *difuora*. — Ety. lat, *deforas*.

DEFOTIMA, b. lim., v. n. Faire des grimaces ; on dit aussi se *defotimá* ; *defotima*, *do*, part., grimacier, ère, qui fait des grimaces. — Syn. *demoniéirá*. — Biterr., se *degaugná*.

DEFOUARO, prov., adv. V. Deforo.

DEFOUCA, b. lim., v. a. (defoucá), Déparer, rendre moins agréable à l'œil ; *sa boucho la defouco*, sa bouche la dépare.

DEFOUÈRO, prov, adv. V. Deforo.

DEFOUINA, garc., v. n. Faire décamper. V. Fouiná.

DEFOUNDRE, prov., v. a. Démolir, abattre ce qui avait été bâti ; *se defoundre*, v. r., s'écrouler.

Crous drecho quand tout se DEFOUNDE.

E. Négrin, *de Cannes*.

DEFOUNSA, v. a. Défoncer, ôter le fond d'une futaille ; fouiller un terrain à une grande profondeur ; T. de tanneur, défoncer un cuir, le fouler avec les pieds après l'avoir mouillé ; *defounsat*, *ado*, part., défoncé, ée, *cami defounsat*, chemin effondré. — Syn. *desfounsá*, *desenfounsá*. — Gasc., *dehounsá*. — Ety., *de*, préf., et *founs*, fond.

DEFOUNSAMENT, s. m. Action de défoncer. — ETY., *defounsá*, et le suffixe *ment*.

DEFOUR, adv. V. Deforo.

DEFOURRELA, v. a. V. Desfourrela.

DEFOURTUNO, B. LIM., GASC., s. f. Infortune. V. Desfourtuno.

DEFRAUGNA, AGEN., v. a. V. Desfraugná.

DEFRESQUINA, v. a. Dépouiller quelqu'un de son avoir ; lui gagner son argent au jeu, lui faire perdre son frusquin ou son saint-frusquin.—ETY., *de*, préf., et *fresquin*, frusquin, ce qu'un homme a d'argent ou de nippes.

DEFRICHA, v. a. Défricher. V. Debousigá.

DEFRICHAMENT, s. m. Défrichement. — ETY., *defrichá*.

DEFROUNTAT, ado, GASC., adj. V. Esfrountat.

DEFROUNZI, v. a. Défroncer. V. Desfrounci.

DEFRUCHA, PROV., v. a. Ramasser, cueillir les fruits ; dévaster, gâter la récolte des fruits, les voler ; au fig. manger son bien en faisant une grande dépense. — SYN. *desfruchá*.—ESP., PORT., *desfrutar*; ITAL., *sfruttare*.— ETY., *de*, préf., et *fruch*, fruit.

DEFRUTI, PROV., s. m. Repas d'amis; repas qu'on fait après avoir tué un porc; grande consommation de vivres. — SYN. *defrutu*, *defurutu*. — ETY. LAT., *defrutum*, vin cuit. On en buvait sans doute à ces repas.

DEFRUCTU, PROV., s. m. V. Defruti.

DEFUGA (Se), PROV., v. r. Perdre son feu, son ardeur. V. Desfougá.

DEFUGI, PROV., v. n. Éviter, refuser, dénier une chose due, disconvenir. — ETY., *de*, préf. et *fugi*, fuir.

DEFUNT, o, s. et adj. DEFUNCT, défunt, e, mort. — ANC. CAT., *defun*; ESP., PORT., ITAL., *defunto*. — ETY. LAT., *defunctus*.

DEFUNTA, PROV., v. n. Mourir. — ETY., *defunt*.

DEFURUTU, PROV., s. m. V. Defruti.

DEGABEJA, PROV., v. a. et n. Déménager. V. Desbagajá.

DEGABEJAIRE, PROV., s. m. Celui qui déménage. — ETY., *degabejá*.

DEGAFA, v. a. V. Desgafá.

DEGAI, CÉV., s. m. Dégât. V. Degast.

DEGAISSA, v. a. Détacher les tailles, couper les drageons d'un arbre, d'un arbuste; quand il s'agit de la vigne, on dit *revertá*. — SYN. *degaissouná*.— ETY., *de*, préf., et *gaissá* de *gais*, drageonner.

DEGAISSOUNA, CAST., v. a. V. Degaissá.

DEGAJA, v. a. Dégager, retirer ce qui avait été engagé, ce qui avait été donné en gage ; retirer une parole donnée ; faire qu'une chose ne soit plus embarrassée, obstruée, etc., *se degajá*, v. r., se dégager, se dépêcher. — SYN. *desgajá*, *desengajá*. — ETY., *de*, préf., et *gage*, gage.

DEGAJAMENT, s. m. Dégagement, action par laquelle une chose est dégagée ; agilité, légèreté. — ETY., *degajá*, et le suffixe *ment*.

DEGAL, s. m. V. Degast.

DEGALAFATA, v. a. T. de mar. Enlever l'étoupe et le brai d'un navire pour le calfater de nouveau ; au fig. *se degalafatá*, v. r., se débarrasser, se dépêtrer. — ETY., *de*, préf. et *galafatá*, calfater.

DEGALHA, BITERR., v. a. Gâter, friper, détruire, dissiper, prodiguer ; *se degalhá*, v. r., se gâter, se perdre ; se pervertir, mener une mauvaise conduite. Ce mot est une altération du roman *degasta*, formé de *de*, et de *gastá*, du lat. *vastare*.

DEGALHAIRE, o, adj. et s. V. Degalhier.

DEGALHET, adj. et s. V. Degalhier.

DEGALHIBOUL, TOUL., CÉV., adj. Dépensier. V. Degalhier.

DEGALHIER, ièiro, adj. et s. DEGALHIER, dissipateur, prodigue, dépensier ; qui aime à friper, à détruire. — SYN. *degalhaire*, *degalhet*, *degalhiboul*, *degalhiu*, *degatiboul*, *degavalhaire*, *degavalhier*, *degavalhous*. — ETY., *degalhá*.

DEG (582) DEG

DEGALHIU, cév., toul., adj. V. Degalhier.

DEGALISA, cast., v. a. V. Egalisá.

DEGAMBIAT, ado, prov., adj. Maladroit, e, gauche. V. Desgaubiat.

DEGANAU, audo, s. m. et f. Huguenot, e, calviniste, hérétique ; par ext. homme sans foi, athée. V. Huganau.

DEGANDAULA, prov., v. a. V. Descadaulá.

DEGANEJA, prov., v. n. Bruiner.

DEGANI, prov., v. a. T. de mar., défuner, dégarnir un mât de ses cordages.

DEGANISSA (Fa), cast., v. a. Faire enrager, tourmenter, asticoter.

DEGANSA, v. a. Oter les ganses d'un chapeau, en décrocher les agrafés, en abattre les bords. —Syn. desgansá. — Ety., de, préf., et ganso, ganse.

DEGANUBIA, do, prov., adj. Gauche, maladroit. V. Desgaubiat.

DEGAPINA (Se), v. r. Se démener pour se tirer d'un obstacle, pour s'en dépêtrer. — Syn. se degalafalá.

DEGARA, cast., v. a. Inquiéter, tourmenter, prendre à grippe, égarer, exciter à la débauche ; se degará, v. r., se dissiper ; cév., se troubler. — Ety., altér. de egará.

DEGARAMBIT, ido, prov., adj. Déjejé, ée, en parlant du bois, d'une planche. — Syn. degarambrit.

DEGARAMBRIT, ido, adj. V. Degarambit.

DEGARAT, ado, part. de degará, Egaré, ée, fou, folle, troublé ; dissipé, débauché.

DEGARGAMELA (Se), v. r. V. Desgargamelá.

DEGARGANTA (Se), narb., v. r. S'égosiller. V. Desgargamelá.

DEGAROUTA, cév., v. n. Partir avec explosion, claquer ; on dit d'une fronde qu'on fait siffler : peto que degaroto, elle fait un bruit pareil à celui d'un trait décoché. — Ety., de, préf., et garot, trait d'arbalète.

DEGARROUNA, v. a. V. Desgarrouná.

DEGASPA, cast., v. a. Egrapper, séparer les grains de raisin de la grappe. — Biterr., desgrapá. — Ety., de, préf., et gaspo, grappe, rafle.

DEGASPADOU, cast., s. m. Outil en bois dont on se sert pour égrapper les raisins. — Syn. escarpadou, degrudadou, degrapadou. — Ety., degaspadó, part. f. de degaspá.

DEGAST, s. m. Deguais, dégât, dommage considérable ; prodigalité, dissipation ; boulá quicon al degast, mettre quelque chose au rebut. — Syn. degai, dégát ; gasc., degoualli, degouast. — Ety., roman., degastar, formé de de, préf., et de gastar, du lat. vastare.

DEGATIBOUL, toul., adj. Dissipateur. V. Degalhier.

DEGATIGNA (Se), cév., v. r. Se donner de petits coups par espièglerie ; s'asticoter, se quereller, se disputer ; par ext., se tourmenter. — Syn. descatigná. — Ety., de, préf. et gatigná, pour gratigná, fréq. inusité de gratá, égratigner.

DEGATIGNAMENT, cév., s. m. Chagrin, inquiétude. — Ety., degatigná.

DEGATIGNOUS, o, cév., adj. Chagrin, ine, inquiet, ète. — Ety., degatigná.

DEGATINA (Se), v. r. altér. de degatigná. V. ce mot.

DEGAUBIAT, ado, adj. V. Desgaubiat.

DEGAUGNA, v. a. Contrefaire quelqu'un pour se moquer de lui ; se degaugná, v. r., se contrefaire, faire des grimaces en signe de moquerie ; se rendre difforme par un excès d'afféterie dans sa démarche et dans ses manières ; b. lim., tordre la bouche en mangeant ou en parlant ; degaugnal, ado, part., contrefait, e, grimacier ; cév., décontenancé.—Syn. desgaugná, embaugná, embèugná, engaugná, engraugná, escaugná, debigourgná, degaugnassá, despigná.— Ety., de préf., et gaugno, joue, parotide, bouche, visage.

DEGAUGNADO, s f. Grimace ; contorsion de la bouche ; geste de mépris ou de mutinerie ; rebuffade accompagnée d'une sorte de grognement. — Syn. regaugnado. — Ety., s. part. f. de degaugná.

DEGAUGNAIRE, o, s. m. et f. Moqueur, euse, grimacier, ère, celui qui contrefait une personne pour s'en moquer. — Syn. *despignaire, engaugnaire.* — Ety., *degaugná.*

DEGAUGNASSA (Se), v. r. V. Degaugná.

DEGAULA, v. r. V. Desgaulá.

DEGAURIGNA, prov., v. a. Découper maladroitement un poisson. — Ety., *de*, préf., et *gaurigno*, pour *gaugno*, ouïe du poisson, joue, parotide.

DEGAUTI, B. LIM., v. a. V. Desgauchi.

DEGAVAL, cév., s. m. Mauvais ménage. — Ety., *degavalhá.*

DEGAVALHA, cév., v. a. Détruire, gâter, dissiper. — Ety., altér. de *degalhá.*

DEGAVALHAIRE, iairo, adj. et s. Dissipateur, dissipatrice, dépensier; *l'enfant degavalhaire*, l'enfant prodigue. — Syn. *degavalher, ièiro, degavalhous.*

DEGAVALHIER, ièiro, **DEGAVALHOUS**, o, adj. V. Degavalhaire.

DEGEINO, CAST., s. f. V. Degueino.

DEGEL, DEGELA, V. Desgel, etc.

DEGERI, PROV., v. a. V. Digeri.

DEGERMI, PROV., v. a. Couper, enlever le gazon. — Ety., *de*, préf., et *germe*, germe, gazon.

DEGINGADA, cév., v. a. Défaire ce qui était fait.

DEGISCLETA, CARC., v. a. V. Dechiscletá.

DEGITA, PROV., v. a. Élever un jeune enfant.

DEGLAIA, ado, cév., adj. Propre à faire un travail quelconque, dispos, ingambe. — Syn. *degleinde, deglende.*

DEGLARA, BÉARN., v. a. Égrener. V. Degruná.

DEGLATI, PROV., v. a. Délivrer quelqu'un de la vermine qui le dévore.

DEGLÈIA (Se), PROV., v. r. V. Deglesi.

DEGLÈIN, PROV., s. m. Vomissement; affaiblissement.

DEGLEINDE, cév., adv. V. Deglende.

DEGLÈIRE, PROV., v. n. V. Deglesi.

DEGLÈIS, èiso, PROV., adj. Exténué, ée. — Syn. *deglesit.*

DEGLENA, PROV., v. a. Écosser les légumes; cueillir les olives à la main; v. n., mourir.

DEGLENDE, o, ROUERG., adj. Disposé, ée; apte. — PROV., *degleinde, deglaiá.*

Un esprit treboulat per oquelo rocalho
N'es pas gaire DEGLENDE ol joc de lo rimalho.
PEYROT.

Un esprit troublé par cette racaille — n'est guère apte au jeu de la rime.

DEGLENI (Se), PROV., v. r. V.

DEGLESI (Se), cév., v. r. Se disjoindre, se dessécher, s'entr'ouvrir, bailler en parlant d'une tinette, d'une futaille, etc.; se fêler, s'entr'ouvrir, bailler, dépérir; *deglesit, ido*, part., disjoint, e, desséché, entr'ouvert, e; au fig. exténué, ée, défait, efflanqué. — Syn. *deglèiá, deglèire, deglèni, deiglesi, desglesi, escladani, escladeni, esclèini.* — BITERR., *adali.*

DEGLOUBA, B. LIM., v. a. Enlever l'écorce à une petite branche de saule, quand elle est en sève, pour en faire une espèce de flageolet que les enfants appellent par onomatopée *ti-tuit.* — Ety. LAT., *degluberé*, peler, écorcer.

DEGLOUFA, AGAT., v. a. V. Descouflá.

DEGNA, v. a. et n. DENHAR, daigner, vouloir bien. — Syn. *digná.* — CAT., ESP., PORT., *dignar*; ITAL., *dignare.* — Ety. LAT., *dignari.*

DEGOL, CARC., s. m. Précipice, abîme; au fig. *degol de plasés*, de grands plaisirs; *degol de favous*, beaucoup de faveurs; CAST., bruit, tintamarre; chagrin, tracasserie. — Syn. *degouel, degoual, degoulaire, degoulòu*, précipice. — Ety., s. verb. de *degoulá*, précipiter.

DEGOLHA, ROUERG., v. a. V. Degalhá.

DEGORAT, ado, QUERC., adj. Égaré, ée. V. Degarat.

DEGOU, cév., s. m. V. Degout.

DEGOUAL, PROV., s. m. V. Degol.

DEGOUAST, GASC., s. m. Dégât. V. Degast.

DEGOUBILHA, v. a. Dégobiller, vomir.

— Ety., de, préf., et *goubilhá*, fréq. de *goubá*, gober, avaler.

DEGOUBILHURO, s. f. Dégobillis. — Ety., *degoubilhá*.

DEGOUDILHA (Se), toul., v. r. Se démener, sautiller, remuer les jambes, les écarquiller. — Syn. *se degoulhá*.

DEGOUDILHAIRE, toul., adj. Leste, dispos, sauteur, alerte. — Ety. de *goudilhá*.

DEGOUEL, prov., s. m. V. Degol.

DEGOUFA, v. a. Oter une porte de ses gonds; arracher les gonds. — Syn. *desgoufouná*, *desgounfouná*. — Ety. de, du lat. *de ex*, hors de, et *gofo*, gond.

DEGOULA, b. lim., v. n. Manger avidement, dévorer; dégueuler, vomir. — Syn. *degoulhá*, *degourá*. — Ety. de, préf., et *goulo*, gueule.

DEGOULA, v. a. Degollar, précipiter, faire rouler d'un lieu élevé; au fig., *degoulá uno filho*, mal marier une fille; v. n., décliner, dégringoler, mourir; *se degoulá*, v. r., se précipiter, tomber d'un lieu élevé. — Ety. lat., *degulare*, engloutir.

DEGOULAIRE, DEGOULARELLO, prov., adj. Nuptial, e, qui est destiné à la cérémonie du mariage : *habit degoulaire*, habit de noces; *raubo degoularello*, robe nuptiale. Ce mot ne s'emploie qu'ironiquement ; *degoulaire* signifie, en effet, précipice, et l'on considère le mariage comme un précipice en se servant de l'adj. *degoulaire*. — Ety. *degoulá*.

DEGOULAT, ado, part. Précipité, ée; *degoulat*, s. m. mouton, bœuf, chevreau, etc., qui se sont tués en tombant du haut d'un rocher dans un précipice.

DEGOULHA, cév., toul., v. n. Manger avec avidité. V. Degoulá.

DEGOULHA, v. a. Déboîter, disloquer, fouler, donner une entorse; *se degoulhá*, v. r. se disloquer; toul., se démener, écarquiller les jambes de manière à les disloquer. — Syn. *degoudilhá* pour cette dernière acception, et *degulhá* pour la première.

DEGOULHADASSO, cév., s. f. Grosse réjouie, femme dégingandée, celle dont la contenance et la démarche sont mal assurées comme si elle était toute disloquée. — Ety., augm. de *degoulhado*.

DEGOULHAT, ado, part. Disloqué, ée; désordonné, mal ajusté; *degoulhada*, montp., adj. et s., femme dégingandée.

<small>La jouve un pauquet degoulhada
Partigué touta espandoulhada.</small>

<small>Favre, Siège de Cadaroussa.</small>

DEGOULINA, lim., v. n. Couler goutte à goutte, tomber par morceaux. — Ety., *degoulá*.

DEGOULINARI (Fa), lim., v. Faire raile, enlever furtivement; faire au fond de la fossette un petit trou recouvert de terre où s'enfoncent et se perdent les billes des joueurs, retrouvées plus tard par celui qui a fait ce trou avec l'intention de se les approprier.

DEGOULOU, cév., prov., s. m. (degoulòu). V. Degol.

DEGOURA, cast., v. a. Manger avec avidité. V. Degoulá.

DEGOURDI, v. a. Dégourdir, redonner du mouvement, de la chaleur à ce qui était engourdi; au fig. faire perdre à quelqu'un sa timidité, chauffer un pou, rendre tiède; *degourdi soun bé*, manger promptement sa fortune; *se degourdi*, v. r., se dégourdir, cesser d'être engourdi; agir avec plus de promptitude; devenir tiède en parlant de l'eau qu'on approche du feu; *degourdit, ido*, part., dégourdi, e, éveillé, fin, rusé; devenu tiède en parlant d'un liquide. — Syn. *desgourdi*. — Ety., *de*, préf., et *gourd*, du lat., *gurdus*, lourd.

DEGOURDISSIMENT, s. m. Dégourdissement, action de dégourdir, de se dégourdir. — Ety., *degourdi*.

DEGOURJA, v. a. Dégorger. V. Desengourgá.

DEGOURJA, ado, b. lim., adj. (degourdzá). Mal embouché, ée, criard, e, celui, celle, qui parle à tort et à travers, qui ne peut ouvrir la bouche sans dire des injures ou des grossièretés. — Ety., *de*, préf., et *gorjo*, gosier, bouche.

DEGOURSA, B. LIM., v. a. Défricher, essarter. — SYN. *debousigá*. — ETY., *de*, préf., et *gorso*, lieu rempli de pierres et de broussailles.

DEGOUSELA, B. LIM., v. a. Démantibuler; rompre, déranger, mettre en pièces, en parlant surtout des meubles.

DEGOUSILHA (Se), v. r. S'égosiller. V. Desgargamelá.

DEGOUSSI, PROV., v. a. (degòussi). V. Desgoussí.

DEGOUST, s. m. Dégoût, manque de goût, d'appétit, répugnance qu'on a pour certains aliments; au fig. aversion qu'on prend pour une personne, ou pour une chose. — SYN. *desgous*, *desgoust*. — CAT., *desgust*; ESP., *desgusto*; ITAL., *disgusto*; PORT., *desgosto*. — ETY., *de*, priv., et *goust*, goût.

DEGOUSTA, v. a. Dégoûter, ôter l'appétit; au fig. causer de la répugnance; CÉV., ôter ou reprendre ce qu'on a donné (Sauvages); *se dégoustá*, v. r., se dégoûter, prendre de l'aversion pour une personne ou pour une chose, renoncer à ce qu'on avait commencé avec goût. — CAT., ESP., *disgustar*; ITAL., *disgustare*; PORT., *desgostar*. — ETY., *degoust*.

DEGOUSTO-DEGOUSTO, CÉV., loc. adv. Ancien dicton dont le sens est qu'un service reproché est à demi-payé. — M. SIGN., *garo-garo das anfers*.

DEGOUT, s. m. DEGOT, gouttes, ce qui coule goutte à goutte; par ext., roupie. — ETY., *de*, préf., et *gouto*, goutte.

Quand plou sul cnrat, lou segoundàri n'a lou degout.

PRO.

DEGOUTA, v. n. DEGOTAR, dégoutter, couler goutte à goutte. — SYN. *degoutejá*, *goutejá*. — CAT., *degotar*. — ETY., *degout*.

A la cour des reis quand i plou pas i degouto.

PRO.

DEGOUTEJA, v. n. Couler goutte à goutte. — ETY., fréq. de *degoulá*.

DEGOUTET, s. m. Goutelette; roupie. — ETY., dim. de *degout*.

DEGOUVA, PROV., v. a. Écosser les légumes; écaler les amandes, les noix. — SYN. *desgouvá*. — ETY., *de*, préf., et *govo*, cosse.

DEGOUVAIRE, arello, PROV., adj. Celui, celle qui écosse, qui écale; *degouvaire*, s. m., lieu où l'on écosse, où l'on écale. — ETY., *degouvá*.

DEGOUYA, v. a. V. Degoulhá.

DEGRACI, DAUPH., s. f. V. Disgracio.

DEGRACIA, v. a. V. Disgraciá.

DEGRAFATA, v. a. Tirer difficilement une chose d'un lieu où elle est fortement attachée; *se degrafatá*, v. r., se dépêtrer difficilement. — SYN. *desagrafá*, *desgrafá*, dégrafer.

DEGRAISSA, v. a. Dégraisser, ôter la graisse, dépouiller une chose de la matière grasse dont elle est couverte. — SYN. *desgraissá*, *degrèissá*. — ESP., *desengrassar*; ITAL., *disgrassare*; PORT., *desengraxar*. — ETY., *de*, préf., et *graissá*.

DEGRAISSADOU, s. m. Dégraissoir, instrument pour tordre la laine, trempée dans l'eau de savon, avant de la mettre sur le peigne; curette pour nettoyer les cardes; instrument pour enlever la graisse des boyaux. — ETY., *degraissá*.

DEGRAISSAGE, s. m. Dégraissage, action de dégraisser. — ETY., *degraissá*.

DEGRAISSAIRE, s. m. Dégraisseur, celui qui dégraisse. — ETY., *degraissá*.

DEGRANA, v. a. Égrener. V. Desgraná.

DEGRAPA, v. a. Égrapper. V. Desgrapá.

DEGRAPADOU, s. m. V. Desgrapadoú.

DEGRAPAGE, s. m. V. Desgrapage.

DE-GRAT, adv. comp. DE GRAT, de bon gré, avec plaisir, volontiers. — ETY., *de*, prép., et *grat*, du lat. *gratus*, gré.

DEGRAVA, v. a. V. Desgravá.

DEGRÈISSA, PROV., v. a. V. Degraissá.

DEGRENT, o, adj. Délicat, e, difficile dans le choix de ses aliments.

DEGRÈU, cév., adj. Fâcheux, désagréable, pénible ; béarn., s. m., regret. — Ety., *de*, préf., et *grèu*, du lat. *gravis*, pénible.

DEGROUNLA, prov., v. a. Ébranler.

DEGRUA, gasc., v. a. Égrener. V. Degruná.

DEGRUDA, biterr., v. a. V. Degruná.

DEGRUDADOU, biterr., s. m. Instrument propre à égrapper. — Syn. *degrapadou*, *desgrapadou*. — Ety., *degrudado*, part. f. de *degrudá*.

DEGRULHA, cast., v. a. Écaler les noix, les amandes ; écosser. — Syn. *desgrulhá*, *desgruelhá*. — Biterr., *escallá* ; b. lim., *degloubá*. — Ety., *de*, préf., et *gruelho*, brou, cosse ; en roman, *gruelha*, écorce.

DEGRUNA, prov., v. a. Degrunar, égrener, détacher grain à grain, séparer de leurs enveloppes les grains de maïs, les vesces, les pois, etc. ; égrapper les raisins ; *degruná sa pitanso*, manger son bien ; *se degruná*, v. r., s'égrener ; v. n., tomber en ruine, se détruire peu à peu. — Syn. *desgruná*, *engruná*, *esgruná*, *degrudá*. — Gasc., *degruá*, *desgruá* ; béarn., *deglará*. — Ety., *de*, préf., et *grun*, grain.

DEGUA, prov., v. a. (degüa). Émousser un instrument tranchant.—Ety., *de*, préf., et *guá* pour *agusá*, aiguiser, rendre aigu.

DEGUANEJA, prov., v. a. Faire perdre l'appétit ; il signifie aussi bruiner. — Syn. *aiguanejá*, pour la dernière acception.

DEGUÉINO, s. f. Dégaine, manière, tournure, façon ridicule. — Syn. *desguaino*, *degèino*.

 Regardas-lou, vous farà pòu
 Oh ! que deguéino, queto mino !
 Coume es poulit lou roussignou !
 Semblo que coucho à la plouvino.
  Roum., *Lis oubreto*.

DEGUENILHAT, ado, adj. V. Desguenilhat.

DEGUENS, gasc., adv. de lieu. Dedans ; prép., dans. V. Dedins.

DEGUERT, toul., adj. m. Prétentieux, affecté, contrefait ; *soun corps deguert me desplai*, son corps contrefait me déplait.

DEGUIGNA, gasc., v. a. Aveugler, éblouir, faire perdre quelque temps la fonction de la vue. — Ety., *de*, préf., et *guigná*, guigner, regarder.

DEGUILHOU, DEGUILHOUN, prov., toul., adj. Penaud, camus, étonné, dupé. — Syn. *mouquet*. — Ety., *de*, préf., et *guilhou* pour *guilhat*, trompé, dupé.

DEGUINLA (Se), b. lim., v. r. Se débrider, en parlant d'un sabot dont la bride s'est coupée ou s'est détachée ; au fig. perdre sa pureté en parlant d'une jeune fille.

DEGULA, v. n. Dégueuler, vomir, rendre gorge ; au fig. bavarder, parler à tort et à travers ; *degulat*, ado, part., mal embouché, ée, qui parle à tort et à travers. — Ety., *de*, préf., et *gulo*, gueule, bouche.

DEGULHA, v. a. Disloquer, déboîter un os ; fouler un membre ; *se degulhá*, v. r., se démettre un membre, prendre une entorse. — Syn. *degoulhá*. — Ety., *de*, préf., et *gulho*, aiguille, mot pris pour os long et mince, nerf, tendon.

DEGUN, DEGUS, DEGUNO, pron. indéf. Deguns, degus, nul, nulle, personne, aucun. *Degus*, n'est pas une altération comme le prétend Honorat ; c'était, dans l'ancienne langue, la forme du nominatif singulier comme *degun* était celle de l'accusatif. Pour écrire correctement on devrait mettre : *Degus noun vendra*, et *n'ai pas vist degun*. Mais les cas n'existent plus dans nos idiomes modernes, et l'on dit, *degus* ou *degun* au nominatif comme à l'accusatif. — Syn. *digus*, *digun*, *dingun*. — Anc. cat., *degu*. — Ety. lat., *nec unus*.

DEGUSTA, v. a. Déguster, goûter avec soin une chose pour en connaître la qualité ; *degustat*, ado, part., degusté, ée. — Cat., *degustar*. — Ety. lat., *degustare*.

DEGUT, udo, part. de *déure*. Dû, due, s. m., dû, ce qui est dû ; *demandi moun degut*, je demande mon dû ; *cuech à soun degut*, cuit à point, cuit convenablement. — Syn. *dengut*, *diugut*.

DEGUSA, CAST., v. a. Diffamer, décrier, injurier. — ETY., *de*, préf. et *gus*, gueux, traiter de gueux.

DEHENE, GAS., v. a. Défendre. V. Defendre.

DEHENS, BÉARN., adv. de lieu et prép. Dedans, dans. V. *Dedins*.

DEHORE, BÉARN., adv. de lieu. Dehors. — SYN. *lahoro*. V. Deforo.

DEHORO, GASC., adv. de lieu. V. Deforo.

DEHOUNSA, GASC., v. a. V. Defounsá.

DEI, B. LIM., art. masc. sing. du génitif. Du ; V. Del.

DEI, préfixe qui exprime le plus souvent la négation, usité dans le département des Basses-Alpes et qui remplace *de*, *des*, employés dans les autres idiomes : on y dit *dèibarrá*, *dèibarrassá*, *dèibourdá*, *dèibridá*, etc., au lieu de *desbarrá*, *desbarrassá*, *debourdá*, *debridá*, etc.

DEIBARAGNA, PROV., v. a. V. Desbaragná.

DEIBARATA, PROV., v. a. V. Desbaratá.

DEIBARBA, PROV., v. a. V. Desbarbá.

DEIBARCA, PROV., v. a. V. Desembarcá.

DEIBARDANA, PROV., v. a. V. Desbardaná.

DEIBAGUEJA, PROV., v. a. Transporter ailleurs ses bagages, déménager.

DEIBARETINA, PROV., v. a. Décoiffer. — ETY., *dèi*, préf., et *baretin*, dim. de *barreto*, barrette ; ôter la barrette, ou le berret.

DEIBARLUGA, PROV., v. a. V. Desbarlugá.

DEIBARRA, PROV., v. a. V. Desbarrá.

DEIBARRARIA, PROV., v. n. Débagouler ; v. n., parler à tort et à travers, dire tout ce qui vient à la bouche. C'est une expression triviale.

DEIBARRASSA, PROV., v. a. V. Desembarrassá.

DEIBASTA, PROV., v. n. V. Debastá.

DEIBATA, PROV., v. a. V. Debatá.

DEIBAVA, PROV., v. a. V. Debavá.

DEIBLUSSA, DAUPH., v. a. Effeuiller une fleur. — SYN. *eibluesá*.

DEIBOUDENA (Se), PROV., v. a. Se débrailler ; *deiboudenat, ado*, débraillé, ée. — ETY., *de*, préf., et *boudeno*, pour *bedeno*, bedaine, montrer la bedaine.

DEIBOUJA, LIM., v. a. Dévider. V. Debaná.

DEIBOULHE, DAUPH., v. a. Gâter, défaire, détruire.

DEIBOUNDOUNA, PROV., v. n. V. Deboundouná.

DEIBOURDA, PROV., v. a. et n. V. Debourdá.

DEIBOUSCA, PROV., v. a. et n. V. Deboúscá.

DEIBRAIA, PROV., v. a. V. Desbrága.

DEIBREGA, PROV., v. a. V. Desbregá.

DEIBRI, LIM., v. a. Ouvrir. V. Doubrí.

DEIBRIDA, PROV., v. a. V. Desbridá.

DEIBROUCHA, PROV., v. a. V. Desbrouchá.

DEIBUIA, PROV., v. a. V. Desbroulhá.

DEICENCHA, PROV., v. a. V. Decenchá.

DEICENGLA, PROV., v a. V. Descinglá.

DEICERVELA, v. a. V. Decervelá.

DEICHO QUI, LIM., loc. adv. Jusqu'à présent. — ETY., *d'èici ò qui*, d'ici à là, jusque-là.

DEICIMA, v. a. Écimer. V. Decimá.

DEICIMOUTA, PROV., v. a. V. Decimoutá.

D'EICIT, PROV., adv. de lieu. D'ici. — BITERR., *d'aissi*. — ETY., *dèi*, préf. *de* et *èicit*, ici.

DEICOMOTA, DAUPH., v. a. Délayer.

DEICOROU, DAUPH., adj. Sale, malpropre, qui répugne.

DEICOUNORTA, ado, LIM., adj. Déconcerté, ée, découragé.

DEIDEGNOUS, o, PROV., adj. V. Desdegnous.

DEIDENTA, PROV., v. a V. Desdentá.

DEIFADOURI, PROV., v. n. Devenir fade, perdre de sa saveur. — ETY., *dèi*, préf., et *fadour*, fadeur.

DÉIFAIRE, v. a. V. Desfaire.

DÉIFANGA, prov., v. a. V. Desenfangá.

DÉIFARDO, lim., s. f. V. Desfardo.

DÉIFARFOULHA, prov., v. a. V. Desfarfoulhá.

DÉIFARRA, prov., v. a. V. Desferrá.

DÉIFARROUIA, prov., v. a. V. Desbarroulhá.

DÉIFIAT, ado, prov., adj. Traître, fourbe, méchant.

DÉIFIELA, prov., v. a. V. Desfialá.

DÉIFIERA, prov., v. a. V. Desfialá.

DÉIFISA, prov., v. a. V. Desfiá et Desfisá.

DÉIFLOURA, prov., v. a. V. Desflourá.

DÉIFLOURI, prov., v. n. V. Desflourí.

DÉIFOUNSA, prov., v. a. V. Defounsá.

DÉIFOURELLA, prov., v. a. V. Desfourelá.

DÉIFOURNA, prov., v. a. V. Desenfourná.

DÉIFRINA (Se), dauph., v. r. Se chagriner ; s'emporter.

DÉIFRISA, prov., v. a. V. Desfrisá.

DÉIFRUCHA, prov., v. a. V. Defruchá.

DÉIFUIA, prov., v. a. V. Desfuelhá.

DÉIGA, dauph., s. f. Sobriquet.— Syn. escai-noum.

DÉIGAJA, prov., v. a. V. Degajá.

DÉIGAMACHA, prov., v. a. V. Desgamachá.

DÉIGARGAIA, prov., v. a. V. Desgargalhá.

DÉIGATIGNA, prov., v. a. V. Degatignà.

DÉIGAUERAT, ado, gasc., adj. Débraillé, ée. — Syn. desgauerat.

DÉIGLASSA, prov., v. a. V. Desglassá.

DÉIGLÉISI (Se), prov., v. r. V. Deglesi.

DÉIGOLITAT, ado, lim., adj. Leste, dégagé.

DÉIGOUBIAT, ado, prov., adj. (deigoubiat). V. Desgoubiat.

DÉIGOUFA, prov., v. a, V. Descoufá.

DÉIGOUGNOU, ouzo, lim., adj. Dédaigneux, euse. V. Desdegnous.

DÉIGOUMA, prov., v. a. V. Desgoumá.

DÉIGOUNFLA, prov., v. a. V. Descounflá.

DÉIGOURJA, prov., v. a. V. Desengourgá.

DÉIGOUSSI, prov., v. a. (dèigoussi). V. Desgoussí.

DÉIGOUYAT, ado, prov., adj. V. Degoulhat.

DÉIGRAVA, prov., v. a. Régaler quelqu'un de quelque mets de son goût pour le dédommager de ses privations : dèigravá d'un moucèu de rousti, régaler d'un morceau de rôti ; se dèigravá, v. r., se régaler.

DÉIGROUSSA, prov., v. a. V. Desgroussá.

DÉIGRUNA, prov., v. a. V. Degruná.

DÉIGRUYA, prov., v. a. V. Desgruiá.

DÉIGUELHA (Se), lim., v. r. Se divertir, s'ébattre, se tirailler, se déchirer les habits en se tiraillant. — Ety., dèi, préf., et guelho, loque.

DÉIGUELHO, lim., s. f. Bombance.

DÉIGUELHOU, ouzo, lim., adj. Folâtre.

DÉIGUENIA, do, prov., adj. V. Desguenilhat.

DÉIJALA, prov., v. a. V. Desgelá.

DÉIJÈU, prov., s. m. V. Desgelt.

DÉIJOUCA, prov., v. a. V. Dejoucá.

DÉIJOUINTA, prov., v. a. V. Desjouintá.

DÉILIA, prov., v. a. V. Deliá.

DÉILIASSA, prov., v. a. V. Desenliassá.

DÉILIOUJA, prov., v. a. Dégarnir, alléger, ôter une partie des couvertures ou des habillements ; se dèiliouja, v. r., s'alléger. V. Alaugèirá.

DÉILUGA, prov., v. a. V. Dislocá.

DÉILUSTRA, prov., v. a. V. Delustrá.

DÉIMA, DÉIME, DÉIMIER. V. Déumá, Déume, Déumier.

DÉIMAGE, cév., s. m. Dîme. V. Déume.

DÈIMAI, GÉV., adj. Fatigué, excédé, gêné.

DÈIMALHOUTA, PROV., v. a. V. Desmalhoutá.

DÈIMALOUNA, PROV., v. a. Décarreler. — ETY., dèi, préf. et maloun, carreau de terre servant à paver.

DÈIMALUGA, PROV., v. a. V. Amalugá.

DÈIMAMA, PROV., v. a. V. Desmamá.

DÈIMAMAIRE, PROV., s. m. Raisin conservé sur la paille pour le manger après la vendange. — ETY., desmamá, sevrer ; c'est en mangeant ce raisin qu'on se sèvre de l'habitude où l'on était d'en manger des frais.

DEIMANCHA, PROV., v. a. V. Demargá.

DÈIMANEIA, PROV., v. a. V. Desmanilhá.

DÈIMANTENI, PROV., v. a. V. Desmanteni.

DÈIMANTIBULA, PROV., v. a. V. Demantibulá.

DÈIMARCA, PROV., v. a. V. Demarcá.

DÈIMARDOUI, PROV., v. a. Ébrener. V. Desmerdá.

DÈIMARGA, PROV., v. a. V. Demargá.

DÈIMEMOURIA, PROV., v. a. V. Desmemouriá.

DÈIMINIA, GASC., v. a. V. Diminuá.

DÈIMOUCOURA, PROV., v. a. Dissuader, décourager, détourner, faire perdre l'envie.

DÈIMOURENA, PROV., v. a. Dévisser. V. Desvissá. — ETY., dèi, préf., et moureno, vis.

DÈIMOURRA, PROV., v. a. V. Desmourrá.

DÈIMOUSTOUI, PROV., v. a. Nettoyer du moût, et par ext. de toute saleté ; dégluer. — ETY., dèi, préf. et moust, mout.

DÈIMOUTA, PROV., v. a. Egravillonner, lever des plantes ou des arbustes avec leur motte. — ETY., dèi, préf., et mouto, motte.

DÈINAN, B. LIM., adv. comp. D'aujourd'hui à un an. — ETY., dèi, pour de uèi, aujourd'hui, à un an, à un an.

DÈINARRA, PROV., v. a. V. Desnarrá.

DÈINOUSA, PROV., v. a. V. Desnouzá.

DÈIPEI, LIM., adv. et prép. V. Despèi.

DÈIPIT, DAUPH., s. m. Dépit.

DÈIPOLHA, DAUPH., v. a. V. Despoulhá.

DÈIPOTENTA, DAUPH., adj. V. Despoutentá.

DÈIRAMA, PROV., v. a. V. Desramá.

DÈIRATAT, do, PROV., adj. v. V. Desratat.

DÈIREGA, PROV., v. n. Démarquer, passer la ligne de démarcation ; s'écarter des règles. — ETY., dèi, préf. et rego, raie, ligne.

DÈIREGI, PROV., v. a. V. Desregi.

DÈIREI, LIM., s. m. V. Desrèi.

DÈIROCHI, DAUPH., v. a. Renverser; se dèirochi, v. r., tomber du haut en bas, se renverser. V. Deroucá.

DÈIROUI, DÈIROUIA, PROV., v. a. V. Derroubilhá.

DÈIS, art. plur. gén. des deux genres. Des — SYN. des, dels, dals, daus.

DÈISALABARDA, DAUPH., adj. Qui ne chante pas à l'heure ordinaire ou qui chante avant l'heure ordinaire, en parlant du coq. — ETY., s'aladardi, prendre ses ébats.

DÈISOULA, DAUPH., v. a. Désoler.

DÈITOUMBA, LIM., v. a. Déconcerter, décontenancer.

DÈITRA, DAUPH., s. f. Hache. V. Destral.

DÈITRAU, LIM, s. f. V. Destral.

DÈIVAGA, PROV., v. n. V. Divagá.

DÈIVARDEGA, PROV., v. a. V. Deverdegá.

DÈIVERGOUGNA, v. a. V. Desvergougná.

DÈIVIA, PROV., v. a. V. Desviá.

DÈIVIARDA, LIM., v. n. Décamper.

DÈIVIRA, LIM., v. a. Retourner. V. Desvirá.

DÈIVIRADO, LIM., s. f. Tournant, contour ; prendre la dèivirado, prendre le tournant. — ETY., s. part. f. de dèivirá.

DÈIVOUA, LIM., v. a. Désavouer. — ETY., *dèi*, préf., et *vouá*, avouer.

DEJA, adv. JA, déjà, dès cette heure, dès-à-présent; auparavant ; presque. — SYN. *adéjá, adesá, adijá, dijá, dajá, darjá, deyá*. — CAT., PORT., *ja*, ESP., *ya*; ITAL., *gia*. — ETY., *de*, préf., et *ja*, du lat. *jam*, déjà.

DEJALA, PROV., v. a. Receper un arbre.

DEJALA, BITERR., v. n. et a. Dégeler. V. Desgelá.

DEJALADOU, CÉV., s. m. V. Desgeladoú.

DEJALAIRE, s. m. V. Desjaladoú.

DEJARAIRE, PROV., s. m. V. Desgeladoú.

DEJASSA, CAST., v. a. Lever la litière des vers à soie. — ETY., *de*, préf., et *jas, jasso*, litière.

DEJASSO, CAST., s. f. Litière des vers à soie, crottes de ces insectes. — ETY., s. verb. de *dejassá*. V. aussi *Desjassá*.

DEJÈIVA, LIM., v. a. Faire sortir du lit.

DEJÈU, s. m. V. Desgel.

DEJITA (Se), v. r. DESGITAR, se déjeter, en parlant des pièces de bois qui se gauchissent; au fig. s'écarter de sa direction naturelle. — SYN. *se desgilá, se desmargoulá, se degarambi, s'envelá, se faussá*.

DEJOST, O, GASC., adj. Qui déjoue, qui trompe les autres ; déréglé.

DEJOU, LIM., adv. V. Dejoust.

DEJOUGA, v. a. Déjucher, faire lever les poules du juchoir, les oiseaux des branches où ils sont perchés, et par ext., des lieux où ils sont couchés ; *se dejoucá*, v. r., déjucher; quitter le juchoir en parlant des poules, leur gîte de la nuit en parlant des oiseaux sauvages ; au fig. se lever, quitter son lit. — SYN. *desjoucá*. — B. LIM., *desojucá*. — ETY., *de*, préf., et *joucá*, jucher.

DEJOUGAMENT, s. m. V.

DEJOUGO, s. f. Le lever des poules, et par ext., des oiseaux. On chasse les canards, après le soleil couché, à l'affût, *à l'espèro* ; et le grand matin, au déjucher, *à la dejouco*. — ETY., *dejoucá*.

DEJOUGNE, V. a. DEJOGNER, DESJOGNER, déjoindre, disjoindre, séparer ce qui étoit joint; dételer, découpler, ôter le joug aux bestiaux. — SYN. *desjougne, dejugne, dejugni*. — ANC. CAT., *disjunyr* ; PORT., *disjungir*. — ETY. LAT., *disjungere*.

DEJOUST, adv. et prép. *De jost*, dessous ; *boulá dejoust*, mettre dessous ; *aqui dejoust*, là-dessous ; sous cela ; s. m., *lou dejoust*, le dessous, la partie qui est sous le dessus, *lou dejoust d'uno taulo*, le dessous d'une table ; *avèire lou dejoust*, avoir le dessous ; être vaincu, battu par son adversaire ; *en dejoust*, loc. adv., en dessous; *a l'aire en dejoust*, il a l'air en dessous, il a l'air dissimulé ; *per dejoust*, par dessous ; *al dejoust*, au-dessous ; *de dejoust*, de dessous ; *vestiment de dejoust*, vêtement de dessous ; *de dejoust terro*, de dessous terre. — SYN. *dechout, dejout, dejouta, dejouti, dessout, dessoulo*. — AGEN., *endebal*; ANC. CAT., *jus*. — ETY., *de*, préf., et le lat. *jusum*, en bas.

DEJOUT, TOUL., adv. et prép. Dessous. V. Dejoust.

DEJOUTA, MONTP., adv. et prép. V. Dejoust.

DEJU, DEJUN, adv. DEJUS, DEJUN, celui qui est à jeun ; *soi deju*, je suis à jeun. — CAT., *deju*; ESP., *ayuno*; ITAL., *à digiuno*. — ETY. LAT., *jejunus*.

Anc Frances DEJUS non fo jauzens,
ALBERT de Sisteron.

Oncques Français à jeun ne fut joyeux.

DEJU, TOUL., s. m. DEJUN, DEJUS, jeûne, abstinence de viande ; *en deju*, à jeun. — BITERR., *june*; PROV., *juni* ; CAT., *dejuni* ; PORT., *jejun* ; ITAL., *digiuno*. — ETY. LAT., *jejunium*.

DEJUA, GASC., v. n. Jeûner, V. Juná.

DEJUGNE, CÉV., v. a. V. Dejougne.

DEJUGNI, TOUL., v. a. V. Dejougne.

DEJUN, adj. V. Deju.

DEJUNA, v. n. Déjeuner, faire le repas du matin. — ETY., *de* préf., et *juná*, jeuner ; *dejuná*, c'est rompre le jeûne.

DEJUNA, s. m. Déjeuner, repas du matin. — M. ÉTY. que le mot précédent.

DEJUNA, TOUL., v. n. DEJUNAR, JEONAR, JUNAR, jeûner; *se dejuná*, CAST., v. r. se priver, se passer d'une chose. — BITERR., *juná*; GASC., *dejuá*; CAT., *dejunar*; ITAL., *digiunare*. — LAT., *jejunare*, jeûner.

DEJUNTA, v. a. Disjoindre, séparer ce qui était joint, défaire ce qui était serré. — SYN. *désjuntá, desjountá.* — ÉTY., *de*, préf., et *juntá*, joindre, serrer.

DEJUS, GASC., adv. Ci-dessus, plus haut.

DEL, DE LA, art. m. et f. gén. sing. Du, de la; *la fi del mounde*, la fin du monde; *la berqueiro de la femno*, la dot de la femme. — CARC., NARB., AGAT., *dal, dai*; CÉV., *dau*; B. LIM., *dèi*; BÉARN., *dèu*; PROV., *dòu*; GASC., *dech*; CAT., ESP., PORT., ITAL., *del*. — ÉTY., contraction de *de el*, de lui.

DELA, prép. De là, de l'autre côté; TOUL., *delà-hier*, avant-hier. — BITERR., *hier-delà*. — SYN. *delai*.

DELABASSI, TOUL., s. m. Forte averse. — GASC., *delauas*. — ÉTY., *de*, préf. augm., et *lavassi*. V. ce mot.

DELABAT, CARC., s. m. Fosse où le potier prend la terre détrempée, prête à être employée.

DELAGASTA, TOUL., CÉV., v. a. Arracher. — SYN. *derrançá, derrabá.*

DELAI, prép. De là, de l'autre côté, plus loin; *dessai e delai*, loc. adv., *deçà et delà*, de côté et d'autre. — SYN. *delá.*

DELAI, s. m. Délai, remise à un autre temps, retard. — ITAL., *dilata.* — ÉTY., s. verb. de *delaiá*.

DELAIA, v. n. Différer, temporiser; v. a., renvoyer à un autre temps; *delaiat, ado*, part., retardé, ée. — ÉTY. LAT., *dilatare*.

DELAJÉ, GASC., adv. Avant-hier. — SYN. *delà-hier, hier-delà.*

DELAMBRA, v. a. Oublier. V. Delembrá.

DELARGA, v. a. V. Alargá.

DELASSA, v. a. DESLASSAR, délacer, relâcher ou retirer le lacet passé dans les œillets d'un corset, d'une robe, etc; *se delassá*, v. r., se délacer, n'être plus lacé, ée. — ITAL., *dilacciare.* — ÉTY., *de*, préf., et *lassá*, lacer.]

DELASSA, v. a. Délasser. V. Deslassá.

DELATA, CÉV., v. n. DESLATAR, déblatérer, se répandre en injures, exhaler sa colère, dégoiser. — SYN. *deslatá.* — CAT., ESP., *delatar*, dénoncer. — ÉTY. LAT., *delatum*, dénoncé.

DELATOU, DELATOUR, s. m. Délateur, dénonciateur. — CAT., ESP., PORT., *delator*; ITAL., *delatore*. — LAT., *delatorem*.

DELAUAS, GASC., s. m. Averse, grande pluie de peu de durée. — SYN. *delabassi, lavaci*.

DELAUGI, v. a. Décharger, rendre léger. — ÉTY., *de*, préf., et *laugier*, pour *leugier*, léger.

DELAUVA, B. LIM., v. a. Décrier, décréditer, déprécier; *delauvat, do*, part., décrié, ée. — ÉTY., altér. du roman, *deslauzar*, blâmer.

DELAVA, v. a. Délaver, en parlant des couleurs trop délayées; T. de potier, laver le vernis. — ÉTY., *de* augm., et *lavá*, laver.

DELAYA, v. a. Délayer. M. sign. *destrempá*.

DELE, v. a. DELIR, détruire, anéantir; ce verbe ne s'emploie que dans ce juron : *Dieu me delle*, ou *me dèle !* que Dieu m'anéantisse ! — SYN. *deli.* — ANC. CAT., *delir*. — ÉTY. LAT., *debere*.

DELECA (Se), v. r. V. Deleïtá.

DELECHA, BÉARN., v. a. Délaisser, abandonner.

DELECTA, v. a. DELECTAR, DELECHAR, DELEITAR, délecter, charmer, réjouir; *se delectá*, v. r., se délecter, prendre beaucoup de plaisir à quelque chose. — SYN. *delecá, delechá, delegá, deleïtá.* — CAT., *delectar*; ESP., PORT., *deleitar*; ITAL., *dilettare*. — ÉTY. LAT., *delectare*.

DELECTABLE, o. adj. DELECTABLE, DELECHABLE, délectable, qui délecte, qui est très-agréable. — Syn. delèitable. — Cat., delectable ; Esp., déleytable ; port., deleitavel ; ital., dilettabile. — Ety. lat., delectabilis.

DELECTACIÉU, s. f. Delectatio, délectation. — Prov., delegaduro ; cat., delectació ; esp., delectacion ; ital., dilettazione. — Ety. lat., delectationem.

DELEGA (Se), prov., v. r. Altér. de se delectá, V. ce mot.

DELEGA, v. a. Delegar, déléguer, commettre quelqu'un. — Cat., esp., port., delegar ; ital., delegare.—Ety. lat., delegare.

DELEGACIÉU, DELEGACIOUN, s. f. Délégation ; acte par lequel un débiteur indique son propre débiteur pour effectuer le paiement de ce qu'il doit à un autre. — Cat., delegació ; esp., delegacion ; ital., delegazione. — Ety. lat., delegationem.

DELEGADURO, prov., s. f. Conclusion d'une affaire. Il signifie aussi délectation. V. Delectaciéu.

DELÉIT, DELÈITE, agat., s.m. Deleig, deliet, deliech, délice ; plaisir, agrément. — Syn. deliech. — Cat., deleyt; esp., port., deleite ; ital., diletto. — Ety., s. verb de deleitá.

DELÈITA (Se), agat., prov., v. r. V. Delectá.

DELÈITABLE, o, prov., adj. V. Delectable.

DELEMBRA, v. a. Oublier. V. Demembrá.

DELEMBRAIRE, o, s.m. Oublieux, euse. — Ety., delembrá.

DELEMBRE, s. m. Oubli.— Toul., debrembier. — Ety. delembrá.

DELENG, cast., s. m. Fièvre lente ; dépérissement, consomption.

DELERET, béarn., s. m. Anxiété, caprice.

DELETA, v. a. V. Delectá.

DELÉU, gasc., adv. Peut-être, V. Beléu.

DELÉUJA, prov., v. a. Alléger. —Syn. deliujá. V. Alaugèirá.

DELEZÈI, lim., s. et adj. Oisif, fainéant. — B. lim., delezer. — Ety., de, préf., et lezèi, loisir, homme de loisir.

DELEZER, b. lim., adj. V. Delezèi.

DELHOUCA, DELHOUGA, cév. v. a. Déboîter, dislocquer, luxer. — Syn. delougá. deloucá, desnougaiá.

DELI, cév., s. m. Joint d'un lit de pierres ; fissure entre deux rochers.

DELI, v. a. Détruire. V. Dele.

DELIA, v. a. Desliar, délier, défaire ce qui lie une chose ; se deliá, v. r., se défaire; deliat, ado, part., délié, ée; dégagé, adroit, leste. — Syn. dèiliá, desliá, desligá. — Esp., port., desliar , ital., slegare. — Ety., de, préf., et liá, lier.

DESLIASSA, v. a. V. Desenliassá.

DELIBERA, v. n. Deliberar, délibérer; prendre une résolution ; se déterminer. — Cat., esp., port., deliberar ; ital., deliberare. — Ety. lat., deliberare.

DELIBERACIÉU, DELIBERACIOUN, s. f. Deliberacio, délibération, résolution. —Cat., delibració ; esp., deliberacion ; ital., deliberazione. — Ety. lat.; deliberationem.

DELIBERADOMENT, adv. Deliberadament, délibérément, résolûment, hardiment. — Cat., deliberadoment ; esp.; port., deliberadomente ; ital., deliberatamente. — Ety., deliberado avec le suffixe ment.

DELIBERAT, ado, part. Délibéré, ée; homme résolu ; uno deguèino deliberado, une démarche ferme et délibérée ; a un aire deliberat il y a quelque chose de délibéré dans son air.

DELICADEMEN, béarn., adv. V. Délicatement.

DELICADESSO, s. f. V. Delicatesso.

DELICAT, ado, adj. Delicat, délicat, e. — Cat., delicad ; esp., port., delicado ; ital., delicato. — Ety. lat., delicatus.

DELICATESSO, s. f. Délicatesse.—Syn. delicadesso. — Cat., delicadea ; esp., delicadeza ; ital., delicatezza.—Ety., delicat.

DELICI, s.m. Délice, plaisir, jouissance, charme : *es un delici*, c'est un grand plaisir. — Esp., *delicias* ; Ital., *delizie*. — Ety. Lat., *deliciæ*.

DELICIOUS, o, adj. Delicios, délicieux, euse, très-agréable au goût, aux yeux, à l'esprit. — Cat., *delicios*; Esp., Port., *delicioso* ; Ital., *delizioso*. — Ety. Lat., *deliciosus*.

DELIECH, s. m. V. Deleit.

DELIECHA, Cast., v. n. Quitter son lit; T. de maçon, v. a., déliter, poser une pierre dans un sens opposé à celui qu'elle avait dans la carrière. — Ety., *de*, hors du, et *liech*, lit ; mettre hors du lit.

DÉLIÉUJO, Dauph., s. f. Déluge, grande inondation. V. Deluge.

DÉLIÉURA, Prov., v. a. Délivrer. V. Delivrá.

DÉLIÉURE, Cév., s. m. Brèche que fait un torrent à une chaussée et par laquelle il se répand avec violence ; au fig. explosion ; *largá lou deliéure de tout soun odi*, lâcher l'explosion de de toute sa haine. — Syn. *delubre*.

DELIGA, Gasc., v. a. V. Deliá.

DELIGENSIO, s. f. V. Diligenso.

DELIGENT, o, adj. V. Diligent.

DELINQUA, Cév., v. n. S'en aller, quitter la partie. — Ety. Lat., *delinquere*, abandonner, avec un changement de conjugaison.

DELIO, s. f. T. de maçonnerie ; déliaison, arrangement de pierres dans un mur, fait de telle manière que les joints ne se rencontrent jamais. — Ety., *deliá*.

DELIRA, v. n. Délirer, avoir le délire ; au fig. être en proie à une vive émotion qui trouble l'esprit. — Cat., Esp., Port., *delirar* ; Ital., *delirare*. — Ety. Lat., *delirare*.

DELIRAMEN, s. m. V. Deliri.

DELIRE, s. m. V.

DELIRI, s. m. Délire, égarement d'esprit causé par la maladie ; au fig. exaltation, enthousiasme. — Cat., *deliri* ; Esp., Port., Ital., *delirio*. — Ety. Lat., *delirium*.

DELIUJA, Prov., v. a. — Syn. *deleujá*. V. Alaugeirá.

DELIURA, V. Gasc., v. a.

DELIVRA, v. a. Deliurar, Deslivrar, délivrer, mettre en liberté ; affranchir de quelque chose d'incommode ; accoucher, en parlant d'une femme ; livrer ; *se delivrá*, v. r., se délivrer, s'affranchir, se débarrasser ; accoucher. — Ety., pour la première acception, *de*, préf., et *libre*, libre ; et *livrá*, livrer, pour la seconde.

DELIVRANSO, s. f. Delivransa, délivrance, action par laquelle on délivre ; remise, livraison d'une chose ; débarras; *uroúso delivranso !* belle dépêche! dit-on, quand on est débarrassé d'un fâcheux ou d'une personne qui était à charge. — Béarn., *deliurance*. — Ety., *delivrá*.

DE-LONGO, Prov., adv. comp. Sans s'arrêter, sans discontinuer ; depuis longtemps. V. Loungo.

DELORGA, Querc., v. a. V. Delargá.

DELOTA (Se), B. Lim., v. r., se délecter, se divertir. — Ety., altér. de *delectá*.

DELOUA, Cast., v. a. V.

DELOUGA, Toul., Cév., v. a. Déboîter, disloquer, luxer. — Syn. *delhougá, delugá, deliugá, deslugá, desolougá, delouá, dislouá, desmanegá*. — Ety., *de*, priv., et *log* pour *loc* ou *luec*, lieu, place, changer de place.

DELOUGADURO, s. f. Delogadura, dislocation, luxation. — Ety., *delougá*.

DELOUGAT, ado. part. Disloqué, ée.

DELOUGERI (Se), Prov., v. r. (delougeri). S'alléger. V. Alaugeirá.

DELOUJA, v. a. V. Deslouja.

DELU, B. Lim., s. m. Ce mot ne s'emploie que dans cette phrase : *esperá lou delu*, attendre inutilement, s'ennuyer à force d'attendre.

DELUBI, Cév., Cast., s. m. Diluvi, déluge. V. Deluge.

DELUBRADO, Prov., s. f. Inondation. Ety., *delubre*.

DELUBRE, Cév., s. m. Brèche que fait à une digue un torrent dont les eaux sont grossies par la pluie. — Syn. *deliéure*. — Ety., *delubi*.

38

DELUBRE, prov., s. m. Temple. — Ety. lat., *delubrum*.

DELUGA, prov., v. a. Déboîter. V. Delougá.

DELUGE, s. m. Diluvi, déluge ; très-grande inondation ; au fig. grande profusion de quelque chose que ce soit: *un deluge de lagremos*, *une deluge de paraulos*, etc. *Après iéu lou deluge*, après moi le déluge. — Cév., *delubi*, *deliéujo*, *endelubi*, *endoulible*, *endourrible* ; cat., *diluvi* ; esp., ital., port., *diluvio*. — Ety. lat., *diluvium*, de *diluere*, détremper, mouiller.

DELUGI, prov., s. m. V. Deluge.

DELURA, v. a. Déniaiser, dégourdir, donner de l'aisance, de la hardiesse à une personne timide. — Ety., *de*, priv., et *lure*, leurre. V. le mot suivant.

DELURAT, adj., part. de *delurá*. Déluré, ée, déniaisé, ée, dégourdi, qui ne se laisse pas leurrer ni tromper. On dit aussi dans le même sens, *lurat*, leurré, terme de fauconnerie par lequel on désignait le faucon dressé à se jeter sur le leurre que lui présentait le fauconnier. C'était un oiseau déniaisé. Ainsi *lurat* peut se dire aussi bien que *delurat*, seulement les deux mots s'expliquent d'une manière différente. *Delurat* composé de *de* priv. et de *lurat*, fait de *lure*, leurre, veut dire qui ne se laisse pas prendre au leurre, c'est-à-dire aux apparences ; *lurat*, signifie de son côté, déniaisé, fin, instruit, parce que l'on compare la personne qui est telle au faucon dressé à venir sur le leurre, c'est-à-dire au faucon dont l'éducation est très-avancée.

DELUSTRA, v. a. Délustrer, ôter le lustre ; décatir ; *se delustrá*, v. r., perdre son lustre. — Cat., esp., port., *deslustrar* ; ital., *slustrare*. — Ety., *de*, priv., et *lustrá*, lustrer.

DEMA, biterr., adv. Demain. V. Deman.

DEMA, b. lim., cév., v. n. Desmar, dîmer, percevoir la dîme ; au fig. prélever. — Syn. *déimá*. — Ety., *dème*, du lat. *decima* (*pars*).

DEMAGA, prov., v. a. Froisser, bouchonner, chiffonner.

DEMAIRA, cév., v. a. Sevrer, tirer d'auprès de la mère ; par ext., arracher à sa famille ; priver ; *se demairá*, v. r., se sevrer. — Biterr., *destetá* ; prov., *desmairá*, *desmamá*, *despoupá*. — Ety., *de*, priv., et *maire*, mère, priver de la mère.

DEMAIRA, prov., v. a. Ratisser, enlever le bois qui tient à l'écorce du chêne liége.

DEMAIRA (Se), v. r. Sortir de son lit, en parlant d'un ruisseau, d'une rivière, etc. ; du fossé qui les reçoit, s'il s'agit des eaux pluviales ; au fig. se répandre. — Ety., *de*, priv. et *maire*, lit d'un ruisseau ; fossé principal qui reçoit les eaux des autres fossés.

DEMAIRAT, do, part. de *demairá*, Sevré, ée, débordé, sorti de son lit.

DEMAISSA, v. a. Disloquer ou luxer la mâchoire, la casser, la rompre ; *se demaissá*, v. r., se démantibuler la mâchoire. — Syn. *desmaissá*, *demèisselá*. — Ety., *de*, priv., et *maïsso*, mâchoire.

DEMAISSAT, ado, part. de *demaissá*, Qui a la mâchoire disloquée, luxée ; qui a la bouche de travers.

DEMALHOUTA, v. a. V. Desmalhoutá.

DEMALUGA, v. a. Désarticuler, déhancher, meurtrir, briser de coups. — Syn. *amalugá*, *desmalugá*, *emmalugá*. — Ety., *de*, priv. et *maluc*, hanche.

DEMALUGADURO, s. f. Luxation, déboîtement des os et particulièrement de celui de la hanche. — Syn. *desmalugaduro*. — Ety., *demalugado*, part. f. de *demalugá*.

DEMALUGAT, ado, part. de *demalugá*. Luxé, ée, déboîté, brisé de coups ; au fig. écervelé ; chagrin, inquiet.

DEMAN, adv. Dema, deman, demain ; *après-deman*, après-demain ; *demanmatin*, demain matin ; *deman al vespre*, demain au soir ; on dit ironiquement à une personne ou d'une personne qui renvoie au lendemain ce qu'elle devrait faire sur le champ : *deman es un valent home*. — Syn. *demá*, *doumá*, *doumas*, *endoumá*, *demò*. — Cat., *dema* ; ital., *domane*. — Ety. lat., *de*, et *mane*, matin.

DÉMANDA, v. a. DEMANDAR, demander, exprimer à quelqu'un le désir qu'on a d'obtenir quelque chose de lui; chercher quelqu'un pour le voir; faire une demande en justice; exiger, avoir besoin de, en parlant des choses : *la vigno demando que de bel temps*, la vigne ne demande que du beau temps; *demandá soun pa*, mendier. — CAT., *demanar*; ESP., PORT., *demandar* ; ITAL., *dimandare*. — ETY. LAT., *demandare*.

DEMANDAIRE, o, s. m. et f. DEMANDAIRE, demandeur, euse ; celui qui fait métier de demander; celui qui forme une demande en justice ; si c'est une femme, on dit, demanderesse.—CAT., *demanador*; ESP., PORT., *demandador* ; ITAL., *dimandatore*. — ETY., *demandá*.

DEMANDET, s. m. Celui qui demande sans cesse, qui importune à force de demander. — SYN. *demandaire*. — ETY., *demandá*.

DEMANDO, s. f. DEMANDA, demande, question ; action intentée devant les tribunaux. — CAT., ESP., PORT., *demanda* ; ITAL., *dimanda*. — ETY., s. verb. de *demandá*.

DEMANDOUR, PROV., s. m. Demandeur en justice. — CAT., *demanador* ; ESP., PORT., *demandador* ; ITAL., *dimandatore*. — ETY., *demando*.

DEMANEJA, **DEMANELHA**, PROV., v. a. V. Desmanelhá, Desmanilhá.

DEMANJA, v. n. Démanger, éprouver une démangeaison; au fig. une envie excessive de faire ou de posséder une chose. — ETY., *de*, préf., et *manjá*, manger, ronger.

DEMANJAMENT, s. m. V.

DEMANJASOU, s. f. Démangeaison, picotement, irritation qu'on éprouve à la peau et qui excite à se gratter; au fig. envie immodérée de faire une chose. — ETY., *demanjá*.

DEMANTAL, GASC., s. m. Tablier. V. Davantal.

DEMANTALHA, GAST., CÉV., v. a. Démanteler, par ext., défaire, démantibuler, détraquer, rompre, détruire. — BITERR., *demantaulá*. Les verbes, *destrantalhá*, *demantibulá*, ont à peu près la même signification que *demantalhá*. — ETY., *de*, priv., et *mantal*, tablier, ôter le tablier, c'est-à-dire, ce qui couvre, ce qui défend.

DEMANTAU, MONTALB., s. m. Tablier. — SYN. *demantal*. V. Davantal.

DEMANTAULA, BITERR., v. a. V. Demantalhá.

DEMANTENI, PROV., v. a. V. Desmanteni.

DEMANTIBULA, v. a. Démantibuler, détraquer, déranger, mettre les meubles et les outils hors d'usage. — SYN. *desmantibulá*. — ETY., *de*, priv., et *mandibulo*, mâchoire, rompre la mâchoire; c'est la signification première de ce mot qui ne s'emploie plus que figurément et signifie détraquer.

DEMANTIBULAT, ado, part. Démantibulé, ée, détraqué.

DEMARCA, v. a. et n. DEMARQUAR, démarquer, ôter la marque; T. de jeu, démarquer ses points ; démarquer se dit des animaux dont on ne peut plus connaître l'âge à l'inspection des dents. — CAT., ESP., PORT., *demarcar* ; ITAL., *dimarcare*. — ETY., *de*, priv., et *marcá*, ne plus marquer.

DEMARDOUI, PROV., v. a. V. Desmerdá.

DEMARGA, v. a. Démancher, ôter le manche ; détraquer, déranger ; au fig. évincer ; *se demargá*, v. r., se démancher, se détraquer ; au fig. perdre la raison, faire des extravagances. — SYN. *desmargá*, *desmanchá*, *desmanegá*, *demonglá*. — ETY., *de*, priv., et *margue*, manche, du lat. *manica*.

DEMARGADO, PROV., s. f. Fuite, déguerpissement, évasion. — ETY., s. part. f. de *demargá*.

DEMARGADURO, s. f. Dérangement d'esprit, folie, désespoir, faute, erreur. — SYN. *desmargaduro*. — ETY., *demargá*.

DEMARGAT, ado, part. Démanché, ée, détraqué ; au fig. dérangé en parlant de l'esprit.

DEMARGOULA (Se), PROV., v. r. Se déjeter en parlant du bois. — SYN. *se* *desmargoulá, se desjitá.* — Ety., *de-margá.*

DEMARMALHA, biterr., v. a. Débrouiller, démêler, mettre en ordre des choses qui sont en confusion ; *se démarmalhá*, v. r., se dépêtrer, se tirer difficilement d'un fourré, au fig. d'une affaire embarrassée. Dans les dial. provençaux et cévenols, ce mot a l'acception de déranger, détraquer, qui est celle de *demantalhá.* — Ety., *de*, hors de ; *marmalho*, marmaille, troupe de petits enfants.

DEMARRA, v. a. T. de mar., démarrer, détacher l'amarre ; au fig., *ne vol pas demarrà*, il ne veut pas quitter la place où il est, il ne veut point céder ; v. r., *se demarrá*, se démarrer, rompre ses amarres. — Syn. *desmarrá.* — B. Lim., *demorá* ; esp., port., *desamarrar.* — Ety., *de*, priv., et *amarrá.*

DEMARRA, prov., v. a. Vider l'auge d'un moulin à huile. — Ety., *de*, priv., et *marro*, auge.

DEMARRAGE, s. m. Démarrage, action d'ôter les amarres ; mouvement qui les rompt. — Ety., *demarrá.*

DEMARRIMA, cév., toul., v. a. Attrister profondément, affliger, chagriner ; *se demarrimá*, v. r., s'attrister, s'affliger infiniment. — Ety., *de*, préf. augm., et *marrimá*, du roman *marrir*, dérivé du latin, *mœrere*, s'attrister.

DEMASCLA, prov., v. a. Châtrer ; enlever la première écorce des chênes-lièges, ou le premier liége qu'on appelle mâle. — Syn. *desmasclá*, châtrer.

DEMASCLAGE, DEMASCLAGI, s. m. Action d'enlever la première écorce du chêne-liège. — Ety., *demasclá.*

DEMASIA prov., v. a. Bousiller, gâter un ouvrage ; par ext., détruire, dégrader ; *demasiat, ado*, part., bousillé, ée, gâté, détruit, déguenillé ; démesuré, excessif ; *testo demasiado*, tête détraquée. — Syn. *desmasiá.*

DEMASIADURO, s. f. Bousillage, ouvrage mal fait. — Ety., *demasiado*, part. f. de *demasiá.*

DEMATIN, DEMATIS, adv. Ce matin, dans la matinée. — Cat., *demali.* — Ety., *de*, prép. et *matin*, matin.

DEMAUCOURA, cév. v. a. Décourager ; prov., v. n., répugner. — Ety., *de*, préf., et *maucourá*, qui signifie aussi décourager.

DÈME, montp., s. m. Dîme : V. *Dèume.*

DEMEFISA (Se), prov., v. r. V. *Mesfisá.*

DEMEISSELA, b. lim., v. a. Rompre, briser la mâchoire. — Syn. *demaissá.* — Ety., *de*, priv., et *meissèlo*, pour *maissèlo*, mâchoire.

DEMEMBRA, v. a. Demembrar, oublier. — Biterr., *delembrá* ; prov., *desmentegá* ; béarn., *desbroumbá* ; gasc., *desbrumbá, desmoumbrá.* — Ety., *de*, priv., et *membrá*, du lat. *memorare*, rappeler.

DEMEMBRA, v. a. V. *Desmembrá.*

DEMEMBRANSO, s. f. Oubli. — Ety., *demembrá.*

DEMEMOURIA, v. a. Dememoriar, faire perdre la mémoire ; déconcerter, faire perdre l'esprit. — Syn. *desmemouriá, desmemouiá*, — Cat., esp., *desmemoriar.* — Ety., *de*, priv., et *memoria*, mémoire.

DEMEMOURIAT, ado, part. Oublieux, euse, qui oublie facilement, qui a perdu la mémoire ; éperdu, e, déconcerté, étourdi, évaporé.

DEMENA, b. lim., v. a. Demenar, remuer, agiter quelque chose ; v. n., branler, aller de côté et d'autre : *aquelo dent demeno*, cette dent branle ; *se demená* ; v. r., se démener, s'agiter, se débattre ; au fig. se donner beaucoup de mouvement pour une affaire ; s'émouvoir, s'irriter. — Esp., port., *menearse* ; ital., *dimenarsi.* — Ety., *de*, préf. augm., et *mená*, mener.

DEMENA (Lou), prov., s. m. La tournure, la démarche, l'allure d'une personne ; au fig. manière d'agir, conduite, intrigue, démarche sourde. — Syn. *demené.*

DEMENÉ, prov., s. m. V. *Demená.*

DEMENESCAI, cév., s. m. Déchet, diminution. — ETY., *de*, préf. *men* moins, et *escai*, reste, ce qui est de moins, ce qui reste.

DEMENI, PROV., v. a. V. Diminuá.

DEMENICIOUN, PROV., s. f. V. Diminuciéu.

DEMENS, adv. Il ne s'emploie que dans cette phrase, *aná en demens*, aller en diminuant, c'est-à-dire dépérir, diminuer, décroître, perdre peu à peu sa fortune. — ETY., *de*, prép., et *mens*, moins.

DEMENTA (Se), PROV., v. r. Tomber en démence ; se plaindre, se tourmenter. — ETY. LAT., *dementare*.

DEMENTI, v. a. DESMENTIR, démentir, dire à quelqu'un qu'il a menti ; *se dementí*, v. r., se démentir, se rétracter, se contredire. — SYN. *desmenti*. —CAT., ESP., PORT., *desmentir*; ITAL., *dimentire*. — ETY., *de*, préf., et *menti*, mentir.

DEMENTIT, ido, part. Démenti, e; s. m., démenti, paroles par lesquelles on dément ce qu'un autre a avancé: *n'aura lou dementit*, il en aura le démenti ou le déboire. — ESP., PORT., *desmentido*.

DEMENTRE, adv. DEMENTRE, cependant ; *dementre que*, conj. tandis que, pendant que.— CÉV., *doumentre*; CAST., *demestre*, f. a ; ANC., CAT., *dementre*; ITAL., *mentre*. — ETY., *de*, préf., et le lat. *interim*, pendant ce temps là.

DEMENTRETANT, TOUL., adv. Cependant. — ETY., *dementre*.

DEMÉOURE, B. LIM., v. a. Mouvoir, ébranler, remuer; au fig. émouvoir. — ETY., *de*, préf., et le roman *movre*, dérivé du latin *movere*, mouvoir.

DEMESCLA, GASC., v. a. Démêler, séparer ce qui était mêlé. — ETY., *de*, priv. et *mesclá*, mêler.

DEMESCOMPTE, s. m. MENESCOMPTE, mécompte, erreur dans un compte ; par ext., espérance trompée, idée fausse ou exagérée qu'on s'est faite d'une chose. — ETY., s. verb. de *demescoumptá*.

DEMESCOR, DEMESCORDI, s. m. Mésintelligence, désaccord, différend.

DEMESCOULA, PROV., v. a. V. Desmousclá.

DEMESCOUMPTA, v. n. MESCOMPTAR, se mécompter, se tromper dans un calcul, dans un compte; par ext., se tromper en une chose qu'on croit ou qu'on espère, être déçu. — ETY., *de*, préf., *mes*, pour *mens*, moins, et *coumptá*, compter.

DEMESCOUNEISSE, v. a. V. Mescounèisse.

DEMESI (Se), v. r. Diminuer, se réduire, se consumer en bouillant trop longtemps; au fig. maigrir, s'exténuer, s'épuiser, sécher d'impatience ; s'ennuyer, languir. — ETY., *de*, préf., et *mes* pour *mens*, moindre, devenir moindre.

DEMESPEZA, TOUL., CÉV., v. n. Diminuer de poids ; *se demespezá*, v. r., m. sign. — ETY., *de*, préf., et *mens*, moins et *pezá*, peser.

DEMESSE, CAST., prép. A cause de, par crainte de. — AGAT., *demesso*.

DEMESSO, AGAT., prép. V. Demesse.

DEMEST, prép. De MEST, parmi, entre, d'entre, dans ; du milieu de, du fond ; GASC., *demest*, adv., de même, également. —ETY. LAT., *de medio*, du milieu.

DEMESTRE, CAST., adv. V. Dementre ; *demestre que*, conj. tandis que.

DEMICA, v. a. Émier, émietter, réduire du pain en miettes ; *se demicá*, v. r., s'émietter. — CAT., *esmicar* ; ESP., *desmigajar*. — ETY., *de*, préf. et *mico*, miette.

DEMIECH, èjo, adj. DEMI, DEMIEY; demi, ie ; demi-plein, demi-pleine. — SYN. *miech*, *demièi*.

DEMIÈI, ièio, PROV., adj. V. Demiech.

DEMIÈIA, PROV., v. a. Emplir ou désemplir à demi. — ETY., *demièi*.

DEMINCHE, s. m. Dimanche. V. Dimenche.

DEMINGA, TOUL., v. a. Diminuer. V. Diminuá.

DEMINGAT, ado, TOUL., part. Diminué, ée.

> Aygno de foun ni de ribièro
> Ni la que as al pouts prisounièro
> Ni la que legueno d'un roc
> N'an en re DEMINGAT moun foc.
>
> GOUDELIN, D'autre sou.

DEMINGO, GASC., s. f. Diminution dans la qualité ou la quantité. — ETY., s. verb. de *demingá*.

DEMMA, GASC., v. a. Dîmer. V. Dèumá.

DEMO, B. LIM. V. Deman.

DEMONGLA, B. LIM., v. a. Démancher. V. Démargá.

DEMONIEIRA (Se), B. LIM., v. r. Minauder, grimacer, se donner des manières prétentieuses et ridicules. — ETY., *de*, préf., et *manièiro*, dont l'*a* en perdant l'accent tonique se change en *o*, manière, façon.

DEMONIEIRA, ado, B. LIM., part. Minaudier, ière.

DEMONTIBULA, B. LIM., v. a. Demantibulá.

DEMORA, B. LIM., v. n. V. Demarrá.

DEMORMOLHA, CÉV., v. a. V. Demarmalhá.

DEMORO, s. f. DEMOR, DEMORA, demeure, habitation, domicile ; *à demoro*, loc. adv. à demeure, de manière à n'être pas déplacé. — CAT., ESP., PORT., *demora* ; ITAL., *dimora*. — ETY., s. verb. de *demourá*.

DEMOUÈRO, PROV., s. f. V. Demoro.

DEMOUFA, BITERR., v. a. Donner, procurer de l'aisance à une personne pauvre ; *se demoufá*, v. r., se relever de l'état de gêne, de pauvreté, où l'on se trouvait. — ETY., *de*, priv., et *moufo*, algue marine ou foin de mer, dont les gens pauvres garnissent leurs matelas, après l'avoir fait bien sécher ; *se demoufá*, au propre, signifie ôter cette plante de son matelas et la remplacer par de la laine ; on dit d'une personne pauvre qu'un héritage a mise dans une certaine aisance : *aquel heretage l'a demoufado*.

DEMOULI, v. a. DEMOLHIR, DEMOLIR, abattre pièce à pièce, renverser. — CAT., ESP., PORT., *demolir* ; ITAL., *demolire*. — ETY. LAT., *demoliri*.

DEMOULICIÉU, **DEMOULICIOUN**, s. f. DÉMOLITION, démolition, action de démolir ; matériaux qui restent de ce qu'on a démoli. — CAT., *demolició* ; ESP., *demolicion* ; ITAL., *demolizione*. — ETY. LAT., *demolitionem*.

DEMOUN, s. m. DEMONI, démon, esprit infernal ; au fig. méchant ; on dit d'une personne ou d'un enfant méchant : *es un demoun incarnat*. — ESP., PORT., ITAL., *demonio*. — ETY. LAT., *dæmonium*, de δαίμων, génie, bon ou mauvais génie.

DEMOUNIAC, O, adj. DEMONYAC, DEMONIAYX, démoniaque, possédé du démon. — CAT., *demoniac* ; ESP., ITAL., PORT., *demoniaco*. — ETY. LAT., *dæmoniacus*, de δαιμονιακός.

DEMOUNTA, v. a. DESMONTAR, démonter, renverser un cavalier de sa monture, la lui ôter, désassembler les pièces dont une chose est composée ; T. de chasse, *demountá un perdigal*, démonter un perdreau, lui casser une aile d'un coup de fusil ; au fig. déconcerter, mettre hors d'état d'agir, de répondre ; *se demountá*, v. r., se démonter ; être fait de manière à être démonté ; ou détraquer. — SYN. *desmountá*. — CAT., *desmuntar* ; ESP., PORT., *desmontar* ; ITAL., *smontare*. — ETY., *de*, préf., et *mountá*, monter.

DEMOURA, v. n. DEMORAR, demeurer, habiter, faire sa demeure ; *demoro à la carrièro vielho*, il demeure à la rue vieille ; rester, être de reste : *quand aurat pagat sous déutes, i demourara pas res*, quand il aura payé ses dettes, il ne lui restera rien ; se trouver, rester, être dans un certain état : *demoro siau*, reste coi ; *demouras! finissez donc!* tarder, s'arrêter, lambiner ; *as pla demourat*, tu as bien tardé. — CAT., ESP., PORT., *demorar* ; ITAL., *dimorare*. — ETY. LAT., *demorari*.

DEMOURANSO, s. f. DEMORANSA, demeure, séjour. — ANC. ESP., *demoranza* ; ITAL., *dimoranza*. — ETY., *demourá*.

DEMOURENA, v. a. Dévisser. V. Desvissá.

DEMOURET, B. LIM., s. m. Joujou d'enfant.

DEMOURINA, PROV., v. a. Démolir, abattre ; *se demourinà*, v., s'écrouler. — SYN. *moulinà*.

DEMOURO, GASC., s. f. Affût, poste de chasse.

DEMOURRA, v. a. V. Desmourrá.

DEMOURRICA, CAST., v. a. V. Desmourrá.

DEMOURSAIRE, PROV., s. m. Battoir pour détacher le verre du fêle ou de la barre de fer creusée avec laquelle on tire le verre fondu du creuset.

DEMOUSCLA, **DEMOUSCLOUROUNA**, **DEMOUSCLOURA**, **DESMOUCOUROUNA**, PROV., v. a. V. Desmousclá.

DEMOUSTRA, v. a. DEMOSTRAR, démontrer, rendre une chose claire et évidente ; *se demoustrá*, v. r., se mettre en avant dans une affaire, dans une émeute, etc. — CAT., *demostrar*; ESP., PORT., *demonstrar* ; ITAL., *dimostrare*. — ETY. LAT., *demonstrare*.

DEMOUSTRACIÉU, s. f. DEMOSTRACIO, démonstration, raisonnement qui prouve d'une manière évidente et convaincante. — CAT., *demostració* ; ESP., *demostracion* ; ITAL., *dimostragione*. — ETY. LAT., *demonstrationem*.

DEMOUTA, PROV., v. a. V. Desmoutá.

DEMPECH, GASC., adv. Depuis. V. Despèi.

DEMPÈI, adv. V. Despèi.

DEMPIÈI, adv. V. Despèi.

D'EM-PREMIER, adv. comp. D'abord, dans le commencement, en premier lieu. — SYN. *d'em-prumier*. — ETY., *dem*, pour *de-en*, et *premier*, premier, sous-entendu *lioc*, lieu, en premier lieu.

D'EM-PRUMIER, adv. V. D'em-premier.

DEMPUCH, GASC., adv. Depuis. V. Despèi.

DEMUCHA, GASC., v. a. Démontrer, prouver.

DEMUGA, PROV., v. a. Démêler les cheveux.

DEMUISCLASSA, PROV., v. a. V. Demusclá.

DEMUNI, B. LIM., v. a. Diminuer, dans les autres dialectes, démunir, ôter les munitions.

DEMUSCLA, CAT., v. a. Épauler ou rompre les épaules ; au fig. renverser; *se demusclá*, v. r., s'épauler, s'éreinter, prendre grande peine. — SYN. *demuisclassá*, *demusclassá*, *esmusclá*. — BITERR., *espallá*. — ETY., *de* priv., et *muscle*, muscle.

DEMUSCLASSA, CÉV., TOUL., v. a. V. Demusclá.

DEN, BÉARN., prép. Dans. V. Dins.

DEN, s. f. Dent. V. Dent.

DENANT, adv. et prép. DENANT, avant, au-devant, par-devant. — CAT., *denant*; ESP., *denante* ; PORT., *diante* ; ITAL., *dinanzi*. — ETY., *de*, préf., et le lat. *ante*, devant.

DENANTHOURA, CÉV., v. a. Cueillir les fruits avant leur parfaite maturité ; faucher les luzernes avant le temps; au fig. manger son blé en herbe, marier une fille trop jeune ; éveiller quelqu'un trop matin. — CAST., *encuti*. — ETY., *denant*, avant, et *houro*, heure.

DENARRIDA, CAST., v. a. Battre le chanvre, le lin sur le chevalet avec une espèce de sabre de bois appelé *espade*.

DENASICA, CAST., CÉV., v. a. V. Denazicá.

DENASSA, v. a. Couper, meurtrir le nez ; *denassat, ado*, part. à qui l'on a coupé ou meurtri le nez. — SYN. *denazicá*, *desnassá*, *desnazá*, *desnarrá*, *esnassá*. — ETY., *de*, priv., et *nas*, nez.

DENAU, **DENAUT**, CÉV., TOUL., s. m. Le haut, la partie haute : *lou denau d'aquel houstal val pas lou debas*, les appartements hauts de cette maison ne valent pas ceux du rez-de-chaussée ; adv., là-haut. — SYN. *denhaus*, *denhaut*, *ennaut*. — ETY. *de*, préf., et *au* pour *aut*, du lat. *altus*, haut.

DENAU, TOUL., CÉV., s. m. Haut-de-chausses, culottes. — ETY., *de*, préf., et *au* pour *aut*, haut.

DENAZICA, CAST., CÉV., v. a. V. Denassá.

DENBOULHA, CAST., v. a. Débrouiller. V. Desbroulhá.

DENCARRA, CAST., v. a. Dételer les bœufs, les chevaux.—SYN. desatala. — ETY., *de*, prép. de, et *car*, char ; tirer du char.

DENCLUS, GASC., s. m. Enclume. — ETY. LAT., *incus*. V. Enclume.

DENDESPÈI, TOUL., adv. Depuis ; V. Despèi.

DENDESPIÈI, adv. V. Despèi.

DENEGA, GASC., v. a. DENEGAR, dénier, nier, refuser. — CAT., ESP., PORT., *denegar* ; ITAL., *denegare*.— ETY. LAT., *denegare*.

DENEGACIÉU, s. f. Dénégation. — CAT., *denegació* ; ESP., *denegacion*. — ETY., *denegá*.

DENEGRI, v. a. Oter, effacer ce qui est noir. — ETY., *de*, priv., et *negri*, noircir.

DENÈIRADO, CÉV., s. f. DENAIRADA, denrée, toute espèce de marchandise, toute production de la terre destinée à la vente et employée pour la nourriture ; récolte. — SYN. *denréo*. — ESP., *dinerada* ; ITAL., *derrata*. — ETY. B. LAT., *denariata*, du lat., *denarius*, denier.

DENÈIRORO, s. f. V. Denièirolo.

DENEMBRA, DENEMBRANSO. V. Demembrá, Demembranso.

DENEMBRAT, adp, part. Celui ou celle qui a perdu le sens, la mémoire ; fou, mal avisé, nigaud.

DENEVA, CAST., v. a. Enlever la neige d'une rue, d'une cour ; etc. ; v. n., cesser de neiger ; il se dit aussi de la neige qui fond. — ETY., *de*, priv., et *nevá*, neiger.

DENÈY, GASC., s. m. Denier. V. Denier.

DENGUÈIRO, adv. Encore, V. Encaro.

DENGUERA, DENGUERO, LIM., adv. V. Encaró.

DENGUS, s. m. Personne. V. Degus.

DENGUY, DAUPH., adv. De cette manière-là ; *densi*, de cette manière-ci.

DENIA, v. a. V. Desnisá.

DENIA, v. a. Dénier. V. Denegá.

DENIÈIROLO, DENIEROLO, s. f. Tirelire.
— SYN. *denèiroro, diniairolo, dignaièiro, dignèirolo, dinièirolô*. — ETY., *denier*.

DENIER, s. m. DENER, DENIER, DINIER, denier, pièce de monnaie qui ne valait que la douzième partie d'un sou. — SYN. *dinier*, *dinè*. — CAT., *denari* ; ESP., *dinero* ; PORT., *denheiro* ; ITAL., *danaro*. — ETY. LAT., *denarius*, monnaie d'argent qui, à l'origine, valait dix as.

DENIESA, v. a. V. Desniaisá.

DENIGRA, v. a. Dénigrer, noircir la réputation de quelqu'un. — CAT., ESP., *denigrar* ; PORT., *denigrir* ; ITAL., *denigrare*. — ETY. LAT., *denigrare*.

DENISA, v. a. V. Desnisá.

DENNASTA, CAST., v. a. Tirer de la broche. V. Desenastá.

DENNOUNTHOURA, QUERC., v. a. Faire une récolte avant sa maturité. V. Denanthourá.

DENOU, CAST., s. m. (denoú), Démenti : *n'aurèi pas lou denoú*, je n'en aurai pas le démenti. — ETY., *de*, préf., et *nou*, non.

DENOUDA, PROV., v. a. V. Desnouzá.

DENOUGALHA, CÉV., v. a. Ecaler les noix ; au fig. déjointer, disloquer, en parlant des membres. — SYN. *desnougalhá* — ETY., *de*, préf., et *nougalhá*, V. ce mot.

DENOUIL, TOUL., CÉV., s. m. Genou ; *de nouilhous*, à genoux. V. Ginoul.

DENOUMA, v. a. DENOMNAR, dénommer, nommer une personne dans un acte.— CAT., ESP., PORT., *denominar* ; ITAL., *denominare*. — ETY. LAT., *denominare*.

DENOUMBLA, PROV., v. a. Ereinter. V. Desloumbá.

DENOUN, PROV., s. m. Petit doigt. V. Detoú.

DENOUNCIA, PROV., v. a. V.

DENOUNSA, v. a. DENUNCIAR, dénoncer, déclarer, publier, faire connaître ; porter plainte contre quelqu'un à l'autorité compétente ; signaler à la justice. — CAT., ESP., PORT., *denunciar* ; ITAL., *dinunziare*.—ETY. LAT., *denuntiare*.

DENOUNSO, s. f. Dénonciation, accusation en justice ; *faire uno denounso*, porter plainte. — Cat., ital., *denuncia*. — Ety., s. verb. de *denounsá*.

DENOUZA, DENOUZADOU, V. Desnouzá, Desnouzadou.

DENQUIO, gasc., prép. Jusque ; *denquio-ailá*, jusque-là ; *denquio-acit*, jusqu'ici.

DENRÉO, s. f. V. Deneirado.

DENS, béarn., prép. Dans. — Syn. *hens, dehens, dins*.

DENSI, dauph., adv. V. Denguy.

DENT, s. f. Dent, dent ; au fig. une infinité de choses qui se terminent en pointe et qui ont quelque ressemblance avec une dent ; *las dents d'un rosse, d'un penche, d'uno resso*, etc., les dents d'une herse, d'un peigne, d'une scie. — Cat., *dent* ; esp., *diente*, ital., port., *dente*. — Ety. lat., *dentem*.

DENT-DE-LIOUN, nim., s. f. Pissenlit. V. Pissalleit.

DENT-DE-LOUP, s. m. Barre de fer dentelée, dont on garnit les fenêtres pour en défendre l'entrée ; petit instrument pour polir le papier ; T. de cordonnier, *bouisse* ou buis pour bomber les semelles.

DENT (Herbo de), s. f. Jusquiame. V. Calelhado.

DENTA, v. n. Faire ses dents : *aquel mainage encaro dento*, cet enfant fait encore ses dents. — Syn. *endentá*. — Esp., *dentar*. — Ety., *dent*.

DENTA, v. a. Examiner les dents d'un cheval, d'une mule, etc., pour en reconnaître l'âge. — Ety., *dent*.

DENTADO, s. f. Coup de dent, morsure ; dentée en parlant des chiens de chasse et du sanglier. — Prov., *dentau* ; esp., *dentarada* ; port., *dentada*. — Ety., s. part. f. de *dentá*.

DENTADURO, s. f. Les dents en général ; toutes les dents d'une mâchoire. — Ety., *dent*.

DENTAL, s. m. Dental, *cep, soupeau*, pièce de bois ou de fer qui porte le soc de la charrue ; *laurá al dental*, labourer avec une charrue sans versoir. — Syn. *dentau, alamoun, souchau*, *chassouèro*. — Cat., esp., *dental* ; ital., *dentale*. — Ety. lat., *dentale*, de *dent*, dent.

DENTARIJO, gasc., s. f. V. Denterigo.

DENTASSO, s. f. Grosse dent, vilaine dent. — Cat., *dentarra* ; ital., *dentaccio*. — Augm. de *dent*.

DENTAT, ado, part. Denté, ée, qui a des dents, qui a toutes ses dents ; il se dit aussi des roues et autres machines munies de pointes qu'on nomme dents. — Syn. *endentat* — Esp., *dentado* ; ital., *dentato*. — Ety. lat., *dentatus*.

DENTAU, prov., s. m. V. *Dental* ; coup de dent. V. Dentado.

DENTAULA, cast., v. a. Tirer quelqu'un de table, le forcer à la quitter ; fausser une faux, une scie ; *se dentaulá*, v. r., se lever de table. — Syn. *desentaulá*. — Ety., *den*, pour *de*, prép., et *taulo*, table.

DENTE, s. m. Dentale, poisson, V. Daine.

DENTEJA, v. a. Donner des coups de dent, mordre ; v. n., claquer des dents. — Ety., *dent*.

DENTELAT, ado, adj. Dentelhat, dentelé, ée, crénelé ; denté. V. Dentat.

DENTELIAIRE, s. m. Marchand de dentelles. — Ety., *dentèlo*.

DENTÈLO, s. f. Dentelle, ouvrage à mailles, de fil, de soie, etc. — Ital., *dentello*. — Ety., *dent*, parce que les premières dentelles qu'on fit étaient dentelées.

DENTERIGO, s. f. Agacement des dents : *acò me fa denterigo*, cela m'agace les dents ; *las pebrinos fan denterigo*, les piments mettent en appétit ; *n'a pas denterigo*, il n'a pas les dents agacées, il a bon appétit. — Syn. *dentarigo, dentarijo, dentilho, denzir, enterigo, entrigo, enterigou*. — Esp., *dentera*. — Ety., *dent*.

DENTETO, s. f. Petite dent. — Syn. *dentilhoun, dentouno*. — Dim. de *dent*.

DENTILHO, prov., s. f. V. Denterigo,

DENTILHO, GASC. TOUL., s. f. Lentille. V. Mendil.

DENTILHOUN, PROV., s. m. Petite dent; chicot. V. Denteto.

DENTIS, PROV., s. m. Ononyx ou arrête-bœuf. V. Agaloussès.

DENTOUNO, s. f. V. Denteto.

DENTRO, PROV.; prép. *Entro*, jusque; *dentro alai*, jusque-là; *dentro aicit*, jusqu'ici. — ESP., ANC. ITAL., *dentro*.

DENUCA, PROV., v. a. Assommer. — M. SIGN., *assucá, ensucá.* — ETY., *de*, priv., et *nuco*, nuque, frapper sur la nuque.

DENZIR, B. LIM., s. m. Agacement des dents. V. Denterigo.

DEOU, GASC., art. gén. sing. Du. V. Dèu.

DEPARA, v. a. V. Despará.

DEPARTI, v. a. DEPARTIR, départir, partager, distribuer les parts, diviser; *se departi*, v. r., se départir, se désister; se séparer, s'éloigner. — SYN. *desparti, dessaparti.* — ESP., *despartir*; ITAL., *spartire.* — ETY., *de*, préf., et *parti*, du lat.; *partiri*, partager.

DEPARTIDO, s. f. DEPARTIDA, départ, départie, séparation. — SYN. *despartido.* — ETY., s. part. f. de *departi*.

DEPAUSA, v. a. DEPAUSAR, déposer, poser une chose que l'on portait; mettre en dépôt; destituer; v. n., former un dépôt en parlant de certaines liqueurs; v. a. et n., faire sa déposition comme témoin. — SYN. *deposá, depousá.* — CAT., ESP., PORT., *deposar*; ITAL., *deporre.* — ETY., *de*, préf., et *pausá*, poser.

DEPAUSICIÉU, s. f. DEPOSITIO, déposition, témoignage en justice; action de déposer, de destituer une personne élevée en dignité. — CAT., *deposició*; ESP., *deposicion*; ITAL., *deposizione.* — ETY. LAT., *depositionem*.

DEPEI, adv. V. Despèi.

DE-PER-AITAL, CÉV., loc. adv. *Au-ben-de-per-aital*, oui, vraiment. — SYN. *de-per-aitau*.

DE-PER-EL, CÉV., loc. adv. De lui-même, sans l'aide de personne, de son propre mouvement; mot-à-mot de par lui. — SYN. *des-per-el*.

DEPERENC, CÉV., s. m. Un fripe-tout; destructeur, celui qui fripe, qui use ses hardes en peu de temps. — SYN. *debourenc.* — ETY., *deperi*, avec la voix active, user, détériorer, friper; *deperenc* est une sorte de part. prés. de *deperi*.

DE-PER-ENCRÈIRE, CÉV., loc. adv. Pour rire, par plaisanterie. *Es de per encrèire*, ce n'est pas tout de bon; c'est pour en faire accroire. On dit dans le même sens *de-per-pa-ren*, *de-per-rire*.

DE-PER-ENSIN, CÉV., loc. adv. Ainsi, en conséquence.

DEPERI, v. n. DEPERIR, dépérir, s'affaiblir, aller en dépérissant; se détériorer, tomber en ruine. — ANC. CAT., *deperir.* — ETY. LAT., *deperire*.

DEPERISSAMENT, PROV., s. m. V.

DEPERISSIMENT, s. m. Dépérissement, état de ce qui dépérit, ou de ce qui est dépéri, amaigrissement, détérioration, ruine. — ETY., *deperi*.

DE-PÈS, TOUL., CÉV., loc. adv. Debout sur ses pieds. — ETY., *de*, préf., et *pès*, pieds.

DEPETA (Se), v. r. Se dépiter.

DEPÈU, DAUPH., prép. Depuis. V. Despèi.

DEPICA, v. a. Faire sortir le grain de son épi, soit avec le fléau, soit à l'aide du piétinement des mules ou des chevaux. — ETY., *de*, préf., et *picá*, battre.

DEPICAZOU, s. f. Action de battre les gerbes pour en faire sortir le grain; temps où se fait ce travail, ce qu'il en coûte pour le faire. — ETY., *depicá*.

DEPINTA, PROV., v. a. Dépeindre. — ESP., PORT., *pintar.* — ETY., *de*, préf., et *pintá*, peindre.

DEPISTA, v. a. Dépister, découvrir les pistes du gibier et les suivre; au fig. découvrir ce qu'on voulait tenir caché. — ETY., *de*, préf., et *pisto*, piste, trace.

DEPLOURA, v. a. Déplorer. — CAT., ESP., PORT., *deplorar*; ITAL., *deplorare.* — ETY. LAT., *deplorare*.

DEPONE, v. a. Deponer, déposer. — Esp., *deponer*. — Ety. lat., *deponere*.

DEPOS, s. m. Dépôt V. Depost.

DEPOSA, v. a. V. Depausá.

DEPOST, s. m. Deposito, dépôt, ce qu'on a déposé, donné en garde, mis en un lieu ; matières qui déposent au fond d'un vase contenant un liquide; abcès. — Cat., *deposit* ; esp., ital., port., *deposito*. — Ety. lat., *depositum*, supin de *deponere*, déposer.

DEPOUSA, v. a. V. Depausá.

DEPOUSITARI, s. m. Depositari, dépositaire, celui à qui l'on a confié un dépôt. — Cat., *depositari* ; esp., ital., port., *depositario*. — Ety. lat., *depositarius*.

DEPOUTA, v. a. Dépoter. V. Despoutá.

DEPRAVA, v. a. Depravar, dépraver, pervertir; changer en mal; *se depravá*, v. r., se dépraver, se pervertir. — Syn. despravá. — Cat., esp., port., *depravar* ; ital., *depravare*. — Ety. lat., *depravare*.

DEPRAVACIÉU, **DEPRAVACIOUN**, s. f. Dépravation, corruption, altération du sang, des humeurs. — Cat., *depravació*, esp., *depravacion* ; ital., *depravazione*. — Ety. lat., *depravationem*.

DEPURA, v. a. Depurar, épurer, rendre pur, rendre plus pur ; au fig. rendre plus correct, plus délicat, plus moral. — Cat., esp., port., *depurar* ; ital., *depurare*. — Ety. lat., *depurare*.

DEPURACIEU, **DEPURACIOUN**, s. f. Depuracio, dépuration. — Cat., *depuració*; esp., *depuracion* ; ital., *depurazione*. — Ety., *depurá*.

DEQUÉ (Lou). s. m. L'avoir, ce que l'on possède en propriétés , le nécessaire pour vivre : *aveire lou dequé*, avoir de quoi vivre; *mai d'un richart a coumensat per un pichot dequé*, plus d'un richard n'a eu d'abord qu'un petit avoir; *dequé*, se dit aussi du prix d'une chose.

DE-QUÉ, pron. int. Quoi ? que ? *dequé disès, de-qué voulès, de-qué fasès ?* Que dites-vous, que voulez-vous, que faites-vous ? *sabi pas de-qué me tent*, je ne sais ce qui me retient ; *per dequé faire ?* pourquoi faire ?

DERABA, v. a. V. Derrabá.

DERADA, v. n. Dérader, quitter la rade. — Ety., *de*, préf. et *rado*, rade.

DERAMA, v. a. Deramar, effeuiller, couper les branches d'un arbre, gauler les rameaux pour faire tomber les fruits ; gasc., *deramá lou fien*, faner le foin ; v. n., perdre ses feuilles. — Syn. desramá, déiramá, deromá. — Ety., *de*, priv. et *ram*, rameau.

DERAMADOUIRO, prov., s. f. Gaule pour abattre les fruits. — Ety., *deramá*.

DERAMAIRE, o, prov., s. m. et f. Celui, celle qui effeuille les arbres ou les vignes. — Ety., *deramá*.

DERAMBOULHA, v. a. V. Derramboulhá.

DERANCA, v. a. V. Derrancá.

DERANTELA, cév., v. a. Oter les toiles d'araignée. — Biterr., *estarigagná*; prov., *destarariná*. — Ety., *de*, priv., et *rantèlo*, toile d'araignée.

DERANTELADOU, cév., s. m. Houssoir, balai de houx, de sorgo, tête de loup, dont on se sert pour ôter les toiles d'araignée. — Biterr., *estarigagnadouiro* ; prov., *destararinadouiro*. — Ety., *derantelá*.

DERAPA, v. a. V. Derrapá.

DERAPEGA, prov., v. a. V. Derrapá.

DERASOUNA, v. n. V. Desrazouná.

DERATAT, ado, adj. V. Desratat.

DERAUBA, v. a. Deraubar, dérober, ravir, voler, prendre furtivement ce qui appartient à autrui ; enlever une fille ; *se deraubá*, v. r., se dérober, s'enlever, disparaître, se soustraire, se cacher. — Syn. desraubá ; raubá. — Anc., cat., *derrobar* ; ital., *dirubare*. — Ety., *de*, priv., et *raubo*, robe, vêtement, équipement.

DERAUZA, v. a. Enlever le tartre des tonneaux. — Ety., *de*, priv., et *rauzo*, tartre.

DERAUZAIRE, s. m. Celui qui enlève le tartre des tonneaux ; acheteur de lies de vin et de tartre. — ETY., *derauzá*.

DERAZIGA, v. a. DESRASICAR, DESRAYGAR, déraciner, arracher une plante, un arbre avec sa racine. — SYN. *desraciná* ; ANC. CAT. *desraygar* ; ESP., *desraigar* ; ITAL., *disradicare*. — ETY., *de*, préf., et *razit*, du lat., *radix*, racine.

DERAZOUNA, v. n. V. Desrazouná.

DERBA, DERBAGE, DERBAIRE, PROV., V. Dherbá, Dherbage, Dherbaire.

DERBÈSE, CÉV., s. m. Dartre; *derbese farinous*, dartre farineuse. — SYN. *endervi*, *derbi*, *herbi*. — ETY. LAT., *herpes*, dartre, dont *derbese* est une altération.

DERBI, CAST., v. a. Ouvrir. V. Oubrí.

DERBI, DAUPH., PROV., s. m. Dartre. V. Derbese.

DERBOUN, s. m. Taupe. V. Darboun.

DERBOUS, PROV., s. m. Curoir. V. Cureto.

DEREBOUNDRE, CÉV., v. a. Déterrer, exhumer. — M. SIGN. *destarrá*, *desentarrá*, *desterrá*. — ETY., *de*, priv., et *reboundre*, enfouir.

DEREC (A), CÉV., adv. DAURE, de suite. — BITERR., *darreu*. V. ce mot.

DERECAP, CÉV., loc. adv. De rechef, de nouveau. — BITERR., *tourna-mai*. — ETY., *de*, préf., et *recap*, rechef.

DEREDI, v. a. V. Desenredesi.

DEREGA, CÉV., v. a. DESRAYGAR, déraciner, arracher. — SYN. *darigá*, *derengá*, *derigá*, *dorrabá*, *derazigá*, *desraciná*. — ETY., *de*, priv., et *rego*, raie, sillon ; ôter du sillon.

DEREGI, PROV., v. a. V. Desenredesi.

DEREGREMILHA, LIM., v. a. Dépelotonner, déployer ; *deregremilho sa grifo*, il déploie sa griffe.

DEREMUDA, B. LIM., v. a. Remuer.

DERENA, v. a. V. Desrená.

DERENAN, adv. DERENAN, dorénavant, désormais. — SYN. *desenan*. — ETY. *de*, prép., *aro*, maintenant, *enan*, en avant.

DERENGA, v. a. V. Deregá.

DERESOUNA, PROV., v. n. V. Desrazouná.

DEREVELHA, v. a. Réveiller. — SYN. *revelhá*. V. ce mot.

DEREVESI, v. a. Examiner de plus près une chose, y revenir, prendre un parti après une nouvelle réflexion. Au jeu de boules, quand les boules de deux joueurs sont à une égale distance du cochonnet, on dit: *es à revesi*, ou *à derevesi*, c'est à revoir ou à recommencer. *Revesi* est une forme altérée du roman *reveser*, reviser, avec le préfixe *de*.

DERIBA, v. a. et n. V. Derivá.

DERIDARI, PROV., s. m. Espèce d'horloge.

DERIGA, v. a. V. Deregá.

DERIVA, v. n. DERIVAR, dériver, s'éloigner du bord du rivage, aller à la dérive ; suivre le courant, le fil de l'eau; s'écarter plus ou moins de la route qu'on voulait tenir en mer; au fig. tirer son origine, son étymologie de ; v. a., faire sortir les eaux du fil de leur courant, les détourner de leur cours. — GASC., *dribá* ; CAT., ESP., PORT., *derivar* ; ITAL., *derivare*. — ETY. LAT., *derivare*.

DERIVACIÉU, DERIVACIOUN, s. f. Dérivation, action de dériver les eaux. — CAT., *derivació* ; ESP., *derivacion* ; ITAL., *derivazione*. — ETY. LAT., *derivationem*.

DERIVO, s. f. Dérive, déviation de la route d'un bâtiment : *aná à la derivo*, aller en dérive, s'écarter de la route qu'on voulait suivre en mer. — GASC., *dribo*. — ETY. *de*, préf., et *rivo*, rive.

DERIZIÉU, s. f. Dérision, moquerie.— ESP., *derision*; ITAL., *derisione*.—ETY. LAT., *derisionem*.

DERIZORI, io, adj. Dérisoire, illusoire. — ITAL., *derisorio*. — ETY. LAT., *derisorius*.

DEROC, s. m. DEROC, ruine, destruction, renversement. — ETY., s. verb. de *deroucá*.

DEROMA, B. LIM., v. a. Rompre, déchirer, en parlant des étoffes, du papier, des habits; au propre, couper les rameaux, les branches. V. Deramá.

DEROUBILHA, v. a. Dérouiller, ôter la rouille; au fig. dégourdir, en parlant des jambes; *deroubilhá lous escuts*, faire circuler les écus en les dépensant; *deroubilhá un efant*, façonner un enfant, l'instruire, le dégourdir; *se deroubilhá*, v. r., se dérouiller, se dégourdir. — SYN. *desroulhá, desroul'hi, deroulhouïre, desrouveli*. — ETY., *de*, préf., et *roubit*, rouille.

DEROUCA, TOUL., v. a. DERROCAR, DESROCAR, DEROCAR, abattre, renverser, précipiter; démolir; chasser; AGEN., déterrer. — B. LIM., *derouchá*; DAUPH., *deirochi*; CAT., ESP., PORT., *derrocar*; ITAL., *dirocciare*. — ETY., *de*, préf., et *roc*, roc, rocher, précipiter du haut du rocher.

DEROUCHA, B. LIM., v. a. V. Deroucá.

DEROUI, B. LIM., PROV., v. a. Démolir, abattre, détruire; *laissá deroui soun bé*, laisser dépérir son bien; *se deroui*, v. r., se ruiner, ruiner sa santé; s'user, se détériorer. — ETY. LAT., *diruere*.

DEROULHOUIRE, PROV., v. a. V. Deroubilhá.

DEROUTA, v. a. Dérouter, détourner de la route; au fig. déconcerter. — CAT., ESP., PORT., *derrotar*. — ETY., *deroulo*.

DEROUTO, s. f. Déroute, fuite; désordre. — CAT., ESP., PORT., *derrota*. — ETY. LAT., *disrupta*.

DERQUEJA, GASC., v. n. Se plaindre, se fâcher; se quereller. On dit aussi *se derquejá*.

DERRABA, v. a. DESRAYGAR, arracher, extraire, extirper, tirer de la terre ce qui s'y trouve enfoncé, enraciné; *se derrabá*, v. r. s'arracher; *n'ai pas pouscut me derrabá ni ferre, ni clavel*, je n'ai pu en tirer ni denier ni maille. — SYN. *darrigá, deregá, derrigá*.

DERRABADO, s. f. Arrachis, gerbes couchées sur l'aire après avoir été fouées, et qu'on arrache ou relève avec la fourche pour les soumettre à un nouveau foulage. — BITERR., *amoulat*. ETY., *derrabá*.

DERRABAGE, s. m. Arrachis, action d'arracher. — ETY. *derrabá*.

DERRABAIRE, o, s. m. et f. Arracheur, euse, celui, celle qui arrache; *es messourguier coumo un derrabaïre de dents*, il est menteur comme un arracheur de dents.

DERRABO-DENTS, s. m. Davier, instrument pour arracher les dents; arracheur de dents, dentiste.

DERRAIC, aigo, CAST., CAHC., adj. Tardif, ive, qui mûrit tardivement. — SYN. *darnièirouge*.

DERRAIGA (Se), CAST., v. r. ADERRAINAR, se laisser arréerager; se retarder; arriver tard; s'arriérer; mûrir tardivement. — SYN. *s'endarrèirá, s'endarriérá*. — ETY., *derraic*, tardif.

DERRAIGAJES, CAST., s. m. p. Arrérages, ce qui est échu d'un capital, d'une ferme, intérêts d'une somme prêtée. — SYN. *endarrèrages*. — ETY., *derraigá*.

DERRAIRIO, s. f. DERRAIRIA, fin, achèvement; *à la derrairio*, loc. adv., à la fin, enfin, en dernier lieu. — ETY., *derrai*, dernier.

DERRAMBOULHA, v. a. Démêler, débrouiller. — CÉV., *deremboulhá*; PROV., *desbulhá*; TOUL., *derrambulhá*. — ETY., *de*, priv., et *ramboulhá*, mêler, brouiller.

DERRAMBULHA, TOUL., v. a. V. Deramboulhá.

DERRANCA, v. a. ARRANCAR, tirer hors, arracher avec effort; séparer violemment, jeter avec force, renverser; *derrancá un cop de pèiro*, lancer vigoureusement une pierre; v. n., s'enfuir, s'échapper. — SYN. *arrancá, desrancá*. — CAT., ESP., PORT., *arrancar*.

DERRANCAIRE DE DENTS, s. m. Arracheur de dents. — SYN. *derrabaire*. — ETY., *derrancá*.

DERRANJA, PROV., v. a. V. Derrengá.

DERRAPA, v. a. Détacher une chose attachée à une autre. — SYN. *desarrapá*. — ETY., *de*, priv., et *rapá*, s'arrapá, s'accrocher.

DERRATAT, adj. V. Desratat.

DERRAZIGA, v. a. Déraciner. V. Derazigá.

DERREBILHA, AGEN., v. a. Réveiller. V. Revelhá.

DERREGA, ALB., GASC., v. a. V. Arracher. V. Deregá.

DERREJA, GASC., v. a. Priver, dépouiller.

DERRELHA, CAST., v. a. Oter un volet, une porte de dessus leurs gonds. — SYN. *desrelhá*. — ETY., *de*, priv., et *relho*, gond.

DERRENA, v. a. V. Desrená.

DERRENGA, v. a. DERRENGAR, DESRENGAR, déranger, ôter une chose de son rang, de sa place; renverser, brouiller, altérer, détraquer; détourner quelqu'un de ses occupations, l'obliger à quitter sa place, à se lever de son siége; *se derrengá*, v. r., se déranger, quitter sa place; se détraquer en parlant d'une machine; au fig. mener une conduite déréglée, s'enivrer, s'endetter. — SYN. *desrenjá*, *derranjá*.— PROV., *desarrenjá*. — ETY., *de*, priv., et *rengá*, ranger.

DERRENGAMENT, s. m. Dérangement, action de déranger, état de ce qui est dérangé; au fig. désordre moral; désordre d'affaires; diarrhée. — ETY., *derrengá*.

DERRENGAT, ado, part. Dérangé, ée, mis hors de sa place, de son rang; au fig. celui qui a du désordre dans ses affaires, qui est obéré; celui qui mène une conduite déréglée.

DERRENJA, PROV., v. a. V. Derrengá.

DERRENNA, GASC., v. a. Éreinter. — ALTÉR. de *desrená*. V. ce mot.

DERRENNAT, ado, part. de *derrenná*. Éreinté, ée.

DERRENTA, v. a. Éreinter. V. Desrená.

DERRENTAT, ado, part. de *derrentá*. Éreinté, ée.

DERRIER, èro, adj. DERRIER, dernier, ère. — SYN. *darrier*, *darnier*. — CAT. *derrer*. — ETY. LAT., *de retro*.

DERRIGA, TOUL., v. a. Déraciner. V. Deregá.

DERROBA, QUERC., v. a. V. Derrabá.

DERROMA, QUERC., v. a. V. Deramá.

DERROUCA, v. a. V. Deroucá.

DERROUCHA, v. a. V. Deroucá.

DERROUISSA, PROV., v. a. V.

DERROUMEGA, CAST., v. a. Essarter un champ, arracher les ronces. — SYN. *derroumejá*, *desroumejá*, *desrouissá*, *derroumiá*, *desroumiá*. — ETY., *de*, préf., et *roume*, ronce.

DERROUMEJA, v. a. V. Derroumegá.

DERROUMIA, v. a. V. Derroumegá.

DERROUMPRE, v. a. Couper; interrompre; *derroumpre l'aiguo*, couper l'eau en y mêlant une autre chose. — ETY., *der*, préf., et *roumpre*, rompre, couper.

DERROUMPUT, udo, part. Interrompu, e; coupé, ée; dégourdi, e.

DERROUVELI, GASC., v. a. V. Deroubilhá.

DERRUNA, PROV., v. n. S'écrouler, s'ébouler, dégringoler.

DERRUNADO, PROV., s. f. Écroulement, éboulement; au fig. volée de coups. — ETY., s. part. f. de *derruná*.

DERRUPI, ido, PROV., adj. V. Desrupi.

DERTI, PROV., s. m. V. Derbi.

DERUSCA, v. a. Écorcer, enlever l'écorce d'un arbre et particulièrement celle des chènes verts pour en faire du tan; écorcher. — ETY., *de*, priv., e *rusco*, écorce.

DERUSCADO, s. f. Volée de coups. — SYN. *deruscal*. — ETY., s. part. f. de *deruscá*.

DERUSCAL, s. m. V. Deruscado.

DERUSCAIRE, s. m. Celui qui tire l'écorce des chènes verts pour en faire du tan; celui qui écorce. — ETY., *deruscá*.

DERUSCAT, ado, part. Écorcé, ée.

DES, BITERR., art. plur. masc. contracté pour *de lous*. *La fuelho des fraisses*, la feuille des frênes; *la casso des tourdres*, la chasse des grives. — ROM. *dels*. — SYN. *dai*, *dèi*, *dis*, *dèi*.

DES, préf. qui remplit dans les mots auquel il est joint la même fonction que *de*, mais qui s'emploie le plus souvent devant les mots commençant par une voyelle. — Syn. *dez*. — Ety. lat., *dis* et *de-ex*. V. De.

DÉS, prép. Dès, dès, depuis. — Cat. esp., port., *desde*. — Ety. lat., *de-ipso (tempore)*.

DÈS, adj. num. Dix. V. Dech.

DÉS, b. lim., s. m. V. Desc.

DESABARI, cév., v. a. Gâter, ne pas conserver, laisser perdre. — Syn. *desavari*, *desebori*. — Ety., *de*, priv., et *abari*, conserver.

DESABIENT, cév., s. m. Inconvénient, accident fâcheux, désordre. — Rouerg., *desobien*.

DESABRIGAT, ado, adj. Qui n'est pas abrité, ée, qui est sans asile; vagabond. — Ety., *des*, priv., et *abrigat*, abrité.

DESACATA, v. a. Découvrir ce qui était couvert; ôter la couverture, le couvercle; *se desacalá*, se découvrir. — Syn. *descalá*, *desocolá*. — Ety., *des*, priv., et *acatá*, couvrir.

DESACLATA, **DESAGLATA** (Se), v. r. Sortir d'un lieu où l'on était blotti. — Ety., *des*, priv., et *s'aclatá*, *s'aglatá*, se blottir.

DESACOUBLA, v. a. V.

DESACOUPLA, v. a. Descoblar, désaccoupler, découpler, séparer des animaux, des choses qui étaient par couple, par paire; détacher des chevaux qui étaient attachés à la charrue, des chiens qui étaient attachés deux à deux. — Syn. *descouplá*. — Ety., *des*, priv., et *couplá*, coupler.

DESACOUSTUMA, v. a. Désaccoutumer, faire perdre une habitude, une coutume; *se desacoustumá*, v. r., se désaccoutumer, perdre l'habitude. — Syn. *descoustumá*. — Cat., port., *desacostumar*; esp., *desacostumbrar*. — Ety., *des*, priv., et *acoustumá*.

DESACOUTA, v. a. Ôter la cale placée au-devant de la roue d'une charrette; tirer à force de bras ou avec l'aide d'un plus grand nombre de chevaux une charrette enfoncée dans une ornière. — Ety., *des*, et *acoulá*, pour *coulá*, mettre une cale au-devant d'une route, *desacoulá*, l'ôter.

DESACROUCA, **DESACROUCHA**, v. a. V. Descroucá.

DESAFILA, v. a. Desafilar, ôter le fil, en parlant d'un instrument tranchant, l'émousser. — Ety., *des*, priv., et *afilá*, effiler, aiguiser.

DESAFOUA, cast., v. a. Enlever le morfil d'un outil.

DESAGAFA, toul., v. a. Détacher, défaire une chose adhérente à une autre. — Syn. *degafá*, *desgafá*. — Ety., *des*, priv., et *agafá*, accrocher.

DESAGLATA (Se), v. r. V. Desaclatá.

DESAGNELA (Se), v. r. Avorter, en parlant d'une brebis. — Ety., *des*, priv., et *agnelá*, agneler.

DESAGRADA, v. a. Désagréer, déplaire, ne point agréer. — b. lim., *desogradá*. — Ety., *des*, priv., et *agradá*, agréer.

DESAGRADABLE, o, adj. Desagradable, désagréable, qui déplaît. — Ety., *desagradá*.

DESAGRADANT, o, adj. Déplaisant, e. — Ety., *desagradá*.

DESAGRAFA, v. a. Dégrafer, décrocher. — Ety., *des*, priv., et *agrafá*, agrafer.

DESAGRAMENT, s. m. Désagrément, sujet d'ennui, de chagrin, de dégoût. — Ety., *des*, priv., et *agrament*, agrément.

DESAGRANI, v. a. Arracher les mauvaises herbes et le chiendent d'un champ, d'une vigne. — Syn. *desagrcá*. — Ety., *des*, priv., et *agran* pou *agram*, chiendent.

DESAGREA, cév., v. a. V. Desagrani.

DESAGRUSSI, gasc., s. m. V. Desahici.

DESAGUICI, cév., toul., s. m. V.

DESAHICI, biterr., s. m. Déplaisir, niche, malice, petite méchanceté. — Syn. *desagrussi*. — Ety., *des*, préf., et *ahici* de *ahir*, chose haïssable.

DESAIGA, prov., v. a. Déranger. V. Derrengá.

DESAIR, prov., s. m. V. Desaire.

DESAIRA, cév., v. a. Rendre désagréable, en parlant des personnes et des choses; disgracier. —Cat.,*desayr ar*; esp., *desairar*. — Ety., *desaire*.

DESAIRAT, ado, toul., part. Désagréable, dépourvu de grâce, disgracié.

DESAIRE, s. m. Dezaire, malaise, suffocation, indisposition; au fig. désarroi, découragement, infortune, disgrâce. — Syn. *desaïr*. — Cat. *desayre*; esp., port., *desaïr*. — Ety., *des*, préf. péj., et *aire*, air.

DESAJA, prov., v. a. V. Desgrapá.

DESAJOUCA, prov., v. a. V. Dejoucá.

DESAJUDA, prov., v. a. Faire le contraire d'aider, nuire, incommoder, déranger. — Cat., port., *desajudar*; esp., *desajudar*; ital., *disaiutare*. — Ety., *des*, priv., et *ajudá*, aider.

DESAJUSTA, v. a. Désajuster, défaire ce qui était ajusté; disjoindre, séparer. — Ety., *des*, priv., et *ajustá*, ajuster.

DESALABRA, lim., v. a. Délabrer. V. Deslabrá.

DESALASSA, v. a. Délasser; *se desalassá*, v. r., se délasser, se reposer après une fatigue. — Ety., *des*, préf., et *alassá*, fatiguer.

DESALATA, gasc., v. a. Couper les ailes; *desalatat*, ado, part., privé, ée, d'ailes. — B. lim., *esolá*. — Ety., *des*, priv., et *alat*, ailé, qui n'est pas ailé.

DESALENA, v. a. Essouffler, mettre hors d'haleine; *se desalená*, v. r., s'essouffler, être haletant. — Syn. *deshalená*. — Ety., *des*, préf., et *alená*, souffler, respirer.

DESAMANA, cast., cév., v. a. Désaccoutumer, faire perdre une habitude; *se desamaná*, v. r., se désaccoutumer, se rendre indépendant. — Syn. *desacoustumá*, *desaprivasá*. — Ety., *des*, préf., et *amaná*, morigéner.

DESAMANTA, gasc., v. a. Oter le manteau; au fig. découvrir, déchausser les plantes. — Ety., *des*, priv., et *amantá*, couvrir d'un manteau.

DESAMARRA, v. a. T. de mar. Démarrer. V. Demarrá.

DESAMATA, v. a. Faire sortir d'un fourré ou d'un taillis, en parlant d'une pièce de gibier; *se desamatá*, v. r., sortir d'un taillis. — Ety., *des*, priv., et *s'amatá*, se cacher dans un taillis.

DESAMECHI, v. a. Débrouiller les cheveux mal peignés, réduits en mèches. — Ety., *des*, priv., et *ameché*, réduit en mèches.

DESAMPARA, v. a. Desamparar, désemparer, délaisser; T. de mar., désemparer un vaisseau, le mettre hors d'état de servir en ôtant ses mâts et ses agrès; *desamparat*, ado, part., désemparé, ée, délaissé; qui a perdu ses manœuvres en parlant d'un vaisseau. — Syn. *desempará*. — Ety., *des*, préf., et le roman *amparar*, prendre, saisir; ne plus prendre, abandonner.

DESANA, v. n. Desanar, cesser d'aller, s'affaiblir, perdre ses forces; en roman, s'évanouir, mourir; *desanat*, ado, part., affaibli, e, défait, exténué; fripé, en parlant d'un habit; ruiné s'il s'agit d'un bâtiment; *desanat d'argent*, dépourvu d'argent. — Ety., *des*, priv., et *aná*, aller, ne plus pouvoir aller.

DESANCA, v. a. Rompre les hanches, par ext., les reins; *desancat*, ado, part., déhanché, ée. — Prov. *desanchá*; b. lim., *esonchá*. — Ety., *des*, priv., et *anco*, hanche.

DESANCHA, prov., v. a. V. Desancá.

DESANFLOURA, v. a. V. Dessanflourá.

DESANISA, cast., v. a. V. Desnisá.

DESANTORA, v. a. V.

DESANTOURA, v. a. Défleurir, ôter la fleur d'un fruit en le maniant. — Syn. *desentourá*, f. a. — M. sign., *desflourá*, *desenflourá*. — Ety., *des*, préf., et ἄνθος, fleur.

DESAPARIA, v. a. Despariar, désapparier, désappareiller, déparier, séparer des animaux appariés; ôter l'une des deux choses qui font une paire; de deux choses pareilles en ôter une sans la remplacer; *desapariat*, ado, déparié, ée, dépareillé. — Syn. *despariá*. — Cat., *desapariar*; esp., *desaparear*; port., *desemparelhar*; ital., *dispaiare*. — Ety., *des*, et *apariá*.

DESAPESA, cév., v. n. Perdre pied, ne pas toucher le fond de l'eau; *desapesat*, ado, part., qui a perdu pied;

harassó, excédé de fatigue ; *soui desapesat*, je ne puis mettre un pied devant l'autre. — Ety., *des*, préf., et *apesá*, prendre pied.

DESAPILA, v. a. Renverser ce qui était empilé. — Ety., *des*, préf., et *apilá*, empiler.

DESAPOUNCHA, v. a. V. Despounchá.

DESAPOUNDRE, prov., v. a. Disjoindre. — Ety., *des*, préf., et *apoundre*, joindre, ajouter.

DESAPRECIA, v. a. Desprezar, déprécier. — Syn. *despreciá*. — Cat., esp., *despreciar* ; port., *desprezar* ; ital., *disprezzare*. — Ety., *des*, préf., et *apreciá*, ne pas apprécier.

DESAPRENDRE, v. a. V.

DESAPRENE, v. a. Désapprendre, oublier ce qu'on avait appris. — Cat., *desapendrer* ; esp., port., *desaprender* ; ital., *disapprendere*. — Ety., *des*, préf., et *aprene*.

<blockquote>
Amor que m'apres
Cantar, me desapren.
Moine de Puicibot.
</blockquote>

DESAPRESTA, v. a. Oter l'apprêt. — Ety., *des*, préf., et *aprestá*.

DESAPRIVADA, v. a. V.

DESAPRIVASA, v. a. Faire perdre la coutume, l'usage d'une chose ; sevrer. Syn. *desprivasá*. — Ety., *des*, préf., et *aprivasá*, apprivoiser.

DESAPROUFEYTA, gasc., v. a. V. Desprouflitá.

DESAPUNTA, cast., toul., v. a. Émousser la pointe d'un outil. V. Despounchá.

DESARBOURA, prov., v. a. T. de mar. Démâter, abattre le mât. — Ety., *des*, préf., et le lat. *arbor*, mât.

DESARNESCA, v. a. Déharnacher, ôter le harnais. — Ety., *des*, priv., et *arnescá*, harnacher.

DESARPIA (Se), v. r. S'escrimer à faire une chose au point d'y laisser les ongles. — Ety., *des*, priv., et *arpio*, griffe, ongle.

DESARPIOUNA, v. a. Arracher les ergots, les serres, les ongles, les griffes. — M. sign., *desounglá*. — Ety., *des*, préf., et *arpioun*, serre, ongle.

DESARRAPA, v. a. Détacher, décoller. — Syn. *derrapá*. — Esp., *desarrapar*. — Ety., *des*, priv., et *arrapá*, coller, rendre adhérent.

DESARRENGA, prov., v. a. V. Derrengá.

DESASIMA, ado, cév., adj. Égaré, ée, qui manque de jugement, de bon sens.

DESASSASOUNA, cév., v. a. Dessazonar, dessaisonner, s'écarter de l'ordre qu'on avait coutume d'observer pour la culture et l'ensemencement des terres ; faire un labour inopportun ; épuiser un champ par un excès de production ; v. n., être hors de saison. — Syn. *dessazouá*, *desassesouná*. — Esp., *desazonar*. — Ety., *des*, préf., et *assasouná*, faire une chose dans la saison, la faire à propos.

DESASSESOUNA, v. a. V. Desassasouná.

DESASSERMA, prov., v. a. Désaltérer. — Syn. *desassorgá*. — Ety., *des*, préf., et *assermá*, altérer.

DESASSETA, prov., v. a. Tirer le linge du cuvier quand il est lessivé. — Syn. *dessetá*. — Ety., *des*, préf., et *assetá*, asseoir, mettre dans le cuvier.

DESASSIPA, cév., v. a. Dissiper, détruire, gâter. Ce mot paraît être un altér. de *dissipá*.

DESASSORGA, cast., cév., v. a. Désaltérer. — Syn. *desossorgá*, *desassermá*. — Ety., *des*, préf., et *assorgá*, altérer.

DESATALA, v. a. V.

DESATELA, v. a. Dételer, détacher les animaux attelés. — Ety., *des*, préf., et *atelá*, atteler.

DESAUDAT, ado, gasc., adj. Malfait, e, sans grâce, sans forme.

DESAUEJA, gasc., v. a. Désennuyer ; se *desauejá*, v. r., se désennuyer.

DESAUELHA, gasc., v. a. Enlever le faîte d'un toit, découvrir, défaire.

DESAUNOURA, gasc., v. a. V. Deshounourá.

DESAURELHA, v. a. Essoriller, couper les oreilles. — Gasc., *echaurelhá* ; esp., *desorejár*. — Ety., *des*, priv., et *aurelho*.

DESAUSSINA, b. lim., v. a. Défricher, essarter. — Ety., *des*, priv. et *aussino*, chêne au kermès, arbuste des terres incultes.

DESAVANSA, v. a. V. Devansá.

DESAVANTAJA, v. a. Enlever les avantages qu'on avait faits à une personne ; *se desavantajá*, cév., v, r., perdre l'équilibre du corps ; perdre l'avantage de la position qu'on occupait. — Ety., *des*, préf., et *avantajá*, avantager.

DESAVARI, v. a. V. Desabari.

DESAVIA, v. a. Desviar, dévier, écarter quelqu'un de sa route ; au fig. dérouter, désorienter, désoler ; *se desaviá*, v. r., s'égarer, se perdre ; au fig. ne plus suivre la bonne voie ; déranger ses affaires, perdre la tête ; *desaviat, ado, part.*, égaré, ée, détourné de la voie ; dérouté, désorienté, écervelé. — Gasc., *desbariá*. — Ety., *des*, du lat. *de ex*, hors de, et *via*, voie.

DESAVINENT, o, adj. Desavinent, inconvenant, e, désagréable. — B. lim., *desovenent* ; esp., *desaveniente* ; ital., *disavvenente*. — Ety., *des*, préf., et *avinent*, avenant, le contraire de avenant.

DESAVIS, prov., s. m. *M'es desavis*, c'est mon avis, locution vicieuse : c'est *m'es avis* qu'il faut dire.

DESAVUGLA, v. a. Désaveugler ; tirer quelqu'un de son aveuglement, de son erreur. — Ety., *des*, préf., et *avuglá*.

DESBADARNA, prov., v. a. Ouvrir entièrement ; *desbardana, ado, part.*, tout ouvert ; débraillé. — Syn. *dèibardaná, èibardaná, esbadarná*. — Cast., *desbadaulá* ; dauph., *èibarná, èibaterná* ; prov., *esbalansá*. — Ety., *des*, augm., et *badarná*, probablement dérivé de *badá*, bâiller, être béant.

DESBADAULA, cast., v. a. V. Desbadarná.

DESBADAULA, ado, cast., part. Entièrement ouvert, e ; crevassé en parlant de certains fruits ; entr'ouvert ; débraillé.

DESBAGAJA, v. a. Oter, enlever les bagages, tout ce qui embarrasse ; emporter son mobilier ; v. n., déménager. — Prov., *degabejá*, f. a. — Ety., *des*, préf., et *bagaje*.

DESBALA (Se), cév., v. r. Se précipiter, mieux *desvalá*, ce mot venant du b. lat, *devallare*, descendre.

DESBALEN, DESBALENC, cév., s. m. Précipice, abîme. — Ety., *desbalá*.

DESBANA, v. a. Écorner, couper les cornes ; *fa un vent à desbaná lous biòus*, il fait un vent à écorner les bœufs ; *desbanat, ado, part.*, écorné, ée ; au fig. penaud, interdit ; *cabró desbanado*, chèvre franche ou motale. — Syn. *debaná, debanicá, descourná ; eboná, embanicá, escourná, escournichá*. — Ety., *des*, priv., et *bano*, corne.

DESBANADO, cév., s. f. Petite hache à main. — Syn. *manairo*.

DESBANASTA, v. a. Oter les paniers ou mannes de dessus les bêtes de somme ; *se debanastá*, v. r., se débarrasser de quelque chose d'incommode. — Syn. *desembanastá*. — Ety., *des*, préf., et *banasto*.

DESBANDA, v. a. V. Debandá.

DESBANDADO, s. f. V. Debandado.

DESBARAGNA, prov., v. a. Enlever les haies formant clôture ; au fig. dégager ; *se desbaragná*, v. r., s'échapper d'un lieu où l'on était enfermé, se dépêtrer, se dégager. — Syn. *dèibaragná*. — Ety., *des*, préf., et *baragno*, haie.

DESBARALHAT, ado, gasc., adj. Désordonné, ée, déréglé, détraqué.

DESBARASSA, cév., v. a. V. Desembarassá.

DESBARATA, prov., v. a. Desbaratar, déconfire, mettre en déroute, vaincre ; gasc., mettre sens dessus dessous ; *se desbaratá*, v. r., se débarrasser. — Syn. *dèibaratá*. — Cat., *desbaratar* ; ital., *sbarratare*.

DESBARBA, v. a. Ébarber, couper une partie de la barbe, rogner. — Syn. *dèibarbá, esbarbá*. — B. lim., *ebòrbá*. — Ety., *des*, priv., et *barbo*.

DESBARCA, v. a. V. Desembarcá.

DESBARDA, v. a. Oter le bât. V. Desbardaná.

DESBARDA, v. a. Décarreler, dépaver. — Ety., *des*, priv., et *bard*, pavé.

DESBARDANA, v. a. Oter le bât; *desbardanat, ado*, part., débarrassé, ée du bât; au fig. dévergondé, ée. — Syn. *dèibardá, desbardá, èibardaná*, — Ety., *des*, préf., et *bardá*, mettre le bât.

DESBARDASSA, v. a. Jeter à terre, démolir. — Syn. *bardassá*.

DESBARIA, gasc., v. a. V. Desaviá.

DESBARJA, prov., v. a. Égueuler, casser le goulot d'un vaisseau de terre ou de verre; *desbarja, ado*, égueulé, ée. — Syn. *esbarjá, despouterlá.* — Ety., *des*, priv., et *barjo*, lèvre, bord.

DESBARLUGA, v. a. Dessiller, séparer les paupières l'une de l'autre afin de faire voir clair; *se desbarlugá*, v. r., se dessiller les yeux afin de voir plus clairement; au fig. reconnaître son erreur, voir une affaire sous son véritable jour. — Syn. *dèibarlugá.* — Ety., *des*, priv., et *barlugo*, berlue, ne plus avoir la berlue.

DESBARNISSA, prov., v. a. Débarbouiller; *desbarnissá li brego*, débarbouiller les lèvres, le visage. C'est probablement une altération de *desvernissá*, enlever le vernis.

DESBARRA, v. a. Débarrer, ôter la barre qui ferme une porte; lâcher la vis d'un pressoir en la faisant tourner, au moyen d'une barre, dans un sens opposé à celui qui avait servi à la serrer; v. n., sortir des gonds, s'emporter. — Syn. *debarrá, dèibarrá.* — Cat., esp., *debarrar*; ital., *sbarrare*. — Ety., *des*, priv., et *barrá*, barrer.

DESBARROULHA, v. a. Oter, tirer le verrou, les verroux. — Gév., *desbeberouiá*; agen., *desfarroulhá*; prov., *dèifarrouiá, desfarfoulhá, desferrouiá, desfourroulhá*. — Ety., *des*, priv., et *barroulhá*, verrouiller.

DESBARTAVELAT, ado, adj. Écervelé, ée, étourdi. — Ety., *des*, préf. augm., et *bartavel*, étourdi.

DESBASTA, v. a. V. Debastá.

DESBASTI, v. a. Desbastir, défaire ce qui était bâti, démurer. — Ety., *des*, priv., et *basti*.

DESBATA, v. a. Oter les brides d'un sabot. — Ety., *des*, préf., et *batá*, brider. V. aussi *debatá*.

DESBATEJA, v. a. Débaptiser, changer le nom; *se desbatejá*, v. r., changer son nom. — Ety., *des*, priv., et *batejá*, baptiser.

DESBATRE, v. a. V. Debatre.

DESBAUSSA, v. a. Renverser, précipiter; détacher; *se desbaussá*, v. r., se précipiter, se détacher.

DESBAVA, v. a. V. Debavá.

DESBELETRINA (Se), v. r. V. Debelitriná.

DESBELHA, béarn., v. a. V. Revelhá.

DESBENDA, v. a. Desbendar, débander, ôter la bande d'une plaie, lâcher ce qui était bandé; mettre au repos le chien d'une arme à feu. — Esp. *desvendar*; ital., *sbendare.* — Ety., *des*, priv., et *bendá*, bander.

DESBEROUIA, DESBEROULHA, cév., v. a. V. Desbarroulhá.

DESBEZA, béarn., toul., v. a. Désaccoutumer, sevrer. — B. lim., *désovezá*; gasc., *desbesá*; esp., *desavezar*; ital., *divezzare, disavezzare, svezzare.* — *Desvezá*, est une forme contractée de *desavezá*, composé de *des*, privatif, et du roman, *avezar*, accoutumer.

DESBEZADE, béarn., part. En âge d'être sevré. — Ety., *desbezá*.

DESBIAISSAT, ado, adj. Gauche, maladroit. — M. sign. *desgaubiat.* — Ety., *des*, préf., et *biais*, adresse, bonnes manières.

DESBIGOUSSA, v. a. V. Debigoussá.

DESBILASSA, prov., v. a. V. Debavá.

DESBILHA, v. a. Oter la bille ou le garrot qui tenait une corde serrée. — Ety, *des*, priv., et *bilhá*, biller.

DESBILHARDA, v. a. Dégrossir une pièce de bois.

DESBLAZA, cév., v. a. Oter la bave des cocons. — Ety., *debavá*.

DESBLETOUNA, cév., v. a. Oter le clou rivé qui tient la lame d'un couteau fixée au manche. — Ety., *des*, priv. et *bletouná*, river un clou.

DESBORD, s. m. Débordement. V. aussi *debord*.

DESBORDA, v. n. V. Debourdá.

DESBOSCA, v. a. V. Desbousca.

DESBOUCA, v. a. V. Deboucá.

DESBOUCHINA, cév., v. a. Décheveler, mettre une chevelure en désordre, décoiffer violemment une femme.

DESBOUITA, v. a. Déboîter, désarticuler, luxer ; déjoindre des pièces de menuiserie. — Ety., *des*, priv., et *bouito*, boîte, articulation.

DESBOULA, prov., v. a. Décacheter. — Syn. *deboulá*. — Ety., *des*, préf., et *boulá*, cacheter.

DESBOUNDA, v. a. V. Deboundá.

DESBOURDA, v. n. V. Debourdá.

DESBOURRA, v. a. Débourrer ; ébourgeonner, enlever les bourgeons inutiles ; ôter la bave des cocons des vers à soie. — Syn. pour ébourgeonner, *debourrá*, *debroulá*, *desbroulá*, *desmaiencá*, *emojencá* ; *despampá*, *despampaná*, *eibroulá*, *esbroulá*. — Ety., *des*, priv., et *bourro*, bourre, bourgeon.

DESBOURRENC, cév. s. m. Celui qui fripe, qui use ses hardes en peu de temps. — Syn. *debourrenc*, *deperenc*. — Ety., *desbourrá*.

DESBOURSELA, v. a. V. Deboursá.

DESBOUSCA, v. n. T. de vénerie, débucher, sortir du bois ; décamper, déguerpir ; v. a., débusquer, faire sortir du bois ; au fig. chasser d'un poste avantageux. — Syn. *debouscá*, *desbuscá*. — Ety., *des*, du lat. *de er*, hors du, et *bosc*, bois.

DESBOUSCARLA, prov., v. a. Dépeupler un pays de fauvettes, tuer toutes les fauvettes qui s'y trouvent. — Ety., *des*, priv., et *bouscarlo*, fauvette.

DESBOUSIGA, **DESBOUZIGA**, v. a. V. Debouzigá.

DESBOUSSELA, v. a. V. Desbourselá.

DESBRAGA, v. a. V.

DESBRAIA, v. a. Desbraiar, ôter les braies, les culottes à quelqu'un ; *se desbraiá*, v. r., ôter ses culottes ; se débrailler ; se découvrir la poitrine avec quelque indécence ; *desbraiat*, *ado*, part., débraillé, ée. — Syn. *deibrajá*, *desbrayá*, *desembrayá*. — B. lim., *desbrojá*, *desbrolhá*, *ebrolhá*. — Ety., *des*, priv., et le roman, *braiá*, braies.

DESBRANCA, v. a. Esbrancar, ébrancher, couper les branches. — Syn. *debrancá*, *ebronchá*, *eibrachá*, *abrascá*, *esbrancá*, *esbranchá*. — Ety., *des*, priv., et *branco*, branche.

DESBRANCAMENT, s. m. Ébranchement, action d'ébrancher. — Cév. *abrascage*, *esbrancament*. — Ety., *desbrancá*.

DESBRANDAGNAT, ado, prov., adj. Déguenillé, ée. — Syn. *debrandagnal*. M. sign. *espelhandrat*.

DESBRANDO, s. f. prov., s. f. Débandement, action de se débander, déroute, défaite, fuite ; décadence, dissolution. — Syn. *debranto*. — Ety., *des*, préf., et *brando* de *brandá*, ébranlement.

Voulen plus tourna dins nostis oustau
Que noun de l'Anglés veguen la DESBRANDO.

MISTRAL, *Mirèio*.

DESBRASSA, v. a. Endolorir les bras, en parlant d'un travail trop rude ; *se desbrassá*, s'endolorir, se rompre les bras ; *desbrassat*, *ado*, celui qui n'a qu'un bras ou point de bras ; celui qui a les bras endoloris par un excès de travail. — Syn. *esbrassá*. — Ety., *des*, préf., et *bras*.

DESBREGA, prov., v. a. Rompre la mâchoire ; par ext., balafrer, défigurer. — Syn. *debrejá*, *dèibregá*. — Ety., *des*, priv., et *brego*, lèvre.

DESBRELHA, gasc., v. a. V. Derevelhá.

DESBRIDA, v. a. Débrider ; v. n., manger avec avidité ; *sens debridá*, sans débrider, sans interruption ; *desbridat*, *ado*, part. débridé, ée, au fig. insurgé, ée, révolté. — Syn. *debreidá*, *dèibridá*. — Cat., *descembridar* ; ital., *sbrigliare*. — Ety., *des*, priv., et *bridá*.

DESBRIDADO, s. f. V. Debridado.

DESBROJA, **DESBROLHA**, B. lim., v. a. V. Desbraiá.

DESBROUA, v. a. V. Debrouá.

DESBROUCHA, v. a. Tirer de la broche. — M. sign. *desentastá*, *desenastá*. Ety., *des*, du lat. *de-ex*, hors de, et *brocho*, broche.

DESBROUISSA, prov., v. a. Traiter la dyssenterie avec des infusions de crapaudine, appelée *brouisso*, *bouno brouisso*. — Syn. *debruissá*.

DESBROUMBA, béarn., gasc., v. a. Oublier. V. Demembrá.

DESBROUMBE, béarn., s. m. Oubli ; *aquel pays de yoye ey u desbroumbelaré*, ce pays de joie fait oublier le foyer domestique. — Syn. *desbrumbe*, *desmoumbre*. — Ety., *desbroumbá*.

DESBROUSSA, cév., v. a. Couper les bruyères, enlever les broussailles d'un champ. — Syn. *debruissá*. — Ety., *des*, priv., et *brousso*, bruyère.

DESBROUSSA, biterr., v. a. Empêcher le lait, une liaison de se grumeler en les remuant. — Ety., *des*, priv., et *broussá*, se grumeler.

DESBROUTA, prov., v. a. V. Desbourrá.

DESBRUMBA, gasc., v. a. V. Demembrá.

DESBRUMBE, gasc., s. m. V. Desbroumbe.

DESBUIA, DESBULHA, prov., v. a. Débrouiller, démêler ce qui est embrouillé. — Syn. *debruyá*, *deibuiá*.

DESBURRA, v. a. Ecrémer le lait, en enlever le beurre. — Ety., *des*, priv., et *burre*, beurre.

DESBUSCA, v. a V. Desbouscá.

DESC, s. m. Desc, grande corbeille plate de forme ronde. — Cat., *desco*; b. lim., *des*. — Ety. lat., *discus*.

DESCABANA, prov., v. n. Démonter les branches de ciste, de bruyère, etc., auxquelles les vers à soie avaient attaché leurs cocons — M. sign.; *desembrugá*. — Ety. *des*, priv., et *cabano*, cabane, défaire les cabanes.

DESCABARTA, v. a. V. Escabartá.

DESCABELHA, gasc., v. a. Etêter, couper la cime, la tête. — Syn. *descabessá*. — Ety. *des*, priv., et *cabelho*, cime d'un arbre.

DESCABESSA, gasc., v. a. V. Descabelhá.

DESCABESTRA, v. a. Délicoter, ôter le chevêtre d'une bête de somme; *se descabestrá*, v. r., se délicoter; au fig. s'émanciper; *descabestrat*, *ado*, part., délicoté, ée; au fig. émancipé, ée, sorti des bornes du devoir et des bienséances, qui se livre à ses passions; dévergondé, ée. — Syn. *desencabestrá*, *deschabestrá*. — Cat., port., *desencabestrar* ; ital., *scapestrare*. — Ety.; *des*, priv., et *cabestre*, chevêtre, licou.

DESCABOULHA, v. a. Séparer les épis de maïs de leurs tiges, ôter les feuilles qui les entourent. — Cast., *escrouquilhá*. — Ety., *des*, priv., et *caboul*, de *cab*, tête, épi.

DESCABOULHADO, s. f. Action de séparer les épis de maïs de leurs tiges ; réunion de personnes employées à ce travail, la dépense qu'il entraîne. — Cat., *escrouquilhado*. — Ety., s. part. f. de *escaboulhá*.

DESCABOULHAIRE, o, s. m. et f. Personne employée à nettoyer les épis de maïs. — Cast., *escrouquilhaire*. — Ety., *descaboulhá*.

DESCABUCELA, v. a. Découvrir, ôter le couvercle ; au fig. dévoiler un secret. — Syn. *descurbecelá*, *descurbecelá*. — Ety., *des*, préf., et *cabucelá*, mettre le couvercle.

DESCABUSSA, cast., v. a. Renverser, abattre d'un coup de pierre, de bâton, etc. — Prov., *cabussá*. — Ety., *des*, préf., et *cabussá* faire tomber.

DESCACALA, b. lim., v. a. Ecaler. V. Escallá.

DESCADAISSA, prov., v. a. Laver la toile à grande eau pour enlever le chas dont on s'était servi pour coller la chaîne. — Ety., *des*, préf., et *cadaissá*.

DESCADANSA (Se), montp., v. r. Devenir furieux, perdre la tramontane; *se descandansá*, perdre toute mesure. Ety., *des*, priv., et *cadansá*, cadencer. V. Descadrá.

DESCADAULA, v. a. Hausser la cadole ou le loquet d'une porte pour l'ouvrir. — Syn. *degandaulá*, *dechiscletá*. — Ety., *des*, préf., et *cadaula*.

DESCADENA, v. a. DESCADENAR, déchaîner, ôter les chaînes ; au fig. exciter ; *se descadená*, v. r., rompre sa chaîne ; au fig. se déchaîner, s'emporter. — SYN. *desencadená*. — ANC. ESP., *descadenar* ; ITAL., *scatenare*. — ETY., *des*, préf., et *cadeno*, chaîne.

DESCADRA, DESCADRANA, PROV., v. n. Devenir fou, perdre la tramontane. — SYN. *descadansá*. — ETY., *des*, priv., et *cadre*, sortir du cadre, ou de son assiette.

DESCADO, s. f. Plein la corbeille appelée *desc*. — SYN. *descat*.

DESCAGNOUTA , v. a. Décoiffer une femme. — ETY., *des*, priv., et *cagnoto*, espèce de coiffe.

DESCAI , CÉV., s. m. Déchet. — B. LIM., *deschai*. — ETY. ROMAN, *descaï*, de *descazer*, déchoir.

DESCAIRE, s. m. Vannier, celui qui fait des corbeilles, des paniers. — ETY., *desc*, corbeille.

DESCAISSA, CÉV. , v. n. Éprouver du déchet. — ETY., *descaï, descais* ; *descaissá* est aussi syn. de *desencaissá*.

DESCALA, CAST., v. a. Écaler. V. Escallá.

DESCALABRAT, ado, CAST. , adj. Écervelé, ée , éventé. — ESP., *descalabrado*.

DESCALADA , v. a. Dépaver ; battre sans cesse le pavé d'une ville au point de l'user, ce qui se dit d'une personne désœuvrée ; *plòu que descalado*, il pleut à verse ; *manjo que descalado*, il mange comme un goinfre. — ETY., *des*, priv., et *caladá*.

DESCALADAIRE, s. m. Celui qui est employé à dépaver ; au fig. insurgé, émeutier.

DESCALAGNA, DESCALAJA, PROV., v. a. V. Escallá.

D'ESCALAMPADO, CÉV., adv. comp. En passant ; de biais, en glissant.

DESCAMBA, v. a. Rompre les jambes ; *se descambá*, v. r., se fatiguer les jambes à force de marcher, de courir. — CAST., *descambatá* ; PROV., *descambiá*, *descambilhá* ; B. LIM., *cohombá*. — ETY., *des*, priv. et *cambo*, jambe.

DESCAMBALHA, v. a. Ôter les jarretières ; *se descambalhá*, v. r., ôter ses jarretières. — ETY., *des*, priv., et *cambalhè*, jarretière.

D'ESCAMBARLOUN , D'ESCAMBARLOUS , V. Escambarlous.

DESCAMBATA, CAST. , v. n. Courir à toutes jambes. — SYN. *se descambá*.

DESCAMBIA, v. a. V. Cambiá.

DESCAMBIHA , DESCAMBILHA , PROV., v. a. V. Descambà.

DESCAMINA, v. a. Écarter du chemin, égarer ; *se descaminá*, v. r., se dévoyer, s'égarer. — M. SIGN. *desaviá*. — ESP., *descaminar*. — ETY. *des*, du lat. *de ex*, hors de, et *camin*, chemin.

DESCAMPA, v. n. Décamper, s'enfuir, s'évader. — CAST., *decampá* ; BÉARN., *descampourrá* ; CAT., PORT., *decampar* ; ESP., *descampar*. — ETY , *descampá* est le contraire de camper, c'est lever le camp.

DESCAMPAGE, s. m. Action de décamper, de fuir, de partir. — ETY., *descampá*.

DESCAMPAIRE , O , DESCAMPARELLO , s. m. et f. Celui, celle qui décampe, dissipateur, dissipatrice. V. Escampaire.

DESCAMPASSI, PROV., v. a. Déchaumer ; défricher un champ. — ETY., *des*, priv., et *campas*, friche, lande.

DESCAMPETO, s. f. Action de décamper, de fuir ; *prene la poudro de descampelo*, s'enfuir précipitamment. — SYN. *descampos*. — ETY., *descampá*.

> Un'estela d'un grand esclat
> Passet drech sus nostre téulat
> E nous moustret ambé sa coueta
> Lou cami de la DESCAMPETA.
>
> FAVRE.

DESCAMPOS , s. f. p. Action de décamper ; *faire descampos*, faire l'école buissonnière. — SYN. *descampeto*. — ETY., *descampá*.

DESCAMPOURRA, BÉARN., v. n. V. Descampá.

DESCANILHA , v. a. Écheniller. — ETY., *des*, priv., et *canilho*, chenille.

DESCANILHAGE, s. m. Échenillage. — ETY., *descanilhá*.

DESCANTA, v. n. DESCHANTAR, déchanter, cesser de chanter, changer de ton; au fig. rabattre de ses prétentions. — ETY., *des*, priv., et *cantá*.

DESCANTOUNA, v. r. Écorner, couper, mutiler l'angle d'une pierre. — ETY., *des*, priv., et *cantou*, coin, angle.

DESCAPELA, PROV., v. a. Découvrir, ôter le chapeau; par ext., le couvercle: *descapelá un aubre*, écimer un arbre. — GASC., *descaperá* — ETY., *des*, priv., et *capelá*, couvrir.

DESCAPELADO, s. f. Salut fait avec le chapeau, en se découvrant. — ETY., s. part. f. de *descapelá*.

DESCAPERA, GASC., v. a. V. Descapelá.

DESCARA, v. a. Défigurer, rendre laid, hideux; au fig. peiner; *se descará*, v. r., se défigurer; *descarat, ado*, part., défiguré, ée, hideux, effroyable, hagard. — ETY., *des*, préf., et *caro*, figure.

DESCARADOMENT, adv. Effrontément, effroyablement — ETY., *descarado*, et le suffixe *ment*.

DESCARAJA, PROV., v. a. V. Escallá.

DESCARAMELA (Se), v. r. Se décider, prendre un parti, s'évertuer. — CAST., *descaramená*. — ETY., *des*, du lat. *de ex*, et *caramel*, du lat. *calamus*, tuyau de blé; sortir de son hésitation comme l'épi du blé sort du chalumeau.

DESCARAMENA, CAST., v. a. Pousser, exciter le plus souvent à mal faire; *se descaramená*, v. r., se décider, devenir hardi de timide qu'on paraissait d'abord. V. Descaramelá.

DESCARBA, CÉV., v. a. Couper, rompre l'anse d'un panier, d'une cruche, d'un chaudron, etc.; *descarbat, ado*, part. qui n'a plus d'anse. — ETY., *des*, priv., et *carbá*, mettre une anse.

DESCAREMA (Se), v. r. Rompre l'abstinence ou le jeûne, manger de la viande pendant le carême; par ext, faire une chose dont on est privé depuis longtemps; manger pour la première fois d'un fruit nouveau : *me soi pas encaro descaremat de cerieiros*, je n'ai pas encore mangé des cerises. — ETY., *des*, priv., et *caremo*.

DESCARGA, v. a. Décharger, ôter un fardeau; au fig. absoudre, acquitter; *se descargá*, v. r., se décharger, se débarasser d'un fardeau, d'une affaire, d'un souci. — CAT., PORT., *descarregar*; ESP., *descargar*. — ETY., *des*, préf., et *cargá*, charger.

DESCARGADOU, DESCARGADOUR, s. m. Lieu où l'on décharge; cylindre de bois autour duquel le tisserand roule la toile. — ETY., *descargá*.

DESCARGAIRE, s. m. Déchargeur, celui qui décharge. — ETY., *descargá*.

DESCARGO, s. f. Décharge, action de décharger, débarras, lieu où l'on met les choses encombrantes et de peu de valeur; *aquel marrit vesi s'es enanat, quano bouno descargo!* Ce mauvais voisin s'en est allé, quel bon débarras! ETY., *descargá*.

DESCARGO-BARRIU, PROV., s, m. V. Escampo-barriu.

DESCARNA, v. a. DESCARNAR, décharner, ôter la chair qui est autour des os; amaigrir, faire perdre l'embonpoint; déchausser en parlant des dents et des arbres qu'on veut arracher; *se descarná*, v. r., se décharner, amaigrir; *descarnat, ado*, part., décharné, ée, qui n'a que la peau sur les os. — QUERC., *descorná*; CAT., ESP., PORT., *descarnar*; ITAL., *scarnare*. — ETY. *des*, priv., et *carn*, chair.

DESCARNILHA, PROV., v. a. Débrouiller un fil qui, étant trop tordu, se roule sur lui-même.

DESCASA, v. a. DESCAZAR, déloger, chasser quelqu'un de sa demeure; le supplanter. — ITAL., *scazzare*. — ETY., *des*, priv., et *casá*.

DESCASCALHA (Se), NARB., v. r. V. Escascalhá.

DESCASSA, CÉV., v. a. Mépriser, faire peu de cas ou ne faire aucun cas.

DESCASSANA, CÉV., v. a. Découdre ou détacher la ceinture d'une culotte, d'un caleçon, d'une jupe, etc. — ETY., *des*, priv., et *cassaná*, coudre une ceinture.

DESCASSOULA, PROV., v. n. Cesser, discontinuer: *descassolo pas de parlá*, il ne cesse pas de parler; *sens descassoulá*, sans interruption.

DESCASTRA, cév., v. a. Éloigner, congédier : *podi pas me descastrá d'aquelo fémno*, je ne puis pas me débarrasser de cette femme; *descastrá las nièiros*, détruire complétement les puces. — Ety., *des*, du lat. *de ex*, hors de, et *castrum*, camp, mettre hors du camp.

DESCAT, s. m. V. Descado.

DESCATA, v. a. V. Desacatá et Escatá.

DESCATAIRE, s. m. Celui qui découvre, qui invente. — Ety., *descatá*.

DESCATALANA, cév., prov., v. a. Rabattre les bords d'un chapeau ; *capel descatalanat*, chapeau rabattu, qui a les bords pendants. — M. sign. *decotolá*, *debouriná*, *degansá*. — B. lim., *descotolá*, *escotolá*; ce mot est l'opposé de *catalaná* qui signifie relever les bords d'un chapeau;

DESCATIGNA (Se), prov., v. r. Se quereller. V. Degatigná.

DESCATO, s. f. Trou, tranchée qu'on ouvre autour d'un rocher. — Ety., *descatá*.

DESCATOUNA, prov., v. a. Déchausser, au printemps, le pied d'un arbre ou d'une plante qu'on avait buttés en hiver ; *descatouná*, v. n., signifie perdre leurs chatons ou leurs fleurs en parlant du marronnier, de l'olivier, etc.—Ety., fréq. de *descatá*, pour la première acception, et pour la seconde, *des*, priv., et *catoun*, chaton.

DESCAUNA, prov., v. a. Ecailler. V. Escatá ; écaler, V. Escallá.

DESCAUNA, prov. v. a. Faire sortir un animal de sa tanière, le bétail de dessous la ramée. — Syn. *desencauná*, *desentraucá*. — Ety., *des*, du lat. *de ex*, et *cauno*, tanière, caverne, par ext. ramée, fourré.

DESCAUQUIA, cév., v. a. V.

DESCAUQUILHA, v. a. Gagner à quelqu'un tout son argent — Ety., *des*, priv., et *cauquilho*, coquille, au fig. pièce de monnaie.

DESCAUS, ausso, adj. Descaus, déchaux, déchaussé, ée, qui va nu-pieds; on dit d'une chose rare: *in i a pas per lous descaus*, n'en a pas qui veut. — Dauph., *dechau*; prov., *dechaus*; cat., *descals*; esp., *descalzo*; ital., *scalzo*. — Ety., *descaussá*.

DESCAUSSA, v. a. Descaussar, déchausser, tirer à quelqu'un sa chaussure ; *descaussá uno muralho*, déchausser un mur, enlever la terre qui est autour de ses fondations; on dit, à Béziers, *escausselá* pour le déchaussement des vignes ; *se descaussá*, v. r., se déchausser ; *faire una causo sens se descaussá*, faire facilement une chose ; *descaussat*, *ado*, part., déchaussé, ée, dont on a mis le pied à découvert, en parlant des plantes. — Syn. *descausselá*, *escausselá*. — Cat., *decalsar* ; esp., *decalzar* ; ital., *discalzare*. — Ety. lat., *discalceare*.

Que te crento que te descausse.

Pro.

DESCAUSSAGE, DESCAUSSAGI, s. m. Déchaussement, action d'ôter les souliers, d'enlever la terre du pied d'une plante. — Ety., *descaussá*.

DESCAUSSANA, v. a. Délicoter, ôter ou défaire le licou ; au fig. lâcher, rendre libre ; *se descaussaná*, v. r., se délicoter, prendre la fuite ; *descaussanat*, *ado*, part., délicoté, ée; au fig. soulevé, ameuté, en parlant du peuple en révolution ; *toutes lous vents sou descaussanats*, tous les vents sont déchaînés.—Ety., *des*, priv., et *caussano*, licou.

DESCAUSSELA, cast., v. a. V. Escausselá.

DESCAUZI, cast., v. a. Surmonter un ennemi, ne lui donner aucun relâche, le forcer à la retraite. — Roman., *descauzir*, avilir.

DESCAVALGA, cast., v. n, Descavalcar, descendre de cheval; par ext., déjucher. — B. lim., *descovolá* ; cat., *descabalcar*, esp., *descabalgar* ; ital., *discavalcare*. — Ety., *des*, préf., et *cavalgá*, monter à cheval.

DESCAVILHA, v. a. Oter les chevilles. — Cat., *descavillar*. — Ety., *des*, et *cavilhá*, faire le contraire de mettre des chevilles.

DECAZENSO, s. f. Descazensa, décadence, abaissement, chûte. — Ca

ESP., *decadencia*; ITAL., *scadenza*. — ETY. ROMAN., *descazent*, part., de *descazer*.

DESCAZUT, udo, TOUL, , part. Déchu, e. — ETY., *descazer*, déchoir.

DESCENCHA, v. a. V. Decenchá.

DESCEND, B. LIM., adv. de lieu. Ici, ici-bas; *dovolas descend*, descendez ici.

DESCERNI, GASC., v. a. Discerner, distinguer. — ETY. LAT., *discernere*.

DESCHABARTA, AGEN., v. a. Briser, fracasser; bouleverser, démolir. — SYN. *dechabartá*, *eschabartá*.

DESCHABESTRA, PROV., v. a. V. Descabestrá.

DESCHABRIA, PROV., v. n. Avorter, en parlant des chèvres. — ETY., *des*, priv., et *chabri*, cabri, chevreau.

DESCHAI, B. LIM., s. m. V. Descai.

DESCHAIRE, B. LIM., v. n. DECHAZER, déchoir, diminuer, s'affaiblir. — ESP, *decaer*; ITAL., *decadere*. — ETY., *des*, préf., et *chaire*, choir.

DESCHALANDA, v. a. Faire perdre les chalands, les pratiques à un marchand, éloigner les acheteurs de sa boutique. — ETY., *des*, priv., et *chaland*, mot dont l'origine est inconnue.

DESCHALANDAIRE, s. m. Gâte-métier, celui qui fait fuir les acheteurs. — ETY., *deschalandá*.

DESCHANJA, PROV., v. a. Changer, échanger; il signifie aussi annuler un échange, et dans ce cas *des* est privatif. — SYN. *cambiá*, *descambiá*.

DESCHAVILHA, CÉV., v. a. Débrouiller. V. Derramboulhá.

DESCHICOUTA, v. a. V. Dechicoutá.

DESCHIDA, GASC., v. a. Éveiller. — SYN. *deschudá*, V. Revelhá.

DESCHIFRAGNA, AGEN., v. a. V. Dechifragná.

DESCHORPI, B. LIM., v. a. Séparer. V. Desseparà.

DESCHOSSIDA, B. LIM., v. a. (destsossidá). Ôter la chassie des yeux; au fig. détromper, désabuser, faire voir clair. — ETY., *des*, priv., et *chossido*, chassie.

DESCHOU, B. LIM., s. m. Petite corbeille. V. Descoú.

DESCHRESTIANA (Se), v. r. Renier son baptême; pester, se désoler, se tourmenter, se donner au diable; *aquel mainage me fa deschrestianá*, cet enfant me fait me donner au diable. — ETY., *des*, priv., et *chrestian*.

DESCHUDA, GASC., v. a. Réveiller. — SYN. *deschidá*. V. Revelhá.

DESCINGLA, v. a. Dessangler, détacher, relâcher la sangle, et par ext. ce qui servait à lier. — SYN. *decenglá*, *deicinglá*. — CAT. *descinglar*; ESP., *dessinchar*. — ETY., *des*, priv., et *cinglá*, sangler.

DESCISO, PROV., s. f. Descente; *tuá un perdigal à la desciso*, tuer un perdreau qui plonge. — PORT., *descida*.

DESCLABA, **DESCLABELA**, V. Desclavá, Desclavelá.

DESCLACO, B. LIM., s. f. Trappe qu'on ouvre ou qu'on ferme au moyen d'une coulisse, dont on se sert ordinairement pour les colombiers.

DESCLADANI, ido, PROV., adj. Desséché, ée, qui a besoin d'être étanchée, en parlant d'une futaille. — SYN. *adalit*, *adeli*, *agladi*.

DESCLAPA, v. a. Faire sortir d'un clapier; déterrer, découvrir. — ETY., *des*, du lat. *de ex*, hors do, et *clapo*, tas de pierres.

DESCLAPASSIU, PROV., interj. Malepeste!

DESCLAURE, PROV., v. a. DESCLAURE, déclore, ôter la clôture; ouvrir le bercail, le parc au troupeau; au fig. dénouer l'aiguillette. — CAT., *desclourer*. — ETY., *des*, priv., et *claure*, clore.

DESCLAVA, v. a. DESCLAVAR, ouvrir une porte au moyen d'une clef; relâcher ce qui était serré; dégager. — CAT., *desclavar*. — ETY., *des*, priv., et *clavá*, fermer; faire le contraire de fermer.

DESCLAVELA, v. a. DESCLAVELAR, déclouer. — CAT., ESP., *desclavare*; ITAL., *schiodere*. — ETY. *des*, priv., et *clavelá*.

DES (648) DES

DESCLAVELHA, prov., v. a. V. Desclavelà.

DESCLISSAT, ado, gasc., adj. Dégarni, e, de sa paille en parlant d'un tabouret, d'une chaise; au fig. dépavée, en parlant d'une rue. — Ety., *des*, priv., et *cli* pour *clui*, glui, paille; *desclissat* est une altération de *descluissat*.

DESCLOCA, b. lim., v. a. Ouvrir une trappe qui glisse dans une coulisse; au fig., *desclocá un afaire*, rendre une affaire publique; *desclocá un posti*, découvrir une intrigue — Ety. , *desclaco*, trappe.

DESCLOUSCA, v. a. Oter les noyaux, écaler des amandes, des noix; ouvrir les moules et autres coquillages; au fig. casser la tête à quelqu'un, lui donner un grand coup sur la tête, appelée figurément *closco*. — Ety., *des*, priv., et *closque*, noyau, écale.

DESCLUCA, agen., v. a. Découvrir la braise qui était sous la cendre ; au fig. dessiller les yeux, désabuser, détromper, — Ety., *des*, et *clucá*, faire le contraire de cacher.

DUCOU, cév. toul., s. f. Grande corbeille. — Ety., augm. de *desc*.

DESCOCOLA, b. lim., v. a. V. Escallá.

DESCOLHA, b. lim. , v. a. Faire fondre ce qui était coagulé ou congelé, comme l'huile, la graisse, le bouillon, etc. — Ety., *des*, priv., et *colhá* pour *calhá*, cailler, coaguler.

DESCOMPTA, DESCONFORTA , V. Descoumptá, Descounfourtá.

DESCOPÈIROUNA, querc., v. a. Oter le chaperon; T. de fauconnerie, déchaperonner; *se descopèirouná* , v. r., se découvrir ; au fig. se démettre d'une place, d'une fonction. — Ety., *des*, priv., et *copèiroù* pour *capairoù*, chaperon.

DESCOR, prov., s. m. Dégoût, aversion pour certains aliments. — Syn. *descouar*, *descouer*, *escor*. — Ety., *des*, préf. péjorat., et *cor* , cœur dans le sens d'estomac.

DESCORA, DESCOURA, v. a. Décorar, décourager , dégoûter, écœurer; v. n , défaillir. — Ety., *des*, priv., et le roman *acorar*, encourager ; *descorá* est mis pour *desacorá*.

DESCORAIRE , DESCOURAIRE , prov. , s. m. Homme qui n'a pas de cœur, qui manque d'énergie, lâche. — Ety., *descorá*.

DESCORDELA, DESCORNA. V. Descourdelá, Descournà.

DESCORNA, querc., v. a. V. Descarná.

DESCOTOLA, b. lim., v. a. V. Descatalaná.

DESCOU, DESCOUN. s. m. Corbillon, petite corbeille. — Syn. *desquet*. — B. lim., *deschoù*. — Dim., de *desc*.

DESCOUA, v. a. Écourter , couper la queue. — Syn. *descougá* , *descouatá*, *descouelá*, *escouá*, *escoudicá*, *escouetá*. — Ital., *scodare*. — Ety., *des*, préf., et *couo*, queue.

DESCOUA, v. n. Cesser de couver; on dit aussi *se descouá*. — Syn. *descougá*. — Ety., *des*, et *couá*, le contraire de couver.

DESCOUAR. prov., s. m. V. Descor.

DESCOUATA, v. a. Écourter. V. Descouá.

DESCOUBERT, o, part. Découvert, e, qui n'est pas couvert; inventé. — Cat., *descubert* ; esp., *descubierto* ; port., *descoberto* : ital., *scoporto*. — Ety., *des*, préf., et le lat. *coopertus*.

DESCOUBERT , s. m. T. de boucher, haut côté du mouton, côtelettes ; partie qui est sous l'épaule qu'on découvre pour l'enlever, d'où le mot *descoubert*.

DESCOUBERTO, s. f. Découverte, action de découvrir ; cév., vide , perte, *la mort d'un paire es uno grando descouberto dins sa familho*, la mort d'un père laisse un grand vide dans sa famille. — Cat., *descuberta* ; ital., *scoperta*. — Ety., *descoubert*.

DESCOUBRI, v. a. Descobrir, découvrir ; ôter ce qui couvre ; faire une découverte ; commencer d'apercevoir ; *se descoubri*, se découvrir, ôter son chapeau, se décolleter. — Béarn., *descroubi* ; cat., esp., port., *descubrir* ; ital., *scoprire*. — Ety, *des* , priv., et *coubri*.

DESCOUCÁ, cév., v. a. Écosser des pois, des fèves, etc. — Ety., *des*, préf., et *coco, coquo,* coque, enveloppe.

DESCOUCAT, ado, adj. Écervelé, ée, extravagant, effronté. — Cat., *descocat* ; Esp., *descocado.* — Ety., *des*, priv., et *coco*, dans le sens figuré de tête ; qui n'a pas de tête, qui a une tête légère.

DESCOUCOUNA, v. a. Détacher les cocons des rameaux auxquels ils sont adhérents ; faire la récolte des vers à soie. — Ety., *des*, préf., et *coucou, coucoun*.

DESCOUCOUNADO, s. f. V.

DESCOUCOUNAGE, DESCOUCOUNAGI, s. m. Action de détacher les cocons des rameaux ; récolte des vers à soie. — Ety., *descoucouná*.

Un pu riche DESCOUCOUNAGE
L'avién pu vist dins lou meinage
MISTRAL, *Mirèio.*

DESCOUCOUNAIRO, DESCOUCOUNARELLO, s. f. Fille ou femme employées à détacher les cocons des rameaux. — Syn. *desfasèiro.* — Ety., *descoucouná*.

DESCOUDENA, v. a. Oter la couenne ; décrasser. — Ety., *des*, priv., et *coudeno*, couenne.

DESCOUER, prov., s. m. V. Descor.

DESCOUETA, cév., v. a. V. Descouá.

DESCOUFA, v. a. Décoiffer, défaire la coiffure, mettre les cheveux en désordre ; *se descoufá*, v. r., se décoiffer. — Syn. *descouifá, dèigoufá.* — Ety., *des*, préf., et *coufá*.

DESCOUFELA, v. a. V. Descufelá.

DESCOUFÉS, esso, s. et adj. Descofes, non confessé, ée ; *mouri descoufés*, mourir sans confession, autrefois sans testament. Ce mot se prend aussi, mais improprement, dans le sens de *coubés*, envieux. — Ety., *des*, négation, et *coufés*, confessé.

DESCOUFESSIT, ido, cast., adj. Qui a perdu l'habitude de se confesser. — Ety., *descoufés*.

DESCOUFINA, prov., v. n. Accoucher secrètement. — Ety., *des*, hors de, et *coufin*, cabas ; mettre hors du cabas.

DESCOUFLA, v. a. Dégonfler ; *se descouflá*, v. r., se dégonfler ; au fig. décharger son cœur de ce qui l'oppresse ; donner l'essor à sa mauvaise humeur ; pleurer, sangloter après s'être longtemps contenu. — Syn. *desenflá, degloufá, dèigounflá, desgounflá, desuflá.* — Ety., *des*, préf., et *couflá*.

DESCOUGA (Se), v. r. Cesser de couver. V. Descouá.

DESCOUGA, v. a. Écourter. V. Descouá.

DESCOUGNETA, cév., v. a. Enlever la cheville ou le coin enfoncés dans la douille d'un outil, et qui y assujétit le manche. — Ety., *des*, et *cougnetá*.

DESCOUIFA, prov., v. a. V. Descoufá.

DESCOUIRE, v. a. Décuire, ajouter de l'eau aux confitures et aux sirops pour corriger l'excès de cuisson. — Ety., *des* et *couire*, cuire.

DESCOULEFA, cast., v. a. Dépouiller les épis de maïs des feuilles qui les environnent. V. Descufelá.

DESCOULEFADO, cast., s. f. Action d'écosser les pois, les fèves, etc. de dépouiller les épis de maïs de leurs feuilles. — Ety., s. part. f. de *descoulefá*.

DESCOULOURA, v. a. Descolorar, décolorer, faire perdre la couleur ou les couleurs ; *se descoulourá*, v. r., se décolorer, devenir pâle. — Syn. *escoulouri.* — Cat., Esp., *descolorir* ; Ital., *discolorare.* — Lat., *decolorare.*

DESCOUMANDA, v. a. Décommander, contremander ; *se descoumandá*, cév., v. r. se désunir, se déplacer, changer de position en parlant des choses ; *i a al Sidobre un roucas que semblo que se descoumando*, il y a au Sidobre un gros rocher qui semble perdre son équilibre ; au fig. perdre la tramontane, ne plus savoir ce que l'on fait. — Ety., *des*, préf., et *coumandá*.

DESCOUMBLA, v. a. Enlever la couche de terre qui couvre les gisements d'argile, de marne, de pierre. — Ety., *des*, préf. et *coumblá*, combler.

DESCOUMBLE, s. m. Couche de terre qui recouvre les gisements de marne, d'argile, de pierre. — Ety., *descoumblá*.

DESCOUMBRA, v. a. Décombrer, déblayer, ôter les décombres, par ext. les embarras. — Syn. *desencoumbrá, escoumbrá*. — Ety., *descoumbre*.

DESCOUMBRES, s, m. p. Décombres, matériaux de démolition. — Syn. *escoumbres*. — Ety., *des*, préf., et *coumbre*, du lat. *cumulus*, tas.

DESCOUMPASSA, b. lim., v. a. Enjamber, passer par-dessus. — Syn. *encambá*. — Biterr., *troumpassá* ; cat., *descompassar*.

DESCOUMPTA, v. n, Décompter, rabattre d'une somme, mécompter ; au fig. rabattre de l'opinion qu'on s'était faite, ne pas trouver l'avantage qu'on espérait. — Syn. *mescoumplá*. — Cat., esp., port., *desconlar* ; ital., *scontare*. — Ety., *des*, préf., et *coumplá*.

DESCOUNÇOGA, b. lim., v. a. V. Councagá.

D'ESCOUNDOUNS, adv. V. Escoundous.

DESCOUNÈISSE, v. a. Desconoisser, méconnaître, ne pas vouloir reconnaître ; *se descounèisse*, se méconnaître, oublier par fierté ce qu'on a été ; *descounegut, udo*, part., méconnu; o. Syn. *descounèitre, descounestre*, *descounouisse*. — Esp., *desconoscer*; port., *desconhecer*. — Ety., *des*, préf., et *counèisse*.

DESCOUNÈITRE, DESCOUNESTRE, v. a. V. Descounèisse.

DESCOUNFORME, o, adj. Qui n'est pas conforme, discordant, e. — Syn. *discounfourme*. — Ety., *des*, préf., et *counforme*.

DESCOUNFORT, s. m. Découragement, abattement. — Ety., *descounfourta*.

DESCOUNFOURTA, v. a. Déconforter, décourager, déconcerter, abattre; *se descounfourtá*, v. r., se décourager, se laisser abattre par la douleur. — Cat., *desconfortar* ; ital., *sconfortare*. — Ety., *des*, préf. négat, et *counfourtá*.

DESCOUNOUISSE, v. a. V. Descounèisse.

DESCOUNSELHA, v. a. Desconselhar, déconseiller, dissuader, ne pas conseiller, conseiller le contraire de ce qui avait été déjà conseillé. — Cast., *descouselhá*; cat., *desaconsellar* ; esp., *desaconsejar* ; ital., *sconsigliare*. — Ety., *des*, préf., *conselhá*.

DESCOUNSOULA, v. a. Desconsolar, désoler, rendre inconsolable ; *se descounsoulá*, v. r., se désoler. — Ety., *des*, préf., et *counsoulá*.

DESSOUNSOULAT, ado, part. Inconsolable, désespéré.

DESCOUNTINUA, DESCOUNTUNIA, v. a. V. Discountinuá.

DESCOUNVIDA, prov., v. a. Révoquer une invitation. — Syn. *descoubidá, descouvidá* — Ety., *des*, préf., et *counvidá*.

DESCOUPETA, b. lim., v. a. Couper la tête. — Syn. *escoupetá*. — Ety., *des*, préf., et *coupet*, nuque.

DESCOUPETA, cast., v. a. Découper, injurier, diffamer.

DESCOUPLA, v. a. V. Desacouplá.

DESCOUPLADOS, biterr., s. f. p. Côtelettes de cochon. — Cév., *escoubládos, couslilhous*.

DESCOUQUELA, v. a. Diviser, écraser les grumeaux d'une bouillie. — Ety., *des*, préf., et *couquel*, grumeau.

DESCOURA, v. a. Ecœurer. V. Descorá.

DESCOURAJA, v. a. Descorallar, décourager, abattre, rebuter ; *se descourajá*, v. r., se décourager, perdre courage. — Syn. *descourá*. — Esp., *descorazonar* ; ital., *scorragiare*. — Ety., *des*, préf., et *couraje*.

DESCOURCHETA, v. a. V. Descrouchetá.

DESCOURCHOUNA, prov., v. a. Enlever, prendre le quignon du pain. — Syn. *descrouchouná*. — Ety., *des*, préf., et *courchoun*, quignon.

DESCOURDA, v. a. Décorder, détortiller une corde; défaire une corde qui liait une malle ou toute autre chose; délacer. — Syn. *descourdejá*, pour la première acception. — Ety, *des*, préf., et *cordo*.

DESCOURDEJA, cév., v. a. Décorder, détortiller une corde, en séparer les tourons. — Ety., fréq. de *descourdá*.

DESCOURDELA, **DESCOURDELLA**, v. a. Delacer, défaire un lacet. — Syn. *descourdelhá.* — Ety., *des*, préf., et *courdel.*

DESCOURDELHA, prov., v. a. V. Descourdelá.

DESCOURDURA, v. a. Descoser, découdre, défaire ce qui était cousu; *se descourdurá*, v. r., se découdre; *descourdurat, ado*, part., décousu, e; au fig. *paraulos descourdurados*, discours qui n'a pas de suite. — B. lim., *descouse*; esp., port., *descoser*. — Ety., *des*, préf., et *courdurá*

DESCOURDURADO, s. f. V.

DESCOURDURADURO, s. f. Décousure, partie décousue. — Syn. *descourdureiro, descourduro*. — Ety., *descourdurá.*

DESCOURDUREIRO, prov., s. f. V. Descourduraduro.

DESCOURDURO, cast., s. f. V. Descourduraduro.

DESCOURNA, v. a. Écorner. V. Desbaná.

DESCOURREJA, v. a. Défaire une courroie. — Ety., *des*, préf., et *courrejo*, courroie.

DESCOURREJOUNA, v. a. Délier les courroies d'un soulier. — Ety., *des*, préf., et *courrejou*, dim. de *courrejo*, petite courroie.

DESCOURTINA, prov., v. a. Tirer des cabas le marc des olives après qu'on en a exprimé l'huile. — Ety., *de*, préf., et *escourtin*, cabas.

DESCOUSCOULHA, v. a. Écosser, dépouiller le maïs de sa cosse. — Gasc., *despenoulhá* — Ety., *des*, préf., et *couscoulho*, cosse.

DESCOUSE, b. lim., v. a. V. Descourdurá.

DESCOUSELHA, cast., v. a. V. Descounselhá.

DESCOUSTELA, agat., v. a. Enlever, rompre les côtes. — Ety., *des*, préf., et *coustèlo*, côte.

DESCOUSTUMA, v. a. V. Desacoustumá

DESCOUTA, montp., v. a. Découvrir. — Syn. *desacatá, descatá, dessoutá.*

DESCOUTA, v. a. Enlever la cale qui retenait une roue. — Ety., *des*, préf., et *coulá.*

DESCOUTI, b. lim., v. a. Discuter, débattre.

DESCOUTI, prov., v. a. Mâcher. — Ety. lat., *discutere*, briser, fendre, d'où mâcher.

DESCOUTISSA, cast., v. a. Débrouiller, démêler, éclaircir; apercevoir, reconnaître. — Ety., *des*, préf., et *couti*, chose embrouillée.

DESCOUTOUFELA, v. a. V. Descufelá.

DESCOUVIDA, v. a. V. Descounvidá.

DESCOUVRI, DESCOUVERT, DESCOUVERTO, V. Descoubri, etc.

DESCOVOLA, b. lim., v. a. et n. V. Descavalgá.

DESCRASSA, v. a. Décrasser, ôter la crasse; *se descrassá*, v. r., se décrasser; au fig. se faire aux bonnes manières. — Syn. *descrassi*. — Esp., *desengrassar*. — Ety., *des*, préf., et *crasso.*

DESCRASSI, v. a. V. Descrassá.

DESCREAT, ado, agen., adj. V. Descridat.

DESCREDIT, s. m. Discrédit, diminution, perte de crédit. — Syn. *discredit*. — Cat., *descredit*; esp., port., *descredito*; ital., *discredito*. — Ety., *des*, préf., et *credit.*

DESCREDITA, v. a. Discréditer, faire perdre le crédit, par ext., la considération. — Syn. *discreditá*. — Ety., *discredit.*

DESCREISSE, v. n. Descreisser, décroître, cesser de croître, d'augmenter, diminuer. — Cat., *descreexer*; esp., *descrecer*; ital., *decrescere*. — Ety., *des*, préf., et *creisse*, croître.

DESCREPI, v. a. Enlever la crépissure d'une muraille. — Ety., *des*, préf., et *crepi*, crépir.

DESCREPIT, ido, part. Qui a perdu sa crépissure, dont on a enlevé la crépissure, en parlant d'une muraille; au fig. décrépit, e, décharné, semblable à un mur dont, faute d'enduit, les moëllons sont à découvert. On dérive généralement ce mot du lat. *decrepitus*, dont l'étymologie est inconnue.

DESCREPITUDO, s. f. Descrepitut, décrépitude, — Esp., *descrepitud*.—Ety., *descrepit*.

DESCRESTIANA (Se), v. r. V. Deschrestianá.

DESCRIA, v. a. V.

DESCRIDA, v. a. Décrier, ôter la réputation, la considération; *se descridá*, v. r., se décrier, perdre son crédit, sa considération. — Ety., *des*, préf., et *cridá*, crier.

DESCRIDAT, ado, part. Décrié, ée. — Agen., *descreat*.

DESCROUBI, Béarn., v. a. V. Descoubri.

DESCROUCA, v. a. Décrocher, détacher une chose accrochée ; redresser ce qui était crochu. — Syn, *desacroucá, desaroucha, descrouchá*. — Ety., *des*, préf., et *croc*.

DESCROUCHA, v. a. V. Descroucá.

DESCROUCHETA, v. a. Ôter d'un croc, dégrafer, détacher une agrafe; crocheter une porte. — Syn. *descourchetá*. — Ety., *des*, préf., et *crouchet*, agrafe.

DESCROUCHOUNA, v. a. V. Descourchouná.

DESCROUSA, v. a. Défaire ce qui était croisé, entrelacé. — Ety., *des*, préf., et *crousá*, croiser.

DESCROUSTA, v. a. Écroûter, ôter la croûte ; écailler un enduit de plâtre, faire tomber une partie de la crépissure d'un mur ; enlever la croûte d'une plaie; *se descroustá*, v. r., s'écailler, en parlant des enduits et des tableaux peints sur bois. — Syn. *descroustilhá, escroustá*. — Cat., *descrostar* ; Esp., *decrostrar* ; Ital., *scrostare*. — Ety., *des*, préf., et *crousto*.

DESCROUSTILHA, v. a. V. Descroustá.

DESCRUBECELA, v. a. V. Descabucelá.

DESCRUBI, v. a. V. Descoubri.

DESCRUSA, v. a. V. Descruza.

DESCRUVELA, cév., v. a. Écaler des noix, des amandes, etc., écailler un œuf dur, en ôter la coque. — Syn. *escrouvelhá, esgouvá, esgrouvelhá, esgruiá, esgrulhá*. → Ety., *des*, préf., et *cruvel*, écale, coque, cosse.

DESCRUZA, cév., v. a. Décruer en parlant du fil , de la soie , de la toile neuve ; *descruzá lous coucous*, mettre les cocons dans l'eau bouillante pour en dévider la soie avec facilité; *lou descruzá* , s. m., l'action de décruer. — Ety., *des*, préf., et *crus*, cru.

DESCRUZADO, s. f. Décrûment, lessive que l'on fait pour décruer le fil; la soie, etc., lavage, bouillon clair dans lequel la viande n'a cuit qu'à demi ; au fig. volée de coups ; perte éprouvée au jeu. — Syn. *descruzida*. — Ety., s. part. f. de *descruzá*.

DESCRUZIDA, montp., s. f. V. Descruzado.

DESCU, DESCUR, uro, agen., adj. Obscur, e. V. Escur.

DESCUBRI, DESCUBERTO, gasc. , V. Descoubri, etc.

DESCUDELA, prov. , v. n. Dégoiser, parler à tort et à travers, dire indiscrétement tout ce que l'on sait. — Ety., *des*, préf., et *escudèlo*, vider l'écuelle.

DESCUFELA, cév., v. a. Escoffellar, écosser des pois, des fèves, etc., en détacher l'enveloppe; dépouiller les épis de maïs des feuilles qui les enveloppent ; *lou gra de blat se descufelo*, le grain de blé sort de la balle par excès de maturité. — Syn. *descuefá; descoufelá, descoutoufelá, desgouvá, desgrouvelhá, desgruelhá, desgrulhá, escotoufá, escoutilhá*. — Ety., *des*, préf., et *cufelo*, cosse.

DESCULEFA, toul., v. a. V. Descufelá.

DESCUNCHIA, prov., v. n. Choquer le bon goût, la décence; être impoli ; être mal ajusté. — Ety., *des*, préf., et le roman *cunchia*, altér. de *cundir*, parer, orner.

DESCUNCHIAT, ado, part. Inconvenant, e, mal ajusté ; en parlant d'un discours, mal construit, qui manque de sens.

DESCURBECELA, prov., v. a. V. Descabucelá.

DESCURBI, v. a. V. Descoubri.

DESCUSCA, cév., v. a. Défigurer, rendre méconnaissable par des blessures faites au visage; *descuscá un aubre*, déparer un arbre en cassant les branches qui formaient ou qui paraient sa tête; *descusca, ado*, part., défiguré, ée, balafré, ébranché. — Ety., *des*, préf., et *cuscá*, parer.

DESCUVA, v. a. Mettre le vin et la vendange hors de la cuve. — Syn. *destinelá*. — Ety., *des*, préf., et *cuvo*.

DESDAUMAJA, DESDOUMAJA, v. a. Dédommager; réparer un dommage. — Syn. *dedoumajá*. — Ety., *des*, préf., et *daumaje, doumaje*.

DESDAURA, v. a. Dédorer, enlever la dorure; *se desdaurá*, v. r., se dédorer, perdre sa dorure. — Cat., *desdaurar*; esp., *desdorar*; ital., *disdorare*. — Ety., *des*, préf., et *daurá*.

DESDEGN, DESDEING, s. m. Desdenh, desdeing, dédain. — Gasc., *ending*; cat., *desdeny*; port., *desdem*; ital., *disdegno*.— Ety., s. verb. de *desdegná*.

DESDEGNA, v. a, Desdegnar, dédaigner, mépriser. — Syn. *dedegná*. — Cat., *desdenyar*; ital., *disdegnare*. — Ety. lat., *dedignari*.

DESDEGNOUS, o, adj. Desdenhos, dédaigneux, euse —Syn. *dedegnous, deidegnous*. — B. lim., *dordognoù*; lim., *deigougnoû*; port., *desdenhoso*; ital., *disdegnoso*. — Ety., *desdegná*.

DESDEJUN, DESDEJUNA, prov. V. Dejù, Dejuná.

DESDENTA, v. a. Edenter, casser les dents; rompre les dents d'un peigne, d'une herse, d'une scie; *desdentat, ado*, part, édenté, ée. — Syn *deidentá, esdentá*. — Cat., esp., port., *desdentar*; ital., *sdentare*. — Ety., *des*, préf., et *dent*.

DESDICH, s. m. V. Dedich.

DESDIRE, v. a. V. Dedire.

DESDOUBLA, v. a. Dédoubler, enlever la doublure; partager ce qui était double, en faire deux parties. — Ety., *des*, préf., et *doublá*.

DESDUCH, s. m. V. Deduch.

DESE, b. lim., s. m. Genêt épineux; lande, terrain couverts de ces genêts.— Syn. *dozenc, dozeno*. V. Arjalas.

DESEGAT, ade, béarn., adj. Dépaysé, ée, égaré. — M. sign. *despaïsat*.

DESE-UECH, prov., adj. num. Dix-huit.

DESEIGA, prov., v. a. Déranger une chose, l'ôter de sa place, défaire un raccommodage; *se deseigá*, v. r., se dépiter, se mettre en colère.

DESEINANT, b. lim., adv. de temps, Dorénavant.

DESEIRETA, v. a. V. Desheretá.

DESEMBANASTA, v. a. V. Desbanastá.

DESEMBARCA, v. a. et n. Débarquer. — Syn. *deibarcá, desbarcá*. — Cat., esp., *desembarcar*; ital., *sbarcare*. — Ety., *des*, préf., et *embarcá*.

DESEMBARASSA, v. a. Débarrasser, déblayer. — Syn. *deibarrassá, desbarrassá*. — Cat., *desembrassar*; esp., *desembarazar*; ital., *sbarazzare*. — Ety., *des*, préf., et *embarrassá*.

DESEMBASTA, v. a. V. Debastá.

DESEMBESCA, v. a. V. Desenviscá.

DESEMBOULEGA, b. lim., v. a. V. Derramboulhá.

DESEMBGULHA, cév., v. a. V. Derramboulhá.

DESEMBOULOUPA, toul., v. a. Développer, ôter l'enveloppe, défaire une chose enveloppée. — Ety., *des*, préf., et *embouloupá*, envelopper.

DESEMBOURGNA, v. a. Tirer de l'œil le corps étranger qui obscurcissait la vue; au fig. désaveugler, tirer quelqu'un de son aveuglement, le détromper. — Ety., *des*, préf., et *embourgná*, rendre borgne.

DESEMBRAYA, cast., v. a. V. Desbraiá.

DESEMBREGA, v. a. Aiguiser un couteau pour en faire disparaître les brèches. — Ety, *des*, préf., et *embrecá*.

DESENBRENA, cast., v. a. Oter le bran, nettoyer ce qui est embrené; par ext., désinfecter; serfouer, remuer la terre autour des plantes qui ont souffert du mauvais temps. — Ety., *des*, préf., et *embrená*, embrener.

DESENBRIAIGA, v. a. Désenivrer. — Prov., *desembriá*; cat., port., *desem-*

briagar. — Ety., *des*, préf., et *embriaigá*, enivrer.

DESEMBRIÉIGA, cast., v. a. V. Desembriaigá.

DESEMBROUNCA, v. a. Calmer une personne irritée, faire cesser sa mauvaise humeur. — Ety., *des*, préf., et *s'embroúncá*, se mettre en mauvaise humeur.

DESEMBRUGA, prov., v. a. Détacher les cocons des vers à soie des rameaux de bruyère auxquels ils étaient attachés. — Ety. *des*, préf., et *embrugá*, mettre des rameaux de bruyère.

DESEMBRUTI, cév., prov., v. a. Nettoyer, polir. — Ety., *des*, préf., et *embruti*, salir.

DESEMBULA, cév., v. a. Débrouiller. — Syn. *desembrouhá*. V. Derramboulhá.

DESEMBULLA, cév., v. a. Détromper, désabuser ; *se desembullá*, v. r., se désabuser ; se défaire d'une marchandise dans l'achat de laquelle on avait été trompé. — Ety., *des*, préf., et *embullá*, se tromper, être mis dedans.

DESEMCOUMBRA, v. a. V. Descoumbrá.

DESEMMASCA, v. a. Désensorceler. — M. sign. *desensourcelá*. — Ety., *des*, préf., et *emmascá*, ensorceler.

DESEMPACHA, cév., v. a. Desempachar, débarrasser, dépêtrer ; *se desempachá*, v. r., se dépêtrer. — Esp., port., *desempachar* ; ital., *spacciare*. — Ety., *des*, préf., et *empachá*, embarasser.

DESEMPALHA. v. a. V. Despalhá.

DESEMPAQUETA, v. a. Dépaqueter, défaire un paquet. — Syn. *despaquetá*. — Ety., *des*, préf., et *embaquetá*.

DESEMPARA, v. a. et n. V. Desamparà.

DESEMPASTA (Se), v. r. V. Despastá.

DESEMPASTAT, ado, part Qui n'est pas empâté, ée, dépêtré, ée.

DESEMPEGA, v. a. Oter l'enduit de poix que l'on a mis à une chose, décoller; au fig. arracher un objet d'un lieu où il est, pour ainsi dire, collé. — Syn. *despegá*, *desempegoumi*. — Cat., *desempegar*, *desapegar*. — Ety., *des*, préf., et *empegá*, enduire de poix.

DESEMPEGOUMI, v. a. V. Desempegá.

DESEMPÈI, prép. adv. de temps, Depuis. V. Despèi.

DESEMPÈITA, DESEMPÈITRA, v. a. Dépêtrer, dégager ; *se desempèitá*, *se desempetrá*, v. r., se dépêtrer, se dégager. — Syn. *despetrá*. — Cat., *desempedrar*. — Ety., *des*, préf., et *empèitá*, *empèitrá*, empêtrer. L'abbé Favre emploie les deux formes dans son Odyssée :

Lous Diéus banuts nous exauceron
E d'aqui nous desempèiteron

c. cxv.

......La Nympha sans coumpliment
Se desempèitret de Mercura.

c. v.

DESEMPESA, v. a. Désempeser, ôter l'empois. — Ety., *des*, préf., et *empesá*, empeser.

DESEMPESCA, cév. Dépêtrer, tirer d'un bourbier, d'un embarras ; *se desempescá*, v. r., se dépêtrer d'un chemin bourbeux ; au fig. se débarrasser d'une mauvaise affaire, d'un fâcheux. — Syn. *despescá*. — Ety., *des*, préf., et *empescá*, pour *embescá*, engluer, par ext. embourber.

DESEMPESOULI, cév., v. a. V. Despesoulhá.

DESEMPESTA, v. a. Désinfecter, purger d'un mauvais air, de miasmes putrides. — Ety., *des*, préf., et *empestá*, empester.

DESEMPIÈI, DESEMPIÈIS, adv. et prép. V. Despèi.

DESEMPLASTRA, v. a. Enlever un emplâtre ; détacher ce qui était collé. — Ety., *des*, préf., et *emplastre*, emplâtre.

DESEMPOUIZOUNA, v. a. Administrer du contre-poison ; guérir quelqu'un qui était empoisonné ; au fig. désinfecter ; extirper les mauvaises herbes d'un champ, d'une vigne. — Ety., *des*, préf., et *empouizouná*.

DESEMPUCH, DESEMPUIXS, adv., et prép. V. Despèi.

DESEMPURA, cév., v. a. Détiser, éloigner les tisons les uns des autres afin qu'ils ne brûlent plus. — Syn. *desempusá*. — Ety., *des*, préf., et *empurá*.

DESEMPUSA, cast., v. a. V. Desempurá.

DESEN, O, prov., adj. num. Desen, deze, dixième. — Cat., *desé*; esp., *deceno*; port., ital., *decimo*. — Ety. lat., *decenus*.

DESENANT, adv. Desenant, derenant, dorénavant, désormais. — B. lim., *desèinan*; béarn., *d'arc-n'lá*. — Ety., *d'er*, de maintenant, *enant*, en avant; *desenant* et *desèinant* sont des altérations de *derenant*.

DESENASTA, v. a. Tirer de la broche. — Syn. *dennastá, desenlastá*. — Ety., *des*, préf., et *enastá*, embrocher.

DESENBIAISSAT, ado, montp. Maladroit, e, inhabile. — Syn. *desbiaissat*. — Ety., *des*, préf., et *enbiaissat*, adroit, habile.

DESENCABESTRA, v a. V. Descabestrá.

DESENCADENA, v. a. V. Descadená.

DESENCAISSA, v. a. Décaisser, tirer de la caisse. — Syn. *descaissá, desquèichá*.—Ety., *des*, préf., et *encaissá*, encaisser.

DESENCALA, v. a. Tirer une charrette d'un lieu où elle est engagée comme si elle y était retenue par une cale.—Cat., *desencallar*. — Ety., *des*, préf., et *encalá*, mettre une cale.

DESENCANTA, v. a. Désenchanter, rompre l'enchantement; au fig. faire cesser l'engouement. — Cat., esp., port., *desencantar*. — Ety., *des*, préf., et *encantá*, enchanter.

DESENCARRA, cast., v. a. Dételer les bœufs, les tirer du chariot. — Ety., *des*, préf., et *encarrá*, atteler au char à bœufs appelé *carri*.

DESENCAUNA, v. a. V. Descauná.

DESENCOUMBRA, b. lim., v. a. V. Descoumbrá.

DESENCROSA, DESENCROUSA, v. a. Déterrer. — M. sign. *desenterrá, desterrá*. — Ety., *des*, préf., et *encrousá*, mettre dans la fosse.

DESENCULPA, v. a. Disculper; *se desenculpá*, v. r., se disculper. — Syn. *desencusá*. — Ety., *des*, préf., et *enculpá*, inculper.

DESENCULPA, montp., s. f. Excuse. — Syn. *desencuso*.

DESENCUSA, v. a. Disculper. V. Desenculpá.

DESENCUSO, s. f. Excuse.— Syn. *mesencuso*. V. Desenculpa.

DESENDAISSA, prov., v. a. Faner le foin, la luzerne. — Ety., *des*, préf. et *endaissá*, mettre en andains.

DESENDOURMI, v. a. Réveiller, dégourdir, tirer quelqu'un de son engourdissement; *desendourmi lou pèd*, dégourdir le pied pris d'une crampe. — Ety., *des*, préf., et *endourmi*.

DESENFANGA, v. a. Débourber, désembourber, ôter la bourbe, tirer d'un bourbier; *se desenfangá*, v. r., ôter la boue dont on est couvert; se tirer d'un bourbier. — Syn. *desfangá, dòifangá*. — Ital., *sfangare*. — Ety., *des*, préf., et *enfangá*.

DESENFARDELA, cév., v. a. Dépaqueter, ouvrir un paquet, en retirer un objet. — Cat., *desenfardar*; port., *desenfardelar*. — Ety., *des*, préf., et *enfardelá*, empaqueter.

DESENFECHI, gasc., v. a. Désinfecter, faire cesser l'infection. — Syn. *desfeci*. — Ety., *des*, préf. et *enfeci*, infecter.

DESENFERRA, v. a. V. Desferrà.

DESENFIALA, cév., v. a. Oter le fil d'une aiguille.

DESENFIÈIRA, b. lim., cév., v. a. et n. Retirer les bestiaux ou les marchandises de la foire; sortir, se retirer du champ de foire — Ety., *des*, préf., et *enfièirá*.

DESENFLA, v. a. Désenfler. V. Descoufla.

DESENFLOURA, v. a. et n. V. Desflourá.

DESENFOUNSA, v. a. V. Defounsá.

DESENFOURNA, cév., v. a Défourner, tirer du four. — Syn. *dòifourná, desfourná*. — Cat., *desenfornar*; esp., *desenhornar*; ital., *sfornare*. — Ety., *des*, préf., et *enfourná*.

DESENGA, ROUERG., v. n., V. Desenjá.

DESENGACHA, DESENGAJA, v. a. V. Degajá.

DESENGARRANCI, AGEN., v. a. Faire passer la crampe, dégourdir. — ETY., *des*, préf., et *engarranci*, donner la crampe.

DESENGAVACHA, DESENGAVAICHA, CÉV., PROV., v. a. Tirer du gosier un corps étranger; dégager une clef embarrassée dans une serrure ; dégorger un tuyau; au fig. dégager, tirer d'embarras. — ETY, *des*, préf., et *engavachá*, *s'engavachá*, s'engouer.

DESENGOFETA, B. LIM., v. a. Séparer des crochets doubles qui étaient entrelacés. — CAT., *desengafetar*. — ETY., *des*, préf., et *engofetá*, accrocher diverses choses de manière qu'elles tiennent fortement, entrelacer des crochets.

DESENGOULI, v. a. Vomir, rejeter par la bouche ce qu'on avait avalé. — ETY., *des*, préf., et *engouli*, avaler.

DESENGOURGA, DESENGOURJA, v. a. Dégorger ce qui était engorgé, obstrué. — SYN. *degourjá, desgourjá, dèigourjá, desgourgá*. — ETY., *des*, préf., et *engourgá*.

DESENGRANA, v. a. Écosser des pois, des fèves, etc., épouiller, épucer. — ETY., *des*, préf., et *engraná*.

DESENGRAVA, v. a. Tirer le gravier, débarrasser une barque enfoncée dans le sable ou le gravier. — ETY., *des*, préf., et *engravá*, engraver.

DESENGREPEZI, v. a. Faire cesser l'engourdissement causé par le froid, dégourdir. — ROUERG., *desengropouni*. — ETY., *des*, préf., et *engrepezi*, engourdir, causer l'onglée.

DESENGROPOUNI, ROUERG., v. a. V. Desengrepezi.

DESENGRUNA, v. a. Égrener, égrapper. V. Degrudá, Desgrapá.

DESENGULHA, v. a. Défiler, ôter le fil qui était passé dans le trou d'une aiguille. — ETY., *des*, préf., et *engulhá*, enfiler.

DESENIASSA, CÉV., v. a. V. Desenliassá.

DESENJA, B. LIM., v. n. (desendzá). Faire périr l'engeance d'insectes désagréables, tels que les poux, les puces, tirer les punaises d'un lit ; détruire une race d'animaux, une espèce d'arbres ou de plantes nuisibles ; *se desenjá*, v. r., se dépeupler, se défaire, disparaître, — ROUERG., *desengá*. — ETY., *des*, préf., et *enjá*, engendrer, produire.

DESENJASSA, CÉV., v. a. Changer la litière des vers à soie chaque fois qu'ils commencent leurs mues.

DESENJOUCA, v. a. V. Dejoucá.

DESENLASTA, v. a. V. Desenastá.

DESENLIASSA, v. a. Défaire ce qui était lié ; désaccoupler, dérouler du linge accouplé ; dépaqueter. — SYN. *desliamá, dèiliassá, desliassá*. — CÉV., *deseniassá*, — ETY., *des*, préf., et *enliassá*.

DESENLISSA (Se), PROV., v. a. S'apaiser, se calmer.

DESENLUSI, v. a. Ôter le brillant d'une chose; au fig. faire perdre les illusions. — ETY., *des*, préf., et *enlusi*.

DESENNEMI, PROV., s. m. V. Enemic.

DESENO, PROV., s. f. V. Decheno.

DESENPÈI, adv. V. Despèi.

DESENRAIA, v. a. Désenrayer ; T. de charron, enlever les rais d'une roue. SYN. *desregá*. — ETY., *des*, préf., et *enraiá*, enrayer.

DESENRAMA, CÉV., v. a. Détacher les rameaux pour en ôter les cocons des vers à soie ; enlever les rames de certaines plantes, pois, haricots, etc. — ETY., *des*, préf., et *enramá*.

DESENRAUMASSA (Se), v. r. Se désenrhumer.— PROV., *desenròumá*. — ETY., *des*, préf., et *enraumassá*.

DESENREDESI, DESENREDI, v. a. Déroidir, diminuer, faire cesser la roideur. — SYN. *deredi, desredi desregi, desregoui*. — ETY., *des*, préf., et *enredeci, enredi*.

DESENREGA, v. a. Tirer une roue d'une ornière. —ETY., *des*, préf., et *en*, dans, *rego*, ornière.

DESENRESTA, CAST., v. a. Défaire les objets qui étaient attachés à la suite les uns des autres, comme un chapelet d'oignons. — ETY., *des*, préf., et *enrestá*, mettre des oignons en chapelet.

DESENROULHA, DESENROULHI, PROV., v. a. V. Deroubilhá.

DESENROUMA (Se), PROV. v. r. V. Desenraumassá.

DESENSACA, v. a. Tirer du sac. — ETY., *des*, et *ensacá*, ensacher.

DESENSOULPRA, CAST., v. a. Oter le soufre. — ETY., *des*, préf., et *ensoulprá*, soufrer.

DESENSOURTI, v. a. Désassortir. — ETY., *des*, préf., et *ensourti* pour *assourti*, assortir.

DESENTARRA, DESENTEARA. V. Desenterrá.

DESENTAULA, v. a. V. Dentaulá.

DESENTERRA, v. a. Déterrer, exhumer; tirer de la terre ce qui y était enfoui. — SYN. *desterrá*. — CÉV., TOUL., *desencrousá*; CAT., PORT., *desenterrar*; ESP., *desoterrar*; ITAL., *disotterrare*. — ETY., *des*, préf., et *enterrá*.

DESENTESTA, v. a. Faire passer le mal de tête; au fig. faire cesser l'entêtement, la prévention de quelqu'un. — ETY., *des*, préf., et *entestá*, entêter.

DESENTOURA, v. a. V. Desantourá.

DESENTOURA, CAST., v. a. Oter ce qui est à l'entour. — ETY., *des*, préf., et *entourá*, entourer.

DESENTOURTIBILHA, v. a. V.

DESENTOURTILHA, v. a. Détortiller une corde, un cordon, détordre, démêler ce qui était entortillé. — SYN. *destourtilhá*. — CAT., *desentortolligar*. — ETY., *des*, préf., et *entourtilhá*.

DESENTRAUCA, v. a. Faire sortir du trou, du terrier. — SYN. *descauná*, *desencauná*. — ETY., *des*, et *entraucá*.

DESENTRAVA, v. a. Oter les entraves; *se desentravá*, v. r., se débarrasser des entraves. — SYN. *destravá*, *desentrevá*, f. a. — ETY., *des*, préf., et *entravá*.

DESENTREPACHA, v. a. Débrouiller, démêler, tirer d'embarras. — ETY., *des*, préf., et *entrepachá*, embarrasser.

DESENTREVA, v. a. V. Desentravá.

DESENTRISTA, v. a. Faire perdre la tristesse. — ETY., *des*, préf., et *entristá*, attrister.

DESENTROFIRGA, B. LIM., v. a. Débrouiller, démêler, séparer des choses dont les pointes, quoique droites, se sont embarrassées entre elles. — ETY., *des*, préf., et *s'entrofirgá*, se mêler.

DESENTUTA, CAST., CÉV., v. a. Faire sortir un animal de son trou, de sa tanière. — M. sign. *desentraucá*. — ETY., *des*, préf., et *s'entutá*, s'enfermer dans sa tanière.

DESENUBRIA, PROV., v. a. Désenivrer; *se desenubriá*, se désenivrer; v. n., cuver son vin. — M. sign. *desembriaigá*. — ETY., *des*, priv., et *enubriá*.

DESENVESCA, v. a. V. Desenviscá.

DESENVIROUTA, PROV., v. a. (desenviroutá). Dérouler, défaire une ceinture roulée autour du corps. — ETY., *des*, préf., et *enviroutá*.

DESENVISCA, v. a. Dégluer, ôter la glu; au fig. dépêtrer; *se desenviscá*, v. r., se dégluer, se dépêtrer, ôter la chassie des yeux. — SYN. *desembescá*, *desenvescá*, *desviscá*. — ETY., *des*, préf., et *enviscá*, engluer.

DESERBA, CAST., v. a. V. Desherbá.

DESERT, o, adj. DÉSERT, désert, e; s. m., désert, lieu inhabité, lieu où il y a peu d'habitants. — CAT., *desert*; ESP., *desierto*; PORT., ITAL., *deserto*. — ETY. LAT., *desertus*.

DESERTU, B. LIM., s. m. Furoncle.

DESESCA, v. a. Enlever l'amorce qu'on avait mise à un hameçon. — ETY., *des*, préf., et *esco*, amorce.

DESESCAT, ado, adj. et part. Personne qui n'a point d'odorat; au fig., personne éhontée, personne qui ne sent rien.

DESESPEI, adv. et conj. V. Despéi.

DESESPER, s. m. Désespoir, grand découragement. — ETY., *des*, préf., et *esper*, espoir.

DESESPERA, v. a DESESPERAR, désespérer, mettre au désespoir; v. n., cesser d'espérer; *se desesperá*, v. r., se désespérer, se livrer au désespoir. — SYN. *desperá*. — CAT., ESP., PORT., *de-*

sesperar; ITAL., disperare. — ETY. LAT., desperare.

DESESPERANSO, s. f. DESESPERANSA, désespoir. — SYN. desesper — ITAL., disperanza. — ETY., desesperá.

DESESPERAT, ado, part. Désespéré, ée, dont on n'espère plus rien; il s'emploie aussi substantivement, et signifie désespéré, furieux; *se batre coumo un desesperat*, se battre comme un enragé.

DESESPESSESI, CÉV., v. a. V. Despessesi.

DESESPIGNA, v. a. Oter les épines, les arêtes. — ETY., des, préf., et espigno.

DESESSÈ, **DESESEPT**, adj. num. Dix-sept. — BITERR., dososept, f. a.

DESESTAJA, CÉV., v. n. Démonter les tables qui portaient les rameaux où les vers à soie avaient fait leurs cocons — ETY., des, préf., et estaje, étage.

DESESTRUC, ugue, BÉARN., adj. Gauche, maladroit; en roman, *desastruc* signifie malheureux.

DES-E-VUE, PROV., *Boutá tout en des-e-vue*, mettre tout sens dessus dessous.

DESFA, v. a. DESFAR, défaire, détruire ce qui était fait; *desfá lou floc*, déranger le feu; *desfá de peses*, écosser des pois; *desfá uno capelo*, déparer une chapelle; *desfá un mercat*, rompre un marché; *desfá tous coucous*, est synonime de descouçouná; *se desfá*, v. r., se déshabiller; s'amaigrir; *se desfá un bras*, *uno cambo*, se démettre un bras, une jambe; *se desfá d'un quistaire*, se débarrasser d'un quêteur; *se desfá d'uno marrido terro, de soun houstal*, vendre une mauvaise terre, sa maison; *desfach*, o, part., défait, e; luxé, démis; pâle, abattu, exténué; vaincu. — SYN. *defá, deifaire, desfaire, desseye*. — CAT., *desfar*; ITAL., *disfare*. — ETY., *des*, préf., et *fa*, faire.

DESFACHA, v. a. Dépiquer, ôter à une personne sa mauvaise humeur; *se desfachá*, v. r., se défâcher, se dépiquer, s'apaiser après s'être mis en colère; *se s'es fachat, que se desfache*, s'il s'est fâché, qu'il se défâche. — ETY., *des*, préf., et *fachá*, fâcher.

DESFACHO, s. f. Défaite. — SYN. *desfaito*. — ETY., s. part., f. de *desfá*.

DESFAIRE, v. a. V. Desfá.

DESFAISSA, PROV., v. a. Oter à un enfant son maillot, ses langes, ce qui le tient serré; *se desfaissá*, v. r., se dégager. — SYN. *defeissá*. — CAT., *desfaxar*; ESP, *desenfaxar*; ITAL., *sfasciare*. — ETY., *des*, préf., et *faisso*, maillot.

DESFAIT, o, TOUL., adj. Défait, e. — SYN. *desfach*. V. Desfá.

DESFAITO, s. f. V. Desfacho.

DESFALCA, v. a. V. Defalcá.

DESFANGA, v. a. V. Desenfagá.

DESFARDO, CÉV., s. f. Décharge, action de se débarrasser; désordre; défroque, objet de rebut; débris; B. LIM., abattis des animaux de boucherie. — SYN. *defardo*, *deifardo*. — ETY., *des*, préf., et *fardo*, hardes, bagages.

DESFARFOULHA, PROV., v. a. Débarrasser; *se desfarfoulhá*, v. r., se débarrasser, se défaire d'une mauvaise marchandise, se tirer d'un mauvais pas; dégager sa parole. — SYN. *defarfoulhá*. — ETY., *des*, préf., et *farfoulhá*.

DESFARFOULHA, v. a. Tirer les verroux pour ouvrir. V. Desbarroulhá.

DESFARRA, v. a. V. Desferrá.

DESFARRADOU, adj. *Temps* ou *vent desfarradou*, vent glacial et tellement impétueux qu'il pourrait déferrer les portes et les fenêtres, mieux, *desferredou*. — ETY., *desfarrá*.

DESFARRO, s. f. Les quatre fers d'une mule ou d'un cheval morts.

DESFARROULHA, AGEN., v. a. V. Desbarroulhá.

DESFASÈIRE, CÉV., s. m Homme employé à pressurer les olives; *desfaséiro*, s. f. V. Descoucounairo.

DESFATA, CÉV., v. a. V. Esfatá.

DESFATO, CÉV., s, f. Champ nouvellement défriché.

DESFAUFILA, v. a. Éfaufiler, défaire un tissu fil à fil; ôter les fils dont on avait faufilé une étoffe; *se desfaufilá*, v. r., s'effiler, se défaire en parlant d'un tissu. — ETY., *des*, préf., et *faufilá*.

DESFAUTA, PROV., v. n. V. Defautá.

DESFAVOU, DESFAVOUR, s. f. Défaveur, disgrâce. — CAT., ESP., PORT., *desfavor*; ITAL., *disfavore*. — ETY., *des*, préf., et *favou, favour*.

DESFEARRA, v. a. V. Desferrá.

DESFECI, PROV., v. a. V. Desenfechi.

DESFÈCI, CÉV., s. f. DEFECI, ennui, dégoût, mal au cœur, défaillance, dépit; désespoir; *amourous desfèci* langueur amoureuse; *lou desfèci, m'aganto*, je m'ennuie à mourir. — ETY. LAT., *deficere*, tomber en défaillance.

DESFECIGA, CÉV., v. a. Causer du déplaisir; *se desfecigá*, v. r., se dépiter. — SYN. *desfessijá* — ETY., *desfèci*.

DESFELHA, v. a. V. Desfuelhá.

DESFERRA, v. a. DESFERRAR, déferrer, ôter le fer dont une chose est garnie, enlever les fers du pied des animaux ferrés; enlever les entraves; *se desferrá*, v. r., se déferrer. — SYN. *desfarrá, desfearrá, dèifarrá, desenferrá*. — CAT., PORT., *desferrar*; ESP., *desherrar*; ITAL., *desferrare*. — ETY., *des*, préf., et *ferrá*, ferrer.

DESFERRAT, ado, part. Déferré, ée; on dit d'une personne qui ne peut rester en place: *a toujour un pèd desferrat*.

DESFERROS, CAST., s. f. p. Clous qu'on tire des pieds d'un cheval, quand on fait un rassis, *relevat*.

DESFERROULHA, PROV., v. a. V. Desbarroulhá.

DESFESSIJA, MONTP., v. a. V. Desfecigá.

DESFETO, s. f. V. Defeto.

DESFEYLHA, v. a. V. Desfuelhá.

DESFIA, v. a. DESFIAR, défier; *se desfiá*, v. r., se provoquer; se méfier. — SYN. *defidá, desfisá*. — ANC. CAT., *desfiar*; ESP., PORT., *desafiar*; ITAL.,

sfidare. — ETY. LAT., *diffidare, diffidere*.

DESFIALA, v. a. Dépouiller une quenouille du chanvre dont elle était garnie; effiler; au fig. déceler, raconter une chose de fil en aiguille. V. Desfilá.

DESFIALFRA, CAST., v. a. Parfiler, effiler, effiloquer. — SYN. *desfilfrá*. V. Desfilá.

DESFIANSO, s. f. DESFIANSA, défiance. — SYN. *mesfisenzo*. — CAT., *desfiansa*; ITAL., *diffidenza*. — ETY., *desfiá*.

DESFIARA, PROV., v. a. V. Desfilá.

DESFICIOUS, o, CÉV., adj. Inquiet, ète, chagrin. — ETY., *desfeci*, chagrin.

DESFIDA, v. a. V. Desfiá.

DESFIELA, PROV., v. a. V. Desfilá.

DESFIELHA, v. a. V. Desfuelhá.

DESFIENSO, s. f. V. Desfianso.

DESFIGURA, v. a. DESFIGURAR, défigurer; au fig. dénaturer. — CAT., ESP., PORT., *desfigurar*; ITAL., *disfigurare*. — ETY., *des*, préf., et *figuro*.

DESFILA, v. a. Effiler, défaire un tissu fil à fil, effiler du vieux linge pour en faire de la charpie, de la soie pour en faire de l'ouate; au fig. déchirer la réputation de quelqu'un; *se desfilá*, v. r., s'effiler. — SYN. *defialá, defielá, defilá, dèifielá, dèifierá, desfialá, desfiará, desfilfrá, efiolá, eschomá, esfialá, esfeupá*. — CAT., *desfilar*; ESP., *deshilar*; ITAL., *sfilare*. — ETY., *des*, préf., et *filá*, filer.

DESFILFRA, TOUL., v. a. V. Desfilá.

DESFIOUCA, v. a. Éteindre le feu, rendre froid; au fig. calmer, apaiser. — ETY., *des*, préf., et *fioc*, feu.

DESFISA, v. a. Desfiá.

DESFIA (Se), v. r. DESFIZARE, se méfier; CÉV., quitter la partie; renoncer à une convention qu'on avait faite. — SYN. *dèifisá, mesfisá*. — ETY., *des*, préf., et *fisá*, fier.

DESFISENT, o, adj. V. Mesfisent.

DESFISSOUNA, CAST., v. e. Émousser le bout d'une vrille, d'un amorçoir ou ébauchoir. — ETY., *des*, préf., et *fissoû*, aiguillon, pointe.

DESFLOUCA, v. a. Faire perdre le poil, la laine, les houppes des moutons; *se desfloucá*, v. r. perdre la laine, les houppes; se séparer, en parlant d'une volée d'oiseaux qui voyageaient ensemble. — Syn. *defloucá*. — Ety. lat., *defloccare*, dégarnir de son poil.

DESFLOURI, DESFLURI, v. a. et n. V. **DESFLOURA**, v. a. Deflorar, défleurir, faire tomber la fleur ; au fig. ôter le velouté de certains fruits en les maniant ; détruire la fleur, la fraîcheur d'une chose ; déflorer, faire perdre la virginité ; v. n., défleurir, perdre ses fleurs, en parlant d'une plante; on dit aussi *se desflourá*. — Syn. *deflourá, dèiflourá, dessanflourá, esflourá, desenflourá*. — Cat., esp., port., *desflorar*; ital., *deflorare*. — Ety. lat., *deflorare*.

DESFOUGA (Se), v. r. Perdre sa fougue, son ardeur, se calmer. — Syn. *se defugá; se desfugá*. — Cat., esp., *desfogar*; ital., *sfogare*. — Ety., *des*, préf., et *fogo*, fougue.

DESFOUNSA, v. a. V. *Defounsá*.

DESFOURMA, v. a. Déformer, altérer la forme; *se desfourmá*, v. r., se déformer, perdre sa forme. — Esp., port., *desformar*; ital., *deformare*. — Ety. lat., *deformare*.

DESFOURNA, v. a. V. *Desenfournà*.

DESFOURRELA, v. a. Tirer du fourreau, dégainer ; *se desfourrelá*, v. a.; monter en épi, en parlant du blé ; au fig. se dévoiler. — Syn. *defourrelá, dèifourrelá*. — Ety., *des*, préf., et *fourrel, fourrèu*, fourreau.

DESFOURROULHA, prov., v. a. V. *Desbarroulhá*.

DESFOURTUNAT, ado. adj. Infortuné, ée. — Ety., *des*, préf., et *fourtunat*, fortuné.

DESFOURTUNO, cév., s. f. Infortune, malheur, accident fâcheux. — B. lim., gasc., *defourtuno*. — Ety., *des*, préf., et *fourtunio*.

DESFRAIRA (Se), prov., v. r. Cesser d'être frères, ne plus se traiter comme des frères; se séparer, dans les joutes, pour lutter les uns contre les autres ; *se desfrairá alegromen*, se démener à qui mieux mieux. — Ety., *des*, préf., et *fraire*, frère.

DESFRAISSA, v. a. Défrayer, payer les frais, la dépense d'un autre. — Syn. *desfrayá*. — Ety., *des*, préf., et *fraisse*, frais.

DESFRAUGNA, agen., v. a. Débarbouiller, nettoyer, décrasser. — Syn. *defraugná*. — Ety., *des*, préf., et *fraugno*, saleté.

DESFRAYA, cast., v. a. V. *Desfraissá*.

DESFRISA, v. a. Défriser, défaire la frisure ; au fig. désappointer, désenchanter; *se desfrisá*, v. r., se défriser ; au fig. se démettre, renoncer. — Syn. *dèifrisá*. — Ety., *des*, préf., et *frisá*.

DESFRISOUNA, v. a. Défaire, dérouler les boucles de cheveux; *se desfrisouná*, v. r., dérouler ses boucles. — Ety., *des*, préf., et *frisoun*, boucle.

DESFROCO, s. f. Défroque, vieilles hardes, vieux meubles. — Ety., s. verb. de *desfroucá*.

DESFROUCA, v. a. Défroquer, ôter le froc à quelqu'un ; *se desfroucá*, v. r., se défroquer, quitter l'état ecclésiastique. — Ety., *des*, priv., et *froc*.

DESFROUNCI, DESFROUNZI, v. a. Défroncer, faire disparaître les plis. — Syn. *defrounzi*. — Ety., *des*, priv., et *frounci, frounzi*, froncer.

DESFRUCHA, v. a. V. *Defruchá*.

DESFUELHA, v. a. Esfuelhar, esfolhar, effeuiller, ôter les feuilles ; *se desfuelhá*, v. r., s'effeuiller, perdre ses feuilles, ses pétales. — Syn. *defelhá, desfelhá, desfelhá; desfuiá, desfulhá, deshouelhá, esfuiá*. — Anc. cat., *desfulhar* ; esp., *deshojar* ; ital., *sfogliare*. — Ety., *des*, préf., et *fuelho*, feuille.

DESFUGA (Se), prov., v. r. V. *Desfougá*.

DESFULHA, v. a. V. *Desfuelhá*.

DESGAFA, v. a. V. *Desagafá*.

DESGAIMENTA (Se), prov., v. r. Gaymentar, se lamenter, gémir, se plaindre. — Syn. *gaymentá*. — Anc. cat., *guaymentar*.

DESGAJA, v. a. V. *Desengajá*.

DESGALATA, ado. prov., adj. Maigre, défait.

DESGAMACHA, PROV., v. a. Débrouiller, débarrasser; *se desgamachá*, v. r., se débrouiller, se dépêtrer. — SYN. *dèigamachá*.

DESGANSA, v. a. V. Degansá.

DESGARGALHA, v. a. Faire sortir du jable, détruire le jable ; au fig. détraquer ; *se desgargalhá*, v. r., sortir du jable, se détraquer ; *desgargalhat, ado*, part., détraqué, ée; débraillé, mal ajusté, en désordre. — SYN. *dèigargalhá*; BITERR., *desgaulá*. — ETY., *des*, préf., et *gargalh*, jable.

DESGARGAMELA (Se), v. r. S'égosiller, s'égueuler à force de crier.—SYN. *degargamelá*, *degargantá*. — ETY., *des*, préf., et *gargamèlo*, gosier.

DESGARROUNA, v. a. Couper le jarret. — SYN. *degarrouná*. — ETY., *des*, priv., et *garroù, garroun*, jarret.

DESGAUBIAT, ado, adj. Gauche, maladroit, sans gentillesse, sans grâce.— M. sign. *desbiaissat*. — SYN. *degambiat, deganubiat*. — ETY., *des*, préf., et *gaubi*, adresse, gentillesse, grâce.

DESGAUCHI, v. a. Dégauchir, dresser le parement d'une pierre, d'une planche, etc; ébaucher ; *se desgauchi*, v. r., devenir moins gauche. — SYN. *degauti*, f. a. — ETY., *des*, préf., et *gauche*.

DESGAUÈRA, GASC., v. a. Enlever les gerbes d'un champ pour les transporter à l'aire ou à la grange. — ETY., *des*, préf., et *gauère*, gerbe.

DESGAUERAT, ado, GASC., adj. et p. V. Degauerat.

DESGAUGNA, v. a. V. Degaugná.

DESGAULA, BITERR., v. a. Enlever, gâter le jable d'un tonneau. — SYN. *degaulá*. V. Desgargalhá.

DESGAVA, PROV., v. a. Écosser des pois, des fèves. — ETY., *des*, préf., et *gavo*, cosse.

DESGAVACHI, v. a. Dégrossir, policer, civiliser: *se desgavachi*, v. r., se dégrossir, se civiliser; *desgavachit, ido*, part., rendu, e, poli, e, sociable. — ETY., *des*, préf., et *gavach*, montagnard.

DESGEL, s. m. Dégel. — SYN. *degel, dejèu, desgelado*. — CAT., *desgel*; PORT., *degelo*.. — ETY., s. verb. de *desgelá*.

DESGELA, v. a, Dégeler, faire qu'une chose qui était gelée cesse de l'être ; *se desgelá*, v. r., se dégeler.—BITERR., *dejalá, desjalá* ; PROV., *desjará* ; CAT., *desgelar* ; ESP., *deshelar*, PORT., *degelar*; ITAL., *didiacciare*. — ETY., *des*, préf., et *gelá*, geler.

DESGELADO, PROV., s. f. V. Desgel.

DESGELADOU, **DESGELADOUR**, s. m. Grand feu ; abri où donne le soleil qui fait fondre la glace. — SYN. *desgelaire, dejaladoù, desjaladoù, dejalaire, desjalaire, desjaraire*. — ETY., *desgelado*, part. f. de *desgelá*.

DESGELAIRE, PROV., s. m. Desgeladoù.

DESGENSA, v. a. Déparer, déformer, défigurer. — SYN. *desjansá*. — ETY., *des*, préf., et *gensá* pour *agensá*, ROMAN, *agensar*, orner, parer.

DESGEVITRA (Se), v. r. Se découvrir la poitrine, se débrailler, se mal ajuster. — SYN. *se debelitrá, se debeletriná, se despetriná*. — ETY., *des*, priv., et *gevitro*, gorge, poitrine.

DESGITA (Se), v. r. V. Dejitá.

DESGLARA-S, BÉARN., v. r. Tomber.

DESGLASSA, v. a. Faire fondre la glace. — SYN. *dèiglassá*. — ETY., *des*, préf., et *glasso*, glace.

DESGLESI (Se), v. r. V. Deglesi.

DESGLOUZI (Se), BÉARN., v. r. Se décomposer, se diviser en petites parties.

DESGOIA, ado, PROV., adj. Libre, aisé dans ses manières, dégagé. — ETY., *des*, préf., et *goi*, boiteux; *desgoia*, qui n'est pas boiteux.

DESGOUFOUNA, v. a. V. Desgounfouná.

DESGOULHA, **DESGOULHAT**, **DESGOULHA-DASSO**, V. Degoulhá, etc.

DESGOUMA, v. a. Oter la gomme, l'apprêt d'une étoffe; décreuser la soie. — SYN. *dèigoumá*. —ETY., *des*, préf., et *goumá*, gommer.

DESGOUNFLA, v. a. V. Descounflá.

DESGOUNFOUNA, v. a. Arracher les gonds. — Syn. *degoufá, desgoufouná*. Ety., *des*, priv., et *goufoun*, gond.

DESGOURDI, v. a. V. Degourdí.

DESGOURGA, v. a. V. Desengourgá. Il est aussi synonyme de

DESGOURJA, v. n. Dégorger, se dégorger en parlant d'un tuyau, d'un canal ; il se dit figurément de la foule qui se répand dans un lieu. — Ety., *des*, préf., et *gorgo*, tuyau.

DESGOUS, DESGOUST, DESGOUSTA, V. Degoust, etc.

DESGOUSSI, prov., v. a. Démêler les cheveux ; par ext., débrouiller ce qui est confus. — Syn. *degoussi*.

DESGOUVA, prov., v. a. V. Degouvá.

DESGOUYA, DESGOUYAT, V. Degoulhá, etc.

DESGRACI, DESGRACIO, s. f. Disgrâce, perte des bonnes grâces, infortune. — Syn. *disgracio*. — Cat., esp., *deigracia* ; port., *desgraça* ; ital., *disgrazia*. — Ety., *des*, préf., et *graci, gracio*, grâce.

DESGRACIA, v. a. Disgracier, priver de ses bonnes grâces, de ses faveurs ; ôter à une chose ses agréments, la gâter ; *se desgraciá*, v. r., se défigurer, perdre sa grâce ; *desgraciat, ado*, disgracié, ée. — Syn. *disgraciá*. — Cat., esp., *desgraciar* ; port., *desgraçar*. — Ety., *desgraci*.

DESGRACIÉUS, o, adj. Disgracieux euse ; dépourvu de grâce, d'agréments, désagréable, déplaisant. — Ety., *desgraci*.

DESGRAISSA, v. a. V. Degraissá.

DESGRANA, v. a. Égrener, ôter le grain d'un épi, d'une gousse de millet, etc., égrapper ; dégarnir le moulin à farine du grain qu'on y avait mis.— Syn. *degraná*. — Cat., *desgranar* ; ital., *sgranare*. — Ety., *des*, préf., et *gran*, grain.

DESGRAPA, v. a. Égrapper, dégrapper, séparer de la grappe les grains de certains fruits et notamment des raisins. — Syn. *degrapá, desajá, degaspá* ; cast., *escarpá* : — Ety., *des*, préf., et *grapo*, grappe, rafle.

DESGRAPADOU, s. m. Dégrappoir, instrument servant à dégrapper. — Syn. *degrudadoù* ; cast., *escarpadoú*.— Ety., *desgrapado*. part. f. de *desgrapá*.

DESGRAPAGE s. m. Action d'égrapper, de dégrapper. — Ety., *desgrapá*.

DESGRAUA, gasc., v. a. V.

DESGRAVA, v. a. Oter, enlever le gravier, le sédiment d'un conduit ; débarrasser une barque engagée dans le gravier. — Ety., *des*, préf., et *gravo*, gravier.

DESGRESA, cév., v. a. Enlever le tartre des tonneaux ; au fig. *qu'lou diable me desgrèse !* que le diable m'emporte ! — Biterr., *derauzá*. — Ety., *des*, préf., et *grèso*, tartre.

DESGROUSSA, v. a. Dégrossir, ébaucher un ouvrage ; *se desgroussá*, v. r., se dégrossir, devenir moins grossier.— Syn. *desgroussi*. — Ety. *des*, préf., et *gros*.

DESGROUSSI, v. a. Dégrossir, débrouiller une affaire ; pour les autres acceptions, il est synonyme de *desgroussá*.

DESGROUVELHA, prov., v. a. V. Desgruelhá.

DESGRUA, gasc., v. a V. Degruná.

DESGRUELHA, prov., v. a. Écaler, écosser. — Syn. *desgrulhá, desgrouvá, desgrouvelhá, desgruiá, desculefá, descufelá*.

DESGRUIA, prov., v. a. Écorcer, écaler, écosser. V. Desgruelhá.

DESGRULHA, v. a. V. Desgruelhá.

DESGRUNA, v. a. V. Degruná.

DESGUAINO, s. f. V. Desguêino.

DESGUENILHAT, ado, adj. Déguenillé, ée. — Syn. *deguenilhat*. — Ety., *des*, préf., et *guenilho*.

DESHABITA, v. a. Ne plus habiter, quitter un lieu qu'on ne veut plus habiter. — Cat., esp., port., *deshabitar*. — Ety., *des*, priv., et *habitá*.

DESHALENA, v. a. V. Desalená.

DESHERBA, cast., v. a. Enlever les mauvaises herbes d'un champ, l'essarter. — Ety., *des*, préf., et *herbo*.

DESHERETA, v. a. DESHERETAR, déshériter, priver quelqu'un d'un héritage, d'une succession. — SYN. *desherilá, desèiretá.* — CAT., *desheretar*; ESP., *desheredar*; PORT., *desherdar*; ITAL., *diseredare.* — ETY., *des*, préf., et *heretá.*

DESHERITA, v. a. V. Desheretá.

DESHILA, BÉARN., v. a. v. Desfilá.

DESHOLENA, D. LIM., v. a V. Desalená.

DESHOUELHA, GASC., v. a. V. Desfuelhá.

DESHOUNDRA, v. a. DESHONDRAR, déshonorer; défigurer, gâter, ravager; meurtrir.—ETY. *des*, préf., et *houndrá*, contr. de *hounourá.*

DESHOUNESTE, o, adj. DESHONEST, déshonnête, qui est contre l'honnêteté, la pudeur, les bienséances. — CAT., *deshonest*; ESP., PORT., *deshonesto*; ITAL, *disonesto.* — ETY., *des*, préf., et *houneste.*

DESHOUNESTETAT, s. f. DESHONESTETAT, déshonnêteté, vice de ce qui est déshonnête. — CAT., *deshonestedad*; ESP., *deshonestidad*; ITAL., *disonestitá.* —ETY., *deshouneste.*

DESHOUNRA, BÉARN., v. a. Déshonorer. — SYN. *deshoundrá.* — ETY., *des*, préf., et *hounrá* pour *hounourá*, honorer.

DESI, BÉARN., s. m. V. Desir.

DE-SIEC, CAST., adv. comp. De suite, tout de suite. — [ETY., *des*, préf., et *siec*, de *siegre*, suivre.

DESIÈME, o, adj. num. V. Dechième.

DESINFAMA, CAST., v. a. V. Diffamá.

DESIR, s. m. DEZIR, DEZIRE, DESIEG, désir, souhait, envie d'avoir une chose. — SYN. *desiranso.* — CAT., *desitgi*; ESP., *deseo*; ITAL., *desiderio.* — ETY., s. verb. de *desirá.*

DESIRA, v. a. DESIRAR, désirer, souhaiter, avoir envie. — CAT., *desiljar*; ESP., *descar*; ITAL., *desiderare.* — LAT., *desiderare.*

DESIRAGNADOU, GASC., s. m. V Estarigagnadouiro.

DESIRANSO, s. f. DESIRANSA, désir. — ANC., CAT., *desiranza*; ITAL., *desianza.* — ETY., *desirá.*

DESISCLETA, v. a. V. Dechiscletá.

DESJALA, DESJARA, PROV., v. a. V. Desgelá.

DESJALADOU, s. m. V. Desgeladou.

DESJANSA, v. a. V. Desgensá.

DESJASSA (Se), v. r. Quitter son gîte, se lever du lit, sortir de la bergerie.— ETY., *des*, préf., et *jas, jasso*, gîte, bergerie.

DESJOUGA, v. a. V. Dejoucá.

DESJOUGNE, v. a. V. Dejougne.

DESJOUINTA, PROV., v. a. V. Dejuntá.

DESJOUN, DESJOUNCH, o. Déjoint, e; détélé. — ETY., part., de *desjougne.*

DESJUGA, v. a. Déjouer, faire échouer un projet, une intrigue; v. n., jouer plus mal qu'à l'ordinaire. — ETY., *des*, préf., et *jugá*, jouer.

DESJUNTA, v. a. V. Dejuntá.

DESLABRA, v. a. Délabrer, mettre en mauvais état, détériorer. — LIM., *desalabrá.*

DESLAMA, PROV., v. n. Inonder; par ext.; ruiner; il signifie aussi débâcler. — ETY., *des*, préf., et *lamo*, houle, vague, flot.

DESLAMO, PROV., s. f. Inondation; débâcle, rupture subite de la glace qui couvrait une rivière. — ETY., *deslamá.*

DESLASSA, v. a. Délasser, faire cesser la lassitude; *se deslassá*, v. r., se délasser, se reposer, se récréer. — ETY., *des*, préf., et *lassá*, lasser, fatiguer.

DESLATA, v. n. V. Delatá.

DESLIA, v. a. V. Deliá.

DESLIAMA, v. a. V. Desenliassá.

DESLIASSA, v. a. V. Desenliassá.

DESLIGA, v. a. V. Deliá.

DESLIGAIRE, GASC., s. m. Celui qui rompt les charmes, qui dénoue l'aiguillette. — ETY., *desligá.*

DESLIUCA, DESLIUGA, CÉV., v. a. V. Delougá.

DES (634) DES

DESLIURA. v. a. Délivrer ; enlever les émondes tombées dans une prairie. V. Delivrá.

DESLIURANCE, BÉARN., s. f. V. Delivránsó.

DESLIURE CÉV., adj. DESLIURE, libre, exempt, indépendant. V. Libre.

DESLIVRÁ, v. a. V. Delivrá.

DESLOUGA, v. a. V. Delougá.

DESLOUJA, v. a. Déloger, faire quitter un logement, un poste ; v. n., déloger, décamper. — ESP., desalojar ; ITAL., sloggiare. — ETY., des, préf., et loujá, loger.

DESLOUJAMENT, s. m. Délogement, décampement. — ETY., deslouja.

DESLOUMBA, v. a. Rompre les lombes, éreinter, efflanquer. — SYN. denoumblá, desnoumblá, esnoumblá. — ITAL., dilombare. — ETY., des, préf., et loumbo, lombe.

DESLUGA, v. a. V. Delougá.

DESMAIENCA, v. a. Ébourgeonner. V. Desbourrá.

DESMAIRA, v. a. V. Demairá ; Ce mot a quelques acceptions particulières dans le dial. cévenol ; desmairá de pasturo, éparpiller du fourrage qui s'est aggloméré et dont la pluie a collé les tiges les unes aux autres ; desmairá de trufos, couper la plante des pommes de terre pour que celles qui sont presque mûres ne germent pas.

DESMAISSA, v. a. V. Demaissá.

DESMALHOULA, v. a. V.

DESMALHOUTA, v. a. Démailloter, défaire le maillot. — ETY., des, préf., et malhoulá, emmailloter.

DESMALOUNA, PROV., v. a. Décarreler, dépaver. — SYN. desmaouná ; ITAL., smallonare. — ETY., des, préf., et malouná, carreler.

DESMALUGA, DESMALUGADURO, V. Demalugá, etc.

DESMAMA, v. a. Sevrer ; se desmamá, v. r., se sevrer, perdre une ancienne habitude. — SYN. desmairá. — ETY., des, préf., et mamo, mamelle.

DESMAMADUROS, CÉV., s. f. p. Vers à soie sevrés, ou mieux vers à soie tardifs ou languissants qui sont mis à part et séparés de ceux qui sont restés tout à fait invalides. — ETY., desmamado, part., f. de desmamá.

DESMAMAIRE, PROV., s. m. Sevreur ; desmamairo, desmamarello, s. f., sevreuse. — ETY., desmamá.

DESMANA (Se), PROV., v. r. Se séparer, se disperser.

DESMANCHA, v. a. V. Demargá.

DESMANEGA, AGÉN., v. d. Démancher, V. Demargá ; disloquer, V. Delougá.

DESMANELHA, DESMANILHA, v. a. Rompre l'anse d'un panier, d'un vase, etc. — SYN. demanejá, demanelhá, descarbá. — ETY., des, préf., et manilho, anse.

DESMANTELA, v. a. Oter le manteau ; au fig. dévoiler, découvrir. — ETY., des, préf., et mantel, manteau.

DESMANTENI, PROV., v. n Tomber en ruine ; dépérir ; v. a., lâcher ce que l'on tient ; se desmanteni, v. r., se dessaisir de son bien avant de mourir ; dégénérer ; desmantegut, udo, part., tombé, éo en ruine, dépéri, dégénéré. — SYN. demanteni. — ETY., des, préf., et manteni, maintenir, conserver.

DESMANTIBULA, v. a. V. Demantibulá.

DESMAOUNA, v. a. V. Desmalouná.

DESMARGA, DESMARGADURO, V. Demargá, Demargaduro.

DESMARGOULA (Se), v. r. V. Demargoulá.

DESMARIDA, v. a. Démarier, séparer juridiquement deux époux ; se desmaridá, v. r., se démarier, divorcer. — ARIÉG. dèymaridá. — ETY., des, préf., et maridá.

DESMARIDAIRE, s. m. Celui qui démarie ; il ne s'emploie que dans ce proverbe : s'i avió un desmaridaire, n'aurió pas gucl, s'il y avait un démarieur, il n'aurait pas l'onglée, c'est-à-dire, il serait fort occupé. — ETY., desmaridá.

DESMARJA, PROV., v. a. Rompre la croûte qui se forme, après une grande pluie, sur la surface de la terre. — ETY., des, préf., et marjo, bord, surface.

DESMARMAIA, PROV., v. a. Détraquer, déranger, disloquer ; *se desmarmaiá*, v. r., se détraquer, se disloquer V. *Demarmalhá* qui, dans le dial. biterrois, a une signification toute différente.

DESMARRA, v. a. V. Demarrá.

DESMASCARA. v. a. Débarbouiller, enlever le noir qu'une personne a sur la figure ; *se desmascará*, v. r., se débarbouiller. — ETY., *des*, préf., et *mascará*, noircir.

DESMASCLA, v. a. Châtrer. — ETY., *des*, préf., et *mascle*.

DESMASIA, PROV., v. a. V. Demasiá.

DESMEMBRA, v. a. DEMEMBRAR, démembrer, rompre les membres ; au fig., diviser les parties d'un tout, détacher une portion de ce qui forme un corps. — CAT., ESP., PORT., *desmembrar* ; ITAL., *smembrare*. — ETY., *des*, préf., et *membre*.

DESMEMOUIA, **DESMEMOURIA**, v. a. V. Dememouriá.

DESMENA, v. a. V. Demená.

DESMENJO, PROV., s. f. V. Dimenche.

DESMENTEGA, PROV., adj. v. a. Oublier. V. Demembrá.

DESMENTI, v. a. V. Dementí.

DESMEOULHOUNA, PROV., v. a. Enlever les noyaux des prunes pelées. — ETY., *des*, préf., et *meoulhoun*, noyau.

DESMERDA, v. a. Ébrener, enlever les matières fécales. — PROV., *demardoui*. — ETY., *des*, préf., et *merdo*.

DESMERITA, v. n. Démériter, faire une action qui fait perdre l'estime, la bienveillance, l'affection dont on jouissait auparavant. — CAT., ESP., *desmerecer* ; ITAL., *demeritare*. — ETY., *des*, préf., et *meritá*.

DESMERITE, s. m. DEMERITE. démérite. — CAT., *demerit* ; ESP., *desmerito* ; PORT., ITAL., *demerito*. — ETY., *des*, priv., et *merite*.

DESMESCOULA, CÉV., v. a. V. Desmousclá.

DESMESOULA, v. a. Oter la moelle ; *se desmesoulá*, v. r., se sécher la moelle à force de travailler. — SYN. *desmouselá*. — ETY., *des*, préf. et *mesoulo*, moelle.

DESMOUMBRA, BÉARN., v. a. Oublier. V. Demembrá.

DESMOUMBRE, BÉARN., s. m. Oubli. — SYN. *desbroumbe*.

DESMOUNTA, v. a. V. Demountá.

DESMOUREÑA, v. a. Dévisser. V. Desvissá.

DESMOURRA, v. a. Dévisager, briser la figure à quelqu'un ; par ext., égueuler une vase, une cruche, etc., en casser le goulot ; *se desmourrá*, v. r., se meurtrir la figure en tombant ou en heurtant contre un corps dur ; s'égueuler. — SYN., *demourrá*, *demourricá*. — ETY., *des*, priv., et *mourre*, museau, figure.

DESMOURRALHA, v. n. Oter la muselière. — ETY., *des*, préf., et *mourralh*, muselière.

DESMOUSCLA, PROV. v. a. Oter la thie d'un fuseau. — SYN. *desmescoulá*, *demousclá*, *demousclourouná*, *demousclouá*, *demouscolourá*, *demouscourouná*. — ETY. *des*, préf. et *mousclo*, thie.

DESMOUSCOULA, v. a. V. Desmousclá.

DESMOUSELA, v. a. V. Desmesoulá.

DESMOUTA, v. a. Lever une plante avec sa motte. — ETY., *des*, préf., et *moulo*, motte.

DESMUBLA, v. a. Démeubler. — CAT., *desmoblar* ; ESP., *desamoblar*. — ETY., *des*, préf., et *mublá*, meubler.

DESNARRA, v. a. Meurtrir, couper le nez. V. Denassá.

DESNASSA, **DESNAZA**, v. a. V. Denassá.

DESNEBLA (Se), v. r. Se dégager de la brume, des nuages, devenir clair, serein, en parlant du temps. — ETY., *des*, préf, et *neblo*, brume.

DESNEVA, v. n. Cesser de neiger, fondre en parlant de la neige ; *lou desnevá*, s. m., la fonte des neiges. — ESP., *desnevar*, *deshelar*. — ETY., *des*, préf., et *nevá*, neiger.

DESNIAISA, v. a. Déniaiser, rendre moins niais, plus fin, plus dégourdi ; *se desniaisá*, v. r., se déniaiser. — SYN. *deniesá*. — ETY., *des*, priv., et *niais*.

DESNICHA, v. a. V. Desnisá.

DESNIÈIRA, v. a. Épucer, chasser, tuer les puces. — Syn. *esnièirá*. — Ety., *des*, priv., et *nièiro*, puce.

DESNISA, v. a. Dénicher, tirer du nid; au fig. trouver une personne après de longues recherches ; v. n., quitter le nid ; au fig. s'évader. — Syn. *desanisá, deniá, denisá, desnichá, desniserá*. — Ety., *des*, préf., et *nis*, nid.

DESNISAIRE, s. m. Dénicheur.— Ety., *desnisá*.

DESNOUA, prov., v. a. V. Desnouzá.

DESNOUGALHA, cév., v. a. V. Desnougalhá.

DESNOUMBLA, prov., v. a. V. Desloumbá.

DESNOUSERA, gasc, v. a. V. Desnouzá.

DESNOUVA, prov., v. a. Se servir d'une chose alors qu'elle est neuve ou nouvelle ; s'en servir pour la première fois ; *se desnouvá*, v. r., cesser d'être neuf. — Ety., *des*, préf., et *nòu, novo* neuf, neuve.

DESNOUZA, v. a. Denozar, dénouer, défaire un nœud ; *se desnouzá*, v. r., se défaire en parlant d'un nœud ; se redresser en parlant des parties du corps qui étaient nouées. — Syn. *denoudá, desnouserá*. — Cat., *desnuar* ; esp., *denudar* ; ital., *disnodare*. — Ety., *des*, préf., et *nouzá*, nouer.

DESNOUZADOU, s. m. Endroit par où l'on défait un nœud ; jointure, articulation, joint de deux os ; dénouement. — Ety., *desnouzá*.

DESOBIEN, rouerg., s. m. Désordre ; *boutá tout en desobien*, mettre tout sens dessus dessous. — Syn. *desabient*.

DESOBORI, rouerg., v. a. V. Desabari.

DESOBRANSO, s. f. Désœuvrement, état d'une personne désœuvrée.—Syn. *desubranso*.

DESOBRAT, DESOUBRAT, ado, adj. Désœuvré, ée. — Syn. *desubrat*. — Ety., *des*, préf., et *obro*, ouvrage, travail.

DESOCOTA, b. lim., v. a. V. Desacatá.

DESOCOUTI, b. lim., v. a. Démêler, séparer des choses mêlées ; au fig. débrouiller une affaire. — Cat., *descoutissá*. — Ety., *des*, préf., et *ocouti*, brouiller, mêler.

DESOGRADA, b. lim., v. a. V. Desagradá.

DESOJUCA, b. lim., v. a. V. Dejoucá.

DESOLOUGA, b. lim., v. a. V. Delougá.

DESOLOUGA (Se), b. lim., v. r. Contremander la place qu'on avait retenue au four, au moulin, au pressoir. — Ety., *des*, préf., et *lougá*, louer.

DESONA, ado, b. lim., adj. V. Desanat.

DESO-NOU, gasc., adj. num. Dix-neuf. — Biterr. *doso-nòu*.

DESONISA, rouerg., v. a. V. Desnisá.

DESORIBA, b. lim., v. n. Déborder, en parlant d'un cours d'eau. — Ety., *des*, du lat. *de ex*, hors de, et *ribo*, rive.

DESORPA, b. lim., v. a. Gratter la terre en parlant des poules et des oiseaux pulvérateurs ; égratigner ; *se desorpá*, v. r., s'égratigner, se déchirer. — Ety., *des*, préf., et *arpo*, griffe.

DESOTOLA, b. lim., v. n. Vendre son attelage de mules, de bœufs ; vendre les bestiaux de sa ferme ; *la mauvaso onnado me fagué desotolá*, la mauvaise année me força à vendre mes bestiaux. Il signifie aussi dételer. V. Desatelá.

DESOUBLIDA, cév., v. a. Desoublidar, oublier. V. Oublidá.

DESOULA, v. a. Desolar, désoler, ravager, détruire ; causer une grande affliction ; *se desoulá*, v. r., se désoler, se livrer à une grande affliction. — Syn. *desourá*. — Cat., esp., port., *desolar* ital., *desolare*. — Ety. lat., *desolari*, ravager.

DESOULACIÉU, DESOULACIOUN, s. f. Désolation. — Cat., *desolació* ; esp., *desolacion*; ital., *desolazione*. — Ety. lat., *desolationem*.

DESOUNGLA, v. a. Arracher les ongles ; *se desounglá*, v. r., s'arracher les oncles ; au fig. travailler avec ardeur. — Syn. *dèyounglá*. — Ety., *des*, préf., et *ounglo*, ongle.

DESOUNTI, b. lim., v. a. Couvrir de honte ; *desounti, ido*, part., déhonté, ée, qui a perdu toute honte. — Ety., *des*, préf., et *ountò*, honte.

DESOURA, PROV., v. a. V. Desoulá.

DESOURDI, BÉARN., s. m. DESORDE, désordre, dérangement, dérèglement, trouble, confusion. — CAT., desorde; ESP., desorden; ITAL. disordine.— ETY., des, préf., et ordre.

DESOURELHA, v. a. V. Desaurelhá.

DESOVENI, O, B. LIM., adj. Désagréable. V. Desavinent.

DESOVEZA, B. LIM., v. a. Désaccoutumer. V. Desbezá.

DESOVISAJA, B. LIM., v. a. V. Desvisajá.

DESOVONTOURA (Se), B. LIM., v. r. Avorter, accoucher avant le terme.— ETY., des, préf., et ovont pour avant, et ouró pour houro, heure, avant l'heure.

DESPABO (De), CAST., loc. adv. Estre de despabo, être disponible; être désœuvré.

DESPABOUNA, CAST., v. a. Oter les œilletons d'un pied de pavot; par ext., des artichauts et autres plantes pour les multiplier. — ETY., des, préf., et paboú, pavot.

DESPACHA, v. a. Dépêcher, expédier, hâter; se despachá, v. r., se dépêcher. Il est aussi synonyme de desempachá. — CAT., despatxar; ESP., PORT., despachar; ITAL., dispacciare.—ETY., des, préf., et empachá; despachá est mis pour desempachá.

DESPACHAT, ado, part. Dépêché, ée; dégourdi, leste, éveillé.

DESPACHATIÉU, ivo, PROV., adj. Empressé, ée. — ETY., despachat.

DESPACHO, s. f. Dépêche. — ESP., PORT., despacho; ITAL., spaccio. — ETY., s. verb. de despachá.

DESPACIENTA, v. a. Impatienter. V. Impacientá.

DESPAIA, CÉV., v. a. V. Despalhá.

DESPAISA, v. a. Dépayser; au fig. dérouter, déconcerter; se despaïsá, v. r., se dépayser, quitter son pays; T. de vénerie, se forlonger, en parlant d'un animal que la meute force à changer de pays. — SYN. despeïsá. — ETY., des, du lat. de ex, hors de, et païs, pays.

DESPAISSELA, v. a. Oter les échalas, les tuteurs des vignes. — SYN. despa-reïssouná. — ETY., des, préf., et paisselá, mettre des tuteurs, des échalas.

DESPALA, CAST., v. n. Perdre les dents de lait, en parlant des jeunes chevaux, des jeunes mules, etc.; aquel pouli n'a pas encaro despalat, ce poulain n'a pas encore perdu ses dents de lait. — ETY., des, préf., et palo, pelle, dent de lait, parce qu'elle est plate.

DESPALA, DESPALLA, v. a. V. Espallá.

DESPALHA, v. a. Oter la paille d'une chaise, d'un tabouret, etc.; au fig. démolir, détruire. — SYN. desempalhá. — ETY., des, préf., et palho.

DESPALHOUIRE (Se), PROV., v. r. Se dépêtrer, se débarrasser d'une chose ou d'une personne importunes.

DESPAMPA, v. a. Épamper, ébourgeonner; se despampá, perdre les feuilles en parlant de la vigne, de la luzerne, du sainfoin, etc. — SYN. despampaná, espampaná. — V. Desbourrá. — ETY., des, préf., et pampe, du lat. pampinus, pampre, jeune bourgeon.

DESPAMPADURO, s. f. Pampres détachés de la vigne. — SYN. despampanaduro. ETY., despampado, part. f. de despampá.

DESPAMPAGE, DESPAMPAGI; s. m. Épamprement. — ETY., despampá.

DESPAMPAIRE, PROV., s. m. Celui qui épampre, qui ébourgeonne.—SYN. desbourraire, despampanaire. — ETY., despampá.

DESPAMPANA, DESPAMPANADURO, DESPAMPANAIRE, V. Despampá, etc.

DESPANA (Se), TOUL., CÉV., v. r. Se dérober, disparaître, s'évanouir. — ETY., des, préf., et paná, dérober.

DESPANA (Se), v. r. Perdre l'habitude de manger trop de pain. — ETY., des, préf., et pan, pain.

DESPANAUSSA (Se), PROV., v. r. Se trousser, relever ses jupes, son pantalon, ses manches. — BITERR., se regussá. — ETY., des, préf., pan, panneau, et aussá, hausser.

DESPANCHERLAT, ado, CAST., adj. Débraillé, ée, déguénillé.

DESPANOULHA, GASC., v. a. Dépouiller

le maïs de sa gousse, de ses feuilles.— Syn. *despenoulhá*. — Ety., *des*, préf., et *panoulho*, épi de maïs.

DESPANTOUIA, **DESPANTOULHA**, v. a. Oter le maillot, débrailler ; *se despantoulhá*, v. r., se débrailler. V. Espandoulhá.

DESPAQUETA, v. a. V. Desempaquetá.

DESPAR, adv. V. Despart.

DESPARA, v. a. Desparar, déparer, ôter ce qui pare, dégarnir un autel ; nuire au bon effet de quelque chose ; tirer un arme à feu. — Syn. *depará*. — Cat., anc. esp., *desparar*; ital., *sparare*, — Ety., *des*, préf., et *pará*, parer.

DESPARA, cév.. v. n. S'enfuir, sortir avec impétuosité. — Ety., contraction de *desempará*.

DESPARABISSA, v. a. Renverser, bouleverser, mettre en désordre, éparpiller ; *se desparabissá*, v, r., se renverser, s'abattre, s'écrouler ; *desparabissat*, ado, part., bouleversé, ée, renversé, éparpillé, désordonné, déréglé. — Syn. *esparabissá*.

DESPARAULA, cév., v. a. Couper la parole à quelqu'un, le réduire au silence ; *se desparaulá*, v. r., se dédire, retirer sa parole; perdre haleine, s'enrouer à force de parler ; par ext., se hâter, se presser. — Ety., *des*, préf., et *paraulo*.

DESPARAULA, ado, cév., adj. et part. Ineffable, inexprimable, prodigieux ; *près desparaula*, prix excessif ; *gracio desparaulado*, grâce inexprimable.

DESPARÈISSE, v. n. Despareher, disparaître, cesser de paraître ; se retirer promptement, s'en aller d'un endroit et n'y plus revenir ; *desparèissut*, udo, part., disparu, e. — Syn. *disparecche*, *disparèisse*, *disparèixe*, *disparestre*. — Anc. cat., *desparer* ; port., esp., *desparecer* ; ital., *disparire*. — Ety., *des*, préf., et *parèisse*.

DESPARÈISSOUNA, prov., v. a Oter les échalas. V. Despaisselá.

DESPARELHA, v. a. Desparelhar, dépareiller, séparer ce qui était appareillé. — Syn. *despariá*, *desapariá*. — Esp., *desparejar* ; port., *desparelhar*.

ital., *sparecchiare*. — Ety., *des*, préf., et *parelhá*, appareiller.

DESPARENTA, v. n. Quitter ou perdre ses parents, les méconnaître, deshonorer sa famille par sa conduite ; mourir. C'est dans cette dernière acception qu'il est dit dans un proverbe :

Que tard dento
Tard desparento.

L'enfant qui met tardivement ses dents, quitte ses parents tardivement, c'est à-dire, meurt dans un âge avancé.

— Ety., *des*, préf., et *parent*.

DESPARENTAT, ado, adj. Qui n'a pas de famille, qui a perdu ses parents, orphelin.

DESPARIA, v. a, V. Desapariá.

DESPARICIÉU, **DESPARICIOUN**, s. f. Disparition. — Syn. *dispariciéu*. — Cat, *desaparició* ; ital., *sparizione*.— Ety., *des*, préf., et *pariciéu*, pour *apariciéu*, du lat. *apparitionem*, apparition.

DESPARIER, iéro, adj. Dissemblable, différent. — Ety., *des*, préf., et *parier*, pareil.

DESPARJUNA (Se), prov., v. r. Rompre le jeûne, cesser de jeûner. — Ety., *des*, préf., et *juná*, jeûner.

DESPARLA, v. n. Déraisonner, extravaguer, parler mal à propos. — Syn. *desparrá*, *tresparlá*.—Ety., *des*, préf., et *parlá*.

DESPARPELA, v. a. Faire ouvrir les paupières, éveiller ; v. n., brûler les paupières; *fa un soulel que desparpèlo*, le soleil est si ardent qu'il brûle les yeux ou les paupières ; s'arracher les cils. — Syn. *despauparlá*, *esparpelá*, *esparpellá* ; carc., *esparpilhá*, f. a. — Ety., *des*, préf., et *parpèlo*, paupière.

DESPARRA prov., v. n. Débuter, commencer un discours ; glisser ; déraisonner, V. *desparlá* ; cast., déloger, déguerpir.

DESPARRADO, prov., s. f. Glissade. V. Esparrado.

DESPARRICA, toul., v. a. Défaire, démolir, mettre à bas. V. Esparacá.

DESPART (A), adv. comp. et prép. A part, séparément, de côté, outre, excepté : *ou cal boutá à despart*, il faut le mettre à part, en réserve ; *despart acó qu'avió*, outre ce qu'il avait ; *se tène à despart*, se tenir à l'écart ; *prène à despart*, prendre à part. — SYN. *espart, as espart*. — ETY., LAT., *ex parte*.

DESPART, DESPARTENSO, s. Départ. V. Partenso.

DESPARTI, v. a. V. Departi.

DESPARTI, CÉV., s. m. Goûter. V. Desperti.

DESPARTICIÉU, DESPARTICIOUN, s. f. Partage, division, séparation. — ETY. *desparti*.

DESPARTIDO, s. f. V. Departido.

DESPARTINA, CAST., v. n. V. Despertiná.

DESPASIMENTA, TOUL., v. a. V. Despavimentá.

DESPASSA, v. a. DESPASSAR, dépasser, devancer, laisser derrière soi ; excéder, être plus long, plus haut, dominer ; défiler une aiguille à tricoter, retirer un ruban, un cordon qui étaient passés dans une boutonnière, dans un œillet ; *se despassá*, v. r., être hors de soi, s'emporter ; AGAT., s'expatrier ; il s'emploie aussi activement dans le sens de distraire, comme dans cet exemple :

> Ni lei flour, ni la verduro,
> Ni lou fru que s'amaduro
> Te despasson de toun dòu
>
> CROUSILHAT, *de Seloun*.

ETY., *des*, préf., et *passá*.

DESPASTA (Se), v. r. Se débarrasser de la pâte dont on était enduit ; au fig. se dépêtrer. — SYN. *desempastá*. — ETY., *des*, préf., et *pasto*, pâte.

DESPASTELA, PROV., v. a. Ouvrir la serrure d'une porte, en tirer les verroux. — SYN. *despestelá*. — ETY., *des*, préf., et *pastelá* fermer.

DESPASTELAT, ado, part. Ouvert, e, qui n'est fermé ni à clef ni avec un verrou ; au fig. excessif ; *frech despastelat*, froid excessif ; *febre despastelado*, fièvre ardente. — SYN. *despestelat*.

DESPATRIA, v. a. Expatrier. — SYN. *espatriá*. — ETY., *des*, préf., et *patrio*.

DESPAUPA (Se), CÉV., v. r. Se démettre la main, par ext., le poignet ou tout autre membre. — SYN. *despoupá*. — ETY., *des*, préf., et *paupo*, du lat. *palpa*, plat de la main.

DESPAUPERLA, CÉV., v. a. V. Desparpelá.

DESPAUSA, PROV., v. a. Déplacer un objet qui était placé, posé, enlever une glace, détendre une tapisserie. — ETY., *des*, préf., et *pausá*, poser.

DESPAVIMENTA, v. a. Décarreler, dépaver. — SYN. *despasimentá*. — ETY., *des*, préf., et *pavimentá*, carreler.

DESPEA (Se), PROV., v. r. Il se dit en général des enfants qui profitent d'un moment d'absence de leurs surveillants pour prendre quelque friandise.

DESPECHA, GASC., v. a. V. Despachá.

DESPECOUIA, PROV., v. a. V.

DESPECOULA, CÉV., v. a. Couper le pédoncule des fruits ; au fig. rompre les pieds d'une table, les barreaux d'une chaise ; *despecoulat*, ado, part., qui n'a pas de pédoncule en parlant d'un fruit, boiteux, euse s'il s'agit d'un banc, d'une table dont on a coupé les pieds. — SYN. *despecoulhá*. — ETY., *des*, préf., et *pecoul*, pédoncule.

DESPECOULHA, B. LIM., v. a. V. Despecoulá.

DESPEGA, v. a. V. Desempegá.

DESPEGOUIRE, PROV., v. a. Dégluer ; *se despegouire* ; v. r., se dégluer ; au fig. se dépêtrer. — SYN. *desempegá, despegá*.

DESPÈI, adv. et prép. DEPUEIS, DESPUOIS, depuis : *l'ai pas vist despèi un an*, il y a un an que je ne l'ai vu ; *l'ai pas rescountrat despèi*, je ne l'ai pas rencontré depuis lors ; *despèi que*, loc. conj., depuis que. — SYN. *dempèi, desempèi, dempièi, dumpèy, desempièi, desempièis, despèisses, despioi*, *despuch, depèu.* — ANC CAT., *depus, depuys, depux* ; ESP., *despues* ; PORT., *depois* ; ITAL., *dopo.* — ETY., *des*, préf., et *pèi*, puis.

DESPÈILA, CÉV., v. a. Ouvrir avec une clef, ouvrir ce qui était fermé à clef. — SYN. *desclavá* — ETY., *des*, préf., et, *pòile*, pêne.

DESPÈIRA, DESPÈIREGA, v. a. Epierrer. V. Espeiregá.

DESPÈISA, v. a. V. Despaïsá

DESPÈISSE, adv. et prép. V. Despèi.

DESPÉIT, GASC., s. m. Dépit, V. Despiech.

DESPÈITRENA, DESPEITRINA (Se), v. r. V. Despetriná.

DESPÈITROLHA (Se), QUERC., v. r. Se débrailler. V. Despetriná.

DESPELHA, v. a. Écorcher , déchirer. V. Espelhá.

DESPENAT, ado, adj. Atteint, e, d'une hernie. — SYN. *espenat*.

DESPENDOULA , DESPENDOULHA , DESPENDOURA, DESPENDOURIA, V. Despenjá.

DESPENDOUS, o, GASC., adj. Dépensier, ère. V. Despensaire.

DESPENDU, v. n. Dépendre, être sous la dépendance. V. Dependre.

DESPENDRE, v. a. V. Despenjá.

DESPENDRE, CAST., v. a. DESPENDRE, dépenser. — SYN. *despensá* ; GASC. , *despène.* — CAT., *despendrer* ; PORT., *despender* ; ITAL., *spendere.* — ETY. LAT., *dispendere*.

DESPENDUT, udo, part. Dépensé, ée.

DESPÈNE , GASC., v. a. Dépenser. V. Despendre.

DESPENJA, BITERR., v. a. Dépendre , détacher ce qui était pendu ou suspendu, décrocher ; au fig. tuer d'un coup de fusil un oiseau qui vole (il est comme suspendu dans l'air), *a pla despenjat aquel perdigal*, il a bien abattu ce perdreau. — SYN, *despendre, despendoulá, despendoulhá , despendourá, despendouriá.* — ETY. , *des* préf., et *penjá*, pendre.

DESPENOULHA, GASC., v. a. V. Despanoulhá.

DESPENSAIRE, o, s. m. et f. DESPENSAIRE, dépensier, qui dépense beaucoup, prodigue. — SYN. *despensier, despendous.* — ANC. CAT., *dispensèiro*; ESP., *despensero* ; ITAL. , *dispenditore.* — ETY., *despensá*.

DESPENSIER, ièiro, s. m. et f. V. Despensaire.

DESPENSO, s. f. DESPENSA , dépense, l'argent qu'on dépense, l'opposé de la recette ; garde-manger , office.—ETY., s. verb. de *despensá*.

DESPERA, GASC. , v a. V. Desesperá.

DESPERADOMENT, adv. Sans espoir , fatalement. — ETY., *desperado*, et le suffixe *ment*.

DESPERBEZI, TOUL., v. a. V. Desprouvezi.

DES-PER-EL, DES-PER-ÈU , loc. adv. De lui-même ; *des-per-elo*, d'elle-même ; *des-per-eles , des-per-elos*, d'euxmêmes , d'elles-mêmes ; BITERR., *de-per-el*.

DESPERSOUNAT, ado , PROV., adj. Asservi, o; on roman, le verbe *despersonar*, signifie dépeupler.

DESPERTI, CARC. , s. m. Goûter, collation de l'après-midi. — SYN. *desparti, desporti,* — ETY . *despertiná*.

DESPERTINA , v. n. Goûter, faire la collation de l'après-midi. — ETY., ce mot est une altération de *vespertiná* dérivé de *vesper*, soir ; *despartiná*, est une forme encore plus vicieuse.

DESPERVISI, B LIM., v. a V. Desprouvezi.

DESPESCA, v. a. V. Desempescá.

DESPESCOUIRE, DESPESCOULI(Se),PROV., v. r. Se dépètrer, se débarrasser. M. SIGN., *se desempescá,se despessá, se despelouire*.

DESPESOULHA, v. a. Épouiller, ôter les poux, la vermine ; *se despesoulhá*, v. r., s'épouiller. — SYN. *desempesouli, espejoulhá, espesouiá , espesoulhá, es-*

pèulhá, espuoulhá. — Esp., *despiojar* ; ital., *spidocchiare*. — Ety., *des*, préf., et *pesoul*, pou.

DESPESSA, v. a. Despessar, dépecer, mettre en pièces, couper en morceaux; cév., démailloter un enfant. — Syn. *espeachá, espessá*; ital., *spezzare*. — Ety. *des*, préf., et *pesso*, pièce.

DESPESSESI, cast., v. a. Clarifier, rendre coulant et limpide. — Syn. *desespessesi*.

DESPESTELA, v. a. V. Despastelá.

DESPETEGA, cast., v. a. Dépêtrer. V. Despetrú.

DESPETIA, DESPESTIA, cév., v. a. Dépouiller, quitter ses habits ; *se despetiá*, v. r., se tirer d'embarras.

DESPETISAT, ado, adj. Qui a perdu l'appétit. — Ety., *des*, préf., et *petis*, pour *apetis*, appétit.

DESPETOUIRE (Se), v. r. V. Despescouire.

DESPETRA, v. a. V. Desempèitá.

DESPETRINA, v. a. Découvrir la poitrine ; *se despetriná*, se découvrir la poitrine d'une manière indécente, se débrailler. — Syn. *despèitrená, despèitriná, despèitrolhá, desgevitrá, espèitriná*. — Ety., *des*, préf., et *petrino*, poitrine.

DESPETRINAT, ado, part. Débraillé, ée.

DESPIA, prov., v. a. V. Despoulhá.

DESPIAT, ado, prov., part. Dépenaillé, ée, déguenillé, dessolé pour avoir trop marché.

DESPICHA, v a. V. Despitá.

DESPICHOUS, o, cév., adj. Qui se dépite facilement, quinteux, difficile, dédaigneux. — B. lim., *despièichoù*. — Ety., *despichá*.

DESPIÉ, prov., s. m. V.

DESPIECH, s. m. Despieg, despieyt, dépit ; *en despiech de*, en dépit de, malgré. — Syn. *despèit, despièit*. — Anc., cat, *despeit*; esp., *despecho*; ital., *dispetto*. — Ety. lat., *despectus*, mépris, dédain.

DESPIÈI, adv. et prép. V. Despèi.

DESPIÈICHOU, ouso, B. lim., adj. V. Despichous ; il signifie en outre, envieux.

DESPIÈIT, toul., s. m. V. Despiech.

DESPIESSA (Se), prov., v. r. V. Espiessá.

DESPIETOUS, o, adj. Impitoyable, inexorable. — Ety., *des*, préf., et *pietous*, compatissant.

DESPIÉUCELA, v. a. Despieucelar, dépuceler, déflorer, ôter la fleur de la virginité. — Cat., *despulcellar*; ital., *spulcellare*. — Ety., *des*, préf. et *piéucèlo*, pucelle.

DESPIÉUCELAGE, s. m. Despiucelatge, dépucelage. — Ety., *despiéucelá*.

DESPIÈYT, béarn., s. m. V. Despiech.

DESPIGNA, B. lim., v. a. Contrefaire, imiter les manières d'une personne pour s'en moquer. — M. sign. *degaugná*.

DESPIGNAIRE, B. lim., s. m. Celui qui contrefait, imite ce que fait une personne pour s'en moquer. — M. sign. *degaugnaire*. — Ety., *despigná*.

DESPILHA, v. a. V. Despoulhá.

DESPILHADURO, s. f. V. Despolho.

DESPILLA, cast., v. a. Ôter les épingles. — Ety., *des*, préf., et *espillá*, épingler.

DESPINA, v. a. Arracher les épines. — Ety., *des*, préf., et *espino*, épine.

DESPINTA, prov., v. a. Dépeindre, peindre, décrire ; il signifie aussi effacer la peinture, et dans ce cas le préfixe *des* est privatif. — Cat., esp., *despintar*.

DESPIOI, montp., adv. et prép. V. Despèi.

DESPIT. s. m V. Despiech.

DESPITA, v. a. Despeytar, dépiter ; *se despitá*, se dépiter ; cév., se défier, c'est une altération de *desfiá*. — Prov., *despichá* ; cat., *despitar*; ital., *dispettare*. — Ety., *despit*.

DESPLAIRE, v. n. Desplazer, déplaire, être désagréable ; donner du chagrin ; il s'emploie quelquefois avec la voix active et signifie mécontenter. — Gasc., *desplaze*; esp., *desplacer*;

TAL., *dispiacere*. — ETY., *des*, préf., et *plaire*.

DESPLANTA, v. a. Déplanter, arracher ce qui était planté ; *desplantá la tanco de la porto*, enlever la barre de la porte. — ESP., PORT., *desplantar* ; ITAL., *spiantare*. — ETY., *des*, préf., et *plantá*.

DEPLAZÈ, GASC., v. n. V. Desplaire.

DESPLAZÈ, s. m. DESPLAZER, déplaisir, peine, mécontentement. — GASC., *despley* ; ESP., *desplacer* ; ITAL., *dispiacere*. — ETY., *des*, préf., et *plazé*, plaisir.

DESPLAZENSO, s. f. DESPLAZENSA, déplaisance, répugnance, dégoût, ennui. — ANC., CAT., *desplazensa* ; ITAL., *dispiacenza*. — ETY., *desplazent*.

DESPLAZENT, o, adj. Déplaisant, e, qui déplait ; BÉARN., triste, marri. — ETY., *desplaze*.

DESPLEGA, v. a. DESPLEGAR, déplier, étendre ce qui était plié ; étaler une marchandise ; déployer, étendre les ailes, une bannière, etc.; *se desplegá*, v. r., se déplier, se déployer ; CÉV., se décoiffer, ôter la coiffe du jour pour mettre celle de nuit. — SYN. *desplejá*, *despliá*, *desplugá*. — CAT., ESP., *desplegar* ; ITAL., *spiegare*. — ETY., *des*, préf., et *plegá*, plier.

DESPLEGO, s. f. Étalage, action d'étaler une marchandise. — ETY., *desplegá*.

DESPLEJA v. a. V. Desplegá.

DESPLENA, GASC., v. a. Désemplir, vider. — ETY., *des*, préf., et *plen*, plein

DESPLEY, GASC., s. m. V. Desplazé.

DESPLIÁ, v. a. V. Desplegá.

DESPLOUMBA, v. a Défaire, ôter le plomb ; il est aussi synonyme de *susploumbá*, surplomber, être hors de l'aplomb. — CAT., *desplomar* ; ITAL., *spiombare*. — ETY., *des*, préf., et *ploumbá*, plomber.

DESPLUGA, CÉV., v. a. Ouvrir les yeux, enlever le bandeau qui les couvre. — ETY., *des*, priv., et *plugá*, fermer les yeux. V. Desplegá.

DESPLUMA, v. a. Plumer, ôter les plumes ; *se desplumá*, v. r., se déplumer, perdre ses plumes. — SYN. *plumá*, *esplumassá*. — ANC. CAT., *desplomar* ; ESP., PORT., *desplumar* ; ITAL., *spiumare*. — ETY., *des*, préf., et *plumá*.

DESPOLHO, s. f. DESPUELHA, dépouille. — SYN. *despulho*, *despuilho*, *despulhaduro*, *despuelho*. — CAT., *despulla* ; ESP., PORT., *despojo* ; ITAL., *spoglia*. — ETY., s. verb. de *despoulhá*.

DESPONE (Se), v. r. Cesser de pondre ; *despoungudo*, part. f., qui a cessé de pondre, en parlant d'une poule, d'une oie, etc. — SYN. *despoundre*, *despougne*. — ETY., *des*, préf., et *pone*, pondre.

DESPORPOSSA, ado, B. LIM., adj. Débraillé, ée, décolletée. — ETY., *des*, préf., et *porpar*, poitrine.

DESPORTI, QUERC., s, m. V. Desperti.

DESPOTORLA, PROV., v. a. V. Despouterlá.

DESPOUDERA, v. a. Déposséder ; rendre impotent, estropier ; friper, user, en parlant des vêtements ; *se despouderá*, v. r., perdre ses forces, son énergie ; se désespérer ; *despouderat*, ado, part. impotent, e, estropié, paralytique ; contrefait ; déguenillé. — SYN. *despoutentá*. — ETY., *des*, préf., et *pouder*, pouvoir.

DESPOUGNE (Se), v. r. V. Despone.

DESPOULHA, v. a, DESPOLHAR, DESPUELHAR, dépouiller, ôter ses vêtements à une personne et par ext. ses biens ; ôter la peau d'un animal ; *se despoulhá*, v. r., se dépouiller, se déshabiller, au fig. donner son avoir. — PROV., *despiá*, *despulhá* ; GASC., *despuilhá*. — CAT., *despullar* ; ESP., PORT., *despojar* ; ITAL., *spoliare*. — LAT., *despoliare*.

DESPOULHO, s. f. V. Despolho.

DESPOULINA, v. a. Dresser un jeune cheval, une jeune mule ; les habituer au tirage et au labour. — ETY., *des*, préf., et *poulin*, poulain, faire cesser d'être poulain,

DESPOUNCHA, v. a. ESPONCHAR,

épointer, émousser; brouter, en parlant des animaux herbivores : *se despounchá*, v. r., s'épointer. — SYN. *desapounchá, espounchá.* — TOUL., *despuntá*; GASC., *espuntá*; LIM., *espountisá*; CAT., *espuntar*; ESP., *despunar*; ITAL., *spuntare.* — ETY., *des*, préf., et *pouncho*, pointe.

DESPOUNDRE (Se), v. r. V. Despone.

DESPOUNE (Se), v. r. V. Despone.

DESPOUPA, CÉV., v. a. DESPOPAR, sevrer un enfant. — SYN. *desmairá, desmamá, destetá.* — ITAL., *spoppare.* — ETY., *des*, préf., et le roman *popa*, etin.

DESPOUPA, PROV., v. a. Décharner, séparer la chair des os; *se despoupá*, v. r., se démettre la main, le poignet, se luxer un muscle. — SYN. *despaupá.* ETY., *des*, préf., et *poupo*, pulpe, substance charnue.

DESPOUSSEDA, v. a. DESPOSSEZIR, déposséder, faire perdre la possession. — ETY., *des*, préf., et *poussedá*.

DESPOUTA, CÉV., v. a. Egueuler un vase. V. Despouterlá.

DESPOUTENCIA, v. a. Mutiler un arbre par une mauvaise taille, l'ébrancher; au fig. estropier une personne, lui casser un membre. — SYN. *espoutenciá*.

DESPOUNTENTA, v. a. Rendre impotent; déconcerter, décourager; *faire despoutentá*, braver la puissance; *se despoutentá*, v. r., s'épuiser, s'éreinter; au fig., se désespérer; *despoutentat, ado*, part., impotent, e, éreinté; au fig. déconcerté, qui ne se possède plus. — ETY., *des*, préf., et *poutent*, puissant.

DESPOUTERLA, v. a. Égueuler un vase, casser le goulot d'une bouteille, d'une cruche, le bec d'un broc, d'un pot. — SYN. *despoutá, despoutourlá, desbarjá.* — ETY., *des*, préf., et *pot*, lèvre, bord, goulot.

DESPOUTOURLA, v. a. V. Despouterlá.

DESPRAVA, v. a. V. Depravá.

DESPRECIA, v. a. V. Desapreciá.

DESPREPAUS, PROV., s. m. Parole hors de propos, absurdité, impertinence. — PORT., *desproposito.* — ETY., *des*, préf., et *prepaus*, propos.

DESPREZA, CAST., v. a. DESPREZAR, dépriser, mettre une chose au-dessous de son prix, de sa valeur. — ITAL., *disprezzare.* — ETY.; *des*, préf., et *prezá*, priser.

DESPRIVASA, v. a. V. Desaprivasá.

DESPROUFEYTA, (DESPROUFITA, TOUL., v. a. Gâter, dissiper, employer inutilement, maltraiter, outrager; abimer, user. — ETY., *des*, préf., et *proufeytá, proufitá*, profiter.

DESPROUMETRE, v. a. Révoquer une promesse. — ETY., *des*, préf., et *proumetre*.

DESPROUPRIA, v. a. Exproprier, faire perdre la propriété.

DESPROUVEZI, v. a. DESPROVEZIR, dépourvoir, enlever à une personne ce dont elle était pourvue; *se desprouvezi*, v. r., se dépourvoir, se mettre au dépourvu. — SYN. *desperbezi, despervisi* — ESP., *desprovecer*; ITAL., *sprovvedere.* — ETY., *des*, préf., et *prouvezi*, pourvoir.

DESPROUVEZIMENT, s. m. Dénûment, manque du nécessaire. — ETY., *desprouvezi*, et le suffixe *ment*.

DESPUCH, GASC., adv. et prép. V. Despèi.

DESPUÈI, PROV., adv. et prép. V. Despèi.

DESPUÈIA, DESPUIA, PROV., v. a. V. Despoulhá.

DESPUIS, DESPUIXS, BÉARN., adv. et prép. Depuis: *despuixs en sa*, depuis ce temps-là. V. Despèi.

DESPULHA, DESPULHADURO, DESPULHO, TOUL. V. Despoulhá, Despolho.

DESPUNTA, TOUL., v. a. V. Despunchá.

DESPUPLA, v. a. DEPOPULAR, dépeupler, dégarnir d'habitants, ravager; *se despuplá*, v. r., se dépeupler, perdre ses habitants. — CAT., *despoblar*; ITAL., *spopolare.* — ETY. LAT., *depopulari*.

DESQUÈICHA, PROV., v. a. V. Desencaissá.

DESQUET, s. m. Corbillon. — Dim. de *desc*.

DESQUETO, s. f. Petite corbeille. — Dim., de *desco*.

DESQUIERDAT, ado, adj. fêlé, ée, faussé.

DESQUILHA, v. a. Renverser une ou plusieurs quilles avec une boule; abattre, tuer un oiseau perché ; faire tomber un objet placé sur un point élevé; au fig. chasser d'un poste, d'une fonction ; gév., v. n., se sauver, prendre son sac et ses quilles. — Ety., *des*, préf., et *quilhá*, mettre droit comme une quille.

DESQUINGALHA, prov., v. a. Détraquer, déranger, mettre en pièces.

DESQUITA (Se), v. r. Se racquitter. V. Raquitá.

DESRACINA, v. a. Desrazigar, déraciner; au fig. détruire, faire disparaître pour toujours; guérir radicalement un mal. — Syn. *derazigá*. — Ety., *des*, préf., et *raciná*, prendre racine.

DESRAMA, v. a. Desramar, effeuiller. V. Deramá.

DESRANCA, v. a. Arracher, renverser. V. Derrancá.

DESRASTOULHA, diterm., v. a. Déchaumer, labourer un champ après la moisson pour en enfouir le chaume ; *desrastoulhat*, ado, part,, déchaumé, ée. — Ety., *des*, préf., et *rastoul*, chaume.

DESRASOU, s. f. Desrazo, déraison, manière déraisonnable d'agir ou de penser. — Ital., *disragione*. — Ety., *des*, préf., et *rasou*, raison.

DESRASOUNA, v. a. Déraisonner. Ety., *desrasou*.

DESRATAT, ado, adj. Dératé, ée, à qui l'on a ôté la rate ; *courre coumo un desratat*, courir comme un dératé, courir comme on suppose que le ferait une personne à laquelle on aurait ôté la rate, et qui n'éprouverait pas d'essoufflement.—Ety., *des*, préf., et *rato*.

DESRAUBA, v. a. V. Deraubá.

DESREDI, v. a. V. Desenredesi.

DESREGA, v. a. Desenrayer. V. Desenraiú.

DESREGI, v. a. V. Desenredesi.

DESRÈI, s. m. Desrey, désarroi. — Syn. *dèiréi*, *desaire*.

DESRELHA, cast., v. a. V. Derrelhá.

DESRELINCA (Se), v. r. Se rompre les reins, V.

DESRENA, v. a. Desrenar, éreinter, rompre les reins ; par ext., rosser, excéder de fatigue ; *se desrená*, v. r., s'éreinter, se donner un tour de rein, se fatiguer excessivement ; *desrenat*, ado, part., éreinté, rossé, excédé de fatigue. — Syn. *derrentá*, *derrenná*, *desrencá*, *echarrcá*, *eirená*, *endarrená*, *erená*, *crentá*, *esrentá*. — Ety., *des*, préf., et *ren*, rein.

DESRENJA, v. a. V. Derrengá.

DESRIBLA, v. a. Défaire ce qui était rivé. — Ety., *des*, préf., et *riblá*, river.

DESROUGA, v. a. Renverser. — Dauph., *dèirochi*. — V. Deroucá.

DESROUISSA, prov., v. a. V. Derroumegá.

DESROULHA, **DESROULHI**, v. a. V. Deroubilhá.

DESROUMEJA, prov., v. a. V. Derroumegá.

DESROUMIA, v. a. V. Derroumegá.

DESROUMPRE, v. a. Rompre, briser, détruire. — Ety., *des*, préf., et *roumpre*.

DESROUVELI, prov., v. a. V. Deroubilhá.

DESRUSCA, v. a. V. Deruscá.

DESRUPI, ido, prov., adj. Délabré, ée, à moitié détruit,; qui est en friche, en parlant d'un champ. — Syn. *derrupi*.

DESSA, adv. De ça, de ce côté ; *dessá e de lá*, des deux côtés. — Syn. *dessai*.

DESSABATA, v. a. V. Debatá.

DESSABRANLA, v. a. Ébranler, secouer. — Syn. *sabranlá*, *dessagrounlá*.

DESSACA, v. a. Tirer ce qui est dans un sac ; v. n., tomber, faire une chute.

— Ety., pour la première acception, *des*, pour *de ex*, hors de, et *sac*.

DESSAGROUNLA, cév., v. a. Ébranler. V. Dessabranlá.

DESSAI, adv. et prép. De sai, de çà, de ce côté : *veni dessai*, viens de ce côté ; avant, *i podi pas aná dessai dimecres*, je ne puis pas y aller avant mercredi ; *dessai-de-lai*, de çà et de là ; *per dessai*, par deçà ; *de dessai*, en deçà ; *dessai que delai*, b. lim, de quelque côté que ce soit. — Syn. *dessá*.

DESSALA, v. a. V. Decelá.

DESSALA, v. a. Dessaler, faire perdre la salure ; faire disparaître les efflorescences salines d'un champ en le remplissant d'eau douce. — Esp., *desalar* ; ital., *dissalare*. — Ety., *des*, préf., et *salá*, saler.

DESSALCLA, cast., v. a. V. Dessauclá.

DESSANFLOURA, v. a. Prendre la fleur d'une chose. V. Desflourá.

DESSAPARA, v. a. V. Desseparà.

DESSAPARTI, v. a. Sapartir, partager, diviser. V. Departi.

DESSARRA, v. a. Dessarrar, desserrer, lâcher ce qui était serré. — Syn. *desserrá*. — Ital., *disserare*. — Ety., *des*, préf., et *sarrá*, serrer.

DESSARRO, s. f. Desserre, action de desserrer ; il ne s'emploie que dans ces phrases : *estre du à la dessarro*, être dur à la desserre, ne se dessaisir qu'avec peine de son argent ; *la sial, la touzèlo sou de duro dessaro*, le seigle, la touselle sont difficiles à égrener. — Ety., *dessarrá*.

DESSAUCLA, v. a. Enlever les cercles d'une futaille. — Cast., *dessalclá*. — Ety., *des*, préf., et *sauclá*, mettre les cercles.

DESSAUDA, v. a. Dessouder ; *se dessaudá*, v. r., se dessouder. — Ety., *des*, préf., et *saudá*, souder.

DESSAUPRE, cév., v. a. Ignorer, oublier ; prov., surprendre, découvrir, (*dessoutá*). Il signifie aussi abuser, tromper, décevoir : *se dessaupre*, v. r., se tromper, être déçu ; *dessaupegu, udo*, part., oublié, ée, ignoré ; déçu, trompé. — Ety., *des*, priv., et *saupre*, savoir. V. *Decebre*, décevoir.

DESSAUVIRA (Se), v. r. Se démener, se débattre.

DESSAZI (Se), v. r. Desazir, se dessaisir, céder ce qu'on avait en sa possession. — Esp., *dessasirse*. — Ety., *des*, préf., et *sazi*, saisir.

DESSAZOUA, gasc., v. n. Dessazonar, être hors de saison, perdre la sève, se flétrir, en parlant d'une plante. V. Desassasouná.

DESSECA, v. a. Dessécher, mettre à sec, au fig. épuiser ; *se dessecá*, v. r., se dessécher ; au fig. maigrir. — Cat., *dessecar* ; esp., *desecar* ; ital., *disseccare*. — Ety., lat., *desiccare*.

DESSEIG, prov., s. m. Tournis, maladie des bêtes à laine ; au fig. ensorcellement.

DESSEIGA, prov., v. a. Détraquer, déranger.

DESSEMBLANT, o, cév., adj. Dissemblable, différent, qui n'est pas pareil — Cat., *dessemblant* ; ital., *dissomigliante*. — Ety., *des*, préf., et *semblant*, qui ressemble.

DESSEMBLANZO, s. f. Dessemblanza, dissemblance. — Ety., *dessemblant*.

DESSEN, s. m. Dessein, projet, intention. — Esp., port., *designio* ; ital., *disegno*.

DESSENA, v. a. Dessenar, perdre so bon sens, devenir fou. — Ital., *dissenare*. — Ety., *des*, préf., et *sen* sens.

DESSENAT, ado, part. Dessenat, insensé, ée, qui a perdu son bon sens. — Toul., *dessensat* ; cév., *dessentat*.

DESSENFLOURA, v. a. V. Desflourá.

DESSENGLA, v. a. V. Descinglá.

DESSENSAT, ado, toul., adj. V. Desenat.

DESSENTARIO, prov., s. f. Dyssenterie —Toul., *dessentèri*.

DESSENTAT, ado. adj. V. Dessenat.

DESSENTÈRI, toul., s. f. Dyssenterie —Esp., *disenteria* ; ital., *dissenteria*. — Ety. lat., *dyssenteria*, de δυσεντερία

DESSEPARA, v. a. Séparer, désunir des parties qui étaient jointes ; séparer des hommes ou des animaux qui se battent. — Syn. *dessapará, dessouporá*. — Anc. cat., *desseparar* ; ital., *disseparare*. — Ety., *des*, préf., *et separá*, séparer.

DESSEPARACIÉU, DESSEPARACIOUN, s. f. Séparation. —B. lim., *dessouporotiéu*, V. Separaciéu,

DESSERRA, v. a. V. Dessarrá.

DESSEYE, agen. , v. a. Défaire. V. Desfá.

DESSESI (Se), v. r. V. Dessazi.

DESSESOUN, prov., s. f. Mauvaise saison ; *es dessesoun de blat*, il y a mauvaise récolte de blé. — Esp., *desazon*. — Ety. , *des*, préf. , *et sesoun*, saison.

DESSESOUNA, prov., v. a, V. *Desassasouná*.

DESSETA, prov., v. a. V. Desassetá.

DESSIALA, cév., v. a. V. Decelá.

DESSILHA, ado. cév., adj. Elimé, ée, usé, fripé, déchiré, en parlant d'un habit, d'une étoffe, d'un livre. — Ety. esp., *deshilhado*, formé, du préf., *des*, et de *hilo*, fil, effilé.

DESSINGE, cév., adj. Delivró, exempt; privé.

DESSINGLA, v. a. V. Descinglá.

DESSISCLETA, v. a. V. Dechiscletá.

DESSOBOTURA, b. lim., v. a. Déterrer. V. Dessousterrá.

DESSOBOURI, b. lim., v. a. Desassaborar, affadir, faire perdre sa saveur à un mets, à une liqueur, etc., en altérer le goût. — Anc. cat. , *desasaborar*. — Ety., *des*, préf., *et sobour* pour *sabour*, saveur.

DESSOBOURI, ido , part. Qui a perdu sa saveur, insipide.

DESOSSORGA, querc., v. a. Desassorgá.

DESSOUBRE, prov. , prép. De sobre, dessus. V. *Dessubre*.

DESSOUCA, cast., v. a. Arracher les souches d'une vigne ; par ext., essarter un terrain , en extraire le sous-bois ; gasc., labourer pour la seconde fois. — Ety., *des*, préf., et *souco*, souche.

DESSOUDE, prov., s. m. V. Dessoutado.

DESSOUFLOURA, v. a. V. Dessanflourá, Desflourá.

DESSOULA, v. a. Dessoler, enlever la sole à un cheval, à un mulet, etc ; *se dessoulá*, v. r., se dessoler, se couper, se fendre la sole. — Syn. *dessourá*. — Ety., *des*, préf., *et solo*, sole, dessous du pied du cheval, du chien, etc.

DESSOUPORA, b. lim., v. a. V. Desseparά.

DESSOUPORTI, b. lim., v. a. V. Dessaparti.

DESSOUPORTICIÉU , b. lim., s. f. V.

DESSOUPORTIDO , b. lim., s. f. Bivoie, endroit d'où partent, ou bien où aboutissent deux chemins. — Ety., s. part. f. de *dessouporti*.

DESSOURA, prov., v. a. V. Dessoulá.

DESSOURELHA (Se) , cév., v. r. Faire passer l'impression que le hâle a faite sur le teint, en restant à l'ombre ou par l'usage de certains cosmétiques.— Ety., *des*, préf., et *sourelhá* (so), s'exposer aux rayons du soleil.

DESSOUS, prép., V. Dejoust.

DESSOUSTERRA , v. a. Déterrer. — B. lim., *dessoboturá*. V. Desenterrá.

DESSOUT, dauph., prov., prép. Dessous. V. Dejoust.

DESSOUTA, v. a. Deyssoptar, surprendre, prendre sur le fait, à l'improviste ; découvrir ; cév., supplanter quelqu'un ; *dessoutat, ado*, part., découvert, e, pris sur le fait. — Syn. *dichoutá, dissoudá*, f. a. — Ety., *des*, préf., et *sout*, dessous.

DESSOUTADO, s f. Surprise, action de prendre quelqu'un sur le fait. — Syn. *dessoude, dessoutage, dessouti, dessouto*. — Ety., s. part. f. de *dessoulá*.

DESSOUTAGE, DESSOUTAGI, s. m. V. Dessoutado.

DESSOUTAIRE, s. m. Celui qui surprend, dénicheur. — Syn. *dichoutaire*. — Ety , *dessoulá*.

DESSOUTI, DESSOUTO, V. Dessoutado.

DESSOUTO, s. m. Le dessous: *avé lou dessouto*, avoir le dessous; *lou dessouto d'un pount*, le dessous d'un pont; *dessouto*, adv. et prép., sous, dessous; *en dessouto*, au-dessous; *d'en dessouto*, d'en dessous. V. Dejoust.

DESSU, DAUPH., adv. V. Dessus.

DESSUBRE, CÉV., PROV., adv. et prép. De sobre, dessus; il s'emploie aussi substantivement, *lou dessubre*, le dessus; *de dessubre*, de dessus; *en dessubre*, au-dessus. — SYN. *dessoubre*. — CAT., *dessobre*. — ETY. LAT., *desuper*.

DESSUJA, CAST., v. a. Oter la suie, ramoner une cheminée. — ETY., *des*, priv., et *sujo*, suie.

DESSURJA, v. a. Oter le suint de la laine des moutons. — ETY., *des*, préf., et *surje*, suint.

DESSUS, s. m. DESSUS, dessus, partie supérieure d'une chose, opposée à la partie inférieure; *lou dessus de l'aigo*, la surface de l'eau; il s'emploie aussi adverbialement comme dans ces exemples: *m'a gitat d'aigo dessus*, il a jeté de l'eau sur moi; *aqui dessus*, sur cela; *per dessus*, par-dessus; *dessus-dejoust*, sens dessus dessous; *levá uno causo de sus en sus*, ôter la surface, le dessus d'une chose, écrémer, tirer ce qu'il y a de meilleur. — SYN. *dessoubre*, *dessubre*. — CAT., ESP., PORT., *dessus*; ITAL., *disopra*. — ETY, *des*, préf., et *sus*.

DESSUZA, v. a. Essuyer la sueur; *se dessuzá*, s'essuyer le front couvert de sueur. — ETY., *des*, préf., et *suzá*, suer.

DESTACA, v. a. DESTACAR, détacher, dégager une personne, un animal, une chose de ce qui les attache; défaire les liens; disjoindre, séparer; *se destacá*, v. r., se détacher, se séparer, renoncer à.... — CAT., ESP., PORT., *destacar*; ITAL., *distaccare*. — ETY., *des*, préf., et *estacá*, attacher.

DESTACA, v. a. Détacher, faire disparaître les taches. — ETY., *des*, préf., et *tacá*, tacher.

DESTAFEGA, PROV., v. a. Découvrir, déterrer; il signifie aussi chasser, détruire, déshabituer.

DESTAGNA, PROV., v. a. V. Destagne et Destamá.

DESTAGNE, PROV., v. a. Ne pas convenir, déparer.

DESTALA, v. a. Oter l'étalage, rentrer les marchandises qu'on avait étalées: pour dételer, V Desatalá. — ETY., pour la première acception, *des*, préf., et *estalá*, étaler.

DESTALENTA, CÉV., TOUL., v. a. ESTALENTAR, faire passer la faim, l'envie d'une chose; décourager; *se destalentá*, v. r., goûter d'un mets dont on avait une grande envie, afin de la faire cesser. — SYN. *destarentá*. — ETY., *des*, préf., et *talent*, faim, envie.

DESTALENTAT, ado, part. Qui n'a plus faim, qui a contenté l'envie qu'il avait d'une chose; découragé, irrésolu.

DESTALINARIA, CÉV., v. a. Enlever les toiles d'araignée. V. Estarigagná.

DESTALINARIO, CÉV., s f. Araignée, toile d'araignée. — BITERR., *estarigagnó*.

DESTALOUNA, v. a. Marcher sur les talons de quelqu'un; *se destalouná*, v. r., se défaire en parlant des talons d'un soulier; il signifie aussi se fatiguer en marchant au point de se meurtrir les talons. — ETY, *des*, préf., et *taloú*, *taloun*, talon.

DESTAMA, v. a. Oter l'étain; *se destamá*, v. r., perdre la couche d'étain, en parlant d'une casserole, d'une marmite, etc. — SYN. *destagná*. — ETY., *des*, préf., et *estamá*, étamer.

DESTAMBOURLHA, PROV., v. a. V. Destimbourlá.

DESTAMPA, CAST., v. a. V.

DESTANCA, v. a. Ouvrir, débâcler une porte, une écluse, déclore, débarrer. — ETY., *des*, préf., et *tancá*, bâcler, fermer.

DESTANSIA, PROV., v. a. Déranger, débiffer, gâter, dérouter.

DESTAPA, v. a. DESTAPAR, déboucher, découvrir, enlever le couvercle, les couvertures; au fig., dévoiler une chose secrète, découvrir ce qui avait été caché ; *se destapá*, se découvrir ; se débarrasser des couvertures du lit ; se déboucher. — CAT., ESP., PORT., *destapar*. — ETY., *des*, préf., et *tapá*, boucher, couvrir.

DESTAPADO, PROV., s. f. Tranchée, fossé. — ETY., s. part., f. de *destapá*.

DESTAPISSA, v. a. Détendre, ôter une tapisserie qui avait été tendue ou collée. — ETY., *des*, préf., et *tapissá*, tapisser.

DESTARAGNA, DESTARGAGNA, DESTARAGNAIRE, V. Estarigagná, Estarigagnaire.[1]

DESTARAGNINA, DESTARAINA, DESTARARINA, DESTARIGNA, v. a. Enlever les toiles d'araignées. V. Estarigagná.

DESTARENTA, PROV., v. a. V. Destalentá.

DESTARIGNADOUIRO, DESTARARINADOUIRO, DESTARIGNAIRE, DESTARARINAIRE, V. Estarigagnadouiro, Estarigagnaire.

DESTARMENA, PROV., v. a. V. Destermena.

DESTARRA, v. a. V. Desenterrá.

DESTARREJA, PROV., v. a. Transporter de la terre.

DESTATIRAGNADOU, BÉARN., s. m. V. Estarigagnadouiro.

DESTAURISSA, PROV., v. a. V. Destéulissá.

DESTAUTIÉ, CAST., s. f. V. Estautié.

DESTEGNE, GASC., v. a. ESTENHER, éteindre. — ETY. LAT., *extinguere*.

DESTEGNE, v. a. Déteindre, faire perdre la couleur ; *se destegne*, v. r., perdre sa couleur ; *desteinch*, o, *destegnigut*, *udo*, part. déteint, e. — SYN. *destenchurá*, *destintá*. — ETY., *des*, préf., et *tegne*, teindre.

DESTELHA, PROV., v. a. Teiller le chanvre. V. Telhá.

DESTENCHURA, PROV., v. a. Déteindre. V. Destegne.

DESTENDRE, v. a. DESTENDRE, détendre, relâcher ce qui était tendu ; *destendut*, *udo*, part., détendu, e. — SYN. *deslesá*, *deslene*. — ETY., *des*, préf., et *tendre*.

DESTENE, GASC., v. a. V. Destendre.

DESTENE (Se), v. r. Se retenir, s'empêcher de faire une chose. — ETY., *des*, préf., et *tene*, tenir.

DESTENEBRIA, PROV., v. a. Rompre la tête à force de faire du bruit, déconcerter.

DESTENEMBRA, PROV., v. a. Égarer, écarter du droit chemin ; oublier. V. pour la première acception, *destermená*, et pour la seconde *demembrá*.

DESTENT, GASC., ad En ce moment.

DESTENTO, s. f. Détente d'une arme à feu. — SYN. *guinegcho*, *palheto*. — ETY., *destent* de *destendre*, détendu.

DESTEPA, v. a. Brouter. — ETY., *des*, prél , et *tepo*, gazon, herbe.

DESTERMENA, CÉV., v. a. Gâter, dissiper, troubler, mettre hors de soi ; en roman *destermenar*, mettre hors des limites ; *se destermená*, v. r., se déranger, se perdre , se livrer à des excès ; *destermenal*, *ado*, part., troublé, ée, violent, emporté, déréglé, déconcerté, démesuré. — SYN. *destremená* — GASC., *destermentá* ; PROV., *destenembrá* ; NARB., *desturmená* ; B. LIM., *desterminá* ; CAT., *destermenar* ; ITAL., *disterminare*. — ETY., *des*, du lat., *de ex*, hors de, et *terme*, borne, limite, sortir des bornes.

DESTERMINA, B. LIM., v. a. V. Destermená.

DESTERRA, v. a. V. Desenterrá.

DESTESA, PROV., v. a. Détendre. V. Destendre.

DESTESTA, v. a. Étêter, couper la tête d'un arbre. — ETY., *des*, préf., et *testo*, tête.

DESTESTADURO, PROV., s. f. Marc de raisin qu'on ôte de dessus la cuve. — ETY., *destestá*, étêter, enlever ce qui est dessus.

DESTETA, v. a. Sevrer, discontinuer d'allaiter un nourrisson ; *deslestá uno soumesso*, sevrer un provin en détachant de la souche mère le sarment dont il a été formé ; *se destetá*, v. r., se sevrer ; au fig. se déshabituer. — Syn. *desmairá*, *desmamá*, *despoupá*. — Ety., *des*, préf., et *tetá*, téter.

DESTETADOU, DESTETADOUR, adj. En âge d'être sevré. — Ety., *destetá*.

DESTÉULA, cév., v. a. Enlever les tuiles du toit d'une maison. — Syn. *destéulissá*. — Ety., *des*, préf., et *téule*, tuile.

DESTIBA, v. a. Détendre ce qui était tendu. — Ety., *des*, préf., et *tibá*, tendre.

DESTIMBOURLA, v. a. Déranger, détraquer une machine ; au fig. troubler l'esprit, détraquer le cerveau ; *se destimbourlá*, v. r., se détraquer, au fig. perdre la raison ; *destimbourlat*, ado, dérangé, ée, détraqué ; troublé, écervelé, fou. — Syn. *destambourlhá*, *destimbourlhá*, *destintarrá*, *destrimboulá*.

DESTIMBOURLHA, prov., v. a. V. Destimbourlá.

DESTINELA, v. n. Tirer le vin de la cuve. — Syn. *descuvá*. — Ety., *des*, préf., et *tinel*, cuve.

DESTINEMBRE, prov., s. m. Mégarde, négligence, faute d'attention : *per destinembre*, par mégarde.

DESTINGA, gasc., v. a. V. Distingá.

DESTINGLA, gasc., v. a. Distiller. V. Distillá.

DESTINGO, garg., s. f. Distinction. — Ety., s. verb. de *destingá*.

DESTINTA, v. a. et n. Déteindre. V. Destegne.

DESTINTARRA, prov., v. a. Détraquer. V. Destimbourlá.

DESTIQUETA, b. lim., v. a. Déchiqueter, au fig., dénigrer. V. Dechicá.

DESTORBI, s. m. Destorbier, trouble contre-temps, empêchement, obstacle, embarras, dérangement. — Syn. *destour*, *destourbament*, *destourbi*, *desturb*, *destourbe*. — Cat., *destorbo* ; esp., *estorbo* ; ital., *desturbo*. — Ety., *destourbá*.

DESTOROVELA, ado, b. lim., adj. Écervelé, ée.

DESTORSE, DESTOSSE, cév., v. a. Détordre, remettre en son premier état ce qui était tordu, diminuer le degré de torsion ; *se destorse*, v. r., se détordre ; *destorsut*, *udo*, part. détordu, ue. — Syn. *destouerse*. — Cat., esp., port., *destorcer* ; ital., *distorcere*. — Ety., *des*, préf., et *torse*.

DESTOUCA, b. lim., v. a. Dégrossir, ébaucher ; passer le chanvre au premier peigne.

DESTOUERNI, s. m. V. Destourne.

DESTOUERSE, prov., v. a. V. Destorse.

DESTOULISSA, cév., v. a. (*destoulissá*) V. Destéulissá.

DESTOUR, s. m. Détour ; toul., trouble, contre-temps. V. Destorbi.

DESTOURBA, v. a. Destorbar, déranger, troubler, détourner, distraire, interrompre ; *se destourbá*, v. r., se déranger. — Syn. *desturbá*. — Cat., *destorbar* ; ang., esp., *desturbar* ; ital., *disturbare*. — Lat., *disturbare*.

DESTOURBAIRE, o, s. m. et f. Celui, celle qui dérange, fâcheux, importun. — Syn. *destourbo*. — Ety., *destourbá*.

DESTOURBAMENT, DESTOURBE, DESTOURBI, s. m. V. Destorbi.

DESTOURBO, s. m. V. Destourbaire.

DESTOURNA, v. a. Détourner, écarter du chemin ; au fig. déranger, détourner de son devoir, de ses occupations ; *se destourná*, v. r., se détourner, se déranger. — Ety., *des*, préf., et *tourná*.

DESTOURNAIRE, s. m. Celui qui détourne de ce que l'on fait ; importun, interrupteur. — Ety., *destourná*.

DESTOURNE, DESTOURNI, s. m. Dérangement, trouble. — Syn. *destouerni*. — Ety., *destourná*.

DESTOURNIOUS, o, prov., adj. Qui interrompt, empêche les travaux de la campagne, en parlant du temps. — Ety., *destourni*.

DESTOURRA, cév., gasc., toul., v. a. et n. Dégeler. — Syn. *desgelá*, *desjalá*. — Ety., *des*, préf., et *tourrá*, en roman *torrar*, brûler, brouir, en parlant de l'action du soleil sur les plantes après une gelée blanche ; ce n'est que par ext. que *tourrá* signifie geler, et *destourrá*, dégeler.

DESTOURTILHA, v. a. V. Désentourtilhá.

DESTOUSCA, PROV., v. a. Débusquer, faire sortir de son réduit ; au fig. surprendre, découvrir ; effrayer la personne que l'on surprend. — ETY., *des*, préf., et *lousco*, touffe, broussaille.

DESTRA, CÉV., v. a. DESTRAR, mesurer, arpenter. — ETY., *destre*. V. ce mot.

DESTRABA, v. a. V. Desentravá.

DESTRACA, v. a. ESTRACAR, détraquer, dérégler, mettre le désordre ; au fig. troubler, déranger les facultés intellectuelles ; *se destracá*, v. r., se détraquer, se déranger, extravaguer. — ETY., *des*, préf., et *tracá*, traquer, détourner de la trace, de la piste.

DESTRACAMENT, s. m. Action de détraquer, dérangement. — ETY., *destracá*.

DESTRACHI, v. n. Décroître, cesser de croître, se rabougrir en parlant des plantes ; au fig. se chêmer, maigrir, dégénérer. — ETY., *des*, préf., et *trachi*, croître.

DESTRAGNA, CÉV., v. a. Estragná.

DESTRAINA, PROV., v. a. Déranger, détourner, interrompre; contraindre par corps. — ETY., *des*, préf., et *traïná*, traîner.

DESTRAIRE, s. m. DESTRAIRE, mesusureur, arpenteur. — ETY., *destrá*.

DESTRAL, s. m. DESTRAL, DESTRAU, Hache, cognée, hache de menuisier, de charpentier, etc.—SYN. *destrau*. — DAUPH., *dëitrá*; DITERR., *pigasso* ; CÉV., *piolo* ; GASC., *picolo*. — ETY. LAT., *dextralis (securis dextræ habilis)*, du grec, δεστράλιον.

DESTRALETO, s. f. DESTRALOUN, s. m. Hachette, hachereau. — SYN. *destraroun*, *destrarounet*. — ETY., dim. de *destral*.

DESTRANTAIA, PROV., CÉV., v. a. V.

DESTRANTALHA, v. a. Détraquer, ébranler, faire vaciller ; au fig. déranger la santé, mettre dans un état anormal ; *se destrantalhá*, v r., se détraquer, se déranger. — SYN. *destrastalhá*. — ETY., *des*, préf., et *trantalhá* vaciller.

DESTRANTOULAT, ado, adj. V. Destrastoulat.

DESTRAPA, v. a. Essarter un champ, en extirper les ronces, les broussailles, etc. — SYN. *estrapá*. — ETY., altér. de *esterpá*, du lat., *extirpare*, extirper.

DESTRAPA, v. a. Oter la trappe ou la porte d'un tonneau, d'une cuve. — ETY., *des*, préf., et *trapá*, mettre la porte.

DESTRAROUN, DESTRAROUNET, s. m. Hachereau. V. Destraleto.

DESTRASSOUNA, v. a. Réveiller en sursaut; déranger, déconcerter, troubler, bouleverser. — SYN. *destressouná*.

DESTRASTA, CAST., v. a. Oter les solives, les planches d'un plancher ; le détruire. — ETY., *des*, préf., et *trast*, soupente, plancher.

DESTRASTALHA, v. a. Détruire, abattre un plancher ; il a aussi les acceptions de *destrantalhá*. — SYN. *destrastoulá*, *destrestoulá*. — ETY., fréq. de *destrastá*.

DESTRASTOULA, v. a. V. *Destraslahá*; il a la même signification, mais non la même étymologie ; il dérive du préf., *des*, et de *trestoulo*, fragment de tuile.

DESTRAU, CÉV., PROV., s. m. V. Destral.

DESTRAUCA, v. a. Faire sortir du trou, déterrer, dénicher ; découvrir ce qui était enfoui, caché. V. Desentraucá.

DESTRAUCAIRE, s m. Dénicheur, celui qui parvient à trouver ce qui était caché. — ETY., *destraucá*.

DESTRAVA, v, a. V. Desentravá.

DESTRAVESSA (Se), PROV., v. r. S'ôter d'un lieu où l'on était embarrassé, empêtré. — PONT., *desatravessar*. — ETY., *des*, préf., et *travessá* pour *entravessá*, empêtrer.

DESTRE, o, adj. DESTRE, droit, e bras *destro*, bras droit ; ma *destro*, main droite ; dextre, adroit. — CAT., dèstre ; ESP., diestre ; PORT., ITAL., destro. — ETY LAT., dexter.

DESTRE, s. m. DESTRE, ancienne mesure d'étendue qui, dans la commune de Béziers, était d'environ 15 centiares, 79 milliares ; perche avec laquelle on mesurait le terrain ; borne marquée d'un dix romain, X; *estre en destre*, être en extase, être immobile comme une borne ; *à grand destre*, à grands coups, *à plen destre* à pleines mains.

DESTRÉ, DESTRECH, CÉV., PROV., s m. Pressoir pour les raisins, les olives, etc. *vi de destré*, vin de pressurage, par opposition à celui qu'on a retiré de la cuve. — SYN. *destregnaire* ; BITERR., *prenso*. — ETY., s. part. m. de *destregne*.

DESTRECESI, CÉV., v. a. Rétrécir, rendre plus étroit ; *se destrecesi*, v. r., se rétrécir. — SYN. *estrecesi, destreci, estreci*. — ETY, *destrech*.

DESTRECH, O. adj. DESTRECH, étroit, e, serré, pressé, comprimé ; CÉV., *noze destrecho, destrechouno*, noix angleuse ; s. m., détroit, bras de mer de peu d'étendue, défilé, gorge; pressoir. — SYN. *estrech*. — CAT., *estret* ; ESP., *estrecho* ; PORT., *estreito* ; ITAL., *stretto*. — ETY., s. part. m. de *destregne*.

DESTRECHO, CÉV., s.f. Pressurage, action de pressurer la vendange, les olives ; *faire uno destrecho*, faire une pressurage ; *ai agut dos destrechos*, j'ai eu deux pressurages ; on dit, à Béziers, *dos prensados, Destrecho*, signifie aussi détresse, contrainte, exaction. — M. ÉTY. que *destrech*.

DESTRECHOUNO, adj. f. *Noze destrechouno*, noix angleuse. V. Destrech, adj.

DESTRECI, v. a. V. Destrecesi.

DESTREGNA, v. a. V. Destregne.

DESTREGNADO, CÉV., s. f. Quantité de vendange qu'on met à la fois sur le pressoir ; quantité de marc qu'on en retire après le pressurage. — SYN. *destrignado*. — BITERR., *prensado, racado*. — ETY., s. part., f. de *destregná*.

DESTREGNAGE, CÉV., s. m. Pressurage. ETY., *destregná*.

DESTREGNAIRE, s. m. Pressureur ; pressoir. — SYN. *destregnèire, destrignaire, prensaire*. — ETY., *destregná*.

DESTREGNE, CÉV., v. a. DESTRENHER, étreindre, serrer, presser, pressurer ; étrangler ; ranger une chose qui traîne ; étrécir. — SYN. *destregná, destrigná* ; *estregne, estrèigne, destrenge*. — CAT., *estrenger* ; ITAL., *distrignere, stregnere*. — ETY. LAT., *distringere, stringere*.

DESTREGNÈIRE, s. m. V. Destregnaire.

DESTRENENA, CÉV., v. a. V. Destermená.

DESTREMPA, v. a. DESTREMPAR, DESTEMPRAR, détremper, délayer ; faire perdre la trempe à l'acier ; *se destrempá*, v. r., se détremper, perdre sa trempe ; être délayé. — CAT., ESP., *destrempar* ; PORT., *destemperar*. — ETY., *des*, préf., et *trempá*.

DESTRENA, v.a. Défaire les tresses, et en général, ce qui était tressé; *se destrená*, v. r., se dérouler, en parlant des tresses, se détordre. — SYN. *destressá*. — ETY., *des*, préf., et *trená*, tresser.

DESTRENGE, B. LIM., v.a. (destrendze), *destrenge de l'argent*, dissiper de l'argent; il est aussi synonyme de *destregne*. V. ce mot.

DESTRENGEDOU, B. LIM., s.m (destrendzedoú). Décharge, lieu où l'on serre ce qui n'est pas d'un usage quotidien, débarras; par ext., occasion de dépense, parce qu'en dépensant son argent on s'en débarrasse, *lou juec, lou vi e las femenas, oquèi tre brave destrengedoù*, le jeu, le vin et les femmes, voilà trois bonnes occasions de se débarrasser de sa fortune. — ETY., *destrenge*.

DESTRENGEDOUR, B. LIM., s. m. (destrendzedour). Dissipateur, prodigue. — ETY., *destrenge*.

DESTRENJUT, udo, B. LIM., part. (destrendzut). Serré, ée, débarrassé, ée. — ETY., *destregne*.

DESTRESSA, v. a. V. Destrená.

DESTRESSOUNA, v. a. V. Destrassouná.

DESTRESTOULA, v. a. V. Destrastalhá.

DESTREVA, v. a. V. Desentravá.

DESTRIA. v. a. DESTRIAR, tirer, choisir, distinguer, discerner, démêler, débrouiller, déchiffrer une écriture; mettre à part, sevrer ; CÉV., tirer avec effort une toile, une étoffe, de telle manière qu'elle se frange et que les fils se séparent; *se destriá*, v. r., s'érailler, s'effiler. — ETY., *des*, préf., et *triá*, trier.

DESTRIA, CAST., v. a. V. Destrigá.

DESTRIADURO, CÉV., s. f. Eraillure, état d'une trame dont les fils se rassemblent en paquets et laissent des vides. — ETY., *destriá*.

DESTRIAT, ado, part. Trié, ée, distingué, séparé, sevré; éraillé ; au fig. décousu, en parlant d'un discours.

DESTRIC, CÉV., TOUL., s. m. DESTRIG, embarras, trouble, dérangement ; empêchement, peine, détresse; dépréciation. — SYN. *destrigo*. — CAT., *destric*. — ETY ; *destrigá*.

DESTRIER, s. m. Gros marteau de forgeron; mulo ou cheval qu'on attelle au côté droit du joug; conducteur de troupeau. — ETY., *dextre*, de *dextra*, main droite.

DESTRIGA, CÉV., TOUL., v. a. DESTRIGAR, détourner, distraire; traverser, contrarier, empêcher, arrêter, tourmenter ; dans ces acceptions, le préfixe *des*, accolé à *trigá*, qui signifie retarder, est augmentatif, mais *destrigá* a aussi le sens de hâter, presser, diligenter, et alors le préfixe. *des*, est privatif, *destrigá* étant l'opposé de *trigá*, arrêter.

DESTRIGA, v. a. Débarrasser d'une intrigue amoureuse, la faire cesser.

DESTRIGNADO, **DESTRIGNE**; **DESTRIGNÈIRE**, PROV., V. Destregnado, destregne, Destregnaire.

DESTRIGO, GASC.; s. f. V. Destric.

DESTRIMBOULA, v. a. V. Destimbourlá.

DESTROSSOUNA; B. LIM., v. a. V. Destrassouná.

DESTROUNA. v. a. Détrôner, déposséder du trône. — ESP., *destronar* ; ITAL., *detronizare*. — ETY., *des*, préf., et *trone*.

DESTROUPA, v. a. Démailloter, dépaqueter, développer. — ETY., *des*, préf., et *estroupá*, emmailloter.

DESTROUPELA (Se), v. r. Se séparer du troupeau, se disperser. — ETY., *des*, préf., et *troupel*, troupeau.

DESTRU, udo, B. LIM., part. de *destrure*, instruit, e, bien élevé : oquel dronle es bien destru, cet enfant est bien élevé.

DESTRUI, **DESTRUIRE**, v.a. DESTRUIR, détruire, ruiner, anéantir; *se destruire*, v. r. se détruire, se donner la mort. — GASC., *destrusi* ; B. LIM., *destrure*. — CAT., ESP., PORT., *destruir* ; ITAL., *distruggere*. — ETY. LAT., *destruere*.

DESTRUIREL, **DESTRUIRÈU**, èlo, adj. Destructeur. — ETY. *destruire*.

DESTRURE, B. LIM., v. a. V. Destruire ; il signifie aussi instruire.

DESTRUSI, GASC., v. a. V. Destruire.

DESTRUSSI, s. m. Destructeur, celui qui fripe ses habits, brise ses joujoux et tout ce qu'il a sous la main, en parlant d'un enfant ; on donne, dans quelques pays ce nom à la courtilière. — SYN. *estruci*.

DESTRUSSI, PROV., s. m, Autruche. V. Estruci.

DESTUDA, CÉV., v. a. Éteindre. —SYN. *atudá*.

DESTURB, GASC., s. m. V. Destorbi

DESTURBA, GASC., v. a. V. Destourbá.

DESTURMENAT, ado, CARC., adj. V. Destermenat.

DESUBRANSO, **DESUBRENSO**, s. f. V. Desobranso.

DESUBRAT, ado, adj. V. Desobrat.

DESUMPÈI, CÉV., prép. V. Despèi.

DESVAGA, PROV., v. n. Divaguer, extravaguer; *desvagat*, ado, part., extravagant, e, fou, folle. — SYN. *devagá*. V. Divagá.

DESVALABRAT, ado, adj. Ruiné, ée, démoli, détruit.

DESVALANCHA, ado. PROV., adj. Dégingandé, ée.

DESVARGOUGNA, v. a. V. Desvergougná.

DESVARIA, v. a. V. Devariá.

DESVELA, v. a. Dévoiler ; *se desvelá*, v. r., se dévoiler, se montrer sans voile. — ETY. , *des*, préf., et *vel*, voile.

DESVELH, PROV., s. m. Insomnie, privation de sommeil. — ETY., s. verb. de *desvelhá*.

DESVELHA, v. a. V. Revelhá.

DESVELOUPA, v. a. DESVOLOPAR, développer, déployer ce qui était enveloppé ; *se desveloupá*, v. r., se développer, prendre de l'accroissement, s'étendre. — SYN. *desvouloupá* ; ITAL., *sviluppare*.

DESVERDEGA, DESVERDEGAIRE, DESVERDEJA, DESVERDIA, V. Deverdegá, Deverdegaire, Deverdiá.

DESVERGOUGNA, v. a. DESVERGONHAR, faire honte à quelqu'un, le rendre honteux ; *se desvergougná*, v. r., se dévergonder, perdre toute honte, être déhonté ; *desvergougnat*, ado, part., dévergondé, ée. — SYN. *devargougná, dèivergougná*. — ETY. , *des*, préf., et *vergougno*, du lat. *verecundia*, vergogne.

DESVERNISSA, v. a. Enlever le vernis. — ETY. , *des*, préf., et *vernis*.

DESVERTOULHA, PROV., v. a. Développer, dérouler. — ETY., *des*, préf., et *vertoulhá* pour *envertoulhá*, envelopper.

DESVESSA, PROV., v. a. Renverser. V. Devessá.

DESVESTI, v. a. Déshabiller ; *se desvesti*, v. r., se déshabiller. — ETY., *des*. priv., et *vesti*, vêtir.

DESVIA, v. a. DESVIAR, dévoyer, détourner de sa route ; *se desviá*, v. r., se dévoyer, se détourner, être détourné de sa direction. — SYN. *dèiviá, deviá, devouiá*. — CAT., ESP., PORT., *desviar* ; ITAL., *sviare, desviare*, — ETY. LAT., *deviare*.

DESVIAVOUIRO, PROV., s. f. Lieu d'un canal d'où l'on dérive l'eau. — ETY., *desviá*.

DESVIERGINA, v. a. DESVERGINAR, faire perdre la virginité , déflorer. — ETY. LAT., *devirginare*.

DESVIRA, v. a. Détourner, retourner, tourner en sens contraire ; mettre sens dessus dessous ; *desvirá l'aiguo*, détourner un canal d'irrigation. — SYN. *devirá, dèivirá*. — ETY., *des*, préf., et *virá*, tourner.

DESVISAJA, v. a. Dévisager, déchirer le visage avec les ongles, les griffes ; etc. ; au fig., insulter en face, faire baisser les yeux ; tâcher, en la bien regardant, de reconnaître les traits d'une personne ; *se desvisajá*, v. r., se dévisager, se déchirer le visage en se battant. — B. LIM., *desovisajá*. — ETY., *des*, préf., et *visage*.

DESVISCA, v. a. V. Desenviscá.

DESVISSA, v. a. Dévisser. — ETY., *des*, préf., et *vissá*, visser.

DESVOULOUPA, v. a. V. Desveloupá.

DESUFLA, LIM., v. a. V. Descouflá.

DET, s. m. DET, doigt ; *det coui*, petit doigt ; *det de cano, de carabeno*, doigtier, tuyau de roseau que les moissonneurs, pour ne pas se couper avec la faucille, mettent à un des doigts de la main gauche ; *un travers de det de vi*, un travers de doigt de vin ; *causi det-à-det*, choisir minutieusement ; *se faire moustrá al det*, se faire montrer au doigt, se rendre blâmable ou ridicule. — GÉV., *de* ; GASC., *dit, digt*, . — DAUPH., *dèy*. — CAT., *dit* ; ESP., PORT., *dedo* ; ITAL., *dito*. — LAT., *digitus*.

DETADO. s. f. Empreinte d'un doigt ; coup de doigt. — ETY., *det*.

DETALH, s. m. DETAL, détail, action de vendre des marchandises par le menu, à la petite mesure. — ETY., s. verb. de *detalhá*.

DETALHA, v. a. Détailler, vendre en détail. — ETY., *des*, préf., et *talhá*, tailler, couper.

DETALHAIRE, DETALHANT, DETALHER, s. m. Détaillant, marchand qui vend en détail. — ETY., *detalhá*.

DET-DE-SOURCIER, PROV., s. m. Bélemnite pointue, fossile calcaire qui a la forme d'un dard.

DETENCIÉU, DETENCIOUN, s. f. Detentio, détention. — Cat., *detentió*; esp., *detencion*; ital., *detenzione*. — Lat., *detentionem*.

DETENE, DETENI, v. a. Deteneu, détenir, retenir ce qui appartient à autrui ; retenir une personne en prison ; *delengut, udo*, détenu, e. — Cat., *detenir*; esp., *detener*; ital., *detenere*.— Lat., *detinere*.

DETERMINA, v. a. Determinar, déterminer, décider, fixer, r gler ; *se determiná*, v. r., se décider, prendre une détermination. — Cat., esp., port., *determinar*; ital., *determinare*. — Lat., *determinare*.

DETERMINACIÉU, DETERMINACIOUN, s. f. Determinacio, détermination ; résolution. — Cat., *determinació*, esp., *determinacion*; ital., *determinazione*. — Lat., *determinationem*.

DETET, prov., s. m. Jeu de la poussette. — Syn. *buchet, buleio*.

DE-TIRE, béarn., loc. adv. De suite, sans discontinuer. — Gasc., *detiro*.

DE-TIRO, gasc., loc. adv. V. Detire.

DE-TOT-EN-TOT, cév., loc. adv. Entièrement, absolument. — Syn. *de-tout-en-tout*.

DETOU, DETOUN, s. m. Petit doigt. — Syn. *denoun, ditoù*. — Ety., dim., de *det*.

DETRAS, adv. Detras, derrière, en arrière, du côté opposé au devant ; *per detras*, loc. adv. par derrière. s. m. Le derrière, la partie opposée au devant. — Syn. *darrès, per darrès*. — Cat., esp., *detras*; port., *detrazo*; ital., *dietro*. — Ety., *des*, préf., et le lat. *retro*; *detras* est une altération de *retras*.

DE-TRIS-E-DETRAS, gasc., loc. adv. À tort et à travers.

DETRITA, prov., v. a. Détriter, broyer, écraser les olives pour en extraire l'huile. — Ety. lat., *detritum*, supin de *deterere*.

DETS, DETZ, adj. num. V. Dech.

DETZENE, béarn., s f. Dixaine. — Syn *decheno*. — Ety., *detz*, dix.

DETZIEME, o, adj. num. V. Dechieme.

DÈU, béarn., art. comp. Du, de le. V. Del.

DÈU, DÈUS, biterr., prép. Vers. V. Dau.

DEU, dauph., adj. num. Deux. V. Dous.

DÈU-BET-DEBAT-DESSUS, gasc., loc. adv. Sens dessus dessous.

DÈUDE, b. lim., s. m. Dette. V. Déute.

DÉUÉ, gasc., v. a. Devoir. V. Déure.

DÈUÉ, gasc., s. m. V. Déute.

DÈUGUT, udo, cév., part. Dû, due. V. Degüt.

DÈUIN, DÈUINO, s. m. et f. Sorcier, sorcière ; *dèuin*, o, adj., divin, e. — Ety. lat., *divinus*.

DÈUINITAT, gasc., s. f. V. Divinitat.

DÈUMA, v. a. Desmar, Dîmer, lever la dîme ; au fig. faire un prélèvement — Syn. *dèimá, demná, demá, dèymá*. — Cat., *delmar*; esp., *dezmar*; port., *dezimar*; ital., *demmare*. — Ety., *dèume*.

DÈUMAIRE, s. m. Dîmeur, celui qui levait la dîme. — Cév., *dèimier*. — Cat., *delmador*. — Ety., *dèumá*.

DÈUMAU, béarn., s. m. Dommage. V. Doumage.

DÈUME, s. m. Deime, desme, deume, deyme, dîme, la portion de blé, de vin, etc. qui se payait à l'église ou au seigneur et qui en était ordinairement le dixième. — Syn. *dèimage, dèime*. — Cat., *delme*; esp., *diezmo*; ital., *decima*. — Ety. lat., *decima*, dixième.

DÉURE, v.a. Dever, devoir, avoir des dettes, avoir à payer une somme d'argent. — Syn. *diéure, déurre*. — Gasc., *dúé*. — Cat., *deurer*; esp., *deber*; port., *dever*; ital., *dovere*. — Ety. lat., *debere*.

Tal me dèu que me demando.

pro.

DEV (655) DEV

DÉUTAREL, GASC., s m. Petite dette. — ETY., dim. de *déute*.

DÉUTE. s. m. DEUTE, dette, ce que l'on doit ; au fig. toute chose dont l'accomplissement est obligatoire. — B. LIM., *déude* ; QUERC., *dioute* ; GASC., *déué*. — CAT., *déute* ; ESP., *deudo* ; ITAL., *debito*. — ETY. LAT., *debitum*.

Dourmi coum'un vielh déute.

PRO.

DÉUTEGNER, ARIÉG., s. m. Débiteur. — ETY., *déute*.

DÉUVE, O, PROV., adj. Douloureux, euse, sensible ; qu'on ne peut toucher sans réveiller une vive souffrance. — SYN. *devou*, o.

DÉUYNITAT, GASC., s. f. V. Divinitat.

DEVAGA, v. a. V. Divagá.

DEVAGAIÉ, MONTP., s. m. Dissipateur. V. Degavalhaire.

DEVALA, DEVALADO, V. Davalá, Davalado.

DEVALANCA, ado, PROV., adj. Degingandé, ée.

DEVANCIER, iéro, s. m. et f. V. Davancier.

DEVANSA, v. a. Devancer, gagner le devant, précéder, surpasser. — ETY., *devans*.

DEVANTAL, DEVANTAU, s. m. V. Davantal.

DEVANTIERO, s. f. V. Davantièiro.

DEVARGA, v. a. V. Devergá.

DEVARGOUGNA, v. a. V. Desvergougná.

DEVARIA, v. a. DESVARIAR, mettre les choses pêle-mêle, de telle sorte qu'il est ensuite difficile de les retrouver ; diversifier, différencier ; en parlant des personnes, troubler, tourmenter, faire perdre momentanément l'esprit ; v. n., radoter, ne savoir ce que l'on dit, ni ce que l'on fait ; *se devariá*, v. r., se troubler, ne savoir où donner de la tête ; *devariat*, ado, part., troublé, ée, transporté, émerveillé, qui est hors de lui, évaporé ; *soi tout devariat* je ne sais où j'en suis ;

aquelo pensado me devario, cette pensée me met hors de moi. — SYN. *desvariá, esbariá*. — ETY., *des*, préf., et *variá*, changer.

DEVARIAIRE, s. m. Embrouilleur, celui qui a l'habitude de mettre tout pêle-mêle ; celui qui ennuie, trouble et dérange sans cesse les autres. — ETY., *devariá*.

DEVARISA, v. a. Dévaliser.

DEVARTEGA, PROV., v. a. V. Revertegá.

DEVASTA, v. a. Dévaster, désoler, ravager, ruiner. — ESP., PORT., *devastar* ; ITAL., *devastare*. — ETY. LAT., *devastare*.

DEVASTACIÉU, DEVASTACIOUN, s. f. Dévastation. — ESP., *devastacion* ; ITAL., *devastazione*. — ETY. LAT., *devastationem*.

DEVÉ, s. m. V. Dever.

DEVEDILHA, v. a. Préparer les boutures de la vigne pour les planter, en couper les menues branches et les vrilles desséchées, appelées *vedilhos*, d'où s'est formé le mot *devedilhá*.

DEVÈIRE, CÉV., s. m. V. Debitoù.

DEVELHA, PROV., v. a. V. Revelhà.

DEVEN, PROV., s. m. Defens. V. Devés.

DEVENDUO, PROV., s. f. Champ en jachère qui ne produit que de l'herbe pour les troupeaux.

DEVENGUDO, PROV., s. f. Terrain réservé, non soumis à la vaine pâture. — SYN. *deven*. V. Devès.

DEVENGUT, udo, part. de *deveni*, devenu, e.

DEVENI, v. n. DEVENIR, devenir ; commencer à être ce qu'on n'était pas ; advenir, arriver ; avoir tel ou tel sort ; *sap pas que deveni* ; il ne sait que faire, où aller, comment passer son temps. — ANC., ESP., *devenir* ; ITAL., *divenire*. — ETY. LAT., *devenire*.

DEVENOUN, PROV., s. m. Petit défens, petite forêt communale. — ETY., dim. de *deven*.

DEVENSA, PROV., v. a. Mettre une terre en défens, indiquer d'une manière quelconque qu'elle est réservée. — Ety., deven, défens.

DEVENTA, v. n. T. de mar. Déventer, disposer les voiles de manière qu'elles ne reçoivent le vent sur aucune face, les mettre en ralingues. Ety., de, priv., et vent, priver du vent.

DEVER. cév., prép. V. Devers.

DEVER, s. m. Dever, devoir, chose à laquelle on est moralement ou légalement obligé; travail qu'on donne aux écoliers. — Cat., deurer; esp., deber; ital., dovere; port., dever. — Ety. lat., debere.

DEVERA, prov., v. a. Aveindre. V. Daverà.

DEVERDEGA. cév,. v. a. Cueillir un fruit avant sa maturité, faucher les prairies, couper les blés avant le temps; au fig. marier une fille trop jeune; mettre un jeune homme au travail avant l'âge; éveiller trop matin; manger son bien en herbe. — Syn. deberdegá, dèivardegá, desverdegá, deverdejá, denanthourá. — B. lim., deverdiá. — Ety. des, préf., et verd, ôter la verdure.

DEVERDEGAIRE, s. m. Qui cueille les fruits avant leur maturité, qui coupe le foin, la luzerne, le blé, etc. avant le temps. — Syn. desverdegaire. — Ety., deverdegá.

DEVERDEJA, v. a. V Deverdegá.

DEVERDIA, b. lim., v. a. V. Deverdegá.

DEVERGA, prov., v. a. Défiler les chandelles, les ôter des broches. — Syn. devargá, deverguetá. — Ety., de, préf.; et vergo, broche.

DEVERGOUGNA. v. a. V. (Desvergougná.

DEVERGOUNJA, do. b. lim., part. V. Desvergougnat.

DEVERGUETA, prov., v. a. V. Devergá.

DEVERS DEVÉS, prép. Deves, vers, devers. — Syn. dèu, dèus. V. Dau.

DEVERS, s. m. Dévers, gauchissement, pente d'une pièce de bois, d'un toit, etc. Devers, o, adj., dévers, e, qui n'est pas d'aplomb. — Ety. lat., deversus.

DEVERSA, v. a. Deversar, déverser, faire couler les eaux d'un lieu dans un autre; gauchir, courber, incliner une pièce de bois; v. n., pencher, s'incliner; s'épancher, en parlant du trop plein d'un étang, d'un vase, etc.; se deversá. v. r., se déverser, se répandre d'un lieu dans un autre; se déverser, devenir gauche, en parlant d'une pièce de bois; n'être ni droit ni d'aplomb, s'il s'agit d'un mur. — Ety., de, préf., et versá, verser.

DEVÉS, s. m. Deves, défés, délens, réserve, pacage où la propriétaire a seul le droit de dépaissance; pâturage, bois communal où les habitants de la commune, sous certaines réserves ou défenses, ont le droit de mener paître leurs troupeaux, ou de couper du bois pour leur usage. — Syn. deven; anc., esp., devieto; ital., divieto. — Ety., devés, pour defés, du lat. defensus, défendu.

En un DEVES anhels gardan
Iou vi denan ab un pastor
Gaia pastorella
Coviment e bella.

J. Estève, de Béziers, El dous temps.

Dans une *réserve* gardant les agneaux je vis au-devant de moi, avec un berger, gaie pastourelle avenante et belle.

DEVESSA, v. a. Deversar, renverser, tourner à l'envers, mettre sens dessus dessous; se devessá, v. n., se renverser, se retourner sens dessus dessous; devessat, ado, part., renversé, ée, déversé, bouleversé, déformé. — Syn. esvessá, eversá. — Ety., des, préf., et vessá, pour versá, verser.

DEVEZO, cév., s. f. Deveza, réserve, terrain réservé. — Cat., devesá; esp., dehesa; port., devesa. — Ety., devés.

DEVIA, v. a. Dévier. V. Desviá.

DEVIGNA, DEVIGNAIRE, DEVIGNOUN, V. Deviná, Devinaire, Devinoun.

DEVIGNAREL, èlo, s. m. et f. Sorcier, sorcière; employé adjectivement, il signifie fatidique. — Ety., devigná.

DEVINA, v. a. Devinar, deviner, prédire l'avenir, faire le métier de sorcier ; rencontrer, trouver ; *se deviná*, v. r., se trouver, se rencontrer.—Syn. *devigná, endebiná.* — Ang., cat., *devinar* ; esp., *adivinar* ; ital., *indovinare.* — Ety. lat., *divinare.*

DEVINAIRE, s. m. Devinaire, sorcier, celui qui a la prétention de deviner, qui en fait son métier, devin : *es un devinaire de Mountelimart*, c'est un grand astrologue, il devine les fêtes quand elles sont passées. On appelle improprement, à Béziers, l'ortolan *devinaire*, parce qu'on croit entendre dans son chant les mots, *devino-tu, devino-mounis*.—Syn. *endebinaire, devignaire.* — Ang. cat., *devinador* ; esp., *adivino* ; ital., *divinatore.* — Ety., *deviná.*

DEVINAIRO, DEVINARÈLO, s. f. Devineresse, sorcière. — Syn. *devinuso.* — Gasc., *dèuino.* — Esp., *adivina* ; ital., *divinatrice* ; port., *adevinha.* — Ety., *deviná.*

DEVINALHO, DEVINAIO, s. f. Énigme, charade. — Ety., *deviná.*

DEVINAREL, òlo, adj. V.

DEVINARÈU, èlo, prov., adj. Fatidique. — Ety., *deviná.*

DEVINET, prov., s. m. Baguette divinatoire. — Ety., *deviná.*

DEVINO, b. lim., s. f. *Aná à la devino*, aller à l'aventure.

DEVINO-COSTO, prov., s. f. Le jeu de combien, ou métier à deviner.— Syn. *cavaleto-porto, cavaleto-morto, devinoquant.*

DEVINOUN, prov. Mot qui ne s'emploie que dans cette phrase : *acot es à devinoun-devinalho*, ou *devinoun-devinas*, cela est incertain, c'est une chose à deviner ; biterr., *devignoun-devignas*, je vous le donne en cent.

DEVINUSO, s. f. V. Devinairo

DEVIRA, v. a. V. Desvirá.

DEVISA, v. n. Devisar, deviser, causer familièrement avec quelqu'un. — Cat., esp., port., *devisar* ; ital., *divisare.* — Ety. lat., *divisum*, supin de *dividere.*

DEVISCA, v. a. V. Desenviscá.

DEVISO, lim., s. f. Clôture d'un champ, d'un jardin, ce qui sert de barrière et de limite.— Biterr., *partisoú.* — Ety. lat., *divisum*, supin de *dividere*, partager.

DEVISSA, v. a. Dévisser. V. Desvissá.

DEVISTA, cév., v. a. Découvrir, surprendre du regard, reconnaître, apercevoir le premier. — Ety., *de*, préf., et *visto*, vue.

DEVOROSCHA, b. lim., v. a. (devorotsá). Défricher une terre, en arracher la bruyère qu'on fait brûler pour fertiliser cette terre avec la cendre qui en provient. — Syn. *degoursá.* — Ety., *de*, préf., et *vora*, défrichement qui se pratique en levant des mottes de gazon qu'on fait brûler.

DEVOU, o, prov., adj. Douloureux, euse. V. Dèuve.

DEVOUIA, b. lim., v. a. Dévoyer, écarter de la voie. V. Desviá.

DEVOURA, v. a. Devorar, dévorer, manger une proie en la déchirant à belles dents ; avaler goulûment, manger avidement ; au fig. consumer, détruire. — Syn. *devouri.* — Cat., esp., port., *devorar* ; ital., *divorare.* — Ety. lat., *devorare.*

DEVOURI, v. a. V. Devourá.

DEVOURIT, prov., s. m. Jeune étourdi, jeune écervelé.

DE-VOUTOS, adv. comp. (de-voùtos). Parfois, quelquefois. — Ety., *de*, préf., et *voùto*, fois.

DEX, adj. num. Dix. V. *Dech*; borne. V. Destre.

DEXTRA, DEXTRAIRE, DEXTRE, V. Destrá, etc.

DEXTRAL, querc., s. m. V. Destral.

DÈY, dauph., s. m. V. Det.

DEYA, béarn., adv. Déjà.

DEYCHA, ariég., v. a. V. Laissá.

DEYCHO, b. lim., s. f. Blessure. — Syn. *deco*, brèche.

DEYJUNA, v. a. V. Dejuná.

DÈYMA, DÈYMAIRE, DÈYME, V. Dèumá, Dèumaire, Dèume.

DÈYMARI, toul., s. f. Dèimari, dîmerie; l'action de dîmer, ce qui concerne la dîme. — Ety., *dèymá*.

DÈYMARIDA, ariég.. v. a. V. Desmaridá.

DÈYOUNGLA, v. a. V. Desounglá.

DÈYSENDRE, v. a. et n. V. Descendre.

DEZ, préfixe qui, comme *de*, *des*, marque ordinairement le contraire de ce qui est énoncé par le radical. On trouve les deux formes *des* et *dez* dans les poésies des trobadours ; à leur exemple, nous les avons employées l'une et l'autre. On devra chercher à *des* les mots qu'on ne trouvera pas écrits par *dez*, et vice versâ.

DEZ, nom de nombre. Dix ; *deze-sept*, dix-sept. V. Dech.

DEZARMASSI. v. a. Défricher, essarter. — Ety., *dez*, priv., et *armas*, pour *ermas*, herme.

DEZAMISTAT, s. f. Brouillerie. — Anc. esp., *dezamistad*. — Ety., *des*, priv., et *amistat*, amitié.

DEZEMBRE, s. m. V. Decembre.

DEZEN, adj. num. V. Desen.

DEZENA, v. n. Décupler, produire dix pour un. — Ety., *dezeno*, dixaine.

DEZENÉ (O), b. lim., loc. adv. En pure perte, sans en retirer aucun profit : *minjá soun bé ò dezené*, manger son bien en pure perte.

DEZENO, prov., s. f. Dixaine. — Cat, *deseno* ; esp., *decena* ; port., *dezena* ; ital., *diccina*. — Ety., *dezen*.

DEZE-NOU, adj. num. (dezenòu). Dezenov, dix-neuf. — Biterr., *dozo-nòu* ; esp., *diezynueve* ; ital., *diciannove*. — Ety., *dez*, dix, et *nòu*, neuf.

DEZE-SET, adj. num. Dezeset, dix-sept. — Biterr., *dozo-set* ; esp., *dieysiete* ; ital., *dicessete*. — Ety., *dez*, dix, et *set*, sept.

DEZE-UÈIT, adj. num. Dix-huit. — Biterr., *dozo-bèit* ; cév., *dozoioch* ; esp., *diezyocho* : ital., *diciotto*. — Ety., *dez*, dix, et *uèit*, huit.

DEZIÈME, adj. num. V. Dechième.

DEZIRAGNADOU, agen., V. Estariragnadouiro.

DEZOLAT, ado, cév., adj. Découvert, e.

DEZUMPÈY, agen., prép. V. Despèi.

DHERBA, prov., v. a. Sarcler, arracher les mauvaises herbes. — M. sign. sauclá. — Ety.. *de*, priv., et *herbo*.

DHERBAGE. prov., s. m. Sarclage. — Ety.. *dherbá*.

DHERBAIRE, uso, s. m. et f. Celui, celle qui sarcle. — Ety., *dherbá*.

D'HOURO, gasc., prov., adv. comp. De bonne heure.

DI, DIN, DINT, lim.. prép. V. Dins.

DIABLARIÉ, s. f. Diablia, diablerie, sortilége, maléfice, ensorcellement, machination secrète qui nuit au succès d'une affaire ; méchanceté de diable.— Esp., *diablura* ; port., *diabrura* ; ital., *diavoleria*. — Ety., *diable*.

DIABLATOU, cév., s. m. Diablotin. V. Diablouti.

DIABLE, s. m. V. Diables.

DIABLE-DE-MAR, prov., s. m. Foulque morelle. V. Fouco.

DIABLÈRO, cév., s. f. Drôlerie, réjouissance ; *fu la diablèro*, sauter, gambader, faire le diable à quatre. — Ety., *diable*.

DIABLE-LUNO. cév. Espèce de juron, ou plutôt d'exclamation ; diablezot ! du diable si.... — Syn. *diaussi-luno*, *diauco-luno*.

DIABLES, s m. Diables, diabol, diable, démon, esprit infernal ; au fig. très-méchant, très-violent, emporté ; *paure diables*, homme malheureux ou misérable ; *al diables aná*, tout au plus. — Syn. *diaples*, *diascles*. — Cat., *diable* ; esp., *diablo* ; ital., *diavolo*. — Ety. lat., *diabolus*. — *Diables* est du petit nombre de mots qui ont conservé, dans certains dialectes, l'*s* finale, qui, dans la langue des troubadours, marquait le sujet de tous les substantifs, autres que ceux de la première déclinaison. *Diables* est aussi une interjection qui se traduit en français par Diantre !

DIABLES, s. m. Espèce de charrette pour porter les poutres suspendues avec une chaîne au-dessous de l'essieu ; double toupie en bois, percée d'un trou à chacune de ses extrémités, qu'on fait tourner au moyen d'un cordon attaché à deux baguettes.

DIABLESSO, s. f. Diablesse; méchante femme, mégère ; *pauro diablesso*, femme malheureuse ou misérable; *grando diablesso*, femme grande et dégingandée. — Esp., *diabla*; ital., *diavolessa*. Ety., *diables*.

DIABLOMENT, adv. Diablement, excessivement. — Ety., *diablo*, et le suffixe *ment*,

DIABLOU, **DIABLOUN**, s. m. V. Diablouti.

DIABLOUTALHO, gasc., s. f. Les diables en général. — Syn. *diabloutelho*.—Syn. *diabloù*.

DIABLOUTELHO, gasc., s. f. V. Diabloutalho.

DIABLOUTI, **DIABLOUTIN**, s. m. Diablotin, petit diable, enfant vif, pétulant, espiègle. — Syn. *diablatoù*, *diabloù*, *diabloutoù*.—Esp., *diabillo* ; ital., *diavoletto* ; port., *diabreto*. — Ety., *diabloù*.

DIABLOUTOU, **DIABLOUTOUN**, s. m. V. Diablouti.

DIABOULIC, o, adj. Diabolic, diabolique, qui vient du diable ; au fig. très-difficile, très-mauvais, pernicieux , en parlant des choses ; extrêmement méchant, s'il s'agit des personnes. — Syn. *daboul*. — Cat., *diabolic* ; esp., ital., *diabolico*. — Ety. lat., *diabolicus*, de διαβολικός.

DIABURUHOU, toul., s. m. V. Diahuruòu.

DIACRE, s. m. Diacre, ecclésiastique promu au diaconat. — Gasc., *diague* ; cat., *diaco* ; esp., ital., port., *diacono*. — Lat., *diaconus* ; grec, διάκονος.

DIAGOU, s. m. Diague, jeune garçon; on n'appelle ainsi que les enfants des paysans ; sous-gardien d'un troupeau; *pastourel*. En roman, *diacre*. —M. éty. que *diacre*,

DIAGUE, gasc., s. m. V. Diacre.

DIAHURUOU, (diahuruòu). Cri des charretiers pour faire marcher les mulesou leschevaux ; *s'en aná en diahuruòu*, s'en aller fort loin, s'égarer, se perdre dans l'espace, — Syn. *diaburuhòu*; cév., *diaròu*.

Et adissiats, fouissat de pòu
S'en ba debès DIAHURUÒU
Dinquio que le perdem de bisto.

Goudelin, Le Diu Nenet.

DIAL, b. lim., s. m. Glace, gelée. V. Gel.

DIANCHE, s. m. et interj. V.

DIANTRE, **DIANTRES**, s. m. Diantre, mot dont on se sert peur éviter le mot de *Diable* : *lou diantre que te cure! que le diable t'éventre?* Il s'emploie le plus souvent comme une sorte d'exclamation ou de jurement : *dount, diantres, a tirat aquel argent!* d'où, diable, a-t-il tiré cet argent ? — Syn. *diastre, diatrèi, diaurèi, diauco, diausses, diaussi*, employés le plus souvent comme interjections ou jurements. — Cat., esp., *diantre*.

DIAPLA, cast,, v. a. T. de manuf *Brifauder*, donner le premier peignage à la laine.

DIAPLES et ses composés. V. Diables.

DIAROU cév., (diaròu). V. Diahuruòu.

DIASCLE, s. m. V. Diables.

DIASTRE, **DIATRÈI**, **DIAUCO**, interj. Diantre. V. Diantre.

DIAUMEN, lim., s. m. V. Dimenche.

DIAUMERGUE, b. lim., s. m. Dimergue, dimanche. V. Dimenche.

DIAURÈI, lim., interj. V. Diantre.

DIAUSSES, **DIAUSSI**, s. m. et interj. V. Diantre ; *diaussi-luno . diauco-luno*, interj., V. Diable-luno.

DIBEES, béarn., **DIBÉS**. gasc., s. m. V. Divendres.

DIBIER, b. lim., s. m. Gibier. V. Gibier.

DIBIZA, cast., v. n. V. Debisá.

DIBOULADAS, b. lim., s. f. p. V. Gibouladò.

DIBOULAS, b. lim., s. f. p. Jumelles deux pièces de bois ou de métal semblables et posées d'aplomb vis-à-vis l'une de l'autre, qui entrent dans la composition des pressoirs, des presses d'imprimerie et de plusieurs autres machines.

DIBRA, DIBRE, B. LIM., V. Givrú, Givre.

DICCIÉU, DICCIOUN, s. f. Dictio, diction, élocution, manière de dire, de débiter un discours. — CAT., dicció; ESP., diccion; ITAL., dizione. — ETY. LAT., dictionem.

DICH, s. m. Dit, mot, propos, maxime, sentence; *avèire soun dich e soun dedich*, être sujet à se dédire, à revenir sur sa promesse, à changer d'avis. *Dich e redich*, dits et redits, beaucoup de propos sur le même sujet. — SYN. *dicho*. — ETY., *dich*, part. passé de *dire*.

DICH, o, part., de *dire*. Dit, e, prononcé, décidé; surnommé; *tout es dich*, tout est dit, c'est-à-dire tout est fini; *laissá per dich*, laisser un ordre pour être transmis à un absent; *à l'houro dicho*, à l'heure dite, fixée. — ESP., *dicho*; ITAL., *detto*; PORT., *dito*.

DICHA, ARIÉG., v. a. Laisser. V. Laissà.

DICHASSOULA, PROV., v. n. Cesser de moudre, céder le moulin à une autre personne. — ETY., *de*, préf., et *chassolo*, pour *cassolo*, auget de moulin.

DICHATTE, GASC., s. m. V. Dissatte.

DICHAUS, PROV., adj. m. V. Descaus.

DICHÈI, PROV., s. m. Malencontre, malheur.

DICHO, s. f. Dicha, dit, parole, propos; *à dicho que*, à mesure que.— SYN. *dito*, *dich*. — GASC., *dichut*, *dichudo*; CAT., *dita*; ESP., *dicha*; ITAL., *detta*. — ETY., *dicho*, part. f. de *dire*.

DICHOUTA, DICHOUTAIRE, PROV., V. Dessoutà, Dessoutaire.

DICHUT, DICHUDO, GASC. V. Dicho.

DICTA. v. a. DICTAR, dicter; suggérer à quelqu'un ce qu'il doit dire. — CAT., ESP., PORT., *dictar*; ITAL, *dettare*. — ETY. LAT., *dictare*.

DICTADO, s. f. Dictée, ce qu'on dicte, ce qu'on écrit sous la dictée. — PORT., *dictado*. — ETY., s. part. f. de *dictá*.

DICTAIRE, s. m. DICTAYRE, celui qui dicte. — ITAL., *dettatore*. — ETY., *dictá*.

DICTAME, s. m. DIPTAMNI, dictame ou origan de Crète, marjolaine douce d'hiver, *Origanum creticum*, plante de la fam. des labiées. — CAT., ESP., PORT., *dictamo*; ITAL., *dittamo*. — ETY. LAT., *dictamnum*, du grec δίκταμον.

DICTAME BLANC, s. m. Dictame blanc, ou fraxinelle, *Dictamnus albus*, plante de la fam. des rutacées. — SYN. *fraxinello*.

DIDAL, DIDAU, s. m. V. Dedal.

DIDE, GASC., v. a. V. Dire.

DIÉ, BÉARN., s. m. Dia, jour.— GASC., *dio*. — ETY. LAT., *dies*.

DIÈISSO, B. LIM., s. f. Gesse. V. Jèisso.

DIERBE, TOUL., v. a. Ouvrir. V. Dourbí.

DIÉU, DIÉUS, s. m. DIEUS, DEUS, Dieu; *Diéus vous ausigue*, j'en accepte l'augure, puisse-t-il en être ainsi! *à la gardo de Diéu*, à la bonne heure, j'y consens; *gens de Diéu*, interj., bon Dieu! *Diéu m'ajude!* Dieu me soit en aide! Les paysans des montagnes de l'Hérault et du Tarn assaisonnent presque toutes leurs phrases de ce jurement: *Diéu me damne!* N'est-ce point: *Diéu meu dame*, Dieu, mon Seigneur, qu'ils veulent dire? Dans la langue du moyen-âge, *dame Diéu*, signifiait Seigneur Dieu. — SYN. *Diou*, *Diu*. — CAT., *Deu*; ESP., *Dios*, ITAL., *Dio*; PORT., *Deos*. — ETY. LAT., *Deus*.

DIÉUNE, PROV., s. m. V. Dioune.

DIÉURE, TOUL., v. a. V. Déure.

DIFFAMA. v. a. DIFFAMAR, diffamer. — CAST., *desinfamá*; GASC., *digamá*, *difiamá*; CAT., ESP., *difamar*; ITAL., *diffamare*. ETY. LAT., *diffamare*.

DIFFAMACIÈU, DIEFAMACIOUN, s. f. DIFAMACIO, diffamation. — CAT., *diffamació*; ESP., *difamacion*; ITAL., *diffamazione*. — ETY. LAT., *diffamationem*.

DIFFAMAIRE, s. m. V.

DIFFAMATOU, DIFFAMATOUR, s. m. Diffamateur. — ESP., *difamador*; PORT., *diffamador*; ITAL., *diffamatore*. — ETY. LAT., *diffamatorem*.

DIFFERA, v. a. Différer; v. n., être différent. — ESP., *diferir*; PORT., *dif-*

ferir; ITAL., *differire*. — ETY. LAT., *differre*.

DIFFERENCI, PROV., s. f. V.

DIFFERENSO, s. f. Différence. — ESP., *diferencia*; ITAL., *differenza*. — ETY. LAT., *differentia*.

DIFFERENT, o, adj. Différent, e; s. m., différend, contestation. — ESP., PORT., ITAL., *differente*. — ETY. LAT., *differentem*.

DIFFERENTOMENT, adv. Différemment, autrement, dans le cas contraire ; *se fa bel vendrai, differentoment m'esperes pas*, s'il fait beau temps je viendrai, dans le cas contraire, ne m'attendez pas. — ETY., *differento*, et le suffixe *ment*.

DIFFICILE, o, adj. V.

DIFFICILLE, o, adj. Difficile; exigeant, délicat, d'une humeur fâcheuse. — CÉV., *difficinte*; TOUL., *defecible*; CAT., ESP., *dificil*; PORT., *difficil*; ITAL., *difficile*. — ETY. LAT., *difficilis*; pour le redoublement du *l*, V. Debille.

DIFFICULTOUS, **DIFFICULTUOUS**, o, adj. Difficultueux, euse, qui allègue ou fait des difficultés à tout propos.

DIFO-JAFO, B. LIM., s. f. (difodzafo). Bagarre, mêlée, tumulte, dispute; multitude de personnes qui se pressent en différents sens. — SYN. *lifo-lafo*. — ETY., onomatopée.

DIGA, B. LIM., s. m. et f. (digá). On appelle ainsi un homme ou une femme dont les jambes sont trop longues. — ETY., *digo*, pour *gigo*, gigue, jambe.

DIGAMA, GASC., v. a. Diffamer. V. Diffamá.

DIGAS, B. LIM., s. f. p. Échasses. — SYN. *escassos*. — ETY., altér. de *gigo*, gigue parce que les échasses peuvent être considérées comme des jambes.

DIGERA, v. a. V.

DIGERI, v. a. DIGERIR, digérer ; au fig. supporter patiemment et en silence quelque chose de fâcheux. —CAT., ESP., PORT., *digerer*; ITAL., *digerire*. — ETY. LAT., *digerere*.

DIGESTIÉU, DIGESTIOUN, s. f. DIGESTIO, digestion. — CAT., *digestió* ; ESP., *digestion* ; ITAL., *digestione*. — ETY. LAT., *digestionem*.

DIGITALO, s. f. Digitale, nom de deux plantes de la fam des scrophulariacées : la digitale pourprée, *Digitalis purpurea*, appelée aussi *herbo à dedal*, *gants de Nostro-Damo*, et la digitale jaune, *Digitalis lutea*, (*herbo de coucut*). — CAST., *petairolo*. — ETY. LAT., *digitalis*.

DIGNA, TOUL., v n. V. Degná.

DIGNADIÉRO, DIGNAIROLO, DIGNIÉIROLO, s. f. V. Denièirolo.

DIGNOU, ouso, B. LIM., adj. Industrieux, euse, adroit, ingénieux. — ETY., altér. du roman *ginhos*, ingénieux. Le changement du *g* initial en *d* est fréquent dans le dialecte de la Corrèze ; on y trouve *digo* pour *gigo*, *dibre* pour *givre*, *dièisso* pour *jèisso* etc.

DIGO, B. LIM., s. f. Jambe. — ETY. altér. de *gigo*.

DIGOMENDIÉU, s. m. Drôlerie, diablerie ; *qualque digomendiéu*, quelque drôlerie. Ce mot est souvent employé adverbialement et il signifie : voulant dire, c'est-à-dire, faisant semblant de....

Quand l'aubo à l'hourizoun
Moustret lou bout del nas, uno famouso ou
(brièiro
DIGOMENDIÉU, la fam, de l'aiguo lou tiret.

B. FLORET, *La Bourrido agatenco*.

DIGOT, B. LIM., s. m. Gigot. — ETY. altér. de *gigot*.

DIGT, GASC., s. m. Doigt. — ETY LAT., *digitus*. V. Det.

DIGUIGNO, B. LIM, s. f. Noise, querelle : *m'o cherchá diguigno*, il m'a cherché querelle. Il se dit surtout d'une querelle d'allemand, d'une mauvaise querelle.

DIGUN, o, GASC., pron. indéf. V. Degun.

DIGUS, TOUL., pron. indéf. V. Degun.

DIJAUS, TOUL., s. m. Jeudi. V. Dijòus.

DIJO, B. LIM., s. m. (didzó) V.

DIJOUS, s. m. (dijòus) Dijous, jeudi, le cinquième jour de la semaine chrétienne ; *dijòus-sant*, jeudi-saint, celui qui suit immédiatement le dimanche des Rameaux ; *la semmano des tres dijòus,* les calendes grecques.—TOUL., *dijaus* ; CAT., *dijous* ; ESP., *jueves* ; ITAL., *giovedi.* — ETY. LAT., *dies Jovis.*

DILECCIÉU, DILECCIOUN, s. f. DILECTION, dilection, amour, charité. — CAT., *dilecció* ; ESP., *dileccion* ; ITAL., *dilezione.* — ETY. LAT., *dilectionem.*

DILHÉU, BÉARN., adv, Peut-être. V. Belèu.

DILHUS, BÉARN., s. m. Lundi. V. Dilus.

DILIBRAN, ando, B. LIM., s. m. et f. Flandrin, grand flandrin, fluet, femme d'une taille élancée, longue et fluette.

DILIGENSO, s. f. DILIGENSIA, DILIGENSA, diligence, célérité, promptitude. — CAT., ESP., PORT., *diligencia* ; ITAL., *diligenza.* — ETY. LAT., *diligentia.*

DILIGENT, O, adj. DILIGENT, diligent, e, prompt. — BÉARN., *diligent.*—CAT., *diligent* ; ESP., ITAL., PORT., *diligente.* —ETY. LAT., *diligentem.*

DILIGENTA, v. a. Diligenter, hâter, presser, accélérer une affaire ; *se diligentá*, v. r., se hâter, se presser. — ETY., *diligent.*

DELIYENT, BÉARN., adj. V. Diligent.

DILLÈU, GASC., adv, V. Belèu.

DILU, B. LIM., s. m. V. Dilus.

DILUN, DAUPH., PROV., V.

DILUS, s. m. DILUS, DILUNS, lundi, le second jour de la semaine ; *faire lou dilus,* chômer le lundi, ne pas travailler ce jour-là. — BÉARN., *dilhus* ; B. LIM., *dilu* ; CAT., *dilluns* ; ESP., *lunes* ; ITAL., *lunedi.* — ETY. ROMAN, *di,* pour *dia,* jour, et *lus, luns,* de la lune ; LAT., *lunæ dies.*

DILUVI, PROV., s. m. Déluge. — ITAL., *diluvio.* — ETY. LAT., *diluvium.* V. Deluge.

DIMAR, B. LIM., s. m. V. Dimars.

DIMARI, GASC., s. m, V.

DIMARS, s. m. DIMARS, DIMARTZ, mardi, le troisième jour de la semaine. — BITERR., *dimas* ; B. LIM., *dimar* ; BÉARN., *dimartz* ; CAT., *dimars* ; ESP., *martes* ; ITAL., *martedi.* — ETY., *di,* pour *dia,* jour, et *Mars,* contr. de *Martis,* de Mars ; LAT., *dies Martis.*

Del Planeta nomnat Mars
Recep nom le jorn de DIMARS.

BREVIARI D'AMOR, V. 6367-8.

DIMARTZ, BÉARN., s. m. V. Dimars.

DIMAS, BITERR., s. m. Mardi ; altér. de dimars. V. Ce mot.

DIMECHE, AGEN., s. m. V. Dimenche.

DIMECRE, B. LIM., s. m. V.

DIMECRES, s. m. DIMECRES, DIMERCRES, MERCRES, mercredi, quatrième jour de la semaine. — BÉARN., *dimerews* ; CAT., *dimecres* ; ESP., *miercoles* ; ITAL., *mercoledi.* — ETY., altér. de *dimercres* ; formé de *di* pour *dia,* jour, et *mercres,* contraction de *Mercurius,* Mercure ; LAT., *dies Mercurii.*

E del Mercuri, so sapchatz
Es lo MERCRES aissi nomnatz.

BREVIARI D'AMOR, V. 6369.

DIMEN, B. LIM., s. m. V. Dimenche.

DIMENCHAU, audo, cév., adj. Du dimanche. V. Dimergal.

DIMENCHE, s. m. DIMENGE, DIMERGUE, DITZMERGUE, dimanche, premier jour de la semaine ; *dimenge des brandous,* premier dimanche du carême, ainsi appelé parce que anciennement on parcourait, ce jour là, les rues et les campagnes en portant des brandons ou des tisons allumés. — SYN. *diminche.* — AGEN., *dimeche* ; LIM., *diaumen* ; B. LIM., *dimen, dimenge, diaumergue* ; BÉARN., *dimenye* ; ANC. CAT., *digmenge* ; ESP., PORT., *domingo* ; ITAL., *dominica.* — ETY. LAT., *dominica,* s-entendu, *dies.*

DIMENCHI, DAUPH., s m. V. Dimenche.

DIMENGE, DIMENXE, s. m. V. Dimenche.

DIMENXAL, CAST., adj. V. Dimergal.

DIMENYE, BÉARN., s. m. V. Dimenche.

DIMEREXS, BÉARN., s. m. Mercredi. V. Dimecres.

DIMERGAL, CÉV., QUERC., adj. Du dimanche; *arnés dimergal*, habit des dimanches. — SYN. *dimenchau, dimenxal, dimerjal.* — ETY., *dimergue*, dimanche.

DIMERGUE, s. m. V. Dimenche.

DIMERJAL, adj. V. Dimergal.

DIMINCHE, s. m. V. Dimenche.

DIMINI, CÉV., v. a. V.

DIMINUA, v. a. DIMINUAR, DIMINUIR, DEMENIR, diminuer, amoindrir; v. n., devenir moindre, se réduire; au fig. s'affaiblir, maigrir; *se diminuá*, v. r., se consumer, s'amoindrir. — SYN. *dimingá, demeni.* — CAT., *disminuir*; ESP., *diminuir*; ITAL., *diminuire.* — ETY. LAT., *diminuere*.

DIMINUACIÉU, s. f. V.

DIMINUCIÉU, DIMIMUCIOUN, s. f. DIMINUTIO, diminution, amoindrissement, rabais. Il se dit au tricot d'une maille prise sur l'aiguille sans être tricotée et rejetée sur la maille suivante, quand elle a été tricotée. — M. SIGN. *diminго.* — CAT., *diminució*; ESP., *diminucion*; ITAL., *diminuzione.* — ETY. LAT., *diminutionem*.

DIMINUTIU, ivo, adj. et s. DIMINUTIU, diminutif, ive. — ESP., ITAL., *diminutivo.* — ETY. LAT., *diminutivus*.

DIMO, B. LIM., s. f. Poix. V. Pego.

DIN, prép. Dans. V. Dins.

DINA, DINADO. V. Dinná, Dinnado.

DINAMOUNT, DINNAMOUNT, adv. comp. D'en haut. — CAST., *dindamount*.

DINAROUN, PROV., s. m. Petit dîner. — ETY., *diná*, dîner.

DINC, prép. Dans. V. Dins.

DINCO, DINCOS, CAST., GASC., prép. Jusque; *dinco que*, jusqu'à ce que. V. Dinque.

DINDA, v. n. Tinter. V. Tindá.

DINDAIROU, DINDAIROLO, PROV., adj. Retentissant, e; *boutico dindairolo*, boutique achalandée, où l argent tinte souvent. — ETY., *dindá*, tinter.

DINDANT, o, adj. Sonore. — ETY., *dindá*.

DINDAR, CÉV., s. m. Coq d'Inde, dindon, *Meleagris gallopavo*, oiseau de basse-cour de l'ordre des gallinacés. — SYN. *guindar.* — BITERR., *piot*; PROV., *dindas, gabre.* — ETY., *dindo*, dont *dindar* est la forme masculine.

DINDAS, PROV., s. m. Coq d'Inde. V. Dindar. Il signifie aussi grosse dinde. — ETY, augm. de *dindo*.

DINDAU, PROV., s. m. V. Lindau.

DIN-DE-CUÉISSO, CÉV, s. m. T. de boucherie, cimier, partie de la cuisse du bœuf ou du veau. — SYN. *molo*.

DINDIER, ÉRO, s m. et f. Dindonnier, ère, gardeur, gardeuse de dindons. — SYN. *dindounier.* — ETY., *dindo*.

DINDILHA, v. n. V. Tindá.

DIN-DIN, s. m. Son des petites cloches — BITERR., *tin-tin.* — ETY., onomatopée.

DINDO, s. f. Dinde, femelle du dindon. — SYN. *guindo*, f. a. — BITERR., *pivlo.* — ETY., d', pour *de*, *Indo*, Inde, patrie de cet oiseau.

DINDOU, BÉARN., s. m. Balancement du berceau. V. Dindouná.

DINDOULET, eto, PROV., adj. Grêle, faible.

DINDOULETO, PROV., s. f. Hirondelle. V. Hiroundèlo.

DINDOULIÈIRO, s. f. Herbe de l'hirondelle. V. Chelidoino.

DINDOULIER, CÉV., s. m. Jujubier, *Zizyphus vulgaris*, arbre de la fam. des frangulacées. — BITERR, *guindoulier*; PROV., *chichourlier, chinchourlier, chechier*; ITAL., *giuggiolo.*—ETY., les divers noms du jujubier sont des altérations de son nom arabe, *Zizouf*, d'où le lat. *Zizyphus*.

DINDOULO, CÉV., s. f. Jujube, fruit du jujubier. — BITERR, *guindoulo*; PROV., *chichourlo, chechoú*; ITAL., *giuggiola*.

DINDOULOUN, PROV., s. m. *Faire dindouloun*, croquer le marmot; regarder manger les autres sans prendre sa part du repas.

DINDOUN, s. m. Dindonneau; au fig. dupe, nigaud. — BITERR., *piot, motou.* — ETY., *dindo*.

DINDOUNA, B. LIM., v. a. (dindòuná). Branler, en parlant des cloches ; par ext., agiter, mouvoir, faire aller de çà et de là ; *se dindòuná*, v. r., se dandiner.

DINDOUNIER, s. m. V. Dindier.

DINDOURETO, s. f. Hirondelle. — SYN. *dindouleto*. V. Hiroundèlo.

DINÉ, GASC., s. m. V. Denier.

DINGUS, pron. ind. V. Degun.

DINGUT, udo, GASC., part. V. Degut.

DINIAIROLO, s. f. Tirelire. V. Denièirolo.

DINIÈIROLO, s. f. V. Denièirolo.

DINIER, s. m. V. Denier.

DINIER, B. LIM., s. m. Janvier. V. Janvier.

DINNA, v. n. DINAR, DINNAR, DISNAR, DIRNAR, dîner, prendre le principal repas du jour ; *lou dinná*, s. m., le dîner. — SYN. *diná, disná*. — CAT., *dinar* ; ITAL., *desinare, disinare*.

DINNADIS, isso, adj. Qui concerne le dîner ; *dejuná dinnadis*, déjeuner qui tient lieu de dîner ; *houro dinnadisso*, heure ordinaire de dîner. — ETY. *dinná*.

DINNADO, s. f. DINADA, DINNADA, DINNEA, dînée, grand dîner, dîner auquel assistent de nombreux convives ; lieu où les voyageurs s'arrêtent pour dîner; dépense de leur dîner. — CÉV., PROV., *dinado* ; ITAL., *desinata*. — ETY., s. part. f. de *dinná*.

DINNAIRE, s. m. Dîneur, celui qui dîne; celui qui recherche les invitations à dîner, parasite, grand mangeur. — PROV., *dinaire*. — ETY., *dinná*.

DINNE, o, adj. Digne. Il signifie, en outre, dans le dialecte toulousain, expert, adroit, capable. — CAT., *digne* ; ESP., PORT., *digno* ; ITAL., *degno*. — ETY. LAT., *dignus*.

DINNITAT, s. f. Dignité. — CAT., *dignitat* ; ESP., *dignidad* ; ITAL., *dignità*. — LAT., *dignitatem*.

DINQUE, AGEN., prép. Jusque. — SYN. *dinco, dincos, diquo, disquo, dinquios,*

dinquos, inquios, fin que. — ETY., altér. du lat. *usque*.

DINQUIOS, TOUL., CÉV., prép. V. Dinque.

DINQUO, **DINQUOS**, BÉARN., prép. V. Dinque.

DINS, prép., DINS, DINTZ, dans, à l'intérieur d'un lieu; avec; selon ; après, au bout de. — CÉV., *din* devant une consonne, *dins* devant une voyelle ; LIM., *di, din, dint* ; CAT., *dins* ; ESP., PORT., ITAL., *dentro*. — ETY. LAT., *de-intus*.

DINTRA, DINTRADO, V. Intrá, Intrado.

DINTRA, CAST., v. a. Relever une femme de couches.

DINTRE, PROV., adv. et prép. Dedans ; au travers de...

DIO, GASC., s. m. Jour. V. Die.

DIOLA, B. LIM., v. n. Geler ; *dialo ò pèiro fendre*, il gèle à pierre fendre. V. Gelá.

DIOS, GASC., adj. num. Deux. — SYN. *dos*.

DIOU, DIOUS, B. LIM., PROV., s. m. V. Diéus.

DIOUTE, s. m. V. Dénte.

DIOUENDRES, GASC., s. m. V. Divendres.

DIOUET, TOUL., s. m. Petit Dieu. — SYN. *dioutelet*. — ETY., dim. de *Diou*.

DIOUGRACI, PROV., s. f. Loisir.

DIOUGUDOMENT, CAST., adv. Dûment. — ETY., *diougudo*, et le suffixe *ment*.

DIOUGUT, udo, CAST., part. V. Degut.

DIOUNE, CÉV., s. m. Dieu. V. Diéune.

DIOURE, AGEN., v. a. Devoir. V. Déure.

DIOUS, CÉV., prép. Vers ; *dious la pradarié*, vers la prairie ; *dious-enpermier*, dès le commencement; *diousen-darnier*, en dernier lieu. V. Dau.

DIOUSSA, MONTP., s. f. Déesse, divinité. — ESP., *diosa* ; PORT., *deosa*. — ETY., *dious*. V. Divessa.

DIOUTELET, TOUL., s. m. Petit Dieu. Ce mot sert ordinairement à désigner l'Amour. — SYN. *diouet*. — ETY. dim. de *Diou*.

DIQUO, DISQUO, GASC., prép. Jusque. V. Dinque.

DIRE, v. a. DIR, DIRE, dire, exprimer, énoncer, faire entendre par la parole ou par écrit ; *acò vous fa boun dire*, vous en parlez fort à votre aise; *quand vaulres disès !* quand vous dites, ou c'est plus facile à dire qu'à faire; *qual vous a pas dich !* ne voilà-t-il pas ! *M'ou saupres à dire*, vous m'en direz des nouvelles ; *sap so què nè vol dire*, il sait ce qu'un vaut l'aune; *n'es pas per dire, mais...* Ce n'est pas pour me vanter, mais.... ; *quand l'urno vol dire*, quand on a la chance ; *sou-dis, dit-il* ; *be-me-digas coumo se carravo*, il fallait voir comme il se rengorgeait; *acò's coumo disió l'autre*, comme disait le proverbe ; *vol-à-dire, valent-à-dire*, c'est-à-dire ; *dire dè nou*, refuser ; *acò's pas de dire*, c'est une chose incroyable. — CAT., *dir* ; ESP., *decir* ; PORT., *dizer* ; ITAL., *dire*. — ETY LAT., *dicere*.

DIRE, PROV. , v. n. Produire beaucoup, en parlant des terres cultivées ; *a dich de blad aguest'an*, la récolte du blé a été abondante cette année ; *la fourtuno li dis*, la fortune lui sourit.

DIRE, s. m. Dire, ce qu'on avance, ce qu'on dit. *Al dire de cadun*, au dire de tout le monde ; *vol pas que sièguè lou dire*, il ne veut pas en convenir ; *es de dous dires*, il a deux paroles, son dit et son dédit ; *val pas lou dire*, cela n'en vaut pas la peine ; *entre lou fa e lou dire i a tres legos de cami*, entre la promesse et l'exécution, il y a trois lieues de chemin. — SYN. *dich*.

DIRGOUDEL, B.LIM., s. m. (dirgòudel), Jaquette, robe d'enfant. — SYN. *dirgòudou*. — ETY. ROMAN., *girbaudo*, *guirbaudo*, petit goujat.

DIRGOUDOU, B. LIM., s. m. (dirgòudou). V. Dirgoudel.

DIRIJA, v. a. DIRIGIR, diriger, régler, donner la direction.—CAT.,ESP., PORT., *dirigir* ; ITAL., *dirizzare*.— ETY. LAT., *dirigere*.

DIRIOUTO, B. LIM., s. f. Girouette. V. Giroueto.

DIRRÈIO, PROV., s. f. Diarrhée.—CAT., ESP., PORT., *diarrea*. — ETY. LAT., *diarrhœa*, de διάρροια.

DIS, prép. qui, comme *de* et *des* (*de ex*) marque le plus souvent division, écartement, retranchement, et qui est quelquefois aussi privative et négative, comme par exemple dans le mot *discredit*. — ETY. LAT., *dis*.

DISAVERT, o, PROV., adj. Écervelé, ée, dissipé, évaporé, étourdi, brouillon, querelleur.

DISCLA, B. LIM., v. n. SISCLAR, crier de toutes ses forces, jeter les hauts cris. — BITERR., *gisclá*.

DISOLE, B. LIM., s. m. SISCLE, cri perçant : *loulo lo nè o sembla un disole*, il a crié toute la nuit. — ETY., s. verb. de *disclá*.

DISCORD, s. m. DISCORDI, discord, désaccord ; adj., qui est en désaccord. — ETY., s. verb. de *discourdá*.

DISCORDO, s. f. DISCORDIA, discorde. — CAT., ESP., ITAL., PORT., *discordia*. — ETY. LAT., *discordia*.

DISCOUNFORME, o, CÉV., adj. V. Descounforme.

DISCOURDA, v. n. DESCORDAR, discorder, être en discorde, être discordant. — CAT., *discordar* ; ITAL., *discordare*. — ETY. LAT., *discordare*.

DISCREDIT, DISCREDITA, V. Descredit, Descreditá.

DISE, BÉARN., v. a. Dire ; *sa disou*, *sa ditz eth*, dit-il ; *sim digou*, me dit-il, *sit disèri ?* te dirais-je ? *que dic?* que dis-je ? *que diseren*, on dirait ; *dit*, e, part., dit, e. V. Dire.

DI-SEGUR, GASC., adv. comp. Sûrement. V. Segú, Segur.

DISÈIRE, s. m. Diseur, parleur. — ETY., *disc*, dire.

DISFORME, o, adj. Difforme. — CAT., ESP., *deforme* ; ITAL., PORT., *difforme*. — ETY. LAT., *difformis*

DISFORMITAT, s. f. DEFORMITAT, difformité, laideur. — CAT., *deformitat*, ESP., *deformidad* ; ITAL., *deformità*. — ETY., *disforme*.

DISGRACIA, **DISGRACIÉUS**, **DISGRACIO**, v. Desgraciá, etc.

DISNA, v. n. V. Dinná.

DISOUNDRÁ, **DISOUNRA**, v. a. V. Deshoundrá.

DISPAREGHE, **DISPARÈISSE**, **DISPARÈIXE**, **DISPARESTRE**, v. n, V. Desparèisse.

DISPARÈISSUT, **DISPARESCUT**, udo, part. Disparu, e. — Syn. *desparescut.*

DISPARICIÉU, **DISPARICIOUN**, s. f. V. Despariciéu.

DISPARITAT, s. f. Disparitat, disparité, inégalité. — Cat., *disparitat*; esp., *disparidad*; ital., *disparità*. — Ety., *dis*, préf., et *paritat*.

DISPAUSA, v. a. Dispausar, disposer, arranger, mettre dans un certain ordre, préparer; v. n., faire de quelque chose ou de quelqu'un ce que l'on veut; aliéner par vente ou donation; *se dispausá*, v. r., se disposer, se préparer à. — Syn. *dispousá*. — Cat., *disposar*. — Ety., *dis*, préf., et *pausá*, poser.

DISPENSA, v. a. Dispensar, dispenser, départir, distribuer, exempter. — Cat., esp., port., *dispensar*; ital., *dispensare*. — Ety, lat., *dispensare*.

DISPENSO, s. f. Dispense, exemption. — Esp., port., ital., *dispensa*. — Ety., s. verb. de *dispensá*.

DISPERSA, v. a. Disperger, disperser, répandre, jeter çà et là, dissiper. — Cat., *dispergir*; ital., *dispergere*. — Ety. lat., *dispersum*, supin de *dispergere*.

DISPOUSA, prov., v. a. V. Dispausá.

DISPUTA, v. a. et n. Disputar, disputer, contester; *se disputá*, v. r., se quereller, être en contestation. — Cat., esp., port., *disputar*; ital., *disputare*. — Lat., *disputare*.

DISPUTAIRE, s. m. Disputaire, disputeur. — Esp., port., *disputador*; ital., *disputatore*. — Ety., *disputá*.

DISPUTO, s. f. Disputa, dispute, contestation. — Cat, esp., port., ital., *disputa*. — Ety., s. verb. de *disputá*.

DISSADE. B. lim., s. m. V. Dissate.

DISSANDO, dauph., s. m. V.

DISSATE, s. m. Dissapte, samedi, septième jour de la semaine. — B. lim., *dissade*; gasc., *dichatte*; prov., *dissato*; cat., *dissapte*; [esp., *sabado*; port., *sabbado*; ital., *sabato*. — Ety. lat., *dies sabbati*.

<small>Jamai dissate sens soulel
Ni femn véusoo sens counsel.</small>

<small>Pro.</small>

DISSESTRE, cast., s. m. L'autre jour. — Cév., *distre*. — Ety., *dis* pour *dies*, jour, et *estre*, altér. de *autre*, autre.

DISSIPA, v. a. Dissipar, dissiper, écarter, consumer par des profusions, distraire; *se dissipá*, v. r., se dissiper, être dissipé, se distraire; disparaître. — Cat., *dissipar*; esp., *disipar*; ital., *dissipare*. — Lat., *dissipare*.

DISSIPAIRE, **DISSIPATOU**, **DISSIPATOUR**, s. m. Dissipayre, dissipateur, prodigue — Cat., *dissipator*; esp., port., *desipador*; ital., *dissipatore*. — Ety. lat., *dissipatorem*.

DISSOUDA, **DISSOUTA**, v. a. V. Dessoutá.

DISTINGA, v. a. Distinguir, distinguer. — Syn. *destingá*. — Cat., *distingir*; esp., port., *distinguir*; ital., *distinguere*. — Ety. lat., *distinguere*.

DISTILLA, v. a. Distiller, soumettre à la distillation; au fig. répandre, épancher; v. n., dégoutter. — Syn. *destinglá*, f. a. — Esp., *destillar*; ital., *distillare*. — Ety. lat., *distillare*.

DISTILLAIRE, **DISTILLATOUR**, s. m. Distillateur. — Esp., *destilador*; port., *destillador*; ital., *distillatore*. — Ety., *distillá*.

DISTRACCIÉU, **DISTRACCIOUN**, s. f. Distraction, séparation d'une partie d'avec son tout; inapplication, ce qui délasse ou distrait l'esprit. — Esp., *distraccion*; ital., *distrazione*. — Ety. lat., *distractionem*.

DISTRACH, o, part. Distrait, e. — Esp., port., *distrahido*.

DISTRAIRE, v. a. Distraire, distraire, séparer une partie d'un tout; amuser, divertir; *se distraire*, v. r., se distraire, se désennuyer. — Cat., *distraurer*; esp., *distraer*; ital., *distraere*. — Ety. lat., *distrahere*.

DISTRE, cév., s. m. L'autre jour. V. Dissestre.

DISTRIGA, prov., v. a. Tourmenter, presser quelqu'un pour le faire travailler, lui donner de l'occupation, de la sollicitude, du trouble ; *distrigat, ado*, part.. très-pressé, ée. très-occupé, inquiet, troublé.

DIT, toul., s. m. Doigt. V. Det.

DIT, toul., s. m. Dit, dig, dit, mot, parole ; *de fait e de dit*, aussitôt dit, aussitôt fait. — Syn. *dich, dicho, dito*. — Anc. cat., *dit* ; esp., port., *dito* ; ital., *detto*. — Ety. lat., *dictum*.

DITA, cast., v. a. Jeter, V. Gitá.

DITCHAU, DITJAUS, gasc., s m. Jeudi. V. Dijòus.

DITJA, gasc.. adv. V. Dejà.

DITO, s. f. Dicha, le dire, ce qu'on dit, ce qu'on a dit ; *en dito d'un tal*, au dire d'un tel ; toul., cév., chance, succès, débit, cours, enchère : *avé bouno dito*, avoir bonne chance ; *acò n'a pas de dito*, cela n'a point de débit ; *tirá un autre de dito*, couvrir l'enchère d'un autre. — Ety., *dit*, du lat. *dictum*.

DITOU, agen., s. m. Petit doigt. — Ety. dim. de *dit*. V. Detoú.

DITTA, v. a. V. Dictá.

DITTAL, toul., cév., s. m. Dictum, sentence, maxime ; dispositif d'un jugement. — Ety., *dittá* pour *dictá*, dicter, prononcer.

DITYAUS, béarn., s. m. Jeudi. V. Dijòus.

DIU, béarn., s. m. Dieu ; *Diu de you*, interj. Dieu de moi ! oh, mon Dieu ! V. Diéus.

DIUDIN, béarn., s. m. Personne, nul. V. Degus.

D'IEUÈI-EN-FORO, cév., loc. adv. Dorénavant.—Ety., *d'*, prép,. de, *ieuèi*, aujourd'hui, *en foro*, en dehors, en avant.

DIUÈLHO, cév., s. f. Douille. V. Doulho.

DIUGUT, udo, part. de *diure*. Dû, due. V. Degut.

DIURE, toul., querc., v. a. Devoir. V. Dóure.

DIUS, agen., s. m. V. Diéus.

DIUTE, s. m. V. Déute.

DIVA, montp., s. f. Déesse. — Ety. lat., *diva*, m. sign. V. Divesso.

DIVAGA, v. n. Divaguer, aller de côté et d'autre ; au fig. s'écarter de l'objet d'une question ; extravaguer. — Syn. *dèivagá, desvagá*. — Esp., port., *vagar* ; ital., *vagare*. — Ety. lat., *divagari*.

DIVAGA, prov., v. a. Tourmenter, inquiéter ; *se divagá*, v. r., se tourmenter, se troubler, se désoler.

DIVAGACIÉU, s. f. Divagation. — Ety., *divagá*.

DIVAGADO, s. f. Extravagance ; chose hors de saison ; *à la divagado*, à la désespérée, avec précipitation, en désordre. — Ety., *divagá*.

DIVAGAT, ado, part. Qui divague ; s. et adj., étourdi, étourdie, écervelé.

DIVENDRES, s. m. Divendres, divennes, vendredi, le sixième jour de la semaine. — Gasc., *dibes, diouendres* ; béarn., *dibees* ; cat., *divenres* ; esp., *viernes* ; ital., *venerdi*. — Ety. lat.. *dies Veneris*.

Lo dijous lo dig nom conquer
Del planeta dig Jupiter,
E divendres de la Venus.
Brev. d'Amor.

DIVERS, o, adj. Divers, divers, e, différent, dissemblable. — Esp., port., *diverso* ; ital., *diversus*. — Ety. lat., *diversus*.

DIVERSIFIA. v. a. Diversificar, diversifiar, diversifier, varier, changer de plusieurs façons. — Esp., *diversificar* ; ital., *diversificare*. — Ety., *divers*, et *fiá*, faire, rendre.

DIVERSITAT, s. f. Diversitat, diversité, variété, différence. — Esp., *diversidad* ; port.. *diversidade* ; ital., *diversità*. — Ety. lat., *diversitatem*.

DIVERTI, v. a. Divertir, détourner, distraire ; amuser, réjouir, récréer ; *se diverti*. v. r., se divertir, prendre du plaisir. — Esp., port., *divertir* ; ital., *divertire*. — Ety. lat., *divertere*.

DIVERTISSAMENT, s. m. Divertissement, récréation, plaisir. — Syn. *divertissiment*. — Ety., *diverti*.

DIVERTISSIMENT, s. m. V. Divertissament.

DIVESSO, PROV., s. f. DEUESSA, DIUESSA, déesse. — SYN. *dioussa, diva*. — ETY. LAT., *diva*.

DIVIN, o, adj. DEVIN, DIVIN, divin, e, au fig. excellent, parfait. — ESP., PORT., ITAL., *divino*. — ETY. LAT., *divinus*, divin.

DIVINISA, v. a. Diviniser; au fig. exalter outre mesure. — ESP., PORT., *divinisar*; ITAL., *divinizzare* — ETY., *divin*.

DIVINITAT, s. f. DIVINITAT, divinité, essence, nature divine, Dieu. — ESP., *divinidad*; PORT., *divinidade*; ITAL., *divinità*. — ETY. LAT., *divinitatem*.

DIVINOMENT, adv. Divinement, d'une manière divine; au fig. excellemment. — ESP., PORT., *divinament*. — ETY., *divin*, o, et le suffixe *ment*.

DIVISA, v. a. DEVEZIR, DIVIDIR, diviser, partager; au fig. désunir, mettre en discorde; *se divisá*, v. r., se diviser, se séparer; n'être pas de même opinion. — ANC. CAT., *divisir*; ESP., PORT., *dividir*; ITAL., *dividere*. — ETY. LAT., *divisum*, supin de *dividere*.

DIVISIÉU, s. f. DEVISION, DEVEZIO, division, séparation, partage; au fig. désunion, mésintelligence. — CAT., *divisió*; ESP., *division*; ITAL., *divisione*. — ETY. LAT., *divisionem*.

DIVO, PROV., s. f. V. Divesso.

DIVORSO, s. f. DIVORSIS, divorce. — ESP., PORT., *divorcio*; ITAL., *divorzio*. ETY. LAT., *divortium*.

DIVOURSA, v. n. Divorcer. — ETY., *divorso*.

DIVULGA, v. a DIVULGAR, divulguer, rendre public. — CAT., ESP., PORT., *divulgar*; ITAL., *divolgare*. — ETY. LAT. *divulgare*.

DIXIÈME, o, adj. num. V. Dechième.

DIZANIO, B. LIM., s. f. V. Zizanio.

DIZENO, s. f. Dizaine; B. LIM., *dire sas dizenas*, dire son chapelet. — SYN. *dezeno*. — ETY., *dez*, dix.

DO, ARIÉG., s. m. Deuil. V. Dol.

Es arbes porton DO dech bech tems qu'ey passach;
Ero houelho que cay, ech camin n'ey soustrach.
VICTOR CASES, de St-Bertrand.

Les arbres portent le deuil du beau temps qui est passé; la feuille tombe, le chemin en est caché.

DOBOLA, DOBOLADO, QUERC., V. Davalá, Davalado.

DOBONTAL, QUERC., s. m. Tablier. V. Davantal.

DOBOUCHOU, B. LIM., adv. V. Abouchoun.

DOBOURO, B. LIM., adv. ABORAS, de bonne heure. V. D'houro.

DOGO, CAST., s. f. Daube, manière d'apprêter certaines viandes. — ETY., altér. du français *daube*, qui vient de l'anc. All. *dublan*, frapper.

DOGOU, DOGOUL, s. m. Dogue, chien dogue. — ESP., PORT., *dogo*, — ETY. ANGL., *dog*, chien.

DOI, CARC., adj. numér. Deux.—SYN. Dous. V. ce mot.

DOILH, GASC., s. m. V.

DOL, s. m. DOL, deuil, vêtements de deuil; profonde tristesse causée par la perte de quelqu'un ou par une grande calamité; *n'ai fach moun dol*, j'en ai fait mon deuil, je ne m'en inquiète plus. — ARIÉG., *do*; CÉV., *dòu*; CAT., *dol*; ESP., *duelo*; ITAL., *duolo*, — ETY., s. verb. de *dole*, du lat. *dolere*, douloir.

DOLDRE (Se). CAST., v. r. V.

DOLE (Se), v. r. DOLER, se douloir, se plaindre parce que l'on souffre, ressentir de la douleur: *la cambo me dol*, je souffre de la jambe; *n'i a pas à dire lou det me dol*, il n'y a pas moyen de rechigner.—SYN. *doldre, doloirá, dolre, dorre, dourre, endole*. — CAT., *dolrer, doldrer*; ESP., *doler*; PORT., *doer*; ITAL., *dolere*. — ETY. LAT., *dolere*.

De so qu'uel nouu vei, cor uoun DOL.
PRO.

Femno ris, femno se DOL,
Femno plouro, quand ou vol.
PRO.

DOLHA, DOLHAIRE, QUERC. V. Dalhá, Dalhaire.

DOLOIRA, v. n. V. Dole.

DOLRE (Se), v. r. V. Dole.

DOLSO, s. f. Dolsa, gousse, cosse des fèves, pois, lentilles, vesces, etc. — Cév., *golso, bezegno*; prov., *dousso*; gasc., *gosso*; b. lim., *dorso*.

DOME, toul., s. m. Homme; d'après Doujat, ce mot s'emploie devant une voyelle; on dit *paure dome*, pour *paure home*. — Ety., altér. de *home*.

DOMONDA, querc., v. a. V. Demandá.

DOMONTAL, querc., Tablier. V. Davantal.

D'OMOUNT, b. lim., adv. de lieu. De là haut; *d'amount-d'oval*, de haut en bas, sens dessus dessous. — Ety., *d'*, pour *de*, prép., et *omount* pour *amount*, là-haut.

DONDIÈIROU, b. lim., adj. V. Dongièirou.

DONDIER, b. lim., s. m. V. Dongier.

DONGIÈIROU, so, b. lim., adj. (dondzièirou). Dangereux, euse. V. Dangièirous.

DONGIER, b. lim., s, m. (dondzier). Danger; *e dongier que plevo*, il est à craindre qu'il ne pleuve; il signifie aussi dégoût, répugnance extrême; *oco me fai dongier*, cela me répugne. — Syn. *dondier*. V. Dangier.

DONE, béarn., s. f. Dame. V. Dono.

DONNOVENT, b. lim. s. m. Trou pratiqué dans les murs des granges, des étables, etc., pour donner passage à l'air. — Ety., *donno*, qui donne, *vent*, du vent.

DONO, s. f. Dona, dompna, dame, femme en général, la maîtresse d'une maison. — Béarn., *done*; cat., esp., port., *dona*; ital., *donna*. — Ety. lat., *domina*.

DONO, s. f. Narcisse des poëtes. V. Alédo.

DOPAS, querc., adv. A petits pas, lentement. V. Dapas.

Erem dex coumpagnous coubidats à la festo,
Que nc toumberem bé quatre canons per testo;
Los filhos, col tout dire, ou preniou pu DOPAS,
Mais per oço, besès, cap l'escupissió pas.

PEYROT.

DOPAUTAS, b. lim., adv. A quatre pattes; *marchá dopautas*, marcher à quatre pattes. — Ety., *do*, prép., de, avec, et *pautas*, pattes.

DOPOSSET, querc., adv. A petits pas. — Ety., dim. de *dopas*. V. Dapasset.

DOR, cév., prép. Vers. V. Dau.

DORCHI, dauph., s. m. Dos; *virié dorchi*, tourner le dos; *regardá dorchi*, regarder de travers. — Ety. lat., *dorsum*.

DORDOGNOU, so, b. lim., adj. Dédaigneux, euse. V. Desdegnous.

DOREC, querc., adv. De suite. — Biterr., *darrèu*.

DORÈI, lim., s. m. Derrière: *no porto de dorèi*, une porte de derrière. — Syn. *orèi*. V. Darré.

DORGNO, b. lim., s. f. Bouchon, inégalité et grosseur qui se trouve dans le fil; pustule sur la peau, enflure.

DORGUÉ, cév., s. m. Oronge. V. Doumergal.

DORLHADO, b. lim., s. f. Labour que peut faire une paire de bœufs sans qu'on les détèle. — Biterr., *juncho*.

DORMO, prov., s. f. Sommeil. — Ety., s. verb. de *dourmi*.

DORMO-DRECH, s. m. Indolent, personne qui semble toujours endormie. — Syn. *duerme-dré*. — Ety., *dormo*, qui dort, *drech*, debout.

DOROJA, b. lim., v. a. (dorodzà). Arracher. — Syn. *deregá*.

DORRE (Se), v. r. V. Dole.

DORS, béarn., s. m. Dos. — Ety. lat., *dorsum*.

DORSENOVANT, b. lim., adv. Derenan, desenan, dorénavant, désormais.

DORSO, b. lim., s. f. Gousse; *dorso d'alh*, gousse d'ail. V. Dolso.

DOS, adj. num., s. f. p. Dous, deux. V. Dous.

DOSEM, b. lim., s. f. Nom commun au genêt épineux et à l'ajonc. V. Arjalas.

DOSENO, b. lim., s. f. Genêt épineux; ajonc; lande où croissent ces arbrisseaux. V. Dosem.

DOSSO, s. f. Gousse. V. Dolso.

DOT, s. f. Dot, dot, bien qu'une femme apporte en mariage; ironiquement, *recounèisse la dot de sa fenno;* battre sa femme. — Syn. *berquièiro*, — Prov., *doto*; esp., ital., *dole*. — Éty. lat., *dotem*.

DOTO, prov., s. f. V. Dot.

DOTZE, nom de nombre. V. Douche.

DOU, dauph., s. m. Fiel de bœuf, de veau, de mouton, etc.

DOU, b. lim., s. m. Ravin, ravine, excavation faite par les grandes pluies dans les terrains en pente.

DOU, cév., s. m. (dòu), béarn., *doũ*. V. Dol.

DOU, prov., art. masc. du génitif, (dóu), Du, pour de le. V. Del.

DOUA, b. lim., s. m. V. Dougat.

DOUAS, b. lim., adj. f. p. Deux. V. Dos.

DOUAT, cév., s. m. V. Dougat.

DOUBA, lim., v. a. Arranger, assaisonner. V. Adoubá.

DOUBADOUR, prov., s. m. Abattoir. V. Adoubadour.

DOUBERT, o, part. de *doubri*. Ouvert, e, franc, sincère.

DOUBLA, v. a. et n. Doblar, doubler, mettre en double; ajouter une doublure; fausser, tortuer, *doublá uno clau*, doubler une clef; *doublá un clavel*, tortuer un clou; *doublá quauqu'un*, rosser quelqu'un; *se doublá*, v. r., doubler de volume, de taille, se plier en double. — Cat. esp., *doblar*; ital., *doppiare*; port., *dobrar*. — Éty., *double*.

DOUBLAU, agen., s. et adj. V. Doublenc.

DOUBLE, o, adj. Doble, double, qui vaut, qui pèse, qui contient une fois autant; il s'emploie aussi substantivement, *pariá double contro simple*, parier deux contre un. — Cat., esp., *doble*; port., *dobro*; ital., *doppio*. — Éty., *duplus*.

DOUBLE, s. m. Charrue tirée par deux mules; on dit *laurá al double* par opposition à *laurá al fourcat*, qui signifie, labourer avec une seule mule attelée à une charrue à brancard. — Cév., *doublés, doublis*.

DOUBLEGA, béarn., v. a. Doubler, plier en deux; courber. — Esp., *doblegar*. — Éty., fréq. de *doublá*, ou le lat. *duplicare*.

DOUBLENC, o, s. et adj. Mouton ou brebis, bouvillon ou génisse âgés de deux ans. — Agen., *doublau*. — Éty., *double*.

DOUBLÉS, cév., s. m. Charrue tirée par deux mules. V. Double.

DOUBLI, prov., s. m. V. Doublis.

DOUBLIDA, cast., toul., v. a. V. Oublidá.

DOUBLIDOUS, ouso, cast., adj. Oublieux, euse. — Altér. de *oublidous*.

DOUBLIÈIRO, cast., s. f. Habits, provisions en double que possède une personne. — Éty., *double*.

DOUBLIS, prov., s. m. Antenne des moulins à vent; charrue tirée par deux mules. V. Double.

DOUBLIT, cast., s. m. Oubli.

DOUBLO-FUELHO, toul., s. f. Orchis à deux feuilles, *Orchis bifolia*, plante de la fam. des Orchidées.

DOUBLOUN, prov., s. m. Cocon qui renferme deux vers à soie, cocon double. — Éty., *double*.

DOUBRI, v. a. Ouvrir. — Prov., *durbi*; ariég., *drebi*. — Éty. lat., *deaperire*, découvrir. V. Oubri.

DOUBO, s. f. Douve, douelle. V. Dougo.

DOUCET, o, adj. Dosset, doucet, ette, doucereux. — Esp., *dulcillo*; ital., *dolcetto*. — Éty., dim. de *dous*, doux.

DOUCET, cév., s. m. Espèce de raisin blanc à grains séparés.

DOUCET, prov., s. m. Aphyllante jonciole. V. Bragalou.

DOUCETO, s. f. Doucette, mâche, chuguette, *Valerianella olitoria*, plante de la fam. des valérianées, qu'on mange en salade; même nom; la valérianelle naine, *Valerianella pumila*, de la même famille; on donne à Montpellier le nom de *doucela* au miroir de Vénus, *Campanula speculum*, plante de la fam. des campanulacées. — Syn. *caurello*, *grasselo*, *grèisselo*; noms communs aux deux espèces de valerianelles.

DOUCETOMENT, adv. Dolzettamen, très-doucement, avec beaucoup de précaution. — Ety., *doucelo* et le suffixe *ment*.

DOUCHE, nom de nombre, Dotze, douze. — Syn. *douge*, *doutze*. — Cat., *dolse*; Esp., *doce*; Port., *doze*; Ital., *dodici*. — Ety. lat., *duodecim*.

DOUCHENO, s. f. Dotzena, douzaine, nombre de douze, assemblage de choses de même nature au nombre de douze : *uno doucheno de pastissous*, une douzaine de petits pâtés. — Syn. *dougeno*, *doutzeno*. — Cat., *dolsena*; Esp., *dozena*; Port., *duzia*; Ital., *dozzina*. — Ety., *douche*.

DOUCHIÈME, o, adj. num. ord. Dozen, dotzen, douzième; *lou douchième*, s. m., le douzième, la douzième partie d'une chose. — Syn. *dougen*. — Esp., Port., *doceno*; Ital., *dodicesimo*. — Ety., *douche*.

DOUCILE, o, adj. V.

DOUCILLE, o, adj. Docile. — Esp., Port., *docil*; Ital., *docile*. — Ety. lat., *docilis*. V. l'observation sur le mot *Debille*.

DOUCILLITAT, s. f. Docilité. — Esp., *docilidad*; Port., *docilidade*; Ital., *docilità*. — Ety. lat., *docilitatem*.

DOUCINAS, s. m. V. Doussagno.

DOUCINAS, **DOUCINÈU**, **DOUCINOUS**, adj. V. Doussas.

DOUDIC, gasc., s. m. Boudin.

DOUDINA, prov., v. a. (doudinà). Dorloter, traiter délicatement et avec complaisance; *se doudinà*, v. r. se dodiner, se dorloter.

DOUÈLO, cév., s. f. Douelle, coupe de pierres pour une voûte; volige, planche très-mince de bois de sapin; douve, douelle. V. Dougo. — Ety. b. lat., *doela*, de *doga*, douve.

DOUER, prov., s. m. V. Dol.

DOUERGO, prov., s. f. V. Dourgo.

DOUES, prov., adj. V. Dous.

DOUESSO, prov., s. f. Gousse. V. Dolso.

DOUGAN, cév., s. m. Douvain, merrain, tout bois refendu propre à faire des douves; il signifie aussi berge, rivage. — Ety. roman., *douga*, douve,

DOUGAT, cév., s. m. Dogua, canal, conduit, aqueduc; puisard pour recevoir les eaux pluviales. — Syn. *doua*, *douat*. — Biterr., *touat*, f. a. — Ety. b. lat., *doga*, conduit.

DOUGE, adv. num. V. Douche.

DOUGEN, o, adj. Douzième. V. Douchième.

DOUGENO, prov., s. f. Douzaine. V. Doucheno.

DOUGUO, s. f. Dogua, douve, douelle; fossé d'un mur de ville ou d'un château, talus de ce fossé; chemin qui le borde autour d'une ville; berge, quai; *douguos de la bugado*, douelles ou planches qu'on fixe autour d'un cuvier pour en augmenter la capacité; on dit d'un homme qui a mangé tout son bien : *a manjat founds e douguos*, il a mangé le fond et les douelles. — Syn. *douvo*, *douio*. — B. lim., *doujo*; Ital., *doga*, *dova*. — Ety. lat. *doga*, vase, coupe, du grec δοχαων, réservoir d'eau.

DOUI, prov., adj. num. Deux; fém. *doues*. V. Dous.

DOUIO, s. f. V. Douguo.

DOUIRA, v. a. Frapper à coups redoublés; il se dit surtout de l'action du boucher qui frappe avec un bâton l'animal qu'il vient d'égorger, afin d'en détacher la peau; b. lim., maçonner, travailler grossièrement.

DOUIRA, b. lim., part. *Home mal douira*, homme mal fait; mal habillé.

DOUIRE, cév., s. m. Jarre à huile; prov., broc. V. Doulhou.

DOUJO, b. lim., s. f. (doudzo). Douve. V. Douguo.

DOULA, b. lim., v. a. Dolar, Doler, blanchir et unir le bois avec la doloire; au fig. battre à tour de bras, rosser, étriller. — ANC. CAT., ESP., *dolar.* — ETY. LAT., *dolare.*

DOULADÈRO, GASC., s. f. Doloire, outil de charpentier.

DOULÉ (Se), PROV., v. r., Se plaindre, V. Dole.

DOULÈIROUS, o, adj. V. Doulourous.

DOULENT, o, adj. Dolent, e, qui souffre et se plaint, triste, plaintif. — ESP., *doliente* ; PORT., *doente* ; ITAL., *dolente.* — ETY. LAT., *dolentem.*

DOULH, PROV., s. m. Vase de terre à cou étroit et large ventre où l'on conserve l'huile. — ETY. LAT., *dolium.*

DOULHET, eto, adj. Douillet, ette, délicat, qui ne peut souffrir la moindre incommodité ; en parlant des choses, doux, mollet, tendre, moelleux. — ETY. LAT., *ductilis*, qui se manie aisément.

DOULHETA, v. a. Traiter douillettement, dorloter. — ETY., *doulhet.*

DOULHO, s. f. Douille, partie creuse et cylindrique d'un instrument destinée à recevoir un manche, ou à s'adapter à un autre corps ; LIM., tige, *petite doulho*, petite tige. — SYN. *diuèlho, duèlho.* — ETY. D. LAT., *ductile*, gouttière.

DOULHO, PROV., s. f. Safran printanier. — SYN. *nilho*; c'est aussi le nom du colchique d'automne ou safran bâtard. V. *Bramo-vaco.*

DOULHOU, s. m. Pot de terre avec une anse et un bec, destiné à recevoir du vin, avec lequel les gens de la campagne boivent à la régalade. — ETY. LAT., *dolium*, vaisseau à mettre du vin.

DOULIBRE, PROV., adj. Lourdaud, imbécile.

De pensa coumo acò ic plai
Chascun déu estre libre ;
Aquòu que dis qu'es pas verai
Es un famous DOULIBRE.

A. MIQUÈU, *Lou Flasquet.*

DOULIN-DOULAN, B. LIM., s. m. (doulin-dôulan). Balancement, mouvement par lequel un corps penche tantôt d'un côté, tantôt de l'autre. — SYN. *balin-balan, balandrin-balandran.*

DOULIO, PROV., s. f. Lambeau, chiffon, petit morceau ; au fig. pauvreté, misère ; *toumbá en doulio*, être réduit à la mendicité, tomber en ruine. — SYN. *dourilho.*

DOULOU, s. f. V. Doulour.

DOULOUIRA (Se), v. r. DOLOYRAR, se douloir. V. Dole.

DOULOUR, s. f. DOLOR, douleur, souffrance, affliction ; *doulours*, s. f. p., rhumatisme. — ESP., *dolor* ; PORT., *dor* ; ITAL., *dolore.* — ETY. LAT., *dolorem.*

DOULOUROUS, o, adj. DOLOIROS, DOLOROS, douloureux, euse, qui cause de la douleur ; qui exprime la douleur. — SYN. *doulèirous.* — ESP., ITAL., PORT., *doloroso.* — ETY. LAT., *dolorosus*, de *dolor*, douleur.

DOULOUROUSOMENT, adv. DOLOROSAMEN, douloureusement avec douleur, d'un ton douloureux. — ESP., PORT., ITAL., *dolorosamente.* — ETY., *doulourouso* et le suffixe *ment.*

DOUMA, DOUMAN, CÉV., GASC., adv. V. Demà.

DOUMAA, BÉARN. V. Demà.

DOUMACI, PROV., adv. (doumaci). Grâce à Dieu ; assurément ; *doumaci tu*, grâce à toi ; *doumaci que*, conj., parce que, attendu que, d'autant plus, d'au mieux.

DOUMAISEL, DOUMAISELET, DOUMAISELOTO, DOUMAISELUN, V. Damaisel, Damaiseleto, Damaiselun.

DOUMAISELENCO, CÉV., s. f. Grisette qui prend les airs et l'ajustement d'une demoiselle. — ETY., *doumaisèlo.*

DOUMAJA, v. a. Nuire, causer du dommage, faire du dégât ; endommager. — SYN. *daumajá.* — ETY., *doumage.*

DOUMAJE, s. m. Dommage, préjudice, perte ; *es doumage*, c'est dommage. — SYN. *daumaje.*

DOUMÈISEL, DOUMÈISELET, DOUMEISÈLO, DOUMÈISELUN, V. Damaisel, Damaisèlo, Damaiselun.

DOUMÈISELETO, s. f. Petite ou jeune demoiselle ; *doumèiseletos*, très-petites épingles. V. Damaiseleto.

DOUMEISÈLO, b. lim., s. f. Cylindre d'étain qu'on remplit d'eau bouillante et qu'on met dans le lit pour chauffer les pieds ; poignées de chanvre, de lin, de blé-sarrasin qu'on dresse pour les faire sécher. Il a en outre les acceptions de *damaisèlo*. V. ce mot.

DOUMEJE, o, adj. Domesque, domestique, privé, apprivoisé, en parlant des animaux ; c'est l'opposé de sauvage ; *herbo doumejo*, herbe bonne pour les bestiaux, nourrissante ; cast., *aubre doumeje*, arbre greffé ; b. lim., *boi doumeje*, bois de chauffage, autre que celui du châtaignier ; b. lim., s. m., domestique. — Syn. *doumesche*. — Ety. lat., *domesticus*.

DOUMENGAL, s. m. Oronge. V. Doumergal.

DOUMENGE, s. m. Dimanche. V. Dimenche.

DOUMENGE, s. m. Oronge. V. Doumergal.

DOUMENTRE, cév., adv. Domentre, pendant, tandis, en attendant ; *doumentre que*, pendant que. V. Dementre.

DOUMERGAL, cév., s. m. Oronge, champignon, *Agaricus aurantiacus* ; avant son entier développement on l'appelle *jaune d'iòu, coucou*. — Syn. *doumengal, doumergol, doumenge, roumanel, dorgué, endorgué, dounegal*.

DOUMERGOL, s. m. V. Doumergal.

DOUMESCHE, o, b. lim., adj. V. Doumeje.

DOUMESTICA, v. a. Domesgar, domesjar, rendre domestique, moins farouche, moins sauvage, apprivoiser. — Ety., *doumestico*.

DOUMESTIQUE, ico, adj. Domesteque, domestic, domesque, domestique, qui est de la maison, qui a rapport au ménage ; il se dit des animaux qui vivent dans la demeure de l'homme ; s. m. et f., tout serviteur à gages. — Cat., *domestic* ; esp., ital., *domestico*. — Ety. lat., *domesticus*.

DOUMICILE, DOUMICILLE, s. m. Domicili, domicile, lieu où chacun a son habitation ordinaire, son principal établissement. — Cat., *domicili* ; esp., ital., port., *domicilio*. — Ety. lat., *domicilium*.

DOUMINA, v. n. Dominer, commander souverainement ; v. a., exercer de l'empire, de l'influence ; être plus élevé. Esp., port., *dominar* ; ital., *dominare*. — Ety. lat., *dominari*.

DOUMINACIÉU, DOUMINACIOUN, s. f. Dominatio, domination. — Esp., *dominacion* ; ital., *dominazione*. — Ety. lat., *dominationem*.

DOUMINATOU, DOUMINATOUR, s. m. Dominateur, celui qui domine. — Ety., *douminá*.

DOUMINICA, toul., v. a. Dominer, maîtriser ; par ext., gourmander. — Fréq., do *douminá*.

DOUMINICATURO, cév., s f. Dominicatura, domaine d'un curé de campagne attaché à la cure. — Ety., *douminicá*.

DOUM-MAI, DUON-MAI, prov., adv. de quantité. Plus, au plus ; *doum-mai parlo, au mens l'escouti*, plus il parle moins je l'écoute. — Syn. *al mai, au mai*.

DOUMTA. v. a. Dompdar, domptar domtar, dompter, subjuguer ; assujétir un animal sauvage. — B. lim., biterr., gasc., *doundá* ; cat., esp., port., *domar*, ital., *domare*. — Ety. lat., *domilare*, fréq. de *domare*.

DOUMTAIRE, s. m. Dompteur, celui qui dompte, celui qui assujétit les animaux sauvages. — Ety., *doumtá*.

DOUN, s. m. Don, don, présent, libéralité, gratification. — Cat., *do* ; esp. *don* ; port., *dom* ; ital., *dono*. — Ety. lat., *donum*.

DOUN, béarn., pron. V. Dount.

DOUNA, v. a. Donar, donner, faire un don ; livrer, remettre, confier, céder ; offrir ; accorder ; *douná l'aiguo à un mainage*, ondoyer un enfant ; *i douná las cambos*, le tirer du maillot ; *douná la retirado*, donner à coucher ; *crezi que m'òu dounat quicon*, je crois qu'on m'a jeté un sort ; *douná la bugado*, couler la lessive ; *douná*, v. n. fléchir en parlant d'un chevron, d'une poutre ; éclairer en parlant du soleil ou de la lune ; *se douná*, v. r., se dévouer à quelqu'un, lui donner toute sa fortune à la charge d'être logé et entretenu ; *se douná dins un houstal*, fréquenter une maison, y être presque toujours; B. LIM., *se douná*, faire donation universelle de ses biens. — SYN. *dourá*, f. a. — ESP., *donar*; PORT., *doar*; ITAL., *donare*. — ETY. LAT., *donare*.

DOUNACIÉU, **DOUNACIOUN**, s. f. DONATIO, donation, don qui se fait par acte public. — CAT., *donació*; ESP., *donacion*; ITAL., *donazione*. — ETY. LAT., *donationem*.

DOUNADO, s. f. DONADA, donnée, base, aperçu ; endroit propre à jeter la boule pour la faire approcher du cochonnet. — ETY., s. part. f. de *douná*.

DOUNAIRE, O, **DOUNARELLO**, s. m. et f. DONAIRE, donneur, euse, libéral, généreux. — SYN. *dounet*. — CAT., *donador*; ESP., PORT., *dador*; ITAL., *datore*. — ETY., *douná*.

DOUNA-TENDRI, PROV. V. Tendrin.

DOUNATOU, **DOUNATOUR**, PROV., s. m. DONATOR, donateur, celui qui fait une donation. — ITAL., *donatore*. — ETY., *douná*.

DOUNC, conj. DONC, donc ; adv., alors. V. Adounc. — SYN. *dounco, douncos, dounques*. — CAT., *doncs* ; ANC. ESP., *doncas* ; ITAL., *dunque*. — ETY. LAT., *de* et *unquam*.

DOUNCO, **DOUNCOS**, adv. et conj. DONCAS, V. Dounc.

DOUNDA, v. a. V. Doumtá.

DOUNDE, O, D LIM, adj. Dompté, ée, soumis, assoupli, calme. — ETY., *doundá*.

DOUNDOUN, s f. Dondon, femme ou fille qui a beaucoup d'embonpoint et de fraîcheur, une réjouie.

DOUNDOUREJA, GASC., v. a. Dorloter, bercer ; amuser.

DOUNEGAL, TOUL., s. m. Oronge. V. Doumergal.

DOUNET, eto, PROV., adj. Qui aime à donner. SYN. *dounaire*. — ETY., *douná*.

DOUN-MAI, adv. V. Doum-mai.

DOUNO, s. f. T. du jeu de cartes; action de distribuer les cartes ; distribution d'aumônes ; présent, don. — ETY., *douná*, donner.

DOUNQUES, conj. V. Dounc.

DOUNT, pron. rel. DON, dont, duquel, de laquelle, de qui, de quoi, desquels, desquelles. — ETY., *de*, préf., et le lat. *unde*.

D'OUNT, **D'OUNTE**, adv. comp. D'où : *D'ounte vènes ?* d'où viens-tu ? *d'ountmai*, plus, d'autant plus. — M. ÉTY. que le mot précédent.

DOUNZEL, s. m. DONZEL, damoiseau, dameret, élégant, galant.

DOUNZELLA, PROV., v. n. Causer, caqueter, comme les femmes. — ITAL., *donzellare*. — ETY., *dounzello*.

DOUNZELLO, PROV., s. f. V.

DOUNZÉLA, s. f. DONZELLA, donzelle, autrefois fille de distinction, aujourd'hui fille ou femme d'un état médiocre et dont les mœurs sont suspectes; GASC., jeune fille qui accompagne une fiancée. — CAT., *donsella*; ESP., *doncella*; PORT., ITAL., *donzella*. — ETY. B. LAT., *dominicella*. dim. de *domina*.

DOUNZELOUN, s. m. Jeune damoiseau; GASC., garçon de noce. — ETY., dim. de *dounzel*.

DOUO, GASC., s. f. Douve. V. Dougo.

DOUPHINENC, O, PROV., s. m. et f. V Daufinenc.

DOUPLA, v. a. V. Doublá.

DOUPTA, BÉARN., v. n. V. Doutá.

DOUR, CÉV., s. m. V. Dourc.

DOURA, DAUPH., v. a. donner. — Altérade *douná*.

DOURA, PROV., v. a. (dourá). V. Daurá.

DOURBI, v. a. V. Oubri.

DOURC, **DOURG**, CÉV., s. m. Cruche de terre ou de grès. V. Dourco.

Tan vai lo DOURC à l'aigua
Tro que l'ansa lai rema.

B. CARBONNEL, de Marseille.

Tant va la cruche à l'eau qu'à la fin l'anse y demeure,

DOURCADO, CÉV., s. f. Plein une cruche ou un cruchon. — PROV., *dour-*

gado; TOUL., GASC., *dournado.* — ETY., *dourco.*

DOURCO, s. f. DORCA, cruche, cruchon de terre ou de grès. — SYN. *dour, dourc, dourgo, dourgué, dourgueto, dourno.* — BITERR., *boutel*; B. BRET., *dourghen.* — ETY. LAT., *orca*, grand vaisseau de terre.

DOURDA, CÉV., v. n. Cosser, se heurter la tête les uns contre les autres, en parlant des béliers et d'autres bêtes à cornes. — SYN. *durdá, trounchá, chourtá, trucá.* — ETY. ROMAN, *turtar*, heurter.

DOURDO-MOUTO, CÉV., adj. Taciturne, sournois, dissimulé; songe-creux; butor, hébété. — SYN. *tusto-bouisses, toco-siau.* — ETY., *dourdo* de *dourdá*, heurter, frapper, et *moulo*, motte de terre; au propre, *dourdo-moulo* est un homme taciturne qui va, la tête basse, dans les champs et qui frappe avec son bâton toutes les mottes qu'il trouve sur ses pas.

Coume aussavo sis yeul en l'or vengu 'speli,
Ou bor dóu pous, lou nas d'un lou de sis ami,
Courdounglé, DOURDO-MOUTO, et coum'el caussa
(Juste.
A. BIGOT, de Nimes, Li Bourgadièiro.

DOURDOUL, CÉV., s. m. Gargouillis, murmure. — ITAL., *gargolho.*

DOURE (Se), PROV., v. r. (dòure). Se douloir. V. Dole.

DOURENT, o, adj. V. Doulent.

DOURG, DOURGADO, DOURGO, PROV. V. Dourc, Dourcado, Dourco.

DOURGNO, GASC., s. f. Bure, étoffe grossière. — SYN. *cadis.*

DOURGNOU, B. LIM., s. m. Bigarreau, espèce de cerise; brugnon-pêche; quignon de pain; morceau de viande ou de toute autre chose bonne à manger.

DOURGUÉ, DOURGUETO, PROV., s. f. Cruchon, petite cruche. — SYN. *dourguet, dourguelo.* — ETY., dim. de *dourgo.*

DOURGUO, GASC., s. f. Rangée de tas de gerbes.

DOURILHO, PROV., s. f. Lambeau, chiffon. V. Doulfo.

DOURLOUTÁ, v. a. Dorloter, traiter délicatement.

DOURMAR, CÉV., s. m. V.

DOURMÈIRE, o, s. m. et f. DORMIDOR, dormeur, euse, celui ou celle qui dort beaucoup, qui aime à dormir. — SYN. *dourmias, dourmiant, dourmelhasso, dourmelho.* — CAT., ESP., PORT., *dormidor*; ITAL., *dormitore.* — ETY., *dourmi,* dormir.

DOURMELHA, v. n. Sommeiller, dormir d'un sommeil léger. — ETY., *dourmi.*

DOURMELHASSO, s. m et f. V. Dourmèire.

DORMELHO, s. m. V. Dourmèire.

DOURMI, v. n. DORMIR, dormir; être dans le sommeil; *dourmi coum'uno missaro,* dormir comme un loir; *avem dourmi à Pourcairagnos,* nous avons couché à Portiragnes; *dourmi de las quatre,* être mort. — GASC., *droumi, durmi*; ARIÉG., *drëmi*; CAT., ESP., PORT., *dormir*; ITAL., *dormire.* — ETY. LAT., *dormire.*

DOURMI s. m. Le dormir, le sommeil.

Que vol faire lou soun cami,
Cal pas qu'aime trop lou DOURMI.

PUO.

DOURMIAS, asso, s. m. et f. V. Dourmèiro.

DOURMIANT, ando, CAST., adj. V. Dourmèire.

DOURMIDO, s. f. Somme, sommeil de peu de durée, méridienne; mue des vers à soie. — ETY., s. part. f. de *dourmi.*

DOURMIDOU, DOURMIDOUR, s. m. DORMIDOR, DORMITORI, dortoir, grande salle où il y a plusieurs lits. — ANC. CAT., *dormidor*; ESP., ITAL., PORT., *dormitorio.* — ETY. LAT., *dormitorium,* de *dourmi,* dormir.

DOUMILHET, s m. Immobilité apparente d'une toupie qui tourne avec rapidité. — ETY., *dourmi.*

DOURMILHOUO, s. f. V. Dourmilhouso.

DOURMILHOUS, o, adj. DORMILLOS, encore tout endormi, e; dormeur, euse. — SYN. *droumilhous, durmilhous.* — ANC. ESP., *dormiloso*; ITAL., *dormiglioso.* — ETY., *dourmi.*

DOURMILHOUSO, s. f. Torpille, *Raia torpedo*, poisson de l'ordre des trémaptonés, à bouche transversale, ainsi appelé à cause de la propriété qu'il a de frapper d'engourdissement la main qui le touche, après lui avoir fait ressentir une commotion semblable à celle d'une machine électrique. On donne le même nom à la taupe et aux grosses larves qu'on trouve dans les vieux troncs. — Syn. *durmilhouso*, *galino*.

DOURMILHUN, prov., s. m. État maladif qui excite au sommeil. — Ety. *dourmi*.

DOURMIOU, prov., s. m. Taupe. V. Dourmilhouso.

DOURMITORI, s. m. Remède, drogue qui fait dormir ; sommeil. — Syn. *durmitorium*. — Cat., *dormitori* ; esp., port., *dormitorio*, — Ety., *dourmi*.

DOURNADO, gasc., s. f. V. Dourcado.

DOURNET, DOURNETO, cév., s. V. Dourgué, Dourgueto.

DOURNO, cév., s. f. V. Dourco.

DOUROU, s. m. Pièce de cinq francs en Espagne, piastre forte qui est de cinq francs quarante centimes. — Cat., *dourou*. — Ety. esp., *duro*, poids d'argent d'une once valant dix réaux d'argent.

DOURQUET, DOURQUETO, cév., s. V. Dourgué, Dourgueto.

DOURQUIÈIRO, cév., s. f. Figue d'un noir violet en dehors et rouge en dedans, qui a la forme d'un cruchon, d'où lui vient son nom. — Syn. *vernissenco*.

DOURRE (Se), v. r. V. Dole.

DOURSIER, cév., s. m. Dossier d'un lit, d'un fauteuil, etc. — Syn. *doussier*. — Ety. lat., *dorsum*, dos.

DOUS, b. lim., béarn., art. pluriel contracté pour *de lous*, des.

DOUS, adj. num. Dos, dui, deux ; au fém. *dos* ; *dous perdigals*, *dos callos*, deux perdreaux, deux cailles ; *toutes dous*, *toutos dos*, tous les deux, toutes les deux ; *estre entre dous*, hésiter ; *proumetre e tene sou dous*, on ne tient pas toujours ce qu'on a promis. — Syn. *dus*, *dues*, *dux*. — Cat., esp., *dos* ; ital., *duo*. — Ety. lat., *duo*.

DOUS, DOUSSO, adj. Dolz, dos, dous, doux, ce, agréable au goût ; tempéré en parlant du temps, calme ; tranquille, d'un caractère facile ; *la passá dousso*, mener une vie douce. — Cat., *dols* ; esp., *dulce* ; port., *doce* ; ital., *dolce*. — Ety. lat., *dulcis*.

DOUSI, b. lim., s. m. V.

DOUSIL, DOUZIL, s. m. Dozil, fausset, cheville de bois qu'on plante dans le fond d'un tonneau, et qu'on en retire, pour la replacer ensuite, quand on veut déguster le vin. — Cév., *sanneto* ; lim., *dusi* ; b. lim., *bordot*. — Ety. b. lat., *duciculus*, dim. de *ductus*, tuyau, petit tuyau, nom transporté à la petite cheville qui sert à le boucher.

DOUSILHA, v. a. et n. V. Adouzilhá.

DOUSSAGNO, s. f. Aliment fade ou douceâtre ; odeur nauséabonde. — Syn. *doucinas*. — Ety., *dous*, *dousso*.

DOUSSAINE, o, b. lim., adj. Douceâtre. V. Doussas.

DOUSS'AMARO, s. f. Douce-amère, morelle grimpante, *Solanum dulcamara*, plante de la fam. des labiées, dont les baies sont vénéneuses. — Syn. *maurèlo grimpairo*, *vigno dèi Judiéus*, *herbo de la loco*, *pouisou*.

DOUSSAS, asso, adj. Douceâtre, d'une douceur fade. — Cév., *doucinous* ; b. lim., *doussaine* ; prov., *doucinas*, *doucinèu* ; port., *docesinho*. — Ety., augm. de *dous*.

DOUSSEJA, v. n. Avoir une odeur fade et nauséabonde ; il se dit surtout des locaux humides qui sont restés longtemps fermés. — Ety., *dous*, doux.

DOUSSO, prov., s. f. (dòusso). Gousse, cosse. V. Dolso.

DOUSSOREL, ello, b. lim., adj. Douceureux, euse, doucet, ette. — Ety., *dousso*, douce.

DOUSSOU, DOUSSOUR, s. f. Dolzor, douceur, saveur douce ; au fig. égalité d'humeur, aménité ; expression de la physionomie qui annonce de la bonté ; *doussous*, s. f. p., friandises ; cajoleries ; plaisirs, commodités. — Cat., *dolsor* ; esp., *dulzura* ; ital., *dolcezza*. — Ety. lat., *dulcorem*.

DOUSSURO, s. f. Douceur, il se dit surtout de la douceur de la température; au plur. friandises. — Syn. *doussoù*.

DOUSTA, B. LIM., TOUL., v. a. Oter, retirer, enlever, soustraire; *doustá lou titi ou un pelio*, sevrer un enfant.

DOUTA, v. a. DOPTAR, DUPTAR, douter; *s'en doutá*, v. r., se douter d'une chose, avoir un pressentiment; *doutá sus quauqu'un*, soupçonner quelqu'un. — CAT., *duptar*; ESP., *dudar*; ITAL., *dubitare*. — ETY. LAT., *dubitare*.

DOUTA, v. a. DOTAR, doter, donner une dot. — ESP., *dotar*; ITAL., *dotare*. — ETY. LAT., *dotare*.

DOUTAIRE, o, s. m. et f. Celui, celle qui doute de tout, sceptique. — ETY., *doutá*, douter.

DOUTANSO, s. f. DOPTANSA, DUPTANSA, doute, appréhension: *n'avió la doutanso*, je m'en doutais. — ITAL., *dottanza*. — ETY., *doutá*.

DOUTZ, TOUL., s. f. DOTZ, ADOUTZ, source, canal, tuyau, aqueduc, conduit; toute ouverture par où l'eau s'écoule. — SYN. *adous*. — ETY. LAT., *ductus*.

DOUTZA, TOUL., v. n. Sourdre, couler, sortir de terre ou d'un rocher, en parlant de l'eau d'une source; éclore, s'il s'agit des fleurs. — ETY., *doutz*.

DOUTZE, **DOUTZENO**, BÉARN., V. Douche, Doucheno.

DOUVE, s. f. Douve, petit ais dolé qui sert à faire le corps des futailles. V. Dougo.

DOUVO, s. f. Grande douve ou renoncule langue, *Ranunculus lingua*; renoncule flammette, *Ranunculus flammula*, plantes de la fam. des renonculacées.

DOUVO, s. f. Douve ou fasciole, ver qu'on trouve dans le foie des moutons.

DOUZIL, s. m. V. Dousil.

DOVANT-DORNIER, B. LIM., loc. adv. Sens devant-derrière; *te virarai lou col dovant-dornier*, je te tordrai le col. — BITERR., *davant-darrès*.

DOVANT-DE-MONTEL, B. LIM., s. m. Devantière. V. Davantièiro.

DOVEGADOS, QUERC., adv. V. Davegados.

DOVELLO, PROV., s. f. Girelle. V. Girello.

DOVONTAL, B. LIM., s. m. V. Davantal.

DOZONOU, (dozonòu), **DOZO-SET**, **DOZO-UÈIT**, adj. num, dix-neuf, dix-sept, dix-huit. — SYN. *deze-nòu*, *deze-set*, *deze-uèit*.

DRA, s. m. V. Drac et Drap; *dra de meijou*, B. LIM., V. Drapet.[1]

DRABA, BÉARN., v. a. Entraver. V. Entravá.

DRABOS, GASC., s. f. p. Entraves. V. Entravos.

DRAC, CÉV., TOUL., s. m. DRAG, diable, lutin, esprit follet, mauvais génie; *drago*, fée: *fa lou drac*, faire le diable. — CÉV., *dra*, *draqué*; BÉARN., *droc*. — ETY. LAT., *draco*, dragon, animal fabuleux.

Nous fosquet créire, un ser, qu'obió troubat lou
 (DRAC,
Deguisat en choval que fosió pototrac.

PEYROT.

DRACADO, CÉV., s. f. Avinage, manière d'abreuver une futaille, en y répandant du surmoût tout chaud, ou de l'eau dans laquelle on a fait bouillir du marc de raisin. L'abbé de Sauvage donne *racado* comme synonyme de *dracado*; dans le dial. biterrois, *racado* ne se dit que de la quantité de vendange que contient la maie d'un pressoir. — SYN. *drocado*, *moustado*.

DRACHI, DAUPH., s. m. V.

DRAGO, CÉV., QUERC., s. f. Marc de raisins, marc d'olives, lies; BITERR., *raco*, marc de raisins.

DRACOUNAS, s. m. V. Dragounas.

DRAGA, v. a. Draguer, creuser avec la drague. — ETY., *drago*.

DRAGAS, CÉV., s. m. Lutin, dragon, monstre imaginaire; au fig. femme ou fille effrontées; GASC., s. m., gros, gras, vilain. — SYN. *dragounas*, grand dragon. — ETY., augm. de *drac*.

DRAGE, CÉV., s. m. Crible dont les

voies sont rondes, appelé à Béziers *passadou*; c'est le premier crible dont on se sert pour nettoyer le blé qui passe à travers ; la seconde opération se fait avec un autre crible appelé *dal*, à Béziers *mondadou*, dont les voies oblongues ne donnent passage qu'aux grains retraits et aux petites graines. — Syn. *drai, dral, drayé.* — Ety., d'*ad* s'échapper.

DRAGÈIO, s. f. Dragea, dragée, amande couverte de sucre durci ; petit plomb de chasse. — Syn. *dragèyro.* — Cat., *drageya*; esp., *gragea*; port., *grangea*; ital., *treggea.* — Ety., *drage*, crible : les dragées et le plomb de chasse se font au moyen d'une espèce de crible de métal.

DRAGÈYRO, s. f. V. Dragèio.

DRAGO, s. f. Fée, V. Drac.

DRAGO, s f. Drague, machine, à draguer. — Ety. angl., *drag*, crochet.

DRAGOU, **DRAGOUN**, béarn., gasc., s. m. Faux. V. Dalho.

DRAGOUN, s. m. Dragon, dragon, serpent fabuleux ; au fig. femme effrontée. — Esp., *dragon* ; ital., *dragone*, — Ety., lat., *draconem*.

DRAGOUN, prov., s. m. Globulaire vulgaire ou boulette, marguerite bleue; aphyllante non feuillée ou jonciole. V. Bragalou.

DRAGOUNAS, s. m. Grand dragon ; au fig. femme méchante, emportée, effrontée : enfant mutin. — Syn. *dragas.* — Ety., augm. de *dragoun*.

DRAGOUNO, s. f. Aphyllante non feuillée. V. Bragalou.

DRAGUEJA, v. n. Fouiller les trous et les cavités pour y prendre du poisson. — Ety., fréq. de *dragà*.

DRAI, s. m. Crible. — Syn. *dral*. V. Drage.

DRAIA, **DRAIAIRE**, V. Drajà, Drajaire.

DRAIAIROU, **DRAIAU**, **DRAIÉIROU**, s. m. V. Draiòu.

DRAIO, s. f. Draya, sentier, petit chemin, trace dans la neige ; *draio lachenco*, voie lactée (*cami de sant Jaques*). — Syn. *drairo* ; m. sign. *carrairou, carrèirou*.

Ounte vas per la DRAIO,
Filheto ? un drole bran
Soulet, au calabrun
Varaio

Justin Heirisson, de Béziers.

DRAIOLO. s. f. Petit sentier. — Dim. de *draio*.

DRAIOU, prov., s. m. (draiòu). Très-petit sentier.— Syn. *draiairou, draièirou, draioulet.* — Ety., *draio*.

DRAIOULET, s. m. V. Draiòu.

DRAIRO, prov, s. f. V. Draio.

DRAJA, cév., v. a. Cribler; tamiser. — Syn. *draià, dralhà.* — Biterr., *crubelà.* — Ety., *drage*, crible.

DRAJAIRE, cév., s. m. Cribleur. — Syn. *draiaire, dralhaire.* — Biterr., *crubelaire.* — Ety., *drajà*.

DRAL, **DRALHA**, **DRALHAIRE**, V. Drai, Drajà, Drajaire.

DRALHO, s. f. Corde sur laquelle on tend une voile latine; corde d'un bac (*tralho*) ; b. lim., éraillure, état d'une étoffe dont le tissu est effilé.

DRANBAIA, cév V. Trantalhà.

DRANDOL, **DRANDOUL**. cév., s. m. Balançoire. — Syn. *drindrol, trantol*.

DRANDRALHA, prov., V. Trantalhà.

DRAP, s. m. Drap, drap. — B. lim., cév., *dra* ; cat., *drap* ; esp., *trapo* ; ital., *drappo.* — Ety., b. lat., *drappus*.

DRAPA, v. a. Draper, garnir de drap, de draperies ; au fig. médire de quelqu'un. — Ety., *drap*.

DRAPARIÈ, s. f. Draparia, draperie. — Cat., *draparia* ; esp., *traperia* ; ital., *drapperia.* — Ety., *drapà*.

DRAPEIRE, béarn., s. f. Coiffure à l'usage des paysannes. — Ety., *drap*.

DRAPEL, s. m, Drapel, drapeau ; lange, couche.

Ela per se envelopet
Son effant en drapels petitz.

Brev. d'Amor.

BITERR., *bailen* ; CÉV., *pedas* ; CAT., *drapet* ; ESP., *trapillo* ; ITAL., *drapello*. — ETY., dim. de *drap*.

DRAPET, CAST., s. m. Drap, espèce de bure qui se fabrique dans nos montagnes ; B. LIM., *dra de meijoù*, drap de ménage. — DIM. de *drap*.

DRAPILHO, s. f. Habits et hardes, en général.

DRAQUÉ, DRAQUET, s. m. Lutin. V. Drac.

DRAQUEJA, CAST., v. n. Faire du tapage comme un lutin ; il se dit surtout des tapages nocturnes. — ETY., *draqué*.

DRAY, DAUPH., s. m. Ravine.

DRAYARO, s. f. T. de tannerie, morceau de cuir tanné enlevé au-dedans de la peau ; couteau avec lequel on enlève la chair adhérente à la peau.

DRAYÉ, PROV., s. m. Crible. V. Drage.

DRÉ, PROV., CÉV., s. et adj. V. Drech.

DRÉ, PROV., prép. Dès ; *dré lou matin*, dès le matin ; *dré de, dré que*, loc. conj. dès que, d'abord que. — SYN. *dresque, tré*

DREBI, ARIÉG., v. a. Ouvrir. V. Oubrí.

DREBOUT, PROV., s. m. Taupe. V. Taupo.

DRECH, o, adj. DRECH, DREIT, droit, e, qui ne penche d'aucun côté, d'aplomb, debout ; le côté droit par opposition au côté gauche ; juste, équitable, franc, loyal ; *lou drech*, s. m., ce qui est juste, le droit, l'ensemble des lois, faculté de faire ; l'endroit d'une étoffe. V. *Endrech*. Il s'emploie aussi adverbialement : *ajustá drech*, viser droit ; *à drech aná*, en bonne règle ; *aqui drech*, de ce côté ; dans le dial. cévenol, il est usité comme préposition ; *dré-l-endré*, vis-à-vis, en face de ; *dré de la glèiso*, en face de l'église. — SYN. *dré, drèit, drèyt*. — CAT., *dret* ; ESP., *derecho* ; PORT., *direito* ; ITAL., *dritto*. — ETY. LAT., *directum*.

DRECHÈ, DRECHIÈIRO, V. Drechier, Drechièiro.

DRECHIÈIRO, s. f. Ligne droite, chemin direct qu'on appelle de traverse parce qu'il ne suit pas la grande route ; *en drechièiro, en dressièro*, loc. adv., en droite ligne ; *en drechièiro de*, loc. prép., aboutissant à. — SYN. *courcho, escourcho, dressièiro*. — ETY. *drech*.

DRÉCHIÈIRO, s. f. Droiture, équité. — ETY., *drech*.

DRECHIER, ièiro, adj. et s. Celui qui se sert de la main droite, qui n'est pas gaucher. — ETY., *drech*.

DRECHO, s f. Droite, côté droit, main droite : *prenès la drecho*, prenez à droite ; *viras à drecho*, ou *à ma drecho*, tournez à droite ; *agantá à drech et à gaucho*, prendre de toutes mains. — ETY., *drech*.

DRECHURIER, ièiro, CÉV., adj. DRECHURIER, droiturier, juste, équitable ; T. du jeu de boules, celui qui pointe juste, qui tire droit. — SYN. *drèiturier, drelurè drèyturè*. — ANC. CAT., *drelurer* ; ESP., *derechurero*, ITAL., *diritturiere*. — ETY., *drech*.

DRÉ-DRÉ-DRÉ, TOUL., s. m. Claquement des dents, occasionné par le froid.

DRÈISSA, v. a. V. Dressá.

DRÈIT, DRÈYT, adj. et s. V. Drech.

DRÈITURIER, DRÈYTURÈ, adj. et s. V. Drechurier.

DRÉMI, ARIÉG., v. n. V. Dourmí.

DRÉS (En), adv. comp. *Tout es en drés*, tout est en état, tout est prêt. — ETY., *en*, prép., et *drés* pour *drech*, droit.

DRESQUE, loc. conj. Dès que. V. Dré.

DRESSA, v. a. DRESSAU, dresser, redresser, rendre, tenir droit, ériger, mettre en état ; au fig. instruire, façonner. — SYN. *endressá*. — PROV., *drèissá* ; CÉV., *drissá* ; CAT., *dressar* ; ESP., *enderezar* ; ITAL., *dirizzare*. — ETY., *drés*, pour *drech*, droit.

DRESSADOU, DRESSAIRE, s. m. Dressoir, buffet à étagères qu'on met dans les salles à manger, armoire où l'on fait égoutter la vaisselle. — SYN. *escouladoù, vaisselier*. — ETY., *dressá*.

DRESSIÈIRO, s. f. V. Drechièiro.

DRET, TOUL., s. et adj. V. Drech et Endrech.

DRET (De), TOUL., loc. adv. Bien, à propos, directement, en ligne droite; acò li vent de drel, cela lui vient à main, l'accommode. — SYN. drech.

DRET-E-DRET, TOUL., loc. adv. Vis-à-vis, en face; lot o dret, à tort et à travers.

DRETURÈ, èro, TOUL., adj. V. Drechurier.

DREVÈYA, EREVILHA, v. a. V. Revelhá.

DRIANSO, s. f. V. Drilhanso.

DRIBA, GASC., v. n. Dériver. V. Dórivá.

DRIBO, GASC., s. f. Dérive. V. Derivo.

DRIEBA, CÉV., v. a. Lever, élever; ouvrir; driebá lou iols, lever les yeux en l'air.

DRIGNOUN, CÉV., s. m. Carillon des cloches. V. Trignoun.

DRILHA, v. a. Biller, faire tourner à droite ou à gauche un objet lourd et d'un grand volume, qui est en équilibre sur un appui; drilhá un naissal, faire tourner un tonneau pour le rapprocher des supports sur lesquels il doit être élevé; une fois qu'il y est placé, on le fait tourner avec un cric pour le mettre dans un sens tel que le trou destiné à recevoir le robinet se trouve entre les deux supports de devant, c'est ce qu'on appelle rounzá.

DRILHA, CÉV., v. n. Driller, aller vite et légèrement, être gai comme un drille; s'épanouir sous une impression agréable, en parlant d'un visage. — ETY., drilho.

DRILHANSO, CÉV., s. f. Bombance, orgie. — SYN. drianso. — ETY., drilhá.

DRILHO, s. f. Drille, garçon; boun drilho, bon garçon, bon compagnon; paure drilho, pauvre diable; vielh drillo, vieux libertin, vieux coquin; autrefois soldat. — ETY. ANC. H. ALL., drigil, garçon.

DRIN, BÉARN., s. m. Un brin, un peu; il est aussi adverbe.

DRINDA, CÉV., v. n. Tinter. — SYN. dindá, lindá.

DRIN-DRAN, s. m. Brimbalement des cloches. — SYN. trin-tran.

DRIN-DRIN, s. m. Tintement d'une cloche, d'une sonnette.

DRINDRINA, v. n. Tinter, en parlant d'une sonnette. — ETY., drin-drin.

DRINDROL, CAST., s. m. Escarpolette, balançoire. V. Drandol.

DRINGAT, ado, AGEN., adj. Fagoté, ée; mal dringat, mal fagoté, mal fait, mal vêtu. — BITERR.. mal fargat.

DRINGO-DRANGO, CÉV., loc. adv. Faire dringo-drango, se balancer à droite et à gauche.

DRINOU, BÉARN., s. m. et adv. Un petit peu. — DIM. de drin.

DRISSA, CÉV., v. a. Dresser. V. Dressá.

DROC, BÉARN., s. m. V. Drac.

DROCADO, ROUERG., s. f. V. Dracado.

DROGOMAN, PROV., s. m. DROGOMAN, drogman, truchement, interprète. — BITERR., trachaman. — ETY., grec moderne, δραγόυμανος.

DROLE, DROLLE, o, s. et adj. Drôle, drôlesse, maraud, rusé, capable de tout; drôle, plaisant, singulier, s'il s'agit des choses; dans plusieurs dialectes, jeune garçon, jeune fille; vous mandarai moun drolle, je vous enverrai mon petit garçon; aquelo drollo aimo lous chaudels, cette jeune fille aime les échaudés; acò's quicon de drolle, c'est quelque chose de plaisant. — SYN. dronle. — ETY. SCANDIVAVE, troll, lutin.

DROLET, DROLESSO, s. f. V. Droullet, Droullesso.

DROLHA, B. LIM., v. a. Érailler une étoffe en la tirant trop fortement. — ETY., dralho, éraillure.

DROM-E-VELHOS (Entre), TOUL., loc. adv. Entre la veille et le sommeil; estre entre drom e velhos, n'être ni éveillé ni endormi.

DROME, BÉARN., v. n. V. Dourmi.

DROMOS, DRONOS, CÉV., s. f. p. Coups de bâton, coups de poing.

DRONLE, O., B. LIM., s. m. et f. Enfant de huit à douze ans; *drounlar, drounlasso*, jeune garçon, jeune fille arrivés à l'âge de puberté. V. Drolle.

DROUBI, v. a. V. Oubri.

DROUGA, v. n. Courir, être en course; on disait autrefois, aller en drogue, qui signifiait, aller en maraude; *faire drougá*, faire courir, faire attendre longtemps; *drougaire*, s. m., rôdeur, vagabond.

DROUGUET, s. m. Droguet, étoffe faite de laine et de fil, quelquefois de soie. — CAT., *droguet*; ESP., PORT., *droguete*.

DROUINO, PROV., s. f. Trace, empreinte des pieds sur la neige.

DROUINO, PROV., s. f. Espèce de chêne vert.

DROUINO, s. f. V. Drouyo.

DROULAIO, s. f. V. Droullatalho.

DROULAS, DROULLAS, DROULLASSO, s. m. et f. Jeune garçon, jeune fille; drôlesse, en français, se prend toujours en mauvaise part. — B. LIM., *drounlar, drounlasso*. — ETY., augm. de *drolle*.

DROULÉ, CÉV., s. m. Casaquin à longues basques que portaient autrefois les femmes d'Arles et de Tarascon; il est aussi synonyme de *drolle*.

DROULHI, DAUPH., s. m. Morceau de bois, copeau.

DROULLARIÈ, s. f. Drôlerie, trait de bouffonnerie, propos gai et gaillard. — B. LIM., *dronlorio*. — ETY., *drolle*.

DROULLATALHO, s. f. Les petits enfants, pris collectivement. — ETY., *drolle*.

DROULLET, o, s. m. et f. Petit garçon, petite fille; adj., gentil, illo, mignon. — DIM. de *drolle*.

DROULLOU, DROULLOUN, s m. M. sign. que *droullet*.

DROUMASSO, s. f. Femme de mauvaise vie. — AUGM. de *droumo*.

DROUMI, GASC., v. n. V. Dourmi.

DROUMILHE, GASC., s. m. Disposition au sommeil, sommeil. — ETY., *droumi*.

DROUMILHÈIRE, BÉARN., V. Droumilhe.

DROUMILHOUS, O., GASC., adj. V. Dourmilhous.

DROUMO, s. f. Femme de mauvaise vie.

DROUNLAR, DROUNLASSO, B. LIM., s. m. et f. V. Dronle.

DROUNLORIO, B. LIM., s. f. V. Droullarié.

DROUVI, v. a. V. Oubri.

DROUYO. PROV., s. f. Plante entière du tussilage ordinaire. — M. sign., *drouino*. V. Tussilage.

DRU, DRUDO, adj. V. Drud.

DRUBI. CÉV., TOUL., B. LIM, v. a. V. Oubri; *drubert*, o, V. Oubert.

DRUD, o, adj. DRUT, dru, robuste, gaillard, vigoureux, gros, épais, fourré, fécond, nubile; s. m., ami, amant, amoureux, galant. — SYN. *drude, druje*. — ETY. KYMR., *drud*, vigoureux.

DRUDARIÈ, s. f. DRUDARIA, galanterie, amour, joyeuse vie. — ANC. CAT., ITAL., *druderia*. — ETY., *drud*.

DRUDE, DRUDETO, DRUJE, adj. V. Drud.

DRUDIÈIRO, CÉV., s. f. Engrais, fumier; au fig. opulence, santé. — SYN. *drudièro, drudio, drudour, druièro, druiso*. — ETY., *drud*.

DRUDIÈRO, DRUDIO, DRUDOUR, DRUIÉRO, DRUISO, s. f. V. Drudièiro.

DRUGÈIÉ (Se), DAUPH., v. r. Se réjouir, sauter de joie — ETY., *druje*, gaillard.

DRUI, PROV., s. m. Espèce de chêne à cupules acuminées; c'est probablement le chêne cerris.

DRUI, PROV., s. m. Espèce de chêne vert à cupules acuminées, probablement le chêne cerris.

DRUJE, O, B. LIM., adj. (drudze). Rude, raboteux, grossier; au fig. peu traitable. V. aussi *Drud*.

DRUJIJE, CÉV., s. m. Vigueur, bonne santé; sève abondante. — ETY., *druje*.

DRULHIER, cév., s. m. V. Alisier ; *drulho*, s. f. V. Aliso.

DRULHOU, s. m. Jeune alisier.— Dim., de *drulhier*.

DU, prov., s. m. V. Duc ; *du*, cév., espèce de raisin, qui ressemble à l'alicante.

DU, DURO, cév., adj. V. Dur.

DUARBI, prov., v. a. V. Oubri.

DUBRI, gasc., v. a. V. Oubri ; *dubert, o*, V. Oubert.

DUC, s. m. Hibou grand-duc, *Strix bubo*; noms div. : *du, dugo, dugou, duganel, grand-chot-banut*. — Ital., *duco, dugo*.

DUC-MEJAN, s. m. Hibou moyen-duc, *strix otus*, de la même famille, que le précédent. — Syn. *chot-banut, dugoumejan, damo, damasso*. — Ital., *duco cornuto*.

DUCAN, cast., s. m. V. Decan.

DUDA, carc., v. a. Verser, répandre. —M. sign. *vujá*.

DUDAL, s. m, V. Dedal.

DUÈIDUÈIBEGU, prov., s. m. Nom populaire de l'ortolan. V. Hourtoulan.

DUELHO, cév.; s. f. Doulho.

DUERME-DRÉ, cév., s. m. V. Dormodrech.

DUÉURRE, v. a. V. Déure.

DUGA, cév., v. n. Bayer, badauder; niaiser, être rêveur.

DUGANAT, s. m. Doyenné. — Ety., *ducan*.

DUGANEL, DUGANÈU, s. m. V. Duc ; *duganélo*, nom commun à la hulotte et à la chevêche ; au fig. imbécile, niais, sauvage. — Syn. *damo, choto, machoto*.

Nosti nouvèu troubairé
Parlon sens n'en rougi la lengo de sa maire,
Se trufon di mesquin e di gros DUGANÈU,
Que vólon mespresa soun parauli tant bèu.

F. Boillat.

DUGOU, DUGOU-GROS, s. m. V. Duc ; *dugou-mejan*, V. Duc-Mejan.

DUGOU-PICHOT, cév., s. m. Hibou scops. V. Chot.

DUJA, dauph., adj. V. Dejá.

DUMATIO, dauph., adj. Douillet, mignard.

DUMPÈY, DUNPÈY, toul., adv. et prép. V. Despèi.

D'UN-CAN-PAU, agat., loc. adv. Encore un peu, peu s'en est fallu. — Ety., altér. de *encaro un pau*.

D'UNES-COPS, cast., loc. adv. Quelquefois, parfois. — Syn. *d'unses-cops, d'usses-cops, d'abescops*. — Ety., de, prép., *unes*, quelques, et *cops*, fois.

DUNQUIO, gasc., prép. Jusque ; *dunquio que*, jusqu'à ce que ; *dunquio labetz*, jusqu'alors. — Syn. *dinquio, dusco*.

D'UNSES-COPS, querc., loc. adv. V. D'unes-cops.

DUPA, cév., v. a. Inculper, accuser, jeter la pierre à quelqu'un, lui donner tort ; il signifie, dans les autres dialectes, duper, tromper.

DUR, o, adj. Dur, dur, e. — Syn. *du*. — Cat., *dur* ; esp., port., ital., *duro*. — Ety lat., *durus*.

DURA, v. n. Duuar, durer; *besougno de pau-duro*, ouvrage de peu de durée, mauvaise besogne.— Cat., esp., port., *durar* ; ital., *durare*.—Lat. *durare*.

DURADÈU, prov., s. m. V. Filaria à larges feuilles. — Syn. *daradel*.

DURADO, s. f. Durada, durée.— Esp. *duracion* ; ital., *durata*. — Ety., s. part. f. de *durá*.

DURAI, prov., s. m. V.

DURAL, s. m. Cerise bigarreau. — Syn. *duralho, duran, durau*. On appelle aussi *dural* ou *duran*, la pêche pavie dont la chair adhère au noyau. — Ety., *dur*.

DURAL, cast., s. m. Durillon,—Ety., *dur*.

DURALHO, DURAN, s. Cerise bigarreau ; pavie. V. Dural.

DURAS, asso, adj. Très-dur, e.—Ety., augm. de *dur*.

DURAU, alo, prov., adj. Dur, e, ferme; *fru durau*, fruit ferme ; *durau*, s. m. Cerise bigarreau. V. Dural.

DURBÉ, DURBEC, cév., s. m. Gros bec, *Fringilla coccothraustes*, oiseau de la fam. des conirostres ; au fig. sot, imbécile, niais, butor. — Syn. *gros-bec*, *pinsard reial*, *pess'oulivo*.

Beat que ten, DURBEC qu'espèro

Pro

DURBI, prov, v. a. V. Oubrí.

DURDA, prov., v. n. V. Dourdá.

DURDURDUR, toul., s. m. Chant du rossignol. — Onomatopée.

DURGAN, prov., s. m. Barbeau, poisson. V. Barbèu.

DURMI, v. n. V. Dourmí.

DURMILHOUS, o, adj. V. Dourmilhous ; *durmilhouso*, s. f. V. Dourmilhouso.

DURMITORIUM, prov, s. m. V. Dourmitòri.

DURO, s. f. Dure, la terre nue ; *dourmi sus la duro*, coucher sur la dure ; cév., duro, variété du mûrier blanc ; *pel duro* (s.-entendu *figo*), figue qui a la peau très-épaisse. — Ety., *dur*, o.

DUS, béarn., adj. num. Deux, au f. *dues*. V. Dous.

DUSCO, gasc., prép. Jusque. V. Dinquio.

DUSIÈME, béarn., adj. num. Deuxième. — Ety., *dus*.

DUSQUIO, DUSQUIOS, cév., prép. Jusque. V. Dinquio.

DUSSÈS-COPS, cast., loc. adv. V. D'unes-cops.

DUX, gasc., adj. num. Deux. V. Dous.

DUYO, prov., s. f. V. Doulho.

FIN DU PREMIER VOLUME.

Contraste insuffisant

NF Z 43-120-14

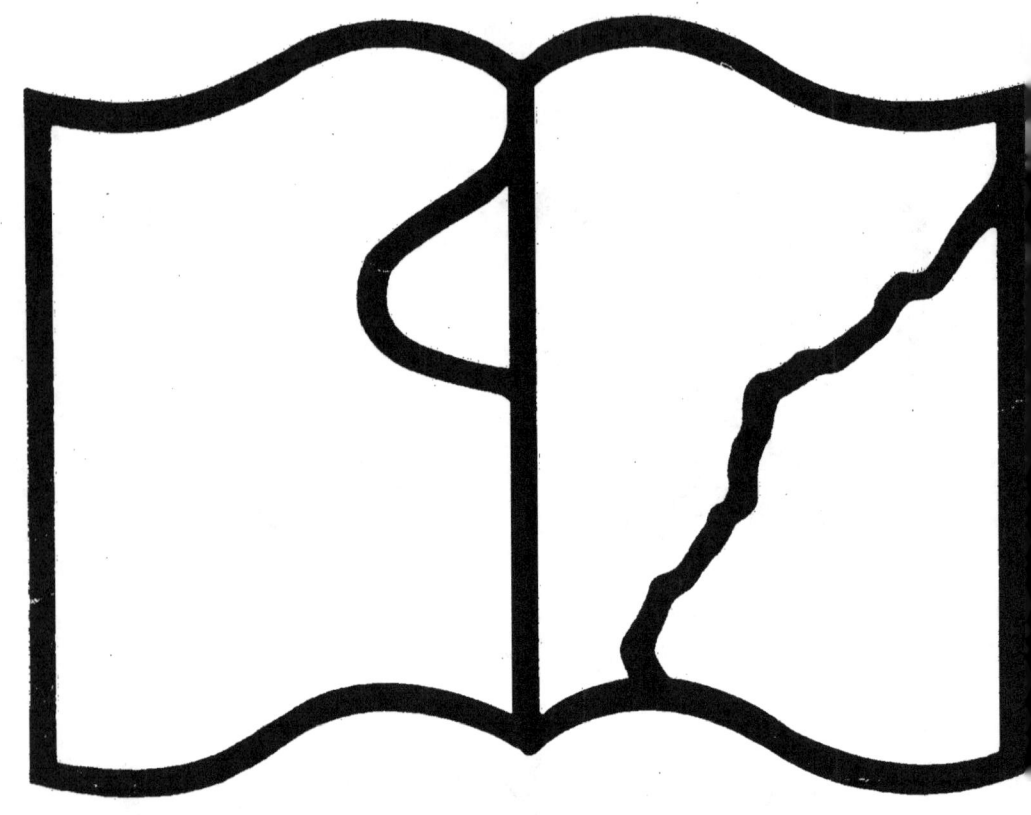

Texte détérioré — reliure défectueuse

NF Z 43-120-11

www.ingramcontent.com/pod-product-compliance
Lightning Source LLC
Chambersburg PA
CBHW061958300426
44117CB00010B/1388